**2026** 최/신/개/정/판

국가직·지방직·법원직 등 공무원 채용 대비

# 기출이 답이다

문제편, 해설편으로 구성된 「기출이 답이다」는 깊이가 다른 해설로 오직 여러분의 합격을 목표로 합니다.

[9급 공무원]
## 국어
**7개년**
기출문제집
문제편

시대에듀

▲합격의 모든 것!

편저 | 시대공무원시험연구소

# 합격생 후기 언급량 1위
### 수험생들이 가장 많이 검색한 시대에듀

# 전과목 전강좌 0원

**전 교수진 최신 강의** — 100% 무료

**지금 바로 1위 강의 100% 무료 수강하기 GO »**

*노무사 합격후기 / 수강후기 게시판 김희향 언급량 기준
*네이버 DataLab 검색어 트렌드 조회 결과(주제어: 업체명+법무사 / 3개 업체 비교 / 2016.05.~2025.05.)

# 기출이 답이다

[9급 공무원]

# 국어

7개년

## 기출문제집

**끝까지 책임진다! 시대에듀!**
QR코드를 통해 도서 출간 이후 발견된 오류나 개정법령, 변경된 시험 정보, 최신기출문제, 도서 업데이트 자료 등이 있는지 확인해 보세요!
시대에듀 합격 스마트 앱을 통해서도 알려 드리고 있으니 구글 플레이나 앱 스토어에서 다운받아 사용하세요.
또한, 파본 도서인 경우에는 구입하신 곳에서 교환해 드립니다.

**편집진행** 박종옥·강한결 | **표지디자인** 박종우 | **본문디자인** 박지은·임창규

# 9급 공무원 채용 필수체크

❖ 다음 내용은 2025년 국가직 공무원 공개채용시험 계획 공고를 기준으로 작성되었습니다.
　세부 사항은 반드시 시행처의 최신공고를 확인하시기 바랍니다.

## 시험방법

| 제1·2차 시험(병합실시) | 선택형 필기 |
|---|---|
| 제3차 시험 | 면접 |

## 응시자격

| 구분 | 내용 |
|---|---|
| 응시연령 | • 교정·보호직 제외: 18세 이상<br>• 교정·보호직: 20세 이상 |
| 학력 및 경력 | 제한 없음 |

## 시험일정

원서접수　→　필기시험　→　실기시험(체력검사)　→　면접시험　→　최종합격자 발표
1월 말 ~ 2월 초　　3월 말 ~ 4월 초　　5월 초 ~ 중순　　5월 말 ~ 6월 초　　6월 말

## 가산점 적용

| 구분 | 가산비율 | 비고 |
|---|---|---|
| 취업지원대상자 | 과목별 만점의 10% 또는 5% | ▶ 취업지원대상자 가점과 의사상자 등 가점은 1개만 적용<br>▶ 취업지원대상자/의사상자 등 가점과 자격증 가산점은 각각 적용 |
| 의사상자 등<br>(의사자 유족, 의상자 본인 및 가족) | 과목별 만점의 5% 또는 3% | |
| 직렬별 가산대상<br>자격증 소지자 | 과목별 만점의 3~5%<br>(1개의 자격증만 인정) | |

※ 취득한 점수 중 한 과목이라도 40점 미만인 경우 가산점 적용 불가

## 달라지는 제도

▶ 2025년부터 9급 공무원 국어, 영어 과목 출제기조 전환

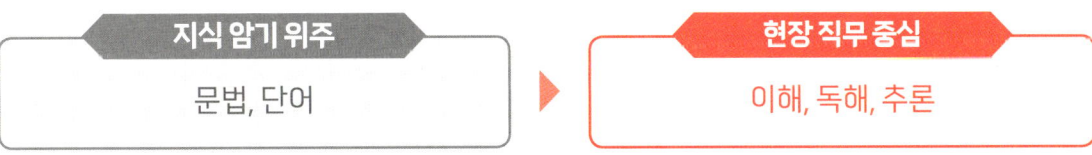

지식 암기 위주: 문법, 단어 → 현장 직무 중심: 이해, 독해, 추론

▶ 2025년부터 9급 공무원 필기시험 시험시간 100분 → 110분 변경
▶ 2027년 9급 공무원 필기시험 개편

| 구분 | | 공통과목 | | | 전문과목 | |
|---|---|---|---|---|---|---|
| | | 한국사 | 국어 | 영어 | 전문과목1 | 전문과목2 |
| 기존 | 100문항<br>(110분) | 20문항 | 20문항 | 20문항 | 20문항 | 20문항 |
| 2027년 | 100문항<br>(110분) | 한능검 대체<br>(3급 이상) | 25문항 | 25문항 | 25문항 | 25문항 |

# 2025년 국어 출제경향

## 국가직

전반적으로 평이한 난도로 출제되었으며 새로운 문제 유형도 인사혁신처가 공개한 예시문제 범위 안에서 출제되었다. 지문의 길이가 길어져 시간 관리에 어려움을 느꼈을 수도 있겠으나 출제기조 전환에 대한 대비가 되어있었다면 문제를 푸는 데 큰 어려움은 없었을 것이다.

**출제율 순위**
독해 > 논리 > 화법과 작문 > 국어학

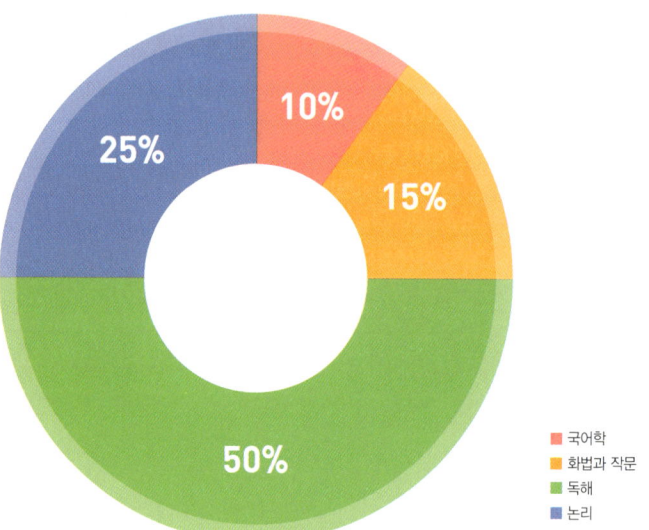

## 지방직

전반적으로 평이한 난도로 출제되었으나 국가직 시험과 비교했을 때는 다소 높은 난도로 출제되었다. 특히 논리 영역에서 시간을 많이 소요하여 체감 난도는 높았을 것으로 예상된다. 2026년 시험 대비를 위해서는 논리 영역에 대한 이해와 기출문제 중심의 학습을 통해 문제 풀이 시간을 단축하는 것이 중요한 요소가 될 것으로 보인다.

**출제율 순위**
독해 > 논리 > 화법과 작문 > 국어학

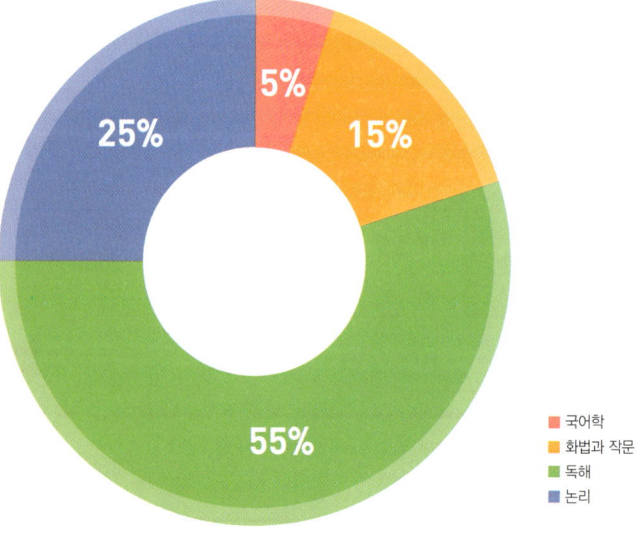

# 3개년 분석으로 국어 Knock! Knock!

## 국가직

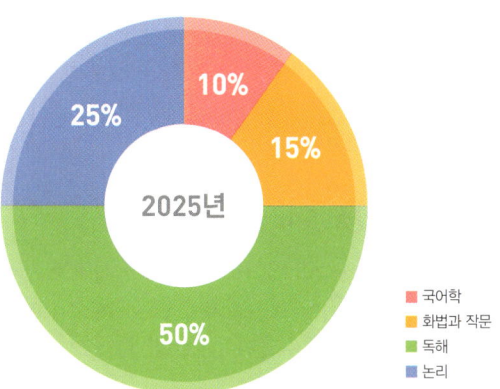

**2025년**
- 국어학 10%
- 화법과 작문 15%
- 독해 50%
- 논리 25%

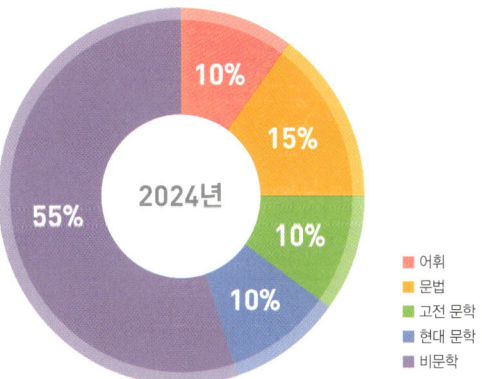

**2024년**
- 어휘 10%
- 문법 15%
- 고전 문학 10%
- 현대 문학 10%
- 비문학 55%

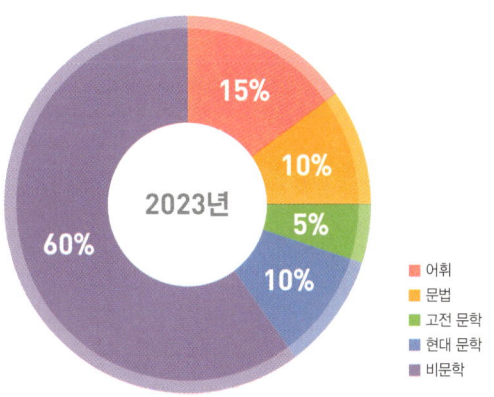

**2023년**
- 어휘 15%
- 문법 10%
- 고전 문학 5%
- 현대 문학 10%
- 비문학 60%

## 지방직

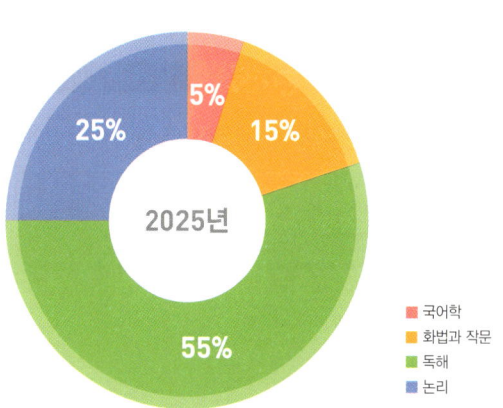

**2025년**
- 국어학 5%
- 화법과 작문 15%
- 독해 55%
- 논리 25%

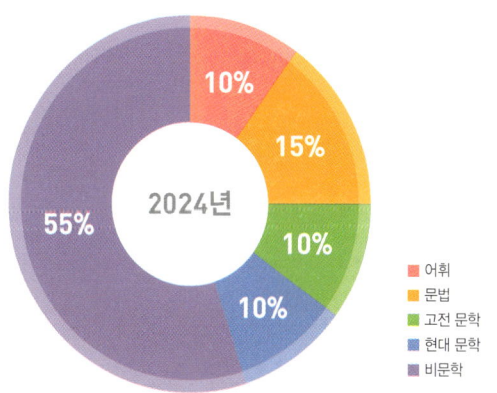

**2024년**
- 어휘 10%
- 문법 15%
- 고전 문학 10%
- 현대 문학 10%
- 비문학 55%

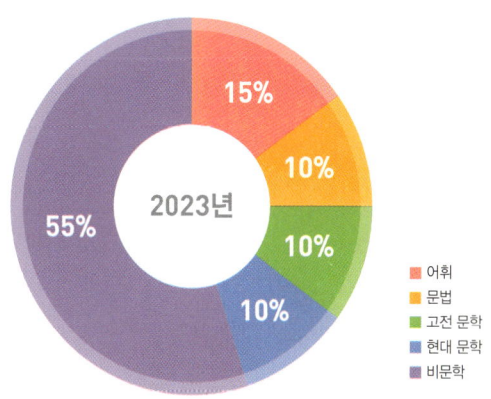

**2023년**
- 어휘 15%
- 문법 10%
- 고전 문학 10%
- 현대 문학 10%
- 비문학 55%

# 이 책의 구성과 특징

## 문제편

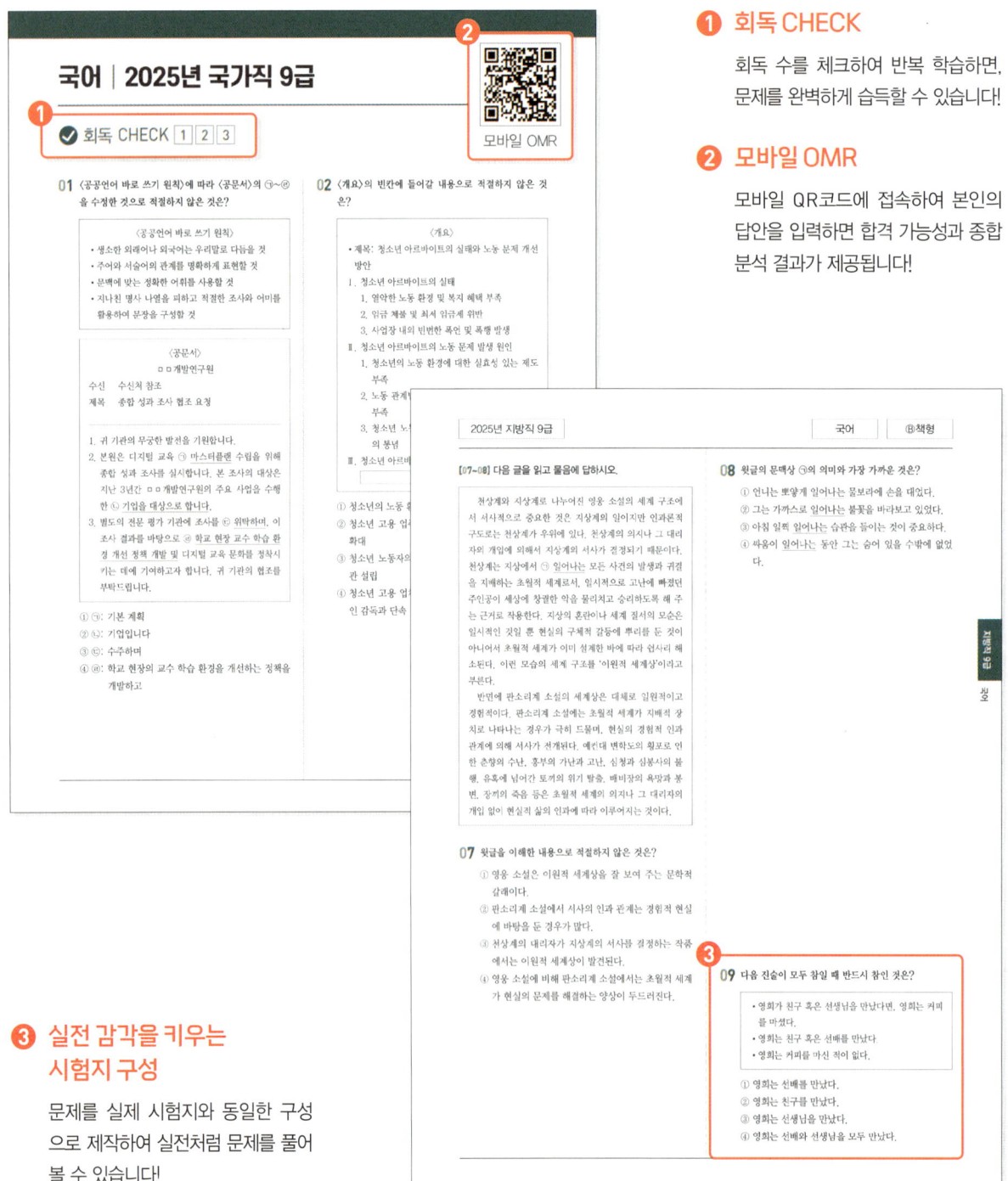

**1 회독 CHECK**

회독 수를 체크하여 반복 학습하면, 문제를 완벽하게 습득할 수 있습니다!

**2 모바일 OMR**

모바일 QR코드에 접속하여 본인의 답안을 입력하면 합격 가능성과 종합 분석 결과가 제공됩니다!

**3 실전 감각을 키우는 시험지 구성**

문제를 실제 시험지와 동일한 구성으로 제작하여 실전처럼 문제를 풀어 볼 수 있습니다!

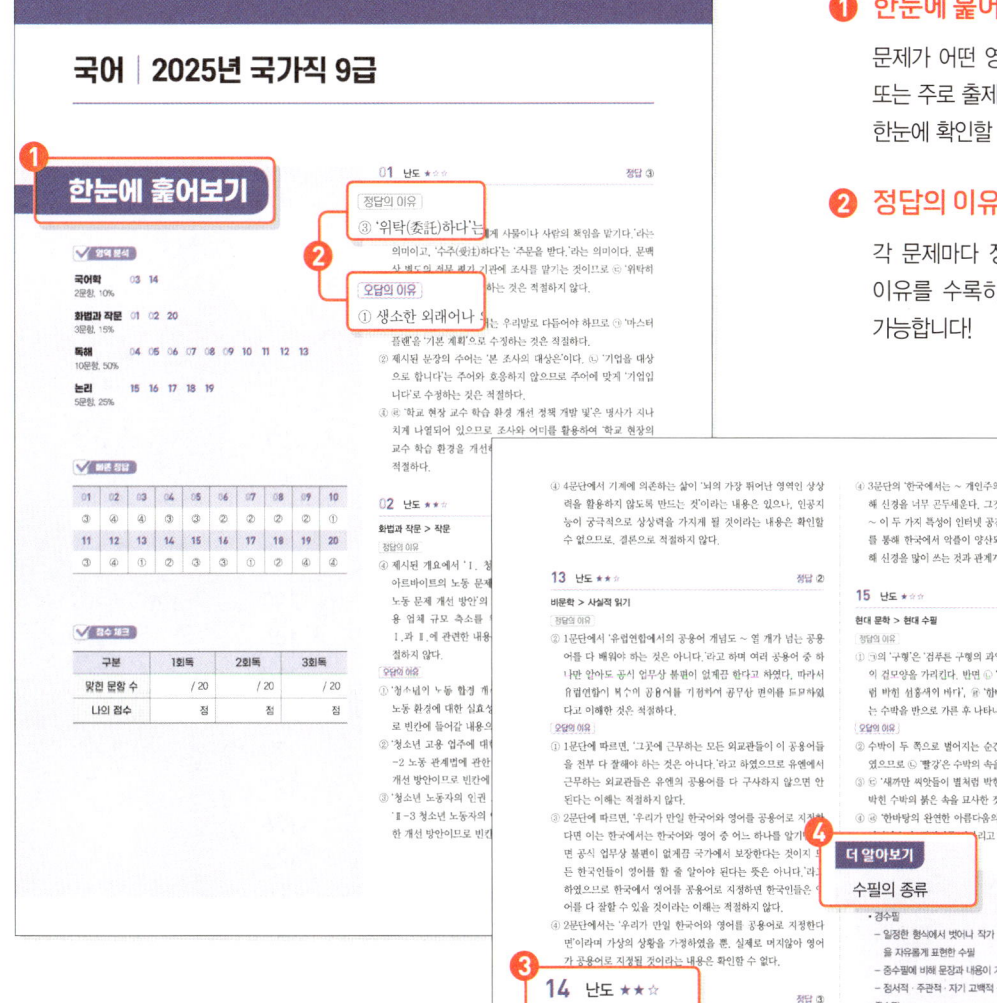

# 이 책의 목차

| | | 문제편 | 해설편 |
|---|---|---|---|
| **부록** | 2025 출제기조 전환 예시문제(1차) | 002 | 019 |
| | 2025 출제기조 전환 예시문제(2차) | 011 | 025 |
| **국가직** | 2025 국가직 9급 | 004 | 004 |
| | 2024 국가직 9급 | 013 | 010 |
| | 2023 국가직 9급 | 021 | 016 |
| | 2022 국가직 9급 | 030 | 022 |
| | 2021 국가직 9급 | 038 | 030 |
| | 2020 국가직 9급 | 046 | 038 |
| | 2019 국가직 9급 | 054 | 045 |
| **지방직** | 2025 지방직 9급 | 066 | 054 |
| | 2024 지방직 9급 | 075 | 059 |
| | 2023 지방직 9급 | 083 | 065 |
| | 2022 지방직 9급 | 091 | 071 |
| | 2021 지방직 9급 | 099 | 077 |
| | 2020 지방직 9급 | 108 | 084 |
| | 2019 지방직 9급 | 115 | 091 |
| **서울시** | 2025 서울시 9급 | 124 | 100 |
| | 2024 제1회 서울시 9급 | 130 | 106 |
| | 2024 제2회 서울시 9급 | 136 | 112 |
| | 2023 서울시 9급 | 143 | 118 |
| | 2022 제1회 서울시 9급 | 149 | 123 |
| | 2022 제2회 서울시 9급 | 155 | 129 |
| | 2021 서울시 9급 | 160 | 136 |
| | 2020 서울시 9급 | 165 | 142 |
| | 2019 제1회 서울시 9급 | 170 | 147 |
| | 2019 제2회 서울시 9급 | 175 | 153 |
| **법원직** | 2025 법원직 9급 | 182 | 160 |
| | 2024 법원직 9급 | 193 | 167 |
| | 2023 법원직 9급 | 205 | 174 |
| | 2022 법원직 9급 | 216 | 182 |
| | 2021 법원직 9급 | 228 | 190 |
| **고난도 기출문제** | 2024 국회직 8급 | 242 | 200 |
| | 2023 국회직 8급 | 253 | 209 |
| | 2022 국회직 8급 | 265 | 217 |
| | 2023 국회직 7급 | 277 | 225 |

**기출이 답이다 9급 공무원**

# 국어

## 부록

- 2025년 출제기조 전환 예시문제(1차)
- 2025년 출제기조 전환 예시문제(2차)
- 2025년 출제기조 전환 예시문제(1차) 해설
- 2025년 출제기조 전환 예시문제(2차) 해설

# 국어 | 2025년 출제기조 전환 예시문제(1차)

✅ 회독 CHECK 1 2 3

**01** 〈공공언어 바로 쓰기 원칙〉에 따라 〈공문서〉의 ㉠~㉣을 수정한 것으로 적절하지 않은 것은?

〈공공언어 바로 쓰기 원칙〉
- 중복되는 표현을 삼갈 것
- 대등한 것끼리 접속할 때는 구조가 같은 표현을 사용할 것
- 주어와 서술어를 호응시킬 것
- 필요한 문장 성분이 생략되지 않도록 할 것

〈공문서〉
한국의약품정보원
수신    국립국어원
(경유)
제목    의약품 용어 표준화를 위한 자문회의 참석
        ㉠ 안내 알림

1. ㉡ 표준적인 언어생활의 확립과 일상적인 국어 생활을 향상하기 위해 일하시는 귀원의 노고에 감사드립니다.
2. 본원은 국내 유일의 의약품 관련 비영리 재단법인으로서 의약품에 관한 ㉢ 표준 정보가 제공되고 있습니다.
3. 의약품의 표준 용어 체계를 구축하고 ㉣ 일반 국민도 알기 쉬운 표현으로 개선하여 안전한 의약품 사용 환경을 마련하기 위해 자문회의를 개최하니 귀원의 연구원이 참석해 주시기를 바랍니다.

① ㉠: 안내
② ㉡: 표준적인 언어생활을 확립하고 일상적인 국어 생활의 향상을 위해
③ ㉢: 표준 정보를 제공하고 있습니다.
④ ㉣: 의약품 용어를 일반 국민도 알기 쉬운 표현으로 개선하여

**02** 다음 글에서 추론한 내용으로 적절하지 않은 것은?

'밤하늘'은 '밤'과 '하늘'이 결합하여 한 단어를 이루고 있는데, 이처럼 어휘 의미를 띤 요소끼리 결합한 단어를 합성어라고 한다. 합성어는 분류 기준에 따라 여러 방식으로 나눌 수 있다. 합성어의 품사에 따라 합성명사, 합성형용사, 합성부사 등으로 나누기도 하고, 합성의 절차가 국어의 정상적인 단어 배열법을 따르는지의 여부에 따라 통사적 합성어와 비통사적 합성어로 나누기도 하고, 구성 요소 간의 의미 관계에 따라 대등합성어와 종속합성어로 나누기도 한다.
합성명사의 예를 보자. '강산'은 명사(강)+명사(산)로, '젊은이'는 용언의 관형사형(젊은)+명사(이)로, '덮밥'은 용언 어간(덮)+명사(밥)로 구성되어 있다. 명사끼리의 결합, 용언의 관형사형과 명사의 결합은 국어 문장 구성에서 흔히 나타나는 단어 배열법으로, 이들을 통사적 합성어라고 한다. 반면 용언 어간과 명사의 결합은 국어 문장 구성에 없는 단어 배열법인데 이런 유형은 비통사적 합성어에 속한다. '강산'은 두 성분 관계가 대등한 관계를 이루는 대등합성어인데, '젊은이'나 '덮밥'은 앞 성분이 뒤 성분을 수식하는 종속합성어이다.

① 아버지의 형을 이르는 '큰아버지'는 종속합성어이다.
② '흰머리'는 용언 어간과 명사가 결합한 합성명사이다.
③ '늙은이'는 어휘 의미를 지닌 두 요소가 결합해 이루어진 단어이다.
④ 동사 '먹다'의 어간인 '먹'과 명사 '거리'가 결합한 '먹거리'는 비통사적 합성어이다.

**03** 다음 글의 ㉠의 사례가 포함되어 있지 않은 것은?

> 존경 표현에는 주어 명사구를 직접 존경하는 '직접존경'이 있고, 존경의 대상과 긴밀한 관련을 가지는 인물이나 사물 등을 높이는 ㉠'간접존경'도 있다. 전자의 예로 "할머니는 직접 용돈을 마련하신다."를 들 수 있고, 후자의 예로는 "할머니는 용돈이 없으시다."를 들 수 있다. 전자에서 용돈을 마련하는 행위를 하는 주어는 할머니이므로 '마련한다'가 아닌 '마련하신다'로 존경 표현을 한 것이다. 후자에서는 용돈이 주어이지만 할머니와 긴밀한 관련을 가진 사물이라서 '없다'가 아니라 '없으시다'로 존경 표현을 한 것이다.

① 고모는 자식이 다섯이나 있으시다.
② 할머니는 다리가 아프셔서 병원에 다니신다.
③ 언니는 아버지가 너무 건강을 염려하신다고 말했다.
④ 할아버지는 젊었을 때부터 수염이 많으셨다고 들었다.

**04** 다음 글의 ㉠~㉢에 들어갈 말을 적절하게 나열한 것은?

> 소설과 현실의 관계를 온당하게 살피기 위해서는 세계의 현실성, 문제의 현실성, 해결의 현실성을 구별해야 한다. 우리가 살고 있는 이 입체적인 시공간에서 특히 의미 있는 한 부분을 도려내어 서사의 무대로 삼을 경우 세계의 현실성이 확보된다. 그 세계 안의 인간이 자신을 둘러싼 세계와 고투하면서 당대의 공론장에서 기꺼이 논의해볼 만한 의제를 산출해 낼 때 문제의 현실성이 확보된다. 한 사회가 완강하게 구조화하고 있는 '가능한 것'과 '불가능한 것'의 좌표를 흔들면서 특정한 선택지를 제출할 때 해결의 현실성이 확보된다.
> 최인훈의 「광장」은 밀실과 광장 사이에서 고뇌하는 주인공의 모습을 통해 '남(南)이냐 북(北)이냐'라는 민감한 주제를 격화된 이념 대립의 공론장에 던짐으로써 ㉠ 을 확보하였다. 작품의 시공간으로 당시 남한과 북한을 소설적 세계로 선택함으로써 동서 냉전 시대의 보편성과 한반도 분단 체제의 특수성을 동시에 포괄할 수 있는 ㉡ 도 확보하였다. 「광장」에서 주인공이 남과 북 모두를 거부하고 자살을 선택하는 결말은 남북으로 상징되는 당대의 이원화된 이데올로기를 근저에서 흔들었다. 이로써 ㉢ 을 확보할 수 있었다.

|   | ㉠ | ㉡ | ㉢ |
|---|---|---|---|
| ① | 문제의 현실성 | 세계의 현실성 | 해결의 현실성 |
| ② | 문제의 현실성 | 해결의 현실성 | 세계의 현실성 |
| ③ | 세계의 현실성 | 문제의 현실성 | 해결의 현실성 |
| ④ | 세계의 현실성 | 해결의 현실성 | 문제의 현실성 |

**05** 다음 진술이 모두 참일 때 반드시 참인 것은?

> - 오 주무관이 회의에 참석하면, 박 주무관도 참석한다.
> - 박 주무관이 회의에 참석하면, 홍 주무관도 참석한다.
> - 홍 주무관이 회의에 참석하지 않으면, 공 주무관도 참석하지 않는다.

① 공 주무관이 회의에 참석하면, 박 주무관도 참석한다.
② 오 주무관이 회의에 참석하면, 홍 주무관은 참석하지 않는다.
③ 박 주무관이 회의에 참석하지 않으면, 공 주무관은 참석한다.
④ 홍 주무관이 회의에 참석하지 않으면, 오 주무관도 참석하지 않는다.

**06** 다음 글을 이해한 내용으로 가장 적절한 것은?

> 이육사의 시에는 시인의 길과 투사의 길을 동시에 걸었던 작가의 면모가 고스란히 담겨 있다. 가령, 「절정」은 크게 두 부분으로 나누어지는데, 투사가 처한 냉엄한 현실적 조건이 3개의 연에 걸쳐 먼저 제시된 후, 시인이 품고 있는 인간과 역사에 대한 희망이 마지막 연에 제시된다.
> 우선, 투사 이육사가 처한 상황은 대단히 위태로워 보인다. 그는 "매운 계절의 채찍에 갈겨 / 마침내 북방으로 휩쓸려" 왔고, "서릿발 칼날진 그 위에 서" 바라본 세상은 "하늘도 그만 지쳐 끝난 고원"이어서 가냘픈 희망을 품는 것조차 불가능해 보인다. 이러한 상황은 "한발 제겨디딜 곳조차 없다"는 데에 이르러 극한에 도달하게 된다. 여기서 그는 더 이상 피할 수 없는 존재의 위기를 깨닫게 되는데, 이때 시인 이육사가 나서면서 시는 반전의 계기를 마련한다.
> 마지막 4연에서 시인은 3연까지 치달아 온 극한의 위기를 담담히 대면한 채, "이러매 눈감아 생각해" 보면서 현실을 새롭게 규정한다. 여기서 눈을 감는 행위는 외면이나 도피가 아니라 피할 수 없는 현실적 조건을 새롭게 반성함으로써 현실의 진정한 면모와 마주하려는 적극적인 행위로 읽힌다. 이는 다음 행, "겨울은 강철로 된 무지갠가보다"라는 시구로 이어지면서 현실에 대한 새로운 성찰로 마무리된다. 이 마지막 구절은 인간과 역사에 대한 희망을 놓지 않으려는 시인의 안간힘으로 보인다.

① 「절정」에는 투사가 처한 극한의 상황이 뚜렷한 계절의 변화로 드러난다.
② 「절정」에서 시인은 투사가 처한 현실적 조건을 외면하지 않고 새롭게 인식한다.
③ 「절정」은 시의 구성이 두 부분으로 나누어지면서 투사와 시인이 반목과 화해를 거듭한다.
④ 「절정」에는 냉엄한 현실에 절망하는 시인의 면모와 인간과 역사에 대한 희망을 놓지 않으려는 투사의 면모가 동시에 담겨 있다.

**07** (가)~(라)를 맥락에 맞추어 가장 적절하게 나열한 것은?

(가) 다음으로 시청자의 마음을 사로잡을 수 있는 참신한 인물을 창조해야 한다. 특히 주인공은 장애를 만나 새로운 목표를 만들고, 그것을 이루는 과정에서 최종적으로 영웅이 된다. 시청자는 주인공이 목표를 이루는 데 적합한 인물로 변화를 거듭할 때 그에게 매료된다.

(나) 스토리텔링 전략에서 제일 먼저 해야 할 일이 로그라인을 만드는 것이다. 로그라인은 '장애, 목표, 변화, 영웅'이라는 네 가지 요소를 담아야 하며, 3분 이내로 압축적이어야 한다. 이를 통해 스토리의 목적과 방향이 마련된다.

(다) 이 같은 인물 창조의 과정에서 스토리의 주제가 만들어진다. '사랑과 소속감, 안전과 안정, 자유와 자발성, 권력과 책임, 즐거움과 재미, 인식과 이해'는 수천 년 동안 성별, 나이, 문화를 초월하여 두루 통용된 주제이다.

(라) 시청자가 드라마나 영화에 대해 시청 여부를 결정하는 데 걸리는 시간은 8초에 불과하다. 제작자는 이 짧은 시간 안에 시청자를 사로잡을 수 있는 스토리텔링 전략이 필요하다.

① (나) - (가) - (라) - (다)
② (나) - (다) - (가) - (라)
③ (라) - (나) - (가) - (다)
④ (라) - (나) - (다) - (가)

**08** 〈지침〉에 따라 〈개요〉를 작성할 때 ㉠~㉣에 들어갈 내용으로 적절하지 않은 것은?

〈지침〉
- 서론은 중심 소재의 개념 정의와 문제 제기를 1개의 장으로 작성할 것
- 본론은 제목에서 밝힌 내용을 2개의 장으로 구성하되 각 장의 하위 항목끼리 대응되도록 작성할 것
- 결론은 기대 효과와 향후 과제를 1개의 장으로 작성할 것

〈개요〉
- 제목: 복지 사각지대의 발생 원인과 해소 방안
Ⅰ. 서론
  1. 복지 사각지대의 정의
  2. ㉠
Ⅱ. 복지 사각지대의 발생 원인
  1. ㉡
  2. 사회복지 담당 공무원의 인력 부족
Ⅲ. 복지 사각지대의 해소 방안
  1. 사회적 변화를 반영하여 기존 복지 제도의 미비점 보완
  2. ㉢
Ⅳ. 결론
  1. ㉣
  2. 복지 사각지대의 근본적이고 지속가능한 해소 방안 마련

① ㉠: 복지 사각지대의 발생에 따른 사회 문제의 증가
② ㉡: 사회적 변화를 반영하지 못한 기존 복지 제도의 한계
③ ㉢: 사회복지 업무 경감을 통한 공무원 직무 만족도 증대
④ ㉣: 복지 혜택의 범위 확장을 통한 사회 안전망 강화

**09** 다음 글의 빈칸에 들어갈 결론으로 가장 적절한 것은?

신경과학자 아이젠버거는 참가자들을 모집하여 실험을 진행하였다. 이 실험에서 그의 연구팀은 실험 참가자의 뇌를 'fMRI' 기계를 이용해 촬영하였다. 뇌의 어떤 부위가 활성화되는가를 촬영하여 실험 참가자가 어떤 심리적 상태인가를 파악하려는 것이었다. 아이젠버거는 각 참가자에게 그가 세 사람으로 구성된 그룹의 일원이 될 것이고, 온라인에 각각 접속하여 서로 공을 주고받는 게임을 하게 될 것이라고 알려주었다. 그런데 이 실험에서 각 그룹의 구성원 중 실제 참가자는 한 명뿐이었고 나머지 둘은 컴퓨터 프로그램이었다. 실험이 시작되면 처음 몇 분 동안 셋이 사이좋게 순서대로 공을 주고받지만, 어느 순간부터 실험 참가자는 공을 받지 못한다. 실험 참가자를 제외한 나머지 둘은 계속 공을 주고받기 때문에, 실험 참가자는 나머지 두 사람이 아무런 설명 없이 자신을 따돌린다고 느끼게 된다. 연구팀은 실험 참가자가 따돌림을 당할 때 그의 뇌에서 전두엽의 전대상피질 부위가 활성화된다는 것을 확인했다. 이는 인간이 물리적 폭력을 당할 때 활성화되는 뇌의 부위이다. 연구팀은 이로부터 _____ 는 결론을 내릴 수 있었다.

① 물리적 폭력은 뇌 전두엽의 전대상피질 부위를 활성화한다
② 물리적 폭력은 피해자의 개인적 경험을 사회적 문제로 전환한다
③ 따돌림은 피해자에게 물리적 폭력보다 더 심각한 부정적 영향을 미친다
④ 따돌림을 당할 때와 물리적 폭력을 당할 때의 심리적 상태는 서로 다르지 않다

**[10~11]** 다음 글을 읽고 물음에 답하시오.

'크로노토프'는 그리스어로 시간과 공간을 뜻하는 두 단어를 결합한 것으로, 시공간을 통합적으로 이해하기 위한 개념이다. 크로노토프의 관점에서 보면 고소설과 근대소설의 차이를 명확하게 파악할 수 있다.

고소설에는 돌아가야 할 곳으로서의 원점이 존재한다. 그것은 영웅소설에서라면 중세의 인륜이 원형대로 보존된 세계이고, 가정소설에서라면 가장을 중심으로 가족 구성원들이 평화롭게 공존하는 가정이다. 고소설에서 주인공은 적대자에 의해 원점에서 분리되어 고난을 겪는다. 그들의 목표는 상실한 원점을 회복하는 것, 즉 그곳에서 향유했던 이상적 상태로 ⓐ돌아가는 것이다. 주인공과 적대자 사이의 갈등이 전개되는 시간을 서사적 현재라 한다면, 주인공이 도달해야 할 종결점은 새로운 미래가 아니라 다시 도래할 과거로서의 미래이다. 이러한 시공간의 배열을 '회귀의 크로노토프'라고 한다.

근대소설 「무정」은 회귀의 크로노토프를 부정한다. 이것은 주인공인 이형식과 박영채의 시간 경험을 통해 확인된다. 형식은 고아지만 이상적인 고향의 기억을 갖고 있다. 그것은 박 진사의 집에서 영채와 함께하던 때의 기억이다. 이는 영채도 마찬가지이기에, 그들에게 박 진사의 집으로 표상되는 유년의 과거는 이상적 원점의 구실을 한다. 박 진사의 죽음은 그들에게 고향의 상실을 상징한다. 두 사람의 결합이 이상적 상태의 고향을 회복할 수 있는 유일한 방법이겠지만, 그들은 끝내 결합하지 못한다. 형식은 새 시대의 새 인물이 되어야 한다고 생각하며 과거로의 복귀를 거부한다.

**10** 윗글에서 추론한 내용으로 가장 적절한 것은?

① 「무정」과 고소설은 회귀의 크로노토프를 부정한다는 점에서 공통적이다.
② 영웅소설의 주인공과 「무정」의 이형식은 그들의 이상적 원점을 상실했다는 공통점을 가지고 있다.
③ 「무정」에서 이형식이 박영채와 결합했다면 새로운 미래로서의 종결점에 도달할 수 있었을 것이다.
④ 가정소설은 가족 구성원들이 평화롭게 공존하는 결말을 통해 상실했던 원점으로의 복귀를 거부한다.

**11** 문맥상 ㉠의 의미와 가장 가까운 것은?

① 전쟁은 연합군의 승리로 돌아갔다.
② 사과가 한 사람 앞에 두 개씩 돌아간다.
③ 그는 잃어버린 동심으로 돌아가고 싶었다.
④ 그녀는 자금이 잘 돌아가지 않는다며 걱정했다.

**12** (가)와 (나)를 전제로 할 때 빈칸에 들어갈 결론으로 가장 적절한 것은?

> (가) 노인복지 문제에 관심이 있는 사람 중 일부는 일자리 문제에 관심이 있는 사람이 아니다.
> (나) 공직에 관심이 있는 사람은 모두 일자리 문제에 관심이 있는 사람이다.
> 따라서 _____.

① 노인복지 문제에 관심이 있는 사람 중 일부는 공직에 관심이 있는 사람이 아니다
② 공직에 관심이 있는 사람 중 일부는 노인복지 문제에 관심이 있는 사람이 아니다
③ 공직에 관심이 있는 사람은 모두 노인복지 문제에 관심이 있는 사람이 아니다
④ 일자리 문제에 관심이 있지만 노인복지 문제에 관심이 없는 사람은 모두 공직에 관심이 있는 사람이 아니다

**13** 다음 글의 ㉠~㉣ 중 어색한 곳을 찾아 가장 적절하게 수정한 것은?

> 수명을 늘릴 수 있는 여러 방법 중 가장 좋은 방법은 노화 문제를 해결하는 것이다. 이 방법은 인간이 젊고 건강한 상태로 수명을 연장할 수 있다는 점에서 ㉠늙고 병든 상태에서 단순히 죽음의 시간을 지연시킨다는 기존 발상과 근본적으로 다르다. ㉡노화가 진행된 상태를 진행되기 전의 상태로 되돌린다거나 노화가 시작되기 전에 노화를 막는 장치가 개발된다면, 젊음을 유지한 채 수명을 늘리는 것은 충분히 가능하다.
> 그러나 노화 문제와 관련된 현재까지의 연구는 초라하다. 이는 대부분 연구가 신약 개발의 방식으로만 진행되어 왔기 때문이다. 현재 기준에서는 질병 치료를 목적으로 개발한 신약만 승인받을 수 있는데, 식품의약국이 노화를 ㉢질병으로 본 탓에 노화를 멈추는 약은 승인받을 수 없었다. 노화를 질병으로 보더라도 해당 약들이 상용화되기까지는 아주 오랜 시간이 필요하다.
> 그런데 노화 문제는 발전을 거듭하고 있는 인공지능 덕분에 신약 개발과는 다른 방식으로 극복될 수 있을지 모른다. 일반 사람들에 비해 ㉣노화가 더디게 진행되는 사람들의 유전자 자료를 데이터화하면 그들에게서 노화를 지연시키는 생리적 특징을 추출할 수 있는데, 이를 통해 유전자를 조작하는 방식으로 노화를 막을 수 있다.

① ㉠: 늙고 병든 상태에서 담담히 죽음의 시간을 기다린다
② ㉡: 노화가 진행되기 전의 신체를 노화가 진행된 신체
③ ㉢: 질병으로 보지 않은 탓에 노화를 멈추는 약은 승인받을 수 없었다
④ ㉣: 노화가 더디게 진행되는 사람들의 유전자 자료를 데이터화하면 그들에게서 노화를 촉진

**14** ㉠을 평가한 내용으로 적절한 것만을 〈보기〉에서 모두 고르면?

> 흔히 '일곱 빛깔 무지개'라는 말을 한다. 서로 다른 빛깔의 띠 일곱 개가 무지개를 이루고 있다는 뜻이다. 영어나 프랑스어를 비롯해 다른 자연언어들에도 이와 똑같은 표현이 있는데, 이는 해당 자연언어가 무지개의 색상에 대응하는 색채 어휘를 일곱 개씩 지녔기 때문이라고 할 수 있다.
> 언어학자 사피어와 그의 제자 워프는 여기서 어떤 영감을 얻었다. 그들은 서로 다른 언어를 쓰는 아메리카 원주민들에게 무지개의 띠가 몇 개냐고 물었다. 대답은 제각각 달랐다. 사피어와 워프는 이 설문 결과에 기대어, 사람들은 자신의 언어에 얽매인 채 세계를 경험한다고 판단했다. 이 판단으로부터, "우리는 모국어가 그어놓은 선에 따라 자연세계를 분단한다."라는 유명한 발언이 나왔다. 이에 따르면 특정 현상과 관련한 단어가 많을수록 해당 언어권의 화자들은 그 현상에 대해 심도 있게 경험하는 것이다. 언어가 의식을, 사고와 세계관을 결정한다는 이 견해는 ㉠ 사피어-워프 가설이라 불리며 언어학과 인지과학의 논란거리가 되어왔다.

─〈보 기〉─

ㄱ. 눈[雪]을 가리키는 단어를 4개 지니고 있는 이누이트족이 1개 지니고 있는 영어 화자들보다 눈을 넓고 섬세하게 경험한다는 것은 ㉠을 강화한다.

ㄴ. 수를 세는 단어가 '하나', '둘', '많다' 3개뿐인 피라하족의 사람들이 세 개 이상의 대상을 모두 '많다'고 인식하는 것은 ㉠을 강화한다.

ㄷ. 색채 어휘가 적은 자연언어 화자들이 색채 어휘가 많은 자연언어 화자들에 비해 색채를 구별하는 능력이 뛰어나다는 것은 ㉠을 약화한다.

① ㄱ
② ㄱ, ㄴ
③ ㄴ, ㄷ
④ ㄱ, ㄴ, ㄷ

**[15~16]** 다음 글을 읽고 물음에 답하시오.

> 한국 신화에 보이는 신과 인간의 관계는 다른 나라의 신화와 ㉠ 견주어 볼 때 흥미롭다. 한국 신화에서 신은 인간과의 결합을 통해 결핍을 해소함으로써 완전한 존재가 되고, 인간은 신과의 결합을 통해 혼자 할 수 없었던 존재론적 상승을 이룬다.
> 한국 건국신화에서 주인공인 신은 지상에 내려와 왕이 되고자 한다. 천상적 존재가 지상적 존재가 되기를 ㉡ 바라는 것인데, 인간들의 왕이 된 신은 인간 여성과의 결합을 통해 자식을 낳음으로써 결핍을 메운다. 무속신화에서는 인간이었던 주인공이 신과의 결합을 통해 신적 존재로 ㉢ 거듭나게 됨으로써 존재론적으로 상승하게 된다. 이처럼 한국 신화에서 신과 인간은 서로의 존재를 필요로 한다는 점에서 상호의존적이고 호혜적이다.
> 다른 나라의 신화들은 신과 인간의 관계가 한국 신화와 달리 위계적이고 종속적이다. 히브리 신화에서 피조물인 인간은 자신을 창조한 유일신에 대해 원초적 부채감을 지니고 있으며, 신이 지상의 모든 일을 관장한다는 점에서 언제나 인간의 우위에 있다. 이러한 양상은 북유럽이나 바빌로니아 등에 ㉣ 퍼져 있는 신체 화생 신화에도 유사하게 나타난다. 신체 화생 신화는 신이 죽음을 맞게 된 후 그 신체가 해체되면서 인간 세계가 만들어지게 된다는 것인데, 신의 희생 덕분에 인간 세계가 만들어질 수 있었다는 점에서 인간은 신에게 철저히 종속되어 있다.

**15** 윗글을 이해한 내용으로 적절하지 않은 것은?

① 히브리 신화에서 신과 인간의 관계는 위계적이다.
② 한국 무속신화에서 신은 인간을 위해 지상에 내려와 왕이 된다.
③ 한국 건국신화에서 신은 인간과의 결합을 통해 완전한 존재가 된다.
④ 한국 신화에 보이는 신과 인간의 관계는 신체 화생 신화에 보이는 신과 인간의 관계와 다르다.

**16** ㉠~㉣과 바꿔 쓸 수 있는 유사한 표현으로 적절하지 않은 것은?

① ㉠: 비교해
② ㉡: 희망하는
③ ㉢: 복귀하게
④ ㉣: 분포되어

**17** 다음 대화를 분석한 내용으로 가장 적절한 것은?

> 갑: 전염병이 창궐했을 때 마스크를 착용하는 것은 당연한 일인데, 그것을 거부하는 사람이 있다니 도대체 이해가 안 돼.
> 을: 마스크 착용을 거부하는 사람들을 무조건 비난하지 말고 먼저 왜 그러는지 정확하게 이유를 파악하는 것이 필요해.
> 병: 그 사람들은 개인의 자유가 가장 존중받아야 하는 기본권이라고 생각하기 때문일 거야.
> 갑: 개인의 자유로운 선택이 타인의 생명을 위협한다면 기본권이라 하더라도 제한하는 것이 보편적 상식 아닐까?
> 병: 맞아. 개인이 모여 공동체를 이루는데 나의 자유만을 고집하면 결국 사회는 극단적 이기주의에 빠져 붕괴하고 말 거야.
> 을: 마스크를 쓰지 않는 행위를 윤리적 차원에서만 접근하지 말고, 문화적 차원에서도 고려할 필요가 있어. 어떤 사회에서는 얼굴을 가리는 것이 범죄자의 징표로 인식되기도 해.

① 화제에 대해 남들과 다른 측면에서 탐색하는 사람이 있다.
② 자신의 의견이 반박되자 질문을 던져 화제를 전환하는 사람이 있다.
③ 대화가 진행되면서 논점에 대한 찬반 입장이 바뀌는 사람이 있다.
④ 사례의 공통점을 종합하여 자신의 주장을 강화하는 사람이 있다.

**[18~19] 다음 글을 읽고 물음에 답하시오.**

> 영국의 유명한 원형 석조물인 스톤헨지는 기원전 3,000년경 신석기시대에 세워졌다. 1960년대에 천문학자 호일이 스톤헨지가 일종의 연산장치라는 주장을 하였고, 이후 엔지니어인 톰은 태양과 달을 관찰하기 위한 정교한 기구라고 확신했다. 천문학자 호킨스는 스톤헨지의 모양이 태양과 달의 배열을 나타낸 것이라는 의견을 제시해 관심을 모았다.
> 그러나 고고학자 앳킨슨은 ㉠그들의 생각을 비난했다. 앳킨슨은 스톤헨지를 세운 사람들을 '야만인'으로 묘사하면서, ㉡이들은 호킨스의 주장과 달리 과학적 사고를 할 줄 모른다고 주장했다. 이에 호킨스를 옹호하는 학자들이 진화적 관점에서 앳킨슨을 비판하였다. ㉢이들은 신석기시대보다 훨씬 이전인 4만 년 전의 사람들도 신체적으로 우리와 동일했으며 지능 또한 우리보다 열등했다고 볼 근거가 없다고 주장했다.
> 하지만 스톤헨지의 건설자들이 포괄적인 의미에서 현대인과 같은 지능을 가졌다고 해도 과학적 사고와 기술적 지식을 가지지는 못했다. ㉣그들에게는 우리처럼 2,500년에 걸쳐 수학과 천문학의 지식이 보존되고 세대를 거쳐 전승되어 쌓인 방대하고 정교한 문자 기록이 없었다. 선사시대의 생각과 행동이 우리와 똑같은 식으로 전개되지 않았으리라는 점은 매우 중요하다. 지적 능력을 갖췄다고 해서 누구나 우리와 같은 동기와 관심, 개념적 틀을 가졌으리라고 생각하는 것은 잘못이다.

**18** 윗글에 대해 평가한 내용으로 가장 적절한 것은?

① 스톤헨지가 제사를 지내는 장소였다는 후대 기록이 발견되면 호킨스의 주장은 강화될 것이다.
② 스톤헨지 건설 당시의 사람들이 숫자를 사용하였다는 증거가 발견되면 호일의 주장은 약화될 것이다.
③ 스톤헨지의 유적지에서 수학과 과학에 관련된 신석기시대 기록물이 발견되면 글쓴이의 주장은 강화될 것이다.
④ 기원전 3,000년경 인류에게 천문학 지식이 있었다는 증거가 발견되면 앳킨슨의 주장은 약화될 것이다.

**19** 문맥상 ㉠~㉣ 중 지시 대상이 같은 것만으로 묶인 것은?

① ㉠, ㉢
② ㉡, ㉣
③ ㉠, ㉡, ㉢
④ ㉠, ㉡, ㉣

**20** 다음 글의 밑줄 친 결론을 이끌어내기 위해 추가해야 할 것은?

> 문학을 좋아하는 사람은 모두 자연의 아름다움을 좋아하는 사람이다. 자연의 아름다움을 좋아하는 어떤 사람은 예술을 좋아하는 사람이다. 따라서 예술을 좋아하는 어떤 사람은 문학을 좋아하는 사람이다.

① 자연의 아름다움을 좋아하는 사람은 모두 문학을 좋아하는 사람이다.
② 문학을 좋아하는 어떤 사람은 자연의 아름다움을 좋아하는 사람이다.
③ 예술을 좋아하는 어떤 사람은 자연의 아름다움을 좋아하는 사람이다.
④ 예술을 좋아하지만 문학을 좋아하지 않는 사람은 모두 자연의 아름다움을 좋아하는 사람이다.

# 국어 | 2025년 출제기조 전환 예시문제(2차)

**01** 〈공공언어 바로 쓰기 원칙〉에 따라 수정한 것으로 적절하지 않은 것은?

〈공공언어 바로 쓰기 원칙〉
• 주어와 서술어의 호응
  – ㉠ 능동과 피동의 관계를 정확하게 사용함.
• 여러 뜻으로 해석되는 표현 삼가기
  – ㉡ 중의적인 문장을 사용하지 않음.
• 명료한 수식어구 사용
  – ㉢ 수식어와 피수식어의 관계를 분명하게 표현함.
• 대등한 구조를 보여 주는 표현 사용
  – ㉣ '–고', '와/과' 등으로 접속될 때에는 대등한 관계를 사용함.

① "이번 총선에서 국회의원 ○○○명을 선출되었다."를 ㉠에 따라 "이번 총선에서 국회의원 ○○○명이 선출되었다."로 수정한다.
② "시장은 시민의 안전에 관하여 건설업계 관계자들과 논의하였다."를 ㉡에 따라 "시장은 건설업계 관계자들과 시민의 안전에 관하여 논의하였다."로 수정한다.
③ "5킬로그램 정도의 금 보관함"을 ㉢에 따라 "금 5킬로그램 정도를 담은 보관함"으로 수정한다.
④ "음식물의 신선도 유지와 부패를 방지해야 한다."를 ㉣에 따라 "음식물의 신선도를 유지하고, 부패를 방지해야 한다."로 수정한다.

**02** 다음 글을 이해한 내용으로 적절하지 않은 것은?

조선시대 기록을 보면 오늘날 급성전염병에 속하는 병들의 다양한 명칭을 확인할 수 있는데, 전염성, 고통의 정도, 질병의 원인, 몸에 나타난 증상 등 작명의 과정에서 주목한 바는 각기 달랐다.

예를 들어, '역병(疫病)'은 사람이 고된 일을 치르듯[役] 병에 걸려 매우 고통스러운 상태를 말한다. '여역(厲疫)'이란 말은 힘들다[疫]는 뜻에다가 사납다[厲]는 의미가 더해져 있다. 현재의 성홍열로 추정되는 '당독역(唐毒疫)'은 오랑캐처럼 사납고[唐], 독을 먹은 듯 고통스럽다[毒]는 의미가 들어가 있다. '염병(染病)'은 전염성에 주목한 이름이고, 마찬가지로 '윤행괴질(輪行怪疾)' 역시 수레가 여기저기 옮겨 다니듯 한다는 뜻으로 질병의 전염성을 크게 강조한 이름이다.

'시기병(時氣病)'이란 특정 시기의 좋지 못한 기운으로 인해 생기는 전염병을 말하는데, 질병의 원인으로 나쁜 대기를 들고 있는 것이다. '온역(溫疫)'에 들어 있는 '온(溫)'은 이 병을 일으키는 계절적 원인을 가리킨다. 이밖에 '누창(瘻瘡)'이나 '마진(痲疹)' 따위의 병명은 피부에 발진이 생기고 그 모양이 콩 또는 삼씨 모양인 것을 강조한 말이다.

① '온역'은 질병의 원인에 주목하여 붙여진 이름이다.
② '역병'은 질병의 전염성에 주목하여 붙여진 이름이다.
③ '당독역'은 질병의 고통스러운 정도에 주목하여 붙여진 이름이다.
④ '마진'은 질병으로 인해 몸에 나타난 증상에 주목하여 붙여진 이름이다.

**03** 다음 글의 중심 내용으로 가장 적절한 것은?

> 플라톤의 『국가』에는 사람들이 살아가면서 가장 중요하게 생각하는 두 가지 요소에 대한 언급이 있다. 우리가 만약 이것들을 제대로 통제하고 조절할 수 있다면 좋은 삶을 살 수 있다고 플라톤은 말하고 있다. 하나는 대다수가 갖고 싶어하는 재물이며, 다른 하나는 대다수가 위험하게 생각하는 성적 욕망이다. 소크라테스는 당시 성공적인 삶을 살고 있다고 사람들에게 잘 알려진 케팔로스에게, 사람들이 좋아하는 재물이 많아서 좋은 점과 사람들이 싫어하는 나이가 많아서 좋은 점은 무엇인지를 물었다. 플라톤은 이 대화를 통해 우리가 어떻게 좋은 삶을 살 수 있는지를 보여준다.
> 케팔로스는 재물이 많으면 남을 속이거나 거짓말하지 않을 수 있어서 좋고, 나이가 많으면 성적 욕망을 쉽게 통제할 수 있어서 좋다고 말한다. 물론 재물이 적다고 남을 속이거나 거짓말을 하는 것은 아니며, 나이가 적다고 해서 성적 욕망을 쉽게 통제할 수 없는 것은 아니다. 그렇지만 누구나 살아가면서 이것들로 인해 힘들어하고 괴로워하는 경우가 많다는 것은 분명하다. 삶을 살아가면서 돈에 대한 욕망이나 성적 욕망만이라도 잘 다스릴 수 있다면 낭패를 당하거나 망신을 당할 일이 거의 없을 것이다. 인간에 대한 플라톤의 통찰력과 삶에 대한 지혜는 현재에도 여전히 유효하다.

① 재물욕과 성욕은 과거나 지금이나 가장 강한 욕망이다.
② 재물이 많으면서 나이가 많은 자가 좋은 삶을 살 수 있다.
③ 성공적인 삶을 살려면 재물욕과 성욕을 잘 다스려야 한다.
④ 잘 살기 위해서는 살면서 가장 중요한 것이 무엇인지 알아야 한다.

**04** 다음 글의 ㉠~㉣ 중 어색한 곳을 찾아 가장 적절하게 수정한 것은?

> 언어는 랑그와 파롤로 구분할 수 있다. 랑그는 머릿속에 내재되어 있는 추상적인 언어의 모습으로, 특정한 언어공동체가 공유하고 있는 기호체계를 가리킨다. 반면에 파롤은 구체적인 언어의 모습으로, 의사소통을 위해 랑그를 사용하는 개인적인 행위를 의미한다.
> 언어학자들은 흔히 ㉠ <u>랑그를 악보에 비유하고, 파롤을 실제 연주에 비유하곤</u> 하는데, 악보는 고정되어 있지만 실제 연주는 그 고정된 악보를 연주하는 사람에 따라 달라지기 마련이다. 그러니까 ㉡ <u>랑그는 여러 상황에도 불구하고 변하지 않고 기본을 이루는 언어의 본질적인 모습</u>에 해당한다. 한편 '책상'이라는 단어를 발음할 때 사람마다 발음되는 소리는 다르기 때문에 '책상'에 대한 발음은 제각각일 수밖에 없다. 여기서 ㉢ <u>실제로 발음되는 제각각의 소리값이 파롤</u>이다.
> 랑그와 파롤 개념과 비슷한 것으로 언어능력과 언어수행이 있다. 자기 모국어에 대해 사람들이 내재적으로 가지고 있는 지식이 언어능력이고, 사람들이 실제로 발화하는 행위가 언어수행이다. ㉣ <u>파롤이 언어능력에 대응한다면, 랑그는 언어수행에 대응한다.</u>

① ㉠: 랑그를 실제 연주에 비유하고, 파롤을 악보에 비유하곤
② ㉡: 랑그는 여러 상황에 맞춰 변화하는 언어의 본질적인 모습
③ ㉢: 실제로 발음되는 제각각의 소리값이 랑그
④ ㉣: 랑그가 언어능력에 대응한다면, 파롤은 언어수행에 대응

**05** 다음 글의 핵심 논지로 가장 적절한 것은?

판타지와 SF의 차별성은 '낯섦'과 '이미 알고 있는 것'이라는 기준을 통해 드러난다. 이 둘은 일반적으로 상반된 의미를 갖는다. 이미 알고 있는 것은 낯설지 않고, 낯선 것은 새로운 것을 의미하기 때문이다.

판타지와 SF에는 모두 새롭고 낯선 것이 등장하는데, 비근한 예가 현실에 존재하지 않는 괴물의 출현이다. 판타지에서 낯선 괴물이 나오면 사람들은 '저게 뭐지?'하면서도 그 낯섦을 그대로 받아들인다. 그렇기에 등장인물과 독자 모두 그 괴물을 원래부터 존재했던 것으로 받아들이고, 괴물은 등장하자마자 세계의 일부가 된다. 결국 판타지에서는 이미 알고 있는 것보다 새로운 것이 더 중요한 의미를 갖는다. 이와 달리 SF에서는 '그런 괴물이 어떻게 존재할 수 있지?'라고 의심하고 물어야 한다. SF에서는 인물과 독자들이 작가의 경험적 환경을 공유하기 때문에 괴물은 절대로 자연스럽지 않다. 괴물의 낯섦에 대한 질문은 괴물이 존재하는 세계에 대한 지식, 세계관, 나아가 정체성의 문제로 확장된다. 이처럼 SF에서는 어떤 새로운 것이 등장했을 때 그 낯섦을 인정하면서도 동시에 그것을 자신이 이미 알고 있던 인식의 틀로 끌어들여 재조정하는 과정이 요구된다.

① 판타지와 SF는 모두 새로운 것에 의해 알고 있는 것이 바뀌는 장르이다.
② 판타지와 SF는 모두 알고 있는 것과 새로운 것을 그대로 인정하고 둘 사이의 재조정이 필요한 장르이다.
③ 판타지는 새로운 것보다 알고 있는 것이 더 중요하고, SF는 알고 있는 것보다 새로운 것이 더 중요한 장르이다.
④ 판타지는 알고 있는 것보다 새로운 것이 더 중요하고, SF는 알고 있는 것과 새로운 것 사이의 재조정이 필요한 장르이다.

**06** 다음 빈칸에 들어갈 말로 가장 적절한 것은?

로빈후드는 14세기 후반인 1377년경에 인기를 끈 작품 〈농부 피어즈〉에 최초로 등장한다. 로빈후드 이야기는 주로 숲을 배경으로 전개된다. 숲에 사는 로빈후드 무리는 사슴고기를 중요시하는데 당시 숲은 왕의 영지였고 사슴 밀렵은 범죄였다. 왕의 영지에 있는 사슴에 대한 밀렵을 금지하는 법은 11세기 후반 잉글랜드를 정복한 윌리엄 왕이 제정한 것이므로 아마도 로빈후드 이야기가 그 이전 시기로까지 거슬러 올라가지는 않을 것이다. 또한 이야기에서 셔우드 숲을 한 바퀴 돌고 로빈후드를 만났다고 하는 국왕 에드워드는 1307년에 즉위하여 20년간 재위한 2세일 가능성이 있다. 1세에서 3세까지의 에드워드 국왕 가운데 이 지역의 순행 기록이 있는 사람은 에드워드 2세뿐이다. 이러한 근거를 토대로 추론할 때, 로빈후드 이야기의 시대 배경은 아마도 ☐ 일 가능성이 가장 크다.

① 11세기 후반
② 14세기 이전
③ 14세기 전반
④ 14세기 후반

**07** (가)~(다)를 맥락에 맞게 순서대로 나열한 것은?

> 북방에 사는 매는 덩치가 크고 사냥도 잘한다. 그래서 아시아에서는 몽골 고원과 연해주 지역에 사는 매들이 인기가 있었다.
> (가) 조선과 일본의 단절된 관계는 1609년 기유조약이 체결되면서 회복되었다. 하지만 이때는 조선과 일본이 서로를 직접 상대했던 것이 아니라 두 나라 사이에 끼어있는 대마도를 매개로 했다. 대마도는 막부로부터 조선의 외교·무역권을 위임받았고, 조선은 그러한 대마도에게 시혜를 베풀어줌으로써 일본과의 교린 체계를 유지해 나가려고 했다.
> (나) 일본에서 이 북방의 매에 접근할 수 있는 길은 한반도를 통하는 것 외에는 없었다. 그래서 한반도와 일본 간의 교류에 매가 중요한 물품으로 자리 잡았던 것이다. 하지만 임진왜란으로 인하여 교류는 단절되었다.
> (다) 이러한 외교관계에 매 교역이 자리하고 있었다. 대마도는 조선과의 공식적, 비공식적 무역을 통해서도 상당한 이익을 취했다. 따라서 조선후기에 이루어진 매 교역은 경제적인 측면과 정치·외교적인 성격이 강했다.

① (가) - (다) - (나)
② (나) - (가) - (다)
③ (나) - (다) - (가)
④ (다) - (나) - (가)

**08** 다음 글에서 추론한 내용으로 가장 적절한 것은?

> 『성경』에 따르면 예수는 죽은 지 사흘 만에 부활했다. 사흘이라고 하면 시간상 72시간을 의미하는데, 예수는 금요일 오후에 죽어서 일요일 새벽에 부활했으니 구체적인 시간을 따진다면 48시간이 채 되지 않는다. 그렇다면 『성경』에서 3일이라고 한 것은 예수의 신성성을 부각하기 위한 것일까?
> 여기에는 수를 세는 방식의 차이가 개입되어 있다. 구체적으로 말하면 우리가 사용하는 현대의 수에는 '0' 개념이 깔려 있지만, 『성경』이 기록될 당시에는 해당 개념이 없었다. '0' 개념은 13세기가 되어서야 유럽으로 들어왔으니, '0' 개념이 들어오기 전 시간의 길이는 '1'부터 셈했다. 다시 말해 시간의 시작점 역시 '1'로 셈했다는 것인데, 금요일부터 다음 금요일까지는 7일이 되지만, 시작하는 금요일까지 날로 셈해서 다음 금요일은 8일이 되는 식이다.
> 이와 같은 셈법의 흔적을 현대 언어에서도 찾을 수 있다. 오늘날 그리스 사람들은 올림픽이 열리는 주기에 해당하는 4년을 'pentaeteris'라고 부르는데, 이 말의 어원은 '5년'을 뜻한다. '2주'를 의미하는 용도로 사용되는 현대 프랑스어 'quinze jours'는 어원을 따지자면 '15일'을 가리키는데, 시간적으로는 동일한 기간이지만 시간을 셈하는 방식에 따라 마지막 날과 해가 달라진 것이다.

① '0' 개념은 13세기에 유럽에서 발명되었다.
② 『성경』에서는 예수의 신성성을 부각하기 위해 그의 부활 시점을 활용하였다.
③ 프랑스어 'quinze jours'에는 '0' 개념이 들어오기 전 셈법의 흔적이 남아 있다.
④ 'pentaeteris'라는 말이 생겨났을 때에 비해 오늘날의 올림픽이 열리는 주기는 짧아졌다.

## [09~10] 다음 글을 읽고 물음에 답하시오.

생물은 자신의 종에 속하는 개체들과 의사소통을 한다. 꿀벌은 춤을 통해 식량의 위치를 같은 무리의 동료들에게 알려주며, 녹색원숭이는 포식자의 접근을 알리기 위해 소리를 지른다. 침팬지는 고통, 괴로움, 기쁨 등의 감정을 표현할 때 각각 다른 ㉠ 소리를 낸다.

말한다는 것을 단어에 대해 ㉡ 소리 낸다는 의미로 보게 되면, 침팬지가 사람처럼 말하도록 하는 것은 불가능하다. 침팬지는 인간과 게놈의 98%를 공유하고 있지만, 발성 기관에 차이가 있다.

인간의 발성 기관은 아주 정교하게 작용하여 여러 ㉢ 소리를 낼 수 있는데, 초당 십여 개의 (가) 소리를 쉽게 만들어 낸다. 이는 성대, 후두, 혀, 입술, 입천장을 아주 정확하게 통제할 수 있기 때문에 가능한 것이다. 침팬지는 이만큼 정확하게 통제를 하지 못한다. 게다가 인간의 발성 기관은 유인원의 그것과 현저하게 다르다. 주요한 차이는 인두의 길이에 있다. 인두는 혀 뒷부분부터 식도에 이르는 통로로 음식물과 공기가 드나드는 길이다. 인간의 인두는 여섯 번째 목뼈에까지 이른다. 반면에 대부분의 포유류에서는 인두의 길이가 세 번째 목뼈를 넘지 않으며 개의 경우는 두 번째 목뼈를 넘지 않는다. 다른 동물의 인두에 비해 과도하게 긴 인간의 인두는 공명 상자 기능을 하여 세밀하게 통제되는 ㉣ 소리를 만들어 낸다.

**09** 윗글에서 추론한 내용으로 가장 적절한 것은?

① 개의 인두 길이는 인간의 인두 길이보다 짧다.
② 침팬지의 인두는 인간의 인두와 98% 유사하다.
③ 녹색원숭이는 침팬지와 의사소통을 할 수 있다.
④ 침팬지는 초당 십여 개의 소리를 만들어 낼 수 있다.

**10** ㉠~㉣ 중 문맥상 (가)에 해당하는 의미로 사용되지 않은 것은?

① ㉠
② ㉡
③ ㉢
④ ㉣

## [11~12] 다음 글을 읽고 물음에 답하시오.

방각본 출판은 책을 목판에 새겨 대량으로 찍어내는 방식이다. 이 경우 소수의 작품으로 많은 판매 부수를 올리는 것이 유리하다. 즉, 하나의 책으로 500부를 파는 것이 세 권의 책으로 합계 500부를 파는 것보다 이윤이 높다. 따라서 방각본 출판업자는 작품의 종류를 늘리기보다는 시장성이 좋은 작품을 집중적으로 출판하였다. 또한 작품의 규모가 커서 분량이 많은 경우에는 생산 비용이 ㉠ 올라가 책값이 비싸지기 때문에 자연스럽게 분량이 적은 작품을 선호하였다. 이에 따라 방각본 출판에서는 규모가 큰 작품을 기피하였으며, 일단 선택된 작품에도 종종 축약적 윤색이 가해지고는 하였다.

일종의 도서대여업인 세책업은 가능한 여러 종류의 작품을 가지고 있는 편이 유리하고, 한 작품의 규모가 큰 것도 환영할 만한 일이었다. 소설을 빌려 보는 독자들은 하나를 읽고 나서 대개 새 작품을 찾았으니, 보유한 작품의 종류가 많을수록 좋았다. 또한 한 작품의 분량이 많아서 여러 책으로 나뉘어 있으면 그만큼 세책료를 더 받을 수 있으니, 세책업자들은 스토리를 재미나게 부연하여 책의 권수를 늘리기도 했다. 따라서 세책업자들은 많은 종류의 작품을 모으는 데에 주력했고, 이 과정에서 원본의 확장 및 개작이 적잖이 이루어졌다.

**11** 윗글에서 추론한 내용으로 가장 적절한 것은?

① 분량이 많은 작품은 책값이 비쌌기 때문에 세책가에서 취급하지 않았다.
② 세책업자는 구비할 책을 선정할 때 시장성이 좋은 작품보다 분량이 적은 작품을 우선하였다.
③ 방각본 출판업자들은 책의 판매 부수를 올리기 위해 원본의 내용을 부연하여 개작하기도 하였다.
④ 한 편의 작품이 여러 권의 책으로 나뉘어 있는 대규모 작품들은 방각본 출판업자들보다 세책업자들이 선호하였다.

**12** 밑줄 친 표현이 문맥상 ㉠의 의미와 가장 가까운 것은?

① 습도가 올라가는 장마철에는 건강에 유의해야 한다.
② 내가 키우던 반려견이 하늘나라로 올라갔다.
③ 그녀는 승진해서 본사로 올라가게 되었다.
④ 그는 시험을 보러 서울로 올라갔다.

**13** 갑~병의 주장을 분석한 내용으로 적절한 것만을 <보기>에서 모두 고르면?

> 갑: 오늘날 사회는 계급 체계가 인간의 생활을 전적으로 규정하지 않는다. 실제로 많은 사람이 사회 이동을 경험하며, 전문직 자격증에 대한 접근성 또한 증가하였다. 인터넷은 상향 이동을 위한 새로운 통로를 제공하고 있다. 이에 따라서 전통적인 계급은 사라지고, 이제는 계급이 없는 보다 유동적인 사회질서가 새로 정착되었다.
>
> 을: 지난 30년 동안 양극화는 더 확대되었다. 부가 사회 최상위 계층에 집중되는 것에 대한 우려가 커지고 있다. 과거 계급 불평등은 경제 전반의 발전을 위해 치를 수밖에 없는 일시적 비용이었다고 한다. 하지만 경제 수준이 향상된 지금도 이 불평등은 해소되지 않고 있다. 오늘날 세계화와 시장 규제 완화로 인해 빈부 격차가 심화되고 계급 불평등이 더 고착되었다.
>
> 병: 오랫동안 지속되었던 계급의 전통적 영향력은 확실히 약해지고 있다. 하지만 현대사회에서 계급 체계는 여전히 경제적 불평등의 핵심으로 남아 있다. 사회 계급은 아직도 일생에 걸쳐 개인의 삶에 큰 영향을 미친다. 특정 계급의 구성원이라는 사실은 수명, 신체적 건강, 교육, 임금 등 다양한 불평등과 관련된다. 이는 계급의 종말이 사실상 실현될 수 없는 현실적이지 않은 주장이라는 점을 보여 준다.

─────── 〈보 기〉 ───────
㉠ 갑의 주장과 을의 주장은 대립하지 않는다.
㉡ 을의 주장과 병의 주장은 대립하지 않는다.
㉢ 병의 주장과 갑의 주장은 대립하지 않는다.

① ㉠ ② ㉡
③ ㉠, ㉢ ④ ㉡, ㉢

**14** (가)와 (나)를 전제로 결론을 이끌어 낼 때, 빈칸에 들어갈 말로 가장 적절한 것은?

> (가) 축구를 잘하는 사람은 모두 머리가 좋다.
> (나) 축구를 잘하는 어떤 사람은 키가 작다.
> 따라서 ▢

① 키가 작은 어떤 사람은 머리가 좋다.
② 키가 작은 사람은 모두 머리가 좋다.
③ 머리가 좋은 사람은 모두 축구를 잘한다.
④ 머리가 좋은 어떤 사람은 키가 작지 않다.

**15** 다음 글의 ㉠과 ㉡에 대한 평가로 올바른 것은?

> 기업의 마케팅 프로젝트를 평가할 때는 유행지각, 깊은 사고, 협업을 살펴본다. 유행지각은 유행과 같은 새로운 정보를 반영했느냐, 깊은 사고는 마케팅 데이터의 상관관계를 분석해서 최적의 해결책을 찾아내었느냐, 협업은 일하는 사람들이 해결책을 공유하며 성과를 창출했느냐를 따진다. ㉠이 세 요소 모두에서 목표를 달성하는 것은 마케팅 프로젝트가 성공적이기 위해 필수적이다. 하지만 ㉡이 세 요소 모두에서 목표를 달성했다고 해서 마케팅 프로젝트가 성공한 것은 아니다.

① 지금까지 성공한 프로젝트가 유행지각, 깊은 사고 그리고 협업 모두에서 목표를 달성했다면, ㉠은 강화된다.
② 성공하지 못한 프로젝트 중 유행지각, 깊은 사고 그리고 협업 중 하나 이상에서 목표를 달성하는 데 실패한 사례가 있다면, ㉠은 약화된다.
③ 유행지각, 깊은 사고 그리고 협업 중 하나 이상에서 목표를 달성하는 데 실패했지만 성공한 프로젝트가 있다면, ㉡은 강화된다.
④ 유행지각, 깊은 사고 그리고 협업 모두에서 목표를 달성했지만 성공하지 못한 프로젝트가 있다면, ㉡은 약화된다.

**16** 다음 글의 ⊙을 강화하는 것만을 〈보기〉에서 모두 고르면?

신석기시대에 들어 인류는 제대로 된 주거 공간을 만들게 되었다. 인류의 초기 주거 유형은 특히 바닥을 어떻게 만드느냐에 따라 구분된다. 이는 지면을 다지거나 조금 파고 내려가 바닥을 만드는 '움집형'과 지면에서 떨어뜨려 바닥을 설치하는 '고상(高床)식'으로 나뉜다.

중국의 고대 문헌에 등장하는 '혈거'와 '소거'가 각각 움집형과 고상식 건축이다. 움집이 지붕으로 상부를 막고 아랫부분은 지면을 그대로 활용하는 지붕 중심 건축이라면, 고상식 건축은 지면에서 오는 각종 침해에 대비해 바닥을 높이 들어 올린 바닥 중심 건축이라 할 수 있다. 인류의 주거 양식은 혈거에서 소거로 진전되었다는 가설이 오랫동안 지배했다. 바닥을 지면보다 높게 만드는 것이 번거롭고 어렵다고 여겼기 때문이다. 그런데 1970년대에 중국의 허무두에서 고상식 건축의 유적이 발굴되면서 새로운 ⊙ 주장이 제기되었다. 그것은 혈거와 소거가 기후에 따라 다른 자연환경에 적응해 발생했다는 것이다.

〈보 기〉
ㄱ. 우기에 비가 넘치는 산간 지역에서는 고상식 주거 건축물 유적만 발견되었다.
ㄴ. 움집형 집과 고상식 집이 공존해 있는 주거 양식을 보여 주는 집단의 유적지가 발견되었다.
ㄷ. 여름에는 고상식 건축물에서, 겨울에는 움집형 건축물에서 생활한 집단의 유적이 발견되었다.

① ㄱ, ㄴ
② ㄱ, ㄷ
③ ㄴ, ㄷ
④ ㄱ, ㄴ, ㄷ

[17~18] 다음 글을 읽고 물음에 답하시오.

일반적으로 한 나라의 문학, 즉 '국문학'은 "그 나라의 말과 글로 된 문학"을 지칭한다. 그래서 우리나라에서 국문학에 대한 근대적 논의가 처음 시작될 무렵에는 (가) 국문학에서 한문으로 쓰인 문학을 배제하자는 주장이 있었다. 국문학 연구가 점차 전문화되면서, 한문문학 배제론자와 달리 한문문학을 배제하는 데 있어 신축성을 두는 절충론자의 입장이 힘을 얻었다. 절충론자들은 국문학의 범위를 획정하는 데 있어 (나) 종래의 국문학의 정의를 기본 전제로 하되, 일부 한문문학을 국문학으로 인정하자고 주장했다. 즉 한문으로 쓰여진 문학을 국문학에서 완전히 배제하지 않고, ⊙ 전자 중 일부를 ⓒ 후자의 주변부에 위치시키는 것으로 국문학의 영역을 구성한 것이다. 이에 따라 국문학을 지칭할 때에는 '순(純)국문학'과 '준(準)국문학'으로 구별하게 되었다. 작품에 사용된 문자의 범주에 따라서 ⓒ 전자는 '좁은 의미의 국문학', ⓔ 후자는 '넓은 의미의 국문학'이라고도 칭할 수 있다.

하지만 이런 절충안을 취하더라도 순국문학과 준국문학을 구분하는 데에는 논자마다 차이가 있다. 어떤 이는 국문으로 된 것은 ⓜ 전자에, 한문으로 된 것은 ⓗ 후자에 귀속시켰다. 다른 이는 훈민정음 창제 이전과 이후로 나누어 국문학의 영역을 구분하였다. 훈민정음 창제 이전의 문학은 차자표기건 한문표기건 모두 국문학으로 인정하고, 창제 이후의 문학은 국문문학만을 순국문학으로 규정하고 한문문학 중 '국문학적 가치'가 있는 것을 준국문학에 귀속시켰다.

**17** 윗글의 (가)와 (나)의 주장에 대해 평가한 내용으로 가장 적절한 것은?

① 국문으로 쓴 작품보다 한문으로 쓴 작품이 해외에서 문학적 가치를 더 인정받는다면 (가)의 주장은 강화된다.
② 국문학의 정의를 '그 나라 사람들의 사상과 정서를 그 나라 말과 글로 표현한 문학'으로 수정하면 (가)의 주장은 약화된다.
③ 표기문자와 상관없이 그 나라의 문화를 잘 표현한 문학을 자국문학으로 인정하는 것이 보편적인 관례라면 (나)의 주장은 강화된다.
④ 훈민정음 창제 이후에도 차자표기로 된 문학작품이 다수 발견된다면 (나)의 주장은 약화된다.

**18** 윗글의 ㉠~㉥ 중 지시하는 바가 같은 것끼리 짝 지은 것은?

① ㉠, ㉢
② ㉡, ㉣
③ ㉡, ㉥
④ ㉢, ㉤

**19** 다음 빈칸에 들어갈 말로 가장 적절한 것은?

> 갑, 을, 병, 정 네 학생의 수강 신청과 관련하여 다음과 같은 사실들이 알려졌다.
> • 갑과 을 중 적어도 한 명은 〈글쓰기〉를 신청한다.
> • 을이 〈글쓰기〉를 신청하면 병은 〈말하기〉와 〈듣기〉를 신청한다.
> • 병이 〈말하기〉와 〈듣기〉를 신청하면 정은 〈읽기〉를 신청한다.
> • 정은 〈읽기〉를 신청하지 않는다.
> 이를 통해 갑이 ______ 를 신청한다는 것을 알 수 있게 되었다.

① 〈말하기〉
② 〈듣기〉
③ 〈읽기〉
④ 〈글쓰기〉

**20** 다음 글을 이해한 내용으로 가장 적절한 것은?

> 언어의 형식적 요소에는 '음운', '형태', '통사'가 있으며, 언어의 내용적 요소에는 '의미'가 있다. 음운, 형태, 통사 그리고 의미 요소를 중심으로 그 성격, 조직, 기능을 탐구하는 학문 분야를 각각 '음운론', '문법론'(형태론 및 통사론 포괄), 그리고 '의미론'이라고 한다. 그 가운데서 음운론과 문법론은 언어의 형식을 중심으로 그 체계와 기능을 탐구하는 반면, 의미론은 언어의 내용을 중심으로 체계와 작용 방식을 탐구한다.
> 이처럼 언어학은 크게 말소리 탐구, 문법 탐구, 의미 탐구로 나눌 수 있는데, 이때 각각에 해당하는 음운론, 문법론, 의미론은 서로 관련된다. 이를 발화의 전달 과정에서 살펴보자. 화자의 측면에서 언어를 발신하는 경우에는 의미론에서 문법론을 거쳐 음운론의 방향으로, 청자의 측면에서 언어를 수신하는 경우에는 반대의 방향으로 작용한다. 의사소통의 과정상 발신자의 측면에서는 의미론에, 수신자의 측면에서는 음운론에 초점이 놓인다. 의사소통은 화자의 생각, 느낌, 주장 등을 청자와 주고받는 행위이므로, 언어 표현의 내용에 해당하는 의미는 이 과정에서 중심적 요소가 된다.

① 언어는 형식적 요소가 내용적 요소보다 다양하다.
② 언어의 형태 탐구는 의미 탐구와 관련되지 않는다.
③ 의사소통의 첫 단계는 언어의 형식을 소리로 전환하는 것이다.
④ 언어를 발신하고 수신하는 과정에서 통사론은 활용되지 않는다.

# 국어 | 2025년 출제기조 전환 예시문제(1차) 해설

## 한눈에 훑어보기

### ✓ 영역 분석

**국어학** 02 03
2문항, 10%

**화법과 작문** 01 08 17
3문항, 15%

**독해** 04 06 07 09 10 11 13 15 16 19
10문항, 50%

**논리** 05 12 14 18 20
5문항, 25%

### ✓ 빠른 정답

| 01 | 02 | 03 | 04 | 05 | 06 | 07 | 08 | 09 | 10 |
|---|---|---|---|---|---|---|---|---|---|
| ② | ② | ③ | ① | ④ | ② | ③ | ③ | ④ | ② |
| 11 | 12 | 13 | 14 | 15 | 16 | 17 | 18 | 19 | 20 |
| ③ | ① | ③ | ④ | ② | ③ | ① | ④ | ② | ① |

### ✓ 점수 체크

| 구분 | 1회독 | 2회독 | 3회독 |
|---|---|---|---|
| 맞힌 문항 수 | / 20 | / 20 | / 20 |
| 나의 점수 | 점 | 점 | 점 |

---

**01** 난도 ★★☆  정답 ②

화법과 작문 > 공문서 수정

**정답의 이유**

② 대등한 것끼리 접속할 때는 구조가 같은 표현을 사용해야 한다는 〈공공언어 바로 쓰기 원칙〉에 따라 '표준적인 언어생활의 확립과 일상적인 국어 생활의 향상을 위해' 혹은 '표준적인 언어생활을 확립하고 일상적인 국어 생활을 향상하기 위해'로 수정하는 것이 적절하다.

**오답의 이유**

① '안내'는 '어떤 내용을 소개하여 알려 줌'의 의미로 '알림'과 의미가 중복된다. 따라서 중복되는 표현은 삼가야 한다는 〈공공언어 바로 쓰기 원칙〉에 따라 '알림'을 삭제하는 것은 적절하다.

③ '본원은 국내 유일의 의약품 관련 비영리 재단법인으로서 의약품에 관한 표준 정보가 제공되고 있습니다.'라는 문장에서 주어는 '본원은'이므로 서술어는 수동형이 아닌 능동형 '제공하다'가 와야 한다. 따라서 주어와 서술어를 호응시켜야 한다는 〈공공언어 바로 쓰기 원칙〉에 따라 '표준 정보를 제공하고 있습니다.'라고 수정하는 것은 적절하다.

④ '개선'의 대상이 명확하지 않으므로 목적어 '의약품 용어를'이 추가되어야 한다. 따라서 필요한 문장 성분이 생략되지 않아야 한다는 〈공공언어 바로 쓰기 원칙〉에 따라 '의약품 용어를 일반 국민도 알기 쉬운 표현으로 개선하여'라고 수정하는 것은 적절하다.

---

**02** 난도 ★★☆  정답 ②

국어학 > 형태론

**정답의 이유**

② '흰머리'는 '용언의 관형사형(흰)+명사(머리)'로 구성되어 있는 합성명사이다.

**오답의 이유**

① '큰아버지'는 '용언의 관형사형(큰)+명사(아버지)'로 구성되어 있으며, 앞 성분 '큰'이 뒤 성분 '아버지'를 수식하는 종속 합성어이다.

③ '늙은이'는 '용언의 관형사형(늙은)'과 '명사(이)'가 결합하여 한 단어를 이룬 것으로, 어휘 의미를 띤 요소끼리 결합한 단어인 합성어이다.

④ '먹거리'는 '용언 어간(먹-)+명사(거리)'로 구성되어 있는 합성명사로, 용언 어간과 명사의 결합은 국어 문장 구성에는 없는 단어 배열이므로 비통사적 합성어에 속한다.

## 03 난도 ★★☆ 정답 ③

**국어학 > 통사론**

[정답의 이유]

③ 건강을 염려하는 행위를 하는 주어는 '아버지'이므로 '염려하신다'와 같이 문장의 주체를 직접 높이는 직접존경 표현을 사용하였다.

[오답의 이유]

① 높임 표현 '있으시다'는 문장의 주체인 '고모'를 높이기 위하여 긴밀한 관련이 있는 인물인 '자식'을 높인 것이므로 '간접존경'에 해당한다.

② 높임 표현 '아프셔서'는 문장의 주체인 '할머니'를 높이기 위하여 신체의 일부인 '다리'를 높인 것이므로 '간접존경'에 해당한다.

④ 높임 표현 '많으셨다고'는 문장의 주체인 '할아버지'를 높이기 위하여 신체의 일부인 '수염'을 높인 것이므로 '간접존경'에 해당한다.

## 04 난도 ★☆☆ 정답 ①

**독해 > 문맥 추론**

[정답의 이유]

㉠ 1문단에서 '그 세계 안의 인간이 자신을 둘러싼 세계와 고투하면서 당대의 공론장에서 기꺼이 논의해볼 만한 의제를 산출해낼 때 문제의 현실성이 확보된다.'라고 하였으므로 밀실과 광장 사이에서 고뇌하는 주인공의 모습을 통해 남북 간의 이념 대립을 공론의 장에 던진 최인훈의 「광장」은 '문제의 현실성'을 확보하였다고 할 수 있다.

㉡ 1문단에서 '우리가 살고 있는 이 입체적인 시공간에서 특히 의미 있는 한 부분을 도려내어 서사의 무대로 삼을 경우 세계의 현실성이 확보된다.'라고 하였으므로 남한과 북한을 소설의 시공간적 배경으로 선택한 것을 통해 동서 냉전 시대와 한반도의 분단 체제라는 의미 있는 부분을 서사의 무대로 삼은 최인훈의 「광장」은 '세계의 현실성'을 확보하였다고 할 수 있다.

㉢ 1문단에서 "한 사회가 완강하게 구조화하고 있는 '가능한 것'과 '불가능한 것'의 좌표를 흔들면서 특정한 선택지를 제출할 때 해결의 현실성이 확보된다."라고 하였으므로 남과 북 사이에서 갈등하던 주인공이 모두 거부하고 자살을 선택하는 결말을 통해 당대의 이원화된 이데올로기를 근저에서 흔든 최인훈의 「광장」은 '해결의 현실성'을 확보하였다고 할 수 있다.

[작품 해설]

**최인훈, 「광장」**

- 갈래: 장편 소설, 사회 소설, 분단 소설
- 성격: 실존적, 관념적, 철학적
- 주제: 이념의 갈등과 분단 상황 속에서 이상적인 사회를 향한 지식인의 염원과 좌절
- 특징
  - 남북 분단의 이데올로기 문제를 본격적으로 다룸
  - 사변적 성격의 서술자를 통해 철학적·사회학적 주제를 표현함

## 05 난도 ★★★ 정답 ④

**논리 > 논리 추론**

[정답의 이유]

④ '오 주무관이 회의에 참석하면, 박 주무관도 참석한다.'가 참이고, '박 주무관이 회의에 참석하면, 홍 주무관도 참석한다.'가 참일 때 '오 주무관이 회의에 참석하면, 홍 주무관도 회의에 참석한다.'가 참이라는 결론을 도출할 수 있다. 어떤 명제가 참일 경우 그 대우 역시 반드시 참이기 때문에 '홍 주무관이 참석하지 않으면, 오 주무관도 참석하지 않는다.'는 반드시 참인 진술이다.

[더 알아보기]

**명제 사이의 관계**

명제가 참이라면, 그 명제의 역과 이는 참과 거짓을 알 수 없으나, 그 명제의 대우는 참이 된다.

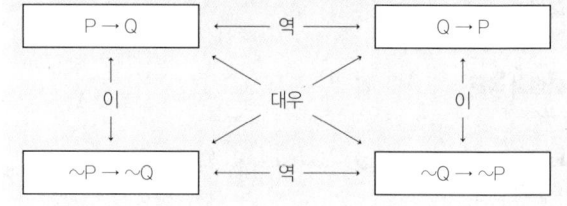

## 06 난도 ★★☆ 정답 ②

**독해 > 추론**

[정답의 이유]

② 3문단의 '여기서 눈을 감는 행위는 외면이나 도피가 아니라 피할 수 없는 현실적 조건을 새롭게 반성함으로써 현실의 진정한 면모와 마주하려는 적극적인 행위로 읽힌다.'를 통해 「절정」에서 시인은 투사가 처한 현실적 조건을 외면하지 않고 새롭게 인식하고 있음을 알 수 있다.

[오답의 이유]

① 2문단에서 투사 이육사가 처한 상황은 대단히 위태로워 보이고 '한발 제겨디딜 곳조차 없는' 극한에 도달하게 된다고 하였으나 뚜렷한 계절의 변화가 나타난다는 내용은 제시되지 않았다.

③ 1문단의 '가령, 「절정」은 크게 두 부분으로 나누어지는데, 투사가 처한 냉엄한 현실적 조건이 3개의 연에 걸쳐 먼저 제시된 후, 시인이 품고 있는 인간과 역사에 대한 희망이 마지막 연에 제시된다.'를 통해 「절정」의 구성이 두 부분으로 나누어져 있다는 것을 확인할 수 있다. 하지만 「절정」에서는 1~3연에 걸쳐 투사가 처한 현실적 조건이 제시되고, 마지막 연에서 시인이 품고 있는 희망이 제시될 뿐 투사와 시인의 반복과 화해는 나타나지 않는다.

④ 1문단의 '투사가 처한 냉엄한 현실적 조건이 3개의 연에 걸쳐 먼저 제시된 후, 시인이 품고 있는 인간과 역사에 대한 희망이 마지막 연에 제시된다.'를 통해 「절정」은 투사가 처한 냉엄한 현실적 조건과 시인이 품은 희망을 제시하고 있음을 알 수 있다.

**작품 해설**

이육사, 「절정」
- 갈래: 자유시, 서정시
- 성격: 상징적, 남성적, 지사적
- 주제: 극한 상황에서의 초월적 인식
- 특징
  - '기-승-전-결'의 구조로 시적 긴장감을 표현함
  - 역설적 표현을 통해 주제를 효과적으로 형상화함
  - 강렬한 상징적 표현과 남성적 어조로 강인한 의지를 드러냄

## 07 난도 ★★☆  정답 ③

**독해 > 문단 순서 배열**

[정답의 이유]
- (라)에서는 드라마나 영화에 대해 시청 여부를 결정하는 데 걸리는 시간은 8초에 불과하다는 것을 언급하며 독자의 흥미를 유발하고 있다. 또한, '스토리텔링 전략'이라는 화제를 제시하고 있으므로 글의 처음에 오는 것이 적절하다.
- (나)에서는 '스토리텔링 전략에서 제일 먼저 해야 할 일'에 대해 제시하고 있으므로 '스토리텔링 전략'을 언급한 (라) 뒤에 오는 것이 적절하다.
- (가)에서는 '다음으로'라는 표현을 사용하여 '참신한 인물을 창조해야 한다'는 스토리텔링 전략을 제시하고 있으므로 제일 먼저 해야 할 일을 언급한 (나) 뒤에 오는 것이 적절하다.
- (다)에서는 '이 같은 인물 창조의 과정'에서 만들어지는 스토리의 주제에 대해 설명하고 있으므로 인물 창조를 언급한 (가) 뒤에 오는 것이 적절하다.

따라서 글을 맥락에 맞게 나열한 것은 ③ (라) - (나) - (가) - (다)이다.

## 08 난도 ★★☆  정답 ③

**화법과 작문 > 작문**

[정답의 이유]
③ 〈지침〉에서 '본론은 제목에서 밝힌 내용을 2개의 장으로 구성하되 각 장의 하위 항목끼리 대응되도록 작성'하라고 하였다. 그러므로 제목 '복지 사각지대의 발생 원인과 해소 방안'에 따라 Ⅲ-2.에는 Ⅱ-2.에서 제시한 복지 사각지대 발생 원인에 대응하는 해소 방안이 들어가야 한다. 그러나 '사회복지 업무 경감을 통한 공무원 직무 만족도 증대'는 Ⅱ-2.의 '사회복지 담당 공무원의 인력 부족'의 해소 방안과는 관련이 없는 내용이므로 ⓒ에 들어갈 내용으로 적절하지 않다.

[오답의 이유]
① 〈지침〉에서 서론은 중심 소재의 개념 정의와 문제 제기를 1개의 장으로 작성하라고 하였다. Ⅰ-1.의 '복지 사각지대의 정의'는 중심 소재의 개념 정의에 해당하므로 ㉠에는 문제 제기에 해당하는 '복지 사각지대의 발생에 따른 사회 문제의 증가'가 들어가는 것이 적절하다.

② 〈지침〉에 따라 Ⅱ-1.에는 '복지 사각지대의 발생 원인'과 관련한 내용이 들어가야 하며 Ⅲ-1.의 내용과 대응되어야 하므로 ㉡에는 '사회적 변화를 반영하여 기존 복지 제도의 미비점 보완'이라는 해소 방안에 대응하는 원인인 '사회적 변화를 반영하지 못한 기존 복지 제도의 한계'가 들어가는 것이 적절하다.

④ 〈지침〉에서 결론은 기대 효과와 향후 과제를 1개의 장으로 작성하라고 하였다. 이에 따라 Ⅳ-2.에는 '복지 사각지대의 근본적이고 지속가능한 해소 방안 마련'이라는 향후 과제가 제시되었으므로 Ⅳ-1.에는 기대 효과와 관련된 내용이 들어가야 한다. 따라서 ㉢에는 '복지 혜택의 범위 확장을 통한 사회 안전망 강화'가 들어가는 것이 적절하다.

## 09 난도 ★★☆  정답 ④

**독해 > 추론**

[정답의 이유]
④ 신경과학자 아이젠버거는 뇌의 어떤 부위가 활성화되는가를 촬영하여 실험 참가자가 어떤 심리적 상태인가를 파악하려는 실험을 진행하였다. 연구팀은 실험 참가자가 따돌림을 당할 때 전두엽 전대상피질 부위가 활성화되었고, 이는 인간이 물리적 폭력을 당할 때 활성화되는 뇌의 부위와 동일하다는 것을 확인하였다. 따라서 빈칸에 들어갈 결론으로 가장 적절한 것은 '따돌림을 당할 때와 물리적 폭력을 당할 때의 심리적 상태는 서로 다르지 않다'이다.

[오답의 이유]
① 빈칸 앞에서 '전두엽의 전대상피질 부위'를 두고 '인간이 물리적 폭력을 당할 때 활성화되는 뇌의 부위이다.'라고 이미 언급하였으므로 '물리적 폭력은 뇌 전두엽의 전대상피질 부위를 활성화한다'는 빈칸에 들어갈 결론으로 적절하지 않다.

②·③ 따돌림을 당할 때 전두엽의 전대상피질 부위가 활성화되고, 이 부위는 인간이 물리적 폭력을 당할 때 활성화되는 부위라는 것만 언급하고 있을 뿐 사회적 문제나 따돌림과 물리적 폭력의 부정적 영향에 대한 내용은 제시되지 않는다. 따라서 '물리적 폭력은 피해자의 개인적 경험을 사회적 문제로 전환한다'나 '따돌림은 피해자에게 물리적 폭력보다 더 심각한 부정적 영향을 미친다'는 빈칸에 들어갈 결론으로 적절하지 않다.

## 10 난도 ★★☆  정답 ②

**독해 > 추론**

[정답의 이유]
② 2문단의 '고소설에서 주인공은 적대자에 의해 원점에서 분리되어 고난을 겪는다.'와 3문단의 '박 진사의 죽음은 그들에게 고향의 상실을 상징한다.'를 통해 영웅소설의 주인공은 원점에서 분리되고 「무정」의 이형식은 박 진사의 죽음으로 '박 진사의 집으로 표상되는 유년의 과거'라는 이상적 원점을 상실함을 파악할 수 있다. 따라서 영웅소설의 주인공과 「무정」의 이형식은 그들의 이상적 원점을 상실했다는 공통점을 가지고 있음을 추론할 수 있다.

### 오답의 이유

① 2문단에서 고소설의 주인공이 도달해야 할 종결점은 새로운 미래가 아니라 다시 도래할 과거로서의 미래라고 하며 이러한 시공간의 배열을 회귀의 크로노토프라 한다고 하였고, 3문단에서 '근대소설 「무정」은 회귀의 크로노토프를 부정한다.'라고 하였다. 따라서 「무정」은 회귀의 크로노토프를 부정하지만 고소설은 회귀의 크로노토프를 긍정한다는 것을 알 수 있다.
③ 3문단의 '두 사람의 결합이 이상적 상태의 고향을 회복할 수 있는 유일한 방법이겠지만, 그들은 끝내 결합하지 못한다.'를 통해 이형식과 박영채의 결합은 이상적 상태의 고향을 회복하는 것, 즉 과거로서의 미래에 도래하는 것임을 알 수 있다. 따라서 「무정」에서 이형식이 박영채와 결합했다면 새로운 미래로서의 종결점에 도달하는 것이 아니라 과거로서의 미래에 도달할 수 있었을 것이다.
④ 2문단의 '그들의 목표는 상실한 원점을 회복하는 것, 즉 그곳에서 향유했던 이상적 상태로 돌아가는 것이다.'를 통해 고소설인 가정소설의 목표는 가족 구성원들이 평화롭게 공존하는 결말을 통해 상실한 원점을 회복하는 것임을 파악할 수 있다.

### 작품 해설

**이광수, 「무정」**
- 갈래: 장편 소설, 계몽 소설, 연재 소설
- 성격: 민족주의적, 계몽적, 설교적, 근대적
- 주제: 신교육과 자유연애 사상의 고취 및 민족 계몽
- 특징
  - 우리나라 최초의 근대 장편 소설
  - 민족의식을 고취하고 자유연애 사상이라는 계몽성과 대중성을 조화함

## 11 난도 ★★☆   정답 ③

**독해 > 어휘 추론**

### 정답의 이유

③ ⊙의 '돌아가다'는 '원래의 있던 곳으로 다시 가거나 다시 그 상태가 되다.'라는 의미이다. '그는 잃어버린 동심으로 돌아가고 싶었다.'의 '돌아가다' 역시 '원래의 상태가 되다.'라는 의미이므로 ⊙의 의미와 가장 가깝다.

### 오답의 이유

①·② '전쟁은 연합군의 승리로 돌아갔다.'와 '사과가 한 사람 앞에 두 개씩 돌아간다.'의 '돌아가다'는 '차례나 몫, 승리, 비난 따위가 개인이나 단체, 기구, 조직 따위의 차지가 되다.'라는 의미이다.
④ '그녀는 자금이 잘 돌아가지 않는다며 걱정했다.'의 '돌아가다'는 '돈이나 물건 따위의 유통이 원활하다.'라는 의미이다.

## 12 난도 ★★★   정답 ①

**논리 > 논리 추론**

### 정답의 이유

(가)와 (나)를 단순하게 치환하면 다음과 같다.
- 노인복지 문제에 관심이 있는 사람: 노인복지 문제
- 일자리 문제에 관심이 있는 사람: 일자리 문제
- 공직에 관심이 있는 사람: 공직

이때 (가)와 (나)를 논리 기호로 단순화하면 다음과 같다.
(가) 노인복지 문제 일부 ∧ ~일자리 문제
(나) 공직 → 일자리 문제 ≡ ~일자리 문제 → ~공직

이를 바탕으로 제3의 명제를 이끌어 내면 다음과 같다.
노인복지 문제 일부 ∧ ~공직

따라서 (가)와 (나)를 전제로 할 때 빈칸에 들어갈 결론으로 가장 적절한 것은 ① '노인복지 문제에 관심이 있는 사람 중 일부는 공직에 관심이 있는 사람이 아니다'이다.

### 더 알아보기

**정언 삼단 논법**

단언적인 두 정언 명제를 전제로 하여 제3의 정언 명제를 결론으로 이끌어 내는 방법이다.

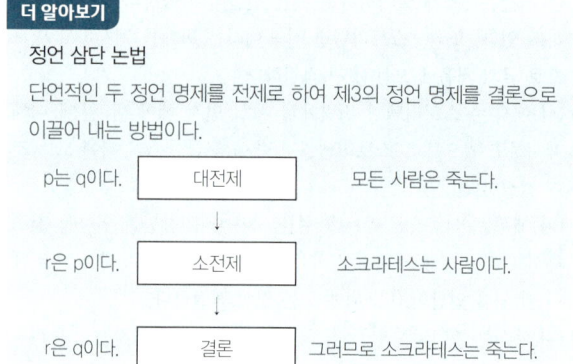

## 13 난도 ★★☆   정답 ③

**독해 > 문맥 추론**

### 정답의 이유

③ ⓒ 앞의 '현재 기준에서는 질병 치료를 목적으로 개발한 신약만 승인받을 수 있는데'를 볼 때 '질병으로 본 탓에 노화를 멈추는 약은 승인받을 수 없었다'는 내용상 어색하다. 따라서 '질병으로 보지 않은 탓에 노화를 멈추는 약은 승인받을 수 없었다'로 수정하는 것은 적절하다.

### 오답의 이유

① 제시된 글에서 노화 문제를 해결하는 것은 '인간이 젊고 건강한 상태로 수명을 연장할 수 있다는 점'에서 기존 발상과 다르다고 하였다. 따라서 ⊙에는 인간이 젊고 건강하지 않은 상태로 수명을 연장한다는 내용이 들어가야 하며 ⊙을 '늙고 병든 상태에서 담담히 죽음의 시간을 기다린다'로 수정하면 내용상 어색해진다.
② ⓒ에는 '젊음을 유지한 채 수명을 늘리는 것'과 관련한 내용이 들어가야 하므로 ⓒ을 '노화가 진행되기 전의 신체를 노화가 진행된 신체'로 수정하면 내용상 어색해진다.
④ ⓔ에는 '유전자를 조작하는 방식으로 노화를 막는 것'과 관련한 내용이 들어가야 하므로 ⓔ을 '노화가 더디게 진행되는 사람들의 유전자 자료를 데이터화하면 그들에게서 노화를 촉진'으로 수정하면 내용상 어색해진다.

## 14 난도 ★★☆  정답 ④

논리 > 강화 약화

**정답의 이유**

ㄱ. '사피어-워프 가설'은 언어가 의식, 사고 그리고 세계관을 결정한다는 견해이다. 제시된 글에서는 '특정 현상과 관련한 단어가 많을수록 해당 언어권의 화자들은 그 현상에 대해 심도 있게 경험'한다고 하였다. 따라서 눈[雪]을 가리키는 단어를 4개 지니고 있는 이누이트족이 1개 지니고 있는 영어 화자들보다 눈을 넓고 섬세하게 경험한다는 것은 특정 현상과 관련한 단어가 많은 화자가 그 현상에 대해 심도 있게 경험한다는 것을 의미하므로 '사피어-워프 가설'을 강화한다고 평가한 것은 적절하다.

ㄴ. 수를 세는 단어가 '하나', '둘', '많다' 3개뿐인 피라하족의 사람들이 세 개 이상의 대상을 모두 '많다'고 인식하는 것은 언어가 의식과 사고를 결정한 것이므로 '사피어-워프 가설'을 강화한다고 평가한 것은 적절하다.

ㄷ. 2문단의 '특정 현상과 관련한 단어가 많을수록 해당 언어권의 화자들은 그 현상에 대해 심도 있게 경험'한다는 내용에 따르면 색채 어휘가 많은 자연언어 화자가 색채 어휘가 적은 자연언어 화자에 비해 색채를 구별하는 능력이 뛰어나야 한다. 하지만 그 반대의 상황이 나타났으므로 '사피어-워프 가설'을 약화한다고 평가한 것은 적절하다.

## 15 난도 ★☆☆  정답 ②

독해 > 추론

**정답의 이유**

② 2문단을 보면, 한국 건국신화에서 신이 지상에 내려와 왕이 되고자 하였다는 내용은 제시되었으나 그것이 인간을 위한 것이었는지는 나타나지 않았다.

**오답의 이유**

① 3문단의 '히브리 신화에서 피조물인 인간은 자신을 창조한 유일신에 대해 원초적 부채감을 지니고 있으며, 신이 지상의 모든 일을 관장한다는 점에서 언제나 인간의 우위에 있다.'를 통해 히브리 신화의 신과 인간의 관계가 위계적임을 확인할 수 있다.

③ 2문단의 '천상적 존재가 지상적 존재가 되기를 바라는 것인데, 인간들의 왕이 된 신은 인간 여성과의 결합을 통해 자식을 낳음으로써 결핍을 메운다.'를 통해 한국 건국신화에서 신은 인간과의 결합을 통해 완전한 존재가 됨을 확인할 수 있다.

④ 2문단의 '이처럼 한국 신화에서 신과 인간은 서로의 존재를 필요로 한다는 점에서 상호의존적이고 호혜적이다.'와 3문단의 '신체 화생 신화는 신이 죽음을 맞게 된 후 그 신체가 해체되면서 인간 세계가 만들어지게 된다는 것인데, 신의 희생 덕분에 인간 세계가 만들어질 수 있었다는 점에서 인간은 신에게 철저히 종속되어 있다.'를 통해 한국 신화에 보이는 신과 인간의 관계는 신체 화생 신화에 보이는 신과 인간의 관계와 다름을 확인할 수 있다.

## 16 난도 ★★☆  정답 ③

독해 > 어휘 추론

**정답의 이유**

③ ⓒ의 '거듭나다'는 '지금까지의 방식이나 태도를 버리고 새롭게 시작하다.'라는 의미이다. 따라서 '본디의 자리나 상태로 되돌아가다.'를 뜻하는 '복귀하다'와 바꿔 쓸 수 없다.

**오답의 이유**

① ㉠의 '견주다'는 '둘 이상의 사물을 질이나 양 따위에서 어떤 차이가 있는지 알기 위하여 서로 대어 보다.'라는 의미이다. 따라서 '둘 이상의 사물을 견주어 서로 간의 유사점, 차이점, 일반 법칙 따위를 고찰하다.'를 뜻하는 '비교하다'와 바꿔 쓸 수 있다.

② ㉡의 '바라다'는 '생각이나 바람대로 어떤 일이나 상태가 이루어지거나 그렇게 되었으면 하고 생각하다.'라는 의미이다. 따라서 '어떤 일을 이루거나 하기를 바라다.'를 뜻하는 '희망하다'와 바꿔 쓸 수 있다.

④ ㉣의 '퍼지다'는 '어떤 물질이나 현상 따위가 넓은 범위에 미치다.'라는 의미이다. 따라서 '일정한 범위에 흩어져 퍼져 있다.'를 뜻하는 '분포되다'와 바꿔 쓸 수 있다.

## 17 난도 ★★☆  정답 ①

화법과 작문 > 화법

**정답의 이유**

① 갑과 병은 마스크 착용에 대하여 '윤리적 차원'에서 접근하고 있지만, 을은 '마스크를 쓰지 않는 행위를 윤리적 차원에서만 접근하지 말고, 문화적 차원에서도 고려할 필요가 있어.'라며 남들과 다른 측면을 제시하고 있다.

**오답의 이유**

② 갑은 마스크 착용을 거부하는 사람이 있는 것이 이해가 안 된다고 하였고 그에 대하여 병은 '그 사람들은 개인의 자유가 가장 존중받아야 하는 기본권이라고 생각하기 때문일 거야.'라며 갑의 의견에 반박하고 있다. 이에 갑은 '개인의 자유로운 선택이 타인의 생명을 위협한다면 기본권이라 하더라도 제한하는 것이 보편적인 상식 아닐까?'라는 질문을 던져 병의 말에 재반박하고 있다. 이를 통해 자신의 의견이 반박되자 질문을 던져 화제를 전환하는 사람이 있다고 분석한 것은 적절하지 않음을 알 수 있다.

③ '마스크 착용'이라는 화제에 대하여 갑은 개인의 선택이 타인의 생명을 위협한다면 기본권이라 하더라도 제한해야 한다며 마스크 착용을 찬성하고 있다. 을은 마스크 착용에 대해 찬성 혹은 반대 입장을 밝히지 않고 있다. 병은 첫 번째 발언에서 마스크 착용에 대해 입장을 밝히지 않다가 두 번째 발언에서 '나의 자유만을 고집하면 결국 사회는 극단적 이기주의에 빠져 붕괴하고 말 거야.'라며 마스크 착용을 찬성하고 있다. 이를 통해 대화가 진행되며 논점에 대한 찬반 입장이 바뀌는 사람은 없음을 확인할 수 있다.

④ 을은 두 번째 발언에서 '어떤 사회에서는 얼굴을 가리는 것이 범죄자의 징표로 인식되기도 해.'라고 사례를 제시하며 마스크를 쓰지 않는 행위를 문화적 차원에서도 고려할 필요가 있다고 하였다. 하지만 사례의 공통점을 종합하고 있지는 않다.

## 18 난도 ★★☆ 정답 ④

**논리 > 강화 약화**

정답의 이유

④ 2문단에서 "앳킨슨은 그들의 생각을 비난했다. 앳킨슨은 스톤헨지를 세운 사람들을 '야만인'으로 묘사하면서, 이들은 호킨스의 주장과 달리 과학적 사고를 할 줄 모른다고 주장했다."라고 하였다. 따라서 기원전 3,000년경 인류에게 천문학 지식이 있었다는 증거는 스톤헨지를 세운 사람들이 과학적 사고를 할 줄 알았다는 것을 의미하므로 앳킨슨의 주장은 약화될 것이다.

오답의 이유

① 천문학자 호킨스는 스톤헨지의 모양이 태양과 달의 배열을 나타낸 것이라는 의견을 제시하였다. 그러나 제사를 지내는 장소는 태양과 달의 배열과 관련이 없으므로 스톤헨지가 제사를 지내는 장소였다는 후대 기록이 발견되면 호킨스의 주장은 강화될 것이라는 평가는 적절하지 않다.

② 호일은 스톤헨지가 일종의 연산장치라고 주장하였다. 당시 사람들이 숫자를 사용하였다는 증거는 연산장치와 관련이 있으므로 호일의 주장은 강화될 것이다.

③ 3문단에서 '하지만 스톤헨지의 건설자들이 포괄적인 의미에서 현대인과 같은 지능을 가졌다고 해도 과학적 사고와 기술적 지식을 가지지는 못했다. ~ 수학과 천문학의 지식이 보존되고 세대를 거쳐 전승되어 쌓인 방대하고 정교한 문자 기록이 없었다.'라고 하였다. 따라서 스톤헨지의 유적에서 수학과 과학에 관련된 신석기시대 기록물이 발견되면 글쓴이의 주장은 약화될 것이다.

## 19 난도 ★★☆ 정답 ②

**독해 > 문맥 추론**

정답의 이유

② ⓒ의 '이들'은 '스톤헨지를 세운 사람들'을 가리키고, ⓔ의 '그들'은 '스톤헨지의 건설자들'을 가리킨다. 따라서 ⓒ과 ⓔ의 지시 대상은 같다.

오답의 이유

• ㉠의 '그들'은 1문단에서 언급한 '천문학자 호일', '엔지니어인 톰', '천문학자 호킨스'를 가리킨다.
• ⓒ의 '이들'은 '호킨스를 옹호하는 학자들'을 가리킨다.

## 20 난도 ★★☆ 정답 ①

**논리 > 논리 추론**

정답의 이유

제시된 글을 단순하게 치환하면 다음과 같다.

• 문학을 좋아하는 사람: 문학
• 자연의 아름다움을 좋아하는 사람: 자연의 아름다움
• 예술을 좋아하는 사람: 예술

이를 이용하여 지문의 문장을 논리식 형태로 정리하면 다음과 같다.

• 문학 → 자연의 아름다움
• 어떤 자연의 아름다움 ∧ 예술
• 

∴ 어떤 예술 ∧ 문학

삼단 논법을 통하여 '예술을 좋아하는 어떤 사람은 문학을 좋아하는 사람이다.'라는 결론을 도출하려면 빈칸에는 '자연의 아름다움'과 '문학'의 관련성을 언급하는 문장이 들어가야 한다. 따라서 결론을 이끌어내기 위하여 추가해야 할 전제는 ① '자연의 아름다움을 좋아하는 사람은 모두 문학을 좋아하는 사람이다.'이다.

# 국어 | 2025년 출제기조 전환 예시문제(2차) 해설

## 한눈에 훑어보기

### ✓ 영역 분석

**화법과 작문** 01 13
2문항, 10%

**독해** 02 03 04 05 06 07 08 09 10 11 12 16
14문항, 70% 18 20

**논리** 14 15 17 19
4문항, 20%

### ✓ 빠른 정답

| 01 | 02 | 03 | 04 | 05 | 06 | 07 | 08 | 09 | 10 |
|---|---|---|---|---|---|---|---|---|---|
| ② | ② | ③ | ④ | ④ | ③ | ② | ③ | ① | ① |
| 11 | 12 | 13 | 14 | 15 | 16 | 17 | 18 | 19 | 20 |
| ④ | ① | ② | ① | ① | ② | ③ | ④ | ④ | ① |

### ✓ 점수 체크

| 구분 | 1회독 | 2회독 | 3회독 |
|---|---|---|---|
| 맞힌 문항 수 | / 20 | / 20 | / 20 |
| 나의 점수 | 점 | 점 | 점 |

---

**01** 난도 ★★☆  정답 ②

화법과 작문 > 공문서 수정

[정답의 이유]
② 수정된 문장인 '시장은 건설업계 관계자들과 시민의 안전에 관하여 논의하였다.'는 시장이 시민의 안전에 관하여 건설업계 관계자들과 논의했다는 것인지 시장이 건설업계 관계자와 함께 시민의 안전에 대하여 다른 누군가와 논의했다는 것인지 분명하지 않은 중의적인 문장이다.

[오답의 이유]
① '국회의원 ○○○명을'과 피동 표현 '선출되었다'의 호응이 어색하다. 능동과 피동 관계를 정확하게 사용하여 '국회의원 ○○○명이 선출되다'로 수정하는 것이 적절하다.
③ '5킬로그램 정도의 금 보관함'은 금이 5킬로그램인지 금 보관함이 5킬로그램인지 명확하지 않으므로 수식어와 피수식어의 관계를 분명히 하여 '금 5킬로그램 정도를 담은 보관함'이라고 수정하는 것이 적절하다.
④ '신선도 유지와 부패를 방지해야 한다'는 '신선도 유지를 방지해야 한다'의 호응이 어색하다. 따라서 '신선도'와 호응하는 서술어를 넣어 '신선도를 유지하고 부패를 방지해야 한다'로 수정하는 것이 적절하다.

---

**02** 난도 ★☆☆  정답 ②

독해 > 추론

[정답의 이유]
② 2문단의 "예를 들어, '역병(疫病)'은 사람이 고된 일을 치르듯 병에 걸려 매우 고통스러운 상태를 말한다."를 통하여 '역병'은 질병의 전염성이 아닌, 고통스러운 정도에 주목하여 붙여진 이름임을 알 수 있다.

[오답의 이유]
① 3문단의 "'온역(溫疫)'에 들어 있는 '온(溫)'은 이 병을 일으키는 계절적 원인을 가리킨다."를 통하여 '온역'은 질병의 원인에 주목하여 붙여진 이름임을 알 수 있다.
③ 2문단의 "'당독역(唐毒疫)'은 오랑캐처럼 사납고, 독을 먹은 듯 고통스럽다는 의미가 들어가 있다."를 통하여 '당독역'은 질병의 고통스러운 정도에 주목하여 붙여진 이름임을 알 수 있다.
④ 3문단의 "이밖에 '두창(痘瘡)'이나 '마진(痲疹)' 따위의 병명은 피부에 발진이 생기고 그 모양이 콩 또는 삼씨 모양인 것을 강조한 말이다."를 통하여 '마진'은 질병으로 인해 몸에 나타난 증상에 주목하여 붙여진 이름임을 알 수 있다.

## 03 난도 ★★☆ 정답 ③

**독해 > 글의 주제 파악**

정답의 이유

③ 1문단에서는 사람들이 살아가면서 가장 중요하게 생각하는 두 가지 요소를 언급하며 '우리가 만약 이것들을 제대로 통제하고 조절할 수 있다면 좋은 삶을 살 수 있다고 플라톤은 말하고 있다.'라고 하였다. 또한 2문단의 '삶을 살아가면서 돈에 대한 욕망이나 성적 욕망만이라도 잘 다스릴 수 있다면 낭패를 당하거나 망신을 당할 일이 거의 없을 것이다.'를 통하여 제시된 글은 재물과 성욕을 잘 다스려야 함을 강조하고 있음을 알 수 있다. 따라서 중심 내용으로 가장 적절한 것은 '성공적인 삶을 살려면 재물욕과 성욕을 잘 다스려야 한다.'이다.

오답의 이유

① 1문단에서 재물과 성욕에 대하여 사람들이 살아가면서 가장 중요하게 생각하는 두 가지 요소라고 언급하긴 했지만 이는 중심 내용이 아닌 세부 정보에 해당한다.

② 2문단에서 '재물이 많으면 남을 속이거나 거짓말하지 않을 수 있어서 좋고, 나이가 많으면 성적 욕망을 쉽게 통제할 수 있어서 좋다'는 케팔로스의 대화가 제시되기는 하지만 이는 재물과 성욕을 통제한 삶에 대한 예시를 든 것일 뿐이다. 따라서 '재물이 많으면서 나이가 많은 자가 좋은 삶을 살 수 있다.'는 중심 내용으로 적절하지 않다.

④ 제시된 글에서는 재물과 성적 욕망을 통제하는 삶의 태도에 대하여 강조하고 있다. '잘 살기 위해서는 살면서 가장 중요한 것이 무엇인지 알아야 한다.'는 중심 내용으로 적절하지 않다.

## 04 난도 ★★☆ 정답 ④

**독해 > 문맥 추론**

정답의 이유

④ 제시된 글의 1문단을 통하여 '랑그'는 머릿속에 내재되어 있는 추상적인 언어로 특정한 언어공동체가 공유하고 있는 기호체계임을, '파롤'은 구체적인 언어의 모습으로 의사소통을 위해 사용하는 개인적 행위임을 알 수 있다. 3문단에서 '언어능력'은 '자기 모국어에 대해 사람들이 내재적으로 가지고 있는 지식'이라고 하였고, '언어수행'은 사람들이 '실제로 발화하는 행위'라고 하였으므로 '언어능력'은 '랑그'에 대응하고, '언어수행'은 '파롤'에 대응함을 추론할 수 있다. 따라서 ㉢을 '랑그가 언어능력에 대응한다면, 파롤은 언어수행에 대응'이라고 수정하는 것은 적절하다.

오답의 이유

① 1문단에 따르면 '랑그'는 '머릿속에 내재되어 있는 추상적인 모습'이고 '파롤'은 '개인적인 행위'를 의미한다. 따라서 '랑그'를 고정되어 있는 '악보'에 비유하고 '파롤'을 '실제 연주'에 비유한 ㉠의 내용은 적절하다.

② '랑그'는 '머릿속에 내재되어 있는 추상적인 모습'이므로 '랑그'는 여러 상황에도 불구하고 변하지 않고 기본을 이루는 언어의 본질적 모습'이라고 제시한 ㉡의 내용은 적절하다.

③ '파롤'은 '구체적인 언어의 모습'이므로 '실제로 발음되는 제각각의 소릿값이 파롤'이라고 제시한 ㉢의 내용은 적절하다.

## 05 난도 ★☆☆ 정답 ④

**독해 > 추론**

정답의 이유

④ 2문단의 '결국 판타지에서는 이미 알고 있는 것보다 새로운 것이 더 중요한 의미를 갖는다.'를 통하여 판타지는 새로운 것이 더 중요하다는 것을 알 수 있다. 또한 'SF에서는 어떤 새로운 것이 등장했을 때 그 낯섦을 인정하면서도 ~ 인식의 틀로 끌어들여 재조정하는 과정이 요구된다.'를 통하여 SF는 새로운 것과 알고 있던 것 사이의 재조정이 필요한 장르라는 것을 알 수 있다. 이를 볼 때 제시된 글의 핵심 논지로 가장 적절한 것은 '판타지는 알고 있는 것보다 새로운 것이 더 중요하고, SF는 알고 있는 것과 새로운 것 사이의 재조정이 필요한 장르이다.'이다.

오답의 이유

① 제시된 글에 판타지와 SF는 모두 새로운 것에 의해 알고 있는 것이 바뀌는 장르라는 내용은 나타나지 않는다.

② SF는 알고 있는 것과 새로운 것 사이의 재조정하는 과정이 요구되는 장르이지만, 판타지는 낯섦을 그대로 받아들이고, 이미 알고 있는 것보다 새로운 것이 더 중요한 의미를 갖는 장르이다.

③ 판타지는 알고 있는 것보다 새로운 것이 더 중요한 의미를 갖는 장르이고, SF는 새로운 것이 등장했을 때 자신이 이미 알고 있던 인식의 틀로 끌여들여 재조정하는 과정이 요구되는 장르이다.

## 06 난도 ★★☆ 정답 ③

**독해 > 문맥 추론**

정답의 이유

③ 제시된 글의 '또한 이야기에서 셔우드 숲을 한 바퀴 돌고 로빈후드를 만났다고 하는 국왕 에드워드는 1307년에 즉위하여 20년간 재위한 2세일 가능성이 있다.'를 통하여 로빈후드 이야기의 시대 배경은 에드워드 2세의 재위 기간과 관련이 있음을 알 수 있다. '에드워드 2세는 1307년에 즉위하여 20년간 재위'하였다고 했으므로 빈칸에 들어갈 말은 '14세기 전반'이 가장 적절하다.

## 07 난도 ★★☆ 정답 ②

**독해 > 문단 순서 배열**

정답의 이유

제시된 글의 1문단에서는 북방에 사는 매는 덩치가 크고 사냥도 잘하기 때문에 몽골 고원과 연해주 지역에 사는 매들이 인기가 있었다는 내용을 제시하고 있다.

• (나)에서는 일본에서 매에 접근할 수 있는 길은 한반도를 통하는 것 외에는 없었기 때문에 한반도와 일본 간의 교류에 매가 중요했다는 내용을 제시하고 있다. 여기에서 '이 북방의 매'는 1문단의 '몽골 고원과 연해주 지역에 사는 매들'을 가리키므로 (나)는 1문단 다음에 위치하는 것이 적절하다.

- (가)에서는 조선과 일본의 단절된 관계는 기유조약이 체결되면서 회복되었다는 내용과 이때 대마도를 매개로 했다는 내용을 제시하고 있다. (나)에서 임진왜란으로 한반도와 일본 간의 교류가 단절되었다고 언급하고 있으므로 (가)는 (나)의 다음에 위치하는 것이 적절하다.
- (다)는 대마도는 조선과의 공식적, 비공식적인 무역으로 이익을 취했다는 내용과 조선후기에 이루어진 매 교역은 경제적인 측면과 정치·외교적인 성격이 강했다는 내용을 제시하고 있다. (가)에서는 조선과 일본이 대마도를 매개로 하여 외교를 했다는 내용을 언급하고 있으므로 (다)는 (가)의 다음에 위치하는 것이 적절하다.

따라서 맥락에 맞게 순서대로 배열한 것은 ② (나) - (가) - (다)이다.

## 08 난도 ★★☆ 정답 ③

독해 > 추론

정답의 이유

③ 2문단에 따르면 유럽에 '0' 개념이 들어오기 전에는 시간의 길이를 '1'부터 셈하였다. 3문단의 "'2주'를 의미하는 용도로 사용되는 현대 프랑스어 'quinze jours'는 어원을 따지자면 '15일'을 가리키는데 ~ 마지막 날과 해가 달라진 것이다."를 볼 때 'quinze jours'는 2주의 의미로 사용되지만 어원을 따지면 '15'일을 가리키므로 시간의 길이를 '1'부터 셈한 방식이 남은 것임을 알 수 있다. 따라서 프랑스어 'quinze jours'에는 '0' 개념이 들어오기 전 셈법의 흔적이 남아있다고 추론한 것은 적절하다.

오답의 이유

① 2문단의 "'0' 개념은 13세기가 되어서야 유럽으로 들어왔으니, '0' 개념이 들어오기 전 시간의 길이는 '1'부터 셈했다."를 통하여 '0' 개념은 13세기가 되어서야 유럽으로 들어왔음을 알 수 있다. '0' 개념은 13세기에 유럽에서 발명되었다고 추론하는 것은 적절하지 않다.

② 2문단에 따르면 『성경』이 기록될 당시에는 '0' 개념이 없었다. 실제로 예수가 부활한 시점은 죽은 뒤 48시간이 채 되지 않지만 이를 기록한 당시에는 '0' 개념이 없었기 때문에 죽은 지 사흘 만에 부활했다고 기록한 것이다. 예수의 신성성을 부각하기 위해 그의 부활 시점을 활용하였다고 추론하는 것은 적절하지 않다.

④ 'pentaeteris'라는 용어는 올림픽이 열리는 주기에 해당하는 4년을 가리키지만 어원은 '5년'을 뜻한다. 3문단에 따르면 이는 시간적으로는 동일한 기간이지만 시간을 셈하는 방식에 따라 의미가 달라진 것이다. 따라서 'pentaeteris'라는 말이 생겨났을 때에 비해 오늘날의 올림픽이 열리는 주기는 짧아졌다고 추론하는 것은 적절하지 않다.

## 09 난도 ★☆☆ 정답 ①

독해 > 추론

정답의 이유

① 3문단의 '인간의 인두는 여섯 번째 목뼈에까지 이른다. 반면에 대부분의 포유류에서는 인두의 길이가 세 번째 목뼈를 넘지 않으며 개의 경우는 두 번째 목뼈를 넘지 않는다.'를 통하여 개의 인두 길이는 인간의 인두 길이보다 짧음을 추론할 수 있다.

오답의 이유

② 2문단의 '침팬지는 인간과 게놈의 98%를 공유하고 있지만, 발성 기관에 차이가 있다.'를 통하여 침팬지는 인간과 게놈이 98% 유사하다는 것을 알 수 있다. 인두가 유사한 것이 아니다.

③ 1문단에서 녹색원숭이는 포식자의 접근을 알리기 위해 소리를 지른다고 하였고, 침팬지는 감정을 표현할 때 각각 다른 소리를 냈다고 하였다. 녹색원숭이가 침팬지와 의사소통을 할 수 있다는 내용은 나타나지 않는다.

④ 3문단의 '인간의 발성 기관은 아주 정교하게 작용하여 여러 소리를 낼 수 있는데, 초당 십여 개의 소리를 쉽게 만들어 낸다.'를 통하여 침팬지가 아닌 인간이 초당 십여 개의 소리를 만들어 낸다는 것을 알 수 있다.

## 10 난도 ★★☆ 정답 ①

독해 > 어휘 추론

정답의 이유

① (가)의 '소리'는 인간이 만드는 소리를 의미한다. ㉠은 침팬지가 감정을 표현할 때 내는 '소리'이므로 (가)에 해당하는 의미로 사용되지 않았다.

오답의 이유

②·③·④ ㉡, ㉢, ㉣의 '소리'는 모두 인간이 만들어 내는 소리를 의미한다.

## 11 난도 ★★☆ 정답 ④

독해 > 추론

정답의 이유

④ 1문단의 '이에 따라 방각본 출판에서는 규모가 큰 작품을 기피하였으며, 일단 선택된 작품에도 종종 축약적 윤색이 가해지고는 하였다.'를 통하여 방각본 출판에서는 대규모 작품을 기피했다는 것을 알 수 있다. 또한 2문단의 '일종의 도서대여업인 세책업은 ~ 한 작품의 규모가 큰 것도 환영할 만한 일이었다.'를 통하여 세책업자들은 작품의 규모가 큰 것을 좋아했다는 것을 알 수 있다. 따라서 한 편의 작품이 여러 권의 책으로 나뉘어 있는 대규모 작품들은 방각본 출판업자들보다 세책업자들이 선호하였다고 추론한 것은 적절하다.

오답의 이유

①·② 2문단에 따르면 세책업자들은 한 작품의 분량이 많아서 여러 책으로 나뉘어 있으면 그만큼 세책료를 더 받을 수 있어 한 작품의 규모가 큰 것을 환영하고 스토리를 부연하여 책의 권수를 늘리기도 했다. 따라서 분량이 많은 작품은 세책가에서 취급

하지 않았다고 추론한 것과 세책업자는 구비할 책을 선정할 때 분량이 적은 작품을 우선하였다고 추론한 것은 적절하지 않다.

③ 1문단의 '이에 따라 방각본 출판에서는 규모가 큰 작품을 기피하였으며, 일단 선택된 작품에도 종종 축약적 윤색이 가해지고는 하였다.'를 통하여 방각본 출판업자들은 작품의 규모를 줄이기 위하여 축약적 윤색을 가했음을 알 수 있다. 방각본 출판업자들은 책의 판매 부수를 올리기 위해 원본의 내용을 부연하여 개작하기도 하였다고 추론한 것은 적절하지 않다.

## 12  난도 ★★☆                                    정답 ①

**독해 > 어휘 추론**

정답의 이유

① ㉠의 '올라가다'는 '값이나 통계 수치, 온도, 물가가 높아지거나 커지다.'라는 의미이다. '습도가 올라가는 장마철에는 건강에 유의해야 한다.'의 '올라가다' 역시 '습도가 높아지거나 커지다'라는 의미이므로 ㉠의 의미와 가장 가깝다.

오답의 이유

② '내가 키우는 반려견이 하늘나라로 올라갔다.'의 '올라가다'는 '죽다'를 비유적으로 이르는 말이다.

③ '그녀는 승진해서 본사로 올라가게 되었다.'의 '올라가다'는 '지방 부서에서 중앙 부서로, 또는 하급 기관에서 상급 기관으로 자리를 옮기다.'라는 의미이다.

④ '그는 시험을 보러 서울로 올라갔다.'의 '올라가다'는 '지방에서 중앙으로 가다.'라는 의미이다.

## 13  난도 ★★☆                                    정답 ②

**화법과 작문 > 화법**

정답의 이유

② ㉡: '오늘날 세계화와 시장 규제 완화로 인해 빈부 격차가 심화되고 계급 불평등이 더 고착되었다.'를 볼 때 '을'은 오늘날 계급 불평등이 더 고착화되었다고 주장하고 있다. 또한 '하지만 현대 사회에서 계급 체계는 여전히 경제적 불평등의 핵심으로 남아 있다.', '이는 계급의 종말이 사실상 실현될 수 없는 현실적이지 않은 주장이라는 점을 보여 준다.'를 볼 때 '병'은 계급의 종말은 실현될 수 없다고 주장하고 있다. 따라서 '을'의 주장과 '병'의 주장은 대립하지 않는다.

오답의 이유

- ㉠: '이에 따라서 전통적인 계급은 사라지고, 이제는 계급이 없는 보다 유동적인 사회 질서가 새로 정착되었다.'를 볼 때 '갑'은 오늘날 사회에서 계급이 사라졌다고 주장하고 있다. '을'은 오늘날 계급 불평등이 더 고착화되었다고 주장하고 있으므로, '갑'의 주장과 '을'의 주장은 대립한다.
- ㉢: '갑'은 오늘날 사회에서 계급이 사라졌다고 주장하고 있고, '병'은 계급의 종말은 실현될 수 없다고 주장하고 있으므로, '병'의 주장과 '갑'의 주장은 대립한다.

## 14  난도 ★★★                                    정답 ①

**논리 > 논리 추론**

정답의 이유

① (가)와 (나)를 단순하게 치환하면 다음과 같다.

- 축구를 잘하는 사람: 축구
- 머리가 좋다: 머리
- 키가 작다: 키

이때 (가)와 (나)를 논리 기호로 단순화하면 다음과 같다.
(가) 축구 → 머리
(나) 축구 어떤 ∧ 키 어떤

이를 바탕으로 제3의 명제를 이끌어 내면 다음과 같다.
(축구 어떤 ∧ 키 어떤) → 머리

따라서 (가)와 (나)를 전제로 할 때 빈칸에 들어갈 결론으로 가장 적절한 것은 '키가 작은 어떤 사람은 머리가 좋다.'이다.

### 더 알아보기

논리 연결사

| 논리<br>연결사 | 복합<br>명제 | 논리<br>기능 | 표현 | 기호화 |
|---|---|---|---|---|
| ∧ | 연언문 | 연언 | A 그리고(그러나, 그런데, 그럼에도 불구하고, 또한) B | A∧B |
| ∨ | 선언문 | 선언 | A이거나(또는, 혹은) B | A∨B |
| → | 조건문 | 단순<br>함축 | • 만약 A라면 B이다.<br>• 단지 B인 경우에만 A이다. | A → B<br>• A는 B이기 위한 충분 조건이다.<br>• B는 A이기 위한 필요 조건이다. |
| ≡ | 쌍조건문 | 단순<br>동치 | 만약 A라면 그리고 오직 그런 경우에만 B이다. | A≡B<br>A는 B이기 위한 필요충분조건이다. |
| ~ | 부정문 | 부정 | • A는 거짓이다.<br>• A는 사실이 아니다. | ~A |

## 15  난도 ★★☆                                    정답 ①

**논리 > 강화 약화**

정답의 이유

① 지금까지 성공한 프로젝트가 유행지각, 깊은 사고, 그리고 협업 모두에서 목표를 달성했다는 내용은 ㉠의 '이 세 요소 모두에서 목표를 달성하는 것은 마케팅 프로젝트가 성공적이기 위해 필수적이다.'라는 주장과 부합한다. 따라서 이는 ㉠을 강화한다.

오답의 이유

② ㉠에서는 세 요소 모두에서 목표를 달성해야 마케팅 프로젝트가 성공한다고 하였다. 성공하지 못한 프로젝트 중 유행지각, 깊은 사고, 협업 중 하나 이상에서 목표를 달성하는 데 실패한 사례가

있다는 것은 ㉠의 주장에 부합하는 내용이므로, 이는 ㉠을 약화하지 않는다.
③ 유행지각, 깊은 사고, 협업 중 하나 이상에서 목표를 달성하는 데 실패했지만 성공한 프로젝트가 있다는 것은 ㉡가 관련이 있는 내용이 아니다. 따라서 ㉡을 강화하지 않는다.
④ 유행지각, 깊은 사고, 협업 모두에서 목표를 달성했지만 성공하지 못한 프로젝트가 있다는 내용은 ㉡의 '이 세 요소 모두에서 목표를 달성했다고 해서 마케팅 프로젝트가 성공한 것은 아니다.'라는 주장과 부합한다. 따라서 이는 ㉡을 약화하는 것이 아니라 강화한다.

## 16  난도 ★★☆                          정답 ②

**독해 > 추론**

[정답의 이유]
② ㄱ. 우기에 비가 넘치는 산간 지역에서는 고상식 주거 건축물 유적만 발견되었다는 내용은 기후에 따라 '소거'로 지었다는 것을 의미한다. 이는 '혈거와 소거가 기후에 따라 다른 자연환경에 적응해 발생했다.'는 ㉠의 주장에 부합하므로, ㉠을 강화한다.
ㄷ. 여름에는 고상식 건축물에서, 겨울에는 움집형 건축물에서 생활한 집단의 유적이 발견되었다는 내용은 기후에 따라 여름에는 '소거', 겨울에는 '혈거'에서 생활했다는 것을 의미한다. 이는 ㉠이 주장에 부합하므로, ㉠을 강화한다.

[오답의 이유]
ㄴ. 움집형 집과 고상식 집이 공존해 있는 주거 양식을 보여 주는 집단의 유적지가 발결되었다는 내용은 '혈거'와 '소거'가 공존했다는 것을 의미한다. 이는 혈거와 소거가 기후에 따라 다른 자연환경에 적응해 발생했다는 내용에 부합하지 않으므로, ㉠을 강화하지 않는다.

## 17  난도 ★★★                          정답 ③

**논리 > 강화 약화**

[정답의 이유]
③ (나)의 주장은 한문문학을 국문학으로 인정하자는 절충론적인 입장이다. 표기문자와 상관없이 그 나라의 문화를 잘 표현한 문학을 자국문학으로 인정하는 것이 보편적인 관례라는 내용은 일부 한문문학을 국문학으로 인정하자는 주장에 부합하며 이는 (나)의 주장을 강화한다.

[오답의 이유]
① (가)의 주장은 국문학에서 한문으로 쓰인 문학을 배제하자는 주장이다. 국문으로 쓴 작품보다 한문으로 쓴 작품이 해외에서 문학적 가치를 더 인정받는다는 내용은 국문학에서 한문문학을 배제하자는 주장과 무관하다. 따라서 이는 (가)의 주장을 강화하지 않는다.
② 국문학의 정의를 '그 나라 사람들의 사상과 정서를 그 나라 말과 글로 표현한 문학'으로 수정한다는 내용은 (가)의 주장에 부합한다. 따라서 이는 (가)의 주장을 강화한다.
④ 훈민정음 창제 이후에도 차자표기로 된 문학작품이 다수 발견된다는 내용은 (나)의 주장과 무관하다. 따라서 이는 (나)의 주장을 약화하지 않는다.

## 18  난도 ★★☆                          정답 ④

**독해 > 어휘 추론**

[정답의 이유]
④ ㉢의 '전자'는 '순(純)국문학' 즉, '국문으로 쓰인 문학'을 의미한다. ㉤의 '전자' 역시 '순국문학' 즉, '국문으로 쓰인 문학'을 의미한다.

[오답의 이유]
㉠: '한문으로 쓰인 문학'을 의미한다.
㉡: '국문으로 쓰인 문학'을 의미한다.
㉣: '준(準)국문학' 즉, '한문문학을 포함한 문학'을 의미한다.
㉥: '준(準)국문학'을 의미한다.

## 19  난도 ★★★                          정답 ④

**논리 > 논리 추론**

[정답의 이유]
④ 을이 〈글쓰기〉를 신청하면 병은 〈말하기〉와 〈듣기〉를 신청한다. 병이 〈말하기〉와 〈듣기〉를 신청하면 정은 〈읽기〉를 신청한다. 하지만 정은 〈읽기〉를 신청하지 않으므로, 병은 〈말하기〉와 〈듣기〉를 신청하지 않고, 이에 따라 을이 〈글쓰기〉를 신청하지 않은 것을 도출해 낼 수 있다. 갑과 을 중 적어도 한 명은 〈글쓰기〉를 신청하는데 을이 〈글쓰기〉를 신청하지 않았으므로, 갑이 〈글쓰기〉를 신청한다는 것을 알 수 있다.

### 더 알아보기

**논증의 판단**
- 타당한 논증

| | | |
|---|---|---|
| 전건 긍정 | 전건을 긍정하여 후건이 결론으로 도출 | 전제 1: P → Q<br>전제 2: P<br>결론: Q |
| 후건 부정 | 후건을 부정하여 전건의 부정이 결론으로 도출 | 전제 1: P → Q<br>전제 2: ~Q<br>결론: ~P |
| 선언지 배제 | 선언명제로 제시된 두 명제 중 하나를 부정하여 다른 하나를 결론으로 도출 | 전제 1: P∨Q<br>전제 2: ~P<br>결론: Q |
| 삼단 논증 | 앞 명제의 후건과 뒤 명제의 전건이 같을 때, 앞 명제의 전건과 뒤 명제의 후건이 이어져 결론으로 도출 | 전제 1: P → Q<br>전제 2: Q → R<br>결론: P → R |
| 양도 논법 | 앞 조건명제의 전건과 뒤 조건명제의 전건을 선언명제로 제시하여 앞 조건명제의 후건과 뒤 조건명제의 후건을 선언명제로 하는 결론을 도출 | 전제 1: (P → Q)∧(R → S)<br>전제 2: P∨R<br>결론: Q∨S |

• 부당한 논증

| 전건 부정 | 전건을 부정하여 후건의 부정이 결론으로 도출 | 전제 1: P → Q<br>전제 2: ~P<br>결론: ~Q |
|---|---|---|
| 후건 긍정 | 후건을 긍정하여 전건이 결론으로 도출 | 전제 1: P → Q<br>전제 2: Q<br>결론: P |
| 선언지 긍정 | 선언명제로 제시된 두 명제 중 하나를 긍정하여 다른 하나의 부정을 결론으로 도출 (둘 다 긍정일 가능성이 존재하기 때문) | 전제 1: P∨Q<br>전제 2: P<br>결론: ~Q |

## 20 난도 ★★☆                정답 ①

독해 > 추론

[정답의 이유]

① 1문단의 "언어의 형식적 요소에는 '음운', '형태', '통사'가 있으며, 언어의 내용적 요소에는 '의미'가 있다."를 통하여 언어의 형식적 요소가 내용적 요소보다 다양함을 알 수 있다.

[오답의 이유]

② 2문단의 '이처럼 언어학은 크게 말소리 탐구, 문법 탐구, 의미 탐구로 나눌 수 있는데, 이때 각각에 해당하는 음운론, 문법론, 의미론은 서로 관련된다.'를 통하여 언어의 형태 탐구는 의미 탐구와 관련됨을 알 수 있다.

③ 2문단의 '화자의 측면에서 언어를 발신하는 경우에는 의미론에서 문법론을 거쳐 음운론의 방향으로, 청자의 측면에서 언어를 수신하는 경우에는 반대의 방향으로 작용한다.'를 통하여 의사소통 과정에서 화자는 의미를 형식으로 전환하고 청자는 형식을 의미로 전환한다는 것을 알 수 있다. 그러나 제시된 글에서 의사소통의 첫 단계는 언어의 형식을 소리로 전환하는 것이라는 내용은 나타나지 않는다.

④ 2문단의 '화자의 측면에서 언어를 발신하는 경우에는 의미론에서 문법론을 거쳐 음운론의 방향으로, 청자의 측면에서 언어를 수신하는 경우에는 반대의 방향으로 작용한다.'를 통하여 언어를 발신하고 수신하는 과정에서 문법 탐구 즉, 통사론이 활용됨을 알 수 있다.

기출이 답이다 9급 공무원

# 국어

## 문제편

# PART 1
# 국가직

- 2025년 국가직 9급
- 2024년 국가직 9급
- 2023년 국가직 9급
- 2022년 국가직 9급
- 2021년 국가직 9급
- 2020년 국가직 9급
- 2019년 국가직 9급

합격의 공식 시대에듀 www.sdedu.co.kr

### 꼭 읽어보세요!

**2025년 국어 과목 출제기조 변화**

2025년 국가직 9급 공무원 시험부터 문법이나 어휘 등 암기 영역의 문제가 줄어들고 이해력과 추론력, 비판력을 평가하는 문제의 비중이 커졌습니다. 문학 영역 또한 작품을 제시하는 유형에서 벗어나 문학을 소재로 한 지문을 제시하는 비문학 독해 형식으로 출제되었습니다.

**기출문제 학습 시 유의사항**

본서는 2025년 국어 과목 출제기조 변화에 따라 출제 유형에서 벗어나거나 달라지는 문항에 ×표시를 하였습니다. 이는 인사혁신처가 공개한 2025년 출제기조 전환 예시문제를 기준으로 한 것이며, **실제 출제 방향과 다를 수 있다는 점에 유의하시기 바랍니다.** 또한, 인사혁신처에서 출제하는 국가직, 지방직 9급 기출문제에만 ×표시를 하였으니 이를 염두에 두고 학습에 임하시기 바랍니다.

×표시를 한 문항은 앞으로 출제되지 않는 영역의 문항이 아닌, 출제기조 변화에 따라 유형이 바뀔 수 있는 문항입니다. 문법 영역은 국어학이나 언어학을 소재로 한 비문학 지문을 통해 사례를 추론하는 유형으로 전환되며, 어휘 영역은 한자어나 어휘 자체의 의미를 암기하는 문항에서 벗어나 지문의 맥락 속에서 의미를 파악하는 유형으로 전환됩니다. 문학도 작품을 그대로 지문으로 제시하는 것이 아닌 국문학을 소재로 한 비문학 지문으로 출제됩니다.

## 출제경향

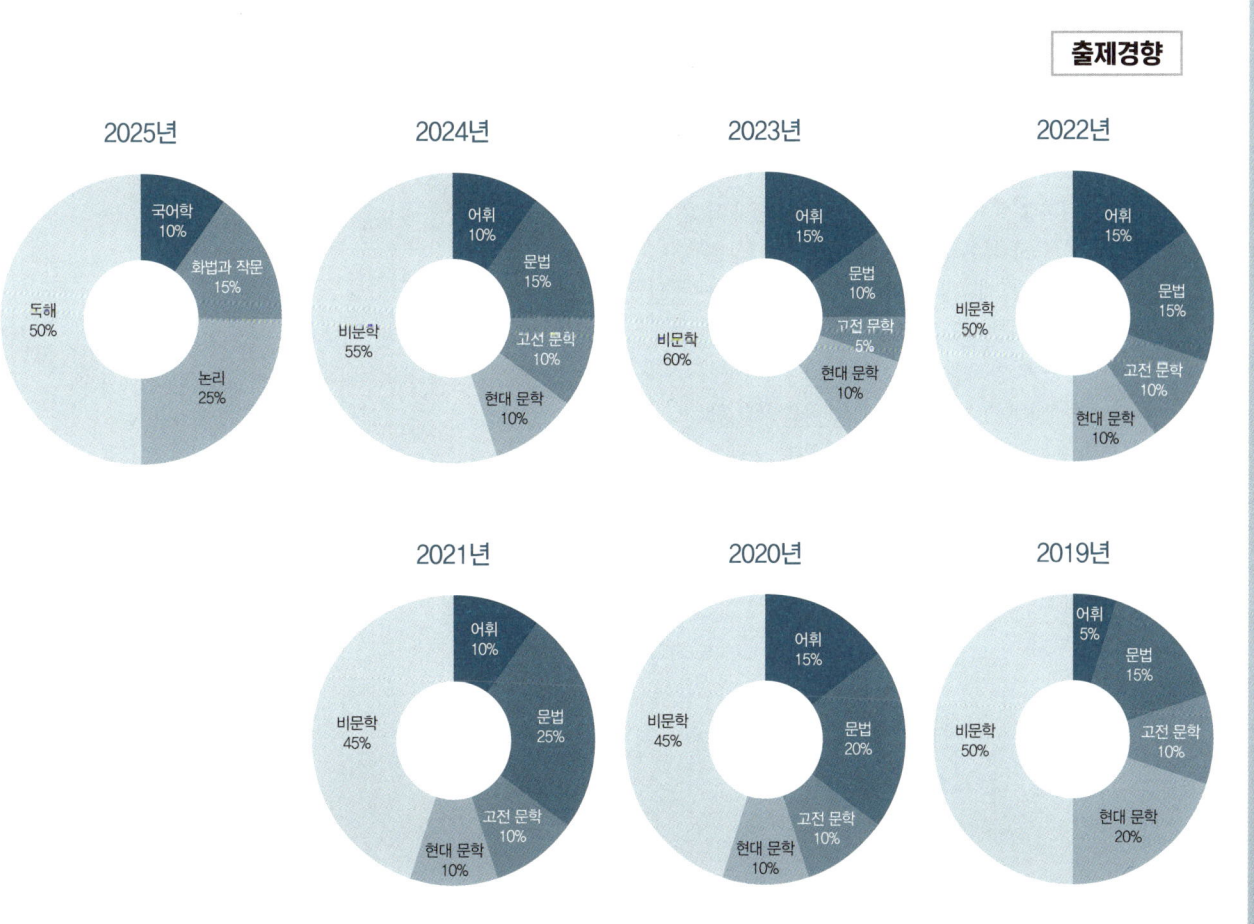

# 국어 | 2025년 국가직 9급

✅ 회독 CHECK 1 2 3

**01** 〈공공언어 바로 쓰기 원칙〉에 따라 〈공문서〉의 ㉠~㉣을 수정한 것으로 적절하지 않은 것은?

〈공공언어 바로 쓰기 원칙〉
- 생소한 외래어나 외국어는 우리말로 다듬을 것
- 주어와 서술어의 관계를 명확하게 표현할 것
- 문맥에 맞는 정확한 어휘를 사용할 것
- 지나친 명사 나열을 피하고 적절한 조사와 어미를 활용하여 문장을 구성할 것

〈공문서〉

ㅁㅁ개발연구원

수신　수신처 참조
제목　종합 성과 조사 협조 요청

1. 귀 기관의 무궁한 발전을 기원합니다.
2. 본원은 디지털 교육 ㉠ <u>마스터플랜</u> 수립을 위해 종합 성과 조사를 실시합니다. 본 조사의 대상은 지난 3년간 ㅁㅁ개발연구원의 주요 사업을 수행한 ㉡ <u>기업을</u> 대상으로 합니다.
3. 별도의 전문 평가 기관에 조사를 ㉢ <u>위탁하며</u>, 이 조사 결과를 바탕으로 ㉣ <u>학교 현장 교수 학습 환경 개선 정책 개발</u> 및 디지털 교육 문화를 정착시키는 데에 기여하고자 합니다. 귀 기관의 협조를 부탁드립니다.

① ㉠: 기본 계획
② ㉡: 기업입니다
③ ㉢: 수주하며
④ ㉣: 학교 현장의 교수 학습 환경을 개선하는 정책을 개발하고

**02** 〈개요〉의 빈칸에 들어갈 내용으로 적절하지 않은 것은?

〈개요〉
- 제목: 청소년 아르바이트의 실태와 노동 문제 개선 방안
- Ⅰ. 청소년 아르바이트의 실태
   1. 열악한 노동 환경 및 복지 혜택 부족
   2. 임금 체불 및 최저 임금제 위반
   3. 사업장 내의 빈번한 폭언 및 폭행 발생
- Ⅱ. 청소년 아르바이트의 노동 문제 발생 원인
   1. 청소년의 노동 환경에 대한 실효성 있는 제도 부족
   2. 노동 관계법에 관한 청소년 고용 업주의 인식 부족
   3. 청소년 노동자의 인권을 존중하지 않는 사회의 통념
- Ⅲ. 청소년 아르바이트의 노동 문제 개선 방안
   　

① 청소년의 노동 환경 개선을 위한 제도 정비
② 청소년 고용 업주에 대한 노동 관계법 교육과 지도 확대
③ 청소년 노동자의 인권 보호를 위한 사회적 교육 기관 설립
④ 청소년 고용 업체 규모 축소를 위한 정부의 지속적인 감독과 단속

**03** 다음 글의 (가)와 (나)에 들어갈 말을 적절하게 나열한 것은?

두 개 이상의 형태소로 이루어진 단어를 복합어라 한다. 복합어를 처음 두 개로 쪼갰을 때의 구성 요소를 직접구성요소라고 한다. 이 직접구성요소를 분석한 결과, 둘 중 어느 하나가 접사이면 파생어이고, 둘 다 어근이면 합성어이다. 즉 합성어는 '어근+어근'의 구성인데, 이는 합성어를 구성하는 두 구성 요소 중 어느 것도 접사가 아니라는 말이다.

그런데 '쓴웃음'과 같은 단어에는 접사 '-음'이 있으니까 (가) 가 아니냐고 반문할 수 있다. 그러나 이는 복합어 구분의 기준을 온전히 이해하지 못했기 때문에 나올 수 있는 질문이다. 전술한 바와 같이 복합어가 파생어인지 합성어인지를 결정하는 기준은 처음 두 개로 쪼갰을 때 두 구성 요소의 성격이며, 2차, 3차로 쪼갠 결과는 복합어 구분에 관여하지 않는다. 즉 '쓴웃음'의 두 구성 요소 중의 하나인 '웃음'은 파생어이지만 이 '웃음'이 또 다른 단어 형성에 참여할 때는 (나) (으)로 참여하는 것이다.

| | (가) | (나) |
|---|---|---|
| ① | 합성어 | 접사 |
| ② | 합성어 | 어근 |
| ③ | 파생어 | 접사 |
| ④ | 파생어 | 어근 |

**04** 다음 글을 이해한 내용으로 가장 적절한 것은?

20세기에 접어들면서 우리는 새로운 시대의 변화를 다양한 영역에서 확인할 수 있게 되었다. 문학 영역도 마찬가지였다. 이전과 뚜렷이 구별되는 유형과 성격의 문학작품이 등장하였고, 이에 따라 다양한 독자층이 새롭게 형성되었다. 20세기 초 우리나라의 문학 독자층은 흔히 두 가지로 구분되었다. 하나는 구활자본 고전소설과 일부 신소설의 독자인 '전통적 독자층'이고, 다른 하나는 이 시기 새롭게 등장하여 유행하기 시작한 대중소설, 번안소설, 신문 연재 통속소설을 즐겨 봤던 '근대적 대중 독자층'이다. 전통적 독자층에는 노동자와 농민, 양반, 부녀자 등이 속하고, 근대적 대중 독자층에는 도시 노동자, 학생, 신여성 등이 속했다.

그런데 20세기 초 문학 독자층 중에는 전통과 근대의 두 범주에 귀속시키기 어려운 독자층도 존재했다. 이 시기 신문학의 순수문학 작품, 일본을 비롯한 외국의 순수문학 소설 등을 향유했던 사람들이 바로 그들이다. 문자를 익숙하게 다루고 외국어를 지속적으로 습득한 지식인층은 근대적 대중 독자층과는 다른 문학적 향유 양상을 보여 주었던 것이다. 이들은 '엘리트 독자층'이라고 부를 수 있다.

① 근대적 대중 독자층에서 엘리트 독자층이 분화되어 나왔다.
② 20세기 초의 문학 독자층을 구분하는 기준은 신분과 학력이었다.
③ 엘리트 독자층에 속한 사람들은 우리나라 문학작품 외에도 외국 소설을 읽었다.
④ 근대적 대중 독자층에 속한 사람들은 전통적 독자층에 속한 사람들보다 경제적으로 부유했다.

## 05 다음 글의 ㉠~㉣ 중 어색한 곳을 찾아 가장 적절하게 수정한 것은?

소리는 보통 귀로 듣는다고 생각한다. 그렇지만 앰프에서 강력한 저음이 흘러나오는 것을 듣고 몸이 흔들리는 것을 경험할 때, 우리는 소리를 몸으로 느낀다고 생각하기도 한다. 가청 주파수 대역의 하한인 20Hz보다 낮은 주파수의 진동이 발생하면 ㉠ 우리의 몸은 흔들리지만 귀로는 아무것도 듣지 못한다. 우리는 이 들리지 않는 진동을 '초저주파음'이라고 부른다. ㉡ 귀에 들리지 않는 진동도 소리로 간주할 수 있다는 생각에서이다.

높은 주파수의 영역에서도 귀에 들리지 않는 진동이 있다. ㉢ 사람은 보통 20,000Hz 이상의 진동이 귀에 도달하면 소리로 인식한다. 가청 주파수 대역의 상한을 넘어서 더 높은 주파수의 진동이 발생하면 사람의 귀에 들리지 않는 것이다. 이때의 음파를 '초음파'라고 부른다.

사람과 동물은 가청 주파수 대역이 다르다. 그래서 동물은 사람에게 들리지 않는 소리를 들을 수 있다. 예컨대 우리와 가까이 지내는 개의 경우, 가청 주파수 대역의 하한은 사람과 비슷하지만 50,000Hz의 진동까지 소리로 인식할 수 있다. 그래서 개는 사람이 듣지 못하는 기척을 알아차리기도 한다. 이는 개의 가청 주파수 대역이 ㉣ 사람의 가청 주파수 대역보다 넓기 때문이다.

① ㉠: 우리의 몸이 흔들리지 않을 뿐 귀로는 저음을 들을 수 있다
② ㉡: 귀에 들리지 않는 진동은 소리로 간주할 수 없다는 생각에서이다
③ ㉢: 사람은 보통 20,000Hz 이상의 진동이 귀에 도달하면 소리로 인식하지 못한다
④ ㉣: 사람의 가청 주파수 대역보다 좁기 때문이다

## 06 (가)~(라)를 맥락에 맞추어 가장 적절하게 나열한 것은?

(가) 그 원리를 알려면 LCD와 OLED의 차이를 이해해야 한다. LCD는 다른 조명 장치의 도움을 받아 시각적 효과를 낸다. 다시 말해 스스로 빛을 내지 못한다는 것이다. 따라서 LCD는 화면 뒤에 빛을 공급하는 백라이트가 필요하다는 특성을 갖는다.

(나) 자유롭게 말았다 펼 수 있는 '롤러블 TV'가 개발되었다. 평소에는 말거나 작게 접어서 간편하게 가지고 다니다가 필요할 때 펴서 사용하는 태블릿이나 노트북이 상용화될 날도 머지않았다. 기존에 우리가 생각하는 텔레비전 화면이나 모니터는 평평하고 딱딱한 것인데, 어떻게 접거나 말 수 있을까?

(다) OLED 기술은 모양을 자유롭게 변형할 수 있는 모니터 개발을 가능하게 하였다. 딱딱한 유리 대신에 쉽게 휘어지는 특수 유리나 플라스틱을 이용함으로써 둥글게 말았다가 펼 수 있는 화면을 생산할 수 있게 된 것이다.

(라) 반면 OLED는 화소 단위로 빛의 삼원색을 내는 유기 반도체로 구성되어 있어 스스로 빛을 낼 수 있다. OLED 제품은 화면 뒤에 백라이트를 설치할 필요가 없기 때문에 얇게 만들 수도 있고 특수 유리나 플라스틱으로 제작할 수도 있다.

① (나) - (가) - (다) - (라)
② (나) - (가) - (라) - (다)
③ (다) - (가) - (라) - (나)
④ (다) - (나) - (라) - (가)

**[07~08] 다음 글을 읽고 물음에 답하시오.**

동물이 신체의 내부 온도를 정상 범위 안에서 유지하는 과정을 '체온조절'이라고 한다. 체온조절을 위하여 동물은 신체 내부의 물질대사를 통해 열을 발생시키거나 외부 환경에서부터 열을 ㉠ 획득한다. 조류나 포유류는 체내의 물질대사에 의하여 생성된 열로 체온을 유지하기 때문에 '내온동물'이라고 부른다. 대부분의 내온동물은 외부 온도가 변화해도 안정적으로 체온을 유지한다. 추운 환경에 노출되어도 내온동물은 충분한 열을 생성해서 주변보다 더 따뜻하게 체온을 유지할 수 있다.

이와 달리 양서류나 많은 종류의 파충류와 어류는 열을 외부에서부터 획득하기 때문에 '외온동물'이라고 부른다. 외온동물은 체온조절을 위한 충분한 열을 생성하지는 않지만 그늘을 찾거나 햇볕을 쬐는 것과 같은 행동을 통해 체온을 ㉡ 조절한다. 외온동물은 열을 외부에서 얻기 때문에 체내의 물질대사를 통해 큰 에너지를 생성할 필요가 없어서 동일한 크기의 내온동물보다 먹이를 적게 섭취한다.

한편 체온의 안정성을 기준으로 동물을 '항온동물'과 '변온동물'로 ㉢ 구분하기도 한다. 주위 환경과 관계없이 비교적 일정한 체온을 유지하는 동물을 항온동물, 주위 환경에 따라서 체온이 변하는 동물을 변온동물이라고 부른다. 한때는 내온동물과 외온동물을 각각 항온동물과 변온동물이라고 부르기도 했다.

그런데 체온조절을 위해 열을 획득하는 방식과 체온의 안정성을 유시하는 것은 별개의 문제이다. 외온동물에 속하는 많은 종류의 해양 어류는 일정한 온도가 유지되는 물에서 ㉣ 서식하기 때문에 체온이 크게 변하지 않는다. 반대로 어떤 내온동물은 체온의 변화가 급격하게 일어나기도 한다. 예컨대 박쥐 중에는 겨울잠을 자면서 체온을 40℃나 떨어뜨리는 종류도 있다. 내온동물과 외온동물을 구분하는 방식과 항온동물과 변온동물을 구분하는 방식 사이에는 어떠한 상관관계도 없다.

**07** 윗글의 중심 내용으로 가장 적절한 것은?

① 내온동물과 외온동물의 특징을 통해 항온동물과 변온동물의 특징을 밝힐 수 있다.
② 체온조절을 위한 열 획득 방식과 체온의 안정성은 동물을 분류하는 서로 다른 기준이다.
③ 동물을 내온동물과 외온동물로 구분하는 기준은 항온동물과 변온동물로 구분하는 기준보다 모호하다.
④ 체온조절을 위한 열 획득 방식보다 체온의 안정성을 유지하는 방식이 동물을 분류하는 더 적합한 기준이 된다.

**08** 윗글의 ㉠~㉣과 바꿔 쓸 수 있는 유사한 표현으로 적절하지 않은 것은?

① ㉠: 얻는다
② ㉡: 올린다
③ ㉢: 나누기도
④ ㉣: 살기

[09~10] 다음 글을 읽고 물음에 답하시오.

이집트 벽화에서 신, 파라오, 귀족은 특이한 모습으로 표현된다. 신체의 주요 부위를 이상적으로 보여줄 수 있도록 눈은 정면, 얼굴은 측면, 가슴은 정면, 발은 측면을 향하게 조합하여 그린 것이다. 이는 단일한 시점에서 대상을 표현한 것이 아니라 여러 시점에서 바라본 모습을 하나의 형상에 집약한 것이다. 이렇게 그려진 ㉠ 그들의 모습은 이상적인 부분끼리의 조합을 통해 완전하고 완벽하며 장중한 형상을 보여 주고자 한 의도의 결과이다. 그런데 벽화에 표현된 대상들 중 신, 파라오, 귀족과 같은 고귀한 존재는 이렇게 그려지고, 평범한 일반인은 곧잘 이런 방식과 관계없이 꽤 사실적으로 그려졌다. ㉡ 그들을 서로 다른 방식으로 표현하였다는 점은 이집트 미술이 특정한 이데올로기를 통해 양식화되어 있음을 선명하게 보여 준다.

이 이데올로기에 따르면, 신과 파라오, 나아가 귀족은 '존재하는 자'이고, 죽을 운명을 가진 평범한 사람들은 그저 '행위하는 자'이다. 평범한 사람들이 일하는 모습을 그릴 때 사실적으로, 그러니까 얼굴이 측면이면 가슴도 측면으로 자연스럽게 그리는 것은, 그들이 썩어 없어질 찰나의 인생을 살고 있기 때문이다. 그러기에 ㉢ 그들은 이 세상에서 실제로 행위하는 모습 그대로 그려진다. 반면 고귀한 존재는 삼라만상의 변화와 관계없이 영원한 세계의 이상을 반영한다. 그러기에 ㉣ 그들은 이상적 규범에 따라 불변의 양식으로 그려진다.

이렇게 같은 인간을 표현해도 위계에 따라 표현 방식을 달리한 것은 이집트 종교의 영향 때문이다. 이집트 종교는 수직적이고 이원적인 정신성에 그 토대를 두고 있다. 이런 이원론적인 정신성은 양식화된 이상주의적 미술로 표현되는 경향이 있다. 이집트의 벽화가 바로 그 대표적인 사례이다.

**09** 윗글에서 추론한 내용으로 가장 적절한 것은?

① 이집트의 벽화에서는 존재와 행위를 동등한 가치로 표현하고 있다.
② 이집트의 종교가 가지는 정신성은 이집트의 미술 양식에 영향을 끼쳤다.
③ 이집트의 이상주의적 미술에서는 평범한 사람들은 그리지 않고 고귀한 존재들만 표현하였다.
④ 이집트인들은 신체를 바라보는 독특한 시점을 토대로 예술에 관한 이데올로기를 형성하였다.

**10** 윗글의 ㉠~㉣ 중 문맥상 지시 대상이 같은 것만으로 묶인 것은?

① ㉠, ㉣
② ㉡, ㉢
③ ㉠, ㉡, ㉣
④ ㉠, ㉢, ㉣

## [11~12] 다음 글을 읽고 물음에 답하시오.

조선 시대 소설은 표기 문자에 따라 한자로 ⊙ 표기한 한문소설과 한글로 표기한 한글소설, 두 가지로 나뉜다. 한문소설은 중국에서 들여온 한문소설, 조선에서 창작한 한문소설, 조선의 한글소설을 ⓒ 번역한 한문소설로 나뉜다. 그리고 한글소설은 중국소설을 번역한 한글소설, 조선에서 창작한 한문소설을 번역한 한글소설, 조선에서 창작한 한글소설로 나뉜다. 조선 시대에 많은 한글소설이 창작되어 읽혔지만, 이를 저급한 오락물로 여겼던 당대의 지식인들은 한글소설을 외면했으므로 그에 관해 ⓒ 기록한 문헌을 거의 남기지 않았다. 반면에 이들은 한문소설, 특히 중국에서 들여온 한문소설을 즐겨 읽고 이에 관한 많은 기록을 남겼다.

중국에서 들여온 한문소설은 조선에서도 인쇄된 책으로 읽혔기 때문에 필사본이 거의 없다. 이와 대조적으로 조선에서 창작한 한문소설은 필사본으로 유통되었다. 조선의 필사본 소설은 뚜렷한 특징을 보이는데, 한문소설을 ⓔ 필사한 경우는 이본별 내용 차이가 거의 없는 반면 한글소설을 필사한 경우는 그렇지 않다는 점이다. 한글소설은 같은 제목의 소설이라도 내용이 상당히 다른 다양한 이본이 있었다. 이는 한문소설의 독자는 문자 그대로 독자였던 것에 비하여 한글소설의 독자는 독자이면서 이야기를 개작하는 작자이기도 했기 때문이다. 한자에 비해 한글은 익히기 쉽고 그만큼 쓰기도 편해서 한글소설의 필사자는 내용을 바꾸고 싶다는 의지가 있다면 쉽게 바꿀 수 있었다. 한글소설은 인쇄본이 아니라 필사본으로 많이 유통되었기 때문에 (가) 옮겨 쓰는 과정에서 다양한 이본이 생겨났다.

조선 시대 소설을 이해하는 데 있어서 소설을 표기한 문자는 무엇보다 중요하다. 표기 문자는 소설의 종류를 나누는 기준이 되었을 뿐만 아니라, 소설의 감상 및 유통, 이본 생산에 직접적인 영향을 미쳤다.

**11** 윗글에서 추론한 내용으로 가장 적절한 것은?

① 조선 시대의 소설은 한글소설보다 한문소설의 종류가 훨씬 다양했다.
② 조선 시대의 지식인들은 조선에서 창작한 한문소설을 저급한 오락물로 여겼다.
③ 한자로 필사할 때보다 한글로 필사할 때 필사자의 의견이 반영되어 개작되기 쉬웠다.
④ 조선의 필사본 소설 중 한문소설을 필사한 것은 소수였고 한글소설을 필사한 것이 대부분이었다.

**12** 윗글의 ⊙~ⓔ 중 문맥상 (가)의 의미와 가장 가까운 것은?

① ⊙
② ⓒ
③ ⓒ
④ ⓔ

**13** 다음 글에서 추론한 내용으로 가장 적절한 것은?

언어에는 중요한 몇 가지 특징이 있다. 첫째, 언어의 형식인 말소리와 언어의 내용인 의미 간에는 필연적 관계가 없다. 이를 언어의 '자의성'이라 한다. 즉 어떤 내용을 나타내는 형식은 약속으로 정할 뿐이라는 것이다. 둘째, 언어에서 형식과 내용의 관계에 대한 사회적 약속은 한번 정해지면 개인이 쉽게 바꿀 수가 없다. 이를 언어의 '사회성'이라 한다. 셋째, 언어는 시간의 흐름에 따라 사회 구성원이 바뀌면서 끊임없이 변화한다. 이를 언어의 '역사성'이라 한다. 넷째, 하나의 언어 형식은 수많은 구체적 대상이 가진 공통적인 속성을 개념화하여 표현한 것이다. 예컨대 우리는 세상에 존재하는 여러 책상들의 공통적 속성을 추출하여 하나의 언어 형식인 '책상'으로 표현한다. 이를 언어의 '추상성'이라 한다.

① 같은 언어 안에도 다양한 방언 형태가 존재한다는 것은 언어의 자의성을 보여주는 사례이다.
② 가족과 대화할 때는 직장 동료와 대화할 때와 다른 표현을 사용한다는 것은 언어의 사회성을 보여주는 사례이다.
③ 유명인이 개인적으로 사용한 유행어가 시간이 지나도 표준어로 인정되지 않는다는 것은 언어의 역사성을 보여주는 사례이다.
④ 새로운 줄임말이 끊임없이 만들어지고 있다는 것은 언어의 추상성을 보여주는 사례이다.

**14** 다음 글에서 추론한 내용으로 적절하지 않은 것은?

국어의 표준 발음법 규정에서는 이중모음의 발음과 관련한 여러 조항들을 찾을 수 있다. 이중모음은 기본적으로 글자 그대로 발음해야 하지만, 글자와 다르게 발음하는 원칙이 덧붙은 경우도 있다. 이중모음 'ㅢ'의 발음에는 세 가지 원칙이 적용된다. 첫째, 초성이 자음인 음절의 'ㅢ'는 단모음 [ㅣ]로 발음해야 한다. 둘째, 첫음절 이외의 음절에서 'ㅢ'는 이중모음 [ㅢ]로 발음하는 것이 원칙이나 단모음 [ㅣ]로도 발음할 수 있다. 셋째, 조사 '의'는 이중모음 [ㅢ]로 발음하는 것이 원칙이나 단모음 [ㅔ]로도 발음할 수 있다.

이 세 가지 원칙을 적용하여 발음하려 할 때 원칙 간에 충돌이 발생할 때가 있다. '무늬'의 경우, 첫째 원칙에 따르면 [무니]로 발음해야 하는데 둘째 원칙에 따르면 [무늬]도 가능하고 [무니]도 가능하게 된다. 이렇게 첫째와 둘째가 충돌할 때에는 첫째 원칙을 따른다. 하지만 물어본다는 뜻의 명사 '문의(問議)'처럼 앞 음절의 받침이 뒤 음절의 초성으로 오게 되는 경우에는 첫째 원칙이 적용되지 않고 둘째 원칙이 적용된다. '문의 손잡이'에서의 '문의' 역시 받침이 이동하여 발음되기는 하지만 조사 '의'가 포함되어 있다. 이처럼 둘째와 셋째가 충돌하는 상황에서는 셋째 원칙을 따른다.

① '꽃의 향기'에서 '꽃의'는 두 가지 발음이 가능하다.
② '거의 끝났다'에서 '거의'는 한 가지 발음만 가능하다.
③ '편의점에 간다'에서 '편의점'은 두 가지 발음이 가능하다.
④ '한 칸을 띄고 쓴다'에서 '띄고'는 한 가지 발음만 가능하다.

**15** 다음 대화의 빈칸에 들어갈 말로 가장 적절한 것은?

> 갑: 설명회는 다음 달 셋째 주 목요일이나 넷째 주 목요일에 개최해야 합니다.
> 을: 설명회를 _____.
> 병: 설명회를 다음 달 셋째 주 목요일에 개최하면, 홍보 포스터 제작을 이번 주 안에 완료해야 합니다.
> 정: 여러분의 의견대로 하자면, 반드시 이번 주 안에 홍보 포스터 제작을 완료해야 하겠군요.

① 다음 달 넷째 주 목요일에 개최해야 합니다
② 다음 달 셋째 주 목요일에 개최할 수 없습니다
③ 다음 달 넷째 주 목요일에 개최할 수 없습니다
④ 다음 달 넷째 주 목요일에 개최하면, 이번 주 안에 홍보 포스터 제작을 완료하지 않아도 됩니다

**16** (가)~(다)를 전제로 할 때 빈칸에 들어갈 결론으로 가장 적절한 것은?

> (가) 인공일반지능이 만들어지거나 인공지능 산업이 쇠퇴한다.
> (나) 인공일반지능이 만들어지면, 인간의 생활이 편리해지는 동시에 많은 사람이 직장을 잃는다.
> (다) 인공지능 산업이 쇠퇴하면, 많은 사람이 직장을 잃는 동시에 세계 경제가 침체된다.
> 따라서 _____.

① 세계 경제가 침체된다
② 인간의 생활이 편리해진다
③ 많은 사람이 직장을 잃는다
④ 인간의 생활이 편리해지고 세계 경제가 침체된다

**17** 다음 진술이 모두 참일 때 반드시 참인 것은?

> • 갑이 제주도 출장을 가면, 을은 제주도 출장을 가지 않는다.
> • 을이 제주도 출장을 가지 않으면, 병은 휴가를 내지 않는다.
> • 병이 휴가를 낸다.

① 갑이 제주도 출장을 가지 않는다.
② 을이 제주도 출장을 가지 않는다.
③ 갑이 제주도 출장을 가고 병은 휴가를 낸다.
④ 을이 제주도 출장을 가고 병은 휴가를 내지 않는다.

**18** 다음 글의 논지를 강화하는 것으로 가장 적절한 것은?

> A국은 도시 이외 지역의 초중고 교사가 부족하다. 이 상황을 심각하게 받아들인 A국 정부는 도시 이외 지역의 교사 충원율을 높이기 위해, 도시 이외 지역의 교사 연봉을 10% 인상하고 교사 양성 프로그램을 확대하는 정책을 제시했다. 하지만 이 정책은 근본적인 해결책이 되기 어렵다. 문제를 해결하기 위해서는, 단기간에 교사의 수를 늘리거나 교사의 연봉을 인상하기보다는 도시 이외의 지역에서 근무할 수 있는 충분한 교육 환경과 사회 기반 시설을 확보하는 것이 급선무이다. 현직 교사들뿐 아니라 교사를 지망하는 대학 졸업 예정자들 다수는 교육 환경과 사회 기반 시설이 열악한 도시 이외의 지역에서 일하기를 꺼리기 때문이다.

① A국은 정부의 교육 예산이 풍부해서 도시 이외 지역의 교육 환경과 도시의 교육 환경에 별 차이가 없다는 것이 밝혀졌다.
② A국에서 도시 이외의 지역에 근무하던 사회 초년생들이 연봉을 낮추어서라도 도시로 이직한 주된 이유는 교통 시설의 부족으로 밝혀졌다.
③ A국과 유사한 상황이었던 B국에서는 교사 연봉을 5% 인상한 후, 도시 이외 지역의 학생 1인당 교사 비율이 크게 증가했다.
④ A국과 유사한 상황이었던 C국에서는 교사 양성 프로그램을 확대한 이후에 도시뿐 아니라 도시 이외의 지역에서 교사의 수가 크게 증가했다.

**19** 다음 글의 (가)를 강화하는 것으로 가장 적절한 것은?

쿤은 자연과학과 사회과학 모두를 포함하는 과학의 발전 단계를 세 시기로 구분한다. 패러다임을 한 번도 정립하지 못한 전정상과학 시기, 하나의 패러다임이 지배하는 정상과학 시기, 기존 패러다임이 새 패러다임으로 교체되는 과학혁명 시기가 그것이다. 패러다임은 모든 과학자에게 동일한 연구 방향 및 평가 기준을 따르게 하여, 연구의 효율성을 높이고 과학의 발전 단계를 성숙한 수준으로 올려놓는다. 한 번도 패러다임을 정립하지 못해 전정상과학 시기에 머물러 있는 과학 분야는 과학자 모두가 제각기 연구 활동을 한다. 과학의 발전 단계상 성숙한 수준에 도달하지 못한 것이다. 어떤 과학 분야라도 패러다임을 정립하면 정상과학 시기에 들어서게 되는데, 그 뒤에 다시 전정상과학 시기로 되돌아갈 수는 없다. 정상과학 시기는 언제나 과학혁명 시기로 이어지고, 과학혁명 시기는 언제나 정상과학 시기로 이어지기 때문이다. 정상과학 시기의 과학자는 동일한 패러다임에 따라, 과학혁명 시기의 과학자는 기존 패러다임 혹은 새 패러다임에 따라 과학 활동을 하기에 그 두 시기에 있는 과학 분야는 모두 성숙한 수준에 도달해 있는 것이다. 이 구분에 따를 때, (가) 일부 사회과학 분야는 과학의 발전 단계상 아직도 성숙한 수준에 도달하지 못했다는 것이 쿤의 진단이다.

① 패러다임이 교체된 적이 있지만 과학자들의 연구 방향 및 평가 기준이 동일한 사회과학 분야가 있다.
② 패러다임이 교체되는 중이고 과학자들의 연구 방향 및 평가 기준이 서로 다른 사회과학 분야가 있다.
③ 패러다임이 정립된 적이 있지만 과학자들의 연구 방향 및 평가 기준이 서로 다른 사회과학 분야가 있다.
④ 패러다임이 정립된 적이 없고 과학자들의 연구 방향 및 평가 기준이 서로 다른 사회과학 분야가 있다.

**20** 다음 대화를 분석한 내용으로 적절하지 않은 것은?

보은: 기차가 달리고 있는 선로에 다섯 명의 인부가 일하고 있고, 그들에게 그 기차를 피할 시간적 여유는 없어. 그런데 스위치를 눌러서 선로를 변경하면 다섯 명의 인부 대신 다른 선로에 있는 한 사람이 죽게 돼. 이 선택의 딜레마 상황에서 너희들은 어떻게 할 거야?

소현: 이런 경우엔 행위에 따른 결과가 선택의 기준이 된다고 생각해. 그래서 나는 스위치를 눌러서 한 명이 죽더라도 다섯 명을 살리는 선택을 할 거야. 그건 결과적으로 봤을 때 불가피한 조치 아니겠어?

은주: 글쎄, 행위에 따른 결과보다 행위 자체의 도덕성을 기준에 두어야 하는 거 아니야? 행위 자체의 도덕성을 따진다면, 스위치를 눌러서 사람을 '죽이는 것'과 아무것도 하지 않고 '죽게 내버려 두는 것' 중에 당연히 살인에 해당하는 전자가 더 나쁘지.

보은: 나도 그렇게 생각해. 스위치를 누르면 살인이고, 누르지 않으면 방관일 텐데, 법적인 측면에서 보더라도 전자는 후자보다 무겁게 처벌되잖아. 게다가 생명의 가치는 수량화할 수 없으니 한 사람보다 다섯 사람이 가지는 생명의 가치가 더 크다고 말할 수 없어.

영민: 생명의 가치를 수량화할 수 없다는 데 원론적으로는 나도 동의해. 하지만 지금처럼 불가피한 선택의 상황에서 무엇보다 우선해야 할 것은 명확한 기준을 세우는 일이야. 나는 이 상황에서 어떻게 하면 죽는 사람의 수를 최소화하는가가 그 기준이 되어야 한다고 생각해.

① 스위치를 누르는 일을 살인으로 본다는 점에 대해 은주는 보은과 견해를 같이한다.
② 생명의 가치를 수량화할 수 없다는 점에 대해 영민은 원론적으로는 보은과 견해를 같이한다.
③ 선택의 딜레마 상황에서 소현은 행위에 따른 결과를, 은주는 행위 자체의 도덕성을 선택의 기준으로 삼는다.
④ 인명피해가 불가피한 선택의 상황에 놓인다면, 영민은 죽는 사람의 수를 최소화하는 선택을 하고, 소현은 그렇게 하지 않는다.

# 국어 | 2024년 국가직 9급

✓ 회독 CHECK 1 2 3

**01** (가)~(라)를 맥락에 따라 가장 자연스럽게 배열한 것은?

> 약물은 질병을 치료하거나 예방할 목적으로 사용되는 의약품이다. 우리 주변에는 약물이 오남용되는 경우가 있다.
> (가) 더구나 약물은 내성이 있어 이전보다 더 많은 양을 사용하기 마련이므로 피해는 점점 커지게 된다.
> (나) 오남용은 오용과 남용을 합친 말로서 오용은 본래 용도와 다르게 사용하는 일, 남용은 함부로 지나치게 사용하는 일을 가리킨다.
> (다) 그러므로 약물을 사용할 때는 반드시 의사나 약사와 상의하고 설명서를 확인하여 목적에 맞게 적정량을 사용해야 한다.
> (라) 약물을 오남용하면 신체적 피해는 물론 정신적 피해를 입을 수 있다.

① (나) - (다) - (라) - (가)
② (나) - (라) - (가) - (다)
③ (라) - (가) - (나) - (다)
④ (라) - (다) - (나) - (가)

**02** 다음 대화를 분석한 내용으로 가장 적절한 것은?

> 갑: 고대 노예제 사회나 중세 봉건 사회는 타고난 신분에 따라 사회적 지위가 결정되는 계급사회였지만, 현대 사회는 계급사회가 아니라고 많이들 말해. 그런데 과연 그런지 의문이야.
> 을: 현대 사회는 고대나 중세만큼은 아니지만 귀속지위가 성취지위를 결정하는 면이 없다고 할 수 없어. 빈부 격차에 따라 계급이 나뉘고 그에 따른 불평등이 엄연히 존재하잖아. '금수저', '흙수저'라는 유행어에서 볼 수 있듯 빈부 격차가 대물림되면서 개인의 계급이 결정되고 있어.
> 병: 현대 사회가 빈부 격차로 인해 계급이 나누어지는 것처럼 보인다고 해서 계급사회라고 단정할 수는 없어. 계급사회라고 말하려면 계급 체계 자체가 인간의 생활을 전적으로 규정할 수 있어야 하는데, 오늘날 각종 문화나 생활 방식 전체를 특정한 계급 논리만으로는 설명할 수 없어. 따라서 현대 사회를 계급사회로 보기는 어려워.
> 갑: 현대 사회의 문화가 다양하다는 것은 맞아. 하지만 인간 생활의 근간은 결국 경제 활동이고, 경제적 계급 논리로 현대 사회의 문화를 충분히 설명하고 규정할 수 있어. 또한 현대 사회에서 인간의 사회적 지위는 부모의 경제력과 직결되기 때문에 계급사회라고 말할 수 있어.

① 갑은 을의 주장 중 일부는 수용하고 일부는 반박한다.
② 을의 주장은 갑의 주장과 대립하지 않는다.
③ 갑과 병은 상이한 전제에서 유사한 결론을 도출하고 있다.
④ 병의 주장은 갑의 주장과는 대립하지 않지만 을의 주장과는 대립한다.

**03** 밑줄 친 부분이 표준어로 쓰인 것은?

① 그 친구는 <u>허구헌</u> 날 놀러만 다닌다.
② 닭을 <u>통째로</u> 구우니까 더 먹음직스럽다.
③ 발을 잘못 디뎌서 <u>하마트면</u> 넘어질 뻔했다.
④ 언니가 허리가 <u>잘룩하게</u> 들어간 코트를 입었다.

**04** 다음은 다의어 '알다'의 뜻풀이 중 일부이다. ㉠~㉣의 예로 적절하지 않은 것은?

㉠ 어떤 일을 할 능력이나 소양이 있다.
㉡ 다른 사람과 사귐이 있거나 인연이 있다.
㉢ 어떤 일에 대하여 관여하거나 관심을 가지다.
㉣ 어떤 일을 어떻게 할지 스스로 정하거나 판단하다.

① ㉠: 그 외교관은 무려 7개 국어를 할 줄 <u>안다</u>.
② ㉡: 이 두 사람은 서로 <u>알고</u> 지낸 지 오래이다.
③ ㉢: 그 사람이 무엇을 하든 내가 <u>알</u> 바 아니다.
④ ㉣: 나는 그 팀이 이번 경기에서 질 줄 <u>알았다</u>.

**05** 진행자의 말하기 방식에 대한 설명으로 적절하지 않은 것은?

진행자: 우리 시에서도 다음 달부터 시내 도심부에서의 제한 속도를 조정하기로 했습니다. 이와 관련하여, 강ㅁㅁ 교수님 모시고 말씀 듣겠습니다. 교수님, 안녕하세요?
강 교수: 네, 안녕하세요?
진행자: 바뀌는 제도의 내용을 좀 더 구체적으로 설명해 주시죠.
강 교수: 네, 시내 도심부 간선도로에서의 제한 속도를 기존의 70km/h에서 60km/h로 낮추는 정책입니다.
진행자: 시의회에서 이 정책 도입에 중요한 역할을 하신 것으로 아는데, 어떤 효과를 얻을 것이라고 주장하셨나요?
강 교수: 차량 간 교통사고 발생 가능성을 줄이고 보행자 안전을 확보할 수 있다고 했습니다.
진행자: 그런데 일각에서는 그런 효과는 미미하고 오히려 교통체증을 유발하여 대기오염이 심화될 것이라며 이 정책에 반대합니다. 이에 대해 말씀해 주시겠어요?
강 교수: 그렇지 않습니다. ○○시가 작년에 7개 구간을 대상으로 이 제도를 시험 적용해 보니, 차가 막히는 시간은 2분 정도밖에 증가하지 않았습니다. 그런데 중상 이상의 인명사고는 26.2% 감소했습니다. 또 이산화질소와 미세먼지 같은 오염물질도 각각 28%, 21%가량 오히려 감소한다는 연구 결과가 있습니다.
진행자: 아, 그러니까 속도를 10km/h 낮출 때 2분 정도 늦어지는 것이라면 인명 사고의 예방과 오염물질의 감소를 위해 충분히 감수할 만한 시간이라는 말씀이시군요.
강 교수: 네, 맞습니다.
진행자: 교통사고를 줄이고 보행자 안전을 확보할 수 있다는 점, 교통체증 유발은 미미할 것이라는 점, 오염물질 배출이 감소할 것이라는 점에서 이번의 제한 속도 조정 정책은 훌륭한 정책이라는 것이군요. 맞습니까?
강 교수: 네, 그렇게 정리할 수 있겠습니다.

① 상대방이 통계 수치를 제시한 의도를 자기 나름대로 풀어 설명한다.
② 상대방의 견해를 요약하며 자신이 이해한 바가 맞는지를 확인한다.
③ 상대방의 주장에 대한 이견을 소개하고 그에 대한 의견을 요청한다.
④ 상대방이 설명한 내용을 뒷받침할 수 있는 자신의 경험을 예시한다.

**06** 다음을 참고할 때, 단어의 종류가 같은 것끼리 짝 지어진 것은?

> 어떤 구성을 두 요소로만 쪼갰을 때, 그 두 요소를 직접구성요소라 한다. 직접구성요소가 어근과 어근인 단어는 합성어라 하고 어근과 접사인 단어는 파생어라 한다.

① 지우개 - 새파랗다
② 조각배 - 드높이다
③ 짓밟다 - 저녁노을
④ 풋사과 - 돌아가다

**07** 다음 시를 감상한 내용으로 적절하지 않은 것은?

> 머리가 마늘쪽같이 생긴 고향의 소녀와
> 한여름을 알몸으로 사는 고향의 소년과
> 같이 낯이 설어도 사랑스러운 들길이 있다
>
> 그 길에 아지랑이가 피듯 태양이 타듯
> 제비가 날듯 길을 따라 물이 흐르듯 그렇게
> 그렇게
>
> 천연히
>
> 울타리 밖에도 화초를 심는 마을이 있다
> 오래오래 잔광이 부신 마을이 있다
> 밤이면 더 많이 별이 뜨는 마을이 있다
>
> — 박용래, 「울타리 밖」 —

① 향토적 소재를 활용하여 공간 풍경을 묘사하고 있다.
② 유사한 문장 구조를 반복하여 리듬감을 조성하고 있다.
③ 화자를 표면에 나타내어 고향에 대한 상실감을 표출하고 있다.
④ 하나의 시어를 독립된 연으로 구성하여 주제 의식을 강조하고 있다.

**08** 다음 글에서 추론한 내용으로 가장 적절한 것은?

> 진화 개념에 대해 흔히 오해되는 측면이 있다. 첫째, 인간의 행동은 철저하게 유전적으로 결정되어 있다는 생각이다. 그런데 진화 이론이 유전자 결정론을 주장하는 것은 아니다. 인간의 행동은 유전적인 적응 성향과 이러한 적응 성향을 발달시키고 활성화되게 하는 환경으로부터의 입력이 상호작용한 결과이다.
> 둘째, 현재 인간의 마음이나 행동 체계는 오랜 진화 과정에 의한 최적의 적응 방식이라는 생각이다. 그것이 항상 맞는 것은 아니다. 가령 구석기 시대의 적응 방식을 오늘날 인간이 지니고 있어 생기는 문제점이 있다. 원시 시대에 사용하던 인지적 전략 등이 현재 그대로 남아 있기 때문에 문제가 생길 수 있는 것이다. 우리가 복잡한 상황에 적응하는 데는 원시 시대의 적응 방식이 부적절한 경우가 있을 수 있다.

① 인간의 행동은 환경의 영향으로, 마음은 유전의 영향으로 결정된다.
② 우리에게 주어진 상황의 복잡한 정도가 클수록 인지적 전략의 최적화가 이루어진다.
③ 같은 조상을 둔 후손이라도 환경에서 얻은 정보가 다르면 행동은 다르게 나타날 수 있다.
④ 조상의 유전적 성향보다 조상이 살았던 과거 환경이 인간의 진화 방향을 우선적으로 결정한다.

**09** (가)~(다)에 들어갈 한자어로 가장 적절한 것은?

> • 현실을 (가) 한 그 정책은 결국 실패로 돌아갔다.
> • 그는 (나) 이 잦아 친구들 사이에서 신의를 잃었다.
> • 이 소설은 당대의 구조적 (다) 을 예리하게 비판했다.

|   | (가) | (나) | (다) |
|---|---|---|---|
| ① | 度外視 | 食言 | 矛盾 |
| ② | 度外視 | 添言 | 腹案 |
| ③ | 白眼視 | 食言 | 矛盾 |
| ④ | 白眼視 | 添言 | 腹案 |

**10.** 다음 글에서 추론한 내용으로 적절하지 않은 것은?

> 오늘날 인터넷과 디지털 미디어를 통해 '온라인'에서의 '비대면' 접촉에 의한 상호 관계가 급속도로 확장되고 있다. '오프라인'이나 '대면'이라는 용어는 물리적 실체감이 있는 아날로그적 접촉을 가리킨다. 그런데 우리는 온라인과 오프라인을 함께 경험할 수도 있고, 이러한 이분법적인 용어로 명료하게 분리되지 않는 활동들도 많다. 예를 들어 누군가와 만나서 대화하는 중에 문자를 주고받음으로써 대면 상호작용과 온라인 상호작용을 동시에 할 수 있다.
>
> 한편 오프라인 대면 상호작용에서보다 온라인 비대면 상호작용에서 만난 사람들에게 더 끈끈한 유대감을 느끼기도 한다. 서로 관계를 형성하고 유지할 때 아날로그 상호작용 수단과 디지털 상호작용 수단을 동시에 활용할 수도 있다. 이처럼 오늘날과 같은 초연결 사회에서 우리의 경험은 비대면 혹은 대면, 온라인 혹은 오프라인 같은 이분법적 범주로 온전히 분리되지 않는다. 상호작용 양식들이 서로 겹치거나 교차하는 현상들을 이해하고자 할 때 이분법적인 범주는 심각한 한계를 지닌다.

① 이분법적 시각으로는 상호작용 양식이 교차하는 양상을 이해하기 어렵다.
② 비대면 온라인 상호작용으로는 사람들 간에 깊은 유대 관계를 형성할 수 없다.
③ 온라인 비대면 활동과 오프라인 대면 활동이 온전히 분리되어 있는 것은 아니다.
④ 오늘날에는 대면 상호작용 중에도 디지털 수단에 의한 상호 관계가 이루어질 수 있다.

**11.** 다음 글을 이해한 내용으로 가장 적절한 것은?

> 부사는 장화와 홍련이 꿈에 나타나 자신들의 원통한 사정에 대해 고한 말을 듣고 배 좌수를 관아로 불러들였다. 부사가 물었다. "딸들이 무슨 병으로 죽었소?" 배 좌수는 머뭇거리며 답하지 못했다. 그러자 후처가 엿보고 있다가 남편이 사실을 누설할까 싶어 곧장 들어와 답했다. "제 친정은 이곳의 양반 가문입니다. 장녀 장화는 음행을 저질러 낙태한 뒤 부끄러움을 못 이기고 밤을 틈타 스스로 물에 빠져 죽었습니다. 차녀 홍련은 언니의 일이 부끄러워 스스로 목숨을 끊었습니다. 이렇게 낙태한 증거물을 바치니 부디 살펴봐 주시기 바랍니다." 부사는 그것을 보고 미심쩍어하며 모두 물러가게 했다.
>
> 이날 밤 운무가 뜰에 가득한데 장화와 홍련이 다시 나타났다. "계모가 바친 것은 실제로 제가 낙태해서 나온 것이 아니라 계모가 죽은 쥐의 가죽을 벗겨 제 이불 안에 몰래 넣어 둔 것입니다. 다시 그것을 가져다 배를 갈라 보시면 분명 허실을 알게 되실 겁니다." 이에 부사가 그 말대로 했더니 과연 쥐가 분명했다.
>
> - 「장화홍련전」에서 -

① 부사는 배 좌수의 후처가 제시한 증거를 보고 장화와 홍련의 말이 거짓이라고 확신했다.
② 배 좌수의 후처는 음행을 저지른 홍련이 스스로 물에 빠져 죽었다고 부사에게 거짓말을 하였다.
③ 장화는 배 좌수의 후처가 제시한 증거가 거짓임을 확인할 수 있는 계책을 부사에게 알려 주었다.
④ 배 좌수는 장화와 홍련이 스스로 목숨을 끊은 이유를 물어보는 부사에게 머뭇거리며 대답하지 못했다.

## 12. 다음 문장이 들어가기에 가장 적절한 곳을 (가)~(라)에서 고르면?

> 나라에 위기가 닥쳤을 때 제 몸을 희생해 가며 나라 지키기에 나섰으되 역사책에 이름 한 줄 남기지 못한 이들이 이순신의 일기에는 뚜렷하게 기록된 것이다.

『난중일기』의 진면목은 7년 동안 전란을 치렀던 이순신의 인간적 고뇌가 가감 없이 드러나 있다는 데 있다. (가) 왜군이라는 외부의 적은 물론이고 임금과 조정의 끊임없는 경계와 의심이라는 내부의 적과도 싸우며, 영웅이기 이전에 한 사람의 인간으로서 느낀 극심한 심리적 고통이 잘 나타나 있다. (나) 전란 중 겪은 원균과의 갈등도 적나라하게 드러나 있어 그가 완벽한 인간이 아니라 감정에 휘둘리는 보통의 인간이었음을 보여 준다. (다) 그뿐만 아니라 이순신은 『난중일기』에서 사랑하는 가족의 이름과 함께 휘하 장수에서부터 병졸들과 하인, 백성들의 이름까지도 언급하고 있다. (라) 『난중일기』의 위대함은 바로 여기에 있다.

① (가)
② (나)
③ (다)
④ (라)

## 13. 다음 글을 이해한 내용으로 가장 적절한 것은?

> 문득, 제비와 같이 경쾌하게 전보 배달의 자전거가 지나간다. 그의 허리에 찬 조그만 가방 속에 어떠한 인생이 압축되어 있을 것인고. 불안과, 초조와, 기대와…… 그 조그만 종이 위의, 그 짧은 문면(文面)은 그렇게도 용이하게, 또 확실하게, 사람의 감정을 지배한다. 사람은 제게 온 전보를 받아 들 때 그 손이 가만히 떨림을 스스로 깨닫지 못한다. 구보는 갑자기 자기에게 온 한 장의 전보를 그 봉함(封緘)을 떼지 않은 채 손에 들고 감동하고 싶은 충동을 느꼈다. 전보가 못 되면, 보통우편물이라도 좋았다. 이제 한 장의 엽서에라도, 구보는 거의 감격을 가질 수 있을 게다.
> 흥, 하고 구보는 코웃음쳐 보았다. 그 사상은 역시 성욕의, 어느 형태로서의, 한 발현에 틀림없었다. 그러나 물론 결코 부자연하지 않은 생리적 현상을 무턱대고 업신여길 의사는 구보에게 없었다. 사실 서울에 있지 않은 모든 벗을 구보는 잊은 지 오래였고 또 그 벗들도 이미 오랫동안 소식을 전하여 오지 않았다. 그들은, 모두, 지금, 무엇들을 하고 있을꼬. 한 해에 단 한 번 연하장을 보내 줄 따름의 벗에까지, 문득 구보는 그리움을 가지려 한다. 이제 수천 매의 엽서를 사서, 그 다방 구석진 탁자 위에서…… 어느 틈엔가 구보는 가장 열정을 가져, 벗들에게 편지를 쓰고 있는 제 자신을 보았다. 한 장, 또 한 장, 구보는 재떨이 위에 생담배가 타고 있는 것도 깨닫지 못하고, 그가 기억하고 있는 온갖 벗의 이름과 또 주소를 엽서 위에 흘려 썼다…… 구보는 거의 만속한 웃음조자 입가에 띠며, 이것은 한 개 단편소설의 결말로는 결코 비속하지 않다, 생각하였다. 어떠한 단편소설의—물론, 구보는, 아직 그 내용을 생각하지 않았다.
> 
> — 박태원, 「소설가 구보 씨의 일일」에서 —

① 벗들과의 추억을 시간순으로 회상하고 있다.
② 주인공인 서술자가 주변 거리를 재현하고 있다.
③ 연상 작용에 의해 인물의 생각이 연속되고 있다.
④ 전보가 이동된 경로를 따라 사건이 전개되고 있다.

**14** 밑줄 친 부분과 바꾸어 쓰기에 적절하지 않은 것은?

① 나는 하루 종일 거리를 배회(徘徊)하였다. → 돌아다녔다
② 이 산의 광물 자원은 무진장(無盡藏)하다. → 여러 가지가 있다
③ 그분의 주장은 경청(傾聽)할 가치가 있다. → 귀를 기울여 들을
④ 공지문에서는 회의의 사유를 명기(明記)하지 않았다. → 밝혀 적지

**15** 다음 글을 감상한 내용으로 적절하지 않은 것은?

> 내 님믈 그리ᄉᆞ와 우니다니
> 산(山) 졉동새 난 이슷ᄒᆞ요이다
> 아니시며 거츠르신 ᄃᆞᆯ 아으
> 잔월효셩(殘月曉星)이 아ᄅᆞ시리이다
> 넉시라도 님은 ᄒᆞᆫᄃᆡ 녀져라 아으
> 벼기더시니 뉘러시니잇가
> 과(過)도 허믈도 천만(千萬) 업소이다
> ᄆᆞᆯ힛 마리신뎌
> 솔읏븐뎌 아으
> 니미 나ᄅᆞᆯ ᄒᆞ마 니ᄌᆞ시니잇가
> 아소 님하 도람 드르샤 괴오쇼셔.

① 자연물을 통해 화자의 처지를 드러내고 있다.
② 천상의 존재를 통해 화자의 결백함을 나타내고 있다.
③ 설의적 표현을 활용하여 화자의 정서를 부각하고 있다.
④ 큰 숫자를 활용하여 임을 향한 화자의 그리움을 강조하고 있다.

**16** 다음 글에서 추론한 내용으로 적절하지 않은 것은?

> 새의 몸에서 나오는 테스토스테론은 구애 행위나 짝짓기와 밀접하게 관련된다. 따라서 번식기가 아닌 시기에는 거의 분비되지 않는데, 번식기에 나타나는 테스토스테론의 수치 변화 양상은 새의 종류에 따라 다르다.
>
> 노래참새 수컷의 테스토스테론 수치는 짝짓기에 성공하여 암컷의 수정이 이루어지는 시점을 전후하여 달라진다. 번식기가 되면 수컷은 암컷의 마음을 얻는 데 필요한 영역을 차지하려고 다른 수컷과 싸워야 한다. 이 시기 수컷의 테스토스테론 수치는 암컷의 수정이 이루어질 때까지 계속 높아진다. 그러다가 수정이 이루어지면 수컷은 곧바로 새끼를 돌볼 준비를 하게 되는데, 이때부터 그 수치는 떨어진다. 새끼가 커서 둥지를 떠나게 되면 수컷은 더 이상 영역을 지킬 필요가 없기 때문에 번식기가 끝나지 않았는데도 테스토스테론 수치는 좀 더 떨어지고, 번식기가 끝나면 테스토스테론은 거의 분비되지 않는다.
>
> 검정깃찌르레기 수컷은 테스토스테론 수치가 번식기가 되면 올라갔다가 암컷이 수정한 이후부터 번식기가 끝날 때까지 떨어지지 않는다. 이 수컷은 자신의 둥지를 지키면서 암컷과 새끼를 돌보는 대신 다른 암컷과의 짝짓기를 위해 자신의 둥지를 떠나 버린다.

① 노래참새 수컷은 번식기 동안 테스토스테론 수치가 새끼를 양육할 때보다 양육이 끝난 후에 높게 나타난다.
② 번식기 동안 노래참새 수컷의 테스토스테론 수치는 암컷의 수정이 이루어지기 전보다 이루어진 후에 낮게 나타난다.
③ 검정깃찌르레기 수컷은 암컷이 수정한 이후 번식기가 끝날 때까지 테스토스테론 수치가 떨어지지 않는다.
④ 노래참새 수컷과 검정깃찌르레기 수컷 모두 번식기의 테스토스테론 수치는 번식기가 아닌 시기의 테스토스테론 수치보다 높다.

**17** 다음 글을 이해한 내용으로 가장 적절한 것은?

> A가 주장한 다중지능이론은 기존 지능이론의 대안으로 제시되었다. 그는 기존 지능이론이 언어지능이나 논리수학지능 등 인간의 인지 능력에만 초점을 맞추고 있다고 비판하면서 이뿐 아니라 신체와 정서, 대인 관계의 능력까지 포괄한 총체적 지능 개념을 창안해 냈다. 다중지능이론은 뇌과학 연구에 일정 부분 영향을 받았는데, 뇌과학 연구에 따르면 인간의 좌뇌는 분석적, 논리적 능력을 담당하고, 우뇌는 창조적, 감성적 능력을 담당한다. 다중지능이론에서는 좌뇌의 능력에만 초점을 둔 기존의 지능 검사에 대해 반쪽짜리 검사라고 혹평한다.
>
> 그런데 다중지능이론에 대해 비판적인 연구자들은 다음과 같은 점들을 지적한다. 우선, 다중지능이론에서 주장하는 새로운 지능의 종류들이 기존 지능이론에서 주목했던 지능의 종류들과 상호 독립적일 수 있는가 하는 점이다. 그들에 따르면, 전자는 후자의 하위 영역에 속해 있고, 둘 사이에는 유의미한 상관관계가 있으므로 서로 독립적일 수 없으며, 따라서 '다중'이라는 개념이 성립하지 않는다. 다음으로, 다중지능을 정확하게 측정할 수 있는 도구가 만들어질 수 있겠는가 하는 점이다. 그들은 지능이라는 말이 측정 가능한 인지 능력을 전제하는 것인데, 다중지능이론이 설정한 새로운 종류의 지능들을 정확하게 측정할 수 있는 도구가 만들어지기는 어려울 것이라 주장한다.

① 논리수학지능은 다중지능이론의 지능 개념에 포함되지 않는다.
② 대인 관계의 능력과 관련된 지능을 정확하게 측정할 수 있는 도구의 개발 가능성에 대해 회의적인 사람들이 있다.
③ 다중지능이론에서는 인간의 우뇌에서 담당하는 능력과 관련된 지능보다 좌뇌에서 담당하는 능력과 관련된 지능에 더 많이 주목한다.
④ 다중지능이론에 대해 비판적인 연구자들은 인간의 모든 지능 영역들이 상호 독립적이라는 이유에서 '다중' 개념이 성립하지 않는다고 주장한다.

**18** 다음 글을 퇴고할 때, ㉠~㉣ 중 어법상 수정할 필요가 있는 것은?

> 주지하듯이 ㉠ 기후 위기는 날이 갈수록 심각해지고 있다. 극지방의 빙하가 녹고, 유럽에는 사상 최악의 폭염과 가뭄이 발생하고 그 반대편에서는 감당하기 어려울 정도의 폭우가 쏟아져 많은 사람이 고통받고 있다. ㉡ 우리의 삶을 지속적으로 위협하는 이러한 기상 재해 앞에서 기후학자로서 자괴감이 든다. 무엇이 문제인지, 상황이 얼마나 심각한지 잘 알고 있으면서도 지구의 위기를 그저 바라만 볼 수밖에 없다.
>
> 그러나 우리가 기후 문제에 관심을 가지고 적극적으로 대처한다면 아직 희망이 있다. 크게는 신재생 에너지와 관련하여 ㉢ 국가 정책 수립과 국제 협약을 체결하기 위해 힘을 기울여야 한다. 작게는 일상생활에서 불필요한 소비를 줄이고 에너지 절약을 습관화해야 한다. 만시지탄(晩時之歎)일 수는 있겠으나, ㉣ 지구가 파국으로 치닫는 것을 막을 기회는 아직 남아 있다. 우리 모두 힘을 모아 지구의 위기를 극복하여야 한다.

① ㉠
② ㉡
③ ㉢
④ ㉣

**19.** 다음 글의 빈칸에 들어갈 내용으로 가장 적절한 것은?

> 독자는 글을 읽을 때 생소하거나 이해하기 어려운 단어에 주시하는데, 이때 특정 단어에 눈동자를 멈추는 '고정'이 나타나며, 고정과 고정 사이에는 '이동', 단어를 건너뛸 때는 '도약'이 나타난다. 고정이 관찰될 때는 의미를 이해하려는 시도가 이루어지지만, 이동이나 도약이 관찰될 때는 이루어지지 않는다. 이를 바탕으로, K연구진은 동일한 텍스트를 활용하여 읽기 능력 하위 집단(A)과 읽기 능력 평균 집단(B)의 읽기 특성을 탐색하는 연구를 진행하였다. 독서 횟수는 1회로 제한하되 독서 시간은 제한하지 않았다.
> 
> 그 결과, 눈동자의 평균 고정 빈도에서 A집단은 B집단에 비해 약 2배 많은 수치를 보였다. 그런데 총 고정 시간을 총 고정 빈도로 나눈 평균 고정 시간은 B집단이 A집단에 비해 더 높게 나타났다. 읽기 후 독해 검사에서 B집단은 A집단보다 평균 점수가 높았고, 독서 과정에서 눈동자가 이전으로 돌아가거나 이전으로 건너뛰는 현상은 모두 관찰되지 않았다. 연구진은 이를 종합하여 읽기 능력이 부족한 독자는 읽기 능력이 평균인 독자에 비해 난해하다고 느끼는 단어들이 _____는 결론을 내렸다.

① 더 많지만 난해하다고 느끼는 각각의 단어를 이해하는 과정에 들이는 평균 시간은 더 적다
② 더 많고 난해하다고 느끼는 각각의 단어를 이해하는 과정에 들이는 평균 시간도 더 많다
③ 더 적지만 난해하다고 느끼는 각각의 단어를 이해하는 과정에 들이는 평균 시간은 더 많다
④ 더 적고 난해하다고 느끼는 각각의 단어를 이해하는 과정에 들이는 평균 시간도 더 적다

**20.** 다음 글의 (가)와 (나)에 들어갈 말로 적절한 것은?

> 채식주의자는 고기, 생선, 유제품, 달걀 섭취 여부에 따라 다섯 가지로 나뉜다. 완전 채식주의자는 이들 모두를 섭취하지 않으며, 페스코 채식주의자는 고기는 섭취하지 않지만 생선은 먹으며, 유제품과 달걀은 개인적 선호에 따라 선택적으로 섭취한다. 남은 세 가지 채식주의자는 고기와 생선 모두를 먹지 않되 유제품과 달걀 중 어떤 것을 먹느냐의 여부로 결정된다. 이들의 명칭은 라틴어의 '우유'를 의미하는 '락토(lacto)'와 '달걀'을 의미하는 '오보(ovo)'를 사용해 정해졌는데, 예를 들어, 락토오보 채식주의자는 고기와 생선은 먹지 않으나 유제품과 달걀은 먹는다. 락토 채식주의자는 (가) 먹지 않으며, 오보 채식주의자는 (나) 먹지 않는다.

① (가): 달걀은 먹지만 고기와 생선과 유제품은
   (나): 고기와 생선과 달걀은 먹지만 유제품은
② (가): 달걀은 먹지만 고기와 생선과 유제품은
   (나): 유제품은 먹지만 고기와 생선과 달걀은
③ (가): 유제품은 먹지만 고기와 생선과 달걀은
   (나): 고기와 생선과 유제품은 먹지만 달걀은
④ (가): 유제품은 먹지만 고기와 생선과 달걀은
   (나): 달걀은 먹지만 고기와 생선과 유제품은

# 국어 | 2023년 국가직 9급

회독 CHECK 1 2 3

**01** '해양 오염'을 주제로 연설을 한다고 할 때, 다음에 제시된 조건을 모두 충족한 것은?

> - 해양 오염을 줄일 수 있는 생활 속 실천 방법을 포함할 것
> - 설의적 표현과 비유적 표현을 활용할 것

① 바다는 쓰레기 없는 푸른 날을 꿈꾸고 있습니다. 미세 플라스틱은 바다를 서서히 죽이는 보이지 않는 독입니다. 우리의 관심만이 다시 바다를 살릴 수 있을 것입니다.

② 우리가 버린 쓰레기는 바다로 흘러갔다가 해양 생물의 몸에 축적이 되어 해산물을 섭취하면 결국 다시 우리에게 돌아오게 됩니다. 분리수거를 철저히 하고 일회용품을 줄이는 것이 바다도 살리고 우리 자신도 살리는 길입니다.

③ 여름만 되면 피서객들이 마구 버린 쓰레기로 바다가 몸살을 앓는다고 합니다. 자기 집이라면 이렇게 함부로 쓰레기를 버렸을까요? 피서객들의 양심이 모래밭 위를 뒹굴고 있습니다. 자기 쓰레기는 자기가 집으로 되가져가도록 합시다.

④ 산업 폐기물이 바다로 흘러가 고래가 죽어 가는 장면을 다큐멘터리에서 본 적이 있습니다. 이대로 가다간 인간도 고통받게 되지 않을까요? 정부에서 산업 폐기물 관리 지침을 만들고 감독을 강화하지 않는다면 바다는 쓰레기 무덤이 되고 말 것입니다.

**02** 다음 대화에 나타난 말하기 방식을 설명한 것으로 적절하지 않은 것은?

> 백 팀장: 이번 워크숍 장면을 사내 게시판에 올리는 게 좋겠어요. 워크숍 내용을 공유하면 좋을 것 같아서요.
> 고 대리: 전 반대합니다. 사내 게시판에 영상을 공개하는 것은 부담스러워요. 타 부서와 비교될 것 같기도 하고요.
> 임 대리: 저도 팀장님 말씀대로 정보를 공유한다는 취지는 좋다고 생각해요. 다만 다른 팀원들의 동의도 구해야 할 것 같고, 여러 면에서 우려되긴 하네요. 팀원들 의견을 먼저 들어 보고, 잘된 것만 시범적으로 한두 개 올리는 것이 어떨까요?

① 백 팀장은 팀원들에 대한 유대감을 드러내는 표현을 사용하며 자신의 바람을 전달하고 있다.

② 고 대리는 백 팀장의 제안에 반대하는 이유를 명시적으로 밝히며 백 팀장의 요청을 거절하고 있다.

③ 임 대리는 발언 초반에 백 팀장 발언의 취지에 공감하여 백 팀장의 체면을 세워 주고 있다.

④ 임 대리는 대화 참여자의 의견을 묻는 의문문을 사용하여 자신의 의견을 간접적으로 드러내고 있다.

**03** 관용 표현 ㉠~㉣의 의미를 풀이한 것으로 적절하지 않은 것은?

> - 그의 회사는 작년에 노사 갈등으로 ㉠ 홍역을 치렀다.
> - 우리 교장 선생님은 교육계에서 ㉡ 잔뼈가 굵은 분이십니다.
> - 유원지로 이어지는 국도에는 차가 밀려 ㉢ 입추의 여지가 없었다.
> - 그분은 세계 유수의 연구자들과 ㉣ 어깨를 나란히 하는 물리학자이다.

① ㉠: 심한 어려움을 겪었다
② ㉡: 오랫동안 일을 하여 그 일에 익숙한
③ ㉢: 돌아서 갈 수 있는 방법이 없었다
④ ㉣: 비슷한 지위나 힘을 가지는

**04** 다음 글에서 (가)~(다)의 순서를 자연스럽게 배열한 것은?

> 빅데이터가 부각된다는 것은 기업들이 빅데이터의 가치를 받아들이기 시작했다는 뜻이다. 여기에는 기업들이 데이터를 바라보는 시각이 변한 측면도 있다.
> (가) 기업들은 고객이 판촉 활동에 어떻게 반응하고 평소에 어떻게 행동하며 사물에 대해 어떤 태도를 보이는지 알기 위해 많은 돈을 투자해 마케팅 조사를 해 왔다.
> (나) 그런 상황에서 기업들은 SNS나 스마트폰 등 새로운 데이터 소스로부터 그러한 궁금증과 답답함을 해결할 수 있다는 것을 알게 되었다. 페이스북에 올리는 광고에 친구가 '좋아요'를 한 것에서 기업들은 궁금증과 답답함을 해결할 수 있다.
> (다) 그런데 기업들의 그런 노력이 효과가 있는 경우도 있었으나 아쉬운 점도 많았다. 쉬운 예로, 기업들은 많은 광고비를 쓰지만 그 돈이 구체적으로 어느 부분에서 효과를 내는지는 알지 못했다. 결국 데이터가 있는 곳에서 기업들은 점점 더 고객의 취향에 집중할 수 있게 되었으며, 이에 따라 기업들은 소셜 미디어의 빅데이터를 중요한 경영 수단으로 수용하기 시작한 것이다.

① (가) - (나) - (다)
② (가) - (다) - (나)
③ (나) - (가) - (다)
④ (다) - (나) - (가)

## 05 ㉠을 이해한 내용으로 적절하지 않은 것은?

"㉠무진(霧津)엔 명산물이 …… 뭐 별로 없지요?" 그들은 대화를 계속하고 있었다. "별게 없지요. 그러면서도 그렇게 많은 사람들이 살고 있다는 건 좀 이상스럽거든요." "바다가 가까이 있으니 항구로 발전할 수도 있었을 텐데요?" "가 보시면 아시겠지만 그럴 조건이 되어 있는 것도 아닙니다. 수심(水深)이 얕은 데다가 그런 얕은 바다를 몇백 리나 밖으로 나가야만 비로소 수평선이 보이는 진짜 바다다운 바다가 나오는 곳이니까요." "그럼 역시 농촌이군요?" "그렇지만 이렇다 할 평야가 있는 것도 아닙니다." "그럼 그 오륙만이 되는 인구가 어떻게들 살아가나요?" "그러니까 그럭저럭이란 말이 있는 게 아닙니까!" 그들은 점잖게 소리 내어 웃었다. "원, 아무리 그렇지만 한 고장에 명산물 하나쯤은 있어야지." 웃음 끝에 한 사람이 말하고 있었다.

무진에 명산물이 없는 게 아니다. 나는 그것이 무엇인지 알고 있다. 그것은 안개다. 아침에 잠자리에서 일어나서 밖으로 나오면, 밤사이에 진주해 온 적군들처럼 안개가 무진을 뺑 둘러싸고 있는 것이었다. 무진을 둘러싸고 있는 산들도 안개에 의하여 보이지 않는 먼 곳으로 유배당해 버리고 없었다.

– 김승옥, 「무진기행」에서 –

① 수심이 얕아서 항구로 개발하기 어려운 공간이다.
② 산으로 둘러싸여 있고 평야가 발달하지 않은 공간이다.
③ 지역의 경제적 여건에 비해 인구가 적지 않은 공간이다.
④ 누구나 인정할 만한 지역의 명산물로 안개가 유명한 공간이다.

## 06 다음 글의 빈칸에 들어갈 사자성어로 적절한 것은?

세상에는 어려운 일들이 많지만 외국 여행 다녀온 사람의 입을 막는 것도 그중 하나이다. 특히 그것이 그 사람의 첫 외국 여행이었다면, 입 막기는 포기하고 미주알고주알 늘어놓는 여행 경험을 들어 주는 편이 정신 건강에 좋다. 그 사람이 별것 아닌 사실을 ☐☐☐☐하거나 특수한 경험을 지나치게 일반화한들, 그런 수다로 큰 피해를 입는 것도 아니지 않은가?

① 刻舟求劍
② 捲土重來
③ 臥薪嘗膽
④ 針小棒大

## 07 다음 글을 감상한 내용으로 가장 적절한 것은?

어이 못 오던가 무슴 일로 못 오던가
너 오는 길 위에 무쇠로 성(城)을 쓰고 성안에 담 쓰고 담 안에란 집을 짓고 집 안에란 뒤주 노코 뒤주 안에 궤를 노코 궤 안에 너를 결박(結縛)ᄒᆞ여 너코 쌍(雙)비목 외걸쇠에 용(龍)거북 조믈쇠로 수기수기 줌갓더냐 네 어이 그리 아니 오던가
ᄒᆞᆫ 돌이 서른 날이여니 날 보라 올 하루 업스랴

– 작자 미상, 「어이 못 오던가」 –

① 동일 구절을 반복하여 '너'에 대한 섭섭한 감정을 표출하고 있다.
② 날짜 수를 대조하여 헤어진 기간이 길다는 것을 강조하고 있다.
③ 동일한 어휘를 연쇄적으로 나열하여 감정의 기복을 표현하고 있다.
④ 단계적으로 공간을 축소하여 '너'를 만날 수 있다는 희망을 표현하고 있다.

## 08. (가)와 (나)에 들어갈 말로 가장 적절한 것은?

특정한 작업을 수행하기 위해 신체 근육의 특정 움직임을 조작하는 능력을 운동 능력이라고 한다. 언어에 관한 운동 능력은 '발음 능력'과 '필기 능력' 두 가지인데 모두 표현을 위한 능력이다.

말로 표현하기 위해서는 발음 능력이 필요한데, 이는 음성 기관을 움직여 원하는 음성을 만들어 내는 능력이다. 이 능력은 영·유아기에 수많은 시행착오와 꾸준한 훈련을 통해 습득된다. 이렇게 발음 능력을 습득하면 음성 기관의 움직임은 자동화되어 음성 기관의 어느 부분을 언제 어떻게 움직일지를 화자가 거의 의식하지 않는다. 우리가 모어에 없는 외국어 음성을 발음하기 어려운 이유는 (가) 있기 때문이다.

글로 표현하기 위해서는 필기 능력이 필요하다. 필기에서는 글자의 모양을 서로 구별되게 쓰는 것은 기본이고 그 수준을 넘어서서 쉽게 알아볼 수 있는 모양으로 잘 쓰는 것도 필요하다. 글씨를 쓰기 위해 손을 놀리는 것은 발음을 하기 위해 음성 기관을 움직이는 것에 비해 상당히 의식적이라 할 수 있다. 그렇지만 개인의 의지와 관계없이 필체가 꽤 일정하다는 사실은 손을 놀리는 데에 (나) 의미한다.

① (가): 음성 기관의 움직임이 모어의 음성에 맞게 자동화되어
   (나): 무의식적이고 자동적인 면이 있음을
② (가): 낯선 음성은 무의식적으로 발음하도록 훈련되어
   (나): 유아기에 수행한 훈련이 효과적이지 않음을
③ (가): 음성 기관의 움직임이 모어의 음성에 맞게 자동화되어
   (나): 유아기에 수행한 훈련이 효과적이지 않음을
④ (가): 낯선 음성은 무의식적으로 발음하도록 훈련되어
   (나): 무의식적이고 자동적인 면이 있음을

## 09. ㉠~㉣ 중 한글 맞춤법에 맞게 쓰인 것만을 모두 고르면?

- 혜인 씨에게 ㉠ <u>무정타</u> 말하지 마세요.
- 재아에게는 ㉡ <u>섭섭치</u> 않게 사례해 주자.
- 규정에 따라 딱 세 명만 ㉢ <u>선발토록</u> 했다.
- ㉣ <u>생각컨대</u> 그의 보고서는 공정하지 못했다.

① ㉠, ㉡  ② ㉠, ㉢
③ ㉡, ㉣  ④ ㉢, ㉣

## 10. ㉠~㉣의 한자로 적절하지 않은 것은?

예정보다 지연되긴 했으나 열 시쯤에는 마애불에 ㉠ <u>도착</u>할 수가 있었다. 맑은 날씨에 빛나는 햇살이 환히 비춰 ㉡ <u>불상</u>들은 불그레 물들어 있었다. 만일 신비로운 ㉢ <u>경지</u>라는 말을 할 수 있다면 바로 이런 경우가 아닐지 모르겠다. 꼭 보고 싶다는 숙원이 이루어진 기쁨에 가슴이 벅차 왔다. 아마 잊을 수 없는 ㉣ <u>추억</u>의 한 토막으로 남을 것 같다.

① ㉠: 到着  ② ㉡: 佛像
③ ㉢: 境地  ④ ㉣: 記憶

**11** 다음 글을 이해한 내용으로 적절하지 않은 것은?

> 사람의 '지각과 생각'은 항상 어떤 맥락, 관점 혹은 어떤 평가 기준이나 가정하에서 일어난다. 이러한 맥락, 관점, 평가 기준, 가정을 프레임이라고 한다. 지각과 생각은 인간의 모든 정신 활동을 뜻한다. 따라서 우리의 모든 정신 활동은 진공 상태에서 일어나는 것이 아니라, 어떤 맥락이나 가정하에서 일어난다. 한마디로 우리가 프레임이라는 안경을 쓰고 세상을 보고 있음을 의미한다. 간혹 어떤 사람이 자신은 어떤 프레임의 지배도 받지 않고 세상을 있는 그대로, 객관적으로 본다고 주장한다면, 그 주장은 진실이 아닐 것이다.

① 인간의 정신 활동은 프레임 없이 일어나지 않는다.
② 프레임은 인간이 세상을 바라볼 때 어떤 편향성을 가지게 한다.
③ 인간의 지각과 사고를 확장하는 과정에서 프레임은 극복해야 할 대상이다.
④ 프레임은 인간의 정신 활동에 영향을 미치는 어떤 맥락이나 평가 기준이다.

**12** 다음 글을 이해한 내용으로 가장 적절한 것은?

> 전 세계를 대표하는 항공기인 보잉과 에어버스의 중요한 차이점은 자동조종시스템의 활용 정도에 있다. 보잉의 경우, 조종사가 대개 항공기를 조종간으로 직접 통제한다. 조종간은 비행기의 날개와 물리적으로 연결되어 있어서 어떤 상황에서도 조종사가 조작한 대로 반응한다. 이와 다르게 에어버스는 조종간 대신 사이드스틱을 설치하여 컴퓨터가 조종사의 행동을 제한하거나 조종에 개입할 수 있게 설계되었다. 보잉에서는 조종사가 항공기를 통제할 수 있는 전권을 가지지만 에어버스에서는 컴퓨터가 조종사의 조작을 감시하고 제한한다.
> 보잉과 에어버스의 이러한 차이는 기계를 다루는 인간을 바라보는 관점이 서로 다른 데서 비롯된다. 보잉사를 창립한 윌리엄 보잉의 철학은 "비행기를 통제하는 최종 권한은 언제나 조종사에게 있다."이다. 시스템은 불안정하고 완벽하지 않기 때문에 컴퓨터가 조종사의 판단보다 우선시될 수 없다는 것이다. 반면 에어버스의 아버지라고 불리는 베테유는 "인간은 실수할 수 있는 존재"라고 전제한다. 베테유는 이런 자신의 신념을 토대로 에어버스를 설계함으로써 조종사의 모든 조작을 컴퓨터가 모니터링하고 제한하게 만든 것이다.

① 보잉은 시스템의 불완전성을, 에어버스는 인간의 실수 가능성을 고려하여 설계되었다.
② 베테유는 인간이 실수할 수 있는 존재라고 보지만 윌리엄 보잉은 그렇지 않다고 본다.
③ 에어버스의 조종사는 항공기 운항에서 자동조종시스템을 통제하고 조작한다.
④ 보잉의 조종사는 자동조종시스템을 사용하지 않고 항공기를 조종한다.

**13** 다음 글에서 추론한 내용으로 가장 적절한 것은?

공포의 상태와 불안의 상태를 구분하는 것은 쉽지 않다. 왜냐하면 두 감정을 함께 느끼거나 한 감정이 다른 감정을 유발할 때가 많기 때문이다. 가령, 무시무시한 전염병을 목도하고 공포에 빠진 사람은 자신도 언젠가 그 병에 걸릴지 모른다는 불안 상태에 빠지게 된다. 이처럼 두 감정은 서로 밀접하게 얽혀 있다는 점에서 혼동하기 쉽다. 하지만 두 감정을 야기한 원인을 따져 보면 두 감정을 명확하게 구분할 수 있다. 공포는 실재하는 객관적 위협에 의해 야기된 상태를 의미하고, 불안은 현재 발생하지 않았으며 미래에 일어날지 모르는 불명확한 위협에 의해 야기된 상태를 의미한다. 공포와 불안의 감정은 둘 다 자아와 관련되어 있지만 여기에서도 차이를 찾을 수 있다. 공포를 느끼는 것은 '나 자신'이 위험한 상황에 놓여 있다는 사실을 아는 것이고, 불안의 경험은 '나 자신'이 위해를 입을까 봐 걱정하는 것이다.

① 자신이 처한 위험한 상황을 정확히 인식하는 경우에는 공포감에 비해 불안감이 더 크다.
② 전기·가스 사고가 날까 두려워 외출하지 못하는 사람은 불안한 상태에 있는 것이다.
③ 시험에 불합격할 수 있다는 생각에 사로잡힌 사람은 공포감에 빠져 있는 것이다.
④ 과거에 큰 교통사고를 경험한 사람은 공포감은 크지만 불안감은 작다.

**14** 다음 글의 내용과 부합하지 않는 것은?

과학 혁명 이전 아리스토텔레스 철학은 로마 가톨릭교의 정통 교리와 결합되어 있었기 때문에 오랜 시간 동안 지배적인 영향력을 발휘하였다. 천문 분야 또한 예외는 아니었다. 아리스토텔레스의 세계관을 따라 우주의 중심은 지구이며, 모든 천체는 원운동을 하면서 지구의 주위를 공전한다는 천동설이 정설로 자리 잡고 있었다. 프톨레마이오스가 천체들의 공전 궤도를 관찰하던 도중, 행성들이 주기적으로 종전의 운동과는 반대 방향으로 움직인다는 관찰 결과를 얻었을 때도 그는 이를 행성의 역행 운동을 허용하지 않는 천동설로 설명하고자 하였다. 그래서 지구를 중심으로 공전하는 원 궤도에 중심을 두고 있는 원, 즉 주전원(周轉圓)을 따라 공전 궤도를 그리면서 행성들이 운동한다고 주장하였다.

과학과 아리스토텔레스 철학의 결별은 서서히 일어났다. 그 과정에서 일어난 가장 중요한 사건은 1543년 코페르니쿠스가 행성들의 운동 이론에 관한 책을 발간한 일이다. 코페르니쿠스는 천체의 중심에 지구 대신 태양을 놓고 지구가 태양의 주위를 공전한다고 주장하였다. 태양을 우주의 중심에 둔 코페르니쿠스의 지동설은 행성들의 운동에 대해 프톨레마이오스보다 수학적으로 단순하게 설명하였다.

① 과학 혁명 이전 시기에는 천동설이 정설로 받아들여졌다.
② 프톨레마이오스의 주전원은 지동설을 지지하고자 만든 개념이다.
③ 천동설과 지동설은 우주의 중심을 어디에 두느냐에 따라 구분된다.
④ 행성의 공전에 대한 프톨레마이오스의 설명은 코페르니쿠스의 설명보다 수학적으로 복잡하였다.

## 15. 밑줄 친 단어가 표준어 규정에 맞게 쓰인 것은?

① 저기 보이는 게 암염소인가, 수염소인가?
② 오늘 윗층에 사시는 분이 이사를 가신대요.
③ 봄에는 여기저기에서 아지랭이가 피어오른다.
④ 그는 수업을 마치면 으레 친구들과 운동을 한다.

## 16. ㉠~㉣을 문맥에 맞게 수정하는 방안으로 적절한 것은?

난독(難讀)을 해결하려면 정독을 해야 한다. 여기서 말하는 정독은 '뜻을 새겨 가며 자세히 읽음', 즉 '정교한 독서'라는 뜻으로 한자로는 '精讀'이다. '精讀'은 '바른 독서'를 의미하는 '正讀'과 ㉠ <u>소리는 같지만 뜻이 다르다</u>. 무엇이 정교한 것일까? 모든 단어에 눈을 마주치면서 제대로 인식하는 것이다. 이와 같은 ㉡ <u>정독(精讀)</u>의 결과로 생기는 어문 실력이 문해력이다. 문해력이 발달하면 결국 독서 속도가 빨라져, '빨리 읽기'인 속독(速讀)이 가능해진다. 빨리 읽기는 정독을 전제로 할 때 빛을 발한다. 짧은 시간에 같은 책을 제대로 여러 번 읽을 수 있기 때문이다. 그래서 문해력의 증가는 '정교하고 빠르게 읽기', 즉 ㉢ <u>정속독(正速讀)</u>에서 일어나게 되어 있다. 정독이 생활화되면 자기도 모르게 정속독의 경지에 오르게 된다. 그런 경지에 오른 사람들은 뭐든지 확실히 읽고 빨리 이해한다. 자연스레 집중하고 여러 번 읽어도 빠르게 읽으므로 시간이 여유롭다. ㉣ <u>정독이 빠진 속독</u>은 곧 빼먹고 읽는 습관, 즉 난독의 일종임을 잊지 말아야 한다.

① ㉠을 '다르게 읽지만 뜻이 같다'로 수정한다.
② ㉡을 '정독(正讀)'으로 수정한다.
③ ㉢을 '정속독(精速讀)'으로 수정한다.
④ ㉣을 '속독이 빠진 정독'으로 수정한다.

## 17. 다음 글을 감상한 내용으로 적절하지 않은 것은?

막바지 뙤약볕 속
한창 매미 울음은
한여름 무더위를 그 절정까지 올려놓고는
이렇게 다시 조용할 수 있는가.
지금은 아무 기척도 없이
정적의 소리인 듯 쟁쟁쟁
천지(天地)가 하는 별의별
희한한 그늘의 소리에
멍청히 빨려 들게 하구나.

사랑도 어쩌면
그와 같은 것인가.
소나기처럼 숨이 차게
정수리부터 목물로 들이붓더니
얼마 후에는
그것이 아무 일도 없었던 양
맑은 구름만 눈이 부시게
하늘 위에 펼치기만 하노니.

— 박재삼, 「매미 울음 끝에」 —

① 갑작스럽게 변화한 자연 현상을 감각적으로 제시하고 있다.
② 청각적 이미지와 시각적 이미지를 활용하여 시상을 전개하고 있다.
③ 소나기가 그치고 맑은 구름이 펼쳐진 것을 통해 사랑의 속성을 드러내고 있다.
④ 매미 울음소리가 절정에 이르렀다가 사라진 직후의 상황을 반어법으로 표현하고 있다.

**18** 다음 글을 이해한 내용으로 가장 적절한 것은?

> 루카치는 그리스 세계를 신과 인간의 결합 정도를 가리키는 '총체성' 개념을 기준으로 세 시대로 구분하였다. 첫 번째 시대에서 후대로 갈수록 총체성의 정도는 낮아진다. 첫째는 총체성이 완전히 구현되어 있는 '서사시의 시대'이다. 호메로스의 『일리아드』와 『오디세이아』에서는 신과 인간의 세계가 하나로 얽혀 있다. 인간들이 그리스와 트로이 두 패로 나뉘어 전쟁을 벌일 때 신들도 인간의 모습을 하고 두 패로 나뉘어 전쟁에 참여했다. 둘째는 '비극의 시대'이다. 소포클레스나 에우리피데스의 비극에서는 총체성이 흔들려 신과 인간의 세계가 분리된다. 하지만 두 세계가 완전히 분리되지는 않고 신탁이라는 약한 통로로 이어져 있다. 비극에서 신은 인간의 행위에 직접 개입하지 않고 신탁을 통해서 자신의 뜻을 그저 전달하는 존재로 바뀐다. 셋째는 플라톤으로 대표되는 '철학의 시대'이다. 이 시대는 이미 계몽된 세계여서 신탁 같은 것은 신뢰할 수 없게 되었다. 신과 인간의 세계가 완전히 분리됨으로써 신의 세계는 인격적 성격을 상실하여 '이데아'라는 추상성의 세계로 바뀐다. 신의 세계와 인간의 세계는 그 사이에 어떤 통로도 존재할 수 없는, 절대적으로 분리된 세계가 되었다.

① 계몽사상은 서사시의 시대에서 철학의 시대로의 전환을 이끌었다.
② 플라톤의 이데아는 신탁이 사라진 시대의 비극적 세계를 표현한다.
③ 루카치는 각기 다른 기준에 따라 그리스 세계를 세 시대로 구분하였다.
④ 에우리피데스의 비극에 비해『오디세이아』에서는 신과 인간의 결합 정도가 높다.

**19** 다음 글의 내용과 부합하지 않는 것은?

> 몽유록(夢遊錄)은 '꿈에서 놀다 온 기록'이라는 뜻으로, 어떤 인물이 꿈에서 과거의 역사적 인물을 만나 특정 사건에 대한 견해를 듣고 현실로 돌아온다는 특징이 있다. 이때 꿈을 꾼 인물인 몽유자의 역할에 따라 몽유록을 참여자형과 방관자형으로 구분할 수 있다. 참여자형에서는 몽유자가 꿈에서 만난 인물들의 모임에 초대를 받고 토론과 시연에 직접 참여한다. 방관자형에서는 몽유자가 인물들의 모임을 엿볼 뿐 직접 그 모임에 참여하지는 않는다. 16~17세기에 창작되었던 몽유록에는 참여자형이 많다. 참여자형에서는 몽유자와 꿈속 인물들이 동질적인 이념을 공유하고 현실의 고통스러운 문제에 대해 의견을 나누며 비판적 목소리를 낸다. 그러나 주로 17세기 이후에 창작된 방관자형에서는 몽유자가 꿈속 인물들과 함께 현실을 비판하는 것이 아니라 구경꾼의 위치에 서 있다. 이 시기의 몽유록이 통속적이고 허구적인 성격으로 변모하는 것은 몽유자의 역할 변화와 무관하지 않다.

① 몽유자가 꿈속 인물들의 모임에 직접 참여하는지, 참여하지 않는지에 따라 몽유록의 유형을 나눌 수 있다.
② 17세기보다 나중 시기의 몽유록에서는 몽유자가 현실을 비판하는 경향이 강하게 나타난다.
③ 몽유자가 모임의 구경꾼 역할을 하는 몽유록은 통속적이고 허구적인 성격이 강하다.
④ 몽유자가 꿈속 인물들과 함께 현실을 비판하는 몽유록은 참여자형에 해당한다.

**20** 다음 글을 이해한 내용으로 적절한 것은?

> 디지털 트윈은 현실 세계와 똑같은 가상의 세계이다. 최근 주목받고 있는 메타버스와 개념은 유사하지만 활용 목적의 측면에서 구별된다. 메타버스는 가상 세계와 현실 세계가 융합된 플랫폼으로 이용자들에게 새로운 경제·사회·문화적 경험을 제공하는 데 목적을 둔다. 반면 디지털 트윈은 현실 세계에 존재하는 사물, 공간, 환경, 공정 등을 컴퓨터상에 디지털 데이터 모델로 표현하여 똑같이 복제하고 실시간으로 서로 반응할 수 있도록 한다. 그래서 디지털 트윈의 이용자는 가상 세계에서의 시뮬레이션을 통해 미래 상황을 예측할 수 있게 된다. 디지털 트윈에 대한 수요가 증가하면서 관련 시장도 확대되고 있으며, 국내외의 글로벌 기업들은 여러 산업 분야에서 디지털 트윈을 도입하여 사전에 위험 요소를 제거하고 수익 모델의 효율성을 높이고 있다. 디지털 트윈이 이렇게 주목받는 이유는 안정성과 경제성 때문인데 현실 세계를 그대로 옮겨 놓은 가상 세계에 데이터를 전송, 취합, 분석, 이해, 실행하는 과정은 실제 실험보다 매우 빠르고 정밀하며 안전할 뿐 아니라 비용도 적게 든다.

① 디지털 트윈을 활용함에 따라 글로벌 기업들의 고용률이 향상되었다.
② 디지털 트윈의 데이터 모델은 현실 세계의 각종 실험 모델보다 경제성이 낮다.
③ 디지털 트윈에서의 시뮬레이션으로 현실 세계의 위험 요소를 찾아내고 방지할 수 있다.
④ 디지털 트윈은 현실 세계의 이용자에게 새로운 문화적 경험을 제공하는 데 목적이 있다.

# 국어 | 2022년 국가직 9급

✓ 회독 CHECK 1 2 3

**01** 밑줄 친 말의 쓰임이 옳지 않은 것은?

① 그는 아까운 능력을 썩히고 있다.
② 음식물 쓰레기를 썩혀서 거름으로 만들었다.
③ 나는 이제까지 부모님 속을 썩혀 본 적이 없다.
④ 그들은 새로 구입한 기계를 창고에서 썩히고 있다.

**02** (가)~(라)를 고쳐 쓴 것으로 옳지 않은 것은?

(가) 오빠는 생김새가 나하고는 많이 틀려.
(나) 좋은 결실이 맺어졌으면 하는 바람입니다.
(다) 내가 오직 바라는 것은 네가 잘됐으면 좋겠어.
(라) 신은 인간을 사랑하기도 하지만 시련을 주기도 한다.

① (가): 오빠는 생김새가 나하고는 많이 달라.
② (나): 좋은 결실을 맺었으면 하는 바램입니다.
③ (다): 내가 오직 바라는 것은 네가 잘됐으면 좋겠다는 거야.
④ (라): 신은 인간을 사랑하기도 하지만 인간에게 시련을 주기도 한다.

**03** 사자성어의 쓰임이 적절하지 않은 것은?

① 그는 구곡간장(九曲肝腸)이 끊어지는 듯한 슬픔에 빠졌다.
② 학문의 정도를 걷지 않고 곡학아세(曲學阿世)하는 이가 있다.
③ 이유 없이 친절한 사람은 구밀복검(口蜜腹劍)일 수 있으니 조심해야 한다.
④ 신중한 태도로 문제의 본질에 접근하는 당랑거철(螳螂拒轍)의 자세가 필요하다.

**04** 다음 대화에서 나타난 '지민'의 의사소통 방식으로 가장 적절한 것은?

정수: 지난번에 너랑 같이 들었던 면접 전략 강의가 정말 유익했어.
지민: 그랬어? 나도 그랬는데.
정수: 특히 아이스크림 회사의 면접 내용이 도움이 많이 됐어.
지민: 맞아. 그중에서도 두괄식으로 답변하라는 첫 번째 내용이 정말 인상적이더라. 핵심 내용을 먼저 말하는 전략이 면접에서 그렇게 효과적일 줄 몰랐어.
정수: 어! 그래? 나는 두 번째 내용이 훨씬 더 인상적이었는데.
지민: 그랬구나. 하긴 아이스크림 매출 증가에 관한 통계 자료를 인용해서 답변한 전략도 설득력이 있었어. 하지만 초두 효과의 효용성도 크지 않을까 해.
정수: 그렇긴 해.

① 자신의 면접 경험을 예로 들어 상대방을 설득하고 있다.
② 상대방의 약점을 공략하며 상대방의 이견을 반박하고 있다.
③ 상대방의 견해를 존중하면서 자신의 의견을 제시하고 있다.
④ 상대방과의 갈등 해소를 위해 자신의 감정을 표현하고 있다.

## 05. 다음 글에 대한 이해로 적절하지 않은 것은?

> 승상이 말을 마치기도 전에 구름이 걷히더니 노승은 간 곳이 없고 좌우를 돌아보니 팔낭자도 간 곳이 없었다. 승상이 놀라 어찌할 바를 모르는 중에 높은 대와 많은 집들이 한순간에 사라지고 자기의 몸은 작은 암자의 포단 위에 앉아 있었는데, 향로의 불은 이미 꺼져 있었고 지는 달이 창가에 비치고 있었다.
> 자신의 몸을 보니 백팔염주가 걸려 있고 머리를 손으로 만져보니 갓 깎은 머리털이 까칠까칠하더라. 완연한 소화상의 몸이요, 전혀 대승상의 위의가 아니었으니, 이에 제 몸이 인간 세상의 승상 양소유가 아니라 연화도량의 행자 성진임을 비로소 깨달았다.
> 그리고 생각하기를, '처음에 스승에게 책망을 듣고 풍도옥으로 가서 인간 세상에 환도하여 양가의 아들이 되었지. 그리고 장원급제를 하여 한림학사가 된 후 출장입상하고 공명신퇴하여 두 공주와 여섯 낭자로 더불어 즐기던 것이 다 하룻밤 꿈이었구나. 이는 필시 사부가 나의 생각이 그릇됨을 알고 나로 하여금 이런 꿈을 꾸게 하시어 인간 부귀와 남녀 정욕이 다 허무한 일임을 알게 하신 것이로다.'
> 
> ― 김만중, 「구운몽」에서 ―

① '양소유'는 장원급제를 하여 한림학사가 되었다.
② '양소유'는 인간 세상에 환멸을 느껴 스스로 '성진'의 모습으로 되돌아왔다.
③ '성진'이 있는 곳은 인간 세상이 아니다.
④ '성진'은 자신의 외양을 통해 꿈에서 돌아왔음을 인식한다.

## 06. (가)~(라)의 ㉠~㉣에 대한 설명으로 적절하지 않은 것은?

> (가) 간밤의 부던 브람에 눈서리 치단 말가
> ㉠ 낙락장송(落落長松)이 다 기우러 가노미라
> 호믈며 못다 픤 곳이야 닐러 무슴 호리오.
> (나) 철령 노픈 봉에 쉬여 넘는 져 구룸아
> 고신원루(孤臣寃淚)를 비 사마 씌여다가
> ㉡ 님 계신 구중심처(九重深處)에 쑤려 본들 엇드리.
> (다) 이화우(梨花雨) 흣쑤릴 제 울며 잡고 이별호 님
> 추풍낙엽(秋風落葉)에 ㉢ 저도 날 싱각눈가
> 천리(千里)에 외로온 쑴만 오락가락 호노매.
> (라) 삼동(三冬)의 뵈옷 닙고 암혈(巖穴)의 눈비 마자
> 구롬 낀 볏뉘도 쒼 적이 업건마는
> 서산의 ㉣ 히 디다 호니 그를 셜워 호노라.

① ㉠은 억울하게 해를 입은 충신을 가리킨다.
② ㉡은 궁궐에 계신 임금을 가리킨다.
③ ㉢은 헤어진 연인을 가리킨다.
④ ㉣은 오랜 세월을 함께한 벗을 가리킨다.

## 07. ㉠~㉢에 들어갈 말로 가장 적절한 것은?

- 그들의 끈기가 이 경기의 승패를 ㉠ 했다.
- 올해 영화제 시상식은 11개 ㉡ 으로 나뉜다.
- 그 형제는 너무 닮아서 누가 동생이고 누가 형인지 ㉢ 할 수 없다.

| | ㉠ | ㉡ | ㉢ |
|---|---|---|---|
| ① | 가름 | 부문 | 구별 |
| ② | 가름 | 부분 | 구분 |
| ③ | 갈음 | 부문 | 구별 |
| ④ | 갈음 | 부분 | 구분 |

**08** 다음 글의 '동기화 단계 조직'에 따라 (가)~(마)를 배열한 것으로 가장 적절한 것은?

> 설득하는 말하기의 메시지를 조직하는 방법으로 '동기화 단계 조직'이 있다. 이 방법의 세부 단계는 다음과 같다.
> 1단계: 주제에 대한 청자의 주의나 관심을 환기한다.
> 2단계: 특정 문제를 청자와 관련지어 설명함으로써 청자의 요구나 기대를 자극한다.
> 3단계: 해결 방안을 제시하여 청자의 이해와 만족을 유도한다.
> 4단계: 해결 방안이 청자에게 어떤 도움이 되는지 구체화한다.
> 5단계: 구체적인 행동의 내용과 방법을 제시하여 특정 행동을 요구한다.

> (가) 지난주 제 친구는 일을 마친 후 자전거를 타고 집으로 돌아오다가 사고를 당해 머리를 다쳤습니다.
> (나) 여러분이 자전거를 탈 때 헬멧을 착용하면 머리를 보호할 수 있습니다.
> (다) 아마 여러분도 가끔 자전거를 타는 경우가 있을 것입니다. 그런데 매년 2천여 명이 자전거를 타다가 머리를 다쳐 고생한다고 합니다.
> (라) 만약 자전거를 타는 모든 사람이 헬멧을 착용한다면 자전거 사고를 당해도 뇌손상을 비롯한 신체 피해를 75% 줄일 수 있습니다. 또 자전거 타기가 주는 즐거움과 편리함을 안전하게 누릴 수 있습니다.
> (마) 자전거를 탈 때는 안전을 위해서 반드시 헬멧을 착용하시기 바랍니다.

① (가) - (나) - (다) - (라) - (마)
② (가) - (다) - (나) - (라) - (마)
③ (가) - (다) - (라) - (나) - (마)
④ (가) - (라) - (다) - (나) - (마)

**09** 다음 글에 대한 이해로 적절하지 않은 것은?

> 국가정보자원관리원과 ○○시는 빅데이터 기반의 맞춤형 복지 서비스 분석 사업을 수행했다. 국가정보자원관리원은 자체 확보한 공공 데이터와 ○○시로부터 받은 복지 사업 관련 데이터를 활용하여 '복지 공감 지도'를 제작하고, 복지 기관 접근성 분석을 통해 취약 지역 지원 방안을 제시했다.
> 복지 공감 지도는 공간 분석 시스템을 활용하여 ○○시에 소재한 복지 기관들의 다양한 지원 항목과 이를 필요로 하는 복지 대상자, 독거노인, 장애인 등의 수급자 현황을 한눈에 확인할 수 있도록 구현한 것이다. 이 지도를 활용하면 복지 혜택이 필요한 지역과 수급자를 빨리 찾아낼 수 있으며, 생필품 지원이나 방문 상담 등 복지 기관의 맞춤형 대응이 가능하고, 최적의 복지 기관 설립 위치를 선정할 수 있다.
> 이 사업을 통해 ○○시는 그동안 복지 기관으로부터 도보로 약 15분 내 위치한 수급자에게 복지 혜택이 집중되고 있는 것도 확인했다. 이에 교통이나 건강 등의 문제로 복지 기관 방문이 어려운 수급자를 위해 맞춤형 복지 서비스가 절실하게 필요한 상황임을 발견하고, 복지 셔틀버스 노선을 4개 증설할 계획을 수립했다.

① 빅데이터를 활용하여 복지 사각지대를 줄이는 방안을 마련할 수 있다.
② 복지 기관과 수급자 거주지 사이의 거리는 복지 혜택의 정도에 영향을 준다.
③ 복지 기관 접근성 분석 결과는 복지 셔틀버스 노선 증설의 근거가 된다.
④ 복지 공감 지도로 복지 혜택에 대한 수급자들의 개별 만족도를 파악할 수 있다.

**10** ㉠~㉣의 사례로 적절하지 않은 것은?

> 단어의 의미가 변화하는 양상은 다양하다. 첫째, "아침 먹고 또 공부하자."에서 '아침'은 본래의 의미인 '하루 중의 이른 시간'을 가리키지 않고 '아침에 먹는 밥'이라는 의미로 쓰인다. '밥'의 의미가 '아침'에 포함되어서 '아침'만으로도 '아침밥'의 의미를 표현하게 된 것으로, ㉠ 두 개의 단어가 긴밀한 관계여서 한쪽이 다른 한쪽의 의미까지 포함하는 의미로 변화하게 된 경우이다. 둘째, '바가지'는 원래 박의 껍데기를 반으로 갈라 썼던 물건을 가리켰는데, 오늘날에는 흔히 플라스틱 바가지를 가리킨다. 이것은 ㉡ 언어 표현은 그대로인데 시대의 변화에 따라 지시 대상 자체가 바뀌어서 의미 변화가 발생한 경우이다. 셋째, '묘수'는 본래 바둑에서 만들어진 용어이지만 일상적인 언어생활에서도 '쉽게 생각해 내기 어려운 좋은 방안'이라는 의미로 사용된다. 이는 ㉢ 특수한 영역에서 사용되던 말이 일반화되면서 단어의 의미가 변화한 경우에 해당한다. 넷째, 호랑이를 두려워하던 시절에 사람들은 '호랑이'라는 이름을 직접 부르기 꺼려서 '산신령'이라고 부르기도 했는데, 이는 ㉣ 심리적인 이유로 특정 표현을 피하려다 보니 그것을 대신하는 단어의 의미에 변화가 생긴 경우이다.

① ㉠: '아이들의 코 묻은 돈'에서 '코'는 '콧물'의 의미로 쓰인다.
② ㉡: '수세미'는 원래 식물의 이름이었지만 오늘날에는 '그릇을 씻는 데 쓰는 물건'이라는 의미로 쓰인다.
③ ㉢: '배꼽'은 일반적으로 '탯줄이 떨어지면서 배의 한가운데에 생긴 자리'를 가리키지만 바둑에서는 '바둑판의 한가운데'라는 의미로 쓰인다.
④ ㉣: 무서운 전염병인 '천연두'를 꺼려서 '손님'이라고 불렀다.

**11** 다음 글에 대한 이해로 적절하지 않은 것은?

> △△시 시장님께
> 안녕하십니까? 저는 △△시에서 농장을 운영하는 □□□입니다. 이렇게 글을 쓰게 된 것은 우리 농장 근처에 신축된 골프장의 빛 공해 문제에 대해 말씀드리기 위함입니다. 빛이 공해가 될 수 있다는 말이 다소 생소하실 수도 있습니다. 하지만 지나친 야간 조명이 식물의 성장에 부정적인 영향을 끼쳐 작물 수확량을 감소시킬 수 있음은 이미 여러 연구를 통해 입증된 바 있습니다. 좀 늦었지만 △△시에서도 이 문제에 대해 경각심을 가질 필요가 있습니다. 실제로 골프장이 야간 운영을 시작했을 때를 기점으로 우리 농장의 수확률이 현저히 낮아졌음을 제가 확인했습니다. 물론, 이윤을 추구하는 골프장의 야간 운영을 무조건 막는다면 골프장 측에서 반발할 것입니다. 그래서 계절에 따라 야간 운영 시간을 조정하거나 운영 제한에 따른 손실금을 보전해 주는 등의 보완책도 필요합니다. 또한 ○○군에서도 빛 공해 문제를 해결하기 위해 야간 조명의 조도를 조정하는 프로젝트를 진행한 바 있으니 참고해 보시기 바랍니다. 모쪼록 시장님께서 이 문제에 관심을 가지고 농장과 골프장이 상생할 수 있는 정책을 펼쳐 주시기를 부탁드립니다.

① 시장에게 빛 공해로 농장이 겪는 어려움에 대해 관심을 촉구하고 있다.
② 건의에 대한 신뢰성을 높이기 위해 인용한 자료의 출처를 밝히고 있다.
③ 다른 지역에서 야간 조명으로 인한 폐해를 해결하기 위해 노력한 사례를 언급하고 있다.
④ 골프장의 야간 운영을 제한할 때 예상되는 문제점과 그 해결 방안에 대해 제시하고 있다.

**12** 다음 대화의 ㉠~㉤에 대한 설명으로 적절하지 않은 것은?

> 이진: 태민아, ㉠ 이 책 읽어 봤니?
> 태민: 아니, ㉡ 그 책은 아직 읽어 보지 못했어.
> 이진: 그렇구나. 이 책은 작가의 문체가 독특해서 읽어 볼 만해.
> 태민: 응, 꼭 읽어 볼게. 한 권 더 추천해 줄래?
> 이진: 그럼 ㉢ 저 책은 어때? 한국 대중문화를 다양한 시각에서 다룬 재미있는 책이야.
> 태민: 그래, ㉣ 그 책도 함께 읽어 볼게.
> 이진: (두 책을 들고 계산대로 간다.) 읽어 보겠다고 하니, 생일 선물로 ㉤ 이 책 두 권 사 줄게.
> 태민: 고마워. 잘 읽을게.

① ㉠은 청자보다 화자에게, ㉡은 화자보다 청자에게 가까이 있는 대상을 가리킨다.
② ㉢은 화자보다 청자에게 멀리 있는 대상을 가리킨다.
③ ㉢과 ㉣은 같은 대상을 가리킨다.
④ ㉤은 ㉡과 ㉢ 모두를 가리킨다.

**13** 다음 글에 대한 이해로 적절하지 않은 것은?

> 아동이 부모의 소유물 또는 종족의 유지나 국가의 방위를 위한 수단으로 간주되었던 전근대사회에서는 아동의 권리에 대한 인식이 존재하지 않았다. 산업혁명으로 봉건제도가 붕괴되고 자본주의가 탄생한 근대사회에 이르러 구빈법에 따른 국가 개입과 민간단체의 자발적인 참여로 아동보호가 시작되었다.
> 1922년 잽 여사는 아동권리사상을 담아 아동권리에 대한 내용을 성문화하였다. 이를 기초로 1924년 국제연맹에서는 전문과 5개의 조항으로 된 「아동권리에 관한 제네바 선언」을 채택하였다. 여기에는 "아동은 물질적으로나 정신적으로 정상적인 발달을 위해 필요한 조건이 충족되어야 한다."라든지 "아동의 재능은 인류를 위해 쓰인다는 자각 속에서 양육되어야 한다." 등의 내용이 포함되었다.
> 그러나 여기에서도 아동은 보호의 객체로만 인식되었을 뿐 생존, 보호, 발달을 위한 적극적인 권리의 주체로 인식되지는 않았다. 최근에 와서야 국제사회의 노력에 힘입어 아동은 보호되어야 할 수동적인 존재에서 자신의 권리를 주장할 수 있는 능동적인 존재로 자리매김할 수 있게 되었다. 1989년 유엔총회에서 채택된 「아동권리협약」이 그것이다.
> 우리나라는 이를 토대로 2016년 「아동권리헌장」 9개 항을 만들었다. 이 헌장은 '생존과 발달의 권리', '아동이 최선의 이익을 보장 받을 권리', '차별 받지 않을 권리', '자신의 의견이 존중될 권리' 등 유엔의 「아동권리협약」의 네 가지 기본 원칙을 포함하고 있다. 또한 전문에는 아동의 권리와 더불어 "부모와 사회, 국가와 지방자치단체는 아동의 이익을 최우선으로 고려해야 하며, 다음과 같은 아동의 권리를 확인하고 실현할 책임이 있다."라고 명시하여 아동을 둘러싼 사회적 주체들의 책임을 명확히 하였다.

① 아동의 권리에 대한 인식은 근대 이후에 형성되었다.
② 「아동권리헌장」은 「아동권리협약」을 토대로 만들어졌다.
③ 「아동권리에 관한 제네바 선언」, 「아동권리협약」, 「아동권리헌장」에는 모두 아동의 발달에 대한 내용이 들어가 있다.
④ 「아동권리에 관한 제네바 선언」은 아동을 적극적인 권리의 주체로 인식함으로써 아동의 권리에 대한 진전된 성과를 이루었다.

**14** 다음 시에 대한 이해로 적절하지 않은 것은?

> 봄은
> 남해에서도 북녘에서도
> 오지 않는다.
>
> 너그럽고
> 빛나는
> 봄의 그 눈짓은,
> 제주에서 두만까지
> 우리가 디딘
> 아름다운 논밭에서 움튼다.
>
> 겨울은,
> 바다와 대륙 밖에서
> 그 매운 눈보라 몰고 왔지만
> 이제 올
> 너그러운 봄은, 삼천리 마을마다
> 우리들 가슴속에서
> 움트리라.
>
> 움터서,
> 강산을 덮은 그 미움의 쇠붙이들
> 눈 녹이듯 흐물흐물
> 녹여버리겠지.
>
> — 신동엽, 「봄은」—

① 현실을 초월한 순수 자연의 세계를 노래하고 있다.
② 희망과 신념을 드러내는 단정적 어조로 표현하고 있다.
③ 시어들의 상징적인 의미를 통해 주제를 형성하고 있다.
④ '봄'과 '겨울'의 이원적 대립으로 시상을 전개하고 있다.

**15** 다음 글의 전개 순서로 가장 자연스러운 것은?

> (가) 이 기관을 잘 수리하여 정련하면 그 작동도 원활하게 될 것이요, 수리하지 아니하여 노둔해지면 그 작동도 막혀 버릴 것이니 이런 기관을 다스리지 아니하고야 어찌 그 사회를 고취하여 발달케 하리오.
> (나) 이러므로 말과 글은 한 사회가 조직되는 근본이요, 사회 경영의 목표와 지향을 발표하여 그 인민을 통합시키고 작동하게 하는 기관과 같다.
> (다) 말과 글이 없으면 어찌 그 뜻을 서로 통할 수 있으며, 그 뜻을 서로 통하지 못하면 어찌 그 인민들이 서로 이어져 번듯한 사회의 모습을 갖출 수 있으리오.
> (라) 그뿐 아니라 그 기관은 점점 녹슬고 상하여 필경은 쓸 수 없는 지경에 이를 것이니 그 사회가 어찌 유지될 수 있으리오. 반드시 패망을 면하지 못할지라.
> (마) 사회는 여러 사람이 그 뜻을 서로 통하고 그 힘을 서로 이어서 개인의 생활을 경영하고 보존하는 데에 서로 의지하는 인연의 한 단체라.
>
> — 주시경, 「대한국어문법 발문」에서 —

① (마) - (가) - (다) - (나) - (라)
② (마) - (가) - (라) - (다) - (나)
③ (마) - (다) - (가) - (라) - (나)
④ (마) - (다) - (나) - (가) - (라)

**16** 한자 표기가 옳지 않은 것은?

① 오늘 협상에서 만족(滿足)할 만한 성과를 거두었다.
② 김 위원의 주장을 듣고 그 의견에 동의하여 재청(再請)했다.
③ 우리 지자체의 해묵은 문제를 해결(解結)할 방안이 생각났다.
④ 다수가 그 의견에 동의하지 않았기에 재론(再論)이 필요하다.

**17** 다음 문장이 들어가기에 가장 적절한 곳을 ㉠~㉣에서 고르면?

> 신분에 따라 문체를 고착화하는 것을 인정하지 않았던 것이다.

> 유럽이 교회로부터 정신적으로 해방된 것은 그리스와 로마의 고대 작가들에 대한 재발견을 통해서였다. ㉠ 그 이후 고대 작가들의 문체는 귀족 중심의 유럽 문화에서 모범으로 여겨졌다. ㉡ 이러한 상황은 대략 1770년대에 시작되는 낭만주의에서부터 변화하기 시작했다. ㉢ 이 낭만주의 시기에 평등과 민주주의를 꿈꿨던 신흥 시민계급은 문학에서 운문과 영웅적 운명을 귀족에게만 전속시키고 하층민에게는 산문과 우스꽝스러운 상황을 배정하는 전통 시학을 거부했다. ㉣ 고전 문학은 더 이상 문학의 규범이 아니었으며, 문학을 현실의 모방으로 인식하는 태도도 포기되었다.

① ㉠
② ㉡
③ ㉢
④ ㉣

**18** 다음 글에 대한 이해로 적절하지 않은 것은?

> 정거장에 나온 박은 수염도 깎은 지 오래어 터부룩한 데다 버릇처럼 자주 찡그려지는 비웃음은 전에 못 보던 표정이었다. 그 다니는 학교에서만 지싯지싯* 붙어 있는 것이 아니라 이 시대 전체에서 긴치 않게 여기는, 지싯지싯 붙어 있는 존재 같았다. 현은 박의 그런 지싯지싯함에서 선뜻 자기를 느끼고 또 자기의 작품들을 느끼고 그만 더 울고 싶게 괴로워졌다.
>
> 한참이나 붙들고 섰던 손목을 놓고, 그들은 우선 대합실로 들어왔다. 할 말은 많은 듯하면서도 지껄여 보고 싶은 말은 골라낼 수가 없었다. 이내 다시 일어나 현은,
>
> "나 좀 혼자 걸어 보구 싶네."
>
> 하였다. 그래서 박은 저녁에 김을 만나 가지고 대동강가에 있는 동일관이란 요정으로 나오기로 하고 현만이 모란봉으로 온 것이다.
>
> 오면서 자동차에서 시가도 가끔 내다보았다. 전에 본 기억이 없는 새 빌딩들이 꽤 많이 늘어섰다. 그중에 한 가지 인상이 깊은 것은 어느 큰 거리 한 뿌다귀*에 벽돌 공장도 아닐 테요 감옥도 아닐 터인데 시뻘건 벽돌만으로, 무슨 큰 분묘와 같이 된 건축이 웅크리고 있는 것이다. 현은 운전사에게 물어보니, 경찰서라고 했다.
>
> — 이태준, 「패강랭」에서 —
>
> * 지싯지싯: 남이 싫어하는지는 아랑곳하지 아니하고 제가 좋아하는 것만 짓궂게 자꾸 요구하는 모양
> * 뿌다귀: '뿌다구니'의 준말로, 쑥 내밀어 구부러지거나 꺾어져 돌아간 자리

① '현'은 예전과 달라진 '박'의 태도가 자신의 작품 때문이라고 생각하고 있다.
② '현'은 자신과 비슷한 처지에 있는 '박'을 통해 자신을 연민하고 있다.
③ '현'은 새 빌딩들을 보고 도시가 많이 변화하고 있음을 인지하고 있다.
④ '현'은 시뻘건 벽돌로 만든 경찰서를 보고 암울한 분위기를 느끼고 있다.

**19** 다음 규정에 근거할 때 옳지 않은 것은?

> **한글 맞춤법 제30항**
> 사이시옷은 다음과 같은 경우에 받치어 적는다.
> (가) 순우리말로 된 합성어로서 앞말이 모음으로 끝나면서 뒷말의 첫소리가 된소리로 나는 것
> (나) 순우리말과 한자어로 된 합성어로서 앞말이 모음으로 끝나면서 뒷말의 첫소리가 된소리로 나는 것

① (가)에 따라 '아래+집'은 '아랫집'으로 적는다.
② (가)에 따라 '쇠+조각'은 '쇳조각'으로 적는다.
③ (나)에 따라 '전세+방'은 '전셋방'으로 적는다.
④ (나)에 따라 '자리+세'는 '자릿세'로 적는다.

**20** 글쓴이의 견해에 부합하는 것은?

> 문화란 공동체의 구성원들이 공유하는 생각과 행동 양식의 총체라고 할 수 있다. 문화를 연구하는 사람들의 주된 관심사는 특정 생각과 행동 양식이 하나의 공동체 안에서 전파되는 기제이다.
> 이에 대한 견해 중 하나는 문화를 생각의 전염이라는 각도에서 바라보는 것이다. 예컨대, 리처드 도킨스는 '밈(meme)'이라는 개념을 통해 생각의 전염 과정을 설명하고자 했다. 그에 따르면 문화는 복수의 밈으로 이루어져 있는데, 유전자에 저장된 생명체의 주요 정보가 번식을 통해 복제되어 개체군 내에서 확산되듯이, 밈 역시 유전자와 마찬가지로 공동체 내에서 복제를 통해 확산된다.
> 그러나 문화 전파의 기제를 설명하는 이론으로는 밈 이론보다 의사소통 이론이 더 적절해 보인다. 일례로, 요크셔 지역에 내려오는 독특한 푸딩 요리법은 누군가가 푸딩 만드는 것을 지켜본 후 그것을 그대로 따라 하는 방식으로 전파되었다기보다는 요크셔 푸딩 요리법에 대한 부모와 친척, 친구들의 설명을 통해 입에서 입으로 전파되고 공유되었을 가능성이 크다.
> 생명체의 경우와 달리 문화는 완벽하게 동일한 형태로 전파되지 않는다. 전파된 문화와 그것을 수용한 결과는 큰 틀에서는 비슷하더라도 세부적으로는 다를 수밖에 없다. 다시 말해 요크셔 지방의 푸딩 요리법은 다른 지방의 푸딩 요리법과 변별되는 특색을 지니는 동시에 요크셔 지방 내부에서도 가정이나 개인에 따라 약간씩의 차이를 보인다. 이는 푸딩 요리법의 수신자가 발신자가 전해 준 정보에다 자신의 생각을 덧붙였기 때문인데, 복제의 관점에서 문화의 전파를 설명하는 이론으로는 이와 같은 현상을 설명하기 어렵다. 반면, 의사소통 이론으로는 설명 가능하다. 이에 따르면 사람들은 자신이 들은 이야기를 남에게 전달할 때 들은 이야기에다 자신의 생각을 더해서 그 이야기를 전달하기 때문이다.

① 문화의 전파 기제는 밈 이론보다는 의사소통 이론으로 설명하는 것이 적절하다.
② 의사소통 이론에 따르면 문화의 수용 과정에는 수용 주체의 주관이 개입하지 않는다.
③ 의사소통 이론에 따르면 특정 공동체의 문화는 다른 공동체로 복제를 통해 전파될 수 있다.
④ 요크셔 푸딩 요리법이 요크셔 지방의 가정이나 개인에 따라 세부적인 차이를 보이는 현상은 밈 이론에 의해 설명할 수 있다.

# 국어 | 2021년 국가직 9급

회독 CHECK 1 2 3

**01** 맞춤법에 맞는 것만으로 묶은 것은?
① 돌나물, 꼭지점, 페트병, 낚시꾼
② 흡입량, 구름양, 정답란, 칼럼난
③ 오뚝이, 싸라기, 법석, 딱다구리
④ 찻간(車間), 홧병(火病), 셋방(貰房), 곳간(庫間)

**02** ㉠의 단어와 의미가 같은 것은?

친구에게 줄 선물을 예쁜 포장지에 ㉠ 싼다.

① 사람들이 안채를 겹겹이 싸고 있다.
② 사람들은 봇짐을 싸고 산길로 향한다.
③ 아이는 몇 권의 책을 싼 보퉁이를 들고 있다.
④ 내일 학교에 가려면 책가방을 미리 싸 두어라.

**03** 가장 자연스러운 문장은?
① 날씨가 선선해지니 역시 책이 잘 읽힌다.
② 이렇게 어려운 책을 속독으로 읽는 것은 하늘의 별 따기이다.
③ 내가 이 일의 책임자가 되기보다는 직접 찾기로 의견을 모았다.
④ 그는 시화전을 홍보하는 일과 시화전의 진행에 아주 열성적이다.

**04** 다음 글의 설명 방식으로 적절하지 않은 것은?

빛 공해란 인공조명의 과도한 빛이나 조명 영역 밖으로 누출되는 빛이 인간의 건강하고 쾌적한 생활을 방해하거나 환경에 피해를 주는 상태를 말한다. 국제 과학 저널인 『사이언스 어드밴스』의 '전 세계 빛 공해 지도'에 따르면, 우리나라는 빛 공해가 심각한 국가이다. 빛 공해는 멜라토닌 부족을 초래해 인간에게 수면 부족과 면역력 저하 등의 문제를 유발하고, 농작물의 생산량 저하, 생태계 교란 등의 문제를 일으킨다.

① 빛 공해의 정의를 제시하고 있다.
② 빛 공해의 주요 요인인 인공조명의 누출 원인을 제시하고 있다.
③ 자료를 인용하여 빛 공해가 심각한 국가로 우리나라를 제시하고 있다.
④ 사례를 들어 빛 공해의 악영향을 제시하고 있다.

**05** ㉠, ㉡의 사례로 옳은 것만을 짝 지은 것은?

용언의 불규칙 활용은 크게 ㉠ 어간만 불규칙하게 바뀌는 부류, ㉡ 어미만 불규칙하게 바뀌는 부류, 어간과 어미 둘 다 불규칙하게 바뀌는 부류로 나눌 수 있다.

| | ㉠ | ㉡ |
|---|---|---|
| ① | 걸음이 빠름 | 꽃이 노람 |
| ② | 잔치를 치름 | 공부를 함 |
| ③ | 라면이 불음 | 합격을 바람 |
| ④ | 우물물을 품 | 목적지에 이름 |

## 06 ㉠~㉣의 의미로 적절하지 않은 것은?

> 二月ㅅ 보로매 아으 노피 ㉠현 燈ㅅ블 다호라
> 萬人 비취실 즈시샷다 아으 動動다리
> 三月 나며 開호 아으 滿春 둘욋고지여
> 노믹 브롤 ㉡즈슬 디녀 나샷다 아으 動動다리
> 四月 아니 ㉢니저 아으 오실셔 곳고리새여
> ㉣므슴다 錄事니믄 녯 나를 닛고신뎌 아으 動動다리
> ― 작자 미상,「動動」에서 ―

① ㉠은 '켠'을 의미한다.
② ㉡은 '모습을'을 의미한다.
③ ㉢은 '잊어'를 의미한다.
④ ㉣은 '무심하구나'를 의미한다.

## 07 한자 표기가 옳은 것은?

① 그분은 냉혹한 현실(現室)을 잘 견뎌 냈다.
② 첫 손님을 야박(野薄)하게 대해서는 안 된다.
③ 그에게서 타고난 승부 근성(謹性)이 느껴진다.
④ 그는 평소 희망했던 기관에 채용(債用)되었다.

## 08 다음 토의에 대한 설명으로 적절하지 않은 것은?

> 사회자: 오늘의 토의 주제는 '통일 시대의 남북한 언어가 나아갈 길'입니다. 먼저 최○○ 교수님께서 '남북한 언어 차이와 의사소통'이라는 제목으로 발표해 주시겠습니다.
> 최 교수: 남한과 북한의 말은 비슷하지만 다른 점이 있습니다. 남한과 북한의 어휘 차이가 대표적입니다. 남한과 북한의 어휘 차이를 분석한 결과, …(중략)… 앞으로도 남북한 언어 차이에 대한 연구가 지속되어야 합니다.
> 사회자: 이로써 최 교수님의 발표를 마치겠습니다. 다음은 정○○ 박사님의 '남북한 언어의 동질성 회복 방안'에 대한 발표가 있겠습니다.
> 정 박사: 앞으로 통일을 대비해 남북한 언어의 다른 점을 줄여 나가는 노력이 필요합니다. 실제로도 남한과 북한의 학자들로 구성된 '겨레말큰사전 편찬위원회'에서는 남북한 공통의 사전인『겨레말큰사전』을 만들며 서로의 차이를 이해하고 받아들이기 위한 노력을 하고 있습니다. …(중략)…
> 사회자: 그러면 질의응답이 있겠습니다. 시간상 간략하게 질문해 주시기 바랍니다.
> 청중 A: 두 분의 말씀 잘 들었습니다. 남북한 언어의 차이와 이를 극복하는 방안을 말씀하셨는데요. 그렇다면 통일 시대에 대비한 언어 정책에는 무엇이 있을까요?

① 학술적인 주제에 대해 발표 형식으로 진행되고 있다.
② 사회자는 발표자 간의 이견을 조정하여 의사결정을 유도하고 있다.
③ 발표자는 주제에 대한 자신의 견해를 밝혀 청중에게 정보를 제공하고 있다.
④ 청중 A는 발표자의 발표 내용을 확인하고 주제와 관련된 질문을 하고 있다.

**09** ㉠~㉣은 '공손하게 말하기'에 대한 설명이다. ㉠~㉣을 적용한 B의 대답으로 적절하지 않은 것은?

> ㉠ 자신을 상대방에게 낮추어 겸손하게 말해야 한다.
> ㉡ 상대방의 처지를 고려하여 상대방이 부담을 갖지 않도록 말해야 한다.
> ㉢ 상대방이 관용을 베풀 수 있도록 문제를 자신의 탓으로 돌려 말해야 한다.
> ㉣ 상대방의 의견에서 동의하는 부분을 찾아 인정해 준 다음에 자신의 의견을 말해야 한다.

① ㉠ ─ A: "이번에 제출한 디자인 시안 정말 멋있었어."
    └ B: "아닙니다. 아직도 여러모로 부족한 부분이 많습니다."

② ㉡ ─ A: "미안해요. 생각보다 길이 많이 막혀서 늦었어요."
    └ B: "괜찮아요. 쇼핑하면서 기다리니 시간 가는 줄 몰랐어요."

③ ㉢ ─ A: "혹시 내가 설명한 내용이 이해 가니?"
    └ B: "네 목소리가 작아서 내용이 잘 안 들렸는데 다시 한 번 크게 말해 줄래?"

④ ㉣ ─ A: "가원아, 경희 생일 선물로 귀걸이를 사주는 것은 어때?"
    └ B: "그거 좋은 생각이네. 하지만 경희의 취향을 우리가 잘 모르니까 귀걸이 대신 책을 선물하는 게 어떨까?"

**10** 하버마스의 주장에 부합하는 사례로 가장 적절한 것은?

> 하버마스는 18세기부터 현대까지 미디어의 등장 배경과 발전 과정을 분석하면서, 공공 영역의 부상과 쇠퇴를 추적했다. 하버마스에게 공공 영역은 일반적 쟁점에 대한 토론과 의견을 형성하는 공공 토론의 민주적 장으로서 역할을 한다.
> 하버마스는 17세기와 18세기 유럽 도시의 살롱에서 당시의 공공 영역을 찾았다. 비록 소수의 사람들만이 살롱 토론 문화에 참여했으나, 공공 토론을 통해 정치적 문제를 해결하는 논리를 도입할 수 있었기 때문에 살롱이 초기 민주주의 발전에 중요한 역할을 했다고 그는 주장한다. 적어도 살롱 문화의 원칙에서 공개적 토론을 위한 공공 영역은 각각의 참석자들에게 동등한 자격을 부여했다.
> 그러나 하버마스에 따르면, 현대 사회에서 민주적 토론은 문화 산업의 발달과 함께 퇴보했다. 대중매체와 대중오락의 보급은 공공 영역이 공허해지는 원인으로 작용했다. 상업적 이해관계는 공공의 이해관계에 우선하게 되었다. 공공 여론은 개방적이고 합리적 토론을 통해서가 아니라 광고에서처럼 조작과 통제를 통해 형성되고 있다.
> 미디어가 점차 상업화되면서 하버마스가 주장한 대로 공공 영역이 침식당하고 있다. 상업화된 미디어는 광고 수입에 기대어 높은 시청률과 수익을 보장하는 콘텐츠 제작만을 선호하게 되었다. 그 결과 공적 주제에 대한 시민들의 논의와 소통의 장이 줄어들어 결과적으로 공공 영역이 축소되었다. 많은 것을 약속한 미디어는 이제 민주주의 문제의 일부로 변해 버린 것이다.

① 살롱 문화에서 특정 사회 계층에 대한 비판적인 토론은 허용되지 않았다.
② 인터넷의 발달과 보급은 상업적 광고뿐만 아니라 공익 광고도 증가시켰다.
③ 글로벌 미디어가 발달하더라도 국제 사회의 공공 영역은 공허해지지 않는다.
④ 수익성 위주의 미디어 플랫폼과 콘텐츠가 더 많아지면서 민주적 토론이 감소되었다.

**11** ㉠~㉤의 전개 순서로 가장 자연스러운 것은?

> 폭설, 즉 대설이란 많은 눈이 시간적, 공간적으로 집중되어 내리는 현상을 말한다.
> ㉠ 그런데 눈은 한 시간 안에 5cm 이상 쌓일 수 있어 순식간에 도심 교통을 마비시키는 위력을 가지고 있다.
> ㉡ 또한, 경보는 24시간 신적설이 20cm 이상 예상될 때이다.
> ㉢ 다만, 산지는 24시간 신적설이 30cm 이상 예상될 때 발령된다.
> ㉣ 이때 대설의 기준으로 주의보는 24시간 새로 쌓인 눈이 5cm 이상이 예상될 때이다.
> ㉤ 이뿐만 아니라 운송, 유통, 관광, 보험을 비롯한 서비스 업종과 사회 전반에 영향을 미친다.

① ㉠ - ㉤ - ㉡ - ㉢ - ㉣
② ㉠ - ㉣ - ㉤ - ㉢ - ㉡
③ ㉣ - ㉡ - ㉢ - ㉠ - ㉤
④ ㉣ - ㉠ - ㉤ - ㉢ - ㉡

**12** 다음 글의 사례로 적절하지 않은 것은?

> 인간은 언어를 사용하며 언어는 인간의 사고, 사회, 문화를 반영한다. 인간의 지적 능력이 발달하게 된 것은 바로 언어를 사용하기 때문이다.
> 언어와 사고는 기본적으로 상호작용을 한다. 둘 중 어느 것이 먼저 발달하고 어떻게 영향을 주는지는 알 수 없다. 그러나 언어와 사고가 서로 깊은 관계를 맺고 있다는 사실은 여러 가지 근거를 통해서 뒷받침된다.

① 영어의 '쌀(rice)'에 해당하는 우리말에는 '모', '벼', '쌀', '밥' 등이 있다.
② 어떤 사람은 산도 파랗다고 하고, 물도 파랗다고 하고, 보행 신호의 녹색등도 파랗다고 한다.
③ 일상생활에서 어떠한 사물의 개념은 머릿속에서 맴도는데도 그 명칭을 떠올리지 못할 때가 있다.
④ 우리나라는 수박(watermelon)은 '박'의 일종으로 보지만 어떤 나라는 '멜론(melon)'에 가까운 것으로 파악한다.

## 13 다음 글의 주된 서술 방식은?

> 변지의가 천 리 길을 마다하지 않고 나를 찾아왔다. 내가 그 뜻을 물었더니, 문장 공부를 하기 위해 나를 찾아왔다고 했다. 때마침 이날 우리 아이들이 나무를 심었기에 그 나무를 가리켜 이렇게 말해 주었다.
> "사람이 글을 쓰는 것은 나무에 꽃이 피는 것과 같다. 나무를 심는 사람은 가장 먼저 뿌리를 북돋우고 줄기를 바로잡는 일에 힘써야 한다. …(중략)… 나무의 뿌리를 북돋아 주듯 진실한 마음으로 온갖 정성을 쏟고, 줄기를 바로잡듯 부지런히 실천하며 수양하고, 진액이 오르듯 독서에 힘쓰고, 가지와 잎이 돋아나듯 널리 보고 들으며 두루 돌아다녀야 한다. 그렇게 해서 깨달은 것을 헤아려 표현한다면 그것이 바로 좋은 글이요, 사람들이 칭찬을 아끼지 않는 훌륭한 문장이 된다. 이것이야말로 참다운 문장이라고 할 수 있다."

① 서사
② 분류
③ 비유
④ 대조

## 14 다음 글에 대한 이해로 적절하지 않은 것은?

> 언어마다 고유의 표기 체계가 있는데, 이는 읽기 과정에 영향을 미친다. 알파벳 언어는 표기 체계에 따라 철자 읽기의 명료성 수준이 달라진다. 철자 읽기가 명료하다는 것은 한 글자에 대응되는 소리가 규칙적이어서 글자와 소리의 대응이 거의 일대일이라는 것을 의미한다. 그 예로 이탈리아어와 스페인어가 있다. 이 두 언어의 사용자는 의미를 전혀 모르는 새로운 단어를 발견하더라도 보자마자 정확한 발음을 할 수 있다. 이에 비해 영어는 철자 읽기의 명료성이 낮은 언어이다. 영어는 발음이 아예 나지 않는 묵음과 같은 예외도 많은 편이고 글자에 대응하는 소리도 매우 다양하다.
> 한편 알파벳 언어를 읽을 때 사용하는 뇌의 부위는 유사하지만 뇌의 부위에 의존하는 방식에는 차이가 있다. 영어와 이탈리아어를 읽는 사람은 동일하게 좌반구의 읽기 네트워크를 사용한다. 하지만 무의미한 단어를 읽을 때 영어를 읽는 사람은 암기된 단어의 인출과 연관된 뇌 부위에 더 의존하는 반면 이탈리아어를 읽는 사람은 음운 처리에 연관된 뇌 부위에 더 의존한다. 왜냐하면 무의미한 단어를 읽을 때 이탈리아어를 읽는 사람은 규칙적인 음운 처리 규칙을 적용하는 반면에, 영어를 읽는 사람은 암기해 둔 수많은 예외들을 떠올리기 때문이다.

① 알파벳 언어의 철자 읽기는 소리와 표기의 대응과 관련되는데, 각 소리가 지닌 특성은 철자 읽기의 명료성을 판단하는 기준이 된다.
② 영어 사용자는 무의미한 단어를 읽을 때 좌반구의 읽기 네트워크를 활용하면서 암기된 단어의 인출과 연관된 뇌 부위에 더욱 의존한다.
③ 이탈리아어는 소리와 글자의 대응이 규칙적이어서 낯선 단어를 발음할 때 영어에 비해 철자 읽기의 명료싱이 높다.
④ 영어는 음운 처리 규칙에 적용되지 않는 예외들이 많아서 스페인어에 비해 소리와 글자의 대응이 덜 규칙적이다.

**15** (가)~(라)에 대한 이해로 적절하지 않은 것은?

> (가) 반중(盤中) 조홍(早紅)감이 고아도 보이ᄂ다
> 유자 안이라도 품엄즉도 ᄒ다마ᄂ
> 품어 가 반기리 업슬새 글노 설워ᄒᄂ이다
>
> (나) 동짓ᄃ 기나긴 밤을 한 허리를 버혀 내여
> 춘풍 니불 아래 서리서리 너헛다가
> 어론 님 오신 날 밤이여든 구뷔구뷔 펴리라
>
> (다) 말 업슨 청산(靑山)이오 태(態) 업슨 유수(流水)로다
> 갑 업슨 청풍(淸風)이오 님ᄌ 업슨 명월(明月)이로다
> 이 중에 병 업슨 이 몸이 분별 업시 늘그리라
>
> (라) 농암(籠巖)에 올라보니 노안(老眼)이 유명(猶明)이로다
> 인사(人事)이 변ᄒ들 산천이ᄯ 가샐가
> 암전(巖前)에 모수 모구(某水 某丘)이 어제 본 듯 ᄒ예라

① (가)는 고사의 인용을 통해 돌아가신 부모님에 대한 그리움을 표현하고 있다.
② (나)는 의태적 심상을 통해 임에 대한 기다림을 표현하고 있다.
③ (다)는 대구와 반복을 통해 자연에 귀의하려는 의지를 표현하고 있다.
④ (라)는 자연과의 대조를 통해 허약해진 노년의 무력함을 표현하고 있다.

**16** 다음 글에 대한 이해로 가장 적절한 것은?

> 암소의 뿔은 수소의 그것보다도 한층 더 겸허하다. 이 애상적인 뿔이 나를 받을 리 없으니 나는 마음 놓고 그 곁 풀밭에 가 누워도 좋다. 나는 누워서 우선 소를 본다.
>
> 소는 잠시 반추를 그치고 나를 응시한다.
>
> '이 사람의 얼굴이 왜 이리 창백하냐. 아마 병인인가 보다. 내 생명에 위해를 가하려는 거나 아닌지 나는 조심해야 되지.'
>
> 이렇게 소는 속으로 나를 심리하였으리라. 그러나 오 분 후에는 소는 다시 반추를 계속하였다. 소보다도 내가 마음을 놓는다.
>
> 소는 식욕의 즐거움조차를 냉대할 수 있는 지상 최대의 권태자다. 얼마나 권태에 지질렸길래 이미 위에 들어간 식물을 다시 게워 그 시큼털털한 반소화물의 미각을 역설적으로 향락하는 체해 보임이리오?
>
> 소의 체구가 크면 클수록 그의 권태도 크고 슬프다. 나는 소 앞에 누워 내 세균 같이 사소한 고독을 겸손하면서 나도 사색의 반추는 가능할는지 불가능할는지 몰래 좀 생각해 본다.
>
> – 이상, 「권태」에서 –

① 대상의 행위를 통해 글쓴이의 심리가 투사되고 있다.
② 과거의 삶을 회상하며 글쓴이의 처지를 후회하고 있다.
③ 공간의 이동을 통해 글쓴이의 무료함을 표현하고 있다.
④ 현실에 대한 글쓴이의 불만이 반성적 어조로 표출되고 있다.

**17** 다음 글에서 '황거칠'이 처한 상황에 어울리는 한자성어로 가장 적절한 것은?

> 황거칠 씨는 더 참을 수가 없었다. 그는 거의 발작적으로 일어섰다.
> "이 개 같은 놈들아, 어쩌면 남이 먹는 식수까지 끊으려노?"
> 그는 미친 듯이 우르르 달려가서 한 인부의 괭이를 억지로 잡아서 저만큼 내동댕이쳤다. …(중략)…
> 경찰은 발포를 — 다행히 공포였지만 — 해서 겨우 군중을 해산시키고, 황거칠 씨와 청년 다섯 명을 연행해 갔다. 물론 강제집행도 일시 중단되었다.
> 경찰에 끌려간 사람들은 밤에도 풀려나오지 못했다. 공무집행 방해에다, 산주의 권리행사 방해, 그리고 폭행죄까지 뒤집어쓰게 되었던 것이다. 그래서 그 이튿날도 풀려 나오질 못했다. 쌍말로 썩어 갔다.
> 황거칠 씨는 모든 죄를 자기가 안아맡아서 처리하려고 했다. 그러나 그것이 뜻대로 되지 않았다. 면회를 오는 가족들의 걱정스런 얼굴을 보자, 황거칠 씨는 가슴이 아팠다. 그는 만부득이 담당 경사의 타협안에 도장을 찍기로 했다. 석방의 조건으로서, 다시는 강제집행을 방해하지 않겠다는 각서였다.
> 이리하여 황거칠 씨는 애써 만든 산수도를 포기하게 되고 '마삿등'은 한때 도로 물 없는 지대가 되고 말았다.
> — 김정한, 「산거족」에서 —

① 同病相憐
② 束手無策
③ 自家撞着
④ 輾轉反側

**18** 다음 글의 특징으로 가장 적절한 것은?

> 살아가노라면
> 가슴 아픈 일 한두 가지겠는가
>
> 깊은 곳에 뿌리를 감추고
> 흔들리지 않는 자기를 사는 나무처럼
> 그걸 사는 거다
>
> 봄, 여름, 가을, 긴 겨울을
> 높은 곳으로
> 보다 높은 곳으로, 쉬임 없이
> 한결같이
>
> 사노라면
> 가슴 상하는 일 한두 가지겠는가
> — 조병화, 「나무의 철학」 —

① 문답법을 통해 과거의 삶을 반추하고 있다.
② 반어적 표현을 활용하여 슬픔의 정서를 나타내고 있다.
③ 사물을 의인화하여 현실을 목가적으로 보여 주고 있다.
④ 설의적 표현을 활용하여 삶의 깨달음을 강조하고 있다.

**19** ㉠에 들어갈 말로 가장 적절한 것은?

> 한 민족이 지닌 문화재는 그 민족 역사의 누적일 뿐 아니라 그 누적된 민족사의 정수로서 이루어진 혼의 상징이니, 진실로 살아 있는 민족적 신상(神像)은 이를 두고 달리 없을 것이다. 더구나 국보로 선정된 문화재는 우리 민족의 성력(誠力)과 정혼(精魂)의 결정으로 그 우수한 질과 희귀한 양에서 무비(無比)의 보(寶)가 된 자이다. 그러므로 국보 문화재는 곧 민족 전체의 것이요, 민족을 결속하는 정신적 유대로서 민족의 힘의 원천이라 할 것이다.
> 로마는 하루아침에 만들어지지 않는다는 말도 그 과거 문화의 존귀함을 말하는 것이요, ( ㉠ )는 말도 국보 문화재가 얼마나 힘 있는가를 밝힌 예증이 된다.

① 구르는 돌에는 이끼가 끼지 않는다
② 지식은 나눌 수 있지만 지혜는 나눌 수 없다
③ 사람은 겪어 보아야 알고 물은 건너 보아야 안다
④ 그 무엇을 내놓는다고 해도 셰익스피어와는 바꾸지 않는다

**20** 다음 글에서 추론한 내용으로 적절하지 않은 것은?

> 과학의 개념은 분류 개념, 비교 개념, 정량 개념으로 구분할 수 있다. 식물학과 동물학의 종, 속, 목처럼 분명한 경계를 가지고 대상들을 분류하는 개념들이 분류 개념이다. 어린이들이 맨 처음에 배우는 단어인 '사과', '개', '나무' 같은 것 역시 분류 개념인데, 하위 개념으로 분류할수록 그 대상에 대한 정보가 더 많이 전달된다. 또한, 현실 세계에 적용 대상이 하나도 없는 분류 개념도 있을 수 있다. 예를 들어 '유니콘'이라는 개념은 '이마에 뿔이 달린 말의 일종임' 같은 분명한 정의가 있기에 '유니콘'은 분류 개념으로 인정되는 것이다.
> '더 무거움', '더 짧음' 등과 같은 비교 개념은 분류 개념보다 설명에 있어서 정보 전달에 더 효과적이다. 이것은 분류 개념처럼 자연의 사실에 적용되어야 하지만, 분류 개념과 달리 논리적 관계도 반드시 성립해야 한다. 예를 들면, 대상 A의 무게가 대상 B의 무게보다 더 무겁다면, 대상 B의 무게가 대상 A의 무게보다 더 무겁다고 말할 수 없는 것처럼 '더 무거움' 같은 비교 개념은 논리적 관계를 반드시 따라야 한다.
> 마지막으로 정량 개념은 비교 개념으로부터 발전된 것인데, 이것은 자연의 사실로부터 파악할 수 있는 물리량을 측정함으로써 만들어진다. 물리량을 측정하기 위해서는 몇 가지 규칙이 필요한데, 그 규칙에는 두 물리량의 크기를 비교하는 경험적 규칙과 물리량의 측정 단위를 정하는 규칙 등이 포함된다. 이러한 정량 개념은 자연에 의해서 주어지는 것이 아니라 우리가 자연현상에 수를 적용하는 과정에서 생겨나는 것이다. 정량 개념은 과학의 언어를 수많은 비교 개념 대신 수를 사용할 수 있게 하여 과학 발전의 기초가 되었다.

① '호랑나비'는 '나비'와 동일한 종에 속하지만, 나비에 비해 정보량이 적다.
② '용(龍)'은 현실 세계에 적용할 수 있는 지시물이 없더라도 분류 개념으로 인정된다.
③ '꽃'이나 '고양이'와 같은 개념은 논리적 관계를 따라야 하는 것은 아니기 때문에 비교 개념에 포함되지 않는다.
④ 물리량을 측정할 수 있는 'cm'나 'kg'과 같은 측정 단위는 자연현상에 수를 적용할 수 있게 해 주었다.

# 국어 | 2020년 국가직 9급

회독 CHECK 1 2 3

**01** 안긴문장이 없는 것은?

① 나는 동생이 시험에 합격하기를 고대한다.
② 착한 영호는 언제나 친구들을 잘 도와준다.
③ 해진이는 울산에 살고 초희는 광주에 산다.
④ 아버지께서는 나에게 내일 가족 여행을 가자고 말씀하셨다.

**02** 밑줄 친 부분이 바르게 쓰이지 않은 것은?

① 지금쯤 <u>골아떨어졌</u>겠지?
② 그 친구, 생각이 깊던데 책<u>깨나</u> 읽었겠어.
③ 갖은 곤욕과 모멸과 박대는 각오한 <u>바이다</u>.
④ 김 과장은 <u>그러고 나서</u> 서류를 보완해 달라고 했다.

**03** 문장 성분의 호응이 자연스러운 것은?

① 내가 강조하고 싶은 점은 우리가 고유 언어를 가졌다.
② 좋은 사람과 대화하며 함께한 일은 즐거운 시간이었다.
③ 내 생각은 집을 사서 이사하는 것이 좋겠다고 결정했다.
④ 그는 내 생각이 옳지 않다고 여러 사람 앞에서 말을 하였다.

**04** ㉠~㉣의 고쳐 쓰기 방안으로 적절하지 않은 것은?

> ㉠ 공사하는 기간 동안 안전사고가 일어나지 않도록 유의해 주십시오.
> ㉡ 오늘 오후에 팀 전체가 모여 회의를 갖겠습니다.
> ㉢ 비상문이 열려져 있어 신속하게 대피할 수 있었다.
> ㉣ 지난밤 검찰은 그를 뇌물 수수 혐의로 구속했다.

① ㉠: '기간'과 '동안'은 의미가 중복되므로 '공사하는 기간 동안'은 '공사하는 동안'으로 고쳐 쓴다.
② ㉡: '회의를 갖겠습니다.'는 번역 투이므로 '회의하겠습니다.'로 고쳐 쓴다.
③ ㉢: '열려져'는 '-리-'와 '-어지다'가 결합한 이중 피동 표현이므로 '열려'로 고쳐 쓴다.
④ ㉣: 동작의 대상에게 행위의 효력이 미친다는 의미를 제시해야 하므로 '구속했다'는 '구속시켰다'로 고쳐 쓴다.

**05** ㉠~㉣을 사전에 올릴 때 '한글 맞춤법 규정'에 따른 순서로 적절한 것은?

> ㉠ 곬    ㉡ 규탄
> ㉢ 곳간   ㉣ 광명

① ㉠ → ㉢ → ㉡ → ㉣
② ㉠ → ㉢ → ㉣ → ㉡
③ ㉢ → ㉠ → ㉡ → ㉣
④ ㉢ → ㉠ → ㉣ → ㉡

## 06 밑줄 친 말의 의미와 거리가 먼 것은?

- 넌 얼마나 오지랖이 넓기에 남의 일에 그렇게 미주알고주알 캐는 거냐?
- 강쇠네는 입이 재고 무슨 일에나 오지랖이 넓었지만, 무작정 덤벙거리고만 다니는 새줄랑이는 아니었다.

① 謁見　　② 干涉
③ 參見　　④ 干與

## 07 다음 글에 대한 이해로 적절하지 않은 것은?

　천국에 사는 사람들은 지옥을 생각할 필요가 없다. 그러나 우리 다섯 식구는 지옥에 살면서 천국을 생각했다. 단 하루라도 천국을 생각해 보지 않은 날이 없다. 하루하루의 생활이 지겨웠기 때문이다. 우리의 생활은 전쟁과 같았다. 우리는 그 전쟁에서 날마다 지기만 했다.
　아버지가 평생을 통해 해 온 일은 다섯 가지이다. 채권 매매, 칼 갈기, 고층 건물 유리 닦기, 펌프 설치하기, 수도 고치기이다. 이 일들만 해 온 아버지가 갑자기 다른 일을 하겠다고 했다. 서커스단의 일이었다. 아버지는 처음 보는 꼽추 한 사람을 데리고 와 여러 가지 이야기를 했다. 처음 얼마 동안은 그의 조수로 일하면 된다고 했다. 두 사람은 자기들이 무대 위에서 해야 할 연기에 대해 이야기했다. 그러자 어머니가 아버지에게 대들었다. 우리들도 아버지를 성토했다. 아버지는 힘없이 물러섰다. 꼽추는 멍하니 앉아 우리를 보았다. 꼽추는 눈물이 핑 돌아 돌아갔다. 그의 뒷모습은 아주 쓸쓸해 보였다. 아버지의 꿈은 깨어졌다. 아버지는 무거운 부대를 메고 다시 일을 찾아 나갔다.

…(중략)…

　어머니가 울었다. 어머니는 인쇄소 제본 공장에 나가 접지 일을 했다. 고무 골무를 끼고 인쇄물을 접었다. 나는 겁이 났다. 나는 인쇄소 공무부 조역으로 출발했다. 땀을 흘리지 않고는 아무것도 얻을 수 없다는 것을 뒤늦게 알았다. 영호와 영희도 몇 달 간격을 두고 학교를 그만두었다. 마음이 차라리 편해졌다. 우리를 해치는 사람은 없었다. 우리는 보이지 않는 보호를 받고 있었다. 남아프리카의 어느 원주민들이 일정한 구역 안에서 보호를 받듯이 우리도 이질 집단으로서 보호를 받았다. 나는 우리가 이 구역 안에서 한 걸음도 밖으로 나갈 수 없다는 것을 깨달았다. 나는 조역, 공목, 약물, 해판의 과정을 거쳐 정판에서 일했다. 영호는 인쇄에서 일했다. 나는 우리가 한 공장에서 일하는 것이 싫었다. 영호도 마찬가지였다. 그래서 영호는 먼저 철공소 조수로 들어가 잔심부름을 했다. 가구 공장에서도 일했다. 그 공장에 가 일하는 영호를 보았다. 뽀얀 톱밥 먼지와 소음 속에 서 있는 작은 영호를 보고 나는 그만두라고 했다. 인쇄 공장의 소음도 무서운 것이었으나 그곳에는 톱밥 먼지가 없었다. 우리는 죽어라 하고 일했다. 우리의 팔목은 공장 안에서 굵어 갔다. 영희는 그때 큰길가 슈퍼마켓 한쪽에 자리 잡은 빵집에서 일했다. 우리가 고맙게 생각한 것은 환경이 깨끗하다는 것 하나뿐이었다.
　우리는 무슨 일이 있든 공부는 해야 한다고 생각했다. 공부를 하지 않고는 우리 구역에서 벗어날 수가 없다고 생각했다. 세상은 공부를 한 자와 못 한 자로 너무나 엄격하게 나누어져 있었다. 끔찍할 정도로 미개한 사회였다. 우리가 학교 안에서 배운 것과는 정반대로 움직였다. 나는 무슨 책이든 손에 잡히는 대로 읽었다. 정판에서 식자로 올라간 다음에는 일을 하다 말고 원고를 읽는 버릇까지 생겼다. 동생들에게 필요하다고 느껴지는 것은 판을 들고 가 몇 벌씩 교정쇄를 내기도 했다. 영호와 영희는 나의 말을 잘 들었다. 내가 가져다준 교정쇄를 동생들은 열심히 읽었다. 실제로 우리가 이 노력으로 잃은 것은 하나도 없었다. 나는 고입 검정고시를 거쳐 방송 통신 고교에 입학했다.

– 조세희, 「난장이가 쏘아 올린 작은 공」 –

① '우리 다섯 식구'는 생존을 위해 애쓰지만 윤택한 삶을 누리기 어려운 처지에 있다.
② '아버지'는 가족들의 바람을 수용하여, 평생 해 온 일을 그만두고 새로운 일을 시작하기로 결심한다.
③ '보이지 않는 보호'는 말 그대로의 보호라기보다는 벗어날 수 없는 계층적 한계를 의미한다고 할 수 있다.
④ '우리'는 자신들의 '구역'에서 벗어날 길을 '공부를 한 자'가 됨으로써 찾을 수 있다고 여긴다.

## 08 글쓴이의 견해에 부합하지 않는 것은?

사물 인터넷(IoT, Internet of Things)의 정의로 '수십 억 개의 사물이 서로 연결되는 것'이라고 설명하는 것은 그리 유용하지 않다. 사물 인터넷이 무엇인지 이해하기 위해서는 '사물'에서 출발하기보다는 '인터넷'에서 출발하는 것이 좋다. 인터넷이 전 세계의 컴퓨터를 서로 소통하도록 만든다는 생각이 실현된 것이라면, 사물 인터넷은 이제 전 세계의 사물들을 '컴퓨터로 만들어' 서로 소통하도록 만든다는 생각을 실현하는 것이다. 컴퓨터는 본래 전원이 있고 칩이 있고, 이것이 통신 장치와 프로토콜을 갖게 되어 연결된 것이다. 그렇다면 이제는 전원이 있었던 전자 기기나 기계 등은 그 자체로, 전원이 없었던 일반 사물들은 새롭게 센서와 배터리, 통신 모듈이 부착되면서 컴퓨터가 되고 이렇게 컴퓨터가 된 사물들이 그들 간에 또는 인간의 스마트 기기와 네트워크로 연결되는 것이다.

현재의 인터넷과 사물 인터넷의 차이를, 혹자는 사람이 개입되는 것은 사물 인터넷이 아니라고 이야기하면서 엄격한 M2M(Machine to Machine)이라는 개념에 근거해 설명한다. 또 혹자는 사물 인터넷이 실현되려면 사람만큼 사물이 판단할 수 있어야 한다고 주장하면서 사물의 지능성을 중요시하는 경우도 있는데, 두 가지 모두 그릇된 것이다. 사물 인터넷을 제대로 이해하려면 기존 인터넷과의 차이점에 주목하기보다는 오히려 공통점을 인식하는 것이 더 중요하다. 컴퓨터를 서로 연결하는 수준에서 출발한 것이 기존의 인터넷이라면, 이제는 사물 각각이 컴퓨터가 되고, 그 사물들이 사람과 손쉽게 닿는 스마트폰, 스마트 워치 등과 서로 소통하는 것이다.

① 사물 인터넷의 개념을 파악하기 위해서는 기존 인터넷과의 공통점을 이해하는 것이 필요하다.
② 센서와 배터리, 통신 모듈 등을 갖춘 사물들이 네트워크로 연결되어 사물 인터넷으로 기능한다.
③ 사물 인터넷은 사람 수준의 지능을 가진 사물들이 네트워크상에서 인간의 개입 없이 서로 소통하는 것으로 정의된다.
④ 사물 인터넷은 컴퓨터가 아니었던 사물도 네트워크로 연결될 수 있다는 점에서 기존의 인터넷과 다르다.

## 09 〈보기〉는 다음 한시에 대한 감상이다. ㉠~㉣ 중 적절하지 않은 것은?

| 白犬前行黃犬隨 | 흰둥이가 앞서고 누렁이는 따라가는데 |
| 野田草際塚纍纍 | 들밭머리 풀섶에는 무덤이 늘어서 있네 |
| 老翁祭罷田間道 | 늙은이가 제사를 끝내고 밭 사이 길로 들어서자 |
| 日暮醉歸扶小兒 | 해 저물어 취해 돌아오는 길을 아이가 부축하네 |

– 이달, 「제총요(祭塚謠)」 –

〈보 기〉

이달(李達, 1561~1618)이 살았던 시기를 고려할 때, 시인은 임진왜란을 겪었을 것이라 추정된다. ㉠ 이 시는 해질 무렵 두 사람이 제사를 지낸 뒤 집으로 돌아오는 상황을 노래하고 있다. ㉡ 이 시에서 무덤이 들밭머리에 늘어서 있다는 것은 전란을 겪은 마을에서 많은 이들이 갑작스러운 죽음을 맞이했음을 의미한다고 할 것이다. 여기 등장하는 늙은이와 아이는 할아버지와 손자의 관계로 파악할 수 있다. 아마도 이들은 아이의 부모이자 할아버지의 자식에 해당하는 이의 무덤에 다녀오는 길일 것이다. ㉢ 할아버지가 취한 까닭도 죽은 이에 대한 안타까움과 속상함 때문일 것이다. ㉣ 이 시는 전반부에서는 그림을 그리듯이 장면을 묘사하고 후반부에서는 정서를 표출하는 선경후정의 형식을 취하고 있다.

① ㉠
② ㉡
③ ㉢
④ ㉣

**10** ㉠~㉣의 한자 표기로 옳은 것은?

> 과학사를 들춰 보면 기존의 학문 체계에 ㉠ 도전했다가 낭패를 본 인물들의 이야기를 자주 만날 수 있다. 대표적인 인물이 천동설을 부정하고 지동설을 주장한 갈릴레이다. 천동설을 ㉡ 지지하던 당시의 권력층은 그들의 막강한 힘을 이용하여 갈릴레이를 신의 권위에 도전하는 이단자로 욕하고 목숨까지 위협했다. 갈릴레이가 영원한 ㉢ 침묵을 ㉣ 맹세하지 않고 계속 지동설을 주장했더라면 그는 단두대의 이슬로 사라졌을지도 모른다.

① ㉠ 逃戰  
② ㉡ 持地  
③ ㉢ 浸默  
④ ㉣ 盟誓

**11** 다음 대화에서 '정민'의 의사소통 방식으로 가장 적절한 것은?

> 상수: 요즘 짝꿍이랑 사이가 별로야.
> 정민: 왜? 무슨 일이 있었어?
> 상수: 그 애가 내 일에 자꾸 끼어들어. 사물함 정리부터 내 걸음걸이까지 하나하나 지적하잖아.
> 정민: 그런 일이 있었구나. 짝꿍한테 그런 말을 해 보지 그랬어.
> 상수: 해 봤지. 하지만 그때뿐이야. 아마 나를 자기 동생처럼 여기나 봐.
> 정민: 나도 그런 적이 있어. 작년의 내 짝꿍도 나한테 무척이나 심했거든. 자꾸 끼어들어서 너무 힘들었어. 네 얘기를 들으니 그때가 다시 생각난다. 그런데 생각을 바꿔 보니 그게 관심이다 싶더라고. 그랬더니 마음이 좀 편해졌어. 그리고 짝꿍과 솔직하게 얘기를 해 봤더니 그 애도 자신의 잘못된 점을 고치더라고.
> 상수: 너도 그랬구나. 나도 생각을 바꾸려고 노력해 보고, 짝꿍하고 진솔한 대화를 나눠 봐야겠어.

① 상대방의 입장을 고려해 용서함으로써 갈등을 해결하고 있다.
② 자신의 경험을 들어 상대방이 해결점을 찾을 수 있도록 돕고 있다.
③ 상대방의 약점을 비판하면서 자신의 장점을 최대한 부각하고 있다.
④ 상대방이 말하는 내용을 경청하면서 그 타당성을 평가하고 있다.

**12** 다음에서 제시한 글의 전개 방식의 예로 가장 적절한 것은?

> '인과'는 원인과 결과를 서술하는 전개 방식이다. 어떤 현상이나 결과가 나타나게 된 원인이나 힘을 제시하고 그로 말미암아 초래된 결과를 나타내는 서술 방식이다.

① 온실 효과로 지구의 기온이 상승할 때 가장 심각한 영향은 해수면의 상승이다. 이러한 현상은 바다와 육지의 비율을 변화시켜 엄청난 기후 변화를 유발하며, 게다가 섬나라나 저지대는 온통 물에 잠기게 된다.
② 이 사회의 경제는 모두가 제로섬 요소로 구성되어 있다. 제로섬(zero-sum)이란 어떤 수를 합해서 제로가 된다는 뜻이다. 어떤 운동 경기를 한다고 할 때 이기는 사람이 있으면 반드시 지는 사람이 있게 마련이다.
③ 다음날도 찬호는 학교 담을 따라 돌았다. 그리고 고무신을 벗어 한 손에 한 짝씩 쥐고는 고양이 걸음으로 보초의 뒤를 빠져 팽이처럼 교문 안으로 뛰어들었다.
④ 벼랑 아래는 빽빽한 소나무 숲에 가려 보이지 않았다. 새털 구름이 흩어진 하늘 아래 저 멀리 논과 밭, 강을 선물 세트처럼 끼고 들어앉은 소읍의 전경은 적막해 보였다.

**13** 다음 진행자 'A'의 대화 진행 전략으로 적절하지 않은 것은?

> A: 여러분, 안녕하세요? 한 지방 자치 단체가 의료 취약 계층을 위한 의약품 공급 정보망 구축 사업을 진행해 오고 있는데요. 오늘은 그 관계자 한 분을 모시고 말씀을 들어 보기로 하겠습니다. 과장님, 안녕하세요?
> B: 네, 안녕하세요.
> A: 의약품 공급 정보망이라는 말이 다소 생소한데 이게 무슨 말인가요?
> B: 네, 약국이나 제약 회사가 의약품을 저희에게 기탁하면, 이 약품을 필요한 사회 복지 시설이나 국내외 의료 봉사 단체에 무상으로 줄 수 있도록 연결하는 사이버상의 네트워크입니다.
> A: 그렇군요. 그동안 이 사업에 성과가 있었다면 그럴 만한 이유가 있을 텐데요. 이에 대해 말씀해 주세요.
> B: 그렇습니다. 약국이나 제약 회사에서는 판매되지 않은 의약품을 기탁하고 세금 혜택을 받습니다. 그리고 복지 시설이나 봉사 단체에서는 필요한 의약품을 무상으로 지원받을 수 있습니다.
> A: 그렇군요. 혹시 이 사업에 걸림돌은 없나요?
> B: 의약품을 의사의 처방에 따라서 주는 것이 아니라 수요자가 요구하면 주는 방식이어서 전문 의약품을 제공하는 과정에 어려움이 있습니다. 처방전 발급을 부탁할 수도 없고……
> A: 그러니까 앞으로 이런 문제를 해결하기 위한 제도 정비나 의료 전문가의 지원이 좀 더 필요하다는 말씀인 것 같군요. 끝으로 이 사업에 참여하려면 어떻게 해야 하나요?
> B: 그건 생각보다 쉽습니다. 저희 홈페이지에 접속하셔서 회원으로 가입하시면 기부하실 때나 받으실 때나 모두 쉽게 참여하실 수 있습니다.
> A: 네, 간편해서 좋군요. 모쪼록 이 의약품 공급 정보망 사업이 확대되어 국내외 의료 취약 계층에 많은 도움이 되기를 바랍니다. 감사합니다.

① 상대방의 말을 들었다는 반응을 보인다.
② 상대방의 대답에서 모순점을 찾아 논리적으로 대응한다.
③ 대화의 화제가 된 일을 홍보할 수 있는 대답을 유도한다.
④ 상대방의 말을 대화의 흐름에 맞게 해석하여 상대방의 말을 보충한다.

**14** 다음 글에 대한 이해로 가장 적절한 것은?

> 용왕의 아들 이목(璃目)은 항상 절 옆의 작은 연못에 있으면서 남몰래 보양(寶壤) 스님의 법화(法化)를 도왔다. 문득 어느 해에 가뭄이 들어 밭의 곡식이 타들어 가자 보양 스님이 이목을 시켜 비를 내리게 하니 고을 사람들이 모두 흡족히 여겼다. 하늘의 옥황상제가 장차 하늘의 뜻을 모르고 비를 내렸다 하여 이목을 죽이려 하였다. 이목이 보양 스님에게 위급함을 아뢰자 보양 스님이 이목을 침상 밑에 숨겨 주었다. 잠시 후에 옥황상제가 보낸 천사(天使)가 뜰에 이르러 이목을 내놓으라고 하였다. 보양 스님이 뜰 앞의 배나무[梨木]를 가리키자 천사가 배나무에 벼락을 내리고 하늘로 올라갔다. 그 바람에 배나무가 꺾어졌는데 용이 쓰다듬자 곧 소생하였다(일설에는 보양 스님이 주문을 외워 살아났다고 한다). 그 나무가 근래에 땅에 쓰러지자 어떤 이가 빗장 막대기로 만들어 선법당(善法堂)과 식당에 두었다. 그 막대기에는 글귀가 새겨져 있다.
> – 일연, 「삼국유사」 –

① 천사의 벼락을 맞은 배나무는 저절로 소생했다.
② 천사는 이목을 죽이려다 실수로 배나무에 벼락을 내렸다.
③ 벼락 맞은 배나무로 만든 막대기가 글쓴이의 당대까지 전해졌다.
④ 제멋대로 비를 내린 보양 스님을 벌하려고 옥황상제가 천사를 보냈다.

**15** ㉠에 들어갈 주장으로 가장 적절한 것은?

> 경상 지역 방언을 쓰는 사람들은 대체로 'ㅓ'와 'ㅡ'를 구별하지 못한다. 이들은 '증표(證票)'나 '정표(情表)'를 구별하여 듣지 못할 뿐만 아니라 구별하여 발음하지 못하기 십상이다. 또 이들은 'ㅅ'과 'ㅆ'을 구별하지 못하는 경우가 많다. 따라서 이들은 '살밥을 많이 먹어서 쌀이 많이 쪘다'고 말하든 '쌀밥을 많이 먹어서 살이 많이 쪘다'고 말하든 쉽게 그 차이를 알지 못한다. 한편 평안도 및 전라도와 경상도의 일부에서는 'ㅗ'와 'ㅓ'를 제대로 분별해서 발음하지 않는 경우가 종종 있다. 평안도 사람들의 'ㅈ' 발음은 다른 지역의 'ㄷ' 발음과 매우 비슷하다. 이처럼 ( ㉠ )

① 우리말에는 지역마다 다양한 소리가 있다.
② 우리말은 지역에 따라 다양한 표준 발음법이 있다.
③ 우리말에는 지역에 따라 구별되지 않는 소리가 있다.
④ 자음보다 모음을 변별하지 못하는 지역이 더 많이 있다.

**16** 글의 통일성을 고려할 때 ㉠에 들어갈 문장으로 가장 적절한 것은?

> 기술 혁신의 상징으로 화려하게 등장한 이후 글로벌 아이콘이 됐던 소위 스마트폰이 그 진화의 한계에 봉착한 듯하다. 게다가 최근 들어 중국 업체들의 성장세가 만만치 않은 상황이 펼쳐지고 있다. 이런 가운데 오랜 기간 스마트폰 생산량의 수위를 지켜 왔던 기업들의 호시절도 끝난 분위기다. ( ㉠ )
> 그렇다면 스마트폰 이후 글로벌 주도 산업은 무엇일까. 첫손가락에 꼽히는 것은 페이스북, 아마존, 넷플릭스, 구글을 뜻하는 '팡(FANG)'이다. 모바일 퍼스트 시대에서 소프트웨어, 플랫폼 사업에 눈뜬 기업들이다. 이들은 지난해 매출과 순이익이 크게 늘었으며 주가도 폭등했다. 하지만 이들이라고 영속 불멸하지는 않을 것이다.

① 온 국민이 절치부심(切齒腐心)하여 반성하지 않으면 안 된다.
② 정보 기술 업계의 권불십년(權不十年)이라 하지 않을 수 없다.
③ 다른 나라의 기업들을 보고 아전인수(我田引水)해야 할 때다.
④ 글로벌 위기의 내우외환(內憂外患)에 국가 간 협력이 절실하다.

**17** 다음 글에 대한 이해로 적절하지 않은 것은?

> 희극의 발생 조건에 대하여 베르그송은 집단, 지성, 한 개인의 존재 등을 꼽았다. 즉 집단으로 모인 사람들이 자신들의 감성을 침묵하게 하고 지성만을 행사하는 가운데 그들 중 한 개인에게 그들의 모든 주의가 집중되도록 할 때 희극이 발생한다고 보았다. 그러나 그가 말하는 세 가지 사항은 웃음을 유발하는 것이 아니라 그러한 것을 가능케 하는 조건들이다. 웃음을 유발하는 단순한 형태의 직접적인 장치는 대상의 신체적인 결함이나 성격적인 결함을 들 수 있다. 관객은 이러한 결함을 지닌 인물을 통하여 스스로 자기 우월성을 인식하고 즐거워질 수 있게 된다. 이와 관련해 "한 인물이 우리에게 희극적으로 보이는 것은 우리 자신과 비교해서 그 인물이 육체의 활동에는 많은 힘을 소비하면서 정신의 활동에는 힘을 쓰지 않는 경우이다. 어느 경우에나 우리의 웃음이 그 인물에 대하여 우리가 지니는 기분 좋은 우월감을 나타내는 것임은 부정할 수 없다."라는 프로이트의 말은 시사적이다.

① 베르그송에 의하면 희극은 관객의 감성이 집단적으로 표출된 결과이다.
② 베르그송에 의하면 집단, 지성, 한 개인의 존재는 희극 발생의 조건이다.
③ 한 개인의 신체적·성격적 결함은 집단의 웃음을 유발하는 직접적인 장치이다.
④ 프로이트에 의하면 상대적으로 정신 활동보다 육체 활동에 힘을 쓰는 상대가 희극적인 존재이다.

**18** ㉠과 가장 유사한 정서가 드러나는 것은?

> 다시 방수액을 부어 완벽을 기하고 이음새 부분은 손가락으로 몇 번씩 문대어 보고 나서야 임 씨는 허리를 일으켰다. 임 씨가 일에 몰두해 있는 동안 그는 숨소리조차 내지 않고 일하는 양을 지켜보았다. ㉠ 저 열 손가락에 박힌 공이의 대가가 기껏 지하실 단칸방만큼의 생활뿐이라면 좀 너무하지 않나 하는 안타까움이 솟아오르기도 했다. 목욕탕 일도 그러했지만 이 사람의 손은 특별한 데가 있다는 느낌이었다. 자신이 주무르고 있는 일감에 한 치의 틈도 없이 밀착되어 날렵하게 움직이고 있는 임 씨의 열 손가락은 손가락 이상의 그 무엇이었다.
> 
> — 양귀자, 「비 오는 날이면 가리봉동에 가야 한다」 —

① 즐거운 지상의 잔치에 / 금으로 타는 태양의 즐거운 울림 / 아침이면, / 세상은 개벽을 한다.

② 산에 / 산에 / 피는 꽃은 / 저만치 혼자서 피어 있네. // 산에서 우는 작은 새여. / 꽃이 좋아 / 산에서 / 사노라네.

③ 남편은 어디에 나가 있는지 / 아침에 소 끌고 산에 올랐는데 / 산 밭을 일구느라 고생을 하며 / 저물도록 돌아오지 못한다네.

④ 눈을 가만 감으면 굽이 잦은 풀밭 길이, / 개울물 돌돌 길섶으로 흘러가고, / 백양 숲 사립을 가린 초집들도 보이구요.

**19** 다음 글의 시사점으로 적절하지 않은 것은?

> 기존의 의학적 연구는 건장한 성인 남성의 몸을 표준으로 삼아 이루어지는 경우가 많았다. 예를 들어 농약과 같은 화학 물질이 몸에 들어와 어떠한 변화를 일으키는지 검토한 연구에서 생리 주기에 따라 변화하는 여성 호르몬이 그 물질과 어떤 상호 작용을 일으킬 수 있는지는 고려되지 않았다. 자동차 충돌 사고를 인체 공학적으로 시뮬레이션할 때도 특정 연령대 남성의 몸이 연구 대상으로 사용되었고, 여성의 신체 특성이나 다양한 연령대 남성의 신체적 특성은 고려되지 않았다.
> 
> 특정 연령대 성인 남성의 몸을 표준화된 인체로 여겼던 사고방식은 여러 문제점을 낳고 있다. 예를 들어 대사율, 피부와 조직 두께 등을 감안한, 사람이 가장 효과적으로 일할 수 있는 사무실 온도는 21℃로 알려져 있다. 그런데 한 연구에서 남성과 여성 직장인에게 각각 선호하는 사무실 온도를 조사한 결과는 남성은 평균 22℃, 여성은 평균 25℃였다. 남성은 기존의 적정 실내 온도에 가까운 답을 했고, 여성은 더 따뜻한 사무실에서 일하기를 원했다.
> 
> 이러한 차이의 이유는 무엇일까? 현재 적정 사무실 온도로 알려진 21℃는 1960년대 측정된 자료를 바탕으로 하는데, 당시 몸무게 70kg인 40세 성인 남성을 기준으로 측정된 것이다. 이러한 '표준화된 신체'를 가진 남성의 대사율은 여성이나 다른 연령대 남성들의 대사율과 다르고, 당연히 체내 열 생산의 양도 차이가 있다.

① 표준으로 삼은 대상이 나머지 대상의 특성까지 대표하지 못하므로 앞으로 의학적 연구를 하려면 하나의 표준을 정하기보다 가능한 한 다양한 대상을 선정해서 하는 것이 바람직하다.

② 현재 우리가 알고 있는 의학 지식 중에는 특정 표준 대상만을 연구한 결과인 것이 있으므로 앞으로 이런 의학 지식을 활용하려면 연구한 대상을 살펴봐서 그대로 활용할지를 결정하는 것이 바람직하다.

③ 성별이나 연령대 등에 따라 신체 조건이 같지 않으므로 근무 환경을 조성할 때 근무자들의 성별이나 연령대를 고려하는 것이 바람직하다.

④ 기존의 사무실 적정 실내 온도가 조사된 것보다 낮게 설정되어 있으므로 향후에 모든 공공 기관의 사무실 온도를 조정할 때 현재보다 설정 온도를 일률적으로 높이는 것이 바람직하다.

**20** 다음 글을 바탕으로 ㉠을 이해할 때 가장 적절한 것은?

> 나는 ㉠'연극에서의 관객의 공감'에 대해 강연한 일이 있다. 나는 관객이 공감하는 것을 직접 보여 주려고 시도했다. 먼저 나는 자원자가 있으면 나와서 배우처럼 읽어 주기를 청했다. 그리고 청중에게는 연극의 관객이 되어 들어 달라고 했다. 한 사람이 앞으로 나왔다. 나는 그에게 아우슈비츠를 소재로 한 드라마의 한 장면이 적힌 종이를 건네주었다. 자원자가 종이를 받아들고 그것을 훑어볼 때 청중들은 어수선했다. 그런데 자원자의 입에서 떨어진 첫 대사는 끔찍한 내용이었다. 아우슈비츠에 관한 적나라한 증언은 너무나 충격적이어서 청중들은 완전히 압도되었다. 자원자는 청중들의 얼어붙은 듯한 침묵 속에서 낭독을 계속했다. 자원자의 낭독은 세련되지도 능숙하지도 않았다. 그러나 관객들의 열렬한 공감을 이끌어 냈다. 과거 역사가 현재의 관객들에게 생생하게 공감되었다.
>
> 이것이 끝나고 이번에는 강연장에 함께 갔던 전문 배우에게 셰익스피어의 희곡「헨리 5세」에서 발췌한 대사를 낭독해 달라고 부탁했다. 그 대본은 400년 전 아쟁쿠르 전투(백년 전쟁 당시 벌어졌던 영국과 프랑스의 치열한 전투)에서 처참하게 사망한 자들의 명단과 그 숫자를 나열한 것이었다. 그는 셰익스피어의 위대한 희곡임을 알아보자 품위 있고 고풍스럽게 큰 목소리로 낭독했다. 그는 유려한 어조로 전쟁에서 희생된 이들의 이름을 읽어 내려갔다. 그러나 청중들은 듣는 둥 마는 둥 했다. 갈수록 청중들은 낭독자 따위는 안중에도 없다는 듯이 행동했다. 그들에게 아쟁쿠르 전투는 공감할 수 없는 것으로 분리된 것 같아 보였다. 앞서의 경우와는 전혀 다른 반응이었다.

① 배우의 연기력이 관객의 공감을 좌우한다.
② 비참한 죽음을 다룬 비극적인 소재는 관객의 공감을 일으킨다.
③ 훌륭한 고전이라고 해서 항상 청중의 공감을 불러일으킬 수 있는 것은 아니다.
④ 현재와 가까운 역사적 사실을 극화했다고 해서 관객의 공감 가능성이 커지지는 않는다.

# 국어 | 2019년 국가직 9급

◉ 회독 CHECK 1 2 3

**01** 밑줄 친 단어의 품사를 같은 것끼리 묶은 것은?

> - 쌍둥이도 서로 성격이 ㉠ <u>다른</u> 법이다.
> - 날씨가 건조하면 나무가 잘 ㉡ <u>크지</u> 못한다.
> - 남부 지방에 홍수가 ㉢ <u>나서</u> 많은 수재민이 생겼다.
> - 그 사람이 농담은 하지만 ㉣ <u>허튼</u> 말은 하지 않는다.
> - 상대에게 자유를 주는 것이 진정한 사랑이 ㉤ <u>아닐까</u>?

① ㉠, ㉡
② ㉡, ㉢
③ ㉢, ㉣
④ ㉣, ㉤

**02** 다음의 여러 조건에 가장 잘 맞는 토론 논제는?

> - 긍정 평서문으로 제시되어야 한다.
> - 찬성과 반대의 대립이 분명하게 나타나야 한다.
> - 쟁점이 하나여야 한다.
> - 찬성이나 반대 어느 한 편에 유리하게 작용하는 정서적 표현을 사용해서는 안 된다.

① 징병제도는 유지해야 한다.
② 정보통신망법을 개선할 수는 없다.
③ 야만적인 두발 제한을 폐지해야 한다.
④ 내신 제도와 논술 시험을 개혁해야 한다.

**03** 다음 글에 대한 설명으로 옳지 않은 것은?

> 해설자: (관객들에게 무대와 등장인물을 설명한다.) 이곳은 황야입니다. 이리 떼의 내습을 알리는 망루가 세워져 있죠. 드높이 솟은 이 망루는 하늘로 둘러싸여 있습니다. 하늘은 연극의 진행에 따라 황혼, 초승달이 뜬 밤, 그리고 아침으로 변할 겁니다. 저기 위를 바라보십시오. 파수꾼이 앉아 있습니다. 높은 곳에서 하늘을 등지고 있기 때문에 그는 언제나 시커먼 그림자로만 보입니다. 그는 내가 태어나기 전부터 파수꾼이었습니다. 나의 늙으신 아버지께서도 어린 시절에 저 유명한 파수꾼의 이야기를 들으셨다 합니다.
> ─ 이강백, 「파수꾼」에서 ─

① 공간적 배경은 망루가 세워져 있는 황야이다.
② 시간적 배경은 연극의 진행에 따라 변한다.
③ 해설자는 무대 위의 아버지를 소개한다.
④ 파수꾼의 얼굴은 분명하게 알 수 없다.

**04** 두 사람의 대화에 적용된 공감적 듣기의 방법이 아닌 것은?

> "수빈 씨, 나 처음 한 프레젠테이션인데 엉망이었어."
> "정말? 무슨 일이 있었는지 자세히 말해 봐."
> "너무 긴장해서 팀장님 질문에 대답을 못했어."
> "팀장님 질문에 대답을 못했구나. 처음 하는 프레젠테이션이라 정아 씨가 긴장을 많이 했나 보다."

① 수빈은 정아의 말에 자신이 주의 집중하고 있음을 보여 주고 있다.
② 수빈은 정아가 계속 말을 할 수 있도록 격려하고 있다.
③ 수빈은 정아의 혼란스러운 감정을 정아 스스로 정리하게끔 도와주고 있다.
④ 수빈은 정아의 말을 자신의 처지로 바꾸어 의미를 재구성하고 있다.

**05** 국어의 주요한 음운 변동을 다음과 같이 유형화할 때, '부엌일'에 일어나는 음운 변동 유형으로 옳은 것은?

| 변동 전 | | 변동 후 |
|---|---|---|
| ㉠ XaY | → | XbY (교체) |
| ㉡ XY | → | XaY (첨가) |
| ㉢ XabY | → | XcY (축약) |
| ㉣ XaY | → | XY (탈락) |

① ㉠, ㉡
② ㉠, ㉣
③ ㉡, ㉢
④ ㉡, ㉣

**06** 토론자들의 말하기 방식에 대한 설명으로 적절한 것은?

사회자: 학교 폭력 문제가 나날이 심각해지고 있습니다. 이와 관련해 오늘은 '학교 폭력을 방관한 학생에게도 책임을 물어야 한다'를 주제로 토론을 해 보도록 하겠습니다. 먼저 찬성 측 말씀해 주시죠.

찬성 측: 친구가 학교 폭력에 의해 희생되고 있는데도 자신에게 피해가 올까 두려워 아무런 조치를 취하지 않는 학생들이 많다고 합니다. 이러한 행동으로 인해 학교 폭력은 점점 확산되고 있습니다. 학교 폭력을 행하는 것을 목격했음에도 어떤 조치도 취하지 않은 것은 폭력에 대해 묵시적으로 동의한 것과 같습니다. 폭력을 직접 행사하는 행위뿐 아니라, 불의에 저항하지 않는 정의롭지 못한 행위에 대해서도 합당한 책임을 물어야 할 것입니다.

사회자: 다음으로 반대 측 의견 말씀해 주시죠.

반대 측: 특정 학생에게 폭력을 직접 행사해서 피해를 준 사실이 명백할 때에만 책임을 물을 수 있을 것입니다. 또한 사건에 대한 개입과 방관은 개인의 자율적 의지에 달린 문제이므로 외부에서 규제할 성질의 문제가 아닙니다.

사회자: 그럼 이번에는 반대 측부터 찬성 측에 대해 반론해 주시지요.

반대 측: 과연 누구까지를 학교 폭력의 방관자라고 규정지을 수 있을까요? 집에 가는 길에 우연히 폭력을 목격했을 경우, 자신의 친구로부터 폭력에 관련된 소문을 접했을 경우 등 방관자라고 규정하기에는 애매한 경우가 많습니다. 어떠한 행위를 처벌하려면 확고한 기준이 필요한데, 방관자의 범위부터 규정하기가 불명확하다고 볼 수 있습니다.

찬성 측: 불의를 방관한 행위에 대해 사회가 책임을 묻지 않는다면 이후로도 사람들은 아무런 죄책감 없이 불의를 모른 체하고 방관할 것입니다. 결국 이는 사회 전체의 건전성과 도덕성을 떨어뜨릴 것이고, 정의에 근거한 시민의 고발정신까지 약화시킬 것입니다.

① 찬성 측은 친숙한 상황을 빗대어 자신의 견해를 펼치고 있다.
② 찬성 측은 자신의 경험을 제시하여 논지를 보충하고 있다.
③ 반대 측은 윤리적 방법으로 해결책을 제시하고 있다.
④ 반대 측은 논제에 의문을 제기하여 주장을 강화하고 있다.

**07** 괄호 안에 들어갈 단어를 순서대로 바르게 나열한 것은?

> 한국 문학의 미적 범주에서 눈에 띄는 전통으로 풍자와 해학이 있다. 풍자와 해학은 주어진 상황에 순종하기보다 그것을 극복하고자 하는 건강한 삶의 의지에서 나온 ( ㉠ )을(를) 통해 드러난다. ( ㉠ )은(는) '있어야 할 것'으로 행세해 온 관념을 부정하고, 현실적인 삶인 '있는 것'을 그대로 긍정한다. 이때 있어야 할 것을 깨뜨리는 것에 관심을 집중한 것이 ( ㉡ )이고, 있는 것이 지닌 긍정에 관심을 집중하는 것이 ( ㉢ )이다.

| | ㉠ | ㉡ | ㉢ |
|---|---|---|---|
| ① | 골계(滑稽) | 해학(諧謔) | 풍자(諷刺) |
| ② | 해학(諧謔) | 풍자(諷刺) | 골계(滑稽) |
| ③ | 풍자(諷刺) | 해학(諧謔) | 골계(滑稽) |
| ④ | 골계(滑稽) | 풍자(諷刺) | 해학(諧謔) |

**08** 다음 글에서 〈보기〉가 들어가기에 가장 적절한 곳은?

> 〈보 기〉
> 아침기도는 간략한 아침 뉴스로, 저녁기도는 저녁 종합 뉴스로 바뀌었다.

> 철학자 헤겔이 주장했듯이, 삶을 인도하는 원천이자 권위의 시금석으로서의 종교를 뉴스가 대체할 때 사회는 근대화된다. 선진 경제에서 뉴스는 이제 최소한 예전에 신앙이 누리던 것과 동등한 권력의 지위를 차지한다. 뉴스 타전은 소름이 돋을 정도로 정확하게 교회의 시간 규범을 따른다. ( ㉠ ) 뉴스는 우리가 한때 신앙심을 품었을 때와 똑같은 공손한 마음을 간직하고 접근하기를 요구하기도 한다. ( ㉡ ) 우리 역시 뉴스에서 계시를 얻기 바란다. ( ㉢ ) 누가 착하고 누가 악한지 알기를 바라고, 고통을 헤아려 볼 수 있기를 바라며, 존재의 이치가 펼쳐지는 광경을 이해하길 희망한다. ( ㉣ ) 그리고 이 의식에 참여하길 거부하는 경우 이단이라는 비난을 받기도 한다.

① ㉠
② ㉡
③ ㉢
④ ㉣

## 09 ㉠과 ㉡에 대한 설명으로 적절한 것은?

> 헌 먼덕* 숙여 쓰고 축 없는 짚신에 설피설피 물러오니
> 풍채 적은 형용에 ㉠ 개 짖을 뿐이로다
> 와실(蝸室)에 들어간들 잠이 와서 누었으랴
> 북창(北窓)을 비겨 앉아 새벽을 기다리니
> 무정한 ㉡ 대승(戴勝)*은 이내 한을 돋우도다
> 종조(終朝) 추창(惆悵)*하며 먼 들을 바라보니
> 즐기는 농가(農歌)도 흥 없이 들리나다
> 세정(世情) 모르는 한숨은 그칠 줄을 모르도다
> 
> – 박인로, 「누항사(陋巷詞)」에서 –
> 
> * 먼덕: 짚으로 만든 모자
> * 대승(戴勝): 오디새
> * 추창(惆悵): 슬퍼하는 모습

① ㉠은 실재하는 존재물이고, ㉡은 상상적 허구물이다.
② ㉠은 화자의 절망을 나타내고, ㉡은 화자의 희망을 나타낸다.
③ ㉠은 화자의 내면을 상징하고, ㉡은 화자의 외양을 상징한다.
④ ㉠은 화자의 초라함을 부각시키고, ㉡은 화자의 수심을 깊게 한다.

## 10 화자의 상황을 적절하게 표현한 한자성어는?

> 미인이 잠에서 깨어 새 단장을 하는데
> 향기로운 비단, 보배 띠에 원앙이 수놓였네
> 겹발을 비스듬히 걷으니 비취새가 보이는데
> 게으르게 은 아쟁을 안고 봉황곡을 연주하네
> 금 재갈, 꾸민 안장은 어디로 떠났는가?
> 다정한 앵무새는 창가에서 지저귀네
> 풀섶에 놀던 나비는 뜰 밖으로 사라지고
> 꽃잎에 가리운 거미줄은 난간 너머에서 춤추네
> 뉘 집의 연못가에서 풍악 소리 울리는가?
> 달빛은 금 술잔에 담긴 좋은 술을 비추네
> 시름겨운 이는 외로운 밤에 잠 못 이루는데
> 새벽에 일어나니 비단 수건에 눈물이 흥건하네
> 
> – 허난설헌, 「사시사(四時詞)」에서 –

① 琴瑟之樂
② 輾轉不寐
③ 錦衣夜行
④ 麥秀之嘆

## 11 다음 글의 괄호 안에 들어갈 문장으로 적절한 것은?

> 국어의 높임법에는 말하는 이가 듣는 이에 대하여 높이거나 낮추어 말하는 상대 높임법, 서술어의 주체를 높이는 주체 높임법, 서술어의 객체를 높이는 객체 높임법 등이 있다. 이러한 높임 표현은 한 문장에서 복합적으로 실현되기도 하는데, (         )의 경우 대화의 상대, 서술어의 주체, 서술어의 객체를 모두 높인 표현이다.

① 아버지께서 할머니를 모시고 댁에 들어가셨다.
② 제가 어머니께 그렇게 말씀을 드리면 될까요?
③ 어머니께서 아주머니께 이 김치를 드리라고 하셨습니다.
④ 주민 여러분께서는 잠시만 제 이야기에 귀를 기울여 주시기 바랍니다.

## 12. 다음 글의 특징으로 적절하지 않은 것은?

> 가리워진 안개를 걷게 하라.
> 국경이며 탑이며 어용학(御用學)의 울타리며
> 죽 가래 밀어 바다로 몰아 넣라.
>
> 하여 하늘을 흐르는 날새처럼
> 한 세상 한 바람 한 햇빛 속에,
> 만 가지와 만 노래를 한 가지로 흐르게 하라.
>
> 보다 큰 집단은 보다 큰 체계를 건축하고,
> 보다 큰 체계는 보다 큰 악을 양조(釀造)한다.
>
> 조직은 형식을 강요하고
> 형식은 위조품을 모집한다.
>
> 하여, 전통은 궁궐안의 상전이 되고
> 조작된 권위는 주위를 침식한다.
>
> 국경이며 탑이며 일만년 울타리며
> 죽 가래 밀어 바다로 몰아 넣라.
>
> ― 신동엽, 「이야기하는 쟁기꾼의 대지」에서 ―

① 직설적인 어조로써 메시지를 전달하고 있다.
② 고전적인 질서를 통해 새로운 희망을 추구하고 있다.
③ 인위적인 것과 자연적인 것이 대조적으로 제시되고 있다.
④ 농기구의 상징을 통해 체제 개혁을 역설하고 있다.

## 13. ㉠~㉣ 중 서술자가 개입되어 있지 않은 것은?

> 이때 춘향이는 사령이 오는지 군노가 오는지 모르고 주야로 도련님을 생각하여 우는데, ㉠ <u>생각지 못할 우환을 당하려 하니 소리가 화평할 수 있겠는가.</u> 한때나마 빈방살이할 계집아이라 목소리에 청승이 끼어 자연히 슬픈 애원성이 되니 ㉡ <u>보고 듣는 사람의 심장인들 아니 상할 것인가.</u> 임 그리워 서러운 마음 밥맛없어 밥 못 먹고 불안한 잠자리에 잠 못 자고 도련님 생각으로 상처가 쌓여 피골이 상접하고 양기가 쇠진하여 진양조 울음이 되어 노래를 부른다. 갈까 보다 갈까 보다. 임을 따라 갈까 보다. 천 리라도 갈까 보다. 만 리라도 갈까 보다. 바람도 쉬어 넘고 수진이 날진이 해동청 보라매도 쉬어 넘는 높은 고개 동선령 고개라도 임이 와 날 찾으면 신발 벗어 손에 들고 아니 쉬고 달려가리. ㉢ <u>한양 계신 우리 낭군 나와 같이 그리워하는가,</u> 무정하여 아주 잊고 나의 사랑 옮겨다가 다른 임을 사랑하는가? ㉣ <u>이렇게 한참을 서럽게 울 때 사령 등이 춘향의 슬픈 목소리를 들으니 목석이라도 어찌 감동을 받지 않겠는가?</u> 봄눈 녹듯 온몸에 맥이 탁 풀렸다.
>
> ― 작자 미상, 「춘향전」에서 ―

① ㉠
② ㉡
③ ㉢
④ ㉣

**14** 다음 글에 대한 설명으로 옳지 않은 것은?

> 동네 사람들이 방앗간의 터진 두 면을 둘러쌌다. 그리고 방앗간 속을 들여다보았다. 과연 어둠 속에 움직이는 게 있었다. 그리고 그게 어둠 속에서도 흰 짐승이라는 걸 알 수 있었다. 분명히 그놈의 신둥이개다. 동네 사람들은 한 걸음 한 걸음 죄어들었다. 점점 뒤로 움직여 쫓기는 짐승의 어느 한 부분에 불이 켜졌다. 저게 산개의 눈이다. 동네 사람들은 몽둥이 잡은 손에 힘을 주었다. 이 속에서 간난이 할아버지도 몽둥이 잡은 손에 힘을 주었다. 한 걸음 더 죄어들었다. 눈앞의 새파란 불이 빠져나갈 틈을 엿보듯이 획 한 바퀴 돌았다. 별나게 새파란 불이었다. 문득 간난이 할아버지는 이런 새파란 불이란 눈앞에 있는 신둥이개 한 마리의 몸에서 나오는 것이 아니고 여럿의 몸에서 나오는 것이 합쳐진 것이라는 생각이 들었다. 말하자면 지금 이 신둥이개의 뱃속에 든 새끼의 몫까지 합쳐진 것이라는. 그러자 간난이 할아버지의 가슴속을 흘러 지나가는 게 있었다. 짐승이라도 새끼 밴 것을 차마?
> 이때에 누구의 입에선가, 때레라! 하는 고함 소리가 나왔다. 다음 순간 간난이 할아버지의 양옆 사람들이 욱 개를 향해 달려들며 몽둥이를 내리쳤다. 그와 동시에 간난이 할아버지는 푸른 불꽃이 자기 다리 곁을 빠져나가는 것을 느꼈다.
> 뒤이어 누구의 입에선가, 누가 빈틈을 냈어? 하는 흥분에 찬 목소리가 들렸다. 그리고 저마다, 거 누구야? 거 누구야? 하고 못마땅해 하는 말소리 속에 간난이 할아버지 턱밑으로 디미는 얼굴이 있어,
> "아즈반이웨다레"
> 하는 것은 동장네 절가였다.
> — 황순원, 「목넘이 마을의 개」에서 —

① 토속적이면서도 억센 삶의 현장을 그리고 있다.
② 신둥이의 새파란 불은 생의 욕구를 암시한다.
③ 간난이 할아버지에게서 생명에 대한 외경을 느낄 수 있다.
④ 동장네 절가는 간난이 할아버지의 행동에 동조하고 있다.

**15** (가)와 (나)를 통해서 추정하기 어려운 내용은?

> (가) 찬성공 형제께서 정경부인의 상(喪)을 당하였다. 부윤공의 부인 이 씨가 우연히 언문 소설을 읽다가 그 소리가 밖으로 들렸다. 찬성공이 기뻐하지 않으며 제수를 계단 아래에 서게 하고, "부녀자의 무식을 심하게 책망할 필요는 없지만, 어찌 상중(喪中)에 있으면서 예의에 어긋난 책을 소리 내어 읽어서 스스로 평민과 같아지려 할 수 있는가?" 하고 꾸짖었다.
> (나) 전기수: 늙은이가 동문 밖에 살면서 입으로 언문 소설을 읽는데, 「숙향전」, 「소대성전」, 「심청전」, 「설인귀전」과 같은 전기소설이었다. … 잘 읽었기 때문에 옆에서 구경하는 사람들이 빙 둘러섰다. 가장 재미있고 긴요하여 매우 들을 만한 구절에 이르면 갑자기 침묵하고 소리를 내지 않았다. 사람들이 다음 이야기를 듣고 싶어서 다투어 돈을 던졌다. 이를 바로 '요전법(돈을 요구하는 법)'이라 한다.

① 상층 남성들은 상중의 예법에 대해 매우 엄격하였다.
② 혼자 소설을 보면서 소리 내어 읽기도 하였다.
③ 하층에서도 소설을 창작하는 사람이 많았다.
④ 상층이 아닌 하층에서도 소설을 즐겼다.

**16** 다음 글의 글쓰기 전략으로 볼 수 없는 것은?

> 고전파 음악은 어떤 음악인가? 서양 음악의 뿌리는 종교 음악에서 비롯되었다. 바로크 시대까지는 음악이 종교에 예속되어 있었으며, 음악가들 또한 종교에 예속되어 있었다. 고전파는 이렇게 종교에 예속되었던 음악을, 음악을 위한 음악으로 정립하려는 예술 운동에서 출발하였다. 따라서 종래의 신을 위한 음악에서 탈피해 형식과 내용의 일체화를 꾀하고 균형 잡힌 절대 음악을 추구하였다. 즉 '신'보다는 '사람'을 위한 음악, '음악'을 위한 음악을 이루어 나가겠다는 굳은 결의를 보여 준 것이다.
> 또한 고전파 음악은 음악적 형식과 내용의 완숙을 이룬 음악이기도 하다. 이 시기에는 하이든, 모차르트, 베토벤 등 음악의 역사에서 가장 위대한 작곡가들이 배출되기도 하였다. 이때에는 성악이 아닌 기악만으로도 음악이 가능하게 되었으며, 교향곡의 기본을 이루는 소나타 형식이 완성되었다. 특히 옛 그리스나 로마 때처럼 보다 정돈된 형식을 가진 음악을 해 보자고 주장하였기에 '옛것에서 배우자는 의미의 고전'과 '청정하고 우아하며 흐림 없음, 최고의 예술적 경지에 다다름으로서의 고전'을 모두 지향하게 되었다.
> 이렇듯 역사적으로 고전파 음악은 종교의 영역에서 음악 자체의 영역을 확보하였으며 최고 수준의 음악적 내용과 형식을 수립하였다. 고전파 음악이 서양 전통 음악 전체를 대표하게 된 것은 고전파 음악이 이룩한 역사적인 성과에서 비롯된 것일지도 모른다. 따라서 고전 음악의 개념을 이해하기 위해서는 고전파 음악의 성격과 특질에 대한 이해가 선행되어야 할 것이다.

① 고전파 음악이 지닌 음악사적 의의를 밝힌다.
② 고전파 음악의 음악가를 예시하여 이해를 돕는다.
③ 고전파 음악의 특징이 형식과 내용의 분리에 있음을 강조한다.
④ 질문을 통해 화제를 제시함으로써 호기심을 유발한다.

**17** (가)를 바탕으로 (나)에 담긴 글쓴이의 생각을 적절히 추론한 것은?

> (가) 철학사에서 합리론의 전통은 감각에 대해 매우 비판적이었다. 예컨대 플라톤은 감각이 보여 주는 세계를 끊임없이 변화하는, 전적으로 불안정한 세계로 간주하고 이에 근거하여 지식을 얻는 것은 불가능하다고 생각했다. 반대로 경험론자들은 우리의 모든 관념과 판단은 감각 경험에서 출발한다고 주장하면서 어떤 지식도 절대적으로 확실할 수는 없다고 결론짓는다.
> (나) 모든 사람은 착시 현상 등을 경험해 본 적이 있기에 감각이 우리를 속일 수 있다는 것을 분명히 알고 있고 감각에 대한 어느 정도의 경계심을 지니고 있다. 하지만 그렇다고 해서 일상생활에서 자신의 감각을 신뢰하고 이에 따라 행동하는 것은 잘못이 아니다. 모든 감각적 정보를 검증 절차를 거친 후 받아들이다가는 정상적 생활을 영위하는 것 자체가 불가능해질 것이기 때문이다. 반대로, 실용적 기술 개발이나 평범한 일상적 행동과는 달리 과학적 연구는 상당한 정도의 정확성을 요구하므로 경험적 자료에 대해 어느 정도의 경계심을 유지하는 것도 당연하다.

① 실용적 기술을 개발하는 것은 일차적으로 경험론적 사고에 토대를 둔다.
② 세계는 끊임없이 변화하므로 일상생활에서는 합리론적 사고를 우선하여야 한다.
③ 과학 연구는 합리론을 버리고 철저히 경험론을 바탕으로 이루어져야 한다.
④ 감각에 대한 신뢰는 어느 분야에나 전적으로 차별 없이 요구된다.

**18** 다음 글에 대한 설명으로 적절하지 않은 것은?

> 믿기 어렵겠지만 자장면 문화와 미국의 피자 문화는 닮은 점이 많다. 젊은 청년들이 오토바이를 타고 배달한다는 점에서 참으로 닮은꼴이다. 이사한다고 짐을 내려놓게 되면 주방 기구들이 부족하게 되고 이때 자장면은 참으로 편리한 해결책이다. 미국에서의 피자도 마찬가지다. 갑자기 아이들의 친구들이 많이 몰려왔을 때 피자는 참으로 편리한 음식이다.
>
> 남자들이 군에 가 훈련을 받을 때 비라도 추적추적 오게 되면 자장면 생각이 제일 많이 난다고 한다. 비가 오는 바깥을 보며 따뜻한 방에서 입에 자장을 묻히는 장면은 정겨울 수밖에 없다. 프로 농구 원년에 수입된 미국 선수들은 하루도 빠지지 않고 피자를 시켜 먹었다고 한다. 음식이 맞지 않는 탓도 있겠지만 향수를 달래고자 함이 아닐까?
>
> 싸게 먹을 수 있는 이국 음식이란 점에서 자장면과 피자는 특별한 의미를 갖는다. 외식을 하기엔 부담되고 한번쯤 식단을 바꾸어 보고 싶을 즈음이면 중국식 자장면이나 이탈리아식 피자는 한국이나 미국의 서민에겐 안성맞춤이다. 그런데 한국에서나 미국에서나 변화가 생기기 시작했다. 한국에서는 피자 배달이 보편화되기 시작했다. 피자를 간식이 아닌 주식으로 삼고자 하는 아이들도 생겼다. 졸업식을 마치고 중국집으로 향하던 발걸음들이 이제 피자집으로 돌려졌다. 피자보다 자장면을 좋아하는 아이들을 찾아보기가 힘들어졌다.

① 피자는 쉽게 배달시켜 먹을 수 있는 편리한 음식이다.
② 자장면과 피자는 이국적인 음식이다.
③ 자장면과 피자는 값이 싸면서도 기분 전환이 되는 음식이다.
④ 자장면은 특별한 날에 어린이들에게 여전히 가장 사랑받는 음식이다.

**19** 글의 내용을 구체적으로 설명하기 위한 예로 적절하지 않은 것은?

> 하나의 개념에 두 개 이상의 단어가 필요한 것은 아니다. 따라서 동의어는 서로 경쟁을 통해 하나가 없어지거나 각기 다른 의미 영역을 확보하는 등의 다양한 양상을 보인다. 현실 언어에서 동의어로 공존하면서 경쟁을 계속하는 경우가 있으며, 한쪽은 살아남고 다른 쪽은 소멸하는 경우가 있다. 동의 충돌의 결과 의미 영역이 바뀌는 경우도 있다. 이는 의미 축소, 의미 확대, 의미 교체 등으로 구분된다.

① '가을걷이'와 '추수'는 공존하며 경쟁하고 있다.
② '말미'는 쓰지 않고 '휴가'라는 말을 사용하고 있다.
③ '얼굴'은 '형체'의 뜻에서 '안면'의 뜻으로 의미가 축소되었다.
④ '겨레'는 '친척'의 뜻에서 '민족'의 뜻으로 의미가 확대되었다.

**20** 다음 글에 대한 설명으로 적절하지 않은 것은?

(가) 20세기 들어서 생태학자들은 지속성 농약이 자연 생태계에 어떤 악영향을 미치는지를 밝힐 수 있었다. 예컨대 제2차 세계대전 이후 전 세계에서 해충 구제용으로 널리 사용됨으로써 농업 생산량 향상에 커다란 기여를 한 디디티(DDT)는 유기 염소계 살충제의 대명사이다.

(나) 그렇지만 이 유기 염소계 살충제는 물에 잘 녹지 않고 자연에서 햇빛에 의한 광분해나 미생물에 의한 생물학적 분해가 거의 이루어지지 않는다. 그래서 디디티는 토양이나 물속의 퇴적물 속에 수십 년간 축적된다. 게다가 디디티는 지방에는 잘 녹아서 먹이사슬을 거치는 동안 지방 함량이 높은 동물 체내에 그 농도가 높아진다. 이렇듯 많은 양의 유기 염소계 살충제를 체내에 축적하게 된 맹금류는 물질대사에 장애를 일으켜서 껍질이 매우 얇은 알을 낳기 때문에, 포란 중 대부분의 알이 깨져 버려 멸종의 길을 걷게 된다.

(다) 디디티는 쉽게 분해되지 않기 때문에 한번 뿌려진 디디티는 물과 공기, 생물체 등을 매개로 세계 전역으로 퍼질 수 있다. 그래서 디디티에 한 번도 노출된 적이 없는 알래스카 지방의 에스키모 산모의 젖에서도 디디티가 검출되었고, 남극 지방의 펭귄 몸속에서도 디디티가 발견되었다. 이러한 생물 농축과 잔존성의 특성이 밝혀짐으로써 미국에서는 1972년부터 디디티 생산이 전면 중단되었고, 1980년대에 이르러서는 유기 염소계 농약의 사용이 대부분 금지되었다.

(라) 이와 같이 디디티의 생물 농축 현상에서처럼 생태학자들은 한 생물 종에 미치는 오염의 영향이 오랫동안 누적되면 전체 생태계를 훼손시킬 수 있다는 사실을 발견하였다. 그래서인지 최근 우리나라에서도 사소한 환경오염 행위가 장차 어떠한 재앙을 몰고 올 수 있는지에 대한 연구가 활발히 이루어지고 있다.

① (가)는 중심 화제를 소개하고, 핵심어를 제시함으로써 전개될 내용을 암시하고 있다.
② (나)는 디디티가 끼칠 생태계의 영향을 인과 분석의 방법으로 설명하고 있다.
③ (다)는 디디티의 악영향을 제시하고, 그것의 사용 금지를 주장하고 있다.
④ (라)는 환경오염에 대한 경각심을 암시적으로 드러내고 있다.

인생은 자전거를 타는 것과 같다. 균형을 잡기 위해서는 계속 움직여야 한다.

– 알버트 아인슈타인 –

# PART 2
# 지방직

- 2025년 지방직 9급
- 2024년 지방직 9급
- 2023년 지방직 9급
- 2022년 지방직 9급
- 2021년 지방직 9급
- 2020년 지방직 9급
- 2019년 지방직 9급

## 꼭 읽어보세요!

**2025년 국어 과목 출제기조 변화**

　2025년 국가직 9급 공무원 시험부터 문법이나 어휘 등 암기 영역의 문제가 줄어들고 이해력과 추론력, 비판력을 평가하는 문제의 비중이 커졌습니다. 문학 영역 또한 작품을 제시하는 유형에서 벗어나 문학을 소재로 한 지문을 제시하는 비문학 독해 형식으로 출제되었습니다.

**기출문제 학습 시 유의사항**

　본서는 2025년 국어 과목 출제기조 변화에 따라 출제 유형에서 벗어나거나 달라지는 문항에 ×표시를 하였습니다. 이는 인사혁신처가 공개한 2025년 출제기조 전환 예시문제를 기준으로 한 것이며, **실제 출제 방향과 다를 수 있다는 점에 유의하시기 바랍니다.** 또한, **인사혁신처에서 출제하는 국가직, 지방직 9급 기출문제에만 ×표시를 하였으니** 이를 염두에 두고 학습에 임하시기 바랍니다.

　×표시를 한 문항은 앞으로 출제되지 않는 영역의 문항이 아닌, 출제기조 변화에 따라 유형이 바뀔 수 있는 문항입니다. 문법 영역은 국어학이나 언어학을 소재로 한 비문학 지문을 통해 사례를 추론하는 유형으로 전환되며, 어휘 영역은 한자어나 어휘 자체의 의미를 암기하는 문항에서 벗어나 지문의 맥락 속에서 의미를 파악하는 유형으로 전환됩니다. 문학도 작품을 그대로 지문으로 제시하는 것이 아닌 국문학을 소재로 한 비문학 지문으로 출제됩니다.

### 출제경향

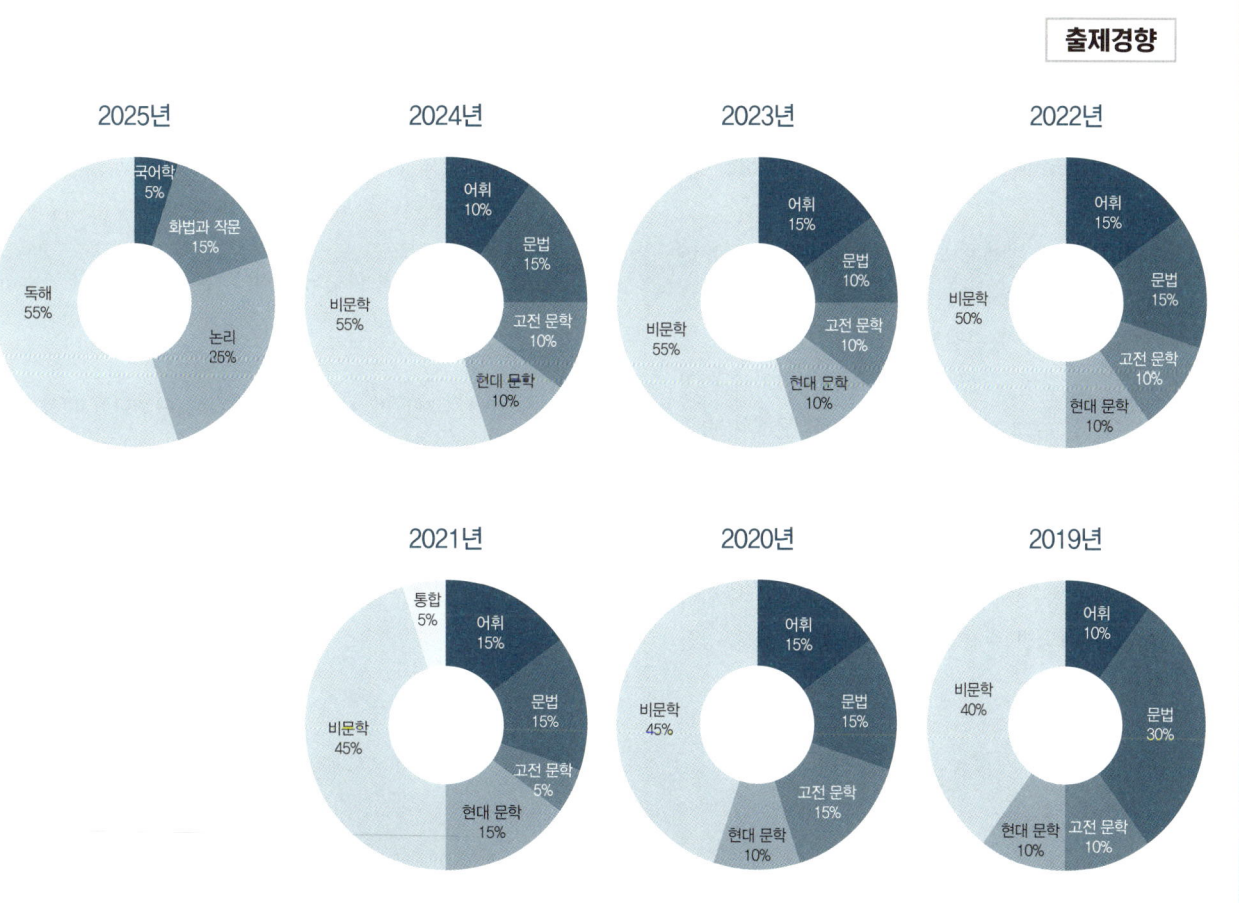

# 국어 | 2025년 지방직 9급

회독 CHECK 1 2 3

**01** 〈공공언어 바로 쓰기 원칙〉에 따라 수정한 것으로 적절하지 않은 것은?

〈공공언어 바로 쓰기 원칙〉
• 표현의 정확성
  ㉠ 의미에 맞는 정확한 단어 쓰기.
  ㉡ 부적절한 피·사동 표현에 유의함.
• 여러 뜻으로 해석되는 표현 삼가기
  ㉢ 하나의 뜻으로 해석되는 문장을 사용함.
• 대등한 것끼리 접속
  ㉣ '-고', '-(으)며', '와/과' 등으로 접속되는 말에는 구조가 같은 표현을 사용함.

① "납세자의 결정세액이 기납부세액보다 적은 경우 그 차이만큼 납세자에게 환급할 예정이다."를 ㉠에 따라 "납세자의 결정세액이 기납부세액보다 적은 경우 그 차이만큼 납세자에게 환수할 예정이다."로 수정한다.
② "경제 성장에 방해가 되는 요소를 배제시켜야 한다."를 ㉡에 따라 "경제 성장에 방해가 되는 요소를 배제해야 한다."로 수정한다.
③ "시의회는 관련 단체와 시민들을 초청하기로 결정하였다."를 ㉢에 따라 "시의회는 관련 단체와 협의하여 시민들을 초청하기로 결정하였다."로 수정한다.
④ "사업 전체 목표 수립과 세부 사업별 추진 전략을 제시한다."를 ㉣에 따라 "사업 전체 목표를 수립하고 세부 사업별 추진 전략을 제시한다."로 수정한다.

**02** 다음 글을 이해한 내용으로 가장 적절한 것은?

김삿갓으로 알려진 김병연의 집안은 그의 할아버지인 김익순이 죄를 짓고 사형당하기 전까지 괜찮은 편이었다. 김병연의 5대조 할아버지 김시태가 경종 초에 신임사화에 연루되었지만, 영조가 즉위한 뒤 그것이 조작된 것임이 밝혀지고 명예가 회복되었다. 김익순은 김시태의 후광을 입어 여러 관직에 나아갔다. 1811년 그가 선천 부사로 재직 중일 때 홍경래의 난이 일어났다. 이때 그는 반란군에게 항복했을 뿐만 아니라, 반란이 수습될 무렵에는 반란군 장수의 목을 베어 왔다는 거짓 보고까지 했다. 김익순의 이러한 행적이 드러나 결국 그는 모든 재산이 몰수되고 사형을 당했다. 이후 김병연은 대역죄로 사형당한 인물의 후손이라는 오명을 쓰고 살아갈 수밖에 없었다. 그가 당대의 주류 세력과 관계를 맺지 못한 것도 이 때문이었다. 그는 20세 전후로 부모가 모두 숨지자 자신의 신세를 한탄하며 세상을 떠돌게 되었다.

① 김시태의 후손은 아무도 관직에 나아가지 못했다.
② 김익순은 김시태의 죄상이 드러나 재산이 몰수되었다.
③ 김병연은 자신의 조상이 신임사화에 연루되어 세상을 떠돌게 되었다.
④ 김병연은 대역죄인의 후손이어서 당대 주류 세력과 관계를 맺을 수 없었다.

## 03 다음 중 ㉠에 해당하는 사례로 적절한 것은?

> 하나의 단어는 하나의 품사에 속하는 것이 일반적이지만 어떤 단어는 두 가지 이상의 품사에 속할 수 있다. 예를 들어 '밝다'의 경우 '날이 밝았다.'에서는 '밤이 지나고 환해지며 새날이 오다'라는 의미의 동사이지만, '햇살이 밝은 날'에서는 '불빛 따위가 환하다'라는 의미의 형용사이다. 이렇듯 하나의 단어가 둘 이상의 품사로 사용되는 것을 품사 통용이라고 한다. 품사 통용은 동음이의 현상과 구별된다. 즉 품사 통용은 서로 관련된 두 의미가 같은 형태로 나타난 것인 반면, ㉠ 동음이의 현상은 먹는 '배'와 타는 '배'가 구별되는 것과 같이 서로 무관한 두 의미가 우연히 같은 형태로 나타난 것이다.

① 그는 여러 문화를 비교적 관점에서 연구했다. / 삼촌은 교통이 비교적 편리한 곳에 산다.
② 내가 언니보다 키가 더 크다. / 이번 여름에는 비가 많이 와서 마당의 풀이 잘 큰다.
③ 오늘이 드디어 기다리던 시험일이다. / 친구는 국립박물관에 오늘 갈 것이라 한다.
④ 나는 어제 산 모자를 쓰고 나갔다. / 형님은 시를 쓰고 누님은 그림을 그렸다.

## 04 〈지침〉에 따라 〈개요〉를 작성할 때 (가)~(라)에 들어갈 내용으로 적절하지 않은 것은?

〈지 침〉
- 서론은 보고서 작성의 배경과 필요성을 포함할 것.
- 본론은 제목에서 밝힌 내용을 2개의 장으로 구성하되, 2장의 하위 항목이 3장의 하위 항목과 서로 대응하도록 할 것.
- 결론은 기대 효과와 향후 과제를 순서대로 제시할 것.

〈개 요〉
- 제목: 국내 방송 산업의 친환경 제작 현황과 그 확산을 위한 정책 지원 방안
1장 서론
  1. 환경 위기에 대응하기 위한 해외 방송 산업의 정책 변화
  2. (가)
2장 국내 방송 산업의 친환경 제작 현황
  1. (나)
  2. 국내 친환경 방송 제작 관련 전문 인력 부재
3장 국내 방송 산업의 친환경 제작 확산을 위한 정책 지원 방안
  1. 국내 방송 산업의 특성을 반영한 친환경 제작 지침의 마련
  2. (다)
4장 결론
  1. (라)
  2. 현장 적용을 위한 정책 실행의 단계적 평가 및 개선

① (가): 국내 방송 산업의 친환경 제작 전략의 필요성
② (나): 국내 방송 산업 내 친환경 제작을 위한 지침 부재
③ (다): 국내 친환경 방송 제작 관련 전문 인력 채용의 제도화
④ (라): 친환경 방송 제작을 위한 세부 지침과 인력 채용 방안 제시

**05** 다음 글의 ㉠~㉢ 중 문맥상 어색한 곳을 수정한 것으로 가장 적절한 것은?

> 면역반응에는 '자연면역'과 '획득면역'이 있다. 먼저, 자연면역이란 외부 이물질에 대해 내 몸이 태어날 때부터 지니게 된 저항 능력을 가리킨다. 자연면역에서는 항원과 항체 사이의 ㉠ 직접적인 일대일 반응 관계가 존재하지 않는다. 외부에서 들어온 특정 항원에만 반응하는 유일의 항체가 별도로 존재하지 않는다는 것이다. 자연면역은 세균과 같은 미생물 등을 외부 이물질로 인식하여 제거한다. 예컨대 코나 폐에는 점막조직이 발달해 있어 외부 이물질을 걸러낸다. 세포 차원에서는 대식세포의 기능이 자연면역인데, 이 세포는 ㉡ 외부 미생물이 어떤 종류인지에 관계없이 대상을 제거한다.
> 특정 항원에만 반응하는 유일의 항체를 생성하는 면역반응을 획득면역이라고 한다. 획득면역에서는 자연면역과 달리 ㉢ 항원의 종류와 무관하게 특정 항원에 대해 여러 종류의 항체가 반응한다. 일례로 B림프구의 세포 표면에는 특정 항원을 인식하고 그 특정 항원에 결합하는 부위가 있는데, 이를 '항원 수용체'라고 한다. ㉣ 항원 수용체는 세포 표면에 형성되는 단백질의 일종으로, 항원에 의해 자극된다. 이 수용체가 림프구 세포로부터 떨어져 나와 혈액 안으로 들어간 단백질 단위를 항체라고 부른다.

① ㉠: 직접적인 일대일 반응 관계가 존재한다
② ㉡: 특정한 외부 미생물에 유일하게 반응하며 그 외의 대상은 제거하지 않는다
③ ㉢: 특정 항체가 특정 항원에 대해서만 반응한다
④ ㉣: 항원 수용체는 세포 내부에 형성되는 단백질의 일종으로, 항체에 의해 자극된다

**06** (가)~(라)를 맥락에 맞추어 가장 적절하게 나열한 것은?

> (가) 픽셀 단위로 수치화된 이미지 데이터는 하나의 긴 데이터 형태로 컴퓨터에 저장된다. 초기 컴퓨터의 경우 흑백만 표현할 수 있었기 때문에 이미지는 하나의 픽셀에 대해 흑과 백이 0과 1로 표현되는 1비트로 저장되었다.
> (나) 높은 해상도의 구현은 데이터 저장 용량의 문제를 일으켰고, 용량을 줄이기 위한 여러 방법도 함께 고안되었다. 이를 통해 고해상도의 이미지도 웹사이트를 비롯한 다양한 분야에서 활발하게 사용할 수 있게 되었다.
> (다) 컴퓨터에서 이미지를 처리하기 위해서는 아날로그 영상 신호를 디지털로 변환하는 과정을 거쳐야 한다. 이미지를 디지털로 저장하는 가장 기본적인 방법은 픽셀 단위로 수치화하여 저장하는 것이다.
> (라) 하지만 현재는 컴퓨터 비전 기술이 발달하면서 하나의 픽셀에 여러 색상의 정보를 담게 되었다. 초기 색상 표현은 하나의 픽셀이 흑과 백의 1비트였으나, 최근에는 높은 해상도를 구현하기 위해 픽셀 하나에 32비트까지 사용한다.

① (나) - (가) - (라) - (다)
② (나) - (다) - (가) - (라)
③ (다) - (가) - (라) - (나)
④ (다) - (라) - (가) - (나)

**[07~08]** 다음 글을 읽고 물음에 답하시오.

천상계와 지상계로 나누어진 영웅 소설의 세계 구조에서 서사적으로 중요한 것은 지상계의 일이지만 인과론적 구도로는 천상계가 우위에 있다. 천상계의 의지나 그 대리자의 개입에 의해서 지상계의 서사가 결정되기 때문이다. 천상계는 지상에서 ⊙일어나는 모든 사건의 발생과 귀결을 지배하는 초월적 세계로서, 일시적으로 고난에 빠졌던 주인공이 세상에 창궐한 악을 물리치고 승리하도록 해 주는 근거로 작용한다. 지상의 혼란이나 세계 질서의 모순은 일시적인 것일 뿐 현실의 구체적 갈등에 뿌리를 둔 것이 아니어서 초월적 세계가 이미 설계한 바에 따라 쉽사리 해소된다. 이런 모습의 세계 구조를 '이원적 세계상'이라고 부른다.

반면에 판소리계 소설의 세계상은 대체로 일원적이고 경험적이다. 판소리계 소설에는 초월적 세계가 지배적 장치로 나타나는 경우가 극히 드물며, 현실의 경험적 인과 관계에 의해 서사가 전개된다. 예컨대 변학도의 횡포로 인한 춘향의 수난, 흥부의 가난과 고난, 심청과 심봉사의 불행, 유혹에 넘어간 토끼의 위기 탈출, 배비장의 욕망과 봉변, 장끼의 죽음 등은 초월적 세계의 의지나 그 대리자의 개입 없이 현실적 삶의 인과에 따라 이루어지는 것이다.

**07** 윗글을 이해한 내용으로 적절하지 않은 것은?

① 영웅 소설은 이원적 세계상을 잘 보여 주는 문학적 갈래이다.
② 판소리계 소설에서 서사의 인과 관계는 경험적 현실에 바탕을 둔 경우가 많다.
③ 천상계의 대리자가 지상계의 서사를 결정하는 작품에서는 이원적 세계상이 발견된다.
④ 영웅 소설에 비해 판소리계 소설에서는 초월적 세계가 현실의 문제를 해결하는 양상이 두드러진다.

**08** 윗글의 문맥상 ⊙의 의미와 가장 가까운 것은?

① 언니는 뽀얗게 일어나는 물보라에 손을 대었다.
② 그는 가까스로 일어나는 불꽃을 바라보고 있었다.
③ 아침 일찍 일어나는 습관을 들이는 것이 중요하다.
④ 싸움이 일어나는 동안 그는 숨어 있을 수밖에 없었다.

**09** 다음 진술이 모두 참일 때 반드시 참인 것은?

- 영희가 친구 혹은 선생님을 만났다면, 영희는 커피를 마셨다.
- 영희는 친구 혹은 선배를 만났다.
- 영희는 커피를 마신 적이 없다.

① 영희는 선배를 만났다.
② 영희는 친구를 만났다.
③ 영희는 선생님을 만났다.
④ 영희는 선배와 선생님을 모두 만났다.

## [10~11] 다음 글을 읽고 물음에 답하시오.

이광수와 김동인은 한국 근대 문학 초기의 대표적인 소설가로, 이 둘의 작품은 표준어와 사투리의 사용에서 두드러진 차이를 보인다. 이광수의 대표작 「무정」에서는 작중 배경과 등장인물의 출신지가 서울이 아닌데도 인물들이 주고받는 대화가 표준어로 되어 있다. 반면 김동인의 대표작 「배따라기」에서 인물들의 대화는 출신지와 작중 배경에 ㉠ 맞는 사투리로 이루어진다. 작품의 리얼리티를 얼마나 잘 구현했는가를 기준으로 본다면, 「무정」보다 「배따라기」가 더 뛰어나다고 볼 수 있다.

그러나 이광수의 「무정」을 리얼리티의 구현 정도를 기준으로 낮잡아 평가하는 것은 곤란하다. 근대 국민국가 형성 과정에서 다양한 지방의 사투리를 통일하는 것은 중요한 화두였다. 이로 인해 표준어와 사투리의 위계가 공고해졌다. 당대의 지식인들은 표준어가 교양, 문화, 지식, 과학, 공적 영역 등의 근대적 가치를 나타내는 것으로, 사투리는 야만, 비문화, 무지, 비과학, 사적 영역 등의 전근대적인 가치를 ㉡ 나타내는 것으로 인식하였다. 이광수가 계몽주의의 신봉자였음을 ㉢ 떠올리면, 그가 「무정」에서 표준어를 사용한 것은 근대적 가치를 실현하기 위한 의도적인 선택이었다.

이처럼 표준어의 사용은 작가의 의도를 드러내는 기능을 한다. 이는 현대 문학 안에서도 찾아볼 수 있다. 박경리의 「토지」에서 대부분의 인물들은 경상도나 함경도 사투리를 사용한다. 하지만 주인공 '서희'는 사투리를 구사하지 않는다. 이는 작품의 리얼리티 형성에 방해가 되지만 해당 인물의 고고함과 차가움을 드러내는 데에 더할 수 없이 적절한 기능을 한다. 「토지」에 사용된 표준어는 인물의 성격을 ㉣ 뚜렷하게 보여 주는 효과를 지닌다.

**10** 윗글을 이해한 내용으로 가장 적절한 것은?

① 「배따라기」는 표준어를 사용하여 작품의 리얼리티를 확보하였다.
② 「무정」에는 근대적 가치의 실현과 관련된 작가의 의도가 담겨 있다.
③ 「토지」는 '서희'의 사투리 사용을 통해 작품의 리얼리티를 구현하였다.
④ 작품의 리얼리티를 기준으로 할 때, 「무정」이 「배따라기」보다 더 뛰어나다.

**11** 윗글의 ㉠~㉣과 바꿔 쓸 수 있는 유사한 표현으로 적절하지 않은 것은?

① ㉠: 영합(迎合)하는
② ㉡: 표상(表象)하는
③ ㉢: 상기(想起)하면
④ ㉣: 분명(分明)하게

## [12~13] 다음 글을 읽고 물음에 답하시오.

경제적으로 보면 우리의 삶은 끊임없이 무언가를 소비한다. 의식주 같은 기본 생활에 더해 문화생활과 사회 활동도 소비를 떼어 놓고 생각할 수 없다. 소비되는 것을 흔히 '상품'이라고 부르지만 실은 '재화'라고 해야 하는데, 재화는 소비를 목적으로 하고 상품은 시장에서의 판매를 목적으로 한다는 점에서 구분되기 때문이다. 이렇게 볼 때 재화는 인류 역사상 늘 있었지만, 상품은 자본주의 시대에 이르러 출현하였다.

냉전 시대에는 다음과 같은 말이 있었다. "자본주의에서는 상인이 최고이고, 사회주의에서는 공직자가 최고이다." 자본주의는 자유경쟁을 기본으로 하기에 ㉠ 물건을 싸게 사서 비싸게 파는 상인이 돈을 가장 많이 벌 수 있으며, 사회주의는 관료제의 폐해로 국가 기관이 부패해서 고위 관료라든가 고급 당원이 배불리 먹고산다는 의미이다.

자본주의의 역사를 볼 때 이 말은 사실에 가깝다. 자본주의는 애초부터 상업의 발달과 밀접한 관계가 있었다. 중세의 상인들이 물건을 시장에 팔아 이윤을 얻기 위해 수공업자들을 조직하여 그들에게 자본과 도구를 빌려주고 물건을 대신 생산하게 한 데에서 자본주의가 출발하였다. 이처럼 자본주의는 ㉡ 상품에 기초한 사회로, 상품은 그것이 판매될 수 있는 시장을 전제로 생산되는 것이기 때문에 시장이 형성되어 있지 않다면 상품도 존재할 수 없다. 목수가 ㉢ 집에서 쓰기 위해 만든 의자와 시장에 팔기 위해 만든 의자는 동일한 의자임에도 재화와 상품의 관점에서 볼 때 서로 다르다.

이와 같이 상품에는 생산과 유통이라는 두 가지 측면이 있다. ㉣ 자본주의 사회에서 생산되는 물품의 유통을 맡은 사람이 바로 상인이다. "자본주의에서는 상인이 최고이다."라는 말은 만드는 이에 비해서 파는 이가 더 많은 이익을 남긴다는 뜻이다. 자본주의화가 진행될수록 전자와 후자 사이의 차이는 더 커진다. 기술혁신이 이루어져 상품을 생산하는 과정은 갈수록 단순해지고 상품의 대량생산은 쉬워지는 반면, 유통의 경우 상품과 최종 소비자 사이의 관계가 갈수록 복잡해지므로 생산에 비해 우회로를 더 많이 거치게 된다. 따라서 자본주의가 성숙할수록 제조업의 이윤은 적어지고 유통업의 이윤은 많아진다.

## 12 윗글에서 추론한 내용으로 가장 적절한 것은?

① 사회주의에서는 유통이 생산보다 중요하다.
② 상품이 존재한다는 것은 시장이 형성되어 있다는 것이다.
③ 자본주의가 성숙할수록 제조업과 유통업의 이윤 차이는 줄어든다.
④ 중세의 상인들은 물건의 생산 단가를 낮추기 위해 시장에 팔 물건을 손수 생산하였다.

## 13 윗글의 ㉠~㉣ 중 문맥상 의미가 나머지와 다른 하나는?

① ㉠
② ㉡
③ ㉢
④ ㉣

## 14 다음 글에서 추론한 내용으로 적절하지 않은 것은?

모든 기호에는 정보성, 즉 의미가 있다. 다시 말해 정보성은 기호가 가진 필수 조건이다. 그런데 기호에는 정보성뿐 아니라 의사소통의 의도를 가지는 것도 있다. 즉 기호는 정보성만 가진 기호와 정보성도 가진 의사소통적 기호로 구분된다. 가령 개나리가 피는 것은 봄이 왔다는 신호이고 낙엽이 지는 것은 가을이 왔음을 의미한다. 그러나 계절을 알리기 위해 개나리가 피고 낙엽이 지는 것은 아니기 때문에 그러한 자연적 기호들은 의사소통적 기호로 볼 수 없다. 개인의 지문이나 필체 역시 사람을 식별하는 기호가 될 수 있다. 하지만 지문과 필체가 사람을 식별하기 위해 존재하는 것은 아니므로 이들은 정보성을 가진 기호일 뿐이다. 코넌 도일의 소설에서 셜록 홈스는 상대의 손톱, 코트의 소매, 표정 등을 근거로 그 사람의 직업이나 성격을 추리해 낸다. 홈스에게는 이런 것들이 모두 정보를 제공하는 기호들이다. 그러나 이들을 의사소통적 기호라고는 할 수 없다. 반면 인간이 관습적으로 사용하는 기호인 봉화, 교통 신호등, 모스 부호 등은 정보성뿐만 아니라 의사소통의 의도를 명백히 가진다. 모든 기호를 통틀어 인간의 언어는 가장 복잡하고 체계적인 관습적 기호이며 의사소통적 기호이다.

① 전쟁 중에 군대에서 사용하는 암호는 관습적 기호이다.
② 일기예보에서 흐린 날씨를 표시하는 구름 모양의 아이콘은 자연적 기호이다.
③ 특정 질병에 걸렸을 때 나타나는 얼굴색은 정보성만을 가진 기호이다.
④ 이웃 마을과 구별하기 위해 마을의 명칭을 본떠 만든 상징탑은 의사소통적 기호이다.

**15** 다음 글의 (가), (나)에 들어갈 말을 적절하게 나열한 것은?

> 자아 개념이란 자신에 대한 주관적 견해로서 개인이 가지고 있는 능력, 성격, 태도, 느낌 등을 모두 포괄한다. 자아의 형성에 영향을 미치는 요인 중 하나로 타인에게서 듣게 되는 나와 관련된 메시지를 들 수 있다. 물론 타인 중에는 자신이 느끼기에 나에게 관련이 적은 사람도 있고 중요한 사람도 있다. 예를 들어 "너의 글은 인상적이야. 앞으로 좋은 작품을 쓸 수 있을 것 같아."라는 말을 누군가에게 들었을 때, 그 사람이 나에게 중요하다면 그 평가는 자아 개념 형성에 큰 영향을 미칠 수 있다. 그런 범주에 들어갈 수 있는 사람들로는 부모, 친구, 선생님 등이 있을 것이다. 나에게 (가) 의 말은 기억에 오래 남기 마련이다.
> 한편, 타인에게 영향을 받는 자아를 설명하는 개념 중에는 (나) 라는 것도 있다. 이 개념에 따르면 우리는 타인과 상호작용하는 과정에서 단순히 타인을 모범으로 삼아 따라 하거나 타인의 훈육을 통해 자아를 형성한다기보다는 타인에게 비치는 나의 모습을 상상하고 그 모습에 대한 타인의 판단을 추정한다. 그러한 추정을 통해 자기에게 생겨난 감정을 알아 가는 과정에서 성숙한 자아를 형성해 나간다.

|     | (가) | (나) |
| --- | --- | --- |
| ① | 관련이 적은 타인 | 거울에 비친 자아 |
| ② | 중요한 타인 | 모범적인 타인을 따르는 자아 |
| ③ | 관련이 적은 타인 | 모범적인 타인을 따르는 자아 |
| ④ | 중요한 타인 | 거울에 비친 자아 |

**16** 다음 글의 밑줄 친 결론을 이끌어 내기 위해 추가해야 할 것은?

> 마라톤을 하는 사람은 모두 식단을 조절하거나 근력 운동을 한다. 근력 운동을 하는 사람은 모두 건강하다. 따라서 <u>마라톤을 하는 사람은 모두 건강하다.</u>

① 건강한 사람은 모두 식단을 조절한다.
② 식단을 조절하는 사람은 모두 건강하다.
③ 식단을 조절하는 사람 중에 근력 운동을 하는 사람은 없다.
④ 식단 조절과 근력 운동을 병행하는 사람 중에 건강하지 않은 사람은 없다.

**17** 다음 대화를 분석한 내용으로 적절하지 않은 것은?

> 갑: 언어는 인간의 지각과 사고, 세계관 등을 결정해. 인간 사고의 내용과 구조는 언어에 의해 형성되며, 이 때문에 동일한 언어를 쓰는 민족은 그 언어에 의해 형성된 공통의 세계관을 갖게 되지. 사고가 언어에 영향을 미치는 것이 아니라 실은 그 반대야.
> 을: 나는 동의할 수 없어. 언어는 인간의 사고를 표현하는 도구에 불과해서 사고가 언어에 영향을 미친다고 봐야 해. 따라서 사고의 차이가 언어의 차이를 낳지.
> 병: 그렇긴 하지. 사고의 깊이가 깊은 사람은 그렇지 않은 사람에 비해 구사하는 언어의 수준이 높아. 하지만 나는 언어가 사고에 영향을 미친다는 것도 동의해. 남미의 어떤 부족은 방향을 표현할 때 '왼쪽'이나 '오른쪽'이 아니라 '북서쪽'과 같이 절대 방위로 표현하는데, 이 언어를 쓰는 사람들의 공간 감각은 이 언어를 쓰지 않는 사람들보다 더 뛰어나다고 하거든.
> 갑: 언어가 다르면 세계를 다르게 인식해. 어떤 언어의 화자가 자기 언어의 색채어에 맞추어 색깔을 구별하는 것을 그 사례로 들 수 있어. 이런 점에서 언어가 없다면 인식하고 사고할 수 없다는 말도 성립해.
> 을: 언어가 미숙한 유아라든지 언어가 없는 동물들도 자신들이 직면한 문제에 대해 사고하고 판단하잖아. 이건 언어가 사고에 영향을 미치지 못한다는 증거이지.
> 병: 나는 언어와 사고의 관계가 어느 한쪽이 일방적으로 영향을 주는 게 아니라 서로 영향을 주고받으면서 발전한다고 생각해.

① 언어와 사고가 서로 영향을 주고받는 관계라는 점에 대해 갑과 을은 동의하지 않지만 병은 동의한다.
② 사고가 언어에 영향을 미친다는 점에 대해 갑은 동의하지만 을은 동의하지 않는다.
③ 언어가 다르면 세계를 다르게 인식한다는 점에 대해 갑과 병은 동의한다.
④ 사고의 차이가 언어의 차이를 낳는다는 점에 대해 을과 병은 동의한다.

**18** 다음 대화에 대한 평가로 적절한 것만을 모두 고르면?

> 갑: 친구에게 보내는 감사 메일에 건강하기를 기원하는 의미로 "건강해라."라고 적었는데, 다른 친구가 그건 잘못된 표현이니까 쓰면 안 된다고 하더라고. 널리 쓰이는 표현인데 왜 쓰면 안 된다는 거야?
> 을: 문법 규범에 어긋난 표현이 자주 쓰인다는 이유로 문법 규범으로 인정되어서는 안 돼. 문맥상 "건강해라."는 상대방에게 명령하는 의미를 지니는데 건강한 상태를 명령할 수는 없잖아? 그래서 형용사의 명령형은 문법 규범에 어긋난 거니까 사용하면 안 돼. 마찬가지로 어휘도 사람들이 자주 쓴다고 해서 비표준어가 표준어가 되는 것은 아니잖아.
> 갑: 문법 규범에 맞게 쓰거나 표준어를 사용하는 것이 권장되어야 하는 것은 옳지만, 문법 규범에 맞지 않거나 비표준어라고 해서 사용하지 말아야 하는 것은 아니라고 생각해. 문법 규범이나 표준어는 공통의 언어 사용을 유도하기 위한 정책으로 제시된 것일 뿐이거든. "건강해라."는 언중에게 널리 쓰인다는 점에서 사용에 문제가 없어.

> ㄱ. '쓰여지다', '잊혀지다'와 같은 이중 피동은 사람들에게 널리 쓰이는 표현이지만 문법 규범에 맞지 않으니까 사용하지 말아야 한다는 주장은 갑과 을의 입장을 모두 강화한다.
> ㄴ. 명령문 "행복해라."가 문법 규범에 맞지 않지만 상대방이 행복하기를 바라는 기원의 의미로 널리 쓰이기 때문에 써도 된다는 주장은 갑의 입장을 약화한다.
> ㄷ. 언중이 비표준어이던 '맨날'을 자주 사용하는 현실에 따라 표준어 '만날'과 함께 '맨날'도 표준어로 인정되었다는 사실은 을의 입장을 약화한다.

① ㄷ
② ㄱ, ㄴ
③ ㄱ, ㄷ
④ ㄱ, ㄴ, ㄷ

**19.** 다음 대화의 (가)에 들어갈 말로 적절한 것은?

> 갑: 공무원은 공직자이고 공직자는 그 직책만으로 국가나 사회에 영향을 미치는 공인이야. 모든 공무원은 공인이니까 공인으로서의 사명감을 가질 의무가 있어. 하지만 공무원이 아닌 사람이라면 그게 누구든 그런 사명감을 가질 의무는 없지.
> 을: 모든 사람이 죽는다고 죽는 것들이 모두 사람인 것은 아니잖아. 네가 "공무원이 아닌 모든 사람은 공인으로서의 사명감을 가질 의무가 없다."라는 주장을 하려면 " (가) "가 참이어야 해.

① 몇몇 공인은 공인으로서의 사명감을 가질 의무가 없다
② 모든 공무원은 공인으로서의 사명감을 가질 의무가 없다
③ 공인으로서의 사명감을 가질 의무가 있는 사람은 모두 공무원이다
④ 공인으로서의 사명감을 가질 의무가 없는 사람은 모두 공무원이 아니다

**20.** 다음 글의 논지를 약화하는 것으로 가장 적절한 것은?

> 인간이 지닌 대부분의 지적 능력을 상회하는 기능을 발휘하는 인공지능 컴퓨터 프로그램이나 이 프로그램을 사용해 작동하는 기계 장치를 '인공일반지능'이라고 부른다. 이론적으로 인공일반지능은 현재까지 개발된 모든 인공지능 프로그램의 기능을 전부 갖게 될 것이다. 인공일반지능의 등장이 인간의 본질적 가치를 훼손할 것이라고 우려하는 사람들이 있다. 그렇다면 인공일반지능의 개발은 허용되어야 하는가?
> 인공일반지능의 개발이 허용된다면 머지않아 인공일반지능은 개발된다. 이로 인해, 인공일반지능은 대부분의 직업 영역에서 인간을 대신해 업무를 수행할 것이고 많은 사람들이 직업을 잃고 소외감을 느낌으로써 인간의 본질적 가치가 훼손된다. 또한 인공일반지능이 개발된다면 인간은 더 이상 지구상에서 특별하고 우월한 존재가 아니게 된다. 이는 인간이 지닌 특별하고 우월한 존재론적 지위, 즉 인간의 본질적 가치가 훼손된다는 것이다. 인간의 본질적 가치는 어떠한 경우에도 훼손되어서는 안 되므로 인공일반지능의 개발은 허용될 수 없다.

① 인공일반지능의 수준에 미치지 못하는 특정 분야에 특화된 인공지능 프로그램만으로도 많은 사람이 일자리를 잃고 소외감을 느끼고 있다.
② 인공지능 연구로 노벨 물리학상을 받은 H는 인공지능 기술이 인간의 존재론적 지위에 위협이 될 것이라며 인공지능 개발 연구를 멈춰야 한다고 주장한다.
③ 현재 상용화되어 있는 대화형 인공지능은 마음의 상처를 입은 사람들에게 위안을 주어 사람들이 본질적 가치를 회복하는 데 도움을 주고 있음이 입증되었다.
④ 유관 학회 전문가들을 대상으로 한 설문에서, 인공일반지능의 개발이 인간의 본질적 가치를 훼손할 가능성이 높아 개발을 허용해서는 안 된다고 응답한 사람들이 그렇지 않은 사람들보다 압도적으로 많았다.

# 국어 | 2024년 지방직 9급

회독 CHECK 1 2 3

**01** 밑줄 친 단어와 의미가 같은 것은?

> 아이가 말을 참 잘 듣는다.

① 이 약은 나에게 잘 듣는다.
② 학교에 가면 선생님 말씀을 잘 들어라.
③ 이번 학기에는 여섯 과목을 들을 계획이다.
④ 브레이크가 말을 듣지 않아 사고가 날 뻔했다.

**02** 밑줄 친 단어의 쓰임이 올바른 것은?

① 가슴을 옭죄는 아픔이 밀려왔다.
② 나는 해마다 양력과 음력으로 설을 쇤다.
③ 퇴근하는 길에 포장마차에 들렸다가 친구를 만났다.
④ 바지의 해어진 부분에 짜집기를 했다.

**03** 다음 글에서 알 수 있는 내용이 아닌 것은?

> '저작권'이란 인간의 사상이나 감정을 창의적으로 표현한 저작물을 보호하기 위해 저작자에게 부여한 권리를 말한다. 저작물은 '인간의 사상 또는 감정을 표현한 창작물'이며 저작자란 '저작 행위를 통해 저작물을 창작해 낸 사람'을 가리킨다. 그러므로 숨겨져 있던 다른 사람의 저작물을 발견했거나 발굴해 낸 사람, 저작물 작성을 의뢰한 사람, 저작에 관한 아이디어나 조언을 한 사람, 저작을 하는 동안 옆에서 도와주었거나 자료를 제공한 사람 등은 저작자가 될 수 없다. 저작물에는 1차적 저작물뿐만 아니라 2차적 저작물과 편집 저작물도 포함되어 있으므로 2차적 저작물 또는 편집 저작물의 작성자 또한 저작자가 된다.
>
> 저작권 보호와 관련하여 "거인의 어깨 위 난쟁이는 거인보다 멀리 볼 수 있다."라는 말이 있다. '거인'이란 현재의 저작자들보다 앞서 창작 활동을 통해 저작물을 남긴 선배 저작자를 가리키는 것인데, 이 말은 창작자는 다른 사람이 만들어 놓은 저작물을 모방하거나 인용할 수밖에 없다는 점을 강조한 것이다. 다만, 난쟁이가 거인의 어깨 위에 올라서는 특권을 누리기 위해서는 거인으로부터 허락을 받아야 하거나 거인에게 그에 따르는 대가를 지불해야 한다는 뜻도 내포하고 있다는 사실을 잊지 말아야 할 것이다.
>
> 창작물을 저작한 사람에게 저작권이라는 권리를 부여해서 보호하는 이유는 '저작물은 문화 발전의 원동력이 되므로 좋은 저작물이 많이 나와야 그 사회가 문화적으로 풍요로워질 수 있기 때문'이라고 할 수 있다. 그런데 만일 저작자에게 아무런 권리를 부여하지 않는다면 저작자가 장기간 노력해서 창작한 저작물을 누구든지 아무런 대가를 치르지 않고도 마음대로 이용하게 될 것이므로, 저작자로서는 창작 행위를 계속하지 않을 가능성이 높다.

① 저작물의 개념과 저작자의 정의
② 1차적 저작물과 2차적 저작물의 차이
③ 저작물에 대해 창작자가 지녀야 할 태도
④ 저작권을 보호해야 하는 이유

**04** 다음 글에서 밑줄 친 부분의 원인으로 가장 적절한 것은?

급격하게 돌아가는 현대적 생활 방식은 종종 삶을 즐기지 못하게 방해한다. 추위가 한창 매섭던 1월의 어느 아침 한 길거리 음악가가 워싱턴시의 지하철역에서 바이올린을 연주했다. 그는 스트라디바리우스 바이올린으로 바흐의「샤콘」을 비롯하여 여섯 곡의 클래식 음악을 연주했다. 출근길에 연주가를 지나쳐 간 대략 천여 명의 시민이 대부분 그에게 관심조차 주지 않았고, 단지 몇 사람만 걷는 속도를 늦추었을 뿐이다. 7분 정도가 지났을 무렵 한 중년 여인이 지나가면서 모자에 1달러를 던져 주었다. 한 시간 정도가 지났을 때 연주가의 모자에는 32달러 17센트가 쌓여 있었지만, 연주를 듣기 위해 서 있는 사람은 아무도 없었다. 그 음악가인 조슈아 벨은 전 세계적으로 유명한 바이올린 연주가였으며, 평상시 그의 콘서트 입장권은 백 달러가 넘는 가격에 판매되었다.

① 지하철역은 연주하기에 적절한 장소가 아니었기 때문이다.
② 연주하는 동안 연주가를 지나쳐 간 사람이 적었기 때문이다.
③ 출근하는 사람들이 연주를 감상할 여유가 없었기 때문이다.
④ 연주를 듣기 위해서는 백 달러의 입장권이 필요했기 때문이다.

**05** ㉠~㉣에 대한 이해로 적절하지 않은 것은?

(가) 추강(秋江)에 밤이 드니 물결이 추노미라
　　　낙시 드리치니 고기 아니 무노미라
　　　무심(無心)한 둘빗만 싯고 ㉠ 뷘 비 저어 오노라.
(나) 이런들 엇더ᄒ며 뎌런들 엇더ᄒ료
　　　㉡ 초야우생(草野愚生)이 이러타 엇더ᄒ료
　　　ᄒ믈며 천석고황(泉石膏肓)을 고려 므슴ᄒ료.
(다) 십 년을 경영ᄒ여 초려삼간 지여 내니
　　　나 ᄒᆞᆫ 간 둘 ᄒᆞᆫ 간에 청풍 ᄒᆞᆫ 간 맛져 두고
　　　㉢ 강산은 들일 듸 업스니 둘러 두고 보리라.
(라) 말 업슨 청산이오 태 업슨 유수로다
　　　갑 업슨 청풍이오 님ᄌ 업슨 명월이로다
　　　이 중에 병 업슨 ㉣ 이 몸이 분별 업시 늘그리라.

① ㉠에서 욕심 없는 화자의 모습을 볼 수 있다.
② ㉡에서 속세를 그리워하는 화자의 모습을 볼 수 있다.
③ ㉢에서 자연의 일부가 되어 살아가는 화자의 모습을 볼 수 있다.
④ ㉣에서 현실의 근심으로부터 초탈한 화자의 모습을 볼 수 있다.

**06** 밑줄 친 부분을 풀어 쓴 것으로 적절하지 않은 것은?

① 선생님께서 수시(隨時)로 교실에 들어오셨다.
　 - 아무 때나 늘
② 그는 세계 제일의 피아니스트라고 해도 과언(過言)이 아니다. - 지나친 말이
③ 문화 시설 대부분이 서울에 편재(偏在)해 있다.
　 - 치우쳐
④ 누구나 착한 심성을 발현(發現)하는 것은 아니다.
　 - 헤아려 보는

**07** 다음 글에서 추론한 내용으로 적절하지 않은 것은?

> 모든 문화가 감정에 관한 동일한 개념적 자원을 발전시켜 온 것은 아니다. 이를테면 미국인들은 보통 당혹감, 수치심, 죄책감, 수줍음을 구별하지만 자바 사람들은 이러한 감정을 하나의 단어로 표현한다. 감정 어휘들은 문화마다 다를 뿐만 아니라 역사적으로도 다르다. 중세 시대에는 우울감이 '검은 담즙(melan chole)'으로 인해 발생한다고 생각했기에 우울증을 '멜랑콜리(melancholy)'라고 불렀지만 오늘날 그렇게 생각하는 사람은 거의 없다. 또한 인터넷의 발명과 함께 감정 어휘는 이메일 보내기, 문자 보내기, 트위터하기에 스며든 관습에 의해서도 형성된다. 이제는 내 감정을 말로 기술하기보다 이모티콘이나 글자의 일부를 따서 표현하기도 한다. 이러한 기술 주도적인 상징의 창조와 확산은, 사람들이 자신의 감정을 묘사하기 위한 새로운 선택지를 만든다는 점에서 또 다른 역사의 발전일 것이다.

① 감정에 대한 개념적 자원은 문화에 따라 달리 형성된다.
② 동일한 감정이라도 그것을 표현하는 방식은 시대에 따라 다를 수 있다.
③ 감정 어휘를 풍부하게 갖고 있는 집단은 그렇지 않은 집단보다 기술 발전에 더 유연한 태도를 보인다.
④ 오늘날 인터넷에서 이모티콘을 사용하는 것과 같이 과거에는 없었던 감정 표현 방식이 활용되기도 한다.

**08** 다음 글을 이해한 내용으로 적절하지 않은 것은?

> 흰 달빛
> 자하문
>
> 달 안개
> 물소리
>
> 대웅전
> 큰 보살
>
> 바람 소리
> 솔 소리
>
> 범영루
> 뜬 그림자
>
> 흐는히
> 젖는데
>
> 흰 달빛
> 자하문
>
> 바람 소리
> 물소리
>
> — 박목월, 「불국사」 —

① 시선의 이동에 따라 대상을 그려내고 있다.
② 수미상관 구조를 통해 안정감을 드러내고 있다.
③ 다양한 이미지를 활용하여 시적 분위기를 조성하고 있다.
④ 대상과의 거리를 조정하여 화자와 현실 세계의 대립을 나타내고 있다.

**09** ㉠~㉣을 활용하여 음운변동을 설명한 것으로 적절한 것은?

> ㉠ 교체: 한 음운이 다른 음운으로 바뀌는 현상
> ㉡ 탈락: 한 음운이 없어지는 현상
> ㉢ 첨가: 없던 음운이 새로 생기는 현상
> ㉣ 축약: 두 음운이 합쳐져 제삼의 음운으로 바뀌는 현상

① '색연필'의 발음에서는 ㉠과 ㉢이 나타난다.
② '외곬'의 발음에서는 ㉠과 ㉣이 나타난다.
③ '값지다'의 발음에서는 ㉡과 ㉢이 나타난다.
④ '깨끗하다'의 발음에서는 ㉢과 ㉣이 나타난다.

**10** 빈칸에 들어갈 내용으로 가장 적절한 것은?

> 프랑스에서 포도주는 간단한 식사에서 축제까지, 작은 카페의 대화에서 연회장의 교제에 이르기까지 언제 어디서나 함께한다. 포도주는 계절에 따른 어떤 날씨에도 분위기를 고양시킬 수 있어 추운 계절이 되면 따뜻한 분위기를 연출하고 한여름이 되면 서늘하거나 시원한 그늘을 떠올리는 분위기를 조성한다. 또한 배고프거나 지칠 때, 지루하거나 답답할 때, 심리적으로 불안할 때나 육체적으로 힘든 그 어느 경우에도 프랑스인들은 포도주가 절실하다고 느낀다. 프랑스에서 포도주는 장소와 시간, 상황에 관계없이 음식과 결부될 수 있는 모든 곳에 등장한다.
>
> 포도주가 일상의 세세한 부분에까지 결부된 탓에 프랑스 국민은 이제 포도주가 있어야 할 곳에 포도주가 없다는 사실만으로도 충격을 받는다. 르네 코티는 대통령 임기가 시작될 때 사적인 자리에서 사진을 찍은 적이 있는데 그 사진 속 탁자에는 포도주 대신 다른 술이 놓여 있었다. 이 때문에 온 국민이 들끓고 일어났다. 프랑스 국민에게 그들 자신과도 같은 포도주가 보이지 않는다는 사실은 참을 수 없는 일이었다. 결국 프랑스인에게 포도주란 _____

① 심신을 치유하는 신성한 물질과 같다.
② 자신들의 정체성을 나타내는 상징과도 같다.
③ 국가의 주요 행사에서 가장 주목받는 음료다.
④ 어느 계절에나 쉽게 분위기를 고양시킬 수 있는 음료다.

**11** ㉠~㉣을 고쳐 쓴 것으로 적절하지 않은 것은?

> 얼마 전 나는 유명 축구 선수의 성공 과정을 담은 다큐멘터리 프로그램을 시청했다. 방송을 본 대부분의 사람들은 ㉠ 괴로운 고난을 이겨낸 그 선수의 노력과 집념에 감동을 받았을 것이다. ㉡ 그러므로 나는 그 선수의 가족과 훈련 트레이너 등 주변 사람들에게 더 큰 감명을 받았다.
>
> 선수의 가족들은 선수가 전지훈련을 가거나 원정 경기를 할 때 묵묵히 뒤에서 응원하는 역할을 했고, 훈련 트레이너는 선수의 체력 증진은 물론 컨디션 조절 등에도 많은 역할을 하고 있었다. ㉢ 나는 그런 훈련 트레이너가 되는 과정이 궁금해졌다. 비록 사람들의 관심이 최고의 자리에 오른 그 선수에게로 향하는 것은 당연한 ㉣ 일로, 나는 그 가족과 훈련 트레이너의 도움이 주목받지 못하는 것 같아서 안타까웠다.

① ㉠은 의미가 중복되므로 '고난'으로 고친다.
② ㉡은 앞뒤 문장의 연결을 고려하여, '그러나'로 바꾼다.
③ ㉢은 글 전체의 흐름을 고려하여 삭제한다.
④ ㉣은 부사와의 호응을 고려하여, '일이라면'으로 수정한다.

**12** 강연자의 말하기 방식에 대한 설명으로 적절하지 않은 것은?

안녕하세요? 오늘 강연을 맡은 ○○○입니다. 저는 '사회역학'이라는 학문을 공부하고 있는데요, 혹시 '사회역학'이라는 단어를 들어 보신 적 있으신가요? 네, 별로 없네요. 간단히 말씀드리면, 질병 발생의 원인에 대한 사회적 요인을 탐구하는 분야입니다. 여러분들 표정을 보니 더 모르겠다는 표정인데요, 오늘 강연을 듣고 나면 제가 어떤 공부를 하는지 조금 더 알게 되실 겁니다.

흡연을 예로 들어서 말씀드릴게요. 저소득층에게 흡연은 적은 비용으로 스트레스를 해소할 수 있는 방편이 됩니다. 위험한 작업환경에서 일하는 노동자에게 담배를 피우면 10년 뒤에 폐암이 발생할 수 있으니 당장 금연해야 한다고 말한다면, 이 말은 그렇게 설득력이 있지는 않을 것입니다. 저소득층이 열악한 사회적 환경에서 살아남기 위해 나름의 이유로 흡연할 경우, 그 점을 고려하지 않은 금연 정책은 효과를 보기 어렵다는 의미입니다.

이러한 주장을 뒷받침하는 연구 결과가 있습니다. 하버드 보건대학원의 글로리안 소런슨 교수 팀은 제조업 사업체 15곳의 노동자 9,019명을 대상으로 연구를 진행하면서 다음과 같은 질문을 던집니다. "안전한 사업장에서 일하는 노동자가 금연할 가능성이 더 높지 않을까? 그렇다면 산업 안전 프로그램을 진행한 사업장의 금연율은 어떻게 다를까?" 이 프로그램이 진행되고 6개월 뒤에 흡연 상태를 측정했을 때 산업 안전 프로그램을 진행한 사업장의 금연율이, 금연 프로그램만 진행한 사업장 노동자들의 금연율보다 2배 가까이 높게 나타났습니다.

① 청중의 반응을 살피면서 발표를 진행하고 있다.
② 전문가의 연구 결과를 제시하여 신뢰성을 높이고 있다.
③ 시각 자료를 제시하여 청중의 주의를 끌고 있다.
④ 특정한 상황을 가정하여 내용의 이해를 돕고 있다.

**13** 다음 글의 중심 내용으로 가장 적절한 것은?

범죄소설이 지닌 이데올로기의 뿌리는 죽음에 대한 공포이다. 범죄소설의 탄생은 자본주의의 출현이라는 사회적 조건과 맞물려 있다. 자본주의가 출현하자 죽음을 대하는 태도가 근본적으로 변화했다. 원시 사회에서는 죽음이 자연스러운 결과로 받아들여졌다. 죽음은 사람들이 스스로 준비해야 하는 것이면서, 가족과 사회로부터의 관심과 도움이 필요한 것이었다. 그러나 부르주아 사회에서는 인간이 소외되고, 소외된 인간은 노동을 하고 돈을 버는 데 없어서는 안 될 도구인 육체에 얽매이게 된다. 그에 따라 인간은 죽음에 강박관념을 갖게 되었다. 게다가 죽음은 불가피한 삶의 종결이 아니라 파국적 사고라는 견해를 갖게 된다. 죽음은 예기치 않은 사고라고, 강박적으로 바라보게 되면 폭력에 의한 죽음에 몰두하게 되고, 결국에는 살인과 범죄에 몰두하게 된다. 범죄소설에서 죽음은 인간의 운명이나 비극이 아니라 탐구의 대상이 되어버린다.

① 범죄소설은 자본주의의 출현 이후 죽음에 대한 달라진 태도에 기반을 두고 있다.
② 범죄소설은 부르주아 사회의 인간소외와 노동 문제를 다루는 문학 양식이다.
③ 범죄소설은 원시사회부터 이어져 온 죽음에 대한 보편적 공포로부터 생겨났다.
④ 범죄소설은 죽음을 예기치 못한 사고가 아닌 자연스럽고 불가피한 것으로 받아들인다.

**14** 다음 글을 이해한 내용으로 적절하지 않은 것은?

> 몸의 곳곳에 분포한 통점이 자극을 받아서 통각 신경을 통해 뇌로 통증 신호를 전달할 때 통증을 느낀다. 통점을 구성하는 세포의 세포막에는 통로라는 구조가 있다. 이 통로를 통해 세포의 안과 밖으로 여러 물질들이 오가면서 세포 사이에 다양한 신호를 전달한다.
>
> 통점의 세포에서 인식한 통증 신호는 통각 신경을 통해 뇌로 전달된다. 재미있는 사실은 통각 신경이 다른 감각 신경에 비해서 매우 가늘어 신호를 느리게 전달한다는 것이다. 예를 들어 몸길이가 30m인 흰긴수염고래는 꼬리에 통증이 생기면 최대 1분 후에 아픔을 느낀다.
>
> 통각 신경이 다른 감각 신경에 비해 가는 이유는 더 많이 배치되기 위해서다. 피부에는 $1cm^2$당 약 200개의 통점이 빽빽이 분포하는데, 통각 신경이 굵다면 이렇게 많은 수의 통점이 배치될 수 없다. 이렇게 통점이 빽빽이 배치되어야 아픈 부위를 정확하게 알 수 있다. 반면 내장 기관에는 통점이 $1cm^2$당 4개에 불과해 아픈 부위를 정확하게 알기 어렵다. 폐암과 간암이 늦게 발견되는 것도 폐와 간에 통점이 거의 없기 때문이다.

① 통로는 여러 물질들이 세포의 안팎으로 오가며 신호를 전달하는 구조이다.
② 통증을 느끼지 못하게 되면, 치명적인 질병에 걸려도 질병의 발견이 늦을 수 있다.
③ 통각 신경은 다른 감각 신경에 비해서 매우 가늘기 때문에, 신호의 전달이 빠르다.
④ 아픈 부위가 어디인지를 정확하게 알기 위해서는, 통점이 빽빽하게 배치되어야 한다.

**15** ㉠과 ㉡에 대한 설명으로 가장 적절한 것은?

> (가) [중모리] 그 때여 승상 부인은 심 소저를 이별허시고 애석함을 못 이기어, 글 지어 쓴 심 소저의 ㉠ 화상 족자를 침상으 걸어두고 때때로 증험허시더니, 일일은 족자 빛이 홀연히 검어지며 귀에 물이 흐르거늘, 승상 부인 기가 맥혀, "아이고, 이것 죽었구나! 아이고, 이를 어쩔끄나?" 이렇듯이 탄식헐 적, 이윽고 족자 빛이 완연히 새로우니, "뉘라서 건져내어 목숨이나 살었느냐? 그러허나 창해 먼먼 길의 소식이나 알겠느냐?"
> — 작자 미상, 「심청가」에서 —
>
> (나) [중중모리] 화공 불러들여 토끼 ㉡ 화상을 그린다. …(중략)…거북 연적 오징어로 먹 갈아, 천하 명산 승지간의 경개 보든 눈 그리고, 난초 지초 왼갓 향초 꽃 따먹던 입 그리고, 두견 앵무 지지 울 제 소리 듣던 귀 그리고, 봉래방장 운무 중에 내 잘 맡던 코 그리고, 만화방창 화림 중 뛰어가던 발 그리고, 대한 엄동 설한풍 어한허든 털 그리고, 신농씨 상백초 이슬 떨던 꼬리라. 두 눈은 도리도리, 두 귀는 쫑긋, 허리 늘씬허고, 꽁지 묘똑허여. …(중략)… "아나, 엿다. 별주부야. 네가 가지고 나가거라."
> — 작자 미상, 「수궁가」에서—

① ㉠은 분노의 정서를 유발하는 반면, ㉡은 유쾌한 정서를 유발한다.
② ㉠은 대상이 처한 상황을 암시하며, ㉡은 대상의 외양을 드러낸다.
③ ㉠과 ㉡은 현실 공간을 배경으로 일상적인 사건을 전개해 나간다.
④ ㉠과 ㉡은 역사적 인물과 사건을 인용하여 대상을 묘사하고 있다.

## 16. 다음 글의 '나'에 대한 이해로 가장 적절한 것은?

인도교와 거의 평행선을 지어 사람들의 발자국이 줄을 지어 얼음 위를 거멓게 색칠하였다. 인도교가 어엿하게 있음에도 불구하고 그들은 왜 얼음 위를 걸어가지 않으면 안 되었느냐? 그들은 그만큼 그들의 길을 단축하지 않으면 안 되도록 무슨 크나큰 일이 있었던 것일까?……

나는 그들의 고무신을 통하여, 짚신을 통하여, 그들의 발바닥이 감촉하였을, 너무나 차디찬 얼음장을 생각하고, 저 모르게 부르르 몸서리치지 않을 수 없었다.

가방을 둘러멘 보통학교 생도가 얼음 위를 지났다. 팔짱 낀 사나이가 동저고리 바람으로 뒤를 따랐다. 빵장수가 통을 둘러메고 또 뒤를 이었다. 조바위 쓴 아낙네, 감투 쓴 노인…… 그들의 수효는 분명히 인도교 위를 지나는 사람보다 많았다.

강바람은 거의 끊임없이 불어왔다. 그 사나운 바람은 얼음 위를 지나는 사람들의 목을 움츠리게 하였다. 목을 한껏 움츠리고 강 위를 지나는 그들의 모양은 이곳 풍경을 좀 더 삭막하게 하여 놓았다.

나는 그것에 나의 마지막 걸어갈 길을 너무나 확실히 보고, 그리고 저 모르게 악연*하였다……

– 박태원, 「피로」 –

* 악연하다: 몹시 놀라 정신이 아찔하다.

① 얼음 위를 지나는 사람들에게 이질감을 느끼면서도 공감하고 있다.
② 대도시에서 마주하는 타인의 비정함 때문에 좌절하고 있다.
③ 인도교 위를 지나는 사람들의 어리석음을 비판적으로 바라보고 있다.
④ 생의 종말이 멀지 않았다는 사실을 확인하고 슬퍼하고 있다.

## 17. (가)~(라)의 전개 순서로 가장 자연스러운 것은?

청소년 노동자를 바라보는 시각에는 양극단이 존재한다. '경제적으로 어려운 아이들'이라는 시각과 '지나치게 돈을 좋아하는 아이들'이라는 시각이 그것이다.

(가) 이런 시각은 비행만을 강조하기에 청소년들이 스스로 노동하고 있다는 사실을 부끄러워하거나 다른 사람들에게 숨기는 경우도 많이 발생한다.
(나) 전자는 청소년이 노동을 선택하는 이유를 '생계비 마련' 하나만으로 축소해 버리고 피해자로만 바라본다는 점에서 문제가 있다.
(다) 그러다 보니 생활비 마련뿐만 아니라 의미 있는 시간 활용, 부모의 눈치를 보지 않는 독립적인 생활, 진로 탐색 등 노동을 선택하는 복합적인 이유가 삭제돼 버린다.
(라) 후자의 시각은 청소년 노동을 학생의 본분을 저버린 그릇된 행위로 만들어 버림으로써, 문제의 원인을 노동 현장의 구조적 문제가 아니라 '청소년이 노동하고 있다는 사실' 자체로 돌려 버린다.

두 시각 모두 도달하게 되는 결론은 청소년을 노동에서 빨리 구원해야 한다는 것이다.

① (나) – (가) – (다) – (라)
② (나) – (가) – (라) – (다)
③ (나) – (다) – (라) – (가)
④ (나) – (라) – (나) – (가)

**18** ㉠~㉣의 한자 표기로 올바른 것은?

> 외래어의 사용은 날로 늘어나는 추세이다. 일상적인 언어생활에서는 물론 ㉠ 공문서에서도 외래어가 남용되고 있다. 그리고 가상 ㉡ 공간에서 의사소통이 활발해지면서 국어를 과도하게 변형한 말들이 생겨나고, 이러한 말들이 ㉢ 일상의 의사소통에도 큰 영향을 미치고 있다. 이러한 상황에서 국어 사용에 대한 ㉣ 성찰이 필요하다.

① ㉠: 共文書
② ㉡: 公間
③ ㉢: 日想
④ ㉣: 省察

**19** 다음 글의 글쓰기 방식에 대한 설명으로 가장 적절한 것은?

> 인간을 움직이게 하는 두 축은 당근과 채찍, 즉 보상과 처벌이다. 우리가 의욕을 갖는 것은 당근 때문이다. 채찍을 피하기 위해서 살아가는 것도 한 방법일 테지만, 그건 너무 가혹할 것이다. 가끔이라도 웃음을 주고 피로를 풀어 주는 당근, 즉 긍정적 보상물이 있기에 고단한 일상을 감수한다. 어떤 부모에게는 아이가 꾹꾹 눌러 쓴 "엄마 아빠, 사랑해요."라는 카드가 당근이다. 어떤 직장인에게는 주말마다 떠나는 여행이 당근이다.

① 예시를 사용하여 독자의 이해를 돕고 있다.
② 전문가의 의견을 인용하여 글의 신뢰성을 높이고 있다.
③ 묻고 답하는 형식을 사용해 독자의 관심을 끌고 있다.
④ 비유를 사용하여 문제의 심각성을 강조하고 있다.

**20** 다음 대화를 분석한 내용으로 적절하지 않은 것은?

> 박 과장: 오늘은 우리 시에서 후원하는 '벚꽃 축제'의 홍보 방법을 논의하겠습니다. 타 지역 사람들이 축제에 찾아오게 하는 홍보 방법을 제안해 주세요.
> 김 주무관: 지역 주민들이 SNS로 정보도 얻고 소통도 하니까 우리도 SNS를 통해 홍보하는 것은 어떨까요? 지역 주민들이 많이 가입한 SNS를 선별해서 홍보하면 입소문이 날 테니까요.
> 이 주무관: 파급력을 생각하면 지역 주민보다는 대중이 널리 이용하는 라디오 광고로 홍보하는 방법이 좋을 것 같습니다. 라디오는 다양한 연령과 계층이 듣기 때문에 광고 효과가 더 클 것입니다.
> 윤 주무관: 어떤 홍보든 간에 가장 쉬운 방법이 제일 좋습니다. 우리 기관의 누리집에 홍보 자료를 올리는 방법을 추천합니다.
> 박 과장: 네, 윤 주무관의 생각에 저도 동의합니다. 우리 기관의 누리집에 홍보 자료를 올리면 시간도 적게 들고 홍보 효과도 크겠네요.

① 축제의 홍보 방안에 대해 구성원들이 토의하는 과정을 보여 주고 있다.
② 김 주무관은 지역 주민들이 SNS를 즐겨 이용한다는 사실을 근거로 제시하고 있다.
③ 이 주무관은 라디오 광고가 SNS보다 홍보 효과가 클 것이라고 추측하고 있다.
④ 박 과장은 김 주무관, 이 주무관, 윤 주무관의 제안을 비교하여 의견을 절충하고 있다.

# 국어 | 2023년 지방직 9급

모바일 OMR

회독 CHECK 1 2 3

**01** ㉠~㉣의 말하기 방식을 설명한 내용으로 가장 적절한 것은?

> 김 주무관: AI에 대한 국민 이해도를 높이기 위해 설명회를 개최할 필요가 있다고 생각해요.
> 최 주무관: ㉠ 저도 요즘 그 필요성을 절감하고 있어요.
> 김 주무관: ㉡ 그런데 어떻게 준비해야 효과적으로 전달할 수 있을지 고민이에요.
> 최 주무관: 설명회에 참여할 청중 분석이 먼저 되어야겠지요.
> 김 주무관: 청중이 주로 어떤 분야에 관심이 있는지 알면 준비할 때 유용하겠네요.
> 최 주무관: ㉢ 그럼 청중의 관심 분야를 파악하려면 청중의 특성 중에서 어떤 것들을 조사하면 좋을까요?
> 김 주무관: ㉣ 나이, 성별, 직업 등을 조사할까요?

① ㉠: 상대의 의견에 대해 공감을 표현하고 있다.
② ㉡: 정중한 표현을 사용하여 직접 질문하고 있다.
③ ㉢: 자신의 반대 의사를 우회적으로 드러내고 있다.
④ ㉣: 의문문을 통해 상대의 의견을 반박하고 있다.

**02** (가)~(다)를 맥락에 따라 가장 자연스럽게 배열한 것은?

> 독서는 아이들의 전반적인 뇌 발달에 큰 영향을 미친다.
> (가) 그에 따르면 뇌의 전두엽은 상상력을 관장하는데, 책을 읽으면 상상력이 자극되어 전두엽을 많이 사용하게 된다.
> (나) A 교수는 책을 읽을 때와 읽지 않을 때의 뇌 변화를 연구해서 세계적인 명성을 얻었다.
> (다) 이처럼 책을 많이 읽으면 전두엽이 훈련되어 전반적인 뇌 발달의 가능성이 높아지는데, 그 결과는 교육 현장에서 실증된 바 있다.
> 독서를 많이 한 아이는 학교에서 더 좋은 성적을 낼 뿐 아니라 언어 능력도 발달한다는 사실이 밝혀진 것이다.

① (나) - (가) - (다)
② (나) - (다) - (가)
③ (다) - (가) - (나)
④ (다) - (나) - (가)

**03** ㉠~㉣을 설명한 내용으로 적절하지 않은 것은?

> • ㉠ 지원은 자는 동생을 깨웠다.
> • 유선은 도자기를 ㉡ 만들었다.
> • 물이 ㉢ 얼음이 되었다.
> • ㉣ 어머나, 현지가 언제 이렇게 컸지?

① ㉠: 동작의 주체를 나타내는 주어이다.
② ㉡: 주어와 목적어를 요구하는 서술어이다.
③ ㉢: 서술어를 꾸며주는 부사어이다.
④ ㉣: 문장의 다른 성분과 직접적으로 관련을 맺지 않는 독립어이다.

**04** ㉠~㉣과 바꿔 쓸 수 있는 유사한 표현으로 적절하지 않은 것은?

> - 서구의 문화를 ㉠ 맹종하는 이들이 많다.
> - 안일한 생활에서 ㉡ 탈피하여 어려운 일에 도전하고 싶다.
> - 회사의 생산성을 ㉢ 제고하기 위해 노력하자.
> - 연못 위를 ㉣ 부유하는 연잎을 바라보며 여유를 즐겼다.

① ㉠: 무분별하게 따르는
② ㉡: 벗어나
③ ㉢: 끌어올리기
④ ㉣: 헤엄치는

**05** (가)와 (나)를 이해한 내용으로 적절하지 않은 것은?

> (가) 청산(靑山)은 내 뜻이오 녹수(綠水)는 님의 정(情)이
> 녹수(綠水) ㅣ 흘너간들 청산(靑山)이야 변(變)홀손가
> 녹수(綠水)도 청산(靑山)을 못 니저 우러 녜여 가는고.
>
> (나) 청산(靑山)는 엇뎨ㅎ야 만고(萬古)애 프르르며
> 유수(流水)는 엇뎨ㅎ야 주야(晝夜)애 긋디 아니는고
> 우리도 그치디 마라 만고상청(萬古常靑)호리라.

① (가)는 '청산'과 '녹수'의 대조를 활용하여 화자가 처한 상황을 제시하고 있다.
② (나)는 시각적 심상과 청각적 심상을 활용하여 주제를 강조하고 있다.
③ (가)와 (나) 모두 대구를 활용하여 시상을 전개하고 있다.
④ (가)와 (나) 모두 설의적 표현을 활용하여 화자의 정서를 드러내고 있다.

**06** 다음 글의 중심 내용으로 가장 적절한 것은?

> 교환가치는 거래를 통해 발생하는 가치이며, 사용가치는 어떤 상품을 사용할 때 느끼는 가치이다. 전자가 시장에서 결정된다는 점에서 객관적이라면, 후자는 개인에 따라 다르다는 점에서 주관적이다. 상품에는 사용가치와 교환가치가 섞여 있는데, 교환가치가 아무리 높아도 '나'에게 사용가치가 없다면 해당 상품을 구매하지 않을 것이다.
>
> 하지만 이 같은 상식이 통하지 않는 경우를 종종 볼 수 있다. 예를 들어 보자. 인터넷 커뮤니티에서 백만 원짜리 공연 티켓을 판매하는데, 어떤 사람이 "이 공연의 가치는 돈으로 환산할 수 없어요." 등의 댓글들을 보고서 애초에 관심도 없던 이 공연의 티켓을 샀다. 그에게 그 공연의 사용가치는 처음에는 없었으나 많은 댓글로 인해 사용가치가 있을 것으로 잘못 판단한 것이다. 안타깝게도, 그는 그 공연에서 조금도 만족하지 못했다.
>
> 이 사례에서 볼 때 건강한 소비를 위해서는 구매하려는 상품의 사용가치가 어떤 과정을 거쳐 결정된 것인지 곰곰이 생각해봐야 한다. '나'에게 얼마나 필요한가에 대한 고민 없이 다른 사람들의 말에 휩쓸려 어떤 상품의 사용가치가 결정될 때, 그 상품은 '나'에게 쓸모없는 골칫덩이가 될 수 있다.

① 사용가치보다 교환가치가 큰 상품을 구매해야 한다.
② 상품을 구매할 때 사용가치와 교환가치를 두루 고려해야 한다.
③ 상품에 대한 다른 사람들의 평가를 반영해서 상품을 구매해야 한다.
④ 상품을 구매할 때 사용가치가 자신의 필요에 의해 결정된 것인지 신중하게 따져야 한다.

**07** ㉠~㉣ 중 어색한 곳을 찾아 수정하는 방안으로 가장 적절한 것은?

> 조선 후기에 서학으로 불린 천주학은 '학(學)'이라는 말에서도 짐작할 수 있듯이 ㉠ <u>종교적인 관점에서보다 학문적인 관점에서</u> 받아들여졌다. 당시의 유학자 중 서학 수용에 적극적인 이들까지도 서학을 무조건 따르자고 ㉡ <u>주장하지는 않았는데</u>, 서학은 신봉의 대상이 아니라 분석의 대상이었기 때문이다. 그들은 조선 사회를 바로잡고 발전시키기 위해 새로운 학문과 지식이 필요하다고 생각했지만, 외부에서 유입된 사유 체계에는 양명학이나 고증학 등도 있어서 서학이 ㉢ <u>유일한 대안은 아니었다.</u> 그들은 서학을 검토하며 어떤 부분은 수용했지만, 반대로 어떤 부분은 ㉣ <u>지향했다.</u>

① ㉠: '학문적인 관점에서보다 종교적인 관점에서'로 수정한다.
② ㉡: '주장하였는데'로 수정한다.
③ ㉢: '유일한 대안이었다'로 수정한다.
④ ㉣: '지양했다'로 수정한다.

**08** 다음 글의 맥락을 고려할 때 빈칸에 들어갈 말로 가장 적절한 것은?

> 능숙한 필자와 미숙한 필자는 글쓰기 과정 중 '계획하기'에서 뚜렷한 차이를 보인다. 전자는 이 과정에 오랜 시간 공을 들이는 반면, 후자는 그렇지 않다. 글쓰기에서 계획하기는 글쓰기의 목적 수립, 주제 선정, 예상 독자 분석 등을 포함한다. 이 중 예상 독자 분석이 중요한 이유는 ☐☐☐ 때문이다. 글을 쓸 때 독자의 수준에 비해 너무 어려운 개념과 전문용어를 사용한다면 독자가 글을 이해하기 어렵게 된다. 글쓰기는 필자가 글을 통해 자신의 메시지를 독자에게 전달하는 행위라는 점을 고려하면 계획하기 단계에서 반드시 예상 독자를 분석해야 한다.

① 계획하기 과정이 글쓰기 전체 과정의 첫 단계이기
② 글에 어려운 개념이나 전문용어를 어느 정도 포함해야 하기
③ 필자의 메시지를 독자에게 효과적으로 전달하는 데 도움이 되기
④ 독자의 배경지식 수준을 고려해야 글의 목적과 주제가 결정되기

**09** 다음 시를 이해한 내용으로 적절하지 않은 것은?

> 사랑을 잃고 나는 쓰네
> 
> 잘 있거라, 짧았던 밤들아
> 창밖을 떠돌던 겨울 안개들아
> 아무것도 모르던 촛불들아, 잘 있거라
> 공포를 기다리던 흰 종이들아
> 망설임을 대신하던 눈물들아
> 잘 있거라, 더 이상 내 것이 아닌 열망들아
> 
> 장님처럼 나 이제 더듬거리며 문을 잠그네
> 가엾은 내 사랑 빈집에 갇혔네
> 
> — 기형도, 「빈집」 —

① 대상들을 호명하며 안타까운 심정을 표현하고 있다.
② '빈집'은 상실감으로 공허해진 내면을 상징하고 있다.
③ 영탄형 어조를 활용해 이별에 따른 정서를 부각하고 있다.
④ 글 쓰는 행위를 통해 잃어버린 사랑의 회복을 열망하고 있다.

**10** 다음 글을 이해한 내용으로 가장 적절한 것은?

> 반드시 갚는 조건임을 강조하면서 그는 마치 성경책 위에다 오른손을 얹고 말하듯이 엄숙한 표정을 했다. 하마터면 나는 잊을 뻔했다. 그가 적시에 일깨워 주었기 망정이지 안 그랬더라면 빌려주는 어려움에만 골똘한 나머지 빌려줬다 나중에 돌려받는 어려움이 더 클 거라는 사실은 생각도 못 할 뻔했다. 그렇다. 끼니조차 감당 못 하는 주제에 막벌이 아니면 어쩌다 간간이 얻어걸리는 출판사 싸구려 번역 일 가지고 어느 해가*에 빚을 갚을 것인가. 책임이 따르는 동정은 피하는 게 상책이었다. 그리고 기왕 피할 바엔 저쪽에서 감히 두말을 못 하도록 야멸치게 굴 필요가 있었다.
> 
> "병원 이름이 뭐죠?" "원 산부인괍니다." "지금 내 형편에 현금은 어렵군요. 원장한테 바로 전화 걸어서 내가 보증을 서마고 약속할 테니까 권 선생도 다시 한번 매달려 보세요. 의사도 사람인데 설마 사람을 생으로 죽게야 하겠습니까. 달리 변통할 구멍이 없으시다면 그렇게 해 보세요."
> 
> 내 대답이 지나치게 더디 나올 때 이미 눈치를 챈 모양이었다. 도전적이던 기색이 슬그머니 죽으면서 그의 착하디착한 눈에 다시 수줍음이 돌아왔다. 그는 고개를 좌우로 흔들어 보였다.
> 
> "원장이 어리석은 사람이길 바라고 거기다 희망을 걸기엔 너무 늦었습니다. 그 사람은 나한테서 수술 비용을 받아 내기가 수월치 않다는 걸 입원시키는 그 순간에 벌써 알아차렸어요."
> 
> — 윤흥길, 「아홉 켤레의 구두로 남은 사내」에서 —
> 
> * 해가(奚暇): 어느 겨를

① 서술자가 등장인물의 심리를 전지적 위치에서 전달하고 있다.
② 서술자가 등장인물이 되어 다른 등장인물의 행동을 진술하고 있다.
③ 서술자가 주인공으로서 유년 시절을 회상하며 갈등 원인을 해명하고 있다.
④ 서술자가 주관을 배제하고 외부 관찰자의 시선으로 사건을 이야기하고 있다.

**11** 다음 대화를 분석한 내용으로 적절하지 않은 것은?

> 은지: 최근 국민 건강 문제와 관련해 '설탕세' 부과 여부가 논란인데, 나는 설탕세를 부과해야 한다고 생각해. 그러면 당 함유 식품의 소비가 감소하게 되고, 비만이나 당뇨병 등의 질병이 예방되니까 국민 건강 증진에 도움이 되기 때문이야.
> 운용: 설탕세를 부과하면 당 소비가 감소한다고 믿을 만한 근거가 있니?
> 은지: 세계보건기구 보고서를 보면 당이 포함된 음료에 설탕세를 부과하면 이에 비례해 소비가 감소한다고 나와 있어.
> 재윤: 그건 나도 알아. 그런데 설탕세 부과가 질병을 예방한다는 것은 타당하지 않아. 여러 연구 결과를 보면 당 섭취와 질병 발생은 유의미한 상관관계가 없어.

① 은지는 첫 번째 발언에서 화제를 제시하고 있다.
② 운용은 은지의 주장에 반대하고 있다.
③ 은지는 두 번째 발언에서 자신의 주장에 대한 근거를 제시하고 있다.
④ 재윤은 은지가 제시한 주장의 근거를 부정하고 있다.

**12** ㉠~㉣에 들어갈 단어로 적절하지 않은 것은?

> • 우리 회사는 올해 최고 수익을 창출해서 전성기를 ㉠ 하고 있다.
> • 그는 오래 살아온 자기 명의의 집을 ㉡ 하려 했는데 사려는 사람이 없다.
> • 그들 사이에 ㉢ 이 심해서 중재자가 필요하다.
> • 제가 부족하니 앞으로 많은 ㉣ 을 부탁드립니다.

① ㉠: 구가(謳歌)
② ㉡: 매수(買受)
③ ㉢: 알력(軋轢)
④ ㉣: 편달(鞭撻)

**13** 밑줄 친 단어의 쓰임이 올바르지 않은 것은?

① 이 일은 정말 힘에 부치는 일이다.
② 그와 나는 전부터 알음이 있던 사이였다.
③ 대문 앞에 서 있는데 대문이 저절로 닫혔다.
④ 경기장에는 걷잡아서 천 명이 넘게 온 듯하다.

**14** ㉠~㉢의 한자 표기로 올바른 것은?

> • 복지부 ㉠ 장관은 의료시설이 대도시에 편중된 문제에 대해 대책을 마련하라고 지시하였다.
> • 박 주무관은 사유지의 국유지 편입으로 발생한 주민들의 피해를 ㉡ 보상하는 업무를 맡고 있다.
> • 김 주무관은 이 팀장에게 부서 운영비와 관련된 ㉢ 결재를 올렸다.

|   | ㉠ | ㉡ | ㉢ |
|---|---|---|---|
| ① | 長官 | 補償 | 決裁 |
| ② | 將官 | 報償 | 決裁 |
| ③ | 長官 | 報償 | 決濟 |
| ④ | 將官 | 補償 | 決濟 |

**15** 다음 글에서 추론한 내용으로 적절하지 않은 것은?

> 우리는 개별적으로 고립된 채 살아가는 존재일 수 없다. 사회 속에서 여럿이 모여 '복수(複數)'의 상태로 살아갈 수밖에 없는 존재라는 것이다. 복수의 상태로 살아가는 우리는 종(種)적인 차원에서 보면 보편적이고 동등한 존재이다. 그러나 우리는 각각 유일무이성을 지닌 '단수(單數)'이기도 하다. 즉 모든 인간은 개인으로서 고유한 인격체라는 특수성을 지닌다. 사회 속에서 우리는 보편적 복수성과 특수한 단수성을 겸비한 채 살아가고 있는 셈이다. 바로 이러한 이유로 우리는 다원적 존재이다. 이러한 존재들로 구성된 다원적 사회에서는 어떠한 획일화도 시도되어서는 안 된다. 우리가 이 같은 사회에서 살아가기 위해서는 타인을 포용하는 공존의 태도가 필요하다. 공동체 정화 등을 목적으로 개별적 유일무이성을 제거하는 것은 우리가 살아가는 사회의 다원성을 파괴하는 일이다.

① 우리는 고립된 상태에서 '단수'로 살아가는 존재가 아니다.
② 우리는 다원성을 지닌 존재로서 포용적으로 공존해야 한다.
③ 개인의 유일무이성을 보존하려는 제도는 개인의 보편적 복수성을 침해한다.
④ 개인의 특수한 단수성을 제거하려는 시도는 사회의 다원성을 파괴하는 결과로 이어질 수 있다.

**16** 다음 글을 이해한 내용으로 적절하지 않은 것은?

> 매우 치라 소리 맞춰. 넓은 골에 벼락치듯 후리쳐 딱 붙이니, 춘향이 정신이 아득하여, "애고 이것이 웬일인가?" 일자(一字)로 운을 달아 우는 말이, "일편단심 춘향이 일정지심 먹은 마음 일부종사 하쟀더니 일신난처 이 몸인들 일각인들 변하리까? 일월 같은 맑은 절개 이리 힘들게 말으시오."
> "매우 치라." "꽤 때리오." 또 하나 딱 부치니, "애고." 이자(二字)로 우는구나. "이부불경 이내 마음 이군불사와 무엇이 다르리까? 이 몸이 죽더라도 이도령은 못 잊겠소. 이 몸이 이러한들 이 소식을 누가 전할까? 이왕 이리 되었으니 이 자리에서 죽여 주오."
> "매우 치라." "꽤 때리오." 또 하나 딱 부치니, "애고." 삼자(三字)로 우는구나. "삼청동 도련님과 삼생연분 맺었는데 삼강을 버리라 하소? 삼척동자 아는 일을 이내 몸이 조각조각 찢겨져도 삼종지도 중한 법을 삼생에 버리리까? 삼월삼일 제비같이 훨훨 날아 삼십삼천 올라가서 삼태성께 하소연할까? 애고애고 서러운지고."
>
> — 「춘향전」에서 —

① 동일한 글자를 반복함으로써 리듬감을 조성하고 있다.
② 숫자를 활용하여 주인공이 처한 상황을 제시하고 있다.
③ 등장인물 간의 대화를 통해 주인공의 내적 갈등이 해결되고 있다.
④ 유교적 가치를 담고 있는 말을 활용하여 주인공의 의지를 드러내고 있다.

**17.** 다음 글을 이해한 내용으로 적절하지 않은 것은?

> 고소설의 유통 방식은 '구연에 의한 유통'과 '문헌에 의한 유통'으로 나눌 수 있다. 구연에 의한 유통은 구연자가 소설을 사람들에게 읽어 주는 방식으로, 글을 모르는 사람들과 글을 읽을 수 있지만 남이 읽어 주는 것을 선호하는 이들을 대상으로 이루어졌다. 구연자는 '전기수'로 불렸으며, 소설 구연을 통해 돈을 벌던 전문적 직업인이었다. 하지만 이 방식은 문헌에 의한 유통에 비해 시간과 공간의 제약이 많아서 유통 범위를 넓히는 데 뚜렷한 한계가 있었다.
>
> 문헌에 의한 유통은 차람, 구매, 상업적 대여로 나눌 수 있다. 차람은 소설을 소유하고 있는 사람에게 직접 빌려서 보는 것으로, 알고 지내던 개인들 사이에서 이루어졌다. 구매는 서적 중개인에게 돈을 지불하고 책을 사는 것인데, 책값이 상당히 비쌌기 때문에 소설을 구매할 수 있는 사람은 그리 많지 않았다. 상업적 대여는 세책가에 돈을 지불하고 일정 기간 동안 소설을 빌려 보는 것이다. 세책가에서는 소설을 구매하는 것보다 훨씬 적은 비용으로 빌려 볼 수 있기 때문에 경제적으로 넉넉하지 않은 사람도 소설을 쉽게 접할 수 있었다. 이로 인해 조선 후기 사회에서 세책가가 성행하게 되었다.

① 전기수는 글을 모르는 사람들에게 소설을 구연하였다.
② 차람은 알고 지내던 사람에게 대가를 지불하고 책을 빌려 보는 방식이다.
③ 문헌에 의한 유통은 구연에 의한 유통에 비해 시간과 공간의 제약이 적었다.
④ 조선 후기에 세책가가 성행한 원인은 소설을 구매하는 비용보다 세책가에서 빌리는 비용이 적다는 데 있다.

**18.** 다음 글을 이해한 내용으로 가장 적절한 것은?

> 『삼국사기』는 본기 28권, 지 9권, 표 3권, 열전 10권의 체제로 되어 있다. 이 중 열전은 전체 분량의 5분의 1을 차지하며, 수록된 인물은 86명으로, 신라인이 가장 많고, 백제인이 가장 적다. 수록 인물의 배치에는 원칙이 있는데, 앞부분에는 명장, 명신, 학자 등을 수록했고, 다음으로 관직에 있지는 않았으나 기릴 만한 사람을 실었다.
>
> 반신(叛臣)의 경우 열전의 끝부분에 배치되어 있다. 이들을 수록한 까닭은 왕을 죽인 부정적 행적을 드러내어 반면교사로 삼는 데에 있었으나, 그 목적에 부합하지 않는 내용이 있어 흥미롭다. 가령 고구려의 연개소문은 반신이지만, 당나라에 당당히 대적한 민족적 영웅의 모습도 포함되어 있다. 흔히 『삼국사기』에 대해, 신라 정통론에 기반해 있으며, 유교적 사관에 따라 당시의 지배 질서를 공고히 하고자 했다고 평가한다. 하지만 연개소문의 사례에서 볼 수 있듯 『삼국사기』는 기존 평가와 달리 다면적이고 중층적인 역사 텍스트라고 할 수 있다.

① 『삼국사기』 열전에 고구려인과 백제인도 수록되었다는 점은 이 책이 신라 정통론을 계승하지 않았다는 것을 보여준다.
② 『삼국사기』 열전에 수록된 반신 중에는 이 책에 대한 기존 평가를 다르게 할 수 있는 사례가 있다.
③ 『삼국사기』 열전에는 기릴 만한 업적이 있더라도 관직에 오르지 못한 사람은 수록되지 않았다.
④ 『삼국사기』의 체제 중에서 열전이 가장 많은 권수를 차지한다.

**19** 다음 글에서 추론한 내용으로 적절하지 않은 것은?

프랑스에서 의무교육 제도를 실시하면서 정규학교에 입학하기 어려운 지적장애아, 학습부진아를 가려내고자 하였다. 이에 기초 학습 능력 평가를 목적으로, 1905년 최초의 IQ 검사가 이루어졌다. 이 검사를 통해 비로소 인간의 지능을 구체적으로 수치화하고 객관적으로 비교할 수 있게 되었다.

이후 오랫동안 IQ가 높으면 똑똑한 사람, 그렇지 않으면 머리가 좋지 않고 학습에도 부진한 사람으로 판단했다. 물론 IQ가 높은 아이는 그렇지 않은 아이에 비해 읽기나 계산 등 사고 기능과 관련된 과목에서 높은 성취도를 보이는 경우가 많다. 이는 IQ 검사가 기초 학습에 필요한 최소 능력인 언어이해력, 어휘력, 수리력 등을 측정하기 때문이다. 학습의 기초 능력을 측정하는 IQ 검사에서 높은 점수를 받은 아이는 동일한 능력을 측정하는 학업 평가에서도 높은 점수를 받을 가능성이 크다. 하지만 문제는 IQ 검사가 인간의 지능 중 일부만을 측정한다는 점이다.

① 최초의 IQ 검사는 학습 능력이 우수한 아이를 고르기 위해 시행되었다.
② IQ 검사가 만들어지기 전에는 인간의 지능을 수치로 비교할 수 없었다.
③ IQ가 높은 아이라도 전체 지능은 높지 않을 수 있다.
④ IQ가 높은 아이가 읽기 능력이 좋을 확률이 높다.

**20** 다음 글에서 추론한 내용으로 적절하지 않은 것은?

한글은 소리를 나타내는 표음문자여서 한국어 문장을 읽는 데 학습해야 할 글자가 적지만, 한자는 음과 상관없이 일정한 뜻을 나타내는 표의문자여서 한문을 읽는 데 익혀야 할 글자 수가 훨씬 많다. 이러한 번거로움에도 한글과 달리 한자가 갖는 장점이 있다. 한글에서는 동음이의어, 즉 형태와 음이 같은데 뜻이 다른 단어가 많아 글자만으로 의미를 파악하지 못하는 경우가 많다. 하지만 한자는 그렇지 않다. 예컨대, 한글로 '사고'라고만 쓰면 '뜻밖에 발생한 사건'인지 '생각하고 궁리함'인지 구별할 수 없다. 한자로 전자는 '事故', 후자는 '思考'로 표기한다. 그런데 한자는 문맥에 따라 같은 글자가 다른 뜻으로 쓰이지는 않지만 다른 문장성분으로 사용되기도 해 혼란을 야기한다. 가령 '愛人'은 문맥에 따라 '愛'가 '人'을 수식하는 관형어일 때도, '人'을 목적어로 삼는 서술어일 때도 있는 것이다.

① 한문은 한국어 문장보다 문장성분이 복잡하다.
② '淨水'가 문맥상 '깨끗하게 한 물'일 때 '淨'은 '水'를 수식한다.
③ '愛人'에서 '愛'의 문장성분이 바뀌더라도 '愛'는 동음이의어가 아니다.
④ '의사'만으로는 '병을 고치는 사람'인지 '의로운 지사'인지 구별할 수 없다.

# 국어 | 2022년 지방직 9급

## 01 언어 예절로 가장 적절한 것은?

① 지금부터 회장님의 말씀이 계시겠습니다.
② (시누이에게) 고모, 오늘 참 예쁘게 차려 입으셨네요?
③ (처음 자신을 소개하면서) 처음 뵙겠습니다. 박혜정입니다.
④ (다른 사람에게 자기 아내를 가리키며) 이쪽은 제 부인입니다.

## 02 다음 글의 주된 서술 방식은?

이지러는 졌으나 보름을 가제 지난 달은 부드러운 빛을 흡북이 흘리고 있다. 대화까지는 칠십 리의 밤길. 고개를 둘이나 넘고 개울을 하나 건너고, 벌판과 산길을 걸어야 된다. 길은 지금 긴 산허리에 걸려 있다. 밤중을 지난 무렵인지 죽은 듯이 고요한 속에서 짐승 같은 달의 숨소리가 손에 잡힐 듯이 들리며, 콩 포기와 옥수수 잎새가 한층 달에 푸르게 젖었다.

① 묘사
② 설명
③ 유추
④ 분석

## 03 다음 글에 대한 이해로 적절하지 않은 것은?

연출자가 자신의 저작권을 침해당했다고 주장하기 위해서는 우선 그가 유효한 저작권을 소유하고 있어야 한다. 즉 저작권 보호 가능성이 있는 창작물이 필요하다. 다음으로 창작적인 표현을 도용당했는지 밝혀야 하는데, 이것이 쉽지 않다. 왜냐하면 연출자가 주관적으로 창작성이 있다고 느끼는 부분일지라도 객관적인 시각에서는 이미 공연 예술 무대에서 흔히 사용되는 표현 기법일 수 있고, 저작권법상 보호 대상이 아닌 아이디어의 요소와 보호 가능한 요소인 표현이 얽혀 있는 경우가 있기 때문이다. 쉬운 예로 셰익스피어를 보자. 그의 명작 중에 선대에 있었던 작품에 의거하지 않고 탄생한 작품이 있는가. 대부분의 연출자는 선행 예술가로부터 영향을 받아 창작에 임하는 것이 너무도 당연하고 자연스럽다. 따라서 무대 연출 작업 중에서 독보적인 창작을 걸러내서 배타적인 권한인 저작권을 부여하는 것은 매우 흔치 않은 경우이고, 후발 창작을 방해하는 요소로 작용할 수도 있다. 저작권법은 창작자에게 개인적인 인센티브를 제공하여 창작을 장려함과 동시에 일반 공중이 저작물을 원활하게 이용할 수 있도록 해야 하는 두 가지 가치의 균형을 이루는 것이 목표다.

① 무대연출의 창작적인 표현의 도용 여부를 밝히기는 쉽지 않다.
② 저작권 침해를 당했다고 주장하려면 유효한 저작권을 소유하고 있어야 한다.
③ 독보적인 무대연출 작업에 저작권을 부여한다고 해서 후발 창작에 방해가 되지는 않는다.
④ 저작권법의 목표는 창작자의 창작을 장려하고 일반 공중의 저작물 이용을 원활하게 하는 것이다.

## 04 ㉠~㉢의 고쳐 쓰기로 적절하지 않은 것은?

파놉티콘(panopticon)은 원형 평면의 중심에 감시탑을 설치해 놓고, 주변으로 빙 둘러서 죄수들의 방이 배치된 감시 시스템이다. 감시탑의 내부는 어둡게 되어 있는 반면 죄수들의 방은 밝아 교도관은 죄수를 볼 수 있지만, 죄수는 교도관을 바라볼 수 없다. 죄수가 잘못했을 때 교도관은 잘 보이는 곳에서 처벌을 가한다. 그렇게 수차례의 처벌이 있게 되면 죄수들은 실제로 교도관이 자리에 ㉠ 있을 때조차도 언제 처벌을 받을지 모르는 공포감에 의해서 스스로를 감시하게 된다. 이렇게 권력자에 의한 정보 독점 아래 ㉡ 다수가 통제된다는 점에서 파놉티콘의 디자인은 과거 사회 구조와 본질적으로 같았다.

현대사회는 다수가 소수의 권력자를 동시에 감시할 수 있는 시놉티콘(synopticon)의 시대가 되었다. 시놉티콘에 가장 크게 기여한 것은 인터넷의 ㉢ 동시성이다. 권력자에 대한 비판을 신변 노출 없이 자유롭게 표현할 수 있게 되었기 때문이다. 정보화 시대가 오면서 언론과 통신이 발달했고, ㉣ 특정인이 정보를 수용하고 생산하게 되었다. 그로 인해 사회에서 일어나는 일에 대한 비판적 인식 교류와 부정적 현실 고발 등 네티즌의 활동으로 권력자들을 감시하는 전환이 일어났다.

① ㉠을 '없을'로 고친다.
② ㉡을 '소수'로 고친다.
③ ㉢을 '익명성'으로 고친다.
④ ㉣을 '누구나가'로 고친다.

## 05 ㉠~㉣에 대한 이해로 가장 적절한 것은?

㉠ 산(山)새도 오리나무
위에서 운다
산새는 왜 우노, 시메산골
영(嶺) 넘어가려고 그래서 울지

눈은 내리네, 와서 덮이네
오늘도 하룻길은
㉡ 칠팔십 리(七八十里)
돌아서서 육십 리는 가기도 했소

㉢ 불귀(不歸), 불귀, 다시 불귀
삼수갑산에 다시 불귀
사나이 속이라 잊으련만
십오 년 정분을 못 잊겠네

산에는 오는 눈, 들에는 녹는 눈
산새도 오리나무
㉣ 위에서 운다
삼수갑산 가는 길은 고개의 길

— 김소월, 「산」 —

① ㉠은 시적 화자와 상반되는 처지에 놓여 있다.
② ㉡은 시적 화자에게 놓인 방랑길을 비유한다.
③ ㉢은 시적 화자의 이국 지향 의식을 강조한다.
④ ㉣은 시적 화자가 지닌 분노의 정서를 대변한다.

## 06 다음 글에 대한 감상으로 적절하지 않은 것은?

"같이 가시지. 내 보기엔 좋은 여자 같군."
"그런 거 같아요."
"또 알우? 인연이 닿아서 말뚝 박구 살게 될지. 이런 때 아주 뜨내기 신셀 청산해야지."
영달이는 시무룩해져서 역사 밖을 멍하니 내다보았다. 백화는 뭔가 쑤군대고 있는 두 사내를 불안한 듯이 지켜보고 있었다. 영달이가 말했다.
"어디 능력이 있어야죠."
"삼포엘 같이 가실라우?"
"어쨌든……."
영달이가 뒷주머니에서 꼬깃꼬깃한 오백 원짜리 두 장을 꺼냈다.
"저 여잘 보냅시다."
영달이는 표를 사고 삼립빵 두 개와 찐 달걀을 샀다. 백화에게 그는 말했다.
"우린 뒤차를 탈 텐데……. 잘 가슈."
영달이가 내민 것들을 받아 쥔 백화의 눈이 붉게 충혈되었다. 그 여자는 더듬거리며 물었다.
"아무도…… 안 가나요?"
"우린 삼포루 갑니다. 거긴 내 고향이오."
영달이 대신 정 씨가 말했다. 사람들이 개찰구로 나가고 있었다. 백화가 보퉁이를 들고 일어섰다.
"정말, 잊어버리지…… 않을게요."
백화는 개찰구로 가다가 다시 돌아왔다. 돌아온 백화는 눈이 젖은 채로 웃고 있었다.
"내 이름 백화가 아니에요. 본명은요…… 이점례예요."
여자는 개찰구로 뛰어나갔다. 잠시 후에 기차가 떠났다.

— 황석영, 「삼포 가는 길」에서 —

① 정 씨는 영달이 백화와 함께 떠날 것을 권유했군.
② 백화는 영달의 선택이 어떤 것일지 몰라 불안했군.
③ 영달은 백화를 신뢰할 수 없었기 때문에 같이 떠나지 않았군.
④ 백화가 자신의 본명을 말한 것은 정 씨와 영달에 대한 고마움의 표현이었군.

## 07 다음 글의 전개 순서로 가장 자연스러운 것은?

(가) 과거에는 고통만을 안겨 주었던 지정학적 조건이 이제는 희망의 조건이 되고 있습니다. 이제 한반도는 사람과 물자가 모여드는 동북아 물류와 금융, 비즈니스의 중심지가 될 것입니다. 우리가 주도해서 평화와 번영의 동북아 시대를 열어 나가야 합니다.

(나) 100년 전 우리는 수난과 비극의 역사를 겪었습니다. 해양으로 나가려는 세력과 대륙으로 진출하려는 세력이 한반도를 가운데 놓고 싸움을 벌였습니다. 마침내 우리는 국권을 상실하는 아픔을 감수해야 했습니다.

(다) 지금은 무력이 아니라 경제력이 국력을 좌우하는 시대입니다. 우리나라는 전쟁의 폐허를 극복하고 세계적인 경제 강국을 건설하고 있습니다. 우수한 인력과 세계 선두권의 정보화 기반을 갖추고 있습니다. 바다와 하늘과 땅을 연결하는 물류 기반도 손색이 없습니다.

(라) 그 아픔은 분단으로 이어져서 오늘에 이르고 있습니다. 그 과정에서는 정의가 패배하고 기회주의가 득세하는 불행한 역사를 겪었습니다. 그러나 이제 우리에게도 새로운 희망의 시대가 열리고 있습니다. 세계의 변방으로 머물러 왔던 동북아시아가 북미·유럽 지역과 함께 세계 경제의 3대 축으로 떠오르고 있습니다.

① (가) - (나) - (다) - (라)
② (가) - (라) - (나) - (다)
③ (나) - (가) - (라) - (다)
④ (나) - (라) - (다) - (가)

**08** 다음 대화에 대한 설명으로 가장 적절한 것은?

> A: 예은 씨, 오늘 회의 내용을 팀원들에게 공유해 주시면 좋겠네요.
> B: 네, 알겠습니다. 팀장님, 오늘 회의 내용을 요약 정리해서 메일로 공유하면 되겠지요?
> A: (고개를 끄덕이며) 맞습니다.
> B: 네. 그럼 회의 내용은 개조식으로 요약하고, 팀장님을 포함해서 전체 팀원에게 메일로 보내도록 하겠습니다.
> A: 예은 씨, 그런데 개조식으로 회의 내용을 요약하는 방식에는 문제가 있지 않을까요?
> B: (고개를 끄덕이며) 그렇겠네요. 개조식으로 요약할 경우 회의 내용이 과도하게 생략되어 이해가 어려울 수 있겠네요.

① A는 B에게 내용 요약 방식을 제안하고 있다.
② A와 B는 대화 중에 공감의 표지를 드러내며 상대방의 말을 듣고 있다.
③ B는 회의 내용 요약 방식에 대한 A의 문제 제기에 대해 자신이 다른 입장임을 드러내고 있다.
④ A는 개조식 요약 방식이 회의 내용을 과도하게 생략하여 이해에 어려움을 줄 수 있다고 명시하고 있다.

**09** 다음 글에 대한 이해로 적절하지 않은 것은?

> 올해 A시는 '청소년 의회 교실' 운영에 관한 조례를 발표함으로써 청소년들이 지방의회의 역할과 기능을 이해하고 민주 시민으로서의 소양과 자질을 함양할 수 있는 근거를 마련하였다. 청소년 의회 교실이란 청소년을 대상으로 실시하는 의회 체험 프로그램을 의미한다. 여기에 참여할 수 있는 대상은 A시에 있는 학교에 재학 중인 만 19세 미만의 청소년이다. 이 조례에 따르면 시의회 의장은 의회 교실의 참가자 선정 및 운영 방안을 결정할 수 있다. 운영 방안에는 지방자치 및 의회의 기능과 역할, 민주 시민의 소양과 자질 등에 관한 교육 내용이 포함된다. 또한 시의회 의장은 고유 권한으로 본회의장 시설 사용이 가능하도록 지원할 수 있다. 최근 A시는 '수업 시간 스마트폰 사용 제한에 관한 조례안'을 주제로 본회의장에서 첫 번째 의회 교실을 운영하였다. 참석 학생들은 1일 시의원이 되어 의원 선서를 한 후 주제에 관한 자유 발언 시간을 가졌다. 이어서 관련 조례안을 상정한 후 찬반 토론을 거쳐 전자 투표로 표결 처리하였다. 학생들이 의회 과정 전반에 대해 체험할 수 있었던 뜻깊은 시간이었다.

① A시에 있는 학교의 만 19세 미만 재학생은 청소년 의회 교실에 참여할 수 있는 대상이다.
② A시의 시의회 의장은 청소년 의회 교실의 민주 시민 소양과 관련된 교육 내용을 결정할 수 있다.
③ A시에서 시행된 청소년 의회 교실에서 시의회 의장은 본회의장 시설을 사용하도록 지원해 주었다.
④ A시의 올해 청소년 의회 교실은 의원 선서, 조례안 상정, 자유 발언, 찬반 토론, 전자 투표의 순서로 진행되었다.

**10** 단어에 대한 설명으로 적절하지 않은 것은?

① 가난: 한자어 '간난'에서 'ㄴ'이 탈락하면서 된 말이다.
② 어리다: '어리석다'는 뜻에서 '나이가 적다'는 뜻으로 바뀐 말이다.
③ 수탉: 'ㅎ'을 종성으로 갖고 있던 '숳'에 '둙'이 합쳐져 이루어진 말이다.
④ 점잖다: '의젓함'을 나타내는 '점잔'에 '하다'가 붙어 형성된 말이다.

**11** 다음 글의 주제로 가장 적절한 것은?

　예전에 '혐오'는 대중에게 관심을 끄는 말이 아니었지만, 요즘에는 익숙하게 듣는 말이 되었다. 이는 과거에 혐오가 존재하지 않았다는 말이 아니다. 단지 최근 몇 년 사이에 이 문제가 폭발하듯 가시화되었다는 뜻이다. 혐오 현상은 외계에서 뚝 떨어진 괴물이 만들어 낸 것이 아니라, 거기엔 자체의 역사와 사회적 배경이 반드시 선행한다.
　이 문제를 바라볼 때 주의 사항이 있다. 혐오나 증오라는 특정 감정에 집착해선 안 된다는 것이다. 혐오가 주제인데 거기에 집중하지 말라니, 얼핏 이율배반처럼 들리지만 이는 매우 중요한 포인트다. 왜 혐오가 나쁘냐고 물어보면 많은 사람들은 이렇게 답한다. "나쁜 감정이니까 나쁘다.", "약자와 소수자를 차별하게 만드니까 나쁘다." 이 대답들은 분명 선량한 마음에서 나온 것이다. 하지만 문제의 성격을 오인하게 만들 수 있다. 혐오나 증오라는 감정에 집중할수록 우린 '달을 가리키는 손가락만 바라보는' 잘못을 범하기 쉬워진다.
　인과관계를 혼동하면 곤란하다. 우리가 문제시하고 있는 각종 혐오는 자연 발생한 게 아니라 사회적으로 형성된 감정이다. 사회문제의 기원이나 원인이 아니라, 발현이며 결과다. 더 정확히 말하자면 혐오는 증상이다. 증상을 관찰하는 일은 중요하지만 거기에만 매몰되면 곤란하다. 우리는 혐오나 증오 그 자체를 사회악으로 지목해 도덕적으로 지탄하는 데서 그치지 말아야 한다.

① 혐오 현상에는 인과관계가 존재하지 않는다.
② 혐오 현상은 선량한 마음으로 바라보아야 한다.
③ 혐오 현상을 만들어 내는 근본 원인을 찾아야 한다.
④ 혐오라는 감정에 집중할수록 사회문제는 잘 보인다.

**12** ㉠~㉣에 대한 이해로 적절하지 않은 것은?

| 有此茅亭好 | 이 멋진 ㉠초가 정자 있고 |
| 綠林細徑通 | 수풀 사이로 오솔길 나 있네 |
| 微吟一杯後 | 술 한 잔 하고 시를 읊조리면서 |
| 高座百花中 | 온갖 꽃 속에서 ㉡높다랗게 앉아 있네 |
| 丘壑長看在 | 산과 계곡은 언제 봐도 그대로건만 |
| 樓臺盡覺空 | ㉢누대는 하나같이 비어 있구나 |
| 莫吹紅一點 | 붉은 꽃잎 하나라도 흔들지 마라 |
| 老去惜春風 | 늙어갈수록 ㉣봄바람이 안타깝구나 |

　　　　　－ 심환지, 「육각지하화원소정염운(六閣之下花園小亭拈韻)」 －

① ㉠: 시간적 흐름에 따른 시상 전개를 매개하고 있다.
② ㉡: 시적 화자의 초연한 태도를 드러내고 있다.
③ ㉢: 자연에 대비되는 쇠락한 인간사를 암시하고 있다.
④ ㉣: 꽃잎을 흔드는 부정적 이미지로 기능하고 있다.

**13** 밑줄 친 단어 중 사람의 몸을 지시하는 말이 포함되지 않은 것은?

① 선생님께서는 <u>슬하</u>에 세 명의 자녀를 두셨다고 한다.
② 그는 <u>수완</u>이 좋아서 사람들에게 인정을 받는다.
③ 여러 팀이 우승을 위해 긴 시간 동안 <u>각축</u>을 벌였다.
④ 사업단의 <u>발족</u>으로 미뤄 뒀던 일들이 진행되기 시작했다.

**14** ㉠과 ㉡에 대한 설명으로 가장 적절한 것은?

(가) ㉠ 계월이 여자 옷을 벗고 갑옷과 투구를 갖춘 후 용봉황월(龍鳳黃鉞)과 수기를 잡아 행군해 별궁에 자리를 잡았다. 그리고 군사를 시켜 보국에게 명령을 전하니 보국이 전해져 온 명령을 보고 화가 머리끝까지 났다. 그러나 보국은 예전에 계월의 위엄을 보았으므로 명령을 거역하지 못해 갑옷과 투구를 갖추고 군문에 대령했다.
　이때 계월이 좌우를 돌아보며 말했다.
　"보국이 어찌 이다지도 거만한가? 어서 예를 갖추어 보이라."
　호령이 추상과 같으니 군졸의 대답 소리로 장안이 울릴 정도였다. 보국이 그 위엄을 보고 겁을 내어 갑옷과 투구를 끌고 몸을 굽히고 들어가니 얼굴에서 땀이 줄줄 흘러내렸다.
　　　　　　　　　　— 작자 미상, 「홍계월전」에서 —

(나)　장끼 고집 끝끝내 굽히지 아니하여 ㉡ 까투리 홀로 경황없이 물러서니, 장끼란 놈 거동 보소. 콩 먹으러 들어갈 제 열두 장목 펼쳐 들고 꾸벅꾸벅 고개 조아 조츰조츰 들어가서 반달 같은 혀뿌리로 들입다 꽉 찍으니, 두 고패 둥그레지며 …(중략)… 까투리 하는 말이
　"저런 광경 당할 줄 몰랐던가. 남자라고 여자의 말 잘 들어도 패가하고, 계집의 말 안 들어도 망신하네."
　까투리 거동 볼작시면, 상하평전 자갈밭에 자락머리 풀어 놓고 당굴당굴 뒹굴면서 가슴치고 일어앉아 잔디풀을 쥐어뜯어 애통하며, 두 발로 땅땅 구르면서 붕성지통(崩城之痛) 극진하니, 아홉 아들 열두 딸과 친구 벗님네들도 불쌍타 의논하며 조문 애곡하니 가련 공산 낙망천에 울음소리뿐이로다.
　　　　　　　　　　— 작자 미상, 「장끼전」에서 —

① ㉠과 ㉡은 모두 상대에 비해 우월한 지위를 가지고 있다.
② ㉠이 상대의 행동을 비판하는 반면, ㉡은 옹호하고 있다.
③ ㉠이 갈등 상황을 타개하는 데 적극적인 반면, ㉡은 소극적이다.
④ ㉠이 주변으로부터 호의적인 반응을 얻은 반면, ㉡은 적대적인 반응을 얻는다.

**15** 밑줄 친 말의 쓰임이 올바른 것은?
① 습관처럼 중요한 말을 <u>되뇌이는</u> 버릇이 있다.
② 나는 친구 집을 찾아 골목을 <u>헤매이고</u> 다녔다.
③ 너무 급하게 밥을 먹으면 목이 <u>메이기</u> 마련이다.
④ 그는 어린 시절 기계에 손가락이 <u>끼이는</u> 사고를 당했다.

**16** 밑줄 친 부분의 한자 표기가 옳지 않은 것은?
① 우리 시대 영웅으로 <u>소방관(消防官)</u>이 있다.
② <u>과학자(科學者)</u>는 청소년들이 선망하는 직업이다.
③ 그는 인공지능 연구소의 <u>연구원(研究員)</u>이 되었다.
④ 그는 법원의 명령에 따라 <u>변호사(辯護事)</u>로 선임되었다.

**17** 다음 글에 대한 이해로 적절하지 않은 것은?

르네상스가 일어나게 된 요인으로 많은 것들이 거론되어 왔지만, 의학사의 관점에서 볼 때 흥미롭고 논쟁적인 원인은 페스트이다. 페스트가 유럽의 인구를 격감시킴으로써 사회 경제 구조가 급변하게 되었고, 사람들은 재래의 전통이 지니고 있던 강력한 권위에 의문을 품기 시작했다. 예컨대 사람들은 이 무시무시한 질병을 예측하지 못한 기존의 의학적 전통을 불신하게 되었으며, 페스트로 인해 '사악한 자'들만이 아니라 '선량한 자'들까지 무차별적으로 죽는 것을 보고 이전까지 의심하지 않았던 신과 교회의 막강한 권위에 대해서도 회의하게 되었다.

속수무책으로 당할 수밖에 없었던 죽음에 대한 경험은 사람들을 여러 방향에서 변화시켰다. 사람들은 거리에 시체가 널려 있는 광경에 익숙해졌고, 인간의 유해에 대한 두려움 또한 점차 옅어졌다. 교회에서 제시한 세계관 및 사후관에 대한 신뢰가 떨어지고, 삶과 죽음 같은 인간의 본질적인 문제에 대해 새롭게 사유하기 시작했다. 중세의 지적 전통에 대한 의구심은 고대의 학문과 예술, 언어에 대한 재평가로 이어졌으며, 이에 따라 신에 대한 무조건적 찬양과 복종 대신 인간에 대한 새로운 관심과 사유가 활발해졌다.

이러한 움직임은 미술사에서 두드러지게 포착된다. 인간에 대한 관심의 증대에 따라 인체의 아름다움이 재발견되었고, 인체를 묘사하는 다양한 화법도 등장했다. 인체에 대한 관심은 보이는 부분뿐만 아니라 보이지 않는 부분에 대한 관심으로 이어졌다. 기존의 의학적 전통을 여전히 신봉하던 의사들에게 해부학적 지식은 불필요한 것으로 인식되었던 반면, 당시의 미술가들은 예술가이면서 동시에 해부학자이기도 할 만큼 인체의 내부 구조를 탐색하는 데 골몰했다.

① 전염병의 창궐은 르네상스의 발생을 설명하는 다양한 요인 가운데 하나이다.
② 페스트로 인한 선인과 악인의 무차별적인 죽음은 교회가 유지하던 막강한 권위를 약화시켰다.
③ 예술가들이 인체의 아름다움을 재발견함으로써 고대의 학문과 언어에 대한 재평가도 이루어졌다.
④ 르네상스 시기에 해부학은 의사들보다도 미술가들의 관심을 끌었다.

**18** 밑줄 친 부분에 어울리는 한자성어로 가장 적절한 것은?

추사 김정희의 '세한도'는 글씨를 쓰다 남은 먹을 버리기 아까워 그린 듯이 갈필(渴筆)의 거친 선 몇 개로 이루어져 있다. 정말 큰 기교는 겉으로 보기에는 언제나 서툴러 보이는 법이다. 그러나 <u>대가의 덤덤한 듯, 툭 던지는 한마디는 예리한 비수가 되어 독자의 의식을 헤집는다.</u>

① 巧言令色
② 寸鐵殺人
③ 言行一致
④ 街談巷說

**19.** 다음 글에서 추론한 내용으로 가장 적절한 것은?

논리실증주의자들에 따르면, 만약 어떤 것이 과학일 경우 거기에서 사용되는 문장은 유의미하다. 그들은 유의미한 문장의 기준으로 소위 '검증 원리'라고 불리는 것을 제안했다. 검증 원리란, 경험을 통해 참이나 거짓을 검증할 수 있는 문장은 유의미하고 그렇지 않은 문장은 유의미하지 않다는 것이다. 다음 두 문장을 예로 생각해 보자.

(가) 달의 다른 쪽 표면에 산이 있다.
(나) 절대자는 진화와 진보에 관계하지만, 그 자체는 진화하거나 진보하지 않는다.

위 두 문장 중 경험을 통해 검증할 수 있는 것은 무엇인가? 비록 현실적으로 큰 비용이 들기는 하지만 (가)는 분명히 경험을 통해 진위를 밝힐 수 있다. 즉 우리는 (가)의 진위를 확정하기 위해서 무엇을 경험해야 하는지 알고 있다는 것이다. 이런 점에 근거하여 논리실증주의자들은 (가)는 검증할 수 있고, 유의미한 문장이라고 판단한다. 그럼 (나)는 어떠한가? 우리는 무엇을 경험해야 (나)의 진위를 확정할 수 있는가? 논리실증주의자들은 그런 것은 없다고 주장하고, 이에 (나)는 검증할 수 없고 과학에서 사용될 수 없는 무의미한 문장이라고 말한다.

① 논리실증주의자들에 따르면 무의미한 문장을 사용하는 것은 과학이 아니다.
② 논리실증주의자들에 따르면 과학의 문장들만이 유의미하다.
③ 검증 원리에 따르면 아직까지 경험되지 않은 것을 언급한 문장은 무의미하다.
④ 검증 원리에 따르면 거짓인 문장은 무의미하다.

**20.** 다음 글에서 추론할 수 있는 것만을 〈보기〉에서 모두 고르면?

컴퓨터에는 자유의지가 있을까? 나아가 컴퓨터에 도덕적 의무를 귀속시킬 수 있을까? 컴퓨터는 다양한 전기회로로 구성되어 있고, 물리법칙, 프로그래밍 방식, 하드웨어의 속성 등에 따라 필연적으로 특정한 초기 상태로부터 다음 상태로 넘어간다. 마찬가지로 두 번째 상태에서 세 번째 상태로 이동하고, 이러한 과정이 계속해서 이어진다. 즉 컴퓨터는 결정론적 법칙의 지배를 받는 시스템이라는 것이다. 그럼 이러한 시스템에는 자유의지가 있을까?

결정론적 법칙의 지배를 받는 시스템의 중요한 특징은 주어진 조건에 따라 결과가 하나로 고정된다는 점이다. 다시 말해, 이러한 시스템에는 항상 하나의 선택지만 있을 뿐이다. 그런 뜻에서 결정론적 지배를 받는다는 것과 자유의지를 가진다는 것은 양립할 수 없음이 분명하다. 어떤 선택을 할 때 그것과 다른 선택을 할 수도 있다는 것은 자유의지의 필요조건이기 때문이다. 결국 결정론적 법칙의 지배를 받는 시스템은 자유의지를 가지지 않는다. 또한 자유의지를 가지지 않는 시스템에 도덕적 의무를 귀속시킬 수 없음은 당연하다.

〈보 기〉
㉠ 컴퓨터는 자유의지를 가지지 않으며 도덕적 의무의 귀속 대상일 수도 없다.
㉡ 도덕적 의무를 귀속시킬 수 있는 시스템은 결정론적 법칙의 지배를 받지 않는다.
㉢ 어떤 선택을 할 때 그것과 다른 선택을 할 수 없는 시스템은 자유의지를 가지지 않는다.

① ㉠, ㉡
② ㉠, ㉢
③ ㉡, ㉢
④ ㉠, ㉡, ㉢

# 국어 | 2021년 지방직 9급

✓ 회독 CHECK 1 2 3

**01** 밑줄 친 부분이 바르게 쓰이지 않은 것은?

① 바쁘다더니 여긴 웬일이야?
② 결혼식이 몇 월 몇 일이야?
③ 굳은살이 박인 오빠 손을 보니 안쓰럽다.
④ 그는 주말이면 으레 친구들과 야구를 한다.

**02** 밑줄 친 조사의 쓰임이 옳은 것은?

① 언니는 아버지의 딸로써 부족함이 없다.
② 대화로서 서로의 갈등을 풀 수 있을까?
③ 드디어 오늘로써 그 일을 끝내고야 말았다.
④ 시험을 치는 것이 이로서 세 번째가 됩니다.

**03** 단어의 뜻풀이가 옳지 않은 것은? 〈변형〉

① 명후일: 오늘의 바로 다음 날
② 달포: 한 달이 조금 넘는 기간
③ 그끄저께: 오늘로부터 사흘 전의 날
④ 해거리: 한 해를 거른 간격

**04** 밑줄 친 부분과 바꿔 쓸 수 있는 관용 표현으로 적절하지 않은 것은?

① 몹시 가난한 형편에 누구를 돕겠느냐?
  - 가랑이가 찢어질
② 그가 중간에서 연결해 주어 물건을 쉽게 팔았다.
  - 호흡을 맞춰
③ 그는 상대편을 보고는 속으로 깔보며 비웃었다.
  - 코웃음을 쳤다
④ 주인의 말에 넘어가 실제보다 비싸게 이 물건을 샀다.
  - 바가지를 쓰고

**05** ㉠~㉣에 대한 설명으로 옳지 않은 것은?

> 이때는 오월 단옷날이렷다. 일 년 중 가장 아름다운 시절이라. ㉠ <u>이때 월매 딸 춘향이도 또한 시서 음률이 능통하니 천중절을 모를쏘냐.</u> 추천을 하려고 향단이 앞세우고 내려올 제, 난초같이 고운 머리 두 귀를 눌러 곱게 땋아 봉황 새긴 비녀를 단정히 매었구나. …(중략)… 장림 속으로 들어가니 ㉡ <u>녹음방초 우거져 금잔디 좌르르 깔린 곳에 황금 같은 꾀꼬리는 쌍쌍이 날아든다.</u> 버드나무 높은 곳에서 그네 타려 할 때, 좋은 비단 초록 장옷, 남색 명주 홑치마 훨훨 벗어 걸어 두고, 자주색 비단 꽃신을 썩썩 벗어 던져 두고, 흰 비단 새 속옷 턱밑에 훨씬 추켜올리고, 삼껍질 그넷줄을 섬섬옥수 넌지시 들어 두 손에 갈라 잡고, 흰 비단 버선 두 발길로 홀쩍 올라 발 구른다. …(중략)… ㉢ <u>한 번 굴러 힘을 주며 두 번 굴러 힘을 주니 발밑에 작은 티끌 바람 쫓아 펄펄. 앞뒤 점점 멀어 가니 머리 위의 나뭇잎은 몸을 따라 흔들흔들.</u> 오고갈 제 살펴보니 녹음 속의 붉은 치맛자락 바람결에 내비치니, 높고 넓은 흰 구름 사이에 번갯불이 쏘는 듯 잠깐 사이에 앞뒤가 바뀌는구나. …(중략)… 무수히 진퇴하며 한참 노닐 적에 시냇가 반석 위에 옥비녀 떨어져 쟁쟁하고, '비녀, 비녀' 하는 소리는 산호채를 들어 옥그릇을 깨뜨리는 듯. ㉣ <u>그 형용은 세상 인물이 아니로다.</u>
>
> – 작자 미상, 「춘향전」에서 –

① ㉠: 설의적 표현을 통해 춘향이도 천중절을 당연히 알 것이라는 점을 서술하고 있다.
② ㉡: 비유법을 사용하고 음양이 조화를 이룬 아름다운 봄날의 풍경을 서술하고 있다.
③ ㉢: 음성상징어를 사용하여 춘향의 그네 타는 모습을 시각적으로 서술하고 있다.
④ ㉣: 서술자의 편집자적 논평을 통해 춘향이의 내면적 아름다움을 서술하고 있다.

**06** 다음 대화에 대한 설명으로 적절한 것은?

> A: 지난번 제안서 프레젠테이션을 마친 후 "검토하고 연락드리겠습니다."라고 답변을 받았는데 아직 별다른 연락이 없어서 고민이에요.
> B: 어떤 연락을 기다리신다는 거예요?
> A: 해당 사업에 관하여 제 제안서를 승낙했다는 답변이잖아요. 그런데 후속 사업 진행을 위해 지금쯤 연락이 와야 할 텐데 싶어서요.
> B: 글쎄요. 보통 그런 상황에서는 완곡하게 거절하는 의사 표현이라 볼 수 있어요. 그리고 해당 고객이 제안서 내용은 정리가 잘되었지만, 요즘 같은 코로나 시기에는 이전과 동일한 사업적 효과가 있을지 궁금하다고 말한 것을 보면 알 수 있죠.
> A: 네, 기억납니다. 하지만 궁금하다고 말한 것이지 사업을 수용하지 않는다는 것은 아니지 않나요? 답변을 할 때도 굉장히 표정도 좋고 박수도 쳤는데 말이죠. 목소리도 부드러웠고요.

① A와 B는 고객의 답변에 대해 제안서 승낙이라는 의미로 동일하게 이해한다.
② A는 동일한 사업적 효과가 있을지 궁금하다는 표현을 제안한 사업에 대한 부정적 평가라고 판단한다.
③ B는 고객이 제안서에 의문을 제기한 내용을 근거로 고객의 답변에 대해 판단한다.
④ A는 비언어적 표현을 바탕으로 하여 고객의 답변을 제안서에 대한 완곡한 거절로 해석한다.

**07** 다음 글의 내용과 부합하지 않는 것은?

> 무슈 리와 엄마는 재혼한 부부다. 내가 그를 아버지라고 부르기 어려운 것은 거의 그런 말을 발음해 본 적이 없는 습관의 탓이 크다.
> 나는 그를 좋아할뿐더러 할아버지 같은 이로부터 느끼던 것의 몇 갑절이나 강한 보호 감정 — 부친다움 같은 것도 느끼고 있다.
> 그러나 나는 그의 혈족은 아니다.
> 무슈 리의 아들인 현규와도 마찬가지다. 그와 나는 그런 의미에서는 순전한 타인이다. 스물두 살의 남성이고 열여덟 살의 계집아이라는 것이 진실의 전부이다. 왜 나는 이 일을 그대로 알아서는 안 되는가?
> 나는 그를 영원히 아무에게도 주기 싫다. 그리고 나 자신을 다른 누구에게 바치고 싶지도 않다. 그리고 우리를 비끄러매는 형식이 결코 '오누이'라는 것이어서는 안 될 것을 알고 있다.
> 나는 또 물론 그도 나와 마찬가지로 같은 일을 생각하고 있기를 바란다. 같은 일을 — 같은 즐거움일 수는 없으나 같은 이 괴로움을.
> 이 괴로움과 상관이 있을 듯한 어떤 조그만 기억, 어떤 조그만 표정, 어떤 조그만 암시도 내 뇌리에서 사라지는 일은 없다. 아아, 나는 행복해질 수는 없는 걸까? 행복이란, 사람이 그것을 위하여 태어나는 그 일을 말함이 아닌가?
> 초저녁의 불투명한 검은 장막에 싸여 짙은 꽃향기가 흘러든다. 침대 위에 엎드려서 나는 마침내 느껴 울고 만다.
>
> — 강신재, 「젊은 느티나무」에서 —

① '나'는 '현규'도 '나'와 같은 감정을 갖고 있기를 기대하고 있다.
② '나'와 '현규'는 혈연적으로는 아무런 관계가 없는 타인이며, 법률상의 '오누이'일 뿐이다.
③ '나'는 '현규'에 대한 감정 때문에 '무슈 리'를 아버지로 부르는 것에 거부감을 갖고 있다.
④ '나'는 사회적 인습이나 도덕률보다는 '현규'에 대한 '나'의 감정에 더 충실해지고 싶어 한다.

**08** 글쓴이의 견해에 부합하는 대응으로 가장 적절한 것은?

> 정중하고 단호한 태도를 보이는 것과, 수동적이거나 공격적인 반응을 하는 것은 엄청난 차이가 있다. 수동적인 사람들은 마음속에 있는 자신의 생각을 표현하면 분란이 일어날까 봐 두려워한다. 그러나 자신의 의견을 말하지 않는 한 자신이 원하는 것을 얻을 수는 없다. 이와 반대로 공격적인 태도는 자신의 권리를 앞세워 생각해서 남을 희생시켜서라도 자신이 원하는 것을 얻으려는 것이다. 공격적인 사람은 사람들이 싫어하는 행동을 하곤 한다. 그러나 단호한 반응은 공격적인 반응과 다르다. 단호한 반응은 다른 사람의 권리를 침해하지 않으면서 자신의 권리를 존중하고 지키겠다는 것이다. 이것은 상대방을 배려하는 태도를 보여 준다. 상대방을 존중하면서도 얼마든지 자신의 의견을 내세울 수 있다. 단호한 주장은 명쾌하고 직접적이며 요점을 찌른다.
>
> 그럼 실제로 연습해 보자. 어느 흡연자가 당신의 차 안에서 담배를 피워도 되는지 묻는다. 당신은 담배 연기를 싫어하고 건강에 해롭다는 것도 잘 알고 있어 달갑지 않다. 어떻게 대응하는 것이 좋을까?

① 좀 그러긴 하지만, 괜찮아요. 창문 열고 피우세요.
② 안 되죠. 흡연이 얼마나 해로운데요. 좀 참아 보시겠어요.
③ 안 피우시면 좋겠어요. 연기가 해롭잖아요. 피우고 싶으시면 차를 세워 드릴게요.
④ 물어봐 줘서 고마워요. 피워도 그렇고 안 피워도 좀 그러네요. 생각해 보시고서 좋은 대로 결정하세요.

**09** (가)에 들어갈 한자성어로 적절한 것은?

> "집안 내력을 알고 보믄 동기간이나 진배없고, 성환이도 이자는 대학생이 됐으니께 상의도 오빠겉이 그렇게 알아놔라."하고 장씨 아저씨는 말하는 것이었다. 그러나 상의는 처음 만났을 때도 그랬지만 두 번째도 거부감을 느꼈다. 사람한테 거부감을 느꼈기보다 제복에 거부감을 느꼈는지 모른다. 학교규칙이나 사회의 눈이 두려웠는지 모른다. 어쨌거나 그들은 청춘남녀였으니까. 호야 할매 입에서도 성환의 이름이 나오기론 이번이 처음이 아니었다.
>
> "  (가)  , 손주 때문에 눈물로 세월을 보내더니, 이자는 성환이도 대학생이 되었으니 할매가 원풀이 한풀이를 다 했을 긴데 아프기는 와 아프는고, 옛말 하고 살아야 하는 긴데."
>
> — 박경리, 「토지」에서 —

① 오매불망(寤寐不忘)
② 망운지정(望雲之情)
③ 염화미소(拈華微笑)
④ 백아절현(伯牙絶絃)

**10** (가)와 (나)에 대한 설명으로 적절하지 않은 것은?

> (가) 오백년 도읍지를 필마로 돌아드니
> 산천은 의구하되 인걸은 간 데 없네.
> 어즈버 태평연월이 꿈이런가 하노라.
>
> (나) 벌레먹은 두리기둥 빛 낡은 단청(丹靑) 풍경 소리 날러간 추녀 끝에는 산새도 비둘기도 둥주리를 마구쳤다. 큰 나라 섬기다 거미줄 친 옥좌(玉座) 위엔 여의주(如意珠) 희롱하는 쌍룡(雙龍) 대신에 두 마리 봉황(鳳凰)새를 틀어올렸다. 어느 땐들 봉황이 울었으랴만 푸르른 하늘 밑 추석을 밟고 가는 나의 그림자. 패옥(佩玉) 소리도 없었다. 품석(品石) 옆에서 정일품(正一品) 종구품(從九品) 어느 줄에도 나의 몸둘 곳은 바이 없었다. 눈물이 속된 줄을 모를 양이면 봉황새야 구천(九泉)에 호곡(呼哭)하리라.

① (가)는 '산천'과 '인걸'을 대비함으로써 인생의 무상함을 드러내고 있다.
② (나)는 '쌍룡'과 '봉황'을 대비함으로써 사대주의적 역사에 대한 비판적 시각을 드러내고 있다.
③ (가)와 (나) 모두 선경후정의 기법을 사용하고 있다.
④ (가)와 (나) 모두 정해진 율격과 음보에 맞춰 시상을 전개하고 있다.

**11** 다음 글의 내용과 부합하는 것은?

> 미국의 어머니들은 자녀와 함께 놀이를 할 때 특정 사물에 초점을 맞추고 그 사물의 속성을 아이들에게 가르친다. 사물의 속성 자체에 관심을 기울이도록 훈련받은 아이들은 스스로 독립적인 행동을 하도록 교육받는다. 미국에서는 아이들에게 의사소통을 가르칠 때 자신의 생각을 분명하게 표현하고 말하는 사람의 입장에서 대화에 임해야 하며, 대화 과정에서 오해가 발생하면 그것은 말하는 사람의 잘못이라고 강조한다.
>
> 반면에 일본의 어머니들은 대상의 '감정'에 특별히 신경을 써서 가르친다. 특히 자녀가 말을 안 들을 때에 그러하다. 예를 들어 "네가 밥을 안 먹으면, 고생한 농부 아저씨가 얼마나 슬프겠니?", "인형을 그렇게 던져 버리다니, 저 인형이 울잖아. 담장도 아파하잖아." 같은 말들로 꾸중하는 모습을 자주 볼 수 있다. 다른 사람과의 관계에 초점을 맞춘 훈련을 받은 아이들은 자신의 생각을 드러내기보다는 행동에 영향을 받는 다른 사람들의 감정을 미리 예측하도록 교육받는다. 곧 일본에서는 아이들에게 듣는 사람의 입장에서 말할 것을 강조한다.

① 미국의 어머니는 듣는 사람의 입장, 일본의 어머니는 말하는 사람의 입장을 강조한다.
② 일본의 어머니는 사물의 속성을 아는 것이 관계를 아는 것보다 더 중요하다고 생각한다.
③ 미국의 어머니는 어떤 일을 있는 그대로 보지 말고 이면에 있는 감정을 읽어야 한다고 생각한다.
④ 미국의 어머니는 자녀가 독립적인 행동을 하도록 교육하며, 일본의 어머니는 자녀가 타인의 감정을 예측하도록 교육한다.

**12** 다음 글의 결론으로 가장 적절한 것은?

　　인공지능(AI)은 비즈니스 패러다임을 획기적으로 바꾸고 있다. 인공지능은 생물학 분야에도 광범위하게 영향을 미칠 것이며, 애완동물이 인공지능(AI)으로 대체될 수도 있을 것이다. 인공지능(AI)은 스스로 수학도 풀고 글도 쓰고 바둑을 두며 사람을 이길 수도 있다. 어느 영화에서처럼 실제로 인간관계를 대신할 수도 있다. 인공지능(AI)은 배우면서 성장할 수도 있다. 인공지능(AI)이 사람보다 똑똑해질 수 있을지도 모른다.

　　인공지능(AI)이 사람보다 똑똑해질 수 있는지는 차치하고, 인공지능(AI)이 사람을 게으르게 만들 수도 있지 않을까? 이 게으름은 우리의 건강과 행복, 그리고 일상생활의 패턴을 바꿔 놓을 수도 있다.

　　인공지능(AI)이 앱을 통해 좀 더 편리한 삶을 제공하여 사람의 뇌를 어떻게 바꾸는지를 일상에서 보여 주는 대표적 사례가 바로 GPS다. 불과 몇 년 전만 해도 지도를 보고 스스로 거리를 가늠하고 도착 시간을 계산했던 운전자들은 이 내비게이션의 등장으로 어디에서 어떻게 가라는 기계 속 음성에 전적으로 의존하기 시작했다. 예전의 방식으로도 충분히 잘 찾아가던 길에서조차 습관적으로 내비게이션을 켠다. 이것이 없으면 자주 다니던 길도 제대로 찾지 못하고 멀쩡한 어른도 길을 잃는다.

　　이와 같이 기계에 의존해서 인간이 살아가는 사례는 오늘날 우리의 두뇌가 게을러진 것을 보여 주는 여러 사례 가운데 하나일 뿐이다. 삶을 더 편하게 해 준다며 지름길을 제시하는 도구들이 도리어 우리의 기억력과 창조력을 퇴보시키고 있다. 인간을 태만하고 나태하게 만들어 뇌의 가장 뛰어난 영역인 상상력을 활용하지 않도록 만드는 것이다.

① 인간의 인공지능(AI)에 대한 독립성은 지속적으로 증가하게 될 것이다.
② 인공지능(AI)으로 인해 인간의 두뇌가 게을러지는 부작용이 발생하게 될 것이다.
③ 인공지능(AI)은 인간을 능가하는 사고력을 가질 것이다.
④ 인공지능(AI)은 궁극적으로 상상력을 가지게 될 것이다.

**13** 다음 글에 대한 이해로 적절한 것은?

　　국제기구인 유엔은 영어, 중국어, 러시아어, 프랑스어, 스페인어, 아랍어 등이 공용어로 사용되나 그곳에 근무하는 모든 외교관들이 이 공용어들을 전부 다 잘해야 하는 것은 아니다. 유럽연합에서의 공용어 개념도 유엔에서의 경우와 마찬가지로 여러 공용어 중 하나만 알아도 공식 업무상 불편이 없게끔 한다는 것이지 모든 유럽연합인들이 열 개가 넘는 공용어를 전부 다 배워야 하는 것은 아니다.

　　마찬가지 논리로 우리가 만일 한국어와 영어를 공용어로 지정한다면 이는 한국에서는 한국어와 영어 중 어느 하나를 알기만 하면 공식 업무상 불편이 없게끔 국가에서 보장한다는 뜻이지 모든 한국인들이 영어를 할 줄 알아야 된다는 뜻은 아니다. 따라서 우리가 영어를 한국어와 함께 공용어로 지정하기만 하면 모든 한국인이 영어를 잘할 수 있게 되리라는 믿음은 공용어의 개념을 제대로 이해하지 못한 데서 오는 망상에 불과하다.

① 유엔에서 근무하는 외교관들은 유엔의 공용어를 다 구사하지 않으면 안 된다.
② 유럽연합은 복수의 공용어를 지정하여 공무상 편의를 도모하였다.
③ 한국에서 영어를 공용어로 지정하면 한국인들은 영어를 다 잘할 수 있을 것이다.
④ 한국에서 머지않아 영어가 공용어로 지정될 것이다.

**14** 다음 글의 내용과 부합하지 않는 것은?

> 인터넷이 있는 곳이면 어디나 악플이 있기 마련이지만, 한국은 정도가 심하다. 악플러들 가운데는 피해의식과 열등감에 시달리는 이들이 많다고 한다. 그들에게 악플의 즐거움은 무엇인가. 자신이 올린 글 한 줄에 다른 사람들이 동요하는 모습을 보면서 자기 효능감(self-efficacy)을 맛볼 수 있다. 아무에게도 영향력을 행사하지 못하고 자신의 삶과 환경을 통제하지도 못하면서 무력감에 시달리는 사람일수록 공격적인 발설로 자기 효능감을 느끼려 한다.
> 
> 그런데 자기 효능감은 상대방의 반응에 좌우된다. 마구 욕을 퍼부었는데 상대방이 별로 개의치 않는다면, 계속할 마음이 사라질 것이다. 무시당했다는 생각에 오히려 자괴감에 빠질 수도 있다. 개인주의가 안착된 사회에서는 자신을 향한 비판에 대해 '그건 너의 생각'이라면서 넘겨 버리는 사람들이 많다. 말도 안 되는 욕설이나 험담이 날아오면 제정신이 아닌 사람의 소행으로 웃어넘기거나 법적인 조치를 취할 것이다.
> 
> 개인주의는 여러 속성을 지니고 있지만, 자신의 존재 가치를 스스로 매긴다는 긍정적 측면이 있다. 한국에는 그런 의미에서의 개인주의가 뿌리내리지 못했다. 남에 대해 신경을 너무 곤두세운다. 그것은 두 가지 차원으로 나뉘는데, 한편으로 타인에게 필요 이상의 관심을 보이면서 참견하고 타인의 영역을 침범한다. 다른 한편으로 자기에 대한 타인의 평가와 반응에 너무 예민하다. 이 두 가지 특성이 인터넷 공간에서 맞물려 악플을 양산한다. 우선 다른 사람들에게 너무 쉽게 험담을 늘어놓고 당사자에게 악담을 던진다. 그렇게 악을 올리면 상대방이 발끈하거나 움츠러든다. 이따금 일파만파로 사회가 요동을 치기도 한다. 악플러 입장에서는 재미가 쏠쏠하다. 예상했던 피드백을 즉각적으로 받으면서 자기 효능감을 맛볼 수 있기 때문이다.

① 악플러는 자신의 말에 타인이 동요하는 것을 보면서 자기 효능감을 느낀다.
② 개인주의자는 악플에 무반응함으로써 악플러를 자괴감에 빠지게 할 수 있다.
③ 자신의 삶을 잘 통제하는 악플러일수록 타인을 더욱 엄격한 잣대로 비판한다.
④ 한국에서 악플이 양산되는 것은 한국인들이 타인에 대해 신경을 많이 쓰는 것과 관계가 있다.

**15** 다음 글의 밑줄 친 부분이 지시하는 대상이 다른 것은?

> 수박을 먹는 기쁨은 우선 식칼을 들고 이 검푸른 ㉠ 구형의 과일을 두 쪽으로 가르는 데 있다. 잘 익은 수박은 터질 듯이 팽팽해서, 식칼을 반쯤만 밀어 넣어도 나머지는 저절로 열린다. 수박은 천지개벽하듯이 갈라진다. 수박이 두 쪽으로 벌어지는 순간, '앗!' 소리를 지를 여유도 없이 초록이 ㉡ 빨강으로 바뀐다. 한 번의 칼질로 이처럼 선명하게도 세계를 전환시키는 사물은 이 세상에 오직 수박뿐이다. 초록의 껍질 속에서, ㉢ 새까만 씨앗들이 별처럼 박힌 선홍색의 바다가 펼쳐지고, 이 세상에 처음 퍼져나가는 비린 향기가 마루에 가득 찬다. 지금까지 존재하지 않던, ㉣ 한바탕의 완연한 아름다움의 세계가 칼 지나간 자리에서 홀연 나타나고, 나타나서 먹히기를 기다리고 있다. 돈과 밥이 나오지 않았다 하더라도, 이것은 필시 흥부의 박이다.
> 
> — 김훈, 「수박」에서 —

① ㉠
② ㉡
③ ㉢
④ ㉣

## 16. (가)~(라)에 들어갈 말로 가장 적절한 것은?

정철, 윤선도, 황진이, 이황, 이조년 그리고 무명씨. 우리말로 시조나 가사를 썼던 이들이다. 황진이는 말할 것도 없고 무명씨도 대부분 양반이 아니었겠지만 정철, 윤선도, 이황은 양반 중에 양반이었다. (가) 그들이 우리말로 작품을 썼던 걸 보면 양반들도 한글 쓰는 것을 즐겨 했다는 것을 부정할 수는 없다. (나) 허균이나 김만중은 한글로 소설까지 쓰지 않았던가. (다) 이들이 특별한 취향을 가진 소수의 양반이었다면 이야기는 달라진다. 우리말로 된 문학 작품을 만들겠다는 생각을 가진 특별한 양반들을 제외하고 대다수 양반들은 한문을 썼기 때문에 한글을 모를 수도 있었기 때문이다. 실학자 박지원이 당시 양반 사회를 풍자한 작품 「호질」은 한문으로 쓰여 있다. (라) 한 가지 분명한 것은 양반 대부분이 한글을 이해하지 못하는 상황이었다면 정철도 이황도 윤선도도 한글로 작품을 쓰지는 않았을 것이란 사실이다.

|   | (가) | (나) | (다) | (라) |
|---|---|---|---|---|
| ① | 그런데 | 게다가 | 그렇지만 | 그러나 |
| ② | 그런데 | 그리고 | 그래서 | 또는 |
| ③ | 그리고 | 그러나 | 하지만 | 즉 |
| ④ | 그래서 | 더구나 | 따라서 | 하지만 |

## 17. (가)~(라)의 고쳐 쓰기 방안으로 적절하지 않은 것은?

(가) 현재 우리 구청 조직도에는 기획실, 홍보실, 감사실, 행정국, 복지국, 안전국, 보건소가 있었다.
(나) 오늘은 우리 시청이 지양하는 '누구나 행복한 ○○시'를 실현하기 위한 추진 방안을 논의합니다.
(다) 지난달 수해로 인한 준비 기간이 짧았기 때문에 지역 축제는 예년보다 규모가 줄어들었다.
(라) 공과금을 기한 내에 지정 금융 기관에 납부하지 않으면 연체료를 내야 한다.

① (가): '있었다'는 문맥상 시제 표현이 적절하지 않으므로 '있다'로 고쳐 쓴다.
② (나): '지양'은 어떤 목표로 뜻이 쏠리어 향한다는 의미인 '지향'으로 고쳐 쓴다.
③ (다): '지난달 수해로 인한'은 '준비 기간'을 수식하는 절이 아니므로 '지난달 수해로 인하여'로 고쳐 쓴다.
④ (라): '납부'는 맥락상 금융 기관이 돈이나 물품 따위를 받아 거두어들인다는 '수납'으로 고쳐 쓴다.

**18.** 다음 글을 잘못 이해한 것은?

> 서연: 여보게, 동연이.
> 동연: 왜?
> 서연: 자네가 본뜨려는 부처님 형상은 누가 언제 그렸는지 몰라도 흔히 있는 것을 베껴 놓은 걸세. 그런데 자네는 그 형상을 또다시 베껴 만들 작정이군. 자넨 의심도 없는가? 심사숙고해 보게. 그런 형상이 진짜 부처님은 아닐세.
> 동연: 나에겐 전혀 의심이 없네.
> 서연: 의심이 없다니……?
> 동연: 무엇 때문에 의심해서 아까운 시간을 낭비해야 하는가?
> 서연: 음…….
> 동연: 공부를 하게, 괜히 의심 말고! (허공에 걸려 있는 탱화를 가리키며) 자넨 얼마나 형상 공부를 했는가? 이 십일면관세음보살의 머리 위에는 열한 개의 얼굴들이 있는데, 그 얼굴 하나하나를 살펴나 봤었는가? 귀고리, 목걸이, 손에 든 보병과 기현화란 꽃의 형태를 꼼꼼히 연구했었는가? 자네처럼 게으른 자들은 공부는 안 하고, 아무 의미 없다 의심만 하지!
> 서연: 자넨 정말 열심히 공부했네. 그렇다면 그 형태 속에 부처님 마음은 어디 있는지 가르쳐 주게.
> — 이강백, 「느낌, 극락 같은」에서 —

① 불상 제작에 대한 동연과 서연의 입장은 다르다.
② 서연은 전해지는 부처님 형상을 의심하는 인물이다.
③ 동연은 부처님 형상을 독창적으로 제작하는 인물이다.
④ 동연과 서연의 대화는 예술에 있어서 형식과 내용의 논쟁을 연상시킨다.

**19.** 글의 통일성을 고려할 때 (가)에 들어갈 말로 가장 적절한 것은?

> 혼정신성(昏定晨省)이란 저녁에는 부모님의 잠자리를 봐 드리고 아침에는 문안을 드린다는 뜻으로 자식이 아침저녁으로 부모의 안부를 물어 살핌을 뜻하는 말로 '예기(禮記)'의 '곡례편(曲禮篇)'에 나오는 말이다. 아랫목 요에 손을 넣어 방 안 온도를 살피면서 부모님께 문안을 드리던 우리의 옛 전통은 온돌을 통한 난방 방식과 관련 깊다. 온돌을 통한 난방 방식은 방바닥에 깔려 있는 돌이 열기로 인해 뜨거워지고, 뜨거워진 돌의 열기로 방바닥이 뜨거워지면 방 전체에 복사열이 전달되는 방법이다. 방바닥 쪽의 차가운 공기는 온돌에 의해 따뜻하게 데워지므로 위로 올라가고, 위로 올라간 공기가 다시 식으면 아래로 내려와 다시 데워져 위로 올라가는 대류 현상으로 인해 결국 방 전체가 따뜻해진다. 벽난로를 통한 서양식의 난방 방식은 복사열을 이용하여 상체와 위쪽 공기를 데우는 방식인데, 대류 현상으로 바닥 바로 위 공기까지는 따뜻해지지 않는다. 그 이유는 (가) .

① 벽난로에 의한 난방은 방바닥의 따뜻한 공기가 위로 올라가 식으면 복사열로 위쪽의 공기만을 따뜻하게 하기 때문이다
② 벽난로에 의한 난방이 복사열에 의한 난방에서 대류 현상으로 인한 난방이라는 순서로 이루어졌기 때문이다
③ 대류 현상을 통한 난방 방식은 상체와 위쪽의 공기만 따뜻하게 하기 때문이다
④ 상체와 위쪽의 따뜻한 공기는 차가운 바닥으로 내려오지 않기 때문이다

**20** 다음 글에서 추론할 수 있는 것은?

포도주는 유럽 문명을 대표하는 술이자 동시에 음료수다. 우리는 대개 포도주를 취하기 위해 마시는 술로만 생각하기 쉬우나 유럽에서는 물 대신 마시는 '음료수'로서의 역할이 크다. 유럽의 많은 지역에서는 물이 워낙 안 좋아서 맨 물을 그냥 마시면 위험하기 때문에 제조 과정에서 안전성이 보장된 포도주나 맥주를 마시는 것이다. 이런 용도로 일상적으로 마시는 식사용 포도주로는 당연히 고급 포도주와는 다른 저렴한 포도주가 쓰이며, 술이 약한 사람들은 여기에 물을 섞어서 마시기도 한다.

소비의 확대와 함께, 포도주의 생산을 다른 지역으로 확산시키려는 노력도 계속되어 왔다. 포도주 생산의 확산에서 가장 큰 문제는 포도 재배가 추운 북쪽 지역으로 확대되기 힘들다는 점이다. 자연 상태에서는 포도가 자라는 북방 한계가 이탈리아 정도에서 멈춰야 했지만, 중세 유럽에서 수도원마다 온갖 노력을 기울인 결과 포도 재배가 상당히 북쪽까지 올라갔다. 대체로 대서양의 루아르강 하구로부터 크림반도와 조지아를 잇는 선이 상업적으로 포도를 재배할 수 있는 북방한계선이다.

적정한 기온은 포도주 생산 가능 여부뿐 아니라 생산된 포도주의 질을 결정하는 중요한 요인이다. 너무 추운 지역이나 너무 더운 지역에서는 포도주의 품질이 떨어질 수밖에 없다. 추운 지역에서는 포도에 당분이 너무 적어서 그것으로 포도주를 담그면 신맛이 강하게 된다. 반면 너무 더운 지역에서는 섬세한 맛이 부족해서 '흐물거리는' 포도주가 생산된다(그 대신 이를 잘 활용하면 포르토나 셰리처럼 도수를 높인 고급 포도주를 만들 수 있다). 그러므로 고급 포도주 주요 생산지는 보르도나 부르고뉴처럼 너무 덥지도 않고 너무 춥지도 않은 곳이다. 다만 달콤한 백포도주의 경우는 샤토 디켐(Château d'Yquem)처럼 뜨거운 여름 날씨가 지속하는 곳에서 명품이 만들어진다.

포도주의 수요는 전 유럽적인 데 비해 생산은 이처럼 지리적으로 제한됐기 때문에 포도주는 일찍부터 원거리 무역 품목이 됐고, 언제나 고가품 취급을 받았다. 그런데 한 가지 기억해야 할 점은 이렇게 수출되는 고급 포도주는 오래된 포도주가 아니라 바로 그 해에 만든 술이라는 점이다. 우리는 포도주는 오래될수록 좋아진다고 믿는 경향이 있지만, 대부분의 백포도주 혹은 중급 이하 적포도주는 시간이 지날수록 오히려 품질이 떨어진다. 시간이 흐를수록 품질이 개선되는 것은 일부 고급 적포도주에만 한정된 이야기이며, 그나마 포도주를 병에 담아 코르크 마개를 끼워 보관한 이후의 일이다.

① 고급 포도주는 모두 너무 덥지도 춥지도 않은 곳에서 재배된 포도로 만들어졌다.
② 루아르강 하구로부터 크림반도와 조지아를 잇는 선은 이탈리아보다 남쪽에 있을 것이다.
③ 유럽에서 일상적으로 마시는 식사용 포도주는 저렴한 포도주거나 고급 포도주에 물을 섞은 것이다.
④ 병에 담겨 코르크 마개를 끼운 고급 백포도주는 보관 기간에 비례하여 품질이 개선되지는 않을 것이다.

# 국어 | 2020년 지방직 9급

✅ 회독 CHECK 1 2 3

**01** 다음에 해당하는 사례로 적절하지 않은 것은?

> '역전앞'과 마찬가지로 '피해(被害)를 당하다'에도 의미의 중복이 나타난다. '피해'의 '피(被)'에 이미 '당하다'라는 의미가 포함되어 있기 때문이다.

① 형부터 먼저 해라.
② 채훈이는 오로지 빵만 좋아한다.
③ 발언자마다 각각 다른 주장을 편다.
④ 그는 예의가 바를 뿐더러 무척 부지런하다.

**02** 다음 대화에서 밑줄 친 부분의 표현 효과에 대한 설명으로 적절한 것은?

> 김 대리: 늦어서 죄송합니다. 일이 좀 많았습니다.
> 이 부장: 괜찮아요. 오랜만에 최 대리하고 오붓하게 대화도 나누고 시간 가는 줄 몰랐네요. 허허허.
> 김 대리: 박 부장님은 오늘 못 나오신다고 전해 달라셨어요.
> 이 부장: 그럼, 우리끼리 출발합시다.

① 자신과 상대방의 의견 차이를 최소화한다.
② 상대방에게 부담이 되는 표현을 최소화한다.
③ 화자 자신에게 혜택을 주는 표현을 최소화한다.
④ 상대방에 대한 비방을 최소화하고 칭찬을 최대화한다.

**03** '청소년 인터넷 중독의 현황과 문제 해결'에 대한 글을 작성하고자 한다. 글의 내용으로 포함하기에 적절하지 않은 것은?

① 국내 최대 게임 업체의 고객 개인 정보가 유출되어 청소년들에게 성인 광고 문자가 대량 발송된 사건을 예로 제시한다.
② 인터넷에 중독되는 청소년의 비율이 해마다 증가한다는 통계를 활용하여 해당 사안이 시급히 해결되어야 할 문제임을 강조한다.
③ 사회성 결여, 의사소통 장애, 집중력 저하 등 인터넷 중독이 야기할 수 있는 부정적 현상들을 열거하여 문제의 심각성을 환기한다.
④ 청소년 대상 인터넷 중독 상담 프로그램의 개발 및 운영을 위해 할당된 예산이 부족하다는 전문가의 의견을 인용하여 해당 문제에 대한 대처가 미온적임을 지적한다.

**04** 밑줄 친 단어의 쓰임이 옳은 것은?

① 하노라고 한 것이 이 모양이다.
② 물품 대금은 나중에 예치금에서 자동으로 결재된다.
③ 예산을 대충 겉잡아서 말하지 말고 잘 뽑아 보세요.
④ 행운이 가득하기를 기원하는 것으로 치사를 가름합니다.

**05** 다음 시에 대한 감상으로 적절하지 않은 것은?

> 네 집에서 그 샘으로 가는 길은 한 길이었습니다. 그래서 새벽이면 물 길러 가는 인기척을 들을 수 있었지요. 서로 짠 일도 아닌데 새벽 제일 맑게 고인 물은 네 집이 돌아가며 길어 먹었지요. 순번이 된 집에서 물 길어 간 후에야 똬리끈 입에 물고 삽짝 들어서시는 어머니나 물지게 진 아버지 모습을 볼 수 있었지요. 집안에 일이 있으면 그 순번이 자연스럽게 양보되기도 했었구요. 넉넉하지 못한 물로 사람들 마음을 넉넉하게 만들던 그 샘가 미나리꽝에서는 미나리가 푸르고 앙금 내리는 감자는 잘도 썩어 구린내 훅 풍겼지요.
>
> ― 함민복, 「그 샘」 ―

① '샘'을 매개로 공동체의 삶을 표현했다.
② 과거 시제로 회상의 분위기를 표현했다.
③ 공감각적 이미지로 이웃 간의 배려를 표현했다.
④ 구어체로 이웃 간의 정감 어린 분위기를 표현했다.

**06** 다음 글의 주장으로 가장 적절한 것은?

> 우리에게 친숙한 동물들의 사소한 행동을 살펴보면 그들이 자신의 환경을 개조한다는 것을 알 수 있다. 가장 단순한 생명체는 먹이가 그들에게 헤엄쳐 오게 만들고, 고등동물은 먹이를 구하기 위해 땅을 파거나 포획 대상을 추적하기도 한다. 이처럼 동물들은 자신의 목적을 위해 행동함으로써 환경을 변형시킨다. 이러한 생존 방식을 흔히 환경에 적응하는 것으로 설명한다. 그러나 이러한 설명은 생명체들이 그들의 환경 개변(改變)에 능동적으로 행동한다는 중요한 사실을 놓치고 있다.
> 가장 고등한 동물인 인간도 다른 생명체와 마찬가지로 생존이나 적응을 넘어서 환경에 대해 적극성을 보인다. 이는 인간의 세 가지 충동 ― 사는 것, 잘 사는 것, 더 잘 사는 것 ― 으로 인하여 가능하다. 잘 살기 위한 노력은 순응적이기 보다는 능동적인 모습으로 나타나게 된다. 인간도 생명체이다. 더 잘 살기 위해서는 환경에 순응할 수만은 없다.

① 인간은 환경에 적응해 왔다.
② 삶의 기술은 생존을 위한 것이다.
③ 생명체는 환경을 능동적으로 변형한다.
④ 인간은 잘 사는 것을 삶의 목표로 한다.

**07** 밑줄 친 부분의 활용형이 옳지 않은 것은?

① 집에 오면 그는 항상 사랑채에 <u>머물었다</u>.
② 나는 고향 집에 한 사나흘 <u>머무르면서</u> 쉴 생각이다.
③ 일에 <u>서툰</u> 것은 연습이 부족한 까닭이다.
④ 그는 외국어가 <u>서투르므로</u> 해외 출장을 꺼린다.

**08** 다음에 서술된 A사의 상황을 가장 적절하게 표현한 한자성어는?

> 최근 출시된 A사의 신제품이 뜨거운 호응을 얻고 있다. 이번 신제품의 성공으로 A사는 B사에게 내주었던 업계 1위 자리를 탈환했다.

① 兎死狗烹
② 捲土重來
③ 手不釋卷
④ 我田引水

**09** 다음 글의 주장으로 가장 적절한 것은?

> 예술 작품의 복제 기술이 좋아지고 있음에도 불구하고 원본을 보러 가는 이유는 무엇인가? 예술 작품의 특성상 원본 고유의 예술적 속성을 복제본에서는 느낄 수 없다고 생각하는 경향이 강하기 때문이다. 사진은 원본인지 복제본인지 중요하지 않지만, 회화는 붓 자국 하나하나가 중요하기 때문에 복제본이 원본을 대체할 수 없다고 생각하는 사람들이 많다.
> 그러나 이러한 생각은 잘못이다. 회화와 달리 사진의 경우, 보통은 '그 작품'이라고 지칭되는 사례들이 여러 개 있을 수 있다. 20세기 위대한 사진작가 빌 브란트가 마음만 먹었다면, 런던에 전시한 인화본의 조도를 더 낮추는 방식으로 다른 곳에 전시한 것과 다른 예술적 속성을 갖게 할 수 있었을 것이다. 이것은 사진의 경우, 작가가 재현적 특질을 선택하고 변형할 수 있는 방법이 다양함을 의미한다.

① 복제본의 예술적 가치는 원본을 뛰어넘을 수 없다.
② 복제 기술 덕분에 예술의 매체적 특성이 비슷해졌다.
③ 복제본의 재현적 특질을 변형하는 방법은 제한적이다.
④ 복제본도 원본과는 다른 별개의 예술적 특성을 담보할 수 있다.

**10** 밑줄 친 단어와 바꿔 쓸 수 있는 한자어로 가장 적절한 것은?

① 그는 가수가 되려는 꿈을 버리고 직장을 구했다.
 → 遺棄하고
② 휴가철인 7~8월에 버려지는 반려견들이 가장 많다.
 → 根絶되는
③ 그는 집 앞에 몰래 쓰레기를 버리고 간 사람을 찾고 있다.
 → 投棄하고
④ 취직하려면 그녀는 우선 지각하는 습관을 버려야 할 것이다.
 → 抛棄해야

**11** 다음 글의 ㉠~㉣에 대한 고쳐 쓰기 방안으로 적절하지 않은 것은?

> 현재 리셋 증후군이 인터넷 중독의 한 유형으로 ㉠ 꼽혀지고 있다. 리셋 증후군 환자들은 현실에서 잘못을 하더라도 버튼만 누르면 해결될 수 있다고 생각해서 아무런 죄의식이나 책임감 없이 행동한다. ㉡ '리셋 증후군'이라는 말은 1990년 일본에서 처음 생겨났는데, 국내에선 1990년대 말부터 쓰이기 시작했다. 리셋 증후군 환자들은 현실과 가상을 구분하지 못하여 게임에서 실행했던 일을 현실에서 저지르고 뒤늦게 후회하는 경우가 많다. 특히, 이러한 특성을 지닌 청소년들은 무슨 일이든지 쉽게 포기하고 책임감 없는 행동을 하며, 마음에 들지 않는 사람이 있으면 ㉢ 막다른 골목으로 몰 듯 관계를 쉽게 끊기도 한다.
> 리셋 증후군은 행동 양상이 명확히 나타나지 않는 편이라 쉽게 판별하기 어렵고 진단도 쉽지 않다. ㉣ 이와 같이 예방을 위해 지속적으로 주위 사람들과 대화를 나누고, 현실과 인터넷 공간을 구분하는 능력을 길러야 한다.

① 불필요한 이중 피동 표현으로 어법에 맞게 ㉠을 '꼽고'로 수정한다.
② 글의 맥락상 자연스럽지 않으므로 ㉡은 첫 번째 문장 뒤로 옮긴다.
③ 앞뒤 문맥을 고려할 때 ㉢은 '칼로 무를 자르듯'으로 수정한다.
④ 앞 문장과의 연결을 고려하여 ㉣을 '그러므로'로 수정한다.

## 12. 다음 글에서 의인화하고 있는 사물은?

> 姓은 楮이요, 이름은 白이요, 字는 無玷이다. 회계 사람이고, 한나라 중상시 상방령 채륜의 후손이다. 태어날 때 난초탕에 목욕하여 흰 구슬을 희롱하고 흰 띠로 꾸렸으므로 빛이 새하얗다. …(중략)… 성질이 본시 정결하여 武人은 좋아하지 않고 文士와 더불어 노니는데, 毛學士가 그 벗으로 매양 친하게 어울려서 비록 그 얼굴에 점을 찍어 더럽혀도 씻지 않았다.

① 대나무
② 백옥
③ 엽전
④ 종이

## 13. 다음 보도 기사별 마무리 표현으로 적절하지 않은 것은?

| 보도 기사 | 마무리 표현 |
| --- | --- |
| 소송이나 다툼에 관한 소식 | ㉠ |
| 어느 쪽이 옳다고 말하기 애매한 소식 | ㉡ |
| 사건이 터지고 결과가 드러나기 전 소식 | ㉢ |
| 연예 스캔들 소식 | ㉣ |

① ㉠: 모쪼록 원만히 해결되기 바랍니다.
② ㉡: 그 의미를 새삼 돌아보게 됩니다.
③ ㉢: 현재 귀추가 주목되고 있습니다.
④ ㉣: 호사가들의 입방아에 오르내리고 있습니다.

## 14. 다음 글에 대한 이해로 적절하지 않은 것은?

> 말뚝이: (병거지를 쓰고 채찍을 들었다. 굿거리장단에 맞추어 양반 삼 형제를 인도하여 등장)
> 양반 삼 형제: (말뚝이 뒤를 따라 굿거리장단에 맞추어 점잔을 피우나, 어색하게 춤을 추며 등장. 양반 삼 형제 맏이는 샌님[生員], 둘째는 서방님[書房], 끝은 도련님[道令]이다. 샌님과 서방님은 흰 창옷에 관을 썼다. 도련님은 남색 쾌자에 복건을 썼다. 샌님과 서방님은 언청이이며 (샌님은 언청이가 두 줄, 서방님은 한 줄이다.) 부채와 장죽을 가지고 있고, 도련님은 입이 삐뚤어졌고 부채만 가졌다. 도련님은 대사는 일절 없으며, 형들과 동작을 같이하면서 형들의 면상을 부채로 때리며 방정맞게 군다.)
> 말뚝이: (가운데쯤에 나와서) 쉬이. (음악과 춤 멈춘다.) 양반 나오신다아! 양반이라고 하니까 노론, 소론, 호조, 병조, 옥당을 다 지내고 삼정승, 육판서를 다 지낸 퇴로 재상으로 계신 양반인 줄 알지 마시오. 개잘량이라는 '양' 자에 개다리소반이라는 '반' 자 쓰는 양반이 나오신단 말이오.
> 양반들: 야아, 이놈, 뭐야아!
> 말뚝이: 아, 이 양반들, 어찌 듣는지 모르갔소. 노론, 소론, 호조, 병조, 옥당을 다 지내고 삼정승, 육판서 다 지내고 퇴로 재상으로 계신 이 생원네 삼 형제 분이 나오신다고 그리 하였소.
> 양반들: (합창) 이 생원이라네. (굿거리장단으로 모두 춤을 춘다. 도령은 때로로 형들의 면상을 치며 논다. 끝까지 그런 행동을 한다.)
>
> – 작자 미상, 「봉산탈춤」에서 –

① 양반들이 자신들을 조롱하는 말뚝이에게 야단쳤군.
② 샌님과 서방님이 부채와 장죽을 들고 춤을 추며 등장했군.
③ 말뚝이가 굿거리장단에 맞춰 양반을 풍자하는 사설을 늘어놓았군.
④ 도련님이 방정맞게 굴면서 샌님과 서방님의 얼굴을 부채로 때렸군.

## 15. 밑줄 친 부분의 띄어쓰기가 옳은 것은?

① 해도해도 너무한다.
② 빠른 시일 내 지원해 줄 것이다.
③ 이 그릇은 귀한 거라 손님 대접하는데나 쓴다.
④ 소비 절약을 호소하는 정공법 밖에 달리 도리는 없다.

## 16. 다음 글의 공간에 대한 설명으로 적절하지 않은 것은?

시(市)를 남북으로 나누며 달리는 철도는 항만의 끝에 이르러서야 잘려졌다. 석탄을 싣고 온 화차(貨車)는 자칫 바다에 빠뜨릴 듯한 머리를 위태롭게 사리며 깜짝 놀라 멎고 그 서슬에 밑구멍으로 주르르 석탄 가루를 흘려보냈다.

집에 가 봐야 노루꼬리만큼 짧다는 겨울 해에 점심이 기다리고 있는 것도 아니어서 우리들은 학교가 파하는 대로 책가방만 던져둔 채 떼를 지어 선창을 지나 항만의 북쪽 끝에 있는 제분 공장에 갔다.

제분 공장 볕 잘 드는 마당 가득 깔린 멍석에는 늘 덜 건조된 밀이 널려 있었다. 우리는 수위가 잠깐 자리를 비운 틈을 타서 마당에 들어가 멍석의 귀퉁이를 밟으며 한 움큼씩 밀을 입 안에 털어 넣고는 다시 걸었다. 올올이 흩어져 대글대글 이빨에 부딪치던 밀알들이 달고 따뜻한 침에 의해 딱딱한 껍질을 불리고 속살을 풀어 입 안 가득 풀처럼 달라붙다가 제법 고무질의 질긴 맛을 낼 때쯤이면 철로에 닿게 마련이었다.

우리는 밀껌으로 푸우푸우 풍선을 만들거나 침목(枕木) 사이에 깔린 잔돌로 비사치기를 하거나 전날 자석을 만들기 위해 선로 위에 얹어 놓았던 못을 뒤지면서 화차가 닿기를 기다렸다.

드디어 화차가 오고 몇 번의 덜컹거림으로 완전히 숨을 놓으면 우리들은 재빨리 바퀴 사이로 기어 들어가 석탄 가루를 훑고 이가 벌어진 문짝 틈에 갈퀴처럼 팔을 들이밀어 조개탄을 후벼내었다. 철도 건너 저탄장에서 밀차를 밀며 나오는 인부들이 시커멓게 모습을 나타낼 즈음이면 우리는 대개 신발주머니에, 보다 크고 몸놀림이 잽싼 아이들은 시멘트 부대에 가득 든 석탄을 팔에 안고 낮은 철조망을 깨금발로 뛰어넘었다.

선창의 간이음식점 문을 밀고 들어가 구석 자리의 테이블을 와글와글 점거하고 앉으면 그날의 노획량에 따라 가락국수, 만두, 찐빵 등이 날라져 왔다.

석탄은 때로 군고구마, 딱지, 사탕 따위가 되기도 했다. 어쨌든 석탄이 선창 주변에서는 무엇과도 바꿀 수 있는 현금과 마찬가지라는 것을 우리는 알고 있었고, 때문에 우리 동네 아이들은 사철 검정 강아지였다.

— 오정희, 「중국인 거리」에서 —

① 철길 때문에 도시가 남북으로 나뉘어 있다.
② 항만 북쪽에는 제분 공장이 있고, 철도 건너에는 저탄장이 있다.
③ 선로 주변에 아이들이 넘을 수 없는 철조망이 있다.
④ 석탄을 먹을거리와 바꿀 수 있는 간이음식점이 있다.

**17.** 다음 밑줄 친 부분의 의미를 풀어 쓴 것으로 적절한 것은?

> 2004년 1월 태국에서는 한 소년이 극심한 폐렴 증세로 사망했다. 소년의 폐는 완전히 망가져 흐물흐물해져 있었다. 분석 결과, 이전까지 인간이 감염된 적이 없는 인플루엔자 바이러스가 원인으로 밝혀졌다. 소년은 공식적으로 고병원성 조류 인플루엔자 바이러스, H5N1의 첫 사망자가 되었다. 계절 독감으로 익숙한 인플루엔자 바이러스가 이렇게 치명적일 수 있었던 것은 인간의 면역 반응 때문이다. 인류 역사상 단 한 번도 만나본 적이 없는 새로운 바이러스가 침입하자 면역계가 과민 반응을 일으켜 도리어 인체에 해를 끼친 것이다. 이런 현상을 '사이토카인 폭풍'이라 부른다. 사이토카인 폭풍은 면역 능력이 강한 젊은 층일수록 더 세게 일어난다.
>
> 만약 집에 ㉠ <u>좀도둑</u>이 들었다면 작은 손해를 각오하고 인기척을 내 도둑 스스로 도망가게 하는 것이 상책이다. 그런데 만약 ㉡ <u>몽둥이</u>를 들고 도둑과 싸우려 든다면 도둑은 ㉢ <u>강도</u>로 돌변한다. 인체가 H5N1에 감염되면 똑같은 일이 벌어진다. 처음으로 새가 아닌 다른 숙주 몸속에 들어온 바이러스는 과민 반응한 면역계와 죽기 살기로 싸운다. 그 결과 50%가 넘는 승률로 바이러스가 승리한다. 그러나 ㉣ <u>승리의 대가</u>는 비싸다. 숙주가 죽어 버렸기 때문에 바이러스 역시 함께 죽어야만 한다. 이것이 바로 악명을 떨치면서도 조류 독감의 사망 환자 수가 전 세계에서 400명을 넘기지 않는 이유다. 이 질병이 아직 사람 사이에서 감염되는 시계기 나타나지 않은 이유도 바이러스가 인체라는 새로운 숙주에 적응하지 못했기 때문으로 추정할 수 있다.

① ㉠: 면역계의 과민 반응
② ㉡: 계절 독감
③ ㉢: 치명적 바이러스
④ ㉣: 극심한 폐렴 증세

**18.** 다음 글의 전개 순서로 가장 자연스러운 것은?

> ㉠ 1700년대 중반에 이미 미국 이주민들의 평균 소득은 영국인들의 평균 소득을 넘어섰다.
> ㉡ 그러나 미국은 사실 그러한 분야에서는 다른 산업 국가들에 비해 특별한 우위를 갖고 있지 않았다.
> ㉢ 미국 이주민들의 평균 소득이 높아지게 된 배경에는 좋은 환경으로부터 비롯된 낙관성과 자신감이 있었다. 이후로도 다소 불안정하기는 했지만 미국인들의 소득은 계속해서 크게 증가했다.
> ㉣ 대부분의 미국인들은 남북 전쟁 이후 급속히 경제가 성장한 이유를 농업적 환경뿐만 아니라 19세기의 과학적, 기술적 대전환, 기업가 정신과 규제가 없는 시장 경제 때문이라고 단순하게 생각하는 경향이 있다.
> ㉤ 미국인들이 이처럼 초기 정착기에 풍요로움을 누릴 수 있었던 것은 비옥한 토지, 풍부한 천연자원, 흑인 노동력에 힘입은 농산물 수출 덕분이었다.

① ㉠ - ㉢ - ㉤ - ㉣ - ㉡
② ㉠ - ㉣ - ㉢ - ㉡ - ㉤
③ ㉣ - ㉡ - ㉤ - ㉠ - ㉢
④ ㉣ - ㉤ - ㉡ - ㉢ - ㉠

**19** 다음 글을 통해 추론할 수 없는 것은?

> 자신의 신념과 일치하는 정보는 받아들이고 그렇지 않은 정보는 무시하는 경향을 확증 편향(confirmation bias)이라 한다. 자신의 믿음이나 견해와 일치하는 정보는 수용하고 그에 반대되는 정보는 무시하거나 부정하는 심리 경향이다. 사회 심리학자인 로버트 치알디니는 자신이 가진 기존의 견해와 일치하는 정보는 두 가지 이점을 가지고 있다고 한다. 첫째, 그러한 정보는 어떤 문제에 대해 더 이상 고민하지 않고 마음의 휴식을 취할 수 있게 해 준다. 둘째, 그러한 정보는 우리를 추론의 결과에서 자유롭게 해 준다. 즉 추론의 결과 때문에 행동을 바꿔야 할 필요가 없다. 첫째는 생각하지 않게 하고, 둘째는 행동하지 않게 함을 말한다.
>
> 일례로 특정 정치 성향을 가진 사람들을 대상으로 조사했을 때, 사람들은 반대당 후보의 주장에서는 모순을 거의 완벽하게 찾은 반면, 지지하는 당 후보의 주장에서는 모순을 절반 정도만 찾아냈다. 이 판단의 과정을 자기 공명 영상 장치로도 촬영했다. 그 결과, 자신이 동의하지 않는 정보를 접했을 때는 뇌 회로가 활성화되지 않았고, 자신이 동의하는 주장을 접했을 때는 긍정적인 반응을 보이면서 뇌 회로가 활성화되는 것을 확인할 수 있었다.

① 사람에게는 자신의 신념이나 행동을 바꾸려 하지 않는 경향이 있다.
② 사람에게는 정보를 객관적으로 판단하지 못하는 심리적 특성이 있다.
③ 사람에게는 지지자들의 말만을 듣고 자기 신념을 강화하는 경향이 있다.
④ 사람에게는 새로운 정보를 접했을 때 심리적 불안을 느끼는 특성이 있다.

**20** 밑줄 친 부분에서 행위의 주체가 같은 것으로만 묶은 것은?

> 금와왕이 이상히 여겨 유화를 방 안에 가두어 두었더니 햇빛이 방 안을 비추는데 ㉠ 몸을 피하면 다시 쫓아와서 비추었다. 이로 해서 태기가 있어 알[卵] 하나를 낳으니, 크기가 닷 되들이만 했다. 왕이 그것을 버려서 개와 돼지에게 주게 했으나 모두 먹지 않았다. 다시 길에 ㉡ 내다 버리게 했더니 소와 말이 피해서 가고 들에 내다 버리니 새와 짐승들이 덮어 주었다. 왕이 쪼개 보려고 했으나 아무리 해도 쪼개지지 않아 그 어미에게 돌려주었다. 어미가 이 알을 천으로 싸서 따뜻한 곳에 놓아두었더니 한 아이가 ㉢ 껍질을 깨고 나왔는데, 골격과 외모가 영특하고 기이했다. 겨우 일곱 살이 되었을 때, 이미 기골이 뛰어나서 범인(凡人)과 달랐다. 스스로 활과 화살을 만들어 쏘았는데 백발백중이었다. 나라 풍속에 ㉣ 활 잘 쏘는 사람을 주몽이라고 하므로 그 아이를 '주몽'이라 했다.
>
> 금와왕에게는 일곱 아들이 있어 항상 주몽과 함께 놀았는데, 재주가 주몽을 따르지 못했다. 맏아들 대소가 왕에게 말했다. "주몽은 사람의 자식이 아닙니다. 일찍 ㉤ 없애지 않는다면 후환이 있을까 두렵습니다." 왕이 듣지 않고 주몽을 시켜 말을 기르게 하니 주몽은 좋은 말을 알아보고 적게 먹여서 여위게 기르고, 둔한 말을 ㉥ 잘 먹여서 살찌게 했다.

① ㉠, ㉡
② ㉡, ㉣
③ ㉢, ㉥
④ ㉣, ㉤

# 국어 | 2019년 지방직 9급

**01** 다음에 해당하는 사례로 적절하지 않은 것은?

> 대립쌍을 이루는 단어들이 일정한 방향성을 이루고 있다.

① 성공(成功) : 실패(失敗)
② 시상(施賞) : 수상(受賞)
③ 판매(販賣) : 구매(購買)
④ 공격(攻擊) : 방어(防禦)

**02** 토론에서 사회자가 하는 역할에 대한 설명으로 가장 적절한 것은?

① 토론을 시작하면서 논제가 타당한지 토론자들의 의견을 묻는다.
② 토론자들에게 토론의 전반적인 방향과 유의점에 대해 안내한다.
③ 청중의 의견을 수렴하여 대안을 제시함으로써 쟁점을 약화시킨다.
④ 토론자의 주장과 논거를 비판하는 견해를 개진하여 논쟁의 확산을 꾀한다.

**03** 다음 글의 글쓰기 방식에 대한 설명으로 적절한 것은?

> 멕시코의 환경 운동가로 유명한 가브리엘 과드리는 1960년대 이후 중앙아메리카 숲의 25% 이상이 목초지 조성을 위해 벌채되었으며 1970년대 말에는 중앙아메리카 전체 농토의 2/3가 축산 단지로 점유되었다고 주장했다. 실제로 1987년 이후로도 멕시코에만 1,497만 3,900ha의 열대 우림이 파괴되었는데, 이렇게 중앙아메리카의 열대림을 희생하면서까지 생산된 소고기는 주로 유럽과 미국으로 수출되었다. 그렇지만 이 소고기들은 지방분이 적고 미국인의 입맛에 그다지 맞지 않아 대부분 햄버거의 재료로 사용되었다.

① 통계 수치를 활용하여 논거의 타당성을 높이고 있다.
② 이론적 근거를 나열하여 주장의 전문성을 강화하고 있다.
③ 전문 용어의 뜻을 쉽게 풀이하여 독자의 이해를 돕고 있다.
④ 예측할 수 없는 결과를 나열하여 사태의 심각성을 알리고 있다.

**04** 밑줄 친 부분이 어법에 맞는 것은?

① 이 가곡의 <u>노래말</u>은 아름답다.
② 그 집의 <u>순대국</u>은 아주 맛있다.
③ <u>하교길</u>은 늘 아이들로 북적인다.
④ 선생님은 간단한 <u>인사말</u>을 건넸다.

**05** (가)의 관점에서 (나)를 감상할 때 가장 적절한 것은?

(가) 반영론은 문학 작품이 사회를 반영하여 현실의 문제를 비판적으로 성찰할 수 있게 하는 매개체라는 관점을 취한 비평적 입장이다.

(나) 강나루 건너서
　　밀밭 길을

　　구름에 달 가듯이
　　가는 나그네

　　길은 외줄기
　　남도 삼백리

　　술 익는 마을마다
　　타는 저녁 놀

　　구름에 달 가듯이
　　가는 나그네
　　　　　　　　　　　- 박목월, 「나그네」 -

① 전통적 민요의 율격을 바탕으로 한 정형적 형식을 통해 정제된 시상이 효과적으로 드러났군.
② 삶의 고통스러운 단면을 외면한 채 유유자적한 삶만을 그린 것은 아닌지 비판할 여지가 있군.
③ 낭만적 감성을 불러일으키는 시적 분위기가 시조에서 보이는 선경후정과 비슷한 양상을 띠는군.
④ 해질 무렵 강가를 거닐며 조망한 풍경의 이미지가 한 폭의 그림을 보는 듯한 감각을 자아내는군.

**06** 다음 글에 대한 이해로 가장 적절한 것은?

　　책은 벗입니다. 먼 곳에서 찾아온 반가운 벗입니다. 배움과 벗에 관한 이야기는 『논어』의 첫 구절에도 있습니다. '배우고 때때로 익히니 어찌 기쁘지 않으랴. 벗이 먼 곳에서 찾아오니 어찌 즐겁지 않으랴.'가 그런 뜻입니다.
　　그러나 오늘 우리의 현실은 그렇지 못합니다. 인생의 가장 빛나는 시절을 수험 공부로 보내야 하는 학생들에게 독서는 결코 반가운 벗이 아닙니다. 가능하면 빨리 헤어지고 싶은 불행한 만남일 뿐입니다. 밑줄 그어 암기해야 하는 독서는 진정한 의미의 독서가 못 됩니다.
　　독서는 모름지기 자신을 열고, 자신을 확장하고, 자신을 뛰어넘는 비약이어야 합니다. 그렇기 때문에 독서는 삼독(三讀)입니다. 먼저 글을 읽고 다음으로 그 글을 집필한 필자를 읽어야 합니다. 그 글이 제기하고 있는 문제뿐만 아니라 필자가 어떤 시대, 어떤 사회에 발 딛고 있는지를 읽어야 합니다. 그리고 최종적으로 그것을 읽고 있는 독자 자신을 읽어야 합니다. 그렇게 함으로써 자신의 처지와 우리 시대의 문맥을 깨달아야 합니다.

① 독서는 타인의 경험이나 생각 등을 자기화(自己化)하는 과정이다.
② 반가운 벗과의 독서야말로 진정한 독자로 거듭날 수 있는 첩경(捷徑)이다.
③ 시대와 불화(不和)한 독자일수록 독서를 통해 자신의 위치를 발견하기 쉽다.
④ 자신이 배운 것을 제때에 적용하기 위해서는 친밀한 교우(交友) 관계가 중요하다.

**07** 밑줄 친 부분의 띄어쓰기가 옳은 것은?

① 그 중에 깨끗한 옷만 골라 입으세요.
② 어제는 밤이 늦도록 옛 책을 뒤적였다.
③ 시간 날 때 낚시나 한 번 같이 갑시다.
④ 사람들은 황급히 굴 속으로 모여들었다.

**08** 다음에 대한 설명으로 적절한 것은?

> ㉠ 가을일[가을릴]  ㉡ 텃마당[턴마당]
> ㉢ 입학생[이팍쌩]  ㉣ 흙먼지[흥먼지]

① ㉠: 한 가지 유형의 음운 변동이 나타난다.
② ㉡: 인접한 음의 영향을 받아 조음 위치가 같아지는 동화 현상이 나타난다.
③ ㉢: 음운 변동 전의 음운 개수와 음운 변동 후의 음운 개수가 서로 다르다.
④ ㉣: 음절 끝에 'ㄱ, ㄴ, ㄷ, ㄹ, ㅁ, ㅂ, ㅇ' 이외의 자음이 오면 이 7개의 자음 중 하나로 바뀌는 규칙이 적용된다.

**09** 어법에 어긋난 문장을 수정하고 설명한 예로 적절하지 않은 것은?

① 유사한 내용의 제안이 접수되었을 때에는 먼저 접수된 것이 우선한다.
   → '접수되었을 때에는'은 사건이나 행위가 완료된 상황을 나타내므로 '접수될 때에는'으로 바꾼다.
② 안내서 및 과업 지시서 교부는 참가 신청자에게만 교부한다.
   → '과업 지시서 교부'와 서술어 '교부하다'는 의미상 중복되며 호응하지 않으므로 앞의 '교부'를 삭제한다.
③ 해안선에서 200미터 이내의 수역을 제외된 상태에서 논의를 진행하겠습니다.
   → 목적어 '수역을'과 서술어 '제외되다'는 호응하지 않으므로 '제외된'은 '제외한'으로 바꾼다.
④ 관련 도서는 해당 부서에 비치하고 관계자에게 열람한다.
   → 서술어 '열람하다'는 부사어 '관계자에게'와 호응하지 않으므로 '열람하게 한다.'와 같이 바꾼다.

**10** (가)~(라)에 대한 설명으로 적절하지 않은 것은?

> (가) 고인(古人)도 날 몯 보고 나도 고인(古人) 몯 뵈
>     고인(古人)을 몯 뵈도 녀던 길 알픠 잇뇌
>     녀던 길 알픠 잇거든 아니 녀고 엇뎔고
> (나) 술은 어이ᄒᆞ야 됴ᄒᆞ니 누룩 섯글 타시러라
>     국은 어이ᄒᆞ야 됴ᄒᆞ니 염매(鹽梅) 틀 타시러라
>     이 음식 이 뜯을 알면 만수무강(萬壽無疆)ᄒᆞ리라
> (다) 우레ᄀᆞ치 소ᄅᆞ나는 님을 번기ᄀᆞ치 번뜻 만나
>     비ᄀᆞ치 오락가락 구름ᄀᆞ치 헤여지니
>     흉중(胸中)에 ᄇᆞ람 ᄀᆞ튼 한숨이 안기 피둣 ᄒᆞ여라
> (라) 하하 허허 흔들 내 우음이 졍 우움가
>     하 어쳑 업서서 늣기다가 그리 되게
>     벗님ᄂᆡ 웃디들 말구려 아귀 ᄣᅥ여디리라

① (가): 연쇄법을 활용하여 고인의 길을 따르겠다는 의지를 드러내고 있다.
② (나): 문답법과 대조법을 활용하여 임의 만수무강을 기원하고 있다.
③ (다): 'ᄀᆞ치'를 반복적으로 표현하여 운율감을 더하고 있다.
④ (라): 냉소적 어조를 통해 상대에 대한 불편한 심기를 표출하고 있다.

**11** 다음에 제시된 단어의 의미에 맞게 쓴 문장으로 적절하지 않은 것은?

| 단어 | 의미 | 문장 |
| --- | --- | --- |
| 살다 | 경기나 놀이에서, 상대편에게 잡히지 않고 제 기능을 하다. | ㉠ |
| | 어떤 직분이나 신분의 생활을 하다. | ㉡ |
| | 마음이나 의식 속에 남아 있거나 생생하게 일어나다. | ㉢ |
| | 움직이던 물체가 멈추지 않고 제 기능을 하다. | ㉣ |

① ㉠: 장기에서 포는 죽고 차만 살아 있다.
② ㉡: 그는 벼슬을 살기 싫어 속세를 버렸다.
③ ㉢: 옷에 풀기가 아직 살아 있다.
④ ㉣: 그렇게 세게 부딪혔는데도 시계가 살아 있다.

**12** 진행자의 말하기 방식에 대한 설명으로 적절하지 않은 것은?

> 진행자: 안녕하십니까? 오늘은 고령자의 운전면허 자진 반납 제도에 대해 홍○○ 교수님 모시고 말씀 들어 보겠습니다.
> 홍 교수: 네, 반갑습니다.
> 진행자: 나와 주셔서 감사합니다. 우선 이 제도가 어떤 제도인가요?
> 홍 교수: 지자체마다 조금씩 다르기는 하지만 고령 운전자들이 운전면허를 자발적으로 반납하게 유도하여 고령 운전자에 의한 교통사고를 줄이고자 하는 제도입니다.
> 진행자: 고령 운전자에 의한 교통사고가 심각한가요? 뒷받침할 만한 자료가 있나요?
> 홍 교수: 네. 도로교통공단의 통계에 따르면, 전체 교통사고 대비 고령 운전자에 의한 교통사고 비율이 2014년에는 9.0%였으나 매년 조금씩 증가하여 2017년에는 12.3%를 차지하고 있습니다.
> 진행자: 그렇군요. 아무래도 고령화 사회로 진입하다 보니 전체 운전자 중에서 고령 운전자에 해당하는 비율이 늘었기 때문인 것 같은데요.
> 홍 교수: 네, 그렇습니다. 이전보다 차량 성능이 월등히 좋아진 점도 하나의 요인이 될 것입니다.
> 진행자: 그렇다고 해도 무작정 운전면허를 반납하라고만 할 수는 없을 테고, 뭔가 보완책이 있나요?
> 홍 교수: 네. 지자체마다 차이가 있지만 소정의 교통비를 지급함으로써 대중교통 이용을 권장하고 있습니다.
> 진행자: 취지 자체만으로는 긍정적으로 평가할 수 있을 것 같은데, 혹시 제도 시행상의 문제점은 없나요?
> 홍 교수: 일회성이 문제라고 생각합니다.
> 진행자: 아, 운전면허를 반납한 당시에만 교통비가 한 차례 지원된다는 말씀이군요.
> 홍 교수: 네. 이분들이 더 이상 운전을 하지 않아도 이동권을 확보할 수 있도록 지속적인 지원이 이루어져야 이 제도가 효과를 얻을 수 있습니다.
> 진행자: 그에 더해 장기적으로는 고령자 친화적인 대중교통 인프라를 구축하는 일도 필요할 듯합니다. 교수님, 오늘 말씀 감사합니다.

① 상대방의 의견이 합리적이지 않음을 지적하며 인터뷰를 마무리 짓는다.
② 상대방이 인용한 통계 자료에 대해 자기 나름대로의 해석을 제시한다.
③ 상대방이 제시한 정보 이외에 추가적인 정보를 요구한다.
④ 상대방에게 해당 제도의 시행 배경에 대한 객관적인 근거를 요구한다.

**13** 다음 글의 제목으로 가장 적절한 것은?

> 계몽주의 사상가들은 명백히 모순되는 두 개의 견해를 취했다. 그들은 인간의 위치를 자연계 안에서 해명하려고 애썼다. 역사의 법칙이란 것을 자연의 법칙과 동일한 것으로 여겼다. 다른 한편, 그들은 진보를 믿었다. 그렇다면 그들이 자연을 진보하는 것으로, 다시 말해 끊임없이 어떤 목적을 향해서 전진하는 것으로 받아들인 데에는 어떤 근거가 있었던가? 헤겔은 역사는 진보하는 것이고 자연은 진보하지 않는 것이라고 뚜렷이 구분했다. 반면, 다윈은 진화와 진보를 동일한 것으로 주장함으로써 모든 혼란을 정리한 듯했다. 자연도 역사와 마찬가지로 진보하는 것으로 본 것이다. 그러나 이것은 진화의 원천인 생물학적인 유전(biological inheritance)을 역사에서의 진보의 원천인 사회적인 획득(social acquisition)과 혼동함으로써 훨씬 더 심각한 오해에 이를 수 있는 길을 열어 놓았다. 오늘날 그 둘이 분명히 구별된다는 것은 익히 알려진 것이다.

① 자연의 진보에 대한 증거
② 인간 유전의 사회적 의미
③ 역사의 법칙과 자연의 법칙
④ 진보와 진화에 관한 견해들

**14** 다음 글에 대한 이해로 가장 적절한 것은?

　　유 소사가 말하기를, "신부(新婦)가 이제 내 집에 들어왔으니 어떻게 남편을 도울꼬?"
　　사씨 대답하여 말하기를, "첩(妾)이 일찍 아비를 여의고 자모(慈母)의 사랑을 입사와 본래 배운 것이 없으니 물으시는 말씀에 대답치 못하옵거니와 어미 첩을 보낼 제 중문(中門)에 임(臨)하여 경계하여 말씀하시기를 '반드시 공경(恭敬)하며 반드시 경계(警戒)하여 남편을 어기오지 말라.' 하시니 이 말씀이 경경(耿耿)하여 귓가에 있나이다."
　　유 소사가 말하기를, "남편의 뜻을 어기오지 말면 장부(丈夫) 비록 그른 일이 있을지라도 순종(順從)하랴?"
　　사씨 대 왈, "그런 말이 아니오라 부부(夫婦)의 도(道) 오륜(五倫)을 겸(兼)하였으니 아비에게 간(諫)하는 자식이 있고 나라에 간하는 신하 있고 형제(兄弟) 서로 권하고 붕우(朋友) 서로 책(責)하나니 어찌 부부라고 간쟁(諫諍)치 않으리이까? 그러나 자고로 장부(丈夫) 부인(婦人)의 말을 편청(偏聽)하면 해로움이 있삽고 유익(有益)함이 없으니 어찌 경계 아니 하리이까?"
　　유 소사가 모든 손님을 돌아보며 말하기를, "나의 며느리는 가히 조대가*에 비할 것이니 어찌 시속(時俗) 여자가 미칠 바리오."라고 하였다.

- 김만중, 「사씨남정기」에서 -

* 조대가: 『한서(漢書)』를 지은 반고(班固)의 누이동생인 반소(班昭). 학식이 뛰어나고 덕망이 높아 왕실 여성의 스승으로 칭송이 자자했다.

① 사씨의 어머니는 딸이 남편에게 맞섰던 일을 비판하고 있다.
② 사씨는 홀어머니를 모시느라 제대로 배우지 못한 것을 안타까워하고 있다.
③ 사씨는 부부의 예에 따라, 남편이 잘못하면 이를 지적해야 한다고 생각한다.
④ 유 소사는 며느리와의 대화를 통해, 효성이 지극한 사씨의 모습에 흡족해 하고 있다.

**15** 다음 글에서 '소리'에 대한 이해로 적절하지 않은 것은?

　　바깥은 어둡고 뜰 변두리의 늙은 나무들은 바람에 불려 서늘한 소리를 내었다. 처마 끝 저편에 퍼진 하늘에는 별이 총총하게 박혀 있으나, 아스무레한 초여름 기운에 잠겨 있었다. 집은 전체로 조용하고 썰렁했다.
　　꽝 당 꽝 당.
　　먼 어느 곳에서는 이따금 여운이 긴 쇠붙이 두드리는 소리가 들려왔다. 밑 거리의 철공소나 대장간에서 벌겋게 단 쇠를 쇠망치로 뚜드리는 소리 같았다.
　　근처에는 그런 곳은 없을 것이었다. 그렇다면 굉장히 먼 곳일 것이었다. 굉장히 굉장히 먼 곳일 것이었다.
　　꽝 당 꽝 당.
　　단조로운 소리이면서 송곳처럼 쑤시는 구석이 있는, 밤중에 간헐적으로 들려오는 그 소리는 이상하게 신경을 자극했다.
　　"참, 저거 무슨 소리유?"
　　영희가 미간을 찌푸리면서 말했다.
　　"글쎄, 무슨 소릴까……."
　　정애가 심드렁하게 대답했다.
　　"이 근처에 철공소는 없을 텐데."
　　"……."
　　정애는 표정으로만 수긍을 했다.
　　꽝 당 꽝 당.
　　그 쇠붙이에 쇠망치 부딪치는 소리는 여전히 간헐적으로 이어지고 있었다. 밤내 이어질 모양이었다. 자세히 그 소리만 듣고 있으려니까 바깥의 선들대는 늙은 나무들도 초여름 밤의 바람에 불려서 그런 것이 아니라 저 소리의 여운에 울려 흔들리고 있었다. 저 소리는 이 방안의 벽 틈서리를 쪼개고도 있었다. 형광등 바로 위의 천장에 비수가 잠겨 있을 것이었다.

- 이호철, 「닳아지는 살들」에서 -

① '서늘한 소리'는 예사롭지 않은 분위기를 조성하기 시작한다.
② '꽝 당 꽝 당' 소리는 인물의 심리적 상태의 변화를 촉발한다.
③ '단조로운 소리'는 반복적으로 드러남으로써 모종의 의미가 부여된다.
④ '소리의 여운'은 단선적 구성에 변화를 주어 갈등 해소의 기미를 강화한다.

**16** 다음 글에 대한 이해로 적절하지 않은 것은?

> 그동안 나는 〈일 포스티노〉를 세 번쯤 빌려 보았다. 그 이유는 이 아름다운 영화 속에 아스라이 문학이 똬리를 틀고 앉아 있기 때문이다. 특히 시란 무엇인가에 대한 해답을 이처럼 쉽고도 절실하게 설명해 놓은 문학 교과서를 나는 아직까지 보지 못했다. 그래서 학생들에게 시를 가르칠 때 나는 종종 영화 〈일 포스티노〉를 활용한다. 수백 마디의 말보다 〈일 포스티노〉를 함께 보고 토론하는 것이 시의 본질에 훨씬 깊숙이, 훨씬 빨리 가 닿을 수 있다는 것을 경험하기도 했다.
> 시를 공부하면서 은유에 시달려 본 사람이라면 이 영화를 보고 수차례 무릎을 쳤을 것이다. 마리오 루폴로가 네루다에게 보내기 위해 고향의 여러 가지 소리를 녹음하는 인상적인 장면이 있다. 여기서 해변의 파도 소리를 녹음하는 것이 은유의 출발이라면 어부들이 그물을 걷어 올리는 소리를 담고자 하는 모습은 은유의 확장이라고 할 수 있다. 더 나아가 밤하늘의 별빛을 녹음하는 기막히게 아름다운 장면에 이르면 은유는 절정에 달한다. 더 이상의 구차한 설명이 필요하지 않다.

① 영화 〈일 포스티노〉는 시를 이해하는 데 도움이 되는 교과서와도 같다.
② 영화 〈일 포스티노〉의 인물들은 문학적 은유의 본질과 의미를 잘 알고 있다.
③ 시의 본질에 대해 질문하고 답을 얻기 위해 영화 〈일 포스티노〉를 참고할 만하다.
④ 문학의 미적 자질과 영화 〈일 포스티노〉의 미적 자질 사이에서 공통점을 찾을 수 있다.

**17** 다음 ( ) 속에 들어갈 말로 가장 적절한 것은?

> 방랑시인 김삿갓의 시는 해학과 풍자로 가득 차 있는데, 무슨 시든 단숨에 써 내리는 一筆揮之인데다 가히 (   )의 상태라서 일부러 꾸미지 않았는데도 자연스럽고 아름답다.

① 花朝月夕
② 韋編三絕
③ 天衣無縫
④ 莫無可奈

**18** 밑줄 친 부분의 한자 표기가 잘못된 것은?

① 그는 여러 차례 TV 출연으로 유명세(有名勢)를 치렀다.
② 누가 먼저 할 것인지 복불복(福不福)으로 정하기로 했다.
③ 긴박한 상황이라 대증요법(對症療法)을 쓸 수밖에 없었다.
④ 사건의 경위(經緯)는 알 수 없지만, 결과만 본다면 우리에게 유리하다.

**19** 다음 글에서 추론한 바로 적절하지 않은 것은?

우리는 도시화, 산업화, 고도성장 과정에서 우리 경제의 뒷방살이 신세로 전락한 한국 농업의 새로운 가치에 주목해야 한다. 농업은 경제적 효율성이 뒤처져서 사라져야 할 사양 산업이 아니다. 전 지구적인 기후 변화와 식량 및 에너지 등 자원 위기에 대응하여 나라와 생명을 살릴 미래 산업으로서 농업의 전략적 가치가 크게 부각되고 있다. 농본주의의 기치를 앞세우고 농업 르네상스 시대의 재연을 통해 우리 경제가 당면한 불확실성의 터널을 벗어나야 한다.

우리는 왜 이런 주장을 하는가? 농업은 자원 순환적이고 환경 친화적인 산업이기 때문이다. 땅의 생산력에 기초해서 한계적 노동력을 고용하는 지연(地緣) 산업인 동시에 식량과 에너지를 생산하는 원천적인 생명 산업이기 때문이다. 물질적인 부의 극대화를 위해서 한 지역의 자원을 개발하여 이용한 뒤에 효용 가치가 떨어지면 다른 곳으로 이동하는 유목민적 태도가 오늘날 위기를 낳고 키워 왔는지 모른다. 급변하는 시대의 흐름에 부응하지 못하는 구시대의 경제 패러다임으로는 오늘날의 역사에 동승하기 어렵다. 이런 맥락에서, 지키고 가꾸어 후손에게 넘겨주는 정주민의 문화적 지속성을 존중하는 농업의 가치가 새롭게 조명받는 이유에 주목할 만하다. 과학 기술의 눈부신 발전 성과를 수용하여 새로운 상품과 시장을 창출할 수 있는 녹색 성장 산업으로서 농업의 잠재적 가치가 중시되고 있는 것이다.

① 고도성장을 도모하는 경제 정책을 추진하는 과정에서 농업 중심의 경제 패러다임을 지양하였다.
② 효율성을 중요한 가치로 내세우는 경제 시스템은 미래 사회를 대비하는 데 한계가 있다.
③ 유목 생활을 하는 민족에 비해 정주 생활을 하는 민족이 농업의 가치 증진에 더 기여할 수 있다.
④ 녹색 성장 산업으로서 농업의 효율성을 드높이기 위해서 과학 기술의 부작용을 성찰할 필요가 있다.

**20** 다음 글쓴이의 입장에 부합하는 것은?

효(孝)가 개인과 가족, 곧 일차적인 인간관계에서 일어나는 행위를 규정한 것이라면, 충(忠)은 가족이 아닌 사람들과의 관계, 곧 이차적인 인간관계에서 일어나는 사회적 행위를 규정한 것이었다. 그런데 언제부터인가 우리는 효를 순응적 가치관을 주입하는 봉건 가부장제 사회의 유습이라고 오해하는가 하면, 충과 효를 동일시하는 오류를 저지르는 경향이 많아졌다. 다음을 보자.

"부모에게 효도하고 형제를 사랑하는 사람은 윗사람의 명령을 거역하는 경우가 드물다. 또 윗사람의 명령을 어기지 않는 사람은 난동을 일으키는 경우도 드물다. 군자는 근본에 힘쓴다. 근본이 확립되면 도가 생기기 때문이다. 효도와 우애는 인(仁)의 근본이다."

위 구절에 담긴 입장을 기준으로 보면 효는 윗사람에 대한 절대 복종으로 연결된다. 곧 종족 윤리의 기본이 되는 연장자에 대한 예우는 물론이고 신분 사회의 엄격한 상하 관계까지 포괄적으로 인정하는 것이다. 하지만 이 구절만을 근거로 효를 복종의 윤리라고 보는 것은 성급한 판단이다. 왜냐하면 원래부터 효란 가족 윤리 또는 종족 윤리로서 사회 윤리였던 충보다 우선시되었을 뿐만 아니라, 유교의 기본 입장은 설사 부모의 명령이라 하더라도 옳고 그름을 가리지 않는 맹목적인 복종은 그 자체가 불효라고 보았기 때문이다.

유교에서는 부모와 자식의 관계가 자연에 의해서 결정된다고 한다. 이 때문에 부모와 자식의 관계는 인위적으로 끊을 수 없다고 본다. 이에 비해 임금과 신하의 관계는 공동의 목표를 위한 관계로서 의리에 의해서 맺어진 관계로 본다. 의리가 맞지 않는다면 언제라도 끊을 수 있다고 생각하는 것이다.

① 효는 봉건 가부장제 사회에서 비롯한 일차적 인간관계이다.
② 효는 부모와 자식 간의 관계이므로 조건 없는 신뢰에 기초한 덕목이다.
③ 윗사람에 대한 복종을 절대시하지 않는 것이 유교적 윤리의 한 바탕이다.
④ 충의 도리를 다함으로써 효의 도리에 도달할 수 있다는 것이 인의 이치다.

# PART 3
# 서울시

- 2025년 서울시 9급
- 2024년 제1회 서울시 9급
- 2024년 제2회 서울시 9급
- 2023년 서울시 9급
- 2022년 제1회 서울시 9급
- 2022년 제2회 서울시 9급
- 2021년 서울시 9급
- 2020년 서울시 9급
- 2019년 제1회 서울시 9급
- 2019년 제2회 서울시 9급

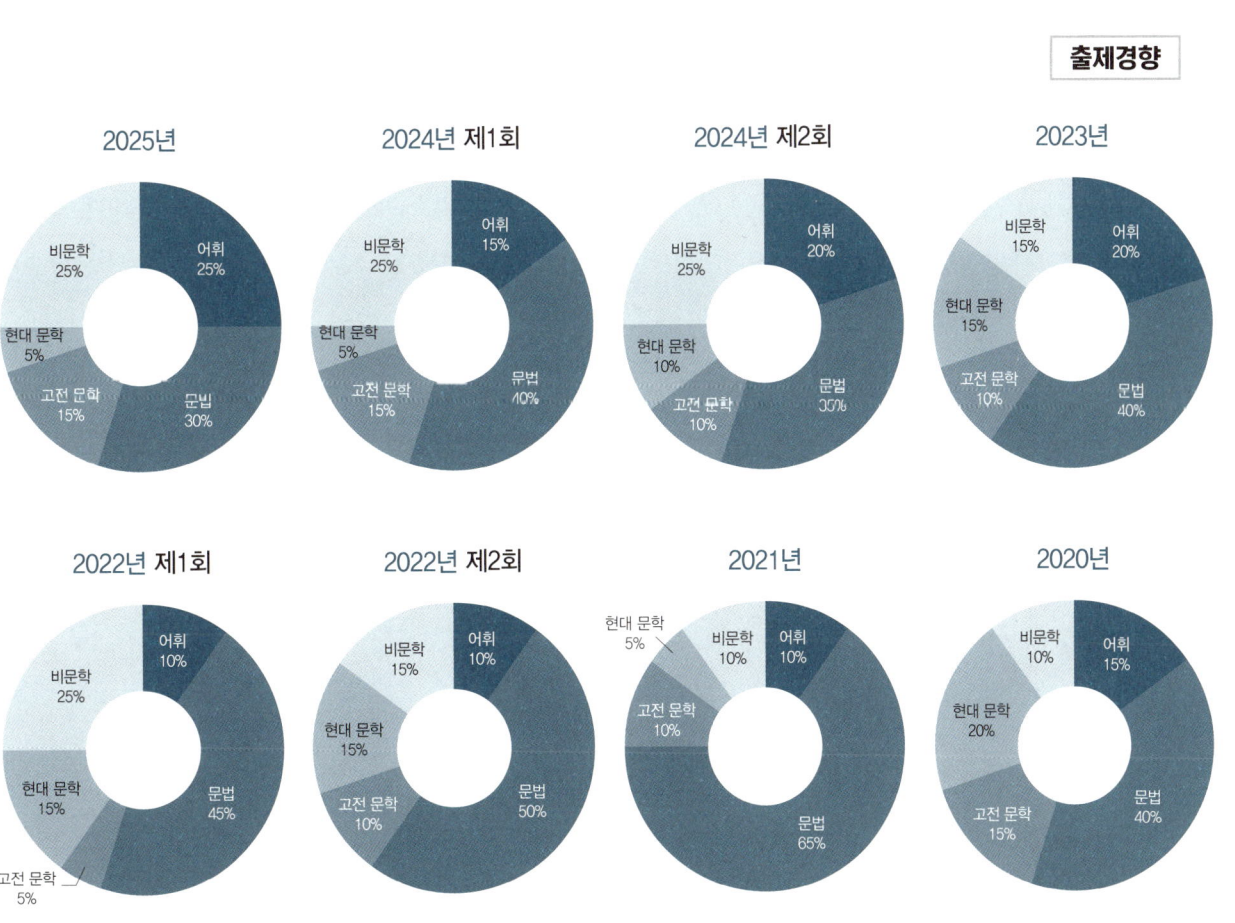

### 출제경향

# 국어 | 2025년 서울시 9급

01 단어 형성의 유형이 다른 것은?
① 군밤
② 군소리
③ 군침
④ 군식구

02 문장 성분의 호응이 가장 자연스러운 것은?
① 오랜만에 식구들이 모여 야식으로 치킨과 맥주를 마셨다.
② 건강 관리를 위해 주중에는 헬스를, 주말에는 등산을 한다.
③ 내 꿈은 훌륭한 기업을 만들어 모두에게 행복을 주려고 한다.
④ 어버이날에 부모님이 가장 원하는 선물은 카네이션을 받는다.

03 '끝, 마지막'의 의미를 가지지 않는 단어는?
① 겨우내
② 끝내
③ 그예
④ 급기야

04 〈보기〉의 ㉠에서 말하고자 하는 바와 의미가 가장 가까운 속담은?

―〈보 기〉―

소비를 함으로써 우리가 즐거움과 행복감을 느끼는 것은 소비의 중요한 순기능이다. 상품이나 서비스를 소비할 때 단순히 '기능적인 필요'만으로 구매를 결정하지는 않는다. 기분 전환을 위해, 즐거움을 느끼기 위해 쇼핑을 하거나, 아니면 쇼핑하는 그 자체로 재미와 만족감을 느끼기도 한다. ㉠ 하지만 남들이 다 한다고 나의 경제력에 맞지 않는 무리한 규모의 소비를 하면서 '플렉스'라는 감정적인 가치로 자신을 속이는 것은 결코 균형 잡힌 소비라고 볼 수 없다. 유행하는 스타일과 소비 형태가 중요한 참고 기준이 되는 현대에 다른 사람들의 소비를 의식하지 않기가 쉽지는 않다. 하지만 굳이 비싼 상품이 아니더라도 나에게 필요한 상품을 가격만큼의 효용 가치를 꼼꼼히 따져 구입하는 습관을 들이는 것은 굉장히 중요하다. 현명한 소비 습관은 주체적인 삶의 소중한 밑거름이기 때문이다.

① 빈대 잡으려고 초가삼간 태운다.
② 겨 묻은 개가 똥 묻은 개를 나무란다.
③ 뱁새가 황새를 따라가면 다리가 찢어진다.
④ 사람 위에 사람 없고 사람 밑에 사람 없다.

## [05~06] 다음 글을 읽고 물음에 답하시오.

㉠ 책은 많은데 읽은 것은 적다. 이전에 배운 것은 몸에 익숙하지가 않고, 새로 배운 것은 아직 낯설다. 책장을 펼치기만 하면 게으른 마음이 생겨난다. 책이 많으면 많을수록 배움은 점점 더 거칠어져서 마침내는 새것과 옛것이 모두 없어지기에 이른다. 이것은 처음 공부를 시작하는 젊은 이들의 일반적인 문제점이다.

한 글자마다 한 글자의 뜻을 찾아보고, 한 구절마다 한 구절의 의미를 따져보며, 한 단락을 이같이 하고, 한 권을 이처럼 해야 한다. 굳이 많이 하려고 욕심을 부리거나, 너무 적다고 해서 부끄러워할 필요는 없다. 다만 꼼꼼하게 하기에 힘을 쏟아서 자기 것으로 만든 뒤에는 책 한 권을 베껴 쓰면 내 것이 되고, 책 두 권을 베껴 써도 내 것이 된다. 이런 방식으로 해 나가면 열 권 백 권이 아니라 천 권 만 권을 읽어도 모두 내 것 아님이 없고 책과 내가 하나가 된다.

그렇지 않고 그저 읽기만 하면 회계산에 있는 등나무를 다 캐어 종이로 만들고, 중산 땅의 토끼를 다 잡아 그 털로 붓을 만들어서, 아침에 책 열 권을 베끼고, 저녁에 책 열 권을 베껴 써서 온 세상의 책을 한 권도 남기지 않고 베낀다고 해도 책은 책이요, 나는 나일 뿐이어서 아무런 보탬이 되지 않을 것이다. 너희는 특별히 경계하도록 해라.

### 05 윗글의 중심 내용으로 가장 적절한 것은?

① 다독(多讀)의 필요성
② 거친 배움의 위험성
③ 정독(精讀)의 중요성
④ 필사(筆寫)의 가치와 기능

### 06 윗글에서 ㉠의 맥락적 의미를 설명한 것으로 가장 적절한 것은?

① 주변에 책이 많지만 게을러 많이 읽지 못하였다.
② 책을 많이 읽었지만 정작 내 것으로 만든 책은 적다.
③ 많은 책을 소장하고 있기에 책을 소중히 생각하지 못한다.
④ 책이나 글을 백 번 읽으면 그 뜻이 저절로 이해된다.

### 07 〈보기〉의 조건을 모두 충족하는 문장으로 가장 적절한 것은?

〈보 기〉
- 관형사절을 안은 문장일 것
- 필수 성분을 두 개 요구하는 동사가 쓰일 것

① 나는 어제 산 책을 벌써 다 읽었다.
② 그의 성격은 자기 동생과 비슷하다.
③ 나는 항상 아침 일찍 운동을 나간다.
④ 그는 바쁜 생활 때문에 많이 늙었다.

### 08 〈보기〉의 내용을 분석한 것으로 가장 적절하지 않은 것은?

〈보 기〉
㉠ 사회자: 우리나라의 교통 체증 문제는 매우 심각합니다. 이 문제에 대한 해결 방안을 마련하고자 여러 분야의 권위자를 모셨습니다. 각자 의견을 말해 주십시오.
㉡ 김 국장: 교통 체증은 자동차가 너무 많아서 발생합니다. 승용차 십부제와 같은 방법을 생각해 볼 수 있습니다.
㉢ 윤 사장: 돈이 많은 회사는 번호판이 다른 차를 하나 더 구입하면 되겠지만 영세한 사업가들이 하루 동안 차량 운행을 못한다면 매우 큰 손실이 발생합니다.
㉣ 사회자: 두 가지 의견을 조금 조정하면 어떻습니까? 예를 들어 승용차 십부제 운행에서 상업용은 제외한다든지 하는 식으로 말입니다.

① ㉠에서 사회자는 교통 체증 해결 방안이라는 토의 과제를 설명한다.
② ㉡에서 김 국장은 승용차 십부제를 실시하자는 주장을 한다.
③ ㉢에서 윤 사장은 상대의 의견에 반대하고 다른 해결 방안을 제시한다.
④ ㉣에서 사회자는 현안에 대한 조정안을 제안한다.

**09** 밑줄 친 단어 중 고유어로만 이루어진 것은?

① 그는 심지어 가족을 알아보지 못할 때도 있었다.
② 예전에는 상처에 된장을 붙여 치료하기도 했다.
③ 창문을 여니 시소와 그네가 있는 놀이터가 눈에 들어왔다.
④ 박 선생은, 지나치게 모나고 고지식한 면이 없지는 않았다.

**10** 외래어 표기가 옳은 것은?

① chipmunk[tʃipmʌŋk]: 칩멍크
② kidnap[kidnæp]: 키드내프
③ topknot[tɔpnɔt]: 톱놋
④ battalion[bətæljən]: 바탈리언

**11** 〈보기〉의 밑줄 친 부분을 의미하는 한자성어로 가장 적절한 것은?

―〈보 기〉―
장날이 되면 아버지를 따라 장터에 가서 맛난 것을 먹을 수 있었다. 형제에게 그것은 유일한 나들이이자 제대로 된 음식을 먹을 수 있는 소중한 기회였다. 그리하여 형과 아우는 장날이 언제인지를 확인하고는 그날이 오기만을 손꼽아 기다렸다.

① 鶴首苦待
② 苦盡甘來
③ 甘呑苦吐
④ 他山之石

**12** 〈보기〉를 읽고 추론한 내용으로 가장 옳지 않은 것은?

―〈보 기〉―
그렇다면 종 간의 다툼은 어떠할까? 다른 종의 구성원은 같은 종의 구성원에 비하면 그렇게까지 직접적인 경쟁 상대가 아니다. 이 때문에 자원을 놓고 다른 종 간에 다툼이 생기는 경우는 그리 많지 않을 것이라 기대할 수 있으며, 이는 실제로도 그러하다. … (중략)… 그런데 다른 종 개체들의 이해관계가 첨예하게 대립하는 경우도 있다. 가령 사자는 영양을 잡아먹고 싶어 하나 영양은 전혀 생각이 다르다. 보통 이것을 자원에 대한 경쟁이라고 보지 않는 경향이 있으나, 논리적으로 생각해보면 그렇게 보지 않을 이유가 없다. 이때의 자원은 고기다. 사자의 유전자는 자기의 생존 기계의 먹이로서 그 고기를 '원한다'. 영양의 유전자는 자기의 생존 기계를 위해 일하는 근육이나 기관으로서 그 고기를 필요로 한다.

① 일반적으로 각각 다른 종의 구성원들 간의 경쟁은 같은 종의 구성원들 간의 경쟁보다 자주 발생하지 않는다.
② 다른 종의 구성원들 간에 경쟁이 일어날 때에는 이해관계가 첨예하게 대립하는 경우뿐이다.
③ 사자가 필요로 하는 고기와 영양이 필요로 하는 고기는 그 용도가 다르다.
④ 먹고 먹히는 이해관계가 있는 대상들이 생존을 두고 벌이는 경쟁도 근본적으로는 자원을 두고 벌이는 경쟁에 해당한다.

**13** 〈보기〉의 시에 대한 설명으로 가장 옳지 않은 것은?

─〈보 기〉─

매운 계절의 챗죽에 갈겨
마츰내 북방으로 휩쓸려오다

하늘도 그만 지쳐 끝난 고원
서리빨 칼날진 그우에서다

어데다 무릎을 꾸러야하나?
한발 재겨디딜 곳조차 없다

이러매 눈 감아 생각해볼밖에
겨울은 강철로 된 무지갠가보다.

— 이육사, 「절정」—

① 화자는 수평적으로 펼쳐진 대지의 끝에서 '북방'이라는 현실의 극한점을 경험하고 있다.
② 화자는 무릎을 꿇어서라도 고통의 극한에서 살아남고자 하는 실존적 열망을 드러낸다.
③ 화자는 단단하고 차가운 이미지와 이와 대비되는 이미지가 역설적으로 결합되어 있는 상황을 떠올리고 있다.
④ 화자는 수직적 세계의 정점인 고원에 이르러 절망적인 상황에 대한 비관적인 태도를 지속적으로 드러낸다.

**14** 〈보기 1〉을 고려하여 〈보기 2〉의 밑줄 친 부분의 표준 발음을 해석한 것으로 가장 적절한 것은?

─〈보기 1〉─

㉠ 받침소리로는 'ㄱ, ㄴ, ㄷ, ㄹ, ㅁ, ㅂ, ㅇ'의 7개 자음만 발음한다.
㉡ 받침 'ㄲ, ㅋ', 'ㅅ, ㅆ, ㅈ, ㅊ, ㅌ', 'ㅍ'은 어말 또는 자음 앞에서 각각 대표음 [ㄱ, ㄷ, ㅂ]으로 발음한다.
㉢ 홑받침이나 쌍받침이 모음으로 시작된 조사나 어미, 접미사와 결합되는 경우에는, 제 음가대로 뒤 음절 첫소리로 옮겨 발음한다.
㉣ 받침 뒤에 모음 'ㅏ, ㅓ, ㅗ, ㅜ, ㅟ'들로 시작되는 실질 형태소가 연결되는 경우에는, 대표음으로 바꾸어서 뒤 음절 첫소리로 옮겨 발음한다.

─〈보기 2〉─

아들 내외가 부엌에서 식사 준비를 하고 있다.

① ㉠에 따라 [부어게서]라고 발음한다.
② ㉡에 따라 [부어게서]라고 발음한다.
③ ㉢에 따라 [부어케서]라고 발음한다.
④ ㉣에 따라 [부어케서]라고 발음한다.

**15** 〈보기〉의 문학사의 내용을 시간순으로 바르게 나열한 것은?

─〈보 기〉─

ㄱ. 「용비어천가」, 「월인천강지곡」과 같은 작품들이 나타나 새로운 시가문학의 등장을 알렸다.
ㄴ. 「한림별곡」과 같은 경기체가가 등장하였으며, 주된 문학 담당층은 당시의 귀족 계급들이었다.
ㄷ. 「춘향전」, 「심청전」, 「별주부전」과 같은 국문소설들이 활발하게 창작되고 폭넓게 향유되었다.
ㄹ. 「제망매가」, 「도솔가」, 「헌화가」와 같은 향가가 활발히 창작되었다.
ㅁ. 「혈의 루」, 「은세계」, 「자유종」과 같은 국문소설들이 창작되어 새로운 소설의 시대를 열었다.

① ㄴ-ㄹ-ㄱ-ㅁ-ㄷ
② ㄴ-ㄹ-ㄷ-ㄱ-ㅁ
③ ㄹ-ㄱ-ㄴ-ㄷ-ㅁ
④ ㄹ-ㄴ-ㄱ-ㄷ-ㅁ

**16** 밑줄 친 부분이 어법에 맞게 쓰인 문장은?

① 그는 한때 나는 새도 떨어뜨릴 만큼 권력이 강했다.
② 하니바람은 맑은 날 서쪽에서 불어온다.
③ 이것을 백분률로 나타내 보아라.
④ 벼르고 별르다가 오늘은 기어코 야단을 쳤다.

**17** 〈보기〉는 소설가 이해조가 「화의 혈(花의 血)」이라는 소설을 연재하면서 썼던 후기이다. 이에 대한 설명으로 가장 적절하지 않은 것은?

〈보 기〉

소설이라 하는 것은 매양 빙공착영(憑空捉影)으로 인정에 맞도록 편집하여 풍속을 교정하고 사회를 경성하는 것이 제일 목적인 바 그와 방불한 사람과 방불한 사실이 있고 보면 애독하시는 모든 부인, 신사의 진진한 재미가 한층 더 생길 것이오. 그 사람이 회개하고 그 사실을 경계하는 좋은 영향도 없지 아니할지라. 고로 본 기자는 이 소설을 기록하며 스스로 그 재미와 그 영향이 있음을 바라고 또 바라노라.

① 이해조는 소설이 허구적인 이야기라는 사실을 잘 이해하고 있다.
② 이해조는 소설 속 이야기가 현실과 비슷하면 비슷할수록 독자의 재미가 한층 더 생긴다고 본다.
③ 이해조는 소설 속 내용을 통해 풍속을 교정하고 사회를 일깨우는 좋은 영향을 줄 수 있다고 본다.
④ 이해조는 소설이 담고 있는 메시지보다, 있을 법한 사실을 다뤄 독자의 재미를 일으키는 것이 더 중요하다고 본다.

**18** 〈보기〉에서 설명하는 작품의 주제를 가장 잘 보여주는 한자성어는?

〈보 기〉

무대를 황해도 황주군으로 하고 인명을 심학규라고 하고 몸을 팔아서라도 눈먼 아비의 효양을 애쓰는 것은 향토적 색채를 가장 농후케 한다. 작자는 심청을 이상화시키고자 하여 다른 모든 설화에서 보여 주지 못하는 효성을 그렸다. 심청이 인당수로 떠나는 광경과 심학규의 먼 눈이 다시 열리는 광경은 기쁨과 슬픔 사이의 좋은 대조이다. 심청으로 하여금 금전과 은의의 충돌에서 죽게 한 것은 그 정경이 사람의 눈물을 내지 않고는 가만 있을 수 없게 하고, 죽음에서 삶을 얻고 비천함에서 귀함을 얻고 영별(永別)에서 해후를 얻은 희극은 인생의 최고의 희열일 것이다.

① 金科玉條
② 反哺之孝
③ 錦上添花
④ 南柯一夢

**19** 〈보기〉에서 추론한 내용으로 가장 적절하지 않은 것은?

〈보 기〉

그림문자는 시각 체계에 의해 쉽게 인지된다. 구술 언어에서 사용되는 대상의 이름과 짝 짓기만 하면 되기 때문이다. 소설가 빅토르 위고는 모든 문자들이 이집트의 신성문자에서 비롯되었는데, 이 신성문자는 강이나 뱀, 백합 꽃대와 같이 세상에 실재하는 이미지에 뿌리를 두고 있다는 의견을 제시했다.

그런데 수메르어의 쐐기문자는 고안되자마자 신기하게도 그리고 상당히 놀랍게도 세련된 형태로 변해 갔다. 그림문자적 성격이 사라진 상징은 보다 표의적, 추상적으로 바뀌었다. 표의적 문자체계는 단어가 음성을 전달하는 것이 아니라 구술언어의 개념을 직접 전달한다. 시간이 흐르자 수메르어의 글자들 가운데 다수가 구술언어에 사용되던 음절의 일부를 표상하기 시작했다. 이 체계는 뇌에 훨씬 많은 작용을 하도록 요구한다.

① 소설가 빅토르 위고는 이집트의 신성문자는 실재하는 이미지에 뿌리를 둔 그림문자에 해당한다고 생각한다.
② 수메르어의 쐐기문자는 그림문자가 전달하기 어려운 추상적 개념까지도 직접 전달할 수 있도록 변천했다.
③ 그림문자는 문자의 시각적 이미지로 대상의 이름을 연상할 수 있다는 장점이 있다.
④ 표의문자와 표음문자는 전혀 다른 기원을 통해서 발전했다.

**20** 〈보기〉의 '환상 공간'에 대한 설명으로 옳지 않은 것은?

〈보 기〉

정신분석에서 환상은 현실의 편에 존재합니다. 현실에서 안 되는 게 환상에서 이루어지는 게 아니라, 현실 속에서 출구를 찾을 수 있게 돕는 게 바로 환상입니다. 환상 공간이란 나만의 공간, 내가 좋아하는 공간, 내가 꿈꿀 수 있는 공간을 뜻합니다. 그 반대편에 빅브라더가 감시하는 감옥 같은 공간이 있을 거예요. 그냥 명령에 따라야 하는 곳, 심지어 불합리한 명령도 일상이 되는 곳, '나', '내 삶'이 사라지는 곳이 있다면, 반대편에는 나다워지는 곳, 내 잠재력이 발휘되는 공간, 내가 힘을 받는 장소가 있겠죠. 영화〈트루먼 쇼〉에서 주인공은 처음부터 끝까지 계속 피지에 가야 한다고 말합니다. 피지는 그가 사랑하는 여인이 있는 곳인데, 피지가 바로 환상 공간이에요. 그가 행복해지는 곳, 그를 기쁘게 만드는 장소죠. 이 환상 공간이 있기에 그가 모든 것을 견디며 앞으로 나아갑니다. 나 자신이 될 수 있는 곳은 어디든 '환상 공간'이라고 부를 수 있습니다.

(중략)

환상 공간에서 보호받는 내가 있다면 그 반대편, 카프카적인 어둠 속에 있는 나도 있습니다. 후자는 우리의 '그림자'입니다. 꿈은 우리가 그림자와 이야기를 나누어야 한다고 말합니다. 그리고 언젠가 그림자를 내 환상 공간에 초대할 수 있어야겠죠. 그 절망과 우울을 가로지르지 않는다면, 나는 내 환상 공간을 지어내고 지켜낼 수 없습니다. 밝은 모습 아래 길세 늘어져 있는 그림자가 어떻게 지내고 있는지, 왜 그렇게 악을 쓰고 분노하고 치를 떨고 있는지, 그의 이야기를 들어보아야 합니다. 물론 내 그림자를 만나는 장소는 '꿈'입니다.

① 환상 공간은 현실에서 출구를 찾을 수 있게 돕는다.
② 환상 공간은 나를 나답게 만들어주는 역할을 한다.
③ 환상 공간에 절망과 우울함을 위한 자리는 없다.
④ 환상 공간은 현실을 견디며 앞으로 나아갈 수 있게 한다.

# 국어 | 2024년 제1회 서울시 9급

**01** 가장 올바른 문장은?

① 그는 생명을 무릅쓰고 아이를 구했다.
② 아버지, 무슨 고민이 계신가요?
③ 네가 가리키는 곳은 서울역으로 보여진다.
④ 그의 간절한 소망은 입사 시험에 합격하는 것이다.

**02** 〈보기〉의 밑줄 친 단어에 대한 뜻풀이로 가장 옳은 것은?

〈보 기〉
- 이번 행사에 응모하신 분께는 ㉠ 소정의 상품을 드립니다.
- 책이 출판된 뒤 그는 독자들로부터 많은 격려와 ㉡ 질정을 받았다.
- 각계의 여론이 ㉢ 비등한 가운데 본격적인 논의가 시작되었다.
- 사건의 본질을 ㉣ 호도하는 발언을 당장 중지하십시오.

① ㉠ '소정의'는 '작은'이라는 뜻이다.
② ㉡ '질정'은 '칭찬하거나 찬양함'이라는 뜻이다.
③ ㉢ '비등하다'는 '물이 끓듯 떠들썩하게 일어나다'라는 뜻이다.
④ ㉣ '호도하다'는 '그릇된 길로 이끌다'라는 뜻이다.

**03** 단어의 표준 발음으로 가장 옳지 않은 것은?

① 장대비[장대삐/장댇삐]
② 장맛비[장마삐/장맏삐]
③ 안간힘[안깐힘/안간힘]
④ 효과[효ː과/효ː꽈]

**04** 〈보기〉에 해당하는 것은?

〈보 기〉
소설이나 희곡 따위에서, 앞으로 일어날 사건을 미리 독자에게 암시하는 것

① 葛藤
② 隱喩
③ 伏線
④ 反映

**05** 〈보기〉의 내용에 대한 이해로 가장 옳지 않은 것은?

〈보 기〉
철은 세균을 포함한 거의 모든 생명체에 들어 있는 아주 중요한 물질이다. 하지만 사람의 몸 안에 든 철은 다 합쳐도 3g 정도에 불과하다. 철의 절반 이상은 적혈구에 분포하고 산소를 운반하는 중책을 맡고 있다. 간에도 1g 정도가 들어 있다. 해독 삭용에 절 원소가 필요한 까닭이다. 오래된 적혈구를 깨는 비장에도 철이 많으리라 추측할 수 있다. 적혈구에서 나온 철은 혈액을 따라 골수로 운반되고 혈구 세포가 만들어질 때 거기에 다시 들어간다. 철은 쉼 없이 순환하지만 소화기관을 거쳐 몸 안으로 들어오는 철의 양은 하루 1~2mg에 불과하다. 마찬가지로 그만큼의 철이 매일 몸 밖으로 나간다. 하루에 빠져나가는 1.5g의 각질에도 철이 들어 있다.

① 세균에도 철이 들어 있다.
② 철은 주로 소화기관의 작용을 돕는다.
③ 간 속에 든 철은 해독 작용을 돕는다.
④ 적혈구 속의 철은 산소 운반에 관여한다.

**06** <보기 1>을 <보기 2>에 삽입하려고 할 때 문맥상 가장 적절한 곳은?

― <보기 1> ―

그런데 괴델의 불완전성에 대한 증명이 집합론을 붕괴로 이끌지 않았다. 마치 평행선 공리의 부정이 유클리드 기하학을 붕괴시키지 않고, 오히려 그것은 새로운 기하학의 탄생과 부흥을 가져왔던 것처럼, 공리계의 불완전성은 수학자의 작업이 결코 종결될 수 없음을 뜻했다.

― <보기 2> ―

미국의 수학자 코엔은 칸토어의 연속체 가설과 선택 공리라는 잘 알려진 공리가 집합론의 공리계에 대해 결정 불가능한 명제라는 것을 증명했다. 이로써, "산술 체계를 포함하여 모순이 없는 모든 공리계에는 참이지만 증명할 수 없는 명제가 존재하며 또한 그 공리계는 자신의 무모순성을 증명할 수 없다."는 괴델의 정리는 수학의 가장 기초적인 영역인 집합론 자체 안에서 수학적 확증을 얻게 된다. ( ① ) 결정 불가능한 명제, 진리가 끝나기에 수학이 끝나는 지점이 아니라 반대로 진리라는 이름으로 봉인되었던 기존의 체계를 벗어나서 새로운 수학이 시작되는 지점이 되었다. 이런 결정 불가능한 명제는 주어진 공리계 안에서 참임을 증명할 수 없는 명제지만 반대로 거짓임을 증명할 수도 없는 명제다. ( ② ) 다시 말해 그 공리계 안에서 반드시 모순을 일으키지 않는 명제다. 따라서 이런 명제를 공리로 채택한다면 그 공리계 안으로 포섭할 수 있다. 모순을 일으키지 않으니 차라리 쉬운 셈이다. 하지만 여기서 중요한 사실을 하나 추가해야만 한다. ( ③ ) 이처럼 결정 불가능한 명제를 공리로 추가한다고 그 공리계가 완전한 것이 되지 않는다는 것이다. 새로운 공리계에 대해서도 또다시 결정 불가능한 명제가 있다는 것이 괴델 정리의 또 다른 의미이기 때문이다. ( ④ )

**07** 음운 변동 가운데 음운의 교체가 일어나지 않는 것은?

① '낮'이 [낟]으로 발음될 때
② '줍다'가 [줍:따]로 발음될 때
③ '많다'가 [만:타]로 발음될 때
④ '나뭇잎'이 [나문닙]으로 발음될 때

**08** 밑줄 친 단어의 품사가 나머지와 다른 것은?

① 선생님께서는 한동안 집에 머무르셨다.
② 사진으로 젊은 시절의 어머니 모습을 보았다.
③ 음식에는 간을 알맞게 하는 것이 가장 중요하다.
④ 오랜 시간 항상 나에게 힘이 되어 주어서 고맙다.

**09** 〈보기 1〉의 문장에 이어질 〈보기 2〉의 (가)~(라)를 문맥에 맞게 순서대로 바르게 나열한 것은?

─── 〈보기 1〉 ───
법과 질서를 지키는 것은 시민의 의무일까?

─── 〈보기 2〉 ───
(가) 이 역시 법의 외형을 띠었다. 국가의 안전과 공공의 질서를 유지한다는 정당해 보이는 이유가 있었다. 하지만 안전과 질서라는 말은 인권을 제한하는 만능 논리로 사용되었고 권력자의 뜻에 따른 통치를 용이하게 만들었다.
(나) 한국도 그런 부정의한 시대를 겪었다. 대표적으로 헌법상 기본권을 무효화시키고 인혁당 사건을 비롯해 대규모 인권침해를 초래했던 유신시대의 헌법과 긴급조치를 떠올려보자.
(다) 대체로 법과 질서를 따라야 하는 건 맞다. 하지만 언제나 그렇다고 말할 수는 없다. 부당한 법과 질서를 지키지 않는 것도 시민의 책무이기 때문이다.
(라) 법이 부당할 수 있다는 사실은 나치의 반유대인 정책이나 남아프리카공화국의 아파르트헤이트 등 법을 통해 부정의한 사회질서가 만들어지고 집행된 경험을 통해 충분히 깨달았다. 역사는 그런 부정의한 법을 집행한 사람을 전범이라는 이름으로 재판하고 처벌하기도 했다.

① (나) - (가) - (다) - (라)
② (나) - (라) - (가) - (다)
③ (다) - (라) - (나) - (가)
④ (라) - (가) - (나) - (다)

**10** 훈민정음 제자 원리에 대한 설명으로 가장 옳지 않은 것은?

① 기본자와 가획자는 조음 기관의 모양을 공유한다.
② 순음은 가획될수록 음성학적 강도가 더 세진다.
③ 'ㅿ(반치음), ㄹ(리을)'은 가획자가 아닌 이체자이다.
④ 'ㆁ(옛이응), ㆆ(여린히읗)'은 조음 기관을 단순히 상형한 것이 아니라 그 자음이 발음되는 순간의 조음 기관을 상형한 것이다.

**11** 〈보기〉에서 밑줄 친 부분의 한자가 같은 것끼리 묶은 것은?

─── 〈보 기〉 ───
백척간두, 명명백백, 백해무익, 백중지세

① 백척간두, 백해무익
② 백척간두, 명명백백
③ 명명백백, 백중지세
④ 백해무익, 백중지세

**12** 〈보기〉의 작품에 대한 설명으로 가장 옳지 않은 것은?

─── 〈보 기〉 ───
마침 공(公, 홍판서를 가리킴)이 또한 월색(月色)을 구경하다가 길동의 배회함으로 보고 즉시 불러 문왈(問曰): "네 무슨 흥이 있어 야심(夜深)토록 잠을 자지 아니하난다?" 길동이 공경(恭敬) 대왈(對曰): "소인이 마침 월색을 사랑함이어니와 대개 하늘이 만물을 내시매 오직 사람이 귀하오나 소인에게 이르러는 귀하옴이 없사오니 어찌 사람이라 하오리잇가. …… 소인이 평생 설운 바는 대감 정기(精氣)로 당당하온 남자 되었사오매 부생모육지은(父生母育之恩)이 깊삽거늘 그 부친을 부친이라 못하옵고 그 형을 형이라 못하오니 어찌 사람이라 하오리잇가."

① 신화나 전설에서 발견되는 영웅의 일대기와 상통하는 구조를 지니고 있다.
② 주인공은 천상인(天上人)의 하강으로 태어나 하늘의 도움을 받는다.
③ 적서 차별, 농민 저항과 같은 당대 사회의 문제를 다루고 있다.
④ 이후 『임꺽정』이나 『장길산』과 같은 의적소설로 계승된다.

**13** 〈보기〉에 드러난 화자의 태도로 가장 적절한 것은?

〈보 기〉
보리밥 픗ᄂᆞ믈을 알마초 머근 후(後)에
바횟긋 믉ᄀᆞ의 슬ᄏᆞ지 노니노라
그 나믄 녀나믄 일이야 부를 줄이 이시랴

① 不立文字
② 緣木求魚
③ 言語道斷
④ 安貧樂道

**14** 문장의 짜임이 다른 것은?

① 예쁜 꽃이 피었네.
② 누가 그런 일을 한다고 그래.
③ 그 집에서 오늘 돌잔치가 있어.
④ 모두가 따뜻한 봄이 오기를 기다리고 있지.

**15** 〈보기〉의 글쓴이가 바라본 사람들의 인식 태도와 가장 부합하는 속담은?

〈보 기〉
　코끼리를 십 보 밖에서 보았는데 그때 동해에서 보았던 것과 방불할 만큼 크게 생겼다. 몸뚱이는 소 같고 꼬리는 나귀와 같으며, 약대 무릎에, 범의 발톱에, 털은 짧고 잿빛이며 성질은 어질게 보이고, 소리는 처량하고 귀는 구름장 같이 드리웠으며, 눈은 초생달 같고, 두 어금니는 크기가 두 아름은 되고, 길이는 한 장(丈) 남짓 되겠으며, 코는 어금니보다 길어서 구부리고 펴는 것이 자벌레 같고, 코의 부리는 굼벵이 같으며, 코끝은 누에 등 같은데, 물건을 끼우는 것이 족집게 같아서 두르르 말아 입에 집어넣는다. 때로는 코를 입부리로 생각하는 사람도 있어 다시 코 있는 데를 따로 찾아보기도 하는데, 그도 그럴 것이 코 생긴 모양이 이럴 줄이야 누가 뜻했으랴. 혹은 코끼리 다리가 다섯이라고도 하고, 혹은 눈이 쥐눈 같다고 하는 것은 대개 코끼리를 볼 때는 코와 어금니 사이를 주목하는 까닭이니, 그 몸뚱이를 통틀어서 제일 작은 놈을 집어가지고 보면 이렇게 엉뚱한 추측이 생길 만하다.

① 쇠귀에 경 읽기
② 눈 가리고 아웅한다
③ 나무만 보고 숲은 보지 못한다
④ 밤새도록 곡하고서 누구 초상인지 묻는다

**16** ⟨보기⟩의 시를 발표된 순서대로 바르게 나열한 것은?

─── ⟨보 기⟩ ───

(가) 풀이 눕는다 / 비를 몰아오는 동풍에 나부껴 / 풀은 눕고 / 드디어 울었다 / 날이 흐려서 더 울다가 / 다시 누웠다

(나) 처……ㄹ썩, 처……ㄹ썩, 척, 쏴……아. / 때린다, 부순다, 무너버린다. / 태산 같은 높은 뫼, 집채 같은 바윗돌이나, / 요것이 무어야, 요게 무어야. / 나의 큰 힘, 아느냐, 모르느냐, 호통까지 하면서, / 때린다, 부순다, 무너버린다.

(다) 그러나 집 잃은 내 몸이여, / 바라건대는 우리에게 우리의 보습 대일 땅이 있었더면! / 이처럼 떠돌으랴, 아침에 점을손에 / 새라 새롭은 탄식을 얻으면서

(라) 창밖에 밤비가 속살거려 / 육첩방은 남의 나라 / 시인이란 슬픈 천명인줄 알면서도 / 한 줄 시를 적어 볼까

① (나) - (가) - (다) - (라)
② (나) - (다) - (라) - (가)
③ (다) - (나) - (가) - (라)
④ (다) - (라) - (나) - (가)

**17** ⟨보기⟩를 통해 알 수 있는 내용으로 가장 적절하지 않은 것은?

─── ⟨보 기⟩ ───

제2차 세계대전이 끝나고 디지털 컴퓨터가 발명되자, 학자들은 자연 언어와 인공 언어의 관계를 새로운 방식으로 이해했다. 현실의 뒤죽박죽인 자연 언어를 단순화하고 분명하게 해서 전반적으로 말끔하게 정돈하려는 노력에 더해, 수학적 논리로부터 얻은 아이디어를 도구 삼아 실제 인간 언어의 복잡성을 (단순히 제거하는 대신에) 분석하기 시작했다. 컴퓨터에 기반한 지능 모델 구축이 목표였던 인공지능이라는 새로운 학문 분야가 발전하면서 더 대담한 시도가 이루어졌다. 논리 그 자체가 우리의 이성을 작동하는 사고 언어의 기초가 되어야만 한다고 주장하기에 이른 것이다. 언어를 이해하거나 말하기 위해서는 명백히 무질서한 수천 개의 언어 각각을 인간 정신 속에 어떤 식으로든 내재된 하나의 단일한 논리 언어에 대응할 수 있어야만 한다.

① 인공지능의 목표는 지능 모델의 구축이었다.
② 인공지능은 사고 언어를 개발하는 출발이 되었다.
③ 언어의 이해는 언어와 논리 언어와의 대응을 통해 가능해진다.
④ 언어 복잡성의 분석은 수학적 논리를 바탕으로 수행되었다.

**18** 〈보기〉에 대한 이해로 가장 옳지 않은 것은?

───────〈 보 기 〉───────

번역에서 가독성이 높다는 것은 칭찬받아 마땅하지만 늘 미덕이 되는 것은 아니다. 정확성이 뒷받침되지 않는 가독성은 이렇다 할 의미가 없기 때문이다. 가독성을 높이려고 번역하기 어렵거나 제대로 이해하지 못하는 부분은 생략해 버리고 번역하는 번역가들이 의외로 많다. 또한 쉽게 읽히기만 하면 '좋은' 번역이라고 생각하는 독자들이 생각 밖으로 많다. 거추장스럽다고 잔가지를 제거해 버리고 큰 줄기만 남겨 놓으면 나무 모습은 훨씬 가지런하고 예쁘게 보인다. 그러나 그 잘라낸 잔가지 속에 작품 특유의 문체와 심오한 의미가 들어 있다면 어떻게 될까? 원문을 모르고 번역본만 읽는 독자들은 가독성에 속아 '좋은' 번역이라고 평가하기 십상이다.

① 가독성이 좋으면 좋은 번역이라고 생각하는 독자들이 많다.
② 번역가들은 가독성뿐 아니라 정확성도 중요하게 간주하여야 한다.
③ 번역 과정에서 생략된 부분에 심오한 의미가 들어 있을 수도 있다.
④ 번역가들은 정확성을 높이기 위해 원문의 내용을 생략하고 번역하기도 한다.

**19** 〈보기〉의 맞춤법 규정에 해당하지 않는 것은?

───────〈 보 기 〉───────

제30항 사이시옷은 다음과 같은 경우에 받치어 적는다.
　1. 순우리말로 된 합성어로서 앞말이 모음으로 끝난 경우

① 뱃길
② 잇자국
③ 잿더미
④ 핏기

**20** 밑줄 친 말의 쓰임이 가장 적절하지 않은 것은?

① 오늘도 우체국에 와 너에게 편지를 <u>부친다</u>.
② 그는 쓸데없는 조건을 <u>부쳐</u> 흥정을 해 왔다.
③ 나는 아직도 그에게는 실력이 <u>부친다</u>.
④ 식목일에 <u>부치는</u> 글을 써서 신문에 실었다.

# 국어 | 2024년 제2회 서울시 9급

회독 CHECK 1 2 3

**01** 음운 탈락의 유형이 다른 것은?

① 사노라면 언젠가는 좋은 날도 오겠지.
② 부엌에서 분주히 음식을 만드시던 어머니께서 말씀하셨다.
③ 한번 들러서 힘이 되는 말이라도 건네고 싶다.
④ 인성이 뛰어난 사람은 드뭅니다.

**02** 반의관계의 유형이 다른 것은?

① 길다 ↔ 짧다
② 살다 ↔ 죽다
③ 좋다 ↔ 나쁘다
④ 춥다 ↔ 덥다

**03** 두 문장에서 밑줄 친 단어의 품사가 동일한 것은?

① 하늘 높은 줄 모르고 날뛴다.
  어머니의 사랑이 하늘에 닿았다.
② 오늘이 바로 내가 태어난 날이다.
  오늘 해야 할 일을 내일로 미루지 말자.
③ 나는 네가 하라는 대로 다 했다.
  나는 네 말대로 다 했다.
④ 그는 낭만적 성향을 지닌 사람이다.
  그는 낭만적인 사람이다.

**04** 〈보기〉에 대한 이해로 가장 옳은 것은?

〈보 기〉

예전에 농경사회에서 왜 아이를 많이 낳았을까? 아이들이 농사 짓는 노동력이 될 수 있고, 내가 늙으면 그들이 나를 부양해 줄 것이기 때문이다. 이처럼 부는 언제나 아래에서 위로 올라온다는 것이 부의 이전 이론의 골자다. 부모가 자녀에게 해주는 것보다 자녀가 부모에게 해주는 것이 더 크다. 생각해보면 부모는 자녀를 길어봐야 20년 남짓 키우면 끝이다. 그다음부터는 자녀가 부모를 부양한다. 그러므로 부모는 자식을 많이 낳는 것이 언제나 더 이득이었다. 부유한 가정에서 자녀를 덜 낳는 이유도 이런 맥락에서 생각해 볼 수 있다. 자녀가 훗날 나를 먹여 살려야 할 필요가 없으니 굳이 많이 낳지 않는 것이다.

① 농경사회에서 아이를 많이 낳은 이유는 피임이 불가능했기 때문이다.
② 농경사회에서 부모는 자녀를 양육했지만, 성장한 자녀 중의 일부는 부모를 부양하지 않았다.
③ 부유한 가정이 자녀를 덜 낳는 이유는 자녀에 대한 애정이 적기 때문이다.
④ 농경사회에서 아이를 많이 낳은 이유는 경제적 이해와 관련이 있다.

**05** 〈보기〉에서 맥락에 적절하지 않은 사자성어는?

― 〈보 기〉 ―

인생사 ㉠ 새옹지마(塞翁之馬)라는 말이 있습니다. 국가에도 같은 말을 적용할 수 있을 것입니다. 지금 경제가 아무리 어려워도 새로운 기술을 개발하고 준비하면 언젠가 우리에게도 기회가 올 것입니다. 뒤늦게 땅을 치며 ㉡ 만시지탄(晚時之歎)하지 맙시다. ㉢ 견위수명(見危授命)의 자세로 국가의 부름에 헌신해 주십시오. 아울러 우리는 항시 조그만 일에 경거망동하지 않는 ㉣ 견문발검(見蚊拔劍)의 자세로 나아가야 할 것입니다.

① ㉠
② ㉡
③ ㉢
④ ㉣

**06** 〈보기〉의 한글 맞춤법 규정에 해당하지 않는 것은?

― 〈보 기〉 ―

제23항 '-하다'나 '-거리다'가 붙는 어근에 '-이'가 붙어서 명사가 된 것은 그 원형을 밝히어 적는다.

① 꿀꿀이
② 삐죽이
③ 얼룩이
④ 홀쭉이

**07** 〈보기〉의 (가)~(다)를 문맥에 맞게 순서대로 바르게 나열한 것은?

― 〈보 기〉 ―

(가) 비판적 사고를 수렴적 사고로 제한할 수 있을까? 존 듀이(John Dewey)는 비판적 사고를 반성적 사고, 즉 사고에 대한 사고인 '메타(meta) 사고'라고 강조한다. 메타 사고는 주어진 논의 체계를 반성한다는 의미에서 논의 밖의 관점을 취할 수밖에 없다. 따라서 비판적 사고는 좁은 의미에서 수렴적 사고에 해당하지만, 거기에만 한정되지는 않는다.

(나) 이러한 비판은 비판적 사고를 수렴적 사고로 제한할 뿐만 아니라 발산적 사고인 창의적 사고를 수렴적 사고와는 전혀 무관한 사고라고 전제하는 데에서 발생한다. 이런 비판이 적절한지 판단하기 위해서는 전제에 대해 곰곰이 생각해 볼 필요가 있다.

(다) 비판적 사고는 어떤 기준에 따라 개념, 판단, 논증을 평가하고 분석한다는 점에서 포괄적이다. 하지만 비판적 사고가 어떤 체계 내에서 이루어지는 수렴적 사고라는 점에서 현대 다원주의 사회에 부적합하다는 비판이 제기될 수 있다. 현대 다원주의 사회에서는 새로운 문제를 발견하고 대안을 모색하는 창의적 사고 능력이 요구된다. 그런데 기존의 주어진 논의 체계에만 국한된 비판적 사고는 시대적 요구에 둔감해 보인다.

비판적 사고를 통해서 논제에 대한 발상이 선환되기도 하고, 새로운 관점을 통해 새로운 문제를 발견하기도 하고, 새로운 대안을 제시하는 대안적 사고를 할 수도 있다. 비판적 사고는 대안 모색과 발상 전환 과정에서 논의 체계를 넘어설 수 있기 때문에 발산적 사고 일부를 포함한다.

① (가) - (나) - (다)
② (가) - (다) - (나)
③ (다) - (가) - (나)
④ (다) - (나) - (가)

**08** 표준 발음으로 옳지 않은 것은?

① 꽃이 피었다[피얻따].
② 늑막염[능마겸]은 가슴막염을 뜻한다.
③ 금융[그뮹] 기관에 문의했다.
④ 방이 넓고[널꼬] 깨끗하다.

**09** 〈보기〉의 시에 대한 설명으로 가장 옳지 않은 것은?

〈보 기〉
아무도 그에게 수심(水深)을 일러 준 일이 없기에
흰 나비는 도무지 바다가 무섭지 않다.

청(靑)무우밭인가 해서 내려갔다가는
어린 날개가 물결에 절어서
공주(公主)처럼 지쳐서 돌아온다.

삼월(三月)달 바다가 꽃이 피지 않아서 서글픈
나비 허리에 새파란 초생달이 시리다.
— 김기림, 「바다와 나비」 —

① 반어적인 표현을 통해 주제 의식을 강화하고 있다.
② 색채의 대비를 통해 주제를 형상화하고 있다.
③ '바다, 물결'은 냉혹한 세계를 상징한다.
④ 시각을 촉각화하여 공감각적으로 표현하고 있다.

**10** 〈보기〉의 작품에 대한 설명으로 가장 옳지 않은 것은?

〈보 기〉
광문은 사람됨이 외모는 극히 추악하고, 말솜씨도 남을 감동시킬 만하지 못하며, 입은 커서 두 주먹이 들락날락하고, 만석희(曼碩戱)*를 잘하고, 철괴무(鐵拐舞)*를 잘 추었다. 우리나라 아이들이 서로 욕을 할 때면, "니 형은 달문(達文)이다"라고 놀려 댔는데, 달문은 광문의 또 다른 이름이었다.

광문이 길을 가다가 싸우는 사람을 만나면 그도 역시 옷을 홀랑 벗고 싸움판에 뛰어들어, 뭐라고 시부렁대면서 땅에 금을 그어 마치 누가 바르고 누가 틀리다는 것을 판정이라도 하는 듯한 시늉을 하니, 온 저자 사람들이 다 웃어 대고 싸우던 자도 웃음이 터져, 어느새 싸움을 풀고 가 버렸다.

광문은 나이 마흔이 넘어서도 머리를 땋고 다녔다. 남들이 장가가라고 권하면, 하는 말이, "잘생긴 얼굴은 누구나 좋아하는 법이다. 그러나 사내만 그런 것이 아니라 비록 여자라도 역시 마찬가지다. 그러기에 나는 본래 못생겨서 아예 용모를 꾸밀 생각을 하지 않는다." 하였다.

* 만석희: 개성 지방의 무언 인형극
* 철괴무: 중국 전설상의 팔선(八仙)의 하나인 이철괴(李鐵拐)의 모습을 흉내 내어 추는 춤

① 외모, 말솜씨, 재주를 통해 인물이 소개되고 있다.
② 재치 있게 분쟁을 해결하는 상황이 제시되어 있다.
③ 인간의 본성에 대한 남녀의 차이가 드러나 있다.
④ 자신의 분수를 알고 욕심 없는 태도가 나타나 있다.

**11** 밑줄 친 부분의 띄어쓰기가 가장 옳은 것은?

① 그와 평생을 <u>함께할</u> 생각이다.
② <u>보잘 것 없지만</u> 제 성의로 알고 받아주시면 감사하겠습니다.
③ 나는 지금까지 <u>수 차례의</u> 고비를 넘겼다.
④ 식구들이 모처럼 <u>한 자리에</u> 앉아 식사를 하였다.

**12** 〈보기〉의 대화에서 어법에 어긋나는 문장을 모두 고른 것은?

〈보 기〉

㉠ A: 오늘 워크샵 가지? 준비는 잘 했어?
㉡ B: 어제 밤 샜어요. 안 졸려면 커피라도 마셔야 할 거 같아요.
㉢ A: 내가 살게. 커피 마시고 가려면 서둘러.
㉣ B: 왠일이세요? 아무튼 감사히 마실게요.

① ㉣
② ㉠, ㉣
③ ㉡, ㉢
④ ㉠, ㉡, ㉣

**13** 〈보기〉의 대화 내용을 이해한 것으로 가장 옳지 않은 것은?

〈보 기〉

A: 이 건은 임대인이 임차인에게 땅을 잘못 빌려준 게 핵심인가요?
B: 아니요. 임대인이 임차인에게 토지를 빌려준 건 문제가 없어요. 임차인이 그 토지에 건물을 지을 수가 없다는 게 문제예요.
A: 왜요? 누가 지상권이라도 설정해 놓았나요?
B: 맞아요. 임차인이 등기부 등본을 떼어 보지 않고 계약을 했어요. 임대인이야 그 땅에 건물을 지으려고 하는지 농사를 지으려고 하는지 알 필요는 없었을 테니까요.
A: 그럼 토지를 빌려준 과정 자체에는 문제가 없었다는 거네요.

① '임대'는 남에게 물건을 빌려주는 것을 말하고, '임차'는 남의 물건을 빌려 쓰는 것을 말한다.
② B는 임차인과 임대인 모두에게 문제가 있다고 생각한다.
③ 문제는 임차인이 등기부 등본을 떼어 보지 않고 계약한 것에서 비롯하고 있다.
④ 지상권이 설정된 토지도 임차인에게 빌려줄 수 있다.

**14** 밑줄 친 부분의 한자 표기가 옳지 않은 것은?

① 심심한 사의[謝意]를 표합니다.
② 전쟁으로 생이별을 했던 형제의 상봉[相逢]이 극적으로 이루어졌다.
③ 그 찻집에는 감미로운 클래식의 선율[線律]이 흐르고 있었다.
④ 그녀는 돌아가신 아버지 사진을 액자[額子]에 넣어 벽에 걸어 두었다.

**15** 〈보기〉에 나타난 서술상의 특징으로 가장 옳은 것은?

〈보 기〉

"거, 웬 소리냐? 으응? 으응?…… 거 웬 소리여? 으응? 으응?"

"그놈 동무가 친 전본가 본데, 전보가 돼서 자세는 모르겠습니다."

윤 주사는 조끼 호주머니에서 간밤의 그 전보를 꺼내어 부친한테 올립니다. 윤 직원 영감은 채듯 전보를 받아 쓱 들여다보더니 커다랗게 읽습니다. 물론 원문은 일문이니까 몰라보고, 윤 주사네 서사 민 서방이 번역한 그대로지요.

"종학, 사-상 관계-로, 경-시청에 피검! …… 이라니? 이게 무슨 소리냐?"

"종학이가 사상 관계로 경시청에 붙잡혔다는 뜻일 테지요!"

"사상 관계라니?"

"그놈이 사회주의에 참예를……."

"으엉?"

아까보다 더 크게 외치면서, 벌떡 뒤로 나동그라질 뻔하다가 겨우 몸을 가눕니다.

윤 직원 영감은 먼저에는 몽치로 뒤통수를 얻어맞은 것같이 멍했지만, 이번에는 앉아 있는 땅이 지함을 해서 수천 길 밑으로 꺼져 내려가는 듯 정신이 아찔했습니다.

그러나 그것은 결단코 자기가 믿고 사랑하고 하는 종학이의 신상을 여겨서가 아닙니다.

윤 직원 영감은 시방 종학이가 사회주의를 한다는 그 한 가지 사실이 진실로 옛날의 드세던 부랑당 패가 백 길 천 길로 침노하는 그것보다도 더 분하고, 물론 무서웠던 것입니다.

진(秦)나라를 망할 자 호(胡)라는 예언을 듣고서, 변방을 막으려 만리장성을 쌓던 진시황. 그는 진나라를 망한 자 호가 아니요, 그의 자식 호해(胡亥)임을 눈으로 보지 못하고 죽었으니, 오히려 행복이라 하겠습니다.

(중략)

"……그런 쳐 죽일 놈이, 깎어 죽여두 아깝잖을 놈이! 그놈이 경찰서장 허라닝개루, 생판 사회주의 허다가 뎁다 경찰서에 잽혀? 으응?…… 오사육시를 헐 놈이, 그놈이 그게 어디 당헌 것이라구 지가 사회주의를 히여? 부자 놈의 자식이 무엇이 대껴서 부랑당 패에 들어?……."

아무도 숨도 크게 쉬지 못하고, 고개를 떨어뜨리고 섰기 아니면 앉았을 뿐, 윤 직원 영감이 잠깐 말을 그치자 방 안은 물을 친 듯이 조용합니다.

– 채만식, 「태평천하」 –

① 작가가 서술자의 입을 통해 내용에 간여함으로써 풍자 효과를 높이고 있다.
② 1인칭 주인공 시점에서 작중 인물과 작가의 거리를 좁혀 설득력을 얻고 있다.
③ 장면마다 시점을 바꿈으로써 극적인 아이러니를 부각하는 효과를 거두고 있다.
④ 작품 밖의 화자가 주관을 배제하고 관찰자의 시점으로 사건을 바라보고 있다.

**16** 〈보기〉의 밑줄 친 부분과 가장 잘 어울리는 사자성어는?

> 한숨아 세 한숨아 네 어늬 틈으로 드러온다
> 고모장즈 셰살장즈 가로다지 여다지에 암돌져귀 수돌져귀 비목걸새 쑥닥 박고 용(龍) 거북 주물쇠로 수기수기 츠엿느듸 병풍(屛風)이라 덜걱 져븐 족자(簇子) l 라 딕딕글 문다 네 어늬 틈으로 드러온다
> 어인지 너 온 날 밤이면 줌 못 드러 호노라

① 狐假虎威
② 目不忍見
③ 輾轉反側
④ 刻舟求劍

**17** 밑줄 친 단어의 쓰임이 가장 적절하지 않은 것은?

① 한참을 웃었더니 수술한 자리가 땅겼다.
② 다 된 혼사를 중간에서 뻐개지 마라.
③ 그 애는 조금만 추어올리면 기고만장해진다.
④ 뜨겁게 작렬하는 태양 아래 두 사람이 걷고 있다.

**18** <보기>의 작품에 대한 설명으로 가장 옳지 않은 것은?

― 〈보 기〉 ―

(가) 말 업슨 청산(靑山)이오 태(態) 업슨 유수(流水) ㅣ로다
 갑 업슨 청풍(淸風)이오 님  업슨 명월(明月)이라
 이 중에 병(病) 업슨 이 몸이 분별(分別) 업시 늘그리라

(나) 내 벗이 몇이나 하니 수석(水石)과 송죽(松竹)이라
 동산(東山)에 달 오르니 긔 더욱 반갑고야
 두어라 이 다섯밖에 또 더하여 무엇하리

① (가)와 (나) 두 작품 모두 자연과 인생의 조화를 노래하고 있다.
② (가)의 경우, 자연은 대가를 요구하지 않으니 그 속에서 아무 근심 없이 살아가고자 하는 작자의 마음이 나타난다.
③ (나)는 현실적 자연관을 바탕으로 세속적 욕망을 드러내고 있다.
④ (가)와 (나) 모두 자연과 더불어 살고자 하는 시적 화자의 태도를 확인할 수 있다.

**19** <보기>에 대한 설명으로 가장 옳지 않은 것은?

― 〈보 기〉 ―

 수렵과 채집을 생계 수단으로 삼던 우리 조상들은 대체로 무척 건강한 삶을 살았을 것으로 추정된다. 자연에 존재하는 다양하고 풍부한 동식물을 섭취했으므로 영양 상태도 좋았을 것이며, 주거지를 계속 옮겨 다녔으므로 배설물 같은 오염원을 피할 수도 있었다. 그들의 건강을 위협했던 것은 질병보다는 주로 사냥 중에 발생한 외상이나 열매를 따러 올라간 나무에서 떨어지는 것 같은 사고였을 것이다. 그와 같은 손상에 대한 대처 방법은 주로 직접적인 경험과 직관에 의존하는 것이어서 의학이 체계적으로 발달하기는 어려웠다.
 하지만 농경 기술이 발달하고 사람들이 일정한 지역에 모여 살면서부터는 상황이 크게 달라진다. 몇 안 되는 종류의 작물과 길들여진 동물에 의존하여 살게 됨에 따라 비타민 같은 필수 영양소의 섭취가 어려워지자 영양실조가 늘어난다. 많은 사람이 모여 살면서 배설물과 폐수 같은 오염물질에 의해 전염병이 발생하고, 오랜 시간 일정한 자세로 단순작업을 반복하는 농사일 때문에 골관절계 질환도 많아진다.

① 생활 방식의 변화를 시간의 흐름에 따라 설명하고 있다.
② 생활 방식에 따라 건강 상태가 달라지는 이유를 설명하고 있다.
③ 생활 방식에 따른 건강 상태를 대조하여 설명하고 있다.
④ 생활 방식으로 인해 발생하는 문제와 해결 방안을 설명하고 있다.

**20** 〈보기〉의 내용에 대한 이해로 가장 옳지 않은 것은?

〈보 기〉

밀의 알맹이는 배유, 껍질 그리고 배아로 구성돼 있다. 이 알맹이를 통곡물 그대로 빻아 만든 가루가 통밀가루이고, 알맹이에서 껍질과 배아를 제거한 후 오직 배유만 남겨 빻은 가루가 우리가 아는 하얀 밀가루다. 껍질과 배아만 제거했을 뿐인데, 두 가루로 만든 빵의 맛은 하늘과 땅 차이다. 왜 이렇게 차이가 나는 걸까?

이는 글루텐 때문이다. 글루텐은 빵의 식감을 결정하는 핵심 성분으로, 글루테닌과 글리아딘이 물과 함께 섞이면 만들어진다. 끈적한 성질이 있어, 반죽에 열을 가했을 때 효모(이스트)가 내뿜는 이산화탄소를 잘 포집할 수 있도록 도와준다. 이렇게 부풀어 오른 빵은 푹신푹신하고 쫄깃쫄깃하다. 글루텐의 재료가 되는 글루테닌과 글리아딘은 배유에 있다. 정제된 흰 밀가루는 배유만 있으니, 당연히 글루텐이 잘 생긴다. 하지만 통밀빵은 함께 갈린 껍질과 배아가 글루텐을 잘라내 빵 반죽이 잘 부풀어 오르지 못하게 한다. 100% 통밀가루로만 만든 빵은 반죽 밀도가 높아서 조직이 치밀하고 식감이 푸석푸석하다.

① 통밀가루로 만든 빵은 흰 밀가루로 만든 빵에 비해 조직이 치밀하다.
② 통밀가루에는 글루테닌과 글리아딘이 없다.
③ 배유의 성분이 빵이 부풀어 오르는 것에 영향을 준다.
④ 흰 밀가루로 만든 빵은 통밀가루로 만든 빵에 비해 글루텐의 함량이 높다.

# 국어 | 2023년 서울시 9급

✓ 회독 CHECK 1 2 3

**01** <보기>의 밑줄 친 부분에서 공통으로 일어나는 음운 현상에 대한 설명으로 가장 옳지 않은 것은?

〈보 기〉

이는 국회가 <u>국민</u>을 대변하는 기관으로서 정부에 책임을 <u>묻는</u> 것이다.

① 조음 위치가 바뀌는 음운 현상이다.
② 비음 앞에서 일어나는 음운 현상이다.
③ 동화 현상이다.
④ '읊는'에서도 일어나는 음운 현상이다.

**02** 밑줄 친 부분의 띄어쓰기가 가장 옳지 않은 것은?

① 포기는 생각해 <u>본바가</u> 없다.
② 모두 자기 <u>생각대로</u> 결정하자.
③ 결국 돌아갈 곳은 <u>고향뿐이다</u>.
④ <u>원칙만큼은</u> 양보하기가 어렵다.

**03** <보기>의 ㉠~㉣을 풀이한 것으로 가장 옳지 않은 것은?

〈보 기〉

한때 우리나라에서는 우리의 대표적 음식이라고 할 수 있는 된장과 김치를 ㉠ <u>폄하한</u> 적이 있었다. 곰팡이 균으로 만드는 된장은 암을 유발한다고 해서 ㉡ <u>기피하고</u>, 맵고 짠 김치도 건강에 해롭다고 했다. 이러한 발상이 나왔던 것은 어떤 의미에서는 현대 과학의 선두 주자인 서구 지향적인 가치관이 그 배경으로 깔려 있었기 때문이다. 그러나 이제는 김치연구소까지 생기고, 마늘은 새로운 형태로 변모하면서 건강식품으로 등장하고, 된장(청국장) 또한 항암 효과까지 있다고 ㉢ <u>각광</u>을 받는다. 그리고 비빔밥은 다이어트 음식으로서만이 아니라, 그 맛도 이제는 국제적으로 알려졌다. 굳이 신토불이라는 말을 들먹이지 않더라도 우리의 일상적인 식문화에서 가치 있는 것을 추출해 ㉣ <u>천착할</u> 필요가 있다.

① ㉠: 가치를 깎아내린
② ㉡: 꺼리거나 피하고
③ ㉢: 사회적으로 관심을
④ ㉣: 잘못된 것을 바로잡을

**04** 어려운 표현을 이해하기 쉬운 표현으로 다듬은 것으로 가장 적절하지 않은 것은?

① 가능성은 상존하고 있다 → 가능성은 늘 있다
② 만 65세 도래자는 → 만 65세가 되는 사람은
③ 소정의 급여를 지급함으로써 → 소액의 급여를 지급함으로써
④ 확인서 발급에 따른 편의성을 제고함 → 확인서 발급에 따른 편의성을 높임

**05** 〈보기 1〉을 〈보기 2〉에 삽입하려고 할 때 문맥상 가장 적절한 곳은?

─── 〈보기 1〉 ───
왜냐하면 학문의 세계에서는 하나의 객관적 진실이 백일하에 드러나 모든 다른 견해를 하나로 귀결시키는 일은 일어나지 않기 때문이다.

─── 〈보기 2〉 ───
민족이 하나로 된다면 소위 "민족의 역사"가 하나로 통합되는 것은 너무나 당연한 일이라고 생각할 수 있다. ( ㉠ ) 그러나 좀 더 곰곰이 생각해 보면 역사학을 포함한 학문의 세계에서 통합이란 말은 성립되기 어렵다. ( ㉡ ) 학문의 세계에서는 진실에 이르기 위한 수많은 대안이 제기되고 서로 경쟁하면서 발전이 이루어진다. ( ㉢ ) 따라서 그 다양한 대안들을 하나로 통합한다는 것은 학문을 말살하는 것이나 다름없다. ( ㉣ ) 학문의 세계에서는 통합이 아니라 다양성이 더 중요한 덕목인 것이다.

① ㉠
② ㉡
③ ㉢
④ ㉣

**06** 〈보기〉의 ㉠~㉣ 중 가리키는 대상이 나머지 셋과 다른 것은?

─── 〈보기〉 ───
댁들아 ㉠ 동난지이 사오 저 장사야 네 ㉡ 물건 그 무엇이라 외치는가 사자
외골내육(外骨內肉) 양목(兩目)이 상천(上天) 전행후행(前行後行), 소(小)아리 팔족(八足) 대(大)아리 이족(二足) ㉢ 청장 아스슥하는 동난지이 사오
장사야 너무 거북하게 외치지 말고 ㉣ 게젓이라 하려무나

① ㉠
② ㉡
③ ㉢
④ ㉣

**07** 표준어끼리 묶었을 때 가장 옳지 않은 것은?

① 가엾다, 배냇저고리, 감감소식, 검은엿
② 눈짐작, 세로글씨, 푸줏간, 가물
③ 상관없다, 외눈퉁이, 덩쿨, 귀퉁배기
④ 겉창, 뚱딴지, 툇돌, 들랑날랑

**08** 외래어 표기에 대한 설명으로 가장 옳지 않은 것은?

① 짧은 모음 다음의 어말 무성 파열음 [t]는 '보닛(bonnet)'처럼 받침으로 적는다.
② 어말의 [ʃ]는 '브러쉬(brush)'처럼 '쉬'로 적는다.
③ 중모음 [ou]는 '보트(boat)'처럼 '오'로 적는다.
④ 어말 또는 자음 앞의 [f]는 '그래프(graph)'처럼 '으'를 붙여 적는다.

**09** 〈보기〉에 드러난 글쓴이의 삶에 대한 인식과 가장 가까운 태도가 나타나는 것은?

─── 〈보기〉 ───
그렇다. 그 흉터와, 흉터 많은 손꼴은 내 어려웠던 어린 시절의 모습이요, 그것을 힘들게 참고 이겨 낸 떳떳하고 자랑스런 내 삶의 한 기록일 수 있었다. 그 나이 든 선배님의 경우처럼, 우리 누구나가 눈에 보이게든 안 보이게든 삶의 쓰라린 상처들을 겪어 가며 그 흉터를 지니고 살아가게 마련이요, 어떤 뜻에선 그 상처의 흔적이야말로 우리 삶의 매우 단단한 마디요, 숨은 값이라 할 수도 있을 것이기 때문이다.

① 흔들리지 않고 피는 꽃이 어디 있으랴 / 이 세상 그 어떤 아름다운 꽃들도 다 흔들리면서 피었나니
② 연탄재 함부로 차지 마라 / 너는 / 누구에게 한번이라도 뜨거운 사람이었느냐
③ 죽는 날까지 하늘을 우러러 / 한 점 부끄럼이 없기를 / 잎새에 이는 바람에도 나는 괴로워했다.
④ 나는 이제 너에게도 슬픔을 주겠다. / 사랑보다 소중한 슬픔을 주겠다.

**10** 〈보기〉의 작품에서 밑줄 친 시어에 대한 해석으로 가장 옳지 않은 것은?

― 〈보 기〉 ―

바닷가 햇빛 바른 바위 우에
습한 간(肝)을 펴서 말리우자.

코카서스 산중(山中)에서 도망해 온 토끼처럼
들러리를 빙빙 돌며 간(肝)을 지키자.

내가 오래 기르던 여윈 독수리야!
와서 뜯어 먹어라, 시름없이

너는 살찌고
나는 여위어야지, 그러나

거북이야!
다시는 용궁의 유혹에 안 떨어진다.

프로메테우스 불쌍한 프로메테우스
불 도적한 죄로 목에 맷돌을 달고
끝없이 침전하는 프로메테우스

① '간(肝)'은 화자가 지켜야 하는 지조와 생명을 가리킨다.
② 코카서스 산중에서 도망해 온 '토끼'는 「토끼전」과 프로메테우스 신화를 연결한다.
③ '독수리'와 '거북이'는 이 시에서 유사한 의미를 갖는 존재이다.
④ '프로메테우스'는 끝없이 침전한다는 점에서 시대의 고통이 큼을 암시한다.

**11** 밑줄 친 말이 어문 규범에 맞는 것은?

① 옛부터 김치를 즐겨 먹었다.
② 궁시렁거리지 말고 빨리 해 버리자.
③ 찬물을 한꺼번에 들이키지 말아라.
④ 상처가 곰겨서 병원에 가야겠다.

**12** 〈보기〉의 설명 중 밑줄 친 부분에 해당하는 사례가 아닌 것은?

― 〈보 기〉 ―

용언이 문장 속에 쓰일 때에는 어간에 어미가 붙어서 활용함으로써 다양한 문법적인 기능을 나타낸다. 대부분의 용언은 활용할 때에 어간이나 어미의 기본 형태가 그대로 유지되거나 혹은 다른 형태로 바뀌어도 그 현상을 일정한 규칙으로 설명할 수 있지만, 일부의 용언 가운데에는 활용할 때 '어간의 형태가 불규칙하게 활용하는 것', '어미의 형태가 불규칙하게 활용하는 것', '어간과 어미가 불규칙하게 활용하는 것'이 있다.

① 잇다 → 이으니
② 묻다(問) → 물어서
③ 이르다(至) → 이르러
④ 낫다 → 나으니

**13** 〈보기〉의 ㉠~㉣에 대한 이해로 가장 적절하지 않은 것은?

―〈보 기〉―

어미를 따라 잡힌
어린 게 한 마리

큰 게들이 새끼줄에 묶여
거품을 뿜으며 헛발질할 때
게장수의 ㉠ 구력을 빠져나와
옆으로 옆으로 ㉡ 아스팔트를 기어간다.
개펄에서 숨바꼭질하던 시절
바다의 자유는 어디 있을까
눈을 세워 ㉢ 사방을 두리번거리다
달려오는 군용 트럭에 깔려
길바닥에 터져 죽는다

㉣ 먼지 속에 썩어가는 어린 게의 시체
아무도 보지 않는 찬란한 빛

― 김광규, 「어린 게의 죽음」―

① ㉠: 폭압으로 자유를 잃은 구속된 현실을 의미한다.
② ㉡: 자유를 위해 도달하고자 하는 미래의 공간을 나타낸다.
③ ㉢: 약자가 돌파구를 찾기 어려운 현실을 나타낸다.
④ ㉣: 주목받지 못한 채 방치된 대상의 현실을 강조한다.

**14** 〈보기〉의 작품에 대한 설명으로 가장 옳지 않은 것은?

―〈보 기〉―

홍색(紅色)이 거룩하여 붉은 기운이 하늘을 뛰놀더니, 이랑이 소리를 높이 하여 나를 불러,
"저기 물 밑을 보라."
외치거늘, 급히 눈을 들어 보니, 물 밑 홍운(紅雲)을 헤치고 큰 실오라기 같은 줄이 붉기가 더욱 기이(奇異)하며, 기운이 진홍(眞紅) 같은 것이 차차 나와 손바닥 넓이 같은 것이 그믐밤에 보는 숯불 빛 같더라. 차차 나오더니, 그 위로 작은 회오리밤 같은 것이 붉기가 호박(琥珀) 구슬 같고, 맑고 통랑(通朗)하기는 호박도곤 더 곱더라.

그 붉은 위로 흘흘 움직여 도는데, 처음 났던 붉은 기운이 백지(白紙) 반 장(半張) 넓이만치 반듯이 비치며, 밤 같던 기운이 해 되어 차차 커 가며, 큰 쟁반만 하여 불긋불긋 번듯번듯 뛰놀며, 적색(赤色)이 온 바다에 끼치며, 먼저 붉은 기운이 차차 가시며, 해 흔들며 뛰놀기 더욱 자주 하며, 항 같고 독 같은 것이 좌우(左右)로 뛰놀며, 황홀(恍惚)히 번득여 양목(兩目)이 어지러우며, 붉은 기운이 명랑(明朗)하여 첫 홍색을 헤치고, 천중(天中)에 쟁반 같은 것이 수레바퀴 같아 물속으로부터 치밀어 받치듯이 올라붙으며, 항·독 같은 기운이 스러지고, 처음 붉어 겉을 비추던 것은 모여 소 혀처럼 드리워져 물속에 풍덩 빠지는 듯싶더라.
일색(日色)이 조요(照耀)하며 물결의 붉은 기운이 차차 가시며, 일광(日光)이 청랑(淸朗)하니, 만고천하(萬古天下)에 그런 장관은 대두(對頭)할 데 없을 듯하더라.
짐작에 처음 백지(白紙) 반 장(半張)만치 붉은 기운은 그 속에서 해 장차 나려고 어리어 그리 붉고, 그 회오리밤 같은 것은 진짓 일색을 뽑아 내니 어린 기운이 차차 가시며, 독 같고 항 같은 것은 일색이 몹시 고운 고(故)로, 보는 사람의 안력(眼力)이 황홀(恍惚)하여 도무지 헛기운인 듯싶더라.

① 여성 작가의 작품으로 한글로 쓰여 전해지고 있다.
② 해돋이의 장면을 감각적이고 생동감 있게 묘사하고 있다.
③ 현실 세계에서 있음직한 이야기를 허구적으로 구성한 갈래이다.
④ '회오리밤', '큰 쟁반', '수레바퀴'는 동일한 대상을 비유적으로 표현한 것이다.

## 15. <보기>의 ㉠에 들어갈 사자성어로 가장 적절한 것은?

― <보 기> ―

( ㉠ ), 오로지 베스 놈의 투지와 용맹을 길러서 금옥이네 누렁이를 꺾고 말겠다는 석구의 노력은 다시 열을 올리기 시작했다. 뿐만 아니었다. 그는 전보다도 더 주의 깊게 베스 놈을 위해 주었고 그런 그의 정표 하나로 베스를 위해 암캐 한 마리를 더 얻어 들였을 만큼 따뜻한 배려를 아끼지 않았다.

― 이청준, 「그 가을의 내력」 ―

① 泥田鬪狗
② 吳越同舟
③ 臥薪嘗膽
④ 結草報恩

## 16. <보기>의 내용에 대한 이해로 가장 옳지 않은 것은?

― <보 기> ―

『훈민정음』 서문은 "우리나라의 말이 중국과 달라 문자로 서로 통하지 아니하므로"로 시작합니다. 말 그대로 세종대왕 당시의 말이 중국과 다르다는 것인데 '다름'에 대해 말하려면 '있음'이 전제가 되어야 합니다. 세종대왕 당시에 우리말이 있었고, 말은 하루아침에 생겨난 것이 아닐 테니 이전부터 계속 있어 왔던 것입니다. 우리에게도 말이 있고 중국에도 말이 있는데 이 둘이 서로 달라서 문자로 통하지 못한다는 것입니다. 이때의 문자는 당연히 한자입니다. 한자는 중국말을 적기 위한 것이어서 우리말을 적기에는 적합하지 않았습니다. 사실 한자로 우리말을 적는 것이 불가능한 것은 아닙니다. 고구려 때의 광개토대왕비를 보면 빼곡하게 한자가 기록되어 있는데 고구려 사람이 중국어를 적어 놓았을 리는 없습니다. 당시에 문자가 없으니 한자를 빌려 자신들이 남기고 싶은 기록을 남긴 것입니다. 한자는 뜻글자이니 한자의 뜻을 알고 문장이 어떻게 구성되는지 알면 그 뜻을 헤아려 자신의 말로 읽을 수 있습니다. … (중략) … 그런데 많은 이들이 세종대왕께서 우리글이 아닌 우리말을 만드신 것으로 오해하고 있습니다. 왜 그럴까요? 말과 글자를 같은 것으로 여기는 것은 흔한 일인데 유독 우리가 심합니다. 우리만 한글을 쓰는 것이 큰 이유입니다. 한자는 중국, 한국, 일본, 베트남 등 여러 곳에서 쓰이고 로마자는 훨씬 더 많은 나라에서 쓰입니다. 하지만 한글은 오로지 우리나라에서 우리말을 적는 데만 쓰입니다. 그러니 한글로 적힌 것은 곧 우리말이라는 등식이 성립되어 한글과 우리말을 같은 것으로 여기는 것입니다.

― 한성우, 『말의 주인이 되는 시간』 ―

① 한글은 언어가 아니라 문자를 가리키는 것이다.
② 세종대왕이 만드신 것은 우리말이 아니라 우리글이다.
③ 한국어는 오로지 한글로만 표기할 수 있다.
④ 한글이 오로지 한국어를 표기하는 데 사용되기 때문에 많은 사람이 한글과 한국어를 혼동한다.

**17** 〈보기 1〉의 (가)~(다)에 들어갈 가장 적절한 문장을 〈보기 2〉에서 순서대로 바르게 나열한 것은?

―〈보기 1〉―

생존을 위해 진화한 우리 뇌는 본능적으로 생존에 이롭고 해로운 대상을 구분하는 능력이 있다. 단맛을 내는 음식은 영양분이 많을 가능성이 높고 역겨운 냄새가 나는 음식은 부패했거나 몸에 해로울 가능성이 높다. 딱히 배우지 않아도 우리는 자연적으로 선호하거나 혐오하는 반응을 보인다.　　　(가)

초콜릿 케이크를 한 번도 먹어보지 못한 사람이 있다고 해보자. 처음 그에게 초콜릿 케이크의 냄새나 색은 전혀 '맛있음'과 연관이 없을 것이다. 하지만 일단 맛을 본 사람은 케이크 자체만이 아니라 케이크의 냄새, 색, 촉감 등도 무의식적으로 선호하게 된다. 그러면 밸런타인데이와 같이 초콜릿을 떠올릴 수 있는 신호만으로도 강한 반응을 이끌어 낼 수 있다.　　　(나)

인공지능과 달리 동물은 생존과 번식에 대한 생물학적 조건을 기반으로 진화했다. 생물은 생존을 위해 에너지를 구하고 환경에 반응하며 유전자를 남기기 위해 번식을 한다. 이런 본능적인 목적을 달성하기 위한 여러 종류의 세부 목표가 있다. 유념할 점은 한 기능적 영역에서 좋은 것(목적 달성에 유용한 행동과 자극)이 다른 영역에서는 전혀 도움이 되지 않고 오히려 해로울 수 있다는 사실이다.

한 여우가 있다. 왼편에는 어린 새끼들이 금세 강물에 빠질 듯 위험하게 놀고 있고 오른쪽에는 토끼 한 마리가 뛰고 있다. 새끼도 보호해야 하고 먹이도 구해야 하는 여우는 어떤 선택을 해야 할까.　　　(다)　　　우리는 그 과정을 의사결정이라고 한다. 우리는 의사결정을 의식적으로 한다고 생각하지만 실제로는 선택지에 대한 계산의 상당 부분이 무의식적으로 빠르게 일어나기 때문에 다행히도 행동을 하는 데 어려움이나 갈등을 많이 느끼지 않는다. 그래서 위와 같은 상황에서 여우는 두 선택지의 중요도가 비슷하더라도 중간에 멍하니 서 있지 않고 재빨리 반응한다. 그래야 순간적인 위험을 피하고 기회를 잡을 수 있다.

―〈보기 2〉―

㉠ 이와 더불어 동물은 경험에 따라 좋고 나쁜 것을 학습하는 능력을 가지고 있다.
㉡ 뇌는 여러 세부적인 동기와 감정적, 인지적 반응을 합쳐서 선택지에 가치를 매긴다.
㉢ 이렇듯 우리는 타고난 기본 성향과 학습 능력을 통해 특정 대상에 대한 기호를 형성한다.

|  | (가) | (나) | (다) |
|---|---|---|---|
| ① | ㉠ | ㉡ | ㉢ |
| ② | ㉠ | ㉢ | ㉡ |
| ③ | ㉡ | ㉠ | ㉢ |
| ④ | ㉢ | ㉠ | ㉡ |

**18** 자신의 생각, 물건, 일 등을 낮추어 겸손하게 이르는 말로 가장 옳지 않은 것은?

① 옥고(玉稿)　　② 관견(管見)
③ 단견(短見)　　④ 졸고(拙稿)

**19** 밑줄 친 단어의 품사가 나머지 셋과 다른 것은?

① 여기에 다섯 명이 있다.
② 하나에 하나를 더하면 둘이다.
③ 선생님께서 세 번이나 말씀하셨다.
④ 열 사람이 할 일을 그 혼자 해냈다.

**20** 복합어의 조어법이 나머지 셋과 다른 것은?

① 개살구　　② 돌미나리
③ 군소리　　④ 짚신

# 국어 | 2022년 제1회 서울시 9급

회독 CHECK 1 2 3

**01** 밑줄 친 부분의 문장 성분이 나머지 셋과 다른 것은?

① 입은 비뚤어져도 말은 바로 해라.
② 호랑이도 제 말 하면 온다.
③ 아니 땐 굴뚝에 연기 날까?
④ 꿀도 약이라면 쓰다.

**02** 〈보기〉에서 밑줄 친 설명과 같은 문법 범주에 속하는 문장은?

―〈보 기〉―

(가) 온난화로 북극 빙하가 다 녹는다.
(나) 온난화가 북극 빙하를 다 녹인다.

'온난화'라는 사태와 '북극 빙하가 녹는 사태' 간에는 의미적으로 인과 관계가 성립하는데, (가)에서는 이 인과 관계를 드러내는 표지로 부사격 조사 '로'가 쓰였다. (나)는 '녹이다'라는 사동사를 사용한 문장이다. 주동문일 때 부사어 위치에 있던 '온난화'가 사동문에서는 주어 자리를 차지함으로써 '온난화'라는 현상이 '북극 빙하'라는 대상이 '녹도록' 힘을 가하는 의미로 읽힌다. 이로써 '북극 빙하가 녹는 사태'에 대하여 '온난화'가 온전히 책임을 져야 할 것처럼 보인다.

① 회사는 이것이 전파 인증을 받은 제품이라고 우긴다.
② 사장이 사장실을 넓히기 위해 직원 회의실을 좁힌다.
③ 온갖 공장에서 폐수를 정화하지도 않고 강에 버린다.
④ 이산화탄소가 적외선을 흡수하여 열이 대기에 모인다.

**03** 밑줄 친 단어의 품사가 다른 것은?

① 이야기를 들어 보다.
② 일을 하다가 보면 요령이 생겨서 작업 속도가 빨라진다.
③ 이런 일을 당해 보지 않은 사람은 내 심정을 모른다.
④ 식구들이 모두 집에 돌아왔나 보다.

**04** 가장 자연스러운 문장은?

① 지금부터 회장님의 말씀이 계시겠습니다.
② 당신이 가리키는 곳은 시청으로 보입니다.
③ 푸른 산과 맑은 물이 흐르는 계곡으로 가자!
④ 이런 곳에서 생활한다는 것이 믿겨지지 않았다.

**05** 띄어쓰기가 가장 옳지 않은 것은?

① 이∨일도∨이제는∨할∨만하다.
② 나는∨하고∨싶은∨대로∨할∨테야.
③ 다음부터는∨일이∨잘될∨듯∨싶었다.
④ 그녀는∨그∨사실에∨대해∨아는∨체를∨하였다.

## 06 〈보기〉의 ㉠을 포함하고 있는 안은문장은?

〈보 기〉

관형사가 문장에 쓰이면 관형어로 기능한다. 그래서 관형사는 항상 관형어로 쓰인다. 즉 관형사는 문장에서 관형어로서 체언을 수식한다. 그런데 관형사만 관형어로 쓰이는 것이 아니라, ㉠관형사절이 관형어로 쓰이기도 한다. 즉 관형사절이 체언을 수식한다.

① 그는 갖은 양념으로 맛을 내었다.
② 꽃밭에는 예쁜 꽃이 활짝 피었다.
③ 오랜 가뭄 끝에 비가 내렸다.
④ 사무실 밖에서 여남은 명이 웅성대고 있었다.

## 07 〈보기〉에서 말하고 있는 생물 진화의 유전적 진화 원리가 아닌 것은?

〈보 기〉

문화의 진화도 역시 생물의 진화에 비유해서 설명할 수 있다. 문화변동은 다음과 같은 경우에 일어난다. 첫째, 생물진화의 돌연변이처럼 그 문화체계 안에서 새로운 문화요소의 발명 또는 발견이 있어 존재하는 문화에 추가됨으로써 일어난다. 둘째, 유전자의 이동처럼 서로 다른 두 문화가 접촉함으로써 한 문화에서 다른 문화로 어떤 문화요소의 전파가 생길 때 그 문화요소를 받아들인 사회의 문화에 변화가 일어난다. 셋째, 유전자 제거처럼 어떤 문화요소가 그 사회의 환경에 부적합할 때 그 문화요소를 버리고 더 적합한 다른 문화요소로 대치시킬 때 문화변동을 일으킨다. 넷째, 유전자 유실처럼 어떤 문화요소가 한 세대에서 다음 세대로 전달될 때 잘못되어 그 문화요소가 후세에 전해지지 못하고 단절되거나 소멸될 때 문화변동이 일어난다. 그러나 생물 유기체의 진화원리를 너무 지나치게 문화의 진화에 그대로 비유해서는 안 된다. 문화는 유기체의 진화와 유사하지만 초유기체이기 때문에 생식과정에 의한 유전과는 다른 학습과 모방에 의해 진화되기 때문이다.

① 돌연변이
② 유전자 유실
③ 유전자 제거
④ 적자생존

## 08 밑줄 친 부분의 한자 표기가 가장 옳지 않은 것은?

① 이 책에는 이론이 체계적(體系的)으로 잘 정립되어 있다.
② 신문에서 사건의 진상에 대해 자세히 보고(報誥)를 했다.
③ 그는 이미지 제고(提高)를 위한 노력을 게을리하지 않았다.
④ 그 분야 전문가이기 때문에 유명세(有名稅)를 치를 수밖에 없었다.

## 09 〈보기〉의 내용과 일치하는 것은?

〈보 기〉

독일어식이나 일본어식으로 사용해오던 화학 용어가 국제기준에 맞는 표기법으로 바뀐다. 산업자원부 기술표준원은 주요 원소 이름 109종과 화합물 용어 325종의 새 표기법을 KS규격으로 제정, 다음 달 6일 고시해 시행키로 했다고 30일 밝혔다.

새 표기법은 세계적으로 통용되는 발음에 가깝게 정해진 것으로, '요오드'는 '아이오딘', '게르마늄'은 '저마늄' 등으로 바뀐다. 화합물 용어도 구성 원소 이름이 드러나도록 '중크롬산칼륨'을 '다이크로뮴산칼륨'으로 표기한다.

예외적으로 '나트륨'과 '칼륨'은 갑작스러운 표기 변경에 따른 혼란을 피하기 위해 지금까지 사용한 대로 표기를 허용하되 새 이름 '소듐', '포타슘'도 병행해 사용토록 했다. 또 '비타민'도 당분간 '바이타민'을 병행 표기한다.

— 2005.03.30.자 ○○신문 —

① '요오드'가 '아이오딘'보다 세계적으로 통용되는 발음에 가깝다.
② '저마늄'은 화합물의 구성 원소 이름을 드러낸 표기이다.
③ '나트륨'보다는 '소듐'이 국제기준에 맞는 표기법이다.
④ '비타민'이라는 용어는 KS규격에 맞지 않으므로 쓰지 않아야 한다.

**10** 〈보기〉의 밑줄 친 부분에 사용된 표현법과 가장 유사한 것은?

〈보 기〉

순이, 벌레 우는 고풍한 뜰에
달빛이 밀물처럼 밀려왔구나.

달은 나의 뜰에 고요히 앉아 있다.
달은 과일보다 향그럽다.

동해 바다 물처럼
푸른
가을
밤

포도는 달빛이 스며 고웁다.
포도는 달빛을 머금고 익는다.

① 풀은 눕고 / 드디어 울었다
② 가난하다고 해서 외로움을 모르겠는가
③ 구름은 / 보랏빛 색지 위에 / 마구 칠한 한 다발 장미
④ 아! 강낭콩꽃보다도 더 푸른 / 그 물결 위에 / 양귀비 꽃보다도 더 붉은 / 그 마음 흘러라

**11** 〈보기〉의 내용에 대한 이해로 가장 옳지 않은 것은?

〈보 기〉

참, 거짓을 판단할 수 있는 문장을 명제라고 한다. 문장이 나타내는 명제가 실제 세계의 사실과 일치하면 참이고 그렇지 않으면 거짓이다. 가령, '사과는 과일이다.'는 실제 세계의 사실과 일치하므로 참인 명제지만 '새는 무생물이다.'는 실제 세계의 사실과 일치하지 않으므로 거짓인 명제이다. 이와 같이 명제가 지닌 진리치가 무엇인지 밝혀 주는 조건을 진리 조건이라고 한다. 명제 논리의 진리 조건을 간략하게 살펴보면 다음과 같다. 모든 명제는 참이든지 거짓이든지 둘 중 하나여야 하며 참도 아니고 거짓도 아니거나 참이면서 거짓인 경우는 없다. 명제 P가 참이면 그 부정 명제 ~P는 거짓이고 ~P가 참이면 P는 거짓이다. 명제 P와 Q가 AND로 연결되는 P∧Q는 P와 Q가 모두 참일 때에만 참이다. 명제 P와 Q가 OR로 연결되는 P∨Q는 P와 Q 둘 중 적어도 하나가 참이기만 하면 참이 된다. 명제 P와 Q가 IF … THEN으로 연결되는 P→Q는 P가 참이고 Q가 거짓이면 거짓이고 나머지 경우에는 모두 참이 된다.

① 명제 논리에서 '모기는 생물이면서 무생물이다.'는 성립하지 않는다.
② 명제 논리에서 '파리가 새라면 지구는 둥글다.'는 거짓이다.
③ 명제 논리에서 '개가 동물이거나 컴퓨터가 동물이다.'는 참이다.
④ 명제 논리에서 '늑대는 새가 아니고 파리는 곤충이다.'는 참이다.

**12** 〈보기〉의 밑줄 친 부분과 표현 방식이 가장 유사한 것은?

〈보 기〉

동짓달 기나긴 밤 한 허리를 베어내어
봄바람 이불 아래 서리서리 넣었다가
사랑하는 임 오신 날 밤이거든 구비구비 펴리라

① 아아 님은 갔지마는 나는 님을 보내지 아니하였습니다.
② 무사(無事)한 세상이 병원이고 꼭 치료를 기다리는 무병(無病)이 곳곳에 있다
③ 노란 해바라기는 늘 태양같이 태양같이 하던 화려한 나의 사랑이라고 생각하라.
④ 내 마음 속 우리 님의 고운 눈썹을 / 즈믄 밤의 꿈으로 맑게 씻어서

**13** 〈보기〉에서 말하고자 하는 바로 가장 적절한 것은?

〈보 기〉

기존의 대부분의 일제 시기 근대화 문제에 관한 연구는 다양한 입장 차이에도 불구하고 대단히 대립적인 두 가지 주장으로 정리될 수 있다. 즉 일제가 조선을 지배하지 않았다면 조선에서는 근대적 변혁이 제대로 이루어지지 않았을 것이라는 주장과, 일제의 조선 지배는 한국 근대화를 압살하였기 때문에 결국 근대는 해방 이후부터 시작될 수밖에 없었다는 주장이 그것이다. 두 주장 모두 일제의 조선 지배에도 불구하고 조선인들이 주체적으로 대응했던 역사가 탈락되어 있다. 일제 시기의 역사가 한국 역사의 일부가 되기 위해서는 민족 해방 운동 같은 적극적인 항일 운동뿐만 아니라, 지배의 억압 속에서도 치열하게 삶을 영위해 가면서 자기 발전을 도모해 나간 조선인의 역사도 정당하게 평가되지 않으면 안 된다.

① 일제의 조선 지배는 한국에게서 근대화의 기회를 빼앗았다.
② 일제의 지배에 주체적으로 대응한 조선인의 역사도 정당하게 평가되어야 한다.
③ 일제가 조선을 지배하지 않았다면 조선에서는 근대화가 이루어지지 않았을 것이다.
④ 조선인들은 일제하에서도 적극적인 항일 운동으로 역사에 주체적으로 대응해 나갔다.

**14** 어문 규범에 맞게 표기한 것은?

① 제작년까지만 해도 겨울이 그렇게 춥지 않았지요.
② 범인은 오랫동안 치밀하게 범행을 계획한 것으로 드러났습니다.
③ 욕구가 억눌린 사람들이 공격성을 띠는 경우가 있습니다.
④ 다른 사람의 진심 어린 충고를 겸허히 받아드리는 자세가 필요합니다.

**15** 외래어 표기가 올바른 것으로만 묶은 것은?

① 플랭카드, 케익, 스케줄
② 텔레비전, 쵸콜릿, 플래시
③ 커피숍, 리더십, 파마
④ 캐비넷, 로켓, 슈퍼마켓

**16** 〈보기〉의 밑줄 친 부분을 통해 파악할 수 있는 서술자의 의도로 가장 적절한 것은?

〈보 기〉

　선불이에요? 근데…… 곱빼기면 오천오백 원 아니에요?
　소희가 메뉴판을 가리키며 묻자 여자가 역시 메뉴판을 가리키며 맵게 추가하면 오백 원이라고 말했다. 모든 메뉴 아래에 빨간 고추가 그려져 있고 그 옆에 조그맣게 오백 냥이라고 적혀 있었다.
　오백 원이나요?
　여자가 앞치마 주머니에서 계산지를 꺼내 표시를 하고는 큰 인심 쓰듯이 말했다.
　여기는 매운맛 소스를 안 쓰고 청양고추 유기농으로 맛을 내거든.
　청양고추요?
　그러니까 다만 오백 원이라도 안 받으면 장사가 안된다고.
　장사가 안 될지 어떨지는 알 수 없지만 육천 원이면 찌개용 돼지고기 한 근을 살 수 있다. 곱빼기도 말고 맵게도 말고 그냥 사천오백 원짜리 짬뽕을 먹을까 하다 소희는 자리에서 일어났다.
　다음에 올게요.
　그럼, 그러든지, 하더니 여자는 아니, 그럴 거면 빨리빨리 결정을 져야지, <u>젊은 사람이 어째 매가리가 없이, 하고는 계산지를 구겨 쓰레기통에 던져 넣었다.</u> 계단을 내려오면서 소희는, 매가리가 없이, 매가리가 없이, 하고 중얼거려 보지만 그게 무슨 말인지 모른다.

① 추가 요금을 받지 않으면 장사하기 어려운 현실을 적극적으로 비판하려 했다.
② 쉽게 결정을 내리지 못하는 사람들로 인해 식당 종업원들이 겪는 고충을 전하려 했다.
③ 짬뽕 한 그릇을 사먹는 것도 망설여야 하는 청년 세대의 가난을 간접적으로 드러내려 했다.
④ 소극적인 젊은이들의 의사 표현 방식을 비판하고 적극적인 태도를 가지도록 독려하려 했다.

**17** 어문 규범에 맞는 단어로만 묶은 것은?

① 곰곰이, 간질이다, 닥달하다
② 통채, 발자욱, 구렛나루
③ 귀뜸, 핼쓱하다, 널찍하다
④ 대물림, 구시렁거리다, 느지막하다

**18** 같은 의미의 '견'자가 사용된 사자성어를 옳게 짝 지은 것은?

① 견마지로 – 견토지쟁
② 견문발검 – 견마지성
③ 견강부회 – 견물생심
④ 견원지간 – 견리사의

**19** <보기>의 (가)~(다)에 대한 이해로 가장 적절하지 않은 것은?

― 〈보 기〉 ―

(가) 백호 임제가 말에 올라타려 할 때 종이 나서서 말했다. "나리, 취하셨습니다. 한쪽은 짚신을 신으셨네요." 그러나 백호가 냅다 꾸짖었다. "길 오른쪽을 가는 이는 내가 가죽신을 신었다고 할 테고 길 왼쪽을 가는 이는 내가 짚신을 신었다고 할 게다. 내가 염려할 게 뭐냐." 이것으로 따져 보면 천하에서 발보다 쉽게 눈에 띄는 것이 없지만 보는 방향이 달라짐에 따라서 가죽신을 신었는지도 분간하기 어렵다.

(나) 늙은 살구나무 아래, 작은 집 한 채! 방은 시렁과 책상 따위가 삼분의 일이다. 손님 몇이 이르기라도 하면 무릎이 부딪치는 너무도 협소하고 누추한 집이다. 하지만 주인은 편안하게 독서와 구도(求道)에 열중한다. 나는 그에게 말했다. "이 작은 방에서 몸을 돌려 앉으면 방위가 바뀌고 명암이 달라지지. 구도란 생각을 바꾸는 데 달린 법. 생각이 바뀌면 그 뒤를 따르지 않을 것이 없지. 자네가 내 말을 믿는다면 자네를 위해 창문을 밀쳐줌세. 웃는 사이에 벌써 밝고 드넓은 공간으로 올라갈 걸세."

(다) 어항 속 금붕어의 시각은 우리의 시각과 다르지만, 금붕어도 둥근 어항 바깥의 물체들의 운동을 지배하는 과학 법칙들을 정식화(定式化)할 수 있을 것이다. 예컨대 힘을 받지 않는 물체의 운동을 우리라면 직선운동으로 관찰하겠지만, 어항 속 금붕어는 곡선운동으로 관찰할 것이다. 그럼에도 금붕어는 자기 나름의 왜곡된 기준 틀(Frame of Reference)을 토대로 삼아 과학 법칙들을 정식화할 수 있을 것이고, 그 법칙들은 항상 성립하면서 금붕어로 하여금 어항 바깥의 물체들의 미래 운동을 예측할 수 있도록 해줄 것이다. 금붕어가 세운 법칙들은 우리의 틀에서 성립하는 법칙들보다 복잡하겠지만, 복잡함이나 단순함은 취향의 문제이다. 만일 금붕어가 그런 복잡한 이론을 구성했다면, 우리는 그것을 타당한 실재상으로 인정해야 할 것이다.

① (가)의 임제는 사람들이 주관적 관점에서 대상을 인식한다고 여겼다.
② (나)의 집주인은 객관적 조건과 무관하게 자신만의 방식으로 대상을 수용했다.
③ (다)의 금붕어는 왜곡된 기준 틀로 과학 법칙을 수립할 수 있다.
④ (가), (나), (다)는 주관적 인식의 모순을 분명하게 밝혔다.

**20** <보기>의 시에 대한 이해로 가장 적절한 것은?

― 〈보 기〉 ―

돌담 기대 친구 손 붙들고
토한 뒤 눈물 닦고 코 풀고 나서
우러른 잿빛 하늘
무화과 한 그루가 그마저 가려섰다.

이봐
내겐 꽃 시절이 없었어
꽃 없이 바로 열매 맺는 게
그게 무화과 아닌가
어떤가
친구는 손 뽑아 등 다스려 주며
이것 봐
열매 속에서 속꽃 피는 게
그게 무화과 아닌가
어떤가

일어나 둘이서 검은 개굴창가 따라
비틀거리며 걷는다
검은 도둑괭이 하나가 날쌔게
개굴창을 가로지른다.

① 잿빛 하늘은 화자가 처한 현실의 반어적 형상이다.
② 화자는 굳은 의지로 전망 부재의 현실에 저항하고 있다.
③ 속으로 꽃이 핀다는 것은 화자가 내면화된 가치를 지녔음을 뜻한다.
④ 도둑괭이는 현실의 부정에 적극 맞서야 함을 일깨우는 존재다.

# 국어 | 2022년 제2회 서울시 9급

회독 CHECK 1 2 3

**01** 〈보기〉의 빈칸에 들어갈 단어로 가장 옳은 것은?

〈보 기〉

　군락의 생산성을 높이기 위해 개미가 채택한 경영 방식은 철저한 분업제도이다. 개미사회가 성취한 분업 중에서 사회학적으로 볼 때 가장 신기한 것은 이른바 (　　) 분업이다. 여왕개미는 평생 오로지 알을 낳는 일에만 전념하고 일개미들은 그런 여왕을 도와 군락의 (　　)에 필요한 모든 제반 업무를 담당한다. 자신의 유전자를 보다 많이 후세에 남기고자 하는 것이 궁극적인 삶의 의미라는 진화학적 관점에서 볼 때, 자기 스스로 자식을 낳아 키우기를 포기하고 평생토록 여왕을 보좌하는 일개미들의 행동처럼 불가사의한 일도 그리 많지 않다.

① 경제(經濟)
② 번식(繁殖)
③ 국방(國防)
④ 교육(敎育)

**02** 〈보기〉의 밑줄 친 ㉠과 ㉡의 사례로 옳지 않게 짝 지은 것은?

〈보 기〉

제1항 한글 맞춤법은 표준어를 ㉠ 소리대로 적되, ㉡ 어법에 맞도록 함을 원칙으로 한다.

|   | ㉠ | ㉡ |
|---|---|---|
| ① | 마감 | 무릎이 |
| ② | 며칠 | 없었고 |
| ③ | 빛깔 | 여덟에 |
| ④ | 꼬락서니 | 젊은이 |

**03** 〈보기〉의 밑줄 친 부분의 사례로 옳지 않은 것은?

〈보 기〉

제51항 부사의 끝음절이 분명히 '이'로만 나는 것은 '-이'로 적고, '히'로만 나거나 '이'나 '히'로 나는 것은 '-히'로 적는다.

① 꼼꼼히
② 당당히
③ 섭섭히
④ 정확히

**04** 〈보기〉의 ㉠~㉣에 들어갈 사자성어로 가장 적절하지 않은 것은?

〈보 기〉

　투자자들은 제각기 제 살 구멍을 찾아 ( ㉠ )을 서두르는 거대한 개미 떼와도 같이 이리저리 쏠리고 있었다. 어린 시절 뛰놀던 동네는 재개발로 인해 ( ㉡ )라 할 만큼 큰 변화가 있었다. 오래 길들인 생활의 터전을 내준 걸 후회했다. 뒤늦게 후회해 봤자 ( ㉢ )이었다. 수사팀은 거기서부터 추리가 막히고 ( ㉣ )에 빠져드는 느낌이었다.

① ㉠ - 자가당착
② ㉡ - 상전벽해
③ ㉢ - 만시지탄
④ ㉣ - 오리무중

## 05 〈보기〉의 작품에 대한 감상으로 가장 옳지 않은 것은?

― 〈보 기〉 ―

껍데기는 가라.
사월도 알맹이만 남고
껍데기는 가라.

껍데기는 가라.
동학년(東學年) 곰나루의, 그 아우성만 살고
껍데기는 가라.

그리하여, 다시
껍데기는 가라.
이곳에선, 두 가슴과 그곳까지 내논
아사달 아사녀가
중립(中立)의 초례청 앞에 서서
부끄럼 빛내며
맞절할지니

껍데기는 가라.
한라에서 백두까지
향그러운 흙가슴만 남고
그 모오든 쇠붙이는 가라.

① 반어적 어조로 현실을 풍자하였다.
② 명령과 반복의 기법을 통하여 주제를 분명하게 드러내었다.
③ 우리 민족이 처한 현실을 극복하려는 의지를 표현하였다.
④ 민족의 통일에 대한 염원을 담고 있다.

## 06 띄어쓰기가 가장 옳은 문장은?

① 예전에 가 본데가 어디쯤인지 모르겠다.
② 사람을 돕는데에 애 어른이 어디 있겠습니까?
③ 이 그릇은 귀한 거라 손님을 대접하는데나 쓴다.
④ 저분이 그럴 분이 아니신데 큰 실수를 하셨다.

## 07 〈보기〉의 설명에 해당하는 속담으로 가장 적절한 것은?

― 〈보 기〉 ―

훌륭한 사람 밑에서 지내면 그의 덕이 미치고 도움을 받게 됨을 비유적으로 이르는 말

① 서 발 막대 거칠 것 없다
② 무른 땅에 말뚝 박기
③ 금강산 그늘이 관동 팔십 리
④ 우물에 가 숭늉 찾는다

## 08 음운규칙 중 동화의 예로 옳지 않은 것은?

① 권력(權力) → [궐력]
② 래일(來日) → [내일]
③ 돕는다 → [돔는다]
④ 미닫이 → [미다지]

## 09 〈보기〉의 ㉠~㉣ 중 조사를 포함하고 있지 않은 것은?

― 〈보 기〉 ―

식미 ㉠ 기픈 ㉡ 므른 ㉢ ᄀᆞᄆᆞ래 아니 그츨ᄊᆡ
㉣ 내히 이러 바ᄅᆞ래 가ᄂᆞ니

① ㉠ - 기픈
② ㉡ - 므른
③ ㉢ - ᄀᆞᄆᆞ래
④ ㉣ - 내히

**10** 표준 발음법에 따라 옳지 않은 것은?

① 금융[금늉/그뮹]
② 샛길[새:낄/샏:낄]
③ 나뭇잎[나문닙/나문닙]
④ 이죽이죽[이중니죽/이주기죽]

**11** 〈보기〉의 작품 설명으로 가장 옳지 않은 것은?

―――――〈보 기〉―――――

이때 뚜우하고 정오 사이렌이 울었다. 사람들은 모두 네 활개를 펴고 닭처럼 푸드덕거리는 것 같고 온갖 유리와 강철과 대리석과 지폐와 잉크가 부글부글 끓고 수선을 떨고 하는 것 같은 찰나, 그야말로 현란을 극한 정오다.

나는 불현듯 겨드랑이 가렵다. 아하, 그것은 내 인공의 (　　)가 돋았던 자국이다. 오늘은 없는 이 (　　), 머릿속에서는 희망과 양심의 말소된 페이지가 딕셔내리 넘어가듯 번뜩였다.

나는 걷던 걸음을 멈추고 그리고 어디한번 이렇게 외쳐 보고 싶었다.

(　　)야 다시 돋아라.

날자. 날자. 날자. 한번만 더 날자꾸나.

한번만 더 날아 보잤구나.

① 1936년에 발표한 작가 이상의 대표작이다.
② (　　) 안에 들어갈 공통 단어는 '날개'이다.
③ 모더니즘 계열의 소설이다.
④ 결혼을 앞둔 남녀관계를 다루고 있다.

**12** 외래어 표기법의 기본 원칙으로 옳지 않은 것은?

① 외래어는 국어의 현용 24자모만으로 적는다.
② 외래어의 1음운은 원칙적으로 1기호로 적는다.
③ 받침에는 'ㄱ, ㄴ, ㄷ, ㄹ, ㅁ, ㅂ, ㅅ, ㅇ'만을 적는다.
④ 파열음 표기에는 된소리를 쓰지 않는 것을 원칙으로 한다.

**13** 〈보기〉의 ㉠~㉣ 중 이 글의 주제문으로 가장 적절한 것은?

―――――〈보 기〉―――――

㉠ 남녀평등 문제는 앞으로 별 의미를 갖지 못할 것이다. ㉡ 현재의 출산율은 1.17명이다. 한 부부가 아들과 딸 중 하나를 낳아 기른다는 걸 의미한다. 아들 선호사상이야 사라지지 않겠지만 평등 문제는 크게 개선될 것이다. ㉢ 높아진 평등의식도 긍정적 요인이다. 최근 각계에 여성 진출이 두드러지고 있는 것은 이런 앞날을 예고하는 것이다. ㉣ 내 딸만큼은 나처럼 키우지 않겠다는 한국 어머니들의 한(恨)이 높은 여성 교육 열기로 이어지고 쌓인 결과이기도 하다.

① ㉠  ② ㉡
③ ㉢  ④ ㉣

**14** 〈보기〉 작품의 전체 맥락을 고려할 때 ㉠에 들어갈 구절로 가장 적절한 것은?

― 〈보 기〉 ―

숲은 만조다
바람이란 바람 모두 밀려와 나무들 해초처럼 일렁이고
일렁임은 일렁임끼리 부딪쳐 자꾸만 파도를 만든다
숲은 얼마나 오래 웅웅거리는 벌떼들을 키워온 것일까
아주 먼 데서 온 바람이 숲을 건드리자
숨죽이고 있던 모래알갱이들까지 우우 일어나 몰려다닌다
저기 거북의 등처럼 낮게 엎드린 잿빛 바위,
그 완강한 침묵조차 남겨두지 않겠다는 듯
( ㉠ )
아니라 아니라고 온몸을 흔든다 스스로 범람한다
숲에서 벗어나기 위해 숲은 육탈(肉脫)한다
부러진 나뭇가지들 떠내려간다

① 숲은 푸르다
② 숲은 출렁거린다
③ 바다는 조용하다
④ 바다는 깊다

**15** 밑줄 친 단어의 성격이 다른 것은?

① <u>새</u> 책
② <u>갖은</u> 양념
③ <u>이런</u> 사람
④ <u>외딴</u> 섬

**16** 〈보기〉를 읽은 독자가 가질 수 있는 의문으로 가장 적절하지 않은 것은?

― 〈보 기〉 ―

'무지개'를 '공중에 떠 있는 물방울이 햇빛을 받아 나타나는, 반원 모양의 일곱 빛깔의 줄'이라고 사전적으로 풀이하면, '무지개'가 우리에게 주는 아름다운 연상이 사라질 정도로 '무지개'는 아름다운 우리말이다. 국어의 역사를 잘 알지 못하면 '무지개'가 '물'과 '지개'로 분석될 수 있다는 사실에 언뜻 수긍하지 못할 것이다. '무지개'는 원래 '물'과 '지개'의 합성어인데, 'ㅈ' 앞에서 'ㄹ'이 탈락하여 '무지개'가 되었다. '무지개'에 '물'이 관계되는 것에 이의를 달 사람은 없을 것이므로, '물'은 이해가 되겠는데, '지개'는 무엇이냐고 묻는 사람이 있을 것이다. 문헌에 처음 보이는 형태는 '므지게'인데, 15세기 『용비어천가』나 『석보상절』과 같은 훈민정음 창제 초기의 문헌에 등장한다. '물[水]'의 15세기 형태인 '믈'에 '지게'가 합쳐진 것으로, '지게'의 'ㅈ' 앞에서 '믈'의 'ㄹ'이 탈락한 것이다.

① '물'의 'ㄹ'이 '지개'의 'ㅈ' 앞에서 탈락한 것이라면, 탈락의 조건은 무엇일까?
② '지개'가 '지게'에서 온 말이라면, 'ㅔ'와 'ㅐ'의 차이는 어떻게 설명할까?
③ '무지개'가 '물'과 '지게'가 합쳐져 변화한 말이라면, 변화한 때는 언제일까?
④ '무지개가 뜨다', '무지개가 걸리다'는 표현은 적절한 표현일까?

**17** 표준어 규정에 맞지 않는 단어로만 짝 지은 것은?

① 숫양 – 숫기와
② 숫병아리 – 숫당나귀
③ 수퇘지 – 숫은행나무
④ 수캉아지 – 수탉

**18** 〈보기〉에 대한 설명으로 가장 옳지 않은 것은?

― 〈보 기〉 ―
어이려뇨 어이려뇨 싀어마님아 어이려뇨
쇼대남진의 밥을 담다가 놋쥬걱 잘를 부르쳐시니
이를 어이ᄒ려뇨 싀어마님아 져 아기 하 걱정 마스라
우리도 져머신 제 만히 것거 보왓노라

① 시어머니와 며느리의 대화로 작품이 전개되고 있다.
② 동일한 시어의 반복을 통해 리듬감을 형성하고 있다.
③ 인간의 범상한 욕구를 조명하여 희극적 묘미를 드러내고 있다.
④ 아랫사람의 잘못으로 인해 인물들의 갈등이 더욱 심화되고 있다.

**19** 밑줄 친 '당신' 중에서 인칭이 다른 것은?

① 할아버지께서는 생전에 <u>당신</u>의 장서를 소중히 다루셨다.
② <u>당신</u>에게 좋은 남편이 되도록 노력하겠소.
③ <u>당신</u>의 희생을 잊지 않겠습니다.
④ 이 일을 한 사람이 <u>당신</u>입니까?

**20** 〈보기〉의 (가)와 (나)의 공통점에 대한 설명으로 가장 옳지 않은 것은?

― 〈보 기〉 ―
(가) 강호(江湖)에 ᄀ을이 드니 고기마다 슬져 잇다
  소정(小艇)에 그물 시러 흘니 씌여 더져 두고
  이 몸이 소일(消日)하옴도 역군은(亦君恩)이샷다
(나) 추강(秋江)에 밤이 드니 물결이 ᄎ노미라
  낙시 드리치니 고기 아니 무노미라
  무심(無心)ᄒ 달빗만 싯고 븬비 저어 오노라.

① 자연 속에서 한가롭게 지내는 삶을 표현하였다.
② 배를 타고 낚시를 즐기는 내용이 포함되어 있다.
③ 동일한 문학 장르의 정형시 작품들이다.
④ 임금의 은혜를 생각하는 마음이 표현되어 있다.

# 국어 | 2021년 서울시 9급

✓ 회독 CHECK 1 2 3

**01** 〈보기〉의 밑줄 친 말 중에서 맞춤법에 맞게 쓰인 것을 옳게 짝 지은 것은?

〈보 기〉

휴일을 ㉠ 보내는 데에는 ㉡ 책만 한 것이 없다. 책을 읽다 보면 삶이 풍요로워짐을 느낀다. 독서의 중요성을 강조한 ㉢ 김박사님의 말씀이 떠오른다. 그런데 ㉣ 솔직이 말하면 이런 즐거움을 느끼게 된 것은 그다지 오래되지 않았다. 여태까지는 시험 문제의 답을 잘 ㉤ 맞추기 위한 목적에서 책을 읽는 것이 대부분이었기 때문이다. 이제부터는 지식과 지혜를 ㉥ 늘리고 삶을 윤택하게 하려는 목적에서 책을 ㉦ 읽으므로써 나 자신을 성장시키도록 ㉧ 해야 겠다.

① ㉠, ㉤
② ㉡, ㉥
③ ㉢, ㉦
④ ㉣, ㉧

**02** 밑줄 친 부분의 시제가 나머지 세 문장과 다른 것은?

① 세월이 많이 흐르긴 흘렀네, 너도 많이 <u>늙었다</u>.
② 너는 네 아버지 어릴 때를 꼭 <u>닮았어</u>.
③ 그 사람은 작년에 부쩍 <u>늙었어</u>.
④ 고생해서 그런지 많이 <u>말랐네</u>.

**03** 어문 규범에 맞는 표기로만 이루어진 것은?

① 아버님께서는 동생의 철없는 행동을 들으시고는 대노(大怒)하셨다.
② 차림새만 봐서는 여자인지 남자인지 갈음이 되지 않는다.
③ 새로 산 목걸이가 옷과 잘 어울린다.
④ 욜로 가면 지름길이 나온다.

**04** 고사성어의 쓰임이 가장 옳지 않은 것은?

① 肝膽相照하던 벗이 떠나 마음이 쓸쓸하다.
② 두메 속에 사는 토박이 상놈들이 조 의정 집의 위력을 막을 수는 그야말로 螳螂拒轍이었다.
③ 우리의 거사는 騎虎之勢의 형국이니 목적을 달성할 때까지 버티어야 한다.
④ 부부의 연을 맺어 百年河淸하기 위해서는 끊임없이 노력해야 한다.

**05** 한글의 창제 원리에 대한 설명으로 가장 옳지 않은 것은?

① 중성자는 발음 기관의 상형을 통해 만들어졌다.
② 같은 조음 위치에 속하는 자음자들은 형태상 유사성을 지닌다.
③ 중성자는 기본자를 조합하여 초출자와 재출자를 만들었다.
④ 종성자는 따로 만들지 않았다.

## 06. ⟨보기⟩의 시에 대한 이해로 가장 적절하지 않은 것은?

⟨보 기⟩

나는 이제 너에게도 슬픔을 주겠다.
사랑보다 소중한 슬픔을 주겠다.
겨울밤 거리에서 귤 몇 개 놓고
살아온 추위와 떨고 있는 할머니에게
귤값을 깎으면서 기뻐하던 너를 위하여
나는 슬픔의 평등한 얼굴을 보여 주겠다.
내가 어둠 속에서 너를 부를 때
단 한 번도 평등하게 웃어 주질 않은
가마니에 덮인 동사자가 다시 얼어 죽을 때
가마니 한 장조차 덮어 주지 않은
무관심한 너의 사랑을 위해
흘릴 줄 모르는 너의 눈물을 위해
나는 이제 너에게도 기다림을 주겠다.
이 세상에 내리던 함박눈을 멈추겠다.
보리밭에 내리던 봄눈들을 데리고
추워 떠는 사람들의 슬픔에게 다녀와서
눈 그친 눈길을 너와 함께 걷겠다.
슬픔의 힘에 대한 이야기를 하며
기다림의 슬픔까지 걸어가겠다.

– 정호승, 「슬픔이 기쁨에게」 –

① 기쁨으로 슬픔을 이겨내자는 주제를 전달하고 있다.
② 대결과 갈등이 아닌 화합과 조화를 통한 해결을 추구한다.
③ 겉으로 보기에는 모순된 말이지만, 그 속에 진리를 담아 표현하였다.
④ 현실 비판적이고 교훈적인 성격의 시이다.

## 07. ⟨보기⟩의 외래어 표기가 옳은 것을 모두 고른 것은?

⟨보 기⟩

㉠ 아젠다(agenda)
㉡ 시저(Caesar)
㉢ 레크레이션(recreation)
㉣ 싸이트(site)
㉤ 팸플릿(pamphlet)
㉥ 규슈(キュウシュウ, 九州)

① ㉠, ㉢, ㉣
② ㉡, ㉤, ㉥
③ ㉠, ㉡, ㉢, ㉥
④ ㉡, ㉢, ㉣, ㉤

## 08. ⟨보기⟩에서 중의성이 발생한 원인이 같은 것을 옳게 짝 지은 것은?

⟨보 기⟩

㉠ 아버지께 꼭 차를 사드리고 싶습니다.
㉡ 철수는 아름다운 하늘의 구름을 바라보았다.
㉢ 철수는 아내보다 딸을 더 사랑한다.
㉣ 잘생긴 영수의 동생을 만났다.
㉤ 그것이 정말 사과냐?
㉥ 영희는 어제 빨간 모자를 쓰고 학교에 가지 않았다.

① ㉠, ㉡
② ㉡, ㉣
③ ㉢, ㉤
④ ㉣, ㉥

## 09 <보기>의 ㉠~㉣에 대한 설명으로 가장 옳지 않은 것은?

〈보 기〉

생사(生死) 길은
예 있으매 머뭇거리고,
나는 간다는 말도
못다 이르고 어찌 갑니까.
어느 가을 ㉠ 이른 바람에
이에 저에 떨어질 잎처럼,
㉡ 한 가지에 나고
가는 곳 모르온저.
㉢ 아아, ㉣ 미타찰(彌陀刹)에서 만날 나
도(道) 닦아 기다리겠노라.

– 월명사, 「제망매가」 –

① ㉠은 예상보다 빠르게 닥쳐온 불행을 의미한다.
② ㉡은 친동기 관계라는 것을 의미한다.
③ ㉢은 다른 향가 작품에서는 찾기 어려운 생생한 표현이다.
④ ㉣은 불교적 세계관을 보여준다.

## 10 밑줄 친 단어의 사용이 옳지 않은 것은?

① 예산을 대충 걷잡아서 말하지 말고 잘 뽑아 보시오.
② 돌아가신 어머니의 모습이 방불하게 눈앞에 떠오른다.
③ 정작 일을 서둘고 보니 당초의 예상과는 딴판으로 돈이 잘 걷히지 않았다.
④ 여러분과 여러분 가정에 행운이 가득하기를 기원하는 것으로 치사를 갈음합니다.

## 11 <보기>에서 (가), (나)에 해당하는 예로 가장 옳은 것은?

〈보 기〉

(가) 어간 받침 'ㄴ(ㄵ), ㅁ(ㄻ)' 뒤에 결합되는 어미의 첫소리 'ㄱ, ㄷ, ㅅ, ㅈ'은 된소리로 발음한다.
(나) 어간 받침 'ㄼ, ㄾ' 뒤에 결합되는 어미의 첫소리 'ㄱ, ㄷ, ㅅ, ㅈ'은 된소리로 발음한다.

|   | (가) | (나) |
|---|---|---|
| ① | (신을) 신기다 | 여덟도 |
| ② | (나이가) 젊지 | 핥다 |
| ③ | (신을) 신기다 | 핥다 |
| ④ | (나이가) 젊지 | 여덟도 |

## 12 밑줄 친 의미가 나머지 셋과 다른 것은?

① 연이 바람을 타고 하늘로 올라간다.
② 부동산 경기를 타고 건축 붐이 일었다.
③ 착한 일을 한 덕분에 방송을 타게 됐다.
④ 그녀는 아버지의 음악적 소질을 타고 태어났다.

## 13 밑줄 친 부분의 문장 성분이 관형어가 아닌 것은?

① 아기가 새 옷을 입었다.
② 군인인 형이 휴가를 나왔다.
③ 친구가 나에게 선물을 주었다.
④ 소녀는 시골의 풍경을 좋아한다.

**14** 밑줄 친 단어의 표기가 옳은 것은?

① 이 책은 머릿말부터 마음에 들었다.
② 복도에서 윗층에 사는 노부부를 만났다.
③ 햇님이 방긋 웃는 듯하다.
④ 북엇국으로 든든하게 아침을 먹었다.

**15** 띄어쓰기가 옳지 않은 것은?

① 너야말로 칭찬받을 만하다.
② 그 사실을 말할 수밖에 없었다.
③ 힘깨나 쓴다고 자랑하지 마라.
④ 밥은 커녕 빵도 못 먹었다.

**16** 의미 변화에 대한 설명으로 가장 옳지 않은 것은?

① '겨레'는 근대국어에서 '친족'을 뜻하였는데 오늘날에는 '민족'을 뜻하여 의미가 확대되었다.
② '얼굴'은 중세국어에서 '형체'를 뜻하였는데 오늘날에는 '안면'을 뜻하여 의미가 축소되었다.
③ '어리다'는 중세국어에서 '어리석다'를 뜻하였는데 오늘날에는 '나이가 적다'를 뜻하여 의미가 상승하였다.
④ '계집'은 중세국어에서 '여자'를 뜻하였는데 오늘날에는 '여자를 낮잡아 이르는 말'로 의미가 하락하였다.

**17** 밑줄 친 한자어를 쉬운 표현으로 바꾼 것으로 적절하지 않은 것은?

① 일부인을 찍은 접수증을 발급한다.
  → 날짜 도장을 찍은 접수증을 발급한다.
② 굴삭기에는 굴삭 시건장치를 갖춰야 한다.
  → 굴삭기에는 굴삭 멈춤장치를 갖춰야 한다.
③ 소작농에게 농지를 불하하였다.
  → 소작농에게 농지를 매각하였다.
④ 공무상 지득한 사실을 누설하였다.
  → 공무상 알게 된 사실을 누설하였다.

**18** 〈보기〉의 작품과 형식이 다른 것은?

〈보 기〉
우는 거시 벅구기가 프른 거시 버들숩가.
이어라 이어라
어촌 두어 집이 닛 속의 나락들락.
지국총 지국총 어ᄉ와
말가ᄒ 기픈 소희 온갇 고기 뛰노ᄂ다.

① 「면앙정가」
② 「오우가」
③ 「훈민가」
④ 「도산십이곡」

**19** 〈보기〉의 ㉠, ㉡에 들어갈 접속어에 대한 설명으로 가장 옳은 것은?

〈보 기〉

　많은 과학자와 기술자가 과학 연구와 기술 훈련을 위하여 외국에 갔다 돌아오고, 또 많은 외국의 기술자가 이러한 목적을 위하여 우리나라에 왔다가 돌아간다. 이러한 일은 우리의 과학 기술 발전에 커다란 영향을 주고, 또 우리의 문화생활에 새로운 변화를 일으키며 더욱 우리 사회의 근대화에 실질적인 힘이 되고 있다.
　( ㉠ ) 이러한 선진 과학 기술을 우리의 것으로 완전히 소화하고, 다시 이것을 발전시켜 우리에게 유익하게 이용할 수 있는 만반의 계획과 태세를 갖추지 않는다면, 우리는 영원히 참다운 경제 자립을 이룩할 수 없게 될 뿐만 아니라, 경우에 따라서는 정치, 외교의 자주성을 굳게 지켜 나갈 수 없게 될 것이다.
　( ㉡ ) 선진 기술을 어떠한 원칙에서 받아들여, 어떠한 과학 기술 분야에서부터 진흥시켜 나갈 것인가 하는 구체적인 계획을 세워서 이것을 장기적으로 계속 추진하여 나간다는 것은, 과학 기술 진흥을 위하여 가장 중요하고도 기본적인 문제가 된다.
– 박익수, 「우리 과학 기술 진흥책」 –

① ㉠은 조건, 이유에 대한 결과를 나타내는 '순접' 기능을 한다.
② ㉡은 대등한 자격으로 이어지는 '요약' 기능을 한다.
③ ㉠은 반대, 대립되는 내용을 나타내는 '역접' 기능을 한다.
④ ㉡은 다른 내용을 도입하는 '전환' 기능을 한다.

**20** 〈보기〉에서 (가)~(라)를 문맥에 맞게 순서대로 바르게 나열한 것은?

〈보 기〉

　생물의 동면을 결정하는 인자 중에서 온도는 매우 중요하다. 하지만 이상 기온이 있듯이 기온은 변덕이 심해서 생물체가 속는 일이 많다.
(가) 하지만 위험은 날씨에 적응하지 못하고 얼어 죽는 것만이 아니다. 동면에 들어가기 위해서는 신체를 특정한 상태로 만들어야 하므로 이 과정에서 많은 에너지가 필요하다. 또 동면에서 깨어나는 것도 에너지 소모가 매우 많다.
(나) 이런 위험을 피하려면 날씨의 변덕에 구애를 받지 않고 조금 더 정확한 스케줄에 따라 동면에 들어가고 깨어날 필요가 있다. 일부 동물들은 계절 변화에 맞추어진 생체 시계나 일광 주기를 동면의 신호로 사용한다는 것이 밝혀졌다.
(다) 박쥐의 경우 동면하는 동안 이를 방해해서 깨우면 다시 동면에 들어가더라도 대다수는 깨어나지 못하고 죽어버린다. 잠시나마 동면에서 깨어나면서 에너지를 너무 많이 소모해버리기 때문이다.
(라) 흔히 '미친 개나리'라고 해서 제철도 아닌데 날씨가 조금 따뜻하다고 꽃을 피웠다가 날씨가 추워져 얼어 죽는 일이 종종 있다. 이상 기온에 속기는 동물들도 마찬가지다. 겨울이 되었는데도 날씨가 춥지 않아 벌레들이 다시 나왔다가 얼어 죽기도 한다.

① (나) → (다) → (라) → (가)
② (나) → (다) → (가) → (라)
③ (라) → (가) → (다) → (나)
④ (라) → (가) → (나) → (다)

# 국어 | 2020년 서울시 9급

회독 CHECK 1 2 3

**01** 〈보기〉에서 음의 첨가 현상이 일어나지 않는 것을 모두 고른 것은?

〈보 기〉
㉠ 등용문    ㉡ 한여름
㉢ 눈요기    ㉣ 송별연

① ㉠, ㉢     ② ㉠, ㉣
③ ㉡, ㉢     ④ ㉡, ㉣

**02** 표준 발음으로 가장 옳지 않은 것은?

① 풀꽃아[풀꼬다]
② 옷 한 벌[오탄벌]
③ 넓둥글다[넙뚱글다]
④ 늙습니다[늑씀니다]

**03** 〈보기〉에 대한 설명으로 가장 옳지 않은 것은?

〈보 기〉
거북아 거북아
머리를 내어 놓아라.
만약 내어 놓지 않으면
굽고 구워 먹겠다.
- 「구지가」 -

① 향가 발생 이전의 고대시가이다.
② 환기, 명령, 가정의 어법을 지닌 주술적 노래이다.
③ 음악, 시가, 무용이 모두 어우러진 종합 예술의 성격을 띠고 있다.
④ 고조선 관리자고의 아내 여옥이 지었다고 전해지는 순수 서정시가이다.

**04** 밑줄 친 단위성 의존 명사의 수량이 적은 것부터 순서대로 바르게 나열한 것은?

① 고등어 한 손 < 양말 한 타 < 바늘 한 쌈 < 북어 한 쾌
② 고등어 한 손 < 양말 한 타 < 북어 한 쾌 < 바늘 한 쌈
③ 고등어 한 손 < 북어 한 쾌 < 양말 한 타 < 바늘 한 쌈
④ 고등어 한 손 < 바늘 한 쌈 < 양말 한 타 < 북어 한 쾌

**05** 〈보기〉에 제시된 소설의 시대적 배경을 시간순으로 바르게 나열한 것은?

〈보 기〉
㉠ 최인훈의 「광장」
㉡ 황석영의 「무기의 그늘」
㉢ 한강의 「소년이 온다」
㉣ 염상섭의 「삼대」

① ㉠ → ㉢ → ㉣ → ㉡
② ㉠ → ㉣ → ㉢ → ㉡
③ ㉣ → ㉠ → ㉡ → ㉢
④ ㉣ → ㉡ → ㉠ → ㉢

## 06. <보기>에서 설명한 문학 갈래에 해당하는 작품으로 가장 옳은 것은?

〈보 기〉

조선 시대 시가문학을 대표하는 갈래이다. 고려 후기에 성립되었지만, 조선 시대의 새로운 지도 이념인 성리학을 기반으로 더욱 융성해졌다. 3장 6구의 절제된 형식과 유장한 기품을 특징으로 하고, 여러 장을 한 편에 담은 연장체 형식으로도 창작되었다.

① 「한림별곡」
② 「월인천강지곡」
③ 「상춘곡」
④ 「도산십이곡」

## 07. <보기>의 밑줄 친 부분과 문맥적 의미가 가장 가까운 것은?

〈보 기〉

현재 그녀는 건강이 매우 좋다.

① 그녀의 성격은 더할 수 없이 좋다.
② 서울 간 길에 한 번 뵈올 땐 혈색이 좋으셨는데?
③ 다음 주 토요일은 결혼식을 하기에는 매우 좋은 날이다.
④ 대화를 하는 그의 말투는 기분이 상쾌할 정도로 좋았다.

## 08. <보기>의 밑줄 친 ㉠~㉣ 중 나머지 셋과 성격이 다른 하나는?

〈보 기〉

해야 솟아라. 해야 솟아라. 말갛게 씻은 얼굴 고운 ㉠해야 솟아라. 산 넘어 산 넘어서 어둠을 살라먹고, 산 넘어서 밤새도록 어둠을 살라먹고, 이글이글 애띈 얼굴 고운 해야 솟아라.

달밤이 싫여, 달밤이 싫여, 눈물 같은 ㉡골짜기에 달밤이 싫여, 아무도 없는 뜰에 달밤이 나는 싫여…….

해야, 고운 해야. 늬가 오면 늬가사 오면, 나는 나는 ㉢청산이 좋아라. 훨훨훨 깃을 치는 청산이 좋아라. 청산이 있으면 홀로래도 좋아라.

사슴을 따라, 사슴을 따라, 양지로 ㉣양지로 사슴을 따라 사슴을 만나면 사슴과 놀고,

칡범을 따라 칡범을 따라 칡범을 만나면 칡범과 놀고,……

해야, 고운 해야. 해야 솟아라. 꿈이 아니래도 너를 만나면, 꽃도 새도 짐승도 한자리 앉아, 워어이 워어이 모두 불러 한자리 앉아 애띠고 고운 날을 누려 보리라.

– 박두진, 「해」 –

① ㉠
② ㉡
③ ㉢
④ ㉣

## 09. 밑줄 친 부분의 맞춤법이 가장 옳지 않은 것은?

① 남에게 존경 받는 사람이 돼라는 아버지의 유언
② 존경 받는 사람이 되었다.
③ 남에게 존경 받는 사람이 돼라.
④ 존경 받는 사람이 되고 있다.

**10** 〈보기〉의 주된 설명 방식이 사용된 것으로 가장 옳은 것은?

─── 〈보 기〉 ───

우리는 좋지 않은 사람을 곧잘 동물에 비유한다. 욕에 동물이 많이 등장하는 것도 동물을 나쁘게 보기 때문이다. 하지만 정말 인간이 동물보다 좋은(선한) 것일까? 베르그는 오히려 "나는 인간을 알기 때문에 동물을 사랑한다."고 말하며 이를 부정한다. 인간은 인간을 속이지만 동물은 인간을 속이지 않는다는 것을 알고 인간에게 실망한 사람들이 동물에게 더 많은 애정을 보인다. 인간보다 더 잔인한 동물이 없다는 것은 인간의 역사가 증명하고 있다. 필요 없이 다른 동물을 죽이는 일을 인간 외 어느 동물이 한단 말인가?

① 교사의 자기계발, 학부모의 응원, 교육 당국의 지원 등이 어우러져야 좋은 교육이 가능해진다. 이는 신선한 재료, 적절한 조리법, 요리사의 정성이 합쳐져 맛있는 음식이 만들어지는 것과 같다.

② 의미를 지닌 부호를 체계적으로 배열한 것을 기호라고 한다. 수학, 신호등, 언어 등이 모두 여기에 속한다. 꿀이 있음을 알리는 벌들의 춤사위도 기호라고 할 수 있는 것이다.

③ 바이러스는 세균에 비해 크기가 작으며 핵과 이를 둘러싼 단백질이 전부여서 세포라고 할 수 없다. 먹이가 있는 곳이라면 어디에서라도 증식할 수 있는 세균과 달리, 바이러스는 살아있는 생명체를 숙주로 삼아야만 번식을 할 수 있다.

④ 나물로 즐겨 먹는 고사리는 꽃도 피지 않고 씨앗도 만들지 않는다. 고사리는 홀씨라고도 하는 포자로 번식한다. 고사리와 고비 등을 양치식물이라 하는데 생김새가 양(羊)의 이빨과 비슷하다고 하여 붙은 이름이다.

**11** 〈보기〉에서 설명한 소설의 시점으로 가장 옳은 것은?

─── 〈보 기〉 ───

소설 속의 한 등장인물이 이야기를 말하는 것으로, 부수적인 인물이 작품 속에서 주인공의 이야기를 말한다. 주인공의 환경이나 행동 등을 관찰자의 입장에서 객관적으로 서술할 수 있다.

① 1인칭 주인공 시점  ② 1인칭 관찰자 시점
③ 전지적 작가 시점  ④ 작가 관찰자 시점

**12** 조선 시대 대표적 문사(文士) 송강 정철이 창작한 가사가 아닌 것은?

① 「속미인곡」  ② 「면앙정가」
③ 「관동별곡」  ④ 「사미인곡」

**13** 〈보기〉의 ㉠~㉢에 들어갈 알맞은 낱말끼리 짝 지은 것은?

─── 〈보 기〉 ───

물속에 잠긴 막대기는 굽어 보이지만 실제로 굽은 것은 아니다. 이때 나무가 굽어 보이는 것은 우리의 착각 때문도 아니고 눈에 이상이 있기 때문도 아니다. 나무는 정말 굽어 보이는 것이다. 분명히 굽어 보인다는 점과 사실은 굽지 않았다는 점 사이의 ( ㉠ )은 빛의 굴절 이론을 통해서 해명된다.

굽어 보이는 나무도 우리의 직접적 경험을 통해서 주어지는 하나의 현실이고, 실제로는 굽지 않은 나무도 하나의 현실이다. 전자를 우리는 사물이나 사태의 보임새, 즉 ( ㉡ )이라고 부르고, 후자를 사물이나 사태의 참모습, 즉 ( ㉢ )이라고 부른다.

| | ㉠ | ㉡ | ㉢ |
|---|---|---|---|
| ① | 葛藤 | 現象 | 本質 |
| ② | 葛藤 | 假象 | 根本 |
| ③ | 矛盾 | 現象 | 本質 |
| ④ | 矛盾 | 假象 | 根本 |

**14** 밑줄 친 부분의 문장 성분이 나머지 셋과 다른 하나는?

① 이 물건은 시장에서 사 왔다.
② 고마운 마음에서 드리는 말씀입니다.
③ 이에서 어찌 더 나쁠 수가 있겠어요?
④ 정부에서 실시한 조사 결과가 발표되었다.

**15** 〈보기〉에 공통적으로 적용되는 표준어 규정으로 가장 옳은 것은?

― 〈보 기〉 ―
강낭콩, 고삿, 사글세

① 어원에서 멀어진 형태로 굳어져서 널리 쓰이는 것은, 그것을 표준어로 삼는다.
② 어원적으로 원형에 더 가까운 형태가 아직 쓰이고 있는 경우에는, 그것을 표준어로 삼는다.
③ 모음의 발음 변화를 인정하여, 발음이 바뀌어 굳어진 형태를 표준어로 삼는다.
④ 비슷한 발음의 몇 형태가 쓰일 경우, 그 의미에 아무런 차이가 없고, 그중 하나가 더 널리 쓰이면, 그 한 형태만을 표준어로 삼는다.

**16** 〈보기〉의 ㉠에 들어갈 접속 부사로 가장 옳은 것은?

― 〈보 기〉 ―
격분의 물결은 사람들의 주의를 동원하고 묶어내는 데는 대단히 효과적이다. 하지만 매우 유동적이고 변덕스러운 까닭에 공적인 논의와 공적인 공간을 형성하는 역할을 감당하지는 못한다. 격분의 물결은 그러기에는 통제하기도 예측하기도 어렵고, 불안정하며, 일정한 형태도 없이 쉽게 사라져 버린다. 격분의 물결은 갑자기 불어났다가 또 이에 못지않게 빠른 속도로 소멸한다. 여기서는 공적 논의를 위해 필수적인 안정성, 항상성, 연속성을 찾아볼 수 없다. ( ㉠ ) 격분의 물결은 안정적인 논의의 맥락 속에 통합되지 못한다. 격분의 물결은 종종 아주 낮은 사회적, 정치적 중요성밖에 지니지 않는 사건들과 관련하여 발생한다.

격분 사회는 스캔들의 사회다. 이런 사회에는 침착함, 자제력이 없다. 격분의 물결에 특징적으로 나타나는 반항기, 히스테리, 완고함은 신중하고 객관적인 커뮤니케이션을 허용하지 않는다. 어떤 대화도, 어떤 논의도 불가능하다. 게다가 격분 속에서는 사회 전체에 대한 염려의 구조를 갖춘 안정적인 우리가 형성되지 않는다. 이른바 분개한 시민의 염려라는 것도 사회 전체에 대한 것이라기보다는 대체로 자신에 대한 염려일 뿐이다. ( ㉠ ) 그러한 염려는 금세 모래알처럼 흩어져 버린다.

― 한병철, 「투명사회」에서 ―

① 그런데
② 그리고
③ 따라서
④ 하지만

**17** <보기>에서 설명한 시의 표현 방법이 적용된 시구로 가장 옳은 것은?

― <보 기> ―

본래의 의미와 의도를 더욱 효과적으로 강조하기 위해 그것을 가장하거나 위장하는 것이다. 즉 본래의 의도를 숨기고 반대되는 말로 표현하는 것으로, 표면 의미(표현)와 이면 의미(의도) 사이에 괴리와 모순을 통해 시적 진실을 전달하는 표현 방법이다.

① 돌담에 속삭이는 햇발같이 / 풀 아래 웃음 짓는 샘물같이

― 김영랑, 「돌담에 속삭이는 햇발같이」

② 내가 그의 이름을 불러 주었을 때 / 그는 나에게로 와서 / 꽃이 되었다

― 김춘수, 「꽃」

③ 산은 나무를 기르는 법으로 / 벼랑에 오르지 못하는 법으로 / 사람을 다스린다

― 김광섭, 「산」

④ 나보기가 역겨워 / 가실 때에는 / 죽어도 아니 눈물 / 흘리오리다

― 김소월, 「진달래꽃」

**18** 유사한 의미로 사용할 수 있는 사자성어가 연결된 것으로 가장 옳은 것은?

① 경국지색(傾國之色) ― 경중미인(鏡中美人)
② 지록위마(指鹿爲馬) ― 지란지화(芝蘭之化)
③ 목불식정(目不識丁) ― 목불인견(目不忍見)
④ 폐의파관(敝衣破冠) ― 폐포파립(敝袍破笠)

**19** 밑줄 친 서술어의 자릿수가 다른 하나는?

① 그림이 실물과 <u>같다</u>.
② 나는 학생이 <u>아니다</u>.
③ 지호가 종을 <u>울렸다</u>.
④ 길이 매우 <u>넓다</u>.

**20** <보기> 중 외래어 표기법에 맞지 않는 단어의 개수는?

― <보 기> ―

로봇(robot), 배지(badge), 타깃(target), 텔레비전(television), 플룻(flute)

① 1개
② 2개
③ 3개
④ 4개

# 국어 | 2019년 제1회 서울시 9급

회독 CHECK 1 2 3

**01** 음운의 개념에 대한 설명으로 가장 옳지 않은 것은?

① 소리의 강약이나 고저 등은 분절되지 않으므로 음운이라고 할 수 없다.
② 음운은 의미를 구별해 주는 최소의 단위이므로 최소대립쌍을 통해 한 언어의 음운 목록을 확인할 수 있다.
③ 음운은 몇 개의 변이음으로 구성되어 있어서 실제로 들리는 소리가 다른 경우에도 하나의 음운으로 인정할 수 있다.
④ 음운은 실제적인 소리라기보다는 관념적이고 추상적인 기호라고 보아야 한다.

**02** 다음 문장 중 어법에 가장 맞는 것은?

① 금융 당국은 내년 금리가 올해보다 더 오를 것으로 내다보면서 대출 이자율이 2% 이상 오를 것으로 예측하였다.
② 작성 내용의 정정 또는 신청인의 서명이 없는 서류는 무효입니다.
③ 12월 중에 한-중 정상회담이 다시 한 번 열릴 것으로 보여집니다.
④ 그의 목표는 세계 최고의 축구 선수가 되는 것이었고, 그래서 단 하루도 연습을 쉬지 않았다.

**03** 속담과 한자성어의 뜻이 가장 비슷한 것은?

① 이 없으면 잇몸으로 산다 - 순망치한(脣亡齒寒)
② 개똥도 약에 쓰려면 없다 - 하로동선(夏爐冬扇)
③ 우물 안의 개구리 - 하충의빙(夏蟲疑氷)
④ 굽은 나무가 선산을 지킨다 - 설중송백(雪中松柏)

**04** 〈보기〉는 복수 표준어에 대한 설명이다. 이에 따른 표기로 가장 옳지 않은 것은?

─〈보 기〉─

한 가지 의미를 나타내는 형태 몇 가지가 널리 쓰이며 표준어 규정에 맞으면, 그 모두를 표준어로 삼는다.

① 가는허리 / 잔허리
② 고깃간 / 정육간
③ 관계없다 / 상관없다
④ 기세부리다 / 기세피우다

**05** 〈보기〉의 로마자 표기가 옳은 것을 모두 고르면?

─〈보 기〉─

㉠ 오죽헌　　Ojukeon
㉡ 김복남(인명)　Kim Bok-nam
㉢ 선릉　　Sunneung
㉣ 합덕　　Hapdeok

① ㉠, ㉡
② ㉠, ㉢
③ ㉡, ㉣
④ ㉢, ㉣

## 06 〈보기〉의 시에 대한 설명으로 가장 옳은 것은?

〈보 기〉

公無渡河
公竟渡河
墮河而死
當奈公何

① 「황조가」와 더불어 현존하는 우리나라 최고(最古)의 서사시다.
② 한시와 함께 번역한 시가가 따로 전한다.
③ '물'의 상징적 의미를 따라 시상을 전개하고 있다.
④ 몇 번을 죽어도 충성의 마음이 변치 않음을 노래하고 있다.

## 07 〈보기〉의 두 시조에 대한 설명으로 가장 옳지 않은 것은?

〈보 기〉

(가) 임 그린 상사몽이 ㉠ 실솔의 넋이 되어
    가을철 깊은 밤에 임의 방에 들었다가
    날 잊고 깊이 든 잠을 깨워 볼까 하노라.
(나) 이 몸이 죽어져서 ㉡ 접동새 넋이 되어
    이화 핀 가지 속잎에 싸였다가
    밤중만 살아서 우리 임의 귀에 들리리라.

① ㉠은 귀뚜라미를 뜻한다.
② (가), (나) 모두 임에 대한 그리움을 노래하고 있다.
③ ㉡은 울음소리가 돌아갈 귀(歸), 촉나라 촉(蜀), '귀촉 귀촉'으로 들려 귀촉도라고도 한다.
④ (가), (나)의 작가는 모두 미상이다.

## 08 밑줄 친 단어의 형태가 옳지 않은 것은?

① 멀리서 보기와 달리 산이 가팔라서 여러 번 쉬었다.
② 예산이 100만 원 이상 모잘라서 구입을 포기해야 했다.
③ 영혼을 불살라서 이룬 깨달음이니 더욱 소중하다.
④ 말이며 행동이 모두 올발라서 흠잡을 데 없는 사람이다.

## 09 한자어에 대한 설명으로 옳지 않은 것은?

① '연장(延長)', '하산(下山)'은 '서술어+부사어'의 구조이다.
② '인간(人間)', '한국인(韓國人)'의 '인'은 모두 어근이다.
③ '우정(友情)', '대문(大門)'의 구성 성분은 비자립적 어근과 단어이다.
④ '시시각각(時時刻刻)', '명명백백(明明白白)'은 고유어의 반복 합성어 구성 방식과 다르다.

## 10 다음 중 띄어쓰기가 가장 옳은 것은?

① 열 길 물속은 알아도 한 길 사람의 속은 모른다.
② 데칸 고원은 인도 중부와 남부에 위치한 고원이다.
③ 못 본 사이에 키가 전봇대 만큼 자랐구나!
④ 이번 행사에서는 쓸모 있는 주머니만들기를 하였다.

**11** 형태소의 개수가 가장 많은 것은?

① 떠내려갔다
② 따라 버렸다
③ 빌어먹었다
④ 여쭈어봤다

**12** 불규칙 활용을 하는 용언이 아닌 것은?

① 묻다(問)
② 덥다(暑)
③ 낫다(愈)
④ 놀다(遊)

**13** 〈보기〉의 시에 대한 설명으로 가장 옳지 않은 것은?

〈보 기〉
首陽山(수양산) 바라보며 夷齊(이제)를 恨(한)ᄒ노라.
주려 주글진들 採薇(채미)도 ᄒᄂᆞᆫ 것가.
비록애 푸새엣 거신들 긔 뉘 싸헤 낫ᄃᆞ니.

① 시인은 사육신의 한 명이다.
② 중의법을 사용하고 있다.
③ 중국의 고사를 인용하고 있다.
④ 단종의 죽음에 대한 복수를 다짐하고 있다.

**14** 〈보기〉의 시조에 대한 설명으로 옳지 않은 것은?

〈보 기〉
우는 거시 벅구기가 프른 거시 버들숩가.
이어라 이어라
漁어村촌 두어 집이 닛 속의 나락들락.
至지국恩총 至지국恩총 於어思ᄉ臥와
말가ᄒᆞᆫ 기픈 소희 온갇 고기 쒸노ᄂᆞ다.

년닙희 밥 싸 두고 반찬으란 쟝만 마라.
닫 드러라 닫 드러라
靑청蒻약笠립은 써 잇노라, 綠녹蓑사衣의 가져오나.
至지국恩총 至지국恩총 於어思ᄉ臥와
無무心심ᄒᆞᆫ 白백鷗구는 내 좃ᄂᆞᆫ가 제 좃ᄂᆞᆫ가.

① 임금에 대한 그리움을 함축적으로 표현하고 있다.
② 청각적 이미지를 활용하고 있다.
③ 대구법을 사용하고 있다.
④ 후렴구를 제외하면 전형적인 3장 6구의 시조 형식을 갖추고 있다.

**15** 〈보기〉와 가장 관련이 없는 고사성어는?

〈보 기〉
섶 실은 천리마(千里馬)를 알아 볼 이 뉘 있으리
십년(十年) 역상(櫪上)에 속절없이 다 늙도다
어디서 살진 쇠양마(馬)는 외용지용 하느니

① 髀肉之嘆
② 招搖過市
③ 不識泰山
④ 麥秀之嘆

**16** 어휘의 뜻풀이가 가장 옳지 않은 것은?

① 가멸차다: 재산이나 자원 따위가 매우 많고 풍족하다
② 상고대: 나무나 풀에 내려 눈처럼 된 서리
③ 안다미로: 다른 사람이 믿을 수 있도록 성실하게
④ 톺아보다: 샅샅이 훑어 가며 살피다

**17** 〈보기〉는 「훈민정음언해」의 한 부분이다. 이에 대한 설명으로 가장 옳은 것은?

— 〈보 기〉 —

나랏 말ᄊᆞ미 中國에 달아 文字와로 서르 ᄉᆞᄆᆞᆺ디 아니ᄒᆞᆯᄊᆡ 이런 젼ᄎᆞ로 어린 百姓이 니르고져 홇 배 이셔도 ᄆᆞᄎᆞᆷ내 제 ᄠᅳ들 시러 펴디 몯홇 노미 하니라 내 이ᄅᆞᆯ 爲ᄒᆞ야 어엿비 너겨 새로 스믈여듧字ᄅᆞᆯ ᄆᆡᇰᄀᆞ노니 사ᄅᆞᆷ마다 ᄒᆡᅇᅧ 수비 니겨 날로 ᄡᅮ메 便安킈 ᄒᆞ고져 홇 ᄯᆞᄅᆞ미니라

① 〈보기〉는 한 문장이다.
② 밑줄 친 '시러'는 한자 '載'에 해당한다.
③ 밑줄 친 '내'는 세종대왕이 자신을 가리키는 표현이다.
④ 'ㅏ'와 'ㆍ'는 발음이 같지만 단어들을 구별하기 위해 사용했다.

**18** 〈보기〉의 밑줄 친 시어 가운데 내적 연관성이 가장 적은 것은?

— 〈보 기〉 —

유리에 차고 슬픈 것이 어린거린다.
열없이 붙어서서 입김을 흐리우니
길들은 양 언 날개를 파다거린다.
지우고 보고 지우고 보아도
새까만 밤이 밀려나가고 밀려와 부디치고,
물먹은 별이, 반짝, 보석처럼 백힌다.
밤에 홀로 유리를 닦는 것은
외로운 황홀한 심사이어니,
고운 폐혈관이 찢어진 채로
아아, 늬는 산ㅅ새처럼 날아갔구나!

① 차고 슬픈 것   ② 새까만 밤
③ 물먹은 별     ④ 늬

**19** 〈보기〉의 지문은 설명문의 일종이다. 두괄식 설명문으로 구성하고자 할 때 논리적 전개에 가장 부합하게 배열한 것은?

— 〈보 기〉 —

㉠ 문장을 구성하는 기본적인 언어 단위를 어절이라 한다. 띄어 쓴 문장 성분을 각각 어절이라고 하는데, 하나의 어절이 하나의 문장 성분이 되는 것은 문장 구성의 기본적인 성질이다.
㉡ 문장은 인간의 생각을 완결된 형태로 담을 수 있는 언어 단위이다. 문장은 일정한 구성 성분으로 이루어지는데, 맥락을 통해서 알 수 있을 경우에는 문장 성분을 생략할 수도 있다.
㉢ 띄어 쓴 어절이 몇 개 모여서 하나의 문장 성분이 되는 경우가 있다. '그 남자가 아주 멋지다.'라는 문장에서 '그 남자가'와 '아주 멋지다'는 각각 두 어절로 이루어져서 주어와 서술어 역할을 하고 있다.
㉣ 두 개 이상의 어절이 모여서 하나의 문장 성분을 이룬 것을 구(句)라고 한다. 절은 주어와 서술어를 갖고 있다는 점에서 구와 구별되지만, 독립적으로 사용되지 못한다는 점에서 문장과 구별된다.

① ㉠ - ㉡ - ㉣ - ㉢
② ㉠ - ㉣ - ㉢ - ㉡
③ ㉡ - ㉠ - ㉢ - ㉣
④ ㉡ - ㉢ - ㉠ - ㉣

**20** 〈보기〉의 설명에 활용된 방식과 가장 가까운 것은?

〈보 기〉

유학자들은 자신이 먼저 인격자가 될 것을 강조하지만 궁극적으로는 자신뿐 아니라 백성 또한 올바른 행동을 할 수 있도록 이끌어야 한다는 생각을 원칙으로 삼는다. 주희도 자신이 명덕(明德)을 밝힌 후에는 백성들도 그들이 지닌 명덕을 밝혀 새로운 사람이 될 수 있도록 가르쳐야 한다고 본다. 백성을 가르쳐 그들을 새롭게 만드는 것이 바로 신민(新民)이다. 주희는 『대학』을 새로 편찬하면서 고본(古本) 『대학』의 친민(親民)을 신민(新民)으로 고쳤다. '친(親)'보다는 '신(新)'이 백성을 새로운 사람으로 만든다는 취지를 더 잘 표현한다고 보았던 것이다. 반면 정약용은, 친민을 신민으로 고치는 것은 옳지 않다고 본다. 정약용은 친민을 백성들이 효(孝), 제(弟), 자(慈)의 덕목을 실천하도록 이끄는 것이라 해석한다. 즉 백성들로 하여금 자식이 어버이를 사랑하여 효도하고 어버이가 자식을 사랑하여 자애의 덕행을 실천하도록 이끄는 것이 친민이다. 백성들이 이전과 달리 효, 제, 자를 실천하게 되었다는 점에서 새롭다는 뜻은 있지만 본래 글자를 고쳐서는 안 된다고 보았다.

① 시는 서정시, 서사시, 극시로 나뉜다.
② 소는 식욕의 즐거움조차 냉대할 수 있는 지상 최대의 권태자다.
③ 언어는 사고를 반영한다는 말이 있는데, 그 예로 무지개 색깔을 가리키는 7가지 단어에 의지하여 무지개 색깔도 7가지라 판단한다는 것을 들 수 있다.
④ 곤충의 머리에는 겹눈과 홑눈, 더듬이 따위의 감각 기관과 입이 있고, 가슴에는 2쌍의 날개와 3쌍의 다리가 있으며, 배에는 끝에 생식기와 꼬리털이 있다.

# 국어 | 2019년 제2회 서울시 9급

모바일 OMR

회독 CHECK 1 2 3

**01** 외래어 표기 용례로 올바른 것은?

① dot – 다트
② parka – 파카
③ flat – 플래트
④ chorus – 코루스

**02** 〈보기〉의 ㉠~㉣을 현행 로마자 표기법에 따라 표기한 것으로 가장 적절한 것은?

─────〈보 기〉─────
㉠ 다락골    ㉡ 국망봉
㉢ 낭림산    ㉣ 한라산

① ㉠ – Dalakgol
② ㉡ – Gukmangbong
③ ㉢ – Nangrimsan
④ ㉣ – Hallasan

**03** 〈보기〉는 황진이가 지은 시조이다. 빈칸에 들어갈 알맞은 낱말끼리 짝 지은 것은?

─────〈보 기〉─────
冬至ㅅ둘 기나긴 밤을 한 ( ㉠ )를 버혀 내여
( ㉡ ) 니불 아레 서리서리 너헛다가
어론 님 오신 날 밤이여든 구뷔구뷔 펴리라.

|   | ㉠ | ㉡ |
|---|---|---|
| ① | 허리 | 春風 |
| ② | 허리 | 秋風 |
| ③ | 머리 | 春風 |
| ④ | 머리 | 秋風 |

**04** 다음 중 띄어쓰기가 옳지 않은 것은?

① 불이 꺼져 간다.
② 그 사람은 잘 아는척한다.
③ 강물에 떠내려 가 버렸다.
④ 그가 올 듯도 하다.

**05** 맞춤법 사용이 올바르지 않은 것으로만 묶인 것은?

① 웃어른, 사흗날, 베갯잇
② 닐리리, 남존녀비, 혜택
③ 적잖은, 생각건대, 하마터면
④ 홀몸, 밋밋하다, 선율

**06** 밑줄 친 부분의 문장 성분이 다른 하나는?

① 그는 밥도 안 먹고 일만 한다.
② 몸은 아파도 마음만은 날아갈 것 같다.
③ 그는 그녀에게 물만 주었다.
④ 고향의 사투리까지 싫어할 이유는 없었다.

**07** 한글 맞춤법에 따라 바르게 표기된 것만 나열한 것은?

① 새까맣다 – 싯퍼렇다 – 샛노랗다
② 시뻘겋다 – 시허옇다 – 싯누렇다
③ 새퍼렇다 – 새빨갛다 – 샛노랗다
④ 시하얗다 – 시꺼멓다 – 싯누렇다

**08** 〈보기〉는 시의 일부분이다. 시의 제목으로 가장 적절한 한자어는?

―〈보 기〉―
세상에는, 자신이 믿는 단단한 무엇을 위해
목숨을 걸 수 있는 사람과 그럴 수 없는 사람이 있다
말이 많은 사람과 그렇지 않은 사람이 있다
짜장면을 좋아하는 사람과 그렇지 않은 사람이 있다
테니스에 미친 사람과 그렇지 않은 사람이 있다
유에프오가 있다고 생각하는 사람과 그렇지 않은 사람이 있다
술을 좋아하는 사람과 그렇지 않은 사람이 있다
…(중략)…
사람들을 두 가지로 나눌 수 있다고 믿는 사람과 그렇지 않은 사람이 있다

① 편견(偏見)　　② 불화(不和)
③ 오해(誤解)　　④ 독선(獨善)

**09** 서로 의미가 유사한 속담과 한자성어를 짝 지은 것이다. 관련이 없는 것끼리 묶은 것은?

① 원님 덕에 나팔 분다 – 狐假虎威
② 소 잃고 외양간 고친다 – 晩時之歎
③ 언 발에 오줌 누기 – 雪上加霜
④ 낫 놓고 기역자도 모른다 – 目不識丁

**10** 〈보기〉의 밑줄 친 ㉠에 해당하는 글자가 아닌 것은?

―〈보 기〉―
한글 중 초성자는 기본자, 가획자, 이체자로 구분된다. 기본자는 조음 기관의 모양을 상형한 글자이다. ㉠가획자는 기본자에 획을 더한 것으로, 획을 더할 때마다 그 글자가 나타내는 소리의 세기는 세어진다는 특징이 있다. 이체자는 획을 더한 것은 가획자와 같지만 가획을 해도 소리의 세기가 세어지지 않는다는 차이가 있다.

① ㄹ　　② ㄷ
③ ㅂ　　④ ㅊ

**11** 밑줄 친 부분의 품사가 다른 하나는?

① 옷 색깔이 아주 <u>밝구나</u>!
② 이 분야는 전망이 아주 <u>밝단다</u>.
③ 내일 날이 <u>밝는</u> 대로 떠나겠다.
④ 그는 예의가 <u>밝은</u> 사람이다.

## 12. <보기>의 (   ) 안에 들어갈 가장 알맞은 말을 차례로 나열한 것은?

― 〈보 기〉 ―

지난여름 작가 회의에서 북한 동포 돕기 시 낭송회를 한 적이 있다. 시인들만 참석하는 줄 알았더니 각계 원로들도 자기가 평소에 애송하던 시를 낭송하는 순서가 있다고, 나한테도 한 편 낭송해 달라고 했다. 내가 ( ㉠ ) 소리를 듣게 된 것이 당혹스러웠지만, 북한 돕기라는 데 핑계를 둘러대고 빠질 만큼 빤질빤질하지는 못했나 보다. 하겠다고 했다. 그러나 거역할 수 없는 명분보다 더 중요한 것은 ( ㉡ ) 아니었을까. 그 무렵 나는 김용택의 '그 여자네 집'이라는 시에 사로잡혀 있었다. 김용택은 내가 좋아하는 시인 중의 한 사람일 뿐 가장 좋아하는 시인이라고는 말 못 하겠다. 마찬가지로 '그 여자네 집'이 그의 많은 시 중 빼어난 시인지 아닌지도 잘 모르겠다.

|   | ㉠ | ㉡ |
|---|---|---|
| ① | 원로 | 낭송하고 싶은 시가 있었다는 게 |
| ② | 아쉬운 | 서로가 만족하게 될 실리가 |
| ③ | 시인 | 잠깐의 수고로 동포를 도울 수 있다는 것이 |
| ④ | 입에 발린 | 원로들에 대한 예의가 |

## 13. <보기>의 밑줄 친 어휘들 가운데 문맥적 의미가 다른 하나는?

― 〈보 기〉 ―

불문곡직하는 직설은 사람을 찌른다. 깜짝 놀라게 해서 제압하는 방식이다. 거기 비해 완곡함은 뜸을 들이면서 에두른다. 듣고 읽는 이가 비켜갈 <u>틈</u>을 준다. 그렇다고 완곡함이 곡필인 것도 아니다. 잘못된 길로 접어들도록 하는 게 아니라 화자와 독자의 교행이 이루어지는 <u>공간</u>을 준다. 곱씹어볼 말이 사라지고 상상의 <u>여지</u>를 박탈하는 글이 군림하는 세상은 살풍경하다. 말과 글이 세상을 따라 갈진대 세상을 갈아엎지 않고 말과 글이 세상과 함께 아름답기는 난망한 일인가. 아마 아닐 것이다. 막힐수록 옛것을 더듬으라고 했다. 물태와 인정이 극으로 나뉘는 <u>세상</u>에서 다산은 선인들이 왜 산을 바라보며 즐기되 그 흥취의 반을 항상 남겨두는지 궁금했다. 그는 미인을 만났던 사람이 적어놓은 글에서 그 까닭을 발견했다. 그가 본 글은 이러했다. '얼굴은 아름다웠으나 그 자태는 기록하지 않았다.'

① 틈   ② 공간
③ 여지  ④ 세상

## 14. <보기>의 설명에 따라 올바르게 표기된 경우가 아닌 것은?

― 〈보 기〉 ―

- 어간의 끝음절 '하'의 'ㅏ'가 줄고 'ㅎ'이 다음 음절의 첫소리와 어울려 거센소리로 될 적에는 거센소리로 적는다.
- 어간의 끝음절 '하'가 아주 줄 적에는 준 대로 적는다.

① 섭섭지  ② 흔타
③ 익숙치  ④ 정결타

**15** <보기 1>의 사례와 <보기 2>의 언어 특성이 가장 잘못 짝 지어진 것은?

― 〈보기 1〉 ―
(가) '방송(放送)'은 '석방'에서 '보도'로 의미가 변하였다.
(나) '밥'이라는 의미의 말소리 [밥]을 내 마음대로 [법]으로 바꾸면 다른 사람들은 '밥'이라는 의미로 이해할 수 없다.
(다) '종이가 찢어졌어'라는 말을 배운 아이는 '책이 찢어졌어'라는 새로운 문장을 만들어 낸다.
(라) '오늘'이라는 의미를 가진 말을 한국어에서는 '오늘[오늘]', 영어에서는 'today(투데이)'라고 한다.

― 〈보기 2〉 ―
㉠ 규칙성    ㉡ 역사성
㉢ 창조성    ㉣ 사회성

① (가) – ㉡
② (나) – ㉣
③ (다) – ㉢
④ (라) – ㉠

**16** <보기>의 밑줄 친 시어를 현대어로 옮길 때 가장 적절하지 않은 것은?

― 〈보 기〉 ―
매운 계절의 ㉠챗죽에 갈겨
㉡마츰내 북방으로 휩쓸려오다

하늘도 그만 지쳐 끝난 고원
서리빨 칼날진 ㉢그우에서다

어데다 무릎을 꾸러야하나?
한발 ㉣재겨디딜 곳조차 없다

이러매 눈깜아 생각해볼밖에
겨울은 강철로된 무지갠가보다
― 이육사, 「절정」 ―

① ㉠: 채찍
② ㉡: 마침내
③ ㉢: 그 위
④ ㉣: 재껴 디딜

**17** 밑줄 친 부분이 <보기>의 ㉠ '쇠항아리'와 의미가 통하는 시어로 가장 적절한 것은?

― 〈보 기〉 ―
누가 하늘을 보았다 하는가
누가 구름 한 송이 없이 맑은
하늘을 보았다 하는가.

네가 본 건, 먹구름
그걸 하늘로 알고
일생을 살아갔다.

네가 본 건, 지붕 덮은
㉠쇠항아리,
그걸 하늘로 알고
일생을 살아갔다.

닦아라, 사람들아
네 마음속 구름
찢어라, 사람들아,
네 머리 덮은 쇠항아리.

― 신동엽, 「누가 하늘을 보았다 하는가」에서 ―

① 조국아 / 한번도 우리는 우리의 심장 / 남의 발톱에 주어본 적 / 없었나니
― 「조국」

② 아사달과 아사녀가 / 중립의 초례청 앞에 서서 / 부끄럼 빛내며 / 맞절할지니
― 「껍데기는 가라」

③ 꽃피는 반도는 / 남에서 북쪽 끝까지 / 완충지대
― 「술을 많이 마시고 잔 어젯밤은」

④ 마을 사람들은 되나 안 되나 쑥덕거렸다. / 봄은 발병 났다커니 / 봄은 위독하다커니
― 「봄의 소식」

**18** 밑줄 친 부분의 발음이 현행 표준 발음법에서 표준 발음으로 인정되지 않는 것은?(단, ':'은 장모음 표시임)

① 비가 많이 내려서 물난리가 났다. - 물난리[물랄리]
② 그는 줄곧 신문만 읽고 있었다. - 신문[심문]
③ 겨울에는 보리를 밟는다. - 밟는다[밤ː는다]
④ 날씨가 벌써 한여름과 같다. - 한여름[한녀름]

**19** 〈보기〉의 소설에 대한 설명으로 가장 적절하지 않은 것은?

―〈보 기〉―
"혼자 있기가 싫습니다."라고 아저씨가 중얼거렸다.
"혼자 주무시는 게 편하실 거예요." 안이 말했다.
우리는 복도에서 헤어져서 사환이 지적해 준, 나란히 붙은 방 세 개에 각각 한 사람씩 들어갔다.
"화투라도 사다가 놉시다." 헤어지기 전에 내가 말했지만,
"난 아주 피곤합니다. 하시고 싶으면 두 분이나 하세요."라고 안은 말하고 나서 자기의 방으로 들어가 버렸다.
"나도 피곤해 죽겠습니다. 안녕히 주무세요."라고 나는 아저씨에게 말하고 나서 내 방으로 들어갔다. 숙박계엔 거짓 이름, 거짓 주소, 거짓 나이, 거짓 직업을 쓰고 나서 사환이 가져다 놓은 자리끼를 마시고 나는 이불을 뒤집어썼다. 나는 꿈도 안 꾸고 잘 잤다.
다음날 아침 일찍이 안이 나를 깨웠다.

① 물화된 도시의 삶이 만든 비정함, 절망감, 권태 등이 바탕에 깔려 있다.
② 주인공들은 자기 지위나 이름을 버린 익명적 존재로 기호화되어 있다.
③ 잠은 현실을 초월한 삶에 대한 강렬한 동경을 환기하는 매개체다.
④ 화투는 절망과 권태를 견디는 의미 없는 놀이의 상징으로 볼 수 있다.

**20** 〈보기〉의 밑줄 친 부분과 가장 가까운 내용을 담은 시조는?

―〈보 기〉―
성현의 경전을 읽고 자기를 돌이켜 보아서 환히 이해되지 않는 것이 있거든 모름지기 성현이 준 가르침이란 반드시 사람이 알 수 있고 행할 수도 있는 것에 대하여 말한 것임을 생각하라. 성현의 말과 나의 소견이 다르다면 이것은 내가 힘쓴 노력이 철저하지 못한 까닭이다. 성현이 어찌 알기 어렵고 행하기 어려운 것으로 나를 속이겠는가? 성현의 말을 더욱 믿어서 딴 생각이 없이 간절히 찾으면 장차 얻는 바가 있을 것이다.

① 십년 ᄀ온 칼이 갑리(匣裏)에 우노미라.
관산(關山)을 ᄇᆞ라보며 ᄯᅢᄯᅢ로 문져 보니
장부(丈夫)의 위국공훈(爲國功勳)을 어닉 ᄯᅢ에 드리올고.
② 구곡(九曲)은 어드믹고 문산(文山)에 세모(歲暮)커다.
기암괴석(奇巖怪石)이 눈속에 뭇쳣셔라.
유인(遊人)은 오지 안이ᄒᆞ고 볼껏업다 ᄒᆞ드라.
③ 강호(江湖)에 겨월이 드니 눈 기픠 자히 남다.
삿갓 빗기 쓰고 누역으로 오슬 삼아,
이 몸이 칩지 아니ᄒᆞ옴도 역군은(亦君恩)이샷다.
④ 고인(古人)도 날 못 보고 나도 고인 못 봬.
고인을 못 봐도 녀든 길 알픠 잇닉.
녀든 길 알픠 잇거든 아니 녀고 엇졀고.

# PART 4
# 법원직

- 2025년 법원직 9급
- 2024년 법원직 9급
- 2023년 법원직 9급
- 2022년 법원직 9급
- 2021년 법원직 9급

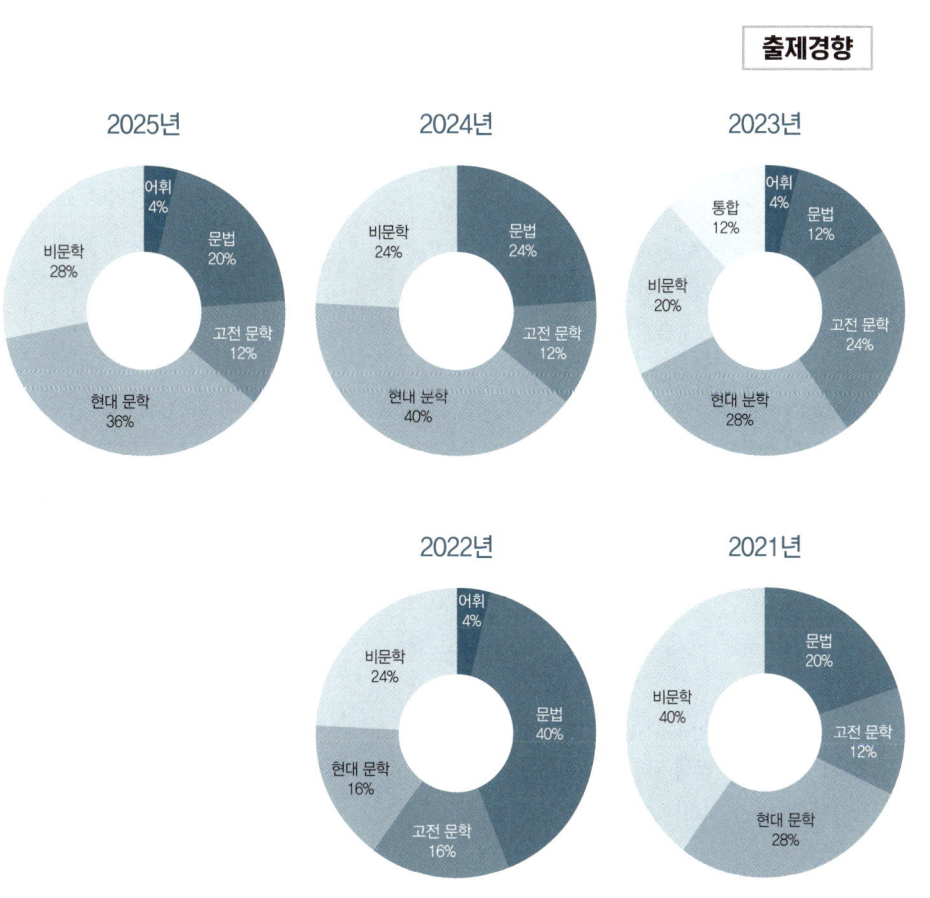

**출제경향**

# 국어 | 2025년 법원직 9급

✓ 회독 CHECK 1 2 3

**[01~05]** 다음 글을 읽고 물음에 답하시오.

오늘도 또 우리 수탉이 막 쪼이었다. 내가 점심을 먹고 나무를 하러 갈 양으로 나올 때이었다. 산으로 올라서려니까 등 뒤에서 푸드득푸드득 하고 닭의 횃소리가 야단이다. 깜짝 놀라며 고개를 돌려 보니 아니나 다르랴, 두 놈이 또 얼리었다.

㉠ 점순네 수탉(은 대강이가 크고 똑 오소리같이 실팍하게 생긴 놈)이 덩저리 작은 우리 수탉을 함부로 해내는 것이다. 그것도 그냥 해내는 것이 아니라 푸드득하고 면두를 쪼고 물러섰다가 좀 사이를 두고 또 푸드득하고 모가지를 쪼았다. 이렇게 멋을 부려 가며 여지없이 닦아 놓는다. 그러면 이 못생긴 것은 쪼일 적마다 주둥이로 땅을 받으며 그 비명이 킥, 킥 할 뿐이다. 물론 미처 아물지도 않은 면두를 또 쪼이어 붉은 선혈은 뚝뚝 떨어진다.

이걸 가만히 내려다보자니 내 대강이가 터져서 피가 흐르는 것같이 두 눈에서 불이 버쩍 난다. 대뜸 지게막대기를 메고 달려들어 점순네 닭을 후려칠까 하다가 생각을 고쳐먹고 헛매질로 떼어만 놓았다.

이번에도 점순이가 쌈을 붙여 놨을 것이다. 바짝바짝 내기를 올리느라고 그랬음에 틀림없을 것이다. 고놈의 계집애가 요새로 들어서서 왜 나를 못 먹겠다고 고렇게 아르렁거리는지 모른다.

나흘 전 감자 쪼간만 하더라도 나는 저에게 조금도 잘못한 것은 없다.

계집애가 나물을 캐러 가면 갔지 남 울타리 엮는데 쌩이질을 하는 것은 다 뭐냐. 그것도 발소리를 죽여 가지고 등 뒤로 살며시 와서

"얘! 너 혼자만 일하니?" 하고 긴치 않은 수작을 하는 것이다.

어제까지도 저와 나는 이야기도 잘 않고 서로 만나도 본 척 만척하고 이렇게 점잖게 지내던 터이련만 오늘로 갑작스레 대견해졌음은 웬일인가. 항차 망아지만 한 계집애가 남 일 하는 놈 보고……

"그럼 혼자 하지 떼루 하디?"

내가 이렇게 내뱉은 소리를 하니까

"너 일하기 좋니?"

또는

"한여름이나 되거던 하지 벌써 울타리를 하니?"

잔소리를 두루 늘어놓다가 남이 들을까 봐 손으로 입을 틀어막고는 그 속에서 깔깔댄다. 별로 우스울 것도 없는데 날씨가 풀리더니 이놈의 계집애가 미쳤나 하고 의심하였다. 게다가 조금 뒤에는 즈 집께를 할금할금 돌아다보더니 행주치마의 속으로 꼈던 바른손을 뽑아서 나의 턱 밑으로 불쑥 내미는 것이다. 언제 구웠는지 아직도 더운 김이 홱 끼치는 굵은 감자 세 개가 손에 뿌듯이 쥐였다.

"느 집엔 이거 없지?" 하고 생색 있는 큰소리를 하고는 제가 준 것을 남이 알면 큰일 날 테니 여기서 얼른 먹어 버리란다. 그리고 또 하는 소리가

"너 봄 감자가 맛있단다."

"난 감자 안 먹는다. 니나 먹어라."

나는 고개도 돌리려 하지 않고 일하던 손으로 그 감자를 도로 어깨 너머로 쑥 밀어 버렸다.

그랬더니 그래도 가는 기색이 없고, 그뿐만 아니라 쌔근쌔근하고 심상치 않게 숨소리가 점점 거칠어진다. 이건 또 뭐야 싶어서 그때에야 비로소 돌아다보니 나는 참으로 놀랐다. ㉡ 우리가 이 동리에 들어온 것은 근 삼 년째 되어오지만 여지껏 가무잡잡한 점순이의 얼굴이 이렇게까지 홍당무처럼 새빨개진 법이 없었다. 게다 눈에 독을 올리고 한참 나를 요렇게 쏘아보더니 나중에는 눈물까지 어리는 것이 아니냐. 그리고 바구니를 다시 집어 들더니 이를 꼭 악물고는 엎더질 듯 자빠질 듯 논둑으로 횡하니 달아나는 것이다.

어쩌다 동리 어른이

"너 얼른 시집을 가야지?" 하고 웃으면

"염려 마서유. 갈 때 되면 어련히 갈라구……."

이렇게 천연덕스레 받는 점순이었다. 본시 부끄럼을 타는 계집애도 아니거니와 또한 분하다고 눈에 눈물을 보일 얼병이도 아니다. 분하면 차라리 나의 등어리를 바구니로 한번 모질게 후려 쌔리고 달아날지언정.

그런데 고약한 그 꼴을 하고 가더니 그 뒤로는 나를 보면 잡아먹으려고 기를 복복 쓰는 것이다.

설혹 주는 감자를 안 받아먹은 것이 실례라 하면, 주면 그냥 주었지 "느 집엔 이거 없지?"는 다 뭐냐. 그렇잖아도 즈이는 마름이고 우리는 그 손에서 배재를 얻어 땅을 부치므로 일상 굽실거린다. 우리가 이 마을에 처음 들어와 집이 없어서 곤란으로 지낼 제, 집터를 빌리고 그 위에 집을 또 짓도록 마련해 준 것도 점순네의 호의였다. 그리고 우리 어머니, 아버지도 농사 때 양식이 달리면 점순네한테 가서 부지런히 꾸어다 먹으면서 인품 그런 집은 다시없으리라고 침이 마르도록 칭찬하곤 하는 것이다. 그러면서도 열일곱씩이나 된 것들이 수군수군하고 붙어 다니면 동리의 소문이 사납다고 주의를 시켜 준 것도 또 어머니였다. 왜냐하면 내가 점순이하고 일을 저질렀다가는 점순네가 노할 것이고, 그러면 우리는 땅도 떨어지고 집도 내쫓기고 하지 않으면 안 되는 까닭이었다.

— 김유정, 「동백꽃」 —

**01** 윗글에 대한 설명으로 가장 적절한 것은?

① 이야기 밖에 있는 서술자가 사건을 객관적으로 전달하고 있다.
② 서술자가 등장인물들의 심리를 모두 꿰뚫어 보고 전달하고 있다.
③ 이야기 안의 두 등장인물이 각자 자신의 생각과 느낌을 전달하고 있다.
④ 이야기 속 서술자가 직접 경험한 사건과 그에 대한 생각을 전달하고 있다.

**02** 윗글에 드러난 서술 방식에 대한 설명으로 가장 적절하지 않은 것은?

① 역순행적 구성을 통해 인물이 겪는 갈등의 원인을 밝히고 있다.
② 대화와 행동 묘사를 통해 인물 간의 심리적 긴장감이 형성되고 있다.
③ 감각적 묘사와 의성어의 활용을 통해서 장면의 생동감을 높이고 있다.
④ 동시에 진행되는 사건을 병렬하여 생동감 있게 이야기를 풀어 가고 있다.

**03** ㉠, ㉡에 대한 설명으로 가장 적절하지 않은 것은?

① ㉠은 수탉의 대조적인 외양 묘사를 통해 점순이와 '나' 사이의 관계를 상징적으로 보여주고 있다.
② ㉡은 색채 이미지를 대조적으로 활용하여 인물의 감정적 동요를 감각적으로 형상화하고 있다.
③ ㉠과 ㉡은 모두 비유적 표현을 통해 대상의 외양적 특성을 생동감 있게 묘사하고 있다.
④ ㉠은 수탉에 대한 객관적 묘사를, ㉡은 인물에 대한 서술자의 주관적 인식을 드러내고 있다.

**04** 윗글의 내용에 대한 이해로 가장 적절하지 않은 것은?

① 점순이는 '나'에게 감자를 건네는 행동을 통해 자신의 마음을 간접적으로 표현하려 했다.
② '나'는 점순네 수탉이 자신의 수탉을 괴롭히는 것을 점순이가 의도적으로 조장했다고 확신하고 있다.
③ '나'의 가족은 점순네 집안의 경제적 도움을 받고 있어 둘 사이의 관계가 발전하는 것을 긍정적으로 생각한다.
④ '나'는 '느 집엔 이거 없지?'라는 점순이의 말을 자기네 집이 잘사는 것을 생색내는 것으로 받아들여 기분이 상했다.

**05** 다음 〈보기〉를 바탕으로 윗글을 이해한 내용으로 가장 적절하지 않은 것은?

〈보 기〉

「동백꽃」에서 이야기의 갈등을 해학적으로 풀어 나가는 데 결정적인 역할을 하는 장치는 둔하고 어리숙한 인물로 설정된 서술자이다. 상대적으로 영악한 '점순이'가 벌이는 행동을 이해하지 못하는 '나'가 엉뚱하게 반응하는 데에서 작품의 해학성이 두드러진다. 이러한 서술자의 어리숙함은 독자에게 웃음을 유발함과 동시에 긴장감을 완화하며 독자가 웃음 속에서 계층 간 갈등과 같은 당대의 사회적 현실을 자연스럽게 받아들이도록 한다.

① 계속 자신을 괴롭히는 점순이의 의도를 알아채지 못하고 '나를 못 먹겠다고 아르렁거리는지 모른다'고 표현하는 것은 서술자의 둔감함을 드러내어 웃음을 유발한다.
② '나'가 점순이에게 '그럼 혼자 하지 떠루 하디?'라고 퉁명스럽게 대답하는 것은 내면의 호감을 계층 의식으로 인해 억누르는 서술자의 어리숙함을 드러내어 웃음을 유발한다.
③ 점순이의 감자 선물을 거절하면서 '난 감자 안 먹는다. 니나 먹어라.'라고 무뚝뚝하게 대응하는 장면은 점순이의 호의를 알아차리지 못하는 서술자의 엉뚱한 반응을 통해 웃음을 유발한다.
④ 점순네 수탉을 '후려칠까 하다가 생각을 고쳐먹고 헛매질로 떼어만' 놓는 장면은, '나'와 점순네 집안 사이의 계층 차이라는 당대 사회의 사회적 제약에 영향을 받는 서술자의 모습을 보여준다.

**06** 다음 〈보기〉의 ㉠~㉢에 해당하는 예를 바르게 짝지은 것은?

〈보 기〉

하나의 자음으로 끝나는 말 뒤에 모음으로 시작하는 형식형태소가 결합할 경우 ㉠ 받침을 그대로 옮겨 뒤 음절 초성으로 발음하는 모습이 나타나고 이를 연음이라 한다. 만약 받침을 가진 말 뒤에 모음으로 시작하는 실질 형태소가 온다면 ㉡ 받침이 대표음으로 바뀐 후 뒤 음절의 초성으로 이동하는 모습을 보인다. 대부분의 말들은 위 두 원칙을 따르지만 ㉢ 위 두 원칙을 따르지 않는 예외의 경우도 존재한다.

|   | ㉠ | ㉡ | ㉢ |
|---|---|---|---|
| ① | 앞으로 | 맛없다 | 좋은 |
| ② | 무릎이 | 옆얼굴 | 웃어른 |
| ③ | 꽃을 | 젖어미 | 덮이다 |
| ④ | 부엌이 | 웃음 | 강으로 |

**07** 〈보기 1〉을 바탕으로 〈보기 2〉에 대해 이해한 내용으로 가장 적절하지 않은 것은?

〈보기 1〉

관형사는 형태가 변하지 않는 불변어로 체언을 꾸며 주는 역할을 한다. 뒤에 오는 체언의 모양, 성질, 상태를 명확하게 해 주는 성상 관형사, 특정한 대상을 지시하여 가리키는 지시 관형사, 수량을 나타내는 수 관형사로 구분할 수 있다.

〈보기 2〉

희진: ⓐ 이 공원에 ⓑ 새 동상이 생겼어!
시현: 그러게, 못 보던 동상이 ⓒ 두 개나 있네!
희진: ⓓ 예쁜 천사 동상이야! 누가 만들었을까?

① ⓐ는 '공원'을 꾸며 주는 지시 관형사이다.
② ⓑ는 체언인 '동상'의 상태를 나타낸다.
③ ⓒ는 수량을 나타내는 수 관형사이다.
④ ⓓ는 형태가 변하지 않는 성상 관형사이다.

**08** 다음 〈보기〉를 참고하여 중세 국어를 이해한다고 할 때, ㉠과 ㉡의 사례로 가장 바르게 짝지어진 것은?

〈보 기〉
모음 조화는 ㉠ 양성 모음은 양성 모음끼리 어울리고 ㉡ 음성 모음은 음성 모음끼리 어울리는 현상으로, 중세 국어에서는 현대 국어보다 규칙적으로 적용되었다.

|     | ㉠ | ㉡ |
| --- | --- | --- |
| ① | 스르미[사람의] | 고두니[곧으니] |
| ② | 스스물[사슴을] | 쑤메[꿈에] |
| ③ | ·뿌·메[씀에] | 고본[고운] |
| ④ | 거부비[거북의] | 뜨·들[뜻을] |

## [09~11] 다음 글을 읽고 물음에 답하시오.

차설(且說). 금섬이 제집에 돌아와 제 부모더러 부인의 하던 수말(首末)을 낱낱이 전하니, 제 부모가 참혹히 여겨 가로대,

"너는 아무쪼록 계교를 베풀어 부인을 살려내라."

금섬 왈,

"유 부인이 명일에 형장 아래 곤욕을 당하시리니, 다만 구하여 낼 계교가 있사오되 행장(行裝)이 없으매 한이로소이다."

그 어미 이르되,

㉠ "행장이 있으면 네 무삼 수단으로 구하려 하는가?"

금섬이 대 왈,

"오라비 일일(一日)에 오백리씩 다닌다 하오니, 행장이 있사 오면 부인의 서간을 가지고 승상 노야(老爺)* 진중(陣中)에 가오면 능히 살릴 도리가 있나이다."

그 부모가 가로대,

"행장이 무엇이 어려우리오? 네 말대로 행장을 차려 줄 것이니 아무쪼록 충렬부인을 무사케 하라."

금섬이 대희하여 즉시 옥중에 들어가 부인을 보고 제 부모와 문답하던 말을 고하고 서찰을 청한대, 부인 왈,

"네 오라비 나를 살리고자 하니 이 은혜를 어찌 다 갚으리오?"

언파(言罷)에 눈물을 흘리며 서간을 주거늘, 금섬이 받아가지고 나와 제 오라비 호철을 불러 편지를 주며 왈,

"사세(事勢) 급박하니 너는 주야배도(晝夜倍道)*하여 다녀오라. 황성에서 서평관이 삼천여 리니 조심하여 다녀오라."

하고, 옥중에 들어가 호철 보낸 사연을 고하고, 왕비 침전(寢殿)에 근시(近侍)*하는 시비 월매를 불러 왈,

㉡ "충렬부인의 참혹한 일을 너도 알려니와 우리 등이 아무쪼록 살려냄이 어떠하뇨?"

월매 왈, / "어찌하면 살려 내리오?"

금섬이 대 왈,

"명일 아침이 되면 왕비 상소(上疏)하여 죽일 것이니 우리 관계치 아니하나, 충렬부인이 무죄히 죽으리니 불쌍하시고 또한 복중(腹中)의 승상의 혈육이 아깝도다."

인하여 충렬부인의 전어(傳語)를 설파(說破)하고 왈,

"이제 옥문 열쇠가 왕비 계신 침전에 있다 하니 들어가 도적하여 줌을 바라노라."

월매 응낙하고 가더니 이윽고 열쇠를 가져왔거늘, 금섬 왈,

"나는 여차여차할 것이니, 너는 여차여차하라."

월매 눈물을 흘려 왈,

㉢ "나는 너 가르친 대로 하려니와 네 부모를 어찌하고 몸을 버리려 하는가?"

금섬이 탄 왈,

"우리 부모는 나의 동생이 여럿이니 설마 부모의 경상(景狀)이 편치 못하리오? 사람이 세상에 나매 장부는 입신양명(立身揚名)하여 나라를 섬기다가 난세를 당하면 충성을 다하여 죽기를 무릅써 임금을 도움이 직분이요, ㉣ 노주간(奴主間)은 상전이 급한 일이 있으면 몸이 마치도록 섬기다가 죽는 것이 당연하니, 내 이리하는 것은 나의 직분을 다함이니, 너는 말리지 말라. 부디 내 말대로 시행하여 부인을 잘 보호하라."

[중략 부분의 줄거리] 금섬은 월매가 훔쳐 온 옥문 열쇠로 유 부인(충렬 부인)을 몰래 옥에서 꺼낸 뒤, 유 부인의 옷을 입고 대신 죽는다. 한편 유 부인은 월매의 도움으로 지함* 속에 숨어 아이를 낳고 겨우 목숨을 부지한다.

차시 월매가 독한 형벌을 당하고 옥중에 갇히었으나 저의 괴로움은 생각하지 아니하고 도리어 부인의 주림을 자닝하여* 탄식해 마지아니하더라.

차시 금섬의 오라비 유 부인의 글월을 가지고 주야배도하여 서평관에 다다라 진(陣) 밖에 엎드려 대원수 노야 본댁(本宅)에서 서찰을 가지고 왔음을 고하니, 차시 원수가 한번 북쳐 서융을 항복받고 백성을 진무하며 대연(大宴)*

을 배설(排設)하여 삼군으로 즐길새, 장졸이 희열하여 승전고를 울리며 즐기더라.

일일(一日)은 원수가 일몽(一夢)을 얻으니 충렬부인이 큰 칼을 쓰고 장하(帳下)에 들어와 이르되,

"나는 팔자가 기박하여 정렬부인의 음해(陰害)를 입어 죽기에 임하였으되, 승상은 타연(妥然)히 여기시니 인정(人情) 아니로소이다."

하거늘, 원수가 다시 묻고자 하더니, 문득 진중에 북소리 자주 동(動)하매 놀라 깨니 남가일몽(南柯一夢)이라. 놀라고 몸이 떨리어 일어나니 군사가 편지를 드리거늘 개탁(開坼)하여 보니 유 부인 서간이라.

그 글에 하였으되,

'박명한 죄첩(罪妾)은 두 번 절하고 상공 휘하(麾下)에 올리나이다. 첩의 죄 심중하여 세상을 버린지 삼 년만에 장군의 은덕을 입사와 살아났사오니, 환생지덕(還生之德)을 만분지일이나 갚을까 바라더니, 여액(餘厄)*이 미진하와 지금 궁옥(窮獄)에 들어와 명재조석(命在朝夕)이오니, 박명지인이 죽기는 섧지 아니 하되 복중에 끼친바 혈육이 첩의 죄로 세상에 나지 못하고 한가지로 죽사오니, 지하에 돌아가나 조상을 뵈올 낯이 없삽고, 또 장군을 만리 전장에 보내고 성공하여 쉬이 돌아옴을 기다리옵더니, 장군을 다시 뵈옵지 못하고 죽사오니 눈을 감지 못할지라. 복원(伏願) 상공은 만수무강하시다가 지하로 오시면 뵈올까 하나이다.'

하였더라. 원수가 보기를 다 못하여 대경하여 급히 호철을 불러 물으니, 호철의 대답이 분명치 못하나 대강 알지라. 급히 중군(中軍)에 전령하되,

'본부(本府)에 급한 일이 있어 시각이 바쁘니 중군 대소사를 그대에게 맡기나니, 나의 영(令)을 어기지 말고 행군하여 뒤를 쫓으라.'

부원수가 청령(聽令)하거늘*, 원수가 이에 청총마(靑驄馬)를 채쳐 필마단기(匹馬單騎)로 삼 일 만에 황성에 득달하니라.

— 작자 미상, 「정을선전」 —

* 노야: 나이 많은 남자를 높여 이르는 말
* 주야배도: 밤낮을 가리지 아니하고 보통 사람 갑절의 길을 걸음
* 근시: 웃어른을 가까이 모심
* 지함: 두꺼운 종이로 만든 상자
* 자닝하여: 애처롭고 불쌍하여 차마 보기 어려워
* 대연: 큰 규모로 벌인 잔치
* 여액: 이미 당한 재앙 외에 아직 남아 있는 재앙이나 액운
* 청령하거늘: 명령을 주의 깊게 듣거늘

**09** 윗글에 대한 설명으로 가장 적절한 것은?

① 서술자가 개입하여 인물에 대한 상반된 평가를 드러내고 있다.
② 인물의 내력을 요약적으로 제시하여 성격의 변화를 보여 주고 있다.
③ 위기를 극복할 수 있는 방법이 등장인물들의 대화를 통해 제시되고 있다.
④ 상황에 대한 인물의 반응을 과장되게 서술하여 사건의 비극성을 완화하고 있다.

**10** 윗글에 대한 이해로 가장 적절하지 않은 것은?

① 유 부인의 처벌 집행 당일, 금섬은 유 부인을 구할 계교를 월매에게 이야기하였다.
② 금섬은 왕비를 모시는 월매를 통해 유 부인이 갇힌 옥문의 열쇠를 얻는다.
③ 원수는 꿈과 편지를 통해 유 부인이 위기에 빠졌음을 알게 되었다.
④ 금섬은 호철에게 서평관으로 가 편지를 전할 것을 부탁하였다.

**11** ㉠~㉣에 대한 설명으로 가장 적절한 것은?

① ㉠에서는 상대의 안위를 우려하여 자제를 요청하고, ㉢에서는 당위를 내세워 상대의 행위를 제지하고 있다.
② ㉡에서는 자신의 목표에 상대가 함께해주길 제안하고, ㉣에서는 자신의 생각에 상대가 따라주길 요청하고 있다.
③ ㉢에서는 자신의 걱정을 상대에게 전하고, ㉣에서는 자신의 의도를 상대에게 숨기고 있다.
④ ㉠과 ㉣에서는 상대의 발화에 대한 의구심을 드러내어, 자신의 감정을 표현하고 있다.

**[12~15] 다음 글을 읽고 물음에 답하시오.**

선천성 면역계는 침입자를 가리지 않고 무차별적으로 공격한다. 이 세포들은 즉각적인 반응에 특화되어 있고, 몇 분 이내에 반응할 때가 많다. 패턴 인식으로 이물질이 발견되면 경계경보가 발령된다. 그와 함께 침입자 딱지를 붙이거나 침입자를 격리시키거나 제거하는 작업이 ⓐ 시작된다. 이를 담당하는 세포는 다양하고 이들의 작업은 점점 더 명확히 알려지고 있다.

대식세포는 몸속에서 세균이나 이물질, 쓰레기 따위를 먹어 치우는 식세포를 가리키는데, 엄청난 대식가라는 의미에서 대식세포라 한다. 이 세포들은 조직 내에 배치되어 있다가 긴급 상황이 발생하면 현장으로 급파되거나, 아니면 예방 차원에서 위험 지구에 주둔한다. 대식세포는 우리 몸에 ⓑ 적대적인 병원체를 발견하면 즉각 공격에 나선다. 대식세포가 병원체를 소화하는 과정은 다음과 같다. 일단 병원체를 자신의 세포막으로 서서히 감싼 뒤, 세포 내부에서 또 다른 막으로 이루어진 파고솜을 만들어 낸다. 이 파고솜에 병원체를 가두고 분해 효소를 함유한 리소좀을 주입한다. 병원체는 분해되어 완전히 제거된다.

백혈구 중에 가장 큰 단핵구는 혈관을 떠나면 대식세포가 되는 세포다. 물론 이들의 포식 능력은 혈액 속에 있을 때 이미 완전히 발달한다. 단핵구는 이질적인 패턴을 인식하면 흡수해서 파괴한다. 또한, 침입자를 발견하는 즉시 신호를 보내 다른 방어 세포들을 움직인다. 단핵구의 신호 물질은 무척 빠르고 효과적이다. 그중에서 대표적인 것이 인터루킨이다. 인터루킨은 열을 발생시켜 염증과 싸우는 일에 기담한다. 발열이 있을 때 염증을 의심하는 이유가 바로 인터루킨의 작용 때문이다. 그리고 단핵구는 자신이 파괴한 병원체의 시체를 ⓒ 수거해서 다른 면역 세포들이 잘 볼 수 있도록 창밖으로 버린다. 그게 뜻하는 바는 이렇다. ㉮

과립구는 세 가지 유형으로 나뉜다. 이것들은 각각 임무가 다르다. 그중에서 가장 수가 많은 것이 호중구이다. 이들은 체내 세균 감염이 발생하면 단핵구 및 대식세포와 함께 가장 먼저 부름을 받는다. 호중구는 병원체를 포위한 뒤 잡아먹으려 하고, 항균 및 항바이러스 물질을 분비한다. 포식 활동은 대식세포와 비슷하지만 덩치가 작아 당연히 배가 빨리 찬다. 대신 이들은 삶의 마지막 순간에 끈끈한 DNA를 그물처럼 내뿜는다. 호중구가 이렇게 끈적거리는 그물로 병원체를 칭칭 감아 두면 병원체도 죽음을 맞는다. 그물에는 독성 분자가 ⓓ 함유되어 있기 때문이다. 호산구는 IgE 항체와 협력해서 일한다. 기생충의 표면에 항체가 꽂히면 이는 호산구에게 즉시 여기서 작업을 개시하라는 신호가 된다. 그러면 호산구는 세포 내부의 작은 알갱이에서 독성 물질을 방출한다. 이 물질은 병원체를 공격하는 동시에 다른 호산구를 불러들인다. 그런데 오늘날에는 위생과 의학 발달로 기생충과 접촉할 일이 거의 없기 때문에 호산구는 간혹 인간에게 해를 끼친다. 예컨대 알레르기로 천식이 발생하면 호산구의 성분이 폐를 공격하는 것이다. 호염기구는 말 그대로 염기를 좋아하는 백혈구라는 뜻이다. 호염기구는 다른 면역 세포들이 기생충을 방어하는 데 도움이 되는 신호 물질을 발산한다. 하지만 이 역시 알레르기 발병에 영향을 끼친다. 호염기구에 저장된 히스타민은 주변 조직의 부기, 가려움, 발적을 유발한다. 만일 병원체가 침입하여 그것을 제거하기 위한 반응이라면 좋은 일이지만, 원래 무해한 물질에 공격을 가한다면 나쁜 일이다.

수지상 세포는 면역 체계의 주역이다. 이들은 신호 물질을 내보냄으로써 외부 침입에 즉각 반응하고, T 세포와 B 세포가 올바른 방어 물질을 생산할 수 있도록 돕는 역할을 한다. 수지상 세포는 엄청나게 긴 팔로 항원이라 불리는 병원체나 그 성분들을 지속적으로 잡아내서 작게 조각낸다. 물론 그것을 직접 먹지는 않고, 몰려오는 면역 세포들에게 시식 음식처럼 보여준다.

**12** 윗글에 대한 설명으로 가장 적절한 것은?

① 선천성 면역계의 발전 양상과 장단점을 설명하고 있다.
② 선천성 면역계의 한계점과 그를 극복하는 방안을 제시하고 있다.
③ 선천성 면역계의 작동 원리와 각 구성 요소의 기능을 서술하고 있다.
④ 선천성 면역계의 작동 사례와 각 구성 요소의 기여도를 제시하고 있다.

## 13 윗글에 대한 이해로 가장 적절하지 않은 것은?

① 대식세포는 병원체 침입에 취약한 조직에 배치되기도 한다.
② 병원체 감염으로 염증이 생기면 인터루킨의 작용으로 체온이 올라간다.
③ 과립구는 기생충 감염을 방어하는 역할을 한다.
④ 수지상 세포는 포식 능력이 없다.

## 14 ㉮에 들어갈 말로 가장 적절한 것은?

① IgE 항체가 필요하다!
② 아군이니 공격을 멈춰라!
③ DNA 그물로 처리하였다!
④ 이런 것을 본다면 즉시 죽여라!

## 15 문맥상 ⓐ~ⓓ를 다음과 같이 바꿔 쓰기에 가장 적절하지 않은 것은?

① ⓐ: 개시된다
② ⓑ: 우호적인
③ ⓒ: 거둬서
④ ⓓ: 포함되어

## [16~19] 다음 글을 읽고 물음에 답하시오.

(가)
나는 이제 너에게도 슬픔을 주겠다.
ⓐ 사랑보다 소중한 슬픔을 주겠다.
겨울밤 거리에서 귤 몇 개 놓고
살아온 추위와 떨고 있는 할머니에게
귤값을 깎으면서 기뻐하던 너를 위하여
나는 슬픔의 평등한 얼굴을 보여주겠다.
내가 어둠 속에서 너를 부를 때
단 한 번도 평등하게 웃어 주질 않은
가마니에 덮인 동사자가 다시 얼어 죽을 때
가마니 한 장조차 덮어 주지 않은
무관심한 너의 사랑을 위해
흘릴 줄 모르는 너의 눈물을 위해
나는 이제 너에게도 기다림을 주겠다.
이 세상에 내리던 함박눈을 멈추겠다.
보리밭에 내리던 봄눈들을 데리고
추위 떠는 사람들의 슬픔에게 다녀와서
눈 그친 눈길을 너와 함께 걷겠다.
슬픔의 힘에 대한 이야기를 하며
기다림의 슬픔까지 걸어가겠다.
— 정호승, 「슬픔이 기쁨에게」 —

(나)
매운 계절의 채찍에 갈겨
마침내 북방으로 휩쓸려 오다.

하늘도 그만 지쳐 끝난 고원(高原)
서릿발 칼날진 그 위에 서다.

어데다 무릎을 꿇어야 하나
한 발 재겨 디딜 곳조차 없다.

이러매 눈 감아 생각해 볼밖에
ⓑ 겨울은 강철로 된 무지갠가 보다.

— 이육사, 「절정」 —

**16** (가)와 (나)에 대한 설명으로 가장 적절하지 않은 것은?

① (가)는 유사한 통사 구조의 반복을 통해 운율을 형성하고 있다.
② (나)는 공간적 배경을 부각하여 화자가 처한 시적 상황을 드러내고 있다.
③ (가)와 달리 (나)는 계절의 변화에 따른 화자의 인식 변화가 나타나고 있다.
④ (나)와 달리 (가)는 청자에게 말을 건네는 방식으로 화자의 상황을 드러내고 있다.

**17** (가)를 이해한 내용으로 가장 적절하지 않은 것은?

① '가마니 한 장'과 '기다림'은 모두 이기적으로 살아가는 사람들에게 요구되는 이타적인 태도를 의미한다.
② '할머니'와 '동사자'는 '어둠' 속에서 고통스러운 삶을 살아가는 이웃들로 '눈물'을 흘릴 줄 아는 존재들이다.
③ '슬픔의 평등한 얼굴'은 소외된 이웃을 평등한 존재로 바라보는 모습으로 '귤값을 깎으면서 기뻐하던 너'의 모습과 대비된다.
④ '눈 그친 눈길'은 '함박눈'이 내리는 '이 세상'과 달리 타인의 슬픔에 공감하고 더불어 사는 삶을 추구하는 평등한 세상을 의미한다.

**18** 다음 〈보기〉를 바탕으로 (나)를 이해한 내용으로 가장 적절하지 않은 것은?

― 〈 보 기 〉 ―
1940년대는 민족 말살 정책과 국가 총동원령 등 일제에 의한 수탈이 극에 달했던 시기였다. 이런 시대적 배경 속에서 창작된 이육사의 「절정」은 다양한 이미지의 활용을 통해서 고통스러운 시공간 및 그에 대한 성찰과 저항 의지를 형상화하였다.

① '서릿발 칼날진 그 위에 서'는 행위는 패배를 인정하고 체념적 태도를 드러내는 화자의 모습을 보여준다.
② '눈 감아 생각해' 보는 행위는 관조적 태도를 통해 극한의 상황 속에서 성찰을 수행하는 화자의 모습을 보여준다.
③ '매운 계절의 채찍'은 일제 강점기의 가혹한 현실을 시적 화자가 특정 계절에 느낀 인상으로 구체화한 표현이다.
④ '북방'과 '고원'은 우리 민족이 처한 일제 치하 극한의 위기 상황을 각각 수평적인 이미지와 수직적인 이미지로 형상화한 표현이다.

**19** ⓐ와 ⓑ에 대한 설명으로 가장 적절한 것은?

① ⓐ는 단호한 어조를 사용하여 시적 화자의 체념적 태도를 드러내고 있다.
② ⓑ는 추측의 표현을 사용하여 미래에 대한 부정적 전망을 드러내고 있다.
③ ⓐ는 ⓑ와 달리 현재형 시제를 활용하여 현실에 대한 비극적 인식을 구체화하고 있다.
④ ⓐ는 역설적 인식을 통해 특정 시어의 가치를 강조하고, ⓑ는 은유적 시어를 통해 화자의 현실 인식을 드러내고 있다.

**[20~24] 다음 글을 읽고 물음에 답하시오.**

(가)

　소프트웨어는 시스템 운영과 관련한 프로그램과 관련 문서들을 지칭한다. 코로나19는 일상을 비대면 환경으로 급속히 전환시켰다. 비대면 환경에서 기업 경영 등 경제활동을 하기 위한 필수 사항으로 IT 인프라 보급이 부각되고 있어 소프트웨어 수출사업은 큰 기회를 얻고 있다.

　소프트웨어를 구축하기 위한 단계는 다음과 같다. 먼저 발주사의 공고에 따라 프로젝트에 참여하고자 하는 개발사들이 제안서를 제출하면서 시작된다. 발주사가 제안서, 과거 수주 경험 등을 심사하여 개발사를 우선 협상대상자로 선정하면 개발사는 발주사와 계약 협상을 시작한다. 프로젝트 규모에 따라 단계별로 양해 각서(MOU), 확약서(LOC)를 체결하고 계약 협상이 완료되면 발주사와 계약을 체결하게 된다. 또한 국내 개발사와 소프트웨어 개발계약을, 하드웨어, 상용 소프트웨어 등의 공급사와 물품 공급 계약을 체결하게 되고, 이에 따른 라이선스 계약을 별도로 체결하게 된다.

　폭포수 방식이라고 불리는 전통적인 개발방식에 의하면, 프로젝트가 시작되고 먼저 발주사의 요건을 상세하게 분석한다. 그리고 이를 반영하여 시스템 설계, 개발 및 테스트 후 검수의 과정을 거치게 된다. 고객의 요건 변동에 대응하고 소프트웨어 결함을 지속적으로 해결하기 위해서 반복적 방법론을 사용하여 각 단계를 반복한다. 발주사는 개발된 소프트웨어가 요건에 맞는지, 심각한 장애가 없는지 등을 테스트하는 검수 절차 후 이를 인수한다. 이러한 테스트는 소스 코드, 요건 등을 소프트웨어가 충실히 반영하고 있는지를 검증하는 정적인 테스트와 실제 시스템을 기반으로 하여 개발자가 수행하는 단위 테스트, 팀 단위의 통합 테스트, 발주자의 만족도를 측정하는 동적 테스트인 인수 테스트로 나뉜다. 개발 후 통합 테스트 전 품질보증팀에서 확인하고 검증하는 절차를 거치기도 한다.

　인수 후에는 소프트웨어 운영 단계에서 일어나는 장애 등을 해결하기 위한 유지보수 단계로 접어든다. 무상 하자 보수를 담보하기 위하여 통상적으로 6개월에서 2년 정도 동안 품질 보증 서비스를 제공한 후 유상보수계약을 체결한다. 계약 체결은 프로젝트 초반에 일어나나 프로젝트 관리 과정에서 계약 등을 지속적으로 보완하게 된다.

　소프트웨어 개발 프로젝트에서는 이러한 계약뿐만 아니라, 검수 확인서, 지급보증서 등 단계별로 다양한 문서가 생성되고 개발사, 하드웨어 공급사 등과의 소통과 관리가 필요하다. 일반적인 계약이 물품 매매 등 한 가지 거래의 성격을 지니고 있지만 소프트웨어 수출계약은 용역서비스, 물품 매매, 라이선싱과 같이 다양한 성격을 지니고 있고 국제 거래를 전제로 하고 있다.

　위와 같이 수출사업에서는 계약서를 비롯한 복잡한 서류 작업과 프로젝트 단계별 승인, 대금 지급 등 수많은 행정 행위들이 ⓐ 일어난다. 또한 계약 협상, 프로젝트 관리 등을 위하여 국내외에 있는 다양한 이해관계자와 소통하여 수시로 이슈를 관리하는 것이 프로젝트 위험 관리의 핵심 사항이다. 이러한 서류작업과 그 내용 집행이 자동화되고 사후적으로 서류 보관 및 계약관리도 한 시스템에서 일어나며, 다양한 이해관계자 간 소통이 적시에 일어난다면 사업의 효율성은 극대화될 수 있다.

(나)

　㉠ 스마트계약은 일정한 조건을 충족하면 자동으로 실행될 수 있는 로직을 컴퓨터프로그램으로 구현하고 있는 계약을 뜻한다. 청약과 승낙을 통해 의사가 합치되어 구두, 서면계약이 체결되고 이를 이행하는 일반적인 계약과는 달리 미리 정한 조건이 성취되면 자동으로 집행되는 전자계약이다. 명료한 로직으로 계약이 집행되고, 계약의 내용도 시스템에 자동으로 저장 보관된다는 특징이 있다.

　스마트계약은 조건만 맞으면 집행이 자동으로 되어 중개인이 없으므로 거래를 위한 비용과 시간이 현저하게 절약되고 거래의 확실성이 높다. 또 네트워크 내에서 정보가 실시간으로 투명하게 공유되므로 이해당사자가 여러 명일 경우 일을 신속하고 효율적으로 처리할 수 있다. 반면, 스마트계약은 계약 체결 후 변경이 자주 일어날 수 있는 사안에는 적합하지 않다. 스마트계약은 특성상 변경이 불가능하기에 계약 내용이 복잡하고 표준화가 덜 된 분야에서는 그 사용이 적합하지 않다는 것이다. 역으로 변경 불가능이라는 스마트계약의 특징은 거래당사자에게 신뢰를 줄 수도 있다. 거래 상대방이 멀리 떨어져 있는 국제 거래나 상대방이 신생 업체와 같이 신뢰가 낮은 경우 스마트계약이 거래를 촉진시킬 수 있다. 또, 스마트계약이 활용되기 어려운 분야로는 '합리적인', '상당한' 등 인간의 해석이 필요한 모호한 법 개념이 중요하게 쓰이는 분야를 꼽을 수 있다.

**20** (가)와 (나)에 대한 설명으로 가장 적절한 것은?

① (가)는 소프트웨어의 개념을 정의하고 소프트웨어가 수출사업에서 차지하는 비중을 소개하고 있다.
② (나)는 스마트계약의 특징을 제시하고 특징과 연관 지어 스마트계약의 장단점을 제시하고 있다.
③ (나)는 스마트계약 방식이 수출 사업자에게 이윤을 가져다주는 과정을 제시하고 사업자가 계약 방식을 선택할 때의 유의점을 나열하고 있다.
④ (가)와 (나) 모두 사업의 효율성을 극대화하는 방안을 제안하고 이를 실제 거래 사례를 통해 설명하고 있다.

**21** (가)에 대한 이해로 가장 적절한 것은?

① 공급사와의 물품 공급계약이나 소프트웨어 개발계약 사항은 양해 각서나 확약서 속 조항에 포함된다.
② 발주사의 요건이 변동하면 개발사는 반복적 방법론을 사용하여 각 단계를 반복하여 시스템을 설계 및 개발한다.
③ 개발사는 정적인 테스트와 인수 테스트로 나누어 소프트웨어의 검수 절차를 거치고 이를 인수한다.
④ 프로젝트 초반에 유상보수계약을 체결하고 소프트웨어 인수 직후부터 유상 유지보수 서비스가 시행된다.

**22** (나)에서 답을 찾을 수 있는 질문에 해당하지 않는 것은?

① 스마트계약과 일반 계약의 차이점은 무엇인가?
② 스마트계약이 거래에 신뢰를 줄 수 있는 이유는 무엇인가?
③ 비표준화된 거래 내용에 스마트계약을 적용할 수 있는 방안은 무엇인가?
④ 계약 이해당사자가 많은 경우 스마트계약이 계약 과정에 가져다주는 이점은 무엇인가?

**23** 다음 〈보기〉의 (A)~(D)에 ㉠을 적용하려고 한다. 윗글을 참고했을 때, 이에 대한 반응으로 가장 적절하지 않은 것은?

〈보 기〉

(A) 국제 거래에서의 대금 결제는 거래 상대방에 대한 신뢰 확보가 전제되므로 상대방의 신용 위험을 관리하기 위해 별도의 신용장 개설, 위험 관리시스템 구축 등의 여러 부가적인 노력이 필요하다.
(B) 소프트웨어 수출사업에서는 외국 발주처, 개발사, 공급업체, 개발하청업체 등 많은 이해관계자가 있다. 프로젝트 진행 상황 공유, 물품 정보 교환 등 이해관계자 간의 소통을 위해 많은 회의가 진행된다.
(C) 라이선스 계약은 사용자에게 라이선스를 부여하고 라이선스료를 받는 것이 핵심이므로 신속한 처리가 필수적이다.
(D) 소프트웨어 수출사업에서 개발계약과 유지보수 계약의 추가 개발 건에서는 발주자의 요건이 변경될 때마다 계약 범위, 계약 대금이 변경된다.

① (A)의 대금 결제 과정에서 거래 확실성이 높은 ㉠을 적용한다면, 신용 위험에의 우려 없이 거래를 진행할 수 있겠군.
② (B)의 상황에서 투명성을 특징으로 하는 ㉠을 적용한다면, 여러 정보가 실시간으로 투명하게 공개되어 문제 파악과 해결이 빨라질 수 있겠군.
③ (C)의 라이선스 계약 과정에서 간명한 계약 집행과 기록이 가능한 ㉠을 적용한다면, 라이선스 부여와 그 사용료 징수가 신속하게 이루어질 수 있겠군.
④ (D)와 같이 계약 체결 후 변경이 잦은 경우, 실시간 대처가 가능한 ㉠을 적용한다면 사업의 효율성을 높일 수 있겠군.

**24** ⓐ와 문맥적 의미가 가장 유사한 것은?

① 물보라가 뽀얗게 일어난다.
② 금덩이를 보니 마음에 욕심이 일어난다.
③ 건조한 날에는 주의를 기울이지 않으면 산불이 일어난다.
④ 공공정책을 수립하는 과정에서는 다양한 의견 충돌과 조율 과정이 일어난다.

**25** 다음 〈보기〉의 표준 발음법을 가장 바르게 적용한 것은?

〈보 기〉

㉠ 받침 'ㄷ, ㅌ'이 조사의 모음 'ㅣ'와 결합하는 경우에는, [ㅈ, ㅊ]으로 바꾸어서 뒤 음절 첫소리로 옮겨 발음한다. 예 솥이[소치]
㉡ 받침 'ㄷ, ㅌ(ㄾ)'이 접미사의 모음 'ㅣ'와 결합되는 경우에는, [ㅈ, ㅊ]으로 바꾸어서 뒤 음절 첫소리로 옮겨 발음한다. 예 미닫이[미다지]
㉢ 받침 'ㄷ' 뒤에 접미사 '히'가 결합되어 '티'를 이루는 것은 [치]로 발음한다. 예 묻히다[무치다]

① '끝이 보인다'의 '끝이'는 ㉠에 따라 'ㅌ'을 [ㅊ]으로 바꿔 [끄치]로 발음해야겠군.
② '그 집의 밭이 크다'의 '밭이'는 ㉡에 따라 'ㅌ'을 [ㅊ]으로 바꿔 [바치]로 발음해야겠군.
③ '비누를 굳히다'의 '굳히다'는 ㉡에 따라 '티'를 [치]로 바꿔 [구치다]로 발음해야겠군.
④ '스티커를 붙이다'의 '붙이다'는 ㉢에 따라 '티'를 [치]로 바꿔 [부치다]로 발음해야겠군.

# 국어 | 2024년 법원직 9급

✅ 회독 CHECK 1 2 3

**[01~03]** 다음 글을 읽고 물음에 답하시오.

(가)
　오늘 저녁 이 좁다란 방의 흰 바람벽에
　어쩐지 쓸쓸한 것만이 오고 간다
　이 흰 바람벽에
　희미한 십오 촉(十五燭) 전등이 지치운 불빛을 내어던지고
　때글은 다 낡은 무명샤쯔가 어두운 그림자를 쉬이고
　그리고 또 달디단 따끈한 감주나 한잔 먹고 싶다고 생각하는 내 가지가지 외로운 생각이 헤매인다
　그런데 이것은 또 어인 일인가
　이 흰 바람벽에 / 내 ㉠ **가난한 늙은 어머니**가 있다
　내 가난한 늙은 어머니가
　이렇게 시퍼러둥둥하니 추운 날인데 차디찬 물에 손은 담그고 무이며 배추를 씻고 있다
　또 ㉡ **내 사랑하는 사람**이 있다
　내 사랑하는 어여쁜 사람이
　어늬 먼 앞대 조용한 개포가의 나즈막한 집에서
　그의 지아비와 마조 앉어 대구국을 끓여놓고 저녁을 먹는다
　벌써 ㉢ **어린것**도 생겨서 옆에 끼고 저녁을 먹는다
　그런데 또 이즈믁하야 어늬 사이엔가
　이 흰 바람벽엔 / 내 쓸쓸한 얼굴을 쳐다보며
　**이러한 글자들**이 지나간다
[A]
　　― 나는 이 세상에서 가난하고 외롭고 높고 쓸쓸하니 살어가도록 태어났다
　　그리고 이 세상을 살어가는데
　　내 가슴은 너무도 많이 뜨거운 것으로 호젓한 것으로 사랑으로 슬픔으로 가득 찬다
　그리고 이번에는 **나를 위로하는 듯이 나를 울력하는 듯이**
　**눈질을 하며 주먹질을 하며** 이런 글자들이 지나간다
　　― 하늘이 이 세상을 내일 적에 그가 가장 귀해하고 사랑하는 것들은 모두 가난하고 외롭고 높고 쓸쓸하니 그리고 언제나 넘치는 사랑과 슬픔 속에

살도록 만드신 것이다
**초생달**과 **바구지꽃**과 **짝새**와 **당나귀**가 그러하듯이
그리고 또 '프랑시쓰 쨈'과 도연명(陶淵明)과 '라이넬 마리아 릴케'가 그러하듯이

― 백석, 「흰 바람벽이 있어」―

(나)
우리 집도 아니고 / 일갓집도 아닌 집
고향은 더욱 아닌 곳에서
㉣ **아버지의 침상(寢床)** 없는 최후 최후의 밤은
풀벌레 소리 가득 차 있었다.

노령(露領)을 다니면서까지
애써 자래운 ㉤ **아들과 딸**에게
한마디 남겨 두는 말도 없었고,
아무을만(灣)의 파선도
설룽한 니코리스크의 밤도 완전히 잊으셨다.
목침을 반듯이 벤 채.

다시 뜨시잖는 두 눈에
피지 못한 꿈의 꽃봉오리가 갈앉고,
얼음장에 누우신 듯 손발은 식어 갈 뿐
입술은 심장의 영원한 정지(停止)를 가리켰다.
때늦은 의원이 아모 말 없이 돌아간 뒤
이웃 늙은이 손으로 / 눈빛 미명은 고요히
낯을 덮었다.

우리는 머리맡에 엎디어
있는 대로의 울음을 다아 울었고
아버지의 침상 없는 최후 최후의 밤은
풀벌레 소리 가득 차 있었다

― 이용악, 「풀벌레 소리 가득 차 있었다」―

**01** (가), (나)의 공통점에 대한 설명으로 가장 적절하지 않은 것은?

① 화자가 분명하게 드러나 있다.
② 유사한 문장 구조가 반복되고 있다.
③ 시적 대상과의 대화를 통해 시상이 전개되고 있다.
④ 감각적 이미지를 활용해 시적 상황을 묘사하고 있다.

**02** 〈보기〉를 참고하여 [A]를 이해한 것으로 가장 적절하지 않은 것은?

〈보 기〉

「흰 바람벽이 있어」에서는 일종의 스크린 역할을 하는 '흰 바람벽'을 통해 자기 성찰이 이루어진다. '흰 바람벽'을 통해 시인의 추억이 지나가고, 마침내 화자의 목소리가 자막으로 처리된다. 그 목소리의 실제 주인공인 화자는 스크린 속에서 펼쳐지는 '나'를 보는 관객이 된다. '나'가 스크린을 통해 이렇게 둘로 분리되면서 '나'의 성찰은 한층 깊이를 갖게 된다.

① '이러한 글자들'은 실제로는 화자 자신의 목소리에 해당하는 것으로 볼 수 있겠군.
② 화자가 관객이 되어 '나를 위로하는 듯이 나를 울력하는 듯이' 지나가는 글자들을 바라보고 있군.
③ 화자의 목소리가 '눈질을 하며 주먹질을 하며' 지나가는 글자로 표현되면서 성찰의 깊이가 확보된다고 볼 수 있겠군.
④ '초생달', '바구지꽃', '짝새', '당나귀'와의 합일을 통해 화자 자신이 지향하고자 하는 삶에 대한 성찰을 드러냈군.

**03** ㉠~㉤에 대한 설명으로 가장 적절한 것은?

① ㉠, ㉡ 모두 화자가 그리워하는 대상이다.
② ㉡, ㉣ 모두 고국을 떠나 유랑하는 삶을 살고 있다.
③ ㉡, ㉢은 고향에 대한 향수를 유발하는 대상이다.
④ ㉢, ㉤은 재회를 소망하는 시적 대상이다.

**04** 〈보기〉의 밑줄 친 부분에 대한 설명으로 가장 적절한 것은?

〈보 기〉

㉠ 그는 자기 일 밖의 다른 일에는 관심이 없다.
㉡ 한밤중에 그가 나에게 전화 할 줄 몰랐다.
㉢ 노력한 만큼 대가가 있을 테니 선생님만큼만 공부하길 바란다.
㉣ 형님께는 햇사과를, 동생에게는 햅쌀을 선물로 보냈다.

① ㉠: 두 개의 형태소가 결합된 하나의 단어이다.
② ㉡: 단어의 자격을 가지고 반드시 다른 말과 결합하여 쓰인다.
③ ㉢: 다른 형태소와 결합하지 않으면 쓰일 수 없고 형식적 의미만을 나타낸다.
④ ㉣: 음운 환경에 따라 형태가 바뀌고 실질적 의미가 아닌 문법적인 뜻을 갖는다.

[05~07] 다음 글을 읽고 물음에 답하시오.

(가)
　내가 집이 가난해서 말이 없기 때문에 간혹 남의 말을 빌려서 타곤 한다. 그런데 노둔하고 야윈 말을 얻었을 경우에는 일이 아무리 급해도 감히 채찍을 대지 못한 채 금방이라도 쓰러지고 넘어질 것처럼 전전긍긍하기 일쑤요, 개천이나 도랑이라도 만나면 또 말에서 내리곤 한다. 그래서 후회하는 일이 거의 없다. 반면에 발굽이 높고 귀가 쫑긋하며 잘 달리는 준마를 얻었을 경우에는 의기양양하여 방자하게 채찍을 갈기기도 하고 고삐를 놓기도 하면서 언덕과 골짜기를 모두 평지로 간주한 채 매우 유쾌하게 질주하곤 한다. 그러나 간혹 위험하게 말에서 떨어지는 환란을 면치 못한다.
　아, 사람의 감정이라는 것이 어쩌면 이렇게까지 달라지고 뒤바뀔 수가 있단 말인가. 남의 물건을 빌려서 잠깐 동안 쓸 때에도 오히려 이와 같은데, 하물며 진짜로 자기가 가지고 있는 경우야 더 말해 무엇하겠는가.
　그렇긴 하지만 사람이 가지고 있는 것 가운데 남에게 빌리지 않은 것이 또 뭐가 있다고 하겠는가. 임금은 백성으로부터 힘을 빌려서 존귀하고 부유하게 되는 것이요, 신하는 임금으로부터 권세를 빌려서 총애를 받고 귀한 신분이 되는 것이다. 그리고 자식은 어버이에게서, 지어미는 지아비에게서, 비복(婢僕)은 주인에게서 각각 빌리는 것이 또한 심하고도 많은데, 대부분 본래 가지고 있는 것처럼 여기기만 할 뿐 끝내 돌이켜 보려고 하지 않는다. 이 어찌 미혹된 일이 아니겠는가.
　그러다가 혹 잠깐 사이에 그동안 빌렸던 것을 돌려주는 일이 생기게 되면, 만방(萬邦)의 임금도 독부(獨夫)가 되고, 백승(百乘)의 대부(大夫)도 고신(孤臣)이 되는 법인데, 더군다나 미천한 자의 경우야 더 말해 무엇하겠는가.
　맹자(孟子)가 말하기를 "오래도록 차용하고서 반환하지 않았으니, 그들이 자기의 소유가 아니라는 것을 어떻게 알았겠는가."라고 하였다. 내가 이 말을 접하고서 느껴지는 바가 있기에, 차마설을 지어서 그 뜻을 부연해 보았다.

— 이곡, 「차마설(借馬說)」 —

(나)
　10월 초하루에 이자(李子)가 밖에서 돌아오니, 종들이 흙을 파서 집을 만들었는데, 그 모양이 무덤과 같았다. 이자는 어리석은 체하며 말하기를,
　"무엇 때문에 집 안에다 무덤을 만들었느냐?"
하니, 종들이 말하기를,
　"이것은 무덤이 아니라 토실입니다."
하기에,
　"어찌 이런 것을 만들었느냐?"
하였더니,
　"겨울에 화초나 과일을 저장하기에 좋고, 또 길쌈하는 부인들에게 편리하니, 아무리 추울 때라도 온화한 봄 날씨와 같아서 손이 얼어 터지지 않으므로 참 좋습니다."
하였다.
　이자는 더욱 화를 내며 말하기를,
　"여름은 덥고 겨울이 추운 것은 사시(四時)의 정상적인 이치이니, 만일 이와 반대가 된다면 곧 괴이한 것이다. 옛적 성인이, 겨울에는 털옷을 입고 여름에는 베옷을 입도록 마련하였으니, 그만한 준비가 있으면 족할 것인데, 다시 토실을 만들어서 추위를 더위로 바꿔 놓는다면 이는 하늘의 명령을 거역하는 것이다. 사람은 뱀이나 두꺼비가 아닌데, 겨울에 굴속에 엎드려 있는 것은 너무 상서롭지 못한 일이다. 길쌈이란 할 시기가 있는 것인데, 하필 겨울에 할 것이냐? 또 봄에 꽃이 피었다가 겨울에 시드는 것은 초목의 정상적인 성질인데, 만일 이와 반대가 된다면 이것은 괴이한 물건이다. 괴이한 물건을 길러서 때아닌 구경거리를 삼는다는 것은 하늘의 권한을 빼앗는 것이니, 이것은 모두 내가 하고 싶은 뜻이 아니다. 빨리 헐어 버리지 않는다면 너희를 용서하지 않겠다."
하였더니, 종들이 두려워하여 재빨리 그것을 철거하여 그 재목으로 땔나무를 마련했다. 그리하고 나니 나의 마음이 비로소 편안하였다.

— 이규보, 「괴토실설(壞土室說)」 —

**05** (가)와 (나)의 서술상의 특징에 대한 설명으로 가장 적절한 것은?

① 주관적인 정서를 함축적인 언어 형식으로 형상화하고 있다.
② 대화와 행동을 중심으로 사건을 현재형으로 보여 주고 있다.
③ 실재하는 사실을 들어 이에 대한 생각을 자연스럽게 드러내고 있다.
④ 현실 세계를 반영한 갈등을 중심으로 허구적 이야기를 전개하여 독자의 이해를 도모하고 있다.

**06** (나)의 이자(李子)가 비판할 대상으로 가장 적절하지 않은 것은?

① 댐 건설을 통한 안정적인 수자원 확보
② 스마트 온실을 활용한 작물 재배 및 수확
③ 로컬푸드 직매장 확충을 통한 지역 내 거래 촉진
④ 패시브 하우스 건축을 통한 연중 일정 온도 유지

**07** (가)와 〈보기〉에 대한 이해로 적절한 것을 모두 고르면?

〈보 기〉
강산 죠흔 경을 힘센 이 닷톨 양이면
내 힘과 내 분으로 어이ᄒᆞ여 엇들쏜이
진실로 금ᄒᆞ리 업쓸씌 나도 두고 논이노라
– 김천택

㉠ (가)의 '만방의 임금'과 〈보기〉의 '힘센 이' 모두 멀리해야 할 대상이 되겠군.
㉡ (가)와 〈보기〉 모두 설의의 방식을 통해 전하고자 하는 바를 강조하고 있군.
㉢ (가)의 '맹자'와 〈보기〉의 화자 모두 소유할 수 없는 것이 있음을 이야기하고 있군.
㉣ (가)와 〈보기〉 모두 독자로 하여금 성찰의 자세를 갖출 것을 독려하고 있군.

① ㉠, ㉡
② ㉠, ㉢
③ ㉡, ㉢
④ ㉢, ㉣

**[08~10]** 다음 글을 읽고 물음에 답하시오.

1980년대 심리학자들은 어떤 단어를 보았을 때 그것과 연관된 많은 단어 중에 어떤 단어가 쉽게 떠오르는지는 그때그때 다르고, 어떻게 다른지 측정할 수 있다는 것을 발견하였다. 이를테면 'SO_P'에서 빈칸을 채워 단어를 완성하라고 하면, 최근에 '먹다'라는 단어를 보았거나 들은 사람이라면 순간적으로 'SOAP(비누)'보다는 'SOUP(수프)'란 단어를 떠올리기 쉽다. 반면에 금방 '씻다'라는 단어를 본 사람이라면 '수프'보다 '비누'를 떠올릴 확률이 높다. 이런 현상을 '점화 효과'라 하고, '먹다'라는 말이 '수프' 생각을 점화 또는 촉발했다거나 그 말이 기폭제가 되어 '수프'가 떠올랐다고 설명한다.

점화 효과는 여러 형태로 나타난다. 머릿속에 '먹다'라는 개념이 있으면 '수프'란 말이 어렴풋이 들리거나 뿌옇게 보여도 평소보다 빨리 그 단어를 알아볼 것이다. 그리고 수프 외에도 '고기', '배고프다', '다이어트' 등 음식과 관련된 수많은 단어가 떠오른다. 여기에서 점화된 개념은 정도는 약할지라도 또다시 다른 개념을 점화할 수 있다. 이런 활성화는 호수에 물결이 일듯이 거대한 연상망의 한쪽에서 주위로 퍼져나간다. 이 현상은 현재 심리학에서 매우 흥미로운 연구 주제다.

기억 연구에서 또 하나의 큰 성과는 점화 효과가 개념이나 단어에만 국한하지 않는다는 사실을 발견한 것이다. 의식적으로 경험할 수는 없지만, 인지하지도 못한 사건이 행동과 감정을 촉발할 수 있다는 것이다. 심리학자 존 바그가 동료들과 실시한 실험은 이를 뒷받침한다. 이들은 대부분 18세에서 22세 사이인 뉴욕대학 학생들에게 단어 다섯 개가 뒤섞인 문장을 주고 거기서 단어 네 개를 뽑아 문장을 완성하라고 했다. 이때 한 집단에게는 문장 중 절반에 '깜빡하다', '대머리', '회색', '주름' 등 노인과 관련된 단어를 섞어 제시했다. 문제를 다 푼 학생은 복도 끝에 있는 실험실로 가서 다른 실험에 참여해야 했다. 이 짧은 순간이 바로 이 실험의 핵심이었다. 연구원들은 각 학생이 반대쪽 실험실까지 가는 데 걸리는 시간을 측정했다. 바그가 예상한 대로, 노인과 관련 있는 단어로 문장을 만든 학생은 그렇지 않은 학생보다 훨씬 느린 걸음으로 다른 실험실로 이동했다.

'관념운동 효과'로도 알려진 실험 결과는 점화 효과의 두 단계가 나타났다. 첫째, 주어진 단어 조합에는 '노인'이란 말이 전혀 등장하지 않았는데도 노인에 대한 개념을 점화

했다. 둘째, 이런 생각이 행동을 촉발해, 노인처럼 느리게 걷게 했다. 이 모든 결과는 실험 참가자들이 전혀 인식하지 못한 채 일어났다. 실험이 끝나고 학생들에게 제시된 단어에 공통된 주제가 있었다는 사실을 알았냐고 묻자 하나같이 몰랐다고 대답하였고, 첫 번째 실험에서 본 단어가 그 뒤의 행동에 전혀 영향을 미치지 않았다고 주장했다.

관념운동 효과는 거꾸로 나타날 수도 있다. 독일의 어느 대학에서는 뉴욕 대학에서 바그가 했던 실험을 거꾸로 실시했다. 실험에서 학생들은 1분에 30걸음을 걷는 속도로 5분 동안 실험실 안을 걸어 다녀야 했는데, 평소 속도의 약 3분의 1 수준이었다. 이 짧은 실험이 끝난 뒤 참가자들은 '깜빡하다', '늙다', '외롭다' 등 노인과 관련된 단어를 훨씬 빨리 알아보았다. 점화 효과가 어느 방향으로 나타나든 모두 일관된 반응을 보인 것이다.

**08** 윗글의 내용 전개 방식에 대한 설명으로 가장 적절한 것은?

① 현실적 사례를 중심으로 다양한 가설을 검증하고 있다.
② 설명 대상을 뒷받침하는 다양한 사례를 제시해 독자의 이해를 도모하고 있다.
③ 구체적인 사례를 제시하고 이와 관련되는 해결 방안과 한계를 설명하고 있다.
④ 논의 대상에 대해 구분되는 관점을 제시하고, 이에 어긋나는 반례를 분석하고 있다.

**09** 윗글의 내용과 가장 일치하는 것은?

① 점화 효과는 단어와 관련된 개념만을 활성화시킨다.
② 점화 효과는 일정한 방향만으로 작용한다는 특징을 지닌다.
③ 점화 효과는 의식하지 못하는 사이에 행동과 감정을 촉발할 수 있다.
④ 점화 효과는 연상망의 확장을 유도함으로써 사유의 폭을 넓힐 수 있다.

**10** 윗글을 바탕으로 〈보기〉의 내용을 이해한 것으로 가장 적절하지 않은 것은?

〈보 기〉

우리는 투표를 정책에 대한 자신의 평가와 가치를 반영하는 의도적 행위로 보고, 정책과 무관한 것에 영향을 받지 않는다고 생각한다. 그래서 투표소의 위치 등에는 영향을 받지 않는다고 생각한다. 그러나 2000년 애리조나 선거구에서 투표 유형을 분석한 결과, 학교 재정 지원 증가안에 찬성한 비율은 학교 안에 투표소가 설치된 경우가 그렇지 않은 경우보다 훨씬 높았다.

① 투표소의 위치가 투표 행위를 점화했다고 볼 수 있겠군.
② 학교와 관련된 개념이나 단어를 활성화하는 것으로도 비슷한 효과를 관찰할 수 있겠군.
③ 의식적이고 자율적이라고 생각했던 판단이 실은 인지하지 못한 요인으로부터 촉발된 것일 수 있겠군.
④ 학교 재정 지원 증가안에 찬성한 사람들은 투표소 위치가 투표 행위에 영향을 미쳤다고 주장할 가능성이 크겠군.

**[11~13]** 다음 글을 읽고 물음에 답하시오.

[앞부분 줄거리] '나'의 친정어머니는 넘어져 크게 다치는 바람에 수술을 받게 되고, '나'는 홀로 어머니의 병실을 지키게 된다. 아흔에 가까운 고령의 어머니는 수술 후 마취가 풀리면서 허공에 대고 소리치는 등 이상한 행동을 보인다.

"그놈 또 왔다. 뭘하고 있냐! 느이 오래빌 숨겨야지, 어서"
"엄마, 제발 이러시지 좀 마세요. 오빠가 어디 있다고 숨겨요?"
"그럼 느이 오래빌 벌써 잡아갔냐."
"엄마, 제발."
어머니의 손이 사방을 더듬었다. 그러다가 붕대 감긴 자기의 다리에 손이 닿자 날카롭게 속삭였다.
"가엾은 내 새끼 여기 있었구나. 꼼짝 말아. 다 내가 당할 테니."
어머니의 떨리는 손이 다리를 감싸는 시늉을 했다. ㉠ 그때부터 어머니의 다리는 어머니의 아들이었다. 어머니는 온몸으로 그 다리를 엄호하면서 어머니의 적을 노려보았다. 어머니의 적은 저승의 사자가 아니었다.
"군관 동무, 군관 선생님, 우리 집엔 여자들만 산다니까요."
어머니의 눈의 푸른 기가 애처롭게 흔들리면서 입가에 비굴한 웃음이 감돌았다. 나는 어머니가 환각으로 보고 있는게 무엇이라는 걸 알아차렸다. 가엾은 어머니, 차라리 저승의 사자를 보시는 게 나았을 것을……. 
어머니는 그 다리를 어디다 숨기려는지 몸부림쳤다. 그러나 어머니의 다리는 요지부동이었다.
"군관 나으리, 우리 집엔 여자들만 산다니까요. 찾아보실 것도 없다니까요. 군관 나으리."
그러나 절대절명의 위기가 어머니에게 육박해오고 있음을 난들 어쩌랴. 공포와 아직도 한 가닥 기대를 건 비굴이 어머니의 얼굴을 뒤죽박죽으로 일그러뜨리고 이마에선 구슬같은 땀이 송글송글 솟아오르고 다리를 감싼 손과 앙상한 어깨는 사시나무 떨듯 떨고 있었다.
가엾은 어머니, 하늘도 무심하시지, 차라리 죽게 하시지, 그 몹쓸 일을 두 번 겪게 하시다니…….
"어머니, 어머니 이러시지 말고 제발 정신 차리세요."
나는 어머니의 어깨를 흔들면서 울부짖었다. 어머니는 어디서 그런 힘이 솟는지 나를 검부러기처럼 가볍게 털어내면서 격렬하게 몸부림쳤다.
"안된다. 안돼. 이 노옴. 안돼. 너도 사람이냐? 이 노옴, 이 노옴."

나는 벽까지 떠다밀린 채 와들와들 떨면서 점점 심해가는 어머니의 광란을 지켜볼 수밖에 없었다. 어머니의 몸에서 수술한 다리만 빼고는 온몸이 노한 파도처럼 출렁였다. 그래서 더욱 그 다리는 어머니의 몸이 아닌 이물질처럼 괴기스러워 보였다. 어머니의 그 다리와 아들과의 동일시가 나한테까지 옮아붙은 것처럼 나는 그 다리가 무서웠다.
"안된다 이 노옴"이라는 호통과 "군관 나으리, 군관 선생님, 군관 동무"라는 아부를 번갈아 하며 몸부림치는 서슬에 마침내 링거줄이 주사바늘에서 빠져 버렸다. 혈관에 꽂힌 채인 주사바늘을 통해 피가 역류해 환자복과 시트를 점점 물들였다. 피를 보자 어머니의 광란은 극에 달했다.

[중략 줄거리] '나'는 겨우 어머니를 진정시킨다. 과거 6·25전쟁에서 '나'의 오빠는 인민군 치하에서 어쩔 수 없이 의용군에 지원했다가 겨우 탈출하여 돌아온다. 그런데 오빠는 속속들이 망가져 있었다. 전세가 불리해져 피란을 갈 상황에 처한 가족은 예전에 살던 동네에 숨어 지내게 된다. 그러던 어느 날, 집에 들어닥친 인민군 군관에게 발각된다.

다시 포성이 가까워지고 그들의 눈에 핏발이 서기 시작했다. 어머니는 앉으나서나 그들이 곱게 물러가기만을 축수했다.
"그저 내 자식 해코지만 마소서. 불쌍한 내 자식 해코지만 마소서."
마침내 보위군관이 작별하러 왔다. 그의 작별방법은 특이했다.
"내가 동무들같이 간사한 무리들한테 끝까지 속을 것 같소. 지금이라도 바른 대로 대시오. 이래도 바른 소리를 못하겠소?"
그가 허리에 찬 권총을 빼 오빠에게 겨누며 말했다.
"안된다. 안돼. 이 노옴 너도 사람이냐? 이 노옴."
어머니가 외마디 소리를 지르며 그의 팔에 매달렸다. 오빠는 으, 으, 으, 으, 짐승 같은 소리로 신음하는 게 고작이었다. 그가 어머니를 획 뿌리쳤다.
"이래도 이래도 바른 말을 안할 테냐? 이래도."
총성이 울렸다. 다리였다. 오빠는 으, 으, 으, 으, 같은 소리밖에 못 냈다.
"좋다. 이래도 바른 말을 안할 테냐? 이래도."
또 총성이 울렸다. 같은 말과 총성이 서너 번이나 되풀이됐다. 잔혹하게도 그 당장 목숨이 끊어지지 않게 하체만

겨냥하고 쏴댔다.

　오빠는 유혈이 낭자한 가운데 기절해 꼬꾸라지고 어머니도 그가 뿌리쳐 나동그라진 자리에서 처절한 외마디 소리만 지르다가 까무라쳤다.

　"죽기 전에 바른말 할 기회를 주기 위해 당장 죽이진 않겠다."

　그후 군관은 다시 나타나지 않았다. 며칠만에 세상은 또 바뀌었다.

　오빠의 총상은 다 치명상이 아니었는데도 며칠만에 운명했다. 출혈이 심한데다 적절한 치료를 받을 수가 없었기 때문이다.

― 박완서, 「엄마의 말뚝 2」 ―

**11** 윗글의 서술상 특징으로 가장 적절한 것은?

① 서술자가 자신의 심리적 반응과 해석을 구체적으로 제시하고 있다.
② 서술자를 장면에 따라 전환하여 사건을 입체적으로 전달하고 있다.
③ 동시에 벌어진 사건을 병렬적으로 제시하여 사건의 단서를 암시하고 있다.
④ 과거의 사건을 요약적으로 제시하여 인물 간의 갈등이 해소되는 과정을 보여주고 있다.

**12** ㉠과 관련해 작품의 구절을 이해한 내용으로 가장 적절하지 않은 것은?

① '어머니'가 '온몸으로 그 다리를 엄호'하는 것은, 과거 사건에서 '아들'을 지키고자 했던 '어머니'의 마음이 담긴 것이군.
② '어머니'가 환각 속에서 보고 있는 '군관'은, 과거 사건에서 '오빠'를 해친 존재로군.
③ '나'가 '차라리 죽게 하시지'라고 생각하는 이유는, '어머니'의 환각이 매우 고통스러움을 알고 있기 때문이군.
④ '어머니'가 '나'를 '털어내면서 격렬하게 몸부림'치는 이유는, 과거 '나'가 '오빠'를 지키지 못한 것에 대한 원망 때문이군.

**13** 윗글의 내용에 대한 이해로 가장 적절하지 않은 것은? 〈변형〉

① 환각을 보는 '어머니'의 몸은 심하게 떨렸다.
② 주삿바늘을 통해 나온 피를 보고 '어머니'의 이상 행동이 심해졌다.
③ '보위군관'은 마을에 도착하자마자 '나'의 집을 찾아왔다.
④ '오빠'는 총에 맞아 생긴 상처로 인해 죽음에 이르게 되었다.

**[14~15] 다음 글을 읽고 물음에 답하시오.**

世·솅宗종 御·엉製·졩 訓·훈民민正·졍音흠
나·랏:말쓰·미 ㉠中듕國·귁·에 달·아 ㉡文문字·쭝·
와·로 서르 ᄉᆞᆺ·디 아·니ᄒᆞᆯ·씨
·이런 젼·ᄎᆞ·로 어·린 百·빅姓·셩·이 니르·고·져 ㉢·홇· 배 이·셔·도
ᄆᆞᄎᆞᆷ:내 제 ㉣·ᄠᅳ·들 시·러 펴·디 :몯ᄒᆞᇙ ·노·미 하·니·라
㉤·내 ·이·ᄅᆞᆯ 爲·윙·ᄒᆞ·야 :어엿·비 너·겨 ·새·로 ㉥·스·믈여·듧字·쭝·ᄅᆞᆯ 밍·ᄀᆞ노·니
:사름:마·다 :ᄒᆡ·ᅇᅧ :수·ᄫᅵ 니·겨 ·날·로 ㉦·뿌·메 便뼌安한·킈 ᄒᆞ·고·져 ᄒᆞᇙ ᄯᆞᄅᆞ·미니·라

**14** 윗글의 ㉠~㉦에 대한 설명으로 가장 적절하지 않은 것은?

① ㉠과 ㉦에서 동일한 비교의 부사격 조사를 확인할 수 있다.
② ㉡에는 다른 대상과의 비교를 표시하는 조사가 드러난다.
③ ㉢과 ㉤에서 같은 격을 표시하는 조사를 확인할 수 있다.
④ ㉣과 ㉥을 통해 체언의 끝소리와 모음 조화에 따라 목적격 조사가 다르게 실현됨을 확인할 수 있다.

**15** 현대 국어와의 비교를 통해 알 수 있는 음운 변화로 가장 적절하지 않은 것은?

① '·이런'이 '이런'으로 바뀌었음을 통해 성조가 사라졌음을 알 수 있다.
② '말쏨·미'가 '말씀이'로, 'ᄆ·ᄎᆞᆷ:내'가 '마침내'로 바뀌었음을 통해 아래 아(·)가 첫 음절에서는 'ㅏ', 둘째 음절 이하에서는 'ㅡ' 또는 'ㅣ'로 바뀌었음을 알 수 있다.
③ '펴·디'가 '펴지'로 바뀌었음을 통해 'ㅣ' 모음 앞에서 구개음화가 적용되게 되었음을 알 수 있다.
④ ':몯홇'이 '못할'로 바뀌었음을 통해 종성의 'ㄷ'이 'ㅅ'으로 발음되게 되었음을 알 수 있다.

**16** ⟨보기⟩를 참고하여 능동문을 피동문으로 바꾼 결과로 가장 적절하지 않은 것은?

⟨보 기⟩

주어가 다른 주체에 의해서 어떤 동작을 당하거나 영향을 받는 문장을 피동문이라고 한다. 피동문을 만들 때에는 능동사 어근에 피동 접미사 '-이-, -히-, -리-, -기-'를 붙이거나, '-되다' 혹은 '-아지다/-어지다'를 사용한다.

| | 능동문 | 피동문 |
|---|---|---|
| ① | 내가 웃었다. | 민수가 나를 웃겼다. |
| ② | 모기가 나를 물었다. | 내가 모기에게 물렸다. |
| ③ | 정부가 회담을 진행하였다. | 회담이 정부에 의해 진행되었다. |
| ④ | 나는 바라던 것을 이루었다. | 바라던 것이 이루어졌다. |

**17** ⟨보기⟩의 ㉠~㉢에 들어갈 내용으로 가장 적절한 것은?

⟨보 기⟩

• 학습 활동
주어와 서술어의 관계가 두 번 이상 나타난 문장을 겹문장이라고 한다. 홑문장보다 복잡한 겹문장의 구조를 잘 파악하려면 각 절의 주어와 서술어를 잘 파악하는 것이 중요하다.
이를 바탕으로 아래 문장의 구조를 파악해 보자.

형이 저지른 잘못이 빌미가 되었음을 동생이 밝혔다.

• 학습 활동 수행 결과
문장 전체에 주어와 서술어의 구조는 3회 나타난다. 먼저 문장 전체의 서술어는 '밝혔다'이고, 이에 해당하는 주어는 ( ㉠ )이다. 명사절의 서술어는 '되었음'이고, 이에 해당하는 주어는 ( ㉡ )이다. 관형사절의 서술어는 '저지른'이고, 이에 해당하는 주어는 ( ㉢ )이다.

| | ㉠ | ㉡ | ㉢ |
|---|---|---|---|
| ① | 동생이 | 잘못이 | 형이 |
| ② | 동생이 | 빌미가 | 형이 |
| ③ | 형이 | 잘못이 | 빌미가 |
| ④ | 형이 | 빌미가 | 잘못이 |

**18** 〈보기〉에 대한 설명으로 가장 적절하지 않은 것은?

〈보 기〉

제3절 보조 용언
제47항 보조 용언은 띄어 씀을 원칙으로 하되, 경우에 따라 붙여 씀도 허용한다.
다만, 앞말에 조사가 붙거나 앞말이 합성 용언인 경우, 그리고 중간에 조사가 들어갈 적에는 그 뒤에 오는 보조 용언은 띄어 쓴다.

① "그 일은 할 만하다."는 "그 일은 할만하다."와 같이 붙여 쓰는 것도 가능하다.
② '제47항 다만'에 따르면 "비가 올 듯도 하다."와 같이 띄어 쓰는 것만이 옳다.
③ '제47항 다만'에 따르면 "떠내려가버렸다."와 같이 적는 것은 옳지 않다.
④ '제47항 다만'에 따르면 "잘도 놀아만 나는구나!"는 앞말이 합성 용언이므로 띄어 쓴 경우에 해당한다.

[19~21] 다음 글을 읽고 물음에 답하시오.

지구인들이 만들어 낸 플라스틱 양은 1950년부터 2015년까지 무려 약 83억 톤에 이른다. 2020년 유엔환경계획(UNEA)의 특별 보고서에 따르면 1950년 한 해 약 200만 톤이던 플라스틱 생산량은 갈수록 증가해 2020년에는 약 4억 톤이 되었다. 이 플라스틱은 잘 썩지 않아서 만들면 만드는 대로 지구에 쌓이고 있다.

심지어 이 플라스틱은 생산되는 순간부터 사라질 때까지 온갖 환경 호르몬과 유해 물질을 꾸준히 배출해서 더욱 문제가 된다. 특정한 종류의 플라스틱은 높은 열이나 전자레인지에 노출되면 환경 호르몬이 검출된다. 안전할 것 같은 종이컵도 안쪽에 플라스틱이 코팅되어 있어서 갑상선 호르몬에 영향을 주는 과불화화합물(PFAS)이 검출되기도 한다. 폴리스티렌(PS)으로 만들어진 음료 컵 뚜껑에서는 스타이렌 같은 휘발성 유기화합물(VOC)이 나와서 많은 나라에서 이를 폴리프로필렌(PP)으로 교체하기도 하였다. 그렇게 플라스틱에서는 듣기만 해도 머리가 아프고 이름도 복잡한 온갖 해로운 물질이 쏟아져 나온다.

한편 플라스틱이 마모되어 만들어지는 ⊙ 미세 플라스틱도 심각한 문제이다. 이는 플라스틱의 생산량과 폐기량을 비교했을 때 오차가 너무 크다는 점에서 시작된 연구를 통해 발견되었다. 리처드 톰슨의 연구 팀에서 나머지 플라스틱이 어디로 사라졌는지 조사한 결과, 어마어마한 양의 플라스틱이 눈에 안 보일 만큼 작은 알갱이로 부서져 바닷속을 떠돌고 있음을 밝혀냈다. 미세 플라스틱은 우리가 마시는 물과 소금으로 흘러들고, 물고기 먹이가 되어 식탁 위에 올라 우리 입속으로 들어오고, 수증기와 함께 하늘로 올라가 비와 눈이 되어 전 지구에 내리고 있다.

미세 플라스틱은 미세 섬유에서도 만들어진다. 나일론, 폴리에스터, 폴리우레탄, 아크릴 같은 합성 섬유로 만든 옷을 세탁기에 넣고 빨면 수십만 개의 미세 섬유가 빠져나온다. 너무 작아서 어디에도 걸러지지 않는 미세 섬유는 누구의 방해도 받지 않고 바다로 흘러든다. 세계자연보호연맹(IUCN)에 따르면 미세 플라스틱 오염의 약 1/3은 미세 섬유 때문이라고 한다. 이는 패스트 패션이 비판받는 이유이기도 하다. 패스트 패션은 유행하는 디자인의 옷을 마치 패스트푸드처럼 매우 신속하게 제작, 유통, 판매하는 패션 산업을 가리킨다. 누구나 부담 없이 빠르게 변하는 유행을 따라 쉽게 사 입고 쉽게 버릴 수 있도록 가격이 저렴한 합성섬유를 많이 사용하게 된다.

플라스틱을 줄이는 것이 지구를 위해 무척 훌륭하고 중요한 일이라는 건 틀림없는 사실이다. 그러나 무턱대고 플라스틱 사용을 금지하기보다는 신중한 접근이 필요하다. 예를 들어 빨대가 문제라면 플라스틱 빨대만 금지할 것인지 빨대 자체를 금지할 것인지, 금지한다면 기업의 빨대 생산과 유통에 벌금을 물릴 것인지 소비자의 빨대 이용에 벌금을 물릴지, 그렇게 되면 아픈 사람이나 어린아이처럼 빨대가 꼭 필요한 사람들은 어떻게 할 것인지, 다른 재료로 빨대를 대신한다면 가장 편리하고 저렴하고 환경을 해치지 않는 게 무엇일지, 계속 묻고 또 물어야만 한다.

**19** 윗글을 이해한 내용으로 가장 적절하지 않은 것은?

① 2015년까지의 누적 플라스틱 양은 최소 약 83억 톤에 달한다.
② 플라스틱 생산량은 1950년 이후 지속적으로 증가하는 추세이다.
③ 저온에 노출되었을 때 환경 호르몬이 검출되는 플라스틱이 있다.
④ 패스트 패션은 빠르게 옷을 생산하고 판매하는 의류 산업이다.

**20** ㉠에 대한 이해로 가장 적절하지 않은 것은?

① 플라스틱 폐기량이 생산량보다 많은 이유에 해당한다.
② 사람이 먹는 음식에도 유입되고 있어 문제가 된다.
③ 의류를 세탁하는 과정에서 만들어지는 미세 섬유와도 관련이 있다.
④ 합성 섬유의 사용이 늘어나면 그 양이 증가할 수 있다.

**21** 윗글을 읽고 추론한 내용으로 가장 적절한 것은?

① 잘 썩는 플라스틱을 개발한다면 환경 호르몬 문제를 해결할 수 있을 것이다.
② 폴리프로필렌(PP)에서는 휘발성 유기화합물(VOC)이 검출되지 않을 것이다.
③ 바닷물과 달리 눈과 비에서는 미세 플라스틱이 검출되지 않을 것이다.
④ 환경 오염을 줄이려면 우선적으로 기업의 플라스틱 사용을 금지해야 한다.

**[22~25] 다음 글을 읽고 물음에 답하시오.**

해설자, 촌장이 되어 등장. 검은 옷차림. 이해심이 많아 보이는 얼굴과 정중한 태도. 낮고 부드러운 음성으로 말한다.
촌장: 수고하시는군요, 파수꾼님.
나: 아, 촌장님. 여긴 웬일이십니까?
촌장: 추억을 더듬으러 왔습니다. 이 황야는 내가 어린 시절 야생 딸기를 따러 오곤 했던 곳이지요. 그땐 이리가 무섭지도 않았나 봐요. 여기저기 덫이 깔려 있고 망루 위의 파수꾼이 외치는데도 어린 난 딸기 따기에만 열중했었으니까요. 그 즐거웠던 옛 추억, 오늘 아침 나는 그 추억을 상기시켜 주는 편지를 받았습니다. 그래 이곳엘 찾아온 겁니다.
나: 잘 오셨습니다, 촌장님.
촌장: 오래 뵙지 못했더니 그동안 흰머리가 더 많아지셨군요.
나: 촌장님도요, 더 늙으셨어요.
촌장: 오다 보니까 저쪽 덫에 이리가 치어 있습니다.
나: 이리요? 어느 쪽이죠?
촌장: 저쪽요, 저쪽. 찔레 덩굴 밑이던가요…….
나: 드디어 붙잡는군요!

파수꾼 나 퇴장. 촌장은 편지를 꺼내 다에게 보인다.

촌장: 이것, 네가 보낸 거니?
다: 네, 촌장님.
촌장: ㉠나를 이곳에 오도록 해서 고맙다. 한 가지 유감스러운 건, 이 편지를 가져온 운반인이 도중에서 읽어 본 모양이더라. "이리 떼는 없고, 흰 구름뿐." ㉡그 수다쟁이가 사람들에게 떠벌리고 있단다. 조금 후엔 모두들 이곳으로 몰려올 거야. 물론 네 탓은 아니다. 넌 나 혼자만을 와 달라고 하지 않았니? 몰려오는 사람들은, 말하자면 불청객이지. 더구나 어떤 사람은 도끼까지 들고 온다더라.
다: 도끼는 왜 들고 와요?
촌장: 망루를 부순다고 그런단다. "이리 떼는 없고, 흰 구름뿐." 그것이 구호처럼 외쳐지고 있어. ⓐ그 성난 사람들만 오지 않는다면 난 너하고 딸기라도 따러 가고 싶다. 난 어디에 딸기가 많은지 알고 있거든. 이리 떼를 주의하라는 팻말 밑엔 으레 잘 익은 딸기가 가득하단다.

다: 촌장님은 이리가 무섭지 않으세요?
촌장: 없는 걸 왜 무서워하겠니?
다: 촌장님도 아시는군요?
촌장: 난 알고 있지.
다: 아셨으면서 왜 숨기셨죠? 모든 사람들에게, 저 덫을 보러 간 파수꾼에게 왜 말하지 않은 거예요?
촌장: 말해 주지 않는 것이 더 좋기 때문이다.

(중략)

촌장: 애야, 이리 떼는 처음부터 없었다. 없는 걸 좀 두려워한다는 것이 뭐가 그렇게 나쁘다는 거냐? 지금까지 단 한 사람도 이리에게 물리지 않았단다. 마을은 늘 안전했어. 그리고 사람들은 이리 떼에 대항하기 위해서 단결했다. 그들은 질서를 만든 거야. 질서, 그게 뭔지 넌 알기나 하니? 모를 거야, 너는. 그건 마을을 지켜 주는 거란다. 물론 저 충직한 파수꾼에겐 미안해. 수천 개의 쓸모없는 덫들을 보살피고 양철 북을 요란하게 두들겼다. 허나 말이다, 그의 일생이 그저 헛되다고만 할 순 없어. 그는 모든 사람들을 위해 고귀하게 희생한 거야. 난 네가 이러한 것들을 이해하여 주기 바란다. ⓑ 만약 네가 새벽에 보았다는 구름만을 고집한다면, 이런 것들은 모두 허사가 된다. 저 파수꾼은 늙도록 헛북이나 친 것이 되고, 마을의 질서는 무너져 버린다. 애야, 넌 이렇게 모든 걸 헛되게 하고 싶진 않겠지?

다: 왜 제가 헛된 짓을 해요? 제가 본 흰 구름은 아름답고 평화로웠어요. 저는 그걸 보여 주려는 겁니다. 이제 곧 마을 사람들이 온다죠? 잘됐어요. 저는 망루 위에 올라가서 외치겠어요.

촌장: ⓒ 뭐라고? (잠시 동안 침묵을 지킨 후에 웃으며) 사실 우습기도 해. 이리 떼? 그게 뭐냐? 있지도 않은 그걸 이 황야에 가득 길러 놓고, 마을엔 가시 울타리를 둘렀다. 망루도 세웠고, 양철 북도 두들기고, 마을 사람들은 무서워서 떨기도 한다. 아하, 언제부터 내가 이런 거짓 놀이에 익숙해졌는지 모른다만, 나도 알고는 있지. 이 모든 것이 잘못되어 있다는 걸 말이다.

다: 그럼 촌장님, 저와 같이 망루 위에 올라가요. 그리고 함께 외치세요.

촌장: 그래, 외치마.

다: 아, 이젠 됐어요!

촌장: (혼잣말처럼) …… 그러나 잘될까? 흰 구름, 허공에 뜬 그것만 가지고 마을이 잘 유지될까? 오히려 이리 떼가 더 좋은 건 아닐지 몰라.

다: 뭘 망설이시죠?

촌장: 아냐, 아무것도……. 난 아직 안심이 안 돼서 그래. ⓓ (온화한 얼굴에서 혀가 날름 나왔다가 들어간다.) 지금 사람들은 도끼까지 들고 온다잖니? 망루를 부순 다음엔 속은 것에 더욱 화를 낼 거야! 아마 날 죽이려고 덤빌지도 몰라. 아니 꼭 그럴 거다. 그럼 뭐냐? 지금까진 이리에게 물려 죽은 사람은 단 한 명도 없었는데, 흰 구름의 첫날 살인이 벌어진다.

다: 살인이라고요?

촌장: ⓒ 그래, 살인이지. (난폭하게) 생각해 보렴, 도끼에 찍힌 내 모습을. 피가 샘솟듯 흘러내릴 거다. 끔찍해. 애, 너는 내가 그런 꼴이 되길 바라고 있지?

다: 아니에요, 그건!

촌장: 아니라고? 그렇지만 내가 변명할 시간이 어디 있니? 난 마을 사람들에게 왜 이리 떼를 만들었던가, 그걸 알려줘야 해. 그럼 그들도 날 이해해 줄 거야.

다: 네, 그렇게 말씀하세요.

촌장: 허나 내가 말할 틈이 없다. 사람들이 오면, 넌 흰 구름이라 외칠 거고, 사람들은 분노하여 도끼를 휘두를 테고, 그럼 나는, 나는……. (은밀한 목소리로) 애, 네가 본 그 흰 구름 있잖니, 그건 내일이면 사라지고 없는 거냐?

다: 아뇨. 그렇지만 난 오늘 외치고 싶어요.

촌장: 그것 봐. 넌 내 피를 보고 싶은 거야. 더구나 더 나쁜 건, 넌 흰 구름을 믿지도 않아. 내일이면 변할 것 같으니까, 오늘 꼭 외치려고 그러는 거지. 아하, 넌 네가 본 그 아름다운 걸 믿지도 않는구나!

다: (창백해지며) 그건, 그건 아니에요!

촌장: ⓔ 그래? 그럼 너는 내일까지 기다려야 해. (괴로워하는 파수꾼 다를 껴안으며) 오늘은 나에게 맡겨라. 그러면 나도 내일은 너를 따라 흰 구름이라 외칠 테니.

다: 꼭 약속하시는 거죠?

촌장: 물론 약속하지.

다: 정말이죠, 정말?

촌장: 그럼, 정말 약속한다니까.

— 이강백, 「파수꾼」 —

**22** 윗글에 대한 설명으로 〈보기〉에서 가장 적절한 것을 두 개 고르면?

〈보 기〉

㉠ 무대 상연을 전제로 한, 연극을 공연하기 위한 글이다.
㉡ 장면 전환이 자유롭고 사실적인 공간 연출이 가능하다.
㉢ 인물의 말과 행동을 중심으로 갈등이 전개되며 사건이 현재형으로 제시된다.
㉣ 해설자가 작품 내부에서 사건을 관찰하며 관련 인물들의 심리를 서술하고 있다.

① ㉠, ㉡
② ㉠, ㉢
③ ㉡, ㉢
④ ㉢, ㉣

**23** 윗글을 감상한 학생들이 ㉠~㉣에 대해 설명한 내용으로 가장 적절하지 않은 것은?

① ㉠: '파수꾼 다'가 진실을 밝힌 것에 대한 '촌장'의 마음을 반어적으로 표현한 것이군.
② ㉡: '운반인'에 대한 '촌장'의 못마땅한 심정이 드러나는군.
③ ㉢: 진실이 밝혀질 것에 대한 두려움으로 '촌장'이 격양된 반응을 보이고 있군.
④ ㉣: '촌장'의 이중적이고 위선적인 성격을 행동을 통해 관객에게 보여 주고 있군.

**24** Ⓐ~Ⓓ에서 '촌장'이 '파수꾼 다'를 설득하는 방법에 대한 설명으로 가장 적절하지 않은 것은?

① Ⓐ: 진실을 밝히지 않을 경우 얻게 될 대가를 제시하며 회유하고 있다.
② Ⓑ: 개인에게 생길 부정적인 영향을 언급하며 상대의 실천 의지를 꺾고 있다.
③ Ⓒ: 끔찍한 상황을 가정하여 상대의 불안감과 동정심을 자극하고 있다.
④ Ⓓ: 시간을 벌어 위기를 모면하기 위해 거짓으로 타협하고 있다.

**25** 〈보기〉를 참고하여 윗글을 감상한 내용으로 가장 적절하지 않은 것은?

〈보 기〉

이 작품은 1970년대를 배경으로 하여 체제 유지를 위해 거짓말을 일삼던 지배 권력의 안보 정책을 비판하고 있다. 위선적인 독재 권력은 자신들이 집권하고 있는 체제를 안정적으로 통제하기 위해 가상의 적에 대한 두려움을 사람들에게 심어 주었다. 이러한 통제 기능을 발휘하기 위해 진실은 철저히 은폐되어야 했고 진실을 알 수 없게 소통을 차단할 필요가 있었다. 이런 이유로 진실을 말하는 개인, 언론이나 단체들을 탄압하였다. 이 작품은 이러한 현실을 우의적으로 형상화하였다.

① '이리 떼'는 마을 사람들에게 '가상의 적'이며 '촌장'에게는 사회 통제의 수단이 되는군.
② '파수꾼 다'는 '가상의 적'이 실체 없는 허상임을 알지만 '흰 구름'의 진실을 혼자만 알기를 원하는군.
③ '촌장'은 체제 유지를 위해 진실을 왜곡하는 것에 대한 명분으로 마을 사람들 사이의 단결과 질서를 내세우고 있군.
④ '망루'는 위와 아래로 분할되어 망루 아래에서는 진실을 알 수 없게 소통을 차단함으로써 진실을 은폐하는 권력의 기제 역할을 하는군.

# 국어 | 2023년 법원직 9급

[01~03] 다음 글을 읽고 물음에 답하시오.

　우리는 거짓이 사실을 압도하는 사회에서 살고 있다. 사실에 사회적 맥락이 더해진 진실도 자연스레 설 자리를 잃었다. 2016년에 옥스퍼드 사전은 세계의 단어로 '탈진실'을 선정하며 탈진실화가 국지적 현상이 아니라 세계적으로 나타나는 시대적 특성이라고 진단했다. 탈진실의 시대가 시작된 것을 반증하기라도 하듯 '가짜 뉴스'가 사회적 논란거리로 떠올랐다.
　가짜 뉴스의 정의와 범위에 대해선 의견이 여러 갈래로 나뉜다. 언론사의 오보에서부터 인터넷 루머까지 가짜 뉴스는 넓은 스펙트럼 안에서 혼란스럽게 사용되고 있다. 전문가들은 가짜 뉴스의 기준을 정하고 범위를 좁히지 않으면 비생산적인 논란만 가중될 수밖에 없다고 지적한다. 2017년 2월 한국언론학회와 한국언론진흥재단이 주최한 세미나에서는 가짜 뉴스를 '정치적·경제적 이익을 위해 의도적으로 언론 보도의 형식을 하고 유포된 거짓 정보'라고 정의하였다.
　가짜 뉴스의 역사는 인류 커뮤니케이션의 역사만큼이나 길다. 백제 무왕이 지은 「서동요」는 선화 공주와 결혼하기 위해 그가 거짓 정보를 노래로 만든 가짜 뉴스였다. 1923년 관동 대지진이 났을 때 일본 내무성이 조선인에 대해 악의적으로 허위 정보를 퍼뜨린 일은 가짜 뉴스가 잔인한 학살로 이어진 사건이다. 이처럼 역사 속에서 늘 반복된 가짜 뉴스가 뜨거운 감자로 떠오른 것은 새삼스러운 것처럼 보이지만, 최근 일어나는 가짜 뉴스 현상을 돌아보면 이전의 사례와는 확연히 다른 점을 발견할 수 있다.
　'21세기형 가짜 뉴스'의 특징은 논란의 중심에 글로벌 IT 기업이 있다는 점이다. 가짜 뉴스는 더 이상 동요나 입소문을 통해 퍼지지 않는다. 누구나 쉽게 이용하는 매체에 '정식 기사'의 얼굴을 하고 나타난다. 감쪽같이 변장한 가짜 뉴스들은 대중이 뉴스를 접하는 채널이 신문·방송 같은 전통적 매체에서 포털, SNS 등의 디지털 매체로 옮겨 가면서 쉽게 유통되고 확산된다.
　⊙ 가짜 뉴스를 생산하는 이유는 '돈'이다. 뉴스와 관련된 돈은 대부분 광고에서 발생한다. 모든 광고는 광고 중개 서비스를 통하는데, 광고주가 중개업체에 돈을 지불하면 중개업체는 금액에 따라 광고를 배치한다. 높은 조회수가 나오는 사이트일수록 높은 금액의 광고를 배치하는 식이다. 뉴스가 범람하는 상황에서 이용자는 선택과 집중을 할 수밖에 없다. 그 때문에 눈길을 끄는 뉴스가 잘 팔리는 뉴스가 된다. 가짜 뉴스는 선택받을 수 있는 조건을 정확히 알고 대중을 치밀하게 속인다. 어떤 식으로든 눈에 띄고 선택받아 '돈'이 되기 위해 비윤리적이어도 개의치 않고 자극적인 요소들을 자연스럽게 포함한다. 과정이야 어떻든 이윤만 내면 성공이기 때문이다. 이런 이유로 가짜 뉴스는 혐오나 선동과 같은 자극적 요소를 담게 되고, 이렇게 만들어진 가짜 뉴스는 사회 구성원들의 통합을 방해하고 극단주의를 초래한다.

**01** ⊙으로 인해 발생할 수 있는 사회적 문제로 가장 적절한 것은?

① 광고주와 중개업체 사이에 위계 관계가 발생한다.
② 소비자가 선택과 집중을 통해 뉴스를 소비하게 된다.
③ 혐오와 선동을 담은 뉴스로 인해 극단주의가 발생한다.
④ 소비자가 높은 금액을 주고 읽어야 하는 가짜 뉴스가 생산된다.

**02** 윗글에 대한 설명으로 가장 적절하지 않은 것은?

① 가짜 뉴스의 기준과 범위를 정하기 어려운 이유를 제시하고 있다.
② 전문성을 가진 단체가 주최한 세미나에서 정의한 가짜 뉴스의 개념을 제시하고 있다.
③ 가짜 뉴스가 논란거리로 떠오르게 된 시대의 특성을 제시하고 있다.
④ 사용 매체의 변화로 인해 발생한 가짜 뉴스의 특징을 제시하고 있다.

**03** 윗글을 읽고 나눈 대화로 가장 적절한 것은?

① 가짜 뉴스는 현재에도 입소문을 통해서 주로 전파되고 있어.
② 탈진실화는 아직까진 특정 국가에 한정된 일이라고 볼 수 있겠어.
③ 과거에 가짜 뉴스로 인해 많은 사람이 실제로 사망하는 사건이 벌어지기도 했었어.
④ 가짜 뉴스 현상은 과거부터 반복되어온 만큼 과거와 현재 서로 다른 점이 존재하지 않아.

**04** 〈보기〉의 ㉠과 ㉡을 모두 충족하는 예로 가장 적절한 것은?

〈보 기〉

파생어는 어근에 파생접사가 결합하여 만들어진다. 이때 접사가 어근의 앞에 결합하는 경우도 있고, ㉠ 접사가 어근의 뒤에 결합하는 경우도 있다. 또한 어근에 파생접사가 결합하여 새로운 단어가 형성될 때 ㉡ 어근의 품사가 바뀌는 경우도 있고, 바뀌지 않는 경우도 있다.

① 오늘따라 저녁노을이 유난히 새빨갛다.
② 아군의 사기를 높여야 승산이 있습니다.
③ 무엇보다 그 책은 쉽고 재미있게 읽힌다.
④ 나는 천천히 달리기가 더 어렵다.

**05** ㉠~㉣ 중 〈보기〉의 밑줄 친 부분에 해당하지 않는 것은?

〈보 기〉

높임 표현은 높임의 대상에 따라 주체 높임, 객체 높임, 상대 높임으로 나눌 수 있다. 이 중 객체 높임은 목적어나 부사어가 나타내는 대상, 즉 서술의 객체를 높이는 방법으로 주로 특수 어휘나 부사격 조사 '께'에 의해 실현된다.

지우: 민주야, 너 내일 뭐 할 거니?
민주: 응, 내일 할머니 생신이라서 할머니 ㉠ 모시고 영화관에 가기로 했어.
지우: 와, 오랜만에 할머니도 뵙고 좋겠다.
민주: 응, 그렇지. 오늘은 할머니께 편지도 써야 할 것 같아.
지우: ㉡ 할머니께 드릴 선물은 샀어?
민주: 응, 안 그래도 할머니가 허리가 아프셔서 엄마가 안마의자를 사서 ㉢ 드린대. 나는 용돈을 조금 보태기로 했어.
지우: 아, 할머니께서 ㉣ 편찮으셨구나.

① ㉠  ② ㉡
③ ㉢  ④ ㉣

**[06~08] 다음 글을 읽고 물음에 답하시오.**

(가)
　시원한 여름 저녁이었다.
　바람이 불고 시커먼 구름 떼가 서편으로 몰려 달리고 있었다. 그 구름이 몰려 쌓이는 먼 서편 하늘 끝에선 이따금 칼날 같은 번갯불이 번쩍이곤 했다. 이편 하늘의 별들은 구름 사이사이에서 이상스레 파릇파릇 빛났다. 달은 구름 더미를 요리조리 헤치고 빠져나왔다가는, 새로 몰려오는 구름 더미에 애처롭게도 휘감기곤 했다. 집집의 지붕들은 깊숙하고도 싸늘한 빛으로 물들고, 대기에는 차가운 물기가 돌았다.
　땅 위엔 무언지 불길한 느낌이 들도록 차단한 정적이 흘렀다. 철과 나는 베란다 위에 앉아 있었다. 막연한 원시적인 공포감 같은 소심한 느낌에 사로잡혀 무한정 묵묵히 앉아 있었다. 철은 먼 하늘가에 시선을 준 채 연방 담배를 피웠다. 이렇게 한동안 말없이 앉았다가 철은 문득 다음과 같은 얘기를 들려주었다.

(나)
　형은 스물일곱 살이었고 동생은 스물두 살이었다.
　형은 **둔감했고 위태위태하도록 솔직했고**, 결국 조금 모자란 사람이었다.
　해방 이듬해 삼팔선을 넘어올 때 모두 긴장해서 숨도 제대로 쉬지 못하는 판에 큰 소리로,
　"야하, 이기 바루 그 삼팔선이구나이, 야하."
　이래 놔서 일행 모두의 간담을 서늘하게 한 일이 있었다. 아버지는 그때도 형을 쥐어박았고, 형은 엉엉 울었고, 어머니도 찔끔찔끔 울었다. 아버지는 애초부터 이 형을 단념하고 있었고, 어머니는 불쌍해서 이따금씩 찔끔거리곤 했다.
　물론 평소에 동생에 대한 형으로서의 체모나 위신 같은 것도 전혀 신경을 쓰지 않아서, 이미 철들자부터 형을 대하는 동생의 눈언저리와 입가엔 늘 쓴웃음 같은 것이 어리어 있었으니, 하얀 살갗의 여윈 얼굴에 이 쓴웃음은 동생의 오연한 성미와 잘 어울려 있었다.
　어머니는 형에 대한 아버지의 단념이나 동생의 이런 투가 더 서러웠는지도 몰랐다. 그러나 형은 아버지나 어머니나 동생의 표정에 구애 없이 하루하루가 그저 천하태평이었다.
　사변이 일어나자 형제가 다 군인의 몸이 됐다.
　1951년 가을, 제각기 북의 포로로 잡혀 북쪽 후방으로 인계돼 가다가 둘은 더럭 만났다. 해가 질 무렵, 무너진 통천(通川)읍 거리에서였다.
　형은 대뜸 울음보를 터뜨렸다. 펄렁한 야전잠바에 맨머리 바람이었고, 털럭털럭한 군화를 끌고 있었다.
　동생도 한순간은 흠칫했으나, 형이 울음을 터뜨리자 난처한 듯 살그머니 외면을 했다. 형에 비해선 주제가 조금 깔끔해서 산뜻한 초록색 군 작업복 차림이었다.

(다)
　동생의 눈에선 다시 눈물이 비어져 나왔다.
　형은 별안간 두 눈이 휘둥그레져서 동생의 얼굴을 멀끔히 마주 쳐다보더니,
　"왜 우니, 왜 울어, 왜, 왜. 어서 그치지 못하겠니." 하면서도 도리어 제 편에서 또 울음을 터뜨리고 있었다.
　이튿날, 형의 걸음걸이는 눈에 띄게 절름거렸다. 혼잣소리도 풀이 없었다.
　"그만큼 걸었음 무던히 왔구만서두. 에에이, 이젠 좀 그만 걷지딜, 무던히 걸었구만서두."
　하고는 주위의 경비병들을 흘끔 곁눈질해 보았다. 경비병들은 물론 알은체도 안 했다. 바뀐 사람들은 꽤나 사나운 패들이었다.
　그날 밤 형은 동생을 향해 쓸쓸하게 웃기만 했다.
　"칠성아, 너 집에 가거든 말이다. 집에 가거든……."
　하고는 또 무슨 생각이 났는지 벌쭉 웃으면서,
　"히히, 내가 무슨 소릴 허니. 네가 집에 갈 땐 나두 갈 텐데, 앙 그러니? 내가 정신이 빠졌어."

(라)
　한참 뒤엔 또 동생의 어깨를 그러안으면서,
　"야, 칠성아!"
　동생의 얼굴을 똑바로 마주 쳐다보기만 했다.
　바깥은 바람이 세었다. 거적문이 습기 어린 소리를 내며 열리고 닫히곤 하였다. 문이 열릴 때마다 눈 덮인 초라한 들판이 부유스름하게 아득히 뻗었다.
　동생의 눈에선 또 눈물이 비어져 나왔다.
　형은 또 벌컥 성을 내며,
　"왜 우니, 왜? **흐흐흐.**"
　하고 제 편에서 더 더 울었다.
　며칠이 지날수록 형의 걸음은 더 절룩거려졌다. 행렬 속에서도 별로 혼잣소릴 지껄이지 않았다. 평소의 형답지 않게 꽤나 조심스런 낯색이었다. 둘레를 두리번거리며 **경비병의 눈치를 흘끔거리기만** 했다. 이젠 밤에도 동생의 귀에

다 입을 대고 이것저것 지껄이지 않았다. 그러나 먼 개 짖는 소리 같은 것에는 여전히 흠칫흠칫 놀라곤 했다. 동생은 또 참다못해 눈물을 흘렸다. 그러나 형은 왜 우느냐고 화를 내지도 않고 울음을 터뜨리지도 않았다. 동생은 이런 형이 서러워 더 더 흐느꼈다.

(마)

그날 밤, 바깥엔 함박눈이 내렸다.

형은 불현듯 동생의 귀에다 입을 댔다.

"너, 무슨 일이 생겨두 날 **형이라구 글지 마라.** 어엉"

여느 때답지 않게 숙성한 사람 같은 억양이었다.

"울지두 말구 모르는 체만 해, 꼭."

동생은 부러 큰 소리로,

"야하, 눈이 내린다."

형이 지껄일 소리를 자기가 지금 대신하고 있다고 생각했다.

"……."

그러나 이미 형은 그저 꾹 하니 굳은 표정이었다.

동생은 안타까워 또 울었다. 형을 그러안고 귀에다 입을 대고,

"형아, 형아, 정신 차려."

이튿날, 한낮이 기울어서 어느 영 기슭에 다다르자, 형은 동생의 허벅다리를 쿡 찌르고는 걷던 자리에 털썩 주저앉고 말았다.

형의 걸음걸이를 주의해 보아 오던 한 사람이 뒤에서 **따발총을 휘둘러 쏘았다.**

형은 앉은 채 앞으로 꼬꾸라졌다. 그 사람은 총을 어깨에 둘러메면서,

"메칠을 더 살겠다구 뻐득대? 뻐득대길."

— 이호철, 「나상」—

## 06 윗글에 대한 다음 설명 중 가장 적절한 것은?

① 인물의 성격을 상세하게 설명하며 희화화하고 있다.
② 이야기를 외부와 내부로 구성하여 주제를 전달하고 있다.
③ 등장인물의 내적 독백과 갈등을 통해 사건을 전개하고 있다.
④ 사건들을 병렬적으로 제시해 사건을 입체적으로 전달하고 있다.

## 07 〈보기〉를 참고하여 윗글을 감상한 것으로 가장 적절하지 않은 것은?

〈보 기〉

'나상'은 벌거벗은 모습이라는 뜻으로, 순수한 인간 본연의 모습을 간직한 상태를 말한다. 이 소설은 전쟁 중 포로 호송이라는 상황을 빌려 구성원을 획일화하는 사회에 대해 우회적으로 비판하고 있다. 자유를 억압하는 외부의 감시, 전쟁의 폭력성에 의해 희생되는 개인의 모습을 통해 전쟁 상황에서 근원적인 인간성의 소중함을 전달하고 있다.

① 모자라지만 '둔감하고 위태위태하도록 솔직했'던 형은 순수한 인간 본연의 모습을 간직한 인물로 볼 수 있겠군.
② 형이 '경비병의 눈치를 흘끔거리기만'하는 모습에서 개인의 자유를 억압하는 외부의 감시가 존재함을 확인할 수 있겠군.
③ '형이라구 글지 마라'고 말하는 것은 구성원을 획일화하는 사회에 대한 비판적 인식을 드러낸 것으로 볼 수 있겠군.
④ 한 사람이 '따발총을 휘둘러 쏘'는 장면에서 전쟁의 폭력성과 근원적인 인간성 상실의 모습을 확인할 수 있겠군.

## 08 윗글에 대한 이해로 가장 적절하지 않은 것은?

① '형'은 모두가 긴장한 상황임을 알고 본인도 긴장하여 아무 소리도 내지 못했다.
② '동생'의 울음을 본 '형'은 울지 말라고 하면서 본인도 울음을 터뜨리고 있다.
③ 시간이 지나 '동생'의 귀에 어떤 말도 하지 않는 '형'의 모습을 보며 '동생'은 서러워했다.
④ '형'은 평소와는 다른 억양으로 '동생'에게 자신을 모른 체하라고 했다.

**[09~11]** 다음 글을 읽고 물음에 답하시오.

(가)
가시리 가시리잇고 나는
ᄇᆞ리고 가시리잇고 나는
　　위 증즐가 大平盛代(대평셩ᄃᆡ)

날러는 엇디 살라 ᄒᆞ고
ᄇᆞ리고 가시리잇고 나는
　　위 증즐가 大平盛代(대평셩ᄃᆡ)

잡ᄉᆞ와 두어리마ᄂᆞᄂᆞᆫ
㉠ 선ᄒᆞ면 아니 올셰라
　　위 증즐가 大平盛代(대평셩ᄃᆡ)

㉡ 셜온 님 보내ᄋᆞᆸ노니 나는
가시는 듯 도셔 오쇼셔 나는
　　위 증즐가 大平盛代(대평셩ᄃᆡ)

- 작자 미상, 「가시리」 -

(나)
나 보기가 역겨워
가실 때에는
말없이 고이 보내 드리우리다.

영변(寧邊)에 약산(藥山)
㉢ 진달래꽃
아름 따다 가실 길에 뿌리우리다.

가시는 걸음걸음
놓인 그 꽃을
사뿐히 즈려밟고 가시옵소서.

나 보기가 역겨워
가실 때에는
㉣ 죽어도 아니 눈물 흘리우리다.

- 김소월, 「진달래꽃」 -

**09** (가)와 (나)의 공통점으로 가장 적절한 것은?

① 임과의 재회를 희망하는 화자의 의지가 드러나고 있다.
② 구체적인 지명을 통해 이별의 상황을 구체화하고 있다.
③ 이별 상황에 대한 체념과 화자의 자기 희생적 태도가 드러나고 있다.
④ 이별의 원인을 외부에서 찾음으로써 임에 대한 원망을 드러내고 있다.

**10** ㉠~㉣에 대해 나눈 대화로 가장 적절하지 않은 것은?

① ㉠에선 화자가 임을 떠나보내는 이유가 드러나며 서러움을 절제하는 화자의 모습이 느껴져.
② ㉡에서 '셜온'의 주체를 화자로 본다면 임 역시 이별 상황을 아쉬워하고 있음을 알 수 있군.
③ ㉢은 임을 향한 변함없는 사랑을 상징하는 소재로, 화자의 분신으로도 볼 수 있겠군.
④ ㉣은 인고의 자세가 드러나는 부분으로 이별 상황에 대한 화자의 슬픔을 반어적으로 강조하고 있군.

**11** (가)와 (나)의 형식상의 특징에 대한 설명으로 가장 적절한 것은?

① (가)는 (나)와 달리 수미상관의 형식을 보이고 있다.
② (나)는 (가)와 달리 시어의 반복을 통해 운율을 형성하고 있다.
③ (가)와 (나) 모두 전통적인 3·3·2조의 3음보 율격을 보이고 있다.
④ (가)와 (나) 모두 기-승-전-결의 4단 구성을 통해 시상을 전개하고 있다.

**[12~15] 다음 글을 읽고 물음에 답하시오.**

(가)
　구두 닦는 사람을 보면
　그 사람의 손을 보면
　구두 끝을 보면
　㉠ 검은 것에서도 빛이 난다.
　흰 것만이 빛나는 것은 아니다.

　창문 닦는 사람을 보면
　그 사람의 손을 보면
　창문 끝을 보면
　㉡ 비누 거품 속에서도 빛이 난다.
　맑은 것만이 빛나는 것은 아니다.

　청소하는 사람을 보면
　그 사람의 손을 보면
　길 끝을 보면
　㉢ 쓰레기 속에서도 빛이 난다.
　깨끗한 것만이 빛나는 것은 아니다.

　마음 닦는 사람을 보면
　그 사람의 손을 보면
　마음 끝을 보면
　보이지 않는 것에서도 빛이 난다.
　㉣ 보이는 빛만이 빛은 아니다.
　닦는 것은 빛을 내는 일

　성자가 된 청소부는
　청소를 하면서도 성자이며
　성자이면서도 청소를 한다.
　　　　　　　　－ 천양희, 「그 사람의 손을 보면」 －

(나)
　왜 나는 조그마한 일에만 분개하는가
　저 왕궁 대신에 왕궁의 음탕 대신에
　50원짜리 갈비가 기름 덩어리만 나왔다고 분개하고
　옹졸하게 분개하고 설렁탕집 돼지 같은 주인 년한테 욕을 하고
　옹졸하게 욕을 하고

　한번 정정당당하게
　붙잡혀 간 소설가를 위해서
　언론의 자유를 요구하고 월남 파병에 반대하는
　자유를 이행하지 못하고
　20원을 받으러 세 번씩 네 번씩
　찾아오는 야경꾼들만 증오하고 있는가

　옹졸한 나의 전통은 유구하고 이제 내 앞에 정서(情緒)로 가로놓여 있다
　이를테면 이런 일이 있었다
　부산에 포로수용소의 제14야전병원에 있을 때
　정보원이 너스들과 스펀지를 만들고 거즈를
　개키고 있는 나를 보고 포로 경찰이 되지 않는다고
　남자가 뭐 이런 일을 하고 있느냐고 놀린 일이 있었다
　너스들 옆에서

　지금도 내가 반항하고 있는 것은 이 스펀지 만들기와
　거즈 접고 있는 일과 조금도 다름없다
　개의 울음소리를 듣고 그 비명에 지고
　머리에 피도 안 마른 애놈의 투정에 진다
　떨어지는 은행나무 잎도 내가 밟고 가는 가시밭

　아무래도 나는 비켜서 있다 ⓐ 절정 위에는 서 있지
　않고 암만해도 조금쯤 옆으로 비켜서 있다
　그리고 조금쯤 옆에 서 있는 것이 조금쯤
　비겁한 것이라고 알고 있다!

　그러니까 이렇게 옹졸하게 반항한다
　이발쟁이에게
　땅 주인에게는 못하고 이발쟁이에게
　구청 직원에게는 못하고 동회 직원에게도 못하고
　야경꾼에게 20원 때문에 10원 때문에 1원 때문에
　우습지 않으냐 1원 때문에

　모래야 나는 얼마큼 작으냐
　바람아 먼지야 풀아 나는 얼마큼 작으냐
　정말 얼마큼 작으냐……
　　　　　　　　－ 김수영, 「어느 날 고궁을 나오면서」 －

**12** (가)의 ㉠~㉣ 중 〈보기〉의 밑줄 친 ㉮와 성격이 가장 다른 것은?

〈보 기〉

텔레비전을 끄자
㉮ 풀벌레 소리
어둠과 함께 방안 가득 들어온다
어둠 속에서 들으니 벌레 소리들 환하다
별빛이 묻어 더 낭랑하다
귀뚜라미나 여치 같은 큰 울음 사이에는
너무 작아 들리지 않는 소리도 있다
그 풀벌레들의 작은 귀를 생각한다
내 귀에는 들리지 않는 소리들이 드나드는
까맣고 좁은 통로들을 생각한다
그 통로의 끝에 두근거리며 매달린
여린 마음들을 생각한다
발뒤꿈치처럼 두꺼운 내 귀에 부딪쳤다가
되돌아간 소리들을 생각한다
브라운관이 뿜어낸 현란한 빛이
내 눈과 귀를 두껍게 채우는 동안
그 울음소리들은 수 없이 나에게 왔다가
너무 단단한 벽에 놀라 되돌아갔을 것이다
하루살이처럼 전등에 부딪쳤다가
바닥에 새카맣게 떨어졌을 것이다
크게 밤공기를 들이쉬니
허파 속으로 그 소리들이 들어온다
허파도 별빛이 묻어 조금은 환해진다

— 김기택, 「풀벌레들의 작은 귀를 생각함」 —

① ㉠
② ㉡
③ ㉢
④ ㉣

**13** (나)에 대한 이해로 가장 적절하지 않은 것은?

① 화자는 일상적 경험들을 나열하여 삶을 성찰하고 있어.
② 화자는 비속어 사용을 통해 자신의 속된 모습을 솔직하게 노출하고 있어.
③ 화자는 과거로부터 지속된 옹졸한 태도가 체질화되었음을 고백하고 있어.
④ 화자는 미비한 자연물과의 대비를 통해 자신의 왜소함을 극복하고 있어.

**14** (가)와 (나)의 공통점으로 가장 적절하지 않은 것은?

① 대조적 의미의 시구를 제시하여 시상을 전개하고 있다.
② 일상적 시어를 사용하여 시적 정황을 드러내고 있다.
③ 유사한 문장구조의 반복을 통해 운율을 형성하고 있다.
④ 역설적 인식을 통해 대상에 대한 화자의 태도를 드러낸다.

**15** (나)의 ⓐ의 삶을 구현하고 있는 인물로 가장 보기 어려운 경우는?

① 악덕 기업의 제품 불매 운동에 참여하고 있는 중학생
② 불합리한 외교조약에 대해 반대시위를 벌이는 시민
③ 자신에게 불리한 인사 평가 제도에 대해 불평하는 회사원
④ 대기업의 노동 착취에 대해 비판적 논조의 기사를 쓴 기자

**16** 〈보기 1〉을 바탕으로 〈보기 2〉를 탐구한 내용으로 가장 적절하지 않은 것은?

― 〈보기 1〉 ―
㉠ 시제 선어말 어미 없이 과거 시제를 표현하는 경우가 있었음
㉡ 서술어의 주체를 높이는 방법 중 하나로 선어말 어미를 사용하였음
㉢ 현대 국어에서 두음 법칙의 적용을 받는 단어들이 두음 법칙의 적용을 받지 않았음
㉣ 특정 부류의 모음이 같이 나타나는 모음조화 현상이 엄격히 지켜졌음
㉤ 주어의 인칭에 따라 의문형 어미가 달리 나타나는 경우가 있었음

― 〈보기 2〉 ―
ⓐ 남기 새 닢 나니이다
　[나무에 새 잎이 났습니다.]
ⓑ 이 사ᄅ미 내 닐온 ᄠᅳ들 아ᄂ녀
　[이 사람이 내가 이른 뜻을 아느냐?]
ⓒ 大王이 出슈ᄒ샤ᄃᆡ 뉘 바ᄅ래 드러가려 ᄒᄂ뇨
　[대왕이 출령하시되 "누가 바다에 들어가려 하느냐?"]

① ⓐ의 '나니이다'에서 ㉠을 확인할 수 있군.
② ⓒ의 '出슈ᄒ샤ᄃᆡ'에서 ㉡을 확인할 수 있군.
③ ⓑ의 '닐온'에서 ㉢을, 'ᄠᅳ들'에서 ㉣을 확인할 수 있군.
④ ⓑ의 '아ᄂ녀'와 ⓒ의 'ᄒᄂ뇨'에서 ㉤을 확인할 수 있군.

**[17~19] 다음 글을 읽고 물음에 답하시오.**

(가)
임이여 강을 건너지 마오　公無渡河
임은 마침내 강을 건너는구료　公竟渡河
물에 빠져 죽으니　墮河而死
㉠ 이 내 임을 어이할꼬　當奈公何
　　　　　　　　　　　― 작자 미상, 「공무도하가」 ―

(나)
고인(古人)도 날 못 보고 나도 고인 못 뵈
고인을 못 봐도 녀둔 길 알픽 잇ᄂ
녀둔 길 알픽 잇거든 아니 녀고 엇졀고
　　　　　　　　　　　― 이황, 「도산십이곡」 ―

(다)
한숨아 셰 한숨아 네 어닉 틈으로 드러온다
고모장ᄌ 셰살장ᄌ 가로다지 여다지에 암돌져귀 수돌져귀 비목걸새 쑥닥 박고 용(龍) 거북 ᄌ물쇠로 수기수기 ᄎ엿ᄂ듸 병풍(屛風)이라 딜걱 져븐 족자(簇子) ㅣ라 딕딕글 몬다네 어닉 틈으로 드러온다
어인지 너 온 날 밤이면 ᄌᆞᆷ 못 드러 ᄒ노라
　　　　　　　　　　　― 작자 미상 ―

**17** (가)~(다)의 공통점으로 가장 적절한 것은?

① 과장적 표현을 통해 화자의 처지를 드러내고 있다.
② 의문형 진술을 활용하여 화자의 정서를 드러내고 있다.
③ 유사한 문장 구조의 반복을 통해 시적 의미를 강조하고 있다.
④ 반어적 표현을 통해 시적 상황을 거부하는 화자를 표현하고 있다.

**18** (가)의 밑줄 친 ⊙과 가장 유사한 정서가 드러나는 것은?

① 혹시나 하고 나는 밖을 기웃거린다 / 나는 풀이 죽는다 / 빗발은 한 치 앞을 못 보게 한다 / 왠지 느닷없이 그렇게 퍼붓는다 / 지금은 어쩔 수가 없다고
- 김춘수, 「강우」 -

② 겨울 되자 온 세상 수북이 눈은 내려 / 저마다 하얗게 하얗게 분장하지만 / 나는 / 빈 가지 끝에 홀로 앉아 / 말없이 / 먼 지평선을 응시하는 한 마리 / 검은 까마귀가 되리라
- 오세영, 「자화상 2」 -

③ 그런 사람들이 / 이 세상에서 알파이고 / 고귀한 인류이고 / 영원한 광명이고 다름 아닌 시인이라고
- 김종삼, 「누군가 나에게 물었다」 -

④ 동방은 하늘도 다 끝나고 / 비 한 방울 내리잖는 그 때에도 / 오히려 꽃은 빨갛게 피지 않는가 / 내 목숨을 꾸며 쉼 없는 날이여
- 이육사, 「꽃」 -

**19** (나)와 (다)의 형식적 특징에 대한 설명으로 가장 적절하지 않은 것은?

① (나)는 각 장이 4음보의 전통적인 율격으로 되어 있다.
② (다)는 중장이 다른 장에 비해 현저히 길어진 구성을 취하고 있다.
③ (나)와 (다)는 모두 초장, 중장, 종장의 3장 구성으로 되어 있다.
④ (다)는 (나)와 달리 종장의 첫 음보 음절 수가 지켜지지 않고 있다.

**[20~22]** 다음 글을 읽고 물음에 답하시오.

'수오재(守吾齋)*'라는 이름은 큰형님이 자기 집에 붙인 이름이다. 나는 처음에 이 이름을 듣고 이상하게 생각했다.

"나와 굳게 맺어져 있어 서로 떨어질 수 없는 사물 가운데 나[吾]보다 더 절실한 것은 없다. 그러니 굳이 지키지 않아도 어디로 가겠는가. 이상한 이름이다."

내가 장기로 귀양 온 뒤에 혼자 지내면서 곰곰이 생각해 보다가, 하루는 갑자기 이 의문점에 대해 해답을 얻게 되었다. 나는 벌떡 일어나서 말했다.

"천하 만물 가운데 지킬 것은 하나도 없지만, 오직 나[吾]만은 지켜야 한다. 내 밭을 지고 달아날 자가 있는가. 밭은 지킬 필요가 없다. 내 집을 지고 달아날 자가 있는가. 집도 지킬 필요가 없다. 내 정원의 여러 가지 꽃나무나 과일나무들을 뽑아 갈 자가 있는가. 그 뿌리는 땅속에 깊이 박혔다. 내 책을 훔쳐 없앨 자가 있는가. 성현의 경전이 세상에 퍼져 물이나 불처럼 흔한데, 누가 감히 없앨 수 있겠는가. 내 옷이나 양식을 훔쳐서 나를 옹색하게 하겠는가. 천하에 있는 실이 모두 내가 입을 옷이며, 천하에 있는 곡식이 모두 내가 먹을 양식이다. 도둑이 비록 훔쳐 간대야 한두 개에 지나지 않을 테니, 천하의 모든 옷과 곡식을 없앨 수 있겠는가. 그러니 천하 만물은 모두 지킬 필요가 없다.

그런데 오직 ⊙ 나[吾]라는 것만은 잘 달아나서, 드나드는 데 일정한 법칙이 없다. 아주 친밀하게 붙어 있어서 서로 배반하지 못할 것 같다가도, 잠시 살피지 않으면 어디든지 못 가는 곳이 없다. 이익으로 꾀면 떠나가고, 위험과 재앙이 겁을 주어도 떠나간다. 마음을 울리는 아름다운 음아 소리만 들어도 떠나가며, 눈썹이 새까맣고 이가 하얀 미인의 요염한 모습만 보아도 떠나간다. 한 번 가면 돌아올 줄을 몰라서, 붙잡아 만류할 수가 없다. 그러니 천하에 나[吾]보다 더 잃어버리기 쉬운 것은 없다. 어찌 실과 끈으로 묶고 빗장과 자물쇠로 잠가서 나를 굳게 지키지 않겠는가."

나는 나를 잘못 간직했다가 잃어버렸던 자다. 어렸을 때 과거가 좋게 보여서, 10년 동안이나 과거 공부에 빠져들었다. 그러다가 결국 처지가 바뀌어 조정에 나아가 검은 사모관대*에 비단 도포를 입고, 12년 동안이나 대낮에 미친 듯이 큰길을 뛰어다녔다. 그러다가 또 처지가 바뀌어 한강을 건너고 문경 새재를 넘게 되었다. 친척과 조상의 무덤을 버리고 곧바로 아득한 바닷가의 대나무 숲에 달려와서야 멈추게 되었다. 이때에는 나[吾]에게 물었다.

"너는 무엇 때문에 여기까지 왔느냐? 여우나 도깨비에게 홀려서 끌려왔느냐? 아니면 바다 귀신이 불러서 왔는가? 네 가정과 고향이 모두 초천에 있는데, 왜 그 본바닥으로 돌아가지 않느냐?"

그러나 나[吾]는 끝내 멍하니 움직이지 않으며 돌아갈 줄을 몰랐다. 얼굴빛을 보니 마치 얽매인 곳에 있어서 돌아가고 싶어도 돌아가지 못하는 것 같았다. 그래서 결국 붙잡아 이곳에 함께 머물렀다. 이때 둘째 형님도 나[吾]를 잃고 나를 쫓아 남해 지방으로 왔는데, 역시 나[吾]를 붙잡아서 그곳에 함께 머물렀다.

오직 내 큰형님만 나[吾]를 잃지 않고 편안히 단정하게 수오재에 앉아 계시니, 본디부터 지키는 것이 있어서 나[吾]를 잃지 않았기 때문이 아니겠는가. 이게 바로 큰형님이 그 거실에 수오재라고 이름 붙인 까닭일 것이다.

큰형님은 언제나 말씀하셨다.

"아버님께서 내게 태현(太玄)이라고 자를 지어 주셔서, 나는 오로지 내 태현을 지키려고 했다네. 그래서 내 거실에다가 그렇게 이름을 붙인 거지."

하지만 이것은 핑계다. 맹자가 말씀하시기를 "무엇을 지키는 것이 큰가? 몸을 지키는 것이 크다."라고 했으니, 이 말씀이 진실이다. 내가 스스로 말한 내용을 써서 큰형님께 보이고, 수오재의 기로 삼는다.

— 정약용, 「수오재기」 —

* 수오재: 나를 지키는 집
* 사모관대: 벼슬아치의 예복

**20** 윗글의 서술상 특징으로 가장 적절하지 않은 것은?

① 글쓴이가 얻은 깨달음의 내용을 열거를 통해 제시하고 있다.
② 대상에 대한 의문을 타인과의 문답 과정을 통해 해소하고 있다.
③ 옛 성현의 말을 인용하여 자신의 주장에 설득력을 높이고 있다.
④ 서두에 대상에 대한 의문을 제시함으로써 독자의 흥미를 유발하고 있다.

**21** 윗글을 이해한 내용으로 가장 적절하지 않은 것은?

① '큰형님'은 자신의 집 거실에 직접 '수오재'라는 이름을 붙였다.
② '나'는 과거에 급제하여 관직에 나아가 10년 이상 나랏일을 했다.
③ '나'는 '수오재'에 대해 생긴 의문에 대한 해답을 장기에 와서 얻는다.
④ '둘째 형님'은 '나'와 마찬가지로 귀양을 왔으나, 깨달음을 얻지 못했다.

**22** ㉠에 대한 설명으로 가장 적절한 것은?

① 누가 훔쳐 가기 쉬운 밭과 달리, 스스로 달아나기를 잘한다.
② 나를 옹색하게 만드는 옷과 달리, 유혹에 쉽게 떠나가지 않는다.
③ 널리 퍼져 없애기 어려운 책과 달리, 살피지 않으면 금세 달아난다.
④ 누군가 가져가면 돌아오지 않는 양식과 달리, 떠났다가도 곧 돌아온다.

**[23~25] 다음 글을 읽고 물음에 답하시오.**

프레임(frame)은 영화와 사진 등의 시각 매체에서 화면 영역과 화면 밖의 영역을 구분하는 경계로서의 틀을 말한다. 카메라로 대상을 포착하는 행위는 현실의 특정한 부분만을 떼어내 프레임에 담는 것으로, 찍은 사람의 의도와 메시지를 ⓘ 내포한다. 그런데 문, 창, 기둥, 거울 등 주로 사각형이나 원형의 형태를 갖는 물체들을 이용하여 프레임 안에 또 다른 프레임을 만드는 경우가 있다. 이런 기법을 '이중 프레이밍', 그리고 안에 있는 프레임을 '이차 프레임'이라 칭한다.

이차 프레임의 일반적인 기능은 크게 세 가지로 구분할 수 있다. 먼저, 화면 안의 인물이나 물체에 대한 시선 ⓒ 유도 기능이다. 대상을 틀로 에워싸기 때문에 시각적으로 강조하는 효과가 있으며, 대상이 작거나 구도의 중심에서 벗어나 있을 때도 존재감을 부각하기가 용이하다. 또한 프레임 내 프레임이 많을수록 화면이 다층적으로 되어, 자칫 밋밋해질 수 있는 화면에 깊이감과 입체감이 부여된다. 광고의 경우, 설득력을 높이기 위해 이차 프레임 안에 상품을 위치시켜 주목을 받게 하는 사례들이 있다.

다음으로, 이차 프레임은 작품의 주제나 내용을 암시하기도 한다. 이차 프레임은 시각적으로 내부의 대상을 외부와 분리하는데, 이는 곧잘 심리적 단절로 이어져 구속, 소외, 고립 따위를 ⓒ 환기한다. 그리고 이차 프레임 내부의 대상과 외부의 대상 사이에는 정서적 거리감이 조성되기도 한다. 어떤 영화들은 작중 인물을 문이나 창을 통해 반복적으로 보여 주면서, 그가 세상으로부터 격리된 상황을 암시하거나 불안감, 소외감 같은 인물의 내면을 시각화하기도 한다.

마지막으로, 이차 프레임은 '이야기 속 이야기'인 액자형 서사 구조를 지시하는 기능을 하기도 한다. 일례로, 어떤 영화는 작중 인물의 현실 이야기와 그의 상상에 따른 이야기로 구성되는데, 카메라는 이차 프레임으로 사용된 창을 비추어 한 이야기의 공간에서 다른 이야기의 공간으로 들어가거나 빠져 나온다.

그런데 현대에 이를수록 시각 매체의 작가들은 이차 프레임의 ⓔ 범례에서 벗어나는 시도들로 다양한 효과를 끌어내기도 한다. 가령 이차 프레임 내부 이미지의 형체를 식별하기 어렵게 함으로써 관객의 지각 행위를 방해하여, 강조의 기능을 무력한 것으로 만들거나 서사적 긴장을 유발하기도 한다. 또 문이나 창을 봉쇄함으로써 이차 프레임으로서의 기능을 상실시켜 공간이나 인물의 폐쇄성을 드러내기도 한다. 혹은 이차 프레임 내의 대상이 그 경계를 넘거나 파괴하도록 하여 호기심을 자극하고 대상의 운동성을 강조하는 효과를 낳는 사례도 있다.

**23** 윗글에 대한 다음 설명 중 가장 적절하지 않은 것은?

① 이차 프레임의 기능을 병렬적으로 나열하고 있다.
② 이차 프레임이 사용되는 다양한 예시를 제시하고 있다.
③ 이차 프레임의 효과에 대한 전문가의 견해를 인용하고 있다.
④ 프레임, 이중 프레이밍, 이차 프레임의 개념을 정의하고 있다.

**24** 문맥상 ⓘ~ⓔ의 의미로 가장 적절하지 않은 것은?

① ⓘ: 어떤 성질이나 뜻 따위를 속에 품음
② ⓒ: 사람이나 물건을 목적한 장소나 방향으로 이끎
③ ⓒ: 탁한 공기를 맑은 공기로 바꿈
④ ⓔ: 예시하여 모범으로 삼는 것

**25** 윗글을 이해한 내용으로 가장 적절한 것은?

① 프레임 밖의 영역에는 찍은 사람의 의도와 메시지가 담긴다.
② 이차 프레임 안의 대상과 밖의 대상 사이에는 거리감이 조성되기도 한다.
③ 이차 프레임 내 대상의 크기가 작을 경우에는 대상의 존재감이 강조되기 어렵다.
④ 이차 프레임 안의 화면을 식별하기 어렵게 만들 경우, 역설적으로 대상을 강조하는 효과가 발생한다.

# 국어 | 2022년 법원직 9급

[01~03] 다음 글을 읽고 물음에 답하시오.

20세기의 두드러진 특징 중 하나는 세계 모든 나라에서 학교라 불리는 교육 기관들이 엄청나게 빠른 속도로 성장했으며, 각국의 학생들이 교육을 받기 위해 학교로 몰려들었다는 것이다. 예를 들어 한국의 대학생 수는 1945년 약 8000명이었지만, 2010년 약 350만 명으로 증가했다. 무엇이 학교를 이토록 팽창하게 만들었을까? ㉠ 학교 팽창의 원인은 학습 욕구 차원, 경제적 차원, 정치적 차원, 사회적 차원에서 설명될 수 있다.

먼저 학습 욕구 차원에서, 인간은 지적·인격적 성장을 위한 학습 욕구를 지니고 있다. 그리고 부모들은 자식의 지적·인격적 성장을 바라는 마음이 있다. 특히 한국인은 배움에 높은 가치를 부여하기 때문에, 한국 사회에서는 부모가 자식에게 최선의 배움의 기회를 제공하는 것이 부모가 자식에게 해주어야 할 의무로 인식되는 경향이 있다. 이러한 학습에 대한 욕구가 학교를 팽창하게 만드는 요인 중 하나인 것이다.

다음으로 경제적 차원에서 학교는 산업사회가 성장하는 데 있어서 필수적인 인력 양성 기관의 역할을 담당하였다. 전통적인 농경사회에서는 특별한 기능이나 기술의 훈련이 필요하지 않았지만, 산업사회에서는 훈련받은 인재가 필요하였다. 이러한 산업사회의 과제를 해결하기 위한 기관이 학교였다. 산업 수준이 더욱 고도화됨에 따라 학교 교육의 기간도 장기화된다. 경제 규모의 확대와 산업 기술 수준의 향상은 학교를 팽창하게 만드는 요인 중 하나인 것이다.

다음으로 정치적 차원에서 학교는 국민통합을 이룰 수 있는 장치였다. 통일국가에서는 언어, 역사의식, 가치관, 국가이념 등을 모든 국가 구성원들에게 가르쳐야 했다. 그리고 국민통합 교육은 사교육에 맡겨둘 수 없었다. 이러한 맥락에서 학교에서의 의무교육제도는 국민통합 교육을 위한 국가적 필요에 의해 시작된 것으로 볼 수 있다. 국민통합의 필요는 학교를 팽창하게 만드는 요인 중 하나인 것이다.

마지막으로 사회적 차원에서 학교의 팽창은 현대사회가 학력 사회로 변화된 데에 기인한다. 신분제도가 무너진 뒤 그 자리를 채운 학력제도에서, 학력은 각자의 능력을 판단하는 잣대로 활용되었다. 막스 베버는 그의 저서 『경제와 사회』에서 사회적으로 대접받고 높은 관직에 오르기 위해서 과거에는 명문가의 족보가 필요했지만, 오늘날에는 학력증명이 있어야 한다고 주장했다. 나아가 그는 높은 학력을 가진 사람은 사회경제적으로 높은 지위를 독점할 수 있다고 기술한 바 있다. 현대사회의 학력 사회로의 변모는 학교가 팽창하게 되는 요인 중 하나인 것이다.

**01** 윗글의 전개 방식에 대한 설명으로 가장 적절하지 않은 것은?

① 의문문을 활용하여 독자의 궁금증을 유발하고 있다.
② 특정 현상의 원인을 다양한 차원에서 병렬적으로 제시하고 있다.
③ 특정 현상을 대략적인 수치 자료를 예로 제시하며 설명하고 있다.
④ 특정 현상의 역사적 의의를 제시하며 현대사회가 나아가야 할 방향을 제시하고 있다.

**02** 윗글을 읽고 난 후, ㉠에 대해 보인 반응으로 가장 적절하지 않은 것은?

① 갑: 학습 욕구 차원에서, 인간은 자신의 내적 성장에 대한 욕구가 있기 때문일 거야.
② 을: 경제적 차원에서, 산업 기술 수준이 향상됨에 따라 필요한 훈련된 인력을 기르는 역할을 학교가 담당하기 때문일 거야.
③ 병: 정치적 차원에서, 국가의 가치관, 언어, 역사의식 등을 국가 구성원에게 가르치는 일이 학교를 통해 이루어지기 때문일 거야.
④ 정: 사회적 차원에서, 산업 수준이 더욱 고도화되면서 산업사회의 과제를 해결하기 위한 기관이 학교이기 때문일거야.

**03** 윗글의 막스 베버 와 〈보기〉의 A, B의 견해를 비교한 내용으로 가장 적절한 것은?

〈보 기〉

학교 교육이 사회의 평등장치인가에 대해 사회학자 A와 B는 상반된 견해를 가진다. A는 학교가 학생들의 능력에 따라 성적을 주고, 그 성적에 따라 상급학년에 진급시키고 졸업시켜, 상급학교에 진학시키므로 학력은 개인의 능력에 따라 차별화된다고 본다. 또한 높은 학력을 통해 능력을 인정받은 개인은 희소가치가 높은 노동을 제공함으로써 높은 소득을 얻고 계층 상승을 이룰 수 있다고 본다.
반면, B는 상급 학교의 진학은 개인의 능력만을 반영하지 않고 부모의 사회적 지위와 소득의 영향을 받는다고 본다. 또한 학교 교육을 통해 계층 상승을 이룰 수 있는 사람들은 대개 기존부터 중류층 이상이었던 사람들이라고 주장한다. 나아가 상류층일수록 학력이 낮아도 높은 지위에 쉽게 오르는 경향이 있다고 이야기한다.

① A와 달리, 막스 베버는 고학력을 취득한 사람이 저학력을 취득한 사람보다 능력이 뛰어나다고 생각한다.
② B와 달리, 막스 베버는 사회경제적으로 높은 지위를 차지하기 위해서 개인의 학력보다 부모의 지위가 중요하다고 생각한다.
③ A와 막스 베버는 모두 학력을 통해 높은 계층의 지위를 차지할 수 있다고 생각한다.
④ B와 막스 베버는 모두 높은 관직에 오르기 위해서는 명문가에서 태어나는 것이 뛰어난 학력을 가지는 것보다 중요하다고 생각한다.

**04** 〈보기〉의 문장에 대한 설명으로 가장 적절하지 않은 것은?

〈보 기〉

• 나는 ㉠동생이 산 사탕을 먹었다.
• ㉡철수가 산책했던 공원은 부산에 있다.
• 민경이는 ㉢숙소로 돌아가기를 원한다.
• 지금은 ㉣학교에 가기에 늦은 시간이다.

① ㉠은 안은문장의 목적어를 수식하는 관형절이다.
② ㉡은 안은문장의 주어를 수식하는 부사절이다.
③ ㉢은 조사 '를'과 결합하여 안은문장의 목적어로 쓰이고 있다.
④ ㉣은 조사 '에'와 결합하여 안은문장의 부사어로 쓰이고 있다.

**[05~08] 다음 글을 읽고 물음에 답하시오.**

　기업은 다른 기업들과의 경쟁에서 이기고, 자신이 설정한 경영 목표를 달성하기 위해서 기업의 사업 내용과 목표 시장 범위를 결정하는데, 이를 기업전략이라고 한다. 즉 기업전략은 다양한 사업의 포트폴리오\*를 전사적(全社的) 차원에서 어떻게 ⓐ 구성하고 조정할 것인가를 결정하는, 즉 참여할 사업을 결정하는 것이라고 할 수 있다.

　기업전략의 구체적 예로 기업 다각화 전략을 들 수 있다. 기업 다각화 전략은 한 기업이 복수의 산업 또는 시장에서 복수의 사업을 영위하기 위한 전략으로, 제품 다각화 전략, 지리적 시장 다각화 전략, 제품 시장 다각화 전략으로 크게 구분된다. 이는 다시 제품이나 판매 지역 측면에서 관련된 사업에 종사하는 관련 다각화와 관련이 없는 사업에 종사하는 비관련 다각화로 구분된다. 리처드 러멜트는 미국의 다각화 기업을 구분하며, 관련 사업에서 70% 이상의 매출을 올리는 기업을 관련 다각화 기업, 70% 미만의 매출을 올리는 기업을 비관련 다각화 기업으로 명명했다.

　기업 다각화는 범위의 경제성을 창출함으로써 수익 증대에 ⓑ 기여한다. 범위의 경제성이란 하나의 기업이 동시에 복수의 사업 활동을 하는 것이, 복수의 기업이 단일의 사업 활동을 하는 것보다 총비용이 적고 효율적이라는 이론이다. 범위의 경제성은 한 기업이 여러 제품을 동시에 생산할 때, 투입되는 요소 중 공통적으로 투입되는 생산요소가 존재하기 때문에 투입 요소 비용이 적게 발생한다는 사실을 통해 설명된다.

　또한 다각화된 기업은 기업 내부 시장을 활용함으로써 새로운 가치를 ⓒ 창출할 수 있다. 여러 사업부에서 나오는 자금을 통합하여 활용할 수 있는 내부 자본시장을 갖추었을 뿐 아니라 여러 사업부에서 훈련된 인력을 전출하여 활용할 수 있는 내부 노동시장도 갖추었기 때문이다. 새로운 인력을 채용하여 교육시키는 데 많은 시간과 비용이 들어감을 고려하면, 다각화된 기업은 신규 기업에 비해 훨씬 ⓓ 우월한 위치에서 경쟁할 수 있다.

　한편 다각화를 함으로써 기업은 사업 부문들의 경기 순환에서 오는 위험을 줄일 수 있다. 예를 들어 기업의 주력 사업이 반도체, 철강, 조선과 같이 불경기와 호경기가 반복적으로 순환되는 사업 분야일수록, 기업은 ( a ) 분야의 다각화를 함으로써 경기가 불안정할 때에도 자금 순환의 안정성을 비교적 ( b )할 수 있다.

\* 포트폴리오: 다양한 투자 대상에 분산하여 자금을 투입하여 운용하는 일

**05** 윗글에 대한 설명으로 가장 적절한 것은?

① 특정 개념이 성립하게 된 배경을 설명한 후, 개념의 역사적 의의를 서술하고 있다.
② 특정 개념의 장단점을 소개한 후, 단점을 극복하는 방안들을 서술하고 있다.
③ 특정 개념의 구체적 예를 제시한 후, 예에 해당하는 내용을 상세하게 설명하고 있다.
④ 특정 개념을 바라보는 다양한 학자들의 견해를 비교하며 절충안을 도출하고 있다.

**06** 윗글의 문맥을 고려하여, 윗글의 a, b 부분에 들어갈 단어를 가장 적절하게 추론한 것은?

|   | a | b |
|---|---|---|
| ① | 비관련 | 확보 |
| ② | 비관련 | 제거 |
| ③ | 관련 | 확보 |
| ④ | 관련 | 제거 |

**07** 윗글에 대한 이해로 가장 적절한 것은?

① 범위의 경제성에 의하면 한 기업이 제품A, 제품B를 모두 생산하는 것은, 서로 다른 두 기업이 각각 제품A, 제품B를 생산하는 것보다 비효율적이다.
② 다각화된 기업은 여러 사업부에서 나오는 자금을 통합하여 활용할 수 없다.
③ 신규 기업은 새로운 인력을 채용하고 교육하는 것에 부담이 있다.
④ 리처드 러멜트에 의하면, 관련 사업에서 50%의 매출을 올리는 기업은 관련 다각화 기업이다.

**08** 밑줄 친 단어 ㉠~㉢의 사전적 의미로 가장 적절하지 않은 것은?

① ㉠: 몇 가지 부분이나 요소들을 모아서 일정한 전체를 짜 이룸
② ㉡: 도움이 되도록 이바지함
③ ㉢: 사업 따위를 처음으로 이루어 시작함
④ ㉣: 다른 것보다 나음

**09** 〈보기 1〉을 참고하여 〈보기 2〉의 ㉠~㉣에 대해 설명한 내용으로 가장 적절하지 않은 것은?

───〈보기 1〉───

중세국어에서 의문문은 해당 의문이 의문사에 대한 대답을 요구하는 설명 의문문인지, 가부(可否)에 대한 대답을 요구하는 판정 의문문인지, 의문문의 주어가 몇 인칭인지, 상대 높임 등급이 어떠한지 등에 따라 다양한 방법으로 실현되었다.

예를 들어, 체언에 의문 보조사가 붙는 경우 설명 의문문이면 의문 보조사 '고'가, 판정 의문문이면 의문 보조사 '가'가 결합되었다. 청자가 주어가 되는 2인칭 주어 의문문에서는 어미 '-ㄴ다'가 사용되었으며, ᄒ라체 상대 높임 등급에서 설명 의문문은 '-뇨'가 사용되었다.

───〈보기 2〉───

• ㉠: 이 ᄯᆞ리 너희 죵가(이 딸이 너희의 종인가?)
• ㉡: 얻논 藥이 므스것고(얻는 약이 무엇인가?)
• ㉢: 네 信ᄒᆞᄂᆞ다 아니 ᄒᆞᄂᆞ다(네가 믿느냐 아니 믿느냐?)
• ㉣: 究羅帝가 이제 어듸 잇ᄂᆞ뇨(구라제가 이제 어디 있느냐?)

① ㉠은 판정 의문문이므로 의문 보조사 '가'가 사용되었다.
② ㉡은 설명 의문문이므로 의문 보조사 '고'가 사용되었다.
③ ㉢의 주어는 2인칭 청자이므로 어미 '-ㄴ다'가 사용되었다.
④ ㉣은 판정 의문문이므로 어미 '-뇨'가 사용되었다.

**[10~13]** 다음 글을 읽고 물음에 답하시오.

(가)

셔경(西京)이 아즐가 셔경(西京)이 셔울히마르는
   위 두어렁셩 두어렁셩 다링디리
닷곤 뒤 아즐가 닷곤 뒤 쇼셩경 고외마른
   위 두어렁셩 두어렁셩 다링디리
여히므론 아즐가 여히므론 질삼뵈 브리시고
   위 두어렁셩 두어렁셩 다링디리
괴시란딕 아즐가 괴시란딕 우러곰 좃니노이다
   위 두어렁셩 두어렁셩 다링디리

구스리 아즐가 구스리 바회예 디신들
   위 두어렁셩 두어렁셩 다링디리
긴힛똔 아즐가 긴힛똔 그츠리잇가 나눈
   위 두어렁셩 두어렁셩 다링디리
즈믄 힛를 아즐가 즈믄 힛를 외오곰 녀신들
   위 두어렁셩 두어렁셩 다링디리
신(信)잇둔 아즐가 신(信)잇둔 그츠리잇가 나눈
   위 두어렁셩 두어렁셩 다링디리

대동강(大同江) 아즐가 대동강(大同江) 너븐디 몰라셔
   위 두어렁셩 두어렁셩 다링디리
빅 내여 아즐가 빅 내여 노혼다 샤공아
   위 두어렁셩 두어렁셩 다링디리
네 가시 아즐가 네 가시 럼난디 몰라셔
   위 두어렁셩 두어렁셩 다링디리
녈 빅예 아즐가 녈 빅예 연즌다 샤공아
   위 두어렁셩 두어렁셩 다링디리
대동강(大同江) 아즐가 대동강(大同江) 건넌편 고즐여
   위 두어렁셩 두어렁셩 다링디리
빅 타들면 아즐가 빅 타들면 것고리이다 나눈
   위 두어렁셩 두어렁셩 다링디리

                - 작자 미상, 「서경별곡(西京別曲)」-

(나)

딩아 돌하 당금(當今)에 계샹이다
딩아 돌하 당금(當今)에 계샹이다
션왕셩딕(先王聖代)예 노니ᄋᆞ와지이다

삭삭기 셰몰애 별헤 나는
삭삭기 셰몰애 별헤 나는
구은 밤 닷 되를 심고이다
㉠ 그 바미 우미 도다 삭나거시아
그 바미 우미 도다 삭나거시아
유덕(有德)ᄒᆞ신 님 여히ᄋᆞ와지이다

옥(玉)으로 련(蓮)ㅅ고즐 사교이다
옥(玉)으로 련(蓮)ㅅ고즐 사교이다
바회 우희 졉듀(接柱)ᄒᆞ요이다
그 고지 삼동(三同)이 픠거시아
그 고지 삼동(三同)이 픠거시아
유덕(有德)ᄒᆞ신 님 여히ᄋᆞ와지이다

므쇠로 텰릭*을 몰아 나눈
므쇠로 텰릭을 몰아 나눈
텰ㅅ(鐵絲)로 주롬 바고이다
㉡ 그 오시 다 헐어시아
그 오시 다 헐어시아
유덕(有德)ᄒᆞ신 님 여히ᄋᆞ와지이다

므쇠로 한 쇼를 디여다가
므쇠로 한 쇼를 디여다가
텰슈산(鐵樹山)애 노호이다
㉢ 그 쇠 텰초(鐵草)를 머거아
그 쇠 텰초(鐵草)를 머거아
유덕(有德)ᄒᆞ신 님 여히ᄋᆞ와지이다

㉣ 구스리 바회예 디신들
구스리 바회예 디신들
긴힛돈 그츠리잇가
즈믄 히룰 외오곰 녀신들
즈믄 히룰 외오곰 녀신들
신(信)잇둔 그츠리잇가

                - 작자 미상, 「정석가(鄭石歌)」-

* 텰릭: 철릭. 무관이 입던 공복(公服)

**10** (가)와 (나)의 공통점으로 가장 적절한 것은?

① 시적 대상에 대한 원망의 정서가 드러난다.
② 화자의 생활 터전에 대한 애정이 드러난 부분이 있다.
③ 임과 이별하고 싶지 않아 하는 화자의 모습이 드러난다.
④ 불가능한 상황이 일어나야 이별하겠다고 이야기하며 화자의 의지를 드러내고 있다.

**11** (가)의 형식적 측면에 대한 설명으로 가장 적절하지 않은 것은?

① 4음보의 전통적인 율격을 지니고 있다.
② 악률을 맞추기 위한 여음구가 사용되었다.
③ 설의적 표현을 사용하여 정서를 드러내고 있다.
④ 음성상징어를 활용한 후렴구를 사용하여 운율을 형성하고 있다.

**12** ㉠~㉣ 중 그 성격이 가장 다른 하나는?

① ㉠  ② ㉡
③ ㉢  ④ ㉣

**13** 다음 밑줄 친 부분 중에서 (가)의 대동강 과 가장 유사한 성격을 지닌 것은?

① 살어리 살어리랏다 청산(靑山)애 살어리랏다 / 멀위랑 ᄃᆞ래랑 먹고, 청산(靑山)애 살어리랏다 / 얄리얄리 얄랑셩 얄라리 얄라
② 수양산(首陽山) ᄇᆞ라보며 이제(夷齊)를 한(恨)ᄒᆞ노라 / 주려 주글진들 채미(採薇)도 ᄒᆞᄂᆞᆫ 것가 / 비록애 푸새엣 거신들 긔 뉘 ᄯᅡ헤 낫ᄃᆞ니
③ 추강(秋江)에 밤이 드니 물결이 차노매라 / 낙시 드리우니 고기 아니 무노매라 / 무심(無心)한 달빛만 싣고 빈 배 저어 오노라
④ 비 갠 둑에 풀빛이 고운데 / 남포에서 임 보내며 슬픈 노래 부르네 / 대동강 물이야 언제나 마르려나 / 이별 눈물 해마다 푸른 물결 보태나니

**14** 〈보기〉는 단어의 사전적 정의이다. 〈보기〉를 참고할 때 밑줄 친 부분이 문법적으로 가장 옳지 않은 것은?

〈보 기〉

-던 「어미」
1) 앞말이 관형어 구실을 하게 하고, 과거의 어떤 상태를 나타내는 어미
2) 앞말이 관형어 구실을 하게 하고 어떤 일이 과거에 완료되지 않고 중단되었다는 미완(未完)의 의미를 나타내는 어미

-던지 「어미」
막연한 의문이 있는 채로 그것을 뒤 절의 사실과 관련시키는 데 쓰는 연결 어미

-든 「어미」
'-든지'의 준말

-든지 「어미」
1) 나열된 동작이나 상태, 대상들 중에서 어느 것이든 선택될 수 있음을 나타내는 연결 어미
2) 실제로 일어날 수 있는 여러 가지 중에서 어느 것이 일어나도 뒤 절의 내용이 성립하는 데 아무런 상관이 없음을 나타내는 연결 어미

① <u>싫든 좋든</u> 이 길로 가는 수밖에 없다.
② 밥을 <u>먹던지 말던지</u> 네 맘대로 해라.
③ 어제 같이 <u>봤던</u> 영화는 참 재밌었다.
④ 집에 <u>가든지</u> 학교에 <u>가든지</u> 해라.

**15** A, B, C에 들어갈 중세국어의 형태를 가장 올바르게 짝 지은 것은?

〈보 기〉

현대국어 관형격 조사 '의'에 해당하는 중세국어 관형격 조사는 '이/의', 'ㅅ'가 있다. 선행체언이 무정물일 때는 'ㅅ'이 쓰이고, 유정물일 때는 모음조화에 따라 '이/의'가 쓰인다. 다만 유정물이라도 종교적으로 높은 대상 등 존칭의 대상일 때는 'ㅅ'가 쓰인다.

- [ A ] 말쏘미 中國에 달아
  (나라의 말이 중국과 달라)
- [ B ] 뜨들 거스디 아니ᄒ노니
  (사람의 뜻을 거스르지 않는데)
- 世尊 [ C ] 神力으로 두외의 ᄒ샨 사ᄅ미라
  (세존*의 신통력으로 되게 하신 사람이다.)

* 세존: 석가모니의 다른 이름. 세상에서 가장 존귀한 존재라는 뜻이다.

|   | A | B | C |
|---|---|---|---|
| ① | 나라이 | 사ᄅ미 | 의 |
| ② | 나라의 | 사ᄅ미 | ㅅ |
| ③ | 나랏 | 사ᄅ미 | ㅅ |
| ④ | 나랏 | 사ᄅ믜 | ㅅ |

**16** [A]와 [B]에서 일어난 음운 변동의 공통점으로 가장 적절한 것은?

[A] 복면[봉면], 받는[반는], 잠목[잠목]
[B] 난로[날로], 권리[궐리], 신라[실라]

① 앞에 오는 자음의 조음 위치에 동화되는 음운 변동이다.
② 앞에 오는 자음의 조음 방법에 동화되는 음운 변동이다.
③ 뒤에 오는 자음의 조음 위치에 동화되는 음운 변동이다.
④ 뒤에 오는 자음의 조음 방법에 동화되는 음운 변동이다.

**17** 다음 ㉠~㉣을 통해 인용절에 대해 탐구한 내용으로 가장 적절하지 않은 것은?

> ㉠ 성민이 승아에게 "밥을 먹거라"라고 말했다.
> / 성민이 승아에게 밥을 먹으라고 말했다.
> ㉡ 성민은 "나는 승아를 만나고 싶다"라고 말했다.
> / 성민은 자기가 승아를 만나고 싶다고 말했다.
> ㉢ 성민은 승아에게 "먼저 들어갑니다"라고 말했다.
> / 성민은 승아에게 먼저 들어간다고 말했다.
> ㉣ 성민은 어제 "오늘 떠나고 싶어"라고 말했다.
> / 성민은 어제 떠나고 싶다고 말했다.

① ㉠을 통해 직접 인용절에서 사용된 명령형 종결 어미가 간접 인용절에서는 다른 형태로 나타남을 알 수 있다.
② ㉡을 통해 직접 인용절에 사용된 인칭 대명사는 간접 인용절에서 지시 대명사로 달라짐을 알 수 있다.
③ ㉢을 통해 직접 인용절에서 사용된 상대 높임 표현이 간접 인용절에서는 나타나지 않음을 알 수 있다.
④ ㉣을 통해 직접 인용절의 시간 표현이 간접 인용절에서 해당 문장을 발화하는 시점을 기준으로 달라짐을 알 수 있다.

**18** 다음 문장에 대한 설명으로 가장 적절하지 않은 것은?

> 눈이 녹으면 남은 발자국 자리마다 꽃이 피리니.

① 자립 형태소는 5개이다.
② 의존 형태소는 9개이다.
③ 실질 형태소는 8개이다.
④ 7개의 어절, 19개의 음절로 이루어진 문장이다.

**19** 〈보기〉의 ㉠~㉣에 대한 설명으로 가장 적절하지 않은 것은?

> ─〈보 기〉─
> 음운의 변동은 한 음운이 다른 음운으로 바뀌는 교체, 한 음운이 없어지는 탈락, 새로운 음운이 생기는 첨가, 두 음운이 하나의 음운으로 합쳐지는 축약으로 구분된다. 한 단어가 발음될 때 이 네 가지 변동 중 둘 이상이 나타나는 경우도 있고 하나의 음운이 두 번 이상의 음운 변동을 겪기도 한다.
>
> ㉠ 꽃잎[꼰닙]   ㉡ 맏며느리[만며느리]
> ㉢ 닫혔다[다쳗따]  ㉣ 넓죽하다[넙쭈카다]

① ㉠~㉣은 모두 음운이 교체되는 현상이 일어난다.
② ㉠과 ㉡에서는 공통적으로 음운의 첨가가 일어난다.
③ ㉢에서는 두 개의 음운이 하나로 축약되는 현상이 일어난다.
④ ㉣에서는 음운의 탈락과 축약이 일어난다.

**[20~22] 다음 글을 읽고 물음에 답하시오.**

　구보는, 약간 자신이 있는 듯싶은 걸음걸이로 전차 선로를 두 번 횡단하여 화신상회 앞으로 간다. 그리고 저도 모를 사이에 그의 발은 백화점 안으로 들어서기조차 하였다. 젊은 내외가, 너댓 살 되어 보이는 아이를 데리고 그곳에 가 승강기를 기다리고 있었다. 이제 그들은 식당으로 가서 그들의 오찬을 즐길 것이다. 흘낏 구보를 본 그들 내외의 눈에는 자기네들의 행복을 자랑하고 싶어하는 마음이 엿보였는지도 모른다. 구보는, 그들을 업신여겨 볼까 하다가, 문득 생각을 고쳐, 그들을 축복하여 주려 하였다. 사실, 4, 5년 이상을 같이 살아왔으면서도, 오히려 새로운 기쁨을 가져 이렇게 거리로 나온 젊은 부부는 구보에게 좀 다른 의미로서의 부러움을 느끼게 하였는지도 모른다. 그들은 분명히 가정을 가졌고, 그리고 그들은 그곳에서 당연히 그들의 행복을 찾을게다.

　승강기가 내려와 서고, 문이 열려지고, 닫혀지고, 그리고 젊은 내외는 수남이나 복동이와 더불어 구보의 시야를 벗어났다.

　구보는 다시 밖으로 나오며, 자기는 어디 가 행복을 찾을까 생각한다. 발 가는 대로, 그는 어느 틈엔가 안전지대에 가 서서, 자기의 두 손을 내려다보았다. 한 손의 단장과 또 한 손의 공책과 — 물론 구보는 거기에서 행복을 찾을 수는 없다.

　안전지대 위에, 사람들은 서서 전차를 기다린다. 그들에게, 행복은 알 수 없다. 그러나 그들은 분명히 갈 곳만은 가지고 있었다.

　전차가 왔다. 사람들은 내리고 또 탔다. 구보는 잠깐 머엉하니 그곳에 서 있었다. 그러나 자기와 더불어 그곳에 있던 온갖 사람들이 모두 저 차에 오르는 것을 보았을 때, 그는 저 혼자 그곳에 남아 있는 것에 외로움과 애달픔을 맛본다. 구보는, 움직인 전차에 뛰어올랐다.

　…(중략)…

　구보는 고독을 느끼고, 사람들 있는 곳으로, 약동하는 무리들이 있는 곳으로, 가고 싶다 생각한다. 그는 눈앞에 경성역을 본다. 그곳에는 마땅히 인생이 있을 게다. 이 낡은 서울의 호흡과 또 감정이 있을 게다. 도회의 소설가는 모름지기 이 도회의 항구와 친하여야 한다. 그러나 물론 그러한 직업 의식은 어떻든 좋았다. 다만 구보는 고독을 삼등 대합실 군중 속에 피할 수 있으면 그만이다. 그러나 오히려 고독은 그곳에 있었다. 구보가 한 옆에 끼여 앉을 수도 없게시리 사람들은 그곳에 빽빽하게 모여 있어도, 그들의 누구에게서도 인간 본연의 온정을 찾을 수는 없었다. 그네들은 거의 옆의 사람에게 한마디 말을 건네는 일도 없이, 오직 자기네들 사무에 바빴고, 그리고 간혹 말을 건네도, 그것은 자기네가 타고 갈 열차의 시각이나 그러한 것에 지나지 않았다. 그네들의 동료가 아닌 사람에게 그네들은 변소에 다녀올 동안의 그네들 짐을 부탁하는 일조차 없었다. 남을 결코 믿지 않는 그네들의 눈은 보기에 딱하고 또 가엾었다.

　구보는 한구석에 가 서서 그의 앞에 앉아 있는 노파를 본다. 그는 뉘 집에 드난을 살다가 이제 늙고 또 쇠잔한 몸을 이끌어 결코 넉넉하지 못한 어느 시골, 딸네 집이라도 찾아 가는지 모른다. 이미 굳어 버린 그의 안면 근육은 어떠한 다행한 일에도 펴질 턱 없고, 그리고 그의 몽롱한 두 눈은 비록 그의 딸의 그지없는 효양(孝養)을 가지고도 감동시킬 수 없을지 모른다. 노파 옆에 앉은 중년의 시골 신사는 그의 시골서 조그만 백화점을 경영하고 있을 게다. 그의 점포에는 마땅히 주단포목도 있고, 일용 잡화도 있고, 또 흔히 쓰이는 약품도 갖추어 있을 게다. 그는 이제 그의 옆에 놓인 물품을 들고 자랑스러이 차에 오를 게다. 구보는 그 시골 신사가 노파와의 사이에 되도록 간격을 가지려고 노력하는 것을 발견하고, 그리고 그를 업신여겼다. 만약 그에게 얕은 지혜와 또 약간의 용기를 주면 그는 삼등 승차권을 주머니 속에 간수하고 일, 이등 대합실에 오만하게 자리잡고 앉을 게다.

　문득 구보는 그의 얼굴에서 부종(浮腫)을 발견하고 그의 앞을 떠났다. 신장염. 그뿐 아니라, 구보는 자기 자신의 만성 위확장을 새삼스러이 생각해 내지 않으면 안 되었다. 그러나 구보가 매점 옆에까지 갔었을 때, 그는 그곳에서도 역시 병자를 보지 않으면 안 되었다. 40여 세의 노동자. 전경부(前頸部)의 광범한 팽륭(膨隆). 돌출한 안구. 또 손의 경미한 진동. 분명한 '바세도우씨'병. 그것은 누구에게든 결코 깨끗한 느낌을 주지는 못한다. 그의 좌우에는 좌석이 비어 있어도 사람들은 그곳에 앉으려 들지 않는다. 뿐만 아니라, 그에게서 두 칸통 떨어진 곳에 있던 아이 업은 젊은 아낙네가 그의 바스켓 속에서 꺼내다 잘못하여 시멘트 바닥에 떨어뜨린 한 개의 복숭아가, 굴러 병자의 발 앞에까지 왔을 때, 여인은 그것을 쫓아와 집기를 단념하기조차 하였다.

　구보는 이 조그만 사건에 문득, 흥미를 느끼고, 그리고 그의 '대학노트'를 펴 들었다. 그러나 그가, 문 옆에 기대어 섰는 캡 쓰고 린네르 즈메에리 양복 입은 사나이의, 그 온갖 사람에게 의혹을 갖는 두 눈을 발견하였을 때, 구보는 또 다시 우울 속에 그곳을 떠나지 않으면 안 된다.

– 박태원, 「소설가 구보 씨의 일일」 –

**20** 윗글에 대한 설명으로 가장 적절한 것은?

① 주인공의 행동을 우스꽝스럽게 묘사하며 조롱하고 있다.
② 특정 인물의 내면 심리를 중심으로 이야기가 전개되고 있다.
③ 인물 간의 갈등을 부각하여 주제의식을 선명하게 드러내고 있다.
④ 대화 장면을 자세하고 빈번하게 제시하여 인물들의 성격을 직접적으로 제시하고 있다.

**21** 윗글에 대한 이해로 가장 적절한 것은?

① 구보는 '노파'의 가난하고 고된 삶을 상상해 보며, 그녀의 생기 없는 외양에 대해 생각한다.
② 구보는 '중년의 시골 신사'가 삼등 승차권을 가지고 이등 대합실에 자리잡고 있는 모습을 목격하고 그를 업신여기고 있다.
③ 구보는 만성 위확장을 앓고 있는 '40여 세의 노동자'가 불결한 느낌을 준다고 생각하지만 그의 곁에 가서 앉는다.
④ 구보는 '양복 입은 사나이'가 온갖 사람을 불신하는 모습을 목격하고 분노를 느낀다.

**22** 〈보기〉를 참고하여 윗글을 감상한 내용으로 가장 적절하지 않은 것은?

〈보 기〉

「소설가 구보 씨의 일일」은 1930년대 무력한 지식인인 소설가 구보의 내면의식과 그의 눈에 비친 경성의 일상을 그려내고 있다. 경성역, 화신상회(백화점), 안전지대, 전차 등 근대화가 진행되며 나타난 경성의 새로운 풍경들은 구보의 시선에 포착된다.

① 화신상회에서 구보는 행복해 보이는 가족을 바라보며 부러움을 느끼다가 그들을 업신여기려 한다.
② 발 가는 대로 걸어가 안전지대에 도착하는 구보의 모습으로 보아, 구보는 목표나 방향이 없는 무력한 지식인의 모습을 드러낸다고 이해할 수 있다.
③ 구보가 움직인 전차에 뛰어오른 이유는 안전지대에 혼자 남는 것에 외로움을 느꼈기 때문이다.
④ 구보가 경성역으로 향한 이유는 사람들 사이에서 고독을 피하기 위해서이다.

**[23]** ⟨보기⟩와 다음 시를 읽고 물음에 답하시오.

―⟨보 기⟩―

고향에 고향에 돌아와도
그리던 고향은 아니러뇨.

산꿩이 알을 품고
뻐꾸기 제철에 울건만,

마음은 제 고향 지니지 않고
머언 항구(港口)로 떠도는 구름.

오늘도 뫼 끝에 홀로 오르니
흰 점 꽃이 인정스레 웃고,

어린 시절에 불던 풀피리 소리 아니 나고
메마른 입술에 쓰디쓰다.

고향에 고향에 돌아와도
그리던 하늘만이 높푸르구나.

― 정지용, 「고향」 ―

넓은 벌 동쪽 끝으로
옛이야기 지줄대는 실개천이 휘돌아 나가고,
얼룩백이 황소가
해설피 금빛 게으른 울음을 우는 곳,

― 그곳이 차마 꿈엔들 잊힐 리야.

질화로에 재가 식어지면
비인 밭에 밤바람 소리 말을 달리고
엷은 졸음에 겨운 늙으신 아버지가
짚베개를 돋아 고이시는 곳,

― 그곳이 차마 꿈엔들 잊힐 리야.

흙에서 자란 내 마음
파아란 하늘빛이 그리워
함부로 쏜 화살을 찾으려
풀섶 이슬에 함초롬 휘적시던 곳,

― 그곳이 차마 꿈엔들 잊힐 리야.

전설(傳說) 바다에 춤추는 밤물결 같은
검은 귀밑머리 날리는 어린 누이와
아무렇지도 않고 예쁠 것도 없는
사철 발 벗은 아내가
따가운 햇살을 등에 지고 이삭 줍던 곳,

― 그곳이 차마 꿈엔들 잊힐 리야.

하늘에는 성근 별
알 수도 없는 모래성으로 발을 옮기고,
서리 까마귀 우지짖고 지나가는 초라한 지붕,
흐릿한 불빛에 돌아앉아 도란도란거리는 곳,

― 그곳이 차마 꿈엔들 잊힐 리야.

― 정지용, 「향수」 ―

**23.** 위의 시와 〈보기〉를 비교 감상한 내용으로 가장 적절한 것은?

① 위의 시와 〈보기〉 모두 과거의 추억을 잃어버린 현실을 쓸쓸히 드러내고 있다.
② 〈보기〉와 달리 위의 시는 고향과의 거리감, 단절감을 드러내고 있다.
③ 위의 시와 〈보기〉 모두 자연물에 인격을 부여하여 대상을 형상화하고 있다.
④ 〈보기〉와 달리 위의 시는 다양한 감각적 심상을 통해 화자의 정서를 드러내고 있다.

**24.** 〈보기〉를 바탕으로 아래 ㉠~㉢을 분석한 내용으로 가장 적절하지 않은 것은?

〈보 기〉

　문장 성분은 문장의 주된 골격을 이루는 주성분, 주로 주성분의 내용을 수식하는 부속 성분, 다른 문장 성분과 관계를 맺지 않는 독립 성분으로 나누어진다. 주성분에는 주어, 서술어, 목적어, 보어가 있고, 부속 성분에는 부사어, 관형어가 있으며, 독립 성분에는 독립어가 있다.

㉠ 아이가 작은 침대에서 예쁘게 잔다.
㉡ 그는 친구의 딸을 며느리로 삼았다.
㉢ 앗, 영희가 뜨거운 물을 엎질렀구나!

① ㉠~㉢은 모두 관형어가 존재한다.
② ㉠~㉢의 주성분의 개수가 일치한다.
③ ㉠의 부속 성분의 개수는 ㉡, ㉢보다 많다.
④ ㉡은 ㉠과 달리 필수적 부사어가 존재한다.

**25.** 〈보기〉는 이어진문장과 안은문장에 대해 정리한 것이다. 탐구의 결과로 가장 적절하지 않은 것은?

〈보 기〉

• 이어진문장: 둘 이상의 홑문장이 대등하거나 종속적으로 이어진문장
　㉠ 동생은 과일은 좋아하지만, 야채는 싫어한다.
　　동생은 야채는 싫어하지만, 과일은 좋아한다.
　㉡ 철수가 오면 그들은 출발할 것이다.
　　그들이 출발하면 철수가 올 것이다.

• 안은문장: 홑문장을 전체 문장의 한 성분으로 안고 있는 문장
　㉢ 언니는 그 아이가 학생임을 알았다.
　㉣ 책을 읽던 영수가 수지에게 다가왔다.
　※ ㉢과 ㉣의 밑줄 친 부분은 안긴문장임

① 이어진문장은 두 문장이 '대조'나 '조건'의 의미 관계로 연결되기도 하는군.
② 이어진문장은 앞뒤 문장의 순서가 바뀌어도 동일한 의미를 나타내는군.
③ 안긴문장은 안은문장에서 명사처럼 쓰이거나 명사를 꾸미는 등 다양한 역할을 하는군.
④ 안긴문장과 안은문장의 주어는 같을 수도 있고 서로 다를 수도 있군.

# 국어 | 2021년 법원직 9급

✓ 회독 CHECK 1 2 3

**[01~04] 다음 글을 읽고 물음에 답하시오.**

달에 갈 때는 편도 3일 정도 걸리지만, 화성에 갈 때는 편도 8개월 정도 걸린다. 또 달에서는 언제든지 돌아올 수 있지만, 화성의 경우에는 곧바로 지구로 귀환할 수 있는 것이 아니다. 긴 경우에는 500일이나 머물러야만 지구로 돌아올 수 있다. 그래서 화성 유인 비행은 500일 내지 1,000일 정도가 걸린다.

이렇게 장기간에 걸친 우주 비행을 위해서는 물이나 식료품, 산소 뿐 아니라 화성에서 사용할 기지, 화성에 이착륙하기 위한 로켓, 귀환용 우주선 등도 필요하다. 나사 탐사 시스템 부서의 더글러스 쿡에 따르면 그 무게의 합계는 470톤이나 된다. 나사의 우주 탐사 설계사인 게리 마틴은 "이 화물의 운반이 화성 유인 비행에서 가장 큰 ⊙ 문제일 것이다."라고 말했다.

우선 지구 표면에서 지구 저궤도(지표에서 몇 백 킬로미터 상공의 궤도)로 화물을 올려 보내야 한다. 과거에 미국은 달에 인간을 보내기 위해 아폴로 계획에 총 250억 달러를 투자했다고 한다. 이 계획에 사용된 것은 인류 사상 최대의 로켓 '새턴 파이브(V)'이다. 새턴 파이브는 지구의 저궤도로 104톤의 화물을 운반할 수 있었다. 그러나 세월이 지난 현재, 그 같은 대형 로켓을 만들기는 어렵게 되었다. 막대한 자금을 투입해서, 다른 용도가 없고 지나치게 거대한 로켓을 만드는 시대는 이미 지났다는 뜻이다.

가장 현실적인 것은 이미 존재하는 로켓을 최대한 활용할 경우 어떤 임무(비행 계획)가 가장 효율적인지 검토하는 일이다. 기존 우주 왕복선의 부품을 활용할 수 있는지, 우주 왕복선의 부품과 다른 로켓의 부품을 조합할 수 있는지 등, 백지 상태에서 출발하지 않아도 되는 좋은 방법을 현재 검토하고 있다.

거대한 로켓을 만들 수 없기 때문에 470톤의 화물은 여러 번 나누어 운반된다. 그리고 지구 저궤도에서 조립한 뒤 화성으로 보내는데, 이때는 많은 양의 화물을 화성까지 운반하는 우주선의 엔진이 문제이다. 현재 사용되는 로켓의 엔진은 일부 예외를 제외하고는 거의 모두가 '화학 로켓'이다. 이것은 연료와 산화제를 연소시킨 가스를 분출함으로써 추진하는 로켓이다. 화학 로켓은 추진력은 크지만, 열로 에너지가 달아나므로 그만큼 연비가 낮아진다. 그래서 많은 양의 연료가 필요하다.

지구 저궤도 상에 있는 1킬로그램의 화물을 화성의 표면에 내려놓았다가 다시 지구로 가져오기 위해서는 40킬로그램의 연료가 필요하다. 이것은 매우 큰 문제이다. 요컨대 현재의 기술로는 연비가 낮기 때문에 엄청난 양의 연료가 필요하게 되어 임무를 실현할 수 없다. 그래서 화성에 가기 위해서는 연비가 높은 엔진이 필요하다.

이를 위해 전기적인 추진 방식이 채용될 것으로 예상된다. 전기적인 추진 방식이란 태양 전지나 원자로를 사용해 발전한 전기적 에너지를 이용해 추진하는 방법이다. 이 방법으로는 에너지가 열로 달아나지 않으므로 그만큼 연비가 높아진다. 따라서 전기 추진을 이용하면 화학 로켓보다 연비가 월등히 높아진다. 연비가 높아지면 그만큼 연료가 적어도 된다. 전기 추진을 사용하면 연료를 대폭 감량할 수 있기 때문에 화물의 양이 절반으로 줄어들 것이다.

— 뉴턴 코리아, 2013년 7월 —

**01** 윗글의 서술상 특징으로 가장 적절한 것은?

① 다양한 사례를 통해 주장을 강화하고 있다.
② 두 대상의 차이점을 중심으로 내용을 전개하고 있다.
③ 상반되는 두 가지 이론을 절충하여 대안을 제시하고 있다.
④ 특정 대상과 관련된 과학 이론의 문제점을 지적하고 있다.

**02** 윗글을 읽고 알 수 있는 내용으로 가장 적절한 것은?

① 화성 유인 비행은 왕복 8개월 정도가 걸린다.
② 화학 로켓은 추진력이 작고 많은 양의 연료가 필요하다.
③ 미국은 달에 인간을 보내기 위해 총 470억 달러를 투자했다.
④ 전기적인 추진 방식은 에너지가 열로 달아나지 않아서 연비가 높다.

**03** 윗글에 따르면, 화성 유인 탐사를 위해 가장 시급히 해결해야 할 문제는?

① 대형 로켓을 제작한다.
② 우주 비행사를 양성한다.
③ 연료 소비 효율을 높인다.
④ 화물을 여러 번 나누어 운반한다.

**04** ㉠의 문맥적 의미와 가장 가까운 것은?

① 문제의 영화가 드디어 오늘 개봉된다.
② 그는 어디를 가나 문제를 일으키곤 했다.
③ 출산율 감소는 우리나라만의 문제가 아니다.
④ 연습을 반복하면 어려운 문제도 척척 풀게 된다.

**05** (가)에 들어갈 문장으로 가장 적절한 것은?

> 교사: 능동문의 목적어가 피동문의 주어가 되는 것이니까 피동문에는 목적어가 없는 것이 원칙이야. 그건 너도 잘 알고 있지?
> 학생: 예, 선생님. 그런데 '원칙'이라고 하셨으면, 원칙의 예외가 되는 문장도 있다는 말씀이신가요?
> 교사: 응, 그래. 드물지만 피동문에 목적어가 나타날 때가 있어. 어떤 문장이 있을지 한번 말해 볼래?
> 학생: "_____(가)_____"와 같은 문장이 그 예에 해당하겠네요.

① 형이 동생에게 짐을 안겼다.
② 동생은 집 밖으로 짐을 옮겼다.
③ 동생이 버스 안에서 발을 밟혔다.
④ 그 사람이 동생에게 상해를 입혔다.

**06** <보기>를 참고하여 로마자 표기법을 적용할 때 가장 옳지 않은 것은?

〈보 기〉

(1) 로마자 표기법의 주요 내용

㉮ 'ㄱ, ㄷ, ㅂ'은 모음 앞에서는 'g, d, b'로, 자음 앞이나 어말에서는 'k, t, p'로 적는다.

㉯ 'ㄹ'은 모음 앞에서는 'r'로, 자음 앞이나 어말에서는 'l'로 적는다. 단, 'ㄹㄹ'은 'll'로 적는다.
예 알약[알략] allyak

㉰ 자음 동화, 구개음화, 거센소리되기는 변화가 일어난 대로 표기함
예 왕십리[왕심니] Wangsimni
놓다[노타] nota
– 다만, 체언에서 'ㄱ, ㄷ, ㅂ' 뒤에 'ㅎ'이 따를 때에는 'ㅎ'을 밝혀 적는다.
예 묵호 Mukho

㉱ 된소리되기는 표기에 반영하지 않는다.

㉲ 고유 명사는 첫 글자를 대문자로 적는다.

(2) 표기 일람

| ㅏ | ㅓ | ㅗ | ㅜ | ㅡ | ㅣ | ㅐ | ㅔ | ㅚ | ㅟ | ㅑ | ㅕ | ㅛ | ㅠ |
|---|---|---|---|---|---|---|---|---|---|---|---|---|---|
| a | eo | o | u | eu | i | ae | e | oe | wi | ya | yeo | yo | yu |

| ㅒ | ㅖ | ㅘ | ㅙ | ㅝ | ㅞ | ㅢ |
|---|---|---|---|---|---|---|
| yae | ye | wa | wae | wo | we | ui |

| ㄱ | ㄲ | ㅋ | ㄷ | ㄸ | ㅌ | ㅂ | ㅃ | ㅍ | ㅈ | ㅉ | ㅊ | ㅅ | ㅆ |
|---|---|---|---|---|---|---|---|---|---|---|---|---|---|
| g,k | kk | k | d,t | tt | t | b,p | pp | p | j | jj | ch | s | ss |

| ㅎ | ㄴ | ㅁ | ㅇ | ㄹ |
|---|---|---|---|---|
| h | n | m | ng | r, l |

① '해돋이'는 [해도지]로 구개음화가 되므로 그 발음대로 haedoji로 적어야 해.

② '속리산'은 [송니산]으로 발음되지만 고유 명사이므로 Sokrisan으로 적어야 해.

③ '울산'은 [울싼]으로 된소리로 발음되지만 표기에는 반영하지 않고 Ulsan으로 적어야 해.

④ '집현전'은 [지편전]으로 거센소리로 발음되지만 체언이므로 'ㅂ'과 'ㅎ'을 구분하여 Jiphyeonjeon으로 적어야 해.

**[07~09] 다음 글을 읽고 물음에 답하시오.**

미학이란 무엇인가? 미학이라는 학문의 이름에는 '미(美)'자가 들어가니 아름다움에 대해 연구하는 학문이라는 말은 맞을 것이다. 그러나 그림도 아름답고, 음악도 아름답고, 꽃, 풍경, 석양 등 세상에 아름다운 것들이 수없이 많을 터인데, 그것들을 연구하는 사람들은 전부 미학을 한다고 할 수 있을까? 전통적으로 그림은 아름다운 것을 나타낸 것이라 생각되었고, 그런 그림들을 연구하는 학문으로 미술사학이란 것이 있는데, 그림은 아름답고 또 그것을 연구하기에 미술사학도 미학인가? 같은 방식으로 아름다운 음악작품들을 연구하는 음악사학이 있다면 이것도 미학인가?

'미술사학', '음악사학'이란 학문의 명칭에 주목한다면, 그 속에 포함된 '사(史)'라는 글자에서 이러한 학문들은 그림의 역사, 음악의 역사를 연구하는 학문임을 알 수 있다. 그렇다면 미술사학이나 음악사학이 미학이 아니라면 모두 똑같이 아름다운 대상을 연구하는 학문임에도 이들 사이의 차이점은 무엇인가? 미학이나 미술사학, 음악사학이 모두 아름다운 대상을 연구한다는 점에는 마찬가지이지만, 그 차이점은 그것에 접근하는 방식, 다르게 말하면 그것들을 연구하는 방식이 다르기 때문이다. 미술사학은 화가 개인이나 화파 사이의 역사적 관계를 연구하는 학문이다. 이러한 연구 방식은 그림의 역사를 연구하는 것이기에 우리는 그러한 학문을 미술사학이라고 부르며, 이 같은 설명이 음악사학에도 적용될 것이다.

미학이 미술사학이나 음악사학이 아니라면 미학은 아름다운 대상을 역사적으로 연구하는 학문이 아니라는 점이 분명해진다. 그렇다면 미학은 아름다운 대상을 어떻게 연구하는 것인가? 결론부터 얘기한다면, 미학은 아름다운 대상을 철학적으로 연구하는 학문이다. 어떤 것을 철학적으로 연구한다는 것은 과연 어떻게 하는 것인가? 여기서 우리는 학문의 방법론을 생각해볼 필요가 있다. 학문의 방법론은 학문을 하는 도구라고 생각할 수 있다. 미학과 미술사학의 차이는 미술작품을 철학과 역사라는 도구 중 어떤 도구를 가지고 연구하냐의 차이다.

다른 식으로 설명하자면 학문의 방법론은 학문의 대상을 보는 관점이라고 설명할 수 있다. 우리는 어떤 대상을 여러 관점에서 볼 수 있고, 이때 그 대상의 모습은 어떤 관점에서 보느냐에 따라 달라질 것이다. 이를 학문의 방법론에 적용한다면, 미술사학은 미술을 역사적 관점에서 보는 것이

고, 미학은 미술을 철학적 관점에서 보는 것이다. 즉 두 학문은 _____. 그것을 보는 관점이 다르기에 대상의 다른 특색을 연구하며, 그렇기 때문에 다른 학문이 되는 것이다.

**07** 윗글의 서술상 특징에 대한 설명으로 가장 적절하지 않은 것은?

① 두 대상의 공통점들을 열거하며 내용을 서술하고 있다.
② 대상 간의 차이점에 초점을 맞춘 내용을 서술하고 있다.
③ 독자에게 질문을 던지는 방식으로 내용을 서술하고 있다.
④ 어떠한 대상의 정의와 특징을 밝히며 내용을 서술하고 있다.

**08** 윗글을 이해한 내용으로 가장 옳은 것은?

① 미술사학과 음악사학은 아름다운 대상에 접근하는 방식이 다르다.
② 미학과 미술사학은 서로 다른 도구를 가지고 아름다운 대상을 연구한다.
③ 그림, 음악 등의 아름다운 것을 연구하는 사람들은 모두 미학을 한다고 할 수 있다.
④ 미학과 음악사학은 각각 미술과 음악이라는 도구를 사용한다는 점에서 차이가 있다.

**09** 윗글의 빈칸에 들어갈 내용으로 가장 적절한 것은?

① 비슷한 특징이 있지만
② 연구 방법이 동일하지만
③ 같은 대상을 보고 있지만
④ 명칭에 있어서도 차이가 있지만

**[10~13]** 다음 글을 읽고 물음에 답하시오.

**[앞부분 줄거리]** 어느 날 수학 교사가 3학년 마지막 수업 시간에 학생들에게 굴뚝 청소를 하고 나온 두 아이에 대한 질문을 던진 후에 뫼비우스의 띠에 대해 설명한다.

행복동의 주민인 앉은뱅이와 꼽추는 어떤 사나이에게 자신들의 아파트 입주권을 한 평당 16만 원에 팔고, 그 사나이는 그 입주권을 다른 사람들에게 36만 원에 판다. 앉은뱅이와 꼽추는 약장수에게서 구한 휘발유 한 통을 들고 사나이가 탄 승용차를 가로막아 선다. 그리고 그를 차에서 끌어내리고 폭력을 행사한 후에 가방에서 20만 원씩 두 뭉치 돈을 꺼낸다.

㉠ "이건 우리 돈야."
앉은뱅이가 말했다. 사나이는 다시 고개만 끄덕였다. 그는 앉은뱅이가 뒷좌석의 친구에게 한 뭉치의 돈을 넘겨 주는 것을 보았다. ㉡ 앉은뱅이의 손이 부들부들 떨렸다. 꼽추의 손도 마찬가지로 떨렸다. 두 친구의 가슴은 더 떨렸다. 앉은뱅이는 앞가슴을 풀어헤쳐 돈 뭉치를 넣더니 단추를 잠그고 옷깃을 여몄다. 꼽추는 웃옷 바른쪽 주머니에 넣었다. 꼽추의 옷에는 안주머니가 없었다. 돈을 챙겨 넣자 내일 할 일들이 머리에 떠올랐다. 앉은뱅이의 머리에도 내일 할 일들이 떠올랐다. 아이들은 천막 안에서 잠을 자고 있었다.
"통을 가져와."
앉은뱅이가 말했다. 그의 손에도 마지막 전깃줄이 들려 있었다. 밖으로 나온 꼽추는 콩밭에서 플라스틱 통을 찾았다. 그는 친구의 얼굴만 보았다. 그 이외에는 정말 아무것도 보지 않았다. 그는 승용차 옆을 떠나 동네를 향해 걷기 시작했다. 유난히 조용한 밤이었다. 불빛 한 점 없어 동네가 어디쯤 앉아 있는지 알 수 없을 정도였다. 그는 이따금 걸음을 멈추고 앉은뱅이가 기어오는 소리를 듣기 위해 귀를 기울였다.
앉은뱅이는 승용차 안에서 몸을 굴려 밖으로 떨어져 나올 것이다. 그는 문을 쾅 닫고 아주 빠르게 손을 놀려 어둠 깔린 황톳길 위를 기어올 것이다. 꼽추는 자기의 평상 걸음과 손을 빠르게 놀렸을 때의 앉은뱅이의 속도를 생각하면서 걸었다.
동네 입구로 들어선 꼽추는 헐린 외딴집 마당가로 가 펌프의 손잡이를 눌렀다. 그는 두 손으로 물을 받아 입을 축였다. 그 손을 웃옷 바른쪽 주머니에 대어 보았다. 앉은뱅이가 가쁜 숨을 몰아쉬며 기어오고 있었다. 꼽추는 앞으로 다가가 앉은뱅이의 얼굴을 들여다보았다. 어두워서 잘 보이지 않았다.

앉은뱅이의 몸에서는 휘발유 냄새가 났다. 꼽추가 펌프를 찧어 앉은뱅이의 얼굴을 씻어 주었다. 앉은뱅이는 얼굴이 쓰리려 눈을 감았다. 그러나 이런 아픔쯤은 아무것도 아니었다. 그는 가슴 속에 들어 있는 돈과 내일 할 일들을 생각했다. 그가 기어온 황톳길 저쪽 끝에서 불길이 솟아올랐다. 그는 일어서려는 친구를 잡아 앉혔다.

쇠망치를 든 사람들이 왔을 때 꼽추네 식구들은 정말 잘 참았다. 앉은뱅이네 식구들은 꼽추네 식구들보다 대가 약했다. 앉은뱅이는 갑자기 일어서려고 한 친구가 마음에 들지 않았다. 폭발 소리가 들려왔을 때는 앉은뱅이도 놀랐다. 그러나 그것도 잠깐뿐이었다. …(중략)…

"이봐, 왜 그래?"
"아무것도 아냐."
꼽추가 말했다.
"겁이 나서 그래?"
앉은뱅이가 물었다.
"아무렇지도 않아."
꼽추가 말했다.
"묘해. 이런 기분은 처음야."
"그럼 잘됐어."
"잘된 게 아냐."
앉은뱅이는 이렇게 차분한 친구의 목소리를 처음 들었다.
ⓒ "나는 자네와 가지 않겠어."
"뭐!"
"자네와 가지 않겠다구."
"갑자기 무슨 소릴 하는 거야? 내일 삼양동이나 거여동으로 가자구. 그곳엔 방이 많아. 식구들을 안정시켜 놓고 우린 강냉이 기계를 끌고 나오면 되는 거야. 모터가 달린 자전거를 사면 못 갈 곳이 없어. 갈현동에 갔던 일 생각 안 나? 몇 방을 튀겼었는지 벌써 잊었어? 밤 아홉 시까지 계속 돌려댔잖아. 그들은 강냉이를 먹기 위해 튀기러 오는 게 아냐. 옛날 생각이 나서 아이들을 앞세우고 올 뿐야. 그런 델 찾아다니면 돼. 우린 며칠에 한 번씩 집에 돌아가 여편네가 입을 벌릴 정도의 돈을 쏟아 놓아 줄 수가 있다구. 그런데 자네는 무슨 생각을 하는 거야?"
"나는 사범을 따라갈 생각야."
"그 약장수?" / "응."

"미쳤어? 그 나이에 무슨 약장사를 하겠다는 거야?"
"완전한 사람은 얼마 없어. 그는 완전한 사람야. 죽을힘을 다해 일하고 그 무서운 대가로 먹고살아. 그가 파는 기생충 약은 가짜가 아냐. 그는 자기의 일을 훌륭히 도와 줄 수 있는 내 몸의 특징을 인정해 줄 거야."
꼽추는 이렇게 말하고 한 마디 덧붙였다.
"내가 무서워하는 것은 자네의 마음이야."
"그러니까, 알겠네." / 앉은뱅이가 말했다.
"가, 막지 않겠어. 나는 아무도 죽이지 않았어."
"어쨌든." / 꼽추가 돌아서면서 말했다.
"무슨 해결이 나야 말이지."

어둠이 친구를 감싸 앉은뱅이는 발짝 소리밖에 듣지 못했다. 조금 있자 발짝 소리도 들리지 않았다. 그는 아이들이 잠든 천막을 찾아 기어가기 시작했다. 울지 않겠다고 이를 악물었다. 그러나 흐르는 눈물은 어쩔 수 없었다. ⓔ 그는 이 밤이 또 얼마나 길까 생각했다.

[뒷부분 줄거리] 교사는 학생들에게 지식이 자신이 입을 이익에 맞추어 쓰이는 일이 없기를 당부하고 교실을 나간다.
— 조세희,「뫼비우스의 띠」 —

**10** 윗글에 대한 설명으로 가장 적절하지 않은 것은?

① 연작소설 중 하나로, 액자소설 형태를 취하고 있다.
② 외부 이야기와 내부 이야기가 유기적 관계를 이룬다.
③ 일상의 기계적인 삶을 고발하는 사회 소설로 볼 수 있다.
④ 과감한 생략을 통하여 사건을 속도감 있게 전개하고 있다.

**11** 내부 이야기에서 주인공을 '앉은뱅이'와 '꼽추'로 설정한 효과로 가장 적절한 것은?

① 시대적 배경 묘사
② 동화적 분위기 조성
③ 인물의 부도덕성 부각
④ 비극적 현실 상황 강조

**12.** ㉠~㉣에 대한 이해로 가장 적절하지 않은 것은?

① ㉠: 자신의 행위에 정당성을 부여하려는 말이다.
② ㉡: 불안과 흥분을 동시에 드러내고 있다.
③ ㉢: 걸음이 느린 앉은뱅이와 함께 가는 것을 부담스럽게 생각하고 있다.
④ ㉣: 절망적인 상황이 앞으로도 계속될 것임을 암시하고 있다.

**13.** 윗글의 내용과 가장 일치하는 것은?

① 앉은뱅이는 꼽추보다 먼저 돈을 가지고 승용차 밖으로 나왔다.
② 앉은뱅이와 꼽추는 사나이와 대화를 통해 문제를 해결하고자 했다.
③ 승용차에 탄 사나이는 꼽추와 앉은뱅이의 집을 쇠망치로 부수었다.
④ 꼽추는 약장수가 자신의 정직한 노력으로 대가를 받는 사람이라고 생각했다.

**[14~16] 다음 글을 읽고 물음에 답하시오.**

미생물은 오늘날 흔히 질병과 연관된 것으로 여겨진다. 1762년 마르쿠스 플렌치즈는 미생물이 체내에서 증식함으로써 질병을 일으키고, 이는 공기를 통해 전염될 수 있다고 주장했으며, 모든 질병은 각자 고유의 미생물을 갖고 있다고 말했다. 그러나 유감스럽게도 그 주장에 대한 증거가 없었으므로 플렌치즈는 외견상 하찮아 보이는 미생물들도 사실은 중요하다는 점을 다른 사람들에게 납득시킬 수가 없었다. 심지어 한 비평가는 그처럼 어처구니없는 가설에 반박하느라 시간을 허비할 생각이 없다며 대꾸했다.

그런데 19세기 중반 들어 프랑스의 화학자 루이 파스퇴르에 의해 상황이 바뀌기 시작했다. 파스퇴르는 세균이 술을 식초로 만들고 고기를 썩게 한다는 사실을 연달아 증명한 뒤 만약 세균이 발효와 부패의 주범이라면 질병도 일으킬 수 있을 것이라고 주장했다. 이러한 배종설은 오랫동안 이어져 내려온 자연발생설에 반박하는 이론으로서 플렌치즈 등에 의해 옹호되었지만 아직 논란이 많았다. 사람들은 흔히 썩어가는 물질이 내뿜는 나쁜 공기, 즉 독기가 질병을 일으킨다고 생각했다. 1865년 파스퇴르는 이런 생각이 틀렸음을 증명했다. 그는 미생물이 누에에게 두 가지 질병을 일으킨다는 사실을 입증한 뒤, 감염된 알을 분리하여 질병이 전염되는 것을 막음으로써 프랑스의 잠사업을 위기에서 구했다.

한편 독일에서는 로베르트 코흐라는 내과 의사가 지역농장의 사육동물을 휩쓸던 탄저병을 연구하고 있었다. 때마침 다른 과학자들이 동물의 시체에서 탄저균을 발견하자, 1876년 코흐는 이 미생물을 쥐에게 주입한 뒤 쥐가 죽은 것을 확인했다. 그는 이 암울한 과정을 스무 세대에 걸쳐 집요하게 반복하여 번번이 똑같은 현상이 반복되는 것을 확인했고, 마침내 세균이 탄저병을 일으킨다는 결론을 내렸다. 배종설이 옳았던 것이다.

파스퇴르와 코흐가 미생물을 효과적으로 재발견하자 미생물은 곧 죽음의 아바타로 캐스팅되어 전염병을 옮기는 주범으로 여겨지기 시작했다. 탄저병이 연구된 뒤 20년에 걸쳐 코흐를 비롯한 과학자들은 한센병, 임질, 장티푸스, 결핵 등의 질병 뒤에 도사리고 있는 세균들을 속속 발견했다. 이러한 발견을 견인한 것은 새로운 도구였다. 이전에 있었던 렌즈를 능가하는 렌즈가 나왔고, 젤리 비슷한 배양액이 깔린 접시에서 순수한 미생물을 배양하는 방법이 개발되었으며, 새로운 염색제가 등장하여 세균의 발견과 확인을 도왔다.

세균을 확인하자 과학자들은 거두절미하고 세균을 제거히는 작업에 착수했다. 조지프 리스터는 파스퇴르에게서 영감을 얻어 소독 기법을 실무에 도입했다. 그는 자신의 스태프들에게 손과 의료 장비와 수술실을 화학적으로 소독하라고 지시함으로써 수많은 환자들을 극심한 감염으로부터 구해냈다. 또, 다른 과학자들은 질병 치료, 위생 개선, 식품 보존이라는 명분으로 세균 차단 방법을 궁리했다. 그리고 세균학은 응용과학이 되어 미생물을 쫓아내거나 파괴하는데 동원되었다. 과학자들은 미생물과의 전쟁을 선포하고, 병든 개인과 사회에서 미생물을 몰아내는 것을 목표로 삼은 것이다. 이렇게 미생물에 대한 인식이 형성되었으며 그 부정적 태도는 오늘날에도 지속되고 있다.

**14** 윗글의 서술상 특징에 대한 설명으로 가장 적절한 것은?

① 미생물과 관련한 탐구 및 실험 내용을 구체적으로 제시하고 있다.
② 미생물에 대한 상반된 두 이론을 대조하며 각각의 장단점을 제시하고 있다.
③ 미생물과 관련한 가설의 문제점을 밝히고, 이에 대한 해결 방안을 제시하고 있다.
④ 미생물의 종류를 나누어 분석하며 미생물에 대한 인식 변화 과정을 제시하고 있다.

**15** 윗글을 읽고 이해한 내용으로 가장 적절한 것은?

① 미생물이 질병을 일으킨다는 플렌치즈의 주장은 당시 모든 사람들의 긍정적 반응을 이끌었다.
② 플렌치즈는 썩어가는 물질이 내뿜는 독기가 질병을 일으킨다는 주장이 틀렸음을 증명하였다.
③ 코흐는 동물의 시체에서 탄저균을 발견한 후 미생물을 쥐에게 주입하는 실험을 실시하였다.
④ 파스퇴르는 프랑스의 잠사업과 환자들을 감염으로부터 보호하는 일에 긍정적인 영향을 미쳤다.

**16** 윗글의 내용을 통해 도출할 수 있는 내용으로 가장 적절하지 않은 것은?

① 세균은 미생물의 일종이다.
② 세균은 화학적인 방법으로 제거할 수 있다.
③ 미생물과 질병의 연관성에 대한 인식은 통시적으로 변화해왔다.
④ 코흐는 새로운 도구의 개발 이전에 질병을 유발하는 미생물들을 발견했다.

**[17~19] 다음 글을 읽고 물음에 답하시오.**

(가) 동방은 하늘도 다 끝나고
비 한 방울 내리잖는 ㉠ 그 땅에도
오히려 꽃은 빨갛게 피지 않는가
내 목숨을 꾸며 쉬임 없는 날이여

㉡ 북(北)쪽 툰드라에도 찬 새벽은
㉢ 눈 속 깊이 꽃맹아리가 옴작거려
제비 떼 까맣게 날아오길 기다리나니
마침내 저버리지 못할 약속(約束)이여!

한바다 복판 용솟음치는 곳
바람결 따라 타오르는 ㉣ 꽃성(城)에는
나비처럼 취(醉)하는 회상(回想)의 무리들아
오늘 내 여기서 너를 불러 보노라

― 이육사, 「꽃」 ―

(나) 파란 녹이 낀 구리거울 속에
내 얼굴이 남아 있는 것은
어느 왕조(王朝)의 유물(遺物)이기에
이다지도 욕될까.

나는 나의 참회(懺悔)의 글을 한 줄에 줄이자.
― 만 이십사 년 일 개월을
  무슨 기쁨을 바라 살아왔던가

내일이나 모레나 그 어느 즐거운 날에
나는 또 한 줄의 참회록(懺悔錄)을 써야 한다.
― 그때 그 젊은 나이에
  왜 그런 부끄런 고백(告白)을 했던가

밤이면 밤마다 나의 거울을
손바닥으로 발바닥으로 닦아 보자

그러면 어느 운석(隕石) 밑으로 홀로 걸어가는
슬픈 사람의 뒷모양이
거울 속에 나타나 온다.

― 윤동주, 「참회록」 ―

**17** (가)의 ㉠~㉣ 중 가장 성격이 다른 것은?

① ㉠ 그 땅
② ㉡ 북(北)쪽 툰드라
③ ㉢ 눈 속
④ ㉣ 꽃성(城)

**18** (가)와 (나)에 대한 설명으로 가장 적절한 것은?

① (가)는 (나)와 달리 고백적 어조를 통한 화자의 성찰이 드러난다.
② (가)와 (나)는 색채를 나타내는 시어를 통한 시각적 심상이 드러난다.
③ (가)와 (나)는 시구의 반복을 통해 화자의 감정이 고조됨을 드러내고 있다.
④ (나)는 (가)와 달리 영탄적 어조를 사용하여 화자의 정서를 드러내고 있다.

**19** 아래의 밑줄 친 시어 중 (나)의 '구리거울'과 같은 기능을 하는 소재로 가장 적절한 것은?

① 밤에 홀로 유리를 닦는 것은 / 외로운 황홀한 심사이어니, / 고운 폐혈관이 찢어진 채로 / 아아, 늬는 산새처럼 날아갔구나!
— 정지용, 「유리창 1」

② 기침을 하자 / 젊은 시인이여 기침을 하자 / 눈 위에 대고 기침을 하자 / 눈더러 보라고 마음 놓고 마음 놓고 / 기침을 하자
— 김수영, 「눈」

③ 그런데 또 이즈막하야 어느 사이엔가 / 이 흰 바람벽엔 / 내 쓸쓸한 얼골을 쳐다보며 / 이러한 글자들이 지나간다 / 나는 이 세상에서 가난하고 외롭고 높고 쓸쓸하니 살아가도록 태어났다
— 백석, 「흰 바람벽이 있어」

④ 삽자루에 맡긴 한 생애가 / 이렇게 저물고, 저물어서 / 샛강 바닥 썩은 물에 / 달이 뜨는구나. / 우리가 저와 같아서 / 흐르는 물에 삽을 씻고 / 먹을 것 없는 사람들의 마을로 / 다시 어두워 돌아가야 한다.
— 정희성, 「저문 강에 삽을 씻고」

**20** 〈보기 1〉을 바탕으로 〈보기 2〉의 ㉠~㉣을 이해한 것으로 가장 적절하지 않은 것은?

─〈보기 1〉─

[중세국어 문장에서 목적어의 실현]
– 체언에 목적격 조사(을/를, ㆍ/를, ㄹ)가 붙어서 실현됨
– 체언에 목적격 조사 없이 체언 단독으로 실현됨
– 체언에 목적격 조사 없이 보조사가 붙어서 실현됨
– 명사구나 명사절에 목적격 조사가 붙어서 실현됨

─〈보기 2〉─

㉠ 내 太子를 셤기ᅀᆞᄫᅩ되 (내가 태자를 섬기되)
㉡ 곶 됴코 여름 하ᄂᆞ니 (꽃 좋고 열매 많으니)
㉢ 됴ᄒᆞᆫ 고ᄌᆞ란 ᄑᆞ디 말오 (좋은 꽃일랑 팔지 말고)
㉣ 뎌 부텻 像ᄋᆞᆯ 밍ᄀᆞ라 (저 부처의 형상을 만들어)

① ㉠: 체언에 목적격 조사 '를'이 붙어서 목적어가 실현되었군.
② ㉡: 체언에 목적격 조사 없이 단독으로 목적어가 실현되었군.
③ ㉢: 체언에 보조사 'ᄋᆞ란'이 붙어서 목적어가 실현되었군.
④ ㉣: 명사구에 목적격 조사 'ᄋᆞᆯ'이 붙어 목적어가 실현되었군.

**[21~23] 다음 글을 읽고 물음에 답하시오.**

[중중모리]
　흥보 마누라 나온다. 흥보 마누라 나온다. "아이고 여보 영감. 영감 오신 줄 내 몰랐소. 어디 돈, 어디 돈허고 돈 봅시다. 돈 봐." "놓아두어라 이 사람아. 이 돈 근본(根本)을 자네 아나. 못난 사람도 잘난 돈, 잘난 사람은 더 잘난 돈, 이놈의 돈아, 아나 돈아, 어디 갔다가 이제 오느냐. 얼씨구나 돈 봐. 어 어 이 얼씨구 얼씨구 돈 봐."

[아니리]
　이 돈을 가지고 쌀팔고 고기 사고 고기 죽을 누그름하게 열한 통이 되게 쑤어 가지고 각기 한 통씩 먹여 놓으니, 모두 식곤증이 나서 앉은 자리에서 고자빠기잠*을 자는데, 죽 국물이 코끝에서 쇠죽 후주국 내리듯 댕강댕강 떨어 것다. 흥보 마누라가 하는 말이, "여보 영감 그런디 이 돈이 무슨 돈이오? 어떻게 해서 생겨난 돈인지 좀 압시다." "이 돈이 다른 돈이 아닐세. 우리 고을 좌수가 병영 영문에 잡혔는데 대신 가서 곤장 열대만 맞으면 한 대에 석 냥씩 서른 냥을 준다기에 대신 가기로 하고 삯으로 받아 온 돈이 제." 흥보 마누라 깜짝 놀라며, "소중한 가장 매품 팔아 먹고산단 말은 고금천지에 어디서 보았소."

[진양]
　"가지 마오 가지 마오. 불쌍한 영감. 가지를 마오. 하늘이 무너져도 솟아날 구멍이 있는 법이니, 설마한들 죽사리까. 병영 영문 곤장 한 대를 맞고 보면 죽도록 골병 된답디다. 여보 영감 불쌍한 우리 영감, 가지를 마오."

[아니리]
　흥보 아들놈들이 저의 어머니 울음소리를 듣고 물소리 들은 거위 모양으로 고개를 들고, "아버지 병영 가시오?" "오냐 병영 간다." "갔다 올 제 떡 한 보따리 사 가지고 오시오."

[중모리]
　아침밥을 끓여 먹고 병영 길을 나려간다. 허유허유 나려를 가며 신세자탄(身世自嘆) 울음을 운다. "어떤 사람 팔자 좋아 화려한 집 짓고 잘사는데 내 팔자는 왜 그런고." 병영 골을 당도하여 치어다보니 대장기요. 나려 굽어보니 숙정패로구나. 깊은 산속에 있는 사나운 범의 용맹 같은 용(勇)자 붙인 군로사령들이 이리 가고 저리 간다. 그때 박흥보는 숫한 사람이라 벌벌 떨며 들어간다.

[아니리]
　방울이 떨렁, 사령 "예이." 야단났지. 흥보가 삼문간에 들어서 가만히 굽어보니 죄인이 볼기를 맞거늘. 흥보 마음에는 그 사람들도 돈 벌러 온 줄 알고, '저 사람들은 먼저 와서 돈 수백 냥 번다. 나도 볼기 좀 까고 업저 볼까.' 볼기를 까고 삼문 간에 가 엎드렸을 제 사령 한 쌍이 나오더니, "병영 생긴 후 볼기전 보는 놈이 생겼구나." 사령 중에 뜻밖에 흥보 씨 아는 사령이 있던가, "아니 박 생원 아니시오?" "알아맞혔구만그려." "당신 곯았소." "곯다니 계란이 곯지, 사람이 곯나. 그게 어떤 말인가?" "박생원 대신이라 하고 어떤 사람이 와서 곤장 열 대 맞고 돈 서른 냥 받아 가지고 벌써 떠나갔소." 흥보가 기가 막혀, "그놈이 어떻게 생겼던가?" "키가 구 척이요 방울눈에 기운 좋습디다." 흥보가 말을 듣더니, "허허 그전 밤에 우리 마누라가 밤새도록 울더니마는 옆집 꾀수 애비란 놈이 알고 발등걸이*를 허였구나." [A]

[중모리]
　"번수네들 그러한가. 나는 가네. 지키기나 잘들 하소. 매품 팔러 왔는데도 손재(損財)가 붙어 이 지경이 웬일이냐. 우리 집을 돌아가면 밥 달라고 우는 자식은 떡 사 주마고 달래고, 떡 사 달라 우는 자식 엿 사 주마고 달랬는데, 돈이 있어야 말을 허지." 그렁저렁 울며 불며 돌아온다. 그때에 흥보 마누라는 영감이 떠난 그날부터 후원에 단(壇)을 세우고 정화수를 바치고, 병영 가신 우리 영감 매 한 대도 맞지 말고 무사히 돌아오시라고 밤낮 기도하면서, "병영 가신 우리 영감 하마 오실 제 되었는데 어찌하여 못 오신가. 병영 영문 곤장을 맞고 허약한 체질 주린 몸에 병이 나서 못 오신가. 길에 오다 누웠는가."

[아니리]
　문밖에를 가만히 내다보니 자기 영감이 분명하것다. 눈물 씻고 바라보니 흥보가 들어오거늘, "여보영감 매 맞았소? 매 맞았거든 어디 곤장 맞은 자리 상처나 좀 봅시다." "놔둬. 상처고 여편네 죽은 것이고. 요망스럽게 여편네가 밤새도록 울더니 돈 한 푼 못 벌고 매 한 대를 맞았으면 인사불성 쇠아들이다." 흥보 마누라 좋아라고,

— 작자 미상, 「흥보가(興甫歌)」 —

* 고자빠기잠: 나무를 베어 낸 뒤에 남은 밑동처럼 꼿꼿이 앉아서 자는 잠
* 발등걸이: 남이 하려는 일을 앞질러 하는 행위

**21** 윗글에 대한 설명으로 가장 적절하지 않은 것은?

① 동일한 어구를 반복하여 운율을 조성하고 있다.
② 서술자가 개입하여 인물에 대한 자신의 생각을 전달하고 있다.
③ 비현실적 상황을 설정하여 사건을 효과적으로 전개하고 있다.
④ 상황에 맞는 장단을 사용하여 인물의 정서를 효과적으로 전달하고 있다.

**22** 윗글을 읽은 독자의 반응으로 가장 적절한 것은?

① 흥보 아내는 흥보가 무사히 돌아오기를 학수고대(鶴首苦待)하고 있군.
② 흥보는 매품을 팔지 못하게 된 상황을 새옹지마(塞翁之馬)로 여기고 있군.
③ 흥보 아들들은 매품을 팔게 된 흥보에 대해 측은지심(惻隱之心)을 갖고 있군.
④ 흥보는 매품을 팔지 못하게 되었다는 사령의 말을 어불성설(語不成說)이라고 생각하는군.

**23** [A]에 대한 이해로 가장 적절하지 않은 것은?

① 흥보는 매품팔기에 실패하자 사령을 원망하며 집으로 돌아가고 있다.
② 흥보는 다른 인물과의 대화를 통해 자신이 처한 상황을 인식하게 되었다.
③ 흥보가 처한 비극적 상황을 해학적으로 표현하여 독자의 웃음을 유발하고 있다.
④ 흥보의 매품팔기가 실패하는 것을 통해 당시 서민들의 삶이 몹시 힘들었음을 짐작할 수 있다.

**24** 〈보기〉를 통해서 알 수 있는 내용으로 가장 적절하지 않은 것은?

〈보 기〉

나는 서울에서 고등학교를 다니는 학생이다. 며칠 전 제사가 있어서 대구에 있는 할아버지 댁에 갔다. 제사를 준비하면서 할아버지께서 나에게 심부름을 시키셨는데 사투리가 섞여 있어서 잘 알아들을 수가 없었다. 집으로 돌아올 때 할아버지께서 용돈을 듬뿍 주셔서 기분이 좋았다. 그런데 오늘 어머니께서 할아버지가 주신 용돈 중 일부를 달라고 하셨다. 나는 어머니께 그 용돈으로 '문상'을 다 샀기 때문에 남은 돈이 없다고 말씀드렸다. 어머니께서는 '문상'이 무엇이냐고 물으셨고 나는 '문화상품권'을 줄여서 사용하는 말이라고 말씀드렸다. 학교에서 친구들과 이야기 할 때 흔히 사용하는 '컴싸'나 '훈남', '생파' 같은 단어들을 부모님과 대화할 때는 설명을 해드려야 해서 불편할 때가 많다.

① 어휘는 세대에 따라서 달라지기도 한다.
② 어휘는 지역에 따라서 달라지기도 한다.
③ 성별에 따라 사용하는 어휘가 달라지기도 한다.
④ 은어나 유행어는 청소년층이 쓰는 경우가 많다.

**25** 〈보기〉의 Ⓐ의 사례로 가장 적절하지 않은 것은?

〈보 기〉

하나의 단어는 보통 하나의 품사 부류에 속한다. 하지만 하나의 단어가 문장에서의 쓰임에 따라 여러 가지 품사의 역할을 할 때가 있다. 이런 단어는 사전에서도 두 가지 이상의 품사로 처리된다. 예를 들어 "마라톤을 좋아하는 사람 다섯이 대회에 참가했다."에서의 '다섯'은 수사이지만 "마라톤을 좋아하는 다섯 사람이 대회에 참가했다."에서의 '다섯'은 관형사이다. 이처럼 하나의 단어가 두 가지 이상의 품사로 처리되는 것을 Ⓐ 품사의 통용이라고 한다.

① 나도 철수<u>만큼</u> 잘할 수 있다.
　각자 먹을 <u>만큼</u> 먹어라.
② 뉴스에서 <u>내일</u>의 날씨를 예보하고 있다.
　오늘은 이만하고 <u>내일</u> 다시 시작합시다.
③ 어느새 태양이 솟아 <u>밝은</u> 빛을 비춘다.
　벽지가 <u>밝아</u> 집 안이 환해 보인다.
④ 키가 <u>큰</u> 나무는 우리에게 그늘을 주었다.
　철수야, 키가 몰라보게 <u>컸구나</u>.

인생의 실패는 성공이 얼마나 가까이 있는지도 모르고 포기했을 때 생긴다.

- 토마스 에디슨 -

# PART 5
# 고난도 기출문제

- 2024년 국회직 8급
- 2023년 국회직 8급
- 2022년 국회직 8급
- 2023년 지방직 7급

### 출제경향

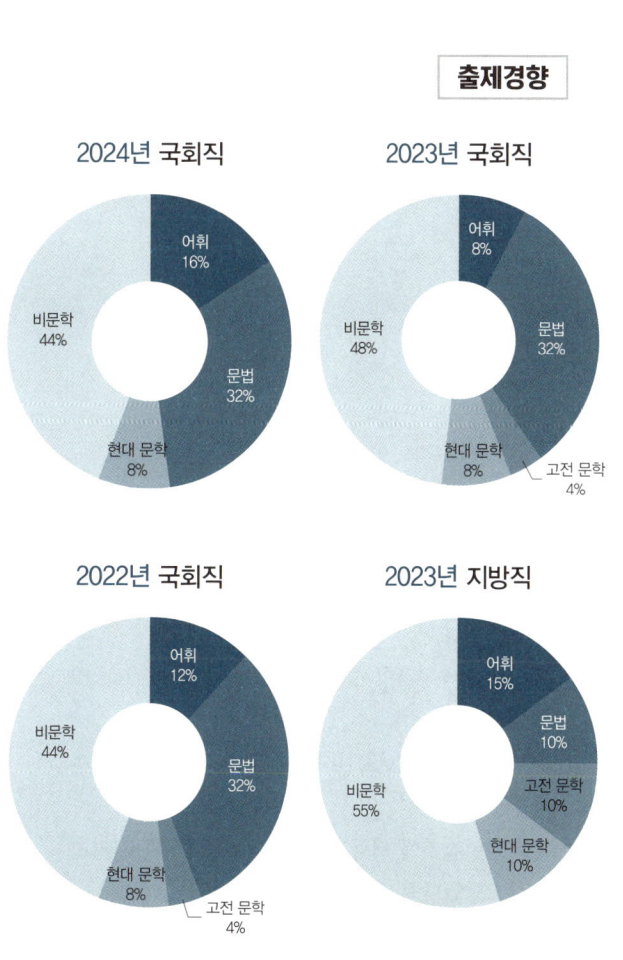

# 국어 | 2024년 국회직 8급

**01** 파생어로만 묶인 것은?

① 잠, 덮개, 굳세다, 덧나다
② 기쁨, 크기, 밀치다, 어린이
③ 멀리, 접칼, 곁눈질, 좁히다
④ 웃음, 밝히다, 여녹다, 여닫이
⑤ 많이, 알짜, 돋보기, 철렁거리다

**02** 〈보기〉에서 외래어 표기가 옳은 것은 모두 몇 개인가?

―〈보 기〉―
마르세이유, 밸런타인데이, 비젼, 엠블런스,
엔도르핀, 윈도, 플루트, 코즈모폴리턴, 크리스찬

① 3개
② 4개
③ 5개
④ 6개
⑤ 7개

**03** 어법에 맞는 문장은?

① 올해 경제 성장율은 작년에 비해 소폭 상승할 것으로 예상된다.
② 밤이 되면서 구름양이 점점 많아져서 자정쯤부터 비가 내리겠습니다.
③ 우리나라의 회계년도는 1월 1일부터 12월 31일까지입니다.
④ 예전에는 잡지에 펜팔란이 있어서 외국인과도 편지를 주고받았다고 합니다.
⑤ 친구가 긴 머리를 싹뚝 자르고 나타나서 깜짝 놀랐습니다.

**04** 어법에 맞는 문장만을 〈보기〉에서 모두 고르면?

―〈보 기〉―
㉠ 최근 주식이 하락세로 치닫고 있습니다.
㉡ 언제까지 네 뒤치다꺼리를 해야 하니?
㉢ 비행기 안에서 담배를 필 수 없습니다.
㉣ 청소년에게 걸맞는 스토리가 필요합니다.
㉤ 이 꽃에게 물을 너무 많이 주지 마세요.

① ㉡
② ㉠, ㉡
③ ㉡, ㉢
④ ㉣, ㉤
⑤ ㉢, ㉣, ㉤

**05** 밑줄 친 단어의 뜻풀이가 옳지 않은 것은?

① 한 분야에 <u>천착(穿鑿)</u>하면 전문가가 될 수 있다.
   → 깊이 파고들어 연구함
② 대학을 졸업한 후에 사이가 더욱 <u>소원(疎遠)</u>해졌다.
   → 지내는 사이가 멀고 서먹서먹해짐
③ 새로운 회사에 입사하니 동료들이 <u>백안시(白眼視)</u>하였다.
   → 친밀하고 반가운 감정으로 대하는 눈매
④ 행복한 삶으로 가는 <u>첩경(捷徑)</u>은 마음가짐에 있다.
   → 멀리 돌지 않고 가깝게 질러 통하는 길
⑤ 직원들의 사기 <u>진작(振作)</u>을 위해 상여금이 지급되었다.
   → 떨쳐 일어나는 상황을 조성함

**06** 다음 글에 대한 이해로 적절하지 않은 것은?

> 만주에 갈 때 십여 호 친족이 같이 갔다가 난리 중에 소식도 못 듣고 왔는데, 오랜 시일이 지나서야 친정 사람들 소식도 혹 오가는 편에 들을 수 있었다.
> 시인 이육사가 북경에서 총살당했다는 소문은 한심통박하였다. 아직 젊은 나이에, 또 그렇게 꿈꾸고 바라던 조국 광복도 보지 못한 채. 그러나 조국 광복의 간절한 소망을 시로 남겼으니 그나마 다행이다. 내 손녀가 읽어 준 육사의 시에는 그가 바라는 손님은 청포를 입고 찾아올 것이라고 하얀 모시수건을 은쟁반에 준비하라고 했다. 조국 광복을 얼마나 간절하고 애틋한 마음으로 기다렸을지를 나는 안다.
> 해방 이듬해 시월에 이육사의 동생들인 원일, 원조, 원창 삼형제가 내가 살고 있는 돗질에 들렀다. 묘사(墓祀)를 지내러 안동에 오는 길에 외사촌 누나인 날 보러 왔던 것이다. "우리는 국수 좋아하는데 국수 좀 해 주시려는가?" 그들 중 누가 그랬다.
> "국수 좋아하면 더 좋지. 반찬 따로 안 해도 되고."
> 대답해 놓고 밀가루 반죽해서 손으로 썰어 얼른 칼국수를 해 주었다. 한 그릇씩 먹고 더 먹는 걸 보고 어찌나 흐뭇했던지 모른다. 집 앞에 있는 정자에서 자고 아침에 일어나더니 벽계(碧溪) 소리 좋다고 찬사가 대단했다.
> "원일이 너 거기서 시 하나 지어라." 했더니, 그렇잖아도 쓰려던 중이라 했다. 바위틈으로 졸졸 흐르는 도랑물이 큰 바위 석곽에 일단 고였다가 다시 떨어지는 그 석천(石泉)의 운치가 보통사람에게도 예사롭긴 않았다.
> 육사 형제는 모두 여섯이다. 원기, 원삼, 원일, 원조, 원창, 원홍이다. 원삼이가 곧 육사인데, 아명은 원록이라고도 했다. 육사는 해방되기 얼마 전에 만주에서 돌아와 서울 들렀다 북경 갔다고 했다. 그 길로 붙잡혀 그 이듬해 사형당했다. 그가 바라던 청포 입은 손님도 맞이하지 못하고 마흔 살 나이에 아깝게 갔다.
> 원일이하고 남편하고는 동갑이라 집에 오면 늘 항렬 따지고 생일 따지며 서로 자기가 어른이라고 우기기도 했다. 고모(육사 어머니)가 안동으로 시집와 시어머니의 친정 질부가 된 때문에 양쪽으로 친척이라 항렬 따지기가 좀 복잡했다.
> 
> – 허은 구술, 「아직도 내 귀엔 서간도 바람소리가」에서 –

① 이육사는 서른아홉 살에 체포되었다.
② 이육사가 시를 지어 읊었던 추억을 회상하고 있다.
③ 이육사의 시에서 '청포 입은 손님'은 조국 광복을 의미한다.
④ 이육사의 어린 시절 이름은 '원록'이었다.
⑤ 이육사는 '나'의 남편보다 나이가 많았다.

**07** 인용 부호 속 문장에 대한 문법적 설명으로 옳지 않은 것은?

> "동생은 어떤 사람이든지 만나려 한다."
> 
> 이 문장은 ㉠ '만나다'의 주체가 누구냐에 따라 중의적으로 해석된다. 즉, ㉡ '동생'이 주체가 되는 경우 '어떤 사람이든지'는 대상으로서 목적어 역할을 하고, 반대로 ㉢ '어떤 사람이든지'가 주체가 되는 경우 '동생'은 서술어의 '대상'이 된다. ㉣ 이 문장에서 '어떤'은 부정칭의 의미를 갖는다. 그리고 ㉤ '하다'는 문장의 본동사로 사용되었다.

① ㉠
② ㉡
③ ㉢
④ ㉣
⑤ ㉤

**08** 다음 글을 읽고 추론한 내용으로 적절하지 않은 것은?

요즘 우리가 먹는 배추가 100여 년 전의 요리책에 나오는 배추와 같다고 누가 단언할 수 있겠는가? 옛 문헌에 나오는 '배추'와 오늘날의 배추가 같은 것이라 생각하고 조선 시대 배추김치를 복원할 수 있을까? 만약 비슷하게 복원했더라도 당시 사람들의 생각까지 이 음식에 담을 수 있을까? 음식의 역사를 다루면서 어떤 문헌에 이러이러한 내용이 나온다는 식으로 단순 나열만 한다면 그것은 역사가 아니다. 당시 사람들이 왜 그러한 음식을 만들어 먹을 수밖에 없었는지를 밝혀야만 그 음식의 역사에 다가갈 수 있다. 음식의 역사는 결코 에피소드 모음이 아니다. 그 속에는 경제와 정치와 사회가 있다. (중략)
음식의 역사는 거시적인 관점에서 접근하면 사소한 것처럼 보일 수도 있다. 하지만 음식의 역사만큼 거시사와 미시사를 아우르는 것도 없다. 사람은 잘났건 못났건 누구나 먹어야 살고, 먹기 위해 경제활동은 물론이고 사회활동도 정치활동도 하기 때문이다. 그러니 한 개인이나 사회가 무엇을 어떻게 먹고 살아왔는지를 알면 그 사회의 역사가 보인다.

① '배추'와 '배추김치'는 음식의 역사 기술과 관련된 예시로서 언급되었고, 냉면, 잡채, 빈대떡 등 여러 예시로 확장될 수 있다.
② 음식에 관한 문헌학적 고증만으로는 음식의 역사를 설명하기에 부족하므로 정치, 사회, 경제적 맥락을 살피는 과정이 수반되어야 한다.
③ 식사라는 개인의 사적인 행위는 그가 속한 사회와 불가분의 관계를 맺고 있기 때문에 미시적인 차원에 머무르지 않는다.
④ 음식의 역사가 에피소드 모음이 아니라는 점에서 특정 음식이 등장하는 사회적 기반과 경제적 여건 등을 통찰하는 시각이 필요하다.
⑤ 음식이라는 극히 구체적이고 현실적인 차원으로부터 한 개인이 속한 정치, 경제, 사회적 상황을 추론함으로써 거시적 관점이 지니는 추상적 한계를 극복할 수 있다.

**09** 다음 글에 대한 이해로 적절한 것은?

20세기 이후 선진국을 중심으로 영양의 과소비가 일어나면서 고도 비만이 문제가 되었다. 전체적으로 발육 상태가 좋아지고 영양분의 섭취는 필요 이상으로 많아졌다. 이에 대한 반작용으로 날씬함의 기준은 오히려 살과 뼈가 만나는 수준의 깡마른 체형으로 역주행하였다. 그러다 보니 다이어트에 집착하는 사람들이 갈수록 늘어나게 되었고, 급기야 지나친 다이어트의 한 극단인 '신경성 식욕 부진증', 즉 '거식증'이라는 병이 생기게 되었다.
신경성 식욕 부진증은 10대 전후에서 시작해서 20대에 가장 많이 발견된다. 인구의 4% 정도까지 이 병에 걸렸을 것이라고 추정된다. 흥미롭게도 이 병에 걸린 환자는 직접 요리를 해서 다른 사람을 먹이는 것을 좋아한다. 그리고 칼로리 소모를 위해 하루 종일 쉬지 않고 움직이고 음식물의 칼로리나 영양분에 대한 지식이 해박하다. 이들은 일반적으로 머리가 좋고 자신을 완벽하게 통제하려는 완벽주의적 성향이 강하다.
신경성 식욕 부진증의 근본적인 문제는 '나는 뚱뚱하다.'라고 자신의 신체 이미지를 심각하게 왜곡한다는 것이다. 아무리 거울을 보여주며 다른 사람과 비교해도 자신은 아직 뚱뚱하고 만족스럽지 않다고 여긴다. 깡말랐음에도 불구하고 1~2kg만 늘면 무척 불편해하고, 쓸데없는 살덩이가 몸 안에 들어와 있는 것처럼 힘들어한다. 주변에서 볼 때는 별다른 문제가 없는 사람으로 보이고, 특히 부모들은 다이어트를 열심히 하는 것뿐이라며 대수롭지 않게 여긴다. 그러나 10명 중에 1명의 환자는 결국 사망에 이르는 무서운 병이다.

① 신경성 식욕 부진증 환자는 스스로 식욕을 통제하는 데 어려움을 느낀다.
② 신경성 식욕 부진증에 걸리면 건강 악화로 생명을 잃을 확률이 4% 정도이다.
③ 신경성 식욕 부진증 환자는 영양분의 섭취뿐만 아니라 음식 냄새조차 맡기를 거부한다.
④ 신경성 식욕 부진증은 영양분과 칼로리에 대해 무지하기 때문에 발병한다.
⑤ 신경성 식욕 부진증 환자의 문제는 자신의 신체에 대해 왜곡된 이미지를 갖고 있다는 것이다.

**10** (가)~(마)를 논리적 순서에 맞게 나열한 것은?

(가) 앙리 르페브르가 묘사한 현대사회의 모습, 즉 일상이 지배하는 현대사회의 특징은 무엇인가? 현대사회는 덧없음을 사랑하고, 탐욕적이며, 생산적이고, 역동적이다. 그러나 사람들은 끊임없이 공허감을 느끼고, 뭔가 지속적인 것, 영원한 것, 균형 잡힌 것을 갈구하며, 소외감과 무력감을 느끼고 있다. 그것은 과거에 사람들을 견고하게 떠받쳐 주었던 양식(style)이 사라졌기 때문이라고 르페브르는 말한다. 그는 현대성(moernité), 즉 일상성(quotidienneté)의 제일 첫 번째의 특징으로 양식의 부재를 들었다.

(나) 행동방식이라는 측면에서도 일상성은 양식을 완전히 추방해 버렸다. 그리고 이러한 양식에 대한 그리움은 한층 더 진하여, 그것을 되살리려는 노력은 거의 필사적이다. 우리의 추석 명절, 차례 풍습을 생각해 보자. 제기와 의복을 고루 갖춘 명문 선비가의 차례의식을 TV화면이 비추는 것은 이 양식에 대한 현대인의 강한 노스탤지어의 표현이다. (중략) 양식은 하찮은 물건, 하찮은 행위, 무의미한 제스처 하나하나에까지 의미를 부여한다. 옛날 사람들은 모든 것을 양식에 의거해서 행동했다. 자신의 행동에 의미를 부여해 줄 양식이 사라진 오늘날, 사람들이 공허감, 권태, 무기력을 느끼는 것은 너무나 당연하다.

(다) 양식이란 무엇인가? 우선 예술분야에서 말해 본다면 한 작품을 만들기 위한 목적으로 어떤 소재와 형태를 다루는 특정의 개인적 또는 집단적 방법을 뜻한다. 이렇게 만들어진 작품은 그와 비슷한 성격의 다른 작품들과 함께 그 시대의 어떤 미학적 전형을 이룬다. 어떤 미술 유파의 양식이라든가, 또는 영국 양식의 가구라든가 하는 말이 그것이다.

(라) 그러나 양식이 사라지면 사라질수록 그것에 대한 향수는 한층 더 짙어진다. 우리의 일상생활은 양식에 대한 노스탤지어와 그에 대한 악착같은 추구로 특징지어진다고 르페브르는 말한다. 1960년대의 프랑스를 묘사한 이와 같은 현상은 1980년대의 우리나라와 너무도 비슷하다. 19세기의 농민들이 마지못해 가졌을 시골 가구들이 현대 부르주아의 거실을 장식하고 있다고 르페브르가 말했듯이, 지금 서울의 상류층 가정들은 시골 행랑채에나 있었을 투박한 원목가구를 거실의 가장 중심부에 두고 애지중지하고 있다. 골동품이나 옛 양식의 가구에 대한 취미는 단순히 개인적인 여가선용이나 고가품에 대한 취미가 아니라 양식에 대한 노스탤지어, 그리고 일상과의 단절이라는 염원을 담고 있음을 그는 우리에게 깨우쳐 준다.

(마) 또 한편으로는 개인의 행동방식을 뜻하기도 한다. 생활양식이니 행동양식이니 하는 말들이 그것이다. 옛날에는 농부의 옷장에도 양식이 있었으나 지금은 비싼 가구에도 양식이 없다. 형태, 기능, 구조의 어떤 통일성이 양식을 형성하는 것인데, 현대에 와서는 이것들이 분리되거나 마구 뒤섞였다. 대중사회의 부상은 필연적으로 양식의 종말을 고한다. 대중의 수용에 부응하는 대량생산은 기능 이외의 것에 신경을 쓸 여유가 없기 때문이다.

① (가) – (다) – (라) – (마) – (나)
② (가) – (다) – (마) – (라) – (나)
③ (다) – (나) – (가) – (라) – (마)
④ (다) – (마) – (가) – (라) – (나)
⑤ (다) – (마) – (라) – (가) – (나)

[11~12] 다음 글을 읽고 물음에 답하시오.

　전통적인 농업에서는 계절적으로 또는 공간적으로 매우 다양한 작물과 품종이 재배되는 윤작(輪作)과 복작(複作)이 주류를 이루었다. 그러나 지난 수십 년에 걸쳐서 점차 한 지역에 대단위로 1년에 한 작물만을 재배하는 단작(單作)이 증대되어 왔다. 단작은 김매기, 파종, 수확 등의 기계화가 용이하고 병충해 방제, 잡초 방제 등 생산 기술의 전문화(專門化)를 쉽게 할 수 있다. 따라서 생산 효율을 높이기 위하여 노동 투입은 줄이고 기술의 투입은 극대화하는 상업적 농업으로 전환되면서 단작이 증가하는 것은 당연한 추세였다. 한편 품종적인 측면에 있어서도 각 지역에 오랫동안 잘 적응해 온 토착 품종들은 사라지고 유전적으로 개량된 소수의 품종들이 들판을 차지하게 되었다. 예를 들면 전 세계적으로 단지 6개 품종이 옥수수 생산량의 70% 이상을 차지하고 있다.
　그러나 현대 농업의 단작화와 품종의 단순화는 농경지 생태계를 매우 불안정하게 만들었다. 이처럼 생태계의 다양성이 줄어들면 병, 해충, 기후 변화, 환경 변화 등에 취약해지기 때문에 예기치 못한 막대한 피해를 가져올 수 있다. 이에 대한 예는 매우 많이 찾을 수 있는데 우리나라의 벼농사 경험이 그중 하나이다.
　우리나라는 1970년대 초에 통일벼를 육성하고 대대적인 보급을 하여 1976년에는 국민의 염원인 쌀의 자급이 처음으로 이루어졌다. 1978년에는 우리나라 논 전체의 70% 이상에서 통일계 품종이 재배되었다. 통일계 품종이 처음 보급되었을 때에는 우리나라 논농사에서 가장 큰 문제가 되었던 도열병이 발생하지 않았다. 그러나 해가 거듭되고 유전적으로 매우 유사한 통일계 품종들이 점차 늘어나자 새로운 도열병 균계가 생겨나 통일계 품종의 저항성이 무너짐으로써 1973년에 전국적으로 이삭목 도열병이 발생하여 큰 피해를 주었다.

**11** 윗글에 대한 설명으로 적절하지 않은 것은?

① 작물 재배와 관련된 여러 개념을 제시하고 있다.
② 구체적인 수치를 통해 내용의 객관성을 확보하고 있다.
③ 특정 재배 방식을 비판하며 대안을 제시하고 있다.
④ 과거와 현대의 재배 방식을 대비하여 설명하고 있다.
⑤ 여러 예시 중에서 하나를 선택하여 자세히 설명하고 있다.

**12** 윗글에 대한 이해로 적절하지 않은 것은?

① '복작'과 '단작'은 서로 대비되는 재배 방식에 해당한다.
② 토착 품종보다는 유전적으로 개량된 소수의 품종들이 현대 농업의 주를 이루고 있다.
③ 농업의 단작화는 생태계의 불안정화를 촉진하는 등의 문제점이 있다.
④ 우리나라는 1970년대에 통일벼를 육성하여 쌀을 자급할 수 있게 되었다.
⑤ 통일계 품종들의 유전적 유사성이 커지면서 도열병에 대한 저항성이 더욱 강화되었다.

**13** 다음 글에 대한 이해로 적절한 것은?

> 자신들이 살고 있는 환경에 철저하게 적응하고 있는 각 종들은 유용한 과학 지식의 방대한 원천을 제공해 주는 진화의 걸작품이다. 오늘날 살아 있는 종들은 수천 년에서 수백만 년 정도 된 것들이다. 그들의 유전자는 수많은 세대를 거치며 역경을 견뎌 왔기 때문에 그 유전자를 운반하는 유기체의 생존과 번식을 돕기 위해 극도로 복잡한 일련의 생화학적 장치들을 솜씨 있게 작동시킨다.
>
> 이것이 바로 야생종들이 인류가 살 만한 환경을 만들어 줄 뿐만 아니라 우리의 생명 유지를 도와주는 생성물들의 원천이 되는 이유이다. 이러한 산물들 중 적지 않은 부분이 약물에 관한 것들이다. 미국의 약국에서 구할 수 있는 약물의 40% 이상이 원래 식물, 동물, 곰팡이, 미생물 등에서 추출된 것이다. 예를 들어 세계에서 가장 널리 쓰이는 약인 아스피린은 살리실산에서 만들어 낸 것인데, 살리실산은 다시 톱니꼬리조팝나무의 한 종에서 발견된다. 하지만 약으로 쓰일 수 있는 자연 생성물이 들어 있는지 검사된 것은 그 종 중 극히 일부에 지나지 않는다.
>
> 새로운 항생물질과 항말라리아제 발견을 서둘러야 할 필요가 있다. 오늘날 가장 널리 쓰이는 물질들은 질병 유기체가 약에 대한 유전적 저항성을 획득함에 따라 그 효과가 점점 줄어들고 있다. 예를 들어 보편적인 포도상구균 박테리아는 잠재적으로 치명적인 병원체로서 다시 등장했고 폐렴을 일으키는 미생물은 점점 더 위험해지고 있다. 의학 연구자들은 앞으로 더욱 격렬해질 것이 분명한, 빠르게 진화하는 병원체들과의 군비 경쟁에 붙잡혀 있다. 21세기 의학의 새로운 무기를 얻기 위해서는 더 광범위한 야생종들로 관심을 돌려야 한다.

① 인간의 생명 유지에도 도움이 될 수 있기 때문에 유기체의 생존과 번식을 돕는 야생종들의 유전자를 연구해야 한다.
② 유전자 자체의 진화보다 유전자를 작동시키는 생화학적 장치들이 야생종들의 현존에 더 크게 기여했다.
③ 현재 살아남은 종들은 철저하게 환경에 적응한 결과물이므로 인간이 처한 환경 문제와는 무관하다.
④ 인간이 질병 유기체에 대한 유전적 저항성을 획득하게 되었기 때문에 새로운 항생물질과 항말라리아제 발견이 시급하다.
⑤ 의학 연구자들에게 새로운 무기가 필요한 것은 잠재적으로 치명적인 병원체들이 새롭게 등장하기 때문이다.

**14** 복수 표준어로 인정된 단어들의 짝이 아닌 것은?

① 굽신거리다 – 굽실거리다
② 꺼림직하다 – 꺼림칙하다
③ 남사스럽다 – 남우세스럽다
④ 두루뭉술하다 – 두리뭉실하다
⑤ 야무지다 – 야물딱지다

**15** 밑줄 친 부분의 띄어쓰기가 옳지 않은 것은?

① 일이 잘 <u>될법하다</u>.
② 오늘은 비가 올 <u>듯도 하다</u>.
③ 이 내용은 <u>기억해둘 만하다</u>.
④ 그녀는 새로 산 옷을 마음에 <u>들어했다</u>.
⑤ 폭우에 마을의 모든 집이 <u>떠내려가 버렸다</u>.

**16** 밑줄 친 단어의 쓰임이 옳지 않은 것은?

① 생선을 <u>졸인다</u>.
② 고무줄을 <u>늘인다</u>.
③ 안건을 회의에 <u>부치다</u>.
④ 매달 회비가 잘 <u>걷힌다</u>.
⑤ 지금 바쁘니까 <u>이따가</u> 오너라.

**17.** 다음 시에 대한 설명으로 적절하지 않은 것은?

> 순이(順伊) 벌레 우는 고풍(古風)한 뜰에
> 달빛이 밀물처럼 밀려 왔구나.
>
> 달은 나의 뜰에 고요히 앉아 있다.
> 달은 과일보다 향그럽다.
>
> 동해(東海)바다 물처럼
> 푸른
> 가을
> 밤
>
> 포도는 달빛이 스며 고웁다.
> 포도는 달빛을 머금고 익는다.
>
> 순이 포도 넝쿨 밑에 어린 잎새들이
> 달빛에 젖어 호젓하구나.
>
> — 장만영, 「달·포도(葡萄)·잎사귀」 —

① 돈호법의 수사가 확인된다.
② 공감각적 심상을 통해 달빛의 이미지를 표현하고 있다.
③ 직유법을 통해 달빛을 형상화하고 있다.
④ 시적 화자는 가을밤에 동해 바다를 보며 생각에 잠겨 있다.
⑤ 시상 전개의 주요 소재들이 작품의 제목이 된 작품이다.

**18.** 다음 설명을 참고하여 ㉠~㉢에 해당하는 사례들로 바르게 연결한 것은?

> 한글 맞춤법 제30항은 사이시옷과 관련된 조항이다. 순우리말로 된 합성어 또는 순우리말과 한자어가 결합하여 만들어진 합성어에서 앞말이 모음으로 끝날 때에, ㉠ 뒷말의 첫소리가 된소리로 나는 경우, ㉡ 뒷말의 첫소리 'ㄴ, ㅁ' 앞에서 'ㄴ' 소리가 덧나는 경우, ㉢ 뒷말의 첫소리 모음 앞에서 'ㄴㄴ' 소리가 덧나는 경우에 사이시옷을 받쳐 적는다. 이때 뒷말의 첫소리가 거센소리이거나 된소리일 경우에는 사이시옷을 표기하지 않는다.

| | ㉠ | ㉡ | ㉢ |
|---|---|---|---|
| ① | 귓병 | 잇몸 | 웃어른 |
| ② | 덧저고리 | 툇마루 | 깻잎 |
| ③ | 돗자리 | 뒷머리 | 베갯잇 |
| ④ | 부싯돌 | 빗물 | 훗일 |
| ⑤ | 절댓값 | 도리깻열 | 가욋일 |

**19.** <보기>의 밑줄 친 단어 중 한자어에 해당하는 것만을 모두 고르면?

> ─── <보 기> ───
> ㉠ 그 사람은 생각이 매우 깊다.
> ㉡ 도대체 네가 하고 싶은 말이 뭐야?
> ㉢ 이제는 어차피 늦었으니 너무 서두르지 맙시다.
> ㉣ 왜 그런 일을 했는지 도무지 짐작이 가지 않는다.
> ㉤ 사과를 수확하는 해의 기후 조건이 중요하다.
> ㉥ 친구는 접시에 밥을 담고 카레 소스를 얹었다.

① ㉠, ㉡, ㉤
② ㉠, ㉢, ㉥
③ ㉡, ㉢, ㉤
④ ㉡, ㉢, ㉥
⑤ ㉢, ㉣, ㉤

**20** 〈보기〉에 맞는 단어를 순서대로 바르게 연결한 것은?

〈보 기〉
㉠ 받은 공문을 다른 부서로 다시 보내어 알림 또는 그 공문
㉡ 헌법상의 조약 체결권자가 조약을 최종적으로 확인, 동의하는 절차
㉢ 입법부가 법률에 지정된 공무원의 임명과 행정부의 행정 행위를 인정하는 일
㉣ 윗사람이나 관청 등에 일에 대한 의견이나 사정 따위를 말이나 글로 보고하는 것
㉤ 납세 의무자의 신고가 없거나 신고액이 너무 적을 때에 정부가 과세 표준과 과세액을 변경하는 일
㉥ 주로 공사나 용역 따위의 큰 규모의 거래에서 수요자가 물건이나 건축 공사 따위를 공급자에게 주문함

| | ㉠ | ㉡ | ㉢ | ㉣ | ㉤ | ㉥ |
|---|---|---|---|---|---|---|
| ① | 이첩(移牒) | 인준(認准) | 비준(批准) | 상신(上申) | 경정(更正) | 발주(發注) |
| ② | 이첩(移牒) | 비준(批准) | 인준(認准) | 상신(上申) | 경정(更正) | 발주(發注) |
| ③ | 이첩(移牒) | 비준(批准) | 인준(認准) | 계고(啓告) | 갱정(更正) | 수주(受注) |
| ④ | 통첩(通牒) | 인준(認准) | 비준(批准) | 상신(上申) | 경정(更正) | 발주(發注) |
| ⑤ | 통첩(通牒) | 인준(認准) | 비준(批准) | 계고(啓告) | 갱정(更正) | 수주(受注) |

**21** 다음 작품에 대한 설명으로 적절한 것은?

　창틀에 동그마니 올라앉은 그는, 등을 한껏 꼬부리고 무릎을 세운 자세 때문에 어린 아이처럼, 혹은 늙은 꼽추처럼 보인다. 어쩌면 표면장력으로 동그랗게 오므라든 한 방울의 수은을 연상시켜 그 자체의 중량으로 도르르 미끄러져 내리지나 않을까 하는 아찔한 의구심을 갖게도 한다. 그러나 창에는 철창이 둘려 있기 때문에 나는 마치 렌즈의 핀을 맞출 때처럼 객관적인 거리를 유지하며 냉정한 눈으로 그를 살필 수 있다.
　그의 살갗 밑을 흐르는 혈액 속에는 표면장력이 있어 그는 늘 그렇게 자신의 표면적을 최소한으로 줄이려는 염원으로 잔뜩 웅크린 채 조심스럽게 살아가고 있는 것 같다. 미안합니다. 아주 죄송스럽군요, 하는 듯한 웃음을 언제든 필요할 때 즉시 내보낼 수 있도록 입 안쪽 어디쯤에 고여두고 있는 것 같기도 하다.
　허공을 정확히 정육각형으로 조각조각 가르고 있는 창살 너머 잔잔히 깔린 비늘구름에 노을빛이 묻어 불그레하게 빛나고 있다. 나는 때때로, 특히 달 밝은 밤 창 바깥쪽에서 잠자리나 초파리의 수많은 겹눈이 안을 들여다보고 있는 듯한 느낌에 잠에서 깨어나 거의 유아적인 공포에 사로잡히곤 한다.
　그는 여전히 웅크린 채 창틀에 앉아 휘익휘익 휘파람을 불고 있다. 바람 때문에 공기의 진동은 내가 있는 곳에 채 닿기도 전에 소리의 형태를 스르뜨리고 사라져버려 나는 그가 어떠한 곡조를 휘파람으로 불고 있는지 알 수 없다.

－ 오정희, 「불의 강」에서 －

① '나'의 '냉정한 눈'을 통해 대상의 객관적 이미지를 형상화하고 있다.
② '나'를 통한 1인칭 서술 방식으로 초점화 대상의 심리를 직접적으로 드러내고 있다.
③ 사건을 압축적으로 요약함으로써 전체 서사의 배경을 제시하고 있다.
④ 사건의 서술이 없이 인물의 외양과 시공간에 대한 묘사에 치중하고 있다.
⑤ 작품 속 장면이 '그'를 초점화하는 '나'의 시선이 움직이는 동선에 따라 바뀌고 있다.

**22.** 다음 글에 대한 이해로 적절하지 않은 것은?

> 왜 일반적으로 말은 쉽게 하는 사람이 많지만, 글은 쉽게 써내는 사람이 적은가?
> 
> 거기에 말과 글이 같으면서도 다른 점이 존재하는 것이다.
> 
> 말과 글이 같으면서 다른 점은 여러 각도에서 발견할 수 있다. 우선 말은 청각에 이해시키는 점, 글은 시각에 이해시키는 점이 다르다. 말은 그 자리, 그 시간에서 사라지지만 글은 공간적으로 널리, 시간적으로 얼마든지 오래 남을 수 있는 것도 다르다. 그러나 여기서 더 중요한 지적이 있다.
> 
> 먼저, 글은 말처럼 저절로 알게 되는 것이 아니라 일부러 배워야 글자도 알고, 글 쓰는 법도 알게 된다는 점이다. 말은 외국어가 아닌 이상엔 커가면서 거의 의식적인 노력 없이 배워지고, 의식적으로 연습하지 않아도 날마다 말하는 것이 절로 연습이 된다. 그래서 누구나 자기 생활만큼은 별 걱정 없이 말로 표현하고 있다. 그러나 글은 배워야 알고, 연습해야 잘 쓸 수 있다.
> 
> 또 말은 머리도 꼬리도 없이 불쑥 나오는 대로, 한마디 혹은 한두 마디로 쓰이는 경우가 거의 전부다. 한두 마디만 불쑥 나오더라도 제3자가 이해할 수 있는 환경과 표정과 함께 지껄여지기 때문이다. 연설이나 무슨 행사에서 쓰는 말 외에는 앞에 할 말, 뒤에 할 말을 꼭 꾸며가지고 할 필요가 없다.

① 음성 언어가 청각에 기반하며 순간적으로 사라지는 특성을 지니는 반면 문자 언어는 시각에 기반하며 기록으로 전승된다.
② 말의 형식이 자유로운 것은 말하는 상황과 분위기, 표정과 몸짓 등 비언어적 표현의 효과 때문이기도 하다.
③ 말은 노력하지 않아도 저절로 배울 수 있지만 글은 의식적인 노력이 필요하기 때문에 더 큰 가치를 지닌다.
④ 글은 문자를 습득하고 글의 형식을 익히는 의식적인 노력이 필요하며 연습을 통해 이를 체화해야만 쓸 수 있다.
⑤ 외국어를 배우는 상황에서는 말도 글처럼 의식적인 노력과 연습이 필요할 수 있다.

**23.** 〈보기〉와 관련하여 다음 글을 읽고 추론한 내용으로 적절한 것은?

> (가) 사람에게는 외형의 변화와 행동 발달을 조절하는 호르몬이 있다. 성장기에는 테스토스테론이 얼굴 길이와 눈썹활 돌출 정도를 조절한다. 사춘기에 테스토스테론이 많이 분비될수록 눈썹활이 두드러지며 얼굴이 길어진다. 따라서 남자가 여자보다 눈썹활이 더 두드러지고 얼굴이 약간 더 긴 경향이 있어서 이런 얼굴을 '남성적'이라고 말한다.
> 
> (나) 테스토스테론은 사춘기가 시작되게 하고 적혈구 세포를 생성하는 등 우리 몸에서 많은 역할을 담당한다. 하지만 가장 널리 알려진 특성은 공격성과의 관계다. 테스토스테론이 사람의 공격성을 직접적으로 유발하지는 않는다. 일부 동물에게서는 그런 효과가 확인되기도 하지만, 인위적으로 테스토스테론을 주입한다고 해서 그 사람이 더 높은 공격성을 보이는 것은 아니다. 다만 테스토스테론 수치와 다른 호르몬의 상호작용이 공격적 반응을 유발하며, 경쟁 상황에서는 특히 더 큰 효과가 나타나는 듯 보인다.
> 
> (다) 스티브 처칠과 그의 학생 밥 케이리는 20만 년 전에서 9만 년 전 사이인 플라이스토세 중기의 두개골 13점, 3만 8,000년 전에서 1만 년 전 사이인 플라이스토세 후기의 두개골 41점을 포함하여 총 1,421점 두개골의 눈썹활 돌출 정도와 얼굴 길이를 분석했다. 양 볼 사이의 거리, 코 상단에서 치아 상단까지의 길이를 측정해 얼굴의 너비와 길이를 분석했고 눈에서 눈썹활까지의 높이로 눈 위 뼈가 얼마나 돌출되어 있는지도 측정했다.
> 
> (라) 평균적으로 플라이스토세 후기의 두개골에서 눈썹활 높이가 이전 두개골에 비해 10% 낮아졌다. 또 플라이스토세 후기의 얼굴이 플라이스토세 중기보다 10% 더 짧아지고 5% 더 좁아졌다. 다양한 패턴을 띠면서도 변화는 계속되어 현대 수렵채집인과 농경인에 이르자 플라이스토세 후기인들의 얼굴보다도 한층 더 동안인 얼굴을 발견할 수 있었다.

〈보 기〉

사람 자기가축화 가설은 자연선택이 공격성이 낮고 다정하게 행동하는 개체들에게 우호적으로 작용하여 우리가 유연하게 협력하고 의사소통할 수 있는 능력을 향상시켰을 것이라고 가정한다. 친화력이 높아질수록 협력적 의사소통 능력이 강화되는 발달 패턴을 보이고 관련 호르몬 수치가 높은 개인들이 세대를 거듭하면서 더욱 성공하게 되었다고 보는 것이다.

① 경쟁 상황에서는 테스토스테론을 주입하는 것만으로도 공격성이 높아진다.
② 사람 자기가축화 가설을 전제할 때 테스토스테론은 친화력을 저해하는 요소로서 이를 감소시키기 위한 노력의 결과가 현생 인류이다.
③ 〈보기〉에서 언급한 '관련 호르몬'이란 (나)의 '다른 호르몬'과 같은 것으로 인간의 성공 욕구를 자극함으로써 발전을 도모하게 한다.
④ 연구자들이 1,421점에 달하는 두개골의 눈썹활 및 얼굴 길이와 폭을 조사한 것은 친화력이 증가하는 인간 진화의 방향을 확인하기 위해서이다.
⑤ (라)의 '동안인 얼굴'은 눈썹활이 낮고 얼굴이 짧고 좁은 여성적인 얼굴을 말하는 것으로 인류의 사회성 발달에 여성호르몬이 필수적인 역할을 했음을 나타낸다.

## [24~25] 다음 글을 읽고 물음에 답하시오.

사람을 고용해 대리로 줄을 세우거나 암표를 파는 행동이 잘못일까? 대부분의 경제학자들은 "아니다."라고 말한다. 줄서기의 도덕성에 대해 거의 공감하지 않기 때문이다. 대리로 줄을 세우기 위해 노숙자를 고용하는 경우에, 경제학자는 "도대체 뭐가 불만이죠?"라고 묻는다. 입장권을 자신이 사용하지 않고 다른 사람에게 팔고 싶은 경우에도 그들은 "내가 그렇게 하겠다는데 왜 방해하죠?"라고 묻는다.

자유 시장 체제에서는 재화를 사고 파는 행위에 대해 사회 질서나 도덕성 여부와 상관없이 구매하는 사람이 지불하려는 가격과 판매하는 사람이 원하는 가격이 일치하면 거래가 이루어진다. 대리 줄서기에 관해 자유 시장 체제를 옹호하는 입장에는 두 가지 주장이 있다. 하나는 개인의 자유 존중에 대한 것이고, 다른 하나는 행복이나 사회적 효용의 극대화에 대한 주장이다. 첫 번째는 자유지상주의의 입장이다. 그들은 타인의 권리를 침범하지 않는 한, 원하는 재화는 무엇이든 자유롭게 사고 팔 수 있어야 한다고 주장한다. 자유지상주의자는 장기 매매 금지법에 반대하는 것과 같은 이유로 암표 매매 금지법에 반대한다. 이러한 법은 성인이 상호 동의에 따라 내린 선택을 방해함으로써 개인의 자유를 침해한다고 믿기 때문이다.

시장을 옹호하는 두 번째 주장은 경제학자에게 좀 더 친숙한 것으로 공리주의자의 입장이다. 공리주의자는 시장에서 거래가 구매자와 판매자에게 똑같이 이익을 제공하고, 결과적으로 집단의 행복이나 사회적 효용을 향상시킨다고 말한다. 돈을 지불한 사람과 논을 받고 대리로 줄을 선 사람 사이에 거래가 성립했다는 것은 결과적으로 양측이 모두 이익을 얻었다는 뜻이다. 10만 원을 내고 대리로 줄서는 사람을 고용한 사람은 줄을 서지 않고 유명한 뮤지컬을 관람함으로써 틀림없이 행복을 느낀다. 그렇지 않다면 애당초 사람을 고용하지 않았을 것이다. 몇 시간 동안 줄을 서서 10만 원을 번 사람도 행복을 느낀다. 그렇지 않다면 애당초 그 일을 하지 않았을 것이다.

**24** 윗글을 읽고 추론한 내용으로 적절하지 않은 것은?

① 공리주의의 입장에서 암표 거래가 성사된다면 구매자와 판매자는 모두 행복해지고 효용은 증가한다.
② 자유지상주의자는 암표 매매가 궁극적으로 사회적 효용을 증가시키므로 암표 매매 금지법에 대하여 반대한다.
③ 자유 시장 체제를 옹호하는 주장에 따르면, 줄서기의 본질을 침범했다는 이유로 대리 줄서기를 하는 사람을 비난해서는 안 된다.
④ 자유 시장 체제에서는 사람들이 상호 유리한 방향으로 거래하는 것을 허용함으로써 재화에 가장 높은 가치를 매기는 사람에게 그 재화를 할당하게 된다.
⑤ 자유 시장 체제를 옹호하는 주장에 따르면, 시장에서의 거래는 재화를 가장 많은 대가를 지불하려는 사람에게 돌아가게 만들어 사회적 효용을 증가시킨다.

**25** 〈보기〉의 입장에서 윗글의 자유지상주의와 공리주의를 비판한 내용으로 적절한 것은?

〈보 기〉

콘서트나 축구 경기를 가장 간절하게 보고 싶어 하는 사람이라도 입장권을 살 만한 경제적 여유가 없을 수 있다. 그리고 어떤 경우에는 최고 가격을 내고 입장권을 손에 넣은 사람이라도 그 경험의 가치를 전혀 높게 평가하지 않을 수도 있다. 오히려 콘서트나 축구 경기에 대한 열망으로 오랜 시간 줄을 서서 어렵게 입장권을 구한 사람이 그 경험에 대한 가치와 만족감을 훨씬 높게 평가할 수 있다.

① 재화의 가치를 재화에 대한 경제적 지불 능력이나 합의된 거래만으로 평가하는 것은 불완전하다.
② 재화의 가치는 자유 시장 체제의 수요와 공급에 절대적으로 의존하여 판단해야 한다.
③ 재화의 가치를 판단할 때 재화를 공급하는 판매자의 이익은 중요한 기준이 된다.
④ 재화의 가치를 판단할 때 구매자와 판매자가 모두 행복해지고 경제적 효용이 증가하는 것을 기준으로 삼아야 한다.
⑤ 재화의 경제적 가치는 재화에 대한 개인적 관심과 성향, 거래 경험에 대한 가치와 만족감에 의하여 정해진다.

# 국어 | 2023년 국회직 8급

모바일 OMR

회독 CHECK 1 2 3

**01** 안긴문장의 유형이 다른 것은?

① 아이들은 장난을 좋아하기 마련이에요.
② 이러다가는 버스를 놓치기 십상이다.
③ 공부가 어렵기는 해도 결국 저 하기 나름이에요.
④ 비가 많이 오기 때문에 공사를 할 수 없다.
⑤ 나는 하루도 달리기를 거른 기억이 없다.

**02** 어법에 맞지 않는 문장은?

① 독감 유행이 지나가는 대로 다시 올게.
② 우리는 서로 걸맞는 짝이 아니라는 데 의견이 일치했다.
③ 컴퓨터에 익숙지 않으면 인공지능 시대를 살아가는 데 어려움이 크다.
④ 돌이켜 생각건대, 김 선생님은 정말 누구에게나 존경받을 만한 분이오.
⑤ 저는 솔직히 기대치도 않은 선물을 받아서 고마웠어요.

**03** ㉠과 같은 표현 기법이 활용된 것은?

> 아아 ㉠ 광고의 나라에 살고 싶다
> 사랑하는 여자와 더불어
> 행복과 희망만 가득찬
> 절망이 꽃피는, 광고의 나라
> 
> — 함민복,「광고의 나라」에서 —

① 나 보기가 역겨워 가실 때에는 / 죽어도 아니 눈물 흘리오리다
② 이 마을 전설이 주저리주저리 열리고
③ 내 마음은 나그네요 / 그대 피리를 불어주오
④ 구름에 달 가듯이 / 가는 나그네
⑤ 어둠은 새를 낳고, 돌을 / 낳고, 꽃을 낳는다

**04** 다음 글에 대한 이해로 적절한 것은?

> 현대에 들어서 성격에 대한 체계적인 접근은 프로이트를 중심으로 하는 정신역동학에서 이루어졌다. 지그문트 프로이트는 인간 행동에 미치는 무의식의 영향을 강조하면서 무의식이 억압된 욕구에 의해 형성된다고 주장했는데 개인이 스스로의 욕구를 조절하는 방식을 성격이라고 보았다. 어려서부터 자신의 욕구가 좌절되고 충족되는 과정을 통해 성격이 형성되고 그중에서 충족될 수 없는 욕구와 그를 둘러싼 갈등이 무의식으로 억압된다는 것이다. 그런데 정신역동학은 성격의 형성 과정과 성격이 개인행동에 미치는 영향에는 관심이 있었지만, 성격을 유형화하려는 시도는 하지 않았다.

융은 다른 정신역동학자와 달리 오랫동안 역사와 문화를 공유한 집단의 구성원들에게 존재하는 무의식을 강조했다. 이 때문에 융은 부모와 아이의 상호작용이라는 개인적 요인보다는 집단무의식 수준의 보편적 원리들이 작동하여 성격이 형성된다고 보았다. 특히 융은 인간의 정신이 대립원리에 의해 작동한다고 주장했는데, 대립원리란 개인 내에 존재하는 대립 혹은 양극적인 힘이 갈등을 야기하고, 이 갈등이 정신 에너지를 생성한다는 것을 의미한다. 이 같은 융의 주장을 근거로 1940년대 MBTI와 같은 유형론적 성격 이론이 만들어지기도 하였다.

1980년대 이후 유전학과 뇌과학 등 생물학적 방법론이 크게 발전하면서 성격에 대한 접근은 새로운 전기를 마련한다. 부모의 양육 방식 등 환경을 강조한 정신역동학에 비해 유전적으로 타고나는 기질의 중요성을 뒷받침하는 증거들이 발견되기 시작한 것이다. 특히 내향성과 외향성은 성격 형성에 대한 기질의 영향을 잘 보여 주는 특성이다. 이처럼 인간의 행동에 영향을 미치는 보편적인 특성을 발견하려는 노력이 이어졌고 그 결과 성격 5요인 모델과 같은 특성론적 성격 이론이 확립되었다.

① 프로이트는 개인이 자신의 욕구를 적절한 방법으로 해결하는 데 관심을 두고, 이를 조절하는 방식을 유형화하였다.
② 생물학적 방법론은 정신역동학이 전제하는 욕구의 억압 조절 문제에 관심을 가지며 부모의 양육 태도를 강조했다.
③ 융 이전의 정신역동학자들은 집단의 구성원들에게 존재하는 무의식 수준의 보편적인 원리가 성격 형성에 영향을 미친다고 보았다.
④ 유전학의 발전에 따른 일련의 발견들은 인간이 지닌 보편적 특성들을 통해 개인의 성격을 설명하고자 하는 이론으로 발전하였다.
⑤ 외향성과 내향성은 서로 대립하며 정신적 에너지를 창출하는 일종의 정신 작용으로 받아들여지며, 유형론적 성격 이론이 해체되는 계기를 가져왔다.

**05** 다음은 받침 'ㅎ'의 발음에 대한 자료이다. 이를 바탕으로 이끌어 낸 규칙으로 옳지 않은 것은?

| 자료 1. 놓고 → [노코] |
| 않던 → [안턴] |
| 닳지 → [달치] |
| 자료 2. 않네 → [안네] |
| 뚫는 → [뚤는 → 뚤른] |
| 자료 3. 닿소 → [다:쏘] |
| 많소 → [만:쏘] |
| 싫소 → [실쏘] |
| 자료 4. 놓는 → [논는] |
| 쌓네 → [싼네] |
| 자료 5. 낳은 → [나은] |
| 않은 → [아는] |
| 싫어도 → [시러도] |

① 'ㅎ(ㄶ, ㅀ)' 뒤에 'ㅅ'이 결합되는 경우에는, 'ㅅ'을 [ㅆ]으로 발음한다.
② 'ㄶ, ㅀ' 뒤에 'ㄴ'이 결합되는 경우에는, 'ㅎ'을 발음하지 않는다.
③ 'ㅎ' 뒤에 'ㄴ'이 결합되는 경우에는, 'ㅎ'을 발음하지 않는다.
④ 'ㅎ(ㄶ, ㅀ)' 뒤에 모음으로 시작된 어미나 접미사가 결합되는 경우에는, 'ㅎ'을 발음하지 않는다.
⑤ 'ㅎ(ㄶ, ㅀ)' 뒤에 'ㄱ, ㄷ, ㅈ'이 결합되는 경우에는, 뒤 음절 첫소리와 합쳐서 [ㅋ, ㅌ, ㅊ]으로 발음한다.

## 06 다음 글에 대한 이해로 적절한 것은?

표현적 글쓰기는 왜 그렇게 효과가 있을까? 우리가 흔히 경시하는 고통스러운 감정을 마주해야 되기 때문이다. 우리는 자수성가를 칭송하고 강인한 사람을 미화하는 세상에 살고 있다. 이 문화적 메시지와 그것이 우리에게 가하는 모든 압박 때문에 우리는 우리의 욕구를 간과하도록 배운다. 심지어 나약하다는 느낌을 갖거나 힘든 감정을 품었다고 스스로를 혐오하기도 한다. 표현적 글쓰기는 종일 꾹꾹 참고 발설하지 않은 취약한 측면을 찾아내고 그것에 대해 경청할 기회를 주기 때문에 효과가 있는 것이다.

또한 글쓰기 과정이 다른 사람을 염두에 두지 않았다는 점도 매우 중요하다. 우리는 보통 타인이 볼 글을 쓸 때, 스스로 검열하고 글이 충분히 좋은지에 관심을 두게 된다. 그러나 표현적 글쓰기는 그렇지 않다. 두서없고, 누가 읽기에도 적합하지 않은 글을 쓴 후 버리면 된다. 이것은 자신이 가진 모든 감정과 교감하는 데 도움을 줄 수 있다.

① 표현적 글쓰기는 고통스러운 감정을 피하는 데 효과가 있다.
② 표현적 글쓰기는 자수성가를 칭송하고 강인한 사람을 미화하는 데 필요하다.
③ 표현적 글쓰기는 타인을 의식하여 스스로 검열하는 특징을 지닌다.
④ 표현적 글쓰기는 참고 발설하지 않은 것에 대해 경청할 기회를 준다.
⑤ 표현적 글쓰기는 두서없이 편하게 써서 간직하도록 고안되었다.

## 07 ㉠, ㉡에 들어갈 내용으로 적절한 것은?

최후통첩 게임에서 두 참가자는 일정한 액수의 돈을 어떻게 분배할지를 놓고 각각 나름의 결정을 내리게 된다. 먼저 A에게 1,000원짜리 100장을 모두 준 다음 그 돈을 다른 한 사람인 B와 나누라고 지시한다. 이때 A는 자기가 제안하는 액수를 받아들일지 말지 결정할 권리가 B에게 있다는 사실을 알고 있다. 만약 B가 그 제안을 수용하면, 두 사람은 A가 제안한 액수만큼 각각 받는다. 만약 B가 그 제안을 거절하면, 아무도 그 돈을 받지 못한다. 이는 일회적 상호작용으로서, 결정할 수 있는 기회는 단 한번뿐이고 두 사람은 서로에 대해서 전혀 모르는 사이이다. 그들은 어떤 결정을 내릴 것인가? 만약 두 사람이 모두 자기 이익에 충실한 개인들이라면, A는 아주 적은 액수의 돈을 제안하고 B는 그 제안을 받아들일 것이다. A가 단 1,000원만 제안하더라도, B는 그 제안을 받아들여야 한다. 왜냐하면 B는 ( ㉠ ) 둘 중 하나를 선택해야 하기 때문이다. 만약 상대방이 합리적 자기 이익에 충실하다고 확신한다면, A는 결코 1,000원 이상을 제안하지 않을 것이다. 그 이상을 제안하는 일은 상대방의 이익을 배려한 것으로 자신의 이익을 불필요하게 줄이기 때문이다. 이것이 이기적인 개인들에게서 일어날 상황이다.

하지만 현실에서는 이런 상황은 절대 일어나지 않는다. 실험결과에 따르면, 사람들은 낮은 액수의 제안을 받으면 거절하는 경향이 있다. 이 연구에서 나타난 명백한 결과에 따르면 총액의 25% 미만을 제안할 경우 그 제안은 거절당할 가능성이 상당히 높다. 비록 자기의 이익이 최대화되지 않더라도 제안이 불공평하다고 생각하면 거절하는 것으로 보인다. 액수를 반반으로 나누고자 하는 사람이 제일 많다는 점은 이를 지지해 준다. 결과적으로 이 실험은 ( ㉡ )는 것을 보여 준다.

① ㉠: 제안한 1,000원을 받든가, 한 푼도 받지 못하든가
   ㉡: 인간의 행동이 경제적 이득에 의해서 움직인다
② ㉠: 1,000원보다 더 적은 금액을 받든가, 제안한 1,000원을 받든가
   ㉡: 인간이 공정성과 상호 이득을 염두에 두고 행동한다

③ ㉠: 제안한 1,000원을 받든가, 한 푼도 받지 못하든가
　㉡: 인간의 행동이 경제적 이득에 의해서만 움직이지 않는다
④ ㉠: 1,000원보다 더 적은 금액을 받든가, 제안한 1,000원을 받든가
　㉡: 인간의 행동이 경제적 이득에 의해서만 움직이지 않는다
⑤ ㉠: 제안한 1,000원을 받든가, 한 푼도 받지 못하든가
　㉡: 인간이 공정성과 상호 이득을 염두에 두고 행동하지 않는다

**08** 다음 글에 서술된 '나이브 아트'에 대한 설명으로 적절한 것만을 〈보기〉에서 모두 고르면?

정규 미술 교육을 받지 않고, 어떤 화파에도 영향을 받지 않은 예술 경향을 나이브 아트라고 한다. 우리말로 소박파라고도 불리지만 특정한 유파를 가리키기보다 작가의 경향을 가리키는 말이다.

나이브 아트는 개인적인 즐거움을 주제로 형식에 얽매이지 않는 특징을 보인다. 우리에게 잘 알려진 나이브 아트 예술가로는 앙리 루소, 앙드레 보샹, 모리스 허쉬필드, 루이 비뱅, 그랜마 모지스 등이 있다. 이들은 서양 미술의 기본 규칙인 원근법, 명암법, 구도 등에 구속되지 않는 평면적 화면, 단순하지만 강렬한 색채, 자세한 묘사 등을 특징으로 보여 준다.

전업 화가가 아닌 본업이 따로 있어 낮은 취급을 받던 아웃사이더 예술이었지만, 독일 출신의 컬렉터이자 비평가 빌헬름 우데가 루소, 보샹 등의 화가들을 발굴하며 하나의 예술 영역으로 자리 잡는다. 이후 나이브 아트는 피카소와 같은 기존 미술의 권위와 전통에 반하는 그림을 그리려는 화가들의 주목을 받으며 현대미술의 탄생에도 적지 않은 영향을 끼쳤다.

〈보 기〉
㉠ 나이브 아트에 속하는 화가로 루소, 보샹 등이 있다.
㉡ 나이브 아트는 특정한 유파를 가리킨다.
㉢ 나이브 아트 작가들은 서양 미술의 기본 규칙을 따르고자 한다.
㉣ 현대미술은 나이브 아트의 탄생에 결정적인 영향을 끼쳤다.

① ㉠　　　　　　② ㉢
③ ㉠, ㉡　　　　④ ㉡, ㉢
⑤ ㉠, ㉢, ㉣

**09** 다음 시에 대한 이해로 적절하지 않은 것은?

> 마른 잎사귀에 도토리알 얼굴 부비는 소리 후두둑 뛰어내려 저마다 멍드는 소리 멍석 위에 나란히 잠든 반들거리는 몸 위로 살짝살짝 늦가을 햇볕 발 디디는 소리 먼 길 날아온 늦은 잠자리 채머리 떠는 소리 맷돌 속에서 껍질 타지며 가슴 동당거리는 소리 사그락사그락 고운 뼛가루 저희끼리 소근대며 어루만져 주는 소리 보드랍고 찰진 것들 물속에 가라앉으며 안녕 안녕 가벼운 것들에게 이별 인사하는 소리 아궁이 불 위에서 가슴이 확 열리며 저희끼리 다시 엉기는 소리 식어 가며 단단해지며 서로 핥아 주는 소리
>
> 도마 위에 다갈빛 도토리묵 한 모
>
> 모든 소리들이 흘러 들어간 뒤에 비로소 생겨난 저 고요
> 저토록 시끄러운, 저토록 단단한,
>
> – 김선우, 「단단한 고요」 –

① '도토리묵'이 만들어지는 과정을 청각적 이미지를 중심으로 형상화하고 있다.
② 나무에 매달린 도토리에서부터 묵으로 엉길 때까지의 과정을 형상화하고 있다.
③ 상반된 시어인 '고요'와 '시끄러운'을 병치시켜 역설의 미학을 보여 주고 있다.
④ 시적 대상인 도토리를 의인화하여 표현하고 있다.
⑤ 자연과의 교감을 통한 인간에 대한 이해를 보여 주고 있다.

**10** (가)~(라)를 논리적 순서에 맞게 나열한 것은?

> (가) 아동 정신의학자 존 볼비는 엄마와 아이 사이의 애착을 연구하면서 처음으로 이 현상에 관심을 갖게 되었다. 그가 처음 연구를 시작할 때만 해도 아이가 엄마와 계속 붙어 있으려고 하는 이유는 먹을 것을 얻기 위해서라는 생각이 지배적이었다.
>
> (나) 아동 정신의학자로 활동하며 연구를 이어간 끝에, 볼비는 엄마와의 애착관계가 불안정한 아이는 정서 발달과 행동 발달에 큰 문제가 생길 수 있음을 알게 됐다. 또한 아이가 애착을 느끼는 대상이 아이를 세심하게 돌보고 보살필 때 아이는 보호받는 기분, 안전함, 편안함을 느끼고, 이는 아이가 건강하게 발달해서 생존할 확률을 높이는 요소라는 사실을 밝혀냈다.
>
> (다) 애착이란 시간이 흐르고 멀리 떨어져 있어도 유지되는 강력한 정서적 유대감으로 정의할 수 있다. 특정한 사람과 어떻게든 가까이 있고 싶은 감정이 애착의 핵심이지만 상대가 반드시 똑같이 느껴야 하는 것은 아니다.
>
> (라) 하지만 볼비는 아이가 엄마와 분리되면 엄청나게 괴로워하며, 다른 사람이 돌봐 주거나 먹을 것을 줘도 그러한 고통이 해소되지 않는다는 사실을 발견했다. 엄마와 아이의 유대에 뭔가 특별한 것이 있다는 의미였다.

① (가) – (나) – (다) – (라)
② (가) – (다) – (나) – (라)
③ (나) – (가) – (다) – (라)
④ (다) – (가) – (라) – (나)
⑤ (다) – (라) – (가) – (나)

**11** 다음 글에 대한 이해로 적절하지 않은 것은?

　오픈AI사에서 개발해 내놓은 '챗지피티(chatGPT)'의 열기가 뜨겁다. 챗지피티는 인터넷에 존재하는 다양한 텍스트 데이터를 학습해 구축된 인공지능으로, 사용자와 채팅을 통해 상호작용하는 형식으로 사용자의 요구에 응답한다. 예를 들어 "3+4를 계산하는 파이썬 코드를 짜 줘"라고 요구하면, 챗지피티는 실제로 작동하는 코드를 출력해서 알려 준다. 뒤이어 "같은 작업을 R에서 사용하는 코드로 짜 줘"라고 말하면, 대화의 맥락을 파악하고 같은 기능의 R 코드를 제공한다.

　우리는 어떻게 시시각각 신기술로 무장하는 인공지능과 '함께' 살아갈 수 있을까? 첫째, '인공지능이 해 줄 수 있는 일'과 '인간이 할 필요가 없는 일'이 동의어가 아니라는 점을 명확히 인지해야 한다. 다시 말해, 인공지능이 잘 할 수 있는 일이라고 해서 인간이 그것을 할 줄 몰라도 된다는 것이 아니라는 것이다. 둘째, 인공지능을 지혜롭게 사용하려면 인공지능이 가진 성찰성의 한계를 이해해야 한다. 챗지피티의 흥미로운 특징은 매우 성찰적인 인공지능인 척하지만, 사실은 매우 형편없는 자기반성 능력을 갖추고 있다는 데 있다.

　인공지능의 기능에 대해 성찰하는 것은 결국 인간의 몫이지, 기계의 역할이 아니다. 물론 인공지능은 다양한 상호작용을 통해 스스로의 오류를 교정하고 최적화하는 기능을 탑재하고 있다. 머신러닝(machine learning)이라는 개념이 바로 그것이다. 그러나 이 메커니즘은 명백하게도 인간 사용자의 특성과 의사에 따라 좌우될 수 있다. 사용자 경험을 통해 성능을 향상시켜 가고있는 구글 번역기는 영어-스페인어 사이의 전환은 훌륭하게 수행하지만 영어-한국어 사이의 전환은 그만큼 잘하지 못한다. 그 사용자의 수가 적기 때문이다. 사회의 소수자는 인공지능의 메커니즘에서도 소수자이다. 다시 말해, 인공지능에 대해 성찰하는 역할만큼은 인간이 인공지능에게 맡기지 말아야 할 영역이다.

　인공지능의 범람 속에서 살아남는 방법은, 인공지능과 '함께 살아가는 인간'이 되는 것이다. 인공지능을 과소평가하지 않고, 또한 인간 스스로의 가치와 주체성도 과소평가하지 않는, 용감하고 당당한 인간으로 살아가고자 하는 태도가 필요하다.

① 인간은 인공지능과 공존하는 방법을 모색해 인공지능을 지혜롭게 사용해야 한다.
② 인공지능을 활용한 머신러닝에도 인간 사용자의 특성이 반영된다.
③ 인공지능이 글쓰기를 잘 수행하더라도 인간은 글쓰기 능력을 길러야 한다.
④ 인공지능을 지혜롭게 사용할 수 있으려면 인공지능이 가진 성찰성의 한계를 이해해야 한다.
⑤ 인공지능은 스스로 양질의 정보를 가려낼 수 있어 자신의 오류를 교정하고 최적화한다.

**12.** 다음 글은 글쓰기의 자세에 대한 것이다. (가)~(마)에 대한 이해로 적절하지 않은 것은?

> (가) 이 세상 모든 사물 가운데 귀천과 빈부를 기준으로 높고 낮음을 정하지 않는 것은 오직 문장뿐이다. 그리하여 가난한 선비라도 무지개같이 아름다운 빛을 후세에 드리울 수 있으며, 아무리 부귀하고 세력 있는 자라도 문장에서는 모멸당할 수 있다.
> 
> (나) 배우는 자는 마땅히 자기 역량에 따라 알맞게 쓸 뿐이다. 억지로 남을 본떠서 자기 개성을 잃어버리지 않도록 하는 것이야말로 글쓰기의 본령이다.
> 
> (다) 글이란 것은 뜻을 나타내면 그만일 뿐이다. 제목을 놓고 붓을 잡은 다음 갑자기 옛말을 생각하고 억지로 고전의 사연을 찾으며 뜻을 근엄하게 꾸미고 글자마다 장중하게 만드는 것은 마치 화가를 불러서 초상을 그릴 적에 용모를 고치고 나서는 것과 같다.
> 
> (라) 문장에 뜻을 두는 사람들이 첫째로 주의할 것은 자기를 속이지 않는 것이다. 자기를 속이지 않는 것에서 출발하면 마음이 이치에 통하고 온갖 관찰력이 환하게 밝아질 것이다.
> 
> (마) 대체 글이란 조화다. 마음속에서 이루어진 문장은 반드시 정교하게 되나 손끝으로 이루어진 문장은 정교하게 되지 않으니, 진실로 그러하다.

① (가): 글쓰기에서 훌륭한 문장은 빈부귀천에 따라 높고 낮음이 정해진다.
② (나): 글쓰기에서 중요한 것은 남과는 다른 자기만의 개성을 표현하는 것이다.
③ (다): 글에서 중요한 것은 꾸미는 것보다 뜻을 정확하게 나타내는 것이다.
④ (라): 글쓰기에서 중요한 것은 진솔하게 표현하는 것이다.
⑤ (마): 글은 마음으로부터 이뤄져 조화를 이루는 것이 중요하다.

**13.** 밑줄 친 동사의 쓰임이 옳지 않은 것은?

① 씻어 놓은 상추를 채반에 <u>밭쳤다</u>.
② 마을 이장이 소에게 <u>받쳐서</u> 꼼짝을 못 한다.
③ 그녀는 세운 무릎 위에 턱을 <u>받치고</u> 앉아 있었다.
④ 양복 속에 두꺼운 내복을 <u>받쳐서</u> 입으면 옷맵시가 나지 않는다.
⑤ 고추가 워낙 값이 없어서 백 근을 시장 상인에게 <u>받혀도</u> 변변한 옷 한 벌 사기가 힘들다.

**14.** 밑줄 친 피동 표현이 옳지 않은 것은?

① 이 글은 두 문단으로 <u>나뉜다</u>.
② 들판이 온통 눈으로 <u>덮인</u> 광경이 장관이었다.
③ 벌목꾼에게 <u>베인</u> 나무가 여기저기에 쌓여 있다.
④ 아무리 생각해 보아도 <u>짚히는</u> 바가 없다.
⑤ 안개가 <u>걷히고</u> 파란 하늘이 나타났다.

**15.** 밑줄 친 부분의 띄어쓰기가 맞는 것은?

① 일이 있어서 숙제를 <u>못했다</u>.
② 총금액이 <u>얼마 되지</u> 않는다.
③ <u>한달간</u> 전국 일주 여행을 하고 돌아왔다.
④ 현대사회의 <u>제문제</u>에 대한 토론을 하였다.
⑤ 이번 방학에 무엇을 <u>해야 할 지</u> 모르겠다.

**16** 다음 단어의 로마자 표기로 옳은 것은?

| | 종로 | 여의도 | 신라 |
|---|---|---|---|
| ① | Jongro | Yeouido | Silla |
| ② | Jongno | Yeouido | Silla |
| ③ | Jongro | Yeoeuido | Sinla |
| ④ | Jongno | Yeoeuido | Silla |
| ⑤ | Jongno | Yeoeuido | Sinla |

**17** 다음 글에 대한 이해로 적절한 것은?

환경 보호는 정도의 차이는 있을지라도 모든 사람의 이익에 도움이 되는 일이라고 주장하는 사람도 있다. 초창기 환경 운동의 목표는 전통적인 자연 보호, 곧 특정 습지의 특정 조류를 보호하려는 좁은 생각을 극복하는 것이었다. 그렇지만 특정 종의 동물이나 식물에 대한 사랑에서는 열정적 투쟁 욕구가 생겨나는 반면, 대상을 특정하지 않은 자연 사랑은 어딘지 모르게 산만한 게 사실이다. 바로 그래서 생겨나는 것이 올슨 패러독스이다. 이것은 특별한 공동 이해관계로 묶인 소규모 그룹이 얼굴을 맞대고 단호히 일을 추진할 때, 대단히 애매한 일반적 이해를 가진 익명의 대규모 집단보다 훨씬 더 뛰어난 추진력을 보인다는 것이다. 이런 역설대로 소규모 그룹에는 로비할 좋은 기회가 주어지며, 마찬가지로 특정 사안을 반대하는 지역 저항 운동이 성공을 거둔다. 그렇기 때문에 포괄적 의미에서 환경 정책이 아주 까다로워진다.

무조건적인 타당성을 갖는 환경법을 요구하는 환경 정책은 애초부터 좌절될 수밖에 없다. 비록 나라와 문화마다 정도가 매우 다르기는 하지만, 현대화 과정에서 족벌에 대한 충성심을 넘어서서 다른 가치를 더욱 중시하는 충성심이 발달했다. 환경 정책은 이 과정에서 중요한 기회를 얻는다. 이기적 이해관계를 넘어서서 환경 전체를 바라보는 안목이 현대화 과정에서 발달했기 때문이다. 동시에 물론 자신의 직접적인 생활 환경을 지키려는 각오도 환경 정책에 결정적 영향을 미친다. 이처럼 환경 운동은 완전히 보편적 방향으로 발달하기는 힘들다. 우선 자신의 이해관계부터 생각하는 인간의 본성 탓에 근본적 긴장은 항상 사라지지 않기 때문이다.

① 현대화 과정에서 부각된 인간의 이기적 이해관계는 인간이 가진 자연 지배권에 대한 인식과 함께 발달하게 되었다.
② 환경 운동은 특정 생물 집단의 번식과 지속성을 보전하는 것에서 시작하여 궁극적으로 자연 경관의 보호를 목적으로 한다.
③ 환경 운동에서 발생하는 올슨 패러독스는 근본적으로 해소되기 어렵다.
④ 환경 운동은 대규모 집단의 이해관계가 소규모 집단의 이해관계와 일치할 때 이루어지는 과정이라고 할 수 있다.
⑤ 환경 운동은 생물학적 다양성을 위한 공리주의 원칙에 따라 진행되어야 하며, 이 과정에서 개인의 이기심은 환경 운동을 위한 직접적인 동기로 작용하지 않는다.

**18** 밑줄 친 단어의 표기가 맞지 않는 것은?

① 그들은 서로 <u>인사말</u>을 주고받았다.
② 아이들은 <u>등굣길</u>이 마냥 즐거웠다.
③ <u>빨랫줄</u>에 있는 빨래를 걷어라.
④ <u>마굿간</u>에는 말 두 마리가 있다.
⑤ 요즘은 <u>셋방</u>도 구하기 힘들다.

**19** ㉠, ㉡에 들어갈 한자성어로 적절한 것은?

> 김 첨지도 이 불길한 침묵을 짐작했는지도 모른다. 그렇지 않으면 대문에 들어서자마자 전에 없이, "이 난장맞을 년, 남편이 들어오는데 나와 보지도 않아, 이 오라질 년."이라고 고함을 친 게 수상하다. 이 고함이야말로 제 몸을 엄습해 오는 무시무시한 증을 쫓아 버리려는 ( ㉠ )인 까닭이다.
>  하여간 김 첨지는 방문을 왈칵 열었다. 구역을 나게 하는 추기 ― 떨어진 삿자리 밑에서 나온 먼지내, 빨지 않은 기저귀에서 나는 똥내와 오줌내, 가지각색 때가 켜켜이 앉은 옷 내, 병인의 땀 섞은 내가 섞인 추기가 무딘 김 첨지의 코를 찔렀다.
>  방 안에 들어서며 설렁탕을 한구석에 놓을 사이도 없이 주정꾼은 목청을 있는 대로 다 내어 호통을 쳤다. "이런 오라질 년, ( ㉡ ) 누워만 있으면 제일이야! 남편이 와도 일어나지를 못해?"라는 소리와 함께 발길로 누운 이의 다리를 몹시 찼다. 그러나 발길에 차이는 건 사람의 살이 아니고 나뭇등걸과 같은 느낌이 있었다.
> ― 현진건, 「운수 좋은 날」에서 ―

|  | ㉠ | ㉡ |
|---|---|---|
| ① | 노심초사(勞心焦思) | 주야불식(晝夜不息) |
| ② | 허장성세(虛張聲勢) | 전전반측(輾轉反側) |
| ③ | 절치부심(切齒腐心) | 전전반측(輾轉反側) |
| ④ | 노심초사(勞心焦思) | 주야장천(晝夜長川) |
| ⑤ | 허장성세(虛張聲勢) | 주야장천(晝夜長川) |

**20** ㉠에 들어갈 내용으로 적절한 것은?

> 신석기 시대에 들어 농사가 시작되면서 여성의 역할은 더욱 증대되었다. 농사는 야생 곡물이 밀집한 지역에서 이를 인위적으로 재생산함으로써 시작되었다. 이처럼 농사는 채집 활동의 연장선상에서 발생하였기 때문에 처음에는 주로 여성이 담당하였다. 더욱이 당시 농업 기술은 보잘것없었고, 이를 극복할 별다른 방법도 없었다. 이러한 단계에서 인간들이 풍요로운 생활을 누리기 위해서는 종족 번식, 곧 여성의 출산력이 무엇보다 중요하였다.
>  그러나 신석기 시대 중후반에는 농경이 본격적으로 발전하면서 광활한 대지의 개간이나 밭갈이에는 엄청난 노동력과 강한 근력이 요구되었다. 농사는 더 이상 여성의 섬세함만으로 해낼 수 없는 아주 고된 일로 바뀌었다. 마침 이 무렵, 집짐승 기르기가 시작되면서 남성들은 더 이상 사냥감을 찾아 산야를 헤맬 필요가 없게 되었다. 사냥 활동에서 벗어난 남성들은 생산 활동의 새로운 주인공이 되었다. 그리고 여성들은 보조자로 밀려나서 주로 집안일이나 육아를 담당하게 되었다. 이로써 남성이 주요 생산 활동을 담당하게 되고, ( ㉠ )

① 남성과 여성의 사회적 위상과 역할이 달라지게 되었다.
② 여성은 생산 활동에서 완전히 배제되기 시작하였다.
③ 남성이 남성으로서의 제 역할을 하게 되었다.
④ 남성은 여성을 씨족 공동체의 일원으로 인정하지 않게 되었다.
⑤ 사냥 활동에서 여성이 남성의 역할을 대체하게 되었다.

**21** ㉠에 대한 설명으로 적절한 것은?

　　일본 문학의 세계가 여자들에게 열려 있긴 했어도 ㉠헤이안 시대의 여성들은 그 시대 대부분의 책에서는 자신들의 목소리를 발견할 수 없었을 것이다. 그리하여 한편으로는 읽을거리를 늘리기 위해, 그리고 다른 한편으로는 그들만의 독특한 취향에 상응하는 읽을거리를 손에 넣기 위해 여성들은 그들만의 고유한 문학을 창조해 냈다. 그 문학을 기록하기 위해 여성들은 그들에게 허용된 언어를 음성으로 옮긴 가나분카쿠를 개발하기에 이르렀는데, 이 언어는 한자 구조가 거의 배제된 것이 특징이다. 이는 여성들에게만 국한되어 쓰이면서 '여성들의 글자'로 알려지게 되었다.

　　발터 벤야민은 "책을 획득하는 방법 중에서도 책을 직접 쓰는 것이야말로 가장 칭송할 만한 방법으로 평가받을 수 있다"라고 논평했던 적이 있다. 헤이안 시대의 여자들도 깨달았듯이 어떤 경우에는 책을 직접 쓰는 방법만이 유일한 길일 수가 있다. 헤이안 시대의 여자들은 그들만의 새로운 언어로 일본 문학사에서, 아마도 전 시대를 통틀어 가장 중요한 작품 몇 편을 남겼다. 무라사키 부인이 쓴 『겐지 이야기』와 작가 세이 쇼나곤의 『마쿠라노소시』가 그 예이다.

　　『겐지 이야기』, 『마쿠라노소시』 같은 책에서는 남자와 여자의 문화적·사회적 삶이 소상하게 나타나지만, 그 당시 궁정의 남자 관리들이 대부분 시간을 할애했던 정치적 술책에 대해서는 거의 관심을 보이지 않는다. 언어와 정치 현장으로부터 유리되어 있었기 때문에 세이 쇼나곤과 무라사키 부인조차도 이런 활동에 대해서는 풍문 이상으로 묘사할 수 없었다. 어떤 예이든 이런 여성들은 근본적으로 그들 자신을 위해 글을 쓰고 있었다. 다시 말해 그들 자신의 삶을 향해 거울을 받쳐 들고 있었던 셈이다.

① 읽을거리에 대한 열망을 문학 창작의 동력으로 삼았다.
② 창작 국면에서 자신들의 언어를 작품에 그대로 담아내지 못했다.
③ 궁정에서 일어나는 정치적 행위에 대하여 치밀하게 묘사하였다.
④ 한문학에 대한 지식을 바탕으로 문학 창작에 참여하였다.
⑤ 문필 활동은 남성의 전유물이었기 때문에 남성 취향의 문학 독서를 수행하였다.

**22** 밑줄 친 외래어 표기가 옳은 것은?

① 송년(送年) 모임이 회사 앞 <u>부페</u> 식당에서 있을 예정이다.
② 저 남자 배우는 <u>애드립</u>에 능해서 연기가 자연스럽게 느껴진다.
③ 점심시간이 끝나자 사람들은 <u>재스민</u> 차를 마시기 시작했다.
④ 여행 정보 <u>팜플렛</u>을 얻으러 회사 근처의 여행사 사무실에 다녀왔다.
⑤ 유머가 있고 내용이 가벼운 <u>꽁트</u> 프로그램을 한 편 보기로 했다.

**[23~24]** 다음 글을 읽고 물음에 답하시오.

　사람과 상황이 서로 영향을 미치는 방식들을 몇 가지 소개해 보도록 하겠다.
　첫째는 상황이 사람을 선택하는 경우다. 모든 사람이 자신이 원하는 상황에 놓일 수는 없다. 제한된 상황은 우리로 하여금 '무엇'을 할 수 있는 기회를 박탈하기도 한다. 예를 들어 아무것도 선택할 수 없는 경제적 어려움에 처해 있거나 부모의 학대로 인해 지속적인 피해를 입고 있는 상황처럼 자신의 의지나 책임이 아닌 절대적 상황이 그런 경우다. 이때 사람들은 상대적 박탈감이나 무력감을 경험하게 된다.
　둘째는 사람이 상황을 선택하는 경우다. 이때는 자신의 욕망이나 목표에 맞는 기회를 제공하는 상황을 선택할 수 있다. 우리는 일상을 살아가면서 굉장히 합리적인 판단을 한다. 예를 들어 몸이 아프면 상황을 설명하고 조퇴를 할 수도 있다. 그런데 사회적 압력이나 압박들이 단순히 직장에서 일어나는 상황이 아니고 보다 더 본질적인 경우가 있다.
　예를 들어 경제적 불균형처럼 자기가 가지고 있는 아주 왜곡된 관념들로 치닫기 시작하면 상황이 사람을 지배할 수도 있다. 자신의 자존감을 지키기 위해서는 타인에게 해를 가해서라도 그런 상황을 유지하려는 것이다. 그러나 대부분의 사람들은 스스로 상황을 지배해 나가기 때문에 범죄를 저지르지 않는다. 그래서 상황이 사람을 선택하느냐, 아니면 사람이 상황을 선택하느냐에 따라 결과는 엄청나게 달라진다.
　상황에 따라 사람의 다른 측면이 점화되기도 한다. 사람들이 공동적으로 갖고 있는 공손함이나 공격성 등은 상황에 따라 점화되는 것이 다르다. 우리가 읽거나 들었던 단어 또는 정보가 우리의 생각이나 행동에 미묘한 변화를 일으킬 수 있고 이러한 현상을 '점화 효과'라고 한다.

**23** 윗글의 서술 방식에 대한 설명으로 적절하지 않은 것은?

① 설명하는 내용에 대한 예를 제시하고 있다.
② 서로 다른 내용을 대비하여 제시하고 있다.
③ 설명하는 내용에 대한 개념을 제시하고 있다.
④ 설명하는 내용을 병렬적 구조로 제시하고 있다.
⑤ 설명하는 내용에 대한 실험 결과를 제시하고 있다.

**24** 윗글에 대한 이해로 적절하지 않은 것은?

① 사람과 상황은 서로 영향을 끼친다.
② 경제적 불균형에 처하면 대부분의 사람들은 스스로 상황을 지배할 수 없다.
③ 부모의 학대와 같은 상황은 선택할 수 없는 절대적 상황이다.
④ 몸이 아플 때 상황을 설명하고 조퇴하는 것은 합리적 판단의 일종이다.
⑤ 사람들이 공통적으로 가진 공격성이라도 상황에 따라 다르게 점화된다.

**25** 다음 시에 대한 이해로 적절한 것만을 〈보기〉에서 모두 고르면?

> 1
> 첫닭 울고 둘째 닭 울더니
> 작은 별 큰 별 떨어지는데
> 문을 들락거리며
> 살짝이 살짝이 행인은 길 떠날 채비하네
>
> 2
> 나그네 새벽 틈타 떠나렸더니
> 주인은 안 된다며 보내질 않네
> 채찍을 손에 쥔 채 못 이긴 척 돌아서니
> 닭만 괜스레 번거롭게 했구나
>
> — 이병연, 「조발(早發)」 —

〈보 기〉

㉠ '첫닭'은 시간적 배경을 드러낸다.
㉡ '나그네'와 '주인'의 관계가 닭 울음으로 인해 달라진다.
㉢ '살짝이 살짝이'는 '행인'의 조심스러운 심리를 나타내고 있다.
㉣ 화자는 '나그네'와 '주인'을 관찰의 대상으로 삼고 있다.

① ㉠
② ㉡
③ ㉡, ㉢
④ ㉠, ㉢, ㉣
⑤ ㉠, ㉡, ㉢, ㉣

# 국어 | 2022년 국회직 8급

회독 CHECK 1 2 3

**01** 〈보기〉의 ㉠~㉤에 대한 설명 중 옳지 않은 것은?

─── 〈보 기〉 ───
㉠ 우리 사무실은 도심에 있어 비교적 교통이 편리하다.
㉡ 천세나 만세를 누리소서!
㉢ 그 일은 어제 끝냈어야 했다.
㉣ 넷에 넷을 더하면 여덟이다.
㉤ 한창 크는 분야라서 지원자가 많다.

① ㉠의 '비교적'은 관형사이다.
② ㉡의 '만세'는 명사이다.
③ ㉢의 '어제'는 부사이다.
④ ㉣의 '여덟'은 수사이다.
⑤ ㉤의 '크는'은 동사이다.

**02** 밑줄 친 말 중 문법적 기능이 다른 것은?

① 그것참, 신기하군그래.
② 그를 만나야만 모든 원인을 밝힐 수 있다.
③ 그것이 금덩이라도 나는 안 가진다.
④ 얼마 되겠느냐마는 살림에 보태어 쓰도록 해.
⑤ 용서해 주시기만 하면요 정말 감사하겠습니다.

**03** 밑줄 친 단어의 뜻풀이가 옳지 않은 것은?

① 그는 줄목을 무사히 넘겼다.
  → 일의 진행 과정에서 가장 중요한 대목
② 그 사람들도 선걸음으로 그리 내달았다.
  → 이미 내디뎌 걷고 있는 그대로의 걸음
③ 겨울 동안 갈무리를 했던 산나물을 팔았다.
  → 물건 따위를 잘 정리하거나 간수함
④ 그는 인물보다 맨드리가 쓰레기꾼 축에 섞이기는 아까웠다.
  → 옷을 입고 매만진 맵시
⑤ 그녀는 잔입으로 출근 시간이 되기만을 기다렸다.
  → 음식을 조금만 먹음

**04** 어법에 맞는 문장은?

① 그 회사는 품질 면에서 세계 최고이다.
② 내 생각은 네가 잘못을 인정하면 해결될 것이다.
③ 지도자는 자유 수호와 인권을 보장하는 것을 목표로 삼아야 한다.
④ 이사회는 재무 지표 현황과 개선 계획을 수립, 다음 달부터 시행하기로 하였다.
⑤ 이 여론조사 결과는 현재 무엇을 시급히 개선해야 한다는 점을 말해주고 있다.

**05** 다음 글의 논지와 가까운 것은?

괴테는 인간의 목표가 각자의 개성과 존엄성을 통해 보편성에 이르는 데 있다고 보았다. 즉 그는 자연이라는 근원에서 나온 개체에 대해서는 자연과 동일한 권리를 부여하였지만, 개체와 근원 사이에 존재하는 중간 단계에 대해서는 상대적으로 관심이 적었다. 그리하여 나폴레옹이 그의 조국을 점령하였을 때에 그는 피히테만큼 열성적으로 활동하지는 않았다. 물론 그도 자기 민족의 자유를 원했고 조국에 대해 깊은 애정을 표시했지만, 그의 마음을 더욱 사로잡은 것은 인간성이나 인류와 같은 관념이었다. 이런 점에서 볼 때, 괴테는 집단의식보다는 개인의 존엄성을 더 중시했다고 할 수 있다.

그런데 이전보다 훨씬 다양한 집단에 속한 채 살아야 하는 현대인에게는 개인과 집단의 관계를 어떻게 설정하느냐 하는 문제가 더욱 중요하게 떠오른다. 이러한 문제가 발생할 때 다수의 논리를 내세워 개인의 의지를 배제한다면 그것은 바람직한 해결책이라 할 수 없다. 현대사회가 추구하는 효율성의 원칙만을 내세워 집단을 개인의 우위에 두면 '진정한 인간성'이 계발되기 어렵다. 그러므로 우리는 개인이 조직 사회에 종속됨으로써 정신적 독립성을 잃게 되는 위험성을 항상 경계해야 한다.

오늘날 우리는 괴테의 의미를 새롭게 발견한다. 그는 현대의 공기를 마셔 보지 않았지만 대단히 현대적인 시각에서 우리에게 충고를 하고 있다. 지금 진행되고 있는 이 무서운 드라마를 끝내기 위해서는 모든 사람이 다 함께 '진정한 인간성'을 추구해야 한다. 물질적 편리함을 위해 정신적 고귀함을 간단히 양보해 버리고, 집단의 목적을 위해 개인의 순수성을 쉽게 배제해 버리는 세태 속에서 우리는 자신의 혼을 가진 인간으로 살기 위해 노력해야 한다. 이런 점에서, 순수하고 고결한 인간성을 부르짖는 괴테의 외침은 사람 자체를 존중하는 마음이 사라져 가는 오늘날의 심각한 병폐를 함께 치유하자는 세계사적 선서의 의미를 지닌다. 모든 사람들이 각자 '진정한 인간성'을 행동으로 실천한다면, 현대 사회의 비인간화 현상은 극복될 수 있을 것이다.

① 개인과 집단 사이에는 갈등이 있을 수 없다. 집단의 이익이 개인의 이익이며, 개인의 이익이 집단의 이익이다.
② 개인이 집단의 목적에 맹목적으로 따르는 것은 민주 시민의 올바른 자세가 아니다. 비판이 없는 집단은 자기 발전이 없다.
③ 개인의 존엄성은 상대적인 것이다. 따라서 개인도 자기 목소리만을 높일 것이 아니라 집단의 목표에 부합하도록 노력해야 한다.
④ 진정한 인간성은 이기주의와는 다르다. 개인의 독립성을 지나치게 주장하여 운영에 차질을 주면 그것도 바람직하지 않다.
⑤ 다수의 논리를 내세워 개인의 의지를 꺾는 것도 잘못이지만, 개인의 의지가 다수의 논리를 무시하는 것은 더 큰 문제이다.

**06** 〈보기〉의 관점에서 ㉠을 비판한 것으로 적절한 것은?

> 원칙적으로 사람들은 제1 언어 습득 연구에 대한 양극단 중 하나의 입장을 취할 수 있을 것이다. ㉠ 극단적 행동주의자적 입장은 어린이들이 백지 상태, 즉 세상이나 언어에 대해 아무런 전제된 개념을 갖지 않은 깨끗한 서판을 갖고 세상에 나오며, 따라서 어린이들은 환경에 의해 형성되고 다양하게 강화된 예정표에 따라 서서히 조건화된다고 주장하였다. 또 반대쪽 극단에 있는 구성주의의 입장은 어린이들이 매우 구체적인 내재적 지식과 경향, 생물학적 일정표를 갖고 세상에 나온다는 인지주의적 주장을 할 뿐만 아니라 주로 상호 작용과 담화를 통해 언어 기능을 배운다고 주장한다. 이 두 입장은 연속선상의 양극단을 나타내며, 그 사이에는 다양한 입장들이 있을 수 있다.

―〈보 기〉―

> 생득론자는 언어 습득이 생득적으로 결정되며, 우리는 주변의 언어에 대해 체계적으로 인식할 수 있도록 되어 있어서 결과적으로 언어의 내재화된 체계를 구축하는 유전적 능력을 타고난다고 주장한다.

① 언어 습득에 대한 연구에서 실제적 언어 사용의 양상이 무시될 가능성이 크다.
② 아동의 언어 습득을 관장하는 유전자의 실체가 확인될 때까지는 행동주의는 불완전한 가설일 뿐이다.
③ 아동은 단순히 문법적으로 정확한 문장을 만드는 방법을 배우는 것이 아니라 의사소통 방법을 배우는 것이다.
④ 아동의 언어 습득은 특정 언어공동체의 일원이 되는 핵심 과정인데, 행동주의는 공동체 구성원들과의 상호 작용이 차지하는 중요성을 간과하고 있다.
⑤ 아동의 언어 습득이 외적 자극인 환경에 의해 전적으로 형성된다고 보는 행동주의 모델은 배우거나 들어본 적 없는 표현을 만들어내는 어린이 언어의 창조성을 설명하지 못한다.

**07** '도산 노인'의 생각에 대한 이해로 옳지 않은 것은?

> 「도산십이곡」은 도산 노인이 지은 것이다. 노인이 이를 지은 것은 무엇 때문인가. 우리나라의 가곡은 대체로 음란하여 족히 말할 것이 없으니 「한림별곡」과 같은 것도 문인의 입에서 나왔으나, 교만하고 방탕하며 겸하여 점잖지 못하고 장난기가 있어 더욱 군자가 숭상해야 할 바가 아니다. 다만 근세에 이별의 「육가」라는 것이 있어 세상에 성대하게 전해지는데, 저것보다 낫기는 하나 또한 세상을 희롱하는 불공한 뜻만 있으며, 온유돈후의 실질이 적은 것을 애석하게 여겼다.
> 노인은 평소 음악을 이해하지는 못하나 오히려 세속의 음악이 듣기 싫은 것을 알아, 한가히 살면서 병을 돌보는 여가에 무릇 성정에서 느낌이 일어나는 것을 매양 시로 나타내었다. 그러나 지금의 시는 옛날의 시와는 달라서 읊을 수는 있어도 노래로 부를 수는 없다. 만약 노래로 부르려면 반드시 시속의 말로 엮어야 되니, 대개 우리나라 음절이 그렇게 하지 않고서는 안 되기 때문이다.
> 그래서 내가 일찍이 대략 이별의 노래를 본떠 도산육곡이란 것을 지은 것이 둘이니, 그 하나는 언지(言志)이고 다른 하나는 언학(言學)이다. 아이들로 하여금 아침저녁으로 익혀서 노래하게 하여 안석에 기대어 이를 듣고자 했다. 또한 아이들로 하여금 스스로 노래하고 춤추고 뛰게 한다면, 비루하고 더러운 마음을 깨끗이 씻어버리고, 느낌이 일어나 두루 통하게 될 것이니 노래하는 자와 듣는 자가 서로 유익함이 없지 않을 것이다.
> 돌이켜보면 나의 자취가 자못 어그러졌으니, 이 같은 한가한 일이 혹시나 시끄러운 일을 야기하게 될지 모르겠고, 또 곡조에 얹었을 때 음절이 맞는지도 알 수 없어 우선 한 부를 베껴 상자 속에 담아 두고, 때때로 꺼내 완상하여 스스로를 반성하며, 또 훗날에 보는 자가 이를 버리거나 취하기를 기다릴 따름이다.

― 이황, 「도산십이곡발」 ―

① 우리말 노래가 대체로 품격이 떨어진다고 보아 만족하지 못하고 있었다.
② 우리나라에서 한시를 노래로 부르는 전통을 되살리려고 한다.
③ 자신이 지은 노래를 부르는 아이들에게도 유익함이 있을 것이라 생각한다.
④ 자신이 노래를 지은 것을 불만스럽게 생각할 사람이 있을 수 있다고 예상한다.
⑤ 자신이 지은 노래가 후세에 전해져서 평가의 대상이 될 것을 기대한다.

**08** 다음 시에 대한 이해로 적절하지 않은 것은?

> 아버지는 두 마리의 두꺼비를 키우셨다
>
> 해가 말끔하게 떨어진 후에야 퇴근하셨던 아버지는 두꺼비부터 씻겨 주고 늦은 식사를 했다 동물 애호가도 아닌 아버지가 녀석에게만 관심을 갖는 것 같아 나는 녀석을 시샘했었다 한번은 아버지가 녀석을 껴안고 주무시는 모습을 보았는데 기회는 이때다 싶어서 살짝 만져 보았다 그런데 녀석이 독을 뿜어내는 통에 내 양 눈이 한동안 충혈되어야 했다 아버지, 저는 두꺼비가 싫어요
>
> 아버지는 이윽고 식구들에게 두꺼비를 보여주는 것조차 꺼리셨다 칠순을 바라보던 아버지는 날이 새기 전에 막일판으로 나가셨는데 그때마다 잠들어 있던 녀석을 깨워 자전거 손잡이에 올려놓고 페달을 밟았다
>
> 두껍아 두껍아 헌집 줄게 새집 다오
>
> 아버지는 지난 겨울, 두꺼비집을 지으셨다 두꺼비와 아버지는 그 집에서 긴 겨울잠에 들어갔다 봄이 지났으나 잔디만 깨어났다
>
> 내 아버지 양 손엔 우툴두툴한 두꺼비가 살았었다
>
> — 박성우, 「두꺼비」—

① 화자가 '아버지, 저는 두꺼비가 싫어요'라고 말한 것은 아버지의 고생스러운 삶에서 서러움과 연민을 느꼈기 때문이다.
② 이 시는 아이의 시선과 동요의 가사를 활용하여 아버지의 희생적인 삶을 돌아보게 하면서 감동을 주고 있다.
③ 이 시는 첫 줄과 마지막 줄에 제시된 아버지와 두꺼비의 호응 관계를 통해 시적 의미를 강조하고 있다.
④ 이 시에서 '두꺼비'는 아버지를 기다리는 자식들을 의미한다.
⑤ '아버지는 그 집에서 긴 겨울잠에 들어갔다'는 표현에서 아버지가 돌아가셨다는 것을 알 수 있다.

**09** 다음 글에 대한 이해로 적절하지 않은 것은?

　　정신에 대한 전통적인 설명에 따르면, 인간의 육체는 비물질적 실체인 영혼으로 가득 차 있으며 그 영혼이 때때로 유령이나 귀신의 모습으로 나타난다. 그러나 이 이론은 극복할 수 없는 문제에 부딪힌다. 그 유령이 어떻게 유형의 물질과 상호 작용하는가? 무형의 비실체가 어떻게 번쩍이고 쿡 찌르고 삑 소리를 내는 외부 세계에 반응하고 팔다리를 움직이게 만드는가? 그뿐 아니라 정신은 곧 뇌의 활동임을 보여 주는 엄청난 증거들도 극복할 수 없는 문제다. 오늘날 밝혀진 바에 따르면, 비물질적이라 생각했던 영혼도 칼로 해부되고, 화학물질로 변질되고, 전기로 나타나거나 사라지고, 강한 타격이나 산소 부족으로 인해 소멸되곤 한다. 현미경으로 보면 뇌는 풍부한 정신과 완전히 일치하는 대단히 복잡한 물리적 구조를 갖고 있다.
　　정신을 어떤 특별한 형태의 물질에서 발생하는 것으로 보는 견해도 있다. 피노키오는 목수 제페토가 발견한, 말하고 웃고 움직이는 마법의 나무에서 생명력을 얻는다. 그러나 애석한 일이지만 그런 신비의 물질은 어디에서도 발견되지 않았다. 우선 뇌 조직이 그 신비의 물질이 아닌가 생각해 볼 수 있다. 다윈은 뇌가 정신을 '분비한다'고 적었고, 최근에 철학자 존 설은 유방의 세포 조직이 젖을 만들고 식물의 세포 조직이 당분을 만드는 것처럼, 뇌 조직의 물리화학적 특성들이 정신을 만들어 낸다고 주장했다. 그러나 뇌 종양 조직이나 접시 안의 배양 조직은 물론이고 모든 동물의 뇌 조직에도 똑같은 종류의 세포막, 기공, 화학물질들이 존재한다는 사실을 생각해 보라. 그 모든 신경세포 조직이 동일한 물리화학적 특성들을 갖고 있지만, 그것들 모두가 인간과 같은 지능을 보이진 않는다. 물론 인간 뇌를 구성하는 세포 조직의 어떤 측면이 우리의 지능에 필수적인 것은 사실이지만, 그 물리적 특성들로는 충분하지 않다. 벽돌의 물리적 특성으로는 음악을 설명하기에 불충분한 것과 같다. 중요한 것은 신경세포 조직의 '패턴' 속에 존재하는 어떤 것이다.

① 다윈과 존 설은 뇌 조직이 인간 정신의 근원이라고 주장했다.
② 인간의 뇌를 구성하는 세포 조직의 물리적 특성은 인간 지능의 필요충분조건이다.
③ 지능에 대한 전통적 설명 방식은 내적 모순으로부터 자유롭지 않다.
④ 뇌의 물리적 특성보다 신경세포 조직의 '패턴' 속에 존재하는 어떤 것이 중요하다.
⑤ 뇌와 정신이 밀접하게 연결되어 있음을 시각적으로 확인할 수 있는 물리적 증거가 있다.

**10** 〈보기〉는 국어 단모음 체계의 변화를 보여 주고 있다. 〈보기〉에 대한 설명으로 적절하지 않은 것은?

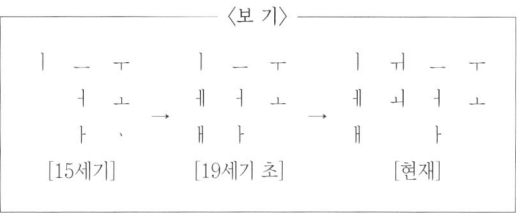

① 모음들이 연쇄적으로 조음 위치의 변화를 겪는 현상이 발견된다.
② 국어 역사에서 후설 저모음이 존재했던 것으로 추측된다.
③ 단모음의 개수는 점차 늘어난 것으로 보인다.
④ 모음 중에서 음소 자체가 소멸된 것이 있다.
⑤ 일부 이중모음의 단모음화가 발견된다.

**11** (가)~(마)를 논리적 순서에 맞게 나열한 것은?

(가) 작센의 아우구스투스 2세는 독일 마이센 성의 연금술사인 요한 프리드리히 뵈트거를 가두고 황금을 만들라 명한다. 하지만 실패를 거듭하자 아우구스투스는 화학 반응으로 금을 만들 수 없다는 결론을 내리고 금과 맞먹는 대체품으로 백자를 만들라 명령한다. 뵈트거는 백자를 만들기 위해 대리석이나 뼛가루를 사용했지만 번번이 실패한다. 그는 1708년, 3년 만에 마이센에서 고령토 광산을 발견했고 장석 성분을 추가해 백자의 성분 문제를 해결한다.

(나) 18세기 대항해 시대가 열리면서 유럽은 상류층에서 살롱 문화가 급속하게 번진다. 살롱에서 담론을 펼칠 때 아프리카 커피와 중국 차를 마시는 게 최고의 호사였으며, 백자는 거기에 품격을 더했다. 하지만 백자를 만드는 기술은 중국인들만의 비밀이었기 때문에 유럽은 비싼 가격을 중국에 지불하면서 백자를 수입할 수밖에 없었다.

(다) 또 발터 폰 치른하우스의 도움으로 렌즈와 거울을 이용한 1400도 가마가 가능해졌다. 하늘에서의 고온과 땅에서의 고령토, 그러니까 천지의 조화를 통해 백자가 만들어졌고, 뵈트거는 이 결과를 기록에 남겼다. 이후 마이센의 백자기술이 오스트리아 빈, 프랑스 스트라스부르, 덴마크 코펜하겐, 이탈리아 피렌체, 영국 런던 등으로 유출되면서 백자의 유럽 생산 시대가 열렸다.

(라) 이탈리아의 메디치 포슬린을 비롯하여 유럽 각지에서 백자를 만들려는 다양한 시도가 있었다. 흰색을 내는 온갖 재료를 사용했지만 유리를 섞어 만드는 수준이었다. 실패의 원인은 백자의 주원료인 고령토를 알지 못했고, 1100도 이상의 가마를 만들지 못했던 데 있다. 중국 백자의 제조 비밀은 유럽의 과학기술도 밝혀내지 못했던 것이다.

(마) 17세기 유럽 전역에 백자의 인기가 폭발적이었다. 중국의 백자가 유럽에 들어오자 '하얀 금'이라 불리며 비싼 가격에 거래되었다. 유럽의 왕실과 귀족들은 백자를 비롯한 중국적 취향을 '시누아즈리'라면서 바로크나 로코코 양식과 결합시킨다.

① (가) - (다) - (나) - (라) - (마)
② (가) - (다) - (마) - (나) - (라)
③ (가) - (마) - (라) - (나) - (다)
④ (마) - (가) - (다) - (라) - (나)
⑤ (마) - (나) - (라) - (가) - (다)

**[12~13] 다음 글을 읽고 물음에 답하시오.**

(가) '테라포밍'은 지구가 아닌 다른 외계의 천체 환경을 인간이 살 수 있도록 변화시키는 것을 말하는데 현재까지 최적의 후보로 꼽히는 행성은 바로 화성이다. 화성은 육안으로도 붉은 빛이 선명하기에 '火(불 화)' 자를 써서 화성(火星)이라고 부르며, 서양에서는 정열적인 전쟁의 신이기도 한 '마르스'와 함께 '레드 플래닛', 즉 '붉은 행성'으로도 일컬어진다. 화성이 이처럼 붉은 이유는 표면의 토양에 철과 산소의 화합물인 산화철이 많이 포함돼 있기 때문인데, 녹슨 쇠가 불그스름해지는 것과 같은 원리로 보면 된다. 그렇다면 이런 녹슨 행성인 화성을 왜 '테라포밍' 1순위로 선정했을까? 또한 어떤 과정을 통해서 이 화성을 인간이 살 수 있는 푸른 별로 바꿀 수 있을까?

(나) 영화 「레드 플래닛」을 보면 이런 '테라포밍'의 계획이 잘 나타나 있다. 21세기 초, 자원 고갈과 생태계 오염 등으로 지구의 환경이 점점 악화되자, 화성을 새로운 인류의 터전으로 바꾸기 위해서 이끼 종자를 가득 담은 무인 로켓이 화성으로 발사된다. 이끼가 번식해 화성 표면을 덮으면 그들이 배출하는 산소가 모여 궁극적으로는 인간이 호흡할 수 있는 대기층이 형성되기 때문이다. 그로부터 50여 년 후, 마침내 화성에 도착한 선발대는 희박하기는 하지만 화성의 공기가 사람이 숨 쉴 수 있을 정도로 바뀌었음을 알게 된다.

(다) 그렇다면 영화가 아닌 현실에서 화성을 변화시키는 일은 가능할까? 시간이 걸리고 힘든 일이지만 가능성은 있다. 화성의 극지방에는 '극관'이라고 부르는 드라이아이스로 추정되는 하얀 막 같은 것이 존재하는데, 이것을 녹여 화성에 공기를 공급한다는 것이다. 극관에 검은 물질을 덮어 햇빛을 잘 흡수하게 만든 후 온도가 상승하면 극관이 자연스럽게 녹을 수 있도록 하는 방법인 것이다. 이 검은 물질을 자기 복제가 가능한 것

으로 만들면 소량을 뿌려도 시간이 지나면서 극관 전체를 덮게 될 것이다.

(라) 자기 복제가 가능한 검은 물질이 바로 「레드 플래닛」에 나오는 이끼이다. 유전 공학에 의해 화성처럼 혹독한 환경에서도 성공적으로 번식할 수 있는, 지의류 같은 이끼의 변종을 만들어 내어 화성의 극관 지역에 투하한다. 그들이 뿌리를 내리고 성공적으로 번식할 경우 서서히 태양광선 흡수량이 많아지고 극관은 점점 녹게 될 것이다. 그러나 이런 방법을 택하더라도 인간이 직접 호흡하며 돌아다니게 될 때까지는 최소 몇 백 년의 시간이 걸릴 것이다.

(마) 지금은 거의 불가능하다고 여겨지는 일들이지만 인류는 언제나 불가능한 일들을 불굴의 의지로 해결해 왔다. 화성 탐사선이 발사되고 반세기가 안 된 오늘날 인류는 화성을 지구 환경으로 만들 꿈을 꾸고 있다. 최소 몇 백 년이 걸릴 수도 있는 이 '테라포밍'도 언젠가는 인류의 도전 앞에 무릎을 꿇게 될 것이 분명하다. 그래서 아주 먼 훗날 우리의 후손들은 화성을 볼 때, 붉게 빛나는 별이 아니라 지구와 같은 초록색으로 반짝이는 화성을 볼 수 있게 되지도 모른다. 그렇다면 그때에는 화성을 '녹성(綠星)' 또는 '초록별'이라 이름을 바꿔 부르게 되지 않을까?

**12** (가)~(마)에 대한 설명으로 적절하지 않은 것은?

① (가): 대상의 특성을 설명하고 화제를 제시하고 있다.
② (나): 예를 통해 화제에 대한 이해를 돕고 있다.
③ (다): 화제를 현실화할 수 있는 방법을 제시하고 있다.
④ (라): 귀납을 통해 화제의 실현 가능성을 증명하고 있다.
⑤ (마): 화제에 대한 긍정적 전망으로 글을 마무리하고 있다.

**13** '테라포밍' 계획의 핵심이 되는 최종적인 작업은?

① 화성의 극관을 녹이는 일
② 인류가 화성에 이주하는 일
③ 화성에 대기층을 만드는 일
④ 화성의 온도를 상승시키는 일
⑤ 극관을 검은 물질로 덮는 일

**14** ㉠~㉤의 외래어 표기법 규정 중 〈보기〉의 내용과 관련성이 높은 것은?

제1장 표기의 기본 원칙
　제2항 ㉠ 외래어의 1 음운은 원칙적으로 1 기호로 적는다.
　제4항 ㉡ 파열음 표기에는 된소리를 쓰지 않는 것을 원칙으로 한다.

제2장 표기 일람표

제3장 표기 세칙

제4장 인명, 지명 표기의 원칙
　제1절 표기 원칙
　　제2항 ㉢ 제3장에 포함되어 있지 않은 언어권의 인명, 지명은 원지음을 따르는 것을 원칙으로 한다.
　　제3항 ㉣ 원지음이 아닌 제3국의 발음으로 통용되고 있는 것은 관용을 따른다.
　　제4항 ㉤ 고유 명사의 번역명이 통용되는 경우 관용을 따른다.

〈보 기〉

안녕하십니까? 12시 뉴스입니다. 오늘부터는 우크라이나 지명을 러시아어가 아닌 우크라이나어를 기준으로 전해드립니다. 대표적으로 수도인 키예프는 '키이우'로, 제2의 도시 하리코프는 '하르기우'로, 서부의 리비프는 '르비우'로 바꿔 부릅니다.

① ㉠　② ㉡
③ ㉢　④ ㉣
⑤ ㉤

**15** 밑줄 친 부분의 띄어쓰기가 옳지 않은 것은?

① 비가 올성싶다.
② 자네가 이야기를 좀 하게나그려.
③ 집을 떠나온 지 어언 3년이 지났다.
④ 복도에서 친구가 먼저 나에게 알은척했다.
⑤ 그는 불황을 타개하기 위해 사업 차 외국에 나갔다.

**16.** 밑줄 친 용언의 활용이 옳은 것은?

① 벼가 익으니 들판이 누래.
② 그는 시장에 드르지 않고 집에 왔다.
③ 아이들은 기단 작대기 끝에 헝겊을 매달았다.
④ 추위에 손이 고와서 글씨를 제대로 쓸 수가 없다.
⑤ 그가 내 옆구리를 냅다 질르는 바람에 눈을 떴다.

**17.** 〈보기〉의 밑줄 친 부분을 한자성어로 바꾸었을 때 적절하지 않은 것은?

〈보 기〉

　무릇 지도자는 항상 귀를 열어 두어야 한다. 만약 정치를 행하는 데 ㉠ 문제가 있는데도 주위의 충고를 귀 기울여 듣지 않는다면 아집의 정치를 행하는 잘못을 저지를 수 있다. 만약 자신의 아집으로 잘못을 저지르게 된다면 자신의 과오를 인정하고 이를 바로잡도록 노력해야 한다. 왜냐하면 ㉡ 진실은 숨길 수 없고 거짓은 드러나기 마련이기 때문이다.
　자신의 과오를 인정하지 않고 주변의 충고를 듣지 않는 지도자는 결국 ㉢ 순리와 정도에서 벗어나 잘못된 판단을 내리거나 시대착오적인 결정을 강행하는 우를 범하기가 쉽다. 대개 이런 지도자 주변에는 충직한 사람이 별로 없고, ㉣ 지도자의 눈을 가린 채 지도자에게 제멋대로 조작되거나 잘못된 내용을 전달하고 지도자의 힘을 빌려 권세를 휘두르려고만 하는 무리만이 판을 칠 뿐이다. 만약 이런 상태가 지속된다면 결국 그 나라는 ㉤ 혼란과 무질서와 불의만이 판을 치는 혼탁한 상태가 될 것임이 자명하다.

① ㉠: 호질기의(護疾忌醫)
② ㉡: 장두노미(藏頭露尾)
③ ㉢: 도행역시(倒行逆施)
④ ㉣: 지록위마(指鹿爲馬)
⑤ ㉤: 파사현정(破邪顯正)

**18.** 다음 글에서 말하는 '그릇' 도식의 사례로 적절하지 않은 것은?

　존슨의 상상력 이론은 '영상 도식(Image Schema)'과 '은유적 사상(Metaphorical Mapping)'이라는 두 축을 중심으로 전개된다. 영상 도식이란 신체적 활동을 통해 직접 발생하는 소수의 인식 패턴들이며, 시대와 문화를 넘어 거의 보편적으로 나타나는 인식의 기본 패턴들이다. 존슨은 '그릇(Container)', '균형(Balance)', '강제(Compulsion)', '연결(Link)', '원-근(Near-Far)', '차단(Blockage)', '중심-주변(Center-Periphery)', '경로(Path)', '부분-전체(Part-Whole)' 등의 영상 도식을 예로 들고 있다. 우리는 영상 도식들을 물리적 대상은 물론 추상적 대상들에 '사상(Mapping)'함으로써 사물을 구체적 대상으로 식별하며, 동시에 추상적 개념들 또한 구체화할 수 있다. 예를 들어 우리는 '그릇' 도식을 방이나 건물같은 물리적 대상에 사상함으로써 그것들을 안과 밖이 있는 대상으로 인식하게 된다. 또 '그릇' 도식을 꿈이나 역사 같은 추상적 대상에 사상함으로써 '꿈속에서'나 '역사 속으로'와 같은 표현을 사용하고 이해할 수 있다.

① 사랑받는 사람의 심장은 기쁨으로 가득 차 있다.
② 원수를 기다리는 그의 눈에는 분노가 담겨 있었다.
③ 전화기에서 들려온 말은 나를 두려움 속에 몰아넣었다.
④ 우리의 관계는 더 이상의 진전 없이 막다른 길에 부딪쳤다.
⑤ 지구의 반대편에서 출발한 비행기가 드디어 시야에 들어오고 있다.

**19** 다음 글에 대한 이해로 적절한 것은?

　이순신 장군의 동상이 보이는 거리의 나무 의자에 앉아서도 마찬가지였다. 처음 얼마 동안 말을 하지 않았다. 토요일 오후의 인파가 동생과 동생 친구의 옆으로 흘러넘쳤다. 나무 의자들 앞쪽, 공중전화 부스도 전부 사람들로 메워졌다. 둘의 기분은 아주 우울했다. 즐거운 일이 없었다. 둘은 아직도 많은 사람들이 어떤 치명적인 질병에 걸려 헤어나지 못한다고 믿고 있었다.
　그날 친구는 한참 만에야 입을 열었다.
　"나는 협박과 유혹을 받고 있다."
　그의 표정은 굳어져 있었다. 얼굴을 들 때는 지나치게 심각해 보였다.
　"왜 그래?"
　동생이 물었다. 친구는 바짝 다가앉으며 말했다.
　"박쥐 때문야."
　"박쥐라니?"
　"벌써 잊었니?"
　동생은 소스라치듯 물었다.
　"그는 대학에 있잖아."
　"그가 나를 협박하고 있어."
　"어디서?"
　"신문을 봐야 알지. 그가 우두머리가 돼 왔어."
　"빌어먹을!"
　동생이 소리쳤다.
　전화 차례를 기다리던 몇 사람이 둘을 돌아보았다. 그들은 이내 아무 일도 아니라는 듯 고개를 돌렸다.
　"사실, 놀랄 일은 아닌데."
　동생도 친구의 얼굴을 닮아 가며 말했다.
　"그다운 결정 아냐?"
　"물론 그래."
　"그런데 네가 그에게서 받는 협박은 어떤 거야?"
　"나를 자기와 가까운 자리에 앉히겠다는 거야."
　침울한 목소리였다. 동생은 할 말을 잃었다. 친구가 이야기했다.
　"그가 나를 불렀을 때 나는 참을 수 없었어. 과장이 오히려 놀라워하며 급히 가보라고 해 나는 그의 방으로 갔지. 다들 부러워하는 눈치였어. 그런데도 나는 붉은 카펫이 깔려 있는 그의 방 바로 그 앞에서 마음 문은 더욱 굳게 닫히고, 하늘처럼 높아야 할 제일 우두머리는 위선적인 인간, 기회주의자, 그리고 우리를 짓밟은 끄나풀이라는 생각밖에는 할 수가 없었어. 그는 웃고 있었어. 나의 손을 잡아 흔들면서 말야. '지난 얘기지만 나는 대학에 있을 때부터 자네가 훌륭한 젊은이라는 점을 인정했었지. 물론 자네의 약점이 어떤 건지도 잘 알고 있었지만. 지난 이야기는 그만하구, 다음 주부터 이 옆방으로 와 일해 주게.' 알겠니? 그러면 자기가 나를 끌어주겠다는 거야."
　이때의 친구는 아주 짧은 동안 동생이 처음 보는 표정을 지었다.
　"간단히 말해 한편이 되자는 거야."
　하고 동생의 친구는 말했다.
　"그는 너의 이용 가치를 생각한 거다."
　이번에는 동생이 말했다.
　"학교에서 우리를 괴롭힌 인간이 밖에서 달라져야 될 까닭은 없잖아?"
　"없지."
　"그는 너에게서 뭘 원하는 걸까?"
　"그야 충성이지. 자기가 못 갖고 있는 것을 내가 갖고 있다고 믿었을지도 모를 테구."

- 조세희, 「육교 위에서」에서 -

① 동생과 동생의 친구는 공중전화 부스 앞에서 순서를 기다리고 있다.
② 동생과 동생의 친구는 대학에 다닐 때부터 '박쥐'로 불리는 '그'를 알고 있었다.
③ '박쥐'로 불리는 '그'는 대학에 있을 때 동생과 동생의 친구에게 인간적으로 대해주었다.
④ 동생은 자신의 친구가 '박쥐'로 불리는 '그'의 제안에 동의하는 것이 좋겠다고 생각하였다.
⑤ 동생은 '박쥐'로 불리는 '그'가 동생의 친구가 다니는 회사에 우두머리로 부임해 온 것을 신문에서 보았다.

**20** 어문 규범에 맞는 문장은?

① 다음 주에 뵈요.
② 아이들이 오순도순 이야기를 나누었다.
③ 이 자리를 빌어 감사의 말씀을 드립니다.
④ 술을 마신 다음날 그는 북어국을 먹었다.
⑤ 네가 그 내용을 요약토록 해라.

[21~22] 다음 글을 읽고 물음에 답하시오.

그것은 알렉산드르 2세가 통치하던 최근의, 우리 시대의 일이었다. 그 시대는 문명과 진보의 시대이고, ㉠ 제반 문제점들의 시대, 그리고 러시아의 ㉡ 부흥 등등의 시대였다. 또한 불패의 러시아 군대가 적군에게 내어준 세바스토폴에서 돌아오고, 전 러시아가 흑해 함대의 괴멸에 축전을 거행하고, 하얀 돌벽의 모스크바가 이 기쁜 사건을 맞이하여 이 함대 승무원들의 생존자들을 영접하고 경축하며, 그들에게 러시아의 좋은 보드카 술잔을 대령하며, 러시아의 훌륭한 풍습에 따라 빵과 소금을 대접하며 그들의 발 앞에 엎드려 절하던 때였다. 또한 그때는 ㉢ 형안의 신인 정치가와 같은 러시아가 소피아 사원에서 기도를 올리겠다는 꿈이 깨어짐에 슬퍼하고, 전쟁 중에 사망하여 조국의 가슴을 가장 미어지도록 아프게 한 위대한 두 인물(한 사람은 위에 언급된 사원에서 가능한 한 신속히 기도를 하고자 하는 열망에 불탔던 사람으로 발라히야 들판에서 전사했는데, 그 벌판에 두 기병중대를 남겼다. 다른 한 사람은 부상자들에게 차와 타인의 돈과 시트를 나누어주었지만 아무것도 훔친 것은 없었던 훌륭한 사람이었다.)의 상실을 슬퍼하고 있을 때였다. 또한 그것은 위대한 인물들이, 이를테면 사령관들, 행정관들, 경제학자들, 작가들, 웅변가들, 그리고 특별한 사명이나 목적은 없지만 그래도 위대한 사람들이 사방에서, 인간 활동의 모든 분야에서 러시아에 버섯처럼 자라나고 있을 때였다. 또 모든 범죄자들을 ㉣ 응징하기 시작한 사회 여론이 모스크바의 배우를 기념하는 자리에서 축배사로 울려 퍼질 만큼 확고히 된 때이다. 페테르부르크에서 구성된 ㉤ 준엄한 위원회가 악덕 위원들을 잡아서 그들의 죄상을 폭로하고 처벌하기 위해 남쪽으로 달려가던 때이고, 모든 도시에서 세바스토폴의 영웅들에게 연설을 곁들여 오찬을 대접하고 팔과 다리를 잃은 그들을 다리 위나 거리에서 마주치면 코페이카 은화를 주곤 하던 때였다.

— 톨스토이, 「데카브리스트들」에서 —

**21** 윗글의 서술 방식에 대한 설명으로 적절한 것은?

① 두 개의 특수한 대상에서 어떤 징표가 일치하고 있음을 드러내고 있다.
② 시대적 상황을 서술하기 위해 다양한 사건을 나열하고 있다.
③ 어떤 일이나 내용을 이해시키기 위해서 구체적 사례를 들고 있다.
④ 인물의 행동 변화 과정을 통해서 사건의 진행 과정을 이야기하고 있다.
⑤ 저자의 판단이 참임을 구체적 근거를 들어 논리적으로 보여주고 있다.

**22** 밑줄 친 ㉠~㉤의 뜻풀이로 적절하지 않은 것은?

① ㉠: 어떤 것과 관련된 모든 것
② ㉡: 쇠퇴하였던 것이 다시 일어남
③ ㉢: 빛나는 눈
④ ㉣: 잘못을 깨우쳐 뉘우치도록 징계함
⑤ ㉤: 태도나 상황 따위가 튼튼하고 굳음

**23** 다음 글을 토대로 하여 인물 간의 관계를 예상한 것으로 적절하지 않은 것은?

> 오행에서 상생이란 기르고, 북돋우고, 촉진한다는 의미를 지닌다. 상극이란 억압하고, 구속하고, 통제한다는 의미를 지닌다. 오행 사이에는 모두 상생과 상극의 관계가 존재한다. 상생 관계가 성립되지 않으면 사물의 발전과 성장은 기대할 수 없다. 상극 관계가 없으면 사물이 발전하고 성장하는 중에 균형과 조화를 유지할 수 없다. 상생 관계는 목생화, 화생토, 토생금, 금생수, 수생목이고 상극 관계는 목극토, 토극수, 수극화, 화극금, 금극목이다.
> 「서유기」의 등장인물은 오행의 생극 관계로 형상화되어 있다. 작품에서 삼장은 오행 가운데 수에 속한다. 삼장과 상생 관계에 있는 인물은 목인 저팔계이고 상극 관계에 있는 인물은 화인 손오공이다. 삼장이 제자들 가운데 특별히 저팔계를 편애하는 것은 그들이 상생 관계에 있기 때문이고, 손오공에게 각박한 것은 상극 관계에 있기 때문이다. 그런데 삼장과 손오공 사이에는 상극 관계만 존재하는 것이 아니라 상생 관계도 존재한다. 손오공은 화인 동시에 금이기도 하기 때문이다. 금이 수를 낳는 상생 관계이므로 손오공과 삼장 사이는 상호 보완의 관계이기도 하다. 그러므로 손오공은 서행 길을 가는 동안 삼장의 앞길을 가로막는 요괴들을 물리칠 뿐만 아니라 삼장이 미망에 갇혀 빠져나오지 못하고 불안해할 때마다 그를 정신적으로 인도하여 깨달음에 이르게 한다. 마지막으로 사오정은 오행에서 토에 속한다. 사오징은 참을성 많고 침착하며 사려 깊은 인물로 형상화되고 있으며 갈등을 조정하는 역할을 맡고 있다.

① 손오공과 저팔계 사이에는 상생 관계가 존재한다.
② 손오공과 저팔계 사이에는 상극 관계가 존재한다.
③ 손오공과 사오정 사이에는 상극 관계가 존재한다.
④ 삼장과 저팔계 사이에는 상생 관계가 존재한다.
⑤ 사오정과 저팔계 사이에는 상극 관계가 존재한다.

**24** 다음 글에 대한 이해로 적절한 것은?

> 데이터 권력은 역사의 객관적이고 원본에 입각한 사실 기록의 방식과 해석에도 심각한 변화를 일으킨다. 디지털 기록은 알고리즘 분석을 위해 축적되는 재료에 불과하고, 개별의 구체적 가치와 질감을 거세한 무색무취의 건조한 데이터가 된다. 이용자들의 정서 데이터는 데이터베이스 어딘가에 데이터 조각으로 저장되지만, 누군가에 의해 알고리즘 명령으로 호출되기 전까지 그 어떤 사건사적·사회사적 의미도 만들어내지 못한다. 어떤 데이터를 선별적으로 남기고 무엇을 포기할 것인가에 대한 고민이나, 왜 특정의 데이터가 사회적 의미를 지니는지 등에 관한 역사성과 객관성을 중시하는 역사기록학적 물음들은, 오늘날 인간 활동으로 뿜어져 나오는 비정형 데이터에 의존한 많은 닷컴 기업들에 그리 중요하지 않다. 데이터 취급을 통해 생존을 도모하는 데이터 기업 자본은 거대한 데이터 센터를 구축해 인간의 움직임과 활동, 감정의 흐름 모두를 실시간으로 저장해 필요에 의해 잘 짜인 알고리즘으로 원하는 정보 패턴이나 관계를 찾는 데 골몰한다. 진본성이나 공공성을 담지한 공식 기록을 선별해 남기려는 역사학적 관심사는, 이 새로운 무차별적인 기억과 감정적 흐름의 공장을 돌리는 데이터 권력 질서와 자주 경합하거나 때론 데이터 권력에 의해 억압당한다.
> 새로운 데이터 권력의 질서 속에서는 개별적 기록이 지닌 가치와 진실 등 그 사회사적 사건의 특수한 흔적들이 거의 완전히 지워진다. 지배적 알고리즘의 산식에는 개인적 차이, 감수성, 질감들이 무시되고 이리저리 움직이고 부유하는 집단 욕망들의 경향과 패턴을 포착하는 것만이 중요하다.

① 공적이고 질적으로 의미 있는 데이터를 선별하려는 역사기록학적 시도는 데이터 권력에 의해 방해받는다.
② 거대한 기업을 경영하는 데이터 권력은 개인들의 섬세한 차이를 기록한 데이터의 가치를 높이 평가한다.
③ 데이터 가공을 통해 생존하는 데이터 기업은 알고리즘 산식을 이용하여 데이터를 체계적으로 저장한다.
④ 데이터 권력의 지배적 알고리즘을 수용함으로써 역사학은 개인과 사회의 관계를 더 잘 파악할 수 있다.
⑤ 역사학은 데이터 센터에 저장된 비정형 데이터를 활용함으로써 집단의 움직임을 파악하려 시도한다.

**25** 다음 글에 대한 이해로 적절한 것은?

> 한나라 무제는 춘추학자 동중서의 헌책을 받아들여, 도가나 법가의 사상을 멀리하고 그때까지 제자백가의 하나에 지나지 않았던 유가의 사상을 한나라의 정통 사상으로 인정했다.
> 그렇다면 무엇 때문에 제자백가 중에서 유가가 정통 사상의 지위를 얻을 수 있었을까? 당시 유가 외의 유력한 사상으로는 도가와 법가가 있었다. 법가는 법률에 의한 강제 지배를 국가 통치의 최상 형태라고 주장한다. 이러한 사상은 전국 시대 한비에 의해 이론화되고, 이사에 의해 시황제 치하 진나라의 통치에 실제로 이용되었다. 그러나 법에 의한 지배가 실효성을 갖기 위해서는 그것을 뒷받침할 만한 국가 권력, 구체적으로는 강대한 군사력이나 용의주도하게 구축된 경찰 조직을 필요로 한다. 진나라의 시황제는 그것을 실현하여 중국 최초의 중앙집권적 국가를 만들었으나, 진나라는 곧 붕괴해 버리고 말았다. 법에 의한 지배를 유지하는 일이 국가의 경제적인 측면에서는 대단히 큰 부담이 되었던 것이다.
> 한나라 초기의 위정자나 사상가는 이러한 역사를 반성하는 인식을 공통적으로 갖고 있었다. 가의는 「과진론」을 통해 진나라가 실행한 법치주의의 가혹함을 혹독하게 비난하였다. 그리고 항우와 치열한 천하 쟁탈의 싸움을 벌인 끝에 한나라를 세운 고조 유방은 비용이 많이 드는 법가 사상을 채용할 만한 국가적 여유를 갖고 있지 못했다.
> 한편 무위자연을 주장하는 도가는 전란으로 피폐해진 한나라 초기의 국가 정세 및 백성들의 사정에 가장 적합한 사상이었다. 사실 문제 시대에 도가 사상이 일세를 풍미했던 적도 있었다. 그렇지만 결국 외부적 강제를 부정하는 도가 사상은 국가의 지배 이데올로기가 될 수 없었다. 한나라가 국력을 회복하고 국가의 여러 가지 제도를 정비함에 따라 도가 사상은 결국 후퇴하지 않을 수 없었던 것이다.
> 여기에서 등장한 것이 효제충신의 가족 도덕을 근간으로 하는 유가 사상이다. 당시 '리(里)'라고 불린 촌락 공동체는 생활관습이나 가치관을 구현하는 '부로(父老)'와 일반 촌락민인 '자제(子弟)'로 구성되어 있었는데, 공동체 내부의 인간관계는 흡사 가족생활이 연장된 것 같은 모습을 보여주고 있었다. 즉, 촌락 공동체에서는 자연 발생적으로 유교적인 윤리나 규범이 지켜지고 있었던 것이다.
> 여기에서 만약 국가가 유교적 권위를 승인하고 촌락공동체에서 행해지고 있는 윤리나 규범을 국가 차원에까지 횡적으로 확대 적용한다면 절대주의적인 황제 권력을 확립하는 가장 유효한 수단이 될 것이었다. 부로를 존경하는 향리의 자제는 동시에 황제를 숭배하는 국가의 좋은 백성이 될 것이 틀림없었다. 무제는 가족 도덕이 국가의 지배 이데올로기로서 그대로 기능할 수 있는 점에 매력을 느껴 유교를 국교로 정했던 것이다.

① 도가를 통치 이념으로 채택할 경우 비용이 많이 드는 약점이 있었다.
② 한나라 초기에는 법가의 경제 정책에 대한 비판적 논의가 활발했다.
③ 한나라 가의에 의해 도가 사상이 사상계를 주도하게 되었다.
④ 유교가 국교로 지정되기 이전부터 한나라의 촌락 공동체는 유교의 도덕규범을 준수하고 있었다.
⑤ 도가의 무정부주의적 성격은 한나라의 국가 정비를 정면에서 가로막았다.

# 국어 | 2023년 지방직 7급

**01** 다음 발표에 대한 설명으로 가장 적절한 것은?

> 1학년 학생 여러분, 반갑습니다. 저는 교내 안전 동아리 '안전 지킴이' 대표 2학년 윤지수입니다. 우리 동아리에서 기획한 안전 캠페인 활동의 일환으로 오늘은 우리 학교 학생들에게 가장 자주 발생하는 교통사고 사례와 예방법을 안내하고자 합니다.
> 작년 한 해 우리 학교 학생들을 대상으로 조사한 교통사고 피해 통계에 따르면, 보행 중 자동차와 충돌하거나 자동차를 피하다가 다친 사례가 제일 많았습니다. 이러한 사고를 당한 학생들 절대다수가 사고 당시에 스마트폰을 보고 있었습니다.
> 요즘 길을 걸으면서 스마트폰을 보는 학생들이 많은데, 이렇게 되면 주변 상황을 제대로 살피기가 어려워 돌발 상황이 벌어졌을 때 반응 속도가 늦어져서 위험합니다. 따라서 보행 중 교통사고를 예방하기 위해서는 보행 중에는 스마트폰을 보지 말아야 합니다.

① 다양한 원인을 진단하여 해결책을 구체적으로 제시하고 있다.
② 실제 조사 내용을 근거로 제시하여 화자의 신뢰도를 높이고 있다.
③ 도입부에 사례를 제시하여 관심을 끈 후에 화제를 제시하고 있다.
④ 청자의 상황과 요구를 고려하여 청자가 관심 있는 정보를 제공하고 있다.

**02** 다음 대화에 대한 설명으로 적절하지 않은 것은?

> 학생 대표: 학교에 외부인이 아무 때나 드나들면, 소음이나 교통사고 등 예기치 못한 문제가 발생할 수 있습니다. 주민들의 학교 체육 시설 이용 시간을 오후 5시 이후로 제한했으면 합니다.
> 주민 대표: 학생들의 수업권과 안전이 우선적으로 보장되어야 한다는 데 동의합니다. 그런데 많은 주민들이 아침에 운동하기를 선호하니 오전 9시 이전까지는 체육 시설 이용을 허용하면 어떨까요? 학생들의 수업 시간과 겹치지 않으면 수업권 보장과 안전에 큰 문제가 없으리라 봅니다.
> 학교장: 알겠습니다. 주민들이 체육 시설 이용 시간을 잘 준수한다면 9시 이전에도 시설 이용을 허용하도록 하겠습니다. 이용 시간에 대해 주민들에게 잘 안내해 주시기를 부탁드립니다.
> 주민 대표: 네. 주민 홍보 앱을 활용해서 널리 알리겠습니다. 하나 더 제안할 것이 있는데, 수업이 없는 방학 동안은 주민들이 체육 시설을 시간 제한 없이 이용할 수 있도록 해 주시면 좋겠습니다.

① 상대의 의견을 조건부로 수용하고 있다.
② 자신의 의견을 질문 형식으로 제안하고 있다.
③ 자신의 의견을 제안하기 전에 근거를 먼저 밝히고 있다.
④ 상대의 의견을 반박하여 새로운 제안의 근거를 확보하고 있다.

## 03 다음 글을 감상한 내용으로 적절하지 않은 것은?

> 그래 살아봐야지
> 너도 나도 공이 되어
> 떨어져도 튀는 공이 되어
>
> 살아봐야지
> 쓰러지는 법이 없는 둥근
> 공처럼, 탄력의 나라의
> 왕자처럼
>
> 가볍게 떠올라야지
> 곧 움직일 준비되어 있는 꼴
> 둥근 공이 되어
>
> 옳지 최선의 꼴
> 지금의 네 모습처럼
> 떨어져도 튀어 오르는 공
> 쓰러지는 법이 없는 공이 되어
>
> — 정현종, 「떨어져도 튀는 공처럼」 —

① 대상이 지닌 속성을 통해 주제를 부각하고 있다.
② 청유형 어투를 통해 화자의 소망을 전달하고 있다.
③ 동일한 시어의 반복을 통해 운율감을 형성하고 있다.
④ 대상의 의인화를 통해 화자의 모순된 감정을 표출하고 있다.

## 04 다음 글을 감상한 내용으로 가장 적절한 것은?

> 슬프다! 여러 짐승의 연설을 듣고 가만히 생각하여 보니, 세상에 불쌍한 것이 사람이로다. 내가 어찌하여 사람으로 태어나서 이런 욕을 보는고! 사람은 만물 중에 귀하기로 제일이요, 신령하기도 제일이요, 재주도 제일이요, 지혜도 제일이라 하여 동물 중에 제일 좋다하더니, 오늘날로 보면 제일로 악하고 제일 흉괴하고 제일 음란하고 제일 간사하고 제일 더럽고 제일 어리석은 것은 사람이로다. 까마귀처럼 효도할 줄도 모르고, 개구리처럼 분수 지킬 줄도 모르고, 여우보담도 간사한, 호랑이보담도 포악한, 벌과 같이 정직하지도 못하고, 파리같이 동포 사랑할 줄도 모르고, 창자 없는 일은 게보다 심하고, 부정한 행실은 원앙새가 부끄럽도다. 여러 짐승이 연설할 때 나는 사람을 위하여 변명 연설을 하리라 하고 몇 번 생각하여 본즉 무슨 말로 변명할 수가 없고, 반대를 하려 하나 현하지변(懸河之辯)을 가지고도 쓸데가 없도다. 사람이 떨어져서 짐승의 아래가 되고, 짐승이 도리어 사람보다 상등이 되었으니, 어찌하면 좋을꼬?
>
> — 안국선, 「금수회의록」에서 —

① 대화를 통해 대상을 입체적으로 그리고 있다.
② 감각적 묘사를 통해 대상을 개성적으로 나타내고 있다.
③ 우화 형식을 통해 대상의 양면성을 풍자적으로 그리고 있다.
④ 역전적 시간 구성을 통해 대상들의 갈등을 첨예하게 나타내고 있다.

## 05 다음 글의 전개 순서로 가장 자연스러운 것은?

(가) 시가 마음을 담아내는 것이므로 시의 내용은 다양할 수밖에 없다. 사람의 마음은 매우 다양하기 때문이다.
(나) 그러나 인간이라면 누구나 갖게 되는 마음이 있기에 자주 등장하는 내용도 있다. 대표적인 것이 바로 그리움이다.
(다) 시는 사람의 내면에만 담아 둘 수 없는 간절한 마음을 말이나 글로 표현할 때 탄생한다는 견해가 있다. 이에 따르면 시를 감상하는 것은 시에 담긴 마음을 읽어 내는 것이다.
(라) 그리움이 담겨 있는 시가 많은 것은 그리움이 그만큼 간절한 마음이기 때문이다. 이렇게 볼 때, 동서고금을 막론하고 그리움을 노래하는 시가 많은 것은 어쩌면 당연한 일이다.

① (가) - (나) - (라) - (다)
② (가) - (다) - (나) - (라)
③ (다) - (가) - (나) - (라)
④ (다) - (나) - (가) - (라)

## 06 다음 글의 ㉠~㉣을 〈지침〉에 따라 수정하는 방안으로 적절하지 않은 것은?

제목: ㉠ △△시에서 개최하는 "△△시 취업 박람회"

1. 목적: ㉡ 지역 브랜드 홍보와 향토 기업 내실화로 지역 경제 활성화 도모
2. 행사 개요
   가. 일자: 2023. 11. 11.
   나. 장소: △△시청 세종홀
   다. 주요 행사: 구직자 상담 및 모의 면접, ㉢ △△시 취업 지원 센터 활동 보고
3. 신청 방식: ㉣ 온라인 신청서 접수

〈지 침〉
- 제목을 중복된 표현 없이 간결하게 쓴다.
- 목적과 행사 개요를 행사의 주요 대상인 지역민과 지역 기업을 중심으로 작성한다.
- 신청할 수 있는 방식을 다양하게 제시한다.

① ㉠을 '△△시 취업 박람회 개최'로 수정한다.
② ㉡을 '지역민의 취업률 제고'로 수정한다.
③ ㉢을 '△△시 소재 기업의 일자리 홍보'로 수정한다.
④ ㉣을 '행사 10일 전까지 시청 누리집에 신청서 업로드'로 수정한다.

## 07 밑줄 친 부분을 고유어로 바꿔 쓴 것으로 적절하지 않은 것은?

① 선생님께서 오늘 영면(永眠)하셨다. → 돌아가셨다
② 공무원은 국민을 기망(欺罔)해서는 안 된다. → 속여서는
③ ○○시는 금명간(今明間) 공사를 할 것이라고 발표했다. → 일찍
④ 주무관들에게 회의 시간이 바뀌었다고 공지(公知)했다. → 알렸다

**08** 다음 글을 감상한 내용으로 적절하지 않은 것은?

> (가) 翩翩黃鳥 펄펄 나는 꾀꼬리
> 雌雄相依 암수 서로 정다운데
> 念我之獨 외롭구나 이내 몸은
> 誰其與歸 누구와 함께 돌아갈까
> － 유리왕, 「黃鳥歌」 －
>
> (나) 秋風唯苦吟 가을바람에 오직 애써 시만 읊을 뿐
> 世路少知音 세상길에 날 아는 이 거의 없는데
> 窓外三更雨 창밖에는 한밤중 하염없는 비
> 燈前萬里心 등불 앞엔 만리를 달리는 마음
> － 최치원, 「秋夜雨中」 －

① (가)의 '黃鳥'는 화자에게 외로움을 유발한다.
② (나)의 '秋風'은 화자에게 외로움과 고뇌를 불러일으킨다.
③ (가)의 화자는 '相依'를 바라고, (나)의 화자는 '知音'을 그리워한다.
④ (가)의 화자는 '與歸'를 지향하려 하고, (나)의 화자는 '萬里心'을 벗어나려 한다.

**09** 다음 글을 감상한 내용으로 적절하지 않은 것은?

> "여보, 영감. 중한 가장 매품 팔아먹고 산단 말은 고금천지 어디 가 보았소? 가지 마오. 불쌍한 영감아, 가지 마오. 하늘이 무너져도 솟아날 구멍이 있는 법이니 설마한들 죽사리까? 제발 가지 마오. 병영 영문 곤장 한 대를 맞고 보면 종신 골병이 든답디다. 불쌍한 우리 영감. 가지 마오." 흥보 자식들이 저의 어머니 울음소리를 듣고, 물소리 들은 거위처럼 고개 들고, "아버지, 병영 가시오?" "오냐." "아버지 병영 다녀오실 때 나 담뱃대 하나만 사다 주오." "이런 후레아들 같으니라구." 또 한 놈이 나오며, "아버지, 병영 다녀오실 때 나 풍안 하나 사다 주시오." "풍안은 무엇 하게?" "뒷동산에 가서 나무할 때 쓰면, 눈에 먼지 한 점 안 들고 좋답디다." 흥보 큰아들이 나와 앉으며, "아고, 아버지!" "너는 왜 또 부르느냐?" "아버지 병영 다녀오실 때, 나 각시 하나 사다 주시오." "각시는 무엇 하게?" "어머니 아버지 재산 없어 날 못 여위어주니, 데리고 막걸리 장사 할라요." 흥보가 병영 길을 허위허위 올라가며, 신세 한탄 울음 울며, "아고, 내 신세야. 누군 팔자 좋아 부귀영화 잘 사는데, 내 어이하여 이 지경인고?"
> －「흥보가」에서 －

① 흥보는 병영에 가서 매품팔이로 생계를 유지하려 한다.
② 아내의 말을 들은 흥보는 매품팔이하는 것을 유보하려 한다.
③ 흥보 자식들은 병영에 가는 아버지에게 태연히 부탁하고 있다.
④ 흥보는 병영으로 가는 길에 자신이 처한 현실을 한탄하고 있다.

**10** 밑줄 친 부분의 한자 표기가 옳은 것은?

① 병민이는 소정(所定)의 금액을 기부했다.
② 사소한 일에도 관심(觀心)을 가져야 한다.
③ 감사의 표시(表視)로 작은 선물을 마련했다.
④ 우리나라는 여러 지역(地役)에서 축제가 열린다.

## 11. 다음 글을 이해한 내용으로 가장 적절한 것은?

고려 시대에는 여러 차례의 전란을 겪으며 서적의 손실이 많았다. 이로 인해 서적을 대량으로 찍어낼 필요가 생겼고, 그 결과 자연스레 금속활자가 등장하게 되었다. 고려인은 청동을 녹여서 불상이나 범종 등을 만드는 기술이 탁월했다. 이러한 고려인에게 금속활자를 제조하는 일은 어려운 일이 아니었다.

고려인은 금속활자를 만들 때, 진흙에 가까운 고운 모래를 사용했다. 이 모래를 상자 속에 가득 채우고, 그 위에 목활자를 찍어 눌러서 틀을 완성했다. 그런 다음 황동 액체를 부어 금속활자를 만들었다. 이러한 과정에서 주목할 만한 것은 바로 고운 모래를 사용했다는 것이다. 그 모래는 황동 액체를 부을 때 거품이 생기는 것을 방지함으로써 활자가 파손되거나 조잡해지는 것을 막는 역할을 했다. 이렇게 만들어진 금속활자를 사용하여 인쇄할 때는 목활자의 경우와 달리 유성먹이 필요했다. 하지만 고려인은 이미 유성먹에 대해 잘 알고 있었기 때문에 금속활자를 사용한 인쇄도 큰 어려움 없이 해낼 수 있었다.

① 고려인은 범종을 만들 때 황동을 사용했다.
② 고려인은 금속활자를 만들 때 목활자를 사용했다.
③ 고려인은 금속활자를 만들 때 황동 틀을 사용했다.
④ 고려인은 금속활자를 만들 때 목활자와 달리 유성먹을 사용했다.

## 12. 다음 글을 이해한 내용으로 가장 적절한 것은?

조선 시대에는 국가 체제를 정비하면서 무속을 탄압했다. 도성 내에 무당의 거주와 무업 행위를 금하고, 무당에게 세금을 부과하며, 의료기관인 동서활인서에서도 봉사하게 하였다. 이 중에서 무세(巫稅)는 고려 후기부터 확인되지만, 정식 세금으로 제도화해서 징수한 것은 조선 시대부터였다. 제도적 차원에서 실시한 무세 징수로 인해 무당에게는 많은 변화가 일어났다.

무세 징수의 효과는 컸지만, 본래의 의도와 다른 결과를 유발하기도 하였다. 무속을 근절한다는 명목에서 징수한 세금이 관에서 사용됨에 따라 오히려 관에서 무당을 하나의 직업으로 인정하게 되었던 것이다. 하지만 세금으로 인해 무당의 위세와 역할은 크게 축소되기에 이르렀다. 무당이 국가적 차원의 의례를 주관하던 전통은 사라졌고, 성황제를 비롯한 고을굿은 음사(淫祀)로 규정되어 중단되었다.

① 무당은 관이 원래 의도했던 바와 다른 결과도 얻었다.
② 무당은 치유 능력을 인정받아 의료기관에서 일하였다.
③ 무당은 고려와 조선에 걸쳐 제도 내에서 세금을 납부하였다.
④ 무당은 국가 의례에서 배제되어 고을 의례를 주관하면서 권위가 약화되었다.

**13** 다음 글을 이해한 내용으로 가장 적절한 것은?

　　우리 옛 문헌은 한문이든 한글이든 지금과 같은 가로쓰기가 아닌 세로쓰기로 되어 있었다. 물론 외국인이 펴낸 대역사전이나 한국어 문법서의 경우, 알파벳을 쓰기 위해 가로쓰기를 택했다. 1880년에 리델이 편찬한 『한불자전』이나 1897년에 게일이 편찬한 『한영자전』은 모두 가로쓰기 책이다. 다만 푸칠로가 편찬한 『로조사전』은 러시아 문자는 가로로, 그에 대응되는 우리말 단어는 세로로 쓴 독특한 형태이다.
　　우리나라 사람이 쓴 최초의 가로쓰기 책은 1895년에 이준영, 정현, 이기영, 이명선, 강진희가 편찬한 국한 대역사전 『국한회어(國漢會語)』이다. 국문으로 된 표제어를 한문으로 풀이한 것은, 국한문혼용체의 사용 빈도가 높아진 시대적 분위기가 반영된 것이다. 서문에는 글자와 행의 기술 방식, 표제어 배열 방식 등을 설명하고, 이 방식이 알파벳을 사용하는 서양의 서적을 본뜬 것이라는 사실을 밝혀 놓았다. 주시경의 가로쓰기 주장이 1897년에 나온 것을 고려하면, 『국한회어』의 가로쓰기는 획기적이다. 1897년에 나온 『독립신문』은 띄어쓰기를 했으되 세로쓰기를 했고, 1909년에 발간된 지석영의 『언문』, 1911년에 편찬 작업을 시작한 국어사전 『말모이』 정도가 가로쓰기를 했다.

① 『한불자전』, 『로조사전』, 『언문』, 『말모이』는 가로쓰기 책이다.
② 1895년경에는 가로쓰기 사용이 늘어나는 분위기가 조성되었다.
③ 가로쓰기가 시행되면서 국한문혼용과 띄어쓰기가 활성화되었다.
④ 『국한회어』는 가로쓰기 방식으로 표기한 서양 책의 영향을 받았다.

**14** 밑줄 친 부분의 '-기'의 문법적 성격이 다른 것은?

① 수진이는 돌연 허공을 보기 시작했다.
② 경주마는 속도는 둘째치고 크기도 놀라웠다.
③ 나무가 굵기는 했지만 열매는 얼마 안 달렸다.
④ 토끼가 너무 빨리 달리기 때문에 따라잡을 수 없었다.

**15** 밑줄 친 단어의 쓰임이 어법에 맞지 않는 것은?

① 벌에 쏘여 얼굴이 부어 있었다.
② 석공은 망치와 정으로 바위를 부쉈다.
③ 소가 내 엉덩이를 받아 크게 다칠 뻔했다.
④ 요즘 운동을 못 해서 체중이 계속 불고 있다.

**16** (가)~(다)에 들어갈 단어를 바르게 연결한 것은?

- 오후의 태양이 뜨겁게 (가) 하고 있었다.
- 만료된 비자를 (나) 하지 않아서 낭패를 보았다.
- 이번 무역 협상에는 수많은 변수가 (다) 되어 있다.

| | (가) | (나) | (다) |
|---|---|---|---|
| ① | 작열 | 갱신 | 개재 |
| ② | 작열 | 경신 | 게재 |
| ③ | 작렬 | 갱신 | 게재 |
| ④ | 작렬 | 경신 | 개재 |

**17.** 다음 글의 맥락을 고려할 때 빈칸에 들어갈 내용으로 가장 적절한 것은?

> 사람들은 법을 자유와 대립하는 것으로 착각하여 법을 혐오하는 경향이 있다. 그러나 모든 국민이 법 없이 최대의 자유를 누리는 이상적인 사회질서를 주장했던 자유 지상주의는 환상에 지나지 않는다. 몽테스키외는 인간이 법과 동시에 자유를 가졌다고 말했다. 또한 인간이 법 밖에서 자유를 찾으려 한다면, 주인의 집을 도망쳐 나온 정처 없는 노예처럼 된다고 하였다. 자유는 정당한 행위를 할 수 있는 상태를 의미한다. 그렇다면 자유는 정의를 실현하는 올바른 사회질서에 의해서만 보장될 수 있다. 따라서 법이 없다면 자유도 없다고 할 수 있다. 왜냐하면 _____ 때문이다. 결국 자유와 법은 대립하는 것이 아니다.

① 법은 정당한 행위를 할 수 있는 상태의 실현 가능성을 높이기
② 자유가 없다면 정의를 실현하는 올바른 사회질서도 확립될 수 없기
③ 정의를 실현하는 올바른 사회질서는 법에 의해서만 확립될 수 있기
④ 법과 자유가 있다면 정의를 실현하는 올바른 사회질서가 확립될 수 있기

**18.** 다음 글의 맥락을 고려할 때 (가)와 (나)에 들어갈 내용으로 가장 적절한 것은?

> 육각형의 벌집 모양은 자연이 만든 경이로운 디자인이다. 이 벌집의 과학적인 구조는 역사적으로 경탄의 대상이었는데, 다윈은 벌집을 경이롭고 완벽한 과학이라고 평가했다. 벌집의 정육각형 구조는 구멍과 구멍 사이의 간격을 최소화하면서 공간을 최대화할 수 있는 가장 안정적인 형태이다. 이 구조는 __(가)__ 는 이점이 있다. 벌이 밀랍 1온스를 만들려면 약 8온스의 꿀을 먹어야 한다. 공간이 최적화됨으로써 필요한 밀랍의 양이 줄어, 벌집을 짓는 데 드는 노력과 에너지가 최소화된다. 이처럼 벌집은 과학적으로 탄탄하고 기술적으로 효율적인 디자인이다. 게다가 예술적으로 아름다운 것은 두말할 필요 없다. 견고하고 가볍고 실용적이면서 아름답기까지 한 이 구조를 닮은 건축 양식이나 각종 생활용품을 흔히 발견할 수 있다. 이는 __(나)__ 는 뜻이다.

① (가): 벌집을 짓는 데 소요되는 노동량을 최대화한다
   (나): 자연의 구조인 벌집이 인간의 창조 활동에 영감을 주었다
② (가): 벌집을 짓는 데 소요되는 노동량을 최대화한다
   (나): 인간이 만든 디자인은 자연이 만든 디자인보다 뛰어날 수 없다
③ (가): 벌집을 짓기 위해 필요한 밀랍의 양이 적게 든다
   (나): 자연의 구조인 벌집이 인간의 창조 활동에 영감을 주었다
④ (가): 벌집을 짓기 위해 필요한 밀랍의 양이 적게 든다
   (나): 인간이 만든 디자인은 자연이 만든 디자인보다 뛰어날 수 없다

**19** 다음 글에서 추론한 내용으로 가장 적절한 것은?

> 언어는 사회적 약속이기 때문에 개인이 함부로 바꿀 수 없다. 하지만 언어는 본질적으로 고정된 것이 아니기 때문에 살아있는 유기체처럼 변화 과정을 거친다. 언어의 변화 원인에는 언어적 원인, 역사적 원인, 사회적 원인, 심리적 원인 등이 있다. 이로 인해 단어의 의미 변화가 일어난다.
>  단어의 의미 변화는 대략 세 유형으로 나뉜다. '뫼(메)'는 '밥' 또는 '진지'를 뜻하였으나 오늘날에는 제사 때 신위 앞에 올리는 진지로 국한해서 쓰이고 있다. '지갑'은 원래 종이로 만든 것에만 사용하였지만 지금은 가죽이나 헝겊 따위로 만든 것도 모두 포함해서 사용한다. '어여쁘다'는 본래 '불쌍하다'라는 뜻이었으나 지금은 '아름답다'로 그 뜻이 바뀌었다.

① '지갑'의 의미가 변화한 것은 언어적 원인이 아니라 사회적 원인 때문이다.
② '얼굴'은 '형체'를 뜻하였으나 '안면'만을 가리키는 것으로 바뀐 것은 '지갑'의 의미 변화 유형과 같다.
③ '인정'은 '뇌물'을 뜻하였으나 '사람의 감정'을 뜻하는 것으로 바뀐 것은 '어여쁘다'의 의미 변화 유형과 같다.
④ '다리'는 원래 사람이나 동물의 신체 일부를 지시하였으나 무생물에도 사용하게 된 것은 '뫼(메)'의 의미 변화 유형과 같다.

**20** 다음 글에서 추론한 내용으로 가장 적절한 것은?

> 미셸 교수는 '마시멜로 실험'을 하였다. 아동들에게 마시멜로를 하나씩 주고 15분간 먹지 않으면 하나 더 주겠다고 한 뒤 아이가 못 참고 먹는지 아니면 끝까지 참는지를 관찰하였다. 아이들이 참을성을 발휘한 시간은 평균 2분이었지만, 25%의 아이들은 끝까지 참아 내 마시멜로를 더 먹을 수 있었다. 흥미로운 점은 12년이 지나서 당시 실험에 참가했던 아이들을 추적 조사한 결과이다. 1분 이내에 마시멜로를 먹은 아이들은 학교나 가정에서 문제를 일으키는 경우가 많았지만, 15분간 참을성을 발휘한 아이들은 1분 이내에 마시멜로를 먹은 아이보다 대학 진학 시험 점수 평균이 훨씬 더 높았다. 이 실험 결과는 감정이나 욕망을 조절할 수 있는 자기 통제력이 큰 사람이 미래의 성공 가능성이 더 크다는 것을 보여 준다.
>  이후 비슷한 실험이 이루어졌다. 그러나 이 실험에서는 마시멜로에 뚜껑을 덮어 두고 기다리게 했다는 점에서 차이가 있었다. 실험 결과 뚜껑이 없이 기다리게 했던 경우보다 뚜껑을 덮었을 때 두 배 가까이 더 아이들이 잘 참을 수 있었다. 뚜껑 하나라는 아주 작은 차이가 아이들의 참을성을 크게 향상시킨 셈이다.

① 자기 통제력이 낮은 아동일수록 주변 환경이 열악하다.
② 자기 통제력은 선천적 요인보다 후천적 요인에 더 영향을 받는다.
③ 자기 통제력을 발휘하는 데에는 환경적 요인이 중요하게 작용한다.
④ 자기 통제력이 높은 아동은 유아기부터 가정과 학교에서 사랑과 관심을 많이 받는다

우리 인생의 가장 큰 영광은 결코 넘어지지 않는 데 있는 것이 아니라
넘어질 때마다 일어서는 데 있다.

– 넬슨 만델라 –

기출이 답이다 9급 공무원

# 국어
## 해설편

**끝까지 책임진다! 시대에듀!**

QR코드를 통해 도서 출간 이후 발견된 오류나 개정법령, 변경된 시험 정보, 최신기출문제, 도서 업데이트 자료 등이 있는지 확인해 보세요! **시대에듀 합격 스마트 앱**을 통해서도 알려 드리고 있으니 구글 플레이나 앱 스토어에서 다운받아 사용하세요. 또한, 파본 도서인 경우에는 구입하신 곳에서 교환해 드립니다.

# PART 1
# 국가직

- 2025년 국가직 9급
- 2024년 국가직 9급
- 2023년 국가직 9급
- 2022년 국가직 9급
- 2021년 국가직 9급
- 2020년 국가직 9급
- 2019년 국가직 9급

# 국어 | 2025년 국가직 9급

## 한눈에 훑어보기

### ✔ 영역 분석

**국어학** 03 14
2문항, 10%

**화법과 작문** 01 02 20
3문항, 15%

**독해** 04 05 06 07 08 09 10 11 12 13
10문항, 50%

**논리** 15 16 17 18 19
5문항, 25%

### ✔ 빠른 정답

| 01 | 02 | 03 | 04 | 05 | 06 | 07 | 08 | 09 | 10 |
|---|---|---|---|---|---|---|---|---|---|
| ③ | ④ | ④ | ③ | ③ | ② | ② | ② | ② | ① |
| 11 | 12 | 13 | 14 | 15 | 16 | 17 | 18 | 19 | 20 |
| ③ | ④ | ① | ③ | ③ | ① | ② | ④ | ② | ④ |

### ✔ 점수 체크

| 구분 | 1회독 | 2회독 | 3회독 |
|---|---|---|---|
| 맞힌 문항 수 | / 20 | / 20 | / 20 |
| 나의 점수 | 점 | 점 | 점 |

---

## 01 난도 ★☆☆ 정답 ③

**화법과 작문 > 공문서 수정**

[정답의 이유]
③ '위탁(委託)하다'는 '남에게 사물이나 사람의 책임을 맡기다.'라는 의미이고, '수주(受注)하다'는 '주문을 받다.'라는 의미이다. 문맥상 별도의 전문 평가 기관에 조사를 맡기는 것이므로 ⓒ '위탁하며'를 '수주하며'로 수정하는 것은 적절하지 않다.

[오답의 이유]
① 생소한 외래어나 외국어는 우리말로 다듬어야 하므로 ㉠ '마스터 플랜'을 '기본 계획'으로 수정하는 것은 적절하다.
② 제시된 문장의 주어는 '본 조사의 대상은'이다. ⓒ '기업을 대상으로 합니다'는 주어와 호응하지 않으므로 주어에 맞게 '기업입니다'로 수정하는 것은 적절하다.
④ ㉣ '학교 현장 교수 학습 환경 개선 정책 개발 및'은 명사가 지나치게 나열되어 있으므로 조사와 어미를 활용하여 '학교 현장의 교수 학습 환경을 개선하는 정책을 개발하고'로 수정하는 것은 적절하다.

## 02 난도 ★★☆ 정답 ④

**화법과 작문 > 작문**

[정답의 이유]
④ 제시된 개요에서 'Ⅰ. 청소년 아르바이트의 실태'와 'Ⅱ. 청소년 아르바이트의 노동 문제 발생 원인', 'Ⅲ. 청소년 아르바이트의 노동 문제 개선 방안'의 하위 항목은 각각 대응한다. '청소년 고용 업체 규모 축소를 위한 정부의 지속적인 감독과 단속'은 Ⅰ.과 Ⅱ.에 관련한 내용이 없으므로 빈칸에 들어갈 내용으로 적절하지 않다.

[오답의 이유]
① '청소년의 노동 환경 개선을 위한 제도 정비'는 'Ⅱ-1 청소년의 노동 환경에 대한 실효성 있는 제도 부족'에 대한 개선 방안이므로 빈칸에 들어갈 내용으로 적절하다.
② '청소년 고용 업주에 대한 노동 관계법 교육과 지도 확대'는 'Ⅱ-2 노동 관계법에 관한 청소년 고용 업주의 인식 부족'에 대한 개선 방안이므로 빈칸에 들어갈 내용으로 적절하다.
③ '청소년 노동자의 인권 보호를 위한 사회적 교육 기관 설립'은 'Ⅱ-3 청소년 노동자의 인권을 존중하지 않는 사회의 통념'에 대한 개선 방안이므로 빈칸에 들어갈 내용으로 적절하다.

## 03 난도 ★★☆ 정답 ④

**국어학 > 어휘**

**정답의 이유**

④ (가) 1문단에서 '이 직접구성요소를 분석한 결과, 둘 중 어느 하나가 접사이면 파생어이고, 둘 다 어근이면 합성어이다.'라고 하였다. (가)의 앞에서 '쓴웃음'과 같은 단어에는 접사 '-음'이 있어서 (가)라고 생각한다고 하였으므로, (가)에는 '파생어'가 들어가는 것이 적절하다. (나) 2문단의 '그러나 이는 복합어 구분의 ~ 나올 수 있는 질문이다.', '전술한 바와 같이 복합어가 ~ 복합어 구분에 관여하지 않는다.'를 볼 때 '쓴웃음'은 파생어가 아닌 합성어임을 알 수 있다. 1문단에서 합성어는 '어근 + 어근'의 구성이라고 하였으므로 (나)에는 '어근'이 들어가는 것이 적절하다.

**더 알아보기**

단어의 형성

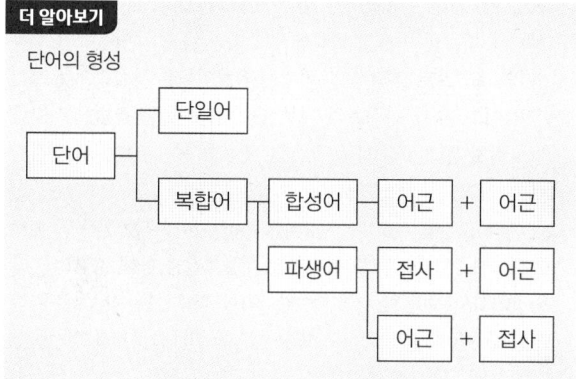

## 04 난도 ★☆☆ 정답 ③

**독해 > 추론**

**정답의 이유**

③ 2문단의 '이 시기 신문학의 순수학문 작품 ~ 사람들이 바로 그들이다.'를 볼 때 엘리트 독자층에 속한 사람들은 우리나라 문학 작품 외에도 외국 소설을 읽었다고 이해하는 것은 적절하다.

**오답의 이유**

① 2문단의 '그런데 20세기 초 문학 독자층 중에는 진통과 근대의 두 범주에 귀속시키기 어려운 독자층도 존재했다.'를 볼 때 '엘리트 독자층'은 전통이나 근대 독자층 어느 범주에도 해당하지 않는다. 따라서 근대적 대중 독자층에서 엘리트 독자층이 분화되어 나왔다는 내용은 적절하지 않다.

② 1문단에 따르면 '전통적 독자층'은 구활자본 고전소설과 일부 신소설의 독자이고, '근대적 대중 독자층'은 대중소설, 번안소설, 신문 연재 통속소설의 독자이다. '전통적 독자층'과 '근대적 대중 독자층'을 나누는 기준은 향유하는 작품이므로, 20세기 초의 문학 독자층을 구분하는 기준은 신분과 학력이라는 내용은 적절하지 않다.

④ 제시된 글에서 근대적 대중 독자층에 속한 사람들은 전통적 독자층에 속한 사람들보다 경제적으로 부유했다는 내용은 나타나지 않는다.

## 05 난도 ★☆☆ 정답 ③

**독해 > 문맥 추론**

**정답의 이유**

③ 앞의 '높은 주파수의 영역에서도 귀에 들리지 않는 진동이 있다.'를 볼 때 ⓒ을 '사람은 보통 20,000Hz 이상의 진동이 귀에 도달하면 소리로 인식하지 못한다.'로 수정하는 것은 적절하다.

**오답의 이유**

① 1문단에 따르면 가청 주파수 대역의 하한인 20Hz보다 낮은 주파수의 진동은 귀에 들리지 않는다. 이를 볼 때 ㉠을 '우리의 몸이 흔들리지 않을 뿐 귀로는 저음을 들을 수 있다.'로 수정하는 것은 적절하지 않다.

② 1문단에 따르면 귀에 들리지 않는 진동을 '초저주파음'이라고 부른다. 이는 들리지 않는 진동을 소리로 간주하기 때문이다. 따라서 ㉡을 '귀에 들리지 않는 진동은 소리로 간주할 수 없다는 생각에서이다.'로 수정하는 것은 적절하지 않다.

④ 3문단의 '예컨대 우리와 가까이 지내는 개의 경우 ~ 소리로 인식할 수 있다.'를 볼 때 개는 사람이 듣지 못하는 진동까지 소리로 인식한다. 따라서 ㉢을 '사람의 가청 주파수 대역보다 좁기 때문이다.'로 수정하는 것은 적절하지 않다.

## 06 난도 ★★☆ 정답 ②

**독해 > 문단 순서 배열**

**정답의 이유**

제시글은 LCD 기술과 OLED 기술의 차이에 대한 내용을 담고 있다.

- (나)에서는 '롤러블 TV'를 언급하며 접거나 말 수 있는 모니터라는 화제를 제시하고 있으므로 글의 처음에 오는 것이 적절하다.
- (가)에서는 '그 원리'를 알려면 LCD와 OLED의 차이를 이해해야 한다고 했는데, '그 원리'는 (나)의 모니터를 접거나 말 수 있는 원리를 의미하므로 (나)의 다음에 위치하는 것이 적절하다.
- (라)에서는 역접의 상황에서 쓰이는 '반면'이라는 접속어를 사용하여 OLED는 스스로 빛을 낼 수 있다고 설명하고 있다. 따라서 LCD 기술은 스스로 빛을 내지 못한다고 설명한 (가)의 다음에 위치하는 것이 적절하다.
- (다)에서는 OLED 기술은 모양을 자유롭게 변형할 수 있는 모니터 개발을 가능하게 하였다고 설명하고 있다. (라)에서 OLED 제품은 백라이트를 설치할 필요가 없어 얇게 만들 수 있고 특수 유리나 플라스틱으로 제작할 수 있다고 언급하고 있으므로 (라)의 다음에 위치하는 것이 적절하다.

따라서 문맥에 맞게 순서대로 나열한 것은 ② (나) - (가) - (라) - (다)이다.

## 07 난도 ★★☆　　　　　　　　　　　　　　　　정답 ②

**독해 > 글의 주제 파악**

정답의 이유

② 제시된 글은 체온조절을 위하여 열을 획득하는 방식에 따라 동물을 '내온동물'과 '외온동물'로 구분하고, 체온의 안정성을 기준으로 '항온동물'과 '변온동물'로 구분한다고 설명하고 있다. 또한 4문단에서 체온조절을 위해 열을 획득하는 방식과 체온의 안정성을 유지하는 것은 별개의 문제로, 내온동물과 외온동물을 구분하는 방식과 항온동물과 변온동물을 구분하는 방식 사이에는 어떠한 상관관계도 없다고 하였다. 이를 볼 때 제시된 글의 중심 내용으로 가장 적절한 것은 '체온조절을 위한 열 획득 방식과 체온의 안정성은 동물을 분류하는 서로 다른 기준이다.'이다.

오답의 이유

① 4문단의 '내온동물과 외온동물을 구분하는 방식과 항온동물과 변온동물을 구분하는 방식 사이에는 어떠한 상관관계도 없다.'를 볼 때 '내온동물과 외온동물의 특징을 통해 항온동물과 변온동물의 특징을 밝힐 수 있다.'는 중심 내용으로 적절하지 않다.

③ 제시된 글에서 동물을 구분하는 두 가지 기준의 모호성에 대하여 언급하고 있지 않으므로 '동물을 내온동물과 외온동물로 구분하는 기준은 항온동물과 변온동물로 구분하는 기준보다 모호하다.'는 중심 내용으로 적절하지 않다.

④ 제시된 글에서 동물을 구분하는 기준 중 어느 것이 더 적합한지는 언급하고 있지 않으므로 '체온조절을 위한 열 획득 방식보다 체온의 안정성을 유지하는 방식이 동물을 분류하는 더 적합한 기준이 된다.'는 중심 내용으로 적절하지 않다.

## 08 난도 ★★☆　　　　　　　　　　　　　　　　정답 ②

**독해 > 어휘 추론**

정답의 이유

② '조절(調節)하다'는 '균형이 맞게 바로잡다. 또는 적당하게 맞추어 나가다.'라는 의미이므로 '조절한다'를 '올린다'로 바꿔 쓰는 것은 적절하지 않다.

오답의 이유

① '획득(獲得)하다'는 '얻어 내거나 얻어 가지다.'라는 의미이므로 '획득한다'를 '얻는다'로 바꿔 쓰는 것은 적절하다.

③ '구분(區分)하다'는 '일정한 기준에 따라 전체를 몇 개로 갈라 나누다.'라는 의미이므로 '구분하기도'를 '나누기도'로 바꿔 쓰는 것은 적절하다.

④ '서식(棲息)하다'는 '생물 따위가 일정한 곳에 자리를 잡고 살다.'라는 의미이므로 '서식하기'를 '살기'로 바꿔 쓰는 것은 적절하다.

## 09 난도 ★★☆　　　　　　　　　　　　　　　　정답 ②

**독해 > 추론**

정답의 이유

② 3문단의 '이집트 종교는 수직적이고 이원적인 정신성에 ~ 이상주의적 미술로 표현되는 경향이 있다.'를 볼 때 이집트의 종교가 가지는 정신성이 이집트의 미술 양식에 영향을 끼쳤다고 추론하는 것은 적절하다.

오답의 이유

① 2문단에서 평범한 사람들은 찰나의 인생을 살고 있기 때문에 실제로 행위하는 모습 그대로 그려지고, 고귀한 존재는 영원한 세계의 이상을 반영하여 불변의 양식으로 그려진다고 하였다. 따라서 이집트의 벽화에서는 존재와 행위를 동등한 가치로 표현하고 있다는 추론은 적절하지 않다.

③ 1문단에 따르면 이집트 벽화에서 고귀한 존재는 이상적인 부분끼리의 조합으로 그려졌고, 평범한 일반인들은 사실적으로 그려졌다. 이를 볼 때 이집트의 이상적인 미술에서는 평범한 사람들은 그리지 않고 고귀한 존재들만 표현했다는 추론은 적절하지 않다.

④ 1문단의 '그들을 서로 다른 방식으로 표현하였다는 점은 ~ 선명하게 보여준다.'를 볼 때 특정한 이데올로기를 통해 이집트 미술이 양식화된 것을 알 수 있다. 따라서 이집트인들은 신체를 바라보는 독특한 시점을 토대로 예술에 관한 이데올로기를 형성하였다는 추론은 적절하지 않다.

## 10 난도 ★★☆　　　　　　　　　　　　　　　　정답 ①

**독해 > 문맥 추론**

정답의 이유

- ㉠의 '그들'은 여러 시점에서 바라본 모습을 하나의 형상에 집약하는 방식으로 벽화에 그려진 '신, 파라오, 귀족'을 지시한다.
- ㉡의 '그들'은 벽화에 그려진 대상이므로 '신, 파라오, 귀족, 평범한 일반인'을 지시한다.
- ㉢의 '그들'은 이 세상에서 실제로 행위하는 모습 그대로 그려지는 '평범한 사람들'을 지시한다.
- ㉣의 '그들'은 이상적 규범에 따라 불변의 양식으로 그려지는 '고귀한 존재', 즉 '신, 파라오, 귀족'을 지시한다.

따라서 문맥상 지시 대상이 같은 것은 ㉠, ㉣이다.

## 11 난도 ★★☆   정답 ③

**독해 > 추론**

**정답의 이유**

③ 2문단의 '한자에 비해 한글은 익히기 쉽고 그만큼 쓰기도 편해서 한글 소설의 필사자는 내용을 바꾸고 싶다는 의지가 있다면 쉽게 바꿀 수 있었다.'를 볼 때 한자로 필사할 때보다 한글로 필사할 때 필사자의 의견이 반영되어 개작되기 쉬웠다고 추론하는 것은 적절하다.

**오답의 이유**

① 1문단의 '조선 시대에 많은 한글소설이 창작되어 읽혔지만 ~ 거의 남기지 않았다.'를 볼 때 한글소설은 문헌에 남지 않았을 뿐 많이 창작되어 읽혔다. 따라서 조선 시대의 소설은 한글소설보다 한문소설의 종류가 훨씬 다양했다고 추론하는 것은 적절하지 않다.

② 1문단의 '조선 시대에 많은 한글소설이 창작되어 읽혔지만 ~ 거의 남기지 않았다.'를 볼 때 조선 시대의 지식인들이 저급한 오락물로 여긴 것은 조선에서 창작한 한문소설이 아니라 한글소설이다.

④ 2문단에서 '중국에서 들여온 한문소설은 ~ 조선에서 창작한 한문소설은 필사본으로 유통되었다.'고 하였다. 하지만 조선의 필사본 소설 중 한문소설을 필사한 것이 소수였는지는 제시된 글에 나오지 않는다.

## 12 난도 ★☆☆   정답 ④

**독해 > 어휘 추론**

**정답의 이유**

④ (가)의 '옮겨 쓰다'는 한글소설을 유통하는 과정에서 소설을 다른 책에 베끼어 썼다는 의미로 쓰였다. ⓔ의 '필사(筆寫)하다'는 '베끼어 쓰다.'라는 의미이므로 문맥상 (가)의 의미와 가장 가깝다.

**오답의 이유**

① '표기(表記)하다'는 '적어서 나타내다. 문자 또는 음성 기호로 언어를 표시하다.'라는 의미이다.

② '번역(飜譯)하다'는 '어떤 언어로 된 글을 다른 언어의 글로 옮기다.'라는 의미이다.

③ '기록(記錄)하다'는 '주로 후일에 남길 목적으로 어떤 사실을 적다.'라는 의미이다.

## 13 난도 ★★☆   정답 ①

**독해 > 사례 추론**

**정답의 이유**

① 제시된 글에 따르면 '언어의 자의성'은 '언어의 형식인 말소리와 언어의 내용인 의미 간에는 필연적 관계가 없다'는 것이다. 같은 언어 안에도 다양한 방언 형태가 존재한다는 것은 하나의 의미에 다양한 말소리(형식)가 있다는 뜻이므로, 말소리와 의미에 필연적 관계가 없음을 보여준다. 따라서 이는 언어의 자의성을 보여주는 사례로 적절하다.

**오답의 이유**

② '언어의 사회성'은 '언어에서 형식과 내용의 관계에 대한 사회적 약속은 한번 정해지면 개인이 쉽게 바꿀 수가 없다'는 것이다. 대화 상대에 따라 다른 표현을 사용하는 것은 언어의 사회성과 관련이 없다.

③ '언어의 역사성'은 '언어는 시간의 흐름에 따라 사회 구성원이 바뀌면서 끊임없이 변화한다'는 것이다. 유명인이 개인적으로 사용한 유행어가 시간이 지나도 표준어로 인정되지 않는다는 것은 언어의 역사성과 관련이 없다.

④ '언어의 추상성'은 '하나의 언어 형식은 수많은 구체적 대상이 가진 공통적 속성을 개념화하여 표현한다'는 것이다. 새로운 줄임말이 끊임없이 만들어지고 있는 것은 언어가 계속 변화하는 것에 해당하는 것으로, 언어의 추상성과는 관련이 없다.

### 더 알아보기

**언어의 특징**

- 언어의 기호성: 언어는 기호의 한 종류로 전달하고자 하는 의미를 기호를 통해 표현한다.
- 언어의 자의성: 언어에서 소리와 의미의 관계는 필연적이지 않다.
  예 한국에서는 '시계'라고 부르지만, 영어로는 'clock'이라고 부른다.
- 언어의 사회성: 언어는 그것을 사용하는 사람들 사이의 약속으로, 개인이 마음대로 바꿀 수 없다.
  예 '시계'라고 약속한 것을 마음대로 '자동차'로 바꿔 부를 수 없다.
- 언어의 창조성: 언어로 새로운 사상, 개념, 사물 등을 무한하게 만들어 낼 수 있다.
  예 '종이가 찢어졌어.'라는 말을 배운 아이는 '책이 찢어졌어.'라는 새로운 문장을 만들어 낸다.
- 언어의 규칙성: 언어는 구성 요소 간 일정한 규칙의 배열로 조직되고 운용되어야 의사소통 수단이 된다.
  예 철수가 밥에게 먹었다. (×) → 철수가 밥을 먹었다. (○)
- 언어의 역사성: 언어는 생성, 성장, 소멸의 과정을 거친다.
  예 'ㆍ(아래아)'는 현대 국어에서 더 이상 사용되지 않는다.
- 언어의 분절성: 언어는 연속적으로 이루어진 현실 세계를 불연속으로 끊어 표현하는 특성이 있다.
  예 언어는 문장, 단어, 형태소, 음운으로 쪼개어 나눌 수 있다.
- 언어의 추상성: 언어는 여러 대상의 공통점을 추출하는 과정을 통하여 개념을 형성한다.
  예 개별 사물인 '수박, 딸기, 사과, 배' 등에서 '사람이 먹을 수 있는 열매'라는 공통 속성을 추출하고 '과일'이라는 개념을 형성한다.

## 14 난도 ★★★　　　　　　　　　　　　　　　정답 ②

국어학 > 표준 발음법

**정답의 이유**

② 1문단의 '둘째, 첫음절 이외의 음절에서 ~ 단모음 [ㅣ]로도 발음할 수 있다.'를 볼 때 '거의 끝났다'의 '거의'는 [거의]로 발음하는 것이 원칙이나 [거이]로도 발음할 수 있다.

**오답의 이유**

① 1문단에서 조사 '의'는 이중모음 [ㅢ]로 발음하는 것이 원칙이나 단모음 [ㅔ]로도 발음할 수 있다고 하였으므로, '꽃의 향기'에서 '꽃의'는 [꼬츼]로 발음하는 것이 원칙이나 [꼬체]로도 발음할 수 있다.

③ 2문단에서 앞 음절의 받침이 뒤 음절의 초성으로 오게 되는 경우에는 둘째 원칙이 적용된다고 하였다. 따라서 '편의점에 간다'에서 '편의점'은 [펴늬점]이라고 발음하는 것이 원칙이나 [펴니점]으로도 발음할 수 있다.

④ 1문단에서 초성이 자음인 음절의 'ㅢ'는 [ㅣ]로 발음해야 한다고 하였으므로, '한 칸을 띄고 쓴다'의 '띄'는 [띠]로 발음한다.

## 15 난도 ★★☆　　　　　　　　　　　　　　　정답 ③

논리 > 논리 추론

**정답의 이유**

③ 제시된 대화를 논리 기호로 단순화하면 다음과 같다.

> 갑: 셋째 주 목요일 설명회 ∨ 넷째 주 목요일 설명회
> 을: 
> 병: 셋째 주 목요일 설명회 → 홍보 포스터 이번 주 제작
> 정: 홍보 포스터 이번 주 제작(결론)

이때 결론인 '홍보 포스터 이번 주 제작'이 도출되려면 '셋째 주 목요일 설명회'가 참이어야 한다. 갑에 따르면 '셋째 주 목요일 설명회'가 참이거나 '넷째 주 목요일 설명회'가 참이므로, '셋째 주 목요일 설명회'가 참이 되려면 '넷째 주 목요일 설명회'가 참이어서는 안 된다. 따라서 빈칸에는 '~ 넷째 주 목요일 설명회', 즉 '다음 달 넷째 주 목요일에 개최할 수 없습니다.'가 들어가는 것이 가장 적절하다.

## 16 난도 ★★★　　　　　　　　　　　　　　　정답 ③

논리 > 논리 추론

**정답의 이유**

③ 제시된 글을 논리 기호로 단순화하면 다음과 같다.

> (가) 인공일반지능 ∨ 인공지능 산업 쇠퇴
> (나) 인공일반지능 → 인간 생활 편리 ∧ 많은 사람 직장 잃음
> (다) 인공지능 산업 쇠퇴 → 많은 사람 직장 잃음 ∧ 세계 경제가 침체

(가)에 따르면 '인공일반지능'이 참이거나 '인공지능 산업 쇠퇴'가 참이다. (나)에 따르면 '인공일반지능'이 참이면 '인간 생활 편리'가 참이고, '많은 사람 직장 잃음'이 참이다. (다)에 따르면 '인공지능 산업 쇠퇴'가 참이면 '많은 사람 직장 잃음'이 참이고, '세계 경제가 침체'가 참이다. '인공일반지능'이 참이든, '인공지능 산업 쇠퇴'가 참이든 '많은 사람 직장 잃음'은 참이 되므로, (가) ~ (다)를 전제로 할 때 빈칸에 들어갈 결론으로 가장 적절한 것은 '많은 사람이 직장을 잃는다.'이다.

## 17 난도 ★★★　　　　　　　　　　　　　　　정답 ①

논리 > 논리 추론

**정답의 이유**

① 제시된 글을 논리 기호로 단순화하면 다음과 같다.

> • 갑 제주도 출장 → ~을 제주도 출장
> • ~을 제주도 출장 → ~병 휴가
> • 병 휴가

'병 휴가'는 확정적 진술이고, 이를 두 번째에 대입하면 '병 휴가 → 을 제주도 출장'이 된다. 이를 첫 번째에 대입하면 '을 제주도 출장 → ~갑 제주도 출장'이라는 내용을 도출할 수 있다. 따라서 제시된 진술이 모두 참일 때 반드시 참인 것은 '갑이 제주도 출장을 가지 않는다.'이다.

## 18 난도 ★★☆　　　　　　　　　　　　　　　정답 ②

논리 > 강화 약화

**정답의 이유**

② '문제를 해결하기 위해서는, 단기간에 ~ 사회 기반 시설을 확보하는 것이 급선무이다.'를 볼 때 제시된 글의 논지는 '초중고 교사가 도시 이외의 지역에서 근무할 수 있는 충분한 교육 환경과 사회 기반 시설을 확보'해야 한다는 것이다. A국에서 도시 이외의 지역에 근무하던 사회 초년생들이 연봉을 낮추어서라도 도시로 이직한 주된 이유는 교통 시설의 부족으로 밝혀졌다는 사례는 이러한 논지를 강화하는 것으로 적절하다.

**오답의 이유**

① A국 도시 이외 지역과 도시의 교육 환경이 별 차이가 없다면, 현직 교사나 대학 졸업 예정자들이 도시 이외의 지역에서 일하는 것을 꺼릴 가능성이 낮아질 수 있다. 따라서 제시된 글의 논지를 강화한다고 볼 수 없다.

③ 제시된 글에서는 연봉 인상이 문제의 근본적인 해결책이 되기 어렵다고 하였다. B국에서 교사 연봉을 인상한 후 도시 이외 지역의 교사 비율이 증가했다는 내용은 이를 반박하는 것이므로, 제시된 글의 논지를 강화한다고 볼 수 없다.

④ 제시된 글에서는 연봉 인상과 더불어 교사 양성 프로그램 역시 문제의 근본적인 해결책이 되기 어렵다고 하였다. C국에서 교사 양성 프로그램을 확대한 이후 도시 이외의 지역에서 교사의 수가 크게 증가했다는 내용은 이를 반박하는 것이므로, 제시된 글의 논지를 강화한다고 볼 수 없다.

## 19 난도 ★★★  정답 ④

**논리 > 강화 약화**

정답의 이유

④ 제시된 글에 따르면 쿤은 과학의 발전 단계를 '전정상과학 시기', '정상과학 시기', '과학혁명 시기'로 구분하고, 한 번도 패러다임을 정립하지 못한 '전정상과학 시기'를 성숙한 수준에 도달하지 못한 단계라고 보았다. 이러한 '전정상과학 시기'는 패러다임을 정립하지 못하고, 과학자 모두가 제각기 연구 활동을 한다. (가)에서 언급한 아직 성숙한 수준에 도달하지 못한 단계는 바로 '전정상과학 시기'에 해당한다. 이를 보았을 때 '패러다임이 정립된 적이 없고 과학자들의 연구 방향 및 평가 기준이 서로 다른 사회과학 분야가 있다.'가 (가)를 강화하는 내용으로 가장 적절하다.

오답의 이유

①·②·③ 제시된 글에 따르면 어떤 과학 분야라도 패러다임을 정립하면 '정상과학 시기'에 들어서고, 그 뒤에 다시 '전정상과학 시기'로 돌아갈 수 없다. ①, ②, ③ 모두 패러다임이 정립되었거나, 교체되는 중이거나, 교체된 적이 있는 상태이므로 '전정상과학 시기'와는 관련이 없다. 따라서 '전정상과학 시기'에 대해 설명하는 (가)를 강화하는 사례로 적절하지 않다.

## 20 난도 ★★☆  정답 ④

**화법과 작문 > 화법**

정답의 이유

④ 제시된 대화에 따르면 '영민'은 불가피한 선택의 상황에서 죽는 사람의 수를 최소화하는가를 기준으로 여기고, '소현'은 행위에 따른 결과를 기준으로 한 명이 죽더라도 다섯 명을 살리는 선택을 택한다. 즉 두 사람 모두 선택의 상황에서 죽는 사람의 수를 최소화하는 것을 기준으로 두고 있으므로 '인명피해가 불가피한 선택의 상황에 놓인다면, 영민은 죽는 사람의 수를 최소화하는 선택을 하고, 소현은 그렇게 하지 않는다.'는 내용은 적절하지 않다.

오답의 이유

① '은주'는 스위치를 눌러서 사람을 '죽이는 것'은 살인에 해당한다고 하였고, '보은'은 스위치를 누르면 살인이고, 누르지 않으면 방관이라고 하였다. 따라서 '스위치를 누르는 일을 살인으로 본다는 점에 대해 은주는 보은과 견해를 같이한다.'는 내용은 적절하다.

② '보은'은 생명의 가치는 수량화할 수 없으니 한 사람보다 다섯 사람이 가지는 생명의 가치가 더 클 수 없다고 하였고, '영민'은 생명의 가치를 수량화할 수 없다는 데 원론적으로는 동의한다고 하였다. 따라서 '생명의 가치를 수량화할 수 없다는 점에 대해 영민은 원론적으로는 보은과 견해를 같이한다.'는 내용은 적절하다.

③ 대화에서 제시된 상황에 대하여 '소현'은 행위에 따른 결과가 선택의 기준이 된다고 하였고, '은주'는 행위에 따른 결과보다 행위 자체의 도덕성을 기준에 두어야 한다고 하였다. 따라서 '선택의 딜레마 상황에서 소현은 행위에 따른 결과를, 은주는 행위 자체의 도덕성을 선택의 기준으로 삼는다.'는 내용은 적절하다.

# 국어 | 2024년 국가직 9급

## 한눈에 훑어보기

### ✓ 영역 분석

**어휘** 09 14
2문항, 10%

**문법** 03 04 06
3문항, 15%

**고전 문학** 11 15
2문항, 10%

**현대 문학** 07 13
2문항, 10%

**비문학** 01 02 05 08 10 12 16 17 18 19 20
11문항, 55%

### ✓ 빠른 정답

| 01 | 02 | 03 | 04 | 05 | 06 | 07 | 08 | 09 | 10 |
|----|----|----|----|----|----|----|----|----|----|
| ② | ② | ② | ④ | ④ | ① | ③ | ③ | ① | ② |
| 11 | 12 | 13 | 14 | 15 | 16 | 17 | 18 | 19 | 20 |
| ③ | ④ | ③ | ② | ④ | ① | ② | ③ | ① | ④ |

### ✓ 점수 체크

| 구분 | 1회독 | 2회독 | 3회독 |
|------|-------|-------|-------|
| 맞힌 문항 수 | / 20 | / 20 | / 20 |
| 나의 점수 | 점 | 점 | 점 |

---

**01** 난도 ★☆☆      정답 ②

비문학 > 글의 순서 파악

정답의 이유

- (나)에서는 '오남용'의 의미를 설명하고 있으므로, '약물의 오남용'이라는 화제가 처음으로 제시된 두 번째 문장 뒤에 오는 것이 적절하다.
- (라)에서는 약물을 오남용하면 신체적·정신적 피해를 입을 수 있다는 내용을 제시하고 있으므로, 약물 오남용의 폐해를 언급한 (가) 앞에 오는 것이 적절하다.
- (가)에서는 약물이 내성이 있어 신체적·정신적 피해가 점점 더 커진다는 내용을 제시하고 있으며, 접속어 '더구나'는 이미 있는 사실에 새로운 사실을 더하는 의미를 가지므로 약물 오남용 피해를 언급한 (라) 다음에 오는 것이 적절하다.
- (다)에서는 '그러므로'라는 접속어를 사용하여 적절한 약물 복용법에 대해 언급하고 있으므로 약물 오남용의 폐해에 대해 설명한 (가) 뒤에 오는 것이 적절하다.

따라서 문맥에 맞게 순서대로 나열한 것은 ② (나) - (라) - (가) - (다)이다.

---

**02** 난도 ★★☆      정답 ②

비문학 > 화법

정답의 이유

② 을은 빈부 격차에 따라 계급이 나뉘고 이것이 대물림되면서 개인의 계급이 결정되고 있다며 현대 사회가 계급사회라고 주장하고 있다. 갑 역시 현대 사회에서 인간의 사회적 지위는 부모의 경제력과 직결된다는 점을 근거로 현대 사회가 계급사회라고 주장하고 있다. 따라서 을의 주장은 갑의 주장과 대립하지 않는다.

오답의 이유

① 을은 귀속지위가 성취지위를 결정하는 면이 있다고 하며 현대 사회가 계급사회라고 주장하고 있다. 갑은 현대 사회에서 인간의 사회적 지위는 부모의 경제력과 직결되기 때문에 현대 사회가 계급사회라고 주장한다. 이를 통해 갑은 을과 같은 주장을 하고 있으며, 을의 주장 중 일부는 수용하고 일부는 반박했다는 내용은 적절하지 않음을 확인할 수 있다.

③ 병은 오늘날 각종 문화나 생활 방식 전체를 특정한 계급 논리만으로 설명할 수 없다며 현대 사회를 계급사회로 보기 어렵다는 결론을 내리고 있다. 반면 갑은 경제적 계급 논리로 현대 사회의 문화를 충분히 설명하고 규정할 수 있으며, 현대 사회는 계급사회라는 결론을 내리고 있다. 이를 통해 갑과 병은 상이한 전제로 서로 다른 결론을 내리고 있다는 것을 확인할 수 있다.

④ 병은 현대 사회를 계급사회로 보기는 어렵다고 주장하고, 갑과 을은 현대 사회가 계급사회라고 주장하고 있으므로 병은 갑과 을 모두와 대립한다. 이를 통해 병의 주장은 갑의 주장과는 대립하지 않지만 을의 주장과는 대립한다는 내용은 적절하지 않음을 확인할 수 있다.

## 03 난도 ★☆☆ 정답 ②

**문법 > 한글 맞춤법**

정답의 이유

② 통째로(○): '나누지 아니한 덩어리 전부'를 의미하는 말은 '통째'이다.

오답의 이유

① 허구헌(×) → 허구한(○): '날, 세월 따위가 매우 오래다.'를 의미하는 말은 '허구하다'이므로 '허구한'이라고 써야 한다.
③ 하마트면(×) → 하마터면(○): '조금만 잘못하였더라면'을 의미하는 말로 위험한 상황을 겨우 벗어났을 때에 쓰는 말은 '하마터면'이다.
④ 잘룩하게(×) → 잘록하게(○): '기다란 물건의 한 군데가 패어 들어가 오목하다.'를 의미하는 말은 '잘록하다'이므로 '잘록하게'라고 써야 한다.

## 04 난도 ★★☆ 정답 ④

**문법 > 의미론**

정답의 이유

④ '나는 그 팀이 이번 경기에 질 줄 알았다.'에서 '알다'는 '어떠한 사실에 대하여 그러하다고 믿거나 생각하다.'라는 의미이므로 ㉣의 예로 적절하지 않다. ㉣의 의미로 쓰인 예시로는 '네 일은 네가 알아서 해라.' 등이 있다.

오답의 이유

① '그 외교관은 무려 7개 국어를 할 줄 안다.'의 '알다'는 '어떤 일을 할 능력이나 소양이 있다.'라는 의미이므로 ㉠의 예로 적절하다.
② '이 두 사람은 서로 알고 지낸 지 오래이다.'의 '알다'는 '다른 사람과 사귐이 있거나 인연이 있다.'라는 의미이므로 ㉡의 예로 적절하다.
③ '그 사람이 무엇을 하든 내가 알 바 아니다.'의 '알다'는 '어떤 일에 대하여 관여하거나 관심을 가지다.'라는 의미이므로 ㉢의 예로 적절하다.

## 05 난도 ★★☆ 정답 ④

**비문학 > 화법**

정답의 이유

④ 진행자는 시내 도심부에서의 제한 속도 조정이라는 화제에 대하여 강 교수에게 질문하고, 강 교수의 말을 요약·정리하고 있다. 진행자가 자신의 경험을 예로 들어 강 교수가 설명한 내용을 뒷받침하는 부분은 나타나지 않는다.

오답의 이유

① 강 교수가 ○○시에서 제도를 시험 적용한 결과를 통계 수치로 제시하자, 진행자는 '아, 그러니까 속도를 10km/h 낮출 때 2분 정도 늦어지는 것이라면 인명 사고의 예방과 오염물질의 감소를 위해 충분히 감수할 만한 시간이라는 말씀이시군요.'라며 강 교수의 의도를 자기 나름대로 풀어 설명하고 있다.
② 진행자는 '교통사고를 줄이고 보행자 안전을 확보할 수 있다는 점, 교통체증 유발은 미미할 것이라는 점, 오염물질 배출이 감소할 것이라는 점에서 이번의 제한 속도 조정 정책은 훌륭한 정책이라는 것이군요. 맞습니까?'라며 강 교수의 견해를 요약하고 자신이 이해한 바가 맞는지 확인하고 있다.
③ 진행자는 '그런데 일각에서는 그런 효과는 미미하고 오히려 교통체증을 유발하여 대기오염이 심화될 것이라며 이 정책에 반대합니다. 이에 대해 말씀해 주시겠어요?'라며 강 교수의 주장에 대해 반대하는 일각의 견해를 소개하고 그에 대한 강 교수의 의견을 요청하고 있다.

## 06 난도 ★★☆ 정답 ①

**문법 > 형태론**

정답의 이유

① • '지우개'는 어근 '지우-'에 '그러한 행위를 하는 간단한 도구'의 뜻을 더하는 접미사 '-개'가 결합한 파생어이다.
• '새파랑(다)'는 어근 '파랑-'에 '매우 짙고 선명하게'의 뜻을 더하는 접두사 '새-'가 결합한 파생어이다.

오답의 이유

② • '조각배'는 어근 '조각'과 어근 '배'가 결합한 합성어이다.
• '드높이(다)'는 어근 '드높-'에 사동의 뜻을 더하는 접미사 '-이-'가 결합한 파생어이다. 이때 '드높-'은 어근 '높-'에 '심하게' 또는 '높이'의 뜻을 더하는 접두사 '드-'가 결합한 파생어이다.
③ • '짓밟(다)'는 어근 '밟-'에 '마구, 함부로'의 뜻을 더하는 접두사 '짓-'이 결합한 파생어이다.
• '저녁노을'은 어근 '저녁'과 어근 '노을'이 결합한 합성어이다.
④ • '풋사과'는 어근 '사과'에 '처음 나온' 또는 '덜 익은'의 뜻을 더하는 접두사 '풋-'이 결합한 파생어이다.
• '돌아가(다)'는 어근 '돌-'과 어근 '가-'가 연결 어미 '-아'를 매개로 하여 결합한 합성어이다.

## 07 난도 ★★☆   정답 ③

현대 문학 > 현대 시

**정답의 이유**

③ 제시된 작품은 화자가 표면에 드러나지 않으며, 아름다운 고향의 풍경과 이에 대한 그리움이 나타날 뿐 고향에 대한 상실감은 나타나지 않는다.

**오답의 이유**

① '마늘쪽', '들길', '아지랑이', '제비' 등 향토적 소재를 사용하여 고향의 풍경을 묘사하고 있다.

② 2연의 '~가(이) ~듯', 4연의 '-ㄴ 마을이 있다'처럼 유사한 문장 구조를 반복하여 리듬감을 조성하고 있다.

④ 3연에서 '천연히'라는 하나의 시어로 독립적인 연을 구성하여 주제 의식을 강조하고 있다.

**작품 해설**

박용래, 「울타리 밖」

- 갈래: 자유시, 서정시
- 성격: 서정적, 향토적, 자연 친화적
- 주제: 자연과 인간이 어우러진 고향에 대한 그리움, 자연과 인간이 조화된 아름다운 세계에 대한 소망
- 특징
  - 시각적인 이미지를 활용하여 풍경을 묘사함으로써 회화성을 살림
  - 동일한 연결 어미를 반복하여 다양한 소재의 동질적 속성을 부각함
  - 하나의 시어로 독립적인 연을 구성하여 주제 의식을 강조함

## 08 난도 ★★☆   정답 ③

비문학 > 추론적 읽기

**정답의 이유**

③ 1문단의 '인간의 행동은 유전적인 적응 성향과 이러한 적응 성향을 발달시키고 활성화되게 하는 환경으로부터의 입력이 상호작용한 결과이다.'를 통해 유전적인 적응 성향이 동일하더라도 환경에서 얻은 정보가 다르면 행동은 다르게 나타날 수 있음을 추론할 수 있다.

**오답의 이유**

① 1문단에서 인간의 행동은 유전적인 적응 성향과 환경으로부터의 입력이 상호작용한 결과라고 하였으므로 인간의 행동은 환경의 영향이 아니라 유전과 환경의 상호작용으로 결정된다는 것을 알 수 있다. 인간의 마음이 유전의 영향으로 결정된다는 내용은 제시되지 않았다.

② 2문단에서 '우리가 복잡한 상황에 적응하는 데는 원시 시대의 적응 방식이 부적절한 경우가 있을 수 있다.'라고 하였지만, 주어진 상황의 복잡한 정도가 클수록 인지적 전략의 최적화가 이루어진다는 내용은 제시되지 않았다.

④ 1문단에서 '인간의 행동은 유전적인 적응 성향과 이러한 적응 성향을 발달시키고 활성화되게 하는 환경으로부터의 입력이 상호작용한 결과이다.'라고 하였지만, 유전과 환경 중 어느 것이 인간의 진화 방향을 우선적으로 결정하는지는 제시되지 않았다.

## 09 난도 ★★☆   정답 ①

어휘 > 한자어

**정답의 이유**

(가) 度外視(법도 도, 바깥 외, 볼 시): 상관하지 아니하거나 무시함

(나) 食言(먹을 식, 말씀 언): 한번 입 밖에 낸 말을 도로 입속에 넣는다는 뜻으로, 약속한 말대로 지키지 아니함을 이르는 말

(다) 矛盾(창 모, 방패 순): 어떤 사실의 앞뒤, 또는 두 사실이 이치상 어긋나서 서로 맞지 않음을 이르는 말

**오답의 이유**

- 白眼視(흰 백, 눈 안, 볼 시): 남을 업신여기거나 무시하는 태도로 흘겨봄
- 添言(더할 첨, 말씀 언): 덧붙여 말함
- 腹案(배 복, 책상 안): 겉으로 드러내지 아니하고 마음속으로만 생각함. 또는 그런 생각

## 10 난도 ★★☆   정답 ②

비문학 > 추론적 읽기

**정답의 이유**

② 2문단의 '한편 오프라인 대면 상호작용에서보다 온라인 비대면 상호작용에서 만난 사람들에게 더 끈끈한 유대감을 느끼기도 한다.'를 통해 비대면 온라인 상호작용으로 사람들 간에 깊은 유대 관계를 형성할 수 있음을 추론할 수 있다.

**오답의 이유**

① 2문단의 '상호작용 양식들이 서로 겹치거나 교차하는 현상들을 이해하고자 할 때 이분법적인 범주는 심각한 한계를 지닌다.'를 통해 이분법적 시각으로는 상호작용 양식이 교차하는 양상을 이해하기 어려움을 추론할 수 있다.

③ 2문단의 '이처럼 오늘날과 같은 초연결 사회에서 우리의 경험은 비대면 혹은 대면, 온라인 혹은 오프라인 같은 이분법적 범주로 온전히 분리되지 않는다.'를 통해 온라인 비대면 활동과 오프라인 대면 활동이 온전히 분리되어 있지 않음을 추론할 수 있다.

④ 1문단의 '예를 들어 누군가와 만나서 대화하는 중에 문자를 주고받음으로써 대면 상호작용과 온라인 상호작용을 동시에 할 수 있다.'를 통해 오늘날에는 대면 상호작용 중에도 디지털 수단에 의한 상호 관계가 이루어질 수 있음을 추론할 수 있다.

## 11 난도 ★☆☆   정답 ③

고전 문학 > 고전 산문

**정답의 이유**

③ 후처는 장화가 음행을 저질러 부끄러움을 못 이기고 스스로 물에 빠져 죽었다고 하며 부사에게 이를 입증하는 증거물을 제시하였다. 그날 밤 장화와 홍련이 나타나 '다시 그것을 가져다 배

를 갈라 보시면 분명 허실을 알게 되실 겁니다.'라며 후처가 제시한 증거가 거짓임을 확인할 수 있는 계책을 부사에게 알려 주었다.

**오답의 이유**

① 1문단의 '부사는 그것을 보고 미심쩍어하며 모두 물러가게 했다.'를 통해 부사는 배 좌수의 후처가 제시한 증거를 보고 장화와 홍련의 말이 거짓이라고 확신하지 않았음을 알 수 있다.
② 1문단의 '장녀 장화는 음행을 저질러 낙태한 뒤 부끄러움을 못 이기고 밤을 틈타 스스로 물에 빠져 죽었습니다.'를 통해 후처가 음행을 저질러 스스로 물에 빠져 죽었다고 한 것은 홍련이 아닌 장화임을 알 수 있다.
④ 1문단의 '딸들이 무슨 병으로 죽었소?'를 통해 부사가 배 좌수에게 물어본 것은 장화와 홍련이 죽은 이유에 관한 것이지 스스로 목숨을 끊은 이유가 아님을 알 수 있다.

**작품 해설**

작자 미상, 「장화홍련전」

- 갈래: 고전 소설, 가정 소설, 계모갈등형 소설
- 성격: 전기적, 교훈적
- 주제: 계모의 흉계로 인한 가정의 비극과 권선징악
- 특징
  - 인물의 대화와 내면 심리 묘사를 통해 사건을 전개함
  - 고전 소설의 전형적 서술방식인 순행적 구성과 서술자의 개입이 나타남
  - 후처제의 제도적 모순과 가장의 무책임함을 다룸으로써 현실의 모순을 비판함

## 12 난도 ★☆☆  정답 ④

비문학 > 글의 순서 파악

**정답의 이유**

④ 제시된 문장의 '나라에 위기에 닥쳤을 때 제 몸을 희생해 가며 나서기 지키기에 나섰으되 역사책에 이름 한 줄 남기지 못한 이들'은 (라) 앞의 '휘하 장수에서부터 병졸들과 하인, 백성들'을 가리킨다. 또한 '이들이 이순신의 일기에는 뚜렷하게 기록된 것'은 『난중일기』의 위대함'과도 자연스럽게 연결되므로 제시된 문장은 (라)에 위치하는 것이 적절하다.

## 13 난도 ★★☆  정답 ③

현대 문학 > 현대 소설

**정답의 이유**

③ 제시된 작품은 주인공이 서울 거리를 배회하며 느낀 것들을 의식의 흐름에 따라 서술하고 있다. 주인공 '구보'는 '전보 배달 자전거'를 보고 '전보를 그 봉함(封緘)을 떼지 않은 채 손에 들고 감동하고 싶은 충동'을 느끼다가 '서울에 있지 않은 모든 벗'을 떠올리고 '가장 열정을 가져, 벗들에게 편지를 쓰고 있는 제 자신'을 생각한다. 따라서 제시된 작품은 연상 작용에 의해 인물의 생각이 연속되고 있다고 볼 수 있다.

**오답의 이유**

① 제시된 작품에서 '구보'는 벗들이 오랫동안 소식을 전하여 오지 않았다고 생각하며 그들에게 엽서를 쓰는 자신을 떠올리고 있을 뿐 벗들과의 추억을 시간순으로 회상하고 있지는 않다.
② 제시된 작품에서 '문득, 제비와 같이 경쾌하게 전보 배달의 자전거가 지나간다.'처럼 서술자가 주변 거리의 모습을 재현하고 있긴 하지만 서술자는 주인공 '구보'가 아닌 작품 외부의 서술자이다.
④ 제시된 작품에서 '구보'는 '전보 배달 자전거'를 보고 전보를 받고 싶다고 생각하고 '오랫동안 소식을 전하여 오지' 않는 '벗들'에게 엽서를 쓰는 자신을 떠올리고 있을 뿐 전보가 이동된 경로를 따라 사건이 전개되고 있지는 않다.

**작품 해설**

박태원, 「소설가 구보 씨의 일일」

- 갈래: 중편 소설, 모더니즘 소설, 심리 소설, 세태 소설
- 성격: 묘사적, 관찰적, 심리적, 사색적
- 주제: 1930년대 무기력한 소설가의 눈에 비친 도시의 일상과 그의 내면 의식
- 특징
  - 주인공의 하루 여정에 따라 사건이 전개되는 여로형 구성
  - 특별한 줄거리 없이 주인공의 의식의 흐름에 따라 서술됨
  - 당대 서울의 모습과 세태를 구체적으로 보여줌

## 14 난도 ★★☆  정답 ②

어휘 > 한자어

**정답의 이유**

② '무진장(無盡藏)하다'는 '다함이 없이 굉장히 많다.'라는 의미이므로 '무진장하다'를 '여러 가지가 있다'로 바꾸어 쓰는 것은 적절하지 않다.

**오답의 이유**

① '배회(徘徊)하다'는 '아무 목적도 없이 어떤 곳을 중심으로 어슬렁거리며 이리저리 돌아다니다.'라는 의미이므로 '배회하였다'를 '돌아다녔다'로 바꾸어 쓰는 것은 적절하다.
③ '경청(傾聽)하다'는 '귀를 기울여 듣다.'라는 의미이므로 '경청할'을 '귀를 기울여 들을'로 바꾸어 쓰는 것은 적절하다.
④ '명기(明記)하다'는 '분명히 밝히어 적다.'라는 의미이므로 '명기하지'를 '밝혀 적지'로 바꾸어 쓰는 것은 적절하다.

## 15 난도 ★★☆  정답 ④

고전 문학 > 고전 운문

**정답의 이유**

④ '과(過)도 허물도 천만(千萬) 업소이다'에서 큰 숫자가 나타나기는 하지만 이는 화자 자신에게는 잘못도 허물도 전혀 없다는 의미로, 결백을 주장하는 것이다. 따라서 큰 숫자를 활용하여 임을 향한 화자의 그리움을 강조하고 있다는 내용은 적절하지 않다.

오답의 이유

① '산(山) 졉동새 난 이슷ᄒ요이다'에서 화자는 임을 그리워하는 자신과 '졉동새'가 비슷하다며 자연물인 '졉동새'에게 감정을 이입하여 자신의 처지를 드러내고 있다.
② '잔월효성(殘月曉星)이 아ᄅ시리이다'의 '잔월효성'은 지는 달과 새벽 별을 가리키는 것으로, 화자는 '달'과 '별'이라는 천상의 존재를 통해 자신의 결백을 나타내고 있다.
③ '벼기더시니 뉘러시니잇가'에서 화자는 설의적 표현을 통하여 자신에게 허물이 있다고 우기던 이, 즉 자신을 모함한 이에 대한 원망을 드러내고 있다. 또한 '니미 나를 ᄒ마 니ᄌ시니잇가'라는 설의적 표현을 통하여 임이 자신을 잊었을까 염려하는 마음을 나타내고 있다.

작품 해설

정서, 「정과정」
- 갈래: 고려 가요
- 성격: 충신연주지사(忠臣戀主之詞)
- 주제: 자신의 결백과 임금에 대한 충절
- 특징
  - 3단 구성, 낙구의 감탄사 존재 등 향가의 영향이 남아 있음
  - 감정이입을 통하여 전통적인 정서인 한의 이미지를 표현함
  - 자신의 결백과 억울함을 자연물에 의탁하여 표현함

## 16 난도 ★★★  정답 ①

비문학 > 추론적 읽기

정답의 이유

① 2문단의 '그러다가 수정이 이루어지면 수컷은 곧바로 새끼를 돌볼 준비를 하게 되는데, 이때부터 그 수치는 떨어진다. 새끼가 커서 둥지를 떠나게 되면 수컷은 더 이상 영역을 지킬 필요가 없기 때문에 번식기가 끝나지 않았는데도 테스토스테론 수치는 좀 더 떨어지고, 번식기가 끝나면 테스토스테론은 거의 분비되지 않는다.'를 통해 노래참새 수컷의 테스토스테론 수치는 새끼를 돌볼 준비를 할 때 떨어지기 시작해서 새끼가 둥지를 떠나면, 즉 양육이 끝나면 그 수치가 더 낮아짐을 알 수 있다.

오답의 이유

② 2문단의 '그러다가 수정이 이루어지면 수컷은 곧바로 새끼를 돌볼 준비를 하게 되는데, 이때부터 그 수치는 떨어진다.'를 통해 번식기 동안 노래참새 수컷의 테스토스테론 수치는 암컷의 수정이 이루어지기 전보다 이루어진 후에 낮게 나타난다고 추론할 수 있다.
③ 3문단의 '검정깃찌르레기 수컷은 테스토스테론 수치가 번식기가 되면 올라갔다가 암컷이 수정한 이후부터 번식기가 끝날 때까지 떨어지지 않는다.'를 통해 검정깃찌르레기 수컷은 암컷이 수정한 이후 번식기가 끝날 때까지 테스토스테론 수치가 떨어지지 않는다고 추론할 수 있다.
④ 2문단의 '번식기가 끝나면 테스토스테론은 거의 분비되지 않는다.'를 통해 노래참새 수컷의 테스토스테론은 번식기에 분비되고 번식기가 끝나면 분비되지 않음을 확인할 수 있다. 그리고 3문단의 '검정깃찌르레기 수컷은 테스토스테론 수치가 번식기가 되면 올라갔다가 암컷이 수정한 이후부터 번식기가 끝날 때까지 떨어지지 않는다.'를 통해 검정깃찌르레기 수컷의 테스토스테론 수치는 번식기가 끝날 때까지는 떨어지지 않지만 끝나면 떨어짐을 확인할 수 있다. 따라서 노래참새 수컷과 검정깃찌르레기 수컷 모두 번식기의 테스토스테론 수치가 번식기가 아닌 시기의 테스토스테론 수치보다 높다는 것을 추론할 수 있다.

## 17 난도 ★★★  정답 ②

비문학 > 사실적 읽기

정답의 이유

② 2문단의 '다중지능이론이 설정한 새로운 종류의 지능들을 정확하게 측정할 수 있는 도구가 만들어지기는 어려울 것이라 주장한다.'를 통해 대인 관계의 능력과 관련된 지능을 정확하게 특정할 수 있는 도구의 개발 가능성에 대해 회의적인 사람들이 있음을 알 수 있다.

오답의 이유

① 1문단의 '그는 기존 지능이론이 언어지능이나 논리수학지능 등 인간의 인지 능력에만 초점을 맞추고 있다고 비판하면서 이뿐 아니라 신체와 정서, 대인 관계의 능력까지 포괄한 총체적 지능 개념을 창안해 냈다.'를 통해 다중지능이론은 언어지능이나 논리수학지능뿐 아니라 신체와 정서, 대인 관계의 능력까지 포괄한 총체적 지능임을 알 수 있다. 따라서 논리수학지능은 다중지능이론의 지능 개념에 포함되어 있음을 알 수 있다.
③ 1문단의 '다중지능이론에서는 좌뇌의 능력에만 초점을 둔 기존의 지능 검사에 대해 반쪽짜리 검사라고 혹평한다.'를 통해 다중지능이론은 기존 지능이론이 좌뇌 중심의 능력에만 주목하는 것을 비판하며, 우뇌에서 담당하는 창의적·감성적 능력까지 포괄하려는 이론임을 알 수 있다. 따라서 다중지능이론에서 우뇌보다 좌뇌에 더 많이 주목한다는 추론은 부적절하다.
④ 2문단의 "그들에 따르면, 전자는 후자의 하위 영역에 속해 있고, 둘 사이에는 유의미한 상관관계가 있으므로 서로 독립적일 수 없으며, 따라서 '다중'이라는 개념이 성립하지 않는다."를 통해 다중지능이론에 대해 비판적인 연구자들은 인간의 모든 지능 영역들이 상호 독립적일 수 없다는 이유에서 '다중' 개념이 성립하지 않는다고 주장함을 알 수 있다.

## 18 난도 ★★☆  정답 ③

비문학 > 작문

정답의 이유

③ '과'로 연결되는 병렬 구조에서는 앞과 뒤의 문법 구조가 대등하게 호응해야 한다. '국가 정책 수립과 국제 협약을 체결하기 위해'는 '국가 정책 수립(구)'과 '국제 협약을 체결하기 위해(절)'의 호응 구조가 어색하다. 따라서 '국가 정책을 수립하고 국제 협약을 체결하기 위해' 또는 '국가 정책 수립과 국제 협약 체결을 위해'로 수정하는 것이 적절하다.

## 19 난도 ★★★   정답 ①

비문학 > 추론적 읽기

정답의 이유

① '고정'은 독자가 글을 읽을 때 생소하거나 이해하기 어려운 단어에 눈동자를 멈추는 것으로, 평균 고정 빈도가 높다는 것은 생소하거나 이해하기 어려운 단어의 수가 많음을 의미하고, 평균 고정 시간이 낮다는 것은 단어를 이해하는 데 들이는 시간이 더 적다는 것을 의미한다. 따라서 읽기 능력이 부족한 독자는 읽기 능력이 평균인 독자에 비하여 이해하기 어려운 단어의 수가 많고, 단어를 이해하는 데 들이는 시간은 더 적으므로 빈칸에는 '더 많지만 난해하다고 느끼는 각각의 단어를 이해하는 과정에 들이는 평균 시간은 더 적다'가 들어가는 것이 적절하다.

## 20 난도 ★★☆   정답 ④

비문학 > 추론적 읽기

정답의 이유

④ 제시된 글에 따르면 락토오보 채식주의자와 락토 채식주의자, 오보 채식주의자는 고기와 생선은 모두 먹지 않되 유제품과 달걀 섭취 여부에 따라 구분된다. '락토'는 '우유'를 의미하고, '오보'는 '달걀'을 의미하는데 락토오보 채식주의자는 유제품과 달걀을 먹으므로 각 채식주의자는 그 명칭에 해당하는 식품을 먹는다는 것을 알 수 있다. 이에 따라 락토 채식주의자는 유제품은 먹지만 고기와 생선과 달걀은 먹지 않고 오보 채식주의자는 달걀은 먹지만 고기와 생선과 유제품은 먹지 않는다는 것을 추론할 수 있다. 따라서 (가)에는 '유제품은 먹지만 고기와 생선과 달걀은'이 들어가는 것이 적절하고, (나)에는 '달걀은 먹지만 고기와 생선과 유제품은'이 들어가는 것이 적절하다.

# 국어 | 2023년 국가직 9급

## 한눈에 훑어보기

### ✔ 영역 분석

**어휘** 03 06 10
3문항, 15%

**문법** 09 15
2문항, 10%

**고전 문학** 07
1문항, 5%

**현대 문학** 05 17
2문항, 10%

**비문학** 01 02 04 08 11 12 13 14 16 18 19 20
12문항, 60%

### ✔ 빠른 정답

| 01 | 02 | 03 | 04 | 05 | 06 | 07 | 08 | 09 | 10 |
|----|----|----|----|----|----|----|----|----|----|
| ③ | ① | ③ | ② | ④ | ④ | ① | ① | ② | ④ |
| 11 | 12 | 13 | 14 | 15 | 16 | 17 | 18 | 19 | 20 |
| ③ | ① | ② | ② | ④ | ③ | ④ | ④ | ② | ③ |

### ✔ 점수 체크

| 구분 | 1회독 | 2회독 | 3회독 |
|------|-------|-------|-------|
| 맞힌 문항 수 | / 20 | / 20 | / 20 |
| 나의 점수 | 점 | 점 | 점 |

---

## 01 난도 ★★☆  정답 ③

**비문학 > 작문**

**정답의 이유**

③ '자기 집이라면 이렇게 함부로 쓰레기를 버렸을까요?'에서 설의적 표현이 쓰였고, '바다가 몸살을 앓는다고 합니다.'와 '양심이 모래밭 위를 뒹굴고 있습니다.'에서 비유적 표현이 쓰였다. 또한 마지막에 '자기 쓰레기는 자기가 집으로 되가져가도록 합시다.'라며 생활 속 실천 방법을 포함하였다.

**오답의 이유**

① '바다는 쓰레기 없는 푸른 날을 꿈꾸고 있습니다.', '미세 플라스틱은 바다를 서서히 죽이는 보이지 않는 독입니다.' 등 비유적 표현을 쓰긴 했지만, 설의적 표현이 쓰이지 않았으며 생활 속 실천 방법도 포함하지 않았다.

② '분리수거를 철저히 하고 일회용품을 줄이는 것'이라는 생활 속 실천 방법을 포함하긴 했지만 설의적 표현과 비유적 표현이 쓰이지 않았다.

④ '인간도 고통받게 되지 않을까요?'에서 설의적 표현이, '바다는 쓰레기 무덤'에서 비유적 표현이 쓰였지만, 해양 오염을 줄일 수 있는 생활 속 실천 방법을 포함하지 않았다.

## 02 난도 ★☆☆  정답 ①

**비문학 > 화법**

**정답의 이유**

① 백 팀장은 워크숍 장면을 사내 게시판에 올리면 좋겠다는 바람을 전달하고 있다. 하지만 팀원들에 대한 유대감을 드러내는 표현은 사용하지 않았다.

**오답의 이유**

② 고 대리는 '사내 게시판에 영상을 공개하는 것은 부담스러워요. 타 부서와 비교될 것 같기도 하고요.'라며 백 팀장의 제안에 반대하는 이유를 명시적으로 밝히고 있다.

③ 임 대리는 '팀장님 말씀대로 정보를 공유한다는 취지는 좋다고 생각해요.'라며 백 팀장의 발언 취지에 공감하고 있다.

④ 임 대리는 '팀원들 의견을 먼저 들어 보고, 잘된 것만 시범적으로 한두 개 올리는 것이 어떨까요?'라며 의견을 묻는 의문문을 사용해 자신의 의견을 간접적으로 드러내고 있다.

## 03 난도 ★★☆ 정답 ③

**어휘 > 관용 표현**

**정답의 이유**

③ '입추의 여지가 없다'는 송곳 끝도 세울 수 없을 정도라는 뜻으로, 발 들여놓을 데가 없을 정도로 많은 사람이 꽉 들어찬 경우를 비유적으로 이르는 속담이다.

**오답의 이유**

① 홍역을 치르다[앓다]: 몹시 애를 먹거나 어려움을 겪다.
② 잔뼈가 굵다: 오랜 기간 일정한 곳이나 직장에서 일을 하여 그 일에 익숙하다.
④ 어깨를 나란히 하다: 서로 비슷한 지위나 힘을 가지다.

## 04 난도 ★★☆ 정답 ②

**비문학 > 글의 순서 파악**

**정답의 이유**

- (가)에서는 기업들이 많은 돈을 투자해 마케팅 조사를 해 왔다는 화제를 제시하고 있으므로 처음에 위치하는 것이 적절하다.
- (다)의 '기업들의 그런 노력'은 (가)에 나오는 '많은 돈을 투자해 마케팅 조사를 해 왔다.'를 가리키므로 (가) 뒤에 위치하는 것이 적절하다.
- (나)의 '그런 상황'은 (다)에 나오는 '기업들은 많은 광고비를 쓰지만 그 돈이 구체적으로 어느 부분에서 효과를 내는지는 알지 못했다.'를 가리키므로 (다) 뒤에 위치하는 것이 적절하다.

따라서 글의 순서를 자연스럽게 배열한 것은 ② (가) - (다) - (나)이다.

## 05 난도 ★☆☆ 정답 ④

**현대 문학 > 현대 소설**

**정답의 이유**

④ 제시된 작품에서 '그들'은 "무진(霧津)엔 명산물이 …… 뭐 별로 없지요?", "원, 아무리 그렇지만 한 고장에 명산물 하나쯤은 있어야지."라며 무진에 명산물이 없다는 대화를 나누고 있다. 무진에 명산물이 있고 그것이 안개라고 여기는 사람은 서술자뿐이다. 따라서 무진이 누구나 인정할 만한 지역의 명산물로 안개가 유명한 공간이라는 설명은 적절하지 않다.

**오답의 이유**

① "바다가 가까이 있으니 항구로 발전할 수도 있었을 텐데요?"와 "가 보시면 아시겠지만 ~ 수심(水深)이 얕은 데다가 얕은 바다를 몇백 리나 밖으로 나가야만 비로소 수평선이 보이는 진짜 바다가 나오는 곳이니까요."를 통해 무진은 수심이 얕아서 항구로 개발하기 어려운 공간임을 알 수 있다.
② "그렇지만 이렇다 할 평야가 있는 것도 아닙니다."와 '무진을 둘러싸고 있는 산들도'를 통해 무진은 산으로 둘러싸여 있고 평야가 발달하지 않은 공간임을 알 수 있다.
③ "그럼 그 오륙만이 되는 인구가 어떻게들 살아가나요?"를 통해 무진은 지역 여건에 비하여 인구가 적지 않은 공간임을 알 수 있다.

**작품 해설**

김승옥, 「무진기행」

- 갈래: 단편 소설
- 성격: 상징적, 암시적
- 주제: 이상과 현실 사이에서 갈등하는 현대인의 허무 의식
- 특징
  - 서정적이고 몽환적인 분위기가 강함
  - 배경(안개)을 통해 서술자의 의식을 표출함

## 06 난도 ★★☆ 정답 ④

**어휘 > 한자성어**

**정답의 이유**

④ 내용상 빈칸에는 별것 아닌 사실을 부풀려 말한다는 뜻의 사자성어가 들어가야 한다. 따라서 '작은 일을 크게 불리어 떠벌린다.'라는 뜻의 針小棒大(침소봉대)가 들어가는 것이 적절하다.
- 針小棒大: 바늘 침, 작을 소, 막대 봉, 큰 대

**오답의 이유**

① 刻舟求劍(각주구검): 융통성 없이 현실에 맞지 않는 낡은 생각을 고집하는 어리석음을 이르는 말
- 刻舟求劍: 새길 각, 배 주, 구할 구, 칼 검
② 捲土重來(권토중래): 땅을 말아 일으킬 것 같은 기세로 다시 온다는 뜻으로, 한 번 실패하였으나 힘을 회복하여 다시 쳐들어옴을 이르는 말
- 捲土重來: 말 권, 흙 토, 무거울 중, 올 래
③ 臥薪嘗膽(와신상담): 불편한 섶에 몸을 눕히고 쓸개를 맛본다는 뜻으로, 원수를 갚거나 마음먹은 일을 이루기 위하여 온갖 괴로움과 외로움을 참고 견딤을 이르는 말
- 臥薪嘗膽: 누울 와, 섶 신, 맛볼 상, 쓸개 담

## 07 난도 ★★☆ 정답 ①

**고전 문학 > 고전 운문**

**정답의 이유**

① 초장에서 '못 오던가'라는 구절을 반복하여 오지 않는 임에 대한 섭섭한 감정을 표출하고 있다.

**오답의 이유**

② 종장의 '흔 둘이 서른 날이여니 날 보라 올 하루 업스랴'는 한 달이 삼십 일인데 날 보러 올 하루가 없겠냐며 오지 않는 임에 대한 섭섭한 마음을 드러내는 구절이다. 날짜 수의 대조나 헤어진 기간이 길다는 내용은 나타나지 않는다.
③ 중장에서 '성', '담', '집', '뒤주', '궤' 등을 연쇄적으로 나열하고 있긴 하지만 임이 오지 못하는 이유를 추측할 뿐 감정의 기복이 나타나지는 않는다.
④ 중장에서 '성-담-집-뒤주-궤'로 공간을 단계적으로 축소하여 오지 않는 임에 대한 섭섭한 마음을 나타내고 있다.

> **작품 해설**

작자 미상, 「어이 못 오던가 ~」
- 갈래: 사설시조
- 성격: 해학적, 과장적
- 주제: 임을 기다리는 안타까운 마음
- 특징
  - 사물을 연쇄적으로 나열하여 오지 않는 임에 대한 간절한 마음을 드러냄
  - 임을 기다리는 안타까운 마음을 해학과 과장을 통해 나타냄

## 08 난도 ★★★  정답 ①

비문학 > 추론적 읽기

[정답의 이유]

(가) 2문단에서 '발음 능력을 습득하면 음성 기관의 움직임은 자동화되어 음성 기관의 어느 부분을 언제 어떻게 움직일지를 화자가 거의 의식하지 않는다.'라고 하였으므로 모어에 없는 외국어 음성을 발음하기 어려운 이유는 음성 기관의 움직임이 영·유아기에 습득된 모어를 기준으로 자동화되었기 때문임을 추론할 수 있다. 따라서 (가)에 들어갈 말로는 '음성 기관의 움직임이 모어의 음성에 맞게 자동화되어'가 적절하다.

(나) 3문단에서 '글씨를 쓰기 위해 손을 놀리는 것은 ~ 상당히 의식적이라 할 수 있다.'라며 필기가 의식적이라고 하였지만 다음 문장의 '그렇지만 개인의 의지와 관계없이 필체가 꽤 일정하다'는 내용을 볼 때 (나)에는 필기에도 어느 정도 무의식적인 면이 개입된다는 내용이 나와야 함을 알 수 있다. 따라서 (나)에 들어갈 말로는 '무의식적이고 자동적인 면이 있음을'이 적절하다.

## 09 난도 ★☆☆  정답 ②

문법 > 한글 맞춤법

[정답의 이유]

㉠·㉢ 무정타(○)/선발토록(○): 한글 맞춤법 제40항에 따르면 어간의 끝음절 '하'의 'ㅏ'가 줄고 'ㅎ'이 다음 음절의 첫소리와 어울려 거센소리로 될 적에는 거센소리로 적는다. 이때 어간의 끝음절이 울림소리 [ㄴ, ㅁ, ㅇ, ㄹ]로 끝나면 'ㅏ'는 줄고 'ㅎ'만 남아 뒷말과 결합하여 거센소리로 표기된다. 따라서 '무정하다'와 '선발하도록'은 어간 '무정'과 '선발'의 끝음절이 울림소리인 'ㅇ, ㄹ'이므로 '무정타', '선발토록'으로 줄여 쓰는 것이 적절하다.

[오답의 이유]

㉡·㉣ 섭섭치(×) → 섭섭지(○)/생각컨대(×) → 생각건대(○): 한글 맞춤법 제40항 [붙임 2]에 따르면 어간의 끝음절 '하'가 아주 줄 적에는 준 대로 적는다. 이때 어간의 끝음절이 안울림소리 [ㄱ, ㅂ, ㅅ(ㄷ)]로 끝나면 '하'가 아주 준다. 따라서 '섭섭하다'와 '생각하건대'는 어간 '섭섭'과 '생각'의 끝음절이 안울림소리인 'ㅂ, ㄱ'이므로 '섭섭지'와 '생각건대'로 쓰는 것이 적절하다.

> **더 알아보기**

한글 맞춤법 제40항

어간의 끝음절 '하'의 'ㅏ'가 줄고 'ㅎ'이 다음 음절의 첫소리와 어울려 거센소리로 될 적에는 거센소리로 적는다.

| 본말 | 준말 | 본말 | 준말 |
| --- | --- | --- | --- |
| 간편하게 | 간편케 | 다정하다 | 다정타 |
| 연구하도록 | 연구토록 | 정결하다 | 정결타 |
| 가하다 | 가타 | 흔하다 | 흔타 |

[붙임 1] 'ㅎ'이 어간의 끝소리로 굳어진 것은 받침으로 적는다.

| 않다 | 않고 | 않지 | 않든지 |
| --- | --- | --- | --- |
| 그렇다 | 그렇고 | 그렇지 | 그렇든지 |
| 아무렇다 | 아무렇고 | 아무렇지 | 아무렇든지 |
| 어떻다 | 어떻고 | 어떻지 | 어떻든지 |
| 이렇다 | 이렇고 | 이렇지 | 이렇든지 |
| 저렇다 | 저렇고 | 저렇지 | 저렇든지 |

[붙임 2] 어간의 끝음절 '하'가 아주 줄 적에는 준 대로 적는다.

| 본말 | 준말 | 본말 | 준말 |
| --- | --- | --- | --- |
| 거북하지 | 거북지 | 넉넉하지 않다 | 넉넉지 않다 |
| 생각하건대 | 생각건대 | 못하지 않다 | 못지않다 |
| 생각하다 못해 | 생각다 못해 | 섭섭하지 않다 | 섭섭지 않다 |
| 깨끗하지 않다 | 깨끗지 않다 | 익숙하지 않다 | 익숙지 않다 |

[붙임 3] 다음과 같은 부사는 소리대로 적는다.

| 결단코 | 결코 | 기필코 | 무심코 |
| --- | --- | --- | --- |
| 아무튼 | 요컨대 | 정녕코 | 필연코 |
| 하마터면 | 하여튼 | 한사코 | |

## 10 난도 ★★☆  정답 ④

어휘 > 한자어

[정답의 이유]

④ 記憶(기록할 기, 생각할 억)(×) → 追憶(쫓을 추, 생각할 억)(○)
- 기억(記憶): 이전의 인상이나 경험을 의식 속에 간직하거나 도로 생각해 냄
- 추억(追憶): 지나간 일을 돌이켜 생각함. 또는 그런 생각이나 일

[오답의 이유]

① 도착(到着: 이를 도, 붙을 착)(○): 목적한 곳에 다다름
② 불상(佛像: 부처 불, 모양 상)(○): 부처의 형상을 표현한 상
③ 경지(境地: 지경 경, 땅 지)(○): 몸이나 마음, 기술 따위가 어떤 단계에 도달해 있는 상태

## 11 난도 ★★☆   정답 ③

비문학 > 사실적 읽기

정답의 이유

③ 제시된 글에 따르면 인간의 지각과 생각은 프레임을 바탕으로 이루어진다. 따라서 지각과 사고를 확장하는 과정에서 프레임을 극복해야 하는 대상이라고 이해한 내용은 적절하지 않다.

오답의 이유

① '인간의 모든 정신 활동은 진공 상태에서 일어나는 것이 아니라, 어떤 맥락이나 가정하에서 일어난다.'라고 하였다. 여기서 맥락이나 가정은 프레임을 의미하므로 인간의 정신 활동은 프레임 없이 일어나지 않는다고 이해한 것은 적절하다.
② '어떤 사람이 자신은 어떤 프레임의 지배도 받지 않고 세상을 있는 그대로 객관적으로 본다고 주장한다면, 그 주장은 진실이 아닐 것이다.'라고 하였으므로 프레임이 어떤 편향성을 가지게 하는 개념이라고 이해한 것은 적절하다.
④ '사람의 지각과 생각은 인간의 모든 정신 활동을 뜻하고 항상 어떤 맥락, 관점 혹은 어떤 평가 기준이나 가정하에서 일어난다.', '이러한 맥락, 관점, 평가 기준, 가정을 프레임이라고 한다.'라고 하였으므로 프레임이 인간의 정신 활동에 영향을 미치는 어떤 맥락이나 평가 기준이라고 이해한 것은 적절하다.

## 12 난도 ★★☆   정답 ①

비문학 > 사실적 읽기

정답의 이유

① 2문단에서 '시스템은 불안정하고 완벽하지 않기 때문에 컴퓨터가 조종사의 판단보다 우선시될 수 없다는 것이다.'라고 하였으며, '인간은 실수할 수 있는 존재'라는 에어버스의 아버지 베테유의 전제를 언급하였다. 이를 통해 보잉은 시스템의 불안정성을, 에어버스는 인간의 실수 가능성을 고려하여 설계되었음을 알 수 있다.

오답의 이유

② 2문단에서 베테유는 '인간은 실수할 수 있는 존재'라고 전제하였다. 하지만 윌리엄 보잉은 시스템이 불안정하고 완벽하지 않아 조종사의 판단보다 우선시될 수 없다고 여겼을 뿐, 이것이 인간이 실수하지 않는 존재라고 본 것은 아니다.
③ 1문단에서 에어버스는 컴퓨터가 조종사의 조작을 감시하고 제한한다고 하였다. 이를 통해 에어버스의 조종사는 자동조종시스템의 통제를 받음을 알 수 있다.
④ 1문단에서 보잉과 에어버스의 중요한 차이점이 자동조종시스템의 활용 정도에 있으며 보잉의 경우 대개 항공기를 조종간으로 직접 통제한다고 하였으므로 보잉의 조종사가 자동조종시스템을 아예 활용하지 않는다고 볼 수 없다.

## 13 난도 ★★★   정답 ②

비문학 > 추론적 읽기

정답의 이유

② 제시된 글에서 '불안은 현재 발생하지 않았으며 미래에 일어날지 모르는 불명확한 위험에 의해 야기된 상태를 의미한다.'라고 하였다. 따라서 전기·가스 사고가 날까 두려워 외출하지 못하는 사람은 불안한 상태에 있다고 추론할 수 있다.

오답의 이유

① 제시된 글에서 '공포를 느끼는 것은 나 자신이 위험한 상황에 놓여 있다는 사실을 아는 것'이라고 하였다. 따라서 자신이 처한 위험한 상황을 정확히 인식하는 경우는 불안감에 비해 공포감이 더 클 것이다.
③ 제시된 글에서 '공포는 실재하는 객관적 위협에 의해 야기된 상태를 의미하고, 불안은 현재 발생하지 않았으며 미래에 일어날지 모르는 불명확한 위험에 의해 야기된 상태'라고 하였다. 따라서 시험에 불합격할 수 있다는 생각에 사로잡힌 사람은 공포감이 아닌 불안감에 빠져 있을 것이다.
④ 제시된 글에서 '공포의 상태와 불안의 상태를 구분하는 것은 쉽지 않다. 왜냐하면 두 감정을 함께 느끼거나 한 감정이 다른 감정을 유발할 때가 많기 때문이다.'라고 하였다. 따라서 과거에 큰 교통사고를 경험한 사람은 미래에 일어날지 모르는 교통사고를 걱정하게 되기 때문에 공포감과 동시에 불안감도 크다.

## 14 난도 ★★★   정답 ②

비문학 > 사실적 읽기

정답의 이유

② 1문단의 '프톨레마이오스가 천체들의 공전 궤도를 관찰하던 도중, ~ 즉 주전원(周轉圓)을 따라 공전 궤도를 그리면서 행성들이 운동한다고 주장하였다.'라는 내용을 통해 주전원은 지동설을 지지하고자 만든 개념이 아니라 프톨레마이오스가 자신의 관찰 결과를 천동설로 설명하기 위해 도입한 것임을 알 수 있다.

오답의 이유

① 1문단의 '과학 혁명 이전 아리스토텔레스 철학은 ~ 지구의 주위를 공전한다는 천동설이 정설로 자리 잡고 있었다.'라는 내용을 통해 과학 혁명 이전 시기에는 천동설이 정설로 받아들여졌음을 알 수 있다.
③ 1문단의 '아리스토텔레스의 세계관을 따라 ~ 천동설이 정설로 자리 잡고 있었다.'와 2문단의 '코페르니쿠스는 천체의 중심에 지구 대신 태양을 놓고 지구가 태양의 주위를 공전한다고 주장하였다.'라는 내용을 통해 천동설은 우주의 중심을 지구라 여기고 지동설은 우주의 중심을 태양이라 여김을 알 수 있다. 따라서 천동설과 지동설은 우주의 중심을 어디에 두느냐에 따라 구분된다.
④ 2문단의 '태양을 우주의 중심에 둔 코페르니쿠스의 ~ 수학적으로 단순하게 설명하였다.'라는 내용을 통해 행성의 공전에 대한 프톨레마이오스의 설명은 코페르니쿠스의 설명보다 수학적으로 복잡하였음을 알 수 있다.

## 15  난도 ★☆☆    정답 ④

**문법 > 표준어 사정 원칙**

정답의 이유

④ 으레(○): 표준어 사정 원칙 제10항에 따라 '으레'를 표준어로 삼는다.

오답의 이유

① 수염소(×) → 숫염소(○): 표준어 사정 원칙 제7항에서 '수'와 뒤의 말이 결합할 때, 발음상 [ㄴ(ㄴ)] 첨가가 일어나거나 뒤의 예사소리가 된소리가 되는 경우 사이시옷과 유사한 효과를 보이는 것이라 판단하여 '수'에 'ㅅ'을 붙인 '숫'을 표준어형으로 규정하고 있다. 이러한 경우는 '숫양[순냥], 숫염소[순념소], 숫쥐[순쥐]'만 해당하므로 '숫염소'로 표기하는 것이 적절하다.

② 윗층(×) → 위층(○): 표준어 사정 원칙 제12항 '다만 1.'에 따르면 '웃-' 및 '윗-'은 명사 '위'에 맞추어 '윗-'으로 통일하지만 된소리나 거센소리 앞에서는 '위-'로 한다고 하였으므로 '위층'으로 표기하는 것이 적절하다.

③ 아지랭이(×) → 아지랑이(○): 표준어 사정 원칙 제9항 [붙임 1]에 따르면 '아지랑이'는 'ㅣ' 역행 동화가 일어나지 아니한 형태를 표준어로 삼는다고 하였으므로 '아지랑이'로 표기하는 것이 적절하다.

## 16  난도 ★☆☆    정답 ③

**비문학 > 작문**

정답의 이유

③ 제시된 글에서 '정교한 독서'라는 뜻의 '정독'은 한자로 '精讀'이라 하였고, '빨리 읽기'라는 뜻의 '속독'은 한자로 '速讀'이라 하였다. 따라서 '정교하고 빠르게 읽기'를 뜻하는 '정속독'은 '精速讀'으로 표기하는 것이 적절하다.

오답의 이유

① '정교한 독서'라는 뜻의 '정독(精讀)'과 '바른 독서'라는 뜻의 '정독(正讀)'은 소리는 같지만 뜻이 다르다. 따라서 ㉠을 '다르게 읽지만 뜻이 같다'로 수정하는 것은 적절하지 않다.

② ㉡ 앞부분에서 '무엇이 정교한 것일까? 모든 단어에 눈을 마주치면서 제대로 인식하는 것이다.'라고 하였으므로 ㉡은 '정교한 독서'를 뜻하는 '정독(精讀)'임을 알 수 있다. 따라서 '정독(正讀)'으로 수정하는 것은 적절하지 않다.

④ ㉢ 뒷부분에서 '빼먹고 읽는 습관, 즉 난독의 일종임을 잊지 말아야 한다.'라고 하였으며 제시된 글의 첫 문장에서 '난독을 해결하려면 정독을 해야 한다.'라고 하였으므로 ㉢에는 '정독이 빠진 속독'이 들어가야 한다. 따라서 '속독이 빠진 정독'으로 수정하는 것은 적절하지 않다.

## 17  난도 ★★☆    정답 ④

**현대 문학 > 현대 시**

정답의 이유

④ 1연에서 매미 울음소리가 절정에 이르렀다가 사라진 직후의 상황을 '정적의 소리'라고 표현하였다. 이는 원래 표현하려는 의미와 반대로 표현하는 반어법이 사용된 것이 아니라, 울음이 사라지고 고요한 상태인 '정적'을 '쟁쟁쟁'이라는 시끄러운 소리로 표현한 역설법이 사용된 것이다.

오답의 이유

① '매미 울음', '정적의 소리인 듯 쟁쟁쟁' 등의 청각적 이미지, '뙤약볕', '소나기', '맑은 구름만 눈이 부시게' 등의 시각적 이미지, '그늘의 소리' 등의 공감각적 이미지를 활용하여 절정이었던 매미 울음소리가 잦아들고 고요해진 상황을 감각적으로 제시하고 있다.

② '매미 울음', '정적의 소리인 듯 쟁쟁쟁' 등의 청각적 이미지, '맑은 구름만 눈이 부시게', '하늘 위에 펼쳐지기만 하노니' 등 시각적 이미지를 활용하여 시상을 전개하고 있다.

③ 2연에서 사랑의 속성을 세차게 들이붓다가 어느 순간 아무 일 없었던 양 멈추는 '소나기'에 비유하여 표현하였다.

**작품 해설**

박재삼, 「매미 울음 끝에」

- 갈래: 자유시, 서정시
- 성격: 관찰적, 감각적, 낭만적, 유추적
- 주제: 매미의 울음을 통해 본 사랑의 본질적 속성
- 특징
  - 다양한 감각적 심상을 활용하여 대상을 표현함
  - 역설법을 통해 매미 울음소리가 잦아든 상황을 제시함
  - 자연 현상(매미 울음소리)과 인생(사랑)의 공통된 속성에서 주제를 이끌어 냄

## 18  난도 ★★★    정답 ④

**비문학 > 사실적 읽기**

정답의 이유

④ '호메로스의 『일리아드』와 『오디세이아』에서는 신과 인간의 세계가 하나로 얽혀 있다.'와 '소포클레스나 에우리피데스의 비극에서는 총체성이 흔들려 신과 인간의 세계가 분리된다.'를 통해 『오디세이아』가 에우리피데스의 비극에 비해 신과 인간의 결합 정도가 높음을 알 수 있다.

오답의 이유

① '철학의 시대'가 '이미 계몽된 세계'라는 내용은 있으나 계몽사상이 '서사시의 시대'에서 '철학의 시대'로의 전환을 이끌었다는 내용은 제시되지 않았다.

② '비극의 시대'는 신과 인간이 분리되나 신탁이라는 약한 통로로 이어져 있고, 플라톤으로 대표되는 '철학의 시대'는 신탁을 신뢰할 수 없는, 신과 인간이 완전히 분리된 세계이다. 따라서 플라톤의 이데아가 표현하는 것은 '철학의 세계'이지 '비극적 세계'가 아니다.

③ "루카치는 그리스 세계를 신과 인간의 결합 정도를 가리키는 '총체성' 개념을 기준으로 세 시대로 구분하였다."를 통해 루카치는 그리스 세계를 '총체성'이라는 단일한 개념을 기준으로 세 시대로 구분하였음을 알 수 있다.

## 19 난도 ★★☆  정답 ②

비문학 > 사실적 읽기

[정답의 이유]

② '16~17세기에 창작되었던 몽유록에는 참여자형이 많다. 참여자형에서는 몽유자와 꿈속 인물들이 동질적인 이념을 공유하고 현실의 고통스러운 문제에 대해 의견을 나누며 비판적 목소리를 낸다.'라고 하였으므로 몽유자가 현실을 비판하는 경향이 강하게 나타나는 시기는 16~17세기임을 알 수 있다.

[오답의 이유]

① 제시된 글에 따르면, 몽유록은 몽유자의 역할에 따라 참여자형과 방관자형으로 구분할 수 있다. 참여자형에서는 몽유자가 꿈에서 만난 인물들의 모임에 직접 참여하지만, 방관자형에서는 모임을 엿볼 뿐 직접 참여하지는 않는다. 이를 통해 몽유자가 꿈속 인물들의 모임에 직접 참여하는지, 참여하지 않는지에 따라 몽유록의 유형을 나눌 수 있음을 알 수 있다.

③ '그러나 주로 17세기 이후에 창작된 방관자형에서는 ~ 이 시기의 몽유록이 통속적이고 허구적인 성격으로 변모하는 것은 몽유자의 역할 변화와 무관하지 않다.'를 통해 몽유자가 구경꾼 역할을 하는 몽유록은 통속적이고 허구적인 성격이 강하다는 것을 알 수 있다.

④ '참여자형에서는 몽유자와 꿈속 인물들이 동질적인 이념을 공유하고 현실의 고통스러운 문제에 대해 의견을 나누며 비판적 목소리를 낸다.'를 통해 몽유자가 꿈속 인물들과 함께 현실을 비판하는 몽유록은 참여자형에 해당함을 알 수 있다.

## 20 난도 ★★☆  정답 ③

비문학 > 사실적 읽기

[정답의 이유]

③ '국내외의 글로벌 기업들은 여러 산업 분야에서 디지털 트윈을 도입하여 사전에 위험 요소를 제거하고 수익 모델의 효율성을 높이고 있다.'를 통해 디지털 트윈에서의 시뮬레이션으로 현실 세계의 위험 요소를 찾아내고 방지할 수 있음을 알 수 있다.

[오답의 이유]

① 디지털 트윈을 활용함에 따라 글로벌 기업들의 고용률이 향상되었다는 내용은 제시되어 있지 않다.

② 디지털 트윈이 주목받는 이유는 안정성과 경제성 때문이며, 가상 세계에 데이터를 전송, 취합, 분석, 이해, 실행하는 과정은 실제 실험보다 비용이 적게 든다고 하였다. 따라서 디지털 트윈의 데이터 모델은 현실 세계의 각종 실험 모델보다 경제성이 높음을 알 수 있다.

④ 이용자들에게 새로운 경제·사회·문화적 경험을 제공하는 데 목적을 둔 것은 메타버스이다. 디지털 트윈은 현실 세계에 존재하는 것을 컴퓨터상에 똑같이 복제하고 실시간으로 반응할 수 있도록 하는 데 목적이 있다.

# 국어 | 2022년 국가직 9급

## 한눈에 훑어보기

### ✓ 영역 분석

**어휘**    03   07   16
3문항, 15%

**문법**    01   02   19
3문항, 15%

**고전 문학**    05   06
2문항, 10%

**현대 문학**    14   18
2문항, 10%

**비문학**    04   08   09   10   11   12   13   15   17   20
10문항, 50%

### ✓ 빠른 정답

| 01 | 02 | 03 | 04 | 05 | 06 | 07 | 08 | 09 | 10 |
|----|----|----|----|----|----|----|----|----|----|
| ③  | ②  | ④  | ③  | ②  | ④  | ①  | ②  | ④  | ③  |
| 11 | 12 | 13 | 14 | 15 | 16 | 17 | 18 | 19 | 20 |
| ②  | ②  | ④  | ①  | ④  | ③  | ④  | ①  | ③  | ①  |

### ✓ 점수 체크

| 구분 | 1회독 | 2회독 | 3회독 |
|------|-------|-------|-------|
| 맞힌 문항 수 | / 20 | / 20 | / 20 |
| 나의 점수 | 점 | 점 | 점 |

---

## 01 난도 ★★☆    정답 ③

**문법 > 의미론**

**정답의 이유**

③ 속을 썩혀(×) → 속을 썩여(○): '걱정이나 근심 따위로 마음이 몹시 괴로운 상태가 되게 만들다.'라는 의미로 사용되었으므로 '썩이다'가 적절하다.

**오답의 이유**

① 능력을 썩히고(○): '물건이나 사람 또는 재능 따위가 쓰여야 할 곳에 제대로 쓰이지 못하고 내버려진 상태로 있게 하다.'라는 뜻의 '썩히다'가 쓰였으므로 적절하다.

② 쓰레기를 썩혀서(○): '유기물이 부패 세균에 의하여 분해됨으로써 원래의 성질을 잃어 나쁜 냄새가 나고 형체가 뭉개지는 상태가 되게 하다.'라는 뜻의 '썩히다'가 쓰였으므로 적절하다.

④ 기계를 썩히고(○): '물건이나 사람 또는 재능 따위가 쓰여야 할 곳에 제대로 쓰이지 못하고 내버려진 상태로 있게 하다.'라는 뜻의 '썩히다'가 쓰였으므로 적절하다.

## 02 난도 ★★☆    정답 ②

**문법 > 통사론**

**정답의 이유**

② 우리말에는 피동보다 능동 표현을 쓰는 것이 자연스러우므로 '맺어졌으면'을 '맺었으면'으로 고쳐 쓴 것은 적절하다. 하지만 '어떤 일이 이루어지기를 기다리는 간절한 마음'을 뜻하는 단어는 '바람'이며, '바램'은 비표준어이다.

**오답의 이유**

① '틀리다'는 '셈이나 사실 따위가 그르게 되거나 어긋나다.'를 의미한다. 따라서 '비교가 되는 두 대상이 서로 같지 아니하다.'의 뜻을 가진 '다르다'가 적절한 표현이다.

③ '내가 오직 바라는 것은 ~ 좋겠어.'는 주어와 서술어의 호응이 맞지 않으므로 서술어를 '좋겠다는 거야.'로 고쳐 쓴 것은 적절하다.

④ '주다'는 주어, 목적어, 부사어를 필수로 요구하는 세 자리 서술어이므로 '인간에게'라는 필수적 부사어를 추가하여 고쳐 쓴 것은 적절하다.

> **더 알아보기**

**표준어 사정 원칙 제11항**

다음 단어에서는 모음의 발음 변화를 인정하여, 발음이 바뀌어 굳어진 형태를 표준어로 삼는다. (ㄱ을 표준어로 삼고, ㄴ을 버림)

| ㄱ | ㄴ |
|---|---|
| 나무라다 | 나무래다 |
| 바라다 | 바래다 |

→ '나무래다, 바래다'는 방언으로 해석하여 '나무라다, 바라다'를 표준어로 삼았다. 그런데 근래 '바라다'에서 파생된 명사 '바람'을 '바램'으로 잘못 쓰는 경향이 있다. '바람[風]'과의 혼동을 피하려는 심리 때문인 듯하다. 그러나 동사가 '바라다'인 이상 그로부터 파생된 명사가 '바램'이 될 수는 없다. '바라다'의 활용형으로, '바랬다, 바래요'는 비표준형이고 '바랐다, 바라요'가 표준형이 된다. '나무랐다, 나무라요'도 '나무랬다, 나무래요'를 취하지 않는다.

## 03 난도 ★☆☆  정답 ④

**어휘 > 한자성어**

> 정답의 이유

④ 당랑거철(螳螂拒轍)은 제 역량을 생각하지 않고, 강한 상대나 되지 않을 일에 덤벼드는 무모한 행동거지를 비유적으로 이르는 말이다. 제시된 문장에서는 신중한 태도와 관련된 사자성어를 사용해야 하므로 무모한 행동을 비유하는 말인 '당랑거철'은 적절하지 않다.

- 螳螂拒轍: 사마귀 당, 사마귀 랑, 막을 거, 바큇자국 철

> 오답의 이유

① 구곡간장(九曲肝腸): 굽이굽이 서린 창자라는 뜻으로, 깊은 마음속 또는 시름이 쌓인 마음속을 비유적으로 이르는 말
- 九曲肝腸: 아홉 구, 굽을 곡, 간 간, 창자 장

② 곡학아세(曲學阿世): 바른길에서 벗어난 학문으로 세상 사람에게 아첨함
- 曲學阿世: 굽을 곡, 배울 학, 언덕 아, 세대 세

③ 구밀복검(口蜜腹劍): 입에는 꿀이 있고 배 속에는 칼이 있다는 뜻으로, 말로는 친한 듯하나 속으로는 해칠 생각이 있음을 이르는 말
- 口蜜腹劍: 입 구, 꿀 밀, 배 복, 칼 검

## 04 난도 ★☆☆  정답 ③

**비문학 > 화법**

> 정답의 이유

③ 지민이 '하긴 아이스크림 매출 증가에 관한 통계 자료를 인용해서 답변한 전략도 설득력이 있었어.'라고 말한 부분을 통해 상대방의 견해를 존중하고 있음을 확인할 수 있다. 또한 '하지만 초두 효과의 효용성도 크지 않을까 해.'라고 말한 부분을 통해 자신의 의견을 제시하고 있음을 확인할 수 있다. 이러한 지민의 발화에는 공손성의 원리 중 자신의 의견과 다른 사람의 의견 사이의 차이점을 최소화하고, 자신의 의견과 다른 사람의 의견의 일치점을 극대화하는 '동의의 격률'이 사용되었다.

> 오답의 이유

① 지민이 면접 전략 강의에 대한 자신의 의견을 제시하고 있으나, 면접 경험을 예로 들어 정수를 설득하고 있는 것은 아니다.

② 지민이 정수의 약점을 공략하거나 정수의 이견을 반박하는 발화는 확인할 수 없다.

④ 지민이 '맞아. 그중에서도 두괄식으로 답변하라는 첫 번째 내용이 정말 인상적이더라.'라고 말한 부분을 통해 자신의 감정을 표현하고 있음을 확인할 수 있으나, 상대방과의 갈등 해소를 위한 감정 표현이라고 볼 수는 없다.

> **더 알아보기**

**공손성의 원리**

대화를 할 때 공손하지 않은 표현은 최소화하고, 공손하고 정중한 표현은 최대화한다.

| 요령의 격률 | 상대방에게 부담이 되는 표현은 최소화하고, 상대방에게 이익이 되는 표현은 최대화한다. |
|---|---|
| 관용의 격률 | 자신에게 이익이 되는 표현은 최소화하고, 자신에게 부담이 되는 표현은 최대화한다. |
| 찬동(칭찬)의 격률 | 상대방을 비난하는 표현은 최소화하고, 상대방을 칭찬하는 표현은 최대화한다. |
| 겸양의 격률 | 자신을 칭찬하는 표현은 최소화하고, 자신을 낮추거나 자신을 비방하는 표현은 최대화한다. |
| 동의의 격률 | 상대방의 의견과 불일치하는 표현은 최소화하고, 상대방의 의견과 일치하는 표현은 최대화한다. |

## 05 난도 ★★☆  정답 ②

**고전 문학 > 고전 산문**

> 정답의 이유

② 3문단의 '이는 필시 사부가 ~ 허무한 일임을 알게 하신 것이로다.'에서 성진의 사부인 육관 대사가 성진에게 가르침을 주기 위해 꿈을 꾸게 하였음을 확인할 수 있다. 또한 1문단의 '승상이 말을 마치기도 전에 구름이 걷히더니 노승은 간 곳이 없고 좌우를 돌아보니 팔낭자도 간 곳이 없었다.'에서 육관 대사가 꿈속에서 노승으로 나타나 성진이 꿈에서 깰 수 있도록 하였음을 추론할 수 있다. 따라서 양소유가 인간 세상에 환멸을 느껴 스스로 성진의 모습으로 되돌아왔다는 설명은 적절하지 않다.

> 오답의 이유

① 3문단의 '그리고 장원급제를 하여 한림학사가 된 후 출장입상하고'에서 꿈속의 양소유가 장원급제를 하여 한림학사가 되었음을 확인할 수 있다.

③ 2문단의 '이에 제 몸이 인간 세상의 승상 양소유가 아니라 연화도량의 행자 성진임을 비로소 깨달았다.'에서 성진은 인간 세상이 아닌 연화도량에 있음을 확인할 수 있다.

④ 2문단의 '자신의 몸을 보니 ~ 완연한 소화상의 몸이요, 전혀 대승상의 위의가 아니었으니'에서 성진은 자신의 외양을 보고 꿈에서 돌아왔음을 인식했다는 것을 확인할 수 있다.

**작품 해설**

김만중, 「구운몽」
- 갈래: 고전 소설, 국문 소설, 몽자류 소설
- 성격: 불교적, 유교적, 도교적, 우연적, 전기적, 비현실적
- 주제
  - 인생무상의 깨달음을 통한 허무의 극복
  - 불교적 인생관에 대한 각성
- 특징
  - '현실-꿈-현실'의 이원적 환몽 구조를 취하는 몽자류 소설의 효시
  - 천상계가 현실적 공간, 인간계가 비현실적 공간으로 설정됨
  - 꿈속 양소유의 삶은 영웅 소설의 구조를 지님
  - 유교적, 불교적, 도교적 사상이 작품에 반영되어 있음

## 06 난도 ★★☆     정답 ④

고전 문학 > 고전 운문

**정답의 이유**

④ (라)는 임금의 승하를 애도하는 마음을 노래한 시조이다. '서산의 히 디다 ᄒ니 그를 셜워 ᄒ노라.'에서 해가 진다는 표현은 임금의 승하를 비유적으로 나타낸 것으로 ② '히'는 '임금'을 의미한다.

**오답의 이유**

① (가)는 수양 대군의 횡포를 비판하는 시조이다. '눈서리'는 '시련' 또는 '수양 대군의 횡포'를 의미하는데, 눈서리로 인해 낙락장송이 다 기울어 간다고 하였으므로 ㉠ '낙락장송'은 수양 대군에 의해 억울하게 희생된 '충신'들을 의미한다.

② (나)는 임금에게 버림받고 괴로운 마음을 나타낸 시조이다. 화자는 구름에게 님이 계신 곳에 비를 뿌려 달라고 하며 자신의 억울함을 호소하고자 하므로 ㉡ '님'은 '궁궐에 계신 임금'을 의미한다.

③ (다)는 이별한 임을 그리워하는 마음을 드러낸 시조이다. 화자는 지는 낙엽을 보며 이별한 임이 자신을 생각하는지 궁금해하고 있으므로 ㉢ '저'는 '이별한 임'을 의미한다.

**작품 해설**

(가) 유응부, 「간밤의 부던 ᄇᆞ람에 ~」
- 갈래: 평시조, 절의가
- 성격: 우국적, 풍자적
- 주제: 수양 대군의 횡포에 대한 비판과 인재 희생에 대한 걱정
- 특징
  - 시간의 흐름에 따라 시상을 전개함
  - 자연물에 함축적 의미를 부여함(눈서리: 세조의 횡포, 낙락장송: 충신)
  - 주제를 우회적으로 표현함

(나) 이항복, 「철령 노픈 봉에 ~」
- 갈래: 평시조, 연군가
- 성격: 풍유적, 비탄적, 우의적
- 주제: 억울한 심정 호소와 귀양길에서의 정한

- 특징
  - '님'은 궁궐(구중심처)에 계신 임금, 즉 광해군을 가리킴
  - 임금을 떠나는 자신의 억울한 마음을 자연물에 빗대어 표현함

(다) 계랑, 「이화우(梨花雨) 훗쑤릴 제 ~」
- 갈래: 평시조, 서정시
- 성격: 애상적, 감상적, 여성적
- 주제: 이별의 슬픔과 임에 대한 그리움
- 특징
  - 임과 헤어진 뒤의 시간적 거리감과 임과 떨어져 있는 공간적 거리감이 조화를 이룸
  - 시간의 흐름과 하강적 이미지를 통해 시적 화자의 정서를 심화함

(라) 조식, 「삼동(三冬)의 뵈옷 닙고 ~」
- 갈래: 평시조, 연군가
- 성격: 애도적, 유교적
- 주제: 임금의 승하를 애도함
- 특징
  - 군신유의(君臣有義)의 유교 정신을 잘 보여줌
  - 중종 임금이 승하했다는 소식을 듣고 애도함

## 07 난도 ★☆☆     정답 ①

어휘 > 혼동 어휘

**정답의 이유**

㉠ '승부나 등수 따위를 정하는 일'이라는 뜻을 가진 '가름'을 쓰는 것이 적절하다.

㉡ '일정한 기준에 따라 분류하거나 나누어 놓은 낱낱의 범위나 부분'이라는 뜻을 가진 '부문(部門)'을 쓰는 것이 적절하다.

㉢ '성질이나 종류에 따라 갈라놓음'이라는 뜻을 가진 '구별(區別)'을 쓰는 것이 적절하다.

**오답의 이유**

- 갈음: 다른 것으로 바꾸어 대신함
- 부분(部分): 전체를 이루는 작은 범위 또는 전체를 몇 개로 나눈 것의 하나
- 구분(區分): 일정한 기준에 따라 전체를 몇 개로 갈라 나눔

**더 알아보기**

'가름'과 '갈음'

| | |
|---|---|
| 가름 | 쪼개거나 나누어 따로따로 되게 하는 일<br>예 둘로 가름 |
| | 승부나 등수 따위를 정하는 일<br>예 이기고 지는 것은 대개 외발 싸움에서 가름이 났다. |
| 갈음 | 다른 것으로 바꾸어 대신함<br>예 새 책상으로 갈음하였다. |

## 08 난도 ★★★  정답 ②

비문학 > 화법

정답의 이유

- 1단계: (가)에서 친구가 자전거를 타다가 사고를 당해 머리를 다쳤다는 이야기를 제시함으로써 주제에 대한 청자의 주의나 관심을 환기하고 있다.
- 2단계: (다)에서 청자인 '여러분'이 자전거를 타는 경우를 언급함으로써 자전거 사고 문제를 청자와 관련지어 설명하고 있다.
- 3단계: (나)에서 헬멧을 착용하면 머리를 보호할 수 있다고 언급함으로써 문제에 대한 해결 방안을 제시하고 있다.
- 4단계: (라)에서 헬멧을 착용한다면 신체 피해를 줄일 수 있고, 즐거움과 편리함을 안전하게 누릴 수 있다고 언급함으로써 해결 방안이 청자에게 어떤 도움이 되는지 구체화하고 있다.
- 5단계: (마)에서 자전거를 탈 때 반드시 헬멧을 착용해야 한다고 언급함으로써 특정 행동을 요구하고 있다.

따라서 동기화 단계 조직에 따라 순서대로 배열하면 ② (가) – (다) – (나) – (라) – (마)이다.

## 09 난도 ★★☆  정답 ④

비문학 > 사실적 읽기

정답의 이유

④ 2문단에서 복지 공감 지도로 수급자 현황을 한눈에 확인함으로써 복지 기관의 맞춤형 대응이 가능하고, 최적의 복지 기관 설립 위치를 선정할 수 있음을 확인할 수 있다. 그러나 복지 공감 지도로 복지 혜택에 대한 수급자들의 개별 만족도를 파악할 수 있는 것은 아니다.

오답의 이유

① 1문단의 '국가정보자원관리원과 ○○시는 빅데이터 기반의 맞춤형 복지 서비스 분석 사업을 수행했다.'에서 빅데이터 기반의 맞춤형 복지 서비스 분서 사업을 활용하고 있음을 확인할 수 있다. 또한 1문단의 '국가정보자원관리원은 ~ 취약 지역 지원 방안을 제시했다.'에서 이 사업을 통해 복지 사각지대를 줄이는 방안이 제시되었음을 확인할 수 있다.
② 3문단의 '이 사업을 통해 ○○시는 그동안 복지 기관으로부터 도보로 약 15분 내 위치한 수급자에게 복지 혜택이 집중되고 있는 것도 확인했다.'에서 복지 기관과 수급자 거주지 사이의 거리가 복지 혜택의 정도에 영향을 주고 있음을 확인할 수 있다.
③ 3문단의 '이에 ~ 복지 셔틀버스 노선을 4개 증설할 계획을 수립했다.'에서 복지 기관 접근성 분석 결과를 통해 복지 셔틀버스 노선을 증설하기로 하였음을 확인할 수 있다.

## 10 난도 ★★★  정답 ③

비문학 > 추론적 읽기

정답의 이유

③ '탯줄이 떨어지면서 배의 한가운데에 생긴 자리'를 뜻하는 '배꼽'이 바둑판에서 '바둑판의 한가운데'의 뜻으로 쓰이는 것은 일반적으로 쓰이는 말이 특수한 영역에서 사용되는 경우에 해당한다. 따라서 ⓒ의 사례로 적절하지 않다.

오답의 이유

① '코'는 '포유류의 얼굴 중앙에 튀어나온 부분'을 의미하지만, '아이들의 코 묻은 돈'에서의 '코'는 '콧구멍에서 흘러나오는 액체', 즉 '콧물'이라는 의미를 포함하는 방향으로 변화한 것이다.
② '수세미'는 본래 식물의 이름으로, 과거에 설거지할 때 그릇을 씻는 데 쓰는 물건을 만드는 재료였다. 그러나 이후 '수세미'는 설거지할 때 그릇을 씻는 데 쓰는 물건이라는 의미로 변하였으므로 지시 대상 자체가 바뀐 사례로 볼 수 있다.
④ 과거의 사람들은 전염병인 '천연두'에 대해 심리적인 두려움이 있었기 때문에 이를 대신하여 '손님'이라고 불렀다. 이후 '손님'은 '천연두'를 일상적으로 이르는 말이 되었다.

### 더 알아보기

**단어 의미 변화의 원인**

- 언어적 원인
  - 전염: 특정한 단어와 어울리면서 의미가 변하는 현상이다.
    예 결코 우연한 일이 아니었다.
    → '별로', '결코' 등은 긍정과 부정에 모두 쓰이던 표현이었는데, 부정적 표현과 자주 어울리면서 부정적 표현에만 쓰이게 되었다.
  - 생략: 단어의 일부분이 생략되면서 생략된 부분의 의미가 남은 부분에 감염되는 현상이다.
    예 아침을 먹었다.
    → '밥'이 생략되어도 '아침'이 '아침밥'의 의미를 갖는다. '머리(머리카락)', '코(콧물)'도 같은 예이다.
  - 민간 어원: 민간에 전해오는 이야기에 의해 의미가 변하는 현상이다.
    예 행주치마
    → 원래는 '행자승이 걸치는 치마'라는 뜻으로 행주산성과 전혀 관련이 없었으나, 행주산성 이야기의 영향을 받아 '행주산성의 치마'라는 의미로 쓰이게 되었다.
- 역사적 원인
  - 지시물의 변화
    예 바가지
    → 원래는 '박을 두 쪽으로 쪼개 만든 그릇'을 의미했으나, '나무, 플라스틱 등으로 만든 그릇'을 지칭하는 말로 바뀌었다.

- 지시물에 대한 정서적 태도의 변화
  예 나일론
    → 원래는 질기고 강하고 좋은 의미로 쓰였지만, 새롭고 좋은 소재들이 나오면서 나일론은 좋지 않은 부정적인 의미로 바뀌었다. 이러한 변화로 '나일론 환자'는 '가짜 환자'라는 뜻으로 사용된다.
- 지시물에 대한 지식의 변화
  예 해가 뜨고 진다.
    → 원래는 '지구를 중심으로 해가 돈다.'는 생각에서 나온 표현이었지만, 과학 지식의 발달로 지금은 '지구가 돈다.'라는 의미로 사용된다.
• 심리적 원인(금기에 의한 변화)
  예 손님(홍역), 마마(천연두), 산신령(호랑이), 돌아가시다(죽다)

## 11 난도 ★☆☆ 정답 ②

비문학 > 사실적 읽기

정답의 이유

② 지나친 야간 조명이 식물의 성장에 부정적 영향을 끼쳐 작물 수확량을 감소시킬 수 있음이 여러 연구를 통해 입증된 바 있다는 내용을 근거로 들어 건의에 대한 신뢰성을 높이고 있다. 하지만 인용한 자료의 출처를 밝히고 있지는 않다.

오답의 이유

① '하지만 지나친 야간 조명이 식물의 성장에 부정적인 영향을 끼쳐 작물 수확량을 감소시킬 수 있음은 이미 여러 연구를 통해 입증된 바 있습니다.'와 '실제로 골프장이 야간 운영을 시작했을 때를 기점으로 우리 농장의 수확률이 현저히 낮아졌음을 제가 확인했습니다.'에서 글쓴이는 △△시 시장에게 빛 공해로 농장이 겪는 어려움에 대해 관심을 촉구하고 있음을 확인할 수 있다.
③ '또한 ○○군에서도 빛 공해 문제를 해결하기 위해 야간 조명의 조도를 조정하는 프로젝트를 진행한 바 있으니 참고해 보시기 바랍니다.'에서 다른 지역의 사례를 언급하고 있음을 확인할 수 있다.
④ '물론, 이윤을 추구하는 골프장의 야간 운영을 무조건 막는다면 골프장 측에서 반발할 것입니다.'에서 예상되는 문제점을 제시하고 있으며, '그래서 계절에 따라 야간 운영 시간을 조정하거나 운영 제한에 따른 손실금을 보전해 주는 등의 보완책도 필요합니다.'에서 그에 따른 해결 방안에 대해 제시하고 있음을 확인할 수 있다.

## 12 난도 ★★☆ 정답 ②

비문학 > 화법

정답의 이유

② ⓒ에서 '저'는 말하는 이와 듣는 이로부터 멀리 있는 대상을 가리키는 지시 관형사이다. 따라서 ⓒ이 화자보다 청자에게 멀리 있는 대상을 가리킨다는 설명은 적절하지 않다.

오답의 이유

① ㉠에서 '이'는 말하는 이에게 가까이 있는 대상을 가리키는 지시 관형사이고 ㉡에서 '그'는 듣는 이에게 가까이 있는 대상을 가리키는 지시 관형사이므로 ㉠은 청자보다 화자에게, ㉡은 화자보다 청자에게 가까이 있는 대상을 가리킨다.
③ 이진이가 ⓒ을 추천한 후에 태민이가 ㉣을 읽어 보겠다고 하였으므로, ⓒ과 ㉣은 모두 한국 대중문화를 다양한 시각에서 다룬 재미있는 책을 가리킨다.
④ 이진이가 두 책을 들고 계산대로 가는 상황에서 '이 책' 두 권을 사 주겠다고 하였으므로, ㉤은 앞에서 언급한 ㉡과 ⓒ을 모두 가리킨다.

**더 알아보기**

'이', '그', '저'

• 의미
  - 이: 말하는 이에게 가까이 있거나 말하는 이가 생각하고 있는 대상을 가리킬 때 쓰는 말
  - 그: 듣는 이에게 가까이 있거나 듣는 이가 생각하고 있는 대상을 가리킬 때 쓰는 말
  - 저: 말하는 이와 듣는 이로부터 멀리 있는 대상을 가리킬 때 쓰는 말

• 품사

| 구분 | 특징 | 예문 |
| --- | --- | --- |
| 관형사 | 후행하는 체언을 수식 | • 이 사과가 맛있게 생겼다.<br>• 그 책을 좀 줘 봐.<br>• 저 거리에는 항상 사람이 많다. |
| 대명사 | 조사와 결합할 수 있음 | • 이보다 더 좋을 수는 없다.<br>• 그는 참으로 좋은 사람이다.<br>• 이도 저도 다 싫다. |

## 13 난도 ★★★ 정답 ④

비문학 > 사실적 읽기

정답의 이유

④ 3문단의 '그러나 여기에서도 아동은 ~ 적극적인 권리의 주체로 인식되지는 않았다.'를 통해 「아동권리에 관한 제네바 선언」에서 아동을 적극적인 권리의 주체로 인식하지 않았음을 확인할 수 있다. 아동이 자신의 권리를 주장할 수 있는 능동적인 존재로 자리매김할 수 있게 된 것은 1989년 유엔총회에서 채택된 「아동권리협약」에서이다.

오답의 이유

① 1문단의 '산업혁명으로 봉건제도가 붕괴되고 자본주의가 탄생한 근대사회에 이르러 ~ 아동보호가 시작되었다.'에서 아동의 권리에 대한 인식이 근대사회 이후에 형성되었음을 확인할 수 있다.

② 3문단의 '1989년 유엔총회에서 채택된「아동권리협약」이 그것이다.'와 4문단의 '우리나라는 이를 토대로 2016년「아동권리헌장」9개 항을 만들었다.'에서「아동권리헌장」은「아동권리협약」을 토대로 만들어졌음을 확인할 수 있다.

③ 2문단에서는「아동권리에 관한 제네바 선언」에 '아동은 물질적으로나 정신적으로 정상적인 발달을 위해 필요한 조건이 충족되어야 한다.'라는 내용이 포함되었다고 제시하고 있다. 또한 4문단에서는「아동권리협약」을 토대로 만든「아동권리헌장」에 '생존과 발달의 권리'라는 원칙을 포함하였다고 제시하고 있다. 따라서「아동권리에 관한 제네바 선언」,「아동권리협약」,「아동권리 헌장」에는 모두 아동의 발달에 대한 내용이 들어가 있음을 확인할 수 있다.

## 14  난도 ★★☆  정답 ①

현대 문학 > 현대 시

정답의 이유

① 제시된 작품은 '봄'과 '겨울'의 대립적인 이미지를 통해 통일에 대한 염원을 나타낸 현실 참여적인 시이다. 따라서 현실을 초월한 순수 자연의 세계를 노래한 것이라는 설명은 적절하지 않다.

오답의 이유

② '오지 않는다', '움튼다', '움트리라' 등의 단정적 어조를 사용해 자주적인 통일에 대한 희망과 신념을 드러내고 있다.

③ '봄'은 통일을, '겨울'은 분단의 현실을, '남해', '북녘', '바다와 대륙 밖'은 한반도의 외부 세력을, '눈보라'는 분단의 아픔과 고통을, '쇠붙이'는 군사적 대립과 긴장을 상징한다. 이처럼 시어들의 상징적인 의미를 통해 '자주적이고 평화적인 통일에 대한 염원'이라는 주제를 형성하고 있다.

④ '봄'은 통일을 의미하는 긍정적인 시어이고, '겨울'은 분단을 의미하는 부정적인 시어이다. 이러한 시어들의 이원적 대립을 통해 시상을 전개하고 있다.

**작품 해설**

신동엽, 「봄은」

- 갈래: 자유시, 참여시
- 성격: 저항적, 의지적, 현실 참여적
- 주제: 자주적이고 평화적인 통일에 대한 염원
- 특징
  - 단정적 어조로 통일에 대한 화자의 확고한 의지를 표현함
  - 상징법, 대유법, 대조법 등 다양한 표현 방법을 사용함

## 15  난도 ★★☆  정답 ④

비문학 > 글의 순서 파악

정답의 이유

- (마)에서는 사회는 여러 사람의 뜻이 통해야 한다는 화제를 제시하고 있으므로 글의 처음에 오는 것이 적절하다.
- (다)에서는 뜻이 서로 통하여 번듯한 사회의 모습을 갖추려면 '말과 글'이 필요하다는 내용을 제시하고 있으므로 (마)의 다음에 오는 것이 적절하다.
- (나)에서는 '이러므로'라는 접속 표현을 사용하여 사회가 조직되는 근본이 '말과 글'임을 제시하고 있으므로 (다)의 다음에 오는 것이 적절하다.
- (가)에서는 '이 기관'을 잘 수리하여 다스려야 한다는 내용을 제시하고 있으므로 '말과 글'을 '기관'에 빗대어 표현한 (나)의 다음에 오는 것이 적절하다.
- (라)에서는 '기관'을 쓸 수 없는 지경에 이르면 사회가 유지될 수 없다는 내용을 제시하고 있으므로 '기관'을 수리하지 않으면 작동이 막혀 버릴 것이라고 제시한 (가)의 다음에 오는 것이 적절하다.

따라서 글의 전개 순서로 가장 자연스러운 것은 ④ (마) - (다) - (나) - (가) - (라)이다.

## 16  난도 ★★☆  정답 ③

어휘 > 한자어

정답의 이유

③ 해결(解結: 풀 해, 맺을 결)(×) → 해결(解決: 풀 해, 결정할 결)(○): 제기된 문제를 해명하거나 얽힌 일을 잘 처리함

오답의 이유

① 만족(滿足: 찰 만, 발 족)(○): 마음에 흡족함

② 재청(再請: 다시 재, 청할 청)(○): 회의할 때에 다른 사람의 동의에 찬성하여 자기도 그와 같이 청함을 이르는 말

④ 재론(再論: 다시 재, 논의할 론)(○): 이미 논의한 것을 다시 논의함

## 17  난도 ★★☆  정답 ④

비문학 > 추론적 읽기

정답의 이유

④ 제시된 문장의 앞에는 신분에 따라 문체를 고착화하는 것을 인정하지 않았다는 구체적인 사례나 진술이 언급되어야 한다. 따라서 '이 낭만주의 시기에 ~ 전통 시학을 거부했다.'라는 문장 뒤에 '신분에 따라 문체를 고착화하는 것을 인정하지 않았던 것이다.'의 문장이 이어지는 것이 자연스러우므로 ㉢에 들어가는 것이 적절하다.

## 18 난도 ★☆☆ 정답 ①

현대 문학 > 현대 소설

**정답의 이유**

① '정거장에 나온 박은 수염도 깎은 지 오래어 터부룩한 데다 버릇처럼 자주 찡그려지는 비웃는 웃음은 전에 못 보던 표정이었다.'에서 '현'이 '박'의 외양을 보고 '박'이 예전과 달라졌음을 인식하고 있다는 것을 확인할 수 있다. 그러나 '현은 박의 그런 지싯지싯함에서 선뜻 자기를 느끼고 또 자기의 작품들을 느끼고 그만 더 울고 싶게 괴로워졌다.'에서 '박'의 모습을 통해 자신의 작품들을 떠올리고는 있으나, '박'의 달라진 태도가 자신의 작품 때문이라고 생각하는 내용은 확인할 수 없으므로 적절하지 않은 이해이다.

**오답의 이유**

② '현은 박의 그런 지싯지싯함에서 선뜻 자기를 느끼고 또 자기의 작품들을 느끼고 그만 더 울고 싶게 괴로워졌다.'에서 '현'이 시대 상황에 적응하지 못하는 자신과 비슷한 처지에 있는 '박'을 통해 자신을 연민하고 있음을 확인할 수 있다.

③ '오면서 자동차에서 시가도 가끔 내다보았다. 전에 본 기억이 없는 새 빌딩들이 꽤 많이 늘어섰다.'에서 '현'이 자동차에서 새 빌딩들을 보면서 도시가 많이 변화하고 있음을 인지하고 있다는 것을 확인할 수 있다.

④ '그중에 한 가지 인상이 깊은 것은 ~ 시뻘건 벽돌만으로, 무슨 큰 분묘와 같이 된 건축이 웅크리고 있는 것이다. 현은 운전사에게 물어보니, 경찰서라고 했다.'에서 시뻘건 벽돌로 만든 경찰서를 '분묘'로 표현한 것을 통해 '현'이 경찰서를 보고 암울한 분위기를 느끼고 있음을 확인할 수 있다.

**작품 해설**

이태준, 「패강랭」

- 갈래: 단편 소설
- 성격: 현실 비판적
- 주제
  - 일본의 식민지 지배 정책에 대한 비판
  - 식민지 지식인의 비감(悲感)
- 특징
  - 일제 강점기 말의 시대 상황을 사실적으로 반영함
  - 일제의 식민지 지배 정책에 대한 시대적 고뇌를 펼쳐 보임
  - '패강랭'은 대동강 물이 찬 것을 의미함(계절적으로 겨울을 의미하고, 시대적으로 일제 치하의 암흑과 같은 현실을 상징함)

## 19 난도 ★★☆ 정답 ③

문법 > 한글 맞춤법

**정답의 이유**

③ 전셋방(×) → 전세방(○): '전세방'은 한자어인 '전세(傳貰)'와 '방(房)'이 결합한 합성어로서, 제시된 규정에 해당하지 않는다. 따라서 '전세방'으로 적는 것이 적절하다.

**오답의 이유**

① 아랫집(○): '아랫집'은 순우리말인 '아래'와 '집'으로 이루어진 합성어로서, 앞말이 모음으로 끝나면서 뒷말의 첫소리가 된소리로 나는 것이다. 따라서 (가)에 따라 사이시옷을 받치어 적는 것이 적절하다.

② 쇳조각(○): '쇳조각'은 순우리말인 '쇠'와 '조각'으로 이루어진 합성어로서, 앞말이 모음으로 끝나면서 뒷말의 첫소리가 된소리로 나는 것이다. 따라서 (가)에 따라 사이시옷을 받치어 적는 것이 적절하다.

④ 자릿세(○): '자릿세'는 순우리말인 '자리'와 한자어인 '세(貰)'가 결합한 합성어로서, 앞말이 모음으로 끝나면서 뒷말의 첫소리가 된소리로 나는 것이다. 따라서 (나)에 따라 사이시옷을 받치어 적는 것이 적절하다.

**더 알아보기**

사이시옷 표기

- 순우리말로 된 합성어

| 뒷말의 첫소리가 된소리로 나는 것 | 바닷가, 선짓국, 모깃불, 냇가, 찻집, 아랫집 |
| --- | --- |
| 'ㄴ, ㅁ' 앞에서 'ㄴ' 소리가 덧나는 것 | 잇몸, 아랫마을, 아랫니, 빗물, 냇물, 뒷머리 |
| 모음 앞에서 'ㄴㄴ' 소리가 덧나는 것 | 베갯잇, 나뭇잎, 뒷일, 뒷입맛, 댓잎, 깻잎 |

- 순우리말과 한자어로 된 합성어

| 뒷말의 첫소리가 된소리로 나는 것 | 찻잔(차+盞), 전셋집(傳貰+집), 머릿방(머리+房) |
| --- | --- |
| 'ㄴ, ㅁ' 앞에서 'ㄴ' 소리가 덧나는 것 | 제삿날(祭祀+날), 훗날(後+날), 툇마루(退+마루) |
| 모음 앞에서 'ㄴㄴ' 소리가 덧나는 것 | 예삿일(例事+일), 훗일(後+일), 가욋일(加外+일) |

- 한자어: 곳간(庫間), 셋방(貰房), 숫자(數字), 찻간(車間), 툇간(退間), 횟수(回數)

## 20 난도 ★☆☆  정답 ①

비문학 > 사실적 읽기

정답의 이유

① 3문단의 '그러나 문화 전파의 기제를 설명하는 이론으로는 밈 이론보다 의사소통 이론이 더 적절해 보인다.'에서 문화의 전파 기제는 의사소통 이론으로 설명하는 것이 적절함을 확인할 수 있다.

오답의 이유

② 4문단의 '이에 따르면 사람들은 자신이 들은 이야기를 남에게 전달할 때 들은 이야기에다 자신의 생각을 더해서 그 이야기를 전달하기 때문이다.'를 통해 의사소통 이론에 따르면 문화의 수용 과정에서 수용 주체의 주관이 개입한다는 것을 확인할 수 있다.

③ 2문단의 '밈 역시 유전자와 마찬가지로 공동체 내에서 복제를 통해 확산된다.'에서 복제를 통해 문화가 전파될 수 있다는 이론은 의사소통 이론이 아닌 밈 이론임을 확인할 수 있다.

④ 4문단의 '복제의 관점에서 문화의 전파를 설명하는 이론으로는 이와 같은 현상을 설명하기 어렵다.'에서 복제의 관점에서 문화의 전파를 설명하는 이론인 밈 이론에 의해서는 요크셔 푸딩 요리법의 전파 현상을 설명하기 어렵다는 것을 확인할 수 있다.

# 국어 | 2021년 국가직 9급

## 한눈에 훑어보기

### ✓ 영역 분석

**어휘**     07   17
2문항, 10%

**문법**     01   02   03   05   12
5문항, 25%

**고전 문학**     06   15
2문항, 10%

**현대 문학**     16   18
2문항, 10%

**비문학**     04   08   09   10   11   13   14   19   20
9문항, 45%

### ✓ 빠른 정답

| 01 | 02 | 03 | 04 | 05 | 06 | 07 | 08 | 09 | 10 |
|----|----|----|----|----|----|----|----|----|----|
| ② | ③ | ① | ② | ④ | ④ | ② | ② | ③ | ④ |
| 11 | 12 | 13 | 14 | 15 | 16 | 17 | 18 | 19 | 20 |
| ③ | ③ | ③ | ① | ④ | ① | ② | ④ | ④ | ① |

### ✓ 점수 체크

| 구분 | 1회독 | 2회독 | 3회독 |
|------|-------|-------|-------|
| 맞힌 문항 수 | / 20 | / 20 | / 20 |
| 나의 점수 | 점 | 점 | 점 |

---

## 01 난도 ★★☆      정답 ②

**문법 > 한글 맞춤법**

**정답의 이유**

② 흡입량(○), 구름양(○), 정답란(○), 칼럼난(○): '흡입량(吸入+量)'과 '정답란(正答+欄)'은 한자어와 한자어가 결합한 것으로 '량'과 '란'을 단어의 첫머리에 온 것으로 보지 않기 때문에 두음 법칙을 적용하지 않는다. 그러나 '구름양(구름+量)'은 고유어와 한자어가 결합한 것이고, '칼럼난(column+欄)'은 외래어와 한자어가 결합한 것이므로 두음 법칙을 적용하여 표기한다.

- 한글 맞춤법 제11항에 의하면, 한자음 '랴, 려, 례, 료, 류, 리'가 단어의 첫머리에 올 적에는 두음 법칙에 따라 '야, 여, 예, 요, 유, 이'로 적고, 단어의 첫머리 이외의 경우에는 본음대로 적는다. 다만, 고유어나 외래어 뒤에 결합한 한자어는 독립적인 한 단어로 인식이 되기 때문에 두음 법칙이 적용된다.

- 한글 맞춤법 제12항에 의하면, 한자음 '라, 래, 로, 뢰, 루, 르'가 단어의 첫머리에 올 적에는 두음 법칙에 따라 '나, 내, 노, 뇌, 누, 느'로 적고, 단어 첫머리 이외의 경우는 두음 법칙이 적용되지 않으므로 본음대로 적는다. 다만, 고유어나 외래어 뒤에 결합하는 경우에는 한자어 형태소가 하나의 단어로 인식되므로 두음 법칙이 적용된 형태로 적는다.

**오답의 이유**

① 꼭지점(×) → 꼭짓점(○): 한글 맞춤법 제30항에 따르면, 순우리말과 한자어로 된 합성어로서 앞말이 모음으로 끝나고 뒷말의 첫소리가 된소리로 나는 경우 사이시옷을 받치어 적는다. '꼭짓점'은 고유어 '꼭지'와 한자어 '점(點)'이 결합한 합성어이며, 뒷말의 첫소리가 된소리로 나기 때문에 사이시옷을 밝혀 적는다. 따라서 '꼭짓점'으로 표기하는 것이 적절하다.

③ 딱다구리(×) → 딱따구리(○): 한글 맞춤법 제23항에 따르면, '-하다'나 '-거리다'가 붙는 어근에 '-이'가 붙어서 명사가 된 것은 그 원형을 밝히어 적고, '-하다'나 '-거리다'가 붙을 수 없는 어근에 '-이'나 다른 모음으로 시작하는 접미사가 붙어서 명사가 된 것은 그 원형을 밝히어 적지 않는다. 따라서 '딱따구리'로 표기하는 것이 적절하다.

④ 홧병(火病)(×) → 화병(火病)(○): 한글 맞춤법 제30항에 따르면, 두 음절로 된 한자어 중 '곳간(庫間)', '셋방(貰房)', '숫자(數字)', '찻간(車間)', '툇간(退間)', '횟수(回數)'에만 사이시옷이 들어간다. 따라서 '화병(火病)'에는 사이시옷을 표기하지 않는다.

## 02 난도 ★★☆   정답 ③

**문법 > 의미론**

정답의 이유

③ '포장지에 싼다'의 '싸다'는 '물건을 안에 넣고 보이지 않게 씌워 가리거나 둘러 말다.'라는 의미이다. 이와 같은 의미로 사용된 것은 '책을 싼 보퉁이'의 '싸다'이다.

오답의 이유

① '안채를 겹겹이 싸고'의 '싸다'는 '어떤 물체의 주위를 가리거나 막다.'라는 의미로 사용되었다.
② '봇짐을 싸고'의 '싸다'는 '어떤 물건을 다른 곳으로 옮기기 좋게 상자나 가방 따위에 넣거나 종이나 천, 끈 따위를 이용해서 꾸리다.'라는 의미로 사용되었다.
④ '책가방을 미리 싸'의 '싸다'는 '어떤 물건을 다른 곳으로 옮기기 좋게 상자나 가방 따위에 넣거나 종이나 천, 끈 따위를 이용해서 꾸리다.'라는 의미로 사용되었다.

## 03 난도 ★★☆   정답 ①

**문법 > 통사론**

정답의 이유

① 연결 어미 '-니'는 앞말이 뒷말의 원인이나 근거, 전제 따위가 됨을 나타내는 것으로, '날씨가 선선해지다.'와 '책이 잘 읽힌다.'가 자연스럽게 연결되었다. 또한 문장의 주어가 '책'이므로 피동 표현인 '읽히다'가 적절하게 사용되었다.

오답의 이유

② '속독(速讀)'은 '책 따위를 빠른 속도로 읽음'이라는 뜻으로 '읽다'라는 의미를 포함하고 있다. 따라서 '속독(速讀)'은 뒤에 오는 '읽는'과 의미가 중복되므로, '책을 속독으로 읽는 것은'을 '책을 속독하는 것은'이나 '책을 빠른 속도로 읽는 것은'으로 수정하는 것이 적절하다.
③ '직접 찾기로'에서 '찾다'의 목적어가 생략되어 있으므로, 목적어인 '책임자를'을 넣어 '책임자를 직접 찾기로'라고 수정하는 것이 적절하다.
④ '시화전을 홍보하는 일'과 '시화전의 진행'의 문법 구조가 다르므로 병렬 구조로 배치하기에 어색하다. 따라서 '그는 시화전을 홍보하는 일과 시화전을 진행하는 일에 아주 열성적이다.'로 수정하거나 '그는 시화전의 홍보와 진행에 아주 열성적이다.'로 수정하는 것이 적절하다.

## 04 난도 ★☆☆   정답 ②

**비문학 > 글의 전개 방식**

정답의 이유

② '빛 공해란 인공조명의 과도한 빛이나 조명 영역 밖으로 누출되는 빛이'에서 빛 공해의 주요 요인이 인공조명의 과도한 빛이라는 사실을 제시하고 있지만, 인공조명의 누출 원인을 제시하는 부분은 찾을 수 없다.

오답의 이유

① '빛 공해란 인공조명의 과도한 빛이나 조명 영역 밖으로 누출되는 빛이 인간의 건강하고 쾌적한 생활을 방해하거나 환경에 피해를 주는 상태를 말한다.'에서 빛 공해의 정의를 제시하고 있다.
③ "국제 과학 저널인 『사이언스 어드밴스』의 '전 세계 빛 공해 지도'에 따르면, 우리나라는 빛 공해가 심각한 국가이다."에서 자료를 인용하여 우리나라가 빛 공해가 심각한 국가임을 제시하고 있다.
④ '빛 공해는 멜라토닌 부족을 초래해 인간에게 수면 부족과 면역력 저하 등의 문제를 유발하고, 농작물의 생산량 저하, 생태계 교란 등의 문제를 일으킨다.'에서 사례를 들어 빛 공해의 악영향을 제시하고 있다.

## 05 난도 ★★★   정답 ④

**문법 > 형태론**

정답의 이유

④ • '품'의 기본형 '푸다'는 '퍼, 푸니'로 활용되는 용언으로, '우' 불규칙 활용에 해당한다. 어간 '푸-'의 'ㅜ'가 모음으로 시작하는 어미 '-어' 앞에서 탈락하므로 어간만 불규칙하게 바뀌는 예로 적절하다.
• '이름'의 기본형 '이르다'는 '이르러, 이르니'로 활용되는 용언으로, '러' 불규칙 활용에 해당한다. 어간 '이르-'에 모음으로 시작하는 어미 '-어'가 결합할 때 어미 '-어'가 '-러'로 바뀌므로 어미만 불규칙하게 바뀌는 예로 적절하다.

오답의 이유

① • '빠름'의 기본형 '빠르다'는 '빨라, 빠르니'로 활용되는 용언으로, '르' 불규칙 활용에 해당한다. 어간 '빠르-'의 '르'가 모음 어미 앞에서 'ㄹㄹ'로 바뀌기 때문에 어간만 불규칙하게 바뀌는 예로 적절하다.
• '노람'의 기본형 '노랗다'는 '노래, 노라니'로 활용되는 용언으로, 'ㅎ' 불규칙 활용에 해당한다. 어간 '노랗-'의 'ㅎ'이 탈락하고 어미 '-아/어'가 '-애/에'로 바뀌기 때문에 어간과 어미 모두 불규칙하게 바뀌는 예에 해당한다.
② • '치름'의 기본형 '치르다'는 '치러, 치르니'로 활용되는 용언으로, 용언의 어간 '치르-'의 'ㅡ'가 어미 '-아/어' 앞에서 탈락하는 규칙 활용을 한다.
• '함'의 기본형 '하다'는 '하여, 하니'로 활용되는 용언으로, '여' 불규칙 활용에 해당한다. 이 경우 어미의 '-아'가 '-여'로 바뀌므로 어미만 불규칙하게 바뀌는 예로 적절하다.
③ • '불음'의 기본형 '붇다'는 '불어, 불으니'로 활용되는 용언으로, 'ㄷ' 불규칙 활용에 해당한다. 용언의 어간 '붇-'의 'ㄷ'이 모음 어미 앞에서 'ㄹ'로 바뀌므로 어간만 불규칙하게 바뀌는 예로 적절하다.
• '바람'의 기본형 '바라다'는 '바라, 바라니'로 활용되는 용언으로, 규칙 활용을 한다.

### 더 알아보기

**용언의 불규칙 활용**

- 어간이 바뀌는 경우

| 'ㅅ' 불규칙 | 어간 끝 받침 'ㅅ'이 모음 어미 앞에서 탈락하는 경우<br>예 짓다: 짓고, 짓지, 지어, 지으니 |
|---|---|
| 'ㅂ' 불규칙 | 어간 끝 받침 'ㅂ'이 모음 어미 앞에서 '오/우'로 바뀌는 경우<br>예 덥다: 덥고, 덥지, 더워, 더우니 |
| 'ㄷ' 불규칙 | 어간 끝 받침 'ㄷ'이 모음 어미 앞에서 'ㄹ'로 바뀌는 경우<br>예 깨닫다: 깨닫고, 깨닫지, 깨달아, 깨달으니 |
| '르' 불규칙 | '르'로 끝나는 어간 뒤에 어미 '-아/어'가 결합하여 '르'가 'ㄹㄹ'로 바뀌는 경우<br>예 흐르다: 흐르고, 흐르지, 흘러, 흘러서 |
| '우' 불규칙 | 어간이 모음 'ㅜ'로 끝날 때 '-아/어'와 결합하면 'ㅜ'가 탈락하는 경우<br>예 푸다: 푸고, 푸지, 퍼(푸+어), 퍼서(푸+어서) |

- 어미가 바뀌는 경우

| '여' 불규칙 | 어간 '하-' 뒤에 어미 '-아'가 결합하여 '하여'로 바뀌어 나타나는 경우<br>예 하다: 하고, 하지, 하러, 하여(해) |
|---|---|
| '러' 불규칙 | '르'로 끝나는 어간 뒤에 어미 '-어'가 결합하여 '-러'로 바뀌어 나타나는 경우<br>예 푸르다: 푸르고, 푸르지, 푸르니, 푸르러, 푸르렀다 |

- 어간과 어미 둘 다 바뀌는 경우

| 'ㅎ' 불규칙 | 어간이 'ㅎ'으로 끝날 때, 'ㅎ'이 탈락하고 어미의 형태도 바뀌는 경우<br>예 하얗다: 하얗고, 하얗지, 하야니, 하얘(하얗+아) |
|---|---|

---

### 06 난도 ★★☆ 정답 ④

**고전 문학 > 고전 운문**

**정답의 이유**

④ ② 'ㅁ슴다'는 '무심하구나'가 아니라, '무엇 때문에'라는 뜻으로 쓰였다.

**오답의 이유**

① ⊙ '현'의 기본형인 '혀다'는 '켜다'의 옛말이다.
② ⊙ '즈슬'은 '즛'에 목적격 조사 '을'이 결합한 것이며, '즛'은 '모습'의 옛말이다.
③ ⓒ '니저'는 '닛다'의 어간 '닛-'에 어미 '-어'가 결합한 것이며, '닛다'는 '잊다'의 옛말이다.

---

### 작품 해설

**작자 미상, 「동동(動動)」**

- 갈래: 고려 가요
- 성격: 서정적, 민요적, 송축적, 비유적
- 주제: 임에 대한 송축(頌祝)과 임에 대한 연모
- 특징
  - 전 13장의 분연체 구성
  - 각 월별로 세시 풍속 또는 계절적 특성을 소재로 시상을 전개함
  - 송축과 찬양, 떠나 버린 임에 대한 원망과 한스러움, 그리움 등을 표현함
  - 임을 향한 여인의 정서를 노래한 월령체 고려 가요
- 현대어 풀이

> 2월 보름(연등일)에 아아 높이 켠 등불 같구나
> 만인을 비추실 모습이시도다
> 3월 지나며 핀 아아 늦봄의 진달래꽃이여
> 남이 부러워할 모습을 지니고 태어나셨구나
> 4월을 아니 잊고 아아 오셨구나 꾀꼬리 새여
> 무엇 때문에 녹사(綠事)님은 옛날을 잊고 계신가

---

### 07 난도 ★★☆ 정답 ②

**어휘 > 한자어**

**정답의 이유**

② 야박(野薄: 들 야, 얇을 박)하다(○): 야멸차고 인정이 없다.

**오답의 이유**

① 현실(現室: 나타날 현, 집 실)(×) → 현실(現實: 나타날 현, 열매 실)(○): 현재 실제로 존재하는 사실이나 상태
③ 근성(謹性: 삼갈 근, 성품 성)(×) → 근성(根性: 뿌리 근, 성품 성)(○): 뿌리가 깊게 박힌 성질
④ 채용(債用: 빚 채, 쓸 용)(×) → 채용(採用: 캘 채, 쓸 용)(○)
  - 채용(債用): 돈이나 물건 따위를 빌려서 씀
  - 채용(採用): 사람을 골라서 씀

---

### 08 난도 ★☆☆ 정답 ②

**비문학 > 화법**

**정답의 이유**

② 사회자가 최 교수와 정 박사 간의 이견을 조정하여 의사결정을 유도하는 부분은 나타나 있지 않다. 제시된 글에서 사회자는 토의 주제와 발표자, 발표 주제를 청중에게 소개하고, 질의응답을 진행하는 역할을 하고 있다.

**오답의 이유**

① '통일 시대의 남북한 언어가 나아갈 길'이라는 학술적인 주제로 최 교수는 '남북한 언어 차이와 의사소통', 정 박사는 '남북한 언어의 동질성 회복 방안'에 대해 발표하는 형식으로 진행되고 있다.
③ 최 교수는 남북한 언어 차이에 대한 연구가 지속되어야 한다는 견해를, 정 박사는 남북한 공통 사전을 만드는 등 서로의 차이를 줄여나가기 위한 노력이 필요하다는 견해를 밝혀 청중에게 정보를 제공하고 있다.

④ 청중 A는 '남북한 언어의 차이와 이를 극복하는 방안을 말씀하셨는데요.'라며 두 발표자의 발표 내용을 확인하고 있다. 또한, '통일 시대에 대비한 언어 정책에는 무엇이 있을까요?'라며 토의 주제인 '통일 시대의 남북한 언어가 나아갈 길'과 관련된 질문을 하고 있다.

### 더 알아보기

**토의 과정에서 사회자의 역할**

- 토의 참여자들에게 토의 문제를 명확하게 규정해 준다.
- 토의 사항에 대해 적극적이고 진지하게 의견을 교환하도록 유도한다.
- 중간 중간 내용을 요약하고 종합하여, 결론을 얻을 수 있도록 토의 방향을 유도한다.
- 발언 기회를 균등하고 공정하게 배분한다.
- 토의자들 사이의 갈등과 의견 충돌 등을 조정하고 해결한다.

## 09 난도 ★☆☆                                                정답 ③

**비문학 > 화법**

**정답의 이유**

③ '네 목소리가 작아서 내용이 잘 안 들렸다.'라고 말하는 것은 화자가 문제를 자신의 탓으로 돌려 말하는 것이 아니라 상대방의 탓으로 돌려 말하는 것이다. 따라서 상대방이 관용을 베풀 수 있도록 문제를 자신의 탓으로 돌려 말하기가 적용되지 않았음을 알 수 있다.

**오답의 이유**

① 상대방의 칭찬에 '아직도 여러모로 부족한 부분이 많습니다.'라고 대답함으로써 자신을 낮추어 겸손하게 말하고 있다. 이처럼 자신을 칭찬하는 표현은 최소화하고, 자신을 낮추거나 자신을 비방하는 표현은 최대화하는 것은 '겸양의 격률'과 관계가 있다.
② 약속에 늦어 미안해하는 A에게 '쇼핑하면서 기다리니 시간 가는 줄 몰랐어요.'라고 함으로써 상대방이 부담을 갖지 않도록 배려하여 말하고 있다. 상대방에게 부담이 되는 표현은 최소화하고, 상대방에게 이익이 되는 표현은 최대화하는 것은 '요령의 격률'과 관계가 있다.
④ 친구의 생일 선물로 귀걸이를 사주자고 하는 A의 제안에 '그거 좋은 생각이네.'라고 상대방의 의견에 동의한 후, '하지만 경희의 취향을 우리가 잘 모르니까 귀걸이 대신 책을 선물하는 게 어떨까?'라고 자신의 의견을 말하고 있다. 상대방의 의견과 불일치하는 표현은 최소화하고, 상대방의 의견과 일치하는 표현은 최대화하는 것은 '동의의 격률'과 관계가 있다.

### 더 알아보기

**대화의 원리**

- 협력의 원리
  - 대화의 목적을 성공적으로 이루기 위해서는 대화 참여자들이 서로 협력해야 한다.
  - 양의 격률, 질의 격률, 관련성의 격률, 태도의 격률
- 공손성의 원리
  - 대화를 할 때 공손하지 않은 표현은 최소화하고, 공손하고 정중한 표현은 최대화한다.
  - 요령의 격률, 관용의 격률, 찬동(칭찬)의 격률, 겸양의 격률, 동의의 격률
- 순서 교대의 원리
  - 대화 참여자가 적절하게 역할을 교대해 가면서 말을 주고받아, 정보가 원활하게 순환되도록 한다.
  - 혼자서 너무 길게 말을 하거나, 대화를 독점하지 않도록 한다.

## 10 난도 ★★☆                                                정답 ④

**비문학 > 추론적 읽기**

**정답의 이유**

④ 3문단의 '하버마스에 따르면, 현대 사회에서 민주적 토론은 문화 산업의 발달과 함께 퇴보했다.'와 4문단의 '상업화된 미디어는 광고 수입에 기대어 높은 시청률과 수익을 보장하는 콘텐츠 제작만을 선호하게 되었다. 그 결과 공적 주제에 대한 시민들의 논의와 소통의 장이 줄어들어 결과적으로 공공 영역이 축소되었다.'를 볼 때, 하버마스는 미디어가 상업화될수록 민주적 토론이 이루어지는 공공 영역이 축소된다고 주장하고 있다. 따라서 ④ '수익성 위주의 미디어 플랫폼과 콘텐츠가 더 많아지면서 민주적 토론이 감소되었다.'는 이러한 하버마스의 주장에 부합하는 사례로 적절하다.

**오답의 이유**

① 2문단의 '적어도 살롱 문화의 원칙에서 공개적 토론을 위한 공공 영역은 각각의 참석자들에게 동등한 자격을 부여했다.'를 통해 살롱 문화에서는 공개적이고 자유로운 토론이 이루어졌음을 알 수 있다. 따라서 살롱 문화에서 특정 사회 계층에 대한 비판적인 토론이 허용되지 않았다는 것은 하버마스의 주장에 부합하지 않는다.
② 3문단의 '공공 여론은 개방적이고 합리적 토론을 통해서가 아니라 광고에서처럼 조작과 통제를 통해 형성되고 있다.'와 4문단의 '상업화된 미디어는 광고 수입에 기대어 높은 시청률과 수익을 보장하는 콘텐츠 제작만을 선호하게 되었다.', '공적 주제에 대한 시민들의 논의와 소통의 장이 줄어들어 결과적으로 공공 영역이 축소되었다.'를 통해 인터넷의 발달과 보급이 상업적 광고를 증가시켰을 것이라는 점은 추론할 수 있지만 공익 광고를 증가시켰을 것이라는 점은 추론할 수 없다.
③ 3문단의 '대중매체와 대중오락의 보급은 공공 영역이 공허해지는 원인으로 작용했다.'를 통해 글로벌 미디어가 발달하더라도 국제 사회의 공공 영역은 공허해지지 않는다는 것은 하버마스의 주장에 부합하지 않음을 알 수 있다.

## 11 난도 ★★☆ 정답 ③

**비문학 > 글의 순서 파악**

정답의 이유

- ㉣에서는 '이때'라는 지시어를 통해 앞의 내용을 이어받아 대설 '주의보'의 기준에 대해 설명하고 있다. 제시된 글의 첫 번째 문장에서 '대설'의 정의를 제시하고 있으므로 대설의 기준에 대해 설명하는 ㉣이 첫 번째 문장의 뒤에 오는 것이 자연스럽다.
- ㉡에서는 병렬의 접속어 '또한' 뒤에 '경보'의 상황을 제시하고 있으므로 ㉡ 앞에는 '경보'와 유사한 다른 개념, '주의보'가 오는 것이 자연스럽다. 따라서 ㉣ 뒤에는 ㉡이 위치하는 것이 적절하다.
- ㉢에서는 '다만' 뒤에 '산지'에서는 경보 발령 상황이 다름을 제시하고 있으므로 ㉢은 ㉡ 뒤에 오는 것이 자연스럽다.
- ㉠에서는 전환의 접속어 '그런데'가 온 뒤, 눈이 얼마나 위험한지에 대해 제시하고 있으므로 ㉠은 ㉢ 뒤에 오는 것이 자연스럽다.
- ㉤에서는 '이뿐만 아니라' 뒤에 폭설이 미치는 영향에 대해 추가적으로 설명하고 있으므로 ㉤은 폭설의 위력에 대해 설명한 ㉠ 뒤에 오는 것이 자연스럽다.

따라서 전개 순서로 가장 자연스러운 것은 ③ ㉣ - ㉡ - ㉢ - ㉠ - ㉤이다.

## 12 난도 ★★☆ 정답 ③

**문법 > 언어와 국어**

정답의 이유

③ 제시된 글은 언어와 사고가 서로 깊은 관계를 맺고 상호작용을 한다는 점을 설명하고 있다. 하지만 어떤 사물의 개념이 머릿속에서 맴도는데도 그 명칭을 떠올리지 못하는 것은 언어와 사고가 상호작용을 하는 사례로 보기 어렵다.

오답의 이유

① 쌀을 주식으로 삼는 우리나라 문화권에서 '쌀'과 관련된 단어가 구체화되어 '모', '벼', '쌀', '밥' 등으로 다양하게 표현되고 있다는 것은 사회와 문화가 언어의 분화·발전에 영향을 준다는 것을 의미한다. 따라서 언어와 사고가 상호작용을 하는 사례로 볼 수 있다.

② '산', '물', '보행 신호의 녹색등'의 실제 색은 다르지만 모두 '파랗다'라고 표현하는 것은 색에 대해 범주화된 사고가 언어로 나타난다는 것을 의미한다. 따라서 언어와 사고가 상호작용을 하는 사례로 볼 수 있다.

④ 우리나라는 수박을 '박'의 일종으로 인식하여 '수박'이라고 부르지만, 어떤 나라는 '멜론(melon)'과 유사한 것으로 인식하여 'watermelon'이라고 부른다. 이는 인간의 사고가 언어에 반영된다는 것을 보여주는 사례이다.

**더 알아보기**

**언어와 사고**

- 언어 우위설: 사고 과정 없이도 언어는 존재할 수 있지만, 언어 없이는 사고가 불가능하다.
  예 뜻도 모르는 팝송을 따라 부른다.
- 사고 우위설: 언어 없이도 사고가 가능하지만, 표현하기 어려울 뿐이다.
  예 영화를 보고 너무 좋았는데, 왜 좋았는지 말로 표현하지는 못한다.
- 상호 의존설: 언어와 사고는 서로 깊은 관계를 맺고 있으며, 서로에게 영향을 준다. 언어 없이는 사고가 불완전하고, 사고 없이는 언어를 생각할 수 없다.

## 13 난도 ★☆☆ 정답 ③

**비문학 > 글의 전개 방식**

정답의 이유

③ 제시된 글은 '사람이 글을 쓰는 것은 나무에 꽃이 피는 것과 같다.'라고 하며 '글쓰기'를 '나무에 꽃이 피는 것'에 빗대어 설명하고 있다. 따라서 제시된 글의 주된 서술 방식은 '비유'이다.

오답의 이유

① '서사'는 어떤 대상이나 사건을 시간의 흐름에 따라 설명하는 서술 방식이다.

② '분류'는 유사한 특성을 지닌 대상들을 일정한 기준으로 묶어서 설명하는 서술 방식이다.

④ '대조'는 둘 이상의 대상 간에 상대적인 성질이나 차이점을 중심으로 설명하는 서술 방식이다.

## 14 난도 ★★☆ 정답 ①

**비문학 > 사실적 읽기**

정답의 이유

① 1문단의 '알파벳 언어는 표기 체계에 따라 철자 읽기의 명료성 수준이 달라진다.'를 통해 철자 읽기의 명료성을 판단하는 기준이 각 소리가 지닌 특성이라는 설명이 적절하지 않음을 확인할 수 있다.

오답의 이유

② 2문단의 '영어와 이탈리아어를 읽는 사람은 동일하게 좌반구의 읽기 네트워크를 사용한다. 하지만 무의미한 단어를 읽을 때 영어를 읽는 사람은 암기된 단어의 인출과 연관된 뇌 부위에 더 의존하는 반면 이탈리아어를 읽는 사람은 음운 처리에 연관된 뇌 부위에 더 의존한다.'를 통해 적절한 내용임을 확인할 수 있다.

③ 1문단의 '철자 읽기가 명료하다는 것은 한 글자에 대응되는 소리가 규칙적이어서 글자와 소리의 대응이 거의 일대일이라는 것을 의미한다. 그 예로 이탈리아어와 스페인어가 있다.'와 '이에 비해 영어는 철자 읽기의 명료성이 낮은 언어이다.'를 통해 적절한 내용임을 확인할 수 있다.

④ 1문단의 '영어는 철자 읽기의 명료성이 낮은 언어이다. 영어는 발음이 아예 나지 않는 묵음과 같은 예외도 많은 편이고 글자에 대응하는 소리도 매우 다양하다.'를 통해 적절한 내용임을 확인할 수 있다.

## 15 난도 ★★☆  정답 ④

고전 문학 > 고전 운문

[정답의 이유]

④ (라)는 불변하는 '자연'과 변하는 '인사(人事)'의 대조를 통해 변함없는 자연을 예찬하고 있다.

[오답의 이유]

① (가)는 돌아가신 부모님을 생각하고 서러워하는 마음을 노래한 박인로의 시조로, 중국 회귤 고사를 인용하여 주제를 효과적으로 드러내고 있다.

② (나)는 임을 기다리는 애틋한 마음이 잘 드러나는 황진이의 시조로, '서리서리', '구뷔구뷔' 등의 의태어를 사용하여 임에 대한 그리움과 애틋한 마음을 잘 표현하고 있다.

③ (다)는 자연을 벗 삼는 즐거움을 노래한 성혼의 시조로, '-이오, -로다'의 대구 표현을 사용하고 '업슨'을 반복함으로써 자연에 귀의하려는 의지를 드러내고 있다.

[작품 해설]

(가) 박인로, 「반중(盤中) 조홍(早紅)감이 ~」
- 갈래: 평시조, 연시조(전 4수)
- 성격: 사친가(思親歌)
- 주제: 효심(孝心), 풍수지탄(風樹之嘆)
- 특징
  - '조홍시가(早紅柹歌)'라고도 알려짐
  - 육적의 '회귤 고사'와 관련 있음

> [회귤 고사]
> 중국 삼국 시대 오나라에 육적이라는 자가 있었다. 여섯 살 때, 원술이라는 사람을 찾아갔다가 그가 내놓은 귤 중에서 세 개를 몰래 품속에 넣었는데, 하직 인사를 할 때 그 귤이 굴러 나와 발각이 되었다. 그때 원술이 사연을 물으니, 육적은 집에 가지고 가서 어머니께 드리려 하였다고 하므로, 모두 그의 효성에 감격하였다고 한다. 이 일을 '회귤 고사' 또는 '육적 회귤'이라고 하며 '부모에 대한 효성의 뜻'으로 쓰인다.

(나) 황진이, 「동짓돌 기나긴 밤을 ~」
- 갈래: 평시조, 단시조
- 성격: 감상적, 낭만적, 연정적
- 주제: 임을 기다리는 애틋한 마음
- 특징
  - 추상적인 시간을 구체적인 사물로 형상화함
  - 참신한 비유와 의태어로 순우리말의 묘미를 잘 살림
  - 여성의 내면 심리를 섬세하게 보여줌

(다) 성혼, 「말 업슨 청산(靑山)이오 ~」
- 갈래: 평시조, 단시조
- 성격: 풍류적, 한정가
- 주제: 자연을 벗 삼는 즐거움
- 특징
  - 학문에 뜻을 두고 살아가는 옛 선비의 생활상을 그림
  - 대구법, 반복법, 의인법 등을 사용함
  - '업슨'이라는 말의 반복으로 운율감이 느껴짐

(라) 이현보, 「농암(籠巖)에 올라보니 ~」
- 갈래: 평시조, 단시조
- 성격: 자연 귀의적, 한정가
- 주제: 고향에서의 한정과 자연 귀의
- 특징
  - 작가가 만년에 고향에 돌아와 지은 '농암가(籠岩歌)'
  - 전원생활의 즐거움을 노래한 귀거래사(歸去來辭)

## 16 난도 ★★☆  정답 ①

현대 문학 > 현대 수필

[정답의 이유]

① 글쓴이는 반추하는 소의 행위에 대해 '식욕의 즐거움조차 냉대할 수 있는 지상 최대의 권태자다.'라고 하였으며, 자신도 사색의 반추가 가능할지에 대해 생각하고 있다. 따라서 '소'라는 대상의 행위를 통해 글쓴이의 심리가 투사되고 있다고 이해할 수 있다.

[오답의 이유]

② 제시된 글에 과거의 삶을 회상하거나 처지를 후회하는 내용은 나타나지 않았다.

③ 제시된 글의 공간적 배경은 풀밭이며, 공간의 이동은 나타나지 않았다.

④ 제시된 글에서 현실에 대한 불만을 반성적 어조로 드러내는 부분을 찾아볼 수 없다.

[작품 해설]

이상, 「권태」
- 갈래: 경수필
- 성격: 사색적, 초현실주의적
- 주제: 환경의 단조로움과 일상적인 생활의 연속 속에서 느끼는 권태로움
- 특징
  - 대상을 주관적이고 개성적으로 인식함
  - 대상을 바라보는 글쓴이의 심리가 만연체의 문장으로 드러남
  - 일상적인 생활과 단조로운 주변 환경 속에서 느끼는 심리를 묘사함

## 17 난도 ★★☆ 정답 ②

**어휘 > 한자성어**

정답의 이유

② 제시된 글에서 황거칠은 식수권을 지키기 위해 저항했지만, 결국 경찰에 연행되고 가족들의 걱정에 석방을 조건으로 타협안에 도장을 찍게 된다. 이러한 황거칠의 상황에 어울리는 한자성어는 '손을 묶은 것처럼 어찌할 도리가 없어 꼼짝 못 함'을 의미하는 束手無策(속수무책)이다.
- 束手無策: 묶을 속, 손 수, 없을 무, 꾀 책

오답의 이유

① 同病相憐(동병상련): 같은 병을 앓는 사람끼리 서로 가엾게 여긴다는 뜻으로, 어려운 처지에 있는 사람끼리 서로 가엾게 여김을 이르는 말
- 同病相憐: 같을 동, 병들 병, 서로 상, 불쌍히 여길 련

③ 自家撞着(자가당착): 같은 사람의 말이나 행동이 앞뒤가 서로 맞지 아니하고 모순됨
- 自家撞着: 스스로 자, 집 가, 칠 당, 붙을 착

④ 輾轉反側(전전반측): 누워서 몸을 이리저리 뒤척이며 잠을 이루지 못함
- 輾轉反側: 돌아누울 전, 구를 전, 돌이킬 반, 곁 측

작품 해설

**김정한, 「산거족」**
- 갈래: 단편 소설, 사실주의 소설
- 성격: 비판적
- 주제
  - 소외된 사람들의 생존 문제
  - 서민들의 생존권을 위협하는 지배 세력에 대한 비판
- 특징
  - 전지적 작가 시점
  - 1960년대 빈민촌인 '마삿등'을 배경으로 함
  - 간결한 문장을 사용해 사건 전개를 빠르게 진행함

## 18 난도 ★★☆ 정답 ④

**현대 문학 > 현대 시**

정답의 이유

④ 제시된 시는 '살아가노라면 / 가슴 아픈 일 한두 가지겠는가', '사노라면 / 가슴 상하는 일 한두 가지겠는가'와 같은 설의적 표현을 사용함으로써 아픔이 있더라도 인내하며 소임을 다해 살아가야 한다는 깨달음을 강조하고 있다.

오답의 이유

① '살아가노라면 / 가슴 아픈 일 한두 가지겠는가', '사노라면 / 가슴 상하는 일 한두 가지겠는가'와 같은 의문형 문장을 사용하고 있지만, 이는 쉽게 판단할 수 있는 사실을 의문의 형식으로 표현하여 상대편이 스스로 판단하게 하는 설의적 표현일 뿐이다. 따라서 질문과 답을 제시하는 문답법이 사용되었다는 표현은 적절하지 않다.

② 말하고자 하는 바를 반대로 표현하는 반어적 표현은 사용되지 않았다.

③ 나무를 의인화하고는 있지만, 현실을 목적으로 보여준다는 설명은 적절하지 않다. '목가적'은 농촌처럼 소박하고 평화로우며 서정적인 것을 의미한다.

작품 해설

**조병화, 「나무의 철학」**
- 갈래: 자유시, 서정시
- 성격: 사색적
- 주제: 바람직한 삶의 자세에 대한 성찰
- 특징
  - 설의적 표현을 반복적으로 사용함
  - 한결같은 모습으로 서 있는 나무를 의인화하여 표현함

## 19 난도 ★★☆ 정답 ④

**비문학 > 추론적 읽기**

정답의 이유

④ 제시된 글에서는 국보 문화재를 '우리 민족의 성력(誠力)과 정혼(精魂)의 결정으로 그 우수한 질과 희귀한 양에서 무비(無比)의 보(寶)가 된 자'이자 '민족의 힘의 원천'이라고 설명하고 있으며, ㉠의 뒷부분인 '국보 문화재가 얼마나 힘 있는가를 밝힌 예증이 된다.'를 볼 때 ㉠에는 이런 존귀한 국보 문화재가 얼마나 힘 있는지 드러내는 말이 들어가야 한다. 따라서 ㉠에는 문화의 영향과 힘을 나타내는 '그 무엇을 내놓는다고 해도 셰익스피어와는 바꾸지 않는다'는 문장이 들어가는 것이 가장 적절하다.

오답의 이유

① 구르는 돌에는 이끼가 끼지 않는다: 부지런하고 꾸준히 노력하는 사람은 침체되지 않고 계속 발전한다는 말

② 지식은 나눌 수 있지만 지혜는 나눌 수 없다: 쉽게 전달되는 지식과는 다르게 스스로 터득해야 하는 지혜의 중요성을 강조하는 말

③ 사람은 겪어 보아야 알고 물은 건너 보아야 안다: 사람의 마음이란 겉으로 언뜻 보아서는 알 수 없으며 함께 오랫동안 지내보아야 알 수 있음을 이르는 말

## 20 난도 ★★☆ 정답 ①

**비문학 > 추론적 읽기**

정답의 이유

① 1문단의 '하위 개념으로 분류할수록 그 대상에 대한 정보가 더 많이 전달된다.'를 통해 하위 개념인 호랑나비는 상위 개념인 나비에 비해 정보량이 더 많다는 사실을 추론할 수 있다. 따라서 호랑나비는 나비에 비해 정보량이 적다는 설명은 적절하지 않다.

[오답의 이유]

② 1문단에서 유니콘은 현실 세계에 적용 대상이 없어도 분류 개념으로 인정된다고 하였기 때문에, 용(龍) 역시 현실 세계에 적용할 수 있는 지시물이 없더라도 분류 개념으로 인정될 수 있다는 것을 추론할 수 있다.

③ 2문단을 보면, 비교 개념은 '더 무거움'이나 '더 짧음'과 같이 논리적 관계이므로 꽃이나 고양이는 비교 개념에 포함되지 않는다.

④ 3문단의 '정량 개념은 ~ 자연의 사실로부터 파악할 수 있는 물리량을 측정함으로써 만들어진다.'와 '정량 개념은 ~ 우리가 자연현상에 수를 적용하는 과정에서 생겨나는 것이다.'를 통해 물리량을 측정하는 'cm'나 'kg'과 같은 측정 단위가 자연현상에 수를 적용할 수 있게 해 주었다는 것을 추론할 수 있다.

# 국어 | 2020년 국가직 9급

## 한눈에 훑어보기

### ✓ 영역 분석

**어휘** 02 06 10
3문항, 15%

**문법** 01 03 04 05
4문항, 20%

**고전 문학** 09 14
2문항, 10%

**현대 문학** 07 18
2문항, 10%

**비문학** 08 11 12 13 15 16 17 19 20
9문항, 45%

### ✓ 빠른 정답

| 01 | 02 | 03 | 04 | 05 | 06 | 07 | 08 | 09 | 10 |
|---|---|---|---|---|---|---|---|---|---|
| ③ | ① | ④ | ④ | ② | ① | ② | ③ | ④ | ④ |
| 11 | 12 | 13 | 14 | 15 | 16 | 17 | 18 | 19 | 20 |
| ② | ① | ② | ④ | ③ | ② | ① | ② | ④ | ③ |

### ✓ 점수 체크

| 구분 | 1회독 | 2회독 | 3회독 |
|---|---|---|---|
| 맞힌 문항 수 | / 20 | / 20 | / 20 |
| 나의 점수 | 점 | 점 | 점 |

## 01 난도 ★★☆ 정답 ③

**문법 > 통사론**

**정답의 이유**

③ 제시된 문장은 '해진이는 울산에 산다.'라는 문장과 '초희는 광주에 산다.'라는 문장을 대등적 연결 어미 '-고'를 사용하여 연결한 것으로, 대등적으로 이어진문장이다.

**오답의 이유**

① '동생이 시험에 합격하기'가 명사절로 안긴문장으로, 제시된 문장에서 목적어의 역할을 한다.
② '(영호는) 착하다'가 관형절로 안긴문장이다. 관형절의 주어 '영호'와 안은문장의 주어 '영호'가 동일하여 관형절의 주어가 생략되었으며, 이러한 관형절을 관계 관형절이라 한다.
④ '내일 가족 여행을 가자.'라는 문장을 인용 조사 '고'를 활용해 연결한 것으로, 인용절로 안긴문장이다.

**더 알아보기**

**문장의 종류**

| | | |
|---|---|---|
| 홑문장 | | • 주어와 서술어가 하나씩 있어서 둘 사이의 관계가 한 번만 이루어지는 문장이다.<br>• 간결하고 명쾌하게 의미를 전달할 수 있다.<br>• 본용언과 보조 용언이 결합하여 서술어로 쓰인 문장은 홑문장이다.<br>• 대칭 서술어(마주치다, 다르다, 같다, 비슷하다, 악수하다)가 사용된 문장은 홑문장이다. |
| 겹문장 | | • 주어와 서술어의 관계가 두 번 이상 이루어지는 문장이다.<br>• 복잡한 내용을 전달할 수 있지만, 너무 복잡해지면 오히려 의미 전달이 어려워질 수 있다.<br>• 종류 |
| | 이어진<br>문장 | 개념 | 둘 이상의 절이 연결 어미에 의하여 결합된 문장 |
| | | 종류 | • 대등하게 이어진문장<br>• 종속적으로 이어진문장 |
| | 안은<br>문장 | 개념 | 한 개의 홑문장이 다른 문장 속에 한 성분으로 들어가 있는 문장 |
| | | 종류 | • 명사절을 안은문장<br>• 서술절을 안은문장<br>• 관형절을 안은문장<br>• 부사절을 안은문장<br>• 인용절을 안은문장 |

## 02 난도 ★★☆　　　　　　　　　　　　　　　　정답 ①

**어휘 > 혼동 어휘**

정답의 이유

① 골아떨어지다(×) → 곯아떨어지다(○): '몹시 곤하거나 술에 취하여 정신을 잃고 자다.'라는 의미의 단어는 '곯아떨어지다'이다. '골아떨어지다'는 잘못된 표기이다.

오답의 이유

② 깨나(○): '깨나'는 어느 정도 이상의 뜻을 나타내는 보조사로, 적절하게 사용되었다.

③ 곤욕(○): '곤욕(困辱)'은 심한 모욕 또는 참기 힘든 일을 의미하는 말로, 적절하게 사용되었다.

④ 그러고 나서(○): '그러고'는 '그리하고'가 줄어든 말이고, '나다'는 동사 뒤에서 '-고 나다' 구성으로 쓰여 앞말이 뜻하는 행동이 끝났음을 나타내는 보조 동사이다. 문맥상 어떤 행동을 마친 후에 서류를 보완해 달라는 의미이므로, '그러고 나서'는 적절하게 사용되었다.

## 03 난도 ★★☆　　　　　　　　　　　　　　　　정답 ④

**문법 > 통사론**

정답의 이유

④ 인용절 '내 생각이 옳지 않다.'를 안은문장으로, 간접 인용을 나타내는 격 조사 '고'의 쓰임이 적절하며 문맥상으로도 자연스럽다.

오답의 이유

① 주어 '내가 강조하고 싶은 점은'과 서술어 '가졌다'의 호응이 적절하지 않으므로, '내가 강조하고 싶은 점은 우리가 고유 언어를 가졌다는 것이다.'라고 고치는 것이 자연스럽다.

② 주어 '좋은 사람과 대화하며 함께한 일은'과 서술어 '시간이었다'의 호응이 적절하지 않으므로, '좋은 사람과 대화하며 함께한 일은 즐거운 경험(일)이었다.'라고 고치는 것이 자연스럽다.

③ 주어 '내 생각은'과 서술어 '결정했다'의 호응이 적절하지 않으므로, '내 생각은 집을 사서 이사하는 것이 좋겠다는 것이었다.' 또는 '나는 집을 사서 이사하는 것이 좋겠다고 생각했다.'라고 고치는 것이 자연스럽다.

## 04 난도 ★★★　　　　　　　　　　　　　　　　정답 ④

**문법 > 통사론**

정답의 이유

④ '구속하다'는 '법원이나 판사가 피의자나 피고인을 강제로 일정한 장소에 잡아 가두다.'라는 뜻으로, 이미 동작의 대상에게 행위의 효력이 미치는 의미를 가지고 있는 '구속하다'를 그대로 써도 의미가 통한다. 따라서 사동의 접미사 '-시키다'를 활용하여 '구속시키다'로 고쳐 쓰는 것은 적절하지 않다.

오답의 이유

① '기간'은 '어느 때부터 다른 어느 때까지의 동안'을, '동안'은 '어느 한때에서 다른 한때까지 시간의 길이'를 의미하므로 의미가 중복된다. 따라서 '공사하는 동안'으로 고쳐 쓰는 것은 적절하다.

② '회의를 갖다'는 영어를 직역한 번역 투 표현이므로, '여럿이 모여 의논하다.'라는 의미의 '회의하다'로 고쳐쓰는 것이 적절하다. 따라서 '회의를 갖겠습니다'를 '회의하겠습니다'로 고쳐 쓰는 것은 적절하다.

③ '열려져'는 동사 어간 '열-'에 피동 접사 '-리-'와 통사적 피동 표현인 '-어지다'가 붙은 이중 피동 표현이다. 따라서 피동 접사만을 이용한 '열려'로 고쳐 쓰는 것이 적절하다.

**더 알아보기**

**잘못된 사동 표현**

- 접사 '-시키다'의 과도한 사용: '-시키다'를 '-하다'로 바꿀 수 있는 경우에는 '-시키다' 대신 '-하다'를 사용한다.
  - 예 내가 사람을 소개시켜 줄게. (×)
    → 내가 사람을 소개해 줄게. (○)
  - 예 방과 거실을 분리시킬 벽을 만들었다. (×)
    → 방과 거실을 분리할 벽을 만들었다. (○)

- 사동 접사의 과도한 사용
  - 예 그를 만날 생각에 마음이 설레인다. (×)
    → 그를 만날 생각에 마음이 설렌다. (○)
  - 예 사람들 사이를 비집고 끼어들었다. (×)
    → 사람들 사이를 비집고 끼어들었다. (○)

## 05 난도 ★☆☆　　　　　　　　　　　　　　　　정답 ②

**문법 > 한글 맞춤법**

정답의 이유

② 한글 맞춤법 제4항의 규정에 따른 사전 등재 순서를 고려하면, ㉠ → ㉢ → ㉣ → ㉡이 적절하다.

**더 알아보기**

**한글 자모의 사전 등재 순서(한글 맞춤법 제4항)**

| 자음 | ㄱ ㄲ ㄴ ㄷ ㄸ ㄹ ㅁ ㅂ ㅃ ㅅ ㅆ ㅇ ㅈ ㅉ ㅊ ㅋ ㅌ ㅍ ㅎ |
|---|---|
| 모음 | ㅏ ㅐ ㅑ ㅒ ㅓ ㅔ ㅕ ㅖ ㅗ ㅘ ㅙ ㅚ ㅛ ㅜ ㅝ ㅞ ㅟ ㅠ ㅡ ㅢ ㅣ |
| 받침 글자 | ㄱ ㄲ ㄳ ㄴ ㄵ ㄶ ㄷ ㄹ ㄺ ㄻ ㄼ ㄽ ㄾ ㄿ ㅀ ㅁ ㅂ ㅄ ㅅ ㅆ ㅇ ㅈ ㅊ ㅋ ㅌ ㅍ ㅎ |

## 06 난도 ★★☆　　　　　　　　　　　　　　　　　정답 ①

**어휘 > 한자어**

[정답의 이유]

① '오지랖(이) 넓다'는 '쓸데없이 지나치게 아무 일에나 참견하는 면이 있다.'를 뜻하고, '謁見(아뢸 알, 나타날 현)'은 '지체가 높고 귀한 사람을 찾아가 뵘'을 뜻하므로, 서로 의미가 통하지 않는다.

[오답의 이유]

② 干涉(간섭할 간, 건널 섭): 직접 관계가 없는 남의 일에 부당하게 참견함

③ 參見(참여할 참, 볼 견): 자기와 별로 관계없는 일이나 말 따위에 끼어들어 쓸데없이 아는 체하거나 이래라저래라 함

④ 干與(간섭할 간, 더불 여): 어떤 일에 간섭하여 참여함

## 07 난도 ★☆☆　　　　　　　　　　　　　　　　　정답 ②

**현대 문학 > 현대 소설**

[정답의 이유]

② 2문단의 '이 일들만 해 온 아버지가 갑자기 다른 일을 하겠다고 했다. 서커스단의 일이었다.'와 '그러자 어머니가 아버지에게 대들었다. ~ 아버지의 꿈은 깨어졌다. 아버지는 무거운 부대를 메고 다시 일을 찾아 나갔다.'를 통해 아버지는 가족들의 바람을 수용하여 그동안 해 온 일과 전혀 다른 새로운 일인 서커스단의 일을 포기했음을 확인할 수 있다. 따라서 아버지가 평생 해 온 일을 그만두고 새로운 일을 시작하기로 결심했다는 설명은 적절하지 않다.

[오답의 이유]

① 1문단의 '우리의 생활은 전쟁과 같았다. 우리는 그 전쟁에서 날마다 지기만 했다.'와 3문단에서 등장 인물(어머니, 나, 영호, 영희)들이 열악한 환경에서 일하는 모습을 볼 때, '우리 다섯 식구'는 생존을 위해 노력하고 있지만 윤택한 삶을 영위하기 어려운 처지에 있다는 것을 확인할 수 있다.

③ 3문단의 '우리는 보이지 않는 보호를 받고 있었다. ~ 나는 우리가 이 구역 안에서 한 걸음도 밖으로 나갈 수 없다는 것을 깨달았다.'에서 '보호'라는 명칭을 확인할 수 있다. 하지만 4문단의 '공부를 하지 않고는 우리 구역에서 벗어날 수가 없다고 생각했다.'라는 표현을 통해 '보호'의 의미가 부정적 의미로 사용되고 있음을 알 수 있다. 또한 '구역'에서 벗어난다는 것은 문맥상 생존을 위해 전쟁과 같은 삶을 살아가는 하층민의 처지에서 벗어나는 것을 의미하므로, 여기서의 '보호'는 벗어날 수 없는 계층적 한계를 의미한다고 할 수 있다.

④ 4문단의 '공부를 하지 않고는 우리 구역에서 벗어날 수가 없다고 생각했다. 세상은 공부를 한 자와 못 한 자로 너무나 엄격하게 나누어져 있었다.'를 통해 '우리'는 '구역'에서 벗어날 방법을 '공부를 한 자'가 됨으로써 찾을 수 있다고 여김을 확인할 수 있다.

**[작품 해설]**

조세희, 「난장이가 쏘아 올린 작은 공」

- 갈래: 중편 소설, 연작 소설
- 성격: 현실 비판적, 사회 고발적
- 주제: 산업화 과정의 모순, 도시 빈민들의 궁핍한 삶과 고통
- 특징
  - 1970년대 산업화 시기, 무허가 판자촌을 배경으로 함
  - 각 부마다 서술자가 전환됨(주인공의 전환)
  - 현실의 모순을 동화적이고 상징적으로 표현함
  - 객관적이면서 짧은 문체를 활용하여 사태를 충격적으로 전달함
  - 소외된 삶을 살아가던 사회 소시민 계층을 '난장이'로 형상화함

## 08 난도 ★☆☆　　　　　　　　　　　　　　　　　정답 ③

**비문학 > 사실적 읽기**

[정답의 이유]

③ 2문단의 '혹자는 사람이 개입되는 것은 사물 인터넷이 아니라고 이야기하면서'와 '혹자는 사물 인터넷이 실현되려면 사람만큼 사물이 판단할 수 있어야 한다고 주장하면서 사물의 지능성을 중요시하는 경우도 있는데, 두 가지 모두 그릇된 것이다.'를 통해 사물 인터넷은 사람 수준의 지능을 가진 사물들이 네트워크상에서 인간의 개입 없이 서로 소통하는 것을 의미한다는 설명은 글쓴이의 견해에 부합하지 않음을 알 수 있다.

[오답의 이유]

① 2문단의 '사물 인터넷을 제대로 이해하려면 기존 인터넷과의 차이점에 주목하기보다는 오히려 공통점을 인식하는 것이 더 중요하다.'를 통해 사물 인터넷의 개념을 파악하기 위해서는 기존 인터넷과의 공통점을 이해하는 것이 필요함을 알 수 있다.

② 1문단의 '사물 인터넷은 이제 전 세계의 사물들을 컴퓨터로 만들어 서로 소통하도록 만든다는 생각을 실현하는 것이다.'와 '전원이 있었던 전자 기기나 기계 등은 그 자체로, 전원이 없었던 일반 사물들은 새롭게 센서와 배터리, 통신 모듈이 부착되면서 컴퓨터가 되고 이렇게 컴퓨터가 된 사물들이 그들 간에 또는 인간의 스마트 기기와 네트워크로 연결되는 것이다.'를 통해 센서와 배터리 등을 갖춘 사물들이 네트워크로 연결되어 사물 인터넷으로 기능한다는 사실을 알 수 있다.

④ 1문단의 '인터넷이 전 세계의 컴퓨터를 서로 소통하도록 만든다는 생각이 실현된 것이라면, 사물 인터넷은 이제 전 세계의 사물들을 컴퓨터로 만들어 서로 소통하도록 만든다는 생각을 실현하는 것이다.'와 '전원이 없었던 일반 사물들은 새롭게 센서와 배터리, 통신 모듈이 부착되면서 ~ 그들 간에 또는 인간의 스마트 기기와 네트워크로 연결되는 것이다.'를 통해 사물 인터넷은 컴퓨터가 아니었던 사물도 네트워크로 연결될 수 있다는 점에서 기존의 인터넷과 다르다는 사실을 알 수 있다.

## 09 난도 ★★☆ 정답 ④

고전 문학 > 고전 운문

정답의 이유

④ 제시된 작품은 직접적으로 정서가 표출되지 않고 장면 묘사가 주를 이루고 있다. 따라서 후반부에 정서를 표출하는 선경후정의 형식을 취하고 있다는 설명은 적절하지 않다.

오답의 이유

① 3구의 '늙은이가 제사를 끝내고'와 4구의 '해 저물어 취해 돌아오는 길을 아이가 부축하네'를 통해 '늙은이'와 '아이' 두 사람이 제사를 지낸 뒤 집으로 돌아오는 상황임을 알 수 있다.
② 시인이 살았던 시기를 고려할 때 시인은 임진왜란을 겪었을 것으로 추정하고 있기 때문에, 2구의 '들밭머리 풀섶에는 무덤이 늘어서 있네'가 전란으로 인해 많은 이들이 갑작스럽게 죽었음을 의미한다는 설명은 적절하다.
③ 제사를 지내고 취해 돌아오는 시적 상황을 고려할 때, 할아버지는 먼저 죽은 이(자식)에 대한 안타까움과 속상함 때문에 술을 마셨으리라는 것을 짐작할 수 있다.

작품 해설

이달, 「제총요(祭塚謠)」
- 갈래: 한시(7언 절구)
- 성격: 묘사적, 서정적
- 주제: 전쟁의 참혹함과 남겨진 이들의 슬픔
- 특징
  - 기-승-전-결의 구성
  - 직접적인 정서가 나타나지 않고 장면 묘사가 주를 이룸
  - 서정적인 장면 묘사(흰둥이, 누렁이, 들밭머리 풀섶, 밭, 해 저물어 취해 돌아오는 길)와 현실의 참혹함(임진왜란으로 인한 무덤, 제사)이 공존함

## 10 난도 ★★☆ 정답 ④

어휘 > 한자어

정답의 이유

④ 盟誓(맹세할 맹, 맹세할 세)(ㅇ): 일정한 약속이나 목표를 꼭 실천하겠다고 다짐함

오답의 이유

① 逃戰(도망할 도, 싸울 전)(×) → 挑戰(돋울 도, 싸울 전)(ㅇ): 어려운 사업이나 기록 경신 따위에 맞섬을 비유적으로 이르는 말
② 持地(가질 지, 땅 지)(×) → 支持(지탱할 지, 가질 지)(ㅇ): 어떤 사람이나 단체 따위의 주의·정책·의견 따위에 찬동하여 이를 위하여 힘을 씀 또는 그 원조
③ 浸默(적실 침, 잠잠할 묵)(×) → 沈默(잠길 침, 잠잠할 묵)(ㅇ): 어떤 일에 대하여 그 내용을 밝히지 아니하거나 비밀을 지킴 또는 그런 상태

## 11 난도 ★★☆ 정답 ②

비문학 > 화법

정답의 이유

② 상수의 이야기에 대한 정민의 반응인 '나도 그런 적이 있어.'를 보았을 때, 정민은 자신의 경험을 들어 상수가 스스로 해결점을 찾도록 도와주고 있다. 이는 공감적 듣기의 적극적인 들어주기에 해당한다.

오답의 이유

① 정민은 상수의 짝꿍과 연관이 없는 제삼자로, 이야기를 듣는 역할을 수행하고 있다. 따라서 정민이 상대의 입장을 고려해 용서함으로써 갈등을 해결한다는 설명은 적절하지 않다.
③ 정민은 이전에 겪은 자신의 경험을 이야기하여 상수에게 도움을 주려고 할 뿐, 상수를 비판하면서 스스로의 장점을 부각하고 있지는 않다.
④ 정민은 '왜? 무슨 일이 있었어?' 등의 말을 하며 상수의 말을 경청하고 있지만, 상수의 말에 대한 타당성을 평가하고 있지는 않다.

## 12 난도 ★★☆ 정답 ①

비문학 > 글의 전개 방식

정답의 이유

① '해수면 상승'을 결과로 보면, '온실 효과로 지구의 기온이 상승하는 것'이 그 원인이다. 또, '해수면 상승'이 원인이 되어 '기후 변화와 섬나라나 저지대가 침수되는 것'이라는 결과가 나타난다. 따라서 '인과'의 전개 방식이 사용된 예로 적절하다.

오답의 이유

② '제로섬(zero-sum)'의 개념을 설명하는 '정의'의 방식과 운동 경기를 예로 들어 설명하는 '예시'의 방식이 사용되었다.
③ 찬호가 학교에 몰래 들어가는 장면을 시간의 흐름에 따라 서술하는 '서사'의 방식이 사용되었다.
④ 소읍의 전경을 눈앞에 보이듯이 생생하게 표현하는 '묘사'의 방식이 사용되었다.

## 13 난도 ★★☆ 정답 ②

비문학 > 화법

정답의 이유

② 진행자 'A'는 '의료 취약 계층을 위한 의약품 공급 정보망 구축 사업'에 대한 정보를 관계자 'B'의 말을 통해 청자에게 제공하고 있다. 진행자 'A'는 질문하기와 요약하기 등의 방식을 활용하고 있으나, 상대방 대답의 모순점을 찾아 논리적으로 대응하고 있지는 않다.

오답의 이유

① 진행자 'A'는 관계자 'B'의 말을 듣고 '그렇군요.', '네, 간편해서 좋군요.' 등 상대방의 말을 들었다는 반응을 보인다.
③ 진행자 'A'는 대화의 화제인 '의료 취약 계층을 위한 의약품 공급 정보망 구축 사업'과 관련된 용어의 뜻, 사업 성과의 이유, 사업의 걸림돌, 사업 참여 방법 등에 대해 질문함으로써, 관계자 'B'가 홍보할 수 있는 대답을 유도한다.

④ 진행자 'A'는 관계자 'B'의 답변에 대해 '그러니까 앞으로 이런 문제를 해결하기 위한 제도 정비나 의료 전문가의 지원이 좀 더 필요하다는 말씀인 것 같군요.'라고 대화의 흐름에 맞게 해석하여 상대방의 말을 보충하고 있다.

## 14 난도 ★☆☆ 정답 ③

고전 문학 > 고전 산문

정답의 이유

③ 제시된 글에서 '그 나무가 근래에 땅에 쓰러지자 어떤 이가 빗장 막대기로 만들어 선법당(善法堂)과 식당에 두었다.'의 '근래에'라는 표현을 통해 벼락 맞은 배나무로 만든 막대기가 글쓴이의 당대까지 전해졌음을 짐작할 수 있다.

오답의 이유

① '천사가 배나무에 벼락을 내리고 하늘로 올라갔다. 그 바람에 배나무가 꺾어졌는데 용이 쓰다듬자 곧 소생하였다(일설에는 보양 스님이 주문을 외워 살아났다고 한다).'를 통해 벼락을 맞은 배나무가 저절로 소생했다는 설명이 적절하지 않음을 알 수 있다.
② '옥황상제가 보낸 천사(天使)가 뜰에 이르러 이목을 내놓으라고 하였다. 보양 스님이 뜰 앞의 배나무[梨木]를 가리키자 천사가 배나무에 벼락을 내리고 하늘로 올라갔다.'를 통해 천사는 보양 스님이 가리킨 배나무[梨木]를 이목으로 착각하여 벼락을 내린 것이지 이목을 죽이려다 실수로 배나무에 벼락을 내린 것이 아님을 알 수 있다.
④ '보양 스님이 이목을 시켜 비를 내리게 하니'를 통해 보양 스님이 비를 내렸다는 설명이 적절하지 않음을 알 수 있다. 그리고 '하늘의 옥황상제가 장차 하늘의 뜻을 모르고 비를 내렸다 하여 이목을 죽이려 하였다.'를 통해 옥황상제가 천사를 보낸 것은 보양 스님이 아니라 이목을 죽이기 위해서였음을 짐작할 수 있다.

작품 해설

일연, 「보양이목설화(寶壤梨木說話)」
- 갈래: 설화
- 성격: 상징적, 신이적(神異的), 종교적
- 주제: 승려 보양(寶壤)의 행적
- 특징
  - 불교적 색채와 함께 도교적 색채가 나타남
  - 수신신앙(水神信仰)과 불교가 시간의 흐름에 따라 섞인 것으로 추정됨
  - 일종의 언어유희가 나타남

| 이목(璃目) | 이목(梨木) |
|---|---|
| 이무기, 서해 용왕의 아들 | 배나무 |

  - 『삼국유사』에 수록됨

일연, 『삼국유사』
고려 충렬왕 때 승려 일연이 쓴 역사책으로, 단군·기자·대방·부여의 사적(史跡)과 신라·고구려·백제의 역사를 기록하였고, 불교에 관한 기사·신화·전설·시가 등을 풍부하게 수록하였다.

## 15 난도 ★☆☆ 정답 ③

비문학 > 추론적 읽기

정답의 이유

③ 제시된 글은 '경상 지역 방언을 쓰는 사람들'과 '평안도 및 전라도와 경상도 일부'에서 구별하지 못하는 특정 발음에 대하여 말하고 있다. 경상 지역에서는 'ㅓ'와 'ㅡ'를 구별하지 못하고, 평안도 및 전라도와 경상도 일부에서는 'ㅗ'와 'ㅓ'를 분별하지 못하며, 평안도 사람들의 'ㅈ' 발음은 다른 지역의 'ㄷ' 발음과 매우 비슷하다는 등 지역에 따라 특정 모음과 자음 소리가 구별되지 않는다는 것이다. 따라서 ㉠에 들어갈 주장으로는 '우리말에는 지역에 따라 구별되지 않는 소리가 있다.'가 적절하다.

오답의 이유

① 지역마다 다양한 소리가 있다는 것이 올바른 주장이 되려면 각 지역의 다양한 소리(또는 특징적인 소리)가 제시되어야 하는데, 특정 발음을 발음하지 못한다는 것 외에 다른 예시는 찾아볼 수 없으므로 ㉠에 들어갈 주장으로는 적절하지 않다.
② 제시된 글에서 말하는 내용은 특정 단어, 특정 음운을 발음하지 못하는 지역이 있다는 것이다. 이는 지역마다 다른 표준 발음법이 있다는 설명이 아니므로 ㉠에 들어갈 주장으로는 적절하지 않다.
④ 제시된 글에서 자음보다 모음을 변별하지 못하는 지역이 더 많다는 내용을 찾아볼 수 없고, 일부 지역에서 소리를 구별하여 듣지 못하는 사례를 제시했을 뿐이므로 ㉠에 들어갈 주장으로는 적절하지 않다.

## 16 난도 ★★☆ 정답 ②

비문학 > 추론적 읽기

정답의 이유

② 1문단의 '스마트폰이 그 진화의 한계에 봉착한 듯하다.', '스마트폰 생산량의 수위를 지켜 왔던 기업들의 호시절도 끝난 분위기다.'와 2문단의 '하지만 이들이라고 영속 불멸하지는 않을 것이다.'로 미루어 ㉠에는 영원한 성공은 없다는 내용이 들어가야 한다. 따라서 '권세는 십 년을 가지 못한다는 뜻으로, 아무리 높은 권세라도 오래가지 못함을 이르는 말'인 권불십년(權不十年)이 들어가는 것이 적절하다.
- 權不十年: 권세 권, 아닐 불, 열 십, 해 년

오답의 이유

① 절치부심(切齒腐心): 몹시 분하여 이를 갈며 속을 썩임
- 切齒腐心: 끊을 절, 이 치, 썩을 부, 마음 심
③ 아전인수(我田引水): 자기 논에 물 대기라는 뜻으로, 자기에게만 이롭게 되도록 생각하거나 행동함을 이르는 말
- 我田引水: 나 아, 밭 전, 끌 인, 물 수
④ 내우외환(內憂外患): 나라 안팎의 여러 가지 어려움
- 內憂外患: 안 내, 근심 우, 바깥 외, 근심 환

## 17 난도 ★★☆ 정답 ①

**비문학 > 사실적 읽기**

정답의 이유

① '집단으로 모인 사람들이 자신들의 감성을 침묵하게 하고 지성만을 행사하는 가운데 그들 중 한 개인에게 그들의 모든 주의가 집중되도록 할 때 희극이 발생한다고 보았다.'를 통해 희극이 관객의 감성이 집단적으로 표출된 결과라는 설명이 적절하지 않음을 알 수 있다. '관객은 이러한 결함을 지닌 인물을 통하여 스스로 자기 우월성을 인식하고 즐거워질 수 있게 된다.'에서 희극은 관객 개개인이 결함을 지닌 인물에 비하여 자기 우월성을 인식함으로써 발생한다는 사실을 확인할 수 있다.

오답의 이유

② '희극의 발생 조건에 대하여 베르그송은 집단, 지성, 한 개인의 존재 등을 꼽았다.'를 통해 적절한 내용임을 확인할 수 있다.

③ '웃음을 유발하는 단순한 형태의 직접적인 장치는 대상의 신체적인 결함이나 성격적인 결함을 들 수 있다.'를 통해 적절한 내용임을 확인할 수 있다.

④ '한 인물이 우리에게 희극적으로 보이는 것은 우리 자신과 비교해서 그 인물이 육체의 활동에는 많은 힘을 소비하면서 정신의 활동에는 힘을 쓰지 않는 경우이다.'라는 프로이트의 말을 통해 적절한 내용임을 확인할 수 있다.

## 18 난도 ★★☆ 정답 ③

**현대 문학 > 현대 소설**

정답의 이유

㉠에는 노력에 비해 대가가 크지 않은 상황에 대한 안타까움의 정서가 드러난다.

③ 제시된 작품은 김창협의 「산민(山民)」으로, 가혹한 정치와 관리들의 횡포로 인해 백성들이 고통스럽게 사는 모습을 사실적으로 표현한 한시이다. '남편'이 아침에 소를 끌고 산에 올라 산 밭을 일구며 고생을 하지만 저물도록 돌아오지 못하는 상황에 대한 안타까운 마음을 드러내고 있다.

오답의 이유

① 제시된 작품은 박남수의 「아침 이미지」로, 아침의 활기와 생동감을 드러낸 작품이다.

② 제시된 작품은 김소월의 「산유화」로, 존재의 고독감을 순수한 존재인 '꽃'과 '새'를 통해 드러내고 있다.

④ 제시된 작품은 김상옥의 「사향(思鄕)」으로, 눈앞에 그려질 듯이 그리운 고향을 표현하고 있다.

**작품 해설**

양귀자, 「비 오는 날이면 가리봉동에 가야 한다」

- 갈래: 단편 소설, 연작 소설
- 성격: 비판적, 사실적, 현실적
- 주제
  - 일상적인 인물들의 갈등과 화해
  - 탐욕에 대한 반성과 이해와 존중의 중요성
- 특징
  - 1980년대 도시 변두리에 사는 서민의 삶을 사실적으로 그려냄
  - 계층의 차이가 '두터운 벽'으로 구분됨
  - 전개에 따라 타인에 대한 불신이 이해로 변화함

## 19 난도 ★☆☆ 정답 ④

**비문학 > 사실적 읽기**

정답의 이유

1문단의 논지는 기존의 의학적 연구는 '특정 연령대의 건장한 성인 남성의 몸'을 표준으로 삼아 이루어져 왔기 때문에 여성과 다양한 연령대 남성의 신체적 특성은 고려되지 않았다는 것이다. 이어지는 2문단에서 '사무실의 적정 온도'를 예시로 들어 연구와 현실 간의 차이를 나타내고 있으며, 마지막 3문단에서 이러한 차이가 발생한 이유를 설명하면서 기존의 의학적 연구의 문제점을 지적한 1문단의 내용을 뒷받침하고 있다.

④ 제시된 글은 근로자의 성별과 다양한 연령대를 고려하지 않은 일률적인 대상을 표준으로 연구가 이루어지는 것에 대해 문제를 제기하고 있다. 따라서 다양한 대상의 고려 없이 설정 온도를 '일률적으로 높이는 것'은 제시된 글의 시사점으로 적절하지 않다.

오답의 이유

① 기존의 의학적 연구에서 표준으로 삼았던 건장한 성인 남성의 신체는 모든 성별과 연령대를 반영할 수 없으므로 다양한 대상을 선정하여 의학적 연구를 해야 한다는 주장은 제시된 글의 시사점으로 적절하다.

② 특정 표준 대상만을 연구한 결과는 해당 대상을 살펴봐서 활용 유무를 결정해야 한다는 주장은 제시된 글의 시사점으로 적절하다.

③ 의학적 연구의 표준이었던 '건장한 성인 남성의 몸'과 달리 성별이나 연령대 등에 따라 신체 조건이 같지 않으므로, 근무 환경을 조성할 때 근무자들의 성별이나 연령대를 고려하는 것이 바람직하다는 주장은 제시된 글의 시사점으로 적절하다.

## 20 난도 ★★☆  정답 ③

**비문학 > 추론적 읽기**

[정답의 이유]

③ 1문단에서 '자원자'는 아우슈비츠를 소재로 한 드라마 대본을 세련되지도 능숙하지도 않게 낭독했지만, 관객들의 열렬한 공감을 이끌어 냈다. 2문단에서 '전문 배우'는 셰익스피어의 희곡 「헨리 5세」에서 발췌한 대사를 품위 있고 고풍스럽게 큰 목소리로 낭독했지만, 공감을 얻지 못했다. 따라서 훌륭한 고전이라고 해서 항상 청중의 공감을 불러일으키는 것은 아니라는 설명은 적절하다.

[오답의 이유]

① 2문단에서 '전문 배우'가 품위 있고 고풍스럽게 큰 목소리로 유려한 어조로 낭독했지만 청중의 공감을 얻지 못했다는 사실을 통해 배우의 연기력이 관객의 공감을 좌우하지 않을 수 있다는 사실을 짐작할 수 있다.

② 1문단의 아우슈비츠를 소재로 한 드라마 대본과 2문단의 아젱쿠르 전투를 소재로 셰익스피어의 희곡 모두 비참한 죽음을 다룬 비극적인 소재의 이야기이다. 하지만 셰익스피어의 희곡은 관객의 공감을 얻지 못했으므로, 비참한 죽음을 다룬 비극적인 소재는 관객의 공감을 일으킨다는 설명은 적절하지 않다.

④ 1문단에서 역사적 사건인 아우슈비츠의 이야기를 소재로 한 드라마가 관객들의 열렬한 공감을 이끌어냈다는 사실을 통해 현재와 가까운 역사적 사실을 극화했다고 해서 관객의 공감 가능성이 커지지는 않는다는 설명은 적절하지 않음을 알 수 있다.

# 국어 | 2019년 국가직 9급

## 한눈에 훑어보기

### ✔ 영역 분석

**어휘** 10
1문항, 5%

**문법** 01 05 11
3문항, 15%

**고전 문학** 09 13
2문항, 10%

**현대 문학** 03 07 12 14
4문항, 20%

**비문학** 02 04 06 08 15 16 17 18 19 20
10문항, 50%

### ✔ 빠른 정답

| 01 | 02 | 03 | 04 | 05 | 06 | 07 | 08 | 09 | 10 |
|---|---|---|---|---|---|---|---|---|---|
| ② | ① | ③ | ④ | ③ | ④ | ④ | ① | ④ | ② |
| 11 | 12 | 13 | 14 | 15 | 16 | 17 | 18 | 19 | 20 |
| ③ | ② | ③ | ④ | ④ | ① | ① | ④ | ② | ③ |

### ✔ 점수 체크

| 구분 | 1회독 | 2회독 | 3회독 |
|---|---|---|---|
| 맞힌 문항 수 | / 20 | / 20 | / 20 |
| 나의 점수 | 점 | 점 | 점 |

---

## 01  난도 ★★☆  정답 ②

**문법 > 형태론**

**정답의 이유**

ⓒ '나무가 잘 크지'에서 '크다'는 '동식물이 몸의 길이가 자라다.'라는 의미의 동사이다.

ⓒ '홍수가 나서'에서 '나다'는 '홍수, 장마 따위의 자연재해가 일어나다.'라는 의미의 동사이다.

**오답의 이유**

㉠ '성격이 다른'에서 '다르다'는 '비교가 되는 두 대상이 서로 같지 아니하다.'라는 의미의 형용사이다.

㉣ '허튼 말'에서 '허튼'은 '쓸데없이 헤프거나 막된'이라는 의미의 관형사이다.

㉤ '진정한 사랑이 아닐까'에서 '아니다'는 '의문형으로 쓰여 물음이나 짐작의 뜻을 나타내는 말(사실을 긍정적으로 강조하는 효과)'로 형용사이다.

## 02  난도 ★☆☆  정답 ①

**비문학 > 화법**

**정답의 이유**

① 긍정 평서문인 '유지해야 한다.'로 제시하였고, '징병제도를 유지해야 한다.'라는 찬성 의견과 '징병제도를 폐지해야 한다.'라는 반대 의견의 대립이 분명하게 나타난다. 또한 '징병제도의 유지 여부'라는 하나의 쟁점만 나타나고, 찬성이나 반대 어느 한 편에 유리하게 작용하는 정서적 표현을 사용하지 않았다. 따라서 조건에 가장 잘 맞는 토론 논제는 '징병제도는 유지해야 한다.'이다.

**오답의 이유**

② '정보통신망법을 개선할 수는 없다.'는 부정문이므로, '긍정 평서문으로 제시되어야 한다.'라는 조건에 부합하지 않는다.

③ '야만적'이라는 단어는 '미개하여 문화 수준이 낮은 것'을 뜻하며, 두발 제한을 부정적으로 느끼도록 할 수 있다. 따라서 '찬성이나 반대 어느 한 편에 유리하게 작용하는 정서적 표현을 사용해서는 안 된다.'라는 조건에 부합하지 않는다.

④ '내신 제도의 개혁'과 '논술 시험의 개혁'이라는 두 가지 쟁점이 제시되었으므로, '쟁점이 하나여야 한다.'라는 조건에 부합하지 않는다.

## 03 난도 ★☆☆  정답 ③

현대 문학 > 희곡

**정답의 이유**

③ 해설자는 파수꾼이 아주 오래 전부터 존재했음을 강조하기 위해 '나의 늙으신 아버지께서도 어린 시절에 저 유명한 파수꾼의 이야기를 들으셨다 합니다.'라고 언급하고 있다. 그러나 제시된 글에서 해설자가 아버지를 소개하는 부분은 찾아볼 수 없다.

**오답의 이유**

① '이곳은 황야입니다. 이리 떼의 내습을 알리는 망루가 세워져 있죠.'에서 '망루가 세워져 있는 황야'라는 공간적 배경을 파악할 수 있다.

② '하늘은 연극의 진행에 따라 황혼, 초승달이 뜬 밤, 그리고 아침으로 변할 겁니다.'에서 연극의 시간적 배경이 '저녁-밤-아침'으로 변할 것임을 알 수 있다.

④ '높은 곳에서 하늘을 등지고 있기 때문에 그는 언제나 시커먼 그림자로만 보입니다.'라는 파수꾼에 대한 묘사에서 파수꾼의 얼굴을 분명하게 알 수 없음을 짐작할 수 있다.

**작품 해설**

이강백, 「파수꾼」

- 갈래: 희곡, 단막극
- 성격: 현실 풍자적, 상징적, 우의적
- 주제
  - 진실을 향한 열망
  - 진실이 통하지 않는 비극적 사회
- 특징
  - 우의적 방식으로 1970년대 정치 현실을 풍자한 작품
  - 상징적 의미의 소재를 사용함

| 이리 떼 | 사람들에게 공포심을 주기 위해 만들어진 가공의 적. 권력 유지를 위해 불안감을 조성하는 수단 |
|---|---|
| 흰 구름 | 진실. 아름답고 평화로운 대상 |
| 망루 | 마을 사람들 사이의 소통을 차단하고, 그들을 감시하며 통제하는 제도 |
| 양철북 | 공포와 불안을 조성하는 도구 |
| 딸기 | 부정한 권력으로 얻은 대가. 권력에 영합할 때 누릴 수 있는 특권 |
| 팻말 | 거짓된 명분으로 숨겨진 실리를 독점하기 위한 수단 |

## 04 난도 ★☆☆  정답 ④

비문학 > 화법

**정답의 이유**

④ '공감적 듣기'란 상대방의 입장이 되어서 상대방의 말을 들어 주는 것을 뜻한다. 수빈은 자신의 프레젠테이션 진행에 만족하지 못하는 정아의 입장을 헤아리고, 위로해 주고 있다. 그러나 수빈이 정아의 말을 자신의 처지로 바꾸어 의미를 재구성한 부분은 찾을 수 없다.

**오답의 이유**

① 수빈은 '정말?'과 같은 적절한 반응과 '팀장님 질문에 대답을 못했구나.'와 같은 재진술을 통해 정아의 말에 공감을 표시하고 자신이 대화에 집중하고 있음을 표현하고 있다.

② 수빈은 '무슨 일이 있었는지 자세히 말해 봐.'라며 정아가 미처 표현하지 못한 말들을 할 수 있도록 격려하고 있다.

③ 수빈은 '팀장님 질문에 대답을 못했구나. 처음 하는 프레젠테이션이라 정아 씨가 긴장을 많이 했나 보다.'라고 정아의 말을 요약·정리하여 정아 스스로 감정을 정리할 수 있도록 도와주고 있다.

## 05 난도 ★★☆  정답 ①

문법 > 음운론

**정답의 이유**

① 부엌일 → [부억일]: 음절의 끝소리 규칙(교체) … ㉠
   → [부억닐]: 'ㄴ' 첨가(첨가) … ㉡
   → [부엉닐]: 비음화(교체) … ㉠

**더 알아보기**

'ㄴ' 첨가(표준 발음법 제29항)

합성어 및 파생어에서, 앞 단어나 접두사의 끝이 자음이고 뒤 단어나 접미사의 첫음절이 '이, 야, 여, 요, 유'인 경우에는 'ㄴ' 음을 첨가하여 [니, 냐, 녀, 뇨, 뉴]로 발음한다.

| 솜이불[솜ː니불] | 홑이불[혼니불] | 내복약[내ː봉냑] |
|---|---|---|
| 한여름[한녀름] | 색연필[생년필] | 막일[망닐] |
| 영업용[영엄뇽] | 식용유[시굥뉴] | 백분율[백뿐뉼] |
| 눈요기[눈뇨기] | 맨입[맨닙] | 늑막염[능망념] |

다만, 다음과 같은 말들은 'ㄴ' 음을 첨가하여 발음하되, 표기대로 발음할 수 있다.

| 이죽이죽[이중니죽/이주기죽] | 야금야금[야금냐금/야그먀금] |
|---|---|
| 검열[검ː녈/거ː멸] | 욜랑욜랑[욜랑뇰랑/욜랑욜랑] |
| 금융[금늉/그뮹] | 늑막염[능망념] |

[붙임 1] 'ㄹ' 받침 뒤에 첨가되는 'ㄴ' 음은 [ㄹ]로 발음한다.

| 들일[들ː릴] | 솔잎[솔립] | 설익다[설릭따] |
|---|---|---|
| 물약[물략] | 불여우[불려우] | 서울역[서울력] |
| 물엿[물렫] | 휘발유[휘발류] | 유들유들[유들류들] |

[붙임 2] 두 단어를 이어서 한 마디로 발음하는 경우에도 이에 준한다.

| 한 일[한닐] | 옷 입다[온닙따] |
|---|---|
| 서른여섯[서른녀섣] | 3 연대[삼년대] |
| 먹은 엿[머근녇] | 할 일[할릴] |
| 잘 입다[잘립따] | 스물여섯[스물려섣] |
| 1 연대[일련대] | 먹을 엿[머글렫] |

다만, 다음과 같은 단어에서는 'ㄴ(ㄹ)' 음을 첨가하여 발음하지 않는다.

| 6·25[유기오] | 3·1절[사밀쩔] |
|---|---|
| 송별연[송벼련] | 등용문[등용문] |

## 06 난도 ★★☆  정답 ④

비문학 > 화법

**정답의 이유**

④ 토론의 논제는 '학교 폭력을 방관한 학생에게도 책임을 물어야 한다.'이다. 반대 측은 '과연 누구까지를 학교 폭력의 방관자라고 규정지을 수 있을까요?'라고 논제에 의문을 제기하여 '폭력을 직접 행사해서 피해를 준 사실이 명백할 때에만 책임을 물어야 한다.'라는 주장을 강화하고 있다.

**오답의 이유**

① 찬성 측의 발언에서 친숙한 상황에 빗대어 표현하는 방식은 파악할 수 없다. 오히려 반대 측에서 '집에 가는 길에 우연히 폭력을 목격했을 경우, 자신의 친구로부터 폭력에 관련된 소문을 접했을 경우' 등 친숙한 상황에 빗대어 자신의 견해를 펼치고 있다.

② 찬성 측은 '친구가 학교 폭력에 의해 희생되고 있는데도 자신에게 피해가 올까 두려워 아무런 조치를 취하지 않는 학생들이 많다.'라는 사례를 제시했을 뿐 자신의 경험을 제시한 것은 아니다.

③ 반대 측은 '사건에 대한 개입과 방관은 개인의 자율적 의지에 달린 문제'라는 입장으로, 윤리적 방법으로 해결책을 제시하고 있지 않다. 오히려 윤리적으로 접근하려는 찬성 측의 입장에 반대하여 '어떠한 행위를 처벌하려면 확고한 기준이 필요한데, 방관자의 범위부터 규정하기가 불명확'하다며 현실적 기준을 요구하고 있다.

## 07 난도 ★★☆  정답 ④

현대 문학 > 문학 일반

**정답의 이유**

㉠ 문맥상 '풍자'와 '해학'의 성격을 포괄하는 단어인 '골계(滑稽)'가 들어가는 것이 적절하다. '골계'는 익살을 부리는 가운데 어떤 교훈을 주는 일을 의미한다.

㉡ '있어야 할 것으로 행세해 온 관념을 부정'하고, '있어야 할 것을 깨뜨리는 것에 관심을 집중'한다는 의미를 포함하는 '풍자(諷刺)'가 들어가는 것이 적절하다. '풍자'는 문학 작품에서 현실의 부정적 현상이나 모순 등을 빗대어 비웃으면서 쓰는 것을 의미한다.

㉢ '현실적인 삶인 있는 것을 그대로 긍정'하고, '있는 것이 지닌 긍정에 관심을 집중'한다는 의미를 포함하는 '해학(諧謔)'이 들어가는 것이 적절하다. '해학'은 익살스럽고도 품위가 있는 말이나 행동을 의미한다.

**더 알아보기**

**문학의 미적 범주**

- 숭고미
  - 도달할 수 없는 높은 경지. 초월적 가치를 추구할 때 느껴지는 아름다움
  - 숭고미를 담아내는 작품은 주로 경건하고 엄숙한 분위기를 나타냄
  - 종교적이거나 이상적인 삶, 현실의 극복 등의 주제 의식을 지니는 작품에서 나타남

- 우아미
  - 조화롭고 균형을 갖춘 대상에서 느껴지는 아름다움
  - 있는 것과 있어야 할 것의 융합, 즉 현실과 이상이 일치하는 상황에서 드러남
  - 물아일체의 경지나 고전적인 멋이 드러나는 작품에서 나타남

- 비장미
  - 비극적인 현실로 인해 슬픔이 극에 달한 상태 혹은 한(恨)의 정서가 표출될 때 나타나는 아름다움
  - 현실과 이상이 조화를 이루지 못하고 어긋나는 상황에서 드러남
  - 이별이나 슬픔 등의 정서를 다룬 작품에서 나타남

- 골계미
  - 풍자나 해학을 통해 우스꽝스러운 상황이나 인간상을 표현하는 미의식
  - 주로 현실의 부조리나 부정적인 대상을 비판하거나 희화화하는 과정에서 웃음을 자아냄
  - 조선 후기 평민 문학에서 많이 나타남

## 08 난도 ★☆☆  정답 ①

비문학 > 글의 순서 파악

**정답의 이유**

① 〈보기〉의 핵심은 '기도(신앙)'가 '뉴스'로 바뀌었다는 것이다. '아침 기도 → 아침 뉴스', '저녁 기도 → 저녁 종합 뉴스'에서 뉴스 타전과 교회의 시간 규범의 관계성을 파악할 수 있다. 따라서 〈보기〉는 '뉴스 타전은 소름이 돋을 정도로 정확하게 교회의 시간 규범을 따른다.'라는 문장의 뒤인 ㉠에 들어가는 것이 가장 적절하다.

## 09 난도 ★★★  정답 ④

고전 문학 > 고전 운문

**정답의 이유**

④ 제시된 부분은 화자가 농사를 짓기 위해 이웃집의 소를 빌리러 갔다가 거절당하고 낙심하는 내용이다. '개'는 소를 빌리지 못해 위축된 화자(풍채 적은 형용)를 향해 짖으며, 화자의 초라한 처지를 부각하는 대상이다. 그리고 '대승(오디새)'은 농사 걱정으로 잠 못 이루는 화자의 '한을 돋우는', 걱정을 심화시키는 대상이다.

오답의 이유
① '개'와 '대승(戴勝)'은 모두 실재하는 존재물이다.
② '개'는 화자의 초라함을 드러내는 대상으로 '절망'을 나타낸다고 볼 수 있지만, '대승(戴勝)'은 화자의 한을 돋우는 대상이므로 '희망'과는 거리가 멀다.
③ '대승(戴勝)'은 화자의 내면적 정서를 고조시키는 소재이나, '개'와 '대승(戴勝)'이 화자의 내면과 외면을 상징하는 것은 아니므로 적절하지 않다.

### 작품 해설

박인로, 「누항사(陋巷詞)」
- 갈래: 양반 가사, 은일 가사, 정격 가사
- 성격: 사색적, 전원적
- 주제
  - 자연을 벗 삼은 빈이무원(貧而無怨)의 삶을 추구함
  - 곤궁한 현실에도 안빈낙도(安貧樂道)와 충효 · 우애 · 신의를 지키는 삶을 추구함
- 특징
  - 4음보 3(4) · 4조의 운율
  - 과장법, 대구법, 열거법, 설의법 등 다양한 표현 방법을 사용함

## 10 난도 ★★☆  정답 ②

어휘 > 한자성어

정답의 이유
② '시름겨운 이는 외로운 밤에 잠 못 이루는데'를 볼 때, 화자의 상황을 적절하게 표현한 한자성어는 '누워서 몸을 이리저리 뒤척이며 잠을 이루지 못함'을 뜻하는 輾轉不寐(전전불매)이다.
- 輾轉不寐: 돌아누울 전, 구를 전, 아닐 불, 잠잘 매

오답의 이유
① 琴瑟之樂(금슬지락): 부부간의 사랑, '금실지락'의 원말
- 琴瑟之樂: 거문고 금, 큰 거문고 슬, 갈 지, 즐길 락
③ 錦衣夜行(금의야행): 비단옷을 입고 밤길을 다닌다는 뜻으로, 아무 보람이 없는 일을 함을 이르는 말
- 錦衣夜行: 비단 금, 옷 의, 밤 야, 다닐 행
④ 麥秀之嘆(맥수지탄): 고국의 멸망을 한탄함을 이르는 말
- 麥秀之嘆: 보리 맥, 빼어날 수, 갈 지, 탄식할 탄

### 작품 해설

허난설헌, 「사시사(四時詞)」
- 갈래: 한시(7언 고시)
- 성격: 애상적, 연정가
- 주제: 임을 그리워하는 여인의 마음
- 특징
  - 고독과 그리움의 정서를 사계절의 변화에 따라 전개함
  - 춘사(春詞), 하사(夏詞), 추사(秋詞), 동사(冬詞)로 구성됨

## 11 난도 ★★☆  정답 ③

문법 > 통사론

정답의 이유
③ • 상대 높임 표현: 하셨습니다(하십시오체)
  • 주체 높임 표현: 께서(조사), '-시-'(높임 선어말 어미)
  • 객체 높임 표현: 께(조사), 드리다(객체를 높이는 특수 어휘)

오답의 이유
① • 주체 높임 표현: 께서(조사), '-시-'(높임 선어말 어미)
  • 객체 높임 표현: 모시다(객체를 높이는 특수 어휘)
② • 상대 높임 표현: 될까요(해요체)
  • 객체 높임 표현: 께(조사), 드리다(객체를 높이는 특수 어휘)
④ • 상대 높임 표현: 바랍니다(하십시오체)
  • 주체 높임 표현: 께서(조사), '-시-'(높임 선어말 어미)

### 더 알아보기

높임 표현

| | • 개념: 주로 일정한 종결 어미를 사용하여, 청자를 높이거나 낮추는 표현 방법이다.<br>• 종류 | |
|---|---|---|
| 상대<br>높임법 | 격식체 | • 의례적으로 쓰며, 직접적 · 단정적 · 객관적인 표현이다.<br>• 하십시오체, 하오체, 하게체, 해라체 등이 있다. |
| | 비격식체 | • 표현이 부드럽고 주관적이며 친근한 느낌을 준다.<br>• 해요체, 해체 등이 있다. |
| 주체<br>높임법 | • 개념: 문장의 주체를 높여 표현하는 방법이다.<br>• 실현 방법<br>  - 선어말 어미 '-시-'를 사용한다.<br>  - 주격 조사 '께서'를 사용한다.<br>  - '높임'의 뜻을 더하는 접미사 '-님'을 사용한다.<br>  - '계시다, 잡수시다, 편찮으시다, 주무시다, 진지, 돌아가시다' 등 특수 어휘를 사용한다. | |
| 객체<br>높임법 | • 개념: 주어의 행위가 미치는 대상을 높이는 표현 방법으로, 문장의 객체(목적어, 부사어)를 높인다.<br>• 실현 방법<br>  - 부사격 조사 '에게' 대신 '께'를 사용한다.<br>  - '드리다, 뵈다(뵙다), 모시다, 여쭈다(여쭙다)' 등 특수 어휘를 사용한다. | |

## 12 난도 ★★☆ 정답 ②

현대 문학 > 현대 시

[정답의 이유]

② 5연의 '전통은 궁궐안의 상전이 되고 / 조작된 권위는 주위를 침식한다.'를 통해 시적 화자는 고전적인 질서를 부정적으로 인식한다는 사실을 알 수 있다. 따라서 제시된 작품이 고전적인 질서를 통해 새로운 희망을 추구한다는 설명은 적절하지 않다.

[오답의 이유]

① '걷게 하라', '흐르게 하라'와 같이 명령형 어미를 반복적으로 사용하여, 단호하고 직설적인 어조로 메시지를 전달하고 있다.

③ 1연을 통해 국경, 탑, 울타리와 같은 인위적인 것을 바다로 몰아넣어야 하는 부정적인 존재로 인식하고 있음을 파악할 수 있다. 반면 2연을 통해 날새, 세상, 바람, 햇빛과 같은 자연적인 것을 긍정적으로 인식하고 있음을 알 수 있다. 따라서 인위적인 것과 자연적인 것을 대조적으로 제시하고 있다는 설명은 적절하다.

④ 제시된 작품에서 '죽가래'는 곡식이나 눈 따위를 한곳으로 밀어 모으는 데 쓰는 농기구이다. 화자는 '죽 가래 밀어 바다로 몰아넣라.'라고 함으로써 '국경', '탑', '어용학의 울타리', '일만년 울타리' 등으로 표현되는 부정적인 것들을 청산하기 위한 체제 개혁을 역설하고 있다.

[작품 해설]

신동엽, 「이야기하는 쟁기꾼의 대지」

- 갈래: 자유시, 서정시
- 성격: 현실 참여적, 단정적
- 주제: 고전적 질서의 타파와 체제 개혁에 대한 염원
- 특징
  - 인위적인 것과 자연적인 것을 대조적으로 제시함
  - 단정적이고 직설적인 어조로 메시지를 전달함
  - 큰 집단, 큰 체계를 부정적으로 인식함

## 13 난도 ★★☆ 정답 ③

고전 문학 > 고전 산문

[정답의 이유]

서술자의 개입이란 작품 밖의 서술자가 자신의 생각을 직접 드러내는 것을 말한다. 서술자의 개입에는 서술자의 등장인물에 대한 직접적인 평가, 상황에 대한 가치 판단, 등장인물의 심리 묘사, 줄거리의 요약이나 앞으로의 사건 제시 등이 있다.

③ ⓒ은 춘향이 도련님을 그리워하며 서러운 심정을 노래하는 부분으로 서술자의 개입은 드러나지 않는다.

[오답의 이유]

① ㉠의 '소리가 화평할 수 있겠는가'에서 서술자의 개입을 확인할 수 있다.

② ㉡의 '심장인들 아니 상할 것인가'에서 서술자의 개입을 확인할 수 있다.

④ ㉣의 '어찌 감동을 받지 않겠는가'에서 서술자의 개입을 확인할 수 있다.

[작품 해설]

작자 미상, 「춘향전」

- 갈래: 고전 소설, 판소리계 소설
- 성격: 풍자적, 해학적
- 주제
  - 신분을 초월한 남녀 간의 사랑
  - 신분적 갈등의 극복을 통한 인간 해방
  - 불의한 지배 계층에 대한 서민의 항거
- 특징
  - 서술자의 개입이 자주 드러남
  - 판소리의 영향으로 운문체와 산문체가 혼합됨
  - 언어유희, 반어법, 과장법, 직유법 등의 표현 방법이 사용됨
  - 해학과 풍자로 골계미가 나타남
  - 근원 설화(열녀 설화, 신원 설화) → 판소리(춘향가) → 고전 소설(춘향전) → 신소설(옥중화)

## 14 난도 ★★☆ 정답 ④

현대 문학 > 현대 소설

[정답의 이유]

④ 제시된 작품에서 '간난이 할아버지'는 새끼를 밴 '신둥이개'가 빠져나가도록 도왔다. '신둥이개'를 잡으려던 동네 사람들은 '누가 빈틈을 냈어?'라며 흥분하고 못마땅해한다. 이에 '동장네 절가'는 '간난이 할아버지'를 지목하고 있다. 따라서 동장네 절가가 간난이 할아버지의 행동에 동조하고 있다는 설명은 적절하지 않다.

[오답의 이유]

① '때레라!', '아즈반이웨다레'와 같은 사투리를 사용하고, 몽둥이를 들고 개를 때려잡으려는 모습에서 토속적이며 억센 삶의 현장을 엿볼 수 있다.

② '새파란 불'은 뱃속의 새끼를 보호하려는 어미 개로서의 모성 본능이자 생명의 위협을 느끼는 상황에서 살고자 하는 생의 욕구를 암시한다.

③ '짐승이라도 새끼 밴 것을 차마?'에서 간난이 할아버지는 신둥이개가 새끼를 배고 있음을 눈치채고 죽이는 것을 망설인다는 사실을 알 수 있다. 따라서 간난이 할아버지에게서 생명에 대한 외경을 느낄 수 있다는 설명은 적절하다.

[작품 해설]

황순원, 「목넘이 마을의 개」

- 갈래: 단편 소설
- 성격: 설화적, 우화적
- 주제: 생명의 강인함과 생명에 대한 외경심
- 특징
  - 내부 이야기는 전지적 작가 시점으로, 외부 이야기는 1인칭 관찰자 시점으로 서술한 액자식 구성의 소설
  - '신둥이'는 우리 민족의 강인한 생명력을 상징함

## 15 난도 ★★☆  정답 ③

비문학 > 추론적 읽기

[정답의 이유]
③ (나)를 통해 책을 읽어주고 돈을 받는 '전기수'라는 직업이 있었다는 것과 구경하는 사람들이 빙 둘러설 정도로 대중들이 소설에 관심이 많았다는 것은 파악할 수 있지만, 소설을 창작하는 계층에 대한 정보는 파악할 수 없다.

[오답의 이유]
① (가)의 '어찌 상중(喪中)에 있으면서 예의에 어긋난 책을 소리 내어 읽어서 스스로 평민과 같아지려 할 수 있는가?'라는 찬성공의 말을 통해 상층 남성들은 상중의 예법에 대해 매우 엄격했음을 알 수 있다.
② (가)의 '부윤공의 부인 이 씨가 우연히 언문 소설을 읽다가 그 소리가 밖으로 들렸다.'를 통해 혼자 소설을 보면서 소리 내어 읽기도 하였음을 추정할 수 있다.
④ (가)의 '예의에 어긋난 책을 소리 내어 읽어서 스스로 평민과 같아지려 할 수 있는가?'와 (나)의 '잘 읽었기 때문에 옆에서 구경하는 사람들이 빙 둘러섰다.'를 통해 상층이 아닌 하층에서도 소설을 즐겼음을 추정할 수 있다.

## 16 난도 ★★☆  정답 ③

비문학 > 글의 전개 방식

[정답의 이유]
③ 1문단에서 '고전파는 ~ 신을 위한 음악에서 탈피해 형식과 내용의 일체화를 꾀하고 균형 잡힌 절대 음악을 추구하였다.'라고 하였으므로 고전파 음악의 특징이 형식과 내용의 분리에 있다는 내용은 적절하지 않다.

[오답의 이유]
① 3문단의 '이렇듯 역사적으로 고전파 음악은 종교의 영역에서 음악 자체의 영역을 확보하였으며 최고 수준의 음악적 내용과 형식을 수립하였다.'에서 고전파 음악의 음악사적 의의를 파악할 수 있다.
② 2문단에서 고전파의 대표적인 음악가로 '하이든, 모차르트, 베토벤' 등을 예로 들어 이해를 돕고 있다.
④ 1문단의 첫 문장에서 '고전파 음악은 어떤 음악인가?'라는 질문을 통해 화제를 제시함으로써 호기심을 유발하고 있다.

## 17 난도 ★★★  정답 ①

비문학 > 추론적 읽기

[정답의 이유]
① (나)를 통해 과학적 연구와는 달리 실용적인 기술 개발은 경험적 자료에 대한 경계심에서 어느 정도 자유롭다는 사실을 파악할 수 있으며, (가)를 통해 경험론자들이 모든 관념과 판단은 감각 경험에서 출발하고 어떤 지식도 확실할 수는 없다고 생각한다는 사실을 알 수 있다. 따라서 실용적 기술을 개발하는 것은 일차적으로 경험론적 사고에 토대를 둔다는 것을 추론할 수 있다.

[오답의 이유]
② (나)에서 '일상생활에서 자신의 감각을 신뢰하고 이에 따라 행동하는 것은 잘못이 아니다.'라고 하였으므로 일상생활에서 감각에 대해 매우 비판적인 합리론적 사고를 우선해야 한다는 내용은 적절하지 않다.
③ (나)에서 '과학적 연구는 상당한 정도의 정확성을 요구하므로 경험적 자료에 대해 어느 정도의 경계심을 유지하는 것도 당연하다.'라고 하였으므로 과학 연구는 철저히 경험론을 바탕으로 이루어져야 한다는 내용은 적절하지 않다.
④ (나)에서 '실용적 기술 개발이나 평범한 일상적 행동과는 달리 과학적 연구는 상당한 정도의 정확성을 요구하므로 경험적 자료에 대해 어느 정도의 경계심을 유지하는 것도 당연하다.'라고 하였으므로 경험적 자료를 받아들이는 데 차이가 있음을 알 수 있다. 따라서 감각에 대한 신뢰가 어느 분야에나 차별 없이 요구된다는 설명이 적절하지 않다.

## 18 난도 ★★☆  정답 ④

비문학 > 사실적 읽기

[정답의 이유]
④ 3문단에서 '졸업식을 마치고 중국집으로 향하던 발걸음들이 이제 피자집으로 돌려졌다. 피자보다 자장면을 좋아하는 아이들을 찾아보기가 힘들어졌다.'라고 하였으므로 자장면이 특별한 날에 여전히 가장 사랑받는 음식이라는 설명은 적절하지 않다.

[오답의 이유]
① 1문단의 '젊은 청년들이 오토바이를 타고 배달한다'와 '피자는 참으로 편리한 음식이다.'에서 피자는 쉽게 배달시켜 먹을 수 있는 편리한 음식임을 확인할 수 있다.
② 3문단의 '싸게 먹을 수 있는 이국 음식이란 점에서 자장면과 피자는 특별한 의미를 갖는다.'에서 자장면과 피자는 이국적인 음식임을 확인할 수 있다.
③ 3문단의 '외식을 하기엔 부담되고 한번쯤 식단을 바꾸어 보고 싶을 즈음이면 중국식 자장면이나 이탈리아식 피자는 한국이나 미국의 서민에겐 안성맞춤이다.'에서 자장면과 피자는 값이 싸면서도 기분 전환이 되는 음식임을 확인할 수 있다.

## 19 난도 ★★★  정답 ②

비문학 > 추론적 읽기

[정답의 이유]
② '말미'는 일정한 직업이나 일 따위에 매인 사람이 다른 일로 말미암아 얻는 겨를을 의미하고, '휴가(休暇)'는 직장·학교·군대 따위의 단체에서, 일정한 기간 동안 쉬는 일 또는 그런 겨를을 의미한다. '말미'와 '휴가'는 유의어로 두 단어 모두 공존하여 쓰이므로 '말미'는 쓰이지 않고 '휴가'만 쓰인다는 설명은 적절하지 않다.

[오답의 이유]
① '가을걷이'는 가을에 익은 곡식을 거두어들임을 뜻하는 말로, '추수(秋收)'와 동의어이다. '가을걷이'와 '추수'는 동의어로 공존하

면서 경쟁하는 어휘로, 제시된 글의 내용을 뒷받침하는 예로 적절하다.
③ '얼굴'은 몸 전체 혹은 형상을 뜻하다가 '안면'의 뜻으로 의미가 축소된 말로, 제시된 글의 내용을 뒷받침하는 예로 적절하다.
④ '겨레'는 본래 성이 같은 친척들을 가리키는 말이었지만, 뜻이 확대되어 '민족'을 가리키는 말이 되었으므로, 제시된 글의 내용을 뒷받침하는 예로 적절하다.

## 20 난도 ★★☆ 정답 ③

**비문학 > 글의 전개 방식**

[정답의 이유]

③ (다)에서는 디디티(DDT)의 생물 농축과 잔존성을 사례로 들어 설명하고, 디디티의 생산 중단과 사용이 금지된 현황을 진술하고 있다. 그러나 디디티의 사용 금지를 주장하고 있다는 설명은 적절하지 않다.

[오답의 이유]

① (가)에서는 중심 화제인 '지속성 농약이 자연 생태계에 미치는 악영향'에 대해 소개하고, 핵심어인 '디디티'를 제시하여 앞으로 전개될 내용을 암시하고 있다.

② (나)에서는 디디티가 '물에 잘 녹지 않고 자연에서 햇빛에 의한 광분해나 미생물에 의한 생물학적 분해가 거의 이루어지지 않는' 물질이므로, 토양이나 물속의 퇴적물에 축적된다고 설명하고 있다. 또한 디디티가 지방에 잘 녹아서 지방 함량이 높은 동물 체내에서는 그 농도가 높아져 물질대사에 장애를 일으키고, 결국 멸종이라는 결과를 초래한다고 설명하고 있다. 따라서 디디티가 생태계에 미치는 영향을 인과 분석의 방법으로 설명한다고 볼 수 있다.

④ (라)에서는 '최근 우리나라에서도 사소한 환경오염 행위가 장차 어떠한 재앙을 몰고 올 수 있는지에 대한 연구가 활발히 이루어지고 있다.'라고 하여 환경오염에 대한 경각심을 간접적으로 드러내고 있다.

작은 기회로부터 종종 위대한 업적이 시작된다.

– 데모스테네스 –

# PART 2
# 지방직

- 2025년 지방직 9급
- 2024년 지방직 9급
- 2023년 지방직 9급
- 2022년 지방직 9급
- 2021년 지방직 9급
- 2020년 지방직 9급
- 2019년 지방직 9급

# 국어 | 2025년 지방직 9급

## 한눈에 훑어보기

### ✓ 영역 분석

**국어학** 03
1문항, 5%

**화법과 작문** 01 04 17
3문항, 15%

**논리** 09 16 18 19 20
5문항, 25%

**독해** 02 05 06 07 08 10 11 12 13 14 15
11문항, 55%

### ✓ 빠른 정답

| 01 | 02 | 03 | 04 | 05 | 06 | 07 | 08 | 09 | 10 |
|---|---|---|---|---|---|---|---|---|---|
| ① | ④ | ④ | ④ | ③ | ③ | ④ | ④ | ① | ② |
| 11 | 12 | 13 | 14 | 15 | 16 | 17 | 18 | 19 | 20 |
| ① | ② | ③ | ② | ④ | ② | ② | ① | ③ | ③ |

### ✓ 점수 체크

| 구분 | 1회독 | 2회독 | 3회독 |
|---|---|---|---|
| 맞힌 문항 수 | / 20 | / 20 | / 20 |
| 나의 점수 | 점 | 점 | 점 |

---

## 01 난도 ★★☆ 　　　　　　　　　　정답 ①

**화법과 작문 > 공문서 수정**

**정답의 이유**

① 납세자의 결정세액이 기납부세액보다 적은 경우 그 차이만큼 돌려줘야 한다. 제시문에 쓰인 '환급(還給)하다'는 '도로 돌려주다.'라는 의미이므로 문맥상 적절하게 쓰였다. '환수(還收)하다'는 '도로 거두어들이다'라는 의미이므로 수정하기에 적절하지 않다.

**오답의 이유**

② '배제하다'에 '-시키다'를 결합한 것은 부적절한 사동 표현이므로 '배제시켜야'를 '배제해야'로 수정하는 것은 적절하다.

③ '시의회는 관련 단체와 시민들을 초청하기로 결정하였다.'에서는 시의회가 초청하는 대상이 '관련 단체와 시민들'이라고 해석될 수도 있고, '시의회와 관련 단체'가 시민들을 초청하는 것으로 해석될 수도 있다. 따라서 하나의 뜻으로 해석되도록 '시의회는 관련 단체와 협의하여 시민들을 초청하기로 결정하였다.'로 수정하는 것은 적절하다.

④ 제시문에서 '사업 전체 목표 수립'과 '세부 사업별 추진 전략을 제시한다'의 문장 구조가 대등하게 이어지지 않는다. 따라서 문장 구조를 맞추어 '사업 전체 목표를 수립하고 세부 사업별 추진 전략을 제시한다.'로 수정하는 것은 적절하다.

## 02 난도 ★☆☆ 　　　　　　　　　　정답 ④

**독해 > 추론**

**정답의 이유**

④ '이후 김병연은 대역죄로 사형당한 인물의 후손이라는 ~ 관계를 맺지 못한 것도 이 때문이었다.'를 볼 때 김병연은 대역죄인의 후손이어서 당대 주류 세력과 관계를 맺을 수 없었다고 이해하는 것은 적절하다.

**오답의 이유**

① '김익순은 김시태의 후광을 입어 여러 관직에 나아갔다.'를 볼 때 김시태의 후손이 아무도 관직에 나아가지 못했다고 이해하는 것은 적절하지 않다.

② 김익순은 반란군에게 항복하고 거짓 보고를 한 행적이 드러나 재산이 몰수되고 사형당한 것이다. 김시태의 죄상이 드러나 재산이 몰수되었다고 이해하는 것은 적절하지 않다.

③ 김병연의 5대조 할아버지 김시태가 신임사화에 연루되긴 했지만 이후 명예가 회복되었다. 김병연이 세상을 떠돌게 된 것은 할아버지 김익순이 대역죄로 사형당했기 때문이다.

## 03 난도 ★☆☆   정답 ④

**국어학 > 어휘**

[정답의 이유]
④ ㉠의 동음이의 현상은 서로 무관한 두 의미가 우연히 같은 형태로 나타난 것이다. '모자를 쓰고'의 '쓰다'는 '모자 따위를 머리에 얹어 덮다'라는 의미이고, '형님은 시를 쓰고'의 '쓰다'는 '붓, 펜, 연필과 같이 선을 그을 수 있는 도구로 종이 따위에 획을 그어서 일정한 글자의 모양이 이루어지게 하다'라는 의미이다. 두 단어는 우연히 소리만 같을 뿐 단어 사이에 의미적 연관성이 없기 때문에 ㉠의 사례로 적절하다.

[오답의 이유]
① '비교적 관점'의 '비교적'은 체언을 수식하고 있으므로 관형사이고, '비교적 편리한'의 '비교적'은 용언을 수식하고 있으므로 부사이다. 이는 하나의 단어가 둘 이상의 품사로 사용되는 품사 통용에 해당한다.
② '키가 더 크다'의 '크다'는 '사람이나 사물의 외형적 길이, 넓이, 높이, 부피 따위가 보통 정도를 넘다'를 뜻하는 형용사이고, '풀이 잘 큰다'의 '크다'는 '동식물이 몸의 길이가 자라다'를 뜻하는 동사이다. 이는 하나의 단어가 둘 이상의 품사로 사용되는 품사 통용에 해당한다.
③ '오늘이 드디어'의 '오늘'은 '지금 지나가고 있는 이날'을 뜻하는 명사이고, '오늘 갈 것이라'의 '오늘'은 '지금 지나가고 있는 이날에'를 뜻하는 부사이다. 이는 하나의 단어가 둘 이상의 품사로 사용되는 품사 통용에 해당한다.

## 04 난도 ★★☆   정답 ④

**화법과 작문 > 작문**

[정답의 이유]
④ 〈지침〉에 따르면 결론에는 기대 효과와 향후 과제가 순서대로 들어가야 한다. '현장 적용을 위한 정책 실행의 단계적 평가 및 개선'은 향후 과제에 해당하므로 (라)에는 기대 효과가 제시되어야 한다. '친환경 방송 제작을 위한 세부 지침과 인력 채용 방안 제시'는 정책 지원 방안이지 기대 효과가 아니므로 (라)에 들어갈 내용으로 적절하지 않다.

[오답의 이유]
① 〈지침〉에 따르면 서론에는 보고서 작성의 배경과 필요성이 들어가야 한다. '1장 1.'은 보고서 작성의 배경에 해당하므로 (가)에는 보고서 작성의 필요성이 제시되어야 한다. 따라서 '국내 방송 산업의 친환경 제작 전략의 필요성'은 (가)에 들어갈 내용으로 적절하다.
② 〈지침〉에 따르면 본론은 제목에서 밝힌 내용을 2개의 장으로 구성하되, 2장의 하위 항목이 3장의 하위 항목과 서로 대응해야 한다. 따라서 (나)는 '3장 1.'과 대응해야 하는데, '국내 방송 산업의 특성을 반영한 친환경 제작 지침의 마련'은 지침의 부재에 따른 지원 방안이므로, '국내 방송 산업 내 친환경 제작을 위한 지침 부재'는 (나)에 들어갈 내용으로 적절하다.
③ 〈지침〉에 따르면 (다)는 '2장 2.'와 대응해야 하므로, (다)에는 '국내 친환경 방송 제작 관련 전문 인력 부재'에 대한 지원 방안이 제시되어야 한다. 따라서 '국내 친환경 방송 제작 관련 전문 인력 채용의 제도화'는 (다)에 들어갈 내용으로 적절하다.

## 05 난도 ★★☆   정답 ③

**독해 > 문맥 추론**

[정답의 이유]
③ ㉢의 앞에서 '획득면역'은 '특정 항원에만 반응하는 유일의 항체를 생성하는 면역반응'이라고 하였다. 이를 볼 때 ㉢을 '특정 항체가 특정 항원에 대해서만 반응한다.'로 수정하는 것은 적절하다.

[오답의 이유]
① ㉠의 뒤에서 '외부에서 들어온 특정 항원에만 반응하는 유일의 항체가 별도로 존재하지 않는다는 것이다.'라고 하였다. 이를 통하여 '자연면역'은 항원과 항체 사이의 일대일 반응 관계가 존재하지 않는다고 추론할 수 있다. 따라서 ㉠을 '직접적인 일대일 반응 관계가 존재한다'로 수정하는 것은 적절하지 않다.
② ㉡의 앞 내용을 볼 때 '대식세포'의 기능은 자연면역이다. 이를 통하여 '대식세포'는 세균과 같은 미생물 등을 외부 이물질로 인식하여 제거함을 추론할 수 있다. 따라서 ㉡을 '특정한 외부 미생물에 유일하게 반응하며 그 외의 대상은 제거하지 않는다'로 수정하는 것은 적절하지 않다.
④ ㉣의 앞 내용을 볼 때 '항원 수용체'는 B림프구의 세포 표면의 특정 항원을 인식하고 그 특정 항원에 결합하는 부위이다. 이를 통하여 항원 수용체는 '세포 표면'에서 자극됨을 추론할 수 있다. 따라서 ㉣을 '항원 수용체는 세포 내부에 형성되는 단백질의 일종으로, 항체에 의해 자극된다'로 수정하는 것은 적절하지 않다.

## 06 난도 ★★☆   정답 ③

**독해 > 문단 순서 배열**

[정답의 이유]
제시된 글은 이미지 디지털화의 발달 과정에 대한 내용을 담고 있다.
- (다)에서는 '이미지를 디지털로 변환하는 과정'이라는 화제를 제시하고 있으므로 글의 처음에 오는 것이 적절하다.
- (가)에서는 '픽셀 단위로 수치화된 이미지 데이터'는 데이터 형태로 컴퓨터에 저장된다고 하였다. (다)에서 이미지를 디지털로 저장하는 가장 기본적인 방법은 '픽셀 단위'로 저장하는 것이라고 언급하였으므로, (가)는 (다)의 뒤에 위치하는 것이 적절하다.
- (라)에서는 역접의 상황에서 쓰이는 '하지만'이라는 접속어를 사용하여 현재는 컴퓨터 비전 기술이 발달하면서 픽셀 하나에 32비트까지 사용한다고 하였다. (가)에서 초기 컴퓨터의 경우 이미지는 하나의 픽셀에 대해 1비트로 저장되었다고 언급하였으므로, (라)는 (가)의 뒤에 위치하는 것이 적절하다.
- (나)에서는 데이터 저장 용량의 방법도 고안되어 고해상도의 이미지도 웹사이트를 비롯한 다양한 분야에서 활발하게 사용할 수 있게 되었다고 하며 전체적인 내용을 정리하고 있다. 또한 (라)에서 최근에는 높은 해상도를 구현하기 위해 픽셀 하나에 32비트까

지 사용한다고 언급하였으므로, (나)는 (라)의 뒤에 위치하는 것이 적절하다.

따라서 문맥에 맞게 순서대로 나열한 것은 ③ (다) – (가) – (라) – (나)이다.

## 07 난도 ★★☆ 정답 ④

**독해 > 추론**

정답의 이유

④ 1문단의 '지상의 혼란이나 세계 질서의 모순은 ~ 설계한 바에 따라 쉽사리 해소된다.'를 통하여 영웅 소설에서는 초월적 세계가 지상의 현실의 문제를 해결한다는 것을 알 수 있다. 또한 2문단의 '판소리계 소설에는 초월적 세계가 ~ 인과 관계에 의해 서사가 전개된다.'를 통하여 판소리계 소설에서는 초월적 세계가 지배적 장치로 나타나는 경우가 드물다는 것을 알 수 있다. 이를 볼 때 '영웅 소설에 비해 판소리계 소설에서는 초월적 세계가 현실의 문제를 해결하는 양상이 두드러진다.'고 이해하는 것은 적절하지 않다.

오답의 이유

① 1문단의 "지상의 혼란이나 세계 질서의 모순은 ~ '이원적 세계상'이라고 부른다."를 볼 때 '영웅 소설은 이원적 세계상을 잘 보여 주는 문학적 갈래이다.'라고 이해하는 것은 적절하다.

② '판소리계 소설에는 초월적 세계가 ~ 인과 관계에 의해 서사가 전개된다.'를 볼 때 '판소리계 소설에서 소설의 인과 관계는 경험적 현실에 바탕을 둔 경우가 많다.'라고 이해하는 것은 적절하다.

③ 1문단에서 '천상계'는 '모든 사건의 발생과 귀결을 지배하는 초월적 세계'라고 하였다. 또한 지상의 혼란이나 세계 질서의 모순은 초월적 세계가 이미 설계한 바에 따라 쉽사리 해소되고, 이런 모습의 세계 구조를 '이원적 세계상'이라고 부른다고 하였다. 이를 볼 때 '천상계의 대리자가 지상계의 서사를 결정하는 작품에서는 이원적 세계상이 발견된다.'라고 이해하는 것은 적절하다.

## 08 난도 ★☆☆ 정답 ④

**독해 > 어휘 추론**

정답의 이유

④ ㉠의 '일어나다'는 '어떤 일이 생기다.'라는 의미이다. '싸움이 일어나는 동안 그는 숨어 있을 수밖에 없었다.'의 '일어나다' 역시 '어떤 일이 생기다'라는 의미이므로, 문맥상 ㉠의 의미와 가장 가깝다.

오답의 이유

① '언니는 뽀얗게 일어나는 물보라에 손을 대었다.'의 '일어나다'는 '위로 솟거나 부풀어 오르다'라는 의미이다.

② '그는 가까스로 일어나는 불꽃을 바라보고 있었다.'의 '일어나다'는 '약하거나 희미하던 것이 성하여지다'라는 의미이다.

③ '아침 일찍 일어나는 습관을 들이는 것이 중요하다.'의 '일어나다'는 '잠에서 깨어나다'라는 의미이다.

## 09 난도 ★★☆ 정답 ①

**논리 > 논리 추론**

정답의 이유

제시된 진술을 논리 기호로 단순화하면 다음과 같다.

- (친구 ∨ 선생님) → 커피
- 친구 ∨ 선배
- ~커피

이때 '~커피'를 통하여 1의 후건이 부정되어 '~(친구 ∨ 선생님)'이라는 내용을 도출할 수 있다. 이를 드모르간 법칙에 적용하면 '~친구 ∧ ~선생님'과 동치, 즉 동일한 결과가 되고 이를 단순화하면 '~친구', '~선생님'이 된다. 이를 '친구 ∨ 선배'에 적용하면 선언지가 제거되어 '선배'라는 내용이 도출되므로, 제시된 진술이 모두 참일 때 반드시 참인 것은 '영희는 선배를 만났다.'이다.

## 10 난도 ★☆☆ 정답 ②

**독해 > 추론**

정답의 이유

② 2문단의 '이광수가 계몽주의의 신봉자였음을 ~ 의도적인 선택이었다.'를 볼 때 『무정』에는 근대적 가치의 실현과 관련된 작가의 의도가 담겨 있다.'라고 이해하는 것은 적절하다.

오답의 이유

① 1문단의 '반면 김동인의 대표작 ~ 사투리로 이루어진다.'를 볼 때 『배따라기』는 표준어를 사용하여 작품의 리얼리티를 확보하였다.'라고 이해하는 것은 적절하지 않다.

③ 3문단의 "하지만 주인공 '서희'는 사투리를 구사하지 않는다."를 볼 때 "『토지』는 '서희'의 사투리를 통해 작품의 리얼리티를 구현하였다."라고 이해하는 것은 적절하지 않다.

④ 1문단에서 '작품의 리얼리티를 얼마나 잘 구현했는가를 기준으로 본다면, 『무정』보다 『배따라기』가 더 뛰어나다고 볼 수 있다.'라고 하였으므로, '작품의 리얼리티를 기준으로 할 때, 『무정』이 『배따라기』보다 더 뛰어나다.'라고 이해하는 것은 적절하지 않다.

## 11 난도 ★★☆ 정답 ①

**독해 > 어휘 추론**

정답의 이유

① '영합(迎合)하다'는 '사사로운 이익을 위하여 아첨하며 좇다, 서로 뜻이 맞다'라는 의미이다. ㉠의 '맞다'는 '어떤 행위나 내용이 일정한 기준이나 정도에 어긋나거나 벗어나지 아니한 상태이다'라는 의미이므로, ㉠ '맞는'을 '영합하는'으로 바꾸는 것은 적절하지 않다.

오답의 이유

② '표상(表象)하다'는 '추상적이거나 드러나지 아니한 것을 구체적인 형상으로 드러내어 나타내다'라는 의미이므로 ㉡ '나타내는'을 '표상하는'으로 바꾸는 것은 적절하다.

③ '상기(想起)하다'는 '지난 일을 돌이켜 생각하여 내다'라는 의미이므로 ㉢ '떠올리면'을 '상기하면'으로 바꾸는 것은 적절하다.

④ '분명(分明)하다'는 '모습이나 소리 따위가 흐릿함이 없이 똑똑하고 뚜렷하다. 태도나 목표 따위가 흐릿하지 않고 확실하다. 어떤 사실이 틀림이 없이 확실하다'라는 의미이므로 ㉣ '뚜렷하게'를 '분명하게'로 바꾸는 것은 적절하다.

## 12 난도 ★★☆ 　　　　　　　　　　　　　　　　정답 ②

**독해 > 추론**

정답의 이유

② 1문단에서 재화는 소비를 목적으로 하고 상품은 시장에서의 판매를 목적으로 한다는 점에서 구분된다고 하였다. 또한 3문단에서는 상품은 그것이 판매될 수 있는 시장을 전제로 생산되는 것이기 때문에 시장이 형성되어 있지 않다면 상품도 존재할 수 없다고 하였다. 이를 볼 때 '상품이 존재한다는 것은 시장이 형성되어 있다는 것이다.'라고 추론하는 것은 적절하다.

오답의 이유

① 2문단에서 냉전 시대에는 "자본주의에서는 상인이 최고이고, 사회주의에서는 공직자가 최고이다."라는 말이 있었다고 언급하긴 했지만, 제시문을 통하여 사회주의에서 유통과 생산 중 어떤 것을 더 중요하게 여기는지는 알 수 없다.
③ 4문단에서 '따라서 자본주의가 성숙할수록 제조업의 이윤은 적어지고 유통업의 이윤은 많아진다.'라고 하였다. 이를 볼 때 '자본주의가 성숙할수록 제조업과 유통업의 이윤 차이는 줄어든다.'라고 추론하는 것은 적절하지 않다.
④ 3문단에서 '중세의 상인들이 물건을 시장에 팔아 ~ 생산하게 한 데에서 자본주의가 출발하였다.'를 볼 때 중세 상인들은 수공업자에게 물건을 생산하게 하였다. 따라서 '중세의 상인들은 물건의 생산 단가를 낮추기 위해 시장에 팔 물건을 손수 생산하였다.'라고 추론하는 것은 적절하지 않다.

## 13 난도 ★★☆ 　　　　　　　　　　　　　　　　정답 ③

**독해 > 문맥 추론**

정답의 이유

- ㉢ 집에서 쓰기 위해 만든 의자: 시장에 팔기 위해 만든 의자와 구분되는 것으로, 소비를 목적으로 하는 '재화'에 해당한다.
- ㉠ 물건: 상인이 싸게 사서 비싸게 팔아 돈을 벌게 하므로, 판매를 목적으로 하는 '상품'에 해당한다.
- ㉡ 상품: 시장에서의 판매를 목적으로 하는 '상품'에 해당한다.
- ㉣ 자본주의 사회에서 생산되는 물품: 유통 과정을 통해 판매되는 것이므로, 판매를 목적으로 하는 '상품'에 해당한다.

따라서 문맥상 의미가 나머지와 다른 것은 ㉢이다.

## 14 난도 ★★☆ 　　　　　　　　　　　　　　　　정답 ②

**독해 > 추론**

정답의 이유

② 제시문에 따르면 '자연적 기호'는 무엇인가를 알리려는 의도 없이 단순히 정보성만 가진 기호이고, '의사소통적 기호'는 정보성을 가지고 있을 뿐 아니라 무엇인가를 알리려는 의도까지 갖춘 기호이다. 일기예보에서 흐린 날씨를 표시하는 구름 모양 아이콘은 정보를 가지고 있을 뿐 아니라 흐린 날씨를 알리려는 의도까지 갖춘 것이므로, 자연적 기호가 아닌 의사소통적 기호에 해당한다.

오답의 이유

① 전쟁 중에 군대에서 사용하는 암호는 정보성뿐만 아니라 의사소통의 의도를 명백히 가진 일종의 언어이다. 이를 볼 때 관습적 기호라고 추론할 수 있다.
③ 특정 질병에 걸렸을 때 나타나는 얼굴색은 질병을 알리려는 의도를 갖춘 것은 아니므로 정보성만 가진 기호라고 볼 수 있다.
④ 이웃 마을과 구별하기 위해 마을의 명칭을 본떠 만든 상징탑은 정보성을 가지고 있을 뿐 아니라 마을을 구별하려는 의도를 갖춘 것이므로 의사소통적 기호라고 볼 수 있다.

## 15 난도 ★★☆ 　　　　　　　　　　　　　　　　정답 ④

**독해 > 문맥 추론**

정답의 이유

- (가) 1문단에 따르면 어떠한 말을 들었을 때 그 말을 한 사람이 나에게 중요한 사람이라면, 그 평가는 자아 개념 형성에 큰 영향을 미칠 수 있다. 이를 볼 때 (가)에 들어갈 말, 즉 나의 기억에 오래 남는 말을 하는 사람은 나에게 '중요한 타인'이다.
- (나) 2문단에 따르면 우리는 타인과 상호작용하는 과정에서 타인에게 비치는 나의 모습을 상상하고 그 모습에 대한 타인의 판단을 추정하여 성숙한 자아를 형성해 나간다. 이를 볼 때 (나)에 들어갈 말은 '거울에 비친 자아'가 적절하다.

## 16 난도 ★★☆ 　　　　　　　　　　　　　　　　정답 ②

**논리 > 논리 추론**

정답의 이유

② 제시된 진술을 논리 기호로 단순화하면 다음과 같다.

> - 마라톤 → (식단 조절 ∨ 근력 운동)
> - 근력 운동 → 건강
> - 　　　　　(가)
> 
> ∴ 마라톤 → 건강

결론이 도출되기 위해서는 '(식단 조절 ∨ 근력 운동)'과 '건강'을 연관지어 '(식단 조절 ∨ 근력 운동) → 건강'을 추가해야 한다. '(식단 조절 ∨ 근력 운동) → 건강'은 '(식단 조절 → 건강) ∧ (근력 운동 → 건강)'과 동치이다. 이를 단순화하면 '식단 조절 → 건강'과 '근력 운동 → 건강'으로 정리되는데, '근력 운동을 하는 사람은 모두 건강하다.'라는 전제는 이미 있으므로, 결론을 이끌어 내기 위해서는 '식단을 조절하는 사람은 모두 건강하다.'라는 전제를 추가해야 한다.

## 17 난도 ★★☆　　　　　　　　　　　　　　　정답 ②

**화법과 작문 > 화법**

정답의 이유

② '갑'의 첫 번째 발언 중 '사고가 언어에 영향을 미치는 것이 아니라 실은 그 반대야.'를 통하여 '갑'은 언어가 사고에 영향을 미친다고 여기고 있음을 알 수 있다. '을'의 첫 번째 발언 중 '언어는 인간의 사고를 표현하는 도구에 불과해서 사고가 언어에 영향을 미친다고 봐야 해.'를 통하여 '을'은 사고가 언어에 영향을 미친다고 여기고 있음을 알 수 있다. 따라서 '사고가 언어에 영향을 미친다는 점에 대해 갑은 동의하지만 을은 동의하지 않는다.'라고 분석한 것은 적절하지 않다.

오답의 이유

① '병'은 두 번째 발언에서 언어와 사고가 서로 영향을 주고받으면서 발전한다고 생각한다고 하였다. 하지만 '갑'은 언어가 사고에 영향을 미친다고 생각하고, '을'은 사고가 언어에 영향을 미친다고 생각한다. 따라서 '언어와 사고가 서로 영향을 주고받는 관계라는 점에 대해 갑과 을은 동의하지 않지만 병은 동의한다.'라고 분석한 것은 적절하다.

③ '갑'은 두 번째 발언에서 '언어가 다르면 세계를 다르게 인식해.'라고 하였다. '병'은 첫 번째 발언에서 절대 방위로 방향을 표현하는 남미의 부족이 다른 언어를 쓰는 사람보다 공간 감각이 뛰어나다는 사실을 예로 들며, 언어가 다르면 세계를 다르게 인식한다는 의견에 동의하고 있다.

④ '을'은 첫 번째 발언에서 '사고의 차이가 언어의 차이를 낳지.'라고 하였다. 이에 대해 '병'은 '그렇긴 하지. 사고의 깊이가 깊은 사람은 그렇지 않은 사람에 비해 구사하는 언어의 수준이 높아.'라며 '을'의 의견에 동의하고 있다.

## 18 난도 ★★★　　　　　　　　　　　　　　　정답 ①

**논리 > 강화 약화**

정답의 이유

ㄷ. '을'은 '마찬가지로 어휘도 사람들이 자주 쓴다고 해서 비표준어가 표준어가 되는 것은 아니잖아.'라고 하며 문법 규범에 어긋난 표현이 자주 쓰인다는 이유로 문법 규범으로 인정되어서는 안 된다고 주장한다. 원래 표준어는 '만날'이지만, 비표준어이던 '맨날'이 언중이 자주 사용하는 현실에 따라 표준어로 인정되었다는 사실은 '을'의 주장에 어긋나므로, '을'의 입장을 약화한다.

오답의 이유

ㄱ. '갑'은 문법 규범에 맞지 않거나 비표준어라도 언중에게 널리 쓰인다면 사용에 문제가 없다고 주장하고, '을'은 문법 규정에 어긋난 표현이나 비표준어는 사용하면 안 된다고 주장한다. 이중 피동은 사람들에게 널리 쓰이는 표현이지만 문법 규범에 맞지 않으니까 사용하지 말아야 한다는 주장은 '을'의 주장에는 부합하지만, '갑'의 주장에는 부합하지 않는다. 따라서 갑과 을의 주장을 모두 강화한다는 평가는 적절하지 않다.

ㄴ. '갑'은 문법 규범에 맞지 않거나 비표준어라고 해서 사용하지 말아야 하는 것은 아니라고 생각한다. "행복해라."가 문법 규범에는 맞지 않지만 널리 쓰이기 때문에 써도 된다는 주장은 '갑'의 입장과 부합한다. 따라서 '갑'의 입장을 약화한다는 평가는 적절하지 않다.

## 19 난도 ★★★　　　　　　　　　　　　　　　정답 ③

**논리 > 논리 추론**

정답의 이유

③ 제시된 대화에서 '갑'과 '을'의 진술을 논리 기호로 단순화하면 다음과 같다.

[갑]
- 공무원 → 사명감을 가질 의무 (참)
- ~공무원 → ~사명감을 가질 의무 (참)

[을]
| · 사람 → 죽음 (참) | · ~공무원 → ~사명감을 가질 의무 (참) |
| · 죽음 → 사람 (참이 아님) | · (가) |

즉 '갑'은 원 명제의 '이'를 참이라고 주장하고 있다. 이러한 갑의 발언에 대하여 '을'은 '~공무원 → ~사명감을 가질 의무'를 주장하려면 (가)가 참이어야 한다고 했는데, 어떠한 명제가 참일 때 항상 참인 관계는 대우뿐이므로, (가)에는 '사명감을 가질 의무 → 공무원', 즉 '공인으로서의 사명감을 가질 의무가 있는 사람은 모두 공무원이다.'가 들어가야 한다. 하지만 이는 '갑'이 제시한 원 명제의 '역'이므로, '을'은 '모든 사람이 죽는다고 죽는 것들이 모두 사람인 것은 아니잖아.'라고 말하며 '갑'의 주장에 오류가 있음을 지적하고 있다.

## 20 난도 ★★☆　　　　　　　　　　　　　　　정답 ③

**논리 > 강화 약화**

정답의 이유

③ 2문단의 '인간의 본질적 가치는 어떠한 경우에도 훼손되어서는 안 되므로 인공일반지능의 개발은 허용될 수 없다.'를 통하여 제시문은 인공일반지능은 인간의 본질적 가치를 훼손한다는 논지를 주장한다는 것을 알 수 있다. 현재 상용화되어 있는 대화형 인공지능은 사람들의 본질적 가치를 회복하는 데 도움을 준다는 것은 이를 반박하는 내용이므로, 제시문의 논지를 약화한다.

오답의 이유

① 인공일반지능의 수준에 미치지 못하는 인공지능 프로그램만으로도 많은 사람이 일자리를 잃고 소외감을 느낀다는 내용은 인공일반지능이 인간의 본질적 가치를 훼손한다는 논지를 강화한다.

② 인공지능 기술이 인간의 존재론적 지위에 위협이 될 것이라는 권위자의 주장은 인공일반지능이 인간의 본질적 가치를 훼손한다는 논지를 강화한다.

④ 인공일반지능의 개발이 인간의 본질적 가치를 훼손할 가능성이 높아 개발을 허용해서는 안 된다는 응답이 압도적으로 많았다는 설문 내용은 인공일반지능이 인간의 본질적 가치를 훼손한다는 논지를 강화한다.

# 국어 | 2024년 지방직 9급

## 한눈에 훑어보기

### ✓ 영역 분석

**어휘**    06   18
2문항, 10%

**문법**    01   02   09
3문항, 15%

**고전 문학**    05   15
2문항, 10%

**현대 문학**    08   16
2문항, 10%

**비문학**    03   04   07   10   11   12   13   14   17   19   20
11문항, 55%

### ✓ 빠른 정답

| 01 | 02 | 03 | 04 | 05 | 06 | 07 | 08 | 09 | 10 |
|----|----|----|----|----|----|----|----|----|----|
| ② | ② | ② | ③ | ④ | ③ | ④ | ④ | ① | ② |
| 11 | 12 | 13 | 14 | 15 | 16 | 17 | 18 | 19 | 20 |
| ④ | ③ | ① | ③ | ② | ① | ③ | ④ | ① | ④ |

### ✓ 점수 체크

| 구분 | 1회독 | 2회독 | 3회독 |
|------|-------|-------|-------|
| 맞힌 문항 수 | / 20 | / 20 | / 20 |
| 나의 점수 | 점 | 점 | 점 |

---

## 01 난도 ★☆☆     정답 ②

**문법 > 의미론**

[정답의 이유]

② '아이가 말을 참 잘 듣는다.'의 '듣다'는 '다른 사람의 말을 받아들여 그렇게 하다.'라는 뜻이다. '학교에 가면 선생님 말씀을 잘 들어라.'의 '듣다' 역시 같은 의미로 쓰였다.

[오답의 이유]

① '이 약은 나에게 잘 듣는다.'의 '듣다'는 '주로 약 따위가 효험을 나타내다.'라는 뜻이다.

③ '이번 학기에는 여섯 과목을 들을 계획이다.'의 '듣다'는 '수업이나 강의 따위에 참여하여 어떤 내용을 배우다.'라는 뜻이다.

④ '브레이크가 말을 듣지 않아 사고가 날 뻔했다.'의 '듣다'는 '기계, 장치 따위가 정상적으로 움직이다.'라는 뜻이다.

## 02 난도 ★★☆     정답 ②

**문법 > 한글 맞춤법**

[정답의 이유]

② 쇠다(○): '쇠다'는 '명절, 생일, 기념일 같은 날을 맞이하여 지내다.'라는 의미로 제시된 문장에서 적절하게 쓰였다.

[오답의 이유]

① 옴죄는(×) → 옥죄는(○): '옥여 바싹 죄다.'를 뜻하는 단어는 '옥죄다'이므로 '옥죄는'이라고 써야 한다.

③ 들렸다가(×) → 들렀다가(○): '지나가는 길에 잠깐 들어가 머무르다.'를 뜻하는 단어는 '들르다'이다. '들르다'는 어미 '-어' 앞에서 어간의 끝소리 'ㅡ'가 탈락하는 'ㅡ' 탈락 용언이며 '들러', '들르니', '들러서' 등으로 활용한다. 따라서 '들렀다가'라고 써야 한다.

④ 짜집기(×) → 짜깁기(○): '직물의 찢어진 곳을 그 감의 올을 살려 본디대로 흠집 없이 짜서 깁는 일'을 뜻하는 단어는 '짜깁기'이다.

## 03 난도 ★★☆     정답 ②

**비문학 > 사실적 읽기**

[정답의 이유]

② 1문단에서 '저작물에는 1차적 저작물뿐만 아니라 2차적 저작물과 편집 저작물도 포함되어 있으므로 2차적 저작물 또는 편집 저작물의 작성자 또한 저작자가 된다.'라며 1차적 저작물과 2차적 저작물 모두 저작물에 포함된다고 설명하고 있긴 하지만 이 둘의 차이에 대한 내용은 나타나지 않는다.

**오답의 이유**

① 1문단에서 저작물은 '인간의 사상 또는 감정을 표현한 창작물'이며 저작자는 '저작 행위를 통해 저작물을 창작해 낸 사람'을 가리킨다고 하였다. 이를 통해 저작물의 개념과 저작자의 정의를 알 수 있다.

③ 2문단에서 창작자는 다른 사람이 만들어 놓은 저작물을 모방하거나 인용할 수밖에 없지만, 선배 저작자들의 허락을 받거나 그에 따른 대가를 지불해야 한다고 하였다. 이를 통해 저작물에 대해 창작자가 지녀야 할 태도를 알 수 있다.

④ 3문단에서 창작물을 저작한 사람에게 저작권이라는 권리를 부여해서 보호하는 이유는 '저작물은 문화 발전의 원동력이 되므로 좋은 저작물이 많이 나와야 그 사회가 문화적으로 풍요로워질 수 있기 때문'이라고 하였다. 이를 통해 저작권을 보호해야 하는 이유를 알 수 있다.

## 04  난도 ★★☆  정답 ③

비문학 > 사실적 읽기

**정답의 이유**

③ '급격하게 돌아가는 현대적 생활 방식은 종종 삶을 즐기지 못하게 방해한다.'와 '출근길에 연주가를 지나쳐 간 대략 천여 명의 시민이 대부분 그에게 관심조차 주지 않았고, 단지 몇 사람만 걷는 속도를 늦추었을 뿐이다.'를 통해 출근하는 사람들이 연주를 감상할 여유가 없었기 때문에 연주를 듣기 위해 서 있는 사람은 아무도 없었다는 것을 추론할 수 있다.

**오답의 이유**

① 제시된 글에 지하철역은 연주하기에 적절한 장소가 아니라는 내용은 나타나지 않는다.

② 출근길에 대략 천여 명의 시민이 연주가를 지나쳐 갔다고 했으므로 연주하는 동안 연주가를 지나쳐 간 사람이 적었기 때문이라는 내용은 적절하지 않다.

④ 조슈아 벨은 세계적으로 유명한 바이올린 연주가이며 평상시 그의 콘서트 입장권이 백 달러가 넘는 가격에 판매되지만, 그의 지하철역 연주를 듣기 위해 백 달러의 입장권이 필요한 것은 아니다.

## 05  난도 ★★☆  정답 ②

고전 문학 > 고전 운문

**정답의 이유**

② ⓒ '초야우생(草野愚生)'은 '시골에 묻혀서 사는 어리석은 사람'이라는 의미로, (나)의 화자는 '초야우생(草野愚生)이 이러타 엇더ᄒ료'라며 자연을 벗 삼아 사는 삶의 자세를 강조하고 있다.

**오답의 이유**

① (가)는 가을 달밤의 풍류와 정취를 즐기며 유유자적하는 삶을 나타낸 작품이다. ⊙ '뷘 빈'는 세속의 욕심을 초월한 삶의 경지를 의미하므로, 욕심 없는 화자의 모습을 볼 수 있다.

③ (다)는 자연에 은거하며, 자연과 한데 어울리는 물아일체(物我一體)의 경지를 드러낸 작품이다. 따라서 ⓒ '강산(江山)'을 통해 자연의 일부가 되어 살아가는 화자의 모습을 볼 수 있다.

④ (라)는 자연을 벗 삼아 유유자적하게 살고 싶은 마음을 나타낸 작품이다. 따라서 ⓔ '이 몸'을 통해 자연에 묻혀서 현실의 근심으로부터 초탈한 화자의 모습을 볼 수 있다.

**작품 해설**

(가) 월산 대군, 「추강에 밤이 드니 ~」

- 갈래: 평시조, 단시조
- 성격: 한정가, 낭만적, 풍류적, 탈속적
- 주제: 가을 달밤의 풍류와 정취
- 특징
  - 대구법을 통하여 가을밤 강가의 정적인 분위기를 표현함
  - '빈 배'를 통하여 무욕의 경지를 형상화함

(나) 이황, 「도산십이곡」

- 갈래: 평시조, 연시조
- 성격: 교훈적, 관조적, 예찬적, 회고적
- 주제: 자연에 동화된 삶(전 6곡), 학문 수양에 정진하는 마음(후 6곡)
- 특징
  - 생경한 한자어가 많이 사용된 강호가도의 대표적 작품
  - 자연과 학문에 대한 진지한 성찰이 드러나 있으며, 화자 자신의 심경을 노래함

(다) 송순, 「십 년을 경영ᄒ여 ~」

- 갈래: 평시조, 단시조
- 성격: 강호한정가, 전원적, 관조적, 풍류적
- 주제: 자연귀의(自然歸依), 안빈낙도(安貧樂道), 물아일체(物我一體)
- 특징
  - 안빈낙도(安貧樂道)의 삶이 잘 드러남
  - 중장에서 '근경(近景)'을, 종장에서 '원경(遠景)'을 제시함

(라) 성혼, 「말 업슨 청산이오 ~」

- 갈래: 평시조, 단시조
- 성격: 풍류적, 한정가
- 주제: 자연을 벗 삼는 즐거움
- 특징
  - 학문에 뜻을 두고 살아가는 옛 선비의 생활상을 그림
  - '업슨'이라는 말의 반복으로 운율감을 느낌

## 06  난도 ★★☆  정답 ④

어휘 > 한자어

**정답의 이유**

④ '발현(發現)하다'는 '속에 있거나 숨은 것이 밖으로 나타나다. 또는 나타나게 하다.'라는 뜻이다. 따라서 '발현하는'을 '헤아려 보는'으로 풀어 쓴 것은 적절하지 않다.

**오답의 이유**

① 수시(隨時)로: 아무 때나 늘

② 과언(過言): 지나치게 말을 함. 또는 그 말

③ 편재(偏在)하다: 한곳에 치우쳐 있다.

## 07 난도 ★★☆　　　　　　　　　　　　　　　　정답 ③

비문학 > 추론적 읽기

**정답의 이유**

③ 제시된 글에서는 기술 주도적인 상징의 창조와 확산은 사람들이 자신의 감정을 묘사하기 위한 새로운 선택지를 만든다고 하였다. 하지만 이를 통해 감정 어휘를 풍부하게 갖고 있는 집단은 그렇지 않은 집단보다 기술 발전에 더 유연한 태도를 보이는지는 추론할 수 없다.

**오답의 이유**

① '모든 문화가 감정에 관한 동일한 개념적 자원을 발전시켜 온 것은 아니다. 이를테면 미국인들은 보통 당혹감, 수치심, 죄책감, 수줍음을 구별하지만 자바 사람들은 이러한 감정을 하나의 단어로 표현한다.'를 통해 감정에 대한 개념적 자원은 문화에 따라 달리 형성된다는 것을 추론할 수 있다.

② "감정 어휘들은 문화마다 다를 뿐만 아니라 역사적으로도 다르다. 중세 시대에는 우울감이 '검은 담즙(melan chole)'으로 인해 발생한다고 생각했기에 우울증을 '멜랑콜리(melancholy)'라고 불렀지만 오늘날 그렇게 생각하는 사람은 거의 없다."를 통해 동일한 감정이라도 그것을 표현하는 방식은 시대에 따라 다를 수 있다는 것을 추론할 수 있다.

④ '또한 인터넷의 발명과 함께 감정 어휘는 이메일 보내기, 문자 보내기, 트위터하기에 스며든 관습에 의해서도 형성된다. 이제는 내 감정을 말로 기술하기보다 이모티콘이나 글자의 일부를 따서 표현하기도 한다.'를 통해 오늘날 인터넷에서 이모티콘을 사용하는 것과 같이 과거에는 없던 감정 표현 방식이 활용되기도 한다는 것을 추론할 수 있다.

## 08 난도 ★★☆　　　　　　　　　　　　　　　　정답 ④

현대 문학 > 현대 시

**정답의 이유**

④ 제시된 작품은 화자의 주관적인 정서는 배제하고 불국사의 고즈넉한 분위기와 정치를 묘사하는 것에 집중하고 있다. 따라서 대상과의 거리를 조정하여 화자와 현실 세계의 대립을 나타내고 있다는 설명은 적절하지 않다.

**오답의 이유**

① '자하문 - 대웅전 큰 보살 - 범영루'로 시선을 이동하며 대상을 그려내고 있다.

② 1, 2연과 7, 8연에서 '달 안개', '바람 소리'만 바꾸는 변형된 수미상관 구조를 사용하여 시의 구조적 안정감을 드러내고 있다.

③ '바람 소리, 솔 소리, 물 소리' 등 청각적 이미지와 '달 안개, 흰 달빛' 등 시각적 이미지를 활용하여 불국사의 고즈넉한 분위기를 조성하고 있다.

**작품 해설**

박목월, 「불국사」

- 갈래: 자유시, 서정시
- 성격: 전통적, 회화적, 정적
- 주제: 불국사의 고요하고 신비로운 정경
- 특징
  - 주관적 감정 표현을 배제하여 대상을 묘사함
  - 시각적, 청각적 이미지 등 감각적 이미지를 활용함
  - 명사 중심의 절제된 언어와 3음절 중심의 느린 호흡으로 여백의 미를 형성함

## 09 난도 ★★☆　　　　　　　　　　　　　　　　정답 ①

문법 > 음운론

**정답의 이유**

① 색연필 → [색년필]: 'ㄴ' 첨가(첨가) → [생년필]: 비음화(교체)

'색연필'은 '색'과 '연필'의 합성어로 앞 단어가 자음으로 끝나고 뒤 단어가 '여'로 시작하여 'ㄴ' 첨가가 일어나고, 'ㄴ'의 영향으로 앞 단어의 자음 'ㄱ'이 'ㅇ'으로 바뀌어 [생년필]로 발음된다.

**오답의 이유**

② 외곬 → [외골/웨골]: 자음군 단순화(탈락)

'외곬'은 받침 'ㄻ'의 'ㅅ'이 탈락하여 [외골/웨골]로 발음된다. 참고로 표준 발음법 제4항 [붙임] 규정에 따라 'ㅚ'는 이중 모음으로 발음하는 것도 인정되어 'ㅞ'로도 발음할 수 있다.

③ 값지다 → [갑지다]: 자음군 단순화(탈락) → [갑찌다]: 된소리되기 (교체)

'값지다'는 받침 'ㅄ'의 'ㅅ'이 자음군 단순화로 탈락하고, 받침 'ㅂ'의 영향으로 'ㅈ'이 된소리로 바뀌어 [갑찌다]로 발음한다.

④ 깨끗하다 → [깨끋하다]: 음절의 끝소리 규칙(교체) → [깨끄타다]: 자음 축약(축약)

'깨끗하다'는 받침 'ㅅ'이 음절의 끝소리 규칙으로 'ㄷ'으로 바뀌고, 'ㄷ'이 'ㅎ'과 합쳐져 'ㅌ'으로 축약되어 [깨끄타다]로 발음된다.

## 10 난도 ★★☆　　　　　　　　　　　　　　　　정답 ②

비문학 > 추론적 읽기

**정답의 이유**

② 빈칸의 앞 문장 '프랑스 국민에게 그들 자신과도 같은 포도주가 보이지 않는다는 사실은 참을 수 없는 일이었다.'를 통해 프랑스 국민은 포도주를 자신과 같은 존재로 여김을 알 수 있다. 따라서 빈칸에 들어갈 내용으로 가장 적절한 것은 '자신들의 정체성을 나타내는 상징과도 같다.'이다.

**오답의 이유**

① '또한 배고프거나 지칠 때, 지루하거나 답답할 때, 심리적으로 불안할 때나 육체적으로 힘든 그 어느 경우에도 프랑스인들은 포도주가 절실하다고 느낀다.'를 통해 포도주가 프랑스인의 심신을 치유하는 의미를 지니고 있음을 알 수 있다. 하지만 제시문에 프랑스인이 포도주를 신성한 물질로 여긴다는 내용은 나타나지 않는다.

③ 제시된 글에 프랑스에서 포도주는 간단한 식사에서 축제까지, 작은 카페의 대화에서 연회장의 교제에 이르기까지 언제 어디서나 함께한다는 내용이 나타나긴 하지만 국가의 주요 행사에서 가장 주목받는다는 내용은 나타나지 않는다. 또한 빈칸 앞의 내용을 포괄하지 않기 때문에 빈칸에 들어갈 내용으로 적절하지 않다.

④ '포도주는 계절에 따른 어떤 날씨에도 분위기를 고양시킬 수 있어 추운 계절이 되면 따뜻한 분위기를 연출하고 한여름이 되면 서늘하거나 시원한 그늘을 떠올리는 분위기를 조성한다.'를 통해 포도주는 어느 계절에나 쉽게 분위기를 고양시킬 수 있는 음료라는 것을 알 수 있지만, 빈칸 앞의 내용을 포괄하지 않기 때문에 빈칸에 들어갈 내용으로 적절하지 않다.

## 11  난도 ★★☆                                              정답 ④

**비문학 > 작문**

[정답의 이유]

④ '비록'은 '-ㄹ지라도', '-지마는'과 같은 어미가 붙는 용언과 함께 쓰이는 부사이다. 따라서 부사 '비록'과의 호응을 고려하여 '일로'는 '일일지라도' 또는 '일이지만' 등으로 수정하는 것이 적절하다.

[오답의 이유]

① '고난'은 '괴로움과 어려움을 아울러 이르는 말'이라는 뜻이므로 '괴로운 고난'은 괴롭다는 의미가 중복된다. 따라서 '괴로운 고난'을 '고난'으로 고치는 것은 적절하다.

② 제시된 글에서는 방송을 본 대부분의 사람들은 '선수'의 노력과 집념에 감동을 받았지만, 나는 그 선수의 '주변 사람들'에게 더 큰 감명을 받았다고 서술하고 있다. 따라서 '그러므로'를 상반된 내용을 이어주는 '그러나'로 바꾸는 것은 적절하다.

③ 제시된 글은 유명 축구 선수의 성공에 주변 사람들이 많은 역할을 하고 있다는 내용을 서술하고 있다. 따라서 훈련 트레이너가 되는 과정이 궁금해졌다는 것은 글의 흐름과 관련이 없으므로 삭제하는 것이 적절하다.

## 12  난도 ★☆☆                                              정답 ③

**비문학 > 화법**

[정답의 이유]

③ 제시된 강연에서 강연자가 시각 자료를 제시하는 부분은 나타나지 않는다.

[오답의 이유]

① 1문단의 '여러분들 표정을 보니 더 모르겠다는 표정인데요, 오늘 강연을 듣고 나면 제가 어떤 공부를 하는지 조금 더 알게 되실 겁니다.'를 통해 강연자가 청중의 반응을 살피면서 발표를 진행하고 있음을 알 수 있다.

② 3문단의 '이러한 주장을 뒷받침하는 연구 결과가 있습니다. 하버드 보건대학원의 글로리안 소런슨 교수 팀은 제조업 사업체 15곳의 노동자 9,019명을 대상으로 연구를 진행하면서 다음과 같은 질문을 던집니다.'를 통해 강연자가 전문가의 연구 결과를 제시하여 신뢰성을 높이고 있음을 알 수 있다.

④ 강연자는 위험한 작업환경에서 일하는 노동자에게 금연해야 한다고 말하는 상황을 가정하여 내용의 이해를 돕고 있다.

## 13  난도 ★★☆                                              정답 ①

**비문학 > 사실적 읽기**

[정답의 이유]

① 제시된 글에서는 '범죄소설의 탄생은 자본주의의 출현이라는 사회적 조건과 맞물려 있다.'라고 하며, 원시사회에서는 죽음이 자연스러운 결과로 받아들여졌지만 부르주아 사회에서 죽음은 파국적 사고로 바뀌었다고 하였다. 이를 보았을 때 중심 내용으로 가장 적절한 것은 '범죄소설은 자본주의의 출현 이후 죽음에 대한 달라진 태도에 기반을 두고 있다.'이다.

[오답의 이유]

② 부르주아 사회의 인간소외와 노동 문제는 범죄소설이 탄생하게 된 배경에 해당하는 것으로, 범죄소설이 다루는 주제는 아니다.

③ 제시된 글에 따르면, 원시사회에서는 죽음이 자연스러운 결과로 받아들여졌고 자본주의 출현 이후 달라진 죽음에 대한 견해가 범죄소설에 반영되었다고 하였다. 따라서 범죄소설이 원시사회부터 이어져 온 죽음에 대한 보편적 공포로부터 생겨났다는 내용은 적절하지 않다.

④ 제시된 글에 따르면, 자본주의 출현 이후 죽음을 예기치 않은 사고라고 바라보게 되면서 살인과 범죄에 몰두하고, 범죄소설이 탄생하였다. 죽음을 자연스럽고 불가피한 것으로 받아들인 것은 원시사회이므로 적절하지 않다.

## 14  난도 ★☆☆                                              정답 ③

**비문학 > 사실적 읽기**

[정답의 이유]

③ 2문단의 '재미있는 사실은 통각 신경이 다른 감각 신경에 비해서 매우 가늘어 신호를 느리게 전달한다는 것이다.'를 통해 통각 신경은 매우 가늘어서 신호의 전달이 느림을 확인할 수 있다.

[오답의 이유]

① 1문단의 '이 통로를 통해 세포의 안과 밖으로 여러 물질들이 오가면서 세포 사이에 다양한 신호를 전달한다.'를 통해 확인할 수 있다.

② 3문단의 '폐암과 간암이 늦게 발견되는 것도 폐와 간에 통점이 거의 없기 때문이다.'를 통해 통점이 없어 통증을 느끼지 못하게 되면 치명적인 질병에 걸려도 질병의 발견이 늦을 수 있음을 확인할 수 있다.

④ 3문단의 '이렇게 통점이 빽빽이 배치되어야 아픈 부위를 정확하게 알 수 있다.'를 통해 확인할 수 있다.

## 15 난도 ★★☆     정답 ②

고전 문학 > 고전 산문

정답의 이유

② (가)에서 승상 부인은 ㉠의 빛이 검어지며 귀에 물이 흐르자 심소저가 죽었다고 탄식했고, ㉠의 빛이 완연히 새로워지자 심 소저가 살았다고 여겼다. 이를 통해 (가)의 ㉠은 심 소저가 처한 상황을 암시한다는 것을 알 수 있다. (나)의 ㉡에는 토끼의 눈, 입, 귀, 코, 발, 털, 꼬리 등 외양이 그려져 있다. 따라서 ㉡은 대상인 토끼의 외양을 드러낸다는 것을 알 수 있다.

오답의 이유

① (가)에서 승상 부인은 ㉠을 보고 "아이고, 이것 죽었구나! 아니고, 이를 어쩔끄나?"라며 안타까움을 드러내고 있다. (나)의 ㉡에는 토끼의 외양이 그려져 있을 뿐 유쾌한 정서를 유발하고 있지는 않다.

③ (가)의 ㉠은 '족자 빛이 홀연히 검어지고, 귀에 물이 흐르거'나 '족자 빛이 완연히 새로'워진다고 하였으므로 일상적인 사건이라고 볼 수 없다. (나)의 ㉡ 역시 '용궁'을 배경으로 별주부에게 토끼 화상을 전달하고 있으므로 현실 공간을 배경으로 일상적인 사건을 전개해 나간다는 설명은 적절하지 않다.

④ (나)의 ㉡은 '신농씨'라는 중국 고대 제왕, 즉 역사적 인물을 인용하여 대상을 묘사하고 있지만 (가)에는 역사적 인물과 사건의 인용이 나타나지 않는다.

작품 해설

(가) 작자 미상, 「심청가」
- 갈래: 판소리 사설
- 성격: 교훈적, 비현실적, 우연적
- 주제: 심청의 지극한 효성
- 특징
  - 일상어와 한문 투의 표현이 혼재함
  - 당시 서민들의 생활과 가치관이 드러남

(나) 작자 미상, 「수궁가」
- 갈래: 판소리 사설
- 성격: 교훈적, 비현실적, 우연적
- 주제: 헛된 욕망에 대한 경계, 위기에서 벗어나는 지혜
- 특징
  - 조선 시대 판소리 중 유일하게 우화적 성격을 띰
  - 표면적 주제와 이면적 주제가 동시에 나타남

## 16 난도 ★★★     정답 ①

현대 문학 > 현대 소설

정답의 이유

① '나'는 인도교 대신 얼음 위를 걸어가는 사람들을 보며 '인도교가 어엿하게 있음에도 불구하고 그들은 왜 얼음 위를 걸어가지 않으면 안 되었나?'라고 이질감을 느끼고 있다. 그와 동시에 '그들의 발바닥이 감촉하였을, 너무나 차디찬 얼음장을 생각하고, 저모르게 부르르 몸서리치지 않을 수 없었다'며 그들에게 공감하고 있다.

오답의 이유

② '나'는 목을 움츠리고 얼음 위를 걸어가는 사람들을 바라보며, 그 모습이 풍경을 삭막하게 만들었다고 생각한다. 그리고 그 길을 걸어갈 '나' 또한 그 풍경의 일부가 될 것이라 생각하며 자신도 모르게 악연하다고 하였다. 따라서 '나'가 대도시에서 마주하는 타인의 비정함 때문에 좌절하고 있다고 이해한 것은 적절하지 않다.

③ '나'는 인도교 대신 얼음 위를 걷는 사람들을 관찰하고 있을 뿐, 인도교 위를 지나는 사람들의 어리석음을 비판적으로 바라보고 있지는 않다.

④ '나'는 인도교 대신 얼음 위를 걷는 사람들을 보며 '나'가 처해 있는 현실을 자각하고 자신도 모르게 악연한다. 따라서 '나'가 생의 종말이 멀지 않았다는 사실을 확인하고 슬퍼하고 있다고 이해한 것은 적절하지 않다.

작품 해설

박태원, 「피로」
- 갈래: 단편 소설, 세대 소설, 심리 소설
- 성격: 교훈적, 비현실적, 우연적
- 주제: 한 소설가의 일상과 그의 내면 의식
- 특징
  - 특별한 사건이나 갈등, 인과적인 사건 전개가 뚜렷하지 않음
  - 인물의 내면세계에 대한 섬세한 묘사가 나타남

## 17 난도 ★★☆     정답 ③

비문학 > 글의 순서 파악

정답의 이유

- (나)에서 '전자'는 도입부의 '경제적으로 어려운 아이들이라는 시각'에 해당하므로 도입부 다음에 오는 것이 적절하다.
- (다)에서 '생활비 마련' 외에 노동을 선택하는 복합적인 이유가 삭제된다고 하였다. 따라서 '생계비 마련'을 언급한 (나) 뒤에 오는 것이 적절하다.
- (라)에서 '후자의 시각'은 도입부의 '지나치게 돈을 좋아하는 아이들이라는 시각'에 해당한다. (나)와 (다)에서는 '경제적으로 어려운 아이들'에 대한 내용이 제시되었으므로 새롭게 '후자의 시각'을 언급한 (라)는 (나)와 (다)의 뒤에 오는 것이 적절하다.
- (가)의 '비행'은 (라)에 나오는 '학생의 본문을 저버린 그릇된 행위'에 해당하므로 (라)의 뒤에 오는 것이 적절하다.

따라서 글의 순서를 자연스럽게 배열한 것은 ③ (나) - (다) - (라) - (가)이다.

## 18 난도 ★★☆　　　　　　　　　　　　정답 ④

**어휘 > 한자어**

[정답의 이유]

④ 省察(살필 성, 살필 찰)(○): 자기의 마음을 반성하고 살핌

[오답의 이유]

① 共文書(함께 공, 글월 문, 글 서)(×) → 公文書(공변될 공, 글월 문, 글 서)(○): 공공 기관이나 단체에서 공식으로 작성한 서류
② 公間(공변될 공, 사이 간)(×) → 空間(빌 공, 사이 간)(○): 아무 것도 없는 빈 곳, 물리적으로나 심리적으로 널리 퍼져 있는 범위, 영역이나 세계를 이르는 말
③ 日想(날 일, 생각 상)(×) → 日常(날 일, 항상 상)(○): 날마다 반복되는 생활

## 19 난도 ★★☆　　　　　　　　　　　　정답 ①

**비문학 > 글의 전개 방식**

[정답의 이유]

① 제시된 글은 인간을 움직이게 하는 두 축인 '보상과 처벌'을 설명하며 아이가 꾹꾹 눌러 쓴 카드, 직장인이 주말마다 떠나는 여행 등을 예로 들어 설명하고 있다.

[오답의 이유]

② 제시된 글에 전문가의 의견을 인용한 부분은 나타나지 않는다.
③ 제시된 글에 묻고 답하는 형식은 나타나지 않는다.
④ 인간을 움직이게 하는 두 축인 보상과 처벌을 '당근'과 '채찍'에 비유하고 있지만 이를 설명하고 있을 뿐 문제의 심각성을 강조하고 있지는 않다.

## 20 난도 ★☆☆　　　　　　　　　　　　정답 ④

**비문학 > 화법**

[정답의 이유]

④ 박 과장은 두 번째 발언에서 누리집에 홍보 자료를 올리자는 윤 주무관의 의견에 동의하고 있으나 김 주무관, 이 주무관의 제안과 비교하며 의견을 절충하고 있지는 않다.

[오답의 이유]

① 제시된 대화는 구성원들이 '벚꽃 축제'의 홍보 방안에 대하여 논의하는 과정을 보여 주고 있다.
② 김 주무관은 '지역 주민들이 SNS로 정보도 얻고 소통도 하니까 우리도 SNS를 통해 홍보하는 것은 어떨까요?'라고 말하며 지역 주민들이 SNS를 즐겨 이용한다는 사실을 근거로 SNS를 통한 홍보 방안을 제시하고 있다.
③ 이 주무관은 '라디오는 다양한 연령과 계층이 듣기 때문에 광고 효과가 더 클 것입니다.'라고 말하며 라디오 광고가 SNS보다 홍보 효과가 클 것이라고 추측하고 있다.

# 국어 | 2023년 지방직 9급

## 한눈에 훑어보기

### ✓ 영역 분석

**어휘** 04 12 14
3문항, 15%

**문법** 03 13
2문항, 10%

**고전 문학** 05 16
2문항, 10%

**현대 문학** 09 10
2문항, 10%

**비문학** 01 02 06 07 08 11 15 17 18 19 20
11문항, 55%

### ✓ 빠른 정답

| 01 | 02 | 03 | 04 | 05 | 06 | 07 | 08 | 09 | 10 |
|----|----|----|----|----|----|----|----|----|----|
| ① | ① | ③ | ④ | ② | ④ | ③ | ① | ④ | ② |
| 11 | 12 | 13 | 14 | 15 | 16 | 17 | 18 | 19 | 20 |
| ② | ② | ④ | ① | ③ | ③ | ② | ② | ① | ① |

### ✓ 점수 체크

| 구분 | 1회독 | 2회독 | 3회독 |
|------|-------|-------|-------|
| 맞힌 문항 수 | / 20 | / 20 | / 20 |
| 나의 점수 | 점 | 점 | 점 |

---

**01** 난도 ★☆☆     정답 ①

비문학 > 화법

**정답의 이유**

① 최 주무관은 AI에 대한 국민 이해도를 높이기 위해 설명회를 개최할 필요가 있다는 김 주무관의 의견에 대하여 '저도 요즘 그 필요성을 절감하고 있어요.'라고 말하며 공감을 표현하고 있다.

**오답의 이유**

② 김 주무관은 어떻게 준비해야 효과적으로 전달할 수 있을지 고민이라고 말하며 최 주무관의 의견을 듣고 싶다는 것을 간접적으로 표현하고 있다.

③ 최 주무관은 '그럼 청중의 관심 분야를 파악하려면 청중의 특성 중에서 어떤 것들을 조사하면 좋을까요?'라며 청중 분석에 대한 구체적인 방안을 묻고 있으므로 자신의 반대 의사를 우회적으로 드러내고 있다고 볼 수 없다.

④ 김 주무관은 '나이, 성별, 직업 등을 조사할까요?'라는 의문문을 통해 자신의 답변에 확신을 얻고자 하는 것이지 상대의 의견을 반박하고 있는 것은 아니다.

---

**02** 난도 ★★☆     정답 ①

비문학 > 글의 순서 파악

**정답의 이유**

- (나)에서는 독서가 뇌 발달에 끼치는 영향에 대한 A 교수의 연구를 소개하고 있으므로 화제를 제시하는 첫 문장 '독서는 아이들의 전반적인 뇌 발달에 큰 영향을 미친다.'의 뒤에 오는 것이 적절하다.
- (가)의 '그'는 (나)의 A 교수를 가리키므로 (나) 뒤에 오는 것이 적절하다.
- (다)의 '이처럼'은 앞에 나오는 내용을 받아 뒷문장과 이어주는 기능을 하는 접속어이다. '이처럼' 뒤에 책을 많이 읽으면 전두엽이 훈련되어 뇌 발달의 가능성이 높아진다는 내용을 제시하고 있으므로 (다) 앞에도 독서와 전두엽의 관계에 대한 내용이 나와야 한다. 그러므로 책을 읽으면 상상력이 자극되어 전두엽을 많이 사용하게 된다는 내용의 (가) 뒤에 오는 것이 적절하다.

따라서 맥락에 따라 가장 자연스럽게 배열한 것은 ① (나) - (가) - (다)이다.

## 03 난도 ★★☆　　　　　　　　　　　정답 ③

**문법 > 통사론**

[정답의 이유]

③ ⓒ '얼음이'는 부사어가 아니고, 서술어 '되다' 앞에서 말을 보충해 주는 역할을 하는 보어이다.

[오답의 이유]

① ㉠ '지원은'은 서술어 '깨우다'의 주체인 주어이다.
② ㉡ '만들었다'는 문맥상 '노력이나 기술 따위를 들여 목적하는 사물을 이루다.'라는 뜻이며, 이 경우 '~이/가 …을/를 만들다'와 같이 쓰이므로 주어와 목적어를 요구하는 두 자리 서술어임을 알 수 있다.
④ ㉢ '어머나'는 문장에서 다른 성분과 직접적으로 관련을 맺지 않는 독립어로, 생략되어도 문장이 성립한다.

## 04 난도 ★★☆　　　　　　　　　　　정답 ④

**어휘 > 한자어**

[정답의 이유]

④ '부유(浮遊)하다'는 '물 위나 물속, 또는 공기 중에 떠다니다.'라는 뜻이고, '헤엄치다'는 '사람이나 물고기 따위가 물속에서 나아가기 위하여 팔다리를 젓거나 지느러미를 움직이다.'라는 뜻이므로 '헤엄치는'과 바꿔 쓸 수 없다.

[오답의 이유]

① '맹종(盲從)하다'는 '옳고 그름을 가리지 않고 남이 시키는 대로 덮어놓고 따르다.'라는 뜻이므로 '무분별하게 따르는'과 바꿔 쓸 수 있다.
② '탈피(脫皮)하다'는 일정한 상태나 처지에서 완전히 벗어나다.'라는 뜻이므로 '벗어나'와 바꿔 쓸 수 있다.
③ '제고(提高)하다'는 '수준이나 정도 따위를 끌어올리다.'라는 뜻이므로 '끌어올리기'와 바꿔 쓸 수 있다.

## 05 난도 ★★☆　　　　　　　　　　　정답 ②

**고전 문학 > 고전 운문**

[정답의 이유]

② (나)에서는 '청산(靑山)', '유수(流水)' 등과 같은 시각적 심상을 활용하여 항상 푸른 청산과 밤낮으로 흐르는 유수처럼 학문 수양에 끊임없이 정진하겠다는 의지를 강조하고 있다. (나)에서 청각적 심상은 나타나지 않는다.

[오답의 이유]

① (가)는 변하지 않는 '청산(靑山)'과 변하는 '녹수(綠水)'를 대조하여 임에 대한 '나'의 변함없는 사랑을 나타내고 있다.
③ (가)는 '청산(靑山)은 내 뜻이오 녹수(綠水)는 님의 정(情)이'에서 대구를 활용하여 시상을 전개하였고, (나)는 '청산(靑山)는 엇뎨ᄒᆞ야 만고(萬古)애 프르르며 / 유수(流水)는 엇뎨ᄒᆞ야 주야(晝夜)애 긋디 아니ᄂᆞᆫ고'에서 대구를 활용하여 시상을 전개하였다.
④ (가)는 '청산(靑山)이야 변(變)ᄒᆞᆯ손가'에서 설의적 표현을 활용하여 '임'에 대한 변함없는 사랑을 나타내고 있다. (나)는 '유수(流水)는 엇뎨ᄒᆞ야 주야(晝夜)애 긋디 아니ᄂᆞᆫ고'에서 설의적 표현을 활용하여 유수가 그치지 않고 밤낮으로 흐르는 것처럼 학문 수양에 정진하겠다는 의지를 나타내고 있다.

[작품 해설]

**(가) 황진이, 「청산은 내 뜻이오 ~」**
- 갈래: 평시조, 단시조
- 성격: 감상적, 상징적, 은유적
- 주제: 임을 향한 변함없는 사랑
- 특징
  - 시어의 대비를 통하여 주제를 강조함
  - 임에 대한 마음을 자연물에 대입함

**(나) 이황, 「청산ᄂᆞᆫ 엇뎨ᄒᆞ야 ~」**
- 갈래: 평시조, 연시조
- 성격: 관조적, 교훈적, 한정가
- 주제: 끊임없는 학문 수양에 대한 의지
- 특징
  - 총 12수로 이루어진 연시조 「도산십이곡」 중 제11곡
  - 생경한 한자어를 많이 사용한 강호가도의 대표적 작품
  - 설의법, 대구법 등을 사용하여 주제를 강조함

## 06 난도 ★☆☆　　　　　　　　　　　정답 ④

**비문학 > 사실적 읽기**

[정답의 이유]

④ 1문단에서는 교환가치가 아무리 높아도 '나'에게 사용가치가 없다면 상품을 구매하지 않는다고 설명하였으며, 2문단에서는 댓글로 인해 공연 티켓의 사용가치를 잘못 판단한 사례를 제시하였다. 그리고 3문단에서는 건강한 소비를 위해 상품이 '나'에게 얼마나 필요한가에 대한 고민이 필요하다고 하였으므로 제시된 글의 중심 내용으로는 '상품을 구매할 때 사용가치가 자신의 필요에 의해 결정된 것인지 신중하게 따져야 한다.'가 가장 적절하다.

[오답의 이유]

① 사용가치보다 교환가치가 큰 상품을 구매해야 한다는 내용은 나타나지 않는다.
② 상품에는 사용가치와 교환가치가 섞여 있다고 하였으나 3문단에서 '건강한 소비를 위해서는 구매하려는 상품의 사용가치가 어떤 과정을 거쳐 결정된 것인지 곰곰이 생각해 봐야 한다.'라고 하였으므로 상품을 구매할 때 고려해야 하는 것은 상품의 사용가치임을 알 수 있다. 따라서 '상품을 구매할 때 사용가치와 교환가치를 두루 고려해야 한다.'는 중심 내용으로 적절하지 않다.
③ 3문단에서 '다른 사람들의 말에 휩쓸려 어떤 상품의 사용가치가 결정될 때, 그 상품은 '나'에게 쓸모없는 골칫덩이가 될 수 있다.'라고 하였으므로 '상품에 대한 다른 사람들의 평가를 반영해서 상품을 구매해야 한다.'는 중심 내용으로 적절하지 않다.

## 07 난도 ★★☆ 정답 ④

비문학 > 작문

정답의 이유

④ '그들은 서학을 검토하며 어떤 부분은 수용했지만' 뒤에 '반대로'를 덧붙였으므로 ㉣에는 '수용하다'와 상반되는 단어가 와야 한다. ㉣의 '지향하다'는 '어떤 목표로 뜻이 쏠리어 향하다.'라는 뜻이며, 이는 '수용하다'와 상반되는 단어가 아니므로 '더 높은 단계로 오르기 위하여 어떠한 것을 하지 아니하다.'라는 뜻의 '지양하다'로 수정하는 것이 적절하다.

오답의 이유

① 천주학의 '학(學)'은 '학문'을 의미하므로 ㉠을 '학문적 관점에서 보다 종교적인 관점에서'로 수정하는 것은 적절하지 않다.
② 조선 후기에 서학은 신봉의 대상이 아니라 분석의 대상이었다. 따라서 서학 수용에 적극적인 이들도 무조건 따르자고 주장하지는 않았을 것이므로 ㉡을 '주장하였는데'로 수정하는 것은 적절하지 않다.
③ 외부에서 유입된 사유 체계에는 '양명학'이나 '고증학' 등도 있다고 하였으므로 ㉢을 '유일한 대안이었다'로 수정하는 것은 적절하지 않다.

## 08 난도 ★☆☆ 정답 ③

비문학 > 추론적 읽기

정답의 이유

③ 빈칸 뒤의 내용을 살펴보면, 글을 쓸 때 독자의 수준을 고려하지 않고 너무 어려운 개념과 전문용어를 사용하면 독자가 글을 이해하기 어렵다고 하였다. 또한 글쓰기는 필자가 글을 통해 자신의 메시지를 독자에게 전달하는 행위이기 때문에 계획하기 단계에서 반드시 예상 독자를 분석해야 한다고 하였다. 따라서 빈칸에 들어갈 말로 가장 적절한 것은 '필자의 메시지를 독자에게 효과적으로 전달하는 데 도움이 되기'이다.

오답의 이유

① 계획하기 과정이 글쓰기 과정 중 첫 단계라는 내용은 제시되지 않았다.
② '글을 쓸 때 독자의 수준에 비해 너무 어려운 개념과 전문용어를 사용한다면 독자가 글을 이해하기 어렵게 된다.'라고 하였으므로 예상 독자의 수준에 따라 어려운 개념과 전문용어를 적절히 사용해야 한다.
④ 독자의 배경지식에 따라 글의 목적과 주제가 결정된다는 내용은 제시되지 않았다.

## 09 난도 ★★☆ 정답 ④

현대 문학 > 현대 시

정답의 이유

④ 화자는 글을 쓰는 행위를 통해 사랑을 잃은 후의 절망과 공허한 마음을 나타내고 있다. 잃어버린 사랑의 회복을 열망하는 마음은 드러나지 않는다.

오답의 이유

① '짧았던 밤', '겨울 안개', '촛불', '흰 종이', '눈물', '열망' 등을 호명하며 이별에 대한 안타까운 심정을 드러내고 있다.
② 화자는 사랑을 잃은 뒤 '가엾은 내 사랑'을 '빈집'에 가두었다. 이를 통해 '빈집'은 사랑을 잃은 절망적인 공간이자, 사랑을 잃은 화자의 공허한 내면을 상징한다는 것을 알 수 있다.
③ '밤들아', '안개들아', '촛불들아' 등 대상을 부르는 돈호법과 '나는 쓰네', '빈집에 갇혔네' 등 감탄형 어미 '-네'의 반복적 사용을 통해 영탄적 어조로 이별에 따른 공허함과 절망감을 부각하고 있다.

작품 해설

기형도, 「빈집」

• 갈래: 자유시, 서정시
• 성격: 애상적, 비유적, 독백적
• 주제: 사랑을 잃은 공허함과 절망
• 특징
 - 영탄적 어조를 사용하여 화자의 감정을 부각함
 - 대상을 열거하며 화자의 상실감을 강조함
 - 사랑을 잃은 화자의 공허함과 절망적 내면을 빈집으로 형상화함

## 10 난도 ★☆☆ 정답 ②

현대 문학 > 현대 소설

정답의 이유

② 제시된 작품의 서술자는 등장인물인 '나'이다. '나'는 주인공인 '그'의 행동을 관찰하고 심리를 추측한다. 즉, 제시된 작품은 주인공이 아닌 '나'가 작품 속 서술자가 되어 주인공을 관찰하여 서술하는 1인칭 관찰자 시점을 취하고 있다.

오답의 이유

① 서술자인 '나'는 대화나 행동, 표정 등을 통하여 '그'의 심리를 추측할 뿐 전지적 위치에서 심리를 전달하고 있지 않다.
③ 서술자인 '나'는 작품의 주인공이 아니라 관찰자이며, 유년 시절을 회상하며 갈등 원인을 해명하고 있지 않다.
④ 서술자인 '나'는 관찰자로 '그'의 행동을 진술하고 있으며, '끼니조차 감당 못 하는 주제에 막벌이꾼이 아니면 어쩌다 간간이 얻어걸리는 출판사 싸구려 번역 일 가지고 어느 해가에 빚을 갚을 것인가.'를 통해 '그'에 대해 주관적인 판단을 내리고 있음을 확인할 수 있다.

작품 해설

윤흥길, 「아홉 켤레의 구두로 남은 사내」

• 갈래: 중편 소설, 세태 소설
• 성격: 비판적, 사실적, 현실 고발적
• 주제: 산업화로 소외된 계층의 삶과 그에 대한 연민
• 특징
 - 상징적 소재와 관련된 행위로 인물의 심리와 성격을 드러냄
 - 사실적 문체를 통해 현실의 모순을 예리하게 지적함

## 11 난도 ★☆☆  정답 ②

비문학 > 화법

**정답의 이유**

② 운용은 설탕세를 부과하면 당 소비가 감소한다는 은지의 발언에 대하여 믿을 만한 근거가 있냐고 질문하고 있을 뿐 은지의 주장에 반대하고 있지는 않다.

**오답의 이유**

① 은지는 첫 번째 발언에서 '설탕세 부과 여부'라는 화제를 제시하고 있다.
③ 은지는 두 번째 발언에서 '세계보건기구 보고서'를 자신의 주장에 대한 근거로 제시하고 있다.
④ 재윤은 '그런데 설탕세 부과가 질병을 예방한다는 것은 타당하지 않아. 여러 연구 결과를 보면 당 섭취와 질병 발생은 유의미한 상관관계가 없어.'라며 은지가 제시한 주장의 근거를 부정하고 있다.

## 12 난도 ★★☆  정답 ②

어휘 > 한자어

**정답의 이유**

② 매수(買受: 살 매, 받을 수)(×) → 매수(買售: 살 매, 팔 수)(○)
- 買受(매수): 물건을 사서 넘겨받음
- 買售(매수): 물건을 팔고 사는 일

**오답의 이유**

① 구가(謳歌: 노래할 구, 노래 가)(○): 여러 사람이 입을 모아 칭송하여 노래함 / 행복한 처지나 기쁜 마음 따위를 거리낌 없이 나타냄. 또는 그런 소리
③ 알력(軋轢: 삐걱거릴 알, 수레에 칠 력)(○): 수레바퀴가 삐걱거린다는 뜻으로, 서로 의견이 맞지 아니하여 사이가 안 좋거나 충돌하는 것을 이르는 말
④ 편달(鞭撻: 채찍 편, 매질할 달)(○): 경계하고 격려함

## 13 난도 ★☆☆  정답 ④

문법 > 한글 맞춤법

**정답의 이유**

④ 걷잡아서(×) → 겉잡아서(○): '걷잡다'는 '한 방향으로 치우쳐 흘러가는 형세 따위를 붙들어 잡다. / 마음을 진정하거나 억제하다.'라는 의미이다. 제시된 문장에서는 '겉으로 보고 대강 짐작하여 헤아리다.'라는 의미로 사용되었으므로 '겉잡다'가 적절하다.

**오답의 이유**

① 부치는(○): 모자라거나 미치지 못하다.
② 알음(○): 사람끼리 서로 아는 일
③ 닫혔다(○): 열린 문짝, 뚜껑, 서랍 따위가 도로 제자리로 가 막히다.

## 14 난도 ★★☆  정답 ①

어휘 > 한자어

**정답의 이유**

㉠ 長官(길 장, 벼슬 관): 국무를 나누어 맡아 처리하는 행정 각부의 우두머리
㉡ 補償(기울 보, 갚을 상): 남에게 끼친 손해를 갚음 / 국가 또는 단체가 적법한 행위에 의하여 국민이나 주민에게 가한 재산상의 손실을 갚아 주기 위하여 제공하는 대상
㉢ 決裁(결정할 결, 마를 재): 결정할 권한이 있는 상관이 부하가 제출한 안건을 검토하여 허가하거나 승인함

**오답의 이유**

- 將官(장수 장, 벼슬 관): 군사를 거느리는 우두머리
- 報償(갚을 보, 갚을 상): 남에게 진 빚 또는 받은 물건을 갚음
- 決濟(결정할 결, 건널 제): 증권 또는 대금을 주고받아 매매 당사자 사이의 거래 관계를 끝맺는 일

## 15 난도 ★★☆  정답 ③

비문학 > 추론적 읽기

**정답의 이유**

③ 제시된 글에서 우리는 '사회 속에서 여럿이 모여 복수의 상태로 살아갈 수밖에 없는 존재'이며 동시에 '각각 유일무이성을 지닌 단수'라고 하였다. 또한 '개별적 유일무이성을 제거하는 것은 우리가 살아가는 사회의 다원성을 파괴하는 일'이라고 하였다. 하지만 개인의 유일무이성을 보존하려는 제도가 개인의 보편적 복수성을 침해하는지의 여부는 제시된 글에 나타나 있지 않다.

**오답의 이유**

① 제시된 글에서 '우리는 개별적으로 고립된 채 살아가는 존재일 수 없다. 사회 속에서 여럿이 모여 '복수(複數)'의 상태로 살아갈 수밖에 없는 존재라는 것이다.'라고 하였으므로 우리는 고립된 상태에서 '단수'로 살아가는 존재가 아니라는 내용은 적절하다.
② 제시된 글에서 '바로 이러한 이유로 우리는 다원적 존재이다.', '우리가 이 같은 사회에서 살아가기 위해서는 타인을 포용하는 공존의 태도가 필요하다.'라고 하였으므로 우리는 다원성을 지닌 존재로서 포용적으로 공존해야 한다는 내용은 적절하다.
④ 제시된 글에서 '공동체 정화 등을 목적으로 개별적 유일무이성을 제거하는 것은 우리가 살아가는 사회의 다원성을 파괴하는 일이다.'라고 하였으므로 개인의 특수한 단수성을 제거하려는 시도는 사회의 다원성을 파괴하는 결과로 이어질 수 있다는 내용은 적절하다.

## 16 난도 ★★☆  정답 ③

고전 문학 > 고전 산문

**정답의 이유**

③ 제시된 작품에서 주인공 춘향은 이도령에 대한 굳은 절개를 드러내고 매를 맞는 자신의 상황에 대해 한탄하고 있을 뿐, 대화를 통하여 주인공의 내적 갈등이 해결되고 있지는 않다.

### 오답의 이유
① '일편단심, 일정지심, 일부종사, 일신난처, 일각인들, 일월 같은'과 '이부불경, 이군불사, 이 몸이, 이왕 이리 되었으니, 이 자리에서', '삼청동, 삼생연분, 삼강을, 삼척동자, 삼종지도, 삼생에, 삼월삼일, 삼십삼천, 삼태성계'에서 동일한 글자를 반복하여 리듬감을 조성하고 있다.
② '일자(一字)', '이자(二字)', '삼자(三字)' 등 숫자를 활용하여 춘향이 매를 맞는 상황과 매를 맞으면서도 이도령에 대한 절개를 지키려는 모습을 제시하고 있다.
④ '일부종사(한 남편만을 섬김)', '이부불경(두 남편을 공경할 수 없음)', '이군불사(두 임금을 섬기지 않음)', '삼종지도(여자가 따라야 할 세 가지 도리)' 등 유교적 가치를 담고 있는 말을 활용하여 이도령에 대한 절개를 지키려는 춘향의 의지를 드러내고 있다.

## 17 난도 ★★☆　　　　　　　　　　　　　　　정답 ②

**비문학 > 사실적 읽기**

### 정답의 이유
② 2문단의 '차람은 소설을 소유하고 있는 사람에게 직접 빌려서 보는 것으로, 알고 지내던 개인들 사이에서 이루어졌다.'를 통해 차람은 알고 지내던 사람에게 책을 빌려 보는 방식임을 알 수 있다. 하지만 대가를 지불했는지의 여부는 제시된 글에서 확인할 수 없다.

### 오답의 이유
① 1문단의 '구연에 의한 유통은 구연자가 소설을 사람들에게 읽어 주는 방식으로, 글을 모르는 사람들과 글을 읽을 수 있지만 남이 읽어 주는 것을 선호하는 이들을 대상으로 이루어졌다.'를 통해 전기수가 글을 모르는 사람들에게 소설을 구연하였다고 이해한 것은 적절하다.
③ 1문단의 '하지만 이 방식은 문헌에 의한 유통에 비해 시간과 공간의 제약이 많아서 유통 범위를 넓히는 데 뚜렷한 한계가 있다.'를 통해 문헌에 의한 유통은 구연에 의한 유통에 비해 시간과 공간의 제약이 적었다고 이해한 것은 적절하다.
④ 2문단의 '세책가에서는 소설을 구매하는 것보다 훨씬 적은 비용으로 빌려 볼 수 있었기 때문에 경제적으로 넉넉하지 않은 사람도 소설을 쉽게 접할 수 있었다. 이로 인해 조선 후기 사회에서 세책가가 성행하게 되었다.'를 통해 조선 후기에 세책가가 성행한 원인은 소설을 구매하는 비용보다 세책가에서 빌리는 비용이 적다는 데 있다고 이해한 것은 적절하다.

## 18 난도 ★★★　　　　　　　　　　　　　　　정답 ②

**비문학 > 사실적 읽기**

### 정답의 이유
② 반신이지만 민족적 영웅의 모습으로 기록된 연개소문의 사례는 『삼국사기』가 신라 정통론에 기반에 있다는 기존의 평가와는 다르게 다면적이고 중층적인 역사 텍스트임을 보여주는 근거이다. 따라서 열전에 수록된 반신 중 『삼국사기』에 대한 기존 평가를 다르게 할 수 있는 사례가 있다고 이해한 것은 적절하다.

### 오답의 이유
① 1문단의 '이 중 열전은 전체 분량의 5분의 1을 차지하며, 수록된 인물은 86명으로, 신라인이 가장 많고, 백제인이 가장 적다.'와 2문단의 '가령 고구려의 연개소문은 반신이지만, 당나라에 당당히 대적한 민족적 영웅의 모습도 포함되어 있다.'에서 『삼국사기』에는 신라인뿐만 아니라 백제인과 고구려인도 포함되어 있음을 확인할 수 있다. 그러나 2문단에 따르면, 『삼국사기』는 신라 정통론에 기반해 당시 지배 질서를 공고히 하고자 했다고 평가받으므로 『삼국사기』가 신라 정통론을 계승하지 않았다고 단정할 수 없다.
③ 1문단에서 '수록 인물의 배치에는 원칙이 있는데, 앞부분에는 명장, 명신, 학자 등을 수록했고, 다음으로 관직에 있지는 않았으나 기릴 만한 사람을 실었다.'라고 하였으므로 『삼국사기』 열전에는 관직에 오르지 못한 사람이더라도 기릴 만한 업적이 있으면 수록되었다는 것을 알 수 있다.
④ 1문단의 『삼국사기』는 본기 28권, 지 9권, 표 3권, 열전 10권의 체제로 되어 있다. 이 중 열전은 전체 분량의 5분의 1을 차지하며, 수록된 인물은 86명으로, 신라인이 가장 많고, 백제인이 가장 적다.'를 통해 『삼국사기』의 체제 중 가장 많은 권수를 차지하는 것은 '본기'임을 알 수 있다.

## 19 난도 ★★☆　　　　　　　　　　　　　　　정답 ①

**비문학 > 추론적 읽기**

### 정답의 이유
① 1문단의 '프랑스에서 의무교육 제도를 실시하면서 정규학교에 입학하기 어려운 지적장애아, 학습부진아를 가려내고자 하였다. 이에 기초 학습 능력 평가를 목적으로, 1905년 최초의 IQ 검사가 이루어졌다.'를 통해 IQ 검사가 정규학교에 입학하기 어려운 지적장애아, 학습부진아를 가려내고자 시행되었음을 알 수 있다.

### 오답의 이유
② 1문단의 '이 검사를 통해 비로소 인간의 지능을 구체적으로 수치화하고 객관적으로 비교할 수 있게 되었다.'를 통해 IQ 검사가 만들어진 이후에야 인간의 지능을 구체적으로 수치화할 수 있었음을 파악할 수 있다. 따라서 IQ 검사가 만들어지기 전에는 인간의 지능을 수치로 비교할 수 없었음을 추론할 수 있다.
③ 2문단의 '하지만 문제는 IQ 검사가 인간의 지능 중 일부만을 측정한다는 점이다.'를 통해 IQ 검사가 인간의 지능 중 일부만 측정한다는 것을 알 수 있다. 따라서 IQ가 높은 아이라도 전체 지능은 높지 않을 수 있음을 추론할 수 있다.
④ 2문단의 '이는 IQ 검사가 기초 학습에 필요한 최소 능력인 언어이해력, 어휘력, 수리력 등을 측정하기 때문이다.'를 통해 IQ 검사가 읽기 능력과 관련된 언어이해력, 어휘력 등을 측정한다는 것을 알 수 있다. 따라서 IQ가 높은 아이가 읽기 능력이 좋을 확률이 높다는 것을 추론할 수 있다.

## 20 난도 ★★★ 정답 ①

**비문학 > 추론적 읽기**

[정답의 이유]

① '그런데 한자는 문맥에 따라 같은 글자가 다른 뜻으로 쓰이지는 않지만 다른 문장성분으로 사용되기도 해 혼란을 야기한다.'에서 한자는 문맥에 따라 같은 글자가 다른 문장성분으로 사용되기도 한다는 것을 알 수 있지만 한국어 문장보다 문장성분이 복잡하다는 내용은 나타나지 않는다.

[오답의 이유]

② 제시된 글에서 '愛人'은 문맥에 따라 '愛'가 '人'을 수식하는 관형어일 때도, '人'을 목적어로 삼는 서술어일 때도 있다고 하였다. 따라서 '淨水'가 문맥상 '깨끗하게 한 물'일 때 '淨'은 '水'를 수식하는 관형어로 사용되었음을 추론할 수 있다. 만일 '淨水'가 '물을 깨끗하게 하다.'라는 의미로 사용되었다면, '淨'은 '水'를 목적어로 삼는 서술어일 것이다.

③ '한글에서는 동음이의어, 즉 형태와 음이 같은데 뜻이 다른 단어가 많아 글자만으로 의미를 파악하지 못하는 경우가 많다.'라고 하였으므로 한글에서 동음이의어는 형태와 음은 같지만 뜻이 다른 단어이다. 하지만 한자는 '문맥에 따라 같은 글자가 다른 뜻으로 쓰이지는 않지만 다른 문장성분으로 사용되기도 해 혼란을 야기한다.'를 통해 문장성분이 달라져도 뜻은 달라지지 않기 때문에 동음이의어가 아님을 확인할 수 있다. 따라서 '愛人'에서 '愛'의 문장성분이 바뀌더라도 '愛'의 뜻은 바뀌지 않기 때문에 동음이의어가 아님을 추론할 수 있다.

④ '한글에서는 동음이의어, 즉 형태와 음이 같은데 뜻이 다른 단어가 많아 글자만으로 의미를 파악하지 못하는 경우가 많다.'를 통해 한글은 글자만으로 의미를 파악하는 못하는 경우가 많음을 알 수 있다. 또한, 한글로 '사고'라고만 쓰면 '뜻밖에 발생한 사건'인지 '생각하고 궁리함'인지 알 수 없다고 예시를 제시하고 있으므로 한글로 적힌 '의사'만으로는 '병을 고치는 사람'인지 '의로운 지사'인지 구별할 수 없다고 추론할 수 있다.

# 국어 | 2022년 지방직 9급

## 한눈에 훑어보기

### ✔ 영역 분석

**어휘**  13  16  18
3문항, 15%

**문법**  01  10  15
3문항, 15%

**고전 문학**  12  14
2문항, 10%

**현대 문학**  05  06
2문항, 10%

**비문학**  02  03  04  07  08  09  11  17  19  20
10문항, 50%

### ✔ 빠른 정답

| 01 | 02 | 03 | 04 | 05 | 06 | 07 | 08 | 09 | 10 |
|----|----|----|----|----|----|----|----|----|----|
| ③  | ①  | ③  | ②  | ②  | ④  | ②  | ④  | ④  | ④  |
| 11 | 12 | 13 | 14 | 15 | 16 | 17 | 18 | 19 | 20 |
| ③  | ①  | ③  | ③  | ④  | ④  | ③  | ②  | ①  | ④  |

### ✔ 점수 체크

| 구분 | 1회독 | 2회독 | 3회독 |
|------|-------|-------|-------|
| 맞힌 문항 수 | / 20 | / 20 | / 20 |
| 나의 점수 | 점 | 점 | 점 |

## 01 난도 ★★☆    정답 ③

**문법 > 통사론**

**정답의 이유**

③ 처음 뵙겠습니다. 박혜정입니다(○): 국립국어원 '표준 언어 예절'에 따르면, 처음 자기 자신을 직접 소개할 때에는 '처음 뵙겠습니다.'로 인사한 다음 '저는 ○○○입니다.'라고 자신의 이름을 밝힌다고 하였다. 따라서 이는 언어 예절을 지킨 문장이다.

**오답의 이유**

① 계시겠습니다(×) → 있으시겠습니다(○): 높이려는 대상의 신체 부분, 소유물, 생각 등을 높임으로써 주체를 간접적으로 높이는 간접 높임에서는 '계시다'와 같은 특수 어휘를 사용하지 않고, 서술어에 높임 선어말 어미 '-(으)시-'를 사용하여 높임의 뜻을 실현한다. 따라서 '회장님의 말씀이 있으시겠습니다.'라고 쓰는 것이 적절하다.

② 고모(×) → 형님/아가씨/아기씨(○): '시누이'는 '남편의 누나나 여동생'을 이르는 말로, 남편의 누나를 지칭할 때는 '형님'을 쓰고, 남편의 여동생을 지칭할 때는 '아가씨/아기씨'를 쓴다. 시누이에게 '고모'라는 말을 쓰는 경우 자녀의 이름을 활용해 '○○ 고모'라고 부를 수 있다.

④ 부인입니다(×) → 아내/집사람/안사람/처입니다(○): 다른 사람에게 자기 아내를 가리킬 때는 '아내, 집사람, 안사람, 처'라고 표현하는 것이 적절하다. '부인'은 '남의 아내를 높여 이르는 말'로 자신의 아내를 소개할 때는 쓰지 않는다.

## 02 난도 ★☆☆    정답 ①

**비문학 > 글의 전개 방식**

**정답의 이유**

① 제시된 글에서는 달빛과 밤길의 풍경을 다양한 감각을 활용해 묘사하고 있다. 따라서 제시된 글의 주된 서술 방식은 어떤 대상의 이미지를 그림을 그리듯 생생하게 전달하는 '묘사'이다.

**오답의 이유**

② '설명'은 어떤 지식이나 정보를 제공하기 위해 사용하는 방식이다.

③ '유추'는 비슷한 대상의 특징을 제시하고 그러한 특징을 다른 대상에 비교하여 설명하는 방식이다.

④ '분석'은 하나의 관념이나 대상을 구성 요소로 나누어 설명하는 방식이다.

> **작품 해설**
>
> 이효석, 「메밀꽃 필 무렵」
> - 갈래: 단편 소설
> - 성격: 낭만적, 묘사적, 서정적
> - 주제: 떠돌이 삶의 애환과 혈육의 정
> - 특징
>   - 낭만적이고 서정적인 문체가 두드러짐
>   - 대화에 의해 등장인물 간의 관계에 대한 암시와 추리가 드러남
>   - 과거는 요약적 서술로, 현재는 장면적 서술(묘사)로 제시함

## 03 난도 ★★☆  정답 ③

**비문학 > 사실적 읽기**

> **정답의 이유**

③ '무대연출 작업 중에서 독보적인 창작을 걸러내서 배타적인 권한인 저작권을 부여하는 것은 매우 흔치 않은 경우이고, 후발 창작을 방해하는 요소로 작용할 수도 있다.'에서 독보적인 무대연출 작업에 저작권을 부여한다면 후발 창작에 방해가 될 수 있다는 것을 확인할 수 있다.

> **오답의 이유**

① '창작적인 표현을 도용당했는지 밝혀야 하는데, 이것이 쉽지 않다.'에서 무대연출의 창작적인 표현의 도용 여부를 밝히기 쉽지 않다는 것을 확인할 수 있다.

② '연출자가 자신의 저작권을 침해당했다고 주장하기 위해서는 우선 그가 유효한 저작권을 소유하고 있어야 한다.'에서 저작권 침해를 당했다고 주장하려면 유효한 저작권을 소유하고 있어야 함을 확인할 수 있다.

④ '저작권법은 창작자에게 개인적인 인센티브를 제공하여 창작을 장려함과 동시에 일반 공중이 저작물을 원활하게 이용할 수 있도록 해야 하는 두 가지 가치의 균형을 이루는 것이 목표다.'에서 저작권법의 목표는 창작을 장려하고 저작물 이용을 원활하게 하는 것임을 확인할 수 있다.

## 04 난도 ★☆☆  정답 ②

**비문학 > 작문**

> **정답의 이유**

② 파놉티콘이란 교도관이 다수의 죄수를 감시하는 시스템으로, 이는 권력자에 의한 정보 독점 아래 다수가 통제되는 구조이다. 따라서 ㉡에는 그대로 '다수'가 들어가는 것이 적절하다.

> **오답의 이유**

① ㉠의 앞부분에서는 교도관은 죄수들을 바라볼 수 있지만, 죄수들은 교도관을 바라볼 수 없는 구조인 파놉티콘에 대해 제시하였다. 따라서 죄수들은 교도관이 실제로 없어도 그 사실을 알 수 없으므로 ㉠을 '없을'로 고치는 것이 적절하다.

③ ㉢의 뒷부분에서는 인터넷에서 권력자에 대한 비판을 신변 노출 없이 자유롭게 표현할 수 있게 되었다고 제시하였다. 이는 인터넷에서는 어떤 행위를 한 사람이 누구인지 드러나지 않는다는 것이므로 ㉢을 '익명성'으로 고치는 것이 적절하다.

④ ㉣의 앞부분에서는 인터넷에서 권력자에 대한 비판을 신변 노출 없이 자유롭게 표현할 수 있게 되었다고 제시하였고, ㉣의 뒷부분에서는 네티즌의 활동으로 권력자들을 감시하는 전환이 일어났다고 제시하였다. 따라서 다수가 자유롭게 정보를 수용하고 생산할 수 있기 때문에 권력자를 감시하게 된 것이므로 ㉣을 '누구나가'로 고치는 것이 적절하다.

## 05 난도 ★★☆  정답 ②

**현대 문학 > 현대 시**

> **정답의 이유**

② ㉡ '칠팔십 리(七八十里)'는 화자에게 주어진 고통스러운 유랑의 길을 의미한다.

> **오답의 이유**

① ㉠ '산(山)새'는 시메산골 영(嶺)을 넘어가지 못해서 울고, 화자는 삼수갑산에 돌아가지 못해서 슬퍼한다. 따라서 '산(山)새'는 화자와 같은 처지에 놓여 있는 화자의 감정이 이입된 자연물이므로 화자와 상반되는 처지에 놓여 있다는 설명은 적절하지 않다.

③ ㉢ '불귀(不歸), 불귀, 다시 불귀'는 다시 돌아가지 못한다는 뜻으로, 고향에 돌아갈 수 없는 안타까움을 반복을 통해 강조하고 있다. 따라서 화자의 이국 지향 의식을 강조한다는 설명은 적절하지 않다.

④ ㉣ '위에서 운다'는 울고 있는 산새의 모습을 의미하며 화자가 지닌 애상의 정서를 대변하고 있으므로 화자가 지닌 분노의 정서를 대변한다는 설명은 적절하지 않다.

> **작품 해설**
>
> 김소월, 「산」
> - 갈래: 자유시, 서정시
> - 성격: 민요적, 향토적, 애상적
> - 주제: 이별의 정한과 그리움
> - 특징
>   - 대체로 7·5조 3음보의 민요조 율격
>   - 반복법을 통해 운율을 형성함
>   - 감정 이입을 활용해 화자의 비애를 노래함

## 06 난도 ★☆☆  정답 ③

**현대 문학 > 현대 소설**

> **정답의 이유**

③ 백화와 함께 떠날 것을 권유하는 정 씨에게 '어디 능력이 있어야죠.'라고 말하는 부분을 통해 영달이 자신의 경제적인 능력 때문에 고민하다 결국 백화와 함께 떠나지 않았음을 알 수 있다. 따라서 백화를 신뢰할 수 없었기 때문에 백화와 함께 떠나지 않은 것이 아니므로 이는 적절하지 않다.

> **오답의 이유**

① 정 씨의 '같이 가지. 내 보기엔 좋은 여자 같군.', '또 알우? 인연이 닿아서 말뚝 박구 살게 될지. 이런 때 아주 뜨내기 신셀 청산해야지.'라는 말을 통해 정 씨가 영달에게 백화와 함께 떠날 것을 권유하고 있음을 알 수 있다.

② '백화는 뭔가 쑤군대고 있는 두 사내를 불안한 듯이 지켜보고 있었다.'를 통해 백화는 정 씨와 영달을 바라보면서 영달의 선택이 어떤 것일지 몰라 불안해하고 있음을 알 수 있다.

④ '영달이가 내민 것들을 받아 쥔 백화의 눈이 붉게 충혈되었다.'를 통해 백화는 정 씨와 영달의 배려에 대한 고마움과 헤어짐에 대한 아쉬움을 느끼고 있음을 알 수 있다. 그 이후에 백화가 '내 이름은 백화가 아니에요. 본명은…… 이점례예요.'라고 하는 부분을 통해 자신의 진짜 모습을 뜻하는 본명을 밝힘으로써 영달에 대한 고마움을 표현하고 있음을 알 수 있다.

## 07  난도 ★★☆                                          정답 ④

비문학 > 글의 순서 파악

정답의 이유

- (나)에서는 과거 한반도가 특수한 지정학적 조건으로 인해 국권을 상실하는 아픔을 겪었다는 글의 화제를 제시하고 있으므로 글의 도입에 오는 것이 적절하다.
- (라)에서는 '그 아픔'이라는 표현을 사용해 아픔으로 인한 결과와 극복을 논하며 과거에서 현재로 이어지는 내용을 제시하고 있으므로 한반도의 아픔을 제시한 (나)의 다음에 오는 것이 적절하다.
- (다)에서는 '지금은'이라는 표현으로 현재를 나타내고 있고, 경제력이 국력을 좌우하는 시대라며 우리나라는 전쟁의 폐허를 극복하고 세계적인 경제 강국을 건설하고 있다는 내용을 제시하고 있으므로 과거의 아픔과 새로운 희망을 제시한 (라)의 다음에 오는 것이 적절하다.
- (가)에서는 과거에는 고통을 주었던 한반도의 지정학적 조건이 이제는 희망의 조건이 될 것이라는 미래의 내용을 제시하고 있으므로 글의 마지막에 오는 것이 적절하다.

따라서 글의 전개 순서로 가장 자연스러운 것은 ④ (나) - (라) - (다) - (가)이다.

## 08  난도 ★☆☆                                          정답 ②

비문학 > 화법

정답의 이유

② A와 B는 대화 중에 고개를 끄덕이면서 상대방의 말에 공감을 나타내고 있으므로 적절하다.

오답의 이유

① A는 B에게 내용 요약 방식을 제안하고 있는 것이 아니라 B가 언급한 개조식 요약 방식에 대하여 '문제가 있지 않을까요?'라며 문제를 제기하고 있다.
③ B는 회의 내용 요약 방식에 대한 A의 문제 제기에 고개를 끄덕이면서 동의하고 있다.
④ A는 개조식 요약 방식이 문제가 있다고만 언급하였다. 회의 내용을 과도하게 생략하고 이해에 어려움을 줄 수 있다고 언급한 사람은 B이다.

## 09  난도 ★★☆                                          정답 ④

비문학 > 사실적 읽기

정답의 이유

④ '참석 학생들은 1일 시의원이 되어 의원 선서를 한 후 주제에 관한 자유 발언 시간을 가졌다. 이어서 관련 조례안을 상정한 후 찬반 토론을 거쳐 전자 투표로 표결 처리하였다.'에서 의원 선서, 자유 발언, 조례안 상정, 찬반 토론, 전자 투표의 순서로 회의가 진행되었음을 확인할 수 있다.

오답의 이유

① '여기에 참여할 수 있는 대상은 A시에 있는 학교에 재학 중인 만 19세 미만의 청소년이다.'에서 A시에 있는 학교의 만 19세 미만 재학생이 청소년 의회 교실에 참여할 수 있는 대상임을 확인할 수 있다.
② '이 조례에 따르면 시의회 의장은 의회 교실의 참가자 선정 및 운영 방안을 결정할 수 있다. 운영 방안에는 지방자치 및 의회의 기능과 역할, 민주 시민의 소양과 자질 등에 관한 교육 내용이 포함된다.'에서 시의회 의장이 민주 시민의 소양과 관련된 교육 내용을 결정할 수 있음을 확인할 수 있다.
③ '또한 시의회 의장은 고유 권한으로 본회의장 시설 사용이 가능하도록 지원할 수 있다.'와 '최근 ~ 본회의장에서 첫 번째 의회 교실을 운영하였다.'에서 시의회 의장이 본회의장 시설을 사용하도록 지원하였음을 확인할 수 있다.

## 10  난도 ★★☆                                          정답 ④

문법 > 의미론

정답의 이유

④ '언행이나 태도가 의젓하고 신중하다.'를 의미하는 '점잖다'는 '어리다, 젊다'를 의미하는 '점다'에 '-지 아니하다'가 결합하여 '점지 아니하다'가 되었고, 이를 축약하여 오늘날의 '점잖다'가 된 것으로 볼 수 있다.

오답의 이유

① '살림살이가 넉넉하지 못한 또는 그런 상태'를 의미하는 '가난'은 한자어인 '간난(艱難)'에서 'ㄴ'이 탈락하여 만들어진 단어이다.
② '어리다'는 중세국어에서 '어리석다'라는 뜻으로 쓰이다가 현대 국어에서 '나이가 적다.'라는 뜻으로 의미가 이동하였다.
③ '닭의 수컷'을 의미하는 '수컷'의 '수'는 역사적으로 '숳'과 같이 'ㅎ'을 맨 마지막 음으로 가지고 있는 말이었으나 현대에 와서는 'ㅎ'이 모두 떨어진 형태를 기본적 표준어로 규정하였다. 이러한 흔적으로 인해 'ㅎ'이 뒤의 예사소리와 만나면 거센소리로 나는 것을 인정하여 '숳'에 '돍(닭)'이 결합할 때 '수탉'이라고 하였다.

## 11 난도 ★★☆ 정답 ③

**비문학 > 사실적 읽기**

정답의 이유

③ 제시된 글에서 혐오 현상은 자체의 역사와 사회적 배경이 반드시 선행하고, 사회문제의 기원이나 원인이 아니라 발현이며 결과라고 하였다. 또한 혐오 그 자체를 사회악으로 지목해 도덕적으로 지탄하는 데서 그쳐서는 안 된다고 하였다. 이를 통해 글쓴이가 혐오 현상을 바르게 이해하기 위해서는 이를 만들어 내는 사회문제를 찾는 것이 중요하다고 주장하고 있음을 알 수 있다. 따라서 '혐오 현상을 만들어 내는 근본 원인을 찾아야 한다.'가 주제로 적절하다.

오답의 이유

① 1문단의 '혐오 현상은 외계에서 뚝 떨어진 괴물이 만들어 낸 것이 아니라, 거기엔 자체의 역사와 사회적 배경이 반드시 선행한다.'에서 혐오 현상에는 인과관계가 존재한다는 것을 알 수 있다. 따라서 '혐오 현상에는 인과관계가 존재하지 않는다.'는 주제로 적절하지 않다.

② 2문단의 '왜 혐오가 나쁘냐고 물어보면 많은 사람들은 이렇게 답한다. ~ 이 대답들은 분명 선량한 마음에서 나온 것이다. 하지만 문제의 성격을 오인하게 만들 수 있다.'에서 혐오 현상을 선량한 마음으로 바라보면 안 된다는 것을 알 수 있다. 따라서 '혐오 현상은 선량한 마음으로 바라보아야 한다.'는 주제로 적절하지 않다.

④ 2문단의 '혐오나 증오라는 특정 감정에 집착해선 안 된다는 것이다.', "혐오나 증오라는 감정에 집중할수록 우린 '달을 가리키는 손가락만 바라보는' 잘못을 범하기 쉬워진다."에서 혐오라는 감정에 집중해서는 안 된다는 것을 알 수 있다. 따라서 '혐오라는 감정에 집착할수록 사회문제는 잘 보인다.'는 주제로 적절하지 않다.

## 12 난도 ★★☆ 정답 ①

**고전 문학 > 고전 운문**

정답의 이유

① 화자는 '초가 정자'가 있고 오솔길이 나 있는 곳에서 술을 마시며 시를 읊조리고 있다. 여기서 ⊙ '초가 정자'는 화자가 묘사한 풍경 속의 일부일 뿐, 시간적 흐름에 따른 시상 전개를 매개하고 있는 것이 아니다.

오답의 이유

② 화자는 자연 속에서 '높다랗게' 앉아서 술을 마시며 시를 읊조리고 있다. 따라서 ⓒ '높다랗게'를 통해 시적 화자의 초연한 태도를 파악할 수 있다.

③ '산과 계곡'인 자연은 언제나 변함없이 그대로지만, 인간이 만든 '누대'는 비어 있다고 하였으므로 ⓒ '누대'는 자연과 대비되는 쇠락한 인간사를 암시한다고 볼 수 있다.

④ '봄바람'은 꽃잎을 흔드는 주체이며, 화자는 '붉은 꽃잎 하나라도 흔들지 마라'라고 하였다. 따라서 ② '봄바람'은 꽃잎을 흔드는 부정적 이미지로 기능하고 있음을 알 수 있다.

## 13 난도 ★★☆ 정답 ③

**어휘 > 한자어**

정답의 이유

③ '각축(角逐: 뿔 각, 쫓을 축)'은 '서로 이기려고 다투며 덤벼듦'이라는 뜻으로, 이 단어에는 사람의 몸을 지시하는 말이 포함되지 않았다.

오답의 이유

① '슬하(膝下: 무릎 슬, 아래 하)'는 '무릎의 아래'라는 뜻으로, '어버이나 조부모의 보살핌 아래. 주로 부모의 보호를 받는 테두리 안'을 이른다.

② '수완(手腕: 손 수, 팔 완)'은 '일을 꾸미거나 치러 나가는 재간 / 손목의 잘록하게 들어간 부분'을 이른다.

④ '발족(發足: 필 발, 발 족)'은 '어떤 조직체가 새로 만들어져서 일이 시작됨 또는 그렇게 일을 시작함'을 이른다.

## 14 난도 ★★★ 정답 ③

**고전 문학 > 고전 산문**

정답의 이유

③ (가)에서는 계월의 명령에 화가 머리끝까지 난 보국이 억지로 갑옷과 투구를 갖추고 군문에 대령하자 계월이 보국에게 예를 갖추라고 명령하면서 보국과의 갈등 상황을 타개하고자 하는 적극적인 태도를 보인다. 그러나 (나)에서는 까투리가 장끼의 고집에 경황없이 물러서며 갈등 상황을 해결하는 데 소극적인 태도를 보인다.

오답의 이유

① (가)에서는 계월이 보국에게 명령하는 것을 통해 계월이 보국에 비해 우월한 지위를 가지고 있음을 확인할 수 있다. 그러나 (나)에서는 장끼의 고집을 꺾지 못하는 까투리의 모습을 통해 까투리가 장끼에 비해 우월한 지위를 가지고 있지 않음을 확인할 수 있다.

② (가)에서는 계월이 보국의 행동을 거만하다고 비판하고 있으며, (나)에서도 까투리가 장끼의 행동을 보고 '저런 광경 당할 줄 몰랐던가. ~ 계집의 말 안 들어도 망신하네.'라고 하며 장끼의 행동을 비판하고 있음을 확인할 수 있다.

④ (가)에서는 계월의 호령에 '군졸의 대답 소리로 장안이 울릴 정도였다.'라고 묘사한 것을 통해 계월이 주변으로부터 두려움의 반응을 얻었음을 확인할 수 있다. (나)에서는 '아홉 아들 열두 딸과 친구 벗님네들도 불쌍타 의논하며' 장끼의 죽음에 대해 까투리를 위로하고 있으므로 까투리는 주변으로부터 호의적인 반응을 얻었음을 확인할 수 있다.

**작품 해설**

(가) 작자 미상, 「홍계월전」
- 갈래: 고전 소설, 군담 소설, 영웅 소설
- 성격: 전기적, 영웅적
- 주제: 홍계월의 영웅적 면모와 고난 극복
- 특징
  - 주인공의 고행담과 이를 극복하는 과정을 서술함(전형적인 영웅 일대기적 구조)
  - 중국 명나라를 배경으로 한 소설로, 여성을 우월하게 그림
  - 봉건적 사회 질서에서 벗어나고자 하는 여성들의 욕구를 반영함
  - 남장 모티프를 확인할 수 있음

(나) 작자 미상, 「장끼전」
- 갈래: 고전 소설, 우화 소설
- 성격: 우화적, 교훈적, 풍자적
- 주제: 남존여비와 재가 금지에 대한 비판
- 특징
  - 동물을 의인화하여 풍자의 효과를 높임
  - 남존여비, 여성의 재가 금지 등 당시의 유교 윤리를 비판함
  - 판소리 사설의 문체가 작품 곳곳에 드러남

## 15  난도 ★★★                     정답 ④

**문법 > 통사론**

[정답의 이유]
④ 끼이는(○): '벌어진 사이에 들어가 죄이고 빠지지 않게 되다.'를 뜻하는 '끼이다'는 '끼다'의 피동사이므로 '끼이는'은 문장에서 적절하게 쓰였다.

[오답의 이유]
① 되뇌이는(×) → 되뇌는(○): '같은 말을 되풀이하여 말하다.'를 뜻하는 단어는 '되뇌다'이므로, '되뇌는'으로 고쳐 써야 한다.
② 헤매이고(×) → 헤매고(○): '갈 바를 몰라 이리저리 돌아다니다.'를 뜻하는 단어는 '헤매다'이므로, '헤매고'로 고쳐 써야 한다.
③ 메이기(×) → 메기(○): '뚫려 있거나 비어 있는 곳이 막히거나 채워지다.'를 뜻하는 단어는 '메다'이므로, '메기'로 고쳐 써야 한다.

## 16  난도 ★★☆                     정답 ④

**어휘 > 한자어**

[정답의 이유]
④ 변호사(辯護事: 말 잘할 변, 보호할 호, 일 사)(×) → 변호사(辯護士: 말 잘할 변, 보호할 호, 선비 사)(○): 법률에 규정된 자격을 가지고 소송 당사자나 관계인의 의뢰 또는 법원의 명령에 따라 피고나 원고를 변론하며 그 밖의 법률에 관한 업무에 종사하는 사람

[오답의 이유]
① 소방관(消防官: 꺼질 소, 막을 방, 벼슬 관)(○): 소방 공무원을 일상적으로 이르는 말

② 과학자(科學者: 품등 과, 배울 학, 놈 자)(○): 과학을 전문적으로 연구하는 사람
③ 연구원(研究員: 갈 연, 궁구할 구, 관원 원)(○): 연구에 종사하는 사람

## 17  난도 ★☆☆                     정답 ③

**비문학 > 사실적 읽기**

[정답의 이유]
③ 2문단에서 중세의 지적 전통에 대한 의구심이 고대의 학문과 예술, 언어에 대한 재평가로 이어졌고 이에 따라 인간에 대한 관심이 많아졌다고 하였으며, 3문단에서 인간에 대한 관심의 증대로 인해 인체의 아름다움이 재발견되었다고 하였다. 따라서 예술가들이 인체의 아름다움을 재발견함으로써 고대의 학문과 언어에 대한 재평가도 이루어졌다는 이해는 적절하지 않다.

[오답의 이유]
① 1문단의 '르네상스가 일어나게 된 요인으로 많은 것들이 거론되어 왔지만, 의학사의 관점에서 볼 때 흥미롭고 논쟁적인 원인은 페스트이다.'를 통해 페스트라는 전염병이 르네상스가 일어나게 된 요인 중 하나임을 확인할 수 있다.
② 1문단의 "페스트로 인해 '사악한 자'들만이 아니라 '선량한 자'들까지 무차별적으로 죽는 것을 보고 이전까지 의심하지 않았던 신과 교회의 막강한 권위에 대해서도 회의하게 되었다."를 통해 페스트로 인한 선인과 악인의 무차별적인 죽음은 교회의 권위를 약화시켰음을 확인할 수 있다.
④ 3문단의 '기존의 의학적 전통을 여전히 신봉하던 의사들에게 해부학적 지식은 불필요한 것으로 인식되었던 반면, 당시의 미술가들은 예술가이면서 동시에 해부학자이기도 할 만큼 인체의 내부 구조를 탐색하는 데 골몰했다.'를 통해 르네상스 시기의 해부학은 의사들이 아닌 미술가들의 관심을 끌었음을 확인할 수 있다.

## 18  난도 ★★☆                     정답 ②

**어휘 > 한자성어**

[정답의 이유]
② 밑줄 친 부분은 '간단한 말로도 남을 감동하게 하거나 남의 약점을 찌를 수 있음'을 의미하는 寸鐵殺人(촌철살인)과 어울린다.
- 寸鐵殺人: 마디 촌, 쇠 철, 죽일 살, 사람 인

[오답의 이유]
① 巧言令色(교언영색): 아첨하는 말과 알랑거리는 태도
- 巧言令色: 공교할 교, 말씀 언, 명령할 영, 빛 색
③ 言行一致(언행일치): 말과 행동이 하나로 들어맞음 또는 말한 대로 실행함
- 言行一致: 말씀 언, 다닐 행, 하나 일, 이를 치
④ 街談巷說(가담항설): 거리나 항간에 떠도는 소문
- 街談巷說: 거리 가, 말씀 담, 거리 항, 말씀 설

## 19 난도 ★★☆  정답 ①

**비문학 > 추론적 읽기**

정답의 이유

① '논리실증주의자들에 따르면, 만약 어떤 것이 과학일 경우 거기에서 사용되는 문장은 유의미하다.'와 '(나)는 검증할 수 없고 과학에서 사용될 수 없는 무의미한 문장이라고 말한다.'를 통해 과학에서 사용될 수 없는 문장은 무의미한 문장임을 확인할 수 있다. 따라서 논리실증주의자들에 따르면 무의미한 문장을 사용하는 것은 과학이 아니라는 점을 추론할 수 있다.

오답의 이유

② '논리실증주의자들에 따르면, 만약 어떤 것이 과학일 경우 거기에서 사용되는 문장은 유의미하다.'를 통해 과학에서 사용되는 문장이 유의미하다는 것은 파악할 수 있다. 하지만 과학의 문장들만 유의미하다는 내용을 추론할 수는 없다.

③ '검증 원리란, 경험을 통해 참이나 거짓을 검증할 수 있는 문장은 유의미하고 그렇지 않은 문장은 유의미하지 않다는 것이다.'를 통해 경험으로 검증할 수 없는 문장은 유의미하지 않다는 사실을 파악할 수 있다. 하지만 아직까지 경험되지 않은 것을 언급한 문장이 무의미하다는 내용을 추론할 수는 없다.

④ '검증 원리란, 경험을 통해 참이나 거짓을 검증할 수 있는 문장은 유의미하고 그렇지 않은 문장은 유의미하지 않다는 것이다.'를 통해 검증할 수 없는 문장은 무의미한 문장임을 확인할 수 있다. 하지만 검증 원리에 따라 '거짓'을 검증할 수 있는 문장은 유의미하다고 할 수 있다.

## 20 난도 ★★☆  정답 ④

**비문학 > 추론적 읽기**

정답의 이유

㉠ 1문단의 '즉 컴퓨터는 결정론적 법칙의 지배를 받는 시스템이라는 것이다.'와 2문단의 '결국 결정론적 법칙의 지배를 받는 시스템은 자유의지를 가지지 않는다. 또한 자유의지를 가지지 않는 시스템에 도덕적 의무를 귀속시킬 수 없음은 당연하다.'를 통해 결정론적 법칙의 지배를 받는 시스템인 컴퓨터는 자유의지를 가지지 않으며 도덕적 의무의 귀속 대상이 아님을 추론할 수 있다.

㉡ 2문단의 '결국 결정론적 법칙의 지배를 받는 시스템은 자유의지를 가지지 않는다. 또한 자유의지를 가지지 않는 시스템에 도덕적 의무를 귀속시킬 수 없음은 당연하다.'를 통해 도덕적 의무를 귀속시킬 수 있는 시스템은 결정론적 법칙의 지배를 받지 않음을 추론할 수 있다.

㉢ 2문단의 '어떤 선택을 할 때 그것과 다른 선택을 할 수도 있다는 것은 자유의지의 필요조건이기 때문이다.'를 통해 어떤 선택을 할 때 그것과 다른 선택을 할 수 없는 시스템은 자유의지를 가지지 않음을 추론할 수 있다.

# 국어 | 2021년 지방직 9급

## 한눈에 훑어보기

### ✓ 영역 분석

**어휘**     03   04   09
3문항, 15%

**문법**     01   02   17
3문항, 15%

**고전 문학**     05
1문항, 5%

**현대 문학**     07   15   18
3문항, 15%

**비문학**     06   08   11   12   13   14   16   19   20
9문항, 45%

**통합**     10
1문항, 5%

### ✓ 빠른 정답

| 01 | 02 | 03 | 04 | 05 | 06 | 07 | 08 | 09 | 10 |
|----|----|----|----|----|----|----|----|----|----|
| ② | ③ | ① | ② | ④ | ③ | ③ | ① | ① | ④ |
| 11 | 12 | 13 | 14 | 15 | 16 | 17 | 18 | 19 | 20 |
| ④ | ② | ③ | ① | ① | ④ | ③ | ④ | ④ | ④ |

### ✓ 점수 체크

| 구분 | 1회독 | 2회독 | 3회독 |
|------|-------|-------|-------|
| 맞힌 문항 수 | / 20 | / 20 | / 20 |
| 나의 점수 | 점 | 점 | 점 |

---

**01** 난도 ★★☆             정답 ②

문법 > 한글 맞춤법

**정답의 이유**

② 몇 일(×) → 며칠(○): 한글 맞춤법 제27항 [붙임 2]에 따르면 '어원이 분명하지 아니한 것은 원형을 밝히어 적지 아니한다.'라고 하였으므로 이에 따라 '며칠'로 적는 것이 옳다. '몇+일'로 분석하여 '몇 일'로 적는 경우는 잘못된 표현이다.

**오답의 이유**

① 웬일(○): '어찌 된 일, 의외의 뜻'을 나타낼 때는 '왠일'이 아닌 '웬일'을 쓴다.
③ 박인(○): '손바닥, 발바닥 따위에 굳은살이 생기다.'의 의미로 쓰일 때는 '박이다'가 맞다.
④ 으레(○): '틀림없이 언제나'를 뜻하는 '으레'는 '모음이 단순화한 형태를 표준어로 삼는다.'라는 표준어 규정 제1부 제10항에 따라 '으례'를 버리고 '으레'를 표준어로 삼는다.

**더 알아보기**

한글 맞춤법 제27항

둘 이상의 단어가 어울리거나 접두사가 붙어서 이루어진 말은 각각 그 원형을 밝히어 적는다.

| 꺾꽂이 | 꽃잎 | 부엌일 | 웃옷 |
| 첫아들 | 칼날 | 헛웃음 | 홑몸 |
| 겉늙다 | 굶주리다 | 낮잡다 | 맞먹다 |
| 새파랗다 | 엇나가다 | 엿듣다 | 헛되다 |

[붙임 1] 어원은 분명하나 소리만 특이하게 변한 것은 변한 대로 적는다.

| 할아버지 | 할아범 |

[붙임 2] 어원이 분명하지 아니한 것은 원형을 밝히어 적지 아니한다.

| 골병 | 골탕 | 끌탕 | 며칠 |
| 아재비 | 오라비 | 업신여기다 | 부리나케 |

→ '며칠'은 '몇 년 몇 월 몇 일'처럼 '몇'이 공통되는 것으로 인식하여 '몇 일'로 쓰는 일이 많다. 그러나 '몇 일'이라고 하면 [며딜]로 소리가 나야 한다. 이러한 점은 '몇 월'이 [며뒬]로 발음되는 것에서 알 수 있다. 그러나 실제 발음은 [며칠]이라서 '몇일'로 적으면 표준어 [며칠]을 나타낼 수 없다. 따라서 '몇'과 '일'의 결합으로 보지 않고 소리 나는 대로 '며칠'로 적는다.

[붙임 3] '이[齒, 虱]'가 합성어나 이에 준하는 말에서 '니' 또는 '리'로 소리 날 때에는 '니'로 적는다.

| 덧니 | 사랑니 | 송곳니 | 앞니 |
| 어금니 | 윗니 | 젖니 | 틀니 |

## 02 난도 ★☆☆ 정답 ③

**문법 > 한글 맞춤법**

정답의 이유

③ 오늘로써(○): '로써'는 '오늘' 뒤에서 어떤 일의 기준이 되는 시간임을 나타내는 격 조사로 적절하게 사용되었다.

오답의 이유

① 딸로써(×) → 딸로서(○): 지위나 신분 또는 자격을 나타내는 격 조사이므로 '로서'를 사용해야 한다.
② 대화로서(×) → 대화로써(○): 어떤 일의 수단이나 도구를 나타내는 격 조사이므로 '로써'를 사용해야 한다.
④ 이로서(×) → 이로써(○): 시간을 셈할 때 셈에 넣는 한계를 나타내거나 어떤 일의 기준이 되는 시간임을 나타내는 격 조사이므로 '로써'를 사용해야 한다.

### 더 알아보기

**조사 '로서'와 '로써'**

- 로서
  - 지위나 신분 또는 자격을 나타내는 격 조사
    예 그것은 교사로서 할 일이 아니다.
  - (예스러운 표현으로) 어떤 동작이 일어나거나 시작되는 곳을 나타내는 격 조사
    예 이 문제는 너로서 시작되었다.
- 로써
  - 어떤 물건의 재료나 원료를 나타내는 격 조사
    예 밀가루로써 빵을 만든다.
  - 어떤 일의 수단이나 도구를 나타내는 격 조사
    예 대화로써 갈등을 풀 수 있을까?
  - 시간을 셈할 때 셈에 넣는 한계를 나타내거나 어떤 일의 기준이 되는 시간임을 나타내는 격 조사
    예 고향을 떠난 지 올해로써 20년이 된다.

## 03 난도 ★★☆ ※'정답 없음' 처리된 문항으로, 선지를 교체하여 수록함 정답 ①

**어휘 > 고유어**

정답의 이유

① 명후일'은 '내일의 다음 날'인 모레를 뜻하며, '오늘의 바로 다음 날'은 '내일'이다.

오답의 이유

② 달포: 한 달이 조금 넘는 기간
③ 그끄저께: 그저께의 전날, 오늘로부터 사흘 전의 날
④ 해거리: 한 해를 거름 또는 그런 간격

## 04 난도 ★★☆ 정답 ②

**어휘 > 관용 표현**

정답의 이유

② 호흡을 맞춰(×) → 다리(를) 놓아(○): '호흡을 맞추다'는 '일을 할 때 서로의 행동이나 의향을 잘 알고 처리하여 나가다.'를 뜻하므로 '연결해 주어'와 바꿔 쓸 수 있는 표현이 아니다. '일이 잘되게 하기 위하여 둘 또는 여럿을 연결하다.'를 뜻하는 '다리(를) 놓다'라는 관용 표현이 바꿔 쓰기에 적절하다.

오답의 이유

① 가랑이가 찢어질(○): '가랑이가 찢어지다'는 '몹시 가난한 살림살이를 비유적으로 이르는 말'이므로 '몹시 가난한'과 '가랑이가 찢어질'은 바꿔 쓰기에 적절하다.
③ 코웃음을 쳤다(○): '코웃음을 치다'는 '남을 깔보고 비웃다.'라는 뜻이므로 '깔보며 비웃었다.'와 '코웃음을 쳤다.'는 바꿔 쓰기에 적절하다.
④ 바가지를 쓰고(○): '바가지를 쓰다'는 '요금이나 물건 값을 실제보다 비싸게 지불하여 억울한 손해를 보다.'라는 뜻이므로, '실제보다 비싸게'와 '바가지를 쓰고'는 바꿔 쓰기에 적절하다.

## 05 난도 ★★☆ 정답 ④

**고전 문학 > 고전 산문**

정답의 이유

④ 편집자적 논평은 고전 소설에서 흔히 찾을 수 있는 것으로, 서술자가 글이나, 말, 사건 등에 대해 직접 개입하여 자신의 사상이나 지식 등을 적당히 배합시켜 논하거나 비평하는 것을 말한다. ㉣에서 '그 형용은 세상 인물이 아니로다.'라는 것은 서술자가 직접 평가한 것이므로 편집자적 논평은 맞으나, 춘향이의 내면적 아름다움을 서술한 것은 아니다. ㉣ 앞에 제시된 내용으로 볼 때 그네를 타는 춘향이의 외면적 아름다움에 대한 논평으로 보는 것이 맞다.

오답의 이유

① 설의적 표현이란 누구나 쉽게 판단할 수 있는 사실에 대해 의문문의 형식으로 표현하여 필자가 의도하는 생각을 강조하는 표현이다. ㉠에서는 '-ㄹ쏘냐'와 같이 설의적 표현을 사용하여 춘향이도 천중절을 당연히 알 것이라는 점을 강조하고 있다.
② ㉡에서는 '황금 같은 꾀꼬리'와 같이 비유법(직유법)을 사용하였으며, '꾀꼬리는 쌍쌍이 날아든다.'라고 하여 음양이 조화를 이루고, '녹음방초 우거져 금잔디 좌르르 깔린'을 통해 아름다운 봄날의 풍경을 서술하였다.
③ 음성상징어란 소리와 의미의 관계가 필연적인 것으로 여겨지는 단어로, 의성어와 의태어를 아우르는 말이다. ㉢에서는 '펄펄', '흔들흔들'과 같은 의태어(음성상징어)를 사용하여 춘향의 그네 타는 모습을 시각적으로 서술하고 있다.

## 06 난도 ★☆☆  정답 ③

비문학 > 화법

**정답의 이유**

③ B는 고객이 제안서의 사업적 효과에 '요즘 같은 코로나 시기에는 이전과 동일한 사업적 효과가 있을지 궁금하다'라고 의문을 제기한 내용을 근거로 제안서에 대한 고객의 답변을 '완곡하게 거절하는 의사 표현'이라고 판단하였다.

**오답의 이유**

① 고객의 '검토하고 연락을 드리겠습니다.'라는 답변을 A는 제안서 승낙이라고 이해했으나 B는 완곡하게 거절하는 의사 표현으로 이해하였다.
② '동일한 사업적 효과가 있을지 궁금하다'라는 표현을 B는 제안한 사업에 대한 부정적 평가라고 판단하였으며, A는 궁금함을 표현한 것뿐이라고 판단하였다.
④ A는 '표정도 좋고 박수도 쳤는데 말이죠. 목소리도 부드러웠고요.'와 같이 표정, 몸짓, 목소리 톤과 같은 비언어적 표현을 바탕으로 하여 고객의 답변을 제안서에 대한 승낙으로 판단하였다.

## 07 난도 ★★☆  정답 ③

현대 문학 > 현대 소설

**정답의 이유**

③ '내가 그를 아버지라고 부르기 어려운 것은 거의 그런 말을 발음해 본 적이 없는 습관의 탓이 크다.'라고 하였으므로 무슈 리를 아버지라 부르기 어려운 것은 현규와 관계가 없다.

**오답의 이유**

① '나는 또 물론 그도 나와 마찬가지로 같은 일을 생각하고 있기를 바란다.'라고 하였으므로 '나'는 현규도 나와 같은 감정을 갖고 있기를 기대하고 있다는 것을 추측할 수 있다.
② '무슈 리와 엄마는 재혼한 부부다.', '그러나 나는 그의 혈족은 아니다. 무슈 리의 아들인 현규와도 마찬가지다. 그와 나는 그런 의미에서는 순전한 타인이다.'라고 하였으므로 '나'와 현규가 혈연적으로 아무 관계도 없는 타인이며 법률상의 '오누이'일 뿐이라는 것을 알 수 있다.
④ "우리를 비끄러매는 형식이 결코 '오누이'라는 것이어서는 안 될 것을 알고 있다."와 '아아, 나는 행복해질 수는 없는 걸까? 행복이란, 사람이 그것을 위하여 태어나는 그 일을 말함이 아닌가?'라고 하였으므로 '나'는 사회적 인습이나 도덕률보다 현규에 대한 '나'의 감정에 더 충실해지고 싶어 한다는 것을 알 수 있다.

**작품 해설**

강신재, 「젊은 느티나무」

- 갈래: 단편 소설, 성장 소설
- 성격: 서정적, 낭만적
- 주제: 현실의 굴레를 극복한 남녀의 순수한 사랑
- 특징
  - 감각적 이미지를 사용함
  - '나'의 내적인 독백 형식으로 서술함

## 08 난도 ★★☆  정답 ③

비문학 > 사실적 읽기

**정답의 이유**

③ 글쓴이의 견해는 수동적이거나 공격적인 반응이 아닌, 정중하고 단호한 태도를 보이라는 것이다. 이에 가장 부합하는 대응은 ③이다. '안 피우시면 좋겠어요.'라며 자신의 주장을 직접적이고 단호하게 말하면서 '연기가 해롭다'고 명쾌한 근거를 내세우고 있다. 동시에 '피우고 싶으시면 차를 세워 드리겠다.'라며 흡연할 수 있는 권리를 침해하지 않고 상대방을 배려하고 있다.

**오답의 이유**

① 담배 연기를 싫어하면서도 '괜찮아요.'라고 말하는 것은 자신의 권리를 존중하고 지키는 단호한 태도가 아니다.
② '좀 참아 보시겠어요.'는 담배를 피고 싶어하는 다른 사람의 권리를 침해하는 것이므로 상대방을 배려하는 태도를 보여주는 단호한 반응이라고 할 수 없다.
④ '생각해 보시고서 좋을 대로 결정하세요.'라는 표현은 상대를 배려하는 정중한 표현이지만, '피워도 그렇고 안 피워도 좀 그러네요.'라는 대응은 담배 연기를 싫어하는 자신의 견해를 단호하게 드러내는 것이 아니다.

## 09 난도 ★★☆  정답 ①

어휘 > 한자성어

**정답의 이유**

① (가) 바로 뒤에 나오는 '손주 때문에 눈물로 세월을 보내더니, 이 자는 성환이도 대학생이 되었으니 할매가 원풀이 한풀이를 다 했을 긴데'를 보면 할매가 손주인 성환을 걱정하며 눈물로 세월을 보냈다고 했으므로 '자나 깨나 잊지 못함'을 뜻하는 오매불망(寤寐不忘)이 적절하다.

- 寤寐不忘: 깰 오, 잠잘 매, 아닐 불, 잊을 망

**오답의 이유**

② 망운지정(望雲之情): 자식이 객지에서 고향에 계신 어버이를 생각하는 마음
  - 望雲之情: 바랄 망, 구름 운, 갈 지, 뜻 정
③ 염화미소(拈華微笑): 말로 통하지 아니하고 마음에서 마음으로 전하는 일
  - 拈華微笑: 집을 염, 빛날 화, 작을 미, 웃음 소
④ 백아절현(伯牙絶絃): 자기를 알아주는 참다운 벗의 죽음을 슬퍼함
  - 伯牙絶絃: 맏 백, 어금니 아, 끊을 절, 악기 줄 현

**작품 해설**

박경리, 「토지」

- 갈래: 장편 소설, 가족사 소설
- 성격: 사실적, 역사적
- 주제: 우리 민족의 애환과 강인함
- 특징
  - 민중의 모습을 사실적으로 보여줌
  - 가족 이야기를 근간으로 함
  - 방언을 사용하여 현실감을 부여함

## 10 난도 ★★★  정답 ④

**통합 > 고전 운문 · 현대 시**

**정답의 이유**

④ (가)는 '오백년/도읍지를/필마로/돌아드니'와 같이 3·4조, 4음보의 정해진 율격과 음보를 바탕으로 시상을 전개하고 있다. 반면 (나)는 산문시로, 율격과 음보에 구애받지 않고 시상을 전개하고 있다.

**오답의 이유**

① (가)에서는 영원히 변함없는 자연물인 '산천'과 멸망한 고려의 인간사를 뜻하는 '인걸'을 대비하여, 패망한 고려에 대한 슬픔과 인생의 무상함을 드러내고 있다.

② (나)에서는 '큰 나라 섬기다 거미줄 친 옥좌(玉座) 위엔 여의주(如意珠) 희롱하는 쌍룡(雙龍) 대신에 두 마리 봉황(鳳凰)새를 틀어 올렸다.'라고 하여 중국 황제의 휘장인 '쌍룡'과 조선 왕의 휘장인 '봉황'을 대비하고 거미줄 친 옥좌를 통해 이제 몰락해버린 조선 왕조를 회상하며 사대주의에 물든 역사를 비판하는 시각을 드러내고 있다.

③ 선경후정(先景後情)은 시에서 앞부분에 자연경관이나 사물에 대한 묘사를 먼저하고 뒷부분에 자기의 감정이나 정서를 그려내는 구성을 말한다. (가)의 경우, 먼저 고려의 옛 도읍지의 모습을 제시한 후 고국의 멸망을 안타까워하는 화자의 심정을 드러내고 있으며, (나)의 경우, 먼저 퇴락하고 황폐해진 궁궐의 모습을 보여준 뒤 망국에 대한 화자의 슬픔과 극복 의지를 드러내고 있어 모두 선경후정의 기법을 사용하고 있음을 알 수 있다.

**작품 해설**

**(가) 길재, 「오백년 도읍지를 ~」**

- 갈래: 평시조
- 성격: 회고적, 애상적, 감상적
- 주제: 망국의 한(恨)과 인생무상(人生無常)
- 특징
  - 자연과 인간이 대조를 이룸
  - 조선이 건국되었을 때, 고려 유신인 길재가 옛 도읍지 개성을 돌아보고 옛 왕조에 대한 회고의 정을 노래함
  - 대조법, 영탄법 등의 표현 방법이 사용됨

**(나) 조지훈, 「봉황수」**

- 갈래: 산문시, 서정시
- 성격: 회고적, 민족적
- 주제: 망국의 비애
- 특징
  - 고전적 소재를 이용하여 역사적 현실에 대한 비판 의식을 드러냄
  - 선경후정의 방법으로 시상을 전개함
  - 감정 이입의 수법을 통해 화자의 정서를 드러냄

## 11 난도 ★☆☆  정답 ④

**비문학 > 사실적 읽기**

**정답의 이유**

④ 1문단에 따르면 미국의 아이들은 '스스로 독립적인 행동을 하도록 교육받는다.'라고 하였고, 2문단에 따르면 일본의 아이들은 '자신의 생각을 드러내기보다는 행동에 영향을 받는 다른 사람들의 감정을 미리 예측하도록 교육받는다.'라고 하였으므로 글의 내용과 부합한다.

**오답의 이유**

① 1문단의 '자신의 생각을 분명하게 표현하고 말하는 사람의 입장에서 대화에 임해야'를 통해 미국의 어머니는 말하는 사람의 입장을 강조한다는 것을 알 수 있으며, 2문단의 '일본에서는 아이들에게 듣는 사람의 입장에서 말할 것을 강조한다.'라는 내용을 통해 일본의 어머니는 듣는 사람의 입장에서 말할 것을 강조한다는 것을 알 수 있다.

② 1문단에서 미국의 어머니는 '특정 사물에 초점을 맞추고 그 사물의 속성을 아이들에게 가르친다.'라고 하였고, 2문단에서 일본의 어머니는 아이들에게 '다른 사람과의 관계에 초점을 맞춘 훈련'을 한다고 하였다. 따라서 사물의 속성에 초점을 맞추는 것은 미국 어머니의 교육법이다.

③ 미국 어머니가 이면에 있는 감정을 읽어야 한다고 생각하는 것은 지문의 내용과는 거리가 멀다. 오히려 행동 이면에 있는 다른 사람들의 감정을 예측하는 것은 일본 어머니의 교육법에 가깝다.

## 12 난도 ★★☆  정답 ②

**비문학 > 추론적 읽기**

**정답의 이유**

② 1문단에서 '인공지능(AI)이 사람보다 똑똑해질 수 있을지도 모른다.'라고 하며 인공지능의 발전 가능성에 대하여 이야기하였고, 2문단에서는 '인공지능(AI)이 사람을 게으르게 만들 수도 있지 않을까?'라는 질문을 던졌다. 3문단에서는 인공지능(AI)으로 인해 인간의 두뇌가 게을러진 사례로 GPS를 제시하며, 4문단에서는 이런 삶을 편하게 해주는 도구들이 인간의 두뇌를 나태하게 만들고 기억력과 창조력, 상상력을 퇴보시켰다고 주장하였다. 따라서 결론으로 가장 적절한 것은 '인공지능(AI)으로 인해 인간의 두뇌가 게을러지는 부작용이 발생하게 될 것이다.'이다.

**오답의 이유**

① 4문단을 보면 '이와 같이 기계에 의존해서 인간이 살아가는 사례는 오늘날 우리의 두뇌가 게을러진 것을 보여 주는 여러 사례 가운데 하나일 뿐이다.'라고 하며, 인간의 기계에 대한 종속성을 문제 삼고 있다. 따라서 인공지능에 대한 독립성이 지속적으로 증가하게 될 것이라는 내용은 잘못된 것이다.

③ 1문단에서 '인공지능(AI)이 사람보다 똑똑해질 수 있을지도 모른다.'라고 하였으나, 이는 1문단만의 부분적인 내용이고 글 전체를 아우르는 결론으로 볼 수는 없다.

④ 4문단에서 기계에 의존하는 삶이 '뇌의 가장 뛰어난 영역인 상상력을 활용하지 않도록 만드는 것'이라는 내용은 있으나, 인공지능이 궁극적으로 상상력을 가지게 될 것이라는 내용은 확인할 수 없으므로, 결론으로 적절하지 않다.

## 13 난도 ★★☆ 정답 ②

비문학 > 사실적 읽기

정답의 이유

② 1문단에서 '유럽연합에서의 공용어 개념도 ~ 열 개가 넘는 공용어를 다 배워야 하는 것은 아니다.'라고 하며 여러 공용어 중 하나만 알아도 공식 업무상 불편이 없게끔 한다고 하였다. 따라서 유럽연합이 복수의 공용어를 지정하여 공무상 편의를 도모하였다고 이해한 것은 적절하다.

오답의 이유

① 1문단에 따르면, '그곳에 근무하는 모든 외교관들이 이 공용어들을 전부 다 잘해야 하는 것은 아니다.'라고 하였으므로 유엔에서 근무하는 외교관들은 유엔의 공용어를 다 구사하지 않으면 안 된다는 이해는 적절하지 않다.

③ 2문단에 따르면, '우리가 만일 한국어와 영어를 공용어로 지정한다면 이는 한국에서는 한국어와 영어 중 어느 하나를 알기만 하면 공식 업무상 불편이 없게끔 국가에서 보장한다는 것이지 모든 한국인들이 영어를 할 줄 알아야 된다는 뜻은 아니다.'라고 하였으므로 한국에서 영어를 공용어로 지정하면 한국인들은 영어를 다 잘할 수 있을 것이라는 이해는 적절하지 않다.

④ 2문단에서는 '우리가 만일 한국어와 영어를 공용어로 지정한다면'이라며 가상의 상황을 가정하였을 뿐, 실제로 머지않아 영어가 공용어로 지정될 것이라는 내용은 확인할 수 없다.

## 14 난도 ★★☆ 정답 ③

비문학 > 사실적 읽기

정답의 이유

③ 1문단에서 '자신의 삶과 환경을 잘 통제하지도 못하면서 무력감에 시달리는 사람일수록 공격적인 발설로 자기 효능감을 느끼려 한다.'라고 하였으나, 자신의 삶을 잘 통제하는 악플러일수록 타인을 더욱 엄격한 잣대로 비판한다는 내용은 드러나지 않았다.

오답의 이유

① 1문단의 '자신이 올린 글 한 줄에 다른 사람들이 동요하는 모습을 보면서 자기 효능감을 맛볼 수 있다.'를 통해 확인할 수 있다.

② 2문단의 '마구 욕을 퍼부었는데 상대방이 별로 개의치 않는다면 계속할 마음이 사라질 것이다. 무시당했다는 생각에 오히려 자괴감에 빠질 수도 있다.'와 '개인주의가 안착된 사회에서는 자신을 향한 비판에 대해 그건 너의 생각이라면서 넘겨버리는 사람이 많다.'를 통해 개인주의자는 악플에 무반응함으로써 악플러를 자괴감에 빠지게 할 수 있음을 확인할 수 있다.

④ 3문단의 '한국에서는 ~ 개인주의가 뿌리내리지 못했다. 남에 대해 신경을 너무 곤두세운다. 그것은 두 가지 차원으로 나뉘는데, ~ 이 두 가지 특성이 인터넷 공간에서 맞물려 악플을 양산한다.'를 통해 한국에서 악플이 양산되는 것은 한국인들이 타인에 대해 신경을 많이 쓰는 것과 관계가 있음을 알 수 있다.

## 15 난도 ★☆☆ 정답 ①

현대 문학 > 현대 수필

정답의 이유

① ㉠의 '구형'은 '검푸른 구형의 과일'이라는 표현을 보았을 때 수박의 겉모양을 가리킨다. 반면 ㉡ '빨강', ㉢ '새까만 씨앗들이 별처럼 박힌 선홍색의 바다', ㉣ '한바탕의 완연한 아름다움의 세계'는 수박을 반으로 가른 후 나타나는 수박의 속을 가리킨다.

오답의 이유

② 수박이 두 쪽으로 벌어지는 순간 초록은 빨강으로 바뀐다고 하였으므로 ㉡ '빨강'은 수박의 속을 말한다는 것을 알 수 있다.

③ ㉢ '새까만 씨앗들이 별처럼 박힌 선홍색의 바다'는 까만 씨앗이 박힌 수박의 붉은 속을 묘사한 것이다.

④ ㉣ '한바탕의 완연한 아름다움의 세계'는 칼이 지나간 자리에서 나타났으며, 먹히기를 기다리고 있다고 하였으므로 수박의 속을 가리킨다.

**더 알아보기**

**수필의 종류**

- 경수필
  - 일정한 형식에서 벗어나 작가 개인의 취향이나 체험, 느낌 등을 자유롭게 표현한 수필
  - 중수필에 비해 문장과 내용이 가벼움
  - 정서적 · 주관적 · 자기 고백적 · 신변잡기적(身邊雜記的) 성격
- 중수필
  - 어떠한 현상에 논리적으로 접근하여 객관적으로 서술한 수필
  - 경수필에 비해 내용이 무겁고, 논증과 설명이 주를 이룸
  - 비평적 성격

## 16 난도 ★★☆ 정답 ①

비문학 > 추론적 읽기

정답의 이유

(가) 앞부분에는 양반 중의 양반인 '정철, 윤선도, 이황'이 우리말로 시조나 가사를 썼다고 하였고, 뒷부분에는 '이것을 보면 양반들도 한글 쓰는 것을 즐겨 했다는 것을 부정할 수 없다.'라고 하였다. 따라서 두 내용을 연결하는 전환의 접속어 '그런데'가 와야 한다.

(나) 앞부분에는 '양반들도 한글 쓰는 것을 즐겨 했다.'라는 내용이 오고, 뒷부분에는 '허균이나 김만중은 한글로 소설까지 쓰지 않았던가.'라고 하며 앞 내용을 보강하는 내용이 나온다. 따라서 첨가 · 보충의 접속어인 '게다가'나 '더구나'가 오는 것이 적절하다.

(다) 앞부분에서는 '허균이나 김만중은 한글로 소설까지 썼다.'라고 하였고, 뒷부분에서는 앞 내용과 반전되는 '이들이 특별한 취향을 가진 소수의 양반이었다면 이야기가 달라진다.'라는 내용이 나온다. 따라서 역접의 접속어인 '그렇지만'이나 '하지만'이 나와야 한다.

(라) 앞부분을 보면 '대다수 양반들은 한문을 썼기 때문에 한글을 모를 수도 있기 때문이다.'라고 하였으나, 뒷부분에는 '양반 대부분이 한글을 이해하지 못하는 상황이었다면 정철도 이황도 윤선도도 한글로는 작품을 쓰지 않았을 것'이라 하여 앞 내용과는 반대의 내용이 나온다. 따라서 (라)에는 역접의 접속어인 '그러나' 혹은 '하지만'이 들어가야 한다.

**더 알아보기**

**접속 부사의 종류**

| | |
|---|---|
| 그러나 | 앞의 내용과 뒤의 내용이 상반될 때 쓰는 접속 부사<br>예 아내는 조용히 그러나 단호하게 말했다. |
| 그리고 | 단어, 구, 절, 문장 따위를 병렬적으로 연결할 때 쓰는 접속 부사<br>예 초등학교, 중학교, 고등학교 그리고 대학교 |
| 그런데 | 화제를 앞의 내용과 관련시키면서 다른 방향으로 이끌어 나갈 때 쓰는 접속 부사<br>예 아 그렇군요. 그런데 왜 그때는 말씀을 안 하셨습니까?<br>앞의 내용과 상반되는 내용을 이끌 때 쓰는 접속 부사<br>예 동생은 벌써 숙제를 하고 나갔어요. 그런데 저는 아직 숙제를 못했어요. |
| 그래서 | 앞의 내용이 뒤의 내용의 원인이나 근거, 조건 따위가 될 때 쓰는 접속 부사<br>예 어제는 많이 아팠어요. 그래서 결석했어요. |
| 그러므로 | 앞의 내용이 뒤의 내용의 이유나 원인, 근거가 될 때 쓰는 접속 부사<br>예 나는 생각한다. 그러므로 존재한다. |
| 따라서 | 앞에서 말한 일이 뒤에서 말할 일의 원인, 이유, 근거가 됨을 나타내는 접속 부사<br>예 원윳값이 많이 올랐다. 따라서 국내 기름값도 조만간 오를 것이다. |
| 하지만 | 서로 일치하지 아니하거나 상반되는 사실을 이어 줄 때 쓰는 두 문장을 이어 줄 때 쓰는 접속 부사<br>예 아버지가 무엇을 원하는지 명백했다. 하지만 나는 얼른 대답하지 못했다. |

## 17 난도 ★★☆ 정답 ④

**문법 > 통사론**

**정답의 이유**

④ '수납(收納)'은 '돈이나 물품 따위를 받아 거두어들임'을 의미하는 말로, 기관에서 고객에게 돈을 받을 때 쓰이는 단어이다. (라)와 같이 내가 공과금을 기관에 내는 경우에는 '세금이나 공과금 따위를 관계 기관에 냄'을 의미하는 말인 '납부(納付)'를 쓰는 것이 적절하다.

**오답의 이유**

① '현재'라는 문장 전체를 수식하는 부사가 있으므로 과거 시제 선어말 어미 '-었-'이 결합한 서술어 '있었다'와 시제 호응이 맞지 않는다. 따라서 '있다'로 고쳐 쓰는 것은 적절하다.

② '지양(止揚)'은 '더 높은 단계로 오르기 위하여 어떠한 것을 하지 아니함'을 의미한다. 그러나 제시된 문장에서는 '실현하기 위한 추진 방안'에 대해 논의하므로 '어떤 목표로 뜻이 쏠리어 향함'을 뜻하는 '지향(志向)'으로 고쳐 쓰는 것은 적절하다.

③ 준비 기간이 짧았던 원인이 '지난달 수해' 때문이므로, 까닭이나 근거 따위를 나타내는 연결 어미 '-여'를 사용하여 '지난달 수해로 인하여'로 고쳐 쓰는 것은 적절하다.

## 18 난도 ★★☆ 정답 ③

**현대 문학 > 희곡**

**정답의 이유**

③ 서연의 '자네가 본뜨려는 부처님 형상은 누가 언제 그렸는지 몰라도 흔히 있는 것을 베껴 놓은 걸세. 그런데 자네는 그 형상을 또다시 베껴 만들 작정이군.'이라는 말과 동연의 '공부를 하게, 괜히 의심 말고!', '자네처럼 게으른 자들은 공부는 안 하고, 아무 의미 없이 의심만 하지!'라는 말을 보면 동연은 부처의 형상을 연구하는 인물이므로 동연이 부처님 형상을 독창적으로 제작하는 인물이 아님을 알 수 있다.

**오답의 이유**

①·④ 동연은 불상의 완벽한 형태 속에 부처의 마음이 있다고 믿으며 서연은 부처의 마음을 깨달아야 진정한 불상을 만들 수 있다고 믿는다. 따라서 불상 제작에 대한 동연과 서연의 입장은 다르다. 또한 완벽한 형태 속에 부처의 마음이 있다고 믿는 형식론자인 동연과 부처의 마음을 깨달아야 진정한 불상을 만들 수 있다는 내용론자인 서연의 대화는 예술에 있어서 형식과 내용의 논쟁을 연상시킨다.

② 서연은 '자네가 본뜨려는 부처님 형상은 누가 언제 그렸는지 몰라도 흔히 있는 것을 베껴 놓은 걸세.', '그런 형상이 진짜 부처님은 아닐세.'라고 얘기하며 전해지는 부처님 형상을 의심하고 있다.

> **작품 해설**
>
> 이강백, 「느낌, 극락 같은」
> - 갈래: 희곡
> - 성격: 비현실적, 환상적
> - 주제: 예술의 본질적 가치에 대한 깨달음
> - 특징
>   - 역순행적 구성
>   - 불상을 제작하는 과정에서 드러나는 인물 사이의 갈등을 통해 주제를 드러냄

## 19 난도 ★★☆  정답 ④

비문학 > 추론적 읽기

**정답의 이유**

④ 온돌을 통한 전통적인 난방 방식은 '방바닥에 깔려 있는 돌이 열기로 인해 뜨거워지고, 뜨거워진 돌의 열기로 방바닥이 뜨거워지면 방 전체에 복사열이 전달되는 방법'이다. 반면 벽난로를 통한 서양식 난방 방식은 '복사열을 이용하여 상체와 위쪽 공기를 데우는 방식'이다. (가)에 들어갈 말은 벽난로를 통한 서양식 난방 방식에서 바닥 바로 위 공기까지 따뜻해지지 않는 이유이므로 상체와 위쪽의 따뜻한 공기는 대류 현상으로 차가운 바닥까지 내려오지 않는다는 내용이 들어가는 것이 가장 적절하다.

**오답의 이유**

① 벽난로를 통한 난방 방식은 복사열을 이용해 상체와 위쪽 공기를 데우는 방식이며, 대류 현상으로 바닥 바로 위 공기까지는 따뜻해지지 않으므로 방바닥의 따뜻한 공기가 위로 올라간다는 것은 틀린 내용이다.

② 벽난로에 의한 난방은 복사열을 이용하여 상체와 위쪽 공기만 데우는 방식이므로 바닥쪽 공기가 열을 받아 따뜻하게 데워져서 위로 올라가고, 차가워지면 다시 바닥으로 내려와 데워지는 대류 현상은 일어나지 않는다.

③ 찬 공기와 따뜻한 공기가 순환하는 대류 현상을 이용한 난방 방식은 방 전체가 따뜻해지므로 상체와 위쪽의 공기만 따뜻하게 한다는 것은 틀린 내용이다.

## 20 난도 ★★★  정답 ④

비문학 > 추론적 읽기

**정답의 이유**

④ 4문단에서는 '시간이 흐를수록 품질이 개선되는 것은 일부 고급 적포도주를 병에 담아 코르크 마개를 끼워 보관한 경우에 한정된 이야기'라고 하였으며, '고급 백포도주'에 대한 언급은 없다. 따라서 고급 백포도주에 코르크 마개를 끼워도 보관 기간에 비례하여 품질이 개선되지 않을 것이라는 점을 추론할 수 있다.

**오답의 이유**

① 3문단에 따르면, '너무 더운 지역에서는 섬세한 맛이 부족해서 흐물거리는 포도주가 생산되나 이를 잘 활용하면 포르토나 셰리처럼 도수를 높인 고급 포도주를 만들 수도 있다.'라고 하였으며, 또 '달콤한 백포도주의 경우는 샤토 디켐처럼 뜨거운 여름 날씨가 지속하는 곳에서 명품이 만들어진다.'라고 하였다. 따라서 고급 포도주는 모두 너무 덥지도 춥지도 않은 곳에서 재배된 포도로 만들어졌다는 내용은 적절하지 않다.

② 2문단에서는 '자연 상태에서는 포도가 자라는 북방 한계가 이탈리아 정도에서 멈춰야 했으나, 중세 유럽에서 수도원마다 온갖 노력을 기울인 결과 포도 재배가 가능한 북방한계선이 상당히 북쪽까지 올라갔다.'라고 하였으며, '대체로 대서양의 루아르강 하구로부터 크림반도와 조지아를 잇는 선'이 북방한계선이라고 하였다. 따라서 북방한계선인 '루아르강 하구로부터 크림반도와 조지아를 잇는 선'은 이탈리아보다 북쪽에 있을 것이므로 '이탈리아보다 남쪽에 있을 것'이라고 한 내용은 적절하지 않다.

③ 1문단을 보면 유럽에서 '일상적으로 마시는 식사용 포도주로는 저렴한 포도주가 쓰이며, 술이 약한 사람은 여기(저렴한 포도주)에 물을 섞어 마시기도 한다.'라고 하였으므로 식사용 포도주는 저렴한 포도주에 물을 섞어 마시는 것이지 고급 포도주에 물을 섞어 마시는 것은 아니다.

# 국어 | 2020년 지방직 9급

## 한눈에 훑어보기

### ✓ 영역 분석

**어휘** 04 08 10
3문항, 15%

**문법** 01 07 15
3문항, 15%

**고전 문학** 12 14 20
3문항, 15%

**현대 문학** 05 16
2문항, 10%

**비문학** 02 03 06 09 11 13 17 18 19
9문항, 45%

### ✓ 빠른 정답

| 01 | 02 | 03 | 04 | 05 | 06 | 07 | 08 | 09 | 10 |
|---|---|---|---|---|---|---|---|---|---|
| ④ | ② | ① | ① | ③ | ③ | ① | ② | ④ | ③ |
| 11 | 12 | 13 | 14 | 15 | 16 | 17 | 18 | 19 | 20 |
| ① | ④ | ② | ③ | ③ | ② | ③ | ① | ④ | ③ |

### ✓ 점수 체크

| 구분 | 1회독 | 2회독 | 3회독 |
|---|---|---|---|
| 맞힌 문항 수 | / 20 | / 20 | / 20 |
| 나의 점수 | 점 | 점 | 점 |

---

## 01 난도 ★☆☆  정답 ④

문법 > 의미론

**정답의 이유**

④ 의미의 중복 사례에 해당하지 않는다. 참고로 '바를 뿐더러'는 '-ㄹ뿐더러'가 하나의 어미이므로 '바를뿐더러'로 붙여 써야 한다.
  • -ㄹ뿐더러: 어떤 일이 그것만으로 그치지 않고 나아가 다른 일이 더 있음을 나타내는 연결 어미
  • 무척: 다른 것과 견줄 수 없이

**오답의 이유**

① '부터'와 '먼저' 모두 '시작' 또는 '순서상 앞섬'의 의미를 가지고 있으므로 의미의 중복에 해당한다.
  • 부터: 어떤 일이나 상태 따위에 관련된 범위의 시작임을 나타내는 보조사
  • 먼저: 시간적으로나 순서상으로 앞서서
② '오로지'와 '만' 모두 '한정'의 의미를 가지고 있으므로 의미의 중복에 해당한다.
  • 오로지: 오직 한 곳으로
  • 만: 다른 것으로부터 제한하여 어느 것을 한정함을 나타내는 보조사
③ '마다'와 '각각' 모두 '하나하나'의 혹은 '낱낱'의 의미를 가지고 있으므로 의미의 중복에 해당한다.
  • 마다: '낱낱이 모두'의 뜻을 나타내는 보조사
  • 각각: 사람이나 물건의 하나하나마다

## 02 난도 ★☆☆  정답 ②

비문학 > 화법

**정답의 이유**

② '이 부장'은 늦어서 죄송하다는 김 대리에게 괜찮다고 말하며, 상대방에게 부담이 되는 표현을 최소화하고 있다. 이는 공손성의 원리 중 '요령의 격률'에 해당한다. '요령의 격률'은 상대방에게 부담이 되는 표현은 최소화하고, 상대방에게 이익이 되는 표현은 최대화하는 것이다.

**오답의 이유**

① 자신과 상대방의 의견 차이를 최소화하는 것은 공손성의 원리 중 '동의의 격률'에 해당한다.
③ 화자 자신에게 혜택을 주는 표현을 최소화하는 것은 공손성의 원리 중 '관용의 격률'에 해당한다.
④ 상대방에 대한 비방을 최소화하고 칭찬을 최대화하는 것은 공손성의 원리 중 '칭찬의 격률'에 해당한다.

## 03 난도 ★★☆　　　　　　　　　　　　　　　정답 ①

**비문학 > 작문**

[정답의 이유]

① '게임 업체의 고객 개인 정보 유출로 청소년들에게 성인 광고 문자가 대량으로 발송된 사건'은 '청소년의 인터넷 중독'에 대한 사례가 아닌 '개인 정보 유출로 인한 문제'의 사례에 해당한다.

[오답의 이유]

② '인터넷에 중독된 청소년의 비율 증가에 관한 통계 자료'는 '청소년 인터넷 중독의 현황'에 대한 근거로서 활용할 수 있으므로 글의 내용으로 포함하기에 적절하다.

③ '인터넷 중독이 야기할 수 있는 부정적 현상들을 열거'하는 것은 '청소년 인터넷 중독의 문제'에 대한 심각성을 환기하여 '청소년 인터넷 중독의 문제 해결에 대한 필요성'으로 논지를 전개할 수 있으므로 글의 내용으로 포함하기에 적절하다.

④ '청소년 대상 인터넷 중독 상담 프로그램에 대한 예산 부족'에 대해 전문가의 의견을 인용하는 것은 '청소년 인터넷 중독의 적극적인 문제 해결에 대한 필요성'으로 논지를 전개할 수 있으므로 글의 내용으로 포함하기에 적절하다.

## 04 난도 ★★☆　　　　　　　　　　　　　　　정답 ①

**어휘 > 혼동 어휘**

[정답의 이유]

① 하노라고(○): '-노라고'는 동사 어간 뒤에 붙어 '자기 나름대로 꽤 노력했음을 나타내는 연결 어미'이다. 따라서 '하노라고'로 표기해야 한다.

[오답의 이유]

② 결재된다(×) → 결제된다(○): '결재(決裁)'는 '결정할 권한이 있는 상관이 부하가 제출한 안건을 검토하여 허가하거나 승인하다.'라는 의미이다. 제시된 문장에서는 '증권 또는 대금을 주고받아 매매 당사자 사이의 거래 관계가 끝나다.'라는 의미로 사용되었으므로 '결제(決濟)되다'로 표기해야 한다.

③ 겉잡아서(×) → 걷잡아서(○): '걷잡다'는 '한 방향으로 치우쳐 흘러가는 형세 따위를 붙들어 잡다. / 마음을 진정하거나 억제하다.'라는 의미이다. 제시된 문장에서는 '겉으로 보고 대강 짐작하여 헤아리다.'라는 의미로 사용되었으므로 '겉잡다'로 표기해야 한다.

④ 가름합니다(×) → 갈음합니다(○): '가름하다'는 '쪼개거나 나누어 따로따로 되게 하다. / 승부나 등수 따위를 정하다.'라는 의미이다. 제시된 문장에서는 '다른 것으로 바꾸어 대신하다.'라는 의미로 사용되었으므로 '갈음하다'로 표기해야 한다.

[더 알아보기]

**연결 어미 '-노라고'와 '-느라고'**

- -노라고: (동사 어간 뒤에 붙어) 자기 나름대로 꽤 노력했음을 나타내는 연결 어미
  예 하노라고 했는데 마음에 드실지 모르겠습니다.
  예 제 딴에는 열심히 쓰노라고 쓴 게 이 모양이다.

- -느라고: (동사 어간이나 어미 '-으시-' 뒤에 붙어) 앞 절의 사태가 뒤 절의 사태에 목적이나 원인이 됨을 나타내는 연결 어미
  예 영희는 웃음을 참느라고 딴 데를 보았다.
  예 철수는 어제 책을 읽느라고 밤을 새웠다.
  예 먼 길을 오느라고 힘들었겠다.

## 05 난도 ★★☆　　　　　　　　　　　　　　　정답 ③

**현대 문학 > 현대 시**

[정답의 이유]

③ '서로 짠 일도 아닌데 ~ 네 집이 돌아가며 길어 먹었지요.'와 '집안에 일이 있으면 그 순번이 자연스럽게 양보되기도 했었구요.'를 통해 이웃 간의 배려에 대한 표현을 찾아볼 수는 있다. 그러나 '미나리가 푸르고(시각적 이미지)', '잘도 썩어 구린내 훅 풍겼지요(후각적 이미지).'에서 감각적 이미지가 사용된 것은 확인할 수 있으나, 하나의 감각에서 다른 감각으로 전이되는 공감각적 이미지는 찾을 수 없다.

[오답의 이유]

① '네 집이 돌아가며 길어 먹었지요.'와 '집안에 일이 있으면 그 순번이 자연스럽게 양보되기도 했었구요.'를 통해 '샘'은 이웃 간의 정과 배려를 느끼게 하는 소재임을 알 수 있다. 따라서 '샘'을 매개로 공동체의 삶을 표현하였다는 설명은 적절하다.

② '길이었습니다', '있었지요', '먹었지요', '했었구요', '풍겼지요' 등의 과거 시제를 사용하고 있으며 이를 통해 과거를 회상하는 분위기를 표현하였다.

④ '-었시요', '-었구요' 등 구어체 표현으로 이웃 간의 정감 어린 분위기를 표현하였다.

[작품 해설]

**함민복, 「그 샘」**

- 갈래: 산문시, 서정시
- 성격: 향토적, 회상적
- 주제: 바람직한 공동체의 삶과 이웃 간의 배려와 정
- 특징
  - 과거 시제를 사용하여 회상적 분위기를 조성함
  - 구어체 종결 어미를 사용하여 정감 어린 분위기를 형성함
  - 시각적·후각적 심상과 같은 다양한 이미지를 사용함

## 06 난도 ★★☆  정답 ③

**비문학 > 사실적 읽기**

[정답의 이유]

③ 1문단의 '생명체들이 그들의 환경 개변(改變)에 능동적으로 행동한다는 중요한 사실을 놓치고 있다.'와 2문단의 '가장 고등한 동물인 인간도 다른 생명체와 마찬가지로 생존이나 적응을 넘어서 환경에 대해 적극성을 보인다.'를 통해 제시된 글의 주장은 '생명체는 환경을 능동적으로 변형한다.'임을 알 수 있다.

[오답의 이유]

① 2문단의 '인간도 다른 생명체와 마찬가지로 생존이나 적응을 넘어서 환경에 대해 적극성을 보인다.', '더 잘 살기 위해 환경에 순응할 수만은 없다.'를 통해 인간이 환경에 적응하는 것을 넘어 환경을 적극적으로 개조해 왔다는 것을 알 수 있다. 따라서 '인간은 환경에 적응해 왔다.'는 적절하지 않다.

② 2문단의 '인간도 다른 생명체와 마찬가지로 생존이나 적응을 넘어 환경에 대해 적극성을 보인다. 이는 인간의 세 가지 충동 — 사는 것, 잘 사는 것, 더 잘 사는 것 — 으로 인하여 가능하다.'라는 내용을 통해 인간이 생존을 넘어서 환경에 대해 적극성을 보이는 것은 '충동'이 있었기 때문임을 알 수 있다. 따라서 '삶의 기술은 생존을 위한 것이다.'는 적절하지 않다.

④ '인간의 세 가지 충동 — 사는 것, 잘 사는 것, 더 잘 사는 것 — 으로 인하여 가능하다.'는 내용을 통해 '인간은 잘 사는 것을 삶의 목표로 한다.'라는 내용은 옳다는 것을 알 수 있지만, 제시된 글에서 주장하는 '인간이 잘 살기 위해 환경에 순응하지 않고 능동적으로 행동한다.'는 내용이 포함되어 있지 않아 이를 가장 적절한 주장이라고 볼 수 없다.

## 07 난도 ★★★  정답 ①

**문법 > 형태론**

[정답의 이유]

① 머물었다(×) → 머물렀다(○): 표준어 사정 원칙 제16항에 따르면 '머무르다'와 준말인 '머물다' 모두 표준어로서 사용된다. 다만, '머무르다'의 경우 모음 어미가 연결될 때에는 준말의 활용형을 인정하지 않으므로(표준어 사정 원칙 제16항 비고) '머물었다'로 쓰는 것은 잘못된 표기이다. 또한 '머무르다'의 어간 '머무르-'에 모음 어미가 연결될 때에는 '르'가 'ㄹㄹ'로 바뀌는 '르' 불규칙 활용을 한다. 따라서 '머물렀다'가 올바른 표기이다.

[오답의 이유]

② 머무르면서(○): '머무르다'는 어간 '머무르-'에 두 가지 이상의 움직임이나 사태 따위가 동시에 겸하여 있음을 나타내는 연결 어미인 '-면서'를 결합한 형태이므로 '머무르면서'는 올바른 표기이다.

③ 서툰(○): '서투르다'와 준말인 '서툴다' 모두 표준어이며, '서툴다'에 관형사형 어미 '-ㄴ'이 결합한 형태이므로 '서툰'은 올바른 표기이다.

④ 서투르므로(○): '서투르다'의 어간 '서투르-'에 까닭이나 근거를 나타내는 연결 어미인 '-므로'를 결합한 형태이므로 '서투르므로'는 올바른 표기이다.

[더 알아보기]

**머무르다, 서두르다, 서투르다**

• 의미

| 구분 | 의미 | 활용 |
| --- | --- | --- |
| 머무르다 | • 도중에 멈추거나 일시적으로 어떤 곳에 묵다.<br>• 더 나아가지 못하고 일정한 수준이나 범위에 그치다. | 머물러, 머무르니 |
| 서두르다 | • 일을 빨리 해치우려고 급하게 바삐 움직이다.<br>• 어떤 일을 예정보다 빠르게 혹은 급하게 처리하려고 하다. | 서둘러, 서두르니 |
| 서투르다 | • 일 따위에 익숙하지 못하여 다루기에 설다.<br>• 전에 만난 적이 없어 어색하다. | 서툴러, 서투르니 |

• 표준어 사정 원칙 제16항
준말과 본말이 다 같이 널리 쓰이면서 준말의 효용이 뚜렷이 인정되는 것은, 두 가지를 다 표준어로 삼는다.

| 본말 | 준말 | 비고 |
| --- | --- | --- |
| 머무르다 | 머물다 | 모음 어미가 연결될 때에는 준말의 활용형을 인정하지 않음 |
| 서두르다 | 서둘다 | |
| 서투르다 | 서툴다 | |

→ 본말 '머무르다, 서두르다, 서투르다'와 준말 '머물다, 서둘다, 서툴다'의 비고란에 '모음 어미가 연결될 때에는 준말의 활용형을 인정하지 않음'이라고 단서를 붙였는데, 이는 준말의 활용형을 제한한 것이다. 따라서 '머물어, 서둘어서, 서툴었다'는 '머물러, 서둘러서, 서툴렀다'로 쓰는 것이 옳다.

## 08 난도 ★★☆  정답 ②

**어휘 > 한자성어**

[정답의 이유]

② '이번 신제품의 성공으로 A사는 B사에게 내주었던 업계 1위 자리를 탈환했다.'라는 부분을 통해 '땅을 말아 일으킬 것 같은 기세로 다시 온다는 뜻으로, 한 번 실패하였으나 힘을 회복하여 다시 쳐들어옴'을 이르는 말인 捲土重來(권토중래)가 A사의 상황을 가장 적절하게 표현하였다는 것을 알 수 있다.

• 捲土重來: 말 권, 흙 토, 무거울 중, 올 래

[오답의 이유]

① 兎死狗烹(토사구팽): 토끼가 죽으면 토끼를 잡던 사냥개도 필요 없게 되어 주인에게 삶아 먹힌다는 뜻으로, 필요할 때는 쓰고 필요 없을 때는 야박하게 버리는 경우를 이르는 말

• 兎死狗烹: 토끼 토, 죽을 사, 개 구, 삶을 팽

③ 手不釋卷(수불석권): 손에서 책을 놓지 아니하고 늘 글을 읽음

• 手不釋卷: 손 수, 아닐 불, 풀 석, 책 권

④ 我田引水(아전인수): 자기 논에 물 대기라는 뜻으로, 자기에게만 이롭게 되도록 생각하거나 행동함을 이르는 말

• 我田引水: 나 아, 밭 전, 끌 인, 물 수

### 더 알아보기

**'우정'과 관련된 한자성어**

| 肝膽相照<br>(간담상조) | 서로 속마음을 털어놓고 친하게 사귐 |
|---|---|
| 管鮑之交<br>(관포지교) | 관중과 포숙의 사귐이란 뜻으로, 우정이 아주 돈독한 친구 관계를 이르는 말 |
| 金蘭之交<br>(금란지교) | 쇠처럼 단단하고 난초 향기처럼 그윽한 사귐의 의리를 맺는다는 뜻으로, 친구 사이의 매우 두터운 정을 이르는 말 |
| 莫逆之間<br>(막역지간) | 서로 거스르지 않는 사이라는 뜻으로, 허물이 없는 아주 친한 사이를 이르는 말 |
| 伯牙絕絃<br>(백아절현) | 자기를 알아주는 참다운 벗의 죽음을 슬퍼함 |
| 水魚之交<br>(수어지교) | 물이 없으면 살 수 없는 물고기와 물의 관계라는 뜻으로, 아주 친밀하여 떨어질 수 없는 사이를 비유적으로 이르는 말 |
| 芝蘭之交<br>(지란지교) | 지초(芝草)와 난초(蘭草)의 교제라는 뜻으로, 벗 사이의 맑고도 고귀한 사귐을 이르는 말 |
| 竹馬故友<br>(죽마고우) | 대말을 타고 놀던 벗이라는 뜻으로, 어릴 때부터 같이 놀며 자란 벗 |
| 知音<br>(지음) | 마음이 서로 통하는 친한 벗을 비유적으로 이르는 말 |

## 09 난도 ★★☆ 정답 ④

**비문학 > 사실적 읽기**

**정답의 이유**

④ 제시된 글은 예술 작품의 특성상 원본 고유의 예술적 속성을 복제본에서는 느낄 수 없다고 생각하는 경향이 강한 사회적 통념에 대해 반박하고 있다. 빌 브란트의 사진 작품을 그 근거로 들어 '빌 브란트가 마음만 먹었다면, 런던에 전시한 인화본의 조도를 더 낮추는 방식으로 다른 곳에 전시한 것과 다른 예술적 속성을 갖게 할 수 있었을 것이다.'라고 주장한다. 따라서 '복제본도 원본과는 다른 별개의 예술적 특성을 담보할 수 있다.'를 글의 주장으로 보는 것이 가장 적절하다.

**오답의 이유**

① 제시된 글에서 복제본과 원본의 예술적 가치에 대해 언급한 부분은 없다.
② 1문단을 보면 예술 작품의 복제 기술이 좋아지고 있음에도 예술 작품의 특성상 원본 고유의 예술적 속성을 복제본에서는 느낄 수 없다고 생각하는 경향이 강하다고 하였으며, 2문단에서는 회화에 비해 원본인지 복제본인지 중요하지 않게 생각되는 사진 또한 작가가 재현적 특질을 선택하고 변형할 수 있는 방법이 다양하여 다른 예술적 속성을 갖게 할 수 있다고 하였으므로 복제 기술 덕분에 예술의 매체적 특성이 비슷해졌다는 내용은 적절하지 않다.
③ 2문단에서 '사진의 경우, 작가가 재현적 특질을 선택하고 변형할 수 있는 방법이 다양함을 의미한다.'라고 하였으므로 복제본의 재현적 특질을 변형하는 방법은 제한적이라고 한 내용은 적절하지 않다.

## 10 난도 ★★☆ 정답 ③

**어휘 > 한자어**

**정답의 이유**

③ '쓰레기를 버리다'에서 '버리다'는 '가지거나 지니고 있을 필요가 없는 물건을 내던지거나 쏟거나 하다.'라는 의미로 쓰였고, '投棄(투기)하다'는 '내던져 버리다'라는 의미를 지니므로 바꿔 쓸 수 있다.

**오답의 이유**

① '꿈을 버리다'에서 '버리다'는 '품었던 생각을 스스로 잊다.'라는 의미로 쓰였고, '遺棄(유기)하다'는 '내다 버리다.'라는 의미를 지니므로 바꿔 쓰기에 적절하지 않다.
② '반려견을 버리다'에서 '버리다'는 '가지거나 지니고 있을 필요가 없는 물건을 내던지거나 쏟거나 하다.'라는 의미로 쓰였고, '根絕(근절)되다'는 '다시 살아날 수 없도록 아주 뿌리째 없애 버리다.'라는 의미를 지니므로 바꿔 쓰기에 적절하지 않다.
④ '습관을 버리다'에서 '버리다'는 '못된 성격이나 버릇 따위를 떼어 없애다.'라는 의미로 쓰였고, '抛棄(포기)하다'는 '자기의 권리나 자격, 물건 따위를 내던져 버리다.'라는 의미를 지니므로 바꿔 쓰기에 적절하지 않다.

## 11 난도 ★★☆ 정답 ①

**비문학 > 작문**

**정답의 이유**

① '꼽혀지다'는 '꼽다'의 어간 '꼽-'에 피동 접미사 '-히-'와 통사적 피동 표현인 '-어지다'를 결합한 것으로 불필요한 이중 피동 표현인 것은 맞다. 그러나 '현재 리셋 증후군이 인터넷 중독의 한 유형으로 꼽혀지고 있다.'에서 문장의 주어는 '리셋 증후군'이므로, 서술어에는 피동 표현을 능동 표현으로 바꾼 '꼽고 있다'가 아니라 피동 표현을 사용하되 이중 피동을 해소한 '꼽히고 있다'로 수정하여야 한다. 따라서 '꼽혀지고'를 '꼽고'로 수정하는 것은 적절하지 않다.

**오답의 이유**

② ㉡은 '리셋 증후군'이라는 말이 언제부터 쓰이기 시작하였는지를 설명하고 있고, ㉡ 앞의 문장은 '리셋 증후군 환자들의 증상'에 대해 설명하고 있다. 따라서 ㉡을 첫 번째 문장 뒤로 옮겨 '리셋 증후군'이라는 말이 언제부터 쓰이기 시작하였는지를 설명한 뒤 '리셋 증후군 환자들의 증상'을 설명하는 것은 글의 흐름상 적절하다.
③ '막다른 골목'은 '더는 어떻게 할 수 없는 절박한 경우를 비유적으로 이르는 말'이고, '칼로 무를 자르듯'은 '깊은 고민 없이, 쉽게'를 의미한다. ㉢이 포함된 문장은 '마음에 들지 않는 사람이 있으면 '깊은 고민 없이, 쉽게' 관계를 끊는다는 의미이므로 '막다른 골목'을 '칼로 무를 자르듯'으로 수정하는 것은 적절하다.
④ '이와 같이'는 앞에서 설명한 내용을 다시 한 번 정리할 때 사용하고, '그러므로'는 앞에서 설명한 내용이 뒤에서 설명할 내용의 원인이나 근거가 될 때 사용한다. ㉣ 앞 문장은 '리셋 증후군의 판별과 진단의 어려움'에 대해 설명하고 있고, ㉣ 뒤 문장은 '리

셋 증후군을 예방하기 위한 방법'에 대해 설명하고 있다. 따라서 '이와 같이'를 원인과 근거의 관계를 나타내는 '그러므로'로 수정하는 것은 적절하다.

> **더 알아보기**
> 
> **잘못된 이중 피동 표현**
> - 피동 접사 '-이-, -하-, -리-, -가-' + 통사적 피동 표현 '-어지다'
>   예 이 소설책은 잘 읽혀지지(읽-+-히-+-어지지) 않는다. (×)
>     → 이 소설책은 잘 읽히지 않는다. (○)
> - '되어지다', '-지게 되다'
>   예 그가 성공할 것이라고 생각되어진다. (×)
>     → 그가 성공할 것이라고 생각된다. (○)
>   예 가기 싫어도 학원에 가지게 된다. (×)
>     → 가기 싫어도 학원에 가게 된다. (○)

## 12 난도 ★★★   정답 ④

**고전 문학 > 고전 산문**

**정답의 이유**

④ 성이 '楮(닥나무 저)'라는 것은 종이의 원료인 닥나무를 설명한 것이며, 이름이 '白(흰 백)', 자가 '無玷(없을 무, 이지러질 점)'이라는 것은 하얗고 깨끗한 종이의 특성을 설명한 것이다. '회계'는 종이가 최초로 생산된 곳을 말하며, '채륜의 후손'이라는 것은 종이를 발명한 채륜에게서 비롯되었음을 말한다. 또한 붓을 의인화한 '毛學士(털 모, 배울 학, 선비 사)'가 '그 얼굴에 점을 찍어 더럽혀도 씻지 않았다.'라고 한 데서도 종이라는 것을 유추할 수 있다.

> **작품 해설**
> 
> **이첨, 「저생전」**
> - 갈래: 가전체
> - 성격: 풍자적, 우의적, 교훈적
> - 주제: 선비로서의 올바른 삶을 권유함
> - 특징
>   - 종이를 의인화해서 지은 가전체 작품
>   - 작가의 자전적인 삶의 내용이 반영되어 있음
>   - 구체적인 예를 들어 인물의 행적과 인물을 평가함

## 13 난도 ★★☆   정답 ②

**비문학 > 작문**

**정답의 이유**

② '그 의미를 새삼 돌아보게 됩니다.'라는 표현은 보도 기사의 내용이 사회적으로 중요한 의미가 있어 사건으로 인한 교훈 등을 다시 한 번 강조하고 환기할 때 적절한 표현이다. 어느 쪽이 옳다고 말하기 애매한 소식은 '앞으로도 양측의 의견은 팽팽히 대립될 것으로 보입니다.', '논란이 이어지고 있습니다.' 등 중립을 지키는 표현을 사용하는 것이 적절하다.

**오답의 이유**

① 소송이나 다툼에 관한 소식에서 원만히 해결되기를 바란다는 표현은 적절하다.
③ '귀추'는 '일이 되어 가는 형편'을 의미하므로 사건이 터지고 아직 결과가 드러나기 전의 소식에서 귀추가 주목되고 있다는 표현을 쓰는 것은 적절하다.
④ '호사가'는 '남의 일에 특별히 흥미를 가지고 말하기 좋아하는 사람'을 의미하므로 연예 스캔들 소식이 호사가들의 입방아에 오르내리고 있다는 표현은 적절하다.

## 14 난도 ★★☆   정답 ③

**고전 문학 > 고전 산문**

**정답의 이유**

③ 말뚝이는 굿거리장단에 맞추어 양반 삼 형제를 인도하면서 등장하였으나 말뚝이가 '양반 나오신다아!'라고 하며 양반을 풍자하는 사설을 늘어놓기 전 음악과 춤은 멈추었다. 따라서 말뚝이가 굿거리장단에 맞춰 양반을 풍자하는 사설을 늘어놓은 것은 아니다.

**오답의 이유**

① 말뚝이의 "개잘량이라는 '양' 자에 개다리소반이라는 '반' 자 쓰는 양반이 나오신단 말이오."라는 말 뒤에 양반들은 "야아, 이놈, 뭐야!"라며 자신들을 조롱하는 말뚝이를 야단치고 있다.
② 양반 삼 형제가 '말뚝이 뒤를 따라 굿거리장단에 맞추어 점잔을 피우나, 어색하게 춤을 추며 등장'한다고 한 부분과 '샌님과 서방님은 언청이이며(샌님은 언청이가 두 줄, 서방님은 한 줄이다) 부채와 장죽을 가지고 있고'에서 샌님과 서방님이 부채와 장죽을 들고 춤을 추며 등장했음을 알 수 있다.
④ '도련님은 대사는 일절 없으며, 형들과 동작을 같이하면서 형들의 면상을 부채로 때리며 방정맞게 군다.'에서 도련님이 방정맞게 굴면서 샌님과 서방님의 얼굴을 부채로 때렸음을 알 수 있다.

> **작품 해설**
> 
> **작자 미상, 「봉산탈춤」**
> - 갈래: 가면극
> - 성격: 평민적, 해학적, 풍자적
> - 주제: 양반의 허세와 위선에 대한 풍자와 조롱
> - 특징
>   - 등장인물의 재담 구조가 반복되면서 관중의 흥미를 북돋움
>   - 언어적 유희, 열거, 과장, 희화화 등을 통해 양반을 조롱하고 해학과 풍자로 웃음을 유발함
>   - 비속어와 한자어가 함께 사용되는 언어의 양면성을 보임

## 15 난도 ★☆☆   정답 ②

**문법 > 한글 맞춤법**

[정답의 이유]

② 시일∨내(○): '시일 내'에서 '내(內)'는 '(일부 시간적, 공간적 범위를 나타내는 명사와 함께 쓰여) 일정한 범위의 안'이라는 의미를 갖는 의존 명사이다. 한글 맞춤법 제42항에 따르면 '의존 명사는 띄어 쓴다.'라고 했으므로 '시일∨내'로 띄어 쓰는 것이 옳다.

[오답의 이유]

① 해도해도(×) → 해도∨해도(○): '해도 해도'는 '하다'의 어간 '하-'에 어미 '-아도'가 결합되고, 강조를 위해 반복한 표현이다. '해도해도'가 표준국어대사전에 합성어로 등재되지 않았으므로 '해도∨해도'로 띄어 쓰는 것이 옳다.

③ 대접하는데나(×) → 대접하는∨데나(○): '대접하는데나'에서 '데'는 '경우'의 뜻을 나타내는 의존 명사이다. 한글 맞춤법 제42항에 따르면 '의존 명사는 띄어 쓴다.'라고 했으므로 '대접하는∨데나'로 띄어 쓰는 것이 옳다.

④ 정공법∨밖에(×) → 정공법밖에(○): '정공법밖에'에서 '밖에'는 '그것 말고는', '그것 이외에는'의 뜻을 나타내는 보조사이다. 따라서 '정공법밖에'로 붙여 쓰는 것이 옳다.

[더 알아보기]

**의존 명사 '내'와 접사 '-내'**

- 의존 명사 '내': 일정한 범위의 안
  예 범위∨내 / 건물∨내 / 일주일∨내
- 접사 '-내'
  - (기간을 나타내는 일부 명사 뒤에 붙어) '그 기간의 처음부터 끝까지'의 뜻을 더하고 부사를 만드는 접미사
    예 봄내 / 여름내 / 저녁내
  - (때를 나타내는 몇몇 명사 뒤에 붙어) '그때까지'의 뜻을 더하고 부사를 만드는 접미사
    예 마침내 / 끝내

## 16 난도 ★★☆   정답 ③

**현대 문학 > 현대 소설**

[정답의 이유]

③ 5문단의 '철도 건너 저탄장에서 밀차를 밀며 나오는 인부들이 시커멓게 모습을 나타낼 즈음이면 우리는 대개 신발주머니에, 보다 크고 몸놀림이 잽싼 아이들은 시멘트 부대에 가득 든 석탄을 팔에 안고 낮은 철조망을 깨금발로 뛰어넘었다.'를 통해 아이들이 철조망을 쉽게 넘을 수 있었음을 알 수 있다.

[오답의 이유]

① 1문단의 '시(市)를 남북으로 나누며 달리는 철도는 항만의 끝에 이르러서야 잘려졌다.'를 통해 철길 때문에 도시가 남북으로 나뉘어 있음을 알 수 있다.

② 2문단의 '항만의 북쪽 끝에 있는 제분 공장'과 5문단의 '철도 건너 저탄장에서'를 통해 항만 북쪽에는 제분 공장이 있고 철도 건너에는 저탄장이 있음을 알 수 있다.

④ 6문단의 '선창의 간이음식점 문을 밀고 들어가 구석 자리의 테이블을 와글와글 점거하고 앉으면 그날의 노획량에 따라 가락국수, 만두, 찐빵 등이 날라져 왔다.'와 7문단의 '석탄은 때로 군고구마, 딱지, 사탕 따위가 되기도 했다. 어쨌든 석탄이 선창 주변에서는 무엇과도 바꿀 수 있는 현금과 마찬가지라는 것을 우리는 알고 있었고'를 통해 석탄을 먹을거리와 바꿀 수 있는 간이음식점이 있음을 알 수 있다.

## 17 난도 ★★☆   정답 ③

**비문학 > 추론적 읽기**

[정답의 이유]

③ '강도'는 도둑이 위험한 존재로 돌변한 것으로, 면역계로 인해 변이된 '치명적 바이러스'를 의미한다. 제시된 글에서 '그런데 만약 몽둥이를 들고 도둑과 싸우려 든다면 도둑은 강도로 돌변한다.'라는 문장은 단 한 번도 만나본 적이 없는 새로운 바이러스가 침입하자 면역계가 과민 반응을 일으켜 도리어 인체에 해를 끼치는 것을 비유한 말이다.

[오답의 이유]

① ㉠ '좀도둑'은 적은 피해를 일으키는 존재이므로 '계절 독감'이나 '인플루엔자 바이러스'를 의미한다.

② ㉡ '몽둥이'는 도둑을 위협적인 강도로 돌변하게 만드는 것이므로 '면역계의 과민 반응'을 의미한다.

④ '숙주가 죽어 버렸기 때문에 바이러스 역시 함께 죽어야만 한다.'라는 문장에서 ㉣ '승리의 대가'가 '바이러스의 죽음'을 의미한다는 사실을 유추할 수 있다.

## 18 난도 ★★☆   정답 ①

**비문학 > 글의 순서 파악**

[정답의 이유]

- ㉠은 1700년대 중반 미국 이주민들의 평균 소득이 영국인들의 평균 소득을 넘어섰음을 설명하는 문장이고, ㉢은 미국 이주민들의 평균 소득이 높아진 배경을 설명하는 문장이다. 따라서 ㉢은 ㉠ 뒤에 오는 것이 적절하다.

- ㉤은 초기 정착기 미국인들이 풍요로울 수 있었던 것은 비옥한 토지, 천연자원, 노동력 때문이라고 설명하고 있는데, '이처럼'이라는 말을 통해 ㉤ 앞에는 '미국인들의 풍요로움'에 대한 설명이 필요함을 알 수 있다. 따라서 ㉤은 ㉢ 뒤에 오는 것이 적절하다.

- ㉠, ㉢, ㉤의 내용은 초기 정착기인 1700년대 중반에 대해 다루고 있으며, ㉣은 ㉠, ㉢, ㉤에서 다룬 급속한 경제 성장기 이후의 19세기를 설명하고 있다. 따라서 ㉣은 ㉤ 뒤에 오는 것이 적절하다.

- ㉣은 대부분의 미국인들은 경제 성장의 이유를 과학적·기술적 대전환, 기업과 정신과 규제가 없는 시장 경제 등으로 생각하는데 이는 잘못된 생각이라고 설명하고 있고, ㉡은 '그러한' 분야에서 미국이 다른 산업 국가들에 비해 특별한 우위를 갖고 있지 않았음을 설명하는 문장이다. ㉡ 앞에는 미국이 특별한 우위를 갖고 있지 않은 '그러한 분야'가 어떠한 분야인지에 대한 설명이 필요하므로 ㉡은 ㉣ 뒤에 오는 것이 적절하다.

따라서 글의 전개 순서로 가장 자연스러운 것은 ① ㉠ - ㉢ - ㉤ - ㉣ - ㉡이다.

## 19 난도 ★★☆   정답 ④

**비문학 > 추론적 읽기**

정답의 이유

④ 제시된 글에서 설명하는 '확증 편향'이란 '자신의 신념과 일치하는 정보는 받아들이고 그렇지 않은 정보는 무시하는 경향'으로, 1문단에 '자신의 믿음이나 견해와 일치하는 정보는 수용하고 그에 반대되는 정보는 무시하거나 부정하는 심리 경향이다.'라는 확증 편향에 대한 설명은 있지만, 이를 통해 새로운 정보를 접했을 때 사람들이 심리적 불안을 느낀다는 내용을 추론할 수는 없다.

오답의 이유

① 1문단의 '자신의 신념과 일치하는 정보는 받아들이고 그렇지 않은 정보는 무시하는 경향을 확증 편향(confirmation bias)이라 한다. 자신의 믿음이나 견해와 일치하는 정보는 수용하고 그에 반대되는 정보는 무시하거나 부정하는 심리 경향이다.'를 통해 사람에게는 자신의 신념이나 행동을 바꾸려 하지 않는 경향이 있음을 추론할 수 있다.

② 2문단의 '특정 정치 성향을 가진 사람들을 대상으로 조사했을 때, 사람들은 반대당 후보의 주장에서는 모순을 거의 완벽하게 찾은 반면, 지지하는 당 후보의 주장에서는 모순을 절반 정도만 찾아냈다.'를 통해 사람에게는 정보를 객관적으로 판단하지 못하는 심리적 특성이 있음을 추론할 수 있다.

③ 1문단의 '자신의 믿음이나 견해와 일치하는 정보는 수용'하고 '그러한 정보는 어떤 문제에 대해 더 이상 고민하지 않고 마음의 휴식을 취할 수 있게 해 준다.'와 2문단의 '자신이 동의하는 주장을 접했을 때는 긍정적인 반응을 보이면서 뇌 회로가 활성화되는 것'을 통해 사람에게는 지지자들의 말만을 듣고 자기 신념을 강화하는 경향이 있음을 추론할 수 있다.

## 20 난도 ★★☆   정답 ③

**고전 문학 > 고전 산문**

정답의 이유

㉢ 껍질을 깨고 나온 주체는 '주몽'이다.
㉥ 둔한 말을 잘 먹여서 살찌게 한 사람은 '주몽'이다.

오답의 이유

㉠ 몸을 피하는 주체는 방 안을 비추는 햇빛을 피하는 '유화'이다.
㉡ 알을 내다 버리게 한 것은 '금와왕'이다.
㉣ '활을 잘 쏘는'의 주체는 '사람'으로, 특정인을 지칭할 수 없다.
㉤ 주몽을 없애려는 대상으로, 금와왕의 맏아들 '대소' 또는 그 외 주몽을 해하고자 하는 세력을 의미한다.

> **작품 해설**
>
> 「주몽 신화」
> - 갈래: 건국 신화
> - 성격: 영웅적, 서사적
> - 주제: '주몽'의 탄생과 고구려 건국의 내력
> - 특징
>   - 고구려의 건국 과정이 나타남
>   - 영웅의 일대기를 서술함
>   - 사람이 알에서 태어나는 '난생(卵生)' 설화

# 국어 | 2019년 지방직 9급

## 한눈에 훑어보기

### ✓ 영역 분석

**어휘**    17   18
2문항, 10%

**문법**    01   04   07   08   09   11
6문항, 30%

**고전 문학**    10   14
2문항, 10%

**현대 문학**    05   15
2문항, 10%

**비문학**    02   03   06   12   13   16   19   20
8문항 40%

### ✓ 빠른 정답

| 01 | 02 | 03 | 04 | 05 | 06 | 07 | 08 | 09 | 10 |
|----|----|----|----|----|----|----|----|----|----|
| ① | ② | ① | ④ | ① | ① | ③ | ① | ② | ② |
| 11 | 12 | 13 | 14 | 15 | 16 | 17 | 18 | 19 | 20 |
| ③ | ① | ④ | ④ | ④ | ② | ③ | ① | ④ | ③ |

### ✓ 점수 체크

| 구분 | 1회독 | 2회독 | 3회독 |
|------|-------|-------|-------|
| 맞힌 문항 수 | / 20 | / 20 | / 20 |
| 나의 점수 | 점 | 점 | 점 |

## 01 난도 ★★★      정답 ①

**문법 > 의미론**

**정답의 이유**

제시된 글에서 설명하는 것은 '방향 반의어'이다. 방향 반의어는 두 단어가 상대적 관계를 형성하고 있으면서 의미상 대립 및 대칭을 이루는 관계이다.

① '성공'은 목적하는 바를 이루는 것을 의미하고, '실패'는 일을 잘못하여 뜻한 대로 되지 아니하거나 그르치는 것을 의미한다. 따라서 '성공'과 '실패'는 일정한 방향성을 이루는 단어의 사례로 볼 수 없다.

**오답의 이유**

② · ③ · ④ 두 단어가 일정한 기준점을 중심으로 하여 맞선 방향으로 대칭을 이루고 있으며, '상을 주고받는', '물건을 사고파는', '적을 공격하고 막는' 등 방향성이 나타나므로 '방향 반의어'에 해당한다.

## 02 난도 ★☆☆      정답 ②

**비문학 > 화법**

**정답의 이유**

② 토론에서 사회자는 기본적으로 토론이 절차에 따라 원만하게 이루어질 수 있도록 진행하는 역할을 한다. 따라서 사회자는 토론자들이 논제를 정확하게 이해하고, 규칙을 잘 지키면서 의견을 제시할 수 있도록 토론의 전반적인 방향과 유의점에 대해 안내한다.

**오답의 이유**

① 토론은 논제가 합의된 상황을 전제로 진행되는 것으로, 논제가 타당한지에 대해서는 토론 시작 전 검토해야 한다.

③ 사회자는 의견이나 대안을 제시하는 역할을 하지 않는다. 토론 중간에 쟁점을 명확하게 전달하여 토론자들이 논점에 알맞은 의견을 제시할 수 있도록 하는 것이 사회자의 역할이다.

④ 토론자의 주장과 논거를 비판하는 것은 토론자의 역할이다. 사회자는 토론이 원만하게 진행될 수 있도록 토론자들을 중재하는 역할은 할 수 있으나 토론자의 의견을 비판하는 것은 사회자의 역할로 적절하지 않다.

**더 알아보기**

**토론 과정에서의 사회자 역할**
- 토론이 열리게 된 배경과 토론의 논제를 소개한다.
- 토론자에게 토론 규칙을 알려주어, 규칙을 지키면서 토론할 수 있도록 유도한다.
- 객관적인 입장에서 토론이 원만하게 이루어지도록 공정하게 토론을 진행한다.
- 중간에 토론자의 발표 내용을 요약·정리하고, 적절한 질문을 하여 토론의 진행을 돕는다.
- 토론자의 발언이 모호할 경우에는 질문을 하여 그 의미를 명확히 해야 한다.
- 논제의 초점이 흐려지면 논점을 다시 정리해서 토론자들에게 알려준다.
- 의견 대립이 심할 경우 중재를 한다.

## 03  난도 ★★☆    정답 ①

**비문학 > 글의 전개 방식**

**정답의 이유**

① 제시된 글에서는 1960년대 이후 중앙아메리카 숲의 25% 이상이 벌채되었다는 것, 1970년대 말에 중앙아메리카 전체 농토의 2/3가 축산 단지로 점유되었다는 것, 1987년 이후 멕시코에서만 해도 1,497만 3,900ha의 열대 우림이 파괴되었다는 것 등의 통계 수치를 제시하여 문제 상황의 심각성을 구체적으로 보여주고, 근거의 신뢰성과 타당성을 높인다.

**오답의 이유**

② 중앙아메리카의 실제 상황을 보여주고 있지만, 주장의 전문성을 강화하는 이론적 근거가 제시되지는 않았다.
③ 제시된 글에서는 전문 용어를 풀이하여 설명한 부분이 나타나지 않았다.
④ 제시된 글에서 근거로 제시한 숲과 열대 우림의 파괴 사례는 이미 벌어진 일이며, 예측할 수 없는 결과를 나열하여 사태의 심각성을 알리는 내용은 드러나지 않았다.

## 04  난도 ★★★    정답 ④

**문법 > 한글 맞춤법**

**정답의 이유**

④ 인사말(○): 한글 맞춤법 제30항에 따르면, 순우리말과 한자어로 된 합성어로서 앞말이 모음으로 끝난 경우 뒷말의 첫소리 'ㄴ, ㅁ' 앞에서 'ㄴ' 소리가 덧날 때 사이시옷을 받치어 적는다. '인사말'은 '인사(人事)+말'과 같이 한자어와 순우리말로 구성된 합성어이며, 앞말이 모음으로 끝났지만 [인산말]과 같이 'ㄴ' 소리가 덧나지 않고 [인사말]로 발음되므로 사이시옷을 받치어 적지 않는다.

**오답의 이유**

① 노래말(×) → 노랫말(○): 한글 맞춤법 제30항에 따르면, 순우리말로 된 합성어로서 앞말이 모음으로 끝나고 뒷말의 첫소리 'ㅁ' 앞에서 'ㄴ' 소리가 덧나는 것은 사이시옷을 받치어 적는다고 하였으므로 [노랜말]은 '노랫말'로 표기한다.
② 순대국(×) → 순댓국(○): '순댓국'은 순우리말로 된 합성어로, 뒷말의 첫소리가 된소리가 되어 [순대꾹/순댇꾹]으로 발음한다. 그러므로 한글 맞춤법 제30항에 따라 사이시옷을 받치어 적는다.
③ 하교길(×) → 하굣길(○): '하굣길'은 한자어 '하교'와 순우리말 '길'이 결합한 합성어로, 뒷말의 첫소리가 된소리가 되어 [하교낄/하굗낄]로 발음한다. 따라서 한글 맞춤법 제30항에 따라 사이시옷을 받치어 적는다.

## 05  난도 ★★☆    정답 ②

**현대 문학 > 현대 시**

**정답의 이유**

② 박목월의 「나그네」는 태평양 전쟁으로 인한 일제의 인적·물적 수탈이 최고조에 달했던 일제 강점기 말에 창작된 시이다. 하지만 작품에는 이러한 시대적 상황이 드러나지 않고 자연과 조화를 이룬 달관의 경지를 형상화하고 있다. 따라서 (나)의 시가 현실을 외면한 채 유유자적한 삶을 다루었다며 비판한 것은 (가)에서 말한 '문학 작품은 사회를 반영하여 현실을 비판적으로 성찰하게 해주는 매개체'라는 반영론적 관점에서 감상한 것이라고 할 수 있다.

**오답의 이유**

①·③·④ 박목월의 「나그네」를 절대론적 관점(=내재적 관점)에서 해석한 것이다. 절대론적 관점은 작품의 구조나 표현 기법 등 작품 내적 요소에 초점을 맞추어 작품을 감상하는 관점으로, 운율은 시의 구조를 통해, 시적 분위기는 시어의 특성 및 화자의 정서 등을 통해 드러난다. 그리고 이미지는 시의 표현 기법과 관련이 있으므로 ①, ③, ④ 모두 작품의 내적 요소를 중심으로 감상한 것이다.

**작품 해설**

**박목월, 「나그네」**
- 갈래: 자유시, 서정시
- 성격: 회화적, 향토적, 낭만적, 관조적
- 주제: 자연과 조화를 이룬 달관의 경지
- 특징
  - 7·5조 3음보의 민요적 율격
  - 향토적인 소재를 통해 한국적인 정서를 표현함
  - 수미상관의 구성을 통해 이미지를 강조함
  - 명사형으로 종결하여 간결한 형식미를 느끼게 함

**더 알아보기**

문학을 해석하는 관점

| 구분 | 내재적 관점 | 외재적 관점 | | |
|---|---|---|---|---|
| | 절대론적 관점 | 반영론적 관점 | 표현론적 관점 | 효용론적 관점 |
| 초점 | 작품 | 현실 | 작가 | 독자 |
| 전제 | 작품은 그 자체로 완전한 세계이다. | 문학은 현실의 모방이다. | 작품은 작가의 표현 욕구와 의도로 창작된 것이다. | 문학은 독자에게 미적 쾌감, 교훈, 감동 등을 주기 위해 창작된 것이다. |
| 연구 대상 | 작품의 구조, 표현 기법 등 | 작품에 반영된 시대 현실 | 작가의 전기, 심리, 의도 등 | 독자의 감상, 교훈 등 |

## 06 난도 ★★☆    정답 ①

**비문학 > 사실적 읽기**

정답의 이유

① 3문단에서 독서는 글을 읽고, 필자를 읽고, 최종적으로 독자 자신을 읽는 삼독(三讀)의 과정이라고 하였다. 즉, 필자가 생각하는 시대와 사회상에 대해 파악하고, 그것을 토대로 독자 자신이 처한 상황과 우리 시대의 문맥을 깨달아야 한다는 것이다. 따라서 글쓴이가 생각하는 독서는 글을 읽으면서 '타인의 경험이나 생각 등을 자기화(自己化)하는 과정'이라고 보는 것이 적절하다.

오답의 이유

② 1문단에서 책을 벗에 빗대어 설명한 것은 책을 대하는 태도를 보여주기 위한 것이다. 제시된 글에서 반가운 벗과의 독서를 통해 진정한 독자로 거듭날 수 있다는 내용은 찾아볼 수 없다.

③ 3문단에서 독자는 독서를 통해 '자신의 처지와 우리 시대의 문맥을 깨달아야 합니다.'라고 한 것을 보아, 시대와 불화(不和)한 독자일수록 독서를 통해 자신의 위치를 발견하기 쉽다는 설명이 적절하지 않음을 알 수 있다.

④ 1문단에 책을 반가운 벗에 빗대어 설명한 부분이 있지만, 친밀한 교우(交友) 관계의 중요성에 대한 언급은 찾아볼 수 없다.

## 07 난도 ★★☆    정답 ②

**문법 > 한글 맞춤법**

정답의 이유

② 옛∨책을(○): '옛'은 '지나간 때의'를 뜻하는 관형사이고, '책'은 '옛'의 수식을 받는 명사이므로 띄어 써야 한다.

오답의 이유

① 그∨중에(×) → 그중에(○): '그중'은 '범위가 정해진 여럿 가운데'의 뜻을 지닌 하나의 단어이므로 붙여 써야 한다.

③ 한∨번(×) → 한번(○): '기회 있는 어떤 때에'를 뜻하는 '한번'은 하나의 단어이므로 붙여 써야 한다. 그러나 횟수를 나타내는 '한 번'의 경우는 의존 명사 '번'을 수 관형사 '한'이 수식하는 것이므로 띄어 써야 한다.

④ 굴∨속으로(×) → 굴속으로(○): '굴속'은 '굴의 안'을 뜻하는 한 단어이므로 붙여 써야 한다.

## 08 난도 ★★★    정답 ③

**문법 > 음운론**

정답의 이유

③ 입학생 → [이팍생]: 자음 축약 → [이팍쌩]: 된소리되기
'입학생'은 '입'의 'ㅂ'과 '학'의 'ㅎ'이 만나 [ㅍ]으로 축약되어 음운의 개수가 줄었다. '입학생'의 음운 변동 전 음운 개수는 'ㅣ, ㅂ, ㅎ, ㅏ, ㄱ, ㅅ, ㅐ, ㅇ'으로 8개이고, 음운 변동 후 음운 개수는 'ㅣ, ㅍ, ㅏ, ㄱ, ㅆ, ㅐ, ㅇ'으로 7개이다.

오답의 이유

① 가을일 → [가을닐]: 'ㄴ' 첨가 → [가을릴]: 유음화
'가을일'은 '가을'과 '일'이 결합한 합성어이다. 뒷말의 첫음절이 'ㅣ'로 시작하여 'ㄴ' 첨가가 일어나 [가을닐]이 되었다가 'ㄴ'이 앞에 있는 유음 'ㄹ'의 영향으로 유음화가 일어나 [가을릴]로 발음된다. 따라서 한 가지 유형의 음운 변동이 아닌, '첨가'와 '교체' 두 가지 유형의 음운 변동이 나타난다.

② 텃마당 → [턷마당]: 음절의 끝소리 규칙 → [턴마당]: 비음화
'텃마당'은 '터'와 '마당'이 결합한 합성어로 모음 뒤에서 'ㄴ'이 덧나 사이시옷이 첨가된다. '텃'의 'ㅅ'은 음절의 끝소리 규칙에 따라 [ㄷ]으로 바뀌는데 뒷말 'ㅁ'의 영향으로 비음화가 일어나 [ㄴ]으로 발음된다. 이때 'ㅁ'은 양순음이고 [ㄷ]과 [ㄴ]은 모두 치조음이기 때문에 조음 위치는 바뀌지 않았다. 따라서 인접한 음의 영향을 받아 조음 위치가 같아지는 동화 현상이 나타났다는 설명은 적절하지 않다.

④ 흙먼지 → [흑먼지]: 자음군 단순화 → [흥먼지]: 비음화
'흙먼지'에서 '흙'이 [흑]으로 발음되는 것은 음절 끝에 두 개의 자음이 올 때 둘 중 하나가 탈락하는 자음군 단순화가 적용된 것이지 음절의 끝소리 규칙이 적용된 것이 아니다. '흙먼지'는 자음군 단순화로 [흑먼지]가 되고, [흑]의 끝소리 'ㄱ'이 [ㅁ]의 영향으로 비음화가 일어나 [ㅇ]으로 바뀌어 [흥먼지]로 발음된다. 따라서 음절 끝에 'ㄱ, ㄴ, ㄷ, ㄹ, ㅁ, ㅂ, ㅇ' 이외의 자음이 오면 이 7개의 자음 중 하나로 바뀌는 규칙이 적용된다는 설명은 적절하지 않다.

> **더 알아보기**
>
> **음운의 축약**
>
> | 자음 축약 | 평음 'ㄱ, ㄷ, ㅂ, ㅈ'이 'ㅎ'과 인접할 경우 두 자음이 합쳐져서 격음 'ㅋ, ㅌ, ㅍ, ㅊ'으로 축약되는 현상이다. | |
> | --- | --- | --- |
> | | ㄱ+ㅎ → ㅋ | 낙하[나카], 먹히다[머키다], 국화[구콰] |
> | | ㄷ+ㅎ → ㅌ | 쌓다[싸타], 파랗다[파:라타], 좋다[조:타] |
> | | ㅂ+ㅎ → ㅍ | 입히다[이피다], 잡히다[자피다] |
> | | ㅈ+ㅎ → ㅊ | 젖히다[저치다], 꽂히다[꼬치다] |
> | 모음 축약 | 두 개의 모음이 만나 하나의 모음으로 축약되는 현상이다. | |
> | | ㅏ+ㅣ → ㅐ | 싸이다 → 쌔다, 파이다 → 패다, 사이 → 새 |
> | | ㅗ+ㅣ → ㅚ | 보이다 → 뵈다, 쏘이다 → 쐬다 |
> | | ㅜ+ㅣ → ㅟ | 누이다 → 뉘다, 꾸이다 → 뀌다 |
> | | ㅡ+ㅣ → ㅢ | 뜨이다 → 띄다, 쓰이다 → 씌다 |
> | | ㅗ+ㅏ → ㅘ | 보아 → 봐, 고아 → 과 |
> | | ㅜ+ㅓ → ㅝ | 두어 → 둬, 주어 → 줘 |
> | | ㅚ+ㅓ → ㅙ | 되어 → 돼 |
> | | ㅣ+ㅓ → ㅕ | 녹이어 → 녹여, 먹이어서 → 먹여서 |

## 09 난도 ★★★     정답 ①

**문법 > 통사론**

[정답의 이유]

① 이어진 문장에서 '접수된'의 '-ㄴ'은 '사건이나 행위가 완료되어 그 상태가 유지되고 있음을 나타내는 어미'로서 과거 시제를 나타낸다. 선행하는 문장은 문맥상 사건이 완료된 상황이므로 '접수될'과 같이 미래 시제를 나타내는 어미 '-ㄹ'을 사용하는 것은 어색하다. 따라서 고치지 않아야 문맥상 자연스럽다.

[오답의 이유]

② 주어의 '안내서 및 과업 지시서 교부'가 서술어에서 '교부하다'와 의미상 중복되므로 둘 중 하나는 삭제해야 한다. 따라서 주어의 '교부'라는 단어를 삭제하여 '안내서 및 과업 지시서는 참가 신청자에게만 교부한다.'라고 수정하는 것은 적절하다.

③ '제외되다'는 '~가(이) ~에서 제외되다'의 형태로 쓰이므로 앞에 목적어가 오면 어색하다. 따라서 목적어 '수역을'과 호응하려면 '제외된'을 '제외한'으로 바꾸어서 '수역을 제외한'으로 수정하는 것은 적절하다.

④ '열람하다'는 '~가 ~를(을) 열람하다'의 형태로 쓰인다. 따라서 '관련 도서는 ~ 관계자에게'는 동사 '열람하다'와 서로 호응하지 않으므로 '관련 도서는 ~에게 열람하게 한다'로 수정하는 것은 적절하다.

## 10 난도 ★★★     정답 ②

**고전 문학 > 고전 운문**

[정답의 이유]

② (나)는 초장과 중장에서 문답법을 활용하고 있으나, '술'과 '국'은 같은 맥락에서 제시한 대상이며 서로 대조를 이루는 것이 아니므로 '대조법'을 활용했다고 볼 수 없다. 그리고 종장에서 '임'의 만수무강을 기원하고 있는 것은 아니다.

[오답의 이유]

① (가)는 초장에서 고인을 못 뵈었다는 표현이 중장에서 반복되면서 '녀던 길'이 앞에 있다는 내용이 이어지고, 이 내용을 다시 종장에서 반복하면서 '아니 녀고 엇뎔고'라는 시구를 연결하였으므로 연쇄법을 활용한 것이라고 할 수 있다. 그리고 '아니 녀고 엇뎔고'란 설의적 표현을 통해 고인의 길을 따를 수밖에 없음을 강조하고 있다.

③ (다)는 '우레ㄱ치', '번기ㄱ치', '비ㄱ치', '구름ㄱ치'와 같이 'ㄱ치'를 반복적으로 표현하여 운율감을 살리고 있다.

④ (라)의 하도 어처구니가 없어서 웃는다는 표현에서 냉소적 어조를 느낄 수 있으며, 웃고 있는 사람들에게 아귀가 찢어질 수 있다고 경고하며 상대에 대한 불편한 심기를 표출하고 있다.

> **작품 해설**
>
> **(가) 이황, 「도산십이곡」**
> - 갈래: 평시조, 연시조
> - 성격: 교훈적, 관조적, 예찬적, 회고적
> - 주제: 자연에 동화된 삶과 학문 수양에 정진하는 마음
> - 특징
>   - 총 12수의 연시조로 내용상 '언지(言志)' 전 6곡과 '언학(言學)' 후 6곡으로 나뉨
>   - 자연과 학문에 대한 진지한 성찰이 드러남
>   - 현실을 도피하여 자연을 벗 삼아 지내면서 쓴 강호가도의 대표적인 작품
>
> **(나) 윤선도, 「초연곡」**
> - 갈래: 평시조, 연시조
> - 성격: 교훈적, 설득적, 비유적
> - 주제: 임금과 신하의 도리
> - 특징
>   - 총 2수의 연시조
>   - 우의적 기법을 활용하여 바른 정치를 지향하도록 유도함
>   - 대구법을 활용하여 만수무강을 기원함
>
> **(다) 작자 미상, 「우레ㄱ치 소ᄅᆞ나ᄂᆞᆫ 님을 ~」**
> - 갈래: 평시조, 단시조
> - 성격: 서정적, 연정가
> - 주제: 임을 그리워하는 마음
> - 특징
>   - 임과의 만남과 이별을 날씨에 빗대어 표현함
>   - 반복법을 활용하여 운율을 형성함

(라) 권섭, 「하하 허허 흔들 ~」
- 갈래: 평시조, 연시조
- 성격: 냉소적, 해학적, 풍자적
- 주제: 진정한 웃음을 지을 수 없는 세상에 대한 환멸
- 특징
  - 총 10수의 연시조
  - 공허하게 거짓 웃음을 지을 수밖에 없는 심정을 노래함
  - 당시 정치 현실에 대한 비판적 시각을 드러냄

## 11  난도 ★☆☆                    정답 ③

문법 > 의미론

[정답의 이유]

③ ㉢에서 풀기가 살아 있다는 것은 풀의 접착력이 남아 있다는 의미이므로 '본래 가지고 있던 색깔이나 특징 따위가 그대로 있거나 뚜렷이 나타나다.'의 의미를 지닌 '살다'가 사용되었다.

## 12  난도 ★★☆                    정답 ①

비문학 > 화법

[정답의 이유]

① 진행자는 홍 교수의 의견에 더해 문제 해결을 위해 추가적으로 필요한 부분을 제시하며 인터뷰를 마무리하고 있다. 이는 홍 교수의 의견이 합리적이지 않음을 지적하는 것이라 볼 수 없다.

[오답의 이유]

② 홍 교수가 전체 교통사고 대비 고령 운전자에 의한 교통사고 비율이 증가하고 있다는 통계를 제시한 것에 대해 진행자는 고령화 사회로 진입하여 고령 운전자의 비율이 늘어난 것이 그 원인이라고 분석하고 있다.

③ 진행자는 고령자 운전면허 자진 반납 제도의 보완책, 제도 시행상의 문제점 등에 대해 묻고 있다.

④ 진행자는 홍 교수가 소개한 '고령 운전자들의 운전면허 자진 반납 제도'에 대하여 고령 운전자에 의한 교통사고가 심각한지, 이를 뒷받침할 만한 자료가 있는지 요구하는 등 제도 시행 배경에 대한 근거를 요구하고 있다.

## 13  난도 ★★☆                    정답 ④

비문학 > 사실적 읽기

[정답의 이유]

④ 제시된 글에서는 헤겔, 다윈 등 계몽주의 사상가들이 진보와 진화의 관점에서 자연과 역사를 어떻게 정의했는지를 제시하고 있다. 진보와 진화에 관한 여러 견해의 차이를 설명하고 있으므로 제목으로 가장 적절한 것은 '진보와 진화에 관한 견해들'이다.

[오답의 이유]

① 다윈이 자연을 진보하는 것으로 보았다는 내용만 있을 뿐, 그에 대한 근거는 제시되어 있지 않다. 그리고 자연을 진보하지 않는 것으로 본 헤겔의 입장과는 관계가 없는 내용이므로 제목으로 적절하지 않다.

② 다윈의 주장으로 인해 생물학적 유전을 사회적 획득과 혼동함으로써 훨씬 더 심각한 오해가 생길 수 있었다는 설명만 있으므로 제목으로 적절하지 않다.

③ 제시된 글에서 역사의 법칙과 자연의 법칙에 대한 견해를 다루고 있기는 하지만, 헤겔과는 달리 다윈의 주장은 진화의 원천인 생물학적 유전을 역사에서의 진보의 원천인 사회적인 획득과 혼동하여 오해에 이를 수 있는 길을 열어 놓았다고 하였으므로 역사와 자연의 법칙보다는 '진화와 진보에 대한 견해'가 제목으로 더 적절하다.

## 14  난도 ★★☆                    정답 ③

고전 문학 > 고전 산문

[정답의 이유]

③ 제시된 작품에서 유 소사의 '남편의 뜻을 어기오지 말면 장부(丈夫) 비록 그른 일이 있을지라도 순종(順從)하랴?'라는 질문에 사씨가 '어찌 부부라고 간쟁(諫諍)치 않으리이까?'라고 대답하였다. 이를 통해 사씨는 남편이 잘못하면 이를 지적해야 한다고 생각함을 알 수 있다.

[오답의 이유]

① 사씨의 어머니가 딸에게 남편을 공경하며 어기지 말라고 한 것은 미리 가르침을 준 것이지, 딸의 행동을 비판한 것이 아니다.

② 사씨가 '일찍 아비를 여의고 자모(慈母)의 사랑을 입사와 본래 배운 것이 없으니'라고 대답한 것은 제대로 배우지 못한 것에 대한 안타까운 마음을 표현한 것이 아니라 겸손한 태도에서 한 말이다.

④ 유 소사가 사씨를 '조대가'에 비한 것을 볼 때, 사씨가 지혜롭고 덕망이 높은 것을 칭찬하고 있음을 알 수 있다. 따라서 효성이 지극한 사씨의 모습에 흡족해 한다는 설명은 적절하지 않다.

**작품 해설**

김만중, 「사씨남정기」
- 갈래: 고전 소설
- 성격: 풍간적, 교훈적
- 주제
  - 처첩 간의 갈등과 사필귀정(事必歸正)
  - 권선징악(勸善懲惡)
- 특징
  - 중국을 배경으로 당대의 부정적 현실을 우회적으로 비판함
  - 처첩 간의 갈등을 통해 당대 사회적 분위기와 풍속을 알 수 있음
  - 선악의 성격이 분명한 인물형을 대립시키고 사건이 사실적으로 전개됨
  - 속담이나 격언 등을 적절히 활용함
  - 서술자가 직접 사건에 개입함
  - 후대 가정 소설의 모범이 됨

## 15 난도 ★★★　　　　　정답 ④

현대 문학 > 현대 소설

정답의 이유

④ '소리의 여운'에서 '소리'는 '쇠붙이 소리'를 가리킨다. 제시된 작품에서 끊임없이 이어지는 정체를 알 수 없는 '쇠붙이 소리'는 인물들의 초조함과 불안감을 증폭시키는 역할을 한다. 따라서 '소리의 여운'이 남아 있는 것은 갈등이 해소되는 것이 아니라 끝나지 않는다는 것을 나타낸다. 또한 서술자는 '소리의 여운'에 나무들이 흔들리고 있다고 했는데, '흔들린다'는 것은 갈등이 지속된다는 것을 암시한다고 볼 수 있다. 그리고 '단선적 구성'은 하나의 사건만을 집중적으로 전개하는 방식인데, 이 작품에서 '소리의 여운'으로 인해 새로운 사건이 발생하는 것은 아니므로 단선적 구성에 변화를 주었다는 내용은 적절하지 않다.

오답의 이유

① '늙은 나무들은 바람에 불려 서늘한 소리를 내었다.'라고 하였는데, 이를 통해 쇠붙이 두드리는 소리가 이어지며 불안감이 증폭되기 전, 소설의 전반적 분위기가 조성되기 시작한다고 보는 것은 적절하다.
② '꽝 당 꽝 당' 소리는 '단조로운 소리이면서 송곳처럼 쑤시는 구석이 있는', '이상하게 신경을 자극했다.'라고 하였으므로 등장인물의 심리적 상태를 자극하고 변화를 촉발한다고 보는 것은 적절하다.
③ '단조로운 소리'는 '여전히 간헐적으로 이어지고 있었'고, '밤내 이어질 모양이었다.'라는 내용에서 소리가 반복적으로 드러나고 있음을 알 수 있고, 이 소리가 '방안의 벽 틈서리를 쪼개'고 '형광등 바로 위 천장에 비수가 잠겨 있을 것'이라고 생각하는 데서 모종의 의미가 부여되고 있다고 생각할 수 있다.

작품 해설

이호철, 「닳아지는 살들」
- 갈래: 단편 소설, 심리 소설
- 성격: 현실 고발적, 상징적
- 주제
  - 전쟁으로 인한 분단의 아픔과 상처
  - 전후 현실에 적응하지 못하는 한 가족의 비극
- 특징
  - 맏딸을 기다리는 가족의 상황을 연극적 구조로 그림
  - '쇠붙이 소리'는 가족의 상처, 정신적 고통을 상징함

## 16 난도 ★☆☆　　　　　정답 ②

비문학 > 사실적 읽기

정답의 이유

② 제시된 글에서 〈일 포스티노〉의 인물들이 하는 행동이나 장면을 시의 은유와 연결지어 설명하고 있지만, 영화에 등장하는 인물들이 은유의 본질과 의미를 잘 알고 있다는 내용은 드러나지 않는다.

오답의 이유

① 1문단에서 '시란 무엇인가에 대한 해답을 이처럼 쉽고도 절실하게 설명해 놓은 문학 교과서를 나는 아직까지 보지 못했다.'라고 하였으므로 영화 〈일 포스티노〉는 시를 이해하는 데 도움이 되는 교과서와 같다는 이해는 적절하다.
③ 1문단에서 '수백 마디의 말보다 〈일 포스티노〉를 함께 보고 토론하는 것이 시의 본질에 훨씬 깊숙이, 훨씬 빨리 가 닿을 수 있다.'라고 하였으므로 시의 본질에 대해 질문하고 답을 얻기 위해 영화 〈일 포스티노〉를 참고할 만하다는 이해는 적절하다.
④ 1문단에서 '시란 무엇인가에 대한 해답을 이처럼 쉽고도 절실하게 설명해 놓은 문학 교과서를 나는 아직까지 보지 못했다.', '그래서 학생들에게 시를 가르칠 때 나는 종종 영화 〈일 포스티노〉를 활용한다.'라고 하였으므로 문학의 미적 자질과 영화 〈일 포스티노〉의 미적 자질 사이에서 공통점을 찾을 수 있다는 이해는 적절하다.

## 17 난도 ★★☆　　　　　정답 ③

어휘 > 한자성어

정답의 이유

③ 天衣無縫(천의무봉)은 '천사의 옷은 꿰맨 흔적이 없다는 뜻으로, 일부러 꾸민 데 없이 자연스럽고 아름다우면서 완전함을 이르는 말'이다. 따라서 '일부러 꾸미지 않았는데도 자연스럽고 아름답다.'라는 말과 일맥상통한다.
- 天衣無縫: 하늘 천, 옷 의, 없을 무, 꿰맬 봉

오답의 이유

① 花朝月夕(화조월석): 꽃이 핀 아침과 달 밝은 밤이란 뜻으로, 경치(景致)가 좋은 시절을 이르는 말
- 花朝月夕: 꽃 화, 아침 조, 달 월, 저녁 석
② 韋編三絕(위편삼절): 공자가 주역을 즐겨 읽어 책의 가죽끈이 세 번이나 끊어졌다는 뜻으로, 책을 열심히 읽음을 이르는 말
- 韋編三絕: 가죽 위, 엮을 편, 석 삼, 끊을 절
④ 莫無可奈(막무가내): 달리 어찌할 수 없음
- 莫無可奈: 없을 막, 없을 무, 옳을 가, 어찌 내

## 18 난도 ★★☆　　　　　정답 ①

어휘 > 한자어

정답의 이유

① 유명세(有名勢: 있을 유, 이름 명, 기세 세)(×) → 유명세(有名稅: 있을 유, 이름 명, 세금 세)(○): 세상에 이름이 널리 알려져 있는 탓으로 당하는 불편이나 곤욕을 속되게 이르는 말

오답의 이유

② 복불복(福不福: 복 복, 아닐 불, 복 복)(○): 복분(福分)의 좋고 좋지 않음이라는 뜻으로, 사람의 운수를 이르는 말
③ 대증요법(對症療法: 대답할 대, 증세 증, 병 고칠 요, 법도 법)(○): 병의 원인을 찾아 없애기 곤란한 상황에서, 겉으로 나타난 병의 증상에 대응하여 처치를 하는 치료법
④ 경위(經緯: 경서 경, 씨 위)(○): 일이 진행되어 온 과정

## 19 난도 ★★☆ 정답 ④

**비문학 > 추론적 읽기**

정답의 이유

④ 2문단의 마지막 부분에서 과학 기술의 발전 성과를 수용하는 것을 통해 녹색 성장 산업으로서 농업의 잠재적 가치가 중시될 수 있다고 하였으므로 적절하지 않다.

오답의 이유

① 1문단의 '도시화, 산업화, 고도성장 과정에서 우리 경제의 뒷방 살이 신세로 전락한 한국 농업'에서 확인할 수 있다.

② 1문단의 '농업은 경제적 효율성이 뒤처져서 사라져야 할 사양 산업이 아니다.'에서 현대의 경제 시스템이 효율성을 중요한 가치로 내세운다는 것을 알 수 있다. 그리고 2문단의 '물질적인 부의 극대화를 위해서 한 지역의 자원을 개발하여 이용한 뒤에 효용 가치가 떨어지면 다른 곳으로 이동하는 유목민적 태도가 오늘날 위기를 낳고 키워 왔는지 모른다.'를 통해 효율성을 내세우는 현재의 시스템이 미래 사회 대비에 한계가 있다고 판단하였음을 알 수 있다.

③ 2문단의 '부의 극대화를 위해서 한 지역의 자원을 개발하여 이용한 뒤에 효용 가치가 떨어지면 다른 곳으로 이동하는 유목민적 태도가 오늘날 위기를 낳고 키워 왔는지 모른다.'와 '지키고 가꾸어 후손에게 넘겨주는 정주민의 문화적 지속성을 존중하는 농업의 가치가 새롭게 조명받는 이유에 주목할 만하다.'에서 알 수 있다.

## 20 난도 ★★☆ 정답 ③

**비문학 > 사실적 읽기**

정답의 이유

③ 3문단의 '유교의 기본 입장은 설사 부모의 명령이라 하더라도 옳고 그름을 가리지 않는 맹목적인 복종은 그 자체가 불효라고 보았기 때문이다.'를 통해 윗사람에 대한 복종을 절대시하지 않는 것이 유교적 윤리의 한 바탕임을 확인할 수 있다.

오답의 이유

① 1문단의 '효(孝)가 개인과 가족, 곧 일차적인 인간관계에서 일어나는 행위를 규정한 것이라면'을 통해 효는 일차적 인간관계임을 알 수 있다. 하지만 1문단의 '우리는 효를 순응적 가치관을 주입하는 봉건 가부장제 사회의 유습이라고 오해하는가 하면'을 통해 효는 봉건 가부장제 사회에서 비롯한 인간관계라는 설명이 적절하지 않음을 알 수 있다.

② 3문단의 '유교의 기본 입장은 설사 부모의 명령이라 하더라도 옳고 그름을 가리지 않는 맹목적인 복종은 그 자체가 불효라고 보았기 때문이다.'를 통해 효는 조건 없는 신뢰에 기초한 덕목이라는 설명이 적절하지 않음을 알 수 있다.

④ 3문단에 원래부터 효란 가족 윤리 또는 종족 윤리로서 사회 윤리였던 충보다 우선시되었을 뿐만 아니라는 내용이 제시되어 있으나, 충의 도리를 다함으로써 효의 도리에 도달할 수 있다는 것이 인의 이치라는 설명은 제시되어 있지 않다.

목적과 그에 따른 계획이 없으면 목적지 없이 항해하는 배와 같다.

- 피츠휴 닷슨 -

# PART 3
# 서울시

- 2025년 서울시 9급
- 2024년 제1회 서울시 9급
- 2024년 제2회 서울시 9급
- 2023년 서울시 9급
- 2022년 제1회 서울시 9급
- 2022년 제2회 서울시 9급
- 2021년 서울시 9급
- 2020년 서울시 9급
- 2019년 제1회 서울시 9급
- 2019년 제2회 서울시 9급

# 국어 | 2025년 서울시 9급

## 한눈에 훑어보기

### ✔ 영역 분석

**어휘** 03 04 09 11 18
5문항, 25%

**문법** 01 02 07 10 14 16
6문항, 30%

**고전 문학** 05 06 15
3문항, 15%

**현대 문학** 13
1문항, 5%

**비문학** 08 12 17 19 20
5문항, 25%

### ✔ 빠른 정답

| 01 | 02 | 03 | 04 | 05 | 06 | 07 | 08 | 09 | 10 |
|---|---|---|---|---|---|---|---|---|---|
| ① | ② | ① | ③ | ③ | ③ | ① | ② | ④ | ③ |
| 11 | 12 | 13 | 14 | 15 | 16 | 17 | 18 | 19 | 20 |
| ① | ② | ④ | ③ | ④ | ① | ② | ② | ④ | ③ |

### ✔ 점수 체크

| 구분 | 1회독 | 2회독 | 3회독 |
|---|---|---|---|
| 맞힌 문항 수 | / 20 | / 20 | / 20 |
| 나의 점수 | 점 | 점 | 점 |

---

## 01 난도 ★★☆　　　　　　　　　　　　　　정답 ①

**문법 > 형태론**

**정답의 이유**

① '군밤'은 어간 '굽-'의 관형사형 '군-'과 어근 '밤'이 결합한 합성어이다.

**오답의 이유**

② '군소리'는 '쓸데없는'의 뜻을 더하는 접두사 '군-'과 어근 '소리'가 결합한 파생어이다.

③ '군침'은 '쓸데없는'의 뜻을 더하는 접두사 '군-'과 어근 '침'이 결합한 파생어이다.

④ '군식구'는 '가외로 더한, 덧붙은'의 뜻을 더하는 접두사 '군-'과 어근 '가족'이 결합한 파생어이다.

## 02 난도 ★★☆　　　　　　　　　　　　　　정답 ②

**문법 > 통사론**

**정답의 이유**

② '건강 관리를 위해 주중에는 헬스를, 주말에는 등산을 한다.'는 '주중에는 헬스를 (한다)'과 '주말에는 등산을 한다'가 병렬적으로 연결된 문장으로, 목적어와 서술어의 호응이 자연스럽다.

**오답의 이유**

① '오랜만에 식구들이 모여 야식으로 치킨과 맥주를 마셨다.'는 목적어 '치킨'과 서술어 '마셨다'의 호응이 어색하다. '오랜만에 식구들이 모여 야식으로 치킨을 먹고 맥주를 마셨다.'로 수정하는 것이 자연스럽다.

③ '내 꿈은 훌륭한 기업을 만들어 모두에게 행복을 주려고 한다.'는 주어 '꿈은'과 서술어 '주려고 한다'의 호응이 어색하다. '내 꿈은 훌륭한 기업을 만들어 모두에게 행복을 주는 것이다.'로 수정하는 것이 자연스럽다.

④ '어버이날에 부모님이 가장 원하는 선물은 카네이션을 받는다.'는 주어 '선물은'과 서술어 '받는다'의 호응이 어색하다. '어버이날에 부모님이 가장 원하는 선물은 카네이션이다.'로 수정하는 것이 자연스럽다.

## 03 난도 ★☆☆　　　　　　　　　　　　　　정답 ①

**어휘 > 고유어·한자어**

**정답의 이유**

① '겨우내'는 '한겨울 동안 계속해서'라는 뜻으로 '끝, 마지막'의 의미와 관련이 없다.

오답의 이유

② 끝내: 끝까지 내내, 끝에 가서 드디어
③ 그예: 마지막에 가서는 기어이
④ 급기야(及其也: 미칠 급, 그 기, 어조사 야): 마지막에 가서는

## 04 난도 ★★☆  정답 ③

어휘 > 속담

정답의 이유

③ ㉠에서는 남들이 다 한다고 나의 경제력에 맞지 않는 무리한 규모의 소비를 하는 것은 균형 잡힌 소비라고 볼 수 없다며, 분수에 맞지 않는 소비를 경계하고 있다. 이와 의미가 가장 가까운 속담은 '힘에 겨운 일을 억지로 하면 도리어 해만 입는다.'를 뜻하는 '뱁새가 황새를 따라가면 다리가 찢어진다.'이다.

오답의 이유

① 빈대 잡으려고 초가삼간 태운다.: 손해를 크게 볼 것을 생각지 아니하고 자기에게 마땅치 아니한 것을 없애려고 그저 덤비기만 하는 경우를 비유적으로 이르는 말
② 겨 묻은 개가 똥 묻은 개를 나무란다.: 결점이 있기는 마찬가지이면서, 조금 덜한 사람이 더한 사람을 흉볼 때에 변변하지 못하다고 지적하는 말
④ 사람 위에 사람 없고 사람 밑에 사람 없다.: 사람은 본래 태어날 때부터 권리나 의무가 평등함을 이르는 말

## 05 난도 ★★☆  정답 ③

고전 문학 > 고전 수필

정답의 이유

③ 제시문은 '한 글자마다 한 글자의 뜻을 찾아보고, 한 구절마다 한 구절의 의미를 따져보며, 한 단락을 이같이 하고, 한 권을 이처럼 해야 한다.'라며 그저 읽기만 하면 아무런 보탬이 되지 않는다고 경계한다. 이는 뜻을 새겨 가며 자세히 읽는 '정독'을 강조한 것이다. 따라서 제시문의 중심 내용으로 가장 적절한 것은 '정독(精讀)의 중요성'이다.

오답의 이유

① 제시문은 꼼꼼하게 힘을 쏟아서 자기 것으로 만들지 않고 읽기만 하면 아무런 보탬이 되지 않을 것이라고 말하고 있다. 이는 단순히 많이 읽는 '다독'을 경계하라는 의미이다. 따라서 '다독(多讀)의 필요성'은 제시문의 중심 내용으로 적절하지 않다.
② 제시문에서 책이 많으면 많을수록 배움은 점점 거칠어져서 새것과 옛것이 모두 없어지기에 이른다고 하고 있지만, 이는 제대로 읽지 않는 젊은이들을 지적하는 내용이다. 따라서 '거친 배움의 위험성'은 제시문의 중심 내용으로 적절하지 않다.
④ 2문단에서 힘을 쏟아서 자기 것으로 만든 뒤에 책 한 권을 베껴 쓰면 내 것이 되고, 책 두 권을 베껴 써도 내 것이 된다고 하였다. 하지만 3문단에서는 내 것으로 만들지 않고 그저 읽기만 한다면 온 세상의 책을 한 권도 남기지 않고 베낀다고 해도 아무런 보탬이 되지 않는다고 하였다. 이를 볼 때 '필사(筆寫)의 기능과 가치'는 제시문의 중심 내용으로 적절하지 않다.

## 06 난도 ★★☆  정답 ②

고전 문학 > 고전 수필

정답의 이유

② 제시문은 책이 많을수록 배움이 거칠어지는 젊은이들의 문제점을 지적하며, 책을 그저 읽기만 하면 아무런 보탬이 되지 않으며 책을 제대로 읽어 내 것으로 만드는 것이 중요하다고 강조하고 있다. 이를 볼 때 ㉠은 '책을 많이 읽었지만 정작 내 것으로 만든 책은 적다.'는 의미라고 추론할 수 있다.

오답의 이유

① 1문단에서 '책장을 펼치기만 하면 게으른 마음이 생겨난다'라고 하였지만, ㉠은 책을 제대로 읽지 않는 것을 지적하는 것이다. 주변에 책이 많지만 게을러 읽지 못함을 의미하지는 않는다.
③ ㉠은 책을 제대로 읽지 않는 것을 지적하는 것이지, 많은 책을 소장하고 있어서 책을 소중히 생각하지 않음을 지적하는 것은 아니다.
④ ㉠은 책을 제대로 읽지 않는 것을 지적하는 것이다. 책이나 글을 백 번 읽으면 그 뜻이 저절로 이해된다는 내용과는 관련이 없다.

## 07 난도 ★★★  정답 ①

문법 > 통사론

정답의 이유

① '나는 어제 산 책을 다 읽었다.'는 관형사절 '(내가) 어제 사다'를 안고 있다. 또한 문장의 서술어 '읽었다'는 주어와 목적어를 필요로 하는 동사로, 〈보기〉의 조건을 모두 충족하고 있다.

오답의 이유

② '그의 성격은 자기 동생과 비슷하다.'는 관형사절을 안고 있지 않으며, 서술어 '비슷하다'는 주어만 필요로 하는 형용사이다.
③ '나는 항상 아침 일찍 운동을 나간다.'의 서술어 '나간다'는 주어와 목적어를 필요로 하지만, 관형사절을 안고 있지 않다.
④ '그는 바쁜 생활 때문에 많이 늙었다.'는 관형사절 '(생활이) 바쁘다'를 안고 있긴 하지만 서술어 '늙었다'는 주어만 필요로 하는 자동사이다.

## 08 난도 ★☆☆  정답 ③

비문학 > 화법

정답의 이유

③ '김 국장'이 교통 체증 문제를 해결하기 위하여 승용차 십부제와 같은 방법을 생각해 볼 수 있다고 발언하자, '윤 사장'은 영세한 사업가들은 하루 동안 차량 운행을 못한다면 매우 큰 손실이 발생한다며 상대의 의견에 반대하고 있다. '윤 사장'은 반대 의견만 내놓았을 뿐 다른 해결 방안을 제시하고 있지는 않으므로 '윤 사장은 상대의 의견에 반대하고 다른 해결 방안을 제시한다.'는 분석은 적절하지 않다.

오답의 이유
① 사회자는 우리나라의 교통 체증 문제는 매우 심각하다며, 이 문제에 대한 해결 방안을 말해 달라고 '교통 체증 해결 방안'이라는 토의 과제를 설명하고 있다.
② '김 국장'은 '승용차 십부제와 같은 방법을 생각해 볼 수 있습니다.'라며 교통 체증 해결 방안으로 승용차 십부제를 실시하자고 주장하고 있다.
④ '김 국장'과 '윤 사장'의 의견이 갈리자, 사회자는 '두 가지 의견을 조금 조정하면 어떻습니까?'라며 승용차 십부제 운행에서 상업용은 제외하는 등의 조정안을 제시하고 있다.

## 09 난도 ★★☆ 정답 ④

어휘 > 고유어

정답의 이유
④ '고지식하다'는 '성질이 외곬으로 곧아 융통성이 없다.'는 의미의 고유어이다.

오답의 이유
① 심지어(甚至於)는 '더욱 심하다 못하여 나중에는.'이라는 뜻의 한자어이다.
② 된장(된醬)은 '메주로 간장을 담근 뒤 장물을 떠내고 남은 건더기.'라는 뜻으로 고유어와 한자어로 이루어진 합성어이다.
③ 시소(Seesaw)는 '긴 널빤지의 한가운데를 괴어, 그 양쪽 끝에 사람이 타고 서로 오르락내리락하는 놀이기구.'라는 뜻의 외래어이다.

## 10 난도 ★★★ 정답 ③

문법 > 외래어 표기법

정답의 이유
③ 외래어 표기법 제3장 제1절 제10항에 따라, 따로 설 수 있는 말의 합성으로 이루어진 복합어는 그것을 구성하고 있는 말이 단독으로 쓰일 때의 표기대로 적는다. 따라서 'topknot[tɔpnɔt]'은 '톱놋'이라고 표기한다.

오답의 이유
① 외래어 표기법 제3장 제1절 제1항에서는 '짧은 모음 다음의 어말 무성 파열음, 짧은 모음과 유음 · 비음 이외의 자음 사이에 오는 무성 파열음' 외의 어말과 자음 앞의 [p], [t], [k]는 '으'를 붙여 적는다고 하였다. 따라서 'chipmunk[tʃipmʌŋk]'는 '치프멍크'라고 표기한다.
② 외래어 표기법 제3장 제1절 제1항에 따라 짧은 모음 다음의 어말 무성 파열음([p], [t], [k])은 받침으로 적는다. 따라서 'kidnap[kidnæp]'은 '키드냅'이라고 표기한다.
④ 외래어 표기법 제3장 제1절 제9항에 따르면 반모음 [j]는 뒤따르는 모음과 합쳐 '야', '얘', '여', '예', '요', '유', '이'로 적는다. 다만, [d], [l], [n] 다음에 [jə]가 올 때에는 각각 '디어', '리어', '니어'로 적는다. 따라서 'battalion[bətæljən]'은 '버탤리언'이라고 표기한다.

## 11 난도 ★★☆ 정답 ①

어휘 > 한자성어

정답의 이유
① 〈보기〉에서 형과 아우는 장날이 언제인지를 확인하고 그날이 오기만을 손꼽아 기다리고 있다. 이와 가장 어울리는 한자성어는 '학의 목처럼 목을 길게 빼고 간절히 기다림'을 뜻하는 '학수고대(鶴首苦待: 학 학, 머리 수, 괴로울 고, 기다릴 대)'이다.

오답의 이유
② 고진감래(苦盡甘來: 괴로울 고, 다할 진, 달 감, 올 래): 쓴 것이 다하면 단 것이 온다는 뜻으로, 고생 끝에 즐거움이 옴을 이르는 말
③ 감탄고토(甘呑苦吐: 달 감, 삼킬 탄, 괴로울 고, 토할 토): 달면 삼키고 쓰면 뱉는다는 뜻으로, 자신의 비위에 따라서 사리의 옳고 그름을 판단함을 이르는 말
④ 타산지석(他山之石: 다를 타, 뫼 산, 갈 지, 돌 석): 다른 산의 나쁜 돌이라도 자기 산의 옥돌을 가는 데에 쓸모가 있다는 뜻으로, 남의 하찮은 말이나 행동도 자신을 수양하는 데에 도움이 될 수 있음을 비유적으로 이르는 말

## 12 난도 ★★☆ 정답 ②

비문학 > 추론적 읽기

정답의 이유
② 제시문에서는 다른 종의 구성원은 같은 종의 구성원에 비하면 그렇게까지 직접적인 경쟁 상대가 아니라고 하였다. 사자와 영양의 예를 들어 다른 종 개체들의 이해관계가 첨예하게 대립하는 경우도 있다고 했을 뿐이다. 이를 볼 때 다른 종의 구성원들 간에 경쟁이 일어날 때에는 이해관계가 첨예하게 대립하는 경우뿐이라고 추론하는 것은 적절하지 않다.

오답의 이유
① '이 때문에 자원을 놓고 다른 종 간에 다툼이 생기는 경우는 그리 많지 않을 것이라 기대할 수 있으며, 이는 실제로도 그러하다.'를 볼 때 일반적으로 각각 다른 종의 구성원들 간의 경쟁은 같은 종의 구성원들 간의 경쟁보다 자주 발생하지 않는다고 추론하는 것은 적절하다.
③ '사자의 유전자는 자기의 생존 기계의 ~ 기관으로서 그 고기를 필요로 한다.'를 볼 때 사자가 필요로 하는 고기와 영양이 필요로 하는 고기는 그 용도가 다르다고 추론하는 것은 적절하다.
④ '가령 사자는 영양을 잡아먹고 싶어 하나 ~ 그렇게 보지 않을 이유가 없다.'를 볼 때 먹고 먹히는 이해관계가 있는 대상들이 생존을 두고 벌이는 경쟁도 근본적으로는 자원을 두고 벌이는 경쟁에 해당한다고 추론하는 것은 적절하다.

## 13 난도 ★★☆  정답 ④

**현대 문학 > 현대 시**

**정답의 이유**

④ 제시된 작품의 화자는 '고원'이라는 수직적 극한 상황, 절체절명의 상황에 처해 있다. 하지만 이에 대하여 '겨울은 강철로 된 무지갠가보다.'라며, '무지개'라는 희망을 상징하는 시어를 통해 부정적 상황을 초극하려는 강인한 의지를 드러내고 있다. 화자가 절망적인 상황에 대한 비관적인 태도를 지속적으로 드러낸다는 설명은 적절하지 않다.

**오답의 이유**

① '북방'은 일제 강점기의 억압과 탄압으로 인하여 화자가 처한 척박하고 냉혹한 수평적 한계를 의미한다. 따라서 화자가 수평적으로 펼쳐진 대지의 끝에서 '북방'이라는 현실의 극한점을 경험하고 있다는 설명은 적절하다.

② 화자는 서릿빨 칼날진 '고원'이라는 극한 상황에 처해 있지만 '어데다 무릎을 꾸러야하나?'라며 극한 상황의 극복을 위한 염원의 자세를 드러내고 있다. 따라서 화자가 무릎을 꿇어서라도 고통의 극한에서 살아남고자 하는 실존적 열망을 드러낸다는 설명은 적절하다.

③ '겨울은 강철로 된 무지갠가보다.'에서 '강철'은 단단하고 차가운 이미지로, 부정적 상황을 의미한다. 화자는 이를 따뜻함, 희망을 나타내는 '무지개'라고 역설적으로 표현하며 부정적 상황을 극복하려는 의지를 나타낸다. 따라서 화자가 단단하고 차가운 이미지와 이와 대비되는 이미지가 역설적으로 결합되어 있는 상황을 떠올리고 있다는 설명은 적절하다.

**작품 해설**

이육사, 「절정」

- 갈래: 자유시, 서정시, 저항시
- 성격: 상징적, 의지적, 저항적, 남성적, 지사적
- 주제: 극한 상황을 초극하려는 강인한 정신
- 특징
  - 역설적 표현을 통해 주제를 형상화함
  - 강렬한 상징어와 남성적 어조를 통해 강한 의지를 표현함

## 14 난도 ★★☆  정답 ③

**문법 > 표준 발음법**

**정답의 이유**

③ 〈보기 2〉의 밑줄 친 '부엌에서'는 '부엌'의 홑받침 'ㅋ' 뒤에 모음으로 시작되는 조사 '에서'가 결합한 형태이다. 따라서 〈보기 1〉의 ⓒ을 적용하여 [부어케서]라고 발음해야 한다.

**더 알아보기**

**표준 발음법 제4장 제13항**

홑받침이나 쌍받침이 모음으로 시작된 조사나 어미, 접미사와 결합되는 경우에는, 제 음가대로 뒤 음절 첫소리로 옮겨 발음한다.

| 깎아[까까] | 옷이[오시] | 있어[이써] | 낮이[나지] |
| 꽂아[꼬자] | 꽃을[꼬츨] | 쫓아[쪼차] | 밭에[바테] |
| 앞으로[아프로] | 덮이다[더피다] | | |

이 조항은 홑받침이나 쌍받침과 같이 하나의 자음으로 끝나는 말 뒤에 모음으로 시작하는 형식 형태소(조사, 어미, 접미사)가 결합할 때 받침을 어떻게 발음할 것인지를 규정하고 있다. 이런 경우 받침을 그대로 옮겨 뒤 음절 초성으로 발음하는 것이 국어의 원칙이며, 이것을 흔히 연음이라고 부른다.

현실 발음에서는 연음이 되어야만 하는 환경에서 연음이 되지 않아, 아래와 같이 잘못된 발음이 나타나기도 한다. 이러한 경우는 모두 연음을 적용하여 발음하는 것이 타당하므로 다음과 같이 발음하는 것이 옳다.

부엌이[부어기], 부엌을[부어글], 꽃이[꼬시], 꽃을[꼬슬] (×)
부엌이[부어키], 부엌을[부어클], 꽃이[꼬치], 꽃을[꼬츨] (○)

## 15 난도 ★★☆  정답 ④

**고전 문학 > 문학사**

**정답의 이유**

ㄹ. 삼국 시대에는 한자를 이용해서 우리말을 표기하는 향찰이 창안되면서 향가가 나타났다. 향가는 향찰로 표기된 정형화된 서정시로 작가층은 승려, 귀족, 평민 등 다양했다.

ㄴ. 경기체가는 고려 중엽 무신의 난 이후 정계에 등장한 신흥 사대부들이 향유한 노래이다. 노래 후렴구에 '경(景) 긔 엇더ᄒ니잇고' 또는 '경기하여(景幾何如)'라는 구절이 반복되어 '경기체가' 또는 '경기하여가'라고 한다.

ㄱ. 악장은 조선 초기 궁중의 국가 공식적인 행사에서 사용되던 노래 가사로, 조선 건국의 정당성을 밝히고 새로운 이념을 널리 전파하는 것을 목적으로 하였다. 주요 작품으로는 「용비어천가」, 「월인천강지곡」 등이 있다.

ㄷ. 조선 후기에는 국문이 널리 이용되면서 국문소설이 발달하였다. 평민층이 문학 창작과 향유에 적극 참여하였는데, 「춘향전」, 「심청전」, 「별주부전」 등 판소리 사설의 영향을 받아 소설로 정착된 판소리계 소설은 대중에게 큰 인기를 끌었다.

ㅁ. 19세기 말에서 20세기 초에 등장한 신소설은 고소설과 현대 소설 사이의 과도기적 작품이다. 신소설은 새로운 시대의 이념이나 사상을 다루었으며 일대기적 구성에서 벗어나 역순행적 구성으로 이루어졌고, 언문일치의 국문체를 사용하였다. 하지만 인물의 전형성과 평면성을 완전히 벗어나지는 못하였고, 사건의 우연성이 여전히 나타났다.

따라서 〈보기〉의 내용을 시간순으로 바르게 나열한 것은 ④ ㄹ - ㄴ - ㄱ - ㄷ - ㅁ이다.

## 16 난도 ★★☆ 정답 ①

**문법 > 한글 맞춤법**

[정답의 이유]

① 나는(○): 한글 맞춤법 제18항에 따라 어간 끝 받침 'ㄹ'이 'ㄴ'으로 시작하는 어미 앞에서 나타나지 않으면 나타나지 않는 대로 적는다. 따라서 어간 '날-'에 어미 '-는-'이 결합한 것은 'ㄹ'이 탈락된 '나는'으로 적는다.

[오답의 이유]

② 하늬바람(×) → 하늬바람(○): '하늬바람'은 'ㅢ'나 자음을 첫소리로 가지고 있는 음절의 'ㅢ'는 'ㅣ'로 소리 나는 경우가 있더라도 'ㅢ'로 적는다는 규정(한글 맞춤법 제9항)에 따라 '하니바람'으로 적지 않고 '하늬바람'으로 적는다.

③ 백분율(×) → 백분율(○): '백분율'은 모음이나 'ㄴ' 받침 뒤에 이어지는 '률'은 '율'로 적는다는 규정(한글 맞춤법 제11항)에 따라 '백분률'로 적지 않고 '백분율'로 적는다.

④ 별르다가(×) → 벼르다가(○): '르'로 끝나는 어간 뒤에 어미 '-아/-어'가 결합하여 'ㅡ'가 탈락하고 'ㄹ'이 덧붙는 경우, 바뀐 대로 적는다는 규정(한글 맞춤법 제18항)에 따라 '벼르-'가 '-어'와 결합한 경우에는 '별러, 별렀다' 등으로 적지만, '벼르-'가 '-다가'와 결합할 때에는 'ㄹ'이 덧붙지 않으므로 '벼르다가'로 적는다.

## 17 난도 ★★★ 정답 ④

**비문학 > 추론적 읽기**

[정답의 이유]

④ 이해조는 제시문에서 소설이라 하는 것은 풍속을 교정하고 사회를 경성하는 것, 즉 정신을 차려 그릇된 행동을 하지 않도록 일깨우는 것이 제일 목적이라고 하였다. 이를 볼 때 이해조는 소설이 담고 있는 메시지와 그 영향을 중요하게 생각한다고 추론할 수 있다. 따라서 이해조가 소설이 담고 있는 메시지보다 있을 법한 사실을 다뤄 독자의 재미를 일으키는 것이 더 중요하다고 본다는 설명은 적절하지 않다.

[오답의 이유]

① '빙공착영(憑空捉影: 의지할 빙, 빌 공, 잡을 착, 그림자 영)'은 허공에 의지해 그림자를 잡는다는 뜻으로, 허망한 언행 또는 이루어질 가망이 없음을 의미한다. 이를 볼 때 제시문에서 '빙공착영'은 소설의 허구성을 가리키는 용어로 쓰였다고 추론할 수 있다. 따라서 이해조가 소설이 허구적인 이야기라는 사실을 잘 이해하고 있다고 설명한 것은 적절하다.

② 이해조는 제시문에서 소설은 풍속을 교정하고 사회를 경성하는 것이 제일 목적인 바 그와 방불한 사람과 방불한 사실이 있고 보면 진진한 재미가 한층 더 생길 것이라 하였다. '방불하다'는 '거의 비슷하다'라는 의미이므로 사회와 비슷한 사람과 비슷한 사실이 있고 보면, 즉 소설 속 이야기가 현실과 비슷하면 비슷할수록 독자의 재미가 한층 더 생긴다는 것을 의미한다.

③ 이해조는 제시문에서 소설의 제일 목적이 풍속을 교정하고 사회를 경성하는 것이며, 이를 통해 읽는 사람이 회개하고 그 사실을 경계하는 좋은 영향이 있다고 하였다. 따라서 이해조가 소설 속 내용을 통해 풍속을 교정하고 사회를 일깨우는 좋은 영향을 줄 수 있다고 본다는 설명은 적절하다.

## 18 난도 ★★☆ 정답 ②

**어휘 > 한자성어**

[정답의 이유]

② '작자는 심청을 이상화시키고자 하여 다른 모든 설화에서 보여주지 못하는 효성을 그렸다.'를 통하여 〈보기〉에서 설명하는 작품의 주제는 '효성'이라는 것을 알 수 있다. '반포지효(反哺之孝: 돌이킬 반, 먹을 포, 갈 지, 효도 효)'는 '까마귀 새끼가 자라서 늙은 어미에게 먹이를 물어다 주는 효(孝)라는 뜻으로, 자식이 자란 후에 어버이의 은혜를 갚는 효성을 이르는 말이므로 작품의 주제를 가장 잘 보여주는 한자성어이다.

[오답의 이유]

① 금과옥조(金科玉條: 쇠 금, 품등 과, 구슬 옥, 가지 조): 금이나 옥처럼 귀중히 여겨 꼭 지켜야 할 법칙이나 규정

③ 금상첨화(錦上添花: 비단 금, 위 상, 더할 첨, 꽃 화): 비단 위에 꽃을 더한다는 뜻으로, 좋은 일 위에 또 좋은 일이 더하여짐을 비유적으로 이르는 말

④ 남가일몽(南柯一夢: 남녘 남, 가지 가, 하나 일, 꿈 몽): 꿈과 같이 헛된 한때의 부귀영화를 이르는 말

## 19 난도 ★★★ 정답 ④

**비문학 > 추론적 읽기**

[정답의 이유]

④ 2문단에 따르면 수메르어의 쐐기문자는 그림문자적 성격이 사라지면서 표의적, 추상적으로 바뀌었다가 이들 중 다수가 구술언어에 사용되던 음절의 일부를 표상하기 시작했다. 이를 볼 때 표의문자와 표음문자는 수메르어의 쐐기문자에서 발전했다고 추론할 수 있다. 따라서 표의문자와 표음문자는 전혀 다른 기원을 통해서 발전했다는 내용은 적절하지 않다.

[오답의 이유]

① 1문단의 '소설가 빅토르 위고는 ~ 의견을 제시했다.'를 볼 때 소설가 빅토르 위고가 이집트의 신성문자를 실재하는 이미지에 뿌리를 둔 그림문자로 생각했다고 추론하는 것은 적절하다.

② 2문단의 '그림문자적 성격이 사라진 상징은 보다 표의적, 추상적으로 바뀌었다.'를 볼 때 수메르어의 쐐기문자는 그림문자가 전달하기 어려운 추상적 개념까지도 직접 전달할 수 있도록 변천했다고 추론하는 것은 적절하다.

③ 1문단의 '그림문자는 시각 체계에 ~ 짝 짓기만 하면 되기 때문이다.'를 볼 때 그림문자는 문자의 시각적 이미지로 대상의 이름을 연상할 수 있다는 장점이 있다고 추론하는 것은 적절하다.

## 20 난도 ★★☆  정답 ③

**비문학 > 추론적 읽기**

[정답의 이유]

③ 〈보기〉의 (중략) 이후 단락에서 어둠 속에 있는 '그림자'와 이야기를 나누고, 내 환상 공간에 초대할 수 있어야 한다고 하였다. 또한 '그 절망과 우울을 가로지르지 않는다면, 나는 내 환상 공간을 지켜낼 수 없습니다.'라고 하였으므로 환상 공간에 절망과 우울함을 위한 자리는 없다는 설명은 적절하지 않다.

[오답의 이유]

① 1문단의 '현실에서 안 되는 게 ~ 출구를 찾을 수 있게 돕는 게 바로 환상입니다.'를 볼 때 환상 공간이 현실에서 출구를 찾을 수 있게 돕는다는 설명은 적절하다.

② 1문단의 '환상 공간이란 나만의 공간, 내가 좋아하는 공간, 내가 꿈꿀 수 있는 공간을 뜻합니다.'를 볼 때 환상 공간이 나를 나답게 만들어주는 역할을 한다는 설명은 적절하다.

④ 1문단의 '이 환상 공간이 있기에 그가 모든 것을 견디며 앞으로 나아갑니다.'를 볼 때 환상 공간이 현실을 견디며 앞으로 나아갈 수 있게 한다는 설명은 적절하다.

# 국어 | 2024년 제1회 서울시 9급

## 한눈에 훑어보기

### ✔ 영역 분석

**어휘** 02 04 11
3문항, 15%

**문법** 01 03 07 08 10 14 19 20
8문항, 40%

**고전 문학** 12 13 15
3문항, 15%

**현대 문학** 16
1문항, 5%

**비문학** 05 06 09 17 18
5문항, 25%

### ✔ 빠른 정답

| 01 | 02 | 03 | 04 | 05 | 06 | 07 | 08 | 09 | 10 |
|----|----|----|----|----|----|----|----|----|----|
| ④ | ③ | ① | ③ | ② | ① | ③ | ① | ③ | ④ |
| 11 | 12 | 13 | 14 | 15 | 16 | 17 | 18 | 19 | 20 |
| ① | ② | ④ | ③ | ③ | ② | ② | ④ | ④ | ② |

### ✔ 점수 체크

| 구분 | 1회독 | 2회독 | 3회독 |
|------|-------|-------|-------|
| 맞힌 문항 수 | / 20 | / 20 | / 20 |
| 나의 점수 | 점 | 점 | 점 |

---

**01** 난도 ★★☆　　　　　　　　　　　정답 ④

문법 > 통사론

[정답의 이유]

④ 제시된 문장의 주어는 '그의 간절한 소망은'이고 서술어는 '입사 시험에 합격하는 것이다'로 주어와 서술어의 호응이 자연스럽다.

[오답의 이유]

① '무릅쓰다'는 '힘들고 어려운 일을 참고 견디다.'라는 의미로, 목적어 '생명을'과 연결이 부자연스럽다. 따라서 '그는 위험을 무릅쓰고 아이를 구했다.' 또는 '그는 죽음을 무릅쓰고 아이를 구했다.'라고 쓰는 것이 적절하다.

② 높이려는 대상의 신체 부분, 소유물, 생각 등을 높임으로써 주체를 간접적으로 높이는 간접 높임에서는 '계시다'와 같은 높임의 어휘를 사용하지 않고, 서술어에 높임 선어말 어미 '-(으)시-'를 사용한다. 따라서 '아버지, 무슨 고민이 있으신가요?'라고 쓰는 것이 적절하다.

③ '보여지다'는 동사 '보다'의 어간 '보-'에 피동 접미사 '-이-'와 통사적 피동 표현인 '-어지다'를 결합한 것으로 불필요한 이중 표현이 사용되었다. 따라서 피동 접미사만을 사용한 '보이다'로 쓰는 것이 적절하다.

**02** 난도 ★★☆　　　　　　　　　　　정답 ③

어휘 > 한자어

[정답의 이유]

③ 비등(沸騰)하다: 물이 끓듯 떠들썩하게 일어나다.

[오답의 이유]

① 소정(所定): 정해진 바

② 질정(叱正): 꾸짖어 바로잡음

④ 호도(糊塗)하다: 명확하게 결말을 내지 않고 일시적으로 감추거나 흐지부지 덮어 버리다.

**03** 난도 ★★★　　　　　　　　　　　정답 ①

문법 > 표준 발음법

[정답의 이유]

① 장대비[장대삐/장댇삐](×) → [장때비](○): '빗줄기가 굵고 거세게 좍좍 내리는 비'라는 의미의 '장대비'는 [장때비]로 발음하는 것이 적절하다.

오답의 이유

② 장맛비[장마삐/장맏삐](○): 표준 발음법 제30항에 따르면 'ㄱ, ㄷ, ㅂ, ㅅ, ㅈ'으로 시작하는 단어 앞에 사이시옷이 올 때는 이들 자음만을 된소리로 발음하는 것을 원칙으로 하되, 사이시옷을 [ㄷ]으로 발음하는 것도 허용한다고 하였다. 따라서 '장맛비'는 [장마삐/장맏삐]로 발음하는 것을 모두 허용한다.

③ 안간힘[안깐힘/안간힘](○): 표준 발음법 제28항에 따르면 표기상으로는 사이시옷이 없더라도 관형격 기능을 지니는 사이시옷이 있어야 할(휴지가 성립되는) 합성어의 경우에는, 뒤 단어의 첫소리 'ㄱ, ㄷ, ㅂ, ㅅ, ㅈ'을 된소리로 발음한다고 하였다. 따라서 '안간힘'은 [안깐힘]으로 발음하는 것이 원칙이다. 다만, 현실에서는 [안간힘]으로 발음하는 경우가 많아 이 역시 표준 발음으로 인정되었다.

④ 효과[효:과/효:꽈](○): '효과'는 된소리로 발음할 이유가 없어 [효:과]로 발음하는 것이 원칙이다. 다만, 현실에서는 [효:꽈]로 발음하는 경우가 많아 이 역시 표준 발음으로 인정되었다.

## 04 난도 ★★☆  정답 ③

**어휘 > 한자어**

정답의 이유

③ 伏線(엎드릴 복, 선 선): 소설이나 희곡 따위에서, 앞으로 일어날 사건을 미리 독자에게 암시하는 것

오답의 이유

① 葛藤(칡 갈, 등나무 등): 소설이나 희곡에서, 등장인물 사이에 일어나는 대립과 충돌 또는 등장인물과 환경 사이의 모순과 대립을 이르는 말

② 隱喩(숨을 은, 깨달을 유): 사물의 상태나 움직임을 암시적으로 나타내는 수사법

④ 反映(돌이킬 반, 비출 영): 다른 것에 영향을 받아 어떤 현상이 나타남. 또는 어떤 현상을 나타냄

## 05 난도 ★☆☆  정답 ②

**비문학 > 사실적 읽기**

정답의 이유

② 제시된 글에서 철이 소화기관의 작용을 돕는다는 내용은 나타나지 않는다.

오답의 이유

① '철은 세균을 포함한 거의 모든 생명체에 들어 있는 아주 중요한 물질이다.'를 통해 세균에도 철이 들어 있다는 것을 확인할 수 있다.

③ '간에도 1g 정도가 들어 있다. 해독 작용에 철 원소가 필요한 까닭이다.'를 통해 간 속에 든 철이 해독 작용을 돕는다는 것을 확인할 수 있다.

④ '철의 절반 이상은 적혈구에 분포하고 산소를 운반하는 중책을 맡고 있다.'를 통해 적혈구 속의 철이 산소 운반에 관여한다는 것을 확인할 수 있다.

## 06 난도 ★★★  정답 ①

**비문학 > 글의 순서 파악**

정답의 이유

〈보기 1〉의 '그런데 괴델의 불완전성에 대한 증명이 집합론을 붕괴로 이끌지 않았다.'를 볼 때 〈보기 1〉 앞에는 공리계의 불완전성에 대한 괴델의 증명과 관련된 내용이 제시되어야 한다. 또한 〈보기 1〉의 마지막 문장 '마치 평행선 공리의 부정이 유클리드 기하학을 붕괴시키지 않고 ~ 공리계의 불완전성은 수학자의 작업이 결코 종결될 수 없음을 뜻했다.'를 볼 때 〈보기 1〉의 뒤에는 공리계의 불완전성으로 수학자의 작업이 종결되지 않음, 즉 새로운 수학의 탄생으로 이어진다는 내용이 제시되어야 한다.

①의 앞부분을 보면 '산술 체계를 포함하여 모순이 없는 모든 공리계에는 참이지만 증명할 수 없는 명제가 존재하며 또한 그 공리계는 자신의 무모순성을 증명할 수 없다.'라는 괴델의 불완전성에 대한 증명을 제시하고 있으며, ①의 뒷부분을 보면 '결정 불가능한 명제, 진리가 끝나기에 수학이 끝나는 지점이 아니라 ~ 새로운 수학이 시작되는 지점이 되었다.'라는 결정 불가능한 명제가 새로운 수학의 시작되는 지점이 되었다는 내용을 제시하고 있다. 따라서 〈보기 1〉을 ①에 삽입하는 것이 문맥상 가장 적절하다.

## 07 난도 ★★☆  정답 ③

**문법 > 음운론**

정답의 이유

③ '많다'는 어간 '많-'의 'ㅎ'과 어미 '-다'의 'ㄷ'이 합쳐져 'ㅌ'으로 축약되는 거센소리되기가 일어나 [만:타]로 발음한다.

오답의 이유

① '낯'은 받침소리로는 'ㄱ, ㄴ, ㄷ, ㄹ, ㅁ, ㅂ, ㅇ'의 7개 자음만 발음한다는 음절의 끝소리 규칙에 따라 'ㅊ'이 [ㄷ]으로 교체되어 [낟]으로 발음한다.

② '좁다'는 어간 '좁-'의 받침 'ㅂ' 뒤에 오는 'ㄷ'이 [ㄸ]으로 교체되는 된소리되기가 일어나 [좁:따]로 발음한다.

④ '나뭇잎'은 '나무'와 '잎'이 결합한 합성어로, 뒤 단어의 첫음절이 '이'로 시작하는 경우 [ㄴ]음이 첨가된다는 음운 첨가가 일어난다. 또한 음절의 끝소리 규칙에 따라 '나뭇잎'의 받침 'ㅅ, ㅍ'이 각각 [ㄷ], [ㅂ]으로 교체되므로 [나묻닙]으로 발음된다. 이때 받침 [ㄷ]은 [ㄴ] 앞에서 비음 [ㄴ]으로 교체되는 비음화가 일어나 최종적으로 [나문닙]으로 발음한다.

## 08 난도 ★☆☆  정답 ①

**문법 > 형태론**

정답의 이유

① '머무르다'는 '도중에 멈추거나 일시적으로 어떤 곳에 묵다.'라는 의미의 동사이다.

오답의 이유

② '젊다'는 '나이가 한창때에 있다.'라는 의미의 형용사이다.

③ '알맞다'는 '일정한 기준, 조건, 정도 따위에 넘치거나 모자라지 아니한 데가 있다.'라는 의미의 형용사이다.

④ '고맙다'는 '남이 베풀어 준 호의나 도움 따위에 대하여 마음이 흐뭇하고 즐겁다.'라는 의미의 형용사이다.

## 09  난도 ★★☆                                              정답 ③

**비문학 > 글의 순서 파악**

정답의 이유

- (다)의 '대체로 법과 질서를 따라야 하는 건 맞다.'라는 문장은 '법과 질서를 지키는 것이 시민의 의무일까?'라는 〈보기 1〉의 질문에 대한 답이므로 〈보기 1〉 뒤에 오는 것이 적절하다.
- (라)에서는 '법이 부당할 수 있다는 사실은 ~ 법을 통해 부정의한 사회질서가 만들어지고 집행된 경험을 통해 충분히 깨달았다.'라며 법이 부당할 수 있다는 내용을 제시하고 있다. 따라서 '부당한 법과 질서를 지키지 않는 것도 시민의 책무'라고 언급한 (다) 뒤에 오는 것이 적절하다.
- (나)의 '한국도'라는 표현을 통해 (나) 앞에는 한국 이외의 다른 나라에서 겪은 부정의한 시대에 대한 설명이 와야 함을 추론할 수 있다. 따라서 '나치의 반유대인 정책이나 남아프리카공화국의 아파르트헤이트'를 언급한 (라) 뒤에 오는 것이 적절하다.
- (가)의 내용을 통하여 '이'가 가리키는 것은 법의 외형을 가지고 있지만 권력자가 통치를 용이하게 만드는 수단임을 알 수 있다. 따라서 (가)는 '유신시대의 헌법과 긴급조치'를 언급한 (나) 뒤에 오는 것이 적절하다.

따라서 문맥에 맞게 순서대로 나열한 것은 ③ (다) - (라) - (나) - (가)이다.

## 10  난도 ★★★                                              정답 ④

**문법 > 고전 문법**

정답의 이유

④ 'ㆁ'은 아음(어금닛소리) 'ㄱ'의 이체자이고, 'ㆆ'은 후음(목구멍소리) 'ㅇ'에 획을 더한 가획자이다. 이체자는 소리의 세기와 상관없이 만들어진 글자이고, 가획자는 소리의 세기가 강해짐에 따라 기본자에 획을 더해 만든 글자이다. 따라서 자음 ㆁ, ㆆ이 발음되는 순간의 조음 기관을 상형한 것이라는 설명은 적절하지 않다.

오답의 이유

① 훈민정음의 기본자는 'ㄱ, ㄴ, ㅁ, ㅅ, ㅇ'으로 조음 기관의 모양을 본떠서 만들었다. 가획자는 소리의 세기에 따라 기본자에 획을 하나 또는 둘을 더해 만든 것으로 'ㅋ, ㄷ, ㅌ, ㅂ, ㅍ, ㅈ, ㅊ, ㆆ, ㅎ' 등이 있다. 따라서 기본자와 가획자는 조음 기관의 모양을 공유한다는 설명은 적절하다.

② 가획자는 소리의 세기에 따라 기본자에 획을 더하여 만든 것이다. 순음 'ㅁ'에 획을 더하면 'ㅂ', 'ㅍ'이 되고 그 글자가 나타내는 소리의 세기는 더욱 세진다. 따라서 순음은 가획될수록 음성학적 강도가 더 세진다는 설명은 적절하다.

③ 'ㅿ, ㄹ'은 소리의 세기와 상관없이 획을 더하여 만든 이체자이다.

**더 알아보기**

훈민정음 자음 체계

| 자음 체계 | 상형 원리 | 기본자 | 가획자 | 이체자 |
|---|---|---|---|---|
| 어금닛소리 [牙音(아음)] | 象舌根閉喉之形 (혀뿌리가 목구멍을 막는 모양을 상형) | ㄱ | ㅋ | ㆁ |
| 혓소리 [舌音(설음)] | 象舌附上齶之形 (혀가 윗잇몸에 붙는 모양을 상형) | ㄴ | ㄷ, ㅌ | ㄹ |
| 입술소리 [脣音(순음)] | 象口形 (입의 모양을 상형) | ㅁ | ㅂ, ㅍ | |
| 잇소리 [齒音(치음)] | 象齒形 (이의 모양을 상형) | ㅅ | ㅈ, ㅊ | ㅿ |
| 목구멍소리 [喉音(후음)] | 象喉形 (목구멍의 모양을 상형) | ㅇ | ㆆ, ㅎ | |

## 11  난도 ★★☆                                              정답 ①

**어휘 > 한자어**

정답의 이유

① • 백척간두(百尺竿頭: 일백 백, 자 척, 낚싯대 간, 머리 두): 백 자나 되는 높은 장대 위에 올라섰다는 뜻으로, 몹시 어렵고 위태로운 지경을 이르는 말
• 백해무익(百害無益: 일백 백, 해로울 해, 없을 무, 더할 익): 해롭기만 하고 하나도 이로운 바가 없음

오답의 이유

• 명명백백(明明白白: 밝을 명, 밝을 명, 흰 백, 흰 백): 의심할 여지가 없이 아주 뚜렷함
• 백중지세(伯仲之勢: 맏 백, 버금 중, 갈 지, 기세 세): 서로 우열을 가리기 힘든 형세

## 12  난도 ★★★                                              정답 ②

**고전 문학 > 고전 소설**

정답의 이유

② 일반적으로 영웅 소설의 주인공은 천상인의 하강으로 태어나 조력자의 도움을 받아 어려움을 이겨 내는 운명론적 전개를 보인다. 하지만 제시된 작품에서 길동은 홍 판서의 서자로 태어났으며, 탁월한 무예와 지략으로 누구의 도움도 받지 않고 위기를 극복하며 주체적으로 운명을 개척한다. 따라서 주인공이 천상인의 하강으로 태어나 하늘의 도움을 받는다는 설명은 적절하지 않다.

오답의 이유

① 신화나 전설에서 발견되는 영웅의 일대기는 '고귀한 혈통 - 비정상적 출생 - 비범한 능력 - 어려서 위기를 겪고 죽을 고비에 이름 - 조력자를 만나 위기를 벗어남 - 자라서 다시 위기에 부딪힘 - 위기를 극복해 승리자가 됨'과 같은 구조를 갖는다. 제시된 작품 역시 '판서의 아들 - 시비 춘섬에게서 태어난 서자 - 총명하

고 도술에 능함 – 계모가 자객을 시켜 죽이려 함 – 자객을 죽이고 위기를 벗어남 – 나라에서 길동을 잡아들이려 함 – 율도국의 왕이 됨'이라는 영웅의 일대기와 상통하는 구조를 지니고 있다.
③ 제시된 작품은 주인공 홍길동을 당시에 소외 계층으로 여겨졌던 서자로 설정하여 적서 차별과 비리가 만연한 관료 사회 등을 비판하고 있다.
④ 제시된 작품에서 길동은 도적의 무리를 규합하여 활빈당이라는 조직을 만들고, 이를 근간으로 탐관오리를 응징하고 어려운 백성을 구제한다. 이러한 의적 소설 계보는 『임꺽정』이나 『장길산』 등으로 계승된다.

> **작품 해설**

허균, 「홍길동전」
- 갈래: 고전 소설, 국문 소설, 영웅 소설
- 성격: 현실 비판적, 영웅적, 전기적
- 주제: 적서 차별과 봉건적 계급 타파, 탐관오리 규탄과 빈민 구제
- 특징
  - 최초의 한글 소설
  - 사회 제도의 불합리성을 다룬 사회 소설의 선구적 작품

## 13 난도 ★★☆  정답 ④

고전 문학 > 고전 시가

[정답의 이유]

④ 제시된 작품에서 화자는 '보리밥과 풋나물을 알맞게 먹고 바위에서 실컷 놀겠다'며 자연 속에서 한가롭고 소박하게 사는 즐거움을 노래하고 있다. 따라서 제시된 작품에서 드러나는 화자의 태도로 가장 적절한 것은 '가난한 생활을 하면서도 편안한 마음으로 도를 즐겨 지킴'을 의미하는 安貧樂道(안빈낙도)이다.
- 安貧樂道: 편안할 안, 가난할 빈, 즐길 낙, 길 도

[오답의 이유]

① 不立文字(불립문자): 불도의 깨달음은 마음에서 마음으로 전하는 것이므로 말이나 글에 의지하지 않는다는 말
- 不立文字: 아닐 불, 설 립, 글월 문, 글자 자
② 緣木求魚(연목구어): 나무에 올라가서 물고기를 구한다는 뜻으로, 도저히 불가능한 일을 굳이 하려 함을 비유적으로 이르는 말
- 緣木求魚: 인연 연, 나무 목, 구할 구, 물고기 어
③ 言語道斷(언어도단): 말할 길이 끊어졌다는 뜻으로, 어이가 없어서 말하려 해도 말할 수 없음을 이르는 말
- 言語道斷: 말씀 언, 말씀 어, 길 도, 끊을 단

> **작품 해설**

윤선도, 「만흥(漫興)」
- 갈래: 평시조, 연시조(전6수)
- 성격: 자연 친화적, 강호 한정가
- 주제: 자연 속에 묻혀 생활하는 즐거움과 임금의 은혜
- 특징
  - '자연'과 '속세'를 의미하는 대조적 시어를 사용함
  - 중국 고사를 인용하여 작가의 안분지족, 자연 친화, 현실 도피적 태도를 드러냄

## 14 난도 ★★☆  정답 ③

문법 > 통사론

[정답의 이유]

③ '그 집에서 오늘 돌잔치가 있어.'는 주어가 '돌잔치가'이고 서술어는 '있어'로, 주어와 서술어가 하나씩 있는 홑문장이다.

[오답의 이유]

① '예쁜 꽃이 피었네.'는 '(꽃이) 예쁘다'라는 관형절을 안은문장이다.
② '누가 그런 일을 한다고 그래.'는 '누가 그런 일을 한다'라는 인용절을 안은문장이다.
④ '모두가 따뜻한 봄이 오기를 기다리고 있지.'는 '봄이 오다'라는 문장이 전체 문장에서 목적어 역할을 하는 명사절을 안은문장이다.

## 15 난도 ★★☆  정답 ③

고전 문학 > 고전 수필

[정답의 이유]

제시된 글에서 글쓴이는 코끼리의 외양에 대하여 구체적이고 상세하게 묘사하고, 코끼리의 모습에 대한 사람들의 의견을 제시하고 있다. '혹은 코끼리 다리가 다섯이라고도 하고, 혹은 눈이 쥐눈 같다고 하는 것은 대개 코끼리를 볼 때는 코와 어금니 사이를 주목하는 까닭이니 ~ 이렇게 영뚱한 추측이 생길 만하나.'를 볼 때 글쓴이는 부분만 보고 전체를 보지 못하는 사람들의 태도를 지적하고 있다. 따라서 글쓴이가 바라본 사람들의 인식 태도와 가장 부합하는 속담은 '부분만 보고 전체는 보지 못하는 근시안적인 행동을 비유적으로 이르는 말'인 '나무만 보고 숲은 보지 못한다'이다.

[오답의 이유]

① 쇠귀에 경 읽기: 소의 귀에 대고 경을 읽어 봐야 단 한 마디도 알아듣지 못한다는 뜻으로, 아무리 가르치고 일러 주어도 알아듣지 못하거나 효과가 없는 경우를 이르는 말
② 눈 가리고 아옹한다: 실제로 보람도 없을 일을 공연히 형식적으로 하는 체하며 부질없는 짓을 함을 비유적으로 이르는 말
④ 밤새도록 곡하고서 누구 초상인지 묻는다: 죽었다고 하여 밤새도록 슬피 울었으나 누가 죽었는지도 모르고 있다는 뜻으로, 애써 일을 하면서도 그 일의 내용이나 영문을 모르고 맹목적으로 하는 행동을 비꼬는 말

**작품 해설**

박지원, 「상기(象記)」
- 갈래: 고전 수필, 기(記)
- 성격: 교훈적, 묘사적
- 주제: 획일적 이치로 만물을 바라보는 고정 관념의 경계
- 특징
  - 작가의 경험을 바탕으로 철학적 진리를 전달함
  - 문답법을 사용하여 주장을 논리적으로 입증함
  - 논리적 근거를 들어 사회 통념을 반박함

## 16 난도 ★★★  정답 ②

**현대 문학 > 현대 시**

[정답의 이유]
- (나)는 최남선의 신체시 「해에게서 소년에게」로, 1908년 11월 『소년』 창간호에 발표되었다. 선진 문화를 수용하여 힘 있고 활기찬 새 사회를 건설하고자 하는 열망을 담은 작품이다.
- (다)는 김소월의 「바라건대는 우리에게 우리의 보습 대일 땅이 있었더면」으로, 1925년 시집 『진달래꽃』을 통하여 발표되었다. 땅을 빼앗긴 절망적 현실과 현실 극복 의지를 담은 작품이다.
- (라)는 윤동주의 「쉽게 씌어진 시」로, 작자가 일본 유학 중이던 1942년에 창작되었으며 1947년 『경향신문』에 처음으로 발표되었다. 일제 강점기 어두운 현실 상황과 화자의 자아 성찰, 현실 극복에 대한 의지를 담은 작품이다.
- (가)는 김수영의 「풀」로, 1968년 5월 발표되었다. 작가가 1968년 6월 사고로 죽기 직전 쓴 마지막 작품으로 민중의 끈질긴 생명력과 민중을 억압하는 세력을 각각 '풀'과 '바람'에 비유하여 강인한 의지로 고통을 이겨내는 민중의 모습을 담은 작품이다.

따라서 〈보기〉의 시를 발표된 순서대로 바르게 나열한 것은 ② (나) - (다) - (라) - (가)이다.

**작품 해설**

(가) 김수영, 「풀」
- 갈래: 자유시, 주지시, 참여시
- 성격: 상징적, 주지적, 비판적, 참여적, 의지적
- 주제: 민중의 끈질긴 생명력
- 특징
  - 상징적 시어의 대립 구조를 통해 주제를 드러냄
  - 반복법과 대구법을 사용하여 리듬감을 형성함

(나) 최남선, 「해에게서 소년에게」
- 갈래: 신체시
- 성격: 계몽적, 낙관적
- 주제: 소년에 대한 희망과 기대
- 특징
  - 최초의 신체시
  - 남성적 어조를 사용함

(다) 김소월, 「바라건대는 우리에게 우리의 보습 대일 땅이 있었더면」
- 갈래: 자유시, 서정시
- 성격: 저항적, 의지적, 현실 참여적
- 주제: 땅을 잃은 슬픔과 되찾고자 하는 의지
- 특징
  - 절망에서 의지적 어조로의 변화로 시상을 전개함
  - 영탄법과 도치법을 통하여 고통을 이겨내고자 하는 의지를 드러냄

(라) 윤동주, 「쉽게 씌어진 시」
- 갈래: 자유시, 서정시
- 성격: 고백적, 성찰적, 반성적, 의지적
- 주제: 암담한 현실 속에서의 자기 성찰과 현실 극복 의지
- 특징
  - 자기 성찰적 태도에서 미래 지향적 태도로 시상의 전환이 나타남
  - 이미지의 명암 대비를 통하여 화자의 내면을 드러냄

## 17 난도 ★★☆  정답 ②

**비문학 > 사실적 읽기**

[정답의 이유]
② '논리 그 자체가 우리의 이성을 작동하는 사고 언어의 기초가 되어야만 한다고 주장하기에 이른 것이다.'를 통해 인공지능이라는 새로운 학문 분야가 발전하면서 논리 그 자체가 사고 언어의 기초가 되어야만 한다는 주장이 나왔음을 알 수 있다. 하지만 인공지능이 사고 언어를 개발하는 출발이 되었는지는 나타나지 않는다.

[오답의 이유]
① '컴퓨터에 기반한 지능 모델 구축이 목표였던 인공지능이라는 새로운 학문 분야가 발전하면서 더 대담한 시도가 이루어졌다.'를 통해 인공지능의 목표는 지능 모델의 구축이었다는 것을 알 수 있다.
③ '언어를 이해하거나 말하기 위해서는 명백히 무질서한 수천 개의 언어 감각을 인간 정신 속에 어떤 식으로든 내재된 하나의 단일한 논리 언어에 대응할 수 있어야만 한다.'를 통해 언어의 이해는 언어와 논리 언어와의 대응을 통해 가능해진다는 것을 알 수 있다.
④ '수학적 논리로부터 얻은 아이디어를 도구 삼아 실제 인간 언어의 복잡성을 (단순히 제거하는 대신에) 분석하기 시작했다.'를 통해 언어 복잡성의 분석은 수학적 논리를 바탕으로 수행되었다는 것을 알 수 있다.

## 18 난도 ★★☆　　　　　　　　　　　　　　　　정답 ④

비문학 > 사실적 읽기

정답의 이유

④ '가독성을 높이려고 번역하기 어렵거나 제대로 이해하지 못하는 부분은 생략해 버리고 번역하는 번역가들이 의외로 많다.'를 통해 번역가들은 정확성이 아닌 가독성을 높이기 위해 원문의 내용을 생략하고 번역하기도 함을 알 수 있다.

오답의 이유

① "또한 쉽게 읽히기만 하면 '좋은' 번역이라고 생각하는 독자들이 생각 밖으로 많다."를 통해 가독성이 좋으면 좋은 번역이라고 생각하는 독자들이 많음을 확인할 수 있다.
② '정확성이 뒷받침되지 않는 가독성은 이렇다 할 의미가 없기 때문이다.'를 통해 번역가들은 가독성뿐 아니라 정확성도 중요하게 간주하여야 함을 확인할 수 있다.
③ '그러나 그 잘라낸 잔가지 속에 작품 특유의 문체와 심오한 의미가 들어 있다면 어떻게 될까?'를 통해 번역 과정에서 생략된 부분에 심오한 의미가 들어있을 수 있음을 확인할 수 있다.

## 19 난도 ★★☆　　　　　　　　　　　　　　　　정답 ④

문법 > 한글 맞춤법

정답의 이유

④ '핏기'는 순우리말인 '피'와 한자어인 '기(氣)'가 결합한 합성어로, [피끼] 또는 [핃끼]로 발음한다. 따라서 한글 맞춤법 제30항 '2.'의 순우리말과 한자어로 된 합성어로서 앞말이 모음으로 끝나고 뒷말의 첫소리가 된소리로 나는 경우에 해당한다.

오답의 이유

①·②·③ 모두 순우리말로 된 합성어이다. 앞말이 모음으로 끝나고 뒷말의 첫소리가 된소리로 나는 경우로, 사이시옷을 받치어 적는다.
① '뱃길'은 순우리말인 '배'와 '길'이 결합한 합성어로 [배낄] 또는 [밷낄]로 발음한다.
② '잇자국'은 순우리말인 '이'와 '자국'이 결합한 합성어로 [이짜국] 또는 [읻짜국]으로 발음한다.
③ '잿더미'는 순우리말인 '재'와 '더미'가 결합한 합성어로 [재떠미] 또는 [잳떠미]로 발음한다.

## 20 난도 ★★☆　　　　　　　　　　　　　　　　정답 ②

문법 > 의미론

정답의 이유

② 조건을 부쳐(×) → 조건을 붙여(○): 제시된 문장에서 '조건, 이유, 구실 따위를 딸리게 하다.'라는 의미로 사용되었으므로 '붙이다'가 적절하다.

오답의 이유

① 편지를 부친다(○): '편지나 물건 따위를 일정한 수단이나 방법을 써서 상대에게로 보내다.'라는 뜻의 '부치다'가 사용되었으므로 적절하다.
③ 실력이 부친다(○): '모자라거나 미치지 못하다.'라는 뜻의 '부치다'가 사용되었으므로 적절하다.
④ 부치는 글(○): '어떤 행사나 특별한 날에 즈음하여 어떤 의견을 나타내다.'라는 뜻의 '부치다'가 사용되었으므로 적절하다.

# 국어 | 2024년 제2회 서울시 9급

## 한눈에 훑어보기

### ✓ 영역 분석

**어휘** 05 14 16 17
4문항, 20%

**문법** 01 02 03 06 08 11 12
7문항, 35%

**고전 문학** 10 18
2문항, 10%

**현대 문학** 09 15
2문항, 10%

**비문학** 04 07 13 19 20
5문항, 25%

### ✓ 빠른 정답

| 01 | 02 | 03 | 04 | 05 | 06 | 07 | 08 | 09 | 10 |
|----|----|----|----|----|----|----|----|----|----|
| ③ | ② | ① | ④ | ④ | ③ | ④ | ③ | ① | ③ |
| 11 | 12 | 13 | 14 | 15 | 16 | 17 | 18 | 19 | 20 |
| ① | ④ | ② | ③ | ① | ④ | ③ | ① | ④ | ② |

### ✓ 점수 체크

| 구분 | 1회독 | 2회독 | 3회독 |
|------|-------|-------|-------|
| 맞힌 문항 수 | / 20 | / 20 | / 20 |
| 나의 점수 | 점 | 점 | 점 |

---

## 01 난도 ★★☆  정답 ③

**문법 > 음운론**

**정답의 이유**

③ '들러서'의 기본형 '들르다'는 모음 'ㅡ'로 끝나는 어간이 모음 'ㅓ'와 결합할 때 'ㅡ'가 탈락하는 'ㅡ' 탈락 용언이다. 따라서 'ㄹ' 탈락 용언인 나머지와 음운 탈락의 유형이 다르다.

**오답의 이유**

① '사노라면'의 기본형 '살다'는 용언 어간의 끝소리 'ㄹ'이 어미 '-노라면'의 첫소리 'ㄴ' 앞에서 탈락하는 'ㄹ' 탈락 용언이다.
② '만드시던'의 기본형 '만들다'는 용언 어간의 끝소리 'ㄹ'이 선어말 어미 '-시-'의 첫소리 'ㅅ' 앞에서 탈락하는 'ㄹ' 탈락 용언이다.
④ '드뭅니다'의 기본형 '드물다'는 용언 어간의 끝소리 'ㄹ'이 어미 '-ㅂ니다'의 첫소리 'ㅂ' 앞에서 탈락하는 'ㄹ' 탈락 용언이다.

## 02 난도 ★★☆  정답 ②

**문법 > 의미론**

**정답의 이유**

② 두 단어 사이를 상호 배타적인 두 구역으로 나누어 중간항이 없는 반의어를 '상보 반의어'라 하고, 두 단어 사이에 중간항이 존재하는 경우를 '정도 반의어', 마주 선 방향에 따라 상대적으로 관계를 형성하는 반의어를 '방향 반의어'라고 한다. '살다 ↔ 죽다'는 중간항이 없는 상보 반의어이다. 따라서 정도 반의어인 나머지와 반의 관계의 유형이 다르다.

**오답의 이유**

①·③·④ '길다 ↔ 짧다', '좋다 ↔ 나쁘다', '춥다 ↔ 덥다'는 중간항이 있으며 두 단어를 동시에 부정하는 것이 가능한 정도 반의어이다.

**더 알아보기**

반의 관계

| 상보 반의어 | • 의미 영역이 배타적으로 양분되는 것으로, 중간항이 없다.<br>• 한쪽 단어를 부정하면 다른 쪽 단어를 긍정하게 된다.<br>• 두 단어를 동시에 부정하거나 긍정하면 모순이 발생한다.<br>예 남자:여자, 죽다:살다, 있다:없다, 알다:모르다 |
|---|---|
| 정도 반의어 | • 정도를 표현하는 것으로, 중간항이 있다.<br>• 두 단어를 동시에 부정하거나 긍정할 수 있다.<br>예 높다:낮다, 밝다:어둡다, 덥다:춥다, 뜨겁다:차갑다 |
| 방향 반의어 | • 마주 선 방향에 따라 상대적 관계를 형성한다.<br>• 관계 또는 이동의 측면에서 의미의 대립을 갖는다.<br>예 위:아래, 부모:자식, 형:동생, 가다:오다 |

## 03 난도 ★★☆  정답 ①

문법 > 형태론

정답의 이유

① '하늘 높은 줄 모르고 날뛴다.'의 '하늘'과 '어머니의 사랑이 하늘에 닿았다.'의 '하늘'은 모두 명사이다.

오답의 이유

② '오늘이 바로 내가 태어난 날이다.'의 '오늘'은 '지금 지나가고 있는 이날'을 뜻하는 명사이고, '오늘 해야 할 일을 내일로 미루지 말자.'의 '오늘'은 '지금 지나가고 있는 이날에'를 뜻하는 부사이다.
③ '나는 네가 하라는 대로 다 했다.'의 '대로'는 '어떤 모양이나 상태와 같이'를 뜻하는 의존 명사이고, '나는 네 말대로 다 했다.'의 '대로'는 '앞에 오는 말에 근거하거나 달라짐이 없음'을 나타내는 보조사이다.
④ '그는 낭만적 성향을 지닌 사람이다.'의 '낭만적'은 '현실에 매이지 않고 감상적이고 이상적으로 사물을 대하는'을 뜻하는 관형사이고, '그는 낭만적인 사람이다.'의 '낭만적'은 '현실에 매이지 않고 감상적이고 이상적으로 사물을 대하는 것'을 뜻하는 명사이다.

## 04 난도 ★☆☆  정답 ④

비문학 > 사실적 읽기

정답의 이유

④ '예전에 농경사회에서 왜 아이를 많이 낳았을까? 아이들이 농사짓는 노동력이 될 수 있고, 내가 늙으면 그들이 나를 부양해 줄 것이기 때문이다.'를 통해 농경사회에서 아이를 많이 낳은 이유는 경제적 이해와 관련이 있음을 알 수 있다.

오답의 이유

① 농경사회에서 피임이 불가능했기 때문에 아이를 많이 낳았다는 내용은 나타나지 않는다.
② 제시된 글에서 부모는 자녀를 20년 남짓 키우면 끝이고 그다음부터는 자녀가 부모를 부양한다고 하였다. 성장한 자녀 중의 일부는 부모를 부양하지 않았다는 내용은 나타나지 않는다.
③ '부유한 가정에서 자녀를 덜 낳는 이유도 이런 맥락에서 생각해 볼 수 있다. 자녀가 훗날 나를 먹여 살려야 할 필요가 없으니 굳이 많이 낳지 않는 것이다.'를 통해 부유한 가정은 자녀가 부모를 먹여 살려야 할 필요가 없기 때문에 많이 낳지 않았음을 알 수 있다.

## 05 난도 ★★★  정답 ④

어휘 > 한자성어

정답의 이유

④ 견문발검(見蚊拔劍)은 모기를 보고 칼을 뺀다는 뜻으로, 사소한 일에 크게 성내어 덤빔을 이르는 말이다. 그러나 〈보기〉에서는 조그만 일에 경거망동하지 않는 자세로 나아가야 한다고 했으므로 '견문발검'은 맥락에 적절하지 않은 사자성어이다.
  • 見蚊拔劍: 볼 견, 모기 문, 뺄 발, 칼 검

오답의 이유

① 새옹지마(塞翁之馬): 인생의 길흉화복은 변화가 많아서 예측하기 어렵다는 말
  • 塞翁之馬: 변방 새, 늙은이 옹, 갈 지, 말 마
② 만시지탄(晚時之歎): 시기에 늦어 기회를 놓쳤음을 안타까워하는 탄식
  • 晚時之歎: 늦을 만, 때 시, 갈 지, 탄식할 탄
③ 견위수명(見危授命): 나라의 위태로운 지경을 보고 목숨을 바쳐 나라를 위해 싸우는 것을 말함
  • 見危授命: 볼 견, 위태할 위, 줄 수, 목숨 명

## 06 난도 ★★☆  정답 ③

문법 > 한글 맞춤법

정답의 이유

③ 한글 맞춤법 제23항 [붙임]에 따르면 '-하다'나 '-거리다'가 붙을 수 없는 어근에 '-이'나 또는 다른 모음으로 시작하는 접미사가 붙어서 명사가 된 것은 그 원형을 밝히어 적지 아니한다. '얼룩'은 '얼룩하다'나 '얼룩거리다'가 나타나지 않으므로 한글 맞춤법 제23항 [붙임]의 규정을 따라 '얼루기'라고 적어야 한다.

오답의 이유

① '꿀꿀이'는 '-거리다'가 붙는 어근 '꿀꿀'에 '-이'가 붙어서 명사가 된 것으로 그 원형을 밝히어 적는다.
② '삐죽이'는 '-거리다'가 붙는 어근 '삐죽'에 '-이'가 붙어서 명사가 된 것으로 그 원형을 밝히어 적는다.
④ '홀쭉이'는 '-하다'가 붙는 어근 '홀쭉'에 '-이'가 붙어서 명사가 된 것으로 그 원형을 밝히어 적는다.

## 07 난도 ★★☆  정답 ④

비문학 > 글의 순서 파악

정답의 이유

• (다)에서는 비판적 사고와 그에 대한 비판이라는 글의 화제를 제시하고 있으므로 글의 도입에 오는 것이 적절하다.
• (나)의 '이러한 비판'은 (다)의 '비판적 사고가 어떤 체계 내에서 이루어지는 수렴적 사고라는 점에서 현대 다원주의 사회에 부적합하다는 비판'을 가리키므로 (다) 다음에 오는 것이 적절하다.
• (나)에서 비판적 사고를 수렴적 사고로 제한하는 전제에 대해 생각해 볼 필요가 있다고 하였으므로 비판적 사고가 좁은 의미에서 수렴적 사고에 해당하지만, 거기에만 한정되지는 않는다는 내용을 제시한 (가)는 (나) 다음에 오는 것이 적절하다. 또한 마지막 문단에서 비판적 사고가 대안적 사고를 할 수도 있기 때문에 발산적 사고 일부를 포함한다며, 비판적 사고가 수렴적 사고에 한정되지 않는 구체적인 내용이 나타나므로 (가)는 마지막 문단 앞에 와야 한다.

따라서 문맥에 맞게 순서대로 나열한 것은 ④ (다) - (나) - (가)이다.

## 08 난도 ★★★  정답 ②

**문법 > 표준 발음법**

[정답의 이유]

② 늑막염[능마겸](×) → [능망념](○): 표준 발음법 제29항에 따르면 합성어 및 파생어에서, 앞 단어나 접두사의 끝이 자음이고 뒤 단어나 접미사의 첫음절이 '이, 야, 여, 요, 유'인 경우에는 'ㄴ' 음을 첨가하여 [니, 냐, 녀, 뇨, 뉴]로 발음한다. 이에 따라 '늑막'과 '염'이 결합한 합성어인 '늑막염'도 앞 단어가 'ㄱ'으로 끝나고 뒤 단어가 '여'로 시작하므로 'ㄴ' 음을 첨가하여 [늑막념]으로 발음한다. 그리고 표준 발음법 제18항에 따라 'ㄱ'이 'ㄴ' 앞에서 [ㅇ]으로 발음되는 비음화가 일어나므로 [능망념]이 표준 발음이 된다.

[오답의 이유]

① 피었다[피얻따](○): 표준 발음법 제22항에 따르면 '되어' '피어' 같은 용언의 어미는 [어]로 발음함을 원칙으로 하되, [여]로 발음함도 허용한다. 또한 받침소리로는 'ㄱ, ㄴ, ㄷ, ㄹ, ㅁ, ㅂ, ㅇ'의 7개 자음만 발음한다는 제8항의 규정과 받침 'ㄱ(ㄲ, ㅋ, ㄳ, ㄺ), ㄷ(ㅅ, ㅆ, ㅈ, ㅊ, ㅌ), ㅂ(ㅍ, ㄼ, ㄿ, ㅄ)' 뒤에 연결되는 'ㄱ, ㄷ, ㅂ, ㅅ, ㅈ'은 된소리로 발음한다는 제23항의 규정에 따라 따라서 '피었다'는 [피어따/피얻따]로 발음한다.

③ 금융[그뮹](○): '금융(金融)'은 한자어로 이루어진 합성어로, 앞 단어가 'ㅁ'으로 끝나고 뒤 단어가 '유'로 시작한다. 따라서 표준 발음법 제29항에 의해 'ㄴ' 음을 첨가하여 [금늉]이라고 발음하는 것이 원칙이다. 그런데 표준 발음법 제29항 '다만'에서는 '금융'을 [그뮹]으로 발음할 수 있다고 하였다. 따라서 '금융'은 [금늉/그뮹]으로 발음한다.

④ 넓고[널꼬](○): 표준 발음법 제10항에 따르면 겹받침 'ㄳ', 'ㄵ', 'ㄼ, ㄽ, ㄾ', 'ㅄ'은 어말 또는 자음 앞에서 각각 [ㄱ, ㄴ, ㄹ, ㅂ]으로 발음한다. '넓고'는 받침 'ㄼ' 뒤에 자음이 이어지므로 [널꼬]로 발음한다.

## 09 난도 ★★☆  정답 ①

**현대 문학 > 현대 시**

[정답의 이유]

① 제시된 작품은 새로운 세계에 대한 동경과 그에 따른 좌절감을 '흰색'과 '푸른색'의 선명한 색채 이미지의 대비를 통하여 표현한 작품이다. 작품에 반어적인 표현을 통해 주제 의식을 강화하는 부분은 나타나지 않는다.

[오답의 이유]

② '흰나비'와 '바다', '새파란 초생달'이라는 색채의 대비를 통하여 새로운 세계에 대한 동경과 그에 따른 좌절이라는 주제를 형상화하고 있다.

③ '바다, 물결'은 현실을 모르는 순진한 '흰나비'가 시련을 겪는 냉혹한 현실 세계를 상징한다.

④ 3연에서 '새파란 초생달이 시리다.'라며 시각을 촉각화한 공감각적 심상을 통해 가혹한 현실에 좌절하는 존재를 표현하고 있다.

[작품 해설]

**김기림, 「바다와 나비」**

- 갈래: 자유시, 서정시
- 성격: 주지적, 감각적, 상징적
- 주제: 새로운 세계에 대한 동경과 좌절감, 낭만적 꿈의 좌절과 냉혹한 현실 인식
- 특징
  - 시각적 이미지 위주의 색채 대비가 두드러짐
  - 구체적 소재를 통해 추상적 관념을 표현함
  - 감정을 절제한 객관적인 태도로 제시함

## 10 난도 ★★☆  정답 ③

**고전 문학 > 고전 산문**

[정답의 이유]

③ "잘생긴 얼굴은 누구나 좋아하는 법이다. 그러나 사내만 그런 것이 아니라 비록 여자라도 역시 마찬가지이다."라는 '광문'의 말을 통해 인간 본성에 대한 남녀의 차이는 없다는 것을 확인할 수 있다.

[오답의 이유]

① '광문은 사람됨이 외모는 극히 추악하고, 말솜씨도 남을 감동시킬 만하지 못하며, 입은 커서 두 주먹이 들락날락하고, 만석희(曼碩戲)를 잘하고, 철괴무(鐵拐舞)를 잘 추었다.'에서 외모, 말솜씨, 재주를 통해 '광문'이 소개되고 있음을 확인할 수 있다.

② '광문'이 싸우는 사람을 만나면 옷을 벗고 싸움판에 뛰어들어 판정이라도 하는 듯한 시늉을 하는 등 재치 있게 분쟁을 해결하는 상황이 제시되어 있다.

④ 사람들이 '광문'에게 장가가라고 권하자, '나는 본래 못생겨서 아예 용모를 꾸밀 생각을 하지 않는다.'라며 자신의 분수를 알고 욕심 없는 태도를 드러낸다.

[작품 해설]

**박지원, 「광문자전」**

- 갈래: 한문 소설, 단편 소설, 풍자 소설
- 성격: 사실적, 풍자적
- 주제: 권모술수가 만연한 사회에 대한 풍자, 신의 있고 정직한 삶에 대한 예찬
- 특징
  - 주인공의 일화를 나열해 조선 후기 사회의 모습을 사실적으로 묘사함
  - '광문'이라는 걸인을 예찬하며 권위적이고 가식적인 양반 사회에 대한 풍자 효과를 높임
  - 모든 인간은 평등하다는 작가의 근대적 가치관이 반영됨

## 11 난도 ★★☆  정답 ①

**문법 > 한글 맞춤법**

정답의 이유

① 함께할(○): '함께하다'는 '경험이나 생활 따위를 얼마 동안 더불어 하다.'라는 뜻의 한 단어이므로 붙여 써야 한다.

오답의 이유

② 보잘∨것∨없지만(×) → 보잘것없지만(○): '보잘것없다'는 '볼 만한 가치가 없을 정도로 하찮다.'라는 뜻의 한 단어이므로 붙여 써야 한다.
③ 수∨차례의(×) → 수차례의(○): '수차례'는 '여러 차례'라는 뜻의 한 단어이므로 붙여 써야 한다.
④ 한∨자리에(×) → 한자리에(○): '한자리'는 '같은 자리'라는 뜻의 한 단어이므로 붙여 써야 한다.

## 12 난도 ★★☆  정답 ④

**문법 > 한글 맞춤법**

정답의 이유

㉠ 워크샵(×) → 워크숍(○): 'workshop'은 '워크숍'으로 써야 한다. 따라서 '오늘 워크숍 가지?'라고 쓰는 것이 적절하다.
㉡ 샜어요(×) → 새웠어요(○): '한숨도 자지 아니하고 밤을 지내다.'라는 뜻의 단어는 '새우다'이다. 따라서 '어제 밤 새웠어요.'라고 쓰는 것이 적절하다.
㉢ 왠일이세요(×) → 웬일이세요(○): '어찌 된 일. 의외의 뜻'을 나타내는 단어는 '웬일'이다. 따라서 '웬일이세요?'라고 쓰는 것이 적절하다.

## 13 난도 ★☆☆  정답 ②

**비문학 > 화법**

정답의 이유

② '아니요. 임대인이 임차인에게 토지를 빌려준 건 문제가 없어요.'라고 말한 부분을 통해 B는 임대인에게는 문제가 없다고 생각함을 알 수 있다.

오답의 이유

① A와 B의 첫 번째 대화를 통해 임대인은 땅을 빌려준 사람이고 임차인은 땅을 빌리는 사람임을 확인할 수 있다. 이를 볼 때 '임대'는 남에게 물건을 빌려주는 것을 말하고, '임차'는 남의 물건을 빌려 쓰는 것을 말한다는 것을 알 수 있다.
③ A와 B의 대화를 통하여 임차인이 빌린 토지에 건물을 지을 수 없다는 게 문제라는 것을 알 수 있다. 여기에 B가 '맞아요. 임차인이 등기부 등본을 떼어 보지도 않고 계약을 했어요.'라고 말한 부분을 통해 문제는 임차인이 등기부 등본을 떼어 보지 않고 계약한 것에서 비롯하고 있음을 알 수 있다.
④ B가 '임대인이 임차인에게 토지를 빌려준 건 문제가 없어요.'라고 말한 부분과 A가 '누가 지상권이라도 설정해 놓았나요?', '그럼 토지를 빌려준 과정 자체에는 문제가 없었다는 거네요.'라고 말한 부분을 통해 지상권이 설정된 토지도 임차인에게 빌려줄 수 있음을 알 수 있다.

## 14 난도 ★★☆  정답 ③

**어휘 > 한자어**

정답의 이유

③ 선율(線律: 줄 선, 법 률)(×) → 선율(旋律: 돌 선, 법 률)(○): '소리의 높낮이가 길이나 리듬과 어울려 나타나는 음의 흐름'을 나타내는 '선율'은 '旋律'로 표기한다.

오답의 이유

① 사의(謝意: 사례할 사, 뜻 의)(○): 감사하게 여기는 뜻
② 상봉(相逢: 서로 상, 만날 봉)(○): 서로 만남
④ 액자(額子: 이마 액, 아들 자)(○): 그림, 글씨, 사진 따위를 끼우는 틀

## 15 난도 ★★☆  정답 ①

**현대 문학 > 현대 소설**

정답의 이유

① '물론 원문은 일문이니까 몰라보고, 윤 주사네 서사 민 서방이 번역한 그대로지요.'처럼 서술자가 작품에 직접 개입함으로써 '윤 직원'의 무식함을 희화화하여 풍자 효과를 높이고 있다.

오답의 이유

②·③·④ 제시된 작품은 전지적 작가 시점으로, 판소리 사설과 비슷한 문체와 경어체 사용 등을 통해 인물에 대한 작가의 생각과 판단을 직접적으로 드러내고, 독자와의 거리를 좁히면서 작중 인물에 대한 풍자와 조롱을 극대화하고 있다.

**작품 해설**

채만식, 「태평천하」

- 갈래: 중편 소설, 풍자 소설, 가족사 소설
- 성격: 풍자적, 비판적, 반어적
- 주제: 일제 강점기의 한 지주 집안의 세대 간 갈등과 몰락
- 특징
  - 왜곡된 인식을 지닌 인물을 통해 당대 현실을 풍자함
  - 과장법, 반어법, 희화화를 통해 대상을 풍자함
  - 서술자가 직접 개입하여 독자와 거리를 좁히고 부정적 인물을 희화화함

## 16 난도 ★★☆  정답 ③

**어휘 > 한자성어**

정답의 이유

③ 제시된 작품은 삶의 고뇌를 나타내는 '한숨'을 의인화하여 시름에서 벗어나고자 하는 마음을 표현하고 있다. 종장인 '어인지 너 온 날 밤이면 줌 못 드러 ᄒ노라'에는 한숨을 쉬며 잠을 이루지 못하는 화자의 모습이 나타난다. 이를 볼 때 '줌 못 드러 ᄒ노라'와 가장 잘 어울리는 사자성어는 '누워서 몸을 이리저리 뒤척이며 잠을 이루지 못함'을 뜻하는 '輾轉反側(전전반측)'이다.

- 輾轉反側: 돌아누울 전, 구를 전, 돌이킬 반, 곁 측

오답의 이유
① 狐假虎威(호가호위): 남의 권세를 빌려 위세를 부림
- 狐假虎威: 여우 호, 거짓 가, 범 호, 위엄 위
② 目不忍見(목불인견): 눈앞에 벌어진 상황 따위를 눈 뜨고는 차마 볼 수 없음
- 目不忍見: 눈 목, 아닐 불, 참을 인, 볼 견
④ 刻舟求劍(각주구검): 융통성 없이 현실에 맞지 않는 낡은 생각을 고집하는 어리석음을 이르는 말
- 刻舟求劍: 새길 각, 배 주, 구할 구, 칼 검

> 작품 해설

**작자 미상, 「한숨아 셰 한숨아 ~」**
- 갈래: 사설시조
- 성격: 해학적, 정서적
- 주제: 그칠 줄 모르는 삶의 시름으로부터 벗어나고 싶은 마음
- 특징
  - 한숨을 의인화하여 삶의 애환을 해학적으로 표현함
  - 일상의 사물을 활용하여 정서를 진솔하게 표현함
  - 의인법, 반복법, 열거법, 설의법을 사용함

## 17 난도 ★★☆  정답 ④

어휘 > 혼동 어휘

정답의 이유
④ 작렬하는(×) → 작열하는(○): '불 따위가 이글이글 뜨겁게 타오르다.'를 뜻하는 단어는 '작열하다'이므로 '작열하는'이라고 써야 한다.

오답의 이유
① 땅겼다(○): '몹시 단단하고 팽팽하게 되다.'를 뜻하는 단어는 '땅기다'이므로 '땅겼다'라고 쓰는 것은 적절하다.
② 뼈개지(○): '거의 다 된 일을 완전히 어긋나게 하다.'를 뜻하는 단어는 '뼈개다'이므로, '뼈개지'라고 쓰는 것은 적절하다.
③ 추어올리면(○): '실제보다 과장되게 칭찬하다.'를 뜻하는 단어는 '추어올리다'이므로, '추어올리면'이라고 쓰는 것은 적절하다.

## 18 난도 ★★☆  정답 ③

고전 문학 > 고전 운문

정답의 이유
③ (나)는 물, 바위, 소나무, 대나무, 달 등의 자연물을 의인화하고 그 자연물의 속성을 예찬하는 작품이다. 화자는 다섯 가지 자연물을 '내 벗'이라고 칭하면서 소개하고 있으며, 세속적 욕망은 나타나지 않는다.

오답의 이유
①·④ (가)는 자연을 벗 삼아 유유자적하게 살고 싶은 마음을 나타낸 것으로, 자연과 합일된 경지에서 자연에 귀의하여 달관의 여유를 추구하고자 하는 의지가 드러난다. (나)는 다섯 가지 자연물을 '내 벗'이라 칭하며 자연과의 조화를 추구하고 하고 있다. 화자는 '두어라 이 다섯밖에 또 더하여 무엇하리'라며 다섯 가지 자연물과 더불어 살고자 한다.

② (가)에서 청산은 말 없고 물은 형태가 없으며, 청풍은 값이 없고 명월은 주인이 따로 없다. 화자는 '이 중에 병(病) 업슨 이 몸이 분별(分別) 업시 늘그리라'라며 대가를 요구하지 않는 자연 속에서 아무 근심 없이 살아가고자 한다.

> 작품 해설

**(가) 성혼, 「말 업슨 청산이오 ~」**
- 갈래: 평시조, 단시조
- 성격: 풍류적, 한정가
- 주제: 자연을 벗 삼는 즐거움
- 특징
  - 자연과 합일된 물아일체의 경지가 드러남
  - '업슨'이라는 말의 반복으로 운율을 형성함
  - 학문에 뜻을 두고 살아가는 옛 선비의 생활상이 나타남

**(나) 윤선도, 「오우가」**
- 갈래: 연시조
- 성격: 예찬적, 영탄적, 찬미적
- 주제: 자연의 다섯 가지 벗(물, 바위, 소나무, 대나무, 달)을 예찬
- 특징
  - 의인법, 대구법, 대조법 등을 사용함
  - 자연물을 의인화하고 그 자연물의 속성을 예찬함
  - 아름다운 우리말을 사용함

## 19 난도 ★★☆  정답 ④

비문학 > 사실적 읽기

정답의 이유
④ 〈보기〉는 수렵과 채집, 농경과 정착이라는 생활 방식에 따른 건강 상태의 차이를 설명하고 있다. 수렵과 채집 시기에는 외상이나 사고가 건강을 위협했고, 일정한 지역에 모여 살면서부터는 영양실조, 전염병, 골관절계 질환이 생겼다며 생활 방식으로 인해 발생하는 건강 문제를 설명하고 있긴 하지만 이에 대한 해결 방안은 제시되지 않는다.

오답의 이유
① 〈보기〉는 수렵과 채집을 생계 수단으로 삼던 때와 일정한 지역에 모여 살기 시작한 이후의 시간의 흐름에 따라 달라진 인간의 생활 방식과 그에 따른 건강 상태의 차이를 설명하고 있다.
② 〈보기〉에 따르면 수렵과 채집 시기에는 자연에 존재하는 다양하고 풍부한 동식물을 섭취하여 영양 상태가 좋았으며, 주거지를 옮겨 오염원을 피할 수 있었다. 하지만 농경 기술이 발달하고 일정한 지역에 모여 살면서 몇 안 되는 작물과 동물에 의존하여 영양실조가 늘고, 많은 사람이 모여 살면서 오염물질에 의해 전염병이 발생하며, 단순작업 반복으로 골관절계 질환도 많아졌다. 이처럼 제시문은 생활 방식에 따라 건강 상태가 달라지는 이유를 설명하고 있다.
③ 〈보기〉는 수렵과 채집을 생계 수단으로 삼던 때와 일정한 지역에 모여 살기 시작한 이후의 건강 상태를 대조의 방식으로 설명하고 있다.

## 20  난도 ★★☆                                           정답 ②

**비문학 > 사실적 읽기**

[정답의 이유]

② 〈보기〉에 따르면 밀 알맹이는 배유, 껍질, 배아로 구성되어 있는데, 이 알맹이를 그대로 빻아 만든 가루가 통밀가루이다. 그리고 글루텐의 재료가 되는 글루테닌과 글리아딘은 배유에 있다. 따라서 통밀가루에는 글루테닌과 글리아딘이 없다는 내용은 적절하지 않다.

[오답의 이유]

① 2문단의 '100% 통밀가루로만 만든 빵은 반죽 밀도가 높아서 조직이 치밀하고 식감이 푸석푸석하다.'를 통해 통밀가루로 만든 빵은 흰 밀가루로 만든 빵에 비해 조직이 치밀함을 알 수 있다.

③ 〈보기〉에 따르면 빵이 부풀어 오르는 것은 글루텐 때문인데, 글루텐의 재료가 되는 글루테닌과 글리아딘은 배유에 있다. 따라서 배유의 성분이 빵이 부풀어 오르는 것에 영향을 준다고 이해한 것은 적절하다.

④ 2문단의 '정제된 흰 밀가루는 배유만 있으니, 당연히 글루텐이 잘 생긴다. 하지만 통밀빵은 함께 갈린 껍질과 배아가 글루텐을 잘라내 빵 반죽이 잘 부풀어 오르지 못하게 한다.'를 통해 흰 밀가루로 만든 빵은 통밀가루로 만든 빵에 비해 글루텐 함량이 높음을 알 수 있다.

# 국어 | 2023년 서울시 9급

## 한눈에 훑어보기

### ✔ 영역 분석

**어휘** 03 04 15 18
4문항, 20%

**문법** 01 02 07 08 11 12 19 20
8문항, 40%

**고전 문학** 06 14
2문항, 10%

**현대 문학** 09 10 13
3문항, 15%

**비문학** 05 16 17
3문항, 15%

### ✔ 빠른 정답

| 01 | 02 | 03 | 04 | 05 | 06 | 07 | 08 | 09 | 10 |
|---|---|---|---|---|---|---|---|---|---|
| ① | ① | ④ | ③ | ② | ③ | ② | ① | ② | ③ |
| 11 | 12 | 13 | 14 | 15 | 16 | 17 | 18 | 19 | 20 |
| ④ | ③ | ② | ③ | ③ | ③ | ② | ① | ② | ④ |

### ✔ 점수 체크

| 구분 | 1회독 | 2회독 | 3회독 |
|---|---|---|---|
| 맞힌 문항 수 | / 20 | / 20 | / 20 |
| 나의 점수 | 점 | 점 | 점 |

---

## 01 난도 ★★☆  정답 ①

**문법 > 음운론**

**정답의 이유**

① '국민[궁민]'에서는 '국'의 'ㄱ'과 '민'의 'ㅁ'이 결합하면서 비음 [ㅁ]의 영향으로 [ㄱ]이 [ㅇ]으로 바뀌는 비음화 현상이 일어난다. 이때 [ㄱ]의 조음 방법이 파열음에서 비음으로 바뀌었을 뿐 연구개음이라는 조음 위치는 바뀌지 않았다. '묻는[문는]'도 마찬가지로 '묻'의 'ㄷ'과 '는'의 'ㄴ'이 결합하면서 비음 [ㄴ]의 영향으로 [ㄷ]이 [ㄴ]으로 바뀌는 비음화 현상이 일어난다. 이때 [ㄷ]의 조음 방법이 파열음에서 비음으로 바뀌었을 뿐 치조음이라는 조음 위치는 바뀌지 않았다. 따라서 '국민'과 '묻는'에서 조음 위치가 바뀌는 음운 현상이 일어났다는 설명은 적절하지 않다.

**오답의 이유**

② '국민'과 '묻는' 모두 비음 'ㅁ', 'ㄴ'의 영향으로 'ㄱ', 'ㄷ'이 비음 [ㅇ], [ㄴ]으로 바뀌는 비음화 현상이 일어났다.

③ 동화란 인접한 두 음운이 서로 닮는 현상을 말한다. 그중 자음 동화는 음절 끝의 자음이 뒤에 오는 자음과 만날 때 어느 한쪽 또는 양쪽이 서로 닮아서 소리가 바뀌는 현상을 의미한다. 대표적인 자음 동화 현상에는 비음화가 있다.

④ '읊는'은 자음군 단순화가 일어나 [읖는]이 되고, 끝소리 규칙이 적용되어 [읍는]이 된다. 이때 'ㅂ'은 'ㄴ'의 영향을 받아 비음 [ㅁ]으로 바뀌어 비음화가 일어나고 [음는]으로 발음된다. 따라서 '읊는'에서도 비음화가 일어남을 알 수 있다.

## 02 난도 ★☆☆  정답 ①

**문법 > 한글 맞춤법**

**정답의 이유**

① 본바가(×) → 본∨바가(○): '바'는 앞에서 말한 내용 그 자체나 일 따위를 나타내는 의존 명사이며, 앞에 온 '본'의 수식을 받으므로 '본∨바가'와 같이 띄어 써야 한다.

**오답의 이유**

② 생각대로(○): '대로'는 '따로따로 구별됨'을 나타내는 보조사이므로 앞말에 붙여 써야 한다.

③ 고향뿐이다(○): '뿐'은 '그것만이고 더는 없음' 또는 '오직 그렇게 하거나 그러하다는 것'을 나타내는 보조사이므로 앞말에 붙여 써야 한다.

④ 원칙만큼은(○): '만큼'은 앞말에 한정됨을 나타내는 보조사이므로 앞말에 붙여 써야 한다.

## 03 난도 ★☆☆  정답 ④

**어휘 > 한자어**

**정답의 이유**

④ '천착(穿鑿)하다'는 '어떤 원인이나 내용 따위를 따지고 파고들어 알려고 하거나 연구하다.'라는 뜻이므로 ㉣ '천착할'을 '잘못된 것을 바로잡을'로 풀이한 것은 적절하지 않다.

**오답의 이유**

① '폄하(貶下)하다'는 '가치를 깎아내리다.'라는 뜻이므로 ㉠ '폄하한'을 '가치를 깎아내린'으로 풀이한 것은 적절하다.

② '기피(忌避)하다'는 '꺼리거나 싫어하여 피하다.'라는 뜻이므로 ㉡ '기피하고'를 '꺼리거나 피하고'로 풀이한 것은 적절하다.

③ '각광(脚光)'은 '사회적 관심이나 흥미'라는 뜻이므로 ㉢ '각광'을 '사회적으로 관심을'로 풀이한 것은 적절하다.

## 04 난도 ★★☆  정답 ③

**어휘 > 한자어**

**정답의 이유**

③ '소정(所定)'은 '정해진 바'를 의미하고 '소액(少額)'은 '적은 금액'을 의미하므로 '소정의 급여를 지급함으로써'를 '소액의 급여를 지급함으로써'로 다듬은 것은 적절하지 않다.

**오답의 이유**

① '상존(常存)하다'는 '언제나 존재하다.'라는 의미이므로 '가능성은 상존하고 있다'를 '가능성은 늘 있다'로 다듬은 것은 적절하다.

② '도래자(到來者)'는 '어떤 시기가 된 사람'이라는 의미이므로 '만 65세 도래자는'을 '만 65세가 되는 사람은'으로 다듬은 것은 적절하다.

④ '제고(提高)하다'는 '수준이나 정도 따위를 끌어올리다.'라는 의미이므로 '확인서 발급에 따른 편의성을 제고함'을 '확인서 발급에 따른 편의성을 높임'으로 다듬은 것은 적절하다.

## 05 난도 ★★☆  정답 ②

**비문학 > 글의 순서 파악**

**정답의 이유**

② '왜냐하면'이라는 인과관계의 접속어가 나왔으므로 〈보기 1〉의 앞부분에는 '하나의 객관적 진실이 백일하에 드러나 모든 다른 견해를 하나로 귀결시키는 일이 일어나지 않기 때문'의 결과가 나와야 함을 알 수 있다. 이와 관련된 내용은 '학문의 세계에서 통합이란 말은 성립되기 어렵다.'이므로 〈보기 1〉은 ㉡에 들어가는 것이 적절하다.

## 06 난도 ★☆☆  정답 ③

**고전 문학 > 고전 운문**

**정답의 이유**

③ ㉢ '청장'은 게젓이 담겨 있는 진하지 않은 간장을 가리킨다.

**오답의 이유**

①·②·④ 장사가 팔려고 하는 ㉠ '동난지이', ㉡ '물건'은 모두 ㉣ '게젓'을 가리킨다.

### 작품 해설

작자 미상, 「댁들아 동난지이 사오 ~」

- 갈래: 사설시조
- 성격: 풍자적, 해학적
- 주제: 현학적인 태도에 대한 비판
- 특징
  - 대화의 방식과 의성어를 사용하여 생동감을 유발함
  - 게젓 장수의 현학적 태도를 풍자적 어조로 표현함

## 07 난도 ★★☆  정답 ③

**문법 > 표준어 사정 원칙**

**정답의 이유**

③ • 외눈퉁이(×) → 애꾸눈이/외눈박이(○): '애꾸눈이/외눈박이'는 복수 표준어로 인정하나 '외눈퉁이', '외대박이'는 비표준어이다.

• 덩쿨(×) → 넝쿨/덩굴(○): '넝쿨/덩굴'은 복수 표준어로 인정하나 '덩쿨'은 비표준어이다.

• 상관없다(○), 귀퉁배기(○): '관계없다/상관없다', '귀퉁머리/귀퉁배기'는 모두 복수 표준어이다.

**오답의 이유**

① 가엽다(○), 배냇저고리(○), 감감소식(○), 검은엿(○): '가엾다/가엽다', '깃저고리/배내옷/배냇저고리', '감감무소식/감감소식', '갱엿/검은엿'은 모두 복수 표준어이다.

② 눈짐작(○), 세로글씨(○), 푸줏간(○), 가물(○): '눈대중/눈어림/눈짐작', '내리글씨/세로글씨', '고깃간/푸줏간', '가뭄/가물'은 모두 복수 표준어이다.

④ 겉창(○), 뚱딴지(○), 툇돌(○), 들랑날랑(○): '덧창/겉창', '돼지감자/뚱딴지', '댓돌/툇돌', '들락날락/들랑날랑'은 모두 복수 표준어이다.

## 08 난도 ★★☆  정답 ②

**문법 > 외래어 표기법**

**정답의 이유**

② 외래어 표기법 제3장 제3항에 따르면 어말의 [ʃ]는 '시'로 적는다. 이에 따라 'brush[brʌʃ]'는 '브러시'로 적는다.

**오답의 이유**

① 외래어 표기법 제3장 제1항에 따르면 짧은 모음 다음의 어말 무성 파열음([p], [t], [k])은 받침으로 적는다. 이에 따라 'bonnet[bɑːnət]'은 '보닛'으로 적는다.

③ 외래어 표기법 제3장 제8항에 따르면 중모음은 각 단모음의 음가를 살려서 적되, [ou]는 '오'로, [auə]는 '아워'로 적는다. 이에 따라 'boat[boʊt]'는 '보트'로 적는다.

④ 외래어 표기법 제3장 제3항에 따르면 어말 또는 자음 앞의 [s], [z], [f], [v], [θ], [ə]는 '으'를 붙여 적는다. 이에 따라 'graph[græf]'는 '그래프'로 적는다.

## 09 난도 ★☆☆  정답 ①

**현대 문학 > 현대 수필·현대 시**

**정답의 이유**

〈보기〉에서 글쓴이는 자신의 흉터를 어려웠던 어린 시절을 힘들게 참고 이겨낸 떳떳하고 자랑스러운 삶의 기록으로 인식하고 있다. 흉터는 시련과 고난을 극복하는 과정에서 더욱 성숙해진 우리의 삶을 보여주는 흔적이다.

① '이 세상 그 어떤 아름다운 꽃들도 다 흔들리면서 피었나니'를 통해 우리의 삶도 고난과 역경 속에서 성숙해진다는 깨달음을 보여주고 있다. 따라서 〈보기〉에 드러난 글쓴이의 삶에 대한 인식과 가장 가깝다.

**오답의 이유**

② '너는 / 누구에게 한번이라도 뜨거운 사람이었느냐'를 통해 타인을 위해 자신을 희생하는 이타적인 삶의 가치를 제시하고 있다.

③ '죽는 날까지 하늘을 우러러 / 한 점 부끄럼이 없기를'을 통해 화자의 순수한 삶에 대한 의지와 부끄러움 없는 삶에 대한 소망을 드러내고 있다.

④ '사랑보다 소중한 슬픔을 주겠다.'를 통해 타인에 대한 관심과 공감이 중요하다는 것을 드러내고 있다.

**작품 해설**

이청준, 「아름다운 흉터」
- 갈래: 현대 수필
- 성격: 교훈적, 성찰적, 고백적
- 주제: 흉터를 아름답게 인식하게 된 계기와 참된 삶에 대한 소망
- 특징
  - 진솔한 자기 고백적 문체로 인생의 의미를 전달함
  - 자신의 경험을 통해 흉터가 지닌 참된 의미와 가치를 깨달음

## 10 난도 ★★☆  정답 ③

**현대 문학 > 현대 시**

**정답의 이유**

③ 제시된 작품에서 '독수리'는 간을 뜯어 먹고 살쪄야 하는 존재로, 화자가 키우고자 하는 내면의 자아를 의미한다. 하지만 '거북이'는 화자를 유혹하는 존재로, 화자가 경계해야 할 대상이다. 따라서 '독수리'와 '거북이'가 이 시에서 유사한 의미를 갖는 존재라는 해석은 적절하지 않다.

**오답의 이유**

① 제시된 작품에서 '간(肝)'은 화자가 지켜야 하는 지조와 생명, 훼손될 수 없는 인간의 양심과 존엄성 등을 상징한다. 화자는 '습한 간(肝)을 펴서 말리우자'라며 더럽혀진 양심의 존엄성을 회복하려는 다짐을 나타내고 있다.

② 제시된 작품에서 '코카서스'는 인간을 위해 불을 훔친 죄로 바위에 묶여 독수리에게 간을 쪼아 먹히는 형벌을 받은 프로메테우스 신화에 등장하는 공간이다. 그리고 '토끼'는 용궁의 유혹에 빠져 간을 잃을 뻔했던 「토끼전」에 등장하는 인물이다. 따라서 '코카서스 산중(山中)에서 도망해 온 토끼'는 프로메테우스 신화와 「토끼전」을 연결하는 역할을 한다고 볼 수 있다.

④ 제시된 작품에서 '프로메테우스'는 목에 맷돌을 달고 '끝없이 침전'한다. 화자는 끝없는 고통을 감내하는 프로메테우스를 통하여 시대의 고통을 감내하겠다는 자기희생의 의지를 다지고 있다.

**작품 해설**

윤동주, 「간(肝)」
- 갈래: 자유시, 서정시
- 성격: 저항적, 의지적, 우의적
- 주제: 양심의 회복과 고난 극복의 의지
- 특징
  - 「토끼전」과 프로메테우스 신화를 결합하여 시상을 전개함
  - 정신적 자아와 육체적 자아의 대립을 통해 자아 성찰과 자기희생의 의지를 표현함

## 11 난도 ★★☆  정답 ④

**문법 > 한글 맞춤법**

**정답의 이유**

④ 곰겨서(○): '곰기다'는 '곪은 자리에 딴딴한 멍울이 생기다.'라는 뜻으로 문맥상 적절하게 사용되었다.

**오답의 이유**

① 옛부터(×) → 예부터(○): '옛'은 지나간 때를 의미하는 관형사이므로 조사와 결합할 수 없다. 따라서 아주 먼 과거를 의미하는 명사인 '예'를 사용하여 '예부터'로 표기하는 것이 적절하다.

② 궁시렁거리지(×) → 구시렁거리지(○): '못마땅하여 군소리를 듣기 싫도록 자꾸 하다.'라는 의미의 '구시렁거리지'로 표기하는 것이 적절하다.

③ 들이키지(×) → 들이켜지(○): 문맥상 '물이나 술 따위의 액체를 단숨에 마구 마시다.'라는 의미를 나타내는 경우에는 '들이켜다'를 사용하는 것이 적절하다. '들이키다'는 '안쪽으로 가까이 옮기다.'라는 의미이므로 적절하지 않다.

## 12 난도 ★★★  정답 ③

**문법 > 형태론**

**정답의 이유**

③ '이르다(至)'는 '이르러'로 활용되는 용언으로 '러' 불규칙 활용에 해당한다. 어간 '이르-'에 모음으로 시작하는 어미 '-어'가 결합할 때 어미 '-어'가 '-러'로 바뀌므로 어미의 형태가 불규칙하게 활용되는 사례에 해당한다.

**오답의 이유**

① '잇다'는 '이으니'로 활용되는 용언으로 'ㅅ' 불규칙 활용에 해당한다. 어간 '잇-'에 모음으로 시작하는 어미 '-으니'가 결합할 때 어간의 'ㅅ'이 탈락하므로 어간의 형태가 불규칙하게 활용되는 사례에 해당한다.

② '묻다(問)'는 '물어서'로 활용되는 용언으로 'ㄷ' 불규칙 활용에 해당한다. 어간 '묻-'에 모음으로 시작하는 어미 '-어서'가 결합할 때 어간의 'ㄷ'이 'ㄹ'로 바뀌므로 어간의 형태가 불규칙하게 활용되는 사례에 해당한다.

④ '낫다'는 '나으니'로 활용되는 용언으로 'ㅅ' 불규칙 활용에 해당한다. 어간 '낫-'에 모음으로 시작하는 어미 '-으니'가 결합할 때 어간의 'ㅅ'이 탈락하므로 어간의 형태가 불규칙하게 활용되는 사례에 해당한다.

## 13 난도 ★★☆ 정답 ②

현대 문학 > 현대 시

정답의 이유

② '아스팔트'는 '군용 트럭'이 다니는 공간이며, '어린 게'는 달려오는 군용 트럭에 깔려 '길바닥'에서 터져 죽는 존재이다. 이를 통해 '아스팔트', '군용 트럭', '길바닥'은 자유와 생명을 억압하는 폭력적인 현실을 나타냄을 알 수 있다. 따라서 ⓒ '아스팔트'가 자유를 위해 도달하고자 하는 미래의 공간을 나타낸다고 이해한 것은 적절하지 않다.

오답의 이유

① 제시된 작품에서 '게'들은 '구럭'에서 '새끼줄에 묶여 거품을 뿜으며 헛발질'하고 있다. 이처럼 '구럭'은 게들의 자유를 구속하는 대상이다. 이를 통해 ㉠의 '구럭'이 폭압으로 자유를 잃은 구속된 현실을 의미한다는 것을 알 수 있다.

③ 어린 게는 바다의 자유를 찾아 사방을 두리번거리다가 군용 트럭에 깔려 죽는다. 이를 통해 ㉢ '사방'은 현실을 벗어나기 어려운 상황을 나타낸다는 것을 알 수 있다.

④ 군용 트럭에 깔려 길바닥에 터져 죽은 어린 게는 먼지 속에 썩어 가고, 아무도 이를 보지 못한다. 이를 통해 ㉣ '먼지'는 주목받지 못한 채 방치된 대상의 현실을 강조한다는 것을 알 수 있다.

작품 해설

김광규, 「어린 게의 죽음」
- 갈래: 자유시, 서정시
- 성격: 비판적, 우화적
- 주제: 인간의 삶을 억압하는 부정적 현실에 대한 비판
- 특징
  - 대조적 이미지의 시어를 병치하여 시적 의미를 강화함(어린 게 ↔ 군용 트럭)
  - 어린 게의 죽음을 통해 독재 체제하에서 숨져가는 젊은이들에 대한 안타까움이 드러남

## 14 난도 ★☆☆ 정답 ③

고전 문학 > 고전 산문

정답의 이유

③ 제시된 작품은 함흥 판관으로 부임한 남편을 따라 명승고적을 유람하던 의유당 남씨가 귀경대에서 일출을 구경하고 난 후 느낀 감흥을 기록한 수필이다.

오답의 이유

① 제시된 작품은 내간체로 쓰인 기행 수필로, 내간체는 한글 창제 이후 사대부 여성들이 일상어를 사용하여 말하듯이 써 내려간 문체를 말한다. 내간체라는 명칭은 여성들이 주고받던 순 한글로 된 편지인 내간(內簡)에서 비롯되었다.

② '짐작에 처음 백지(白紙) 반 장(半張)만치 붉은 기운은 그 속에서 해 장차 나려고 어리어 그리 붉고, ~ 보는 사람의 안력(眼力)이 황홀(恍惚)하여 도무지 헛기운인 듯싶더라.'에서 일출 장면을 색채어와 비유적 표현을 사용하여 감각적이고 생동감 있게 묘사하고 있다.

④ '회오리밤', '큰 쟁반', '수레바퀴'는 모두 '해'를 비유적으로 표현한 것이다.

작품 해설

의유당 남씨, 「동명일기」
- 갈래: 고전 수필, 한글 수필, 기행문
- 성격: 묘사적, 사실적, 비유적, 주관적
- 주제: 귀경대에서 본 일출의 장관
- 특징
  - 시간의 흐름에 따른 구성
  - 순수 우리말과 비유적 표현을 사용해 월출과 일출을 사실적으로 묘사함

## 15 난도 ★★☆ 정답 ③

어휘 > 한자성어

정답의 이유

③ 〈보기〉에서는 금옥이네 누렁이를 꺾기 위한 석구의 노력을 보여 주고 있다. 따라서 ㉠에는 '불편한 섶에 몸을 눕히고 쓸개를 맛본다는 뜻으로, 원수를 갚거나 마음먹은 일을 이루기 위하여 온갖 어려움과 괴로움을 참고 견딤을 비유적으로 이르는 말'인 臥薪嘗膽(와신상담)이 들어가는 것이 가장 적절하다.
- 臥薪嘗膽: 누울 와, 땔나무 신, 맛볼 상, 쓸개 담

오답의 이유

① 泥田鬪狗(이전투구): 자기의 이익을 위하여 비열하게 다툼을 비유적으로 이르는 말
- 泥田鬪狗: 진흙 이, 밭 전, 싸움 투, 개 구

② 吳越同舟(오월동주): 서로 적의를 품은 사람들이 한자리에 있게 된 경우나 서로 협력하여야 하는 상황을 비유적으로 이르는 말
- 吳越同舟: 나라 이름 오, 넘을 월, 같을 동, 배 주

④ 結草報恩(결초보은): 죽은 뒤에라도 은혜를 잊지 않고 갚음을 이르는 말
- 結草報恩: 맺을 결, 풀 초, 갚을 보, 은혜 은

## 16 난도 ★☆☆　　　　　　　　　　　　　　　　정답 ③

비문학 > 사실적 읽기

정답의 이유

③ '사실 한자로 우리말을 적는 것이 불가능한 것은 아닙니다.'를 통해 한국어는 한자로도 적을 수 있음을 알 수 있다.

오답의 이유

① · ② '그런데 많은 이들이 세종대왕께서 우리글이 아닌 우리말을 만드신 것으로 오해하고 있습니다. 왜 그럴까요? 말과 글자를 같은 것으로 여기는 것은 흔한 일인데 유독 우리가 심합니다. 우리만 한글을 쓰는 것이 큰 이유입니다.'를 통해 한글은 언어가 아닌 문자를 가리키는 것이며 세종대왕이 만드신 것은 우리말이 아닌 우리글임을 알 수 있다.

④ '하지만 한글은 오로지 우리나라에서 우리말을 적는 데만 쓰입니다. 그러니 한글로 적힌 것은 곧 우리말이라는 등식이 성립되어 한글과 우리말을 같은 것으로 여기는 것입니다.'를 통해 한글은 오로지 한국어를 표기하는 데 사용되며 이 때문에 많은 사람이 한글과 한국어를 혼동한다는 것을 알 수 있다.

## 17 난도 ★★★　　　　　　　　　　　　　　　　정답 ②

비문학 > 추론적 읽기

정답의 이유

(가) ㉠에서는 '이와 더불어'라는 표현을 사용하여 동물은 경험에 따라 좋고 나쁜 것을 학습하는 '능력'을 가지고 있다고 하였다. 〈보기 1〉의 1문단에서 우리 뇌는 본능적으로 생존에 이롭게 해로운 대상을 구분하는 '능력'이 있다고 제시하고 있으므로 (가)에는 ㉠이 들어가는 것이 가장 적절하다.

(나) ㉢에서는 '이렇듯'이라는 표현을 사용하여 우리는 기본 성향과 학습 능력을 통해 특정 대상에 대한 기호를 형성한다고 요약 · 정리하고 있다. 〈보기 1〉의 1문단에서 우리 뇌는 본능적으로 생존에 이롭고 해로운 대상을 구분하는 능력이 있다고 제시하였고, 2문단에서 초콜릿 케이크를 한 번도 먹어보지 못한 사람이 맛을 본 '경험', 즉 학습이 이루어진 뒤에 어떻게 초콜릿을 선호하게 되는지가 나타난다. 따라서 (나)에는 이 내용을 정리하는 ㉢이 들어가는 것이 가장 적절하다.

(다) 〈보기 1〉의 5문단에서 '우리는 그 과정을 의사결정이라고 한다.'라고 하였으므로 (다)에는 의사결정 과정에 대한 내용이 와야 한다. 또한 ㉡에서 뇌는 여러 세부적인 동기와 감정적, 인지적 반응을 합쳐서 선택지에 가치를 매긴다고 하였고 〈보기 1〉의 5문단에서 선택지에 대한 세부적인 내용이 언급되므로 (다)에는 ㉡이 들어가는 것이 가장 적절하다.

## 18 난도 ★★☆　　　　　　　　　　　　　　　　정답 ①

어휘 > 한자어

정답의 이유

① 옥고(玉稿)는 '훌륭한 원고라는 뜻으로, 다른 사람의 원고를 높여 이르는 말'을 의미한다. 따라서 '자신의 생각, 물건, 일 등을 낮추어 겸손하게 이르는 말'과는 거리가 멀다.

오답의 이유

② 관견(管見): 대롱 구멍으로 사물을 본다는 뜻으로, 좁은 소견이나 자기의 소견을 겸손하게 이르는 말

③ 단견(短見): 자기의 생각이나 의견을 겸손하게 이르는 말

④ 졸고(拙稿): 자기나 자기와 관련된 사람의 원고를 겸손하게 이르는 말

## 19 난도 ★☆☆　　　　　　　　　　　　　　　　정답 ②

문법 > 형태론

정답의 이유

② '더하면 둘이다'의 '둘'은 사물의 수량이나 순서를 나타내는 수사이다. 수사는 일반적으로 관형어의 수식을 받을 수 없으며, 복수 접미사 '-들, -네, -희' 등에 의해 복수가 될 수 없다. 또한 수 관형사와 달리 조사와 결합할 수 있다.

오답의 이유

① '다섯 명이 있다'의 '다섯'은 의존 명사 '명'을 수식하는 수관형사이다.

③ '세 번이나 말씀하셨다'의 '세'는 의존 명사 '번'을 수식하는 수관형사이다.

④ '열 사람이 할 일을'의 '열'은 명사 '사람'을 수식하는 수관형사이다.

## 20 난도 ★★☆　　　　　　　　　　　　　　　　정답 ④

문법 > 형태론

정답의 이유

④ '짚신'은 어근 '짚'과 어근 '신'이 결합한 것으로, 어근끼리 만나 이루어진 합성어이다.

오답의 이유

① '개살구'는 '살구'에 '야생 상태의'라는 뜻을 더하는 접두사 '개-'가 결합한 파생어이다.

② '돌미나리'는 '미나리'에 '야생으로 자라는'의 뜻을 더하는 접두사 '돌-'이 결합한 파생어이다.

③ '군소리'는 '소리'에 '쓸데없는'의 뜻을 더하는 접두사 '군-'이 결합한 파생어이다.

# 국어 | 2022년 제1회 서울시 9급

## 한눈에 훑어보기

### ✓ 영역 분석

**어휘**    08   18
2문항, 10%

**문법**    01   02   03   04   05   06   14   15   17
9문항, 45%

**고전 문학**    12
1문항, 5%

**현대 문학**    10   16   20
3문항, 15%

**비문학**    07   09   11   13   19
5문항, 25%

### ✓ 빠른 정답

| 01 | 02 | 03 | 04 | 05 | 06 | 07 | 08 | 09 | 10 |
|----|----|----|----|----|----|----|----|----|----|
| ① | ② | ④ | ② | ③ | ② | ④ | ② | ③ | ① |
| 11 | 12 | 13 | 14 | 15 | 16 | 17 | 18 | 19 | 20 |
| ② | ④ | ② | ② | ③ | ③ | ④ | ① | ④ | ③ |

### ✓ 점수 체크

| 구분 | 1회독 | 2회독 | 3회독 |
|------|-------|-------|-------|
| 맞힌 문항 수 | / 20 | / 20 | / 20 |
| 나의 점수 | 점 | 점 | 점 |

---

## 01 난도 ★☆☆      정답 ①

문법 > 통사론

**정답의 이유**

① '말은'은 서술어 '해라'의 대상이 되는 목적어이며, '체언+보조사'의 형식이다. 따라서 목적격 조사를 사용하여 '말을'로 대체할 수 있다.

**오답의 이유**

② '호랑이도'는 서술어 '온다'의 주체인 주어이며, '체언+보조사'의 형식이다. 따라서 주격 조사를 사용하여 '호랑이가'로 대체할 수 있다.

③ '연기'는 서술어 '날까'의 주체인 주어이며, 체언 뒤에 주격 조사 '가'가 생략된 형식이다.

④ '꿀도'는 서술어 '쓰다'의 주체인 주어이며, '체언+보조사'의 형식이다. 따라서 주격 조사를 사용하여 '꿀이'로 대체할 수 있다.

**더 알아보기**

문장 성분

| | | |
|---|---|---|
| 주성분 | 주어 | • 서술어가 나타내는 동작이나 상태의 주체가 되는 말<br>• 주격 조사 '이, 가, 에서, 께서'나 보조사 '은, 는'과 결합 |
| | 서술어 | • 주어의 움직임, 상태, 성질 따위를 서술하는 말<br>• 문장의 구조를 결정 |
| | 목적어 | • 서술어의 동작이나 행위의 대상<br>• 목적격 조사 '을, 를'은 생략될 수 있으며 보조사와 결합 기능 |
| | 보어 | • 서술어 '되다/아니다' 앞에서 말을 보충해 주는 역할<br>• 보격 조사 '이, 가'와 결합하며, '되다/아니다' 바로 앞에 위치하는 경우가 많음 |
| 부속 성분 | 관형어 | • 대상을 나타내는 말(체언) 앞에서 꾸며 주는 역할<br>• '-ㄴ, -는, -ㄹ'로 끝을 맺거나 관형격 조사 '의'가 활용되기도 함 |
| | 부사어 | • 주로 '서술어, 관형어, 다른 부사어, 문장 전체'를 꾸며 주는 역할<br>• 부사어는 기본적으로 부속 성분이지만 '필수 부사어'의 경우 주성분에 해당 |
| 독립 성분 | 독립어 | '부름, 감탄, 놀람, 응답' 등 문장 내에서 독립적으로 쓰이는 말 |

## 02 난도 ★★☆   정답 ②

**문법 > 통사론**

**정답의 이유**

② '좁히다'는 '좁다'의 어간 '좁-'에 사동 접미사 '-히-'가 결합하여 만들어진 사동사이다.

**오답의 이유**

① '우기다'는 주어 '회사는'이 스스로 행하는 동작을 나타내는 주동사이다. 따라서 문장의 주체가 자기 스스로 행하지 않고 남에게 그 행동이나 동작을 하게 함을 나타내는 사동사가 아니다.

③ '버리다'는 주어 '공장에서'가 스스로 행하는 동작을 나타내는 주동사이다. 따라서 문장의 주체가 자기 스스로 행하지 않고 남에게 그 행동이나 동작을 하게 함을 나타내는 사동사가 아니다.

④ '모이다'는 '모으다'에 피동 접미사 '-이-'가 결합하여 만들어진 피동사이다. 피동사는 남의 행동을 입어서 행하여지는 동작을 나타내는 동사이므로 문장의 주체가 자기 스스로 행하지 않고 남에게 그 행동이나 동작을 하게 함을 나타내는 사동사가 아니다.

## 03 난도 ★★☆   정답 ④

**문법 > 형태론**

**정답의 이유**

④ '돌아왔나 보다'에서 '보다'는 '앞말이 뜻하는 행동이나 상태를 추측하거나 어렴풋이 인식하고 있음'을 나타내는 보조 형용사이다.

**오답의 이유**

① '들어 보다'에서 '보다'는 '어떤 행동을 시험 삼아 함'을 나타내는 보조 동사이다.

② '하다가 보면'에서 '보다'는 '앞말이 뜻하는 행동을 하는 과정에서 뒷말이 뜻하는 사실을 새로 깨닫게 되거나, 뒷말이 뜻하는 상태로 됨'을 나타내는 보조 동사이다.

③ '당해 보지'에서 '보다'는 '어떤 일을 시험 삼아 함'을 나타내는 보조 동사이다.

**더 알아보기**

**보조 용언**

- 본용언과 연결되어 그것의 뜻을 보충하는 역할을 하는 용언이다.
- 혼자서 독립적으로 쓰이지 못하고, 보조적 의미를 지닌다.
  예 나는 사과를 먹어 버렸다. / 그는 잠을 자고 싶다.
- 보조 용언에는 보조 동사, 보조 형용사가 있다.

| 보조 동사 | 본동사와 연결되어 그 풀이를 보조하는 동사<br>예 감상을 적어 두다. / 그는 학교에 가 보았다. |
|---|---|
| 보조 형용사 | 본용언과 연결되어 의미를 보충하는 역할을 하는 형용사<br>예 먹고 싶다. / 예쁘지 아니하다. |

- 보조 동사와 보조 형용사의 구별

| 않다 | 보조 동사 | 예 책을 보지 않는다.<br>예 그는 이유도 묻지 않고 돈을 빌려주었다. |
|---|---|---|
| | 보조 형용사 | 예 옳지 않다.<br>예 일이 생각만큼 쉽지 않다. |
| 못하다 | 보조 동사 | 예 눈물 때문에 말을 잇지 못했다.<br>예 배가 아파 밥을 먹지 못한다. |
| | 보조 형용사 | 예 음식 맛이 좋지 못하다.<br>예 먹다 못해 음식을 남겼다. |
| 하다 | 보조 동사 | 예 노래를 부르게 한다.<br>예 주방은 늘 청결해야 한다. |
| | 보조 형용사 | 예 생선이 참 싱싱하기도 하다.<br>예 길도 멀고 하니 일찍 출발해라. |
| 보다 | 보조 동사 | 예 그런 책을 읽어 본 적이 없다.<br>예 말을 들어 보자. |
| | 보조 형용사 | 예 열차가 도착했나 보다.<br>예 한 대 때릴까 보다. |

## 04 난도 ★★☆   정답 ②

**문법 > 통사론**

**정답의 이유**

② 보입니다(○): '보이다'는 '보다'의 어간 '보-'에 피동 접미사 '-이-'가 결합한 것이다. '눈으로 대상의 존재나 형태적 특징을 알게 되다.'를 의미하는 피동사이므로 적절하게 사용되었다.

**오답의 이유**

① 계시겠습니다(×) → 있으시겠습니다(○): 주체인 '회장님'을 직접 높이지 않고 주어와 관련된 '말씀'을 높이는 간접 높임의 경우에는 특수 어휘 '계시다'를 쓰지 않고 높임의 선어말 어미 '-(으)시-'를 붙여야 한다.

③ 푸른 산과 맑은 물이 흐르는(×) → 푸른 산이 있고 맑은 물이 흐르는(○): 주어와 서술어의 호응이 맞지 않으므로 주어인 '푸른 산'의 서술어를 추가해야 한다.

④ 믿겨지지(×) → 믿기지/믿어지지(○): '믿겨지다'는 피동사 '믿기다'에 통사적 피동 표현인 '-어지다'가 결합된 이중 피동이다. 이중 피동은 국어 문법에 어긋나므로 '믿기지'나 '믿어지지'로 써야 한다.

## 05 난도 ★★☆   정답 ③

**문법 > 한글 맞춤법**

**정답의 이유**

③ 듯∨싶었다(×) → 듯싶었다(○): '듯싶다'는 '앞말이 뜻하는 사건이나 상태 따위를 짐작하거나 추측함'을 나타내는 보조 형용사이므로 붙여 써야 한다.

**오답의 이유**

① 할∨만하다(○): '할∨만하다'의 '만하다'는 '앞말이 뜻하는 행동을 하는 것이 가능함'을 나타내는 보조 형용사이다. 한글 맞춤법 제47항 '보조 용언은 띄어 씀을 원칙으로 하되, 경우에 따라 붙여 씀도 허용한다.'라는 규정에 따라 '할∨만하다'와 '할만하다' 둘 다 옳은 표현이다.

② ・싶은∨대로(○): '싶은 대로'의 '대로'는 '어떤 모양이나 상태와 같이'라는 뜻을 가진 의존 명사이므로 앞말과 띄어 써야 한다.

- 할∨테야(O): '할 테야'의 '테야'는 의존 명사 '터'에 서술격 조사 '이다'의 활용형인 '이야'가 결합하여 만들어진 '터이야'가 줄어든 말이다. 따라서 의존 명사 '터'는 앞말과 띄어 써야 한다.
- ④ 아는∨체를(O): '아는∨체를'의 '체'는 '그럴듯하게 꾸미는 거짓 태도나 모양'이라는 뜻을 가진 의존 명사이므로 앞말과 띄어 써야 한다.

## 06 난도 ★★☆  정답 ②

문법 > 통사론

**정답의 이유**

② '예쁜'은 '꽃이 예쁘다'라는 절에서 주어 '꽃이'를 생략하고 어간 '예쁘-'에 관형사형 어미 '-ㄴ'을 결합한 관형사절이므로 제시된 문장은 관형사절을 포함하고 있는 문장이다.

**오답의 이유**

① '갖은'은 '골고루 다 갖춘' 또는 '여러 가지의'라는 뜻을 가진 관형사이므로 제시된 문장은 홑문장이다.
③ '오랜'은 '이미 지난 동안이 긴'이라는 뜻을 가진 관형사이므로 제시된 문장은 홑문장이다.
④ '여남은'은 '열이 조금 넘는 수의'라는 뜻을 가진 관형사이므로 제시된 문장은 홑문장이다.

**더 알아보기**

관형절을 안은문장

- 문장에서 관형어의 기능을 하는 절을 안은문장이다.
- 관형사형 어미 '-(으)ㄴ, -는, -(으)ㄹ, -던' 등이 사용된다.
  예 이 옷은 어제 내가 입은 옷이다. / 어려서부터 내가 먹던 맛이 아니다.
- 관형절에는 관계 관형절과 동격 관형절이 있다.

| 관계 관형절 | • 안긴문장의 문장 성분이 생략되어 있는 문장을 말한다.<br>• 안긴문장과 안은문장의 문장 성분이 같은 경우 생략된다.<br>예 영희가 그린 그림이 전시되었다.<br>→ 영희가 (그림을) 그렸다.<br>예 좁은 골목을 뛰어 다녔다.<br>→ (골목이) 좁다. |
|---|---|
| 동격 관형절 | • 안긴문장의 문장 성분이 생략되지 않은 문장을 말한다.<br>• 안긴문장, 즉 관형절은 그 자체로 완전한 문장이 된다.<br>예 나는 철수가 착한 사람이라는 사실을 알고 있다.<br>→ 철수가 착한 사람이다.<br>예 철수는 영희가 많이 아프다는 소식을 들었다.<br>→ 영희가 많이 아프다. |

## 07 난도 ★☆☆  정답 ④

비문학 > 사실적 읽기

**정답의 이유**

④ 적자생존이란 '환경에 적응하는 생물만이 살아남고, 그렇지 못한 것은 도태되어 멸망하는 현상'이라는 뜻으로, 〈보기〉에서는 확인할 수 없다.

**오답의 이유**

① '첫째, 생물진화의 돌연변이처럼 그 문화체계 안에서 새로운 문화요소의 발명 또는 발견이 있어 존재하는 문화에 추가됨으로써 일어난다.'에서 확인할 수 있다.
② '넷째, 유전자 유실처럼 어떤 문화요소가 한 세대에서 다음 세대로 전달될 때 잘못되어 그 문화요소가 후세에 전해지지 못하고 단절되거나 소멸될 때 문화변동이 일어난다.'에서 확인할 수 있다.
③ '셋째, 유전자 제거처럼 어떤 문화요소가 그 사회의 환경에 부적합할 때 그 문화요소를 버리고 더 적합한 다른 문화요소로 대치시킬 때 문화변동을 일으킨다.'에서 확인할 수 있다.

## 08 난도 ★★★  정답 ②

어휘 > 한자어

**정답의 이유**

② 보고(報誥: 갚을 보, 고할 고)(×) → 보고(報告: 갚을 보, 아뢸 고)(○): 일에 관한 내용이나 결과를 말이나 글로 알림

**오답의 이유**

① 체계적(體系的: 몸 체, 이을 계, 과녁 적)(○): 일정한 원리에 따라서 낱낱의 부분이 짜임새 있게 조직되어 통일된 전체를 이루는 것
③ 제고(提高: 끌 제, 높을 고)(○): 수준이나 정도 따위를 끌어올림
④ 유명세(有名稅: 있을 유, 이름 명, 세금 세)(○): 세상에 이름이 널리 알려져 있는 탓으로 당하는 불편이나 곤욕을 속되게 이르는 말

## 09 난도 ★☆☆  정답 ③

비문학 > 사실적 읽기

**정답의 이유**

③ 1문단에서 독일어식이나 일본어식으로 사용해 오던 화학 용어를 국제기준에 맞는 표기법으로 바꾼다고 하였으며, 3문단에서 예외적으로 '나트륨'과 '칼륨'은 갑작스러운 표기 변경에 따른 혼란을 줄이기 위해서 지금까지 사용한 대로 표기를 허용하되 새 이름인 '소듐'과 '포타슘'도 병행 표기한다고 하였다. 이를 통해 '나트륨'보다는 '소듐'이 국제기준에 맞는 표기법임을 알 수 있다.

**오답의 이유**

① 2문단의 "새 표기법은 세계적으로 통용되는 발음에 가깝게 정해진 것으로, '요오드'는 '아이오딘', '게르마늄'은 '저마늄' 등으로 바꾼다."에서 새 발음인 '아이오딘'이 '요오드'보다 세계적으로 통용되는 발음에 가깝다는 것을 확인할 수 있다.
② 2문단의 "화합물 용어도 구성 원소 이름이 드러나도록 '중크롬산칼륨'을 '다이크로뮴산칼륨'으로 표기한다."를 통해 화합물의 구성 원소 이름을 드러낸 표기는 '다이크로뮴산칼륨'이라는 것을 알 수 있다. '저마늄'은 '게르마늄'을 세계적으로 통용되는 발음에 가깝게 바꾼 표기이다.
④ 3문단의 "또 '비타민'도 당분간 '바이타민'을 병행 표기한다."에서 '비타민'도 당분간 병행해 사용하기로 했음을 확인할 수 있다.

## 10 난도 ★☆☆　　　정답 ①

현대 문학 > 현대 시

[정답의 이유]

① 〈보기〉의 '달은 나의 뜰에 고요히 앉아 있다'에서 '달'이 '앉아 있다'라고 표현함으로써 '달'에 사람의 인격을 부여한 의인법이 사용되었다. 또한 '풀은 눕고 / 드디어 울었다'에서도 '풀'이 '울었다'라고 표현함으로써 의인법이 사용되었다.

[오답의 이유]

② '가난하다고 해서 외로움을 모르겠는가'에서는 쉽게 판단할 수 있는 사실을 의문형으로 만들어 독자가 스스로 판단하게 하는 설의법이 사용되었다.

③ '구름은 / 보랏빛 색지 위에 / 마구 칠한 한 다발 장미'에는 'A는 B이다'와 같은 형태로 원관념과 보조 관념을 동일시하여 비유하는 은유법이 사용되었다.

④ '아! 강낭콩꽃보다도 더 푸른 / 그 물결 위에 / 양귀비꽃보다도 더 붉은 / 그 마음 흘러라'에는 감탄하는 말로 감정을 강하게 표현하는 영탄법과 두 사물을 견주어서 어느 한 사물을 선명히 표현하는 비교법이 사용되었다.

[작품 해설]

장만영, 「달·포도·잎사귀」

- 갈래: 자유시, 서정시
- 성격: 서정적, 회화적, 관조적
- 주제: 달밤의 그윽한 정취, 가을 달밤의 아름다운 서정
- 특징
  - 선명한 이미지를 통한 감각적 표현으로 서정적 분위기를 조성함
  - 고요하고 담담한 어조를 통해 시상을 전개함

[더 알아보기]

의인법, 설의법, 은유법, 비교법

| | |
|---|---|
| 의인법 | 사람이 아닌 대상에 인격을 부여해 사람인 것처럼 표현하는 방법으로, 화자의 감정이 이입되기도 한다. 의인법을 사용하면 독자에게 생생한 느낌을 전달할 수 있다.<br>예 방안에 켜 있는 촛불, 누구와 이별하였관대 겉으로 눈물 지고 속타는 줄 모르는고 |
| 설의법 | 누구나 다 아는 사실을 의문 형식으로 표현하여 필자가 의도하는 방향으로 독자가 결론을 내리도록 하는 수사법이다.<br>예 가난하다고 해서 사랑을 모르겠는가<br>예 그곳이 차마 꿈엔들 잊힐 리야 |
| 은유법 | 원관념과 보조 관념의 관계를 직접적으로 드러내지 않는 비유법으로, 'A는 B이다' 또는 'A인 B'의 형태를 사용한다. 원관념이 생략된 채 보조 관념만 제시되는 경우도 있다.<br>예 내 마음은 호수요, 그대 노 저어 오오<br>예 고독은 나의 광장 |
| 비교법 | 속성이 비슷한 두 대상을 놓고, 어느 한쪽을 강조하는 방법이다.<br>예 강낭콩꽃보다도 더 푸른 그 물결 |

## 11 난도 ★★☆　　　정답 ②

비문학 > 추론적 읽기

[정답의 이유]

② '명제 P와 Q가 IF … THEN으로 연결되는 P→Q는 P가 참이고 Q가 거짓이면 거짓이고 나머지 경우에는 모두 참이 된다.'의 명제 논리를 적용할 때, '파리가 새라면(P)'은 거짓이고 '지구는 둥글다(Q)'는 참이므로 이 명제는 참이 된다.

[오답의 이유]

① '모든 명제는 참이든지 거짓이든지 둘 중 하나여야 하며 참도 아니고 거짓도 아니거나 참이면서 거짓인 경우는 없다.'의 명제 논리를 적용할 때 '모기는 생물이면서 무생물이다'는 참이든지 거짓이든지 둘 중 하나여야 한다는 조건에 맞지 않으므로 성립하지 않는 명제이다.

③ '명제 P와 Q가 OR로 연결되는 P∨Q는 P와 Q 둘 중 적어도 하나가 참이기만 하면 참이 된다.'의 명제 논리를 적용할 때, '개가 동물이거나(P)'는 참이고 '컴퓨터가 동물이다(Q)'는 거짓이므로 이 명제는 참이 된다.

④ '명제 P와 Q가 AND로 연결되는 P∧Q는 P와 Q가 모두 참일 때에만 참이다.'의 명제 논리를 적용할 때, '늑대는 새가 아니고(P)'는 참이고, '파리는 곤충이다(Q)'도 참이므로, 이 명제는 참이 된다.

## 12 난도 ★★☆　　　정답 ④

고전 문학 > 고전 운문

[정답의 이유]

④ 〈보기〉의 밑줄 친 부분은 추상적인 시간(밤)을 베어낸다고 표현하여 추상적 관념을 구체화하는 표현 방식이 사용되었다. '내 마음 속 우리 님의 고운 눈썹을 / 즈믄 밤의 꿈으로 맑게 씻어서'에서도 추상적 관념인 '밤의 꿈'으로 눈썹을 맑게 씻는다고 표현하였으므로 추상적 관념을 구체화하는 표현 방식이 사용되었다.

[오답의 이유]

① '아아 님은 갔지마는 나는 님을 보내지 아니하였습니다.'에는 '아아'라는 감탄사를 사용하여 감정을 강하게 표현하는 영탄법이 사용되었고, 님은 갔지만 나는 님을 보내지 아니하였다고 함으로써 모순된 표현으로 진리를 나타내는 역설법이 사용되었다.

② '무사(無事)한세상이병원이고꼭치료를기다리는무병(無病)이곳곳에있다'에는 띄어쓰기를 하지 않음으로써 무의식의 내면 심리를 표현하는 자동기술법이 사용되었다.

③ '노란 해바라기는 늘 태양같이 태양같이 하던 화려한 나의 사랑이라고 생각하라.'에는 '~같이'의 연결어를 사용하여 비유하는 직유법과, '태양같이'라는 시어를 되풀이한 반복법이 사용되었다.

## 13 난도 ★★☆  정답 ②

비문학 > 사실적 읽기

정답의 이유

② 제시된 글에서는 일제 시기 근대화 문제에 관한 두 가지 주장에서 모두 조선인들이 주체적으로 대응했던 역사가 탈락되어 있으며 억압 속에서도 자기 발전을 도모해 나간 조선인의 역사가 정당하게 평가되어야 한다고 말한다. 따라서 제시된 글의 주제는 '일제의 지배에 주체적으로 대응한 조선인의 역사도 정당하게 평가되어야 한다.'가 가장 적절하다.

## 14 난도 ★☆☆  정답 ②

문법 > 한글 맞춤법

정답의 이유

② 오랫동안(○): '오랫동안'은 '시간상으로 썩 긴 동안'이라는 뜻을 가진 명사이다. '오랜동안'으로 잘못 표기하는 경우가 있으므로 주의해야 한다.

오답의 이유

① 제작년(×) → 재작년(○): '지난해의 바로 전 해'라는 의미로 사용되었으므로 '재작년'으로 표기한다.

③ 띄는(×) → 띠는(○): '감정이나 기운 따위를 나타내다.'라는 의미로 사용되었으므로 '띠는'으로 표기한다.

④ 받아드리는(×) → 받아들이는(○): '다른 사람의 의견이나 비판 따위를 찬성하여 따르다. 또는 옳다고 인정하다.'라는 의미로 사용되었으므로 '받아들이는'으로 표기한다.

## 15 난도 ★☆☆  정답 ③

문법 > 외래어 표기법

정답의 이유

③ • 커피숍(○): 'coffee shop'은 '커피샵'이 아닌 '커피숍'이 옳은 표기이다.
• 리더십(○): 'leadership'은 '리더쉽'이 아닌 '리더십'이 옳은 표기이다.
• 파마(○): 'permanent'는 '펌', '퍼머'가 아닌 '파마'가 옳은 표기이다.

오답의 이유

① • 플랭카드(×) → 플래카드(○): 'placard'는 '플랭카드'가 아닌 '플래카드'가 옳은 표기이다.
• 케익(×) → 케이크(○): 'cake'는 '케익'이 아닌 '케이크'가 옳은 표기이다.
• 스케줄(○): 'schedule'은 '스케쥴'이 아닌 '스케줄'이 옳은 표기이다.

② • 텔레비전(○): 'television'은 '텔레비젼'이 아닌 '텔레비전'이 옳은 표기이다.
• 쵸콜릿(×) → 초콜릿(○): 'chocolate'은 '쵸콜릿'이 아닌 '초콜릿'이 옳은 표기이다.
• 플래시(○): 'flash'는 '플래쉬'가 아닌 '플래시'가 옳은 표기이다.

④ • 캐비넷(×) → 캐비닛(○): 'cabinet'은 '캐비넷'이 아닌 '캐비닛'이 옳은 표기이다.
• 로켓(○): 'rocket'은 '로케트'가 아닌 '로켓'이 옳은 표기이다.
• 슈퍼마켓(○): 'supermarket'은 '수퍼마켓'이 아닌 '슈퍼마켓'이 옳은 표기이다.

## 16 난도 ★★☆  정답 ③

현대 문학 > 현대 소설

정답의 이유

③ 제시된 작품에서 소희는 짬뽕 한 그릇을 주문하려고 하다가 결국 금액적인 문제로 인해 사먹는 것을 포기하고 자리에서 일어난다. 그리고 가게 직원인 여자는 '젊은 사람이 어째 매가리가 없어'라고 하면서 계산지를 구겨 쓰레기통에 넣는다. 이러한 여자의 말과 행동을 통해 가난한 청년 세대의 모습을 간접적으로 드러내려 했음을 알 수 있다.

## 17 난도 ★☆☆  정답 ④

문법 > 한글 맞춤법

정답의 이유

④ 대물림, 구시렁거리다, 느지막하다(○): '대물림, 구시렁거리다, 느지막하다'는 모두 어문 규범에 맞는 단어이다.

오답의 이유

① 닥달하다(×) → 닦달하다(○): '닦달하다'는 '남을 단단히 윽박질러서 혼을 내다.'를 뜻하며, '닥달하다'는 잘못된 표기이다.

② • 통채(×) → 통째(○): '통째'는 '나누지 아니한 덩어리 전부'를 뜻하며, '통채'는 잘못된 표기이다.
• 발자욱(×) → 발자국(○): '발자국'은 '발로 밟은 자리에 남은 모양'을 뜻하며, '발자욱'은 잘못된 표기이다.
• 구렛나루(×) → 구레나룻(○): '구레나룻'은 '귀밑에서 턱까지 잇따라 난 수염'을 뜻하며, '구렛나루'는 잘못된 표기이다.

③ • 귀뜸(×) → 귀띔(○): '귀띔'은 '상대편이 눈치로 알아차릴 수 있도록 미리 슬그머니 일깨워 줌'을 뜻하며, '귀뜸'은 잘못된 표기이다.
• 핼쓱하다(×) → 핼쑥하다/해쓱하다(○): '핼쑥하다'와 '해쓱하다'는 '얼굴에 핏기가 없고 파리하다.'를 뜻하며, '핼쓱하다'는 잘못된 표기이다.

## 18  난도 ★★★                                       정답 ①

**어휘 > 한자성어**

[정답의 이유]
① • 견마지로(犬馬之勞): 개나 말 정도의 하찮은 힘이라는 뜻으로, 윗사람에게 충성을 다하는 자신의 노력을 낮추어 이르는 말
  - 犬馬之勞: 개 견, 말 마, 갈 지, 수고로울 로
• 견토지쟁(犬兔之爭): 개와 토끼의 다툼이라는 뜻으로, 두 사람의 싸움에 제삼자가 이익을 봄을 이르는 말
  - 犬兔之爭: 개 견, 토끼 토, 갈 지, 다툴 쟁

[오답의 이유]
② • 견문발검(見蚊拔劍): 모기를 보고 칼을 뺀다는 뜻으로, 사소한 일에 크게 성내어 덤빔을 이르는 말
  - 見蚊拔劍: 볼 견, 모기 문, 뺄 발, 칼 검
• 견마지성(犬馬之誠): 임금이나 나라에 바치는 충성을 낮추어 이르는 말
  - 犬馬之誠: 개 견, 말 마, 갈 지, 정성 성
③ • 견강부회(牽強附會): 이치에 맞지 않는 말을 억지로 끌어 붙여 자기에게 유리하게 함
  - 牽強附會: 끌 견, 강할 강, 붙을 부, 모일 회
• 견물생심(見物生心): 어떠한 실물을 보게 되면 그것을 가지고 싶은 욕심이 생김
  - 見物生心: 볼 견, 만물 물, 날 생, 마음 심
④ • 견원지간(犬猿之間): 개와 원숭이의 사이라는 뜻으로, 사이가 매우 나쁜 두 관계를 비유적으로 이르는 말
  - 犬猿之間: 개 견, 원숭이 원, 갈 지, 사이 간
• 견리사의(見利思義): 눈앞의 이익을 보면 의리를 먼저 생각함
  - 見利思義: 볼 견, 이로울 리, 생각 사, 옳을 의

## 19  난도 ★★★                                       정답 ④

**비문학 > 추론적 읽기**

[정답의 이유]
④ (가), (나), (다)는 주관적 인식의 모순을 밝힌 것이 아니라, 대상을 인식하는 주관적인 관점에 대해 이야기하고 있다.

[오답의 이유]
① (가)에서 임제가 "길 오른쪽을 가는 이는 내가 가죽신을 신었다고 할 테고 길 왼쪽을 가는 이는 내가 짚신을 신었다고 할 게다. 내가 염려할 게 뭐냐."라고 말한 것을 통해 임제는 사람들이 주관적 관점에서 대상을 인식한다고 여김을 확인할 수 있다.
② (나)에서 서술자가 "이 작은 방에서 몸을 돌려 앉으면 방위가 바뀌고 명암이 달라지지. 구도란 생각을 바꾸는 데 달린 법, 생각이 바뀌면 그 뒤를 따르지 않을 것이 없지."라고 말한 것을 통해 집주인은 자신만의 방식으로 집을 수용하고 있음을 확인할 수 있다.
③ (다)에서 '그럼에도 금붕어는 자기 나름의 왜곡된 기준 틀(Frame of Reference)을 토대로 삼아 과학 법칙들을 정식화할 수 있을 것이고'라고 언급한 부분을 통해 금붕어는 왜곡된 기준 틀로 과학 법칙을 수립할 수 있음을 확인할 수 있다.

## 20  난도 ★★☆                                       정답 ③

**현대 문학 > 현대 시**

[정답의 이유]
③ 제시된 작품은 사물의 생태적 속성에서 삶의 참된 가치를 발견하고 있는 김지하의 「무화과」라는 시이다. 속으로 꽃이 핀다는 것은 밖으로 꽃을 피우는 삶보다도 더 아름답고 의미 있는 화자의 내면화된 가치를 의미한다.

[오답의 이유]
① '잿빛 하늘'은 화자가 처한 부정적 현실을 나타내고 있다. 따라서 화자가 처한 현실을 반어적으로 형상화한 것이라 볼 수 없다.
② 화자가 현실에 저항하고 있는 모습은 드러나지 않았다.
④ '검은 도둑괭이'는 부정적 현실 속에서 영악하게 살아가는 존재이자 자본가, 정치인을 상징한다. 따라서 현실의 부정에 적극 맞서야 함을 일깨우는 존재라 볼 수 없다.

> **작품 해설**
>
> 김지하, 「무화과」
> • 갈래: 자유시, 서정시
> • 성격: 상징적, 대화적
> • 주제: 암울한 현실 상황 속에서 참된 가치를 추구하는 삶
> • 특징
>   - 사물의 생태적 속성에서 삶의 의미와 가치를 발견하고 있음
>   - 대화 형식을 통해 절망과 위로의 구조를 보임

# 국어 | 2022년 제2회 서울시 9급

## 한눈에 훑어보기

### ✓ 영역 분석

**어휘** 04 07
2문항, 10%

**문법** 02 03 06 08 09 10 12 15 17 19
10문항, 50%

**고전 문학** 18 20
2문항, 10%

**현대 문학** 05 11 14
3문항, 15%

**비문학** 01 13 16
3문항 15%

### ✓ 빠른 정답

| 01 | 02 | 03 | 04 | 05 | 06 | 07 | 08 | 09 | 10 |
|---|---|---|---|---|---|---|---|---|---|
| ② | ③ | ④ | ① | ① | ① | ② | ② | ① | ③ |
| 11 | 12 | 13 | 14 | 15 | 16 | 17 | 18 | 19 | 20 |
| ④ | ③ | ① | ② | ③ | ④ | ② | ② | ① | ④ |

### ✓ 점수 체크

| 구분 | 1회독 | 2회독 | 3회독 |
|---|---|---|---|
| 맞힌 문항 수 | / 20 | / 20 | / 20 |
| 나의 점수 | 점 | 점 | 점 |

---

## 01 난도 ★☆☆ 정답 ②

**비문학 > 추론적 읽기**

**정답의 이유**

② 제시된 글에 따르면 개미사회는 철저한 분업제도로 이루어진다. '자신의 유전자를 보다 많이 후세에 남기고자 하는 것이 궁극적인 삶의 의미라는 진화학적 관점에서 볼 때'라는 부분과 '자기 스스로 자식을 낳아 키우기를 포기하고 평생토록 여왕을 보좌하는 일개미들의 행동'이라는 부분을 통해 여왕개미가 평생 오로지 알을 낳는 일에만 전념할 수 있도록 일개미들은 번식에 필요한 모든 제반 업무를 담당한다는 것을 알 수 있다. 따라서 빈칸에 들어갈 단어로는 '붙고 늘어서 많이 퍼짐'이라는 뜻을 가진 '번식(繁殖)'이 가장 적절하다.

## 02 난도 ★★☆ 정답 ③

**문법 > 한글 맞춤법**

**정답의 이유**

③ 표준어를 '소리나는 대로 적는다.'는 것은 표준어를 적을 때 발음에 따라 적는다는 뜻으로, 이를테면 [나무]라고 소리 나는 표준어는 '나무'로 적는 것이다. '어법에 맞도록 한다.'는 것은 뜻을 파악하기 쉽도록 각 형태소의 본모양을 밝혀 적는다는 말이므로, 이를테면 '꽃'은 꽃이[꼬치], 꽃만[꼰만], 꽃과[꼳꽈] 등으로 소리 나지만 그 본모양에 따라 '꽃' 한 가지로 적는 것이다. 따라서 '빛깔'은 [빋깔]로 소리 나지만 형태소의 본모양을 밝혀 '빛깔'로 적었으므로 이는 ㉠이 아닌 ㉡의 사례에 해당하고, '어딃에' 또한 [여덜베]로 소리 나지만 형태소의 본모양을 밝혀 '여덟에'로 적었으므로 ㉡의 사례에 해당한다.

**오답의 이유**

① '마감(막-+-암)'은 한글 맞춤법 제19항 [붙임]에 따라 어간의 원형을 밝히어 적지 않은 사례에 해당하므로 ㉠의 사례이고, '무릎이'는 [무르피]로 소리 나지만 형태소의 본모양을 밝혀 '무릎이'로 적었으므로 ㉡의 사례이다.

② '며칠'은 한글 맞춤법 제27항 [붙임 2]에 따라 어원이 분명하지 아니한 것은 원형을 밝히어 적지 않은 사례에 해당하므로 ㉠의 사례이고, '없었고'는 [업썯꼬]로 소리 나지만 형태소의 본모양을 밝혀 '없었고'로 적었으므로 ㉡의 사례이다.

④ '꼬락서니'는 한글 맞춤법 제20항 [붙임]에 따라 '-이' 이외의 모음으로 시작된 접미사가 붙어서 된 말은 그 명사의 원형을 밝히어 적지 않은 사례에 해당하므로 ㉠의 사례이고, '젊은이'는 [절므니]로 소리 나지만 형태소의 본모양을 밝혀 '젊은이'로 적었으므로 ㉡의 사례이다.

## 03 난도 ★★★  정답 ④

**문법 > 한글 맞춤법**

**정답의 이유**

④ 한글 맞춤법 제51항에 따르면 '정확히'는 부사의 끝음절이 '히'로만 나는 단어이므로 밑줄 친 부분의 사례로 적절하지 않다.

**오답의 이유**

①·②·③ '꼼꼼히, 당당히, 섭섭히'는 부사의 끝음절이 '이'나 '히'로 나는 사례이므로 적절하다.

## 04 난도 ★★☆  정답 ①

**어휘 > 한자성어**

**정답의 이유**

① ㉠에는 '제각기 살아 나갈 방법을 꾀함'이라는 뜻을 가진 각자도생(各自圖生)이 들어가야 한다. 따라서 '같은 사람의 말이나 행동이 앞뒤가 서로 맞지 아니하고 모순됨'이라는 뜻을 가진 자가당착(自家撞着)은 ㉠에 들어가기에 적절하지 않다.
- 各自圖生: 각각 각, 스스로 자, 그림 도, 날 생
- 自家撞着: 스스로 자, 집 가, 칠 당, 붙을 착

**오답의 이유**

② 상전벽해(桑田碧海): 뽕나무밭이 변하여 푸른 바다가 된다는 뜻으로, 세상일의 변천이 심함을 비유적으로 이르는 말
- 桑田碧海: 뽕나무 상, 밭 전, 푸를 벽, 바다 해

③ 만시지탄(晚時之歎): 시기에 늦어 기회를 놓쳤음을 안타까워하는 탄식
- 晚時之歎: 늦을 만, 때 시, 갈 지, 탄식할 탄

④ 오리무중(五里霧中): 오 리나 되는 짙은 안개 속에 있다는 뜻으로, 무슨 일에 대하여 방향이나 갈피를 잡을 수 없음을 이르는 말
- 五里霧中: 다섯 오, 마을 리, 안개 무, 가운데 중

## 05 난도 ★★☆  정답 ①

**현대 문학 > 현대 시**

**정답의 이유**

① 제시된 작품에서는 명령적 어조를 사용함으로써 부정적인 현실 상황을 거부하는 화자의 의지를 표현하고 있으나, 반어적 어조는 드러나지 않았다.

**오답의 이유**

② '가라'라는 명령형 종결 어미를 반복적으로 사용함으로써 부정적인 현실 상황을 거부하고, 순수한 민족 통일의 삶을 추구하자는 주제를 분명하게 드러내고 있다.

③ '껍데기는 가라', '쇠붙이는 가라'와 같이 직설적인 명령적 어조를 통해 우리 민족이 처한 부정적인 현실을 극복하려는 의지가 드러나고 있음을 확인할 수 있다.

④ '중립(中立)의 초례청 앞에 서서 / 부끄럼 빛내며 / 맞절할지니'에서 이념과 대립을 뛰어넘은 화합의 장소에서 우리 민족이 혼인하는 모습을 나타낸 것을 통해 민족의 통일에 대한 염원을 노래하고 있음을 확인할 수 있다.

**작품 해설**

**신동엽, 「껍데기는 가라」**
- 갈래: 자유시, 참여시
- 성격: 현실 참여적, 저항적
- 주제: 순수한 민족 통일의 삶 추구
- 특징
  - 반복적인 표현과 대조적인 시어의 사용으로 주제 의식을 강조함
  - 직설적 표현으로 부정적인 인식을 드러냄

## 06 난도 ★★★  정답 ④

**문법 > 한글 맞춤법**

**정답의 이유**

④ 아니신데(○): '아니신데'에 쓰인 '-ㄴ데'는 뒤 절에서 어떤 일을 설명하거나 묻거나 시키거나 제안하기 위하여 그 대상과 상관되는 상황을 미리 말할 때에 쓰는 연결 어미이다. 어미는 앞말과 붙여 써야 하므로 '아니신데'와 같이 붙여 쓰는 것이 적절하다.

**오답의 이유**

① 본데가(×) → 본∨데가(○): '본 데가'에 쓰인 '데'는 '곳'이나 '장소'의 뜻을 나타내는 의존 명사이므로 앞말과 띄어 써야 한다.

② 돕는데에(×) → 돕는∨데에(○): '돕는 데에'에 쓰인 '데'는 '일'이나 '것'의 뜻을 나타내는 의존 명사이므로 앞말과 띄어 써야 한다.

③ 대접하는데나(×) → 대접하는∨데나(○): '대접하는 데나'에 쓰인 '데'는 '경우'의 뜻을 나타내는 의존 명사이므로 앞말과 띄어 써야 한다.

**더 알아보기**

**'데'의 띄어쓰기**
- '데'가 '곳, 장소, 일, 것, 경우' 등과 같이 쓰일 때는 의존 명사이므로 앞말과 띄어 써야 한다.
  예 의지할 데가 없는 사람
- '-ㄴ데'는 뒤 절에서 어떤 일을 설명하거나 묻거나 시키거나 제안하기 위하여 그 대상과 상관되는 상황을 미리 말할 때에 쓰는 연결 어미이므로 앞말과 붙여 써야 한다.
  예 그 사람이 정직하기는 한데 이번 일에는 적합지 않다.

## 07 난도 ★★☆  정답 ③

**어휘 > 속담**

**정답의 이유**

③ 〈보기〉의 설명에 어울리는 속담은 '금강산 그늘이 관동 팔십 리'이다. '금강산 그늘이 관동 팔십 리'라는 속담은 금강산의 아름다움이 관동 팔십 리 곧 강원도 지방에 널리 미친다는 뜻으로, 훌륭한 사람 밑에서 지내면 그의 덕이 미치고 도움을 받게 됨을 비유적으로 이르는 말이다.

**오답의 이유**

① 서 발 막대 거칠 것 없다: 서 발이나 되는 긴 막대를 휘둘러도 아무것도 거치거나 걸릴 것이 없다는 뜻으로, 가난한 집안이라 세간이 아무것도 없음을 비유적으로 이르는 말 / 주위에 조심스러운 사람도 없고 아무것도 거리낄 것이 없음을 비유적으로 이르는 말

② 무른 땅에 말뚝 박기: 몹시 하기 쉬운 일을 비유적으로 이르는 말 / 세도 있는 사람이 힘없고 연약한 사람을 업신여기고 학대함을 비유적으로 이르는 말

④ 우물에 가 숭늉 찾는다: 모든 일에는 질서와 차례가 있는 법인데 일의 순서도 모르고 성급하게 덤빔을 비유적으로 이르는 말

## 08 난도 ★☆☆  정답 ②

**문법 > 음운론**

**정답의 이유**

② 한자음 '라, 래, 로, 뢰, 루, 르'가 단어의 첫머리에 올 적에는, '나, 내, 노, 뇌, 누, 느'로 적는다는 한글 맞춤법 제12항에 따라 '래일(來日)'의 'ㄹ'이 'ㄴ'으로 바뀌어 [내일]로 발음된다. 이는 음운 동화가 아닌 두음 법칙과 관련된 현상이다.

**오답의 이유**

① '권력(權力)'은 비음인 'ㄴ'이 유음인 'ㄹ'을 만나 유음인 'ㄹ'로 바뀌어 [궐력]으로 발음된다. 이는 'ㄴ'이 'ㄹ'에 동화되어 [ㄹ]로 바뀌는 유음화 현상이 적용된 것으로 동화의 예로 적절하다.

③ '돕는다'는 파열음인 'ㅂ'이 비음인 'ㄴ'을 만나 비음인 'ㅁ'으로 바뀌어 [돔는다]로 발음된다. 이는 'ㅂ'이 'ㄴ'에 동화되어 [ㅁ]으로 바뀌는 비음화 현상이 적용된 것으로 동화의 예로 적절하다.

④ '미닫이'는 받침 'ㄷ'이 접미사의 모음 'ㅣ'와 결합하면서 구개음인 [ㅈ]으로 바뀌어 [미다지]로 발음된다. 이는 치조음인 'ㄷ, ㅌ'이 모음 'ㅣ'의 조음 위치에 가까워져 경구개음 'ㅈ, ㅊ'으로 바뀌는 구개음화 현상이 적용된 것으로 동화의 예로 적절하다.

### 더 알아보기

**음운 변동**

| | | |
|---|---|---|
| 교체 | 자음 동화 | 자음과 자음이 만났을 때, 어느 한쪽이 다른 쪽의 영향을 받아 그와 같거나 비슷한 다른 자음으로 바뀌는 현상<br>• 유음화: 비음 'ㄴ'이 주변 유음의 영향으로 'ㄹ'로 변하는 현상<br>• 비음화: 'ㅂ, ㄷ, ㄱ'이 비음 앞에서 'ㅁ, ㄴ, ㅇ'으로 변하는 현상 |
| | 구개음화 | 끝소리가 'ㄷ, ㅌ'인 형태소가 모음 'ㅣ'나 반모음 'ㅣ[j]'로 시작되는 형식 형태소와 만나면 구개음 'ㅈ, ㅊ'이 되거나, 'ㄷ' 뒤에 형식 형태소 '히'가 올 때 'ㅎ'과 결합하여 이루어진 'ㅌ'이 'ㅊ'이 되는 현상 |
| | 두음 법칙 | 단어의 첫머리에 올 수 있는 자음이 제약되는 현상 |
| | 음절의<br>끝소리 규칙 | 받침의 자음에는 7개의 자음(ㄱ, ㄴ, ㄷ, ㄹ, ㅁ, ㅂ, ㅇ)만이 올 수 있다는 규칙 |
| | 경음화 현상 | 예사소리였던 것이 된소리로 바뀌는 현상<br>• 받침 'ㄱ, ㄷ, ㅂ' 뒤에 연결되는 'ㄱ, ㄷ, ㅂ, ㅅ, ㅈ'은 된소리로 발음함<br>• 어간 받침 'ㄴ, ㅁ' 뒤에 결합되는 어미의 첫소리 'ㄱ, ㄷ, ㅅ, ㅈ'은 된소리로 발음함<br>• 어간 받침 'ㄼ, ㄾ' 뒤에 결합되는 어미의 첫소리 'ㄱ, ㄷ, ㅅ, ㅈ'은 된소리로 발음함<br>• 한자어에서 'ㄹ' 받침 뒤에 연결되는 'ㄷ, ㅅ, ㅈ'은 된소리로 발음함<br>• 관형사형 '-(으)ㄹ' 뒤에 연결되는 'ㄱ, ㄷ, ㅂ, ㅅ, ㅈ'은 된소리로 발음함 |
| 첨가 | | 'ㄴ' 첨가: 합성어 및 파생어에서 앞 단어나 접두사의 끝이 자음이고 뒤 단어나 접미사의 첫음절이 '이, 야, 여, 요, 유'인 경우에는, 'ㄴ' 음을 첨가하여 [니, 냐, 녀, 뇨, 뉴]로 발음함 |
| 축약 | | • 자음 축약(거센소리되기): 평음 'ㄱ, ㄷ, ㅂ, ㅈ'이 'ㅎ'과 인접할 경우 두 자음이 합쳐져서 격음 'ㅋ, ㅌ, ㅍ, ㅊ'으로 축약되는 현상<br>• 모음 축약: 두 개의 모음이 만나 하나의 모음으로 축약되는 현상 |
| 탈락 | | • 자음군 단순화: 음절 끝에 겹받침이 올 경우, 둘 중 하나의 자음이 탈락하는 현상<br>• 'ㄹ' 탈락<br> - 어간 끝 받침 'ㄹ'이 'ㄴ, ㅂ, ㅅ'으로 시작하는 어미 또는 어미 '-오' 앞에서 탈락함<br> - 합성어나 파생어를 형성할 때, 주로 'ㄴ, ㄷ, ㅅ, ㅈ' 앞에서 탈락함<br>• 'ㅎ' 탈락: 어간 끝 받침 'ㅎ'이 모음으로 시작하는 어미 앞에서 탈락함<br>• 'ㅡ' 탈락: 어간 말 모음 'ㅡ'가 모음으로 시작하는 어미 앞에서 탈락함 |

## 09 난도 ★★☆  정답 ①

문법 > 고전 문법

**정답의 이유**

① '기픈'은 어간 '깊-'에 어미 '-은'이 결합한 것으로, 조사를 포함하고 있지 않다.

**오답의 이유**

② '므른'은 명사 '믈(물)'에 보조사 '은'이 결합한 것으로, 조사를 포함하고 있다.
③ 'ᄀᆞᄆᆞ래'는 명사 'ᄀᆞᄆᆞᆯ(가뭄)'에 부사격 조사 '애'가 결합한 것으로, 조사를 포함하고 있다.
④ '내히'는 명사 '내ㅎ(냇물)'에 주격 조사 '이'가 결합한 것으로, 조사를 포함하고 있다.

## 10 난도 ★★☆  정답 ③

문법 > 표준 발음법

**정답의 이유**

③ 표준 발음법 제30항에 따르면 사이시옷 뒤에 '이' 음이 결합되는 경우에는 [ㄴㄴ]으로 발음한다고 하였다. 따라서 '나뭇잎'은 [나문닙]으로만 발음할 수 있다.

**오답의 이유**

① 표준 발음법 제29항에 따르면 합성어 및 파생어에서, 앞 단어나 접두사의 끝이 자음이고 뒤 단어나 접미사의 첫음절이 '이, 야, 여, 요, 유'인 경우에는 'ㄴ' 음을 첨가하여 [니, 냐, 녀, 뇨, 뉴]로 발음한다고 하였다. 다만, '금융'의 경우 'ㄴ' 음을 첨가하여 발음하되, 표기대로 발음할 수 있다고 하였으므로 [금늉/그뮹] 모두 허용된다.
② 표준 발음법 제30항에 따르면 'ㄱ, ㄷ, ㅂ, ㅅ, ㅈ'으로 시작하는 단어 앞에 사이시옷이 올 때는 이들 자음만을 된소리로 발음하는 것을 원칙으로 하되, 사이시옷을 [ㄷ]으로 발음하는 것도 허용한다고 하였다. 따라서 '샛길'은 [새:낄/샏:낄] 모두 허용된다.
④ 표준 발음법 제29항에 따르면 합성어 및 파생어에서 앞 단어나 접두사의 끝이 자음이고 뒤 단어나 접미사의 첫음절이 '이, 야, 여, 요, 유'인 경우에는 'ㄴ' 음을 첨가하여 [니, 냐, 녀, 뇨, 뉴]로 발음한다고 하였다. 다만, '이죽이죽'의 경우 'ㄴ' 음을 첨가하여 발음하되, 표기대로 발음할 수 있다고 하였으므로 [이중니죽/이주기죽] 모두 허용된다.

## 11 난도 ★☆☆  정답 ④

현대 문학 > 현대 소설

**정답의 이유**

④ 작품의 주인공인 '나'는 생활 능력이 없어 모든 것을 아내에게 의지하고 살아가는 인물이다. 따라서 결혼을 앞둔 남녀관계가 아니므로 적절하지 않은 설명이다.

**오답의 이유**

① 제시된 작품은 1936년에 발표한 소설로, 1930년대 일제 강점기 지식인의 무기력한 삶을 보여주고 있다.
② 작품의 주인공인 '나'는 날개가 돋는 것을 느끼고, '날자. 날자. 날자. 한번만 더 날자꾸나.'라고 생각하며 내면적 자아의 회복과 이상을 추구하게 된다. 따라서 괄호 안에 들어갈 공통 단어는 자유와 이상을 뜻하는 '날개'이다.
③ 모더니즘 계열의 소설이란 기성 문학의 형식과 관습에 대해 반발하는 실험적이고 전위적인 경향의 소설을 말한다. 이 작품은 의식의 흐름 기법을 통해 무기력한 당대 지식인의 내면세계를 다룬 모더니즘 계열의 대표적인 소설이다.

### 작품 해설

**이상, 「날개」**

- 갈래: 단편 소설, 모더니즘 소설
- 성격: 고백적, 상징적
- 주제: 무기력한 삶에서 벗어나 본래의 자아를 회복하려는 의지
- 특징
  - 의식의 흐름 기법을 사용해 인물의 내면세계를 드러냄
  - 근대 지식인들의 모순된 자의식을 보여 준 작품임

## 12 난도 ★☆☆  정답 ③

문법 > 외래어 표기법

**정답의 이유**

③ 외래어 표기법 제1장 제3항에 따르면 받침에는 'ㄱ, ㄴ, ㄹ, ㅁ, ㅂ, ㅅ, ㅇ'만을 쓴다.

**오답의 이유**

① 외래어 표기법 제1장 제1항에 따르면 외래어는 국어의 현용 24 자모만으로 적는다.
② 외래어 표기법 제1장 제2항에 따르면 외래어의 1음운은 원칙적으로 1기호로 적는다.
④ 외래어 표기법 제1장 제4항에 따르면 파열음 표기에는 된소리를 쓰지 않는 것을 원칙으로 한다.

### 더 알아보기

**외래어 표기법 제1장 제3항**

국어의 받침은 'ㄱ, ㄴ, ㄷ, ㄹ, ㅁ, ㅂ, ㅇ'을 쓴다. 이와 비슷하게 외래어의 받침도 'ㄱ, ㄴ, ㄹ, ㅁ, ㅂ, ㅅ, ㅇ'을 이용해서 적는다. 'ㄷ' 대신 'ㅅ'을 쓰는 이유는 외래어와 조사를 연결했을 때 '로켓(rocket)'의 경우 [로케드로]가 아닌 [로케스로], '로봇(robot)'의 경우 [로보들]이 아닌 [로보슬]과 같이 발음하기 때문이다.

| | | |
|---|---|---|
| 굳모닝 → 굿모닝 | 디스켇 → 디스켓 | 슈퍼마켙 → 슈퍼마켓 |
| 커피숖 → 커피숍 | 핟라인 → 핫라인 | 라켙 → 라켓 |

## 13 난도 ★★☆  정답 ①

비문학 > 사실적 읽기

[정답의 이유]

① 〈보기〉에서는 앞으로 남녀평등 문제가 큰 의미가 없을 것이라는 내용을 전달하고 있다. 따라서 이 글의 주제문으로는 ㉠이 적절하다.

[오답의 이유]

② ㉡은 한 부부가 아이를 하나만 낳아 기른다는 내용에 대한 근거이므로 이 글의 주제문으로 적절하지 않다.

③ ㉢은 앞으로 남녀평등 문제가 큰 의미가 없을 것이라는 내용에 대한 근거이므로 이 글의 주제문으로 적절하지 않다.

④ ㉣은 평등의식이 높아진 이유에 대한 설명이므로 이 글의 주제문으로 적절하지 않다.

## 14 난도 ★★☆  정답 ②

현대 문학 > 현대 시

[정답의 이유]

② ㉠의 다음 구절에서 '아니라 아니라고 온몸을 흔든다 스스로 범람한다'라고 하였으므로, ㉠에 들어갈 구절은 숲의 역동성이 느껴지는 '숲은 출렁거린다'가 적절하다.

[오답의 이유]

① 숲의 동적인 모습을 제시하였을 뿐, 숲이 푸르다는 이미지를 제시한 것이 아니므로 적절하지 않다.

③ 바다의 동적인 이미지를 활용해 숲을 역동적으로 묘사하였을 뿐, 바다의 조용한 이미지를 제시한 것이 아니므로 적절하지 않다.

④ 바다의 동적인 이미지를 활용해 숲을 역동적으로 묘사하였을 뿐, 바다의 깊은 이미지를 제시한 것이 아니므로 적절하지 않다.

## 15 난도 ★★★  정답 ③

문법 > 형태론

[정답의 이유]

③ '이런'은 '상태, 모양, 성질 따위가 이와 같다.'라는 뜻을 가진 형용사 '이렇다'의 어간 '이렇-'에 관형사형 어미 '-ㄴ'이 결합한 형태이므로 관형사가 아닌 형용사이다. '이런'은 '상태, 모양, 성질 따위가 이러한'이라는 뜻을 가진 관형사도 있는데, 문장에서 주어를 서술하는 서술어의 역할을 할 때는 형용사로 볼 수 있다.

[오답의 이유]

① '새'는 '사용하거나 구입한 지 얼마 되지 아니한'이라는 뜻을 가진 관형사이다.

② '갖은'은 '골고루 다 갖춘. 또는 여러 가지의'라는 뜻을 가진 관형사이다.

④ '외딴'은 '외따로 떨어져 있는'이라는 뜻을 가진 관형사이다.

## 16 난도 ★★☆  정답 ④

비문학 > 사실적 읽기

[정답의 이유]

④ 제시된 글은 '무지개'라는 단어의 형태에 관해 설명한 것이지 그 표현 방식에 관해 설명한 것이 아니다. 따라서 '무지개가 뜨다', '무지개가 걸리다'라는 표현과 관련된 내용은 〈보기〉에서 확인할 수 없으므로 글을 읽고 가질 수 있는 의문으로 적절하지 않다.

[오답의 이유]

① "'무지개'는 원래 '물'과 '지개'의 합성어인데, 'ㅈ' 앞에서 'ㄹ'이 탈락하여 '무지개'가 되었다."에서 '물'의 'ㄹ'이 '지개'의 'ㅈ' 앞에서 탈락했다고 제시하였으므로 이는 글을 읽고 가질 수 있는 의문으로 적절하다.

② "'물[水]'의 15세기 형태인 '믈'에 '지게'가 합쳐진 것으로, '지게'의 'ㅈ' 앞에서 '믈'의 'ㄹ'이 탈락한 것이다."에서 '무지개'가 '물'과 '지개'가 합쳐져 변화했다고 제시하였으므로 이는 글을 읽고 가질 수 있는 의문으로 적절하다.

③ "'지개'는 무엇이냐고 묻는 사람이 있을 것이다. 문헌에 처음 보이는 형태는 '므지게'인데"에서 '지개'가 '지게'에서 온 말이라고 제시하였으므로 이는 글을 읽고 가질 수 있는 의문으로 적절하다.

## 17 난도 ★★★  정답 ②

문법 > 표준어 사정 원칙

[정답의 이유]

② 숫병아리(×) → 수평아리(○), 숫당나귀(×) → 수탕나귀(○): 표준어 사정 원칙 제7항에 따르면 '수'는 역사적으로 '수ㅎ'과 같이 'ㅎ'을 맨 마지막 음으로 가지고 있는 말이었으나 현대에 와서는 이러한 'ㅎ'이 모두 떨어졌으므로 떨어진 형태를 기본적인 표준어로 규정하였다. 다만 'ㅎ'의 흔적이 남아 있는 현대의 단어들은 '수ㅎ'이 뒤의 예사소리와 결합하였을 때 거센소리로 축약되는 일이 흔하여 그 언어 현실을 존중한다고 하였다. '수평아리, 수탕나귀'는 '수ㅎ'의 흔적이 남아 있는 단어 중 하나로, '병아리'와 '당나귀'에 접두사 '수ㅎ'이 결합하여 만들어졌다. 따라서 '숫병아리, 숫당나귀'는 표준에 규정에 맞지 않는 단어이다.

[오답의 이유]

① • 숫양(○): 표준어 사정 원칙에 따르면 '수'와 뒤의 말이 결합할 때, 발음상 [ㄴ(ㄴ)] 첨가가 일어나거나 뒤의 예사소리가 된소리가 되는 경우 사이시옷과 유사한 효과를 보이는 것이라 판단하여 '수'에 'ㅅ'을 붙인 '숫'을 표준어형으로 규정하였다. 이러한 경우는 '숫양[순냥], 숫염소[순념소], 숫쥐[숟쮜]'만 해당하므로 '숫양'은 표준어 규정에 맞는 단어이다.

• 숫기와(×) → 수키와(○): '수ㅎ'이 뒤의 예사소리와 결합하면 거센소리로 축약되는 언어 현실을 존중한다고 하였으므로 접두사 '수ㅎ'에 '기와'가 결합하면 '수키와'가 된다. 따라서 '숫기와'가 아닌 '수키와'가 표준어 규정에 맞는 단어이다.

③ • 수퇘지(○): '수ㅎ'이 뒤의 예사소리와 결합하면 거센소리로 축약되는 언어 현실을 존중한다고 하였으므로 접두사 '수ㅎ'에 '돼지'가 결합하면 '수퇘지'가 된다. 따라서 '수퇘지'는 표준어 규정에 맞는 단어이다.
• 숫은행나무(×) → 수은행나무(○): 수컷을 이르는 접두사는 '수-'로 통일한다는 표준어 규정에 따라 '수은행나무'가 표준어에 해당한다.

④ 수캉아지(○), 수탉(○): '수ㅎ'이 뒤의 예사소리와 결합하면 거센소리로 축약되는 언어 현실을 존중한다고 하였으므로 접두사 '수ㅎ'에 강아지, 닭이 결합하면 '수캉아지, 수탉'이 된다. 따라서 '수캉아지'와 '수탉'은 표준어 규정에 맞는 단어이다.

### 더 알아보기

**표준어 사정 원칙 제7항**

수컷을 이르는 접두사는 '수-'로 통일한다. (ㄱ을 표준어로 삼고, ㄴ을 버림)

| ㄱ | ㄴ | ㄱ | ㄴ |
|---|---|---|---|
| 수꿩 | 수퀑/숫꿩 | 수사돈 | 숫사돈 |
| 수나사 | 숫나사 | 수소 | 숫소 |
| 수놈 | 숫놈 | 수은행나무 | 숫은행나무 |

다만 1. 다음 단어에서는 접두사 다음에서 나는 거센소리를 인정한다. 접두사 '암-'이 결합되는 경우에도 이에 준한다. (ㄱ을 표준어로 삼고, ㄴ을 버림)

| ㄱ | ㄴ | ㄱ | ㄴ |
|---|---|---|---|
| 수캉아지 | 숫강아지 | 수탕나귀 | 숫당나귀 |
| 수캐 | 숫개 | 수톨쩌귀 | 숫돌쩌귀 |
| 수컷 | 숫것 | 수퇘지 | 숫돼지 |
| 수키와 | 숫기와 | 수평아리 | 숫병아리 |
| 수탉 | 숫닭 | | |

다만 2. 다음 단어의 접두사는 '숫-'으로 한다. (ㄱ을 표준어로 삼고, ㄴ을 버림)

| ㄱ | ㄴ | ㄱ | ㄴ |
|---|---|---|---|
| 숫양 | 수양 | 숫쥐 | 수쥐 |
| 숫염소 | 수염소 | | |

## 18 난도 ★★★ 정답 ④

**고전 문학 > 고전 운문**

[정답의 이유]

④ 제시된 작품은 며느리의 한을 이야기한 시조로, 남편에 대한 아내의 원망이 드러날 뿐 아랫사람으로 인한 인물들의 갈등은 제시되지 않았다.

[오답의 이유]

① '어이려뇨 어이려뇨 싀어마님아 어이려뇨 / 쇼대남진의 밥을 담다가 놋쥬걱 잘를 부르쳐시니 이를 어이ᄒ려뇨 싀어마님아'에서 며느리가 남편에 대한 원망으로 인해 주걱을 부러뜨린 행위를 시어머니께 이야기하며 걱정하고 있고, '져 아기 하 걱정 마스라'에서 시어머니는 며느리를 위로하고 있다. 따라서 시어머니와 며느리의 대화로 작품이 전개되고 있음을 확인할 수 있다.

② '어이려뇨'라는 시어를 반복함으로써 리듬감을 형성하고 있다.

③ 남편의 밥을 담다가 놋주걱을 부러뜨렸다는 행동은 인간의 범상한 욕구로 볼 수 있는 남편에 대한 아내의 원망이 투영된 것으로 볼 수 있다. 이를 통해 남성 중심의 가부장적 사회 제도가 지닌 부조리를 해학적으로 그리면서 며느리의 한을 표현하고 있다.

[작품 해설]

**작자 미상, 「어이려뇨 어이려뇨 ~」**

• 갈래: 사설시조
• 성격: 풍자적, 해학적
• 주제: 남편의 못된 행실에 대한 비판과 시집살이의 한
• 특징
  - 남편에 대한 원망을 주걱을 부러뜨리는 행위로 나타냄
  - 남성 중심의 가부장적인 사회 제도를 풍자함

## 19 난도 ★★☆ 정답 ①

**문법 > 형태론**

[정답의 이유]

① '당신'은 앞에서 이미 말하였거나 나온 바 있는 사람을 도로 가리키는 3인칭 대명사인 '자기'를 아주 높여 이르는 말이다. 따라서 제시된 문장에서는 주어인 '할아버지'를 가리킨다.

[오답의 이유]

② 제시된 문장에서 쓰인 '당신'은 부부 사이에서 상대편을 높여 이르는 2인칭 대명사이다.

③ 제시된 문장에서 쓰인 '당신'은 문어체에서 상대편을 높여 이르는 2인칭 대명사이다.

④ 제시된 문장에서 쓰인 '당신'은 듣는 이를 가리키는 2인칭 대명사이다.

### 더 알아보기

**특정 대상의 지시 여부에 따른 대명사의 종류**

| | |
|---|---|
| 미지칭 대명사 | • 누군지는 알지 못하지만 특정 대상을 가리키는 대명사<br>• 누구<br>예 (초인종 소리를 듣고) 누구세요? |
| 부정칭 대명사 | • 특정 대상을 지칭하지 않는 대명사<br>• 누구, 아무<br>예 그 일은 누구나 할 수 있는 일이다. |
| 재귀 대명사 | • 앞에 나온 3인칭 주어를 다시 반복할 때 사용하는 대명사<br>• 자기, 저, 당신<br>예 할머니께서는 생전에 당신의 장서를 아끼셨다. |

## 20 난도 ★★☆  정답 ④

고전 문학 > 고전 운문

**정답의 이유**

④ (가)의 '이 몸이 소일(消日)하옴도 역군은(亦君恩)이샷다'에서 임금의 은혜에 감사하는 태도를 확인할 수 있다. 그러나 (나)에서는 자연 속에서 한가롭게 지내는 삶만 나타날 뿐, 임금에 은혜에 감사하는 태도는 확인할 수 없다.

**오답의 이유**

① (가)의 '강호(江湖)에 ᄀ을이 드니 고기마다 슬져 잇다'와 (나)의 '낙시 드리치니 고기 아니 무노미라 / 무심(無心)ᄒ 달빗만 싯고 빈비 저어 오노라'에서 자연 속에서 한가롭게 지내는 화자의 삶을 확인할 수 있다.

② (가)의 '소정(小艇)에 그물 시러 흘니 씌여 더져 두고'와 (나)의 '낙시 드리치니 고기 아니 무노미라'에서 화자가 배를 타고 낚시를 즐기고 있음을 확인할 수 있다.

③ (가)와 (나)는 모두 고려 말기부터 발달한 3장 6구 45자 내외, 3·4조(4·4조)의 4음보 정형시인 평시조이다.

**작품 해설**

(가) 맹사성, 「강호사시가」
- 갈래: 평시조, 연시조(전 4수)
- 성격: 풍류적, 전원적, 낭만적
- 주제: 강호에서의 한가로운 삶과 임금의 은혜에 대한 감사
- 특징
  - 자연에 대한 예찬과 유교적 충의가 함께 드러남
  - 각 연마다 형식을 통일하여 안정감을 드러내고 주제를 부각함

(나) 월산 대군, 「추강(秋江)에 밤이 드니 ~」
- 갈래: 평시조, 단시조
- 성격: 풍류적, 낭만적, 탈속적
- 주제: 쓸쓸한 가을 달밤의 풍류와 정취 및 세속에 대한 초월과 무욕
- 특징
  - 가을밤을 배경으로 무욕의 경지를 감각적으로 그려냄
  - 대표적인 강호 한정가로 옛 선비의 탈속적 정서가 잘 드러남

# 국어 | 2021년 서울시 9급

## 한눈에 훑어보기

### ✓ 영역 분석

**어휘** 04 17
2문항, 10%

**문법** 01 02 03 05 07 08 10 11 12 13 14 15 16
13문항, 65%

**고전 문학** 09 18
2문항, 10%

**현대 문학** 06
1문항, 5%

**비문학** 19 20
2문항, 10%

### ✓ 빠른 정답

| 01 | 02 | 03 | 04 | 05 | 06 | 07 | 08 | 09 | 10 |
|---|---|---|---|---|---|---|---|---|---|
| ② | ③ | ④ | ④ | ① | ① | ② | ② | ③ | ① |
| 11 | 12 | 13 | 14 | 15 | 16 | 17 | 18 | 19 | 20 |
| ② | ④ | ③ | ④ | ④ | ③ | ② | ① | ③ | ③ |

### ✓ 점수 체크

| 구분 | 1회독 | 2회독 | 3회독 |
|---|---|---|---|
| 맞힌 문항 수 | / 20 | / 20 | / 20 |
| 나의 점수 | 점 | 점 | 점 |

## 01 난도 ★★★  정답 ②

**문법 > 한글 맞춤법**

[정답의 이유]

ⓒ 책만∨한(ㅇ): 한글 맞춤법 제41항에 따르면 조사는 그 앞말에 붙여 쓴다고 하였다. '만'은 '하다, 못하다'와 함께 쓰여 앞말이 나타내는 대상이나 내용 정도에 달함을 나타내는 보조사이고, '한'은 동사 '하다'의 활용형이다. 따라서 '책만∨한'과 같이 '만'은 앞말과 붙여 쓰고, '한'은 앞말과 띄어 써야 한다.

ⓗ 늘리고(ㅇ): '지혜를 늘리다.'와 같은 표현에서는 '재주나 능력 따위를 나아지게 하다.'라는 뜻을 가진 '늘리다'를 쓰는 것이 적절하다.

[오답의 이유]

㉠ 보내는∨데에는(ㅇ): 한글 맞춤법 제42항에 따르면 의존 명사는 띄어 쓴다고 하였다. '데'는 '경우'의 뜻을 나타내는 의존 명사이므로 '보내는∨데에는'과 같이 앞말과 띄어 써야 한다.

㉢ 김박사님의(×) → 김∨박사님의(ㅇ): 한글 맞춤법 제48항에 따르면 성과 이름, 성과 호 등은 붙여 쓰고, 이에 덧붙는 호칭어, 관직명 등은 띄어 쓴다고 하였다. 따라서 관직명인 '박사'는 '김∨박사님의'와 같이 앞말과 띄어 써야 한다.

㉣ 솔직이(×) → 솔직히(ㅇ): 한글 맞춤법 제51항에 따르면 부사의 끝음절이 분명히 '이'로만 나는 것은 '-이'로 적고, '히'로만 나거나 '이'나 '히'로 나는 것은 '-히'로 적는다고 하였다. 또한 '-하다'가 붙는 어근 뒤에는 '-히'로 적는다고 하였으므로 '솔직이'가 아닌 '솔직히'로 쓰는 것이 적절하다.

㉤ 맞추기(×) → 맞히기(ㅇ): '둘 이상의 일정한 대상들을 나란히 놓고 비교하여 살피다.'라는 뜻을 가진 '맞추다'는 '답안지를 정답과 맞추다.'와 같은 경우에 쓸 수 있다. '문제에 대한 답을 틀리지 않게 하다.'라는 뜻을 가진 '맞히다'는 '답을 맞히다.'로 쓰는 것이 옳은 표현이므로 '맞추기'가 아닌 '맞히기'로 쓰는 것이 적절하다.

㉥ 읽으므로써(×) → 읽음으로써(ㅇ): '으로써'는 주로 '-ㅁ/음' 뒤에 붙어 어떤 일의 이유를 나타내는 격 조사이다. 따라서 '읽음으로써'로 쓰는 것이 적절하다.

㉦ 해야∨겠다(×) → 해야겠다(ㅇ): '-겠-'은 주체의 의지를 나타내는 어미로 쓰였으므로 '해야겠다'와 같이 앞말과 붙여 쓰는 것이 적절하다.

## 02 난도 ★★☆ 정답 ③

문법 > 통사론

정답의 이유

③ '늙었어'에 쓰인 '-었-'은 이야기하는 시점에서 볼 때 사건이나 행위가 이미 일어났음을 나타내는 어미로, 과거 시제를 나타낸다.

오답의 이유

① · ② · ④ '늙었다, 닮았어, 말랐네'에 쓰인 '-었/았-'은 이야기하는 시점에서 볼 때 완료되어 현재까지 지속되거나 현재에도 영향을 미치는 상황을 나타내는 어미로, 현재 시제를 나타낸다.

## 03 난도 ★★☆ 정답 ④

문법 > 한글 맞춤법

정답의 이유

④ 욜로(○): '욜로'는 '요리'를 강조하여 이르는 말인 '요리로'의 준말이다. 따라서 '욜로 가면 지름길이 나온다.'는 어문 규범에 맞는 표기로 이루어진 문장이다.

오답의 이유

① 대노(大怒)(×) → 대로(大怒)(○): '크게 화를 냄'이라는 뜻을 가진 단어는 '대노'가 아닌 '대로(大怒)'로 쓰는 것이 적절하다. 따라서 '아버님께서는 동생의 철없는 행동을 들으시고는 대로(大怒)하셨다.'로 고쳐야 어문 규범에 맞는 표기로 이루어진 문장이다.

② 갈음(×) → 가름(○): '쪼개거나 나누어 따로따로 되게 하는 일'이라는 뜻을 가진 단어는 '가름'이며, '갈음'은 '다른 것으로 바꾸어 대신함'이라는 뜻이다. 따라서 '차림새만 봐서는 여자인지 남자인지 가름이 되지 않는다.'로 고쳐야 어문 규범에 맞는 표기로 이루어진 문장이다.

③ 목거리(×) → 목걸이(○): '귀금속이나 보석 따위로 된 목에 거는 장신구'라는 뜻을 가진 단어는 '목걸이'이며, '목거리'는 '목이 붓고 아픈 병'이라는 뜻이다. 따라서 '새로 산 목걸이가 옷과 잘 어울린다.'로 고쳐야 어문 규범에 맞는 표기로 이루어진 문장이다.

## 04 난도 ★★★ 정답 ④

어휘 > 한자성어

정답의 이유

④ 부부의 연을 맺는다는 문장에 어울리는 고사성어는 '부부가 되어 한평생을 사이좋게 지내고 즐겁게 함께 늙음'이라는 뜻을 가진 百年偕老(백년해로)이다. 百年河淸(백년하청)은 '중국의 황허강(黃河江)이 늘 흐려 맑을 때가 없다는 뜻으로, 아무리 오랜 시일이 지나도 어떤 일이 이루어지기 어려움을 이르는 말'이다.

- 百年偕老: 일백 백, 해 년, 함께 해, 늙을 로
- 百年河淸: 일백 백, 해 년, 강물 하, 맑을 청

오답의 이유

① 肝膽相照(간담상조): 서로 속마음을 털어놓고 친하게 사귐
- 肝膽相照: 간 간, 쓸개 담, 서로 상, 비출 조

② 螳螂拒轍(당랑거철): 제 역량을 생각하지 않고, 강한 상대나 되지 않을 일에 덤벼드는 무모한 행동거지를 비유적으로 이르는 말
- 螳螂拒轍: 사마귀 당, 사마귀 랑, 막을 거, 바큇자국 철

③ 騎虎之勢(기호지세): 호랑이를 타고 달리는 형세라는 뜻으로, 이미 시작한 일을 중도에서 그만둘 수 없는 경우를 비유적으로 이르는 말
- 騎虎之勢: 말탈 기, 범 호, 갈 지, 기세 세

## 05 난도 ★★☆ 정답 ①

문법 > 고전 문법

정답의 이유

① 한글의 창제 원리에서 모음 기본자 'ㆍ, ㅡ, ㅣ'는 각각 '하늘, 땅, 사람'의 모양을 본떠 만들어졌으며 기본자를 합하여 초출자와 재출자가 만들어졌다. 발음 기관의 상형을 통해 만들어진 글자는 자음 기본자이다.

오답의 이유

② 한글은 'ㄴ, ㄷ, ㅌ'과 같이 기본자에 획을 더해 만들어졌기 때문에 같은 위치에서 소리 나는 글자들의 모양이 비슷하다.

③ 모음 기본자인 'ㅡ, ㅣ'에 'ㆍ'를 한 번 합하여 초출자 'ㅗ, ㅜ, ㅏ, ㅓ'를 만들었고, 'ㅗ, ㅜ, ㅏ, ㅓ'에 'ㆍ'를 한 번 더 합하여 재출자 'ㅛ, ㅠ, ㅑ, ㅕ'를 만들었다.

④ 종성자를 따로 만들지 않고, 종성 표기에는 초성자를 다시 쓰도록 하였다.

## 06 난도 ★★☆ 정답 ①

현대 문학 > 현대 시

정답의 이유

① 제시된 작품에서는 '슬픔'을 이타적인 존재로, '기쁨'을 이기적인 존재로 표현하여, '이기적인 삶에 대한 반성과 더불어 사는 삶의 추구'라는 주제를 전달하고 있다. 따라서 '기쁨으로 슬픔을 이겨내자'는 이 작품의 주제로 보기 어렵다.

오답의 이유

② 화자는 소외되고 가난한 이들에 대한 연민과 애정을 갖고 더불어 사는 삶을 추구하고 있다.

③ '사랑보다 소중한 슬픔을 주겠다.'에서 슬픔에 대한 일반적인 통념을 뒤집은 역설적 표현을 사용하여 슬픔의 이타적인 힘을 강조하고 있다.

④ 타인의 고통에 개의치 않고 타인에게 무관심한 현실을 비판하며, 더불어 사는 삶을 추구해야 한다는 교훈을 전달하고 있다.

**작품 해설**

정호승, 「슬픔이 기쁨에게」

- 갈래: 자유시, 서정시
- 성격: 교훈적, 비판적, 의지적
- 주제: 이기적인 삶에 대한 반성과 더불어 사는 삶의 추구
- 특징
  - 역설적 표현을 활용하여 주제를 효과적으로 드러내고 있음
  - '슬픔'과 '기쁨'이라는 추상적 개념을 의인화하여 말을 건네는 방식으로 시상을 전개함

## 07 난도 ★★☆　　　정답 ②

문법 > 외래어 표기법

**정답의 이유**

ⓒ 시저(○): 'Caesar'는 외래어 표기법 제4장 제1절 제3항 '원지음이 아닌 제3국의 발음으로 통용되고 있는 것은 관용을 따른다.'라는 규정에 따라 '시저'로 적어야 한다.

ⓜ 팸플릿(○): 'pamphlet'은 '팜플렛'이 아닌 '팸플릿'이 옳은 표기이다.

ⓗ 규슈(○): 'Kyûshû[九州]'는 '큐슈'가 아닌 '규슈'가 옳은 표기이다.

**오답의 이유**

㉠ 아젠다(×) → 어젠다(○): 'agenda'는 '아젠다'가 아닌 '어젠다'가 옳은 표기이다.

㉢ 레크레이션(×) → 레크리에이션(○): 'recreation'은 '레크레이션'이 아닌 '레크리에이션'이 옳은 표기이다.

㉣ 싸이트(×) → 사이트(○): 'site'는 '싸이트'가 아닌 '사이트'가 옳은 표기이다.

## 08 난도 ★★☆　　　정답 ②

문법 > 의미론

**정답의 이유**

ⓒ '아름다운'이 '하늘'을 수식한다고 볼 때 '하늘이 아름답다.'로 해석될 수 있고, '아름다운'이 '하늘의 구름'을 수식한다고 볼 때 '하늘의 구름이 아름답다.'로 해석될 수도 있다. 이는 수식 범위의 중의성에 해당한다.

㉤ '잘생긴'이 '영수'를 수식한다고 볼 때 '영수가 잘생겼다.'로 해석될 수 있고, '잘생긴'이 '영수의 동생'을 수식한다고 볼 때 '영수의 동생이 잘생겼다.'로 해석될 수도 있다. 이는 수식 범위의 중의성에 해당한다.

**오답의 이유**

㉠ '차'가 '식물의 잎이나 뿌리, 과실 따위를 달이거나 우리거나 하여 만든 마실 것을 통틀어 이르는 말'을 뜻하는 것인지, '바퀴가 굴러서 나아가게 되어 있는, 사람이나 짐을 실어 옮기는 기관'을 뜻하는 것인지 파악하기 어렵다. 따라서 하나의 단어가 두 가지 이상의 의미로 해석되므로 어휘적 중의성에 해당한다.

㉢ 아내가 딸을 사랑하는 정도보다 철수가 딸을 사랑하는 정도가 더 크다는 의미와, 철수가 아내를 사랑하는 정도보다 철수가 딸을 사랑하는 정도가 더 크다는 의미로 해석될 수 있다. 이는 비교 대상의 중의성에 해당한다.

ⓜ '사과'가 '사과나무의 열매'를 뜻하는 '사과'인지, '잘못을 용서함'을 뜻하는 '사과'인지 파악하기 어렵다. 따라서 하나의 단어가 두 가지 이상의 의미로 해석되므로 어휘적 중의성에 해당한다.

ⓗ 영희가 어제 '학교'에 가지 않고 '다른 곳'에 간 것인지, '빨간 모자'가 아닌 '다른 모자'를 쓰고 간 것인지 파악하기 어렵다. 두 가지 이상의 의미로 해석될 여지가 있으므로 부정의 중의성에 해당한다.

## 09 난도 ★☆☆　　　정답 ③

고전 문학 > 고전 운문

**정답의 이유**

③ '아아'는 낙구의 첫머리에 쓰인 감탄사로, 10구체 향가의 특징이다. 따라서 다른 향가 작품에서 찾아보기 어렵다는 설명은 적절하지 않다.

**오답의 이유**

① '이른 바람'은 누이의 요절을 암시하는 표현이므로 예상보다 빠르게 닥쳐온 불행을 의미한다는 설명은 적절하다.

② '한 가지에 나고'는 화자와 누이가 같은 부모에게서 태어났다는 표현이므로 친동기 관계를 의미한다는 설명은 적절하다.

④ '미타찰'은 누이와 재회하고자 하는 불교의 극락세계로, 불교적 세계관을 보여준다는 설명은 적절하다.

## 10 난도 ★★☆　　　정답 ①

문법 > 형태론

**정답의 이유**

① 걷잡아서(×) → 겉잡아서(○): 제시된 문장에서는 '겉으로 보고 대강 짐작하여 헤아리다.'라는 의미로 사용되었으므로 '겉잡다'가 적절하다.

**오답의 이유**

② 방불하게(○): '방불하게'는 '흐릿하거나 어렴풋하다.'라는 뜻을 가진 '방불하다'의 활용형이므로 적절한 표현이다.

③ 서둘고(○): '서둘고는'은 '어떤 일을 예정보다 빠르게 혹은 급하게 처리하려고 한다.'라는 뜻을 가진 '서두르다'의 준말 '서둘다'의 활용형이므로 적절한 표현이다.

④ 갈음합니다(○): '갈음합니다'는 '다른 것으로 바꾸어 대신하다.'라는 뜻을 가진 '갈음하다'의 활용형이므로 적절한 표현이다.

## 11 난도 ★★☆　　　정답 ②

문법 > 표준 발음법

**정답의 이유**

(가) '젊지'에서 어간 '젊-'과 어미 '-지'가 만나면 어미의 첫소리 [ㅈ]은 된소리로 바뀌어 [점찌]로 발음하므로 (가)에 해당하는 예로 적절하다.

(나) '핥다'의 어간 '핥-'과 어미 '-다'가 만나면 어미의 첫소리 [ㄷ]은 된소리로 바뀌어 [할따]로 발음하므로 (나)에 해당하는 예로 적절하다.

**오답의 이유**

(가) '신기다'는 '신다'의 어간 '신-'에 사동 접미사 '-기-'가 붙어서 만들어진 단어이다. 이때 피동, 사동의 접미사 '-기-'는 된소리로 발음하지 않는다고 하였으므로 [신기다]로 발음한다. 따라서 (가)에 해당하는 예가 될 수 없다.

(나) '여덟도'는 명사 '여덟'과 조사 '도'가 결합한 형태이다. 이때 자음군 단순화가 일어나 겹받침의 'ㅂ'이 탈락하고 [여덜도]로 발음하므로 (나)에 해당하는 예가 될 수 없다.

> **더 알아보기**
>
> **표준 발음법 제24항**
>
> 어간 받침 'ㄴ(ㄵ), ㅁ(ㄻ)' 뒤에 결합되는 어미의 첫소리 'ㄱ, ㄷ, ㅅ, ㅈ'은 된소리로 발음한다.
>
> | 신고[신ː꼬] | 껴안다[껴안따] |
> | 앉고[안꼬] | 얹다[언따] |
> | 삼고[삼ː꼬] | 더듬지[더듬찌] |
> | 닮고[담ː꼬] | 젊지[점ː찌] |
>
> 다만, 피동, 사동의 접미사 '-기-'는 된소리로 발음하지 않는다.
>
> | 안기다 | 감기다 | 굶기다 | 옮기다 |
>
> - '용언 어간 뒤'와 '어미'라는 문법적 조건이 충족되어야 한다.
> - 체언의 경우 같은 음운 조건이라도 된소리로 발음하지 않는다.
> - 비음 중에서 'ㄴ, ㅁ'만 제시된 것은 'ㅇ'으로 끝나는 용언 어간이 없기 때문이다.
>
> **표준 발음법 제25항**
>
> 어간 받침 'ㄼ, ㄾ' 뒤에 결합되는 어미의 첫소리 'ㄱ, ㄷ, ㅅ, ㅈ'은 된소리로 발음한다.
>
> | 넓게[널께] | 핥대[할때] | 훑소[훌쏘] | 떫지[떨ː찌] |
>
> - 어간이 'ㄼ, ㄾ'으로 끝나는 용언의 활용형에서만 일어난다.
> - '여덟'과 같이 'ㄼ'으로 끝나는 체언 뒤에서는 경음화가 일어나지 않는다.

## 12 난도 ★☆☆ 정답 ④

**문법 > 의미론**

정답의 이유

④ '소질을 타고'에 쓰인 '타다'는 '복이나 재주, 운명 따위를 선천적으로 지니다.'라는 의미이다. 따라서 이는 ①, ②, ③에 쓰인 '타다'와 동음이의어이므로 의미가 다르다.

오답의 이유

①·②·③의 '타다'는 다의어이다.

① '연이 바람을 타고'에 쓰인 '타다'는 '바람이나 물결, 전파 따위에 실려 퍼지다.'라는 의미로 사용되었다.

② '부동산 경기를 타고'에 쓰인 '타다'는 '어떤 조건이나 시간, 기회 등을 이용하다.'라는 의미로 사용되었다.

③ '방송을 타게'에 쓰인 '타다'는 '바람이나 물결, 전파 따위에 실려 퍼지다.'라는 의미로 사용되었다.

> **더 알아보기**
>
> **동음이의어와 다의어의 비교**
>
> | 동음이의어 | • 소리는 같으나 다른 의미를 갖는 경우를 말한다.<br>• 우연히 소리만 같을 뿐, 단어들 사이에 의미적 연관성은 없다.<br>• 사전에서 별개의 항목으로 분류한다. |
> |---|---|
> | 다의어 | • 소리가 같고 의미적으로도 밀접한 관련을 갖는 경우를 말한다.<br>• 사전에서 같은 항목으로 묶는다. |

## 13 난도 ★☆☆ 정답 ③

**문법 > 통사론**

정답의 이유

③ '나' 뒤에 부사어 자격을 가지게 하는 격 조사 '에게'가 붙어 서술어 '주었다'가 미치는 대상을 나타내고 있으므로 부사어이다.

오답의 이유

① 관형사 '새'가 목적어인 '옷을'을 꾸미고 있으므로 관형어이다.

② '군인'과 서술격 조사 '이다'가 붙은 관형절이 주어인 '형이'를 꾸미고 있으므로 관형어이다.

④ '시골'에 관형격 조사 '의'가 붙어 목적어 '풍경을'을 꾸미고 있으므로 관형어이다.

## 14 난도 ★★☆ 정답 ④

**문법 > 한글 맞춤법**

정답의 이유

④ 북엇국(○): 한글 맞춤법 제30항에 따르면 순우리말로 된 합성어, 순우리말과 한자어로 된 합성어, 그리고 두 음절로 된 일부 한자어에서 사이시옷을 받치어 적는다고 하였다. '북엇국'은 한자어인 '북어(北魚)'와 순우리말인 '국'이 결합한 합성어로서, 앞말이 모음으로 끝나고 뒷말의 첫소리가 된소리로 나는 경우이므로 사이시옷을 받치어 적는 것이 적절하다.

오답의 이유

① 머릿말(×) → 머리말(○): '머리말'은 순우리말인 '머리'와 '말'이 결합한 합성어이나, [머리말]로 발음되기 때문에 사이시옷을 받치어 적지 않는다. 사이시옷은 뒷말의 첫소리가 된소리로 나거나, 'ㄴ' 또는 'ㄴㄴ' 소리가 덧날 때 받치어 적을 수 있다.

② 윗층(×) → 위층(○): '위층'은 순우리말인 '위'와 한자어 '층(層)'이 결합한 합성어로서, 거센소리 앞에서는 사이시옷을 받치어 적지 않고 '위'로 적는다.

③ 햇님(×) → 해님(○): '해님'은 순우리말인 '해'와 '님'이 결합한 합성어이나, [해님]으로 발음되기 때문에 사이시옷을 받치어 적지 않는다.

## 15 난도 ★☆☆ 정답 ④

**문법 > 한글 맞춤법**

정답의 이유

④ 밥은∨커녕(×) → 밥은커녕(○): '은커녕'은 보조사 '은'에 보조사 '커녕'이 결합한 말로, 앞말을 지정하여 어떤 사실을 부정하는 뜻을 강조하는 보조사이므로 앞말에 붙여 써야 한다.

오답의 이유

① • 너야말로(○): '너야말로'에서 '야말로'는 강조하여 확인하는 뜻을 나타내는 보조사이므로 앞말에 붙여 쓴다.
  • 칭찬받을∨만하다(○): '만하다'는 앞말이 뜻하는 행동을 하는 것이 가능함을 나타내는 보조 형용사이므로 앞말과 띄어 씀을 원칙으로 하되, 경우에 따라 붙여 씀도 허용한다.

② 말할∨수밖에(○): '수'는 '어떤 일을 할 만한 능력이나 어떤 일이 일어날 가능성'이라는 뜻을 가진 의존 명사이므로 앞말과 띄어 쓴다. 또한 '밖에'는 '피할 수 없는'의 뜻을 나타내는 보조사이므로 앞말에 붙여 쓴다.

③ • 힘깨나(○): '깨나'는 어느 정도 이상의 뜻을 나타내는 보조사이므로 앞말과 붙여 쓴다.
  • 자랑하지∨마라(○): 보조 동사 '말다'가 명령형으로 쓰일 때 '-지 마라'의 구성으로 쓰이므로 본용언과 띄어 써야 한다.

## 16 난도 ★★☆ 정답 ③

**문법 > 의미론**

정답의 이유

③ '어리다'는 중세국어에서 '어리석다'라는 뜻이었다가 오늘날에는 '나이가 적다'라는 뜻으로 의미가 이동하였다. 따라서 의미가 상승하였다는 설명은 적절하지 않다.

오답의 이유

① '겨레'는 근대국어에서 '친척, 인척'이라는 뜻이었다가 오늘날에는 '민족'이라는 뜻으로 의미가 확대되었으므로 적절한 설명이다.

② '얼굴'은 중세국어에서 '모습, 형체'라는 뜻이었다가 오늘날에는 '안면'이라는 뜻으로 의미가 축소되었으므로 적절한 설명이다.

④ '계집'은 중세국어에서 평칭의 용법으로 '여자'라는 뜻이었다가 오늘날에는 '여자를 낮잡아 이르는 말'이라는 뜻으로 의미가 하락하였으므로 적절한 설명이다.

## 17 난도 ★★☆ 정답 ②

**어휘 > 한자어**

정답의 이유

② 멈춤장치(×) → 잠금장치(○): '시건장치'는 '문 따위를 잠그는 장치'를 뜻하는 말로, '잠금장치'로 바꾸어 쓸 수 있다. '멈춤장치'는 잘못된 표현이다.

오답의 이유

① 날짜 도장(○): '일부인'은 '서류 따위에 그날그날의 날짜를 찍게 만든 도장'을 뜻하는 말로, '날짜 도장'으로 바꾸어 쓸 수 있다.

③ 매각(○): '불하'는 '국가 또는 공공 단체의 재산을 개인에게 팔아넘기는 일'을 뜻하는 말로, '물건을 팔아버림'을 뜻하는 '매각'과 바꾸어 쓸 수 있다.

④ 알게 된(○): '지득하다'는 '깨달아 알다.'를 뜻하는 말로, '알게 된'이라는 표현과 바꾸어 쓸 수 있다.

## 18 난도 ★☆☆ 정답 ①

**고전 문학 > 고전 운문**

정답의 이유

① 〈보기〉에 제시된 작품은 윤선도의 「어부사시사」로, 연시조(전 40수)에 해당한다. 어촌에서 자연을 즐기며 한가롭게 살아가는 여유와 흥취를 노래하였다. 반면 「면앙정가」는 송순이 지은 가사로, 자연을 즐기는 풍류와 임금의 은혜에 대한 감사를 노래한 작품이다.

오답의 이유

② 「오우가」는 윤선도가 지은 연시조로, 다섯 가지 자연물의 덕에 대해 예찬한 작품이다.

③ 「훈민가」는 정철이 지은 연시조로, 백성을 교화하기 위해 유교적 윤리의 실천을 노래한 작품이다.

④ 「도산십이곡」은 이황이 지은 연시조로, 자연에 묻혀 살고 싶은 소망과 학문 수양에 대한 변함없는 의지를 노래한 작품이다.

**더 알아보기**

**연시조와 가사**

| | |
|---|---|
| 연시조 | • 한 제목 밑에 내용상으로 여러 수의 평시조를 엮어 나간 시조이다.<br>• 맹사성의 「강호사시가」, 주세붕의 「오륜가」, 이황의 「도산십이곡」, 이이의 「고산구곡가」, 정철의 「훈민가」, 이현보의 「어부사」 등이 여기에 해당한다. |
| 가사 | • 조선 초기 사대부 계층에 의해 자리 잡은 문학 양식이다.<br>• 3·4조, 4·4조의 음수율과 4음보 연속체의 형식을 가진 교술 문학이다.<br>• 대체로 정극인의 「상춘곡」을 가사의 효시로 본다.<br>• 송순의 「면앙정가」, 백광홍의 「관서별곡」, 정철의 「사미인곡」, 「속미인곡」, 「성산별곡」, 「관동별곡」 등이 여기에 해당한다. |

## 19 난도 ★★☆ 정답 ③

**비문학 > 추론적 읽기**

정답의 이유

③ ㉠에는 앞의 내용과 뒤의 내용이 상반될 때 쓰는 접속 부사인 '그러나'가 들어가는 것이 적절하다. 따라서 '역접'의 기능을 한다는 설명은 적절하다.

오답의 이유

① ㉠에는 반대되는 내용을 나타내는 '역접'의 기능을 하는 접속 부사가 들어가야 하므로 조건, 이유에 대한 결과를 나타내는 '순접' 기능을 한다는 설명은 적절하지 않다.

② ㉡에는 앞에서 말한 일이 뒤에서 말한 일의 근거가 됨을 나타내는 접속 부사인 '따라서'가 들어가야 하므로 대등한 자격으로 이어지는 '요약' 기능을 한다는 설명은 적절하지 않다.

④ ㉡에는 앞에서 말한 일이 뒤에서 말한 일의 근거가 됨을 나타내는 접속 부사인 '따라서'가 들어가야 하므로 다른 내용을 도입하는 '전환' 기능을 한다는 설명은 적절하지 않다.

## 20 난도 ★★☆ 　　　　　　　　　　　　　정답 ③

비문학 > 글의 순서 파악

정답의 이유

- (라)에서는 이상 기온으로 인한 생물체의 피해 사례를 제시하고 있으므로, 생물체가 이상 기온에 속는 경우가 많다고 언급한 1문단 다음에 오는 것이 적절하다.
- (가)에서는 '하지만'이라는 접속 표현을 사용하여 이상 기온으로 인한 생물체의 피해가 얼어 죽는 것뿐만 아니라 다른 위험도 있다는 내용을 제시하고 있으므로 생물체가 이상 기온으로 인해 얼어 죽기도 한다고 언급한 (라)의 다음에 오는 것이 적절하다.
- (다)에서는 동면에서 깨어날 때 많은 에너지를 소모하게 되면 죽을 수도 있다는 사례를 제시하고 있으므로 동면에서 깨어나는 것도 에너지 소모가 매우 많다고 언급한 (가)의 다음에 오는 것이 적절하다.
- (나)에서는 위험을 피하기 위해 이상 기온에 영향을 받지 않고 조금 더 정확한 스케줄에 따라 동면에 들어가고 깨어날 필요가 있다는 내용을 제시하고 있으므로 이상 기온으로 인해 동면에서 깨어나다가 죽을 수도 있다는 위험을 언급한 (다)의 다음에 오는 것이 적절하다.

따라서 문맥에 맞게 순서대로 나열한 것은 ③ (라) → (가) → (다) → (나)이다.

# 국어 | 2020년 서울시 9급

## 한눈에 훑어보기

### ✔ 영역 분석

**어휘** 04 13 18
3문항, 15%

**문법** 01 02 07 09 14 15 19 20
8문항, 40%

**고전 문학** 03 06 12
3문항, 15%

**현대 문학** 05 08 11 17
4문항, 20%

**비문학** 10 16
2문항, 10%

### ✔ 빠른 정답

| 01 | 02 | 03 | 04 | 05 | 06 | 07 | 08 | 09 | 10 |
|---|---|---|---|---|---|---|---|---|---|
| ② | ① | ④ | ③ | ④ | ② | ② | ① | ① | ③ |
| 11 | 12 | 13 | 14 | 15 | 16 | 17 | 18 | 19 | 20 |
| ② | ② | ③ | ④ | ① | ③ | ④ | ④ | ④ | ① |

### ✔ 점수 체크

| 구분 | 1회독 | 2회독 | 3회독 |
|---|---|---|---|
| 맞힌 문항 수 | / 20 | / 20 | / 20 |
| 나의 점수 | 점 | 점 | 점 |

---

## 01 난도 ★★☆ 정답 ②

**문법 > 표준 발음법**

**정답의 이유**

㉠·㉣ 표준 발음법 제29항 [붙임 2]의 '다만'에 따르면, '6·25[유기오], 3·1절[사밀쩔], 송별연[송벼련], 등용문[등용문]'과 같은 단어에서는 [ㄴ(ㄹ)] 음을 첨가하여 발음하지 않는다고 하였다. 따라서 ㉠의 '등용문'과 ㉣의 '송별연'에서는 음의 첨가 현상이 일어나지 않는다.

**오답의 이유**

㉡·㉢ 표준 발음법 제29항에 따르면, 합성어 및 파생어에서 앞 단어나 접두사의 끝이 자음이고 뒤 단어나 접미사의 첫음절이 '이, 야, 여, 요, 유'인 경우에는 [ㄴ] 음을 첨가하여 [니, 냐, 녀, 뇨, 뉴]로 발음한다고 하였다. 따라서 ㉡의 '한여름'은 [한녀름]으로 발음해야 하고 ㉢의 '눈요기'는 [눈뇨기]로 발음해야 하므로 ㉡과 ㉢에서는 음의 첨가 현상이 일어난다.

## 02 난도 ★★☆ 정답 ①

**문법 > 표준 발음법**

**정답의 이유**

① 풀꽃아[풀꼬다](×) → [풀꼬차](○): 표준 발음법 제13항에 따르면 홑받침이나 쌍받침이 모음으로 시작된 조사나 어미, 접미사와 결합되는 경우에는 제 음가대로 뒤 음절 첫소리로 옮겨 발음한다고 하였다. 따라서 '풀꽃아'는 명사 '풀꽃'과 조사 '아'가 결합된 것이므로 받침을 뒤 음절 첫소리로 옮겨 [풀꼬차]로 발음해야 한다.

**오답의 이유**

② 옷 한 벌[오탄벌](○): 표준 발음법 제12항 [붙임 2]에 따르면 받침 'ㅎ(ㄶ, ㅀ)' 뒤에 'ㄱ, ㄷ, ㅈ'이 결합되는 경우에는 뒤 음절 첫소리와 합쳐서 [ㅋ, ㅌ, ㅊ]으로 발음하고, 'ㄷ'으로 발음되는 'ㅅ, ㅈ, ㅊ, ㅌ'의 경우에도 이에 준한다고 하였다. 따라서 '옷 한 벌'은 [오탄벌]로 발음해야 한다.

③ 넓둥글다[넙뚱글다](○): 표준 발음법 제10항에 따르면 겹받침 'ㄳ', 'ㄵ', 'ㄼ', 'ㄽ', 'ㄾ', 'ㅄ'은 어말 또는 자음 앞에서 각각 [ㄱ, ㄴ, ㄹ, ㅂ]으로 발음한다고 하였다. 다만 '넓-'은 '넓죽하다[넙쭈카다]'와 '넓둥글다[넙뚱글다]'의 경우 [넙]으로 발음한다고 하였으므로 '넓둥글다'는 [넙뚱글다]로 발음해야 한다.

④ 늙습니다[늑씀니다](○): 표준 발음법 제11항에 따르면 겹받침 'ㄺ, ㄻ, ㄿ'은 어말 또는 자음 앞에서 각각 [ㄱ, ㅁ, ㅂ]으로 발음한다고 하였으므로 '늙습니다'는 [늑씀니다]로 발음해야 한다.

## 03 난도 ★☆☆   정답 ④

고전 문학 > 고전 운문

**정답의 이유**

④ 고조선 곽리자고의 아내 여옥이 지었다고 전해지는 순수 서정 시가는 남편을 잃은 슬픔을 애절하게 표현한 고대 가요인 「공무도하가」이다.

**오답의 이유**

① 향가는 신라 시대부터 고려 전기까지 창작된 시가 양식이다. 「구지가」는 가야의 시조인 수로왕의 탄생을 기원하는 고대 가요이므로 향가 발생 이전의 고대 시가에 해당한다.
② 「구지가」의 1구에서는 거북이를 부르며 주의를 '환기'하고, 2구에서는 머리를 내어 놓으라고 '명령'하며, 3구에서는 내어놓지 않을 경우에 대한 '가정'을, 4구에서는 구워 먹겠다는 '위협'을 하고 있다. 따라서 환기, 명령, 가정의 어법을 사용한 주술적 노래라는 설명은 적절하다.
③ 고대 가요는 음악, 시가, 무용이 각각 분화되기 전의 양식으로서 하나로 어우러진 종합 예술의 성격을 띠고 있다.

**더 알아보기**

고대 가요의 주요 작품

| 작품명 | 작자 | 연대 | 내용 | 성격 | 출전 |
| --- | --- | --- | --- | --- | --- |
| 구지가<br>(龜旨歌) | 구간<br>(九干) 등 | 신라<br>유리왕 | 수로왕의 강림을 기원하는 노래로 '영신군가(迎神君歌)'라고도 함 | 집단적,<br>주술적 | 「삼국<br>유사」 |
| 황조가<br>(黃鳥歌) | 유리왕 | 고구려<br>유리왕 | 꾀꼬리의 정다운 모습을 보고 자신의 외로움을 슬퍼함 | 개인적,<br>서정적 | 「삼국<br>사기」 |
| 공무도<br>하가<br>(公無渡<br>河歌) | 백수<br>광부의 처 | 고조선 | 물에 빠져 죽은 남편을 애도함 | 개인적,<br>서정적 | 「해동<br>역사」 |
| 정읍사<br>(井邑詞) | 작자<br>미상 | 백제 | 행상 나간 남편을 근심하는 아내의 마음을 담음 | 개인적,<br>서정적 | 「악학<br>궤범」 |
| 해가<br>(海歌) | 강릉의<br>백성들 | 신라 | 용에게 납치된 수로 부인을 구하기 위해 노래를 부름 | 집단적,<br>주술적 | 「삼국<br>유사」 |

## 04 난도 ★★★   정답 ②

어휘 > 고유어

**정답의 이유**

② '고등어 한 손'은 고등어 2마리를 의미하고, '양말 한 타'는 양말 12개를 의미하며, '북어 한 쾌'는 북어 20마리를 의미하고, '바늘 한 쌈'은 바늘 24개를 의미한다.

## 05 난도 ★★☆   정답 ③

현대 문학 > 현대 소설

**정답의 이유**

ⓔ 염상섭의 「삼대」는 3·1 운동 전후 일제 강점기 중산층 가문 내부의 세대 갈등을 사실적으로 묘사한 소설이다.
㉠ 최인훈의 「광장」은 해방 이후부터 6·25 전쟁까지 혼란스러운 시대의 남북 분단과 이데올로기 문제를 비판적 관점에서 그려낸 소설이다.
㉡ 황석영의 「무기의 그늘」은 베트남 전쟁의 어두운 이면을 보여주고 있는 소설이다.
㉢ 한강의 「소년이 온다」는 1980년대 5·18 광주 민주화 운동을 배경으로 하여 개인의 고통과 내면을 드러낸 소설이다.
따라서 제시된 소설의 시대적 배경을 시간순으로 나열하면 ⓔ → ㉠ → ㉡ → ㉢이다.

## 06 난도 ★★☆   정답 ④

고전 문학 > 고전 운문

**정답의 이유**

④ 고려 후기에 성립되어 3장 6구의 절제된 형식을 가지며 연장체 형식으로도 창작된 조선 시대 시가 문학의 대표 갈래는 '시조'이다. 「도산십이곡」은 퇴계 이황이 지은 전 12수로 구성된 연시조로 자연 친화적 삶의 추구와 학문 수양에 대한 변함없는 의지를 노래한다.

**오답의 이유**

① 「한림별곡」은 고려 고종 때 한림 제유가 지은 경기체가로 신진 사대부들의 학문적 자부심과 의욕적 기개 및 귀족들의 향락적 풍류 생활과 퇴영적인 기풍을 노래하였다.
② 「월인천강지곡」은 조선 세종이 지은 악장으로 석가모니의 일대기를 서사시 형식으로 노래하였다.
③ 「상춘곡」은 정극인이 지은 가사로 봄의 완상과 안빈낙도를 노래하였다.

## 07 난도 ★☆☆   정답 ②

문법 > 의미론

**정답의 이유**

② 〈보기〉의 밑줄 친 부분의 '좋다'는 '신체적 조건이나 건강 상태가 보통 이상의 수준이다.'라는 의미이므로 '혈색이 좋으셨는데?'의 '좋다'와 문맥적 의미가 가장 가깝다.

**오답의 이유**

① '성격은 좋다.'의 '좋다'는 '성품이나 인격 따위가 원만하거나 선하다.'라는 의미이다.
③ '매우 좋은 날이다.'의 '좋다'는 '날짜나 기회 따위가 상서롭다.'라는 의미이다.
④ '말투는 기분이 상쾌할 정도로 좋았다.'의 '좋다'는 '말씨나 태도 따위가 상대의 기분을 언짢게 하지 아니할 만큼 부드럽다.'라는 의미이다.

## 08 난도 ★☆☆ 정답 ②

현대 문학 > 현대 시

[정답의 이유]
② '골짜기'는 부정적 현실을 나타낸 시어로 이상적 세계와 대조된다.

[오답의 이유]
①·③·④ '해, 청산, 양지'는 모두 이상적 세계를 상징한다.
① '해'는 민족이 꿈꾸는 이상적 세계를 상징하는 시어이다.
③ '청산'은 갈등과 대립이 제거된 이상적 세계를 상징하는 시어이다.
④ '양지'는 볕이 바로 드는 곳으로 밝은 세상을 상징하는 시어이다.

### 작품 해설

박두진, 「해」
- 갈래: 서정시
- 성격: 상징적, 예언적, 미래 지향적
- 주제: 화합과 공존의 세계에 대한 소망
- 특징
  - 상징적이고 대립적인 시어를 사용하여 이상 세계를 드러냄
  - 어휘와 구절의 반복적 사용으로 주제를 강조함

## 09 난도 ★★☆ 정답 ①

문법 > 한글 맞춤법

[정답의 이유]
① 돼라는(×) → 되라는(○): 한글 맞춤법 제35항 [붙임 2]에 따르면 어간 모음 'ㅚ' 뒤에 '-어'가 결합하여 'ㅙ'로 줄어드는 경우, 'ㅙ'로 적는다고 하였다. 그러나 간접 인용절에 쓰여 명령의 뜻을 나타내는 종결 어미 '-라'가 어간 '되-' 뒤에 결합할 때는 '되어라(돼라)'가 아닌 '되라'로 적어야 하므로 '되라는'이 맞는 표기이다.

[오답의 이유]
② 되었다(○): '되었다'는 어간 '되-'에 과거 시제 선어말 어미 '-었-'과 어말 어미 '-다'가 결합한 형태이므로 올바른 표기이다.
③ 돼라(○): '돼라'는 어간 '되-'에 명령의 뜻을 나타내는 종결 어미 '-어라'가 결합한 '되어라'의 축약형이므로 올바른 표기이다.
④ 되고(○): '되고'는 어간 '되-'에 어미 '-고'가 결합한 형태이므로 올바른 표기이다.

## 10 난도 ★★☆ 정답 ③

비문학 > 글의 전개 방식

[정답의 이유]
③ 〈보기〉의 '인간은 인간을 속이지만 동물은 인간을 속이지 않는다는 것을 알고 인간에게 실망한 사람들이 동물에게 더 많은 애정을 보인다.'에서 동일 범주에 속한 대상의 차이를 들어 설명하는 '대조'를 사용하고 있음을 알 수 있다. 선지에서도 세균은 먹이가 있는 곳이라면 어디에서라도 증식할 수 있지만, 바이러스는 생명체를 숙주로 삼아야만 번식을 한다는 차이점을 들어 설명하고 있으므로 '대조'의 방식을 사용하였음을 알 수 있다.

[오답의 이유]
① 좋은 교육을 가능하게 하는 요소들과 맛있는 음식을 만들기 위한 요소들을 비교하면서 설명하고 있다. 따라서 같은 종류의 것 또는 비슷한 것에 기초하여 다른 사물을 미루어 추측하는 '유추'의 방식을 사용하였음을 알 수 있다.
② 기호의 의미를 설명하고 기호에 속하는 것들의 사례를 제시하고 있다. 따라서 어떤 말이나 사물의 뜻을 명백히 밝혀 규정하는 '정의'의 방식과 구체적인 사례를 들어 설명하는 '예시'의 방식을 사용하였음을 알 수 있다.
④ 고사리와 고비 등을 양치식물로 묶어서 설명하는 '분류'의 방식을 사용하였음을 알 수 있다.

## 11 난도 ★★☆ 정답 ②

현대 문학 > 현대 소설

[정답의 이유]
② 〈보기〉에서 설명한 소설의 시점은 '1인칭 관찰자 시점'이다. 1인칭 관찰자 시점이란 주인공이 아닌 '나'가 작품 속 서술자가 되어 주인공을 관찰하여 서술하는 것이다. 이 시점은 인물의 심리나 내면에 개입할 수 없어 서술자가 관찰한 그대로 제시되며 긴장감을 조성할 수 있다. 대표적인 작품으로는 주요섭의 「사랑 손님과 어머니」가 있다.

[오답의 이유]
① 1인칭 주인공 시점이란 '나'가 자신의 이야기를 서술하는 것이며, '나'는 이야기의 주인공이자 서술자이다. 이 시점은 주인공의 내면 심리를 제시하는 데 효과적이며, 독자에게 신뢰감과 친근감을 줄 수 있다. 대표적인 작품으로는 이상의 「날개」가 있다.
③ 전지적 작가 시점이란 서술자가 전지전능한 신과 같은 위치에서 모든 것을 다 아는 상태로 서술하는 것을 말한다. 이 시점은 서술자가 각 등장인물의 내면과 심리까지 묘사·설명·제시할 수 있다. 대표적인 작품으로는 염상섭의 「삼대」가 있다.
④ 작가 관찰자 시점이란 서술자가 외부 관찰자의 위치에서 사건을 관찰하여 전달하는 것이다. 이 시점은 객관적으로 사건과 대상을 전달하므로 인물의 내면 심리 묘사와 명확한 해설이 어렵다. 대표적인 작품으로는 황순원의 「소나기」가 있다.

## 12 난도 ★☆☆ 정답 ②

고전 문학 > 고전 운문

[정답의 이유]
② 「면앙정가」는 송강 정철의 작품이 아닌 조선 명종 때의 문신인 송순의 작품이다.

[오답의 이유]
① 「속미인곡」은 송강 정철이 임금에 대한 충정을 임을 그리워하는 여인의 심정에 빗대어 표현한 작품이다.
③ 「관동별곡」은 송강 정철이 관동 지방의 절경을 유람하면서 연군과 애민 정신을 나타낸 작품이다.
④ 「사미인곡」은 송강 정철이 관직에서 물러나 고향인 전남 창평에 있을 때 임금을 향한 변함없는 충정을 나타낸 작품이다.

## 13 난도 ★★★  정답 ③

**어휘 > 한자어**

**정답의 이유**

㉠ 나무가 분명히 굽어 보이지만 실제로 굽지 않았다고 하였으므로 ㉠에 들어갈 한자어는 '어떤 사실의 앞뒤, 또는 두 사실이 이치상 어긋나서 서로 맞지 않음을 이르는 말'인 '矛盾(창 모, 방패 순)'이 적절하다.

㉡ 사물이나 사태의 보임새를 의미하는 한자어가 들어가야 하므로 '인간이 지각할 수 있는, 사물의 모양과 상태'를 뜻하는 말인 '現象(나타날 현, 코끼리 상)'이 적절하다.

㉢ 사물이나 사태의 참모습을 의미하는 한자어가 들어가야 하므로 '본디부터 가지고 있는 사물 자체의 성질이나 모습'을 뜻하는 '本質(근본 본, 바탕 질)'이 적절하다.

**오답의 이유**

- 葛藤(칡 갈, 등나무 등): 칡과 등나무가 서로 얽히는 것과 같이, 개인이나 집단 사이에 목표나 이해관계가 달라 서로 적대시하거나 충돌함 또는 그런 상태
- 假象(거짓 가, 코끼리 상): 주관적으로는 실제 있는 것처럼 보이나 객관적으로는 존재하지 않는 거짓 현상
- 根本(뿌리 근, 근본 본): 사물의 본질이나 본바탕

## 14 난도 ★★☆  정답 ④

**문법 > 통사론**

**정답의 이유**

④ '정부에서'에 쓰인 '에서'는 단체를 나타내는 명사 뒤에 붙어 앞말이 주어임을 나타내는 격 조사이다. 따라서 '정부에서'의 문장 성분은 주어이다.

**오답의 이유**

① '시장에서'에 쓰인 '에서'는 앞말이 행동이 이루어지고 있는 처소의 부사어임을 나타내는 격 조사이다. 따라서 '시장에서'의 문장 성분은 부사어이다.

② '마음에서'에 쓰인 '에서'는 앞말이 근거의 뜻을 갖는 부사어임을 나타내는 격 조사이다. 따라서 '마음에서'의 문장 성분은 부사어이다.

③ '이에서'에 쓰인 '에서'는 앞말이 비교의 기준이 되는 점의 뜻을 갖는 부사어임을 나타내는 격 조사이다. 따라서 '이에서'의 문장 성분은 부사어이다.

## 15 난도 ★★★  정답 ①

**문법 > 표준어 사정 원칙**

**정답의 이유**

① 표준어 사정 원칙 제5항에 따르면 '강낭콩, 고삿, 사글세, 울력성당'과 같이 어원에서 멀어진 형태로 굳어져서 널리 쓰이는 것은 그것을 표준어로 삼는다고 하였다.

**오답의 이유**

② 표준어 사정 원칙 제5항 '다만, 어원적으로 원형에 더 가까운 형태가 아직 쓰이고 있는 경우에는, 그것을 표준어로 삼는다.'의 예로는 '갈비, 갓모, 굴젓, 말곁, 물수란, 밀뜨리다, 적이, 휴지'가 있다.

③ 표준어 사정 원칙 제11항 '모음의 발음 변화를 인정하여, 발음이 바뀌어 굳어진 형태를 표준어로 삼는다.'의 예로는 '-구려, 깍쟁이, 나무라다, 미수, 바라다, 상추' 등이 있다.

④ 표준어 사정 원칙 제17항 '비슷한 발음의 몇 형태가 쓰일 경우, 그 의미에 아무런 차이가 없고, 그중 하나가 더 널리 쓰이면, 그 한 형태만을 표준어로 삼는다.'의 예로는 '거든그리다, 구어박다, 귀고리, 귀띔, 귀지, 까딱하면' 등이 있다.

## 16 난도 ★★☆  정답 ③

**비문학 > 추론적 읽기**

**정답의 이유**

※ 앞부분의 ㉠을 ㉠-1로, 뒷부분의 ㉠을 ㉠-2로 표기함

③ ㉠-1의 앞에서 격분의 물결은 공적 논의를 위해 필수적인 안정성, 항상성, 연속성을 찾아볼 수 없다고 제시하였고, ㉠-1의 뒤에서는 격분의 물결은 안정적인 논의의 맥락 속에 통합되지 못한다고 제시하였다. ㉠-2의 앞에서 격분 속에서는 사회 전체에 대한 염려의 구조가 아닌 자신에 대한 염려일 뿐이라고 제시하였고, ㉠-2의 뒤에서는 그러한 염려는 금세 모래알처럼 흩어져 버릴 것이라고 제시하였다. 따라서 ㉠-1과 ㉠-2의 맥락을 고려할 때, ㉠에 들어갈 접속 부사로는 앞에서 말한 일이 뒤에서 말할 일의 원인, 이유, 근거가 됨을 나타내는 접속 부사인 '따라서'가 적절하다.

## 17 난도 ★★☆  정답 ④

**현대 문학 > 현대 시**

**정답의 이유**

④ 〈보기〉에서 설명한 시의 표현 방법은 본래의 의도를 숨기고 반대되는 말로 표현하는 방법인 반어법이다. 제시된 김소월의 「진달래꽃」에서는 임이 떠나가는 슬픈 상황에서 죽어도 눈물을 흘리지 않을 것이라는 반어법을 활용하여 임과의 이별로 인한 슬픔을 효과적으로 강조하고 있다.

**오답의 이유**

① 제시된 김영랑의 「돌담에 속삭이는 햇발같이」에서는 '같이'를 활용해 원관념을 보조 관념에 빗대어 표현하는 직유법을 사용하고 있다.

② 제시된 김춘수의 「꽃」에서는 의미 있는 존재를 '꽃'으로 표현해 상징법을 사용하고 있고, 움직일 수 없는 '꽃'이 나에게로 왔다고 표현하여 의인법을 사용하고 있다.

③ 제시된 김광섭의 「산」에서는 '법으로'를 반복해 반복법을 사용하고 있고, 무정물인 산이 '사람을 다스린다'라고 표현하여 의인법을 사용하고 있다.

### 더 알아보기

**반어법, 직유법**

| 반어법 | 본래 말하고자 하는 뜻과는 반대되는 말이나 상황으로 의미를 강조하는 수사법이다.<br>• 언어적 반어법: 일반적인 반어법이다. 겉으로 드러나는 의미와 대립되는 의미를 강조하기 위하여 사용한다.<br>• 상황적 반어법: 주로 서사 작품에서 많이 사용된다. 등장 인물이 작중 상황과 어울리지 않는 행동을 하거나 사건의 진행과는 정반대의 결과가 나타난다. 이러한 과정에서 독자는 부조리나 모순 등을 더욱 강하게 느끼게 된다. |
|---|---|
| 직유법 | 원관념과 보조 관념을 '~같이', '~처럼', '~양', '~듯' 등을 사용하여 직접적으로 연결하는 방법이다.<br>예 그는 여우처럼 교활하다.<br>예 내 누님같이 생긴 꽃이여 |

## 18 난도 ★★☆  정답 ④

**어휘 > 한자성어**

**정답의 이유**

④ 폐의파관(敝衣破冠)은 '해어진 옷과 부서진 갓이란 뜻으로, 초라한 차림새를 비유적으로 이르는 말'이다. 폐포파립(敝袍破笠) 또한 '해어진 옷과 부서진 갓이란 뜻으로, 초라한 차림새를 비유적으로 이르는 말'이므로 폐의파관(敝衣破冠)과 같은 의미이다.
- 敝衣破冠: 해질 폐, 옷 의, 깨뜨릴 파, 갓 관
- 敝袍破笠: 해질 폐, 두루마기 포, 깨뜨릴 파, 삿갓 립

**오답의 이유**

① • 경국지색(傾國之色): 임금이 혹하여 나라가 기울어져도 모를 정도의 미인이라는 뜻으로, 뛰어나게 아름다운 미인을 이르는 말
  - 傾國之色: 기울 경, 나라 국, 갈 지, 빛 색
• 경중미인(鏡中美人): 거울에 비친 미인이라는 뜻으로, 실속 없는 일을 비유적으로 이르는 말
  - 鏡中美人: 거울 경, 가운데 중, 아름다울 미, 사람 인

② • 지록위마(指鹿爲馬): 윗사람을 농락하여 권세를 마음대로 함을 이르는 말 / 모순된 것을 끝까지 우겨서 남을 속이려는 짓을 비유적으로 이르는 말
  - 指鹿爲馬: 가리킬 지, 사슴 록, 할 위, 말 마
• 지란지화(芝蘭之化): 지초와 난초의 감화라는 뜻으로, 좋은 친구와 사귀면 자연히 그 아름다운 덕에 감화됨을 이르는 말
  - 芝蘭之化: 지초 지, 난초 란, 갈 지, 될 화

③ • 목불식정(目不識丁): 아주 간단한 글자인 'ㄒ'자를 보고도 그것이 '고무래'인 줄을 알지 못한다는 뜻으로, 아주 까막눈임을 이르는 말
  - 目不識丁: 눈 목, 아닐 불, 알 식, 고무래 정
• 목불인견(目不忍見): 눈앞에 벌어진 상황 따위를 눈 뜨고는 차마 볼 수 없음
  - 目不忍見: 눈 목, 아닐 불, 참을 인, 볼 견

## 19 난도 ★★☆  정답 ④

**문법 > 통사론**

**정답의 이유**

④ 서술어의 자릿수는 문장에서 서술어가 필요로 하는 문장 성분의 개수를 의미한다. '길이 매우 넓다.'에서 '길이'는 주어이고, '매우'는 부사어이다. 그러나 '매우'는 필수적 부사어가 아니므로 '넓다'는 주어만 필요한 한 자리 서술어이다.

**오답의 이유**

① '그림이 실물과 같다.'에서 '그림이'는 주어이고, '실물과'는 필수적 부사어이다. 따라서 '같다'는 두 자리 서술어이다.

② '나는 학생이 아니다.'에서 '나는'은 주어이고, '학생이'는 보어이다. 따라서 '아니다'는 두 자리 서술어이다.

③ '지호가 종을 울렸다.'에서 '지호가'는 주어이고, '종을'은 목적어이다. 따라서 '울리다'는 두 자리 서술어이다.

### 더 알아보기

**서술어의 자릿수**

문장에서 필요한 문장 성분의 수가 달라지는데, 서술어에 따른 필수 성분의 수를 '서술어의 자릿수'라고 한다.

| 구분 | 필요 성분 | 서술어의 종류 | 예문 |
|---|---|---|---|
| 한 자리 서술어 | 주어 | 자동사 | 꽃이 피다. |
| | | 형용사 | 꽃이 예쁘다. |
| | | 체언+서술격 조사 | 철수는 학생이다. |
| 두 자리 서술어 | 주어, 목적어 | 타동사 | 철수가 책을 읽는다. |
| | 주어, 보어 | 되다, 아니다 | 철수는 선생님이 되었다. |
| | 주어, (필수) 부사어 | 대칭 서술어 | 철수는 영희와 싸웠다. |
| 세 자리 서술어 | 주어, 목적어, 부사어 | 주다, 받다, 삼다, 여기다, 넣다 | 철수는 선생님께 선물을 드렸다. |

## 20 난도 ★★☆  정답 ①

**문법 > 외래어 표기법**

**정답의 이유**

① 플룻(×) → 플루트(○): 'flute'은 '플룻'이 아닌 '플루트'가 옳은 표기이다.

**오답의 이유**

• 로봇(○): 'robot'은 '로보트'가 아닌 '로봇'이 옳은 표기이다.
• 배지(○): 'badge'는 '뱃지'가 아닌 '배지'가 옳은 표기이다.
• 타깃(○): 'target'은 '타켓, 타게트'가 아닌 '타깃'이 옳은 표기이다.
• 텔레비전(○): 'television'은 '텔레비젼'이 아닌 '텔레비전'이 옳은 표기이다.

# 국어 | 2019년 제1회 서울시 9급

## 한눈에 훑어보기

### ✓ 영역 분석

**어휘**     03   09   15   16
4문항, 20%

**문법**     01   02   04   05   08   10   11   12   17
9문항, 45%

**고전 문학**     06   07   13   14
4문항, 20%

**현대 문학**     18
1문항, 5%

**비문학**     19   20
2문항, 10%

### ✓ 빠른 정답

| 01 | 02 | 03 | 04 | 05 | 06 | 07 | 08 | 09 | 10 |
|----|----|----|----|----|----|----|----|----|----|
| ①  | ①  | ③  | ①  | ③  | ③  | ④  | ②  | ②  | ①  |
| 11 | 12 | 13 | 14 | 15 | 16 | 17 | 18 | 19 | 20 |
| ①  | ④  | ④  | ①  | ②  | ③  | ②  | ②  | ③  | ③  |

### ✓ 점수 체크

| 구분 | 1회독 | 2회독 | 3회독 |
|------|-------|-------|-------|
| 맞힌 문항 수 | / 20 | / 20 | / 20 |
| 나의 점수 | 점 | 점 | 점 |

---

## 01 난도 ★☆☆     정답 ①

**문법 > 음운론**

**정답의 이유**

① 소리의 장단, 강약, 고저와 같이 소리마디의 경계를 뚜렷하게 나누기는 어렵지만, 말의 뜻을 구별해 주는 음운을 비분절 음운이라 한다. 따라서 소리의 강약이나 고저 등도 음운에 해당된다.

**오답의 이유**

② 최소대립쌍이란 단어를 구성하고 있는 요소 중에서 오직 한 가지 요소에 의해서만 의미가 구별되는 단어의 짝을 말한다. 최소대립쌍을 만들어 봄으로써 음운을 확인할 수 있으므로 적절한 설명이다.

③ 변이음이란 같은 음소에 포함되는 몇 개의 구체적인 음이 서로 구별되는 음의 특징을 지니고 있을 때의 음을 말한다. 예를 들어, '감기'의 두 'ㄱ' 소리는 같은 문자로 표기하나 실제로는 앞의 'ㄱ'은 [k], 뒤의 'ㄱ'은 [g]와 같이 서로 다른 음가를 가지는데, 이러한 경우에도 하나의 음운으로 인식하게 되므로 적절한 설명이다.

④ 음운은 머릿속에서 인식하는 추상적이고 관념적인 소리이다. 이러한 음운은 사람의 발음 기관을 통해 나오는 말소리인 음성과 구별되므로 적절한 설명이다.

**더 알아보기**

음운의 종류

| 분절 음운<br>(음소) | • 말의 뜻을 구별해 주는 기능이 있으며, 마디로 나눌 수 있는 음운이다.<br>• 자음(19개)과 모음(21개)이 있다. |
|---|---|
| 비분절 음운<br>(운소) | • 말의 뜻을 구별해 주는 기능이 있지만, 독립적으로 쓰이지 못하고 음소에 덧붙여 실현된다.<br>• 소리의 높낮이, 길이, 세기 등이 있다. |

---

## 02 난도 ★★☆     정답 ①

**문법 > 통사론**

**정답의 이유**

① 주어 '금융 당국은'과 서술어 '내다보면서, 예측하였다', 주어 '금리가'와 서술어 '오를' 등과 같이 주어와 서술어의 호응이 자연스러우므로 적절한 문장이다.

**오답의 이유**

② '작성 내용의 정정'에 대한 서술어가 제시되지 않아 '작성 내용의 정정이 없는 서류는 무효입니다'로 해석되므로 '작성 내용의 정정이 있거나'로 고쳐야 한다.

③ '보여집니다'는 피동 접미사 '-이-'와 통사적 피동 표현인 '-어지다'가 모두 사용된 이중 피동으로, '보입니다'로 고쳐야 한다.
④ 앞 문장과 뒤 문장의 연결이 어색하므로 '그의 목표는 세계 최고의 축구 선수가 되는 것이기 때문에, 그는 단 하루도 연습을 쉬지 않았다.'로 고쳐야 한다.

## 03 난도 ★★☆ 정답 ③

어휘 > 한자성어

**정답의 이유**

③ • 우물 안의 개구리: 견식이 좁아 저만 잘난 줄로 아는 사람을 비꼬는 말
 • 하충의빙(夏蟲疑氷): 여름의 벌레는 얼음을 안 믿는다는 뜻으로, 견식이 좁음을 비유해 이르는 말
  - 夏蟲疑氷: 여름 하, 벌레 충, 의심할 의, 얼음 빙

**오답의 이유**

① • 이 없으면 잇몸으로 산다: 요긴한 것이 없으면 안 될 것 같지만 없으면 없는 대로 그럭저럭 살아 나갈 수 있음을 이르는 말
 • 순망치한(脣亡齒寒): 입술이 없으면 이가 시리다는 뜻으로, 서로 이해관계가 밀접한 사이에 어느 한쪽이 망하면 다른 한쪽도 그 영향을 받아 온전하기 어려움을 이르는 말
  - 脣亡齒寒: 입술 순, 망할 망, 이 치, 찰 한
② • 개똥도 약에 쓰려면 없다: 평소에 흔하던 것도 막상 긴하게 쓰려고 구하면 없다는 말
 • 하로동선(夏爐冬扇): 여름의 화로와 겨울의 부채라는 뜻으로, 격이나 철에 맞지 아니함을 이르는 말
  - 夏爐冬扇: 여름 하, 화로 로, 겨울 동, 부채 선
④ • 굽은 나무가 선산을 지킨다: 자손이 빈한해지면 선산의 나무까지 팔아 버리나 줄기가 굽어 쓸모없는 것은 그대로 남게 된다는 뜻으로, 쓸모없어 보이는 것이 도리어 제구실을 하게 됨을 비유적으로 이르는 말
 • 설중송백(雪中松柏): 눈 속의 소나무와 잣나무라는 뜻으로, 높고 굳은 절개를 이르는 말
  - 雪中松柏: 눈 설, 가운데 중, 소나무 송, 나무 이름 백

## 04 난도 ★☆☆ 정답 ②

문법 > 표준어 사정 원칙

**정답의 이유**

② '고깃간'이란 '예전에, 쇠고기나 돼지고기 따위의 고기를 끊어 팔던 가게'라는 의미로, 복수 표준어는 '푸줏간'이다. '정육간'은 쓰이지 않는 단어이다.

**오답의 이유**

① '가는허리'란 '잘록 들어간, 허리의 뒷부분'이라는 의미이고 복수 표준어는 '잔허리'이다.
③ '관계없다'란 '서로 아무런 관련이 없다.'라는 의미이고 복수 표준어는 '상관없다'이다.
④ '기세부리다'란 '남에게 영향을 끼칠 기운이나 태도를 드러내 보이다.'라는 의미이고 복수 표준어는 '기세피우다'이다.

## 05 난도 ★☆☆ 정답 ③

문법 > 국어의 로마자 표기법

**정답의 이유**

ⓒ 국어의 로마자 표기법 제3장 제4항에 따르면 인명은 성과 이름의 순서로 띄어 쓴다고 하였고, 이름은 붙여 쓰는 것을 원칙으로 하되 음절 사이에 붙임표(-)를 쓰는 것을 허용한다고 하였다. 또한 이름에서 일어나는 음운 변화는 표기에 반영하지 않는다고 하였으므로 '김복남'은 'Kim Bok-nam'으로 표기하는 것이 적절하다.
ⓔ 국어의 로마자 표기법 제2장 제2항에 따르면 'ㄱ, ㄷ, ㅂ'은 모음 앞에서는 'g, d, b'로, 자음 앞이나 어말에서는 'k, t, p'로 적는다고 하였으므로 '합덕'은 'Hapdeok'으로 표기하는 것이 적절하다.

**오답의 이유**

㉠ 국어의 로마자 표기법 제3장 제1항에 따르면 체언에서 'ㄱ, ㄷ, ㅂ' 뒤에 'ㅎ'이 따를 때에는 'ㅎ'을 밝혀 적는다고 하였고, 국어의 로마자 표기법 제3장 제6항에 따르면 자연 지물명, 문화재명, 인공 축조물명은 붙임표(-) 없이 붙여 쓴다고 하였으므로 '오죽헌'은 'Ojukheon'으로 표기하는 것이 적절하다.
ⓒ 국어의 로마자 표기법 제3장 제1항에 따르면 자음 사이에서 동화 작용이 일어나는 경우 음운 변화 결과에 따라 적는다고 하였다. 따라서 '선릉'은 유음화가 일어나 [설릉]으로 발음되므로 이를 반영해 'Seolleung'으로 표기하는 것이 적절하다.

## 06 난도 ★☆☆ 정답 ③

고전 문학 > 고전 운문

**정답의 이유**

③ '물'은 작품의 중심 소재로서, 1행의 '물'은 그것을 건너지 않기를 바라는 화자의 '바람'과 '사랑'이 담겨 있고, 2행의 '물'은 '이별', 3행의 '물'은 '죽음'이라는 의미가 담겨 있다. 이를 통해 제시된 작품이 '물'의 상징적 의미를 중심으로 시상을 전개하고 있음을 알 수 있다.

**오답의 이유**

① 「공무도하가」는 「황조가」와 더불어 현존하는 우리나라 최고의 서정시로, 집단적 의식을 담은 노래에서 점차 개인적인 정서를 담은 서정시로 변화하는 시기를 대표하는 작품이다.
② 제시된 작품은 한시와 함께 번역한 시가가 따로 전해지는 것이 아니라, 4언 4구의 한역 시가 형태로 전해 오는 작품이다.
④ 제시된 작품은 물에 빠져 죽은 남편을 애도하는 노래로, 충성의 마음을 노래한 작품이 아니다.

**작품 해설**

백수 광부의 아내, 「공무도하가」
- 갈래: 고대 가요
- 성격: 서정적, 애상적, 체념적
- 주제: 임의 죽음으로 인한 이별의 슬픔과 한
- 특징
  - '물'의 상징적 의미를 중심으로 시상을 전개함
  - 시적 화자의 절박한 심정을 직접적으로 표현함
- 현대어 풀이

> 임아, 그 물을 건너지 마오.
> 임은 끝내 그 물을 건너셨네.
> 물에 빠져 돌아가시니
> 가신 임을 어찌할꼬.

## 07 난도 ★★☆ 정답 ④

고전 문학 > 고전 운문

**정답의 이유**

④ (나)의 작가는 미상이지만, (가)의 작가는 박효관이므로 적절하지 않은 설명이다.

**오답의 이유**

① '실솔'은 귀뚜라미의 한자어이다.
② (가)는 가을밤에 임을 그리워하며 잠을 이루지 못하는 심정을 노래한 작품이고 (나)는 죽어서도 임과 함께 있고 싶은 마음을 노래한 작품으로, 모두 임에 대한 그리움을 노래하고 있다.
③ '접동새'의 울음소리가 '귀촉(촉나라로 돌아가고 싶다는 뜻)'으로 들린다고 하여 문학에서는 접동새를 귀촉도라고도 한다.

**작품 해설**

(가) 박효관, 「임 그린 상사몽이 ~」
- 갈래: 평시조
- 성격: 연정가
- 주제: 임에 대한 그리움
- 특징
  - 자연물(귀뚜라미)을 임과 화자를 연결해주는 매개체로 사용함
  - 감정 이입을 통해 화자의 정서를 나타냄

(나) 작자 미상, 「이 몸이 죽어져서 ~」
- 갈래: 평시조
- 성격: 연정가
- 주제: 죽어서도 임과 함께 하고 싶은 소망과 임에 대한 그리움
- 특징
  - 임에 대한 사랑과 정한을 노래함
  - '접동새'의 이미지를 활용하여 비애의 정서를 환기함

## 08 난도 ★★☆ 정답 ②

문법 > 형태론

**정답의 이유**

② 모잘라서(×) → 모자라서(○): '모자라다'는 어간과 어미가 활용할 때 보편적인 음운 규칙으로 설명되는 규칙 활용 용언으로, '모자라, 모자라니'와 같이 활용한다. 따라서 '모잘라서'가 아닌 '모자라서'로 써야 한다.

**오답의 이유**

① 가팔라서(○): '가팔라서'의 기본형은 '가파르다'이다. '가파르다'는 어간의 '르'가 모음으로 시작하는 어미 앞에서 'ㄹㄹ'로 변하는 '르' 불규칙 용언으로, '가팔라, 가파르니'로 활용한다. 따라서 '가팔라서'로 쓰는 것은 적절하다.
③ 불살라서(○): '불살라서'의 기본형은 '불사르다'이다. '불사르다'는 어간의 '르'가 모음으로 시작하는 어미 앞에서 'ㄹㄹ'로 변하는 '르' 불규칙 용언으로, '불살라, 불사르니'로 활용한다. 따라서 '불살라서'로 쓰는 것은 적절하다.
④ 올발라서(○): '올발라서'의 기본형은 '올바르다'이다. '올바르다'는 어간의 '르'가 모음으로 시작하는 어미 앞에서 'ㄹㄹ'로 변하는 '르' 불규칙 용언으로, '올발라, 올바르니'로 활용한다. 따라서 '올발라서'로 쓰는 것은 적절하다.

## 09 난도 ★★★ 정답 ②

어휘 > 한자어

**정답의 이유**

② 어근은 단어를 분석할 때 실질적 의미를 나타내는 중심이 되는 부분으로, '인간(人間)'은 어근 '인(人)'과 어근 '간(間)'의 결합으로 구성된 단어이다. 반면 '한국인(韓國人)'은 어근 '한국(韓國)'에 접미사 '-인(人)'이 결합하여 이루어진 단어로, '인(人)'은 '인간(人間)'과 '한국인(韓國人)'에서 각각 어근과 접미사로 사용되었음을 알 수 있다.

**오답의 이유**

① '연장(延長: 끌 연, 길 장)'은 '길게 늘이다.'라는 뜻으로 '서술어+부사어'의 구조이며, '하산(下山: 아래 하, 뫼 산)' 역시 '산에서 내려 오다.'라는 뜻으로 '서술어+부사어'의 구조이다.
③ '우정(友情)'은 비자립적 어근 '우(友)'와 단어 '정(情)'으로 구성되어 있으며, '대문(大門)'은 비자립적 어근 '대(大)'와 단어 '문(門)'으로 구성되어 있다.
④ 고유어의 반복 합성어는 '반짝반짝, 풍당풍당'과 같이 같은 글자가 번갈아 나타나는 구성을 띤다. 따라서 '시시각각(時時刻刻)', '명명백백(明明白白)'이 고유어의 반복 합성어와 같은 구성이 되려면 '시각시각(時刻時刻)', '명백명백(明白明白)'이 되어야 하므로 고유어의 반복 합성어와 구성 방식이 다르다는 것을 확인할 수 있다.

## 10 난도 ★★☆  정답 ①

문법 > 한글 맞춤법

정답의 이유

① 열∨길(○), 한∨길(○), 물속(○): '열 길'과 '한 길'에 쓰인 '열'과 '한'은 수 관형사이므로 뒷말과 띄어 써야 하고, '물속'은 하나의 단어이므로 붙여 써야 한다.

오답의 이유

② 데칸∨고원(×) → 데칸고원(○): 외래어 표기법 제4장 제3절 제4항에서 지명이 산맥, 산, 강 등의 뜻이 들어 있는 것은 '산맥', '산', '강' 등을 겹쳐 적는다고 하였으므로 '데칸고원'과 같이 붙여 써야 한다.

③ 전봇대∨만큼(×) → 전봇대만큼(○): '만큼'은 체언 뒤에 붙어 앞말과 비슷한 정도나 한도임을 나타내는 격 조사이므로 '전봇대만큼'과 같이 앞말과 붙여 써야 한다.

④ 주머니만들기(×) → 주머니∨만들기(○): '주머니만들기'는 하나의 단어가 아니므로 '주머니∨만들기'와 같이 띄어 써야 한다.

## 11 난도 ★★★  정답 ①

문법 > 형태론

정답의 이유

① '떠내려갔다'는 '뜨-+-어+내리-+-어+가-+-았-+-다'로 분석할 수 있으므로 형태소는 총 7개이다.

오답의 이유

② '따라 버렸다'는 '따르-+-아+버리-+-었-+-다'로 분석할 수 있으므로 형태소는 총 5개이다.

③ '빌어먹었다'는 '빌-+-어+먹-+-었-+-다'로 분석할 수 있으므로 형태소는 총 5개이다.

④ '여쭈어봤다'는 '여쭈-+-어+보-+-았-+-다'로 분석할 수 있으므로 형태소는 총 5개이다.

## 12 난도 ★★☆  정답 ④

문법 > 형태론

정답의 이유

④ '놀다'는 어간의 'ㄹ' 받침이 어미의 첫소리 'ㄴ, ㅂ, ㅅ' 및 '-(으)오, -(으)ㄹ' 앞에서 탈락하는 규칙 용언으로, '놀아, 노니, 노는, 노오'와 같이 활용한다. 따라서 불규칙 활용이 아닌 규칙 활용을 하는 용언이다.

오답의 이유

① '무엇을 밝히거나 알아내기 위하여 상대편의 대답이나 설명을 요구하는 내용으로 말하다.'의 의미인 '묻다'는 어간의 끝소리 'ㄷ'이 모음 어미 앞에서 'ㄹ'로 바뀌는 'ㄷ' 불규칙 용언으로, '물어, 물으니, 묻는'과 같이 활용한다.

② '덥다'는 어간의 끝소리 'ㅂ'이 모음 어미 앞에서 '-오/우-'로 바뀌는 'ㅂ' 불규칙 용언으로, '더워, 더우니'와 같이 활용한다.

③ '낫다'는 어간의 끝소리 'ㅅ'이 모음 어미 앞에서 탈락하는 'ㅅ' 불규칙 용언으로, '나아, 나으니, 낫는'과 같이 활용한다.

### 더 알아보기

'걷다'와 '묻다'의 활용

| 구분 | 규칙 활용 | 'ㄷ' 불규칙 활용 |
| --- | --- | --- |
| 걷다 | • (빨래를) 걷다<br>• 걷고, 걷지, 걷으니, 걷어 | • (걸음을) 걷다<br>• 걷고, 걷지, 걸으니, 걸어 |
| 묻다 | • (땅에) 묻다<br>• 묻고, 묻지, 묻으니, 묻어 | • (물음을) 묻다<br>• 묻고, 묻지, 물으니, 물어 |

## 13 난도 ★☆☆  정답 ④

고전 문학 > 고전 운문

정답의 이유

④ 제시된 작품에서 화자는 고사를 사용해 자신의 의지를 표현하며 단종을 향한 굳은 절개를 나타내고 있으나, 단종의 죽음에 대한 복수를 다짐하고 있는 것은 아니다.

오답의 이유

① 제시된 작품의 작가 성삼문은 단종의 복위에 힘쓰다 죽음을 맞이한 사육신 중 한 명이므로 적절한 설명이다.

② '수양산'은 중국의 수양산과 수양 대군을 의미하고, '채미'는 고사리를 캐어 먹는 것과 수양 대군의 녹을 먹는 것을 의미한다. 따라서 중의법을 사용했다는 설명은 적절하다.

③ '이제'는 백이와 숙제라는 중국 고사 속 인물로, 이들은 주나라의 무왕을 비판하고 수양산에서 고사리를 먹으며 살다가 결국 죽음을 맞이하는 절의를 대표하는 인물이다. 화자는 절의를 지키겠다는 자신의 의지를 표현하기 위해 고사를 사용하였으므로 적절한 설명이다.

### 작품 해설

성삼문, 「首陽山(수양산) 바라보며 ~」

• 갈래: 평시조
• 성격: 절의적, 비판적, 풍자적
• 주제: 죽음을 각오한 굳은 지조와 결의, 단종을 향한 굳은 절개
• 특징
  - 중의적, 설의적 표현을 통해 대상에 대한 비판 의식을 비유적으로 드러냄
  - 고사를 활용해 화자의 굳은 절개와 결의를 드러냄

## 14 난도 ★☆☆  정답 ①

고전 문학 > 고전 운문

정답의 이유

① 제시된 작품은 임금에 대한 그리움이 아닌 어촌에서 자연을 즐기며 한가롭게 살아가는 여유와 흥취를 드러내고 있다.

오답의 이유

② '우는 거시 벅구기가'에서 청각적 심상을 활용하였고, 노 젓는 소리와 노를 저을 때 내는 어부의 소리를 나타내는 '至匊忩(지국총) 至匊忩(지국총) 於思臥(어사와)'라는 후렴구를 사용하였으므로 적절한 설명이다.

③ '우는 거시 벅구기가 프른 거시 버들숩가'와 같이 비슷한 문장 구조를 배열하는 대구법을 사용하여 자연을 묘사하고 있으므로 적절한 설명이다.
④ 초장과 중장 사이의 후렴구와 중장과 종장 사이의 후렴구를 제외하면, 3장 6구의 시조 형식을 갖추고 있으므로 적절한 설명이다.

> **작품 해설**
>
> 윤선도, 「어부사시사」
> - 갈래: 연시조(전 40수)
> - 성격: 풍류적, 전원적, 자연 친화적
> - 주제: 어촌에서 자연을 즐기며 한가롭게 살아가는 여유와 흥취
> - 특징
>   - 대구적 표현 구조 안에서 다채로운 감각적 묘사를 시도함
>   - 여음구와 후렴구가 규칙적으로 등장하여 평시조에 변화를 줌

## 15 난도 ★★★  정답 ④

어휘 > 한자성어

**정답의 이유**

④ 〈보기〉는 김천택의 시조로, 자신의 능력을 인정받지 못하고 보잘것없는 일만 하고 있는 자신의 신세를 한탄하고 있다. 초장과 중장에서는 자신을 섶을 실은 천리마에 비유하여, 뛰어난 능력을 가지고 있음에도 이를 펼치지 못하는 자신의 처지에 대해 말하고 있다. 또한, 종장에서는 양반들을 살찌고 둔한 말에 비유하여 능력도 없으면서 우쭐거리는 양반들을 비판하고 있다. 따라서 〈보기〉의 작품은 '고국의 멸망을 한탄함을 이르는 말'인 麥秀之嘆(맥수지탄)과는 관련이 없다.
- 麥秀之嘆: 보리 맥, 빼어날 수, 갈 지, 탄식할 탄

**오답의 이유**

① 髀肉之嘆(비육지탄): 재능을 발휘할 때를 얻지 못하여 헛되이 세월만 보내는 것을 한탄함을 이르는 말
- 髀肉之嘆: 넓적다리 비, 고기 육, 갈 지, 탄식할 탄
② 招搖過市(초요과시): 남의 이목을 끌 노록 요사스럽게 하며 저잣거리를 지나간다는 뜻으로, 허풍을 떨면서 자신을 드러내어 사람들의 주의를 끄는 경우를 비유하는 말
- 招搖過市: 부를 초, 흔들릴 요, 지날 과, 저자 시
③ 不識泰山(불식태산): 태산(泰山)을 모른다는 뜻으로, 큰 인물의 참모습을 알아보지 못한 것을 이르는 말
- 不識泰山: 아닐 불, 알 식, 클 태, 뫼 산

> **작품 해설**
>
> 김천택, 「섶 실은 천리마(千里馬)를 ~」
> - 갈래: 평시조
> - 성격: 우의적, 간접적
> - 주제: 자신의 재능에 대한 자부와 불우한 처지에 대한 불만
> - 특징
>   - 자신의 재능을 발휘할 수 없는 현실을 한탄함
>   - 간접적으로 자신의 처지를 표현함

## 16 난도 ★★★  정답 ③

어휘 > 고유어

**정답의 이유**

③ '안다미로'는 '담은 것이 그릇에 넘치도록 많이'라는 뜻을 가진 부사이다.

**오답의 이유**

① '가멸차다'는 '재산이나 자원 따위가 매우 많고 풍족하다.'라는 뜻을 가진 형용사이다.
② '상고대'는 '나무나 풀에 내려 눈처럼 된 서리'라는 뜻을 가진 명사이다.
④ '톺아보다'는 '샅샅이 톺아 나가면서 살피다.'라는 뜻을 가진 동사이다.

## 17 난도 ★★☆  정답 ③

문법 > 고전 문법

**정답의 이유**

③ '내'는 체언 '나'에 주격 조사 'ㅣ'가 결합한 형태이며 '나'는 세종대왕 자신을 가리키는 표현이므로 적절한 설명이다.

**오답의 이유**

① 〈보기〉는 '나랏 말쓰미 ~ 노미 하니라'와 '내 이룰 爲ᄒᆞ야 ~ 쓰르미니라' 총 두 문장이다.
② '시러'는 '능히'라는 뜻이며 한자 載(실을 재)와는 관련이 없다.
④ 'ㆍ'의 발음은 양성 모음 'ㅏ'와 'ㅗ'의 중간 발음이다. 따라서 'ㅏ'와 'ㆍ'는 발음이 다르다.

## 18 난도 ★☆☆  정답 ②

현대 문학 > 현대 시

**정답의 이유**

② '새까만 밤'은 죽음의 세계를 의미하므로 다른 시어들과의 내적 연관성이 가장 적다.

**오답의 이유**

①·③·④ '차고 슬픈 것, 물먹은 별, 늬'는 모두 죽은 아이를 가리킨다.

> **작품 해설**
>
> 정지용, 「유리창 1」
> - 갈래: 자유시, 서정시
> - 성격: 애상적, 감각적, 회화적
> - 주제: 죽은 자식에 대한 그리움
> - 특징
>   - 선명한 이미지와 감각적 언어를 사용함
>   - 역설적 표현을 사용함

## 19 난도 ★★☆  정답 ③

비문학 > 글의 순서 파악

정답의 이유

- ⓒ에서는 문장의 기본 개념을 설명하고 있으며 문장을 이루는 성분에 대한 포괄적인 내용을 담고 있으므로 글의 처음에 오는 것이 적절하다.
- ㉠에서는 어절의 개념과 하나의 어절이 모여 하나의 문장 성분이 되는 것으로 설명하고 있으므로 문장의 개념을 설명한 ⓒ의 다음에 오는 것이 적절하다.
- ㉢에서는 띄어 쓴 어절이 몇 개 모여 하나의 문장 성분이 되는 경우가 있다는 점을 설명하고 있으므로 어절의 개념을 설명한 ㉠의 다음에 오는 것이 적절하다.
- ㉣에서는 구의 개념을 두 개 이상의 어절이 모여 하나의 문장 성분을 이룬 것이라고 설명하고 있으므로 어절이 여러 개 모여 하나의 문장 성분이 되는 경우가 있다고 언급한 ㉢의 다음에 오는 것이 적절하다.

따라서 논리적 전개에 부합하게 배열한 것은 ③ ⓒ - ㉠ - ㉢ - ㉣이다.

**더 알아보기**

### 문단의 구성 방식

| 두괄식 구성 | • 글의 앞 부분에 중심 내용이 제시된 후 뒷받침 문장이 이어지는 구성이다.<br>• 구조: 중심 문장+뒷받침 문장+…+뒷받침 문장 |
|---|---|
| 미괄식 구성 | • 글이나 문단의 끝 부분에 중심 내용이 오는 구성이다.<br>• 앞서 제시된 내용들을 근거로 하여 마지막에 핵심 내용을 제시하는 경우가 많다.<br>• 구조: 뒷받침 문장+…+뒷받침 문장+중심 문장 |
| 양괄식 구성 | • 중심 내용이 글의 첫 부분과 마지막 부분에 제시되는 구성이다.<br>• 일단 주제를 제시한 후 이에 대한 근거나 부연 설명이 이어지고, 마지막에 이러한 내용을 정리하여 다시 한번 중심 내용을 제시한다.<br>• 구조: 중심 문장+뒷받침 문장+…+뒷받침 문장+중심 문장 |
| 무괄식 구성 | • 글의 어느 한 부분에 주제가 제시되는 것이 아니라 주제와 관련된 내용이 전체적으로 나열되어 있는 구성이다.<br>• 병렬식 구성이라고도 부르며, 주제가 표면적으로 명확하게 드러나지 않는다. 따라서 전체적인 내용들을 통해 주제를 추론해야 한다.<br>• 구조: 뒷받침 문장+…+뒷받침 문장 |

## 20 난도 ★★☆  정답 ③

비문학 > 글의 전개 방식

정답의 이유

③ 〈보기〉에서는 '예시'의 설명 방식을 활용하여 유학자들이 백성들을 이끌어야 한다는 생각에 대해 '주희'와 '정약용'을 예로 들어 설명하고 있다. 제시된 문장에서도 '예시'의 설명 방식을 활용하여 언어는 사고를 반영한다는 말에 대해 무지개를 예로 들어 설명하고 있다.

오답의 이유

① '분류'의 설명 방식을 활용하여 시의 종류를 설명하고 있다.
② '비유'의 설명 방식을 활용하여 소를 지상 최대의 권태자로 설명하고 있다.
④ '분석'의 설명 방식을 활용하여 곤충의 몸을 설명하고 있다.

# 국어 | 2019년 제2회 서울시 9급

## 한눈에 훑어보기

### ✓ 영역 분석

**어휘**      09
1문항, 5%

**문법**      01 02 04 05 06 07 10 11 14 15 18
11문항, 55%

**고전 문학**      03 20
2문항, 10%

**현대 문학**      08 12 13 16 17 19
6문항, 30%

### ✓ 빠른 정답

| 01 | 02 | 03 | 04 | 05 | 06 | 07 | 08 | 09 | 10 |
|----|----|----|----|----|----|----|----|----|----|
| ②  | ④  | ①  | ③  | ②  | ②  | ②  | ①  | ③  | ①  |
| 11 | 12 | 13 | 14 | 15 | 16 | 17 | 18 | 19 | 20 |
| ③  | ①  | ④  | ③  | ④  | ④  | ①  | ②  | ③  | ④  |

### ✓ 점수 체크

| 구분 | 1회독 | 2회독 | 3회독 |
|------|-------|-------|-------|
| 맞힌 문항 수 | / 20 | / 20 | / 20 |
| 나의 점수 | 점 | 점 | 점 |

---

**01**    난도 ★★☆                          정답 ②

문법 > 외래어 표기법

[정답의 이유]
② 파카(○): 'parka'는 '파카'가 옳은 표기이다.

[오답의 이유]
① 다트(×) → 도트(○): 'dot'는 '다트'가 아닌 '도트'가 옳은 표기이다.
③ 플래트(×) → 플랫(○): 'flat'는 '플래트'가 아닌 '플랫'이 옳은 표기이다.
④ 코러스(×) → 코러스(○): 'chorus'는 '코러스'가 아닌 '코러스'가 옳은 표기이다.

---

**02**    난도 ★★☆                          정답 ④

문법 > 국어의 로마자 표기법

[정답의 이유]
④ Hallasan(○): 국어의 로마자 표기법 제3장 제1항에 따르면 자음 사이에서 동화 작용이 일어나는 경우 음운 변화 결과에 따라 적는다고 하였고, 국어의 로마자 표기법 제2장 제2항 [붙임 2]에 따르면 'ㄹㄹ'은 'll'로 적는다고 하였다. '한라산'은 유음화가 일어나 [할라산]으로 발음되므로 'Hallasan'으로 표기하는 것이 적절하다.

[오답의 이유]
① Dalakgol(×) → Darakgol(○): 국어의 로마자 표기법 제2장 제2항 [붙임 2]에 따르면 'ㄹ'은 모음 앞에서는 'r'로, 자음 앞이나 어말에서는 'l'로 적는다고 하였다. 또한 국어의 로마자 표기법 제3장 제1항 [붙임]에 따르면 된소리되기는 표기에 반영하지 않는다고 하였다. '다락골'은 [다락꼴]로 발음되므로 'Darakgol'로 표기하는 것이 적절하다.
② Gukmangbong(×) → Gungmangbong(○): 국어의 로마자 표기법 제3장 제1항에 따라 자음 사이에서 동화 작용이 일어나는 경우 음운 변화 결과에 따라 적는다고 하였다. '국망봉'은 [궁망봉]으로 발음되므로 'Gungmangbong'으로 표기하는 것이 적절하다.
③ Nangrimsan(×) → Nangnimsan(○): 국어의 로마자 표기법 제3장 제1항에 따라 자음 사이에서 동화 작용이 일어나는 경우 음운 변화 결과에 따라 적는다고 하였다. '낭림산'은 [낭님산]으로 발음되므로 'Nangnimsan'으로 표기하는 것이 적절하다.

## 03 난도 ★☆☆  정답 ①

**고전 문학 > 고전 운문**

**정답의 이유**

① 초장에서는 밤이라는 추상적인 시간을 눈에 보이는 사물처럼 구체화하여 그 중간을 잘라낼 수 있는 것처럼 표현하고 있다. 따라서 ㉠에는 '사물의 가운데 부분'을 뜻하는 '허리'가 들어가는 것이 적절하다. 또한 '니불'은 님이 오신 날에 함께 보낼 시간과 관련된 소재이므로 ㉡에는 임과 함께 보내는 따뜻한 시간의 의미를 나타내는 '춘풍(春風)'이 들어가는 것이 적절하다.

## 04 난도 ★★☆  정답 ③

**문법 > 한글 맞춤법**

**정답의 이유**

③ 떠내려∨가∨버렸다(×) → 떠내려가∨버렸다(○): '떠내려가다'는 용언 '뜨다'와 '내려가다'가 결합한 합성 용언이므로 붙여 써야 한다. 참고로 '떠내려가∨버렸다'는 한글 맞춤법 제47항 '다만'에 따라 앞말이 합성 용언인 경우 그 뒤에 오는 보조 용언은 띄어 쓴다고 하였으므로 띄어 쓰는 것이 적절하다.

**오답의 이유**

① 꺼져∨간다(○): 한글 맞춤법 제47항에 따르면 보조 용언은 띄어 씀을 원칙으로 하되, 경우에 따라 붙여 씀도 허용한다고 하였으므로 보조 용언 '가다'를 앞말과 띄어 쓰는 것은 적절하다.

② 아는척한다(○): 한글 맞춤법 제47항에 따르면 보조 용언은 띄어 씀을 원칙으로 하되, 경우에 따라 붙여 씀도 허용한다고 하였으므로 보조 용언 '척하다'를 앞말에 붙여 쓰는 것도 허용한다.

④ 올∨듯도∨하다(○): 한글 맞춤법 제47항 '다만'에 따라 중간에 조사가 들어갈 적에는 그 뒤에 오는 보조 용언은 띄어 쓴다고 하였으므로 보조 용언 '하다'를 앞말과 띄어 써야 한다.

## 05 난도 ★★☆  정답 ②

**문법 > 한글 맞춤법**

**정답의 이유**

② • 닐리리(×) → 늴리리(○): 한글 맞춤법 제9항에 따르면 자음을 첫소리로 가지고 있는 음절의 'ㅢ'는 'ㅣ'로 소리 나는 경우가 있더라도 'ㅢ'로 적는다고 하였으므로 '늴리리'로 표기하는 것이 적절하다.

• 남존녀비(×) → 남존여비(○): 한글 맞춤법 제10항 [붙임 2]에 따르면 접두사처럼 쓰이는 한자가 붙어서 된 말이나 합성어에서, 뒷말의 첫소리가 'ㄴ' 소리로 나더라도 두음 법칙에 따라 적는다고 하였으므로 '남존여비'로 표기하는 것이 적절하다.

• 혜택(×) → 혜택(○): 한글 맞춤법 제8항에 따르면 '계, 례, 몌, 폐, 혜'의 'ㅖ'는 'ㅔ'로 소리 나는 경우가 있더라도 'ㅖ'로 적는다고 하였으므로 '혜택'으로 표기하는 것이 적절하다.

**오답의 이유**

① • 웃어른(○): 한글 맞춤법 제7항에 따르면 'ㄷ' 소리로 나는 받침 중에서 'ㄷ'으로 적을 근거가 없는 것은 'ㅅ'으로 적는다고 하였으므로 '웃어른'으로 표기하는 것이 적절하다.

• 사흗날(○): 한글 맞춤법 제29항에서 따르면 끝소리가 'ㄹ'인 말과 딴 말이 어울릴 적에 'ㄹ' 소리가 'ㄷ' 소리로 나는 것은 'ㄷ'으로 적는다고 하였으므로 '사흗날'로 표기하는 것이 적절하다.

• 베갯잇(○): 한글 맞춤법 제30항에 따르면 순우리말로 된 합성어로서 앞말이 모음으로 끝난 경우, 뒷말의 첫소리 모음 앞에서 'ㄴㄴ' 소리가 덧나는 경우에 사이시옷을 받치어 적는다고 하였다. '베갯잇'은 순우리말 '베개'와 '잇'이 결합해 [베갠닏]으로 발음되므로 사이시옷을 받치어 '베갯잇'으로 표기하는 것이 적절하다.

③ • 적잖은(○): 한글 맞춤법 제39항에 따르면 어미 '-지' 뒤에 '않-'이 어울려 '-잖-'이 될 적과 '-하지' 뒤에 '않-'이 어울려 '-찮-'이 될 적에는 준 대로 적는다고 하였으므로 '적지 않은'이 줄어들 때 '적잖은'으로 표기하는 것이 적절하다.

• 생각건대(○): 한글 맞춤법 제40항 [붙임 2]에 따르면 어간의 끝음절 '하'가 아주 줄 적에는 준 대로 적는다고 하였으므로 '생각하건대'가 줄어들 때 '생각건대'로 표기하는 것이 적절하다.

• 하마터면(○): 한글 맞춤법 제40항 [붙임 3]에 따르면 어원적으로는 용언의 활용형에서 나온 것이라도 현재 부사로 굳어졌으면 원형을 밝히지 않고 소리대로 적는다고 하였으므로 '하마터면'으로 표기하는 것이 적절하다.

④ • 홀몸(○): 한글 맞춤법 제27항에 따르면 둘 이상의 단어가 어울리거나 접두사가 붙어서 이루어진 말은 그 원형을 밝혀서 적는다고 하였다. 따라서 '하나인, 혼자인'의 뜻을 더하는 접두사 '홀-'이 붙어 만들어진 '홀몸'은 원형 그대로 표기하는 것이 적절하다.

• 밋밋하다(○): 한글 맞춤법 제13항에 따르면 한 단어 안에서 같은 음절이나 비슷한 음절이 겹쳐 나는 부분은 같은 글자로 적는다고 하였으므로 '밋밋하다'로 표기하는 것이 적절하다.

• 선율(○): 한글 맞춤법 제11항의 [붙임 1]의 '다만'에 따르면 모음이나 'ㄴ' 받침 뒤에 이어지는 '렬, 률'은 '열, 율'로 적는다고 하였으므로 '선율'로 표기하는 것이 적절하다.

## 06 난도 ★★☆  정답 ②

**문법 > 통사론**

**정답의 이유**

② '마음만은'은 체언 '마음'에 보조사 '만'과 '은'이 결합한 형태로, 서술어 '날아갈'의 주체가 되는 말이므로 주어에 해당한다. 또한 보조사 '만'과 '은'이 결합한 형태인 '만은'을 주격 조사 '이'로 교체할 수 있으므로 문장 성분이 주어임을 확인할 수 있다.

**오답의 이유**

① '밥도'는 체언 '밥'에 보조사 '도'가 결합한 형태로, 서술어 '안 먹고'의 동작 대상이 되는 말이므로 목적어에 해당한다. 또한 보조사 '도'를 목적격 조사 '을'로 교체할 수 있으므로 문장 성분이 목적어임을 확인할 수 있다.

③ '물만'은 체언 '물'에 보조사 '만'이 결합한 형태로, 서술어 '주었다'의 동작 대상이 되는 말이므로 목적어에 해당한다. 또한 보조사 '만'을 목적격 조사 '을'로 교체할 수 있으므로 문장 성분이

목적어임을 확인할 수 있다.

④ '사투리까지'는 체언 '사투리'에 보조사 '까지'가 결합한 형태로, 서술어 '싫어할'의 동작 대상이 되는 말이므로 목적어에 해당한다. 또한 보조사 '까지'를 목적격 조사 '를'로 교체할 수 있으므로 문장 성분이 목적어임을 확인할 수 있다.

## 07 난도 ★★☆　　　　　　　　　　　　　정답 ②

문법 > 한글 맞춤법

정답의 이유

② 시뻘겋다(○), 시허옇다(○), 싯누렇다(○): 한글 맞춤법 제27항에 따르면 둘 이상의 단어가 어울리거나 접두사가 붙어서 이루어진 말은 각각 그 원형을 밝히어 적는다고 하였다. 이때 접두사 '새/시-, 샛/싯-'은 뒤에 오는 말에 따라 구별되는데, 된소리, 거센소리, ㅎ 앞에는 '새/시-'가, 유성음 앞에는 '샛/싯-'이 결합한다. 이 중 '새-, 샛-'은 뒷말이 양성 모음일 때, '시-, 싯-'은 뒷말이 음성 모음일 때 결합한다. 따라서 '시뻘겋다, 시허옇다, 싯누렇다'가 바른 표기이다.

오답의 이유

① 싯퍼렇다(×) → 시퍼렇다(○): '퍼렇다'의 'ㅍ'은 거센소리이므로 '시-'를 붙여 '시퍼렇다'로 표기하는 것이 적절하다.

③ 새퍼렇다(×) → 시퍼렇다(○): '퍼렇다'의 '퍼'는 음성 모음이므로 '시-'를 붙여 '시퍼렇다'로 표기하는 것이 적절하다.

④ 시하얗다(×) → 새하얗다(○): '하얗다'는 '하'는 양성 모음이므로 '새-'를 붙여 '새하얗다'로 표기하는 것이 적절하다.

## 08 난도 ★☆☆　　　　　　　　　　　　　정답 ①

현대 문학 > 현대 시

정답의 이유

① 제시된 작품은 이희중의 「편견」이라는 시로, 이 작품에서는 다른 측면은 보지 못하고 한쪽으로만 생각하는 사람들에 대해 나열하고 있으며, 마지막 행에서 앞서 대상이나 상황에 대한 사람들의 태도를 단순하게 양분한 것에 대해 시적하고 있다. 따라서 '공정하지 못하고 한쪽으로 치우친 생각'을 뜻하는 '편견(偏見)'이 가장 적절한 제목이라고 할 수 있다.

오답의 이유

② 제시된 시에서는 다른 사람들이 갈등하는 내용을 나타낸 것이 아니므로 '불화(不和)'는 시의 제목으로 적절하지 않다.

③ 화자는 서로 다른 태도를 지닌 사람들이 있다는 것을 제시하였을 뿐 특정 상황에 대해 그릇되게 해석하는 것이 아니므로 '오해(誤解)'는 시의 제목으로 적절하지 않다.

④ 화자가 사람들의 태도에 대해 자신만의 기준으로 평가하는 것은 아니므로 '독선(獨善)'은 시의 제목으로 적절하지 않다.

## 09 난도 ★★☆　　　　　　　　　　　　　정답 ③

어휘 > 속담·한자성어

정답의 이유

③ • 언 발에 오줌 누기: 언 발을 녹이려고 오줌을 누어 봤자 효력이 별로 없다는 뜻으로, 임시변통은 될지 모르나 그 효력이 오래가지 못할 뿐만 아니라 결국에는 사태가 더 나빠짐을 비유적으로 이르는 말이다. 이와 의미가 유사한 한자성어는 '잠시 동안만 효력이 있을 뿐 효력이 바로 사라짐을 비유적으로 이르는 말'인 동족방뇨(凍足放尿)이다.

　－ 凍足放尿: 얼 동, 발 족, 놓을 방, 오줌 뇨

• 雪上加霜(설상가상): 눈 위에 서리가 덮인다는 뜻으로 난처한 일이나 불행한 일이 잇따라 일어남을 이르는 말

　－ 雪上加霜: 눈 설, 위 상, 더할 가, 서리 상

오답의 이유

① • 원님 덕에 나팔 분다: 사또와 동행한 덕분에 나팔 불고 요란히 맞추어 주는 호화로운 대접을 받는다는 뜻으로, 남의 덕으로 당치도 아니한 행세를 하게 되거나 그런 대접을 받고 우쭐대는 모양을 비유적으로 이르는 말

• 狐假虎威(호가호위): 남의 권세를 빌려 위세를 부림

　－ 狐假虎威: 여우 호, 거짓 가, 범 호, 위엄 위

② • 소 잃고 외양간 고친다: 소를 도둑맞은 다음에서야 빈 외양간의 허물어진 데를 고치느라 수선을 떤다는 뜻으로, 일이 이미 잘못된 뒤에는 손을 써도 소용이 없음을 비꼬는 말

• 晚時之歎(만시지탄): 시기에 늦어 기회를 놓쳤음을 안타까워 하는 탄식

　－ 晚時之歎: 늦을 만, 때 시, 갈 지, 탄식할 탄

④ • 낫 놓고 기역자도 모른다: 기역자 모양으로 생긴 낫을 보면서도 기역자를 모른다는 뜻으로, 사람이 글자를 모르거나 아주 무식함을 비유적으로 이르는 말

• 目不識丁(목불식정): 아주 간단한 글자인 '丁'자를 보고도 그것이 '고무래'인 줄을 알지 못한다는 뜻으로, 아주 까막눈임을 이르는 말

　－ 目不識丁: 눈 목, 아닐 불, 알 식, 고무래 정

## 10 난도 ★☆☆　　　　　　　　　　　　　정답 ①

문법 > 고전 문법

정답의 이유

① 'ㄹ'은 가획의 원리를 따르지 않은 '이체자'이다. 훈민정음의 초성은 5개의 기본 문자(ㄱ, ㄴ, ㅁ, ㅅ, ㅇ)에 획을 더하여 총 9개의 가획자(ㅋ, ㄷ, ㅌ, ㅂ, ㅍ, ㅈ, ㅊ, ㆆ, ㅎ)를 만들고 3개의 이체자(ㆁ, ㄹ, ㅿ)를 더해 이루어졌다.

오답의 이유

② 'ㄷ'은 혓소리 'ㄴ'에 획을 더하여 만든 가획자이다.

③ 'ㅂ'은 입술소리 'ㅁ'에 획을 더하여 만든 가획자이다.

④ 'ㅊ'은 잇소리 'ㅅ'에 획을 더하여 만든 가획자이다.

## 11 난도 ★★☆   정답 ③

문법 > 형태론

**정답의 이유**

③ '날이 밝는'의 '밝다'는 '밤이 지나고 환해지며 새날이 오다.'라는 뜻을 가진 동사이다. 또한 현재 시제를 나타내는 관형사형 어미 '-는'은 동사 어간 뒤에만 붙을 수 있으므로 이를 통해 동사임을 확인할 수 있다.

**오답의 이유**

① '색깔이 아주 밝구나'의 '밝다'는 '빛깔의 느낌이 환하고 산뜻하다.'라는 뜻을 가진 형용사이다.
② '전망이 아주 밝단다'의 '밝다'는 '예측되는 미래 상황이 긍정적이고 좋다.'라는 뜻을 가진 형용사이다.
④ '예의가 밝은'의 '밝다'는 '생각이나 태도가 분명하고 바르다.'라는 뜻을 가진 형용사이다.

## 12 난도 ★★☆   정답 ①

현대 문학 > 현대 소설

**정답의 이유**

① ㉠의 앞 문장에서 '나'에게 시 낭송을 부탁한 이유가 각계 원로들이 애송하던 시를 낭송하는 순서가 있기 때문이라고 했으므로 내가 당혹스러웠던 이유는 '원로' 대접을 받았기 때문임을 추론할 수 있다. 그리고 ㉡의 다음 문장에서 내가 김용택의 '그 여자네 집'이라는 시에 사로잡혀 있었다는 내용을 감안할 때, '나'가 시 낭송을 거절하지 않은 이유는 낭송하고 싶은 시가 있었기 때문임을 추론할 수 있다.

**작품 해설**

박완서, 「그 여자네 집」

- 갈래: 단편 소설, 액자 소설, 순수 소설
- 성격: 회고적, 낭만적
- 주제: 민족의 수난이 남긴 개인의 아픔과 상처
- 특징
  - 내부 이야기와 외부 이야기가 있는 액자 소설
  - 1인칭 관찰자 시점
  - '일제의 식민지 통치'와 '민족 분단'이라는 역사 속에서 겪는 시련과 상처가 잘 드러남

## 13 난도 ★★☆   정답 ④

현대 문학 > 현대 수필

**정답의 이유**

④ 제시된 작품에서는 '직설'과 '완곡함'을 대비하고 있다. 완곡한 말과 글은 '듣고 읽는 이가 비켜갈 틈'과 '화자와 독자의 교행이 이루어지는 공간', '상상의 여지'를 준다. 그러나 '세상'은 물태와 인정이 극으로 나뉘는 곳으로, '직설'과 유사한 특징을 지닌다. 따라서 다른 어휘들과 문맥적 의미가 다르다.

**오답의 이유**

① '틈'은 듣고 읽는 이가 다른 생각을 할 수 있는 여지를 만들어 주는 것이므로 '완곡함'과 관련이 있다.
② '공간'은 화자와 독자가 소통하는 곳이므로 '완곡함'과 관련이 있다.
③ '여지'는 폭넓은 상상을 할 수 있는 여유를 뜻하므로 '완곡함'과 관련이 있다.

## 14 난도 ★☆☆   정답 ③

문법 > 한글 맞춤법

**정답의 이유**

③ 익숙치(×) → 익숙지(○): 한글 맞춤법 제40항 [붙임 2]에 따르면 어간의 끝음절 '하'가 아주 줄 적에는 준 대로 적는다고 하였다. '익숙지'는 어간의 끝음절 '하'가 아주 줄어든 경우이므로, '익숙하지'의 '하'가 탈락해 '익숙지'로 표기하는 것이 적절하다.

**오답의 이유**

① 섭섭지(○): '섭섭지'는 어간의 끝음절 '하'가 아주 줄어든 경우이므로, '섭섭하지'의 '하'가 탈락해 '섭섭지'로 표기하는 것이 적절하다.
② 흔타(○): '흔타'는 어간의 끝음절 '하'의 'ㅏ'가 줄고 'ㅎ'이 다음 음절의 첫소리와 어울려 거센소리로 되는 경우이므로, '흔하다'의 'ㅏ'가 탈락해 '흔타'로 표기하는 것이 적절하다.
④ 정결타(○): '정결타'는 어간의 끝음절 '하'의 'ㅏ'가 줄고 'ㅎ'이 다음 음절의 첫소리와 어울려 거센소리로 되는 경우이므로, '정결하다'의 'ㅏ'가 탈락해 '정결타'로 표기하는 것이 적절하다.

## 15 난도 ★★☆   정답 ④

문법 > 언어와 국어

**정답의 이유**

④ (라)는 언어에 따라 같은 의미에 대한 기호가 자의적으로 결합되는 사례이므로 '언어의 자의성'과 관련이 있다.

**오답의 이유**

① (가)는 시간의 흐름에 따라 언중의 약속이 변하면 단어의 소리와 의미가 변하거나 문법 요소가 변화하는 사례이므로 '언어의 역사성'과 관련이 있다.
② (나)는 사회적 약속을 어기고 대상을 마음대로 다른 기호로 표현하면 사회 구성원들 간 의사소통이 되지 않는다는 사례이므로 '언어의 사회성'과 관련이 있다.
③ (다)는 문장의 구조에 대한 이해를 바탕으로 한정된 어휘로 서로 다른 문장을 생성하는 사례이므로 '언어의 창조성'과 관련이 있다.

## 16  난도 ★☆☆                                          정답 ④

현대 문학 > 현대 시

정답의 이유

④ ㉣의 '재겨디딜'은 발끝이나 발뒤꿈치만으로 땅을 디딘다는 뜻으로 현대어에서는 '제겨디딜'로 표기한다.

오답의 이유

① ㉠의 '챗죽'은 시련과 일제의 가혹한 탄압을 의미한다.
② ㉡의 '마츰내'는 외부적 시련에 의해서 극한의 상황에 처하게 된 것을 의미한다.
③ ㉢의 '그우'는 생존의 극한 상황에 있음을 의미한다.

작품 해설

이육사, 「절정」
- 갈래: 자유시, 서정시, 저항시
- 성격: 상징적, 의지적, 저항적, 남성적, 지사적
- 주제: 극한 상황을 초극하려는 강인한 정신
- 특징
  - 역설적 표현을 통해 주제를 형상화함
  - 강렬한 상징어와 남성적 어조를 통해 강한 의지를 표현함

## 17  난도 ★★★                                          정답 ①

현대 문학 > 현대 시

정답의 이유

① 〈보기〉의 ㉠ '쇠항아리'는 진정한 하늘을 볼 수 없게 하는 억압의 존재이자 화자가 극복해야 할 대상을 의미하고, 제시된 작품에서 '발톱'은 조국의 심장을 해하려는 외부의 세력을 의미한다. 따라서 '쇠항아리'와 '발톱' 모두 부정적인 외부 요소를 의미하므로 ㉠과 의미가 통하는 시어로는 '발톱'이 적절하다.

오답의 이유

② '초례청'은 우리 민족의 원형인 아사달과 아사녀가 순수한 모습으로 혼인을 하는 중립적인 공간이므로 '우리 민족이 화합하는 공간'이라는 긍정적인 의미를 지닌 시어이다.
③ '완충지대'는 북쪽 권력도 남쪽 권력도 미치지 않는 곳, 즉 우리나라의 분단 현실을 극복할 수 있는 중립 단계로 사용되었으므로 긍정적인 의미를 지닌 시어이다.
④ '봄'은 민족과 민중의 모순이 해결된 상태 또는 민중과 민족의 희망을 뜻하므로 긍정적인 의미를 지닌 시어이다.

작품 해설

신동엽, 「누가 하늘을 보았다 하는가」
- 갈래: 자유시, 서정시, 참여시
- 성격: 현실 비판적, 격정적
- 주제: 구속과 억압의 역사에 대한 비판과 밝은 미래에 대한 소망
- 특징
  - 대립적 시어를 사용함
  - 상징적 수법으로 시적 대상을 나타냄

## 18  난도 ★★☆                                          정답 ②

문법 > 표준 발음법

정답의 이유

② 표준 발음법 제21항에 따르면, 조음 위치의 동화는 모두 필수적으로 일어나는 현상이 아니라 수의적으로 일어나는 현상이며, 표준 발음으로 인정하지도 않는다고 하였다. 따라서 종성의 자음은 원래의 조음 위치대로 발음해야 하므로 [심문]이 아닌 [신문]으로 발음하는 것이 적절하다.

오답의 이유

① 표준 발음법 제20항에 따르면 'ㄴ'은 'ㄹ'의 앞이나 뒤에서 [ㄹ]로 발음한다고 하였으므로 '물난리'는 [물랄리]로 발음하는 것이 적절하다.
③ 표준 발음법 제18항에 따르면 받침 ㅂ(ㅍ, ㄼ, ㄿ, ㅄ)은 'ㄴ, ㅁ' 앞에서 [ㅁ]으로 발음한다고 하였으므로 '밟는다'는 [밤:는다]로 발음하는 것이 적절하다.
④ 표준 발음법 제29항에 따르면 합성어 및 파생어에서, 앞 단어나 접두사의 끝이 자음이고 뒤 단어나 접미사의 첫음절이 '이, 야, 여, 요, 유'인 경우에는, 'ㄴ' 음을 첨가하여 [니, 냐, 녀, 뇨, 뉴]로 발음한다고 하였다. '한여름'은 '한-'이라는 접두사가 붙은 파생어이고 뒤 단어의 첫음절이 '여'로 시작하였으므로 'ㄴ' 음을 첨가하여 [한녀름]으로 발음하는 것이 적절하다.

## 19  난도 ★★☆                                          정답 ③

현대 문학 > 현대 소설

정답의 이유

③ 제시된 작품은 김승옥의 「서울, 1964년 겨울」로, 유대감이 결여된 현대인의 속성을 비판적인 시각으로 그려 낸 소설이다. 제시된 소설에는 서술자인 '나'(김), '안', '사내'라는 인물이 등장한다. '사내'는 '김'과 '안'에게 함께 있자고 요청하지만 '김'과 '안'은 '사내'의 제안을 거절하고 결국 잠을 자버리고, '사내'는 자살한다. 따라서 잠은 타인에 대한 무관심과 타인과 단절된 현대인들의 모습을 드러내는 소재라고 볼 수 있다.

오답의 이유

① 제시된 작품은 도시화, 산업화 속에서 발생하는 현대인의 인간 소외를 다루고 있다. 따라서 도시의 삶으로 인한 인물들의 절망감과 권태를 드러내고 있으므로 적절한 설명이다.
② 작품의 주인공들은 이름을 밝히지 않고 '김', '안', '사내'로 등장한다. 따라서 인물들은 도시의 익명적 존재이므로 적절한 설명이다.
④ '나'가 화투라도 사놓자고 제안하는 이유는 의미 없는 놀이를 통해 절망과 권태로운 삶을 견디기 위함이므로 적절한 설명이다.

> **작품 해설**
>
> 김승옥, 「서울, 1964년 겨울」
> - 갈래: 단편 소설, 세태 소설
> - 성격: 현실 고발적, 사실적
> - 주제: 뚜렷한 가치관을 갖지 못한 도시인들의 방황과 연대감의 상실로 인한 절망
> - 특징
>   - 인물들의 성만 밝혀 도시의 익명성을 상징적으로 드러냄
>   - 상징적이고 비유적인 어휘를 사용하여 도시적 감각을 효과적으로 드러냄

## 20 난도 ★★★ 정답 ④

고전 문학 > 고전 운문

[정답의 이유]

④ 제시된 작품은 이황의 「도산십이곡」이라는 시조로, '고인'은 학문적 업적이 높은 성현을 의미하고 '녀든 길'은 화자의 학문 수양의 길이자 성현의 가르침을 의미한다. 따라서 제시된 작품은 성현의 발자취를 따라 학문 수양에 정진할 것을 다짐하는 내용을 담고 있다.

[오답의 이유]

① 이순신의 「십년 フ온 칼이 ~」라는 시조로, 장수의 우국충정(憂國衷情)을 노래하고 있다.
② 이이의 「고산구곡가」라는 시조로, 아름다운 자연을 예찬하고 있다.
③ 맹사성의 「강호사시가」라는 시조로, 자연을 즐기며 이를 가능하게 해준 임금을 찬양하고 있다.

# PART 4
# 법원직

- 2025년 법원직 9급
- 2024년 법원직 9급
- 2023년 법원직 9급
- 2022년 법원직 9급
- 2021년 법원직 9급

# 국어 | 2025년 법원직 9급

## 한눈에 훑어보기

### ✓ 영역 분석

**어휘** 15
1문항, 4%

**문법** 06 07 08 24 25
5문항, 20%

**고전 문학** 09 10 11
3문항, 12%

**현대 문학** 01 02 03 04 05 16 17 18 19
9문항, 36%

**비문학** 12 13 14 20 21 22 23
7문항, 28%

### ✓ 빠른 정답

| 01 | 02 | 03 | 04 | 05 | 06 | 07 | 08 | 09 | 10 |
|----|----|----|----|----|----|----|----|----|----|
| ④ | ④ | ④ | ③ | ② | ① | ④ | ② | ③ | ① |
| 11 | 12 | 13 | 14 | 15 | 16 | 17 | 18 | 19 | 20 |
| ② | ③ | ③ | ④ | ③ | ② | ② | ① | ④ | ② |
| 21 | 22 | 23 | 24 | 25 | | | | | |
| ② | ③ | ④ | ③ | ① | | | | | |

### ✓ 점수 체크

| 구분 | 1회독 | 2회독 | 3회독 |
|------|-------|-------|-------|
| 맞힌 문항 수 | / 25 | / 25 | / 25 |
| 나의 점수 | 점 | 점 | 점 |

---

**01** 난도 ★★☆    정답 ④

**현대 문학 > 현대 소설**

[정답의 이유]

④ 제시된 작품의 시점은 1인칭 주인공 시점으로, 순수하고 어리숙한 '나'가 직접 경험한 사건과 그에 대한 생각을 전달하며 해학성을 높이고 있다.

[오답의 이유]

① 이야기 밖에 있는 서술자가 사건을 객관적으로 전달하는 것은 3인칭 관찰자 시점이다.
② 서술자가 등장인물들의 심리를 모두 꿰뚫어 보고 전달하는 것은 전지적 작가 시점이다.
③ 제시된 작품은 '나'가 자신이 경험한 사건과 그 생각을 서술하고 있다. '나' 외의 등장인물의 생각과 느낌은 나타나지 않는다.

[더 알아보기]

**소설의 시점과 거리**

• 시점의 개념
  – 작품 속에서 서술자가 사건이나 대상을 바라보는 시각이나 관점을 말한다.
  – 어떤 서술자를 통해 내용이 전개되는지에 따라 작품의 주제, 인물의 성격 등이 다양하게 나타난다.

• 시점의 종류

| 구분 | 사건의 내부적 분석 | 사건의 외부적 분석 |
|------|------------------|------------------|
| 서술자 '나' → 1인칭 시점 | 1인칭 주인공 시점 | 1인칭 관찰자 시점 |
| 제3의 인물 → 3인칭 시점 | 전지적 작가 시점 | 작가(3인칭) 관찰자 시점 |

---

**02** 난도 ★★☆    정답 ④

**현대 문학 > 현대 소설**

[정답의 이유]

④ 제시된 작품은 점순네 수탉과의 사건을 제시하고, 이 사건의 발단이 된 이전의 사건을 회상하는 방식으로 서술되어 있다. 동시에 진행되는 사건을 병렬하여 생동감 있게 이야기를 풀어 가고 있다는 설명은 적절하지 않다.

[오답의 이유]

① 제시된 작품은 '오늘도 또 우리 수탉이 막 쪼이었다.'며 현재 일어난 사건을 제시하고, 이어서 현재 사건의 발단이 된 나흘 전 감자 사건을 역순행적으로 서술하고 있다.

② "느 집엔 이거 없지?", "너 봄 감자가 맛있단다.", "난 감자 안 먹는다. 니나 먹어라." 등의 대화와 감자를 내밀고, 그 감자를 도로 어깨 너머로 쑥 밀어 버리고, 숨소리가 거칠어지고 쏘아보는 등의 행동 묘사를 통하여 '나'와 점순이 간의 심리적 긴장감이 형성되고 있다.

③ '푸드득푸드득 하고 닭의 횃소리가 야단이다', '비명이 킥, 킥 할 뿐이다', '더운 김이 홱 끼치는 굵은 감자', '홍당무처럼 새빨개진' 등 감각적 묘사와 의성어를 활용하여 장면의 생동감을 높이고 있다.

## 03 난도 ★★☆  정답 ④

**현대 문학 > 현대 소설**

**정답의 이유**

④ ⓒ의 '점순이의 얼굴이 이렇게까지 홍당무처럼 새빨개진 법이 없었다'에는 '나'의 주관적 인식이 나타나 있다. ⓒ의 '오소리같이 실팍하게 생긴 놈' 또한 점순네 수탉에 대한 서술자의 주관적 인식으로, 객관적 묘사가 아니다.

**오답의 이유**

① ⓒ에서 '점순네 수탉'은 대강이가 크고 실팍한 존재로, '우리 수탉'은 덩저리 작은 존재로 묘사되어 있다. 이러한 수탉의 대조적인 외양은 마름인 '점순네'와 소작농인 '나'의 관계를 상징적으로 나타낸 것이다.

② ⓒ에서는 가무잡잡한 점순이의 얼굴이 홍당무처럼 새빨개졌다며 색채 이미지를 대조적으로 활용하여 점순이의 감정적 동요를 감각적으로 형상화하고 있다.

③ ⓒ에서는 '오소리같이 실팍하게', ⓒ에서는 '홍당무처럼 새빨개진' 등 비유적 표현을 활용하여 대상의 외양적 특성을 생동감 있게 묘사하고 있다.

## 04 난도 ★★☆  정답 ③

**현대 문학 > 현대 소설**

**정답의 이유**

③ '그러면서도 열일곱씩이나 된 것들이 ~ 주의를 시켜 준 것도 또 어머니였다.', '왜냐하면 내가 점순이하고 일을 저질렀다가는 ~ 집도 내쫓기고 하지 않으면 안 되는 까닭이었다.'를 볼 때 '나'의 어머니는 땅도 떨어지고 집도 내쫓길까 봐 '나'가 점순이와 붙어 다니지 않게 주의시킨다. 따라서 '나'의 가족이 점순네 집안의 경제적 도움을 받고 있어 둘 사이의 관계가 발전하는 것을 긍정적으로 생각한다고 이해하는 것은 적절하지 않다.

**오답의 이유**

① '감자'는 '나'에 대한 점순이의 관심과 애정이 드러나는 소재로, 점순이가 '나'에게 감자를 건네는 행동을 통해 자신의 마음을 간접적으로 표현하려 했다고 이해하는 것은 적절하다.

② '이번에도 점순이가 쌈을 ~ 틀림없을 것이다.'를 볼 때 '나'는 점순네 수탉이 자신의 수탉을 괴롭히는 것을 점순이가 의도적으로 조장했다고 확신하고 있다고 이해하는 것은 적절하다.

④ '설혹 주는 감자를 안 받아먹은 것이 ~ 일쌍 굽실거린다.'를 볼 때 '나'가 점순이의 말을 자기네 집이 잘사는 것을 생색내는 것으로 받아들여 기분이 상했다고 이해하는 것은 적절하다.

## 05 난도 ★★★  정답 ②

**현대 문학 > 현대 소설**

**정답의 이유**

② 〈보기〉에서는 어리숙한 인물로 설정된 서술자가 엉뚱하게 반응하는 데에서 작품의 해학성이 두드러진다고 하였다. 이를 볼 때 '나'가 점순이에게 '그럼 혼자 하지 떼루 하디?'라고 퉁명스럽게 대답하는 것은 갑작스럽게 친근하게 대하는 점순이의 태도와 이에 담긴 점순이의 호감을 인지하지 못하는 '나'의 어리숙함 때문이다. 내면의 호감을 계층 의식으로 인해 억누른다고 이해하는 것은 적절하지 않다.

**오답의 이유**

① 〈보기〉에서 서술자의 어리숙함은 독자에게 웃음을 유발하고 긴장감을 완화한다고 하였다. 이를 볼 때 '점순'의 호감을 알아차리지 못한 '나'가 '왜 나를 못 먹겠다고 아르렁거리는지 모른다'고 표현하는 것은 서술자의 둔감함을 드러내어 웃음을 유발하는 장치라고 이해할 수 있다.

③ 〈보기〉에서 점순이가 벌이는 행동을 이해하지 못하는 '나'가 엉뚱하게 반응하는 데에서 작품의 해학성이 두드러진다고 하였다. 이를 볼 때 점순이의 호감이 담긴 감자를 거절하면서 '난 감자 안 먹는다. 니나 먹어라.'라고 대응하는 장면은 점순이의 호의를 알아차리지 못하는 서술자의 엉뚱한 반응을 통해 웃음을 유발한다고 이해할 수 있다.

④ 〈보기〉에서는 서술자의 어리숙함은 계층 간 갈등과 같은 당대의 사회적 현실을 자연스럽게 받아들이도록 한다고 하였다. 이를 통해 작품에는 계층 차이라는 당대의 사회적 현실이 반영되어 있다는 것을 알 수 있다. 따라서 점순네 수탉을 '후려칠까 하다가 생각을 고쳐먹고 헛매질로 떼어만' 놓는 장면은, '나'와 점순네 집안 사이의 계층 차이라는 당대 사회의 사회적 제약에 영향을 받는 서술자의 모습을 보여준다고 이해할 수 있다.

**작품 해설**

**김유정, 「동백꽃」**

- 갈래: 향토 소설, 농촌 소설
- 성격: 해학적, 서정적, 향토적
- 주제: 시골 소년과 소녀의 순박한 사랑
- 특징
  - 사춘기 남녀가 사랑에 눈뜨는 과정을 서정적 분위기와 해학적 묘사로 드러냄
  - 강원도 방언과 농촌 어휘를 사용하여 향토적 분위기를 나타냄
  - 역순행적 구성(현재 → 과거 → 현재)을 취함

## 06 난도 ★★☆　　　　　정답 ①

**문법 > 음운론**

**정답의 이유**

① '앞으로'는 자음으로 끝나는 '앞'에 모음으로 시작하는 조사 '으로'가 결합한 것이다. 따라서 ㉠에 따라 [아프로]라고 발음한다. '맛없다'는 받침을 가진 말 뒤에 모음으로 시작하는 실질 형태소 '없-'이 결합한 것이다. 따라서 ㉡에 따라 받침 'ㅅ'을 대표음 'ㄷ'으로 바꾸어 [마덥따]라고 발음한다. '좋은'은 받침 'ㅎ'이 탈락하여 [조은]으로 발음한다. 이는 ㉠과 ㉡의 원칙을 따르지 않는 예외의 경우로, ㉢에 해당한다.

**오답의 이유**

② '무릎이'는 자음으로 끝나는 '릎'에 모음으로 시작하는 조사 '이'가 결합한 것이다. 따라서 ㉠에 따라 [무르피]라고 발음한다. '옆얼굴'은 받침을 가진 말 뒤에 '얼굴'이라는 실질 형태소가 결합한 것이다. 따라서 ㉡에 따라 받침 'ㅍ'을 대표음 'ㅂ'으로 바꾸어 [여벌굴]이라고 발음한다. '웃어른'은 받침을 가진 말 뒤에 '어른'이라는 실질 형태소가 결합한 것이다. 따라서 ㉡에 따라 'ㅅ'을 대표음 'ㄷ'으로 바꾸어 [우더른]이라고 발음한다.

③ '꽃을'은 자음으로 끝나는 '꽃'에 모음으로 시작하는 조사 '을'이 결합한 것이다. 따라서 ㉠에 따라 [꼬츨]로 발음한다. '젖어미'는 받침을 가진 말 뒤에 '어미'라는 실질 형태소가 결합한 것이다. 따라서 ㉡에 따라 'ㅈ'을 대표음 'ㄷ'으로 바꾸어 [저더미]라고 발음한다. '덮이다'는 자음으로 끝나는 '덮'에 피동 접미사 '-이-'가 결합한 것이다. 따라서 ㉠에 따라 [더피다]라고 발음한다.

④ '부엌이'는 자음으로 끝나는 '엌'에 조사 '이'가 결합한 것이다. 따라서 ㉠에 따라 [부어키]라고 발음한다. '웃음'은 받침을 가진 말 뒤에 명사를 만드는 접미사 '-음'이 결합한 것이다. 따라서 ㉠에 따라 [우슴]으로 발음한다. 표준 발음법 제13항에 따르면 대부분의 말들은 연음의 원칙을 따르지만 '강, 방'과 같이 'ㅇ'으로 끝나는 말은 연음이 되지 않는다. 이것은 'ㅇ'을 초성으로 발음할 수 없다는 국어의 발음상 제약 때문이다. '강으로'는 자음으로 끝나는 '강'에 조사 '으로'가 결합한 것이지만 [강으로]라고 발음하며, 이는 ㉢에 해당한다.

## 07 난도 ★★☆　　　　　정답 ④

**문법 > 형태론**

**정답의 이유**

④ '예쁜 천사'에서 '예쁜'은 형용사 '예쁘다'에 관형사형 어미가 결합한 것으로, 관형사가 아니다. 형태가 변하지 않는 성상 관형사라는 내용은 적절하지 않다.

**오답의 이유**

① '이 공원에'에서 '이'는 뒤에 있는 체언 '공원'을 지시하여 가리키는 지시 관형사이다.

② '새 동상이'에서 '새'는 뒤에 있는 체언 '동상'의 상태를 명확하게 해주는 성상 관형사이다.

③ '두 개나'에서 '두'는 뒤에 있는 의존 명사 '개'를 수식하는 수 관형사이다.

**더 알아보기**

**관형사와 관형사형**

| 관형사 | • 활용을 하지 않는다.<br>• 뒤에 오는 체언을 수식한다.<br>예 새 옷 |
| --- | --- |
| 관형사형 | • 기본형이 있다.<br>• 활용을 한다.<br>• 수식의 기능과 더불어 서술성을 지닌다.<br>예 새로운 옷(기본형: 새롭다) |

## 08 난도 ★★★　　　　　정답 ②

**문법 > 고전 문법**

**정답의 이유**

② 중세 국어의 양성 모음에는 'ㆍ, ㅏ, ㅗ'가 있었고, 음성 모음에는 'ㅡ, ㅜ, ㅓ', 중성 모음에는 'ㅣ'가 있었다. 이에 따르면 '스스물'은 '스슴'과 '울'이 결합한 것으로 양성 모음끼리 어울린 것이고, '쑤메'는 '쑴'과 '에'가 결합한 것으로 음성 모음끼리 어울린 것이다.

**오답의 이유**

① 'ᄉᆞᄅᆞ미'는 'ᄉᆞᄅᆞᆷ'과 '이'가 결합한 것으로 양성 모음끼리 어울린 것이다. '고ᄃᆞ니' 역시 '곧'과 'ᄋᆞ니'가 결합한 것으로 양성 모음끼리 어울린 것이다.

③ '뿌메'는 '뿜'과 '에'가 결합한 것으로 음성 모음끼리 어울린 것이다. '고ᄇᆞᆯ'은 '곱'과 'ᄋᆞᆯ'이 결합한 것으로 양성 모음끼리 어울린 것이다.

④ '거부븨'는 '거붑'과 '의'가 결합한 것으로 음성 모음끼리 어울린 것이다. '쁘들'은 '뜯'과 '을'이 결합한 것으로 음성 모음끼리 어울린 것이다.

## 09 난도 ★★☆　　　　　정답 ③

**고전 문학 > 고전 소설**

**정답의 이유**

③ "오라비 일일(一日)에 오백리씩 다닌다 하오니, 행장이 있사 오면 부인의 서간을 가지고 ~ 살릴 도리가 있나이다.", "이제 옥문 열쇠가 왕비 계신 침전에 있다 하니 들어가 도적 하여 줌을 바라노라." 등 등장인물들의 대화를 통하여 위기를 극복할 수 있는 방법이 제시되고 있다.

**오답의 이유**

① 제시된 작품에는 서술자의 개입과 인물에 대한 상반된 평가가 나타나지 않는다.

② 제시된 작품은 인물 간의 대화와 사건 전개 중심으로 서술되고 있으며, 인물의 성격 변화가 나타나지 않는다.

④ 유 부인의 위기 상황에 대하여 인물들이 과장되게 반응하는 부분은 나타나지 않으며, 금섬의 죽음 등으로 보아 사건의 비극성 역시 완화되지 않는다.

## 10 난도 ★★☆ 정답 ①

고전 문학 > 고전 소설

정답의 이유

① "명일 아침이 되면 왕비 상소(上疏)하여 죽일 것이니 우리는 관계치 아니하나~ 혈육이 아깝도다."를 볼 때 금섬은 유 부인의 처벌 집행 전날 월매에게 유 부인을 구할 계교를 이야기하였다. 따라서 유 부인의 처벌 집행 당일 이야기하였다고 이해하는 것은 적절하지 않다.

오답의 이유

② 금섬은 월매에게 왕비 침전에 있는 옥문 열쇠를 도적하여 달라고 하였고 월매는 응낙하여 이윽고 열쇠를 가져왔다. 따라서 금섬은 왕비를 모시는 월매를 통해 유 부인이 갇힌 옥문의 열쇠를 얻는다고 이해하는 것은 적절하다.

③ '일일(一日)은 원수가 ~ 군사가 편지를 드리거늘 개탁(開坼)하여 보니 유 부인 서간이라.'를 통하여 원수는 유 부인이 나타나는 꿈과 유 부인의 서간을 보고 유 부인이 위기에 빠졌음을 알게 되었음을 알 수 있다.

④ 금섬은 유 부인의 서간을 받아가지고 나와 제 오라비 호철을 불러 편지를 주며 "사세(事勢) 급박하니 너는 주야배도(晝夜倍道)하여 다녀오라. 황성에서 서평관이 삼여 리니 조심하여 다녀오라."라고 말한다. 이를 볼 때 금섬은 호철에게 서평관으로 가 편지를 전할 것을 부탁하였다고 이해하는 것은 적절하다.

## 11 난도 ★★☆ 정답 ②

고전 문학 > 고전 소설

정답의 이유

② ⓒ은 금섬이 월매에게 충렬부인, 즉 유 부인을 살려내는 것이 어떻겠냐고 제안하는 말로, 자신의 목표에 상대가 함께해주길 제안하고 있다는 설명은 적절하다. ⓔ에서 금섬은 자신을 말리려는 월매에게 말리지 말라면서 '부디 내 말대로 시행하여 부인을 잘 보호하라.'고 한다. 따라서 사진의 생각에 상대가 따라주길 요청하고 있다는 설명은 적절하다.

오답의 이유

① ⓒ은 '부모'라는 당위를 내세워 상대의 행위를 만류하는 것은 맞다. 하지만 ㉠은 어떤 수단으로 유 부인을 구할 수 있는지 묻는 발화로, 상대의 안위를 우려하여 자제를 요청하는 말이 아니다.

③ ⓒ은 월매가 몸을 버리려는 금섬을 걱정하여 전하는 말이 맞다. 하지만 ⓔ은 자신을 따라달라는 요청을 전하는 것이지 자신의 의도를 상대에게 숨기고 있지는 않다.

④ ㉠에는 행장이 없으매 한이라는 발언에 대한 의구심이 나타난다. 하지만 ⓔ에는 상대의 발화에 대한 의구심이 나타나지 않는다.

### 작품 해설

작자 미상, 「정을선전」

- 갈래: 가정 소설, 애정 소설, 영웅 소설
- 성격: 통속적, 교훈적
- 주제: 사랑의 성취와 권선징악
- 특징
  - 전반부는 계모형 가정 소설, 후반부는 처처 갈등의 쟁총형 가정 소설임
  - 인물이 사랑을 성취하는 과정을 다양한 사건으로 배열하여 유기적으로 결합함
  - 흥미 중심의 삽화가 연속되는 가정 소설적 성격이 나타남

## 12 난도 ★★☆ 정답 ③

비문학 > 사실적 읽기

정답의 이유

③ 제시문은 선천성 면역계의 개념과 작동 방식, '대식세포, 단핵구, 과립구, 수지상 세포' 등 각 구성 요소의 역할과 기능을 설명하는 글이다. 따라서 선천성 면역계의 작동 원리와 각 구성 요소의 기능을 서술하고 있다는 설명은 적절하다.

오답의 이유

① 제시문에 선천성 면역계의 발전 양상이나 장단점은 나타나지 않는다.

② 제시문에 선천성 면역계의 한계와 그를 극복하는 방안과 관련된 내용은 나타나지 않는다.

④ 제시문에 선천성 면역계와 각 구성 요소가 어떻게 작동하는지는 나타나지만 어떤 요소가 어느 정도의 비중으로 역할을 하는지 등의 기여도는 나타나지 않는다.

## 13 난도 ★★★ 정답 ③

비문학 > 사실적 읽기

정답의 이유

③ 4문단의 '호염기구는 다른 면역 세포들이 기생충을 방어하는 데 도움이 되는 신호 물질을 발산한다.'를 볼 때 과립구 중 호염기구가 기생충을 방어하는 데 도움이 되는 역할을 하는 것은 맞지만, 기생충을 직접 방어하는 것은 다른 면역 세포들이다. 따라서 과립구가 기생충 감염을 방어하는 역할을 한다고 이해하는 것은 적절하지 않다.

오답의 이유

① 2문단의 '이 세포들은 조직 내에 ~ 위험 지구에 주둔한다.'를 볼 때 대식세포가 병원체 침입에 취약한 조직에 배치되기도 한다고 이해하는 것은 적절하다.

② 3문단의 '인터루킨은 열을 발생시켜 염증과 싸우는 일에 가담한다.'를 볼 때 병원체 감염으로 염증이 생기면 인터루킨의 작용으로 체온이 올라간다고 이해하는 것은 적절하다.

④ 5문단의 '물론 그것을 직접 먹지는 않고, 몰려오는 면역 세포들에게 시식 음식처럼 보여준다.'를 볼 때 수지상 세포가 포식 능력이 없다고 이해하는 것은 적절하다.

## 14 난도 ★★☆  정답 ④

**비문학 > 추론적 읽기**

**정답의 이유**

④ ㉮의 앞에서 단핵구는 자신이 파괴한 병원체의 시체를 수거해서 다른 면역 세포들이 잘 볼 수 있도록 버린다고 하였다. 이는 다른 면역 세포에 병원체의 침입을 알리고, 자신이 한 것처럼 파괴하라는 뜻이 담긴 것이다. 따라서 ㉮에 들어갈 말로 가장 적절한 것은 '이런 것을 본다면 즉시 죽여라!'이다.

**오답의 이유**

① 4문단의 '호산구는 lgE 항체와 협력해서 일한다.'를 볼 때 lgE 항체는 단핵구와 관련이 없다. 따라서 'IgE 항체가 필요하다!'는 ㉮에 들어갈 말로 적절하지 않다.

② 단핵구는 침입자를 파괴한 다음 볼 수 있게 한 것이므로, '아군이니 공격을 멈춰라!'는 ㉮에 들어갈 말로 적절하지 않다.

③ 4문단의 '대신 이들은 삶의 마지막 순간에 끈끈한 DNA를 그물처럼 내뿜는다.'를 볼 때 DNA를 내뿜는 것은 호중구이지 단핵구와 관련이 없다. 따라서 'DNA 그물로 처리하였다!'는 ㉮에 들어갈 말로 적절하지 않다.

## 15 난도 ★☆☆  정답 ②

**어휘 > 한자어**

**정답의 이유**

② ⓑ의 '적대적'은 '적으로 대하거나 적과 같이 대하는 것.'이라는 뜻이다. '우호적'은 '개인끼리나 나라끼리 서로 사이가 좋은 것.'이라는 뜻이므로 '적대적인'을 '우호적인'으로 바꿔 쓸 수 없다.

**오답의 이유**

① ⓐ의 '시작되다'는 '어떤 일이나 행동의 처음 단계가 이루어지다.'라는 뜻이다. '개시되다'는 '행동이나 일 따위가 시작되다.'라는 뜻이므로 '시작된다'를 '개시된다'로 바꿔 쓸 수 있다.

③ ⓒ의 '수거하다'는 '버리거나 내놓은 물건 따위를 거두어 가다.'라는 뜻이다. 따라서 '수거해서'를 '거둬서'로 바꿔 쓸 수 있다.

④ ⓓ의 '함유되다'는 '물질에 어떤 성분이 포함되어 있다.'라는 뜻이다. 따라서 '함유되어'는 '포함되어'로 바꿔 쓸 수 있다.

## 16 난도 ★★☆  정답 ③

**현대 문학 > 현대 시**

**정답의 이유**

③ (가)는 소외된 이웃에게 혹독한 계절인 겨울을 계절적 배경으로 설정하여 이기적인 삶에 대한 반성을 이끌어 낸다. (나)의 계절적 배경 역시 겨울로, (나)의 화자는 '겨울'을 '강철로 된 무지갠가 보다'라고 하며 부정적 상황에 대한 초극 의지를 드러내고 있다. 두 작품 모두 계절적 변화나 이에 따른 화자의 인식 변화는 나타나지 않는다.

**오답의 이유**

① (가)는 '나는 이제 너에게도', '-겠다' 등 유사한 통사 구조를 반복하여 운율을 형성하고 있다.

② (나)는 '북방', '고원' 등 공간적 배경을 부각하여 화자가 처한 극한 상황을 드러내고 있다.

④ (가)는 '슬픔'을 시적 화자로 설정하여 청자인 '기쁨'에게 말을 건네는 방식을 취하고 있지만 (나)에는 청자에게 말을 건네는 방식이 나타나지 않는다.

## 17 난도 ★★★  정답 ②

**현대 문학 > 현대 시**

**정답의 이유**

② '할머니'와 '동사자'는 '어둠'이라는 부정적 상황에서 고통스러운 삶을 살아가는 약자이다. 하지만 이들이 타인의 아픔에 공감하고 연민하는 '눈물'을 흘릴 줄 아는 존재인지는 작품에 드러나지 않는다.

**오답의 이유**

① '가마니 한 장'은 동사자를 위한 최소한의 관심을 의미하고 '기다림'은 타인을 위한 공감과 연민을 의미한다. 따라서 모두 이기적으로 살아가는 사람들에게 요구되는 이타적인 태도를 의미한다는 내용은 적절하다.

③ '슬픔의 평등한 얼굴'은 소외된 이웃을 평등한 존재로 바라볼 수 있는 얼굴을 의미한다. '귤값을 깎으면서 기뻐하던 너'는 타인의 어려움을 생각하지 않는 이기적인 모습으로, 이 둘은 서로 대비된다.

④ '함박눈'은 추위 떠는 사람들, 즉 소외된 이웃에게는 시련을 주는 소재이다. '눈 그친 눈길'은 이러한 부정적 상황이 끝난 공간으로, 슬픔에 공감하고 더불어 사는 삶을 추구하는 평등한 세상을 의미한다.

## 18 난도 ★★☆  정답 ①

**현대 문학 > 현대 시**

**정답의 이유**

① '서릿발 칼날진 그 위에 서'는 행위는 극한의 상황에서도 버티겠다는 화자의 의지를 나타낸다. 패배를 인정하고 체념적 태도를 드러내는 화자의 모습을 보여준다고 이해하는 것은 적절하지 않다.

**오답의 이유**

② '눈 감아 생각해' 보는 행위는 극한 상황에서 물러나 내면을 성찰하는 모습이다. 관조적 태도를 통해 극한의 상황 속에서 성찰을 수행하는 화자의 모습을 보여준다고 이해하는 것은 적절하다.

③ '매운 계절의 채찍'은 가혹한 현실과 탄압을 의미한다. 〈보기〉에서는 제시된 작품이 일제에 의한 수탈이 극에 달했던 시기에 창작되었다고 했으므로, 일제 강점기의 가혹한 현실을 시적 화자가 특정 계절에 느낀 인상으로 구체화한 표현이라고 이해하는 것은 적절하다.

④ '북방'은 북쪽 너른 지방이고 '고원'은 높은 곳에 있는 벌판이다. 〈보기〉에서는 제시된 작품이 일제 강점기라는 배경 속에서 다양한 이미지의 활용을 통해 고통스러운 시공간을 형상화한다고 하였으므로, '북방'과 '고원'은 우리 민족이 처한 일제 치하 극한의 위기 상황을 각각 수평적인 이미지와 수직적인 이미지로 형상화한 표현이라고 이해하는 것은 적절하다.

## 19 난도 ★★☆　　　　　　　　　　　　　정답 ④

현대 문학 > 현대 시

[정답의 이유]

④ ⓐ는 '사랑보다 소중한 슬픔'이라는 역설적 인식을 통해 소외된 이웃에 대한 공감과 연민이라는 슬픔의 가치를 강조하고 있다. ⓑ는 '겨울은 강철로 된 무지개'라는 은유적 시어를 통하여 극한 상황에서 참된 삶을 추구하며 희망을 회복하는 화자의 현실 인식을 드러내고 있다.

[오답의 이유]

① ⓐ는 단호한 어조를 통하여 슬픔의 의미를 일깨워 주려는 교훈적인 태도가 드러난다. 체념적 태도를 드러내고 있다는 설명은 적절하지 않다.

② ⓑ는 '무지갠가 보다'라는 추측의 표현을 사용하고 있지만, 이는 부정적 현실을 극복하겠다는 의지이지 미래에 대한 부정적 전망이 아니다.

③ ⓐ는 주체의 의지를 나타내는 '-겠-'이라는 어미를 활용하여 더불어 살아가는 삶의 가치를 추구하겠다는 화자의 의지를 드러내고 있다. ⓑ는 현재형 시제를 활용하여 긴장감을 주고 대결 의식을 나타내고 있다. 따라서 ⓐ는 ⓑ와 달리 현실에 대한 비극적 인식을 구체화하고 있다는 설명은 적절하지 않다.

[작품 해설]

(가) 정호승, 「슬픔이 기쁨에게」
- 갈래: 자유시, 서정시
- 성격: 교훈적, 비판적, 의지적
- 주제: 이기적인 삶에 대한 반성과 더불어 사는 삶의 추구
- 특징
  - 역설적 표현을 활용하여 주제를 효과적으로 드러내고 있음
  - '슬픔'과 '기쁨'이라는 추상적 개념을 의인화하여 말을 건네는 방식으로 시상을 전개함
  - 특정 음운, 어미, 통사 구조를 반복적으로 사용하여 운율을 형성함

(나) 이육사, 「절정」
- 갈래: 자유시, 서정시
- 성격: 상징적, 남성적, 지사적
- 주제: 극한 상황에서의 초월적 인식
- 특징
  - '기-승-전-결'의 구조로 시적 긴장감을 표현
  - 역설적 표현을 통해 주제를 효과적으로 형상화
  - 강렬한 상징적 표현과 남성적 어조로 강인한 의지를 드러냄

## 20 난도 ★★☆　　　　　　　　　　　　　정답 ②

비문학 > 사실적 읽기

[정답의 이유]

② (나)는 명료한 로직으로 계약이 집행되고, 계약의 내용도 시스템에 자동으로 저장 보관된다며 스마트계약의 특징을 정리하고 있다. 또한 거래의 확실성이 높고, 이해당사자가 여러 명일 경우 일을 신속하고 효율적으로 처리할 수 있다는 등의 장점과 변경이 자주 일어날 수 있는 사안에는 적합하지 않고, 표준화가 덜 된 분야에서는 적합하지 않다는 등의 단점을 제시하고 있다.

[오답의 이유]

① (가)의 주된 내용은 소프트웨어 수출 프로젝트의 단계와 과정, 행정 및 계약 관리의 복잡성과 중요성이다. 1문단에서 소프트웨어의 개념을 정의하고, 5문단에서 소프트웨어 수출계약은 국제 거래를 전제로 하고 있다고 언급하고 있긴 하지만 소프트웨어가 수출사업에서 차지하는 비중을 다루지는 않는다.

③ (나)에는 스마트계약을 선택할 때 유의해야 할 사항이 제시되긴 하지만 스마트계약 방식이 수출 사업자에게 이윤을 가져다주는 과정은 나타나지 않는다.

④ (가)의 6문단에서 소프트웨어 수출 프로젝트의 효율성을 극대화할 수 있는 방안을 언급하고 있고, (나)의 2문단에서 스마트계약이 유리한 조건을 언급하고 있긴 하지만 실제 거래 사례를 설명하는 부분은 나타나지 않는다.

## 21 난도 ★★★　　　　　　　　　　　　　정답 ②

비문학 > 사실적 읽기

[정답의 이유]

② (가) 3문단의 '고객의 요건 변동에 대응하고 소프트웨어 결함을 ~ 반복적 방법론을 사용하여 각 단계를 반복한다.'를 볼 때 발주사의 요건이 변동하면 개발사는 반복적 방법론을 사용하여 각 단계를 반복하여 시스템을 설계 및 개발한다고 이해하는 것은 적절하다.

[오답의 이유]

① (가) 2문단의 '프로젝트 규모에 따라 단계별로 ~ 라이선스 계약을 별도로 체결하게 된다.'를 볼 때 공급사와의 물품 공급계약이나 소프트웨어 개발계약 사항은 라이선스 계약을 별도로 체결한다. 양해 각서나 확약서 속 조항에 포함된다고 이해하는 것은 적절하지 않다.

③ (가) 3문단의 '발주사는 개발된 소프트웨어가 ~ 인수 테스트로 나뉜다.'를 볼 때 테스트는 '정적인 테스트', '단위 테스트', '통합 테스트', '인수 테스트'로 나뉘고, 발주사가 검수 절차를 거쳐 인수한다는 것을 알 수 있다. 개발사가 검수 절차를 거치고 인수한다고 이해하는 것은 적절하지 않다.

④ (가) 4문단의 '무상 하자보수를 담보하기 ~ 유상보수계약을 체결한다.'를 볼 때 통상적으로 6개월에서 2년 정도는 무상 하자보수를 담보한다. 소프트웨어 인수 직후부터 유상 유지보수 서비스가 시행된다고 이해하는 것은 적절하지 않다.

## 22 난도 ★★☆     정답 ③

**비문학 > 사실적 읽기**

정답의 이유

③ (나) 2문단에서 '스마트계약은 특성상 변경이 불가능 ~ 그 사용이 적합하지 않다는 것이다.'라며 비표준화된 거래 내용에 스마트폰이 적합하지 않다고 언급하고는 있지만 스마트계약을 적용할 수 있는 방안은 제시되어 있지 않다.

오답의 이유

① (나) 1문단의 '청약과 승낙을 통해 의사가 합치되어 ~ 집행되는 전자계약이다.'를 통하여 답을 찾을 수 있다.

② (나) 2문단의 '역으로 변경 불가능이라는 스마트계약의 특징은 거래당사자에게 신뢰를 줄 수도 있다.'를 통하여 답을 찾을 수 있다.

④ (나) 2문단의 '또 네트워크 내에서 정보가 실시간으로 투명하게 ~ 일을 신속하고 효율적으로 처리할 수 있다.'를 통하여 답을 찾을 수 있다.

## 23 난도 ★★★     정답 ④

**비문학 > 추론적 읽기**

정답의 이유

④ (나) 2문단의 '스마트계약은 특성상 변경이 불가능하기에 ~ 그 사용이 적합하지 않다는 것이다.'를 볼 때 계약 체결 후 변경이 잦은 경우에는 스마트계약 사용이 적합하지 않다. 따라서 계약 체결 후 변경이 잦은 경우, 실시간 대처가 가능한 스마트계약을 적용한다면 사업의 효율성을 높일 수 있다고 반응하는 것은 적절하지 않다.

오답의 이유

① (나) 2문단의 '스마트계약은 조건만 맞으면 ~ 거래의 확실성이 높다.'를 볼 때 (A)의 대금 결제 과정에서 거래 확실성이 높은 스마트계약을 적용한다면, 신용 위험에의 우려 없이 거래를 진행할 수 있겠다고 반응하는 것은 적절하다.

② (나) 2문단의 '또 네트워크 내에서 정보가 실시간으로 ~ 효율적으로 처리할 수 있다.'를 볼 때 이해관계자가 많은 (B)의 상황에서 스마트계약을 적용한다면, 여러 정보가 실시간으로 투명하게 공개되어 문제 파악과 해결이 빨라질 수 있겠다고 반응하는 것은 적절하다.

③ (나) 1문단의 '명료한 로직으로 계약이 집행되고 ~ 저장 보관된다는 특징이 있다.'를 볼 때 신속한 처리가 필요한 (C)의 상황에서 간명한 계약 집행과 기록이 가능한 스마트계약을 적용한다면, 라이선스 부여와 그 사용료 징수가 신속하게 이루어질 수 있겠다고 반응하는 것은 적절하다.

## 24 난도 ★★☆     정답 ④

**문법 > 의미론**

정답의 이유

④ ⓐ의 '일어나다'와 '공공정책을 수립하는 과정에서는 다양한 의견 충돌과 조율 과정이 일어난다.'의 '일어나다'는 모두 '어떤 일이 생기다.'라는 의미이다.

오답의 이유

① '물보라가 뽀얗게 일어난다.'의 '일어나다'는 '위로 솟거나 부풀어 오르다.'라는 의미이다.

② '금덩이를 보니 마음에 욕심이 일어난다.'의 '일어나다'는 '어떤 마음이 생기다.'라는 의미이다.

③ '건조한 날에는 주의를 기울이지 않으면 산불이 일어난다.'의 '일어나다'는 '자연이나 인간 따위에게 어떤 현상이 발생하다.'라는 의미이다.

## 25 난도 ★★☆     정답 ①

**문법 > 표준 발음법**

정답의 이유

① '끝이'는 '끝'과 조사 '이'과 결합한 것이다. 받침 'ㄷ, ㅌ'이 조사의 모음 'ㅣ'와 결합하는 경우에는 [ㅈ, ㅊ]으로 바꾸어서 뒤 음절 첫소리로 옮겨 발음한다는 ㉠의 조건에 따라 'ㅌ'을 [ㅊ]으로 바꿔 [끄치]로 발음해야 한다.

오답의 이유

② '밭이'는 '밭'과 조사 '이'과 결합한 것이다. 따라서 ㉡이 아닌 ㉠에 따라 'ㅌ'을 [ㅊ]으로 바꿔 [바치]로 발음해야 한다.

③ '굳히다'는 받침 'ㄷ' 뒤에 접미사 '히'가 결합한 것이다. 따라서 ㉡이 아닌 ㉢에 따라 '티'를 [치]로 바꿔 [구치다]로 발음해야 한다.

④ '붙이다'는 받침 'ㅌ' 뒤에 사동 접미사 '-이-'가 결합한 것이다. 따라서 ㉢이 아닌 ㉡에 따라 '티'를 [치]로 바꿔 [부치다]로 발음해야 한다.

# 국어 | 2024년 법원직 9급

## 한눈에 훑어보기

### ✔ 영역 분석

**문법** 04 14 15 16 17 18
6문항, 24%

**고전 문학** 05 06 07
3문항, 12%

**현대 문학** 01 02 03 11 12 13 22 23 24 25
10문항, 40%

**비문학** 08 09 10 19 20 21
6문항, 24%

### ✔ 빠른 정답

| 01 | 02 | 03 | 04 | 05 | 06 | 07 | 08 | 09 | 10 |
|---|---|---|---|---|---|---|---|---|---|
| ③ | ④ | ① | ④ | ③ | ③ | ③ | ② | ② | ④ |
| 11 | 12 | 13 | 14 | 15 | 16 | 17 | 18 | 19 | 20 |
| ① | ④ | ③ | ① | ④ | ① | ① | ④ | ③ | ① |
| 21 | 22 | 23 | 24 | 25 |  |  |  |  |  |
| ② | ② | ③ | ② | ② |  |  |  |  |  |

### ✔ 점수 체크

| 구분 | 1회독 | 2회독 | 3회독 |
|---|---|---|---|
| 맞힌 문항 수 | / 25 | / 25 | / 25 |
| 나의 점수 | 점 | 점 | 점 |

---

### 01 난도 ★★☆ 정답 ③

현대 문학 > 현대 시

**정답의 이유**

③ (가)는 고향을 떠나 쓸쓸하고 외로운 처지인 화자가 흰 바람벽을 보며 삶을 성찰하고 있는 작품으로 화자의 의식의 흐름에 따라 시상이 전개된다. (나)는 아버지를 잃은 슬픔을 돌아가신 아버지에 대한 객관적 장면 제시를 통해 전달하고 있는 작품으로 화자는 감정을 최대한 절제하여 시상을 전개하고 있다. 이를 통해 두 작품 모두 시적 대상과의 대화를 통해 시상이 전개되고 있지 않다는 것을 확인할 수 있다.

**오답의 이유**

① (가)는 고향을 떠난 화자가 '흰 바람벽'에 비친 내면 풍경을 바라보며 자신의 삶을 성찰하는 모습을 그린 작품으로, 화자가 분명하게 드러나 있다. (나)는 화자가 고향이 아닌 이국의 땅에서 죽음을 맞이한 아버지의 모습을 절제된 어조로 전달하고 있는 작품으로, 화자가 분명하게 드러나 있다.

② (가)는 '흰 바람벽에 ~ 오고간다', '흰 바람벽에 ~ 헤매인다' 등에서 유사한 문장 구조가 반복되고 있으며, (나)는 '우리 집도 아니고 / 일갓집도 아닌 집' 등에서 유사한 문장 구조가 반복되고 있다.

④ (가)는 '어두운 그림자(시각적)', '달디단 따끈한 감주(미각적, 촉각적)' 등의 감각적 이미지를 활용하여 외롭고 쓸쓸한 화자의 처지와 화자의 소박한 소망을 나타내고 있다. (나)는 '풀벌레 소리(청각적)', '얼음장에 누우신 듯(촉각적)', '눈빛 미명(시각적)' 등의 감각적 이미지를 활용하여 아버지가 죽은 상황을 나타내고 있다.

### 02 난도 ★★★ 정답 ④

현대 문학 > 현대 시

**정답의 이유**

④ '초생달', '바구지꽃', '짝새', '당나귀'는 하찮고 여리게 보이지만 '하늘이 가장 귀해하고 사랑하는' 순수하고 고결한 존재들로, 화자가 동질감을 느끼는 존재들이다. 화자는 이들을 통해 자신의 삶에 의미를 부여하고 자기 위안을 하고 있는 것이지 이들과의 합일을 통해 자신이 지향하고자 하는 삶에 대한 성찰을 드러내고 있는 것은 아니다.

**오답의 이유**

① 화자는 '흰 바람벽'을 통해 자신의 내면을 비추고 성찰한다. 〈보기〉에서는 화자의 목소리가 자막으로 처리된다고 하였으므로 '이러한 글자들'은 화자 자신의 목소리에 해당함을 알 수 있다.

② 〈보기〉에서 목소리의 실제 주인공인 화자는 스크린 속에서 펼쳐지는 '나'를 보는 관객이 된다고 하였다. 따라서 화자가 관객이 되어 '나를 위로하는 듯이 나를 울력하는 듯이' 지나가는 글자들을 바라보고 있다고 이해할 수 있다.
③ "하늘이 이 세상을 내일 적에 그가 가장 귀해하고 사랑하는 것들은 모두 ~ '라이넬 마리아 릴케'가 그러하듯이"라는 화자의 목소리는 '눈질을 하며 주먹질을 하며' 지나가는 글자로 표현된다. 화자는 이를 통해 자신의 가난하고 외롭고 높고 쓸쓸한 운명은 하늘이 귀해하고 사랑하기 때문이라 여기며 자신의 힘겨운 삶을 긍정적으로 수용하고 성찰의 깊이를 확보하고 있다.

## 03 난도 ★★☆  정답 ①

현대 문학 > 현대 시

정답의 이유

① (가)의 ㉠ '가난한 늙은 어머니'와 ㉡ '내 사랑하는 사람'은 모두 쓸쓸하고 외로운 처지의 '나'가 그리워하는 대상이다.

오답의 이유

② '노령', '아무울만', '설룽한 니코리스크의 밤'을 볼 때 ㉣ '아버지'는 고국을 떠나 러시아에서 유랑하는 삶을 살고 있음을 확인할 수 있다. 하지만 ㉡ '내 사랑하는 사람'은 '어늬 먼 앞대 조용한 개포가의 나즈막한 집에서' '지아비'와 '어린것'과 지내고 있는 인물로, 유랑하는 삶을 살고 있다고 보기 어렵다.
③ ㉡ '내 사랑하는 사람'은 쓸쓸한 화자에게 고향의 향수를 유발하는 그리움의 대상이라 볼 수 있지만, ㉢ '어린것'은 화자와 직접적으로 관련된 대상이 아니므로 고향의 향수를 유발하는 대상이라 볼 수 없다.
④ ㉢ '어린것'은 '내 사랑하는 사람'을 떠올릴 때 그와 함께 있는 대상이고, ㉤ '아들과 딸'은 갑작스럽게 죽은 '아버지'를 바라보는 '우리'이다. 따라서 ㉢과 ㉤ 모두 재회를 소망하는 시적 대상으로 보기 어렵다.

작품 해설

(가) 백석, 「흰 바람벽이 있어」
- 갈래: 자유시, 서정시
- 성격: 회고적, 의지적
- 주제: 고단한 삶 속에서도 고결함을 잃지 않으려는 삶의 자세
- 특징
  - 감각적 이미지를 통하여 회자의 정서를 구체적으로 제시함
  - 화자의 의식의 흐름에 따라 시상이 전개됨

(나) 이용악, 「풀벌레 소리 가득 차 있었다」
- 갈래: 자유시, 서정시
- 성격: 비극적, 회고적, 묘사적, 서사적
- 주제: 아버지의 비참한 죽음과 일제 강점기 유랑민의 비애
- 특징
  - 비극적 상황을 객관적으로 묘사함
  - 감정을 절제하여 표현함
  - 수미상관의 구조를 통하여 시상을 강조함

## 04 난도 ★★☆  정답 ④

문법 > 형태론

정답의 이유

④ 목적격 조사 '을/를'은 문장 안에서 체언이나 체언 구실을 하는 말 뒤에 붙어 목적어 자격을 가지게 하는 격 조사로, 앞에 오는 체언의 받침 유무에 따라 '을', '를'로 형태가 바뀌며 실질적 의미를 가지지 않는다.

오답의 이유

① '다른'은 '당장 문제가 되거나 해당되는 것 이외의'라는 뜻의 관형사로 하나의 형태소이자 한 단어이다. '없다'는 용언의 어간 '없-'과 종결 어미 '-다' 두 개의 형태소가 결합한 하나의 단어이다.
② '한밤중'의 '한-'은 '한창인'의 뜻을 더하는 접두사로, 단독으로 쓰이지 아니하고 항상 다른 어근이나 단어에 붙으며 단어의 자격을 가지지 않는다. '줄'은 어떤 방법, 셈들 따위를 나타내는 의존 명사로 의미가 형식적이어서 다른 말과 결합하여 쓰이지만, 단어의 자격을 가진다.
③ '노력한 만큼'의 '만큼'은 앞의 내용에 상당한 수량이나 정도를 나타내는 의존 명사로, 다른 형태소와 결합하지 않아도 쓰일 수 있다. '선생님만큼만'의 '만큼'은 체언의 뒤에 붙어 앞말과 비슷한 정도나 한도임을 나타내는 격 조사로, 형식적 의미를 나타내고 다른 형태와 결합하지 않으면 쓰일 수 없다.

더 알아보기

형태소와 단어

- 형태소: 뜻을 가진 가장 작은 말의 단위
- 종류
  - 자립성의 유무에 따라

| 자립 형태소 | • 다른 말에 의존하지 아니하고 혼자 설 수 있는 형태소<br>• 체언(명사, 대명사, 수사), 수식언(관형사, 부사), 독립언(감탄사) |
| --- | --- |
| 의존 형태소 | • 다른 말에 의존하여 쓰이는 형태소<br>• 조사, 접사, 용언(동사, 형용사)의 어간, 용언(동사, 형용사)의 어미 |

  - 의미의 기능에 따라

| 실질 형태소 | • 구체적인 대상이나 동작, 상태를 표시하는 형태소<br>• 체언(명사, 대명사, 수사), 수식언(관형사, 부사), 독립언(감탄사), 용언(동사, 형용사)의 어간 |
| --- | --- |
| 형식 형태소 | • 실질 형태소에 붙어 주로 말과 말 사이의 관계를 표시하는 형태소<br>• 조사, 접사, 용언(동사, 형용사)의 어미 |

- 단어: 분리하여 자립적으로 쓸 수 있는 말, 또는 그 말의 뒤에 붙어서 문법적 기능을 나타내는 말

## 05 난도 ★★☆ 정답 ③

**고전 문학 > 고전 수필**

정답의 이유

③ (가)는 말을 빌려 타는 경험을 통해 소유에 대한 성찰과 깨달음을 드러내고 있다. (나)는 집 안에 마련한 토실을 허문 경험을 통해 자연이 질서에 순응하는 삶에 대한 깨달음을 드러내고 있다. 따라서 (가)와 (나)가 실재하는 사실을 들어 이에 대한 생각을 자연스럽게 드러내고 있다는 설명은 적절하다.

오답의 이유

① (가)와 (나) 모두 주관적인 정서를 함축적인 언어 형식으로 형상화하고 있지 않다. 주관적인 정서를 함축적으로 형상화하는 문학 갈래로는 '시'가 대표적이다.

② (나)는 '나'와 '종들'의 대화와 행동을 중심으로 사건을 현재형으로 보여 주고 있지만 (가)에서는 인물 간의 대화와 행동이 나타나지 않는다.

④ (가)와 (나)는 모두 허구적 이야기가 아닌 글쓴이의 경험을 통한 성찰을 나타내고 있다.

## 06 난도 ★★☆ 정답 ③

**고전 문학 > 고전 수필**

정답의 이유

③ (나)의 '이자(李子)'는 '여름은 덥고 겨울이 추운 것은 사시(四時)의 정상적인 이치이니, 만일 이와 반대가 된다면 곧 괴이한 것이다.'라며 자연 질서에 순응하는 삶을 추구하고 있다. 따라서 로컬푸드 직매장 확충을 통한 지역 내 거래 촉진은 자연의 질서를 거스르는 행위가 아니므로 '이자(李子)'가 비판할 대상에 해당하지 않는다.

오답의 이유

①·②·④ 댐 건설, 스마트 온실, 패시브 하우스 건축은 모두 자연의 질서를 거스르는 것이므로 '이자(李子)'가 비판할 대상에 해당한다.

## 07 난도 ★★☆ 정답 ③

**고전 문학 > 고전 수필**

정답의 이유

ⓒ (가)는 '더 말해 무엇하겠는가', '이 어찌 미혹된 일이 아니겠는가' 등 설의의 방식을 통해 진정한 소유란 없으니 겸허한 자세를 취해야 한다는 깨달음을 강조하고 있다. 〈보기〉 또한 '어이ᄒ여 엇들쏜이(어떻게 얻겠는가)'라며 설의의 방식을 통하여 세속적인 힘이 미치지 못하는 자연 속의 삶에 대한 만족을 강조하고 있다.

ⓒ (가)의 '맹자'는 '오래도록 차용하고서 반환하지 않았으니, 그들이 자기의 소유가 아니라는 것을 어떻게 알았겠는가'라고 말하며 인간에게 진정한 자기의 소유는 없다는 것을 이야기하고 있다. 〈보기〉 또한 '자연'은 누리는 것을 금할 사람이 없다며, '자연'을 소유할 수 없는 것으로 설정하고 있다.

오답의 이유

㉠ 〈보기〉의 '힘센 이'는 속세의 권세를 가진 자로 '나'는 '힘센 이'가 서로 다투는 세태를 비판적으로 제시한다. 이를 볼 때 '힘센 이'는 멀리해야 할 대상으로 볼 수 있다. (가)의 '만방의 임금'은 백성으로부터 힘을 빌려 존귀하게 되었다가 빌렸던 것을 돌려주면 독부가 되는 인물로, 글쓴이가 잘못된 소유 관념에 대한 경계를 제시하기 위하여 예로 든 것이지 멀리해야 할 대상으로 볼 수는 없다.

㉣ (가)는 말을 빌려 탄 경험을 토대로 진정한 소유의 의미를 되새기는 교훈적 수필로, 독자로 하여금 성찰의 자세를 갖출 것을 독려한다고 볼 수 있다. (나)는 세속적인 힘이 미치지 못하는, 자연을 즐기는 삶에 대한 만족감을 표현한 시조로, 독자에게 성찰의 자세를 갖출 것을 독려하지는 않는다.

**작품 해설**

(가) 이곡, 「차마설」

- 갈래: 한문 수필, 설
- 성격: 체험적, 교훈적, 경험적, 예시적
- 주제: 소유에 대한 성찰과 깨달음
- 특징
  - '사실+의견'의 2단 구성
  - 유추의 방식을 통해 개인적 체험을 보편적인 것으로 일반화함

(나) 이규보, 「괴토실설」

- 갈래: 한문 수필, 설
- 성격: 체험적, 교훈적, 자연 친화적
- 주제: 자연의 질서에 순응하는 삶 추구
- 특징
  - 대화 형식으로 삶의 이치를 알게 쉽게 풀어 놓음
  - 글쓴이의 주장을 직접적으로 제시함

## 08 난도 ★★☆ 정답 ②

**비문학 > 글의 전개 방식**

정답의 이유

② 제시된 글은 '점화 효과'에 대하여 설명하면서 'SOAP(비누)'과 'SOUP(수프)'의 단어를 예로 들고 있다. 또한 관념운동 효과에 대한 실험을 제시하여 점화 효과가 개념이나 단어에만 국한하지 않는다는 사실을 설명하고 있다. 이를 통해 제시된 글은 설명 대상을 뒷받침하는 다양한 사례를 제시해 독자의 이해를 도모하고 있음을 확인할 수 있다.

오답의 이유

①·③·④ 제시된 글은 점화 효과를 설명하기 위하여 여러 사례를 구체적으로 제시하고 있지만, 현실적 사례를 중심으로 다양한 가설을 검증하고 있지 않으며, 문제의 해결 방안이나 한계를 설명하고 있지는 않다. 또한, 점화 효과에 대해 구분되는 관점이나 반례를 제시하고 있지도 않다.

## 09 난도 ★★☆   정답 ③

**비문학 > 사실적 읽기**

**정답의 이유**

③ 3문단의 '의식적으로 경험할 수는 없지만, 인지하지도 못한 사건이 행동과 감정을 촉발할 수 있다는 것이다.'를 통해 점화 효과는 의식하지 못하는 사이에 행동과 감정을 촉발할 수 있음을 알 수 있다.

**오답의 이유**

① 3문단의 '기억 연구에서 또 하나의 큰 성과는 점화 효과가 개념이나 단어에만 국한하지 않는다는 사실을 발견한 것이다. 의식적으로 경험할 수는 없지만, 인지하지도 못한 사건이 행동과 감정을 촉발할 수 있다는 것이다.'를 통해 점화 효과는 개념이나 단어만 활성화시키는 것이 아니라 행동과 감정을 촉발할 수도 있음을 알 수 있다.

② 5문단의 '관념운동 효과는 거꾸로 나타날 수도 있다.'와 '점화 효과가 어느 방향으로 나타나든 모두 일관된 반응을 보인 것이다.'를 통해 점화 효과는 어느 방향으로든 나타날 수 있음을 알 수 있다.

④ 2문단의 '여기에서 점화된 개념은 정도는 약할지라도 또다시 다른 개념을 점화할 수 있다. 이런 활성화는 호수에 물결이 일듯이 거대한 연상망의 한쪽에서 주위로 퍼져나간다.'를 통해 점화 효과는 연상망의 확장을 유도함을 알 수 있다. 하지만 제시문에 점화 효과가 사유의 폭을 넓힐 수 있다는 내용은 나타나지 않는다.

## 10 난도 ★★★   정답 ④

**비문학 > 추론적 읽기**

**정답의 이유**

④ 〈보기〉에 따르면 투표를 하는 사람은 투표를 정책에 대한 자신의 평가와 가치를 반영하는 의도적 행위로 보고, 투표소의 위치 등에는 영향을 받지 않는다고 생각한다. 이를 볼 때 학교 재정 지원 증가안에 찬성한 사람들은 투표소의 위치가 투표 행위에 영향을 미치지 않았다고 주장할 가능성이 크다.

**오답의 이유**

① 3문단에서는 인지하지도 못한 사건이 행동과 감정을 촉발할 수 있다고 하였다. 이를 볼 때 투표자가 의식하지 못한 투표소의 위치가 투표 행위를 점화했다고 볼 수 있다고 이해한 것은 적절하다.

② 제시된 글의 2문단에서는 머릿속에 '먹다'라는 개념이 있으면 '수프' 또는 음식과 관련된 단어를 점화할 수 있다고 하였으므로, 학교와 관련된 개념이나 단어를 활성화하는 것으로도 〈보기〉와 비슷한 효과를 관찰할 수 있다고 이해한 것은 적절하다.

③ 〈보기〉에서 우리는 투표를 정책에 대한 자신의 평가와 가치를 반영하는 의도적 행위로 본다고 하였다. 하지만 학교 재정 지원 증가안에 찬성한 비율은 학교 안에 투표소가 설치된 경우가 훨씬 높았다. 제시된 글의 3문단에서는 인지하지도 못한 사건이 행동을 촉발할 수 있다고 하였으므로, 의식적이고 자율적이라고 생각했던 판단이 실은 인지하지 못한 요인으로 촉발된 것일 수 있다고 이해한 것은 적절하다.

## 11 난도 ★★☆   정답 ①

**현대 문학 > 현대 소설**

**정답의 이유**

① 제시된 작품은 1인칭 주인공 시점으로, 서술자인 '나'는 환각 상태인 어머니를 관찰하고 있다. 서술자는 '가엾은 어머니, 하늘도 무심하시지, 차라리 죽게 하시지, 그 몹쓸 일을 두 번 겪게 하시다니…….', '어머니의 그 다리와 아들과의 동일시가 나한테까지 옮아붙은 것처럼 나는 그 다리가 무서웠다.' 등 전쟁으로 아들을 잃은 일을 환각 속에서 경험하고 있는 어머니의 모습을 보며 자신의 심리적 반응을 구체적으로 제시하고 있다.

**오답의 이유**

② 제시된 작품은 딸을 서술자로 삼아, 전쟁으로 아들을 잃은 어머니의 상처에서 비롯된 사건을 전달하고 있으며, 장면에 따라 서술자가 전환되지 않는다.

③ '나'는 어머니가 병원에서 이상 행동을 보인 사건과 과거 회상을 통하여 그 원인이 된 사건을 제시하고 있다. 동시에 벌어진 사건을 병렬적으로 제시하고 있지 않다.

④ '나'는 회상을 통해 과거의 사건을 생생하고 구체적으로 전달함으로써 사건의 비극성을 더욱 부각하고 있으며, 과거 회상 장면에서는 인민군 군관이 '나'의 오빠를 죽이면서 인물 간의 갈등이 절정에 달한다. 따라서 과거의 사건을 요약적으로 제시하여 인물 간의 갈등이 해소되는 과정을 보여주고 있다는 내용은 적절하지 않다.

## 12 난도 ★★☆   정답 ④

**현대 문학 > 현대 소설**

**정답의 이유**

④ 어머니가 '나'를 털어내면서 격렬하게 몸부림치는 이유는 '나'가 오빠를 지키지 못한 것에 대한 원망 때문이 아니라, 환각 상태에서 '나'를 오빠를 죽인 '인민군 군관'으로 착각하고 있기 때문이다.

**오답의 이유**

① 어머니는 환각 상태에서 전쟁 당시 아들을 죽인 군관의 모습을 본다. 어머니는 아들을 지키기 위해 붕대가 감긴 자신의 다리를 아들로 여기고 온몸으로 다리를 엄호한다.

② 어머니가 환각 속에서 보고 있는 군관은 과거 전쟁 당시 오빠에게 권총을 쏘아 오빠를 해친 존재이다.

③ '나'는 과거 오빠의 죽음이 어머니에게 얼마나 고통스러운 경험이었는지를 알기 때문에 그 일을 두 번 겪는 것보다 차라리 죽는 것이 낫다고 생각하고 있다.

## 13 난도 ★★☆  ※ 중복 정답 처리된 문항으로, 선지를 교체하여 수록함  정답 ③

현대 문학 > 현대 소설

**정답의 이유**

③ '나'의 가족은 예전에 살던 동네에 숨어 지내다가 집에 들이닥친 인민군 군관에게 발각되고, 이후 '보위군관'이 찾아와 오빠에게 총상을 입혔다. 제시된 작품에서 '보위군관'이 마을에 도착하자마자 '나'의 집을 찾았다는 내용은 나타나지 않는다.

**오답의 이유**

① '공포와 아직도 한 가닥 기대를 건 비굴이 어머니의 얼굴을 뒤죽박죽으로 일그러뜨리고 이마에선 구슬 같은 땀이 송글송글 솟아오르고 다리를 감싼 손과 앙상한 어깨는 사시나무 떨듯 떨고 있었다.'를 통해 환각을 보는 어머니의 몸이 심하게 떨렸음을 알 수 있다.

② '아부를 번갈아 하며 몸부림치는 서슬에 마침내 링거줄이 주사바늘에서 빠져 버렸다. 혈관에 꽂힌 채인 주사바늘을 통해 피가 역류해 환자복과 시트를 점점 물들였다.'를 통해 주삿바늘을 통해 나온 피를 보고 어머니의 이상 행동이 심해졌음을 알 수 있다.

④ '오빠의 총상은 다 치명상이 아니었는데도 며칠만에 운명했다.'를 통해 오빠는 총에 맞아 생긴 상처로 인해 죽음에 이르게 되었음을 알 수 있다.

**작품 해설**

박완서, 「엄마의 말뚝 2」

- 갈래: 전후 소설, 중편 소설, 연작 소설
- 성격: 자전적, 회상적
- 주제: 전쟁이 남긴 상처와 분단 극복의 의지
- 특징
  - 1인칭 주인공 시점
  - 현재 시점에서 과거를 회상하는 역순행적 구성을 취함

## 14 난도 ★★★  정답 ①

문법 > 고전 문법

**정답의 이유**

① ㉠ '中듕國귁·에'는 '중국과'로 해석할 수 있으며, '에'는 비교 부사격 조사이다. ㉢ '·뿌·메'는 '씀에, 사용함에'로 해석할 수 있고, '쁘+움+에'로 분석된다. 여기에 쓰인 '에'는 처소 부사격 조사이다. 따라서 ㉠과 ㉢에서 동일한 비교의 부사격 조사를 확인할 수 있다는 설명은 적절하지 않다.

**오답의 이유**

② ㉡ '文문字·쭝·와·로'는 '한자와는'으로 해석할 수 있으며, 다른 대상과의 비교를 나타내는 조사 '와'가 쓰였다.

③ ㉣ '·홇·배'는 '하는 바가'로 해석할 수 있으며 '배'는 '바+ㅣ'로 분석된다. 이때 'ㅣ'는 주격 조사에 해당한다. ㉥ '·내'는 '내가'로 해석할 수 있으며 '나+ㅣ'로 분석된다. 이때 'ㅣ'는 주격 조사에 해당한다.

④ ㉤ '·뜨·들'은 '뜻을'로 해석할 수 있으며, '뜯+을'이 이어적기로 표기한 것이다. 조사 앞에 음성 모음 'ㅡ'가 쓰였으므로, 목적격 조사 '을'이 쓰였다. ㉦ '·스·믈여·듧字·쫑·룰'은 '스물 여덟 글자를'로 해석할 수 있으며, 조사 앞에 양성 모음 'ㆍ'가 쓰였으므로, 목적격 조사 '룰'이 쓰였다. 이를 통해 체언의 끝소리와 모음 조화에 따라 목적격 조사가 다르게 실현됨을 확인할 수 있다.

## 15 난도 ★★★  정답 ④

문법 > 고전 문법

**정답의 이유**

④ '·몯홇'은 현대 국어에서 '못할'로 바뀌었다. 현대 국어에서 음절의 끝소리 규칙으로 'ㅅ'은 'ㄷ'으로 발음되므로, '·몯홇'이 '못할'로 바뀌었음을 통해 종성의 'ㄷ'이 'ㅅ'으로 발음되게 되었음을 알 수 있다는 내용은 적절하지 않다.

**오답의 이유**

① '·이런'의 '·'은 성조를 나타내는 방점이다. 현대 국어에서 방점을 표기하지 않고 '이런'으로 바뀐 것을 볼 때 성조가 사라졌음을 알 수 있다.

② '말쏫·미(말씀이)'의 'ㆍ'는 현대 국어에서 'ㅡ'로 바뀌었다. 'ᄆᆞ·츰:내(마침내)'에서 'ᄆᆞ'의 'ㆍ'는 현대 국어에서 'ㅏ'로 바뀌었고, '츰'의 'ㆍ'는 현대 국어에서 'ㅣ'로 바뀌었다. 이를 통해 아래 아(ㆍ)는 첫 음절에서 'ㅏ', 둘째 음절 이하에서는 'ㅡ' 또는 'ㅣ'로 바뀌었음을 알 수 있다.

③ '펴·디'가 '펴지'로 바뀌었음을 통해 'ㄷ'이 'ㅣ' 모음의 영향으로 'ㅈ'으로 바뀌는 구개음화가 적용되었음을 알 수 있다.

## 16 난도 ★☆☆  정답 ①

문법 > 통사론

**정답의 이유**

① '민수가 나를 웃겼다.'는 능동사 '웃었다'의 어근 '웃-'에 사동 접미사 '-기-'가 결합하여 만들어진 사동사 '웃겼다'가 있는 사동문이다. 또한, 목적어 '나를'이 있고, '웃겼다'를 '웃게 하다'로 해석하면 자연스러운 것으로 보아 제시된 문장은 피동문이 아닌 사동문임을 알 수 있다.

**오답의 이유**

② '내가 모기에게 물렸다.'는 능동사 '물었다'의 어간 '물-'에 피동 접미사 '-이-'가 결합하여 만들어진 피동사 '물렸다'가 있는 피동문이다.

③ '회담이 정부에 의해 진행되었다.'는 명사 '진행'에 피동의 의미를 더하는 접미사 '-되다'가 결합하여 만들어진 피동사 '진행되었다'가 있는 피동문이다.

④ '바라던 것이 이루어졌다.'는 능동사 '이루었다'의 어간 '이루-'에 피동의 의미를 더하는 보조 용언 '-어지다'가 결합하여 만들어진 피동사 '이루어졌다'가 있는 피동문이다.

## 17 난도 ★★☆  정답 ①

**문법 > 통사론**

**정답의 이유**

㉠ '형이 저지른 잘못이 빌미가 되었음을 동생이 밝혔다.'에서 '형이 저지른 잘못이 빌미가 되었음'을 밝힌 주체는 '동생'이므로 ㉠에는 '동생이'가 들어가야 한다.

㉡ 명사절 '잘못이 빌미가 되었음'은 '잘못이 빌미가 되었다'에 명사형 어미 '-(으)ㅁ'이 결합한 것으로 전체 문장에서 목적어 역할을 한다. '빌미가 되었다'의 주체는 '잘못'이므로 ㉡에는 '잘못이'가 들어가야 한다.

㉢ 관형사절 '형이 저지른'은 '형이 (잘못을) 저지르다'라는 절에 관형사형 어미 '-(으)ㄴ'이 결합한 것으로 전체 문장에서 관형어 역할을 한다. '(잘못을) 저지르다'의 주체는 '형'이므로 ㉢에는 '형이'가 들어가야 한다.

## 18 난도 ★★☆  정답 ④

**문법 > 한글 맞춤법**

**정답의 이유**

④ 제47항 다만에 따르면 앞말에 조사가 붙는 경우 뒤에 오는 보조 용언은 띄어 쓴다. 이를 통해 '놀아만 나는구나'의 본용언 '놀아'에 조사 '만'이 결합하였으므로 뒤에 오는 보조 용언을 띄어 썼음을 확인할 수 있다.

**오답의 이유**

① 제47항에서 보조 용언은 띄어 씀을 원칙으로 하되, 경우에 따라 붙여 씀도 허용한다고 하였다. 따라서 보조 용언 '만하다'는 '그 일은 할 만하다.'와 같이 띄어 쓰는 것을 원칙으로 하되 '그 일은 할만하다.'로 붙여 쓰는 것도 가능하다.

② 제47항 다만에 따르면 중간에 조사가 들어갈 적에는 그 뒤에 오는 보조 용언은 띄어 쓴다. '듯하다'는 붙여 쓰지만 '듯'과 '하다' 사이에 조사 '도'가 들어가므로 뒤에 오는 '하다'는 띄어 써야 한다.

③ 제47항 다만에 따르면 앞말이 합성 용언인 경우 그 뒤에 오는 보조 용언은 띄어 쓴다. '떠내려가다'는 '뜨다', '내리다', '가다'가 결합한 합성 동사이므로 뒤에 오는 보조 용언 '버렸다'는 띄어 써야 한다. 따라서 '떠내려가버렸다'와 같이 적는 것은 옳지 않으며 '떠내려가 버렸다'로 써야 한다.

## 19 난도 ★☆☆  정답 ③

**비문학 > 사실적 읽기**

**정답의 이유**

③ 2문단의 '특정한 종류의 플라스틱은 높은 열이나 전자레인지에 노출되면 환경호르몬이 검출된다.'를 통해 고온이나 전자레인지에 노출되면 환경호르몬이 검출되는 플라스틱이 있음을 알 수 있다.

**오답의 이유**

① 1문단의 '지구인들이 만들어 낸 플라스틱 양은 1950년부터 2015년까지 무려 약 83억 톤에 이른다.'를 통해 2015년까지의 누적 플라스틱 양은 최소 83억 톤에 달함을 알 수 있다.

② 1문단의 '2020년 유엔 환경계획(UNEA)의 특별 보고서에 따르면 1950년 한 해 약 200만 톤이던 플라스틱 생산량은 갈수록 증가해 2020년에는 약 4억 톤이 되었다.'를 통해 플라스틱 생산량은 1950년 이후 지속적으로 증가하는 추세임을 알 수 있다.

④ 4문단의 '패스트 패션은 유행하는 디자인의 옷을 마치 패스트푸드처럼 매우 신속하게 제작, 유통, 판매하는 패션 산업을 가리킨다.'를 통해 패스트 패션은 빠르게 옷을 생산하고 판매하는 의류 산업임을 알 수 있다.

## 20 난도 ★★☆  정답 ①

**비문학 > 사실적 읽기**

**정답의 이유**

① 3문단에서 '이는 플라스틱의 생산량과 폐기량을 비교했을 때 오차가 너무 크다는 점에서 ~ 어마어마한 양의 플라스틱이 눈에 안 보일 만큼 작은 알갱이로 부서져 바닷속을 떠돌고 있음을 밝혀냈다.'라고 하였으므로, 플라스틱 생산량과 폐기량이 차이가 나고 많은 양이 미세 플라스틱으로 바닷속을 떠돌고 있음을 알 수 있다. 이를 통해 플라스틱 생산량이 폐기량보다 많음을 추측할 수 있다. 따라서 ㉠이 플라스틱 폐기량이 생산량보다 많은 이유에 해당한다는 내용은 적절하지 않다.

**오답의 이유**

② 3문단의 '미세 플라스틱은 우리가 마시는 물과 소금으로 흘러들고, 물고기 먹이가 되어 식탁 위에 올라 우리 입속으로 들어오고, 수증기와 함께 하늘로 올라가 비와 눈이 되어 전 지구에 내리고 있다.'를 통해 미세 플라스틱이 사람이 먹는 음식에도 유입되고 있어 문제가 됨을 알 수 있다.

③·④ 4문단의 '미세 플라스틱은 미세 섬유에서도 만들어진다.'와 '나일론, 폴리에스터, 폴리우레탄, 아크릴 같은 합성 섬유로 만든 옷을 세탁기에 넣고 빨면 수십만 개의 미세 섬유가 빠져나온다.'를 통해 의류를 세탁하는 과정에서 만들어지는 미세 섬유와 미세 플라스틱이 관련이 있고, 합성 섬유의 사용이 늘면 미세 플라스틱의 양도 증가할 수 있음을 알 수 있다.

## 21 난도 ★★☆  정답 ②

**비문학 > 추론적 읽기**

**정답의 이유**

② 2문단에서 '폴리스티렌(PS)으로 만들어진 음료 컵 뚜껑에서는 스타이렌 같은 휘발성 유기화합물(VOC)이 나와서 많은 나라에서 이를 폴리프로필렌(PP)으로 교체하기도 하였다.'라고 하였으므로 폴리프로필렌(PP)에서는 휘발성 유기화합물(VOC)이 검출되지 않을 것임을 추론할 수 있다.

**오답의 이유**

① 2문단에서 '심지어 이 플라스틱은 생산되는 순간부터 사라질 때까지 온갖 환경 호르몬과 유해 물질을 꾸준히 배출해서 더욱 문제가 된다.'라고 하였으므로 플라스틱은 사라질 때까지 환경 호르몬을 배출함을 알 수 있다. 이를 볼 때 잘 썩는 플라스틱을 개발한다고 해서 환경 호르몬 문제를 해결할 수는 없음을 추론할 수 있다.

③ 3문단에서 '미세 플라스틱은 우리가 마시는 물과 소금으로 흘러들고, 물고기 먹이가 되어 식탁 위에 올라 우리 입속으로 들어오고, 수증기와 함께 하늘로 올라가 비와 눈이 되어 전 지구에 내리고 있다.'라고 하였으므로 비와 눈에서도 미세 플라스틱이 검출될 수 있음을 추론할 수 있다.

④ 5문단에서 '그러나 무턱대고 플라스틱 사용을 금지하기보다는 신중한 접근이 필요하다.'라고 하였으나, 환경 오염을 줄이기 위해 우선적으로 기업의 플라스틱 사용을 금지해야 한다는 내용은 추론할 수 없다.

## 22  난도 ★★☆                                                정답 ②

현대 문학 > 희곡

정답의 이유

㉠ 제시된 작품의 갈래는 희곡으로, 무대 상연을 목적으로 하여 쓴 연극의 대본이다.
㉢ 희곡은 작품의 사건, 줄거리, 주제 등이 등장인물의 대화와 행동으로 전달되며, 공연을 보는 관객들의 눈앞에 일어나는 사건을 표현하기 때문에 사건이 현재형으로 제시된다.

오답의 이유

㉡ 희곡은 무대 상연을 목적으로 한 문학 장르이기 때문에 장면 전환이 자유롭지 않고, 여러 가지 공간적·시간적 제약이 따른다.
㉣ 희곡은 서술자의 개입 없이 무대 위 등장인물들의 행동이나 대화를 통해 사건이 관객에게 전달된다.

## 23  난도 ★★☆                                                정답 ③

현대 문학 > 희곡

정답의 이유

③ ㉢은 '촌장'이 이리 떼가 없다는 진실을 밝히려고 하는 '파수꾼 다'를 달래기 위하여 보이는 반응이다.

오답의 이유

① '촌장'은 이리 떼가 없다는 진실이 밝혀지기를 꺼리고 있다. 따라서 이리 떼가 없다고 편지를 쓴 '파수꾼 다'에게 ㉠과 같이 말한 것은 '촌장'의 마음을 반어적으로 표현한 것이다.
② '파수꾼 다'는 이리 떼가 없다는 편지를 썼고, 이를 운반한 '운반인'은 도중에 편지를 읽어 마을 사람들이 사실을 알게끔 하였다. '촌장'은 진실이 밝혀지기를 원하지 않으므로 ㉡에는 '운반인'에 대한 '촌장'의 못마땅한 심정이 드러난다.
④ '촌장'은 '파수꾼 다'에게 이리 떼가 없다고 외치겠다고 하며 안심시킨다. 하지만 ㉣과 같이 혀를 날름거린다. 이는 '파수꾼 다'를 속이려는 '촌장'의 이중적이고 위선적인 성격을 관객에게 보여 준다.

## 24  난도 ★★☆                                                정답 ②

현대 문학 > 희곡

정답의 이유

② ⓑ에서 '촌장'은 진실이 밝혀지면 덫을 보러 간 파수꾼의 수고가 허사가 되고, 마을의 질서는 무너져 버린다고 이야기하고 있다. 이는 진실을 밝히면 전체가 혼란해질 것이라는 논리로, 개인에게 생길 부정적인 영향을 언급하며 상대의 실천 의지를 꺾고 있는 것이 아니다.

오답의 이유

① ⓐ에서 '촌장'은 '파수꾼 다'에게 사람들만 오지 않으면 딸기를 따러 가고 싶다고 하면서, 진실을 밝히지 않으면 얻게 될 대가를 언급하며 '파수꾼 다'를 회유하고 있다.
③ ⓒ에서 '촌장'은 자신에게 도끼가 찍혀 피가 흘러내린다는 끔찍한 상황을 가정하여 말함으로써 '파수꾼 다'의 불안감과 동정심을 자극하고 있다.
④ ⓓ에서 '촌장'은 실제로는 진실을 밝힐 마음이 없지만, 시간을 벌어 위기를 모면하기 위하여 '내일은 너를 따라 흰 구름'이라 외치겠다는 거짓말로 '파수꾼 다'와 타협하고 있다.

## 25  난도 ★★☆                                                정답 ②

현대 문학 > 희곡

정답의 이유

② 〈보기〉를 참고하였을 때, 제시된 작품은 체제 유지를 위하여 사람들에게 '가상의 적'에 대한 두려움을 심어 주었던 지배 권력을 비판하는 작품임을 알 수 있다. 이 작품의 '이리 떼'는 '가상의 적'에 해당하는데, '파수꾼 다'는 '이리 떼'가 실체 없는 허상임을 알고 '이리 떼는 없고, 흰 구름뿐'이라는 편지를 통해 사람들에게 진실을 알리고자 한다. 따라서 '파수꾼 다'는 진실을 혼자만 알기를 원한다는 내용은 적절하지 않다.

오답의 이유

① 제시된 작품에서 '이리 떼'는 마을 사람들에게 두려움을 안기는 '가상의 적'에 해당하며, '촌장'에게는 마을의 질서를 만들고 유지하는 통제의 수단에 해당한다.
③ '촌장'은 '이리 떼' 덕분에 마을 사람들이 단결하고 질서가 생겼다며, '이리 떼'가 있다고 거짓말한 것에 대한 명분으로 마을 사람들 사이의 단결과 질서를 내세우고 있다.
④ '망루' 위에서는 '이리 떼'가 있는지 없는지 확인할 수 있지만 '망루' 아래에서는 이를 확인할 수 없다. 이처럼 위와 아래로 분할된 망루는 진실을 알 수 없게 소통을 차단함으로써 진실을 은폐하는 권력의 기제 역할을 한다.

작품 해설

**이강백, 「파수꾼」**

- 갈래: 희곡, 단막극, 풍자극
- 성격: 상징적, 우화적, 풍자적, 교훈적
- 주제: 진실이 왜곡된 사회에 대한 비판
- 특징
  - 당대 현실을 우화적으로 풍자함
  - 상징성이 강한 인물과 소재를 사용하여 주제를 나타냄
  - 이솝 우화 「양치기 소년과 이리」를 차용하여 시대 상황을 풍자함

# 국어 | 2023년 법원직 9급

## 한눈에 훑어보기

### ✔ 영역 분석

**어휘** 24
1문항, 4%

**문법** 04 05 16
3문항, 12%

**고전 문학** 17 18 19 20 21 22
6문항, 24%

**현대 문학** 06 07 08 12 13 14 15
7문항, 28%

**비문학** 01 02 03 23 25
5문항, 20%

**통합** 09 10 11
3문항, 12%

### ✔ 빠른 정답

| 01 | 02 | 03 | 04 | 05 | 06 | 07 | 08 | 09 | 10 |
|---|---|---|---|---|---|---|---|---|---|
| ③ | ① | ③ | ② | ④ | ② | ③ | ① | ③ | ② |
| 11 | 12 | 13 | 14 | 15 | 16 | 17 | 18 | 19 | 20 |
| ④ | ④ | ④ | ④ | ④ | ④ | ② | ① | ④ | ② |
| 21 | 22 | 23 | 24 | 25 | | | | | |
| ④ | ③ | ③ | ④ | ② | | | | | |

### ✔ 점수 체크

| 구분 | 1회독 | 2회독 | 3회독 |
|---|---|---|---|
| 맞힌 문항 수 | / 25 | / 25 | / 25 |
| 나의 점수 | 점 | 점 | 점 |

## 01 난도 ★☆☆  정답 ③

비문학 > 사실적 읽기

**정답의 이유**

③ 5문단의 "어떤 식으로든 눈에 띄고 선택받아 '돈'이 되기 위해 비윤리적이어도 개의치 않고 자극적인 요소들을 자연스럽게 포함한다. ~ 이런 이유로 가짜 뉴스는 혐오나 선동과 같은 자극적 요소를 담게 되고, 이렇게 만들어진 가짜 뉴스는 사회 구성원들의 통합을 방해하고 극단주의를 초래한다."를 통해 확인할 수 있다.

**오답의 이유**

① 5문단에서 '뉴스와 관련된 돈은 대부분 광고에서 발생한다. 모든 광고는 광고 중개 서비스를 통하는데, 광고주가 중개업체에 돈을 지불하면 중개업체는 금액에 따라 광고를 배치한다.'라고 하였으나 이를 통해 광고주와 중개업체 사이에 위계 관계가 발생하는지는 알 수 없다.

② 5문단의 '뉴스가 범람하는 상황에서 이용자는 선택과 집중을 할 수밖에 없다.'를 통해 소비자가 선택과 집중을 통해 뉴스를 소비하게 되는 것은 뉴스가 범람하는 상황 때문임을 알 수 있다.

④ 5문단의 '뉴스와 관련된 돈은 대부분 광고에서 발생한다. ~ 높은 조회수가 나오는 사이트일수록 높은 금액의 광고를 배치하는 식이다.'를 통해 사이트에 높은 금액을 지불하는 것은 소비자가 아닌 광고주임을 알 수 있다. 소비자가 높은 금액을 주고 가짜 뉴스를 읽는다는 내용은 제시된 글에 나타나지 않는다.

## 02 난도 ★★☆  정답 ①

비문학 > 사실적 읽기

**정답의 이유**

① 2문단에서 가짜 뉴스의 정의와 범위에 대해서 의견이 여러 갈래로 나뉜다고 하였다. 하지만 가짜 뉴스의 기준과 범위를 정하기 어려운 이유는 나타나지 않는다.

**오답의 이유**

② 2문단에서 한국언론학회와 한국언론진흥재단이 주최한 세미나에서 가짜 뉴스를 '정치적·경제적 이익을 위해 의도적으로 언론 보도의 형식을 하고 유포된 거짓 정보'라고 정의하였다. 이를 통해 제시된 글이 전문성을 가진 단체가 주최한 세미나에서 정의한 가짜 뉴스의 개념을 제시하고 있음을 알 수 있다.

③ 1문단에서 "2016년에 옥스퍼드 사전은 세계의 단어로 '탈진실'을 선정하며 탈진실화가 국지적 현상이 아니라 세계적으로 나타나는 시대적 특성이라고 진단했다."라며 '탈진실'이라는 시대적 특성을 제시한 다음 가짜 뉴스가 사회적 논란거리로 떠올랐다고 하였다. 이를 통해 제시된 글이 가짜 뉴스가 논란거리로 떠오르

게 된 시대의 특성을 제시하고 있음을 확인할 수 있다.
④ 4문단에서 대중이 뉴스를 접하는 채널이 신문·방송과 같은 전통적 매체에서 포털이나 SNS 등의 디지털 매체로 옮겨 가면서 가짜 뉴스는 누구나 쉽게 이용하는 매체에 '정식 기사'의 얼굴을 하고 나타나며 이는 쉽게 유통되고 확산되는 특징을 갖는다고 하였다. 이를 통해 제시된 글이 사용 매체의 변화로 인해 발생한 가짜 뉴스의 특징을 제시하고 있음을 알 수 있다.

## 03 난도 ★☆☆    정답 ③

비문학 > 사실적 읽기

정답의 이유

③ 3문단의 '1923년 관동 대지진이 났을 때 일본 내무성이 조선인에 대해 악의적으로 허위 정보를 퍼뜨린 일은 가짜 뉴스가 잔인한 학살로 이어진 사건이다.'를 통해 과거에 가짜 뉴스로 인해 많은 사람이 실제로 사망하는 사건이 벌어졌다는 것을 확인할 수 있다.

오답의 이유

① 4문단의 '가짜 뉴스는 더 이상 동요나 입소문을 통해 퍼지지 않는다.'를 통해 가짜 뉴스가 현재에는 입소문을 통해 전파되지 않음을 확인할 수 있다.
② 1문단의 "2016년에 옥스퍼드 사전은 세계의 단어로 '탈진실'을 선정하며 탈진실화가 국지적 현상이 아니라 세계적으로 나타나는 시대적 특성이라고 진단했다."를 통해 탈진실화는 특정 국가에 한정된 것이 아닌 세계적으로 나타나는 현상임을 확인할 수 있다.
④ 3문단의 '이처럼 역사 속에서 늘 반복된 가짜 뉴스가 뜨거운 감자로 떠오른 것은 새삼스러운 것처럼 보이지만, 최근 일어나는 가짜 뉴스 현상을 돌아보면 이전의 사례와는 확연히 다른 점을 발견할 수 있다.'를 통해 가짜 뉴스 현상은 과거와 현재가 확연히 다른 양상을 보임을 확인할 수 있다.

## 04 난도 ★★★    정답 ②

문법 > 통사론

정답의 이유

② '사기를 높여야'에서 동사 '높이다'는 형용사 '높다'의 어근 '높-' 뒤에 사동의 접미사 '-이-'가 결합한 것으로, 접사가 어근 뒤에 결합하였고 형용사인 '높다'가 동사 '높이다'로 품사가 바뀌었음을 확인할 수 있다. 따라서 ㉠과 ㉡을 모두 충족하는 예로 가장 적절하다.

오답의 이유

① '저녁노을이 유난히 새빨갛다'에서 형용사 '새빨갛다'는 형용사 '빨갛다' 앞에 접두사 '새-'가 결합한 것으로, 접사가 어근 앞에 결합하였고 품사는 바뀌지 않았음을 확인할 수 있다. 따라서 ㉠과 ㉡ 모두 충족하지 못하는 예이다.
③ '책은 쉽고 재미있게 읽힌다'에서 동사 '읽히다'는 동사 '읽다'의 어근 '읽-' 뒤에 피동의 접미사 '-히-'가 결합한 것으로, 접사가 어근 뒤에 결합하였고 품사는 바뀌지 않았음을 확인할 수 있다. 따라서 ㉠은 충족하지만 ㉡은 충족하지 못하는 예이다.
④ '천천히 달리기가'에서 동사 '달리기'는 동사 '달리다'의 어근 '달리-'에 명사형 전성 어미 '-기'가 결합한 것으로 접사가 결합하지 않았고 품사도 바뀌지 않았음을 확인할 수 있다. 따라서 ㉠과 ㉡ 모두 충족하지 못하는 예이다.

## 05 난도 ★★☆    정답 ④

문법 > 통사론

정답의 이유

④ ㉣ '편찮으셨구나'는 '아프다'의 높임 어휘인 '편찮다'의 어간 '편찮-'에 높임 선어말 어미 '-으시-'가 결합한 것으로 주체인 '할머니'를 높인다.

오답의 이유

① ㉠ '모시고'는 '데리다'의 높임 어휘인 '모시다'의 활용형으로, 객체인 '할머니'를 높인다.
② ㉡ '할머니께'는 '할머니'에 높임의 부사격 조사 '께'가 결합한 것으로, 객체인 '할머니'를 높인다.
③ ㉢ '드린다'는 '주다'의 높임 어휘인 '드리다'의 활용형으로, 객체인 '할머니'를 높인다.

## 06 난도 ★★☆    정답 ②

현대 문학 > 현대 소설

정답의 이유

② '철'이 '나'에게 6·25 전쟁 때 북한군의 포로가 되었던 어느 형제에 관한 이야기를 들려주는 (가)의 내용이 외부 이야기이고 이 형제의 이야기가 구체적으로 전개되는 (나)~(마)의 내용이 내부 이야기이다. 따라서 이야기를 외부와 내부로 구성하여 주제를 전달하고 있다는 설명은 적절하다.

오답의 이유

① (나)에서 '형은 둔감했고 위태위태하도록 솔직했고, 결국 조금 모자란 사람이었다.', '물론 평소에 동생에 대한 형으로서의 체모나 위신 같은 것도 전혀 신경을 쓰지 않아서, ~ 하얀 살갗의 여윈 얼굴에 이 쓴웃음은 동생의 오연한 성미와 잘 어울려 있었다.' 등을 통해 인물의 성격을 상세하게 설명하고 있음을 알 수 있다. 그러나 인물을 희화화하고 있지는 않다.
③ 제시된 작품은 등장인물의 내적 독백이 아닌 대화를 중심으로 사건이 전개되고 있다.
④ 제시된 작품은 사건들을 병렬적으로 제시하고 있지 않다.

## 07 난도 ★★☆   정답 ③

**현대 문학 > 현대 소설**

정답의 이유

③ '너, 무슨 일이 생겨두 날 형이라구 글지 마라'라는 말에는 자신의 죽음으로 인해 동생이 불이익을 받을까 염려하는 마음이 담겨 있다. 따라서 구성원을 획일화하는 사회에 대한 비판적 인식을 드러낸 것이라는 내용은 적절하지 않다.

오답의 이유

① 제시된 작품에서 '형'은 둔감하고 어수룩하여 현실에 잘 적응하지 못하지만, 솔직하고 천진난만한 인물이다. 따라서 모자라지만 둔감하고 위태위태하도록 솔직했던 형은 순수한 인간 본연의 모습을 간직한 인물로 볼 수 있다.

② 제시된 작품에서 '형'은 '주위의 경비병들을 흘끔 곁눈질해' 보며 눈치를 살피다가 점점 천진한 모습을 잃어 '밤에도 동생의 귀에다 입을 대고 이것저것 지껄이지' 않고, 동생이 울어도 '왜 우느냐고 화를 내지도 않고 울음을 터뜨리지도' 않는다. 이러한 상황을 볼 때 형이 경비병의 눈치를 흘끔거리기만 하는 모습에서 개인의 자유를 억압하는 외부의 감시가 존재함을 확인할 수 있다.

④ 제시된 작품에서 '형'은 아픈 다리 때문에 힘들어하다가 '주의해 보아 오던 한 사람이 뒤에서 따발총을 휘둘러 쏘'아 죽고 만다. 이를 통해 전쟁의 폭력성과 근원적인 인간성 상실의 모습을 확인할 수 있다.

## 08 난도 ★☆☆   정답 ①

**현대 문학 > 현대 소설**

정답의 이유

① (나)를 보면, 해방 이듬해 삼팔선을 넘을 때 모두가 긴장해서 숨도 제대로 쉬지 못하는 상황에서 형이 "야하, 이기 바루 그 삼팔선이구나이, 야하."라고 말해서 모두를 놀라게 했던 일을 제시하고 있다. 따라서 형은 모두가 긴장한 상황임을 알고 본인도 긴장하여 아무 소리도 내지 못했다고 이해한 것은 적절하지 않다.

오답의 이유

② (다)와 (라)에서 눈물을 흘리는 동생의 모습을 보고 왜 우냐고 화를 내면서도 눈물을 터뜨리는 형의 모습을 확인할 수 있다.

③ (라)의 '이젠 밤에도 동생의 귀에다 입을 대고 이것저것 지껄이지 않았다. ~ 동생은 또 참다못해 눈물을 흘렸다. 그러나 형은 왜 우느냐고 화를 내지도 않고 울음을 터뜨리지도 않았다. 동생은 이런 형이 서러워 더 더 흐느꼈다.'를 통해 시간이 지나 동생의 귀에 어떤 말도 하지 않는 형의 모습을 보며 서러워하는 동생의 모습을 확인할 수 있다.

④ (마)에서 형은 동생에게 "너, 무슨 일이 생겨두 날 형이라구 글지 마라, 어엉"이라며 평소와 다른 숙성한 사람 같은 억양으로 말하는 장면을 제시하고 있다.

**작품 해설**

이호철, 「나상」

- 갈래: 단편 소설, 액자 소설
- 성격: 비판적, 실존적
- 주제: 근원적 인간성의 소중함과 극한 상황에서 모색하는 올바른 삶의 자세
- 특징
  - 외부 이야기와 내부 이야기의 서술 시점이 다름
  - 전쟁의 폭력성과 이로 인한 인간성 상실을 강조함
  - 외부와 내부를 넘나드는 인물을 통해 과거와 현재를 교차하여 주제를 확장함

## 09 난도 ★★☆   정답 ③

**통합 > 고전 운문 · 현대 시**

정답의 이유

③ (가)에서는 '잡ᄉᆞ와 두어리마ᄂᆞᄂᆞᆫ / 선ᄒᆞ면 아니 올셰라'며 이별의 상황을 체념하고 수용하는 모습과 자기희생적인 태도가 나타난다. (나)에서는 '나 보기가 역겨워 / 가실 때에는 / 말없이 고이 보내 드리우리다'며 이별의 상황을 받아들이는 체념적 태도가 나타나고 '가시는 걸음걸음 / 놓인 그 꽃을 / 사뿐히 즈려밟고 가시옵소서.'에서 임에 대한 원망을 초극한 희생적인 사랑이 나타난다.

오답의 이유

① (가)의 '가시ᄂᆞᆫ 듯 도셔 오쇼셔 나ᄂᆞᆫ'을 통해 사랑하는 임과 재회하기를 바라는 화자의 소망을 확인할 수 있다. (나)에서는 임과 이별하고 싶지 않은 마음을 표현하고는 있으나 임과의 재회를 희망하는 모습은 나타나지 않는다.

② (나)에서는 '영변(寧邊)에 약산(藥山)'이라는 구체적인 지명이 나타나지만 (가)에서는 나타나지 않는다.

④ (가)와 (나) 모두 이별의 원인을 외부에서 찾고 있지 않다.

## 10 난도 ★★☆   정답 ②

**통합 > 고전 운문 · 현대 시**

정답의 이유

② '셜온'의 주체를 화자로 본다면 ⓒ '셜온 님'은 '나'를 서럽게 하는 임이라고 해석되고 '셜온'의 주체를 임으로 본다면 ⓒ '셜온 님'은 이별을 서러워하는 임이라고 해석된다. 따라서 임 역시 이별 상황을 아쉬워하고 있다는 것은 '셜온'의 주체를 임으로 본 경우이다.

오답의 이유

① ⊙ '선ᄒᆞ면 아니 올셰라'에서 서운하면 사랑하는 임이 돌아오지 않을까 하여 임을 보내드린다며 화자가 임을 떠나보내는 이유를 제시하고 있다.

③ 영변의 약산에 핀 ⓒ '진달래꽃'을 임이 떠나는 길에 뿌리겠다고 하는 것은 떠나는 임에 대한 축복이며 화자의 사랑과 정성을 의미한다. 또한 '진달래꽃'은 시적 화자의 분신으로, 이것을 밟고 가라고 하는 것은 화자의 헌신과 희생을 보여주는 것이다.

④ ㉣에서는 임이 떠나는 상황에서도 죽어도 눈물을 흘리지 않겠다고 함으로써 인고의 자세를 보여주고 있으나 실제로는 반어법을 통해 이별의 상황에서 느끼는 슬픔을 강조하고 있다.

## 11 난도 ★★★   정답 ④

**통합 > 고전 운문·현대 시**

[정답의 이유]

④ (가)와 (나) 모두 기-승-전-결의 4단 구성을 통해 시상을 전개하고 있다. (가)는 '이별의 슬픔(기)-임에 대한 원망(승)-이별에 대한 체념(전)-재회의 소망(결)'의 구성으로 시상이 전개되며, (나)는 '이별의 정한(기)-떠나는 임에 대한 축복(승)-희생적 사랑(전)-이별의 정한 극복(결)'의 구성으로 시상이 전개된다.

[오답의 이유]

① 수미상관은 첫 번째 연이나 행을 마지막 연이나 행에 다시 반복하는 것을 의미한다. 이를 고려했을 때 (나)에서는 1연의 '나 보기가 역겨워 / 가실 때에는 / 말없이 고이 보내 드리우리다.' 시구가 동일하게 4연에서도 반복되어 수미상관이 나타나는 것을 확인할 수 있다. 반면 (가)에서는 수미상관 형식이 나타나지 않는다.

② (가)에서는 음악적 효과를 위해 '나는'이라는 여음과 '위 증즐가 大平盛代(대평셩ᄃᆡ)'라는 후렴구를 사용하고 있으며, '가시리 가시리잇고 / ᄇᆞ리고 가시리잇고'라는 시구에서 반복을 통해 운율을 형성하고 있다.

③ (가)에서는 '가시리/가시리/잇고'와 같이 3·3·2조의 3음보 율격을 보이나 (나)에서는 '나 보기가/역겨워/가실 때에는'과 같이 7·5조의 3음보 율격을 보인다.

[작품 해설]

**(가) 작자 미상, 「가시리」**
- 갈래: 고려 가요
- 성격: 애상적, 서정적, 소극적, 자기희생적
- 주제: 이별의 정한(情恨)
- 특징
  - '기-승-전-결'의 4단 구성
  - 간결하고 함축적인 시어를 사용함
  - 민족 전통 정서인 '한'을 잘 나타냄

**(나) 김소월, 「진달래꽃」**
- 갈래: 자유시, 서정시
- 성격: 서정적, 애상적, 민요적, 향토적
- 주제: 이별의 정한(情恨)과 그 승화
- 특징
  - '기-승-전-결'의 4단 구성
  - 7·5조, 3음보의 민요적 율격을 사용함
  - 반어법을 통해 이별의 정한(情恨)을 표현

## 12 난도 ★★☆   정답 ④

**현대 문학 > 현대 시**

[정답의 이유]

〈보기〉의 ㉮ '풀벌레 소리'는 '텔레비전'이라는 문명과 대비되는 것으로, 자연을 가리킨다. 텔레비전을 끄자 비로소 들리는 풀벌레 소리는 시적 화자에게 긍정적인 의미로 인식되는 대상이다.

④ (가)의 ㉣ '보이는 빛'은 누구에게나 돋보이는 것이다. (가)의 화자는 사소하거나 보잘것없지만 가치를 지니는 대상을 긍정적으로 여기고 있으므로 '보이는 빛'은 화자가 긍정적으로 인식하는 대상이 아니다. 따라서 '보이는 빛'은 ㉮ '풀벌레 소리'와 성격이 가장 다르다.

[오답의 이유]

①·②·③ ㉠ '검은 것', ㉡ '비누 거품', ㉢ '쓰레기'는 모두 보잘것없지만 가치를 지니는 것으로, 화자가 긍정적으로 인식하는 대상이다. 따라서 ㉮ '풀벌레 소리'와 성격이 유사하다.

[작품 해설]

**김기택, 「풀벌레들의 작은 귀를 생각함」**
- 갈래: 자유시, 서정시
- 성격: 감각적, 고백적, 주지적
- 주제: 문명적 삶에 대한 반성과 자연과의 교감
- 특징
  - 문명과 자연을 대조하여 문명에 대한 비판적 시각을 드러냄
  - 감각적 표현을 활용하여 시의 이미지를 형상화함
  - 화자의 경험을 새롭게 깨달은 점을 고백적 어조로 나타냄

## 13 난도 ★★☆   정답 ④

**현대 문학 > 현대 시**

[정답의 이유]

④ 화자는 7연에서 '모래', '바람', '먼지', '풀' 등 미비한 자연물과 '나'의 왜소한 모습을 대비하여 조그마한 일에만 분개하는 자신을 자조하며 반성적인 태도를 드러내고 있다. 따라서 미비한 자연물과의 대비를 통해 자신의 왜소함을 극복하고 있다는 이해는 적절하지 않다.

[오답의 이유]

① 설렁탕집 갈비가 기름 덩어리만 나왔다고 분개한 일, 돈을 받으러 여러 번 찾아오는 야경꾼들을 증오한 일, 포로수용소의 야전병원에서 일하며 너스들과 스펀지를 만들고 거즈를 개고 있는 나에게 정보원이 남자가 이런 일을 하냐고 놀렸던 일 등 일상적 경험을 나열하고 있다. 이러한 경험을 통해 화자는 사소한 일에만 분개하는 자신의 소시민적 모습을 성찰하고 있다.

② '설렁탕집 돼지 같은 주인 년', '머리에 피도 안 마른 애놈' 등의 시구에서 화자는 비속어를 사용함으로써 자신의 속된 모습을 노출하고 있다.

③ 3연의 '옹졸한 나의 전통은 유구하고 이제 내 앞에 정서(情緖)로 가로놓여 있다'를 통해 화자는 과거로부터 지속된 옹졸한 태도가 체질화되었음을 고백하고 있다.

## 14 난도 ★★☆　　　정답 ④

현대 문학 > 현대 시

정답의 이유

④ (가)에서는 '검은 것에서도 빛이 난다' 등 역설적 인식을 통하여 사소한 것에 대한 긍정적인 태도를 드러내고 있다. 하지만 (나)에서는 역설적 인식이 드러나지 않는다.

오답의 이유

① (가)에서는 '검은 것', '비누 거품', '쓰레기', '보이지 않는 것' 등 사소하거나 보잘것없는 것들과 '흰 것', '맑은 것', '깨끗한 것', '보이는 빛' 등 돋보이는 것들의 대조를 통하여 시상을 전개하고 있다. (나)에서는 '언론의 자유 요구, 월남 파병 반대' 등 사회적으로 중요한 본질적인 일과 갈비가 기름 덩어리만 나왔다고 분개하고, 찾아오는 야경꾼들을 증오하는 등 사소한 일을 대조하고 있다. 또한 '왕궁, 땅 주인, 구청 직원, 동회 직원' 등 권력이나 힘을 가진 자와 '설렁탕집 주인, 이발쟁이, 야경꾼' 등 힘없는 자와 대조하여 시상을 전개하고 있다.

② (가)에서는 '구두 닦는 사람', '창문 닦는 사람', '청소하는 사람' 등 일상에서 자주 볼 수 있는 시어를 사용하여 시적 정황을 드러내고 있다. (나)에서도 '50원짜리 갈비', '설렁탕집', '개 울음소리' 등 일상적 시어를 사용하여 시적 정황을 사실적이고 구체적으로 드러내고 있다.

③ (가)에서는 '…는 사람을 보면 / 그 사람의 손을 보면 / … 끝을 보면 / …에서도 빛이 난다. / …만이 빛나는 것은 아니다.'라는 문장 구조를 반복하여 운율을 형성하고 있다. (나)는 7연에서 '얼마큼 작으냐'라는 문장을 반복하여 운율을 형성하고 있다.

## 15 난도 ★☆☆　　　정답 ③

현대 문학 > 현대 시

정답의 이유

③ ⓐ의 '절정 위'는 부정적 현실에 대하여 적극적으로 비판하고 저항하는 삶을 의미한다. 그런데 자신에게 불리한 인사 평가 제도에 대해 불평하는 회사원은 부정적 현실에 대하여 저항한다기보다는 개인의 이익을 추구하는 모습이라 볼 수 있다. 또한 불만에 대하여 직접 나서서 해결하지 않고 그저 불평만 하는 것은 소극적 태도에 해당한다. 따라서 ⓐ의 삶을 구현하고 있는 인물로 보기 어렵다.

오답의 이유

① 악덕 기업의 제품 불매 운동에 참여하고 있는 중학생은 부정적 현실에 대하여 적극적으로 비판하고 저항하는 '절정 위'의 삶을 구현하고 있는 인물이다.

② 불합리한 외교조약에 대해 반대시위를 벌이는 시민은 부정적 현실에 대하여 적극적으로 비판하고 저항하는 '절정 위'의 삶을 구현하는 인물이다.

④ 대기업의 노동 착취에 대해 비판적 논조의 기자를 쓴 기자는 부정적 현실에 대하여 적극적으로 비판하고 저항하는 '절정 위'의 삶을 구현하는 인물이다.

**작품 해설**

(가) 천양희, 「그 사람의 손을 보면」
- 갈래: 자유시, 서정시
- 성격: 사색적, 교훈적, 예찬적
- 주제: 자신이 맡은 일을 성실하게 수행하는 삶의 가치
- 특징
  - 동일한 시어나 시구, 유사한 문장 구조를 반복하여 운율을 형성함
  - 대조적인 의미의 시구를 제시하여 주제를 부각함
  - 시선의 이동에 따른 시상 전개를 보여 줌

(나) 김수영, 「어느 날 고궁을 나오면서」
- 갈래: 자유시, 서정시
- 성격: 자기 반성적, 현실 비판적, 자조적
- 주제: 부정한 권력과 사회 부조리에 저항하지 못하는 소시민의 자기반성
- 특징
  - 실제 경험을 바탕으로 구체적인 사건들을 나열함
  - 상황을 대비함으로써 주제를 선명히 드러냄
  - 자조적인 독백을 통하여 반성적 태도를 보임

## 16 난도 ★★★　　　정답 ④

문법 > 고전 문법

정답의 이유

④ ⓑ의 주어는 '이 사ᄅᆞ미'이고 ⓒ의 주어는 '大王이'로 모두 3인칭이다. 주어의 인칭이 동일하므로 ⓑ와 ⓒ를 통해 주어의 인칭에 따라 의문형 어미가 달리 나타나는 경우가 있었는지 확인할 수 없다.

오답의 이유

① ⓐ의 '나니이다'는 동사 '나다'의 어간 '나-'에 객관적 믿음의 선어말 어미 '-니-'와 상대 높임의 선어말 어미 '-이-'가 결합한 것이다. 이것이 '났습니다'라고 해석되는 것으로 보아 중세국어에는 과거 시제 선어말 어미 없이 과거를 표현하였음을 확인할 수 있다.

② ⓒ에서 서술어 '出슈ᄒᆞ샤ᄃᆡ'는 '출령ᄒᆞ-'에 주체 높임의 선어말 어미 '-샤-'와 종속적 연결 어미 '-ᄃᆡ'가 결합한 것이다. 이를 통해 중세국어에는 서술어의 주체를 높이는 방법 중 하나로 선어말 어미를 사용하였음을 확인할 수 있다.

③ ⓑ에서 '닐온'의 기본형은 '니르다'며 현대국어에서는 두음 법칙이 적용되어 '이르다'로 쓰인다. 이를 통해 현대국어에서는 두음 법칙의 적용을 받는 단어들이 중세국어에서는 두음 법칙의 적용을 받지 않았음을 확인할 수 있다. ⓑ에서 'ᄠᅳ들'은 '뜻'을 의미하는 'ᄠᅳᆮ'에 목적격 조사 '을'이 결합한 것이다. 중세국어의 목적격 조사에는 'ᄋᆞᆯ'과 '을'이 있는데 'ᄠᅳᆮ'에 음성모음인 'ᅳ'가 왔으므로 모음조화 현상에 의해 목적격 조사도 이와 동일한 음성모음 'ᅳ'가 사용된 '을'이 결합하였다. 이를 통해 중세국어에는 특정 부류의 모음이 같이 나타나는 모음조화 현상이 엄격히 지켜졌다는 것을 알 수 있다.

### 더 알아보기

**중세국어의 의문형 어미**

• 주어가 1·3인칭인 경우

| 판정의문문<br>(의문사 無) | – 상대방에게 '예', '아니요'의 대답을 요구하는 의문문<br>– '아' 계열의 의문형 어미 사용: -ㄴ가, -잇가, -녀 등<br>예 가 잇논가(가 있는가?), 미드니잇가(믿었습니까?) 등 |
|---|---|
| 설명의문문<br>(의문사 有) | – 상대방에게 구체적인 설명을 요구하는 의문문<br>– '오' 계열의 의문형 어미 사용: -ㄴ고, -잇고, -뇨 등<br>예 어듸 가난고(어디 가는가?), 가리잇고(가겠습니까?) 등 |

• 주어가 2인칭인 경우: 의문사와 상관없이 의문형 어미 '-ㄴ다/는다'를 사용
  예 네 엇뎨 안다(네가 어떻게 알았니?)

---

## 17 난도 ★★☆                                        정답 ②

**고전 문학 > 고전 운문**

**정답의 이유**

② (가)에서는 '이 내 임을 어이할꼬'라는 의문형 진술을 통해 사랑하는 임의 죽음에 대한 슬픔과 체념을 드러내고 있다. (나)에서는 '녀든 길 알픽 잇거든 아니 녀고 엇졀고'라는 의문형 진술을 통해 학문에 정진하겠다는 의지를 드러내고 있다. (다)에서는 '한숨아 셰 한숨아 네 어니 틈으로 드러온다'라는 의문형 진술을 통해 화자의 답답한 심정을 드러내고 있다.

**오답의 이유**

① (다)의 중장에서 화자는 다양한 문과 자물쇠 등을 열거하며 시름을 막고 싶은 화자의 마음을 과장해서 표현하고 있다. (가)와 (나)에서는 과장적 표현을 사용하고 있지 않다.

③ (나)는 '고인(古人)도 날 못 보고 나도 고인 못 뵈'에서, (다)는 '네 어닉 틈으로 드러온다'에서 유사한 문장 구조의 반복이 나타나지만 (가)는 유사한 문장 구조의 반복이 나타나지 않는다.

④ (가), (나), (다) 모두 반어적 표현을 사용하고 있지 않다.

---

## 18 난도 ★★☆                                        정답 ①

**고전 문학 > 고전 운문**

**정답의 이유**

① ㉠에서는 임의 죽음에 대한 체념의 정서가 나타난다. 이와 가장 유사한 정서가 드러나는 것은 김춘수의 「강우」이다. '지금은 어쩔 수가 없다고'라는 구절에서 슬픔과 체념의 정서가 드러남을 확인할 수 있다.

**오답의 이유**

② 오세영의 「자화상2」에서는 세속적 욕심을 버리고 빈 가지 끝에 홀로 앉아 먼 지평선을 응시하는 까마귀와 같이 순결하고 고고한 삶을 살아가겠다는 의지적 태도를 보여준다.

③ 김종삼의 「누군가 나에게 물었다」에서 화자는 일상적 삶을 살아가는 평범한 사람들이 시인임을 강조하며 '그런 사람들'에 대한 예찬적 태도를 보여준다.

④ 이육사의 「꽃」에서는 하늘도 다 끝나고 비 한 방울 내리지 않는 고난의 상황에서도 '오히려 꽃은 빨갛게 피지 않는가'라고 하며 현실 극복 의지를 보여준다.

---

## 19 난도 ★☆☆                                        정답 ④

**고전 문학 > 고전 운문**

**정답의 이유**

④ (나)와 (다)는 각각 연시조와 사설시조로, 시조는 종장의 첫 음보가 3음절로 고정된다는 형식적 특징을 갖는다. (나)와 (다) 종장의 첫 음보는 '녀든 길'과 '어인지'이므로 두 작품 모두 종자의 첫 음보 음절 수가 3음절로 지켜지고 있음을 확인할 수 있다.

**오답의 이유**

① (나)는 평시조로, 4음보의 전통적인 율격으로 이루어져 있다.

② (다)는 사설시조로, 중장이 다른 장에 비해 길어진 구성을 취한다.

③ (나)와 (다) 모두 시조이며, 시조는 초장, 중장, 종장의 3장 구성으로 이루어진다는 특징이 있다.

### 작품 해설

**(가) 작자 미상, 「공무도하가」**

• 갈래: 고대 가요
• 성격: 서정적, 애상적, 체념적
• 주제: 임의 죽음으로 인한 이별의 슬픔과 한
• 특징
  – '물'의 상징적 의미를 중심으로 시상을 전개함
  – 시적 화자의 절박한 심정을 직접적으로 표현함

**(나) 이황, 「도산십이곡」**

• 갈래: 평시조, 연시조
• 성격: 교훈적, 관조적, 예찬적, 회고적
• 주제: 자연에 동화된 삶과 학문 수양에 정진하는 마음
• 특징
  – 총 12수의 연시조로 내용상 '언지(言志)' 전 6곡과 '언학(言學)' 후 6곡으로 나뉨
  – 자연과 학문에 대한 진지한 성찰이 드러남
  – 현실을 도피하여 자연을 벗 삼아 지내면서 쓴 강호가도의 대표적인 작품

**(다) 작자 미상, 「한숨아 셰 한숨아 ~」**

• 갈래: 사설시조
• 성격: 해학적, 과장적, 수심가(愁心歌)
• 주제: 그칠 줄 모르는 시름
• 특징
  – 한숨을 의인화하여 삶의 애환을 해학적으로 표현함
  – 반복법, 열거법 등을 사용하여 화자의 심정을 표현함

## 20  난도 ★★☆     정답 ②

고전 문학 > 고전 수필

정답의 이유

② 제시된 작품은 '수오재'에 대한 의문 제기로 시작하여 자문자답을 통해 대상에 대한 의미를 밝히고, '나'를 잃고 살았던 과거의 삶을 반성하고 본질적 자아를 지키는 것이 바로 '나'를 지키는 것임을 깨달아 가는 과정을 보여준다. 따라서 대상에 대한 의문을 타인과의 문답 과정을 통해 해소하고 있다는 설명은 적절하지 않다.

오답의 이유

① '내 밭을 지고 달아날 자가 있는가. 밭은 지킬 필요가 없다. 내 집을 지고 달아날 자가 있는가. 집도 지킬 필요가 없다. ~ 그러니 천하 만물은 모두 지킬 필요가 없다.'와 '이익으로 꾀면 떠나가고, 위험과 재앙이 겁을 주어도 떠나간다. ~ 어찌 실과 끈으로 묶고 빗장과 자물쇠로 잠가서 나를 굳게 지키지 않겠는가.'를 통해 열거의 방식으로 깨달음의 내용을 제시하고 있음을 알 수 있다.

③ '맹자가 말씀하시기를 ~ 이 말씀이 진실이다.'를 통해 옛 성현의 말을 인용하여 본질적 자아를 지키는 것이 중요하다는 자신의 주장에 설득력을 높이고 있음을 알 수 있다.

④ "나와 굳게 맺어져 있어 서로 떨어질 수 없는 사물 가운데 나[吾]보다 더 절실한 것은 없다. 그러니 굳이 지키지 않아도 어디로 가겠는가. 이상한 이름이다."를 통해 서두에서 대상에 대한 의문을 제기하며 독자의 관심과 흥미를 유발하고 있음을 알 수 있다.

## 21  난도 ★★☆     정답 ④

고전 문학 > 고전 수필

정답의 이유

④ '이때 둘째 형님도 나[吾]를 잃고 나를 쫓아 남해 지방으로 오는데, 역시 나[吾]를 붙잡아서 그곳에 함께 머물렀다.'를 통해 둘째 형님 역시 귀양을 와서 본질적 자아를 찾았음을 알 수 있다.

오답의 이유

① '이게 바로 큰형님이 그 거실에 수오재라고 이름 붙인 까닭일 것이다.'를 통해 알 수 있다.

② '그러다가 결국 처지가 바뀌어 조정에 나아가 검은 사모관대에 비단 도포를 입고, 12년 동안이나 대낮에 미친 듯이 큰길을 뛰어다녔다.'를 통해 '나'가 과거에 급제하여 10년 이상 나랏일을 하였음을 알 수 있다.

③ '내가 장기로 귀양 온 뒤에 혼자 지내면서 곰곰이 생각해 보다가, 하루는 갑자기 이 의문점에 대해 해답을 얻게 되었다.'를 통해 '나'는 수오재에 대해 생긴 의문에 대한 해답을 장기에 와서 얻었음을 알 수 있다.

## 22  난도 ★★☆     정답 ③

고전 문학 > 고전 수필

정답의 이유

③ '내 책을 훔쳐 없앨 자가 있는가. 성현의 경전이 세상에 퍼져 물이나 불처럼 흔한데, 누가 감히 없앨 수 있겠는가.'를 통해 책은 널리 퍼져 없애기 어렵다는 것을 확인할 수 있으며, '아주 친밀하게 붙어 있어서 서로 배반하지 못할 것 같다가도, 잠시 살피지 않으면 어디든지 못가는 곳이 없다.'를 통해 ⑤ '나[吾]'는 살피지 않으면 금세 달아난다는 것을 확인할 수 있다.

오답의 이유

① '내 밭을 지고 달아날 자가 있는가. 밭은 지킬 필요가 없다.'를 통해 누가 훔쳐 가기 쉬운 밭이라는 설명이 적절하지 않음을 확인할 수 있다.

② '내 옷이나 양식을 훔쳐서 나를 옹색하게 하겠는가.'를 통해 옷이 나를 옹색하게 만든다는 설명이 적절하지 않으며, '마음을 울리는 아름다운 음악 소리만 들어도 떠나가며, 눈썹이 새까맣고 이가 하얀 미인의 요염한 모습만 보아도 떠나간다.'를 통해 유혹에 쉽게 떠나가지 않는다는 설명이 적절하지 않음을 확인할 수 있다.

④ '한 번 가면 돌아올 줄을 몰라서, 붙잡아 만류할 수가 없다.'를 통해 떠났다가도 곧 돌아온다는 설명이 적절하지 않음을 확인할 수 있다.

**작품 해설**

정약용, 「수오재기」

- 갈래: 고전 수필, 한문 수필
- 성격: 자성적, 회고적, 교훈적
- 주제: 본질적 자아를 지키는 것의 중요성
- 특징
  - 경험과 사색, 자문자답을 통하여 사물의 의미를 도출하고 삶에 대하여 성찰함
  - 의문을 제기하고 그에 대한 깨달음을 얻어 가는 과정을 통하여 독자의 공감을 유발함

## 23  난도 ★★☆     정답 ③

비문학 > 사실적 읽기

정답의 이유

③ 제시된 글에서 이차 프레임의 효과에 대한 전문가의 견해는 인용하고 있지 않다.

오답의 이유

① 이차 프레임의 일반적인 기능을 세 가지로 나누어 제시하고 있으며, '먼저', '다음으로', '마지막으로'라는 표지를 사용하여 병렬적으로 나열하고 있다.

② 광고에서 이차 프레임을 활용해 상품을 주목받도록 하거나 영화에서 작중 인물을 문이나 창을 통해 반복적으로 보여주며 세상으로부터 격리된 상황을 시각화하는 등 이차 프레임이 사용되는 다양한 예시를 제시하고 있다.
④ '프레임(frame)은 영화와 사진 등의 시각 매체에서 화면 영역과 화면 밖의 영역을 구분하는 경계로서의 틀을 말한다.'와 "문, 창, 기둥, 거울 등 주로 사각형이나 원형의 형태를 갖는 물체들을 이용하여 프레임 안에 또 다른 프레임을 만드는 경우가 있다. 이런 기법을 '이중 프레이밍', 그리고 안에 있는 프레임을 '이차 프레임'이라 칭한다."에서 프레임, 이중 프레이밍, 이차 프레임의 개념을 제시하고 있다.

## 24 난도 ★☆☆ 정답 ③

**어휘 > 한자어**

정답의 이유

③ 환기(喚起)는 문맥상 '주의나 여론, 생각 따위를 불러일으킴'을 의미한다.

## 25 난도 ★★☆ 정답 ②

**비문학 > 사실적 읽기**

정답의 이유

② 3문단에서 '그리고 이차 프레임 내부의 대상과 외부의 대상 사이에는 정서적 거리감이 조성되기도 한다.'라고 하였으므로 이차 프레임 안의 대상과 밖의 대상 사이에 거리감이 조성되기도 한다는 이해는 적절하다.

오답의 이유

① 1문단에서 '카메라로 대상을 포착하는 행위는 현실의 특정한 부분만을 떼어내 프레임에 담는 것으로, 찍은 사람의 의도와 메시지를 내포한다.'라고 하였으므로 프레임 밖의 영역에 찍은 사람의 의도와 메시지가 담긴다는 이해는 적절하지 않다.
③ 2문단에서 '대상을 틀로 에워싸기 때문에 시각적으로 강조하는 효과가 있으며, 대상이 작거나 구도의 중심에서 벗어나 있을 때도 존재감을 부각하기가 용이하다.'라고 하였으므로 이차 프레임 내 대상의 크기가 작을 경우 대상의 존재감이 강조되기 어렵다는 이해는 적절하지 않다.
④ 5문단에서 '가령 이차 프레임 내부 이미지의 형체를 식별하기 어렵게 함으로써 관객의 지각 행위를 방해하여, 강조의 기능을 무력한 것으로 만들거나 서사적 긴장을 유발하기도 한다.'라고 하였으므로 이차 프레임 안의 화면을 식별하기 어렵게 만들 경우 역설적으로 대상을 강조하는 효과가 발생한다는 이해는 적절하지 않다.

# 국어 | 2022년 법원직 9급

## 한눈에 훑어보기

### ✓ 영역 분석

**어휘** 08
1문항, 4%

**문법** 04 09 14 15 16 17 18 19 24 25
10문항, 40%

**고전 문학** 10 11 12 13
4문항, 16%

**현대 문학** 20 21 22 23
4문항, 16%

**비문학** 01 02 03 05 06 07
6문항, 24%

### ✓ 빠른 정답

| 01 | 02 | 03 | 04 | 05 | 06 | 07 | 08 | 09 | 10 |
|---|---|---|---|---|---|---|---|---|---|
| ④ | ④ | ③ | ② | ③ | ① | ③ | ③ | ④ | ③ |
| 11 | 12 | 13 | 14 | 15 | 16 | 17 | 18 | 19 | 20 |
| ① | ④ | ④ | ② | ③ | ④ | ② | ② | ② | ② |
| 21 | 22 | 23 | 24 | 25 |
| ① | ① | ③ | ② | ② |

### ✓ 점수 체크

| 구분 | 1회독 | 2회독 | 3회독 |
|---|---|---|---|
| 맞힌 문항 수 | / 25 | / 25 | / 25 |
| 나의 점수 | 점 | 점 | 점 |

## 01 난도 ★☆☆ 정답 ④

**비문학 > 글의 전개 방식**

[정답의 이유]

④ 제시된 글에서는 학교 팽창의 원인을 학습 욕구 차원, 경제적 차원, 정치적 차원, 사회적 차원으로 나누어 설명하고 있다. 그러나 학교 팽창의 원인에 대한 역사적 의의나 현대사회가 나아가야 할 방향은 제시하지 않았다.

[오답의 이유]

① 1문단의 '무엇이 학교를 이토록 팽창하게 만들었을까?'를 통해 의문문을 활용하여 독자의 궁금증을 유발하고 있음을 확인할 수 있다.

② 학교 팽창의 원인을 학습 욕구 차원, 경제적 차원, 정치적 차원, 사회적 차원으로 나누어 문단별로 설명함으로써 특정 현상의 원인을 병렬적으로 제시하고 있음을 확인할 수 있다.

③ 1문단의 '예를 들어 한국의 대학생 수는 1945년 약 8000명이었지만, 2010년 약 350만 명으로 증가했다.'를 통해 학교가 팽창하게 된 현상에 대해 수치 자료를 예로 제시하며 설명하고 있음을 확인할 수 있다.

## 02 난도 ★★☆ 정답 ④

**비문학 > 추론적 읽기**

[정답의 이유]

④ 3문단의 '경제적 차원에서 학교는 산업사회가 성장하는 데 있어서 필수적인 인력 양성 기관의 역할을 담당하였다. ~ 이러한 산업사회의 과제를 해결하기 위한 기관이 학교였다. 산업 수준이 더욱 고도화됨에 따라 학교 교육의 기간도 장기화된다.'를 통해 산업 수준이 더욱 고도화되면서 산업사회의 과제를 해결하기 위한 기관이 학교이기 때문에 학교가 팽창되었다는 것은 사회적 차원이 아니라 경제적 차원에서 바라보는 관점임을 확인할 수 있다.

[오답의 이유]

① 2문단의 '먼저 학습 욕구 차원에서, 인간은 지적 · 인격적 성장을 위한 학습 욕구를 지니고 있다.'를 통해 확인할 수 있다.

② 3문단의 '다음으로 경제적 차원에서 학교는 산업사회가 성장하는 데 있어서 필수적인 인력 양성 기관의 역할을 담당하였다.'를 통해 확인할 수 있다.

③ 4문단의 '다음으로 정치적 차원에서 학교는 국민통합을 이룰 수 있는 장치였다. 통일국가에서는 언어, 역사의식, 가치관, 국가이념 등을 모든 국가 구성원들에게 가르쳐야 했다. ~ 학교에서의 의무교육제도는 국민통합 교육을 위한 국가적 필요에 의해 시작된 것으로 볼 수 있다.'를 통해 확인할 수 있다.

## 03 난도 ★★★ 정답 ③

**비문학 > 추론적 읽기**

[정답의 이유]

③ 5문단의 '막스 베버는 그의 저서 『경제와 사회』에서 ~ 나아가 그는 높은 학력을 가진 사람은 사회경제적으로 높은 지위를 독점할 수 있다고 기술한 바 있다.'와 〈보기〉의 'A는 학교가 학생들의 능력에 따라 성적을 주고, ~ 높은 학력을 통해 능력을 인정받은 개인은 희소가치가 높은 노동을 제공함으로써 높은 소득을 얻고 계층 상승을 이룰 수 있다고 본다.'를 통해 막스 베버와 A는 모두 학력을 통해 높은 계층의 지위를 차지할 수 있다고 생각함을 알 수 있다.

[오답의 이유]

① 5문단의 '학력은 각자의 능력을 판단하는 잣대로 활용되었다. 막스 베버는 ~ 높은 학력을 가진 사람은 사회경제적으로 높은 지위를 독점할 수 있다고 기술한 바 있다.'와 〈보기〉의 'A는 학교가 학생들의 능력에 따라 성적을 주고, ~ 높은 학력을 통해 능력을 인정받은 개인은 희소가치가 높은 노동을 제공함으로써 높은 소득을 얻고 계층 상승을 이룰 수 있다고 본다.'를 통해 막스 베버와 A는 모두 고학력을 취득한 사람이 저학력을 취득한 사람보다 능력이 뛰어나다고 생각함을 확인할 수 있다.

② 5문단의 '막스 베버는 그의 저서 『경제와 사회』에서 ~ 과거에는 명문가의 족보가 필요했지만, 오늘날에는 학력증명이 있어야 한다고 주장했다. 나아가 그는 높은 학력을 가진 사람은 사회경제적으로 높은 지위를 독점할 수 있다고 기술한 바 있다.'와 〈보기〉의 'B는 상급 학교의 진학은 개인의 능력만을 반영하지 않고 부모의 사회적 지위와 소득의 영향을 받는다고 본다.'를 통해 B는 막스 베버와 달리 사회경제적으로 높은 지위를 차지하기 위해서 개인의 학력보다 부모의 지위가 중요하다고 생각함을 확인할 수 있다.

④ 5문단의 '막스 베버는 그의 저서 『경제와 사회』에서 ~ 높은 학력을 가진 사람은 사회경제적으로 높은 지위를 독점할 수 있다고 기술한 바 있다.'와 〈보기〉의 'B는 상급 학교의 진학은 개인의 능력만을 반영하지 않고 부모의 사회적 지위와 소득의 영향을 받는다고 본다.'를 통해 B는 막스 베버와 달리 높은 관직에 오르기 위해서는 명문가에서 태어나는 것이 뛰어난 학력을 가지는 것보다 중요하다고 생각함을 확인할 수 있다.

## 04 난도 ★☆☆ 정답 ②

**문법 > 통사론**

[정답의 이유]

② '철수가 산책했던'은 관형사형 어미 '-던'이 결합한 관형절로, 주어 '공원은'을 수식하는 관형절이다. 따라서 부사절이라는 설명은 적절하지 않다.

[오답의 이유]

① '동생이 산'은 관형사형 어미 '-ㄴ'이 결합한 관형절이며, 목적어 '사탕을'을 수식하고 있다.

③ '숙소로 돌아가기'는 명사형 어미 '-기'가 결합한 명사절이며, 목적격 조사 '를'과 결합하여 안은문장의 목적어로 쓰이고 있다.

④ '학교에 가기'는 명사형 어미 '-기'가 결합한 명사절이며, 부사격 조사 '에'와 결합하여 안은문장의 부사어로 쓰이고 있다.

[더 알아보기]

**명사절을 안은문장**

- 문장에서 주어, 목적어, 관형어, 부사어 등의 기능을 하는 명사절을 안은문장이다.
- 명사형 어미 '-(으)ㅁ, -기'와 '-는 것' 등이 사용된다.
  예 영희가 그 일에 관여했음이 밝혀졌다. (주어)
  예 아침에 네가 일어나기를 기다렸다. (목적어)
  예 너는 말하기 전에 한 번 더 생각해 보아라. (관형어)
  예 네가 노력하기에 따라 결과가 달라진다. (부사어)
  예 이상 기후 현상이 나타난다는 것은 사실이다. (주어)

**관형절을 안은문장**

- 문장에서 관형어의 기능을 하는 절을 안은문장이다.
- 관형사형 어미 '-(으)ㄴ, -는, -(으)ㄹ, -던' 등이 사용된다.
  예 이 옷은 어제 내가 입은 옷이다.
  예 어려서부터 내가 먹던 맛이 아니다.

**부사절을 안은문장**

- 문장에서 부사어의 기능을 하는 절을 안은문장이다.
- '-게, -도록' 등이 사용된다.
  예 그 집은 조명이 아름답게 장식되어 있다.
  예 나는 철수가 편히 쉴 수 있도록 자리를 비켜주었다.

## 05 난도 ★★☆ 정답 ③

**비문학 > 글의 전개 방식**

[정답의 이유]

③ 제시된 글에서는 '기업전략'이라는 개념을 소개하고 구체적인 예로 '기업 다각화 전략'을 제시하여 자세히 설명하고 있다.

[오답의 이유]

① '기업 전략'이나 '기업 다각화 전략'이 성립하게 된 배경이나 역사적 의의를 서술하지 않았다.

② '기업 다각화 전략'의 장점을 제시하였으나, 단점 또는 단점을 극복하는 방안들을 서술하지 않았다.

④ '리처드 러멜트'라는 학자의 구분법을 소개하였으나, 다양한 학자들의 견해를 비교하지 않았다.

## 06 난도 ★★★ 정답 ①

**비문학 > 추론적 읽기**

[정답의 이유]

① 불경기와 호경기가 반복적으로 순환되는 사업의 경우 안정적으로 경제성을 창출하기 위해 '비관련' 분야의 다각화를 해야 함을 추론할 수 있으므로 a에는 '비관련'이 들어가야 한다. 또한 다각화 전략을 활용하면 경기가 불안정할 때에도 자금 순환의 안정성을 확보할 수 있으므로 b에는 '확보'가 들어가야 한다.

## 07 난도 ★★☆ 정답 ③

**비문학 > 사실적 읽기**

[정답의 이유]

③ 4문단의 '새로운 인력을 채용하여 교육시키는 데 많은 시간과 비용이 들어감을 고려하면, 다각화된 기업은 신규 기업에 비해 훨씬 우월한 위치에서 경쟁할 수 있다.'를 통해 신규 기업은 새로운 인력을 채용하고 교육하는 것에 부담이 있음을 확인할 수 있다.

[오답의 이유]

① 3문단의 '범위의 경제성이란 하나의 기업이 동시에 복수의 사업 활동을 하는 것이, 복수의 기업이 단일의 사업 활동을 하는 것보다 총비용이 적고 효율적이라는 이론이다.'를 통해 한 기업이 제품A, 제품B를 모두 생산하는 것이 서로 다른 두 기업이 각각 제품A, 제품B를 생산하는 것보다 효과적임을 확인할 수 있다.

② 4문단의 '또한 다각화된 기업은 기업 내부 시장을 활용함으로써 새로운 가치를 창출할 수 있다. 여러 사업부에서 나오는 자금을 통합하여 활용할 수 있는 내부 자본시장을 갖추었을 뿐 아니라'를 통해 다각화된 기업은 여러 사업부에서 나오는 자금을 통합하여 활용할 수 있음을 확인할 수 있다.

④ 2문단의 '리처드 러멜트는 미국의 다각화 기업을 구분하며, 관련 사업에서 70% 이상의 매출을 올리는 기업을 관련 다각화 기업, 70% 미만의 매출을 올리는 기업을 비관련 다각화 기업으로 명명했다.'를 통해 리처드 러멜트에 의하면 관련 사업에서 50%의 매출을 올리는 기업은 비관련 다각화 기업임을 확인할 수 있다.

## 08 난도 ★★☆ 정답 ③

**어휘 > 한자어**

[정답의 이유]

③ '창출(創出: 비롯할 창, 날 출)'이란 '전에 없던 것을 처음으로 생각하여 지어내거나 만들어 냄'이라는 의미이다. '사업 따위를 처음으로 이루어 시작함'이라는 의미를 가진 단어는 '창업(創業: 비롯할 창, 업 업)'이다.

[오답의 이유]

① 구성(構成: 얽을 구, 이룰 성): 몇 가지 부분이나 요소들을 모아서 일정한 전체를 짜 이룸 또는 그 이룬 결과

② 기여(寄與: 부칠 기, 더불 여): 도움이 되도록 이바지함

④ 우월(優越: 넉넉할 우, 넘을 월): 다른 것보다 나음

## 09 난도 ★★☆ 정답 ④

**문법 > 고전 문법**

[정답의 이유]

④ ㉢은 의문사 '어듸(어디)'에 대한 답을 요구하는 설명 의문문이며 'ᄒ라체' 상대 높임 등급이므로 어미 '-뇨'가 사용된 것이다.

[오답의 이유]

① ㉠의 '이 ᄯᆞ리 너희 종인가?'는 가부(可否)에 대한 대답을 요구하는 판정 의문문이므로 의문 보조사 '가'가 사용된 것이다.

② ㉡의 '얻는 약이 무엇인가?'는 의문사 '무엇'에 대한 답을 요구하는 설명 의문문이므로 의문 보조사 '고'가 사용된 것이다.

③ ㉢의 '네가 믿느냐 아니 믿느냐?'는 2인칭 주어 의문문이므로 어미 '-ㄴ다'가 사용된 것이다.

## 10 난도 ★★☆ 정답 ③

**고전 문학 > 고전 운문**

[정답의 이유]

③ 제시된 작품 중 (가)는 이별의 정한을 노래한 고려 가요이고, (나)는 임과 영원히 함께 하고 싶은 소망을 노래한 고려 가요이다. (가)에서는 '질삼뵈 ᄇᆞ리시고 ~ 우러곰 좃니노이다'를 통해 생업의 기반인 길쌈하던 베를 버리고 임을 쫓아가겠다는 화자의 태도를 드러내고 있고, (나)에서는 '구운 밤, 옥 연꽃, 무쇠 옷, 무쇠 소'를 소재로 불가능한 상황을 설정해 임과 이별하지 않겠다는 화자의 의지를 드러내고 있다. 따라서 (가)와 (나)는 모두 임과 이별하고 싶지 않아 하는 화자의 모습이 드러남을 확인할 수 있다.

[오답의 이유]

① (가)에서는 '비 내여 노ᄒᆞᆫ다 샤공아'를 통해 임이 떠나간 배를 내어놓은 사공을 원망하고 있는데, 이는 임에 대한 원망을 사공에게 전가한 표현이다. 따라서 (가)에서만 시적 대상에 대한 원망의 정서가 드러나고 있다.

② (가)에서는 '닷곤 ᄃᆡ 쇼셩경 고외마른'을 통해 자신이 거주하는 공간인 서경에 대해 애정을 드러내고 있다. 따라서 (가)에서만 자신이 거주하는 공간에 대한 애정을 드러내고 있다.

④ (나)에서는 '구운 밤, 옥 연꽃, 무쇠 옷, 무쇠 소'를 소재로 불가능한 상황을 설정하여 이러한 상황이 일어나야만 임과 이별하겠다고 이야기하고 있는데, 이는 임과 절대로 이별하지 않겠다는 화자의 의지를 드러낸 표현이다. 따라서 (나)에서만 불가능한 상황을 설정해 화자의 의지를 드러내고 있다.

## 11 난도 ★☆☆ 정답 ①

**고전 문학 > 고전 운문**

[정답의 이유]

① (가)는 고려 시대 평민들이 부르던 노래인 고려 가요로, 3음보와 3·3·2조(3·3·3조)의 음수율이 나타난다. 따라서 3음보의 전통적인 율격을 가진 문학 갈래이므로 4음보의 율격을 지녔다는 설명은 적절하지 않다.

[오답의 이유]

② 고려 가요에서는 연마다 반복되는 여음구(후렴구)가 등장하여 음악성을 부여하고 있다.

③ '긴힛ᄯᆞᆫ 그츠리잇가', '신(信)잇ᄃᆞᆫ 그츠리잇가'라는 설의적 표현을 사용하여 임에 대한 믿음이 끊어지지 않을 것이라는 화자의 정서를 드러내고 있다.

④ '위 두어렁셩 두어렁셩 다링디리'는 악기 소리를 활용한 후렴구로, 경쾌한 리듬감을 형성하고 있다.

> **더 알아보기**
> 고려 가요의 특징

| 형식 | 대체로 3·3·2조 3음보로 분연체이며, 후렴구 또는 조흥구가 발달했다. |
|---|---|
| 작자 | 미상(未詳)의 평민층 작품으로 어느 개인의 창작이라기보다는 구전되는 동안에 민요적 성격을 띠게 된 것으로 본다. |
| 내용 | • 남녀 간의 애정, 이별의 아쉬움, 자연 예찬 등 민중들의 소박하고 풍부한 정서를 진솔하게 표현하였다.<br>• 조선 시대에는 고려 가요를 남녀상열지사라고 하여 많은 작품이 삭제되었다. |

## 12 난도 ★☆☆  정답 ④

고전 문학 > 고전 운문

**정답의 이유**

④ '구스리'는 '구슬이 바위에 떨어져도 끈이 끊어지지 않는다'는 상황에 활용된 소재로, 화자의 사랑과 믿음을 의미한다고 볼 수 있다.

**오답의 이유**

①·②·③ '그 바미(구운 밤)', '그 오시(무쇠 옷)', '그 쇠(무쇠 소)'는 불가능한 상황에 활용된 소재로, 임과 절대로 이별하지 않겠다는 화자의 의지를 나타낸다.

## 13 난도 ★★☆  정답 ④

고전 문학 > 고전 운문

**정답의 이유**

④ (가)의 '대동강'은 임이 떠나가는 이별의 공간을 의미한다. 제시된 작품은 임과의 이별을 노래한 정지상의 「송인(送人)」이라는 한시로, '남포'는 임을 보내는 이별의 공간을 의미한다.

**오답의 이유**

① 제시된 작품은 삶의 고뇌와 비애를 노래한 작자 미상의 「청산별곡(靑山別曲)」이라는 고려 가요로, '청산(靑山)'은 화자가 동경하는 세계이자 현실 도피의 공간을 의미한다.
② 제시된 작품은 수양 대군의 왕위 찬탈에 항거하는 작가의 의지를 드러낸 성삼문의 시조로, '수양산(首陽山)'은 중국 고사 속 인물인 백이와 숙제가 살던 곳 또는 수양 대군을 의미한다.
③ 제시된 작품은 가을밤을 배경으로 무욕을 노래한 월산 대군의 시조로, '추강(秋江)'은 화자가 있는 공간적 배경을 의미한다.

> **작품 해설**
> (가) 작자 미상, 「서경별곡」
> • 갈래: 고려 가요
> • 성격: 적극적, 직설적
> • 주제: 이별의 정한
> • 특징
>  - 적극적인 태도로 임과의 이별을 거부함
>  - 3음보의 율격, 분연체, 후렴구 등 고려 가요의 전형성을 지님
>
> (나) 작자 미상, 「정석가」
> • 갈래: 고려 가요
> • 성격: 민요적, 송축가
> • 주제: 임에 대한 영원한 사랑
> • 특징
>  - 불가능한 상황을 설정하여 임에 대한 영원한 사랑을 노래함
>  - 반복을 통해 상황과 정서를 강조함

## 14 난도 ★☆☆  정답 ②

문법 > 한글 맞춤법

**정답의 이유**

② 제시된 문장에서는 '실제로 일어날 수 있는 여러 가지 중에서 어느 것이 일어나도 뒤 절의 내용이 성립하는 데 아무런 상관이 없음을 나타내는 연결 어미'인 '-든지'가 오는 것이 적절하므로 '밥을 먹든지 말든지 네 맘대로 해라.'가 맞는 표현이다. '-던지'는 막연한 의문이 있는 채로 그것을 뒤 절의 사실과 관련시키는 데 쓰는 연결 어미이므로 '얼마나 춥던지 손이 곱아 펴지지 않았다.'와 같이 쓸 수 있다.

**오답의 이유**

① 밑줄 친 부분의 '-든'은 실제로 일어날 수 있는 여러 가지 중에서 어느 것이 일어나도 뒤 절의 내용이 성립하는 데 아무런 상관이 없음을 나타내는 연결 어미인 '-든지'의 준말이다. 제시된 문장에서는 싫든 좋든지 이 길로 가는 수밖에 없음을 나타내고 있으므로 어미가 적절하게 쓰였다.
③ 밑줄 친 부분의 '-던'은 앞말이 관형어 구실을 하게 하고, 과거의 어떤 상태를 나타내는 어미이므로 문장에서 적절하게 쓰였다.
④ 밑줄 친 부분의 '-든지'는 실제로 일어날 수 있는 여러 가지 중에서 어느 것이 일어나도 뒤 절의 내용이 성립하는 데 아무런 상관이 없음을 나타내는 연결 어미이므로 문장에서 적절하게 쓰였다.

### 더 알아보기

**-더라, -던, -든지(한글 맞춤법 제56항)**

• 지난 일을 나타내는 어미는 '-더라, -던'으로 적는다. (ㄱ을 취하고, ㄴ을 버림)

| ㄱ | ㄴ |
| --- | --- |
| 지난겨울은 몹시 춥더라. | 지난겨울은 몹시 춥드라. |
| 깊던 물이 얕아졌다. | 깊든 물이 얕아졌다. |
| 그렇게 좋던가? | 그렇게 좋든가? |
| 그 사람 말 잘하던데! | 그 사람 말 잘하든데! |
| 얼마나 놀랐던지 몰라. | 얼마나 놀랐든지 몰라. |

• 물건이나 일의 내용을 가리지 아니하는 뜻을 나타내는 조사와 어미는 '(-)든지'로 적는다. (ㄱ을 취하고, ㄴ을 버림)

| ㄱ | ㄴ |
| --- | --- |
| 배든지 사과든지 마음대로 먹어라. | 배던지 사과던지 마음대로 먹어라. |
| 가든지 오든지 마음대로 해라. | 가던지 오던지 마음대로 해라. |

## 15 난도 ★★☆  정답 ③

**문법 > 고전 문법**

**정답의 이유**

A: '나라'는 무정물이므로 중세국어의 관형격 조사는 'ㅅ'이 쓰인다. 따라서 '나라+ㅅ'의 형태인 '나랏'으로 써야 한다.

B: '사룸'은 유정물이며 양성 모음이므로 중세국어의 관형격 조사는 '이'가 쓰인다. 따라서 '사룸+이'의 형태인 '사ᄅ미'로 써야 한다.

C: '世尊(세존)'은 유정물이며 종교적으로 높은 대상이므로 중세국어의 관형격 조사는 'ㅅ'이 쓰인다. 따라서 '世尊+ㅅ'의 형태인 '世尊ㅅ'으로 써야 한다.

## 16 난도 ★☆☆  정답 ④

**문법 > 음운론**

**정답의 이유**

④ [A]에서 일어난 음운 변동은 '비음화'로, 앞에 오는 자음인 'ㄱ, ㄷ, ㅂ'이 뒤에 오는 자음인 비음 'ㄴ, ㅁ'을 만나 같은 조음 방법인 비음 'ㅇ, ㄴ, ㅁ'으로 바뀐 것이다. [B]에서 일어난 음운 변동은 '유음화'로, 앞에 오는 자음인 비음 'ㄴ'이 뒤에 오는 자음인 유음 'ㄹ'을 만나 같은 조음 방법인 유음 'ㄹ'로 바뀐 것이다. 따라서 [A]와 [B]에서 일어난 음운 변동은 앞의 자음이 뒤의 오는 자음의 조음 방법에 동화되는 음운 변동이다.

### 더 알아보기

**자음 동화**

자음과 자음이 만났을 때, 어느 한쪽이 다른 쪽의 영향을 받아 그와 같거나 비슷한 다른 자음으로 바뀌는 현상이다.

• 비음화: 비음(ㄴ, ㅁ, ㅇ)이 아닌 자음이 비음으로 바뀌어 발음되는 현상이다. 받침 'ㄱ(ㄲ, ㅋ, ㄳ, ㄺ), ㄷ(ㅅ, ㅆ, ㅈ, ㅊ, ㅌ, ㅎ), ㅂ(ㅍ, ㄼ, ㄿ, ㅄ)'은 'ㄴ, ㅁ' 앞에서 'ㅇ, ㄴ, ㅁ'으로 발음한다.

| [ㄱ]+[ㄴ, ㅁ]→[ㅇ]+[ㄴ, ㅁ] | 국물[궁물], 깎는[깡는], 키읔만[키응만], 몫몫이[몽목씨], 읽는[잉는] |
| --- | --- |
| [ㄷ]+[ㄴ, ㅁ]→[ㄴ]+[ㄴ, ㅁ] | 걷는[건는], 옷맵시[온맵씨], 있는[인는], 잊는[인는], 쫓는[쫀는], 붙는[분는], 놓는[논는] |
| [ㅂ]+[ㄴ, ㅁ]→[ㅁ]+[ㄴ, ㅁ] | 입는[임는], 앞마당[암마당], 밟는[밤는], 읊는[음는], 없는[엄는] |

• 유음화: 'ㄴ'은 'ㄹ'의 앞이나 뒤에서 [ㄹ]로 발음한다. 첫소리 'ㄴ'이 'ㅀ', 'ㄾ' 뒤에 연결되는 경우에도 [ㄹ]로 발음한다.

| [ㄴ]+[ㄹ]→[ㄹ]+[ㄹ] | 난리[날리], 광한루[광할루] |
| --- | --- |
| [ㄹ]+[ㄴ]→[ㄹ]+[ㄹ] | 줄넘기[줄럼끼], 할는지[할른지], 뚫는[뚤른], 핥네[할레] |

## 17 난도 ★★☆  정답 ②

**문법 > 통사론**

**정답의 이유**

② ㉡에서는 직접 인용절이 간접 인용절로 바뀔 때, 인용격 조사 '라고'가 '고'로 달라지고 큰따옴표가 없어짐을 알 수 있다. 또한 1인칭 대명사인 '나'가 앞에서 이미 말하였거나 나온 바 있는 사람을 도로 가리키는 3인칭 대명사인 '자기'로 달라짐을 알 수 있다. 따라서 지시 대명사로 달라졌다는 설명은 적절하지 않다.

**오답의 이유**

① ㉠에서는 직접 인용절이 간접 인용절로 바뀔 때, 인용격 조사 '라고'가 '고'로 달라지고 큰따옴표가 없어짐을 알 수 있다. 또한 명령형 어미인 '-거라'가 명령형 어미인 '-으라'로 바뀌어 다른 형태로 나타남을 알 수 있다.

③ ㉢에서는 직접 인용절이 간접 인용절로 바뀔 때, 인용격 조사 '라고'가 '고'로 달라지고 큰따옴표가 없어짐을 알 수 있다. 또한 상대 높임 표현에서 하십시오체의 종결 어미인 '-ㅂ니다'가 '-다'로 바뀌어 직접 인용절에서 사용된 상대 높임 표현이 간접 인용절에서는 나타나지 않음을 알 수 있다.

④ ㉣에서는 직접 인용절이 간접 인용절로 바뀔 때, 인용격 조사 '라고'가 '고'로 달라지고 큰따옴표가 없어짐을 알 수 있다. 또한 직접 인용절의 시간 표현인 '오늘'이 간접 인용절에서는 말하는 시점을 기준으로 '어제'로 바뀌었음을 알 수 있다.

**더 알아보기**

**간접 인용절과 직접 인용절**

| 간접 인용절 | 화자의 표현으로 바꾸어서 인용하는 방법으로, 부사격 조사 '고'를 사용한다.<br>예 조카가 나에게 삼촌은 덥지 않냐고 물었다. |
|---|---|
| 직접 인용절 | 원래 말해진 그대로 인용하는 방법으로, 부사격 조사 '라고'를 사용한다.<br>예 조카가 나에게 "삼촌은 덥지 않으세요?"라고 물었다. |

## 18 난도 ★★☆  정답 ②

**문법 > 형태론**

**정답의 이유**

② 제시된 문장의 형태소는 '눈(명사)/이(조사)/녹-(어간)/-으면(어미)/남-(어간)/-은(어미)/발(명사)/자국(명사)/자리(명사)/마다(조사)/꽃(명사)/이(조사)/피-(어간)/-리-(선어말 어미)/-니(어말 어미)'로 나눌 수 있다. 의존 형태소는 어간, 어미, 조사, 접사로, 제시된 문장에서 의존 형태소는 '이, 녹-, -으면, 남-, -은, 마다, 이, 피-, -리-, -니'이므로 총 10개이다.

**오답의 이유**

① 자립 형태소는 명사, 대명사, 수사, 관형사, 부사, 감탄사로, 제시된 문장에서 자립 형태소는 '눈, 발, 자국, 자리, 꽃'이므로 총 5개이다.

③ 실질 형태소는 명사, 대명사, 수사, 관형사, 부사, 감탄사, 용언의 어간으로, 제시된 문장에서 실질 형태소는 '눈, 녹-, 남-, 발, 자국, 자리, 꽃, 피-'이므로 총 8개이다.

④ 어절은 띄어쓰기의 단위로, 제시된 문장은 '눈이/녹으면/남은/발자국/자리마다/꽃이/피리니'와 같이 총 7개의 어절로 이루어져 있다. 음절은 말소리의 단위로, 제시된 문장은 총 19개의 음절로 이루어져 있다.

## 19 난도 ★★☆  정답 ②

**문법 > 음운론**

**정답의 이유**

② ㉠의 '꽃잎'은 음절의 끝소리 규칙(교체), 'ㄴ' 첨가(첨가), 비음화(교체)가 일어나 [꼰닙]으로 발음되고, ㉡의 '맏며느리'는 비음화(교체)가 일어나 [만며느리]로 발음된다. 따라서 음운의 첨가는 ㉠에서만 나타났으므로 적절하지 않은 설명이다.

**오답의 이유**

① ㉠의 '꽃잎'은 음절의 끝소리 규칙과 비음화의 음운 교체가 일어나고, ㉡의 '맏며느리'는 비음화의 음운 교체가 일어난다. 또한 ㉢의 '닫혔다'는 음절의 끝소리 규칙과 된소리되기, 구개음화의 음운 교체가 일어나고, ㉣의 '넓죽하다'는 된소리되기의 음운 교체가 일어난다. 따라서 ㉠~㉣은 모두 음운이 교체되는 현상이 일어난다는 설명은 적절하다.

③ ㉢ '닫혔다'는 어근 '닫-'의 받침 'ㄷ'과 접미사 '-히-'의 'ㅎ'이 [ㅌ]으로 축약되고, 'ㅌ'이 'ㅊ'으로 바뀌는 구개음화가 일어났다. 따라서 'ㄷ'과 'ㅎ' 두 개의 음운이 하나로 축약되는 현상이 일어난다는 설명은 적절하다.

④ ㉣의 '넓죽하다'는 자음군 단순화(탈락), 된소리되기(교체), 거센소리되기(축약)가 일어나 [넙쭈카다]로 발음되므로 음운의 탈락과 축약이 일어난다는 설명은 적절하다.

## 20 난도 ★★☆  정답 ②

**현대 문학 > 현대 소설**

**정답의 이유**

② 제시된 작품은 일제 강점기 지식인인 구보가 거리를 배회하면서 보고 생각한 것을 나열하는 방식으로 사건이 전개되는 소설이다. 따라서 특정 인물의 내면 심리를 중심으로 이야기가 전개되고 있다는 설명은 적절하다.

**오답의 이유**

① 주인공의 행동을 우스꽝스럽게 묘사하며 조롱하는 것은 작품에 나타나지 않았다.

③ 주인공이 예술가로서의 삶과 일상적인 삶의 행복 사이에서 갈등하는 인물의 내적 갈등은 확인할 수 있으나, 인물과 인물 간의 갈등이 드러나지 않았다.

④ 제시된 작품에서는 한 인물의 내적 독백을 통해 사건을 전개하고 있을 뿐, 대화 장면을 빈번하게 제시하지 않았다.

## 21 난도 ★★☆  정답 ①

**현대 문학 > 현대 소설**

**정답의 이유**

① '구보는 한구석에 가 서서 그의 앞에 앉아 있는 노파를 본다. ~ 이미 굳어 버린 그의 안면 근육은 어떠한 다행한 일에도 펴질 턱 없고, 그리고 그의 몽롱한 두 눈은 비록 그의 딸의 그지없는 효양(孝養)을 가지고도 감동시킬 수 없을지 모른다.'를 통해 구보가 '노파'의 가난한 삶을 상상하면서 그녀의 외양을 묘사해 고단한 삶을 표현하고 있음을 확인할 수 있다. 따라서 구보가 '노파'의 가난한 삶을 상상해 보며 그녀의 생기 없는 외양에 대해 생각한다는 것은 적절하다.

**오답의 이유**

② '구보는 그 시골 신사가 ~ 만약 그에게 얕은 지혜와 또 약간의 용기를 주면 그는 삼등 승차권을 주머니 속에 간수하고 일, 이등 대합실에 오만하게 자리잡고 앉을 게다.'를 통해 구보가 '중년의 시골 신사'의 행동을 상상해 보며 그의 거만한 행동에 대해 비판하고 있음을 확인할 수 있다. 따라서 '중년의 시골 신사'의 행동을 목격한 것이 아니라 상상한 것이다.

③ '문득 구보는 그의 얼굴에서 부종(浮腫)을 발견하고 그의 앞을 떠났다. 신장염. 그뿐 아니라, 구보는 자기 자신의 만성 위확장을 새삼스러이 생각해 내지 않으면 안 되었다.'를 통해 만성 위확장은 구보가 중년 신사의 부종을 보고 연상한 병이므로 '40여 세의 노동자'가 앓고 있는 것이 아님을 확인할 수 있다. 또한

"40여 세의 노동자. ~ 분명한 '바세도우씨'병. 그것은 누구에게 든 결코 깨끗한 느낌을 주지는 못한다."를 통해 구보는 '40여 세의 노동자'가 불결한 느낌을 준다고 생각하고 있음을 확인할 수 있으나, 그의 곁에 가서 앉는 행동은 하지 않았다.

④ '그러나 그가, 문 옆에 기대어 섰는 캡 쓰고 린네르 즈메에리 양복 입은 사나이의, 그 온갖 사람에게 의혹을 갖는 두 눈을 발견하였을 때, 구보는 또 다시 우울 속에 그곳을 떠나지 않으면 안된다.'를 통해 구보는 '양복 입은 사나이'가 타인을 의심하고 불신하는 모습을 목격하고 실망하였음을 확인할 수 있다. 따라서 '양복 입은 사나이'의 행동에 분노를 느낀 것은 아니다.

## 22 난도 ★★☆ 정답 ①

**현대 문학 > 현대 소설**

**정답의 이유**

① '흘낏 구보를 본 그들 내외의 눈에는 자기네들의 행복을 자랑하고 싶어하는 마음이 엿보였는지도 모른다. 구보는, 그들을 업신여겨 볼까 하다가, 문득 생각을 고쳐, 그들을 축복하여 주려 하였다.'를 통해 구보는 행복해 보이는 가족을 바라보며 축복해 주려 하였음을 확인할 수 있으므로 그들을 업신여기려 한다는 것은 적절하지 않다.

**오답의 이유**

② '구보는 다시 밖으로 나오며, 자기는 어디 가 행복을 찾을까 생각한다. 발 가는 대로, 그는 어느 틈엔가 안전지대에 가 서서, 자기의 두 손을 내려다보았다.'를 통해 구보는 방향성이나 목표가 없이 배회하고 있음을 확인할 수 있다.

③ '그러나 자기와 더불어 그곳에 있던 온갖 사람들이 모두 저 차에 오르는 것을 보았을 때, 그는 저 혼자 그곳에 남아 있는 것에 외로움과 애달픔을 맛본다. 구보는, 움직인 전차에 뛰어올랐다.'를 통해 구보가 혼자 남아 있는 것에 대한 외로움을 느끼고 움직이는 전차에 뛰어올랐음을 확인할 수 있다.

④ '구보는 고독을 느끼고, 사람들 있는 곳으로, 약동하는 무리들이 있는 곳으로, 가고 싶다 생각한다. 그는 눈앞에 경성역을 본다. ~ 다만 구보는 고독을 삼등 대합실 군중 속에 피할 수 있으면 그만이다.'를 통해 구보가 고독을 피하기 위해 경성역으로 향했음을 확인할 수 있다.

## 23 난도 ★★☆ 정답 ③

**현대 문학 > 현대 시**

**정답의 이유**

③ 제시된 작품은 가난하지만 평화로웠던 고향의 모습을 회상하며 고향에 대한 그리움을 노래한 시로, '옛이야기 지줄대는 실개천이 휘돌아 나가고'에서 자연물을 의인화하여 고향의 평화로운 풍경을 제시하고 있음을 확인할 수 있다. 〈보기〉의 작품은 고향 상실의 아픔을 노래한 시로, '흰 점 꽃이 인정스레 웃고'에서 자연물을 의인화하여 자연은 인간과 달리 예전과 변함이 없음을 표현하고 있다. 따라서 제시된 작품과 〈보기〉의 작품 모두 자연물에 인격을 부여하여 대상을 형상화하고 있다는 것은 적절하다.

**오답의 이유**

① 〈보기〉의 '어린 시절에 불던 풀피리 소리 아니 나고 / 메마른 입술에 쓰디쓰다.'에서 과거의 추억을 잃어버린 상실감을 청각적 심상과 미각적 심상으로 나타내고 있음을 확인할 수 있다. 그러나 제시된 작품에서는 과거의 추억을 잃어버린 현실을 씁쓸하게 드러내는 부분을 확인할 수 없다.

② 〈보기〉의 '고향에 고향에 돌아와도 / 그리던 하늘만이 높푸르구나.'에서 변해 버린 고향에 대한 거리감을 드러내고 있음을 확인할 수 있다. 그러나 제시된 작품에서는 고향과의 거리감, 단절감을 드러내는 부분을 확인할 수 없다.

④ 제시된 작품에서는 시각, 청각, 촉각, 공감각 등 다양한 감각적 심상을 통해 고향의 모습을 형상화하고 있고, 〈보기〉의 작품에서는 시각, 청각, 미각 등 다양한 감각적 심상을 통해 고향의 모습을 형상화하고 있다. 따라서 제시된 작품과 〈보기〉의 작품 모두 다양한 감각적 심상을 활용하고 있다.

**작품 해설**

정지용, 「고향」
- 갈래: 자유시, 서정시
- 성격: 낭만적, 회고적, 애상적
- 주제: 고향 상실과 인생무상
- 특징
  - 다양한 감각적 이미지를 통해 고향을 형상화함
  - 수미상관 구조를 통해 운율을 형성하고 의미를 강조함

정지용, 「향수」
- 갈래: 자유시, 서정시
- 성격: 향토적, 묘사적, 감각적
- 주제: 고향에 대한 그리움
- 특징
  - 감각적 심상을 활용하여 대상을 선명하게 묘사하고 있음
  - 후렴구가 반복되는 병렬식 구조로 구성하고 있음

## 24 난도 ★★☆ 정답 ②

**문법 > 통사론**

**정답의 이유**

② ㉠의 주성분은 주어 '아이가', 서술어 '잔다'로 총 2개이고, ㉡의 주성분은 주어 '그는', 목적어 '딸을', 서술어 '삼았다'로 총 3개이며, ㉢의 주성분은 주어 '영희가', 목적어 '물을', 서술어 '엎질렀구나'로 총 3개이다. 따라서 ㉠~㉢의 주성분의 개수가 일치한다는 설명은 적절하지 않다.

**오답의 이유**

① ㉠의 관형어는 '작은', ㉡의 관형어는 '친구의', ㉢의 관형어는 '뜨거운'이다. 따라서 ㉠~㉢은 모두 관형어가 존재한다는 설명은 적절하다.

③ ㉠의 부속 성분은 관형어 '작은', 부사어 '침대에서', 부사어 '예쁘게'로 총 3개이고, ㉡의 부속 성분은 관형어 '친구의', 부사어 '며느리로'로 총 2개이며, ㉢의 부속 성분은 관형어 '뜨거운'으로 총

1개이다. 따라서 ㉠의 부속 성분의 개수가 ㉡, ㉢보다 많다는 설명은 적절하다.

④ ㉠의 부사어 '침대에서'와 '예쁘게'는 필수적 부사어가 아닌 문장에서 생략해도 문장의 구성에 영향을 주지 않는 수의적 부사어이고, ㉡의 부사어 '며느리로'는 서술어 '삼았다'가 필요로 하는 필수적 부사어이다. 따라서 ㉡은 ㉠과 달리 필수적 부사어가 존재한다는 설명은 적절하다.

## 25 난도 ★★☆     정답 ②

**문법 > 통사론**

[정답의 이유]

② ㉠은 대등하게 이어진문장이므로 앞뒤 문장의 순서가 바뀌어도 동일한 의미를 나타내지만, ㉡은 종속적으로 이어진문장이므로 앞뒤 문장의 순서를 바꾸면 문장이 성립되지 않거나 의미가 변화하므로 적절하지 않다.

[오답의 이유]

① ㉠은 앞 절과 뒤 절이 '대조'의 의미 관계를 갖는 연결 어미 '-지만'으로 연결된 대등하게 이어진문장이고, ㉡은 앞 절과 뒤 절이 '조건'의 의미 관계를 갖는 연결 어미 '-면'으로 연결된 종속적으로 이어진문장이다.

③ ㉢은 문장에서 명사처럼 기능하는 절인 명사절을 안은문장이고, ㉣은 문장에서 관형어로 기능하는 절인 관형절을 안은문장이다.

④ ㉢에서 안은문장의 주어는 '언니는'이고, 안긴문장의 주어는 '아이가'이므로 주어가 서로 다르다. ㉣에서 안은문장의 주어는 '영수가'이고, 안긴문장의 주어도 '영수가'이므로 주어가 같다.

# 국어 | 2021년 법원직 9급

## 한눈에 훑어보기

### ✔ 영역 분석
**문법** 04 05 06 20 25
5문항, 20%

**고전 문학** 21 22 23
3문항, 12%

**현대 문학** 10 11 12 13 17 18 19
7문항, 28%

**비문학** 01 02 03 07 08 09 14 15 16 24
10문항, 40%

### ✔ 빠른 정답

| 01 | 02 | 03 | 04 | 05 | 06 | 07 | 08 | 09 | 10 |
|----|----|----|----|----|----|----|----|----|----|
| ② | ④ | ③ | ③ | ③ | ② | ① | ② | ③ | ③ |
| 11 | 12 | 13 | 14 | 15 | 16 | 17 | 18 | 19 | 20 |
| ④ | ③ | ④ | ① | ④ | ④ | ④ | ② | ③ | ② |
| 21 | 22 | 23 | 24 | 25 | | | | | |
| ③ | ① | ① | ③ | ④ | | | | | |

### ✔ 점수 체크

| 구분 | 1회독 | 2회독 | 3회독 |
|------|-------|-------|-------|
| 맞힌 문항 수 | / 25 | / 25 | / 25 |
| 나의 점수 | 점 | 점 | 점 |

---

## 01 난도 ★★☆ 정답 ②

**비문학 > 글의 전개 방식**

[정답의 이유]
② 1문단에서는 '달에 갈 때'와 '화성에 갈 때'의 차이점을 제시하고 있으며, 5문단부터는 '화학 로켓'과 '전기적인 추진 방식'의 차이점을 제시하고 있다. 따라서 두 대상의 차이점을 중심으로 내용을 전개하고 있다는 설명은 적절하다.

[오답의 이유]
① 1문단에서 '달에 갈 때'와 '화성에 갈 때'의 사례가 제시되었지만, 다양한 사례를 들어 주장을 강화하고 있다는 설명은 적절하지 않다.
③ 제시된 글에서는 상반되는 두 이론을 제시하지 않았고, 이를 절충한 대안 제시도 없다.
④ 제시된 글에는 특정 대상과 관련된 과학 이론도 없으며, 그 문제점을 지적한 내용도 없다. 5문단에 '화학 로켓'의 문제점에 대한 언급은 있지만, '화학 로켓'을 특정 대상과 관련된 과학 이론으로 볼 수는 없다.

## 02 난도 ★★☆ 정답 ④

**비문학 > 사실적 읽기**

[정답의 이유]
④ 7문단에서 전기적인 추진 방식은 '에너지가 열로 달아나지 않으므로 그만큼 연비가 높아진다.'라고 하였으므로 적절한 설명이다.

[오답의 이유]
① 1문단에서 '화성에 갈 때는 편도 8개월 정도 걸린다.', '화성 유인 비행은 500일 내지 1,000일 정도가 걸린다.'라고 하였으므로 화성 유인 비행이 왕복 8개월 정도가 걸린다는 설명은 적절하지 않다.
② 5문단에서 '화학 로켓은 추진력은 크지만, 열로 에너지가 달아나므로 그만큼 연비가 낮아진다. 그래서 많은 양의 연료가 필요하다.'라고 하였으므로 화학 로켓의 추진력이 작다는 설명은 적절하지 않다.
③ 3문단에서 '과거에 미국은 달에 인간을 보내기 위해 아폴로 계획에 총 250억 달러를 투자했다고 한다.'라고 하였으므로 달에 인간을 보내기 위해 총 470억 달러를 투자했다는 설명은 적절하지 않다.

## 03 난도 ★★☆   정답 ③

**비문학 > 추론적 읽기**

정답의 이유

③ 제시된 글에서는 장기간에 걸친 화성 유인 탐사를 위해 많은 양의 화물이 필요한데 현재 사용되는 화학 로켓의 경우 연비가 낮아 화물을 여러 번에 나누어 운반할 수밖에 없으며, 이를 해결하기 위해 연비가 높은 엔진이 필요하다고 말하고 있다. 2문단에서 '(470톤의) 화물의 운반이 화성 유인 비행에서 가장 큰 문제일 것이다.'라고 하였고, 이를 해결하기 위해 7문단에 '전기 추진을 사용하면 연료를 대폭 감량할 수 있기 때문에 화물의 양이 절반으로 줄어들 것이다.'라고 한 데서 위 내용을 확인할 수 있다. 따라서 화성 유인 탐사를 위해 가장 시급히 해결해야 할 문제는 '연료 소비 효율(연비)을 높이는 것'임을 파악할 수 있다.

오답의 이유

① 3문단에서 '막대한 자금을 투입해서, 다른 용도가 없고 지나치게 거대한 로켓을 만드는 시대는 이미 지났다는 뜻이다.'라고 하였으므로 적절하지 않다.
② 우주 비행사 양성과 관련된 내용은 제시되지 않았다.
④ 화물을 여러 번 나누어 운반할 때 사용하는 우주선 엔진의 연비를 높이는 것이 시급히 해결해야 하는 문제이다. 연비를 높이면 화물을 여러 번 나누어 운반하는 문제는 해결할 수 있다.

## 04 난도 ★☆☆   정답 ③

**문법 > 의미론**

정답의 이유

③ ㉠의 '문제'는 '해결하기 어렵거나 난처한 대상 또는 그런 일'을 의미한다. 제시된 글에서는 화성 유인 비행에서 많은 양의 화물을 운반하는 것은 해결하기 어려운 일이라는 뜻으로 사용되었다. ③은 출산율 감소가 해결하기 어렵고 난처한 일이라는 내용이므로 '문제'는 ㉠과 같이 '해결하기 어렵거나 난처한 대상 또는 그런 일'을 뜻한다고 할 수 있다.

오답의 이유

① 논쟁이 된 영화가 개봉된다는 내용이므로 '문제'는 '논쟁, 논의, 연구 따위의 대상이 되는 것'을 뜻한다.
② 그는 어디서나 말썽을 일으켰다는 내용이므로 '문제'는 '귀찮은 일이나 말썽'을 뜻한다.
④ 어려운 문제를 푼다는 내용이므로 '문제'는 '해답을 요구하는 물음'을 뜻한다.

## 05 난도 ★★☆   정답 ③

**문법 > 통사론**

정답의 이유

제시된 글에서 교사는 피동문에는 목적어가 없는 것이 원칙이지만, 드물게 피동문에 목적어가 나타날 때가 있다고 하였다. 따라서 (가)에는 피동문이면서 목적어를 갖는 문장이 들어가야 한다.
③ '밟히다'는 동사 '밟다'의 어근 '밟-'에 피동 접미사 '-히-'가 결합한 피동사이다. '동생이 버스 안에서 발을 밟혔다.'는 피동사 '밟히다'가 사용된 피동문에 '발을'이라는 목적어가 있으므로 피동문이지만 목적어를 갖는 문장에 해당함을 알 수 있다.

오답의 이유

① '두 팔로 감싸게 하거나 그렇게 하여 품 안에 있게 하다.'를 뜻하는 '안기다'는 동사 '안다'의 사동사로, 어근 '안-'에 사동 접미사 '-기-'가 결합한 것이다. 목적어 '짐을'이 나타나고 있지만, 사동문에 해당되므로 (가)에 들어갈 문장으로 적절하지 않다. '안다'의 경우 피동사와 사동사 모두 '안기다'의 형태로 나타나므로 유의해야 한다.
② '어떤 곳에서 다른 곳으로 자리를 바꾸게 하다.'를 뜻하는 '옮기다'는 동사 '옮다'의 어근 '옮-'에 사동 접미사 '-기-'가 결합한 것이다. 목적어 '짐을'이 있으나, 피동문이 아닌 사동문에 해당되므로 (가)에 들어갈 문장으로 적절하지 않다.
④ '받거나 당하게 하다.'를 뜻하는 '입히다'는 동사 '입다'의 어근 '입-'에 사동 접미사 '-히-'가 결합한 사동사이다. 목적어 '상해를'이 있지만, 피동문이 아닌 사동문이므로 (가)에 들어갈 문장으로 적절하지 않다.

**더 알아보기**

**사동 표현과 피동 표현**

- 사동과 피동의 개념

| 사동 | 주체가 남에게 동작이나 행동을 하게 하는 것 |
| --- | --- |
| 피동 | 주체가 다른 힘에 의하여 움직이거나 작용을 하는 것 |

- 사동문과 피동문의 구별

| 사동문 | • 목적어가 있다.<br>• 사동사를 '-게 하다'로 해석하면 자연스럽다.<br>예 친구에게 꽃을 들려 집에 보냈다. |
| --- | --- |
| 피동문 | • 목적어가 없다.<br>• 피동사를 '-어지다'로 해석하면 자연스럽다.<br>예 무릎을 치니 다리가 번쩍 들렸다. |

## 06 난도 ★★☆   정답 ②

**문법 > 국어의 로마자 표기법**

정답의 이유

② 자음 동화는 '음절의 끝 자음이 그 뒤에 오는 자음과 만날 때, 어느 한쪽이 다른 쪽을 닮아서 그와 비슷하거나 같은 소리로 바뀌기도 하고, 양쪽이 서로 닮아서 두 소리가 다 바뀌기도 하는 현상'으로, '속리산'은 자음 동화 현상에 의해 [송니산]으로 발음된다. (1)-㉤의 자음 동화는 변화가 일어난 대로 표기한다는 규정과 (1)-㉱의 고유 명사의 첫 글자는 대문자로 적는다는 규정에 따라 '속리산[송니산]'은 'Songnisan'으로 적는다.

오답의 이유

① '해돋이'는 구개음화 현상으로 인하여 [해도지]로 발음된다. (1)-㉤에서 구개음화는 변화가 일어난 대로 표기한다고 하였으므로 '해돋이[해도지]'는 'haedoji'로 적는다.

③ '울산'은 된소리되기 현상이 일어나 [울싼]으로 발음된다. 하지만 (1)-㉣에서 된소리되기는 표기에 반영하지 않는다고 하였으므로 'Ulssan'이 아니라 'Ulsan'으로 표기한다.

④ '집현전'은 거센소리되기 현상이 일어나 [지편전]으로 발음된다. (1)-㉣의 '다만'을 보면 체언에서 일어나는 거센소리되기는 표기에 반영하지 않고 'ㅎ'을 밝혀 적는다고 하였으므로 체언인 '집현전[지편전]'은 'ㅂ'과 'ㅎ'을 구분하여 'Jiphyeonjeon'으로 적는다.

## 07 난도 ★★☆ 정답 ①

**비문학 > 글의 전개 방식**

**정답의 이유**

① 제시된 글은 '학문의 방법론', 즉 '학문의 대상을 보는 관점'에 대해 '미학'과 '미술사학, 음악사학'을 대비하여 설명하고 있다. 크게 두 가지 범주로 구분하여 설명하고는 있으나, 두 범주의 공통점은 '아름다움에 대해 연구하는 학문'이라는 한 가지뿐이며 공통점보다는 차이점을 위주로 설명하고 있다.

**오답의 이유**

② 2문단에서는 '미술사학·음악사학'은 미술·음악을 역사적 관점에서 보는 것이라 하였고, 3문단에서는 '미학'은 아름다운 대상을 철학적으로 연구하는 학문이라고 설명하고 있다. 이를 통해 제시된 글은 대상 간의 차이점에 초점을 맞춘 내용을 서술하고 있음을 알 수 있다.

③ 1문단의 '미학이란 무엇인가?', 2문단의 '미술사학이나 음악사학이 미학이 아니라면 모두 똑같이 아름다운 대상을 연구하는 학문임에도 이들 사이의 차이점은 무엇인가?' 등 독자에게 계속해서 질문을 던지는 방식으로 내용을 진행하고 있다.

④ 2문단의 '미술사학은 화가 개인이나 화파 사이의 역사적 관계를 연구하는 학문이다.', 3문단의 '미학은 아름다운 대상을 철학적으로 연구하는 학문이다.'와 같이 미술사학과 미학의 정의와 그 특징을 밝히며 서술하고 있다.

## 08 난도 ★★★ 정답 ②

**비문학 > 사실적 읽기**

**정답의 이유**

② 2문단에서 '미학이나 미술사학, 음악사학이 모두 아름다운 대상을 연구한다는 점에는 마찬가지이지만'이라고 하며 미학과 미술사학이 모두 '아름다운 대상'을 연구한다고 하였다. 또한 3문단에서 '미학과 미술사학의 차이는 미술작품을 철학과 역사라는 도구 중 어떤 도구를 가지고 연구하냐의 차이다.', 4문단에서 '미술사학은 미술을 역사적 관점에서 보는 것이고, 미학은 미술을 철학적 관점에서 보는 것이다.'라며 서로 다른 도구로 연구한다고 하였다. 따라서 서로 다른 도구를 가지고 아름다운 대상을 연구한다는 내용은 적절하다.

**오답의 이유**

① 2문단에서 '미술사학은 화가 개인이나 화파 사이의 역사적 관계를 연구하는 학문이다. 이러한 연구 방식은 그림의 역사를 연구하는 것이기에 우리는 그러한 학문을 미술사학이라고 부르며, 이 같은 설명이 음악사학에도 적용될 것이다.'라고 하였으므로 미술사학과 음악사학은 아름다운 대상에 접근하는 방식이 같다고 할 수 있다.

③ 2문단에서 '미학이나 미술사학, 음악사학이 모두 아름다운 대상을 연구한다는 점에는 마찬가지이지만, 그 차이점은 그것에 접근하는 방식, 다르게 말하면 그것들을 연구하는 방식이 다르기 때문이다.', 3문단에서 '미학과 미술사학의 차이는 미술작품을 철학과 역사라는 도구 중 어떤 도구를 가지고 연구하냐의 차이다.'라고 하며 미학과 미술사학·음악사학이 연구하는 방식에서 차이가 있음을 설명하고 있다. 따라서 그림, 음악 등의 아름다운 것을 연구하는 사람들은 모두 미학을 한다는 설명은 적절하지 않다.

④ 미학과 음악사학에서 미술과 음악은 도구가 아닌 연구의 대상일 뿐이다. 제시된 글에서 말하는 '도구'는 '철학'과 '역사'로, 미학은 아름다운 대상을 철학적 관점에서 보는 것이고 음악사학은 음악을 역사적 관점에서 보는 것이다.

## 09 난도 ★★☆ 정답 ③

**비문학 > 추론적 읽기**

**정답의 이유**

③ 빈칸 앞의 '미술사학은 미술을 역사적 관점에서 보는 것이고, 미학은 미술을 철학적 관점에서 보는 것이다.'라는 문장에서 '미술사학'과 '미학'은 '미술'이라는 동일한 대상을 연구하는 학문이며 동일한 대상을 각각 역사적, 철학적 관점에서 바라본다는 차이가 있음을 제시하고 있다. 따라서 '즉'이 앞에서 말한 내용을 재진술할 때 사용하는 부사임을 고려하였을 때, 빈칸 뒤에서 '미술사학'과 '미학'의 차이점에 대해 설명하고 있으므로 빈칸에는 동일한 대상을 연구한다는 두 학문의 공통점이 나오는 것이 적절하다.

**오답의 이유**

① 제시된 글에서는 미학과 미술사학의 비슷한 특징에 대해 언급하지 않았다.

② 2문단에서 '미학이나 미술사학, 음악사학이 모두 아름다운 대상을 연구한다는 점에는 마찬가지이지만, 그 차이점은 그것에 접근하는 방식, 다르게 말하면 그것들을 연구하는 방식이 다르기 때문이다.'라고 하였으므로 '연구 방법이 동일하지만'이라는 내용은 적절하지 않다.

④ 역접의 연결 어미 '-지만'이 사용되었으므로 빈칸의 뒷 문장에 나온 두 학문의 다른 점과 반대되는 두 학문의 공통점에 대한 내용이 나와야 한다.

## 10 난도 ★★☆ 정답 ③

**현대 문학 > 현대 소설**

**정답의 이유**

③ 조세희의 「뫼비우스의 띠」는 1970년대 도시 재개발의 이면에서 도시 빈민 계층들이 겪는 삶의 고통과 좌절을 그린 소설이다. 따라서 사회 문제를 취급한 사회 소설이라는 설명은 적절하지만, 일상의 기계적인 삶을 고발하는 내용을 다루고 있지는 않다.

오답의 이유

① 제시된 작품은 액자 소설의 형태를 취하고 있다. 수학 교사가 학생들에게 굴뚝 청소를 하고 나온 두 아이에 대한 질문을 던진 후에 뫼비우스의 띠에 대해 설명하는 부분은 외부 이야기에 해당하며, 빈민층의 삶을 보여주는 일화는 내부 이야기에 해당한다.
② 앉은뱅이와 꼽추가 자신들의 이익을 가로챈 사나이에게 복수하는 내용(내부 이야기)과 뒷부분에서 학생들에게 지식이 자신이 입을 이익에 맞추어 쓰이는 일이 없기를 당부한 교사의 수업(외부 이야기)이 유기적인 관계를 이룬다고 할 수 있다.
④ '앉은뱅이와 꼽추는 약장수에게서 구한 휘발유 한 통을 들고 사나이가 탄 승용차를 가로막아 선다. 그리고 그를 차에서 끌어내리고 폭력을 행사한 후에 가방에서 20만 원씩 두 뭉치 돈을 꺼낸다.'를 통해 범죄 장면은 자세한 설명 없이 행동의 개요만 묘사하였음을 확인할 수 있다. 또한 앉은뱅이가 '사나이'를 죽이는 장면은 '그는 친구의 얼굴만 보았다. 그 이외에는 정말 아무것도 보지 않았다.'와 같이 꼽추의 내적 진술만 드러낼 뿐 구체적인 행위는 과감히 생략하여 사건을 속도감 있게 전개하고 있다.

더 알아보기

소설 구성의 종류

| 평면적 구성 | 사건이 과거, 현재, 미래의 시간적 흐름에 따라 차례로 진행되는 방식이다. |
|---|---|
| 입체적 구성 | 사건이 작가의 의도에 따라 순서가 바뀌어 진행되는 방식이다. 현대 소설에서 많이 나타난다. |
| 액자식 구성 | 외부 이야기(외화) 안에 내부 이야기(내화)가 위치하여 이중적으로 구성된 방식이다. 소설의 핵심은 내화에 있으며, 외화는 내화를 전개하기 위한 포석을 까는 이야기이다. |

### 11 난도 ★★☆                    정답 ④

현대 문학 > 현대 소설

정답의 이유

④ '앉은뱅이'와 '꼽추'는 몸이 성치 않은 사람들로 거대한 도시 자본 속에서 무력하고 무능력한 존재이다. 이러한 주인공을 설정하여 정당한 대가도 받지 못한 채 삶의 터전에서 쫓겨난 빈민 계층의 비극적인 현실 상황을 강조하는 효과를 가져온다.

오답의 이유

① '앉은뱅이'와 '꼽추'는 당시 시대적 배경과는 관계가 없다.
② 제시된 작품은 사회 현실을 적나라하게 폭로한 소설로, 동화적인 분위기와는 상관이 없다.
③ 소설 내에서 '앉은뱅이'는 삶의 터전을 빼앗아간 부동산업자에게 폭력적으로 복수하는 등 부도덕적인 행동을 하지만, 주인공을 '앉은뱅이'와 '꼽추'로 설정한 것은 인물의 부도덕성을 부각하기 위한 것이 아니라 도시 빈민 계층의 무력함을 강조하기 위한 것이다.

더 알아보기

소설의 인물

- 인물의 개념
  - 작가에 의해 창조된 허구의 사람이다.
  - 소설 속에서 사건과 행동의 주체자이며, 행위자이다.
- 인물 제시 방법
  - 직접 제시: 서술자가 인물의 성격을 직접 요약하여 제시하는 방법이다. 인물의 성격이 서술자에 의해 비교적 명확하게 드러나기 때문에 독자는 인물을 쉽게 이해할 수 있다.
  - 간접 제시: 인물의 행동이나 대화를 통해 인물의 성격을 간접적으로 제시하는 방법이다. 독자는 인물의 대화나 행동을 통해 유추해야 하고, 표현의 한계로 인해 서술자의 인물에 대한 견해가 분명하지 않을 수 있다.

### 12 난도 ★☆☆                    정답 ③

현대 문학 > 현대 소설

정답의 이유

③ 꼽추는 앉은뱅이를 떠나 약장수와 함께 가겠다며, '내가 무서워하는 것은 자네의 마음이야.'라고 이야기한다. 이를 볼 때 꼽추가 앉은뱅이를 떠나려는 이유는 걸음이 느린 앉은뱅이와 함께 가는 것이 부담스러운 게 아니라, '사나이'를 죽인 앉은뱅이가 두렵기 때문임을 알 수 있다.

오답의 이유

① ㉠ '이건 우리 돈야.'는 앉은뱅이가 자신들의 이익을 가로챈 '사나이'에게 폭력을 행사한 후 돈을 빼앗고 이런 자신의 행위에 정당성을 부여하기 위해 한 말이다.
② ㉡ '앉은뱅이의 손이 부들부들 떨렸다. 꼽추의 손도 마찬가지로 떨렸다. 두 친구의 가슴은 더 떨렸다.'를 통해 '사나이'에게 폭력을 행사하고 돈을 빼앗은 데 대한 불안과 흥분을 동시에 드러내고 있다.
④ ㉣ 앞 문장인 '울지 않겠다고 이를 악물었다. 그러나 흐르는 눈물은 어쩔 수 없었다.'를 통해 친구까지 잃은 앉은뱅이의 절망을 느낄 수 있다. 그리고 그 다음 문장인 ㉣ '그는 이 밤이 또 얼마나 길까 생각했다.'에서 '또 얼마나 길까'는 그런 절망적인 상황이 앞으로도 계속될 것임을 암시한다.

### 13 난도 ★★☆                    정답 ④

현대 문학 > 현대 소설

정답의 이유

④ 꼽추는 약장수에 대해 '완전한 사람은 얼마 없어. 그는 완전한 사람야. 죽을힘을 다해 일하고 그 무서운 대가로 먹고살아.'라고 말한다. 따라서 꼽추는 약장수가 자신의 정직한 노력으로 대가를 받는 사람이라고 생각했다는 내용은 제시된 글과 일치한다.

[오답의 이유]

① 통을 가져오라고 한 앉은뱅이의 말을 듣고 꼽추는 승용차 밖으로 먼저 나간다. 따라서 앉은뱅이가 꼽추보다 먼저 승용차 밖으로 나왔다는 내용은 적절하지 않다.
② 앉은뱅이와 꼽추는 '사나이'를 차에서 끌어내리고 폭력을 행사한 후에 가방에서 돈을 빼앗는 방법으로 문제를 해결하였다. 따라서 대화를 통해 문제를 해결하고자 했다는 내용은 적절하지 않다.
③ 꼽추와 앉은뱅이의 집을 쇠망치로 부수 이는 '쇠망치를 든 사람들'이다. '어떤 사나이에게 자신들의 아파트 입주권을 한 평당 16만 원에 팔고, 그 사나이는 그 입주권을 다른 사람들에게 36만 원에 판다.'라는 내용으로 볼 때, 승용차에 탄 사나이는 앉은뱅이와 꼽추의 아파트 입주권을 싸게 사서 다른 사람들에게 비싸게 판 사람이다. 따라서 승용차에 탄 사나이가 꼽추와 앉은뱅이의 집을 쇠망치로 부수었다는 내용은 적절하지 않다.

[작품 해설]

**조세희, 「뫼비우스의 띠」**
- 갈래: 현대 소설, 연작 소설
- 성격: 상징적, 사회 비판적
- 주제: 도시 빈민층이 겪는 삶의 고통
- 특징
  - 동화적 구도와 비극적 삶의 부조화로 비극성을 강화함
  - 액자식 구성으로, 과거와 현재의 시간을 넘나드는 구성과 우화적 기법을 사용함

## 14  난도 ★★☆                                     정답 ①

비문학 > 글의 전개 방식

[정답의 이유]

① 미생물과 관련하여 마르쿠스 플렌치즈, 루이 파스퇴르, 로베르트 코흐, 조지프 리스터 등 여러 학자들의 탐구 및 실험 내용을 구체적으로 제시하고 있다.

[오답의 이유]

② 제시된 글은 전체적으로 미생물 탐구 및 실험 내용에 대한 변천사를 시대별로 설명하고 있으나, 상반된 두 이론을 대조하여 설명하고 있지는 않다. 2문단에서 자연발생설과 이에 반박하는 이론으로서 배종설을 들고 있긴 하지만, 두 이론을 대조하여 그 장단점을 제시하지는 않았다.
③ 1문단에서 '그러나 유감스럽게도 그 주장에 대한 증거가 없었으므로 플렌치즈는 외견상 하찮아 보이는 미생물들도 사실은 중요하다는 점을 다른 사람들에게 납득시킬 수가 없었다.'라며, 플렌치즈가 제시한 가설의 문제점을 밝히고 있으나, 이에 대한 해결방안을 제시하지는 않았다.
④ 글 전체를 통해 미생물에 대한 인식이 형성된 과정은 알 수 있으나, 미생물의 종류를 나누어 분석하지는 않았다.

## 15  난도 ★★☆                                     정답 ④

비문학 > 사실적 읽기

[정답의 이유]

④ 2문단에서 파스퇴르는 '미생물이 누에에게 두 가지 질병을 일으킨다는 사실을 입증한 뒤, 감염된 알을 분리하여 질병이 전염되는 것을 막음으로써 프랑스의 잠사업을 위기에서 구했다.'라고 하였으며, 5문단에서 '조지프 리스터는 파스퇴르에게서 영감을 얻어 소독 기법을 실무에 도입했다. 그는 자신의 스태프들에게 손과 의료 장비와 수술실을 화학적으로 소독하라고 지시함으로써 수많은 환자들을 극심한 감염으로부터 구해냈다.'라고 하였다. 따라서 파스퇴르는 프랑스의 잠사업과 환자들을 감염으로부터 보호하는 일에 긍정적인 영향을 미쳤음을 알 수 있다.

[오답의 이유]

① 1문단에서 마르쿠스 플렌치즈의 주장에 대해 '그 주장에 대한 증거가 없었으므로 플렌치즈는 외견상 하찮아 보이는 미생물들도 사실은 중요하다는 점을 다른 사람들에게 납득시킬 수가 없었다. 심지어 한 비평가는 그처럼 어처구니없는 가설에 반박하느라 시간을 허비할 생각이 없다며 대꾸했다.'라고 하였으므로 미생물이 질병을 일으킨다는 플렌치즈의 주장은 당시 모든 사람들의 긍정적 반응을 이끌어내지 못했음을 알 수 있다.
② 2문단에서 '사람들은 흔히 썩어가는 물질이 내뿜는 나쁜 공기, 즉 독기가 질병을 일으킨다고 생각했다. 1865년 파스퇴르는 이런 생각이 틀렸음을 증명했다.'라고 하였으므로 썩어가는 물질이 내뿜는 독기가 질병을 일으킨다는 주장이 틀렸음을 증명한 것은 플렌치즈가 아닌 파스퇴르였다는 것을 알 수 있다.
③ 3문단에서 '때마침 다른 과학자들이 동물의 시체에서 탄저균을 발견하자, 1876년 코흐는 이 미생물을 쥐에게 주입한 뒤 쥐가 죽은 것을 확인했다.'라고 한 것으로 보아, 동물의 시체에서 탄저균을 발견한 것은 코흐가 아닌 다른 과학자들임을 알 수 있다.

## 16  난도 ★★☆                                     정답 ④

비문학 > 추론적 읽기

[정답의 이유]

④ 4문단의 '코흐를 비롯한 과학자들은 한센병, 임질, 장티푸스, 결핵 등의 질병 뒤에 도사리고 있는 세균들을 속속 발견했다. 이러한 발견을 견인한 것은 새로운 도구였다.'를 통해 코흐는 새로운 도구의 도움을 받아 질병을 유발하는 미생물들을 발견하였음을 확인할 수 있다.

[오답의 이유]

① 4문단에서 탄저병이 연구된 뒤 20년에 걸쳐 코흐를 비롯한 과학자들은 한센병, 임질, 장티푸스, 결핵 등의 질병 뒤에 도사리고 있는 세균들을 속속 발견했고, 순수한 미생물을 배양하는 방법이 개발되었으며, 새로운 염색제가 등장하여 세균의 발견과 확인을 도왔다고 하였다. 따라서 세균은 미생물의 일종이라는 내용은 적절하다.
② 5문단에서는 '세균을 확인하자 과학자들은 거두절미하고 세균을 제거하는 작업에 착수했다.', '그(조지프 리스터)는 자신의 스태

프들에게 손과 의료 장비와 수술실을 화학적으로 소독하라고 지시함으로써 수많은 환자들을 극심한 감염으로부터 구해냈다.'라고 하였으므로 세균을 화학적인 방법으로 제거할 수 있다는 내용은 적절하다.

③ 1~3문단에 따르면 1762년 마르쿠스 플렌치즈가 미생물이 체내에서 증식함으로써 질병을 일으키고 이는 공기를 통해 전염될 수 있다고 주장하였지만 증거가 없어 무시되었으나, 19세기 중반 루이 파스퇴르와 로베르트 코흐가 각각 미생물이 질병을 일으킨다는 배종설을 입증하면서 미생물과 질병의 연관성에 대한 인식이 변화하기 시작했다고 하였다. 따라서 미생물과 질병의 연관성에 대한 인식이 통시적으로 변화해왔다는 내용은 적절하다.

## 17  난도 ★★☆                                            정답 ④

**현대 문학 > 현대 시**

[정답의 이유]

④ '바람결 따라 타오르는 꽃성(城)'은 화자가 갈망하는 미래의 현실을 상징하며, ㉢ '꽃성'은 화자의 소망이 이루어진 날의 모습, 즉 '해방된 조국'을 뜻한다.

[오답의 이유]

①·②·③ ㉠ '그 땅', ㉡ '북(北)쪽 툰드라', ㉣ '눈 속'은 모두 일제 강점기 시대의 고난과 시련이 연속되는 암담한 현실을 의미한다. ㉢ '꽃성'과 대조되는 의미로 사용되었다.

## 18  난도 ★☆☆                                            정답 ②

**현대 문학 > 현대 시**

[정답의 이유]

② (가)의 '꽃은 발갛게', (나)의 '파란 녹'과 같이 (가)와 (나) 모두 색채를 나타내는 시어를 통한 시각적 심상이 드러난다.

[오답의 이유]

① (가)에는 어두운 현실 상황에 저항하여 조국 광복을 이루겠다는 화자의 의지적 어조가 드러난다. 반면, (나)에는 지나온 삶에 대하여 성찰하는 고백적 어조가 드러난다.

③ (가)와 (나) 모두 시구가 반복되는 부분이 없다.

④ (가)와 (나) 모두 영탄적 어조를 사용하여 화자의 정서를 드러낸다. (가)에는 '않는가', '날이여', '약속(約束)이여!', '보노라', (나)에는 '욕될까', '살아왔던가', '했던가'와 같이 영탄적 어조를 사용한다.

## 19  난도 ★★☆                                            정답 ③

**현대 문학 > 현대 시**

[정답의 이유]

③ 윤동주의 「참회록」에서 '구리거울'은 자아 성찰의 매개체이다. 백석의 「흰 바람벽이 있어」에서 '흰 바람벽'은 내면의 모습을 비춰주는 대상으로, 화자가 삶을 성찰하도록 하는 매개체이다. 따라서 '구리거울'과 '흰 바람벽'은 모두 화자의 자아 성찰의 매개체로서의 기능을 하는 소재로 볼 수 있다.

[오답의 이유]

① 정지용의 「유리창 1」에서 '유리'는 화자와 죽은 아들을 단절시키는 소재이면서, 동시에 죽은 아들을 만날 수 있도록 하는 소재이기도 하다.

② 김수영의 「눈」에서 '기침'은 더러운 것인 '가래'를 뱉는 행위로, 몸 속의 더럽고 불순한 것을 밖으로 배출하여 제거하고 자신을 정화시키는 역할을 한다.

④ 정희성의 「저문 강에 삽을 씻고」에서 '흐르는 물'은 고단하고 궁핍한 노동자의 삶을 의미한다.

### 작품 해설

**(가) 이육사, 「꽃」**
- 갈래: 자유시, 서정시
- 성격: 상징적, 의지적, 저항적
- 주제: 조국 광복에 대한 의지와 신념
- 특징
  - 강인하고 의지적인 남성적 어조를 사용함
  - 시각적 이미지와 역동적 이미지를 통해 화자의 의지를 효과적으로 드러냄

**(나) 윤동주, 「참회록」**
- 갈래: 자유시, 서정시
- 성격: 고백적, 성찰적, 상징적
- 주제: 자아 성찰과 고난 극복의 의지
- 특징
  - 시간의 흐름에 따라 시상을 전개함
  - '구리거울'을 매개체로 하여 자기 성찰의 모습을 보여줌

## 20  난도 ★★☆                                            정답 ②

**문법 > 고전 문법**

[정답의 이유]

② ㉡ '여름 하느니'는 현대어 '열매(가) 많으니'로 풀이될 수 있다. 여기서 '여름'은 체언 '여름(열매)'에 주격 조사가 생략된 형태로, 체언에 주격 조사가 없이 단독으로 주어가 실현된 것이다. 따라서 목적어가 실현되었다는 내용은 적절하지 않다.

[오답의 이유]

① ㉠ '太子를'은 현대어로 '태자를'을 뜻하며, 체언 '太子(태자)' 뒤에 목적격 조사 '를'이 붙어서 목적어가 실현된 것이므로 적절하다.

③ ㉢ '고즈란'의 현대어 풀이는 '꽃일랑'으로, 체언 '곶(꽃)'에 보조사 '♀란(일랑)'이 붙어서 서술어 '푸디 말오(팔지 말고)'의 목적어가 실현된 것이므로 적절하다.

④ ㉣ '부텻 像올'의 현대어 풀이는 '부처의 형상을'로, 명사구인 '부텻 像'에 목적격 조사 '올'이 붙어 목적어가 실현된 것이므로 적절하다.

## 21 난도 ★☆☆   정답 ③

고전 문학 > 고전 산문

**정답의 이유**

③ 제시된 작품은 가난이라는 현실적 소재와 이로 인한 비참한 상황을 다루고 있으므로 비현실적 상황 설정은 찾을 수 없다.

**오답의 이유**

① '흥보 마누라 나온다', '어디 돈', '잘난 돈', '가지 마오', '가지를 마오', '병영 가신 우리 영감' 등 동일한 어구를 반복하여 운율을 조성하고 있다.
② '그때 박흥보는 숫한 사람이라 벌벌 떨며 들어간다.'를 통해 서술자가 개입하여 인물에 대한 자신의 생각을 전달하고 있음을 확인할 수 있다.
④ 전체적으로 사실을 담담하게 서술하는 중모리나 보통 빠르기로 일상적인 대목에서 사용되는 중중모리를 사용하다가, 흥보 아내가 매품을 팔러 가려는 남편을 말리는 부분에서는 가장 느린 진양조 장단을 사용하여 슬픈 정서를 드러내고 있다. 이를 통해 상황에 맞는 장단을 사용하여 인물의 정서를 효과적으로 전달하고 있음을 알 수 있다.

**더 알아보기**

**판소리의 구성**

| 창(소리) | 광대가 가락에 맞추어 부르는 노래이다. |
|---|---|
| 아니리 (사설) | 창이 아닌 말로, 창과 창 사이에 하는 대사로 광대가 숨을 돌릴 수 있다. |
| 추임새 | 흥을 돋우기 위하여 삽입하는 소리로 '좋지, 얼씨구, 흥' 등이 있다. |
| 발림 (너름새) | 소리의 극적인 전개를 돕기 위하여 몸짓이나 손짓으로 하는 동작을 말한다. |
| 더늠 | 명창이 자신의 독특한 방식으로 다듬어 부르는 어떤 마당의 한 대목을 말한다. |

**판소리의 장단**

| 진양조 | 판소리의 장단 중 가장 느린 장단으로, 내용이 슬프고 장중한 느낌의 장면에서 사용한다. |
|---|---|
| 중모리 | 중간 빠르기로 판소리에서 가장 많이 쓰이며, 태연하고 안정감을 주는 장면에 사용한다. |
| 중중모리 | 중모리보다 조금 빠른 장단으로 흥겹고 우아한 느낌을 주며, 춤을 추는 장면이나 화려한 장면에 사용한다. |
| 자진모리 | 중중모리보다 더 빠른 장단으로 섬세하고 명랑하며 경쾌한 느낌에 사용한다. |
| 휘모리 | 판소리의 장단 중 가장 빠른 장단으로 흥분하거나 급박한 느낌을 주는 장면에 사용한다. |
| 엇모리 | 빠른 3박과 2박이 혼합된 10박의 특이한 장단으로 신비한 장면에 사용한다. |

## 22 난도 ★★☆   정답 ①

고전 문학 > 고전 산문

**정답의 이유**

① 학수고대(鶴首苦待)는 '학의 목처럼 목을 길게 빼고 간절히 기다림을 뜻하는 말'이다. 흥보 마누라는 '영감이 떠난 그날부터 후원에 단(壇)을 세우고 정화수를 바치고, 병영 가신 우리 영감 매 한 대도 맞지 말고 무사히 돌아오시라고 밤낮 기도'하였으므로 무사히 돌아오기를 간절히 바란다는 뜻의 '학수고대'하고 있다는 말은 적절하다.
• 鶴首苦待: 학 학, 머리 수, 괴로울 고, 기다릴 대

**오답의 이유**

② 새옹지마(塞翁之馬)는 '인생의 길흉화복은 변화가 많아서 예측하기가 어렵다는 말'이다. 흥보는 '허유허유 나려를 가며 신세자탄(身世自嘆) 울음을 운다.'를 통해 매품을 팔러 가는 자신의 상황에 대해 신세 한탄을 하고, 매품을 팔지 못하게 된 상황에 대해서 '그렁저렁 울며불며 돌아온다.'라며 한스러워하고 있음을 확인할 수 있다. 하지만 이를 '새옹지마'로 여기고 있다고 볼 수 없다.
• 塞翁之馬: 변방 새, 늙은이 옹, 갈 지, 말 마
③ 측은지심(惻隱之心)은 '사단(四端)의 하나로 불쌍히 여기는 마음을 이르는 말'이다. 흥보 아들들은 흥보가 매품을 팔러 병영에 간다니까 저의 어머니 울음소리를 듣고도 '갔다 올 제 떡 한 보따리 사 가지고 오시오.'라며 본인들이 필요한 것을 요구한다. 따라서 흥보 아들들이 흥보에 대해 '측은지심'을 갖고 있다고 볼 수 없다.
• 惻隱之心: 슬퍼할 측, 숨을 은, 갈 지, 마음 심
④ 어불성설(語不成說)은 '말이 조금도 사리에 맞지 아니함을 뜻하는 말'이다. 흥보는 매품을 팔지 못하게 되었다는 사령의 말에 기막혀하며 슬퍼하긴 하지만, 그 말이 사리에 맞지 않는다고 생각하진 않는다.
• 語不成說: 말씀 어, 아닐 불, 이룰 성, 말씀 설

## 23 난도 ★★☆   정답 ①

고전 문학 > 고전 산문

**정답의 이유**

① 흥보는 옆집 꾀수 애비가 자신의 이름을 대고 매품을 팔았다는 것을 알자 울면서 집으로 돌아가지만, 제시된 글에 사령을 원망한 부분은 없다.

**오답의 이유**

② 흥보는 사령과의 대화를 통해 옆집 꾀수 애비가 자신 대신 매품을 팔았다는 것을 알게 되었고, 자신이 매품을 팔 수 없게 된 상황을 인식하였다.
③ 사령이 흥보가 속았다는 것을 알고 속상하겠다는 뜻으로 흥보에게 '당신 곯았소.'하고 말하자, 흥보가 '곯다니 계란이 곯지, 사람이 곯나.'라며 언어유희를 사용하여 답하는 장면에서 해학적인 표현을 통해 독자의 웃음을 유발하고 있다는 것을 알 수 있다.

④ 가난 때문에 죄도 없이 매품을 팔아 곤장을 맞으려 하고, 결국 매품 파는 일마저도 다른 사람에게 밀려 실패하는 홍보의 상황을 통해 당시 서민들의 삶이 몹시 힘들었음을 짐작할 수 있다.

## 24 난도 ★★☆ 정답 ③

비문학 > 사실적 읽기

정답의 이유

③ 대구에 계신 할아버지와의 대화를 통해 지역 간 사용 어휘의 차이, 어머니와의 대화를 통해 세대 간 사용 어휘의 차이로 인해 생기는 불편함에 대해 서술하고 있긴 하지만, 성별에 따라 사용하는 어휘가 달라지기도 한다는 내용은 〈보기〉에 없다.

오답의 이유

① "어머니께서는 '문상'이 무엇이냐고 물으셨고 나는 '문화상품권'을 줄여서 사용하는 말이라고 말씀드렸다."라는 부분과 "학교에서 친구들과 이야기할 때 흔히 사용하는 '컴싸'나 '훈남', '생파' 같은 단어들을 부모님과 대화할 때는 설명을 해드려야 해서 불편할 때가 많다."라는 내용을 통해 어휘는 세대에 따라 달라지기도 한다는 것을 알 수 있다.

② '할아버지께서 나에게 심부름을 시키셨는데 사투리가 섞여 있어서 잘 알아들을 수가 없었다.'라는 부분을 통해 어휘가 지역에 따라 달라지기도 한다는 것을 알 수 있다.

④ "학교에서 친구들과 이야기할 때 흔히 사용하는 '컴싸'나 '훈남', '생파' 같은 단어들을 부모님과 대화할 때는 설명을 해드려야 해서 불편할 때가 많다."라는 부분을 통해 청소년들이 은어나 유행어를 많이 쓴다는 것을 알 수 있다.

## 25 난도 ★★★ 정답 ③

문법 > 형태론

정답의 이유

③ '밝다'는 동사와 형용사 두 가지로 품사 통용하는 단어이다. '밤이 지나고 환해지며 새날이 오다.'라는 의미로 사용하는 경우에는 동사이며, '불빛 따위가 환하다. / 빛깔의 느낌이 환하고 산뜻하다.'의 의미로 쓰는 경우에는 형용사이다. 첫 번째 문장의 '밝다'는 '불빛 따위가 환하다.'라는 의미의 형용사이고, 두 번째 문장의 '밝다'는 '빛깔의 느낌이 환하고 산뜻하다.'라는 의미의 형용사이다. 따라서 품사의 통용 사례로 보기 어렵다.

오답의 이유

① '만큼'은 조사와 의존 명사로 품사 통용하는 단어이다. 체언의 뒤에 붙는 '만큼'은 앞말과 비슷한 정도나 한도임을 나타내는 격 조사 혹은 앞말에 한정됨을 나타내는 보조사이고, 용언의 관형사형 뒤에 오는 '만큼'은 앞의 내용에 상당한 수량이나 정도, 뒤에 나오는 내용의 원인이나 근거가 됨을 나타내는 의존 명사이다. 첫 번째 문장의 '만큼'은 체언 '철수' 뒤에 붙여 쓴 조사이고, 두 번째 문장의 '만큼'은 용언의 관형사형 '먹을'의 수식을 받는 의존 명사이다.

② '내일'은 명사와 부사 두 가지로 품사 통용하는 단어이다. '내일' 뒤에 조사가 붙는 경우는 명사이고, '내일'이 용언이나 문장을 수식하는 경우는 부사이다. 첫 번째 문장의 '내일'은 뒤에 관형격 조사 '의'가 붙었으므로 명사이며, 두 번째 문장의 '내일'은 용언 '시작합시다'를 수식하므로 부사이다.

④ '크다'는 동사와 형용사로 품사 통용하는 단어이다. '동식물이 몸의 길이가 자라다. / 사람이 자라서 어른이 되다. / 수준이나 능력 따위가 높은 상태가 되다.'의 뜻으로 사용될 때는 동사이고 이외의 뜻으로 사용될 때는 형용사이다. 첫 번째 문장의 '크다'는 '사람이나 사물의 외형적 길이, 넓이, 높이, 부피 따위가 보통 정도를 넘다.'를 뜻하므로 형용사이고, 두 번째 문장의 '크다'는 '동식물이 몸의 길이가 자라다.'를 뜻하므로 동사이다.

**더 알아보기**

**동사와 형용사로 모두 쓰이는 단어**

| | | |
|---|---|---|
| 길다 | 동사 | 머리가 꽤 많이 길었다. |
| | 형용사 | 해안선이 길다. |
| 크다 | 동사 | 너 커서 무엇이 되고 싶니? |
| | 형용사 | 그녀는 씀씀이가 크다. |
| 늦다 | 동사 | 그는 약속 시간에 항상 늦는다. |
| | 형용사 | 시계가 오 분 늦게 간다. |
| 감사하다 | 동사 | 나는 친구에게 도와준 것에 감사했다. |
| | 형용사 | 당신의 작은 배려가 대단히 감사합니다. |
| 있다 | 동사 | 그는 내일 집에 있는다고 했다. |
| | 형용사 | 나는 신이 있다고 믿는다. |
| 밝다 | 동사 | 내일 날이 밝는 대로 떠나겠다. |
| | 형용사 | 햇불이 밝게 타오른다. |

오랫동안 꿈을 그리는 사람은 마침내 그 꿈을 닮아간다.

- 앙드레 말로 -

# PART 5
# 고난도 기출문제

- 2024년 국회직 8급
- 2023년 국회직 8급
- 2022년 국회직 8급
- 2023년 지방직 7급

# 국어 | 2024년 국회직 8급

## 한눈에 훑어보기

### ✔ 영역 분석

**어휘** 05 16 19 20
4문항, 16%

**문법** 01 02 03 04 07 14 15 18
8문항, 32%

**현대 문학** 17 21
2문항, 8%

**비문학** 06 08 09 10 11 12 13 22 23 24 25
11문항, 44%

### ✔ 빠른 정답

| 01 | 02 | 03 | 04 | 05 | 06 | 07 | 08 | 09 | 10 |
|---|---|---|---|---|---|---|---|---|---|
| ⑤ | ③ | ② | ① | ③ | ② | ⑤ | ⑤ | ⑤ | ② |
| 11 | 12 | 13 | 14 | 15 | 16 | 17 | 18 | 19 | 20 |
| ③ | ⑤ | ① | ⑤ | ④ | ① | ④ | ④ | ③ | ② |
| 21 | 22 | 23 | 24 | 25 | | | | | |
| ④ | ③ | ④ | ② | ① | | | | | |

### ✔ 점수 체크

| 구분 | 1회독 | 2회독 | 3회독 |
|---|---|---|---|
| 맞힌 문항 수 | / 25 | / 25 | / 25 |
| 나의 점수 | 점 | 점 | 점 |

## 01 난도 ★★☆ 정답 ⑤

**문법 > 형태론**

[정답의 이유]

⑤ • '많이'는 용언의 어간 '많-'에 부사 파생 접미사 '-이'가 결합한 파생어이다.
• '알짜'는 '진짜'의 뜻을 더하는 접두사 '알-'이 결합한 파생어이다.
• '돋보기'는 용언의 어간 '돋보-'에 명사 파생 접미사 '-기'가 결합한 파생어이다.
• '철렁거리다'는 어근 '철렁'에 동사 파생 접미사 '-거리다'가 결합한 파생어이다.

[오답의 이유]

① • '잠'은 용언의 어간 '자-'에 명사 파생 접미사 '-ㅁ'이 결합한 파생어이다.
• '덮개'는 용언의 어간 '덮-'에 명사 파생 접미사 '-개'가 결합한 파생어이다.
• '굳세다'는 용언의 어간 '굳-'과 '세-'가 결합한 합성어이다.
• '덧나다'는 용언의 어간 '나-'에 '겹쳐 신거나 입는'을 뜻하는 접두사 '덧-'이 결합한 파생어이다.

② • '기쁨'은 용언의 어간 '기쁘-'에 명사 파생 접미사 '-ㅁ'이 결합한 파생어이다.
• '크기'는 용언의 어간 '크-'에 명사 파생 접미사 '-기'가 결합한 파생어이다.
• '밀치다'는 용언의 어간 '밀-'에 강조의 뜻을 더하는 접미사 '-치-'가 결합한 파생어이다.
• '어린이'는 용언의 어간 '어리-'에 관형사형 어미 '-ㄴ'이 붙고 사람의 뜻을 나타내는 어근 '이'가 결합한 합성어이다.

③ • '멀리'는 용언의 어간 '멀-'에 부사 파생 접미사 '-이'가 결합한 파생어이다.
• '접칼'은 용언의 어간 '접-'과 명사 '칼'이 결합한 합성어이다.
• '곁눈질'은 어근 '곁눈'에 '그 신체 부위를 이용한 어떤 행위'를 뜻하는 접미사 '-질'이 결합한 파생어이다.
• '좁히다'는 용언의 어간 '좁-'에 사동의 뜻을 더하는 접미사 '-히-'가 결합한 파생어이다.

④ • '웃음'은 용언의 어간 '웃-'에 명사 파생 접미사 '-음'이 결합한 파생어이다.
• '밝히다'는 용언의 어간 '밝-'에 사동의 뜻을 더하는 접미사 '-히-'가 결합한 파생어이다.
• '어녹다'는 용언의 어간 '얼-'과 용언의 어간 '녹-'이 결합한 합성어이다.

- '여닫이'는 용언의 어간 '여닫-'에 명사 파생 접미사 '-이'가 결합한 파생어이다.

## 02 난도 ★★☆  정답 ③

**문법 > 외래어 표기법**

**정답의 이유**

③ • 밸런타인데이(○): 'Valentine Day'는 '발렌타인데이'가 아닌 '밸런타인데이'가 옳은 표기이다.
- 엔도르핀(○): 'endorphin'은 '엔돌핀'이 아닌 '엔도르핀'이 옳은 표기이다.
- 윈도(○): 'window'는 '윈도우'가 아닌 '윈도'가 옳은 표기이다.
- 플루트(○): 'flute'는 '플룻'이 아닌 '플루트'가 옳은 표기이다.
- 코즈모폴리턴(○): 'cosmopolitan'은 '코즈모폴리탄'이 아닌 '코즈모폴리턴'이 옳은 표기이다.

**오답의 이유**

- 마르세이유(×) → 마르세유(○): 'Marseille'는 '마르세이유'가 아닌 '마르세유'가 옳은 표기이다.
- 비젼(×) → 비전(○): 'vision'은 '비젼'이 아닌 '비전'이 옳은 표기이다.
- 엠뷸런스(×) → 엠뷸런스(○): 'ambulance'는 '엠뷸런스'가 아닌 '엠뷸런스'가 옳은 표기이다.
- 크리스찬(×) → 크리스천(○): 'christian'은 '크리스찬'이 아닌 '크리스천'이 옳은 표기이다.

## 03 난도 ★★☆  정답 ②

**문법 > 한글 맞춤법**

**정답의 이유**

② 구름양(○): 한글 맞춤법 제11항에 따르면, 한자음 '랴, 려, 례, 료, 류, 리'가 단어 첫머리에 올 적에는 두음 법칙에 따라 '야, 여, 예, 요, 유, 이'로 적고, 단어의 첫머리 이외의 경우에는 본음대로 적는다. 다만, 고유어나 외래어 뒤에 결합한 한자어는 독립적인 한 단어로 인식이 되기 때문에 두음 법칙이 적용된다. '구름양(구름+量)'은 고유어와 한자어가 결합한 것이므로 두음 법칙을 적용하여 표기한다.

**오답의 이유**

① 성장율(×) → 성장률(○): 한글 맞춤법 제11항 [붙임 1]에 따르면, 한자음 '랴, 려, 례, 료, 류, 리'가 단어 첫머리가 아닌 경우에는 두음 법칙이 적용되지 않는다. 따라서 '성장율'이 아닌 '성장률'로 적는다.

③ 회계년도(×) → 회계연도(○): 한글 맞춤법 제10항에 따르면, 한자음 '녀, 뇨, 뉴, 니'가 단어 첫머리에 올 적에는 두음 법칙에 따라 '여, 요, 유, 이'로 적고, 단어의 첫머리 이외의 경우 본음대로 적는다. 다만 접두사처럼 쓰이는 한자가 붙어서 된 말이나 합성어에서 뒷말의 첫소리가 'ㄴ' 소리로 나더라도 두음 법칙에 따라 적는다. 따라서 '회계(會計)'와 '연도(年度)'가 결합한 합성어는 두음 법칙을 적용하여 '회계연도'로 적는다.

④ 펜팔란(×) → 펜팔난(○): 한글 맞춤법 제12항에 따르면, 한자음 '라, 래, 로, 뢰, 루, 르'가 단어의 첫머리에 올 적에는 두음 법칙에 따라 '나, 내, 노, 뇌, 누, 느'로 적고 단어의 첫머리 이외의 경우 본음대로 적는다. 다만 고유어나 외래어 뒤에 결합하는 경우에는 한자어 형태소가 하나의 단어로 인식되므로 두음 법칙을 적용하여 '펜팔난'으로 적는다.

⑤ 싹뚝(×) → 싹둑(○): 한글 맞춤법 제5항에 따르면, 한 단어 안에서 뚜렷한 까닭 없이 나는 된소리는 다음 음절의 첫소리를 된소리로 적는다. 다만, 'ㄱ, ㅂ' 받침 뒤에 연결되는 'ㄱ, ㄷ, ㅂ, ㅅ, ㅈ'은 언제나 된소리로 소리 나므로 이러한 경우에는 된소리로 표기하지 않는다. 따라서 '싹둑'으로 적는다.

### 더 알아보기

**두음 법칙(한글 맞춤법 규정 제11항)**

한자음 '랴, 려, 례, 로, 류, 리'가 단어의 첫머리에 올 적에는, 두음 법칙에 따라 '야, 여, 예, 요, 유, 이'로 적는다. (ㄱ을 취하고, ㄴ을 버림)

| ㄱ | ㄴ | ㄱ | ㄴ |
| --- | --- | --- | --- |
| 양심(良心) | 량심 | 용궁(龍宮) | 룡궁 |
| 역사(歷史) | 력사 | 유행(流行) | 류행 |
| 예의(禮儀) | 례의 | 이발(理髮) | 리발 |

다만, 다음과 같은 의존 명사는 본음대로 적는다.

리(里): 몇 리냐?
리(理): 그럴 리가 없다.

[붙임 1] 단어의 첫머리 이외의 경우에는 본음대로 적는다.

| 개량(改良) | 선량(善良) | 수력(水力) | 협력(協力) |
| 사례(謝禮) | 혼례(婚禮) | 와룡(臥龍) | 쌍룡(雙龍) |
| 하류(下流) | 급류(急流) | 도리(道理) | 진리(眞理) |

다만, 모음이나 'ㄴ' 받침 뒤에 이어지는 '렬, 률'은 '열, 율'로 적는다. (ㄱ을 취하고 ㄴ을 버림)

| ㄱ | ㄴ | ㄱ | ㄴ |
| --- | --- | --- | --- |
| 나열(羅列) | 나렬 | 분열(分裂) | 분렬 |
| 치열(齒列) | 치렬 | 선열(先烈) | 선렬 |
| 비열(卑劣) | 비렬 | 진열(陳列) | 진렬 |
| 규율(規律) | 규률 | 선율(旋律) | 선률 |
| 비율(比率) | 비률 | 전율(戰慄) | 전률 |
| 실패율(失敗率) | 실패률 | 백분율(百分率) | 백분률 |

[붙임 2] 외자로 된 이름을 성에 붙여 쓸 경우에도 본음대로 적을 수 있다.

| 신립(申砬) | 최린(崔麟) | 채륜(蔡倫) | 하륜(河崙) |

[붙임 3] 준말에서 본음으로 소리 나는 것은 본음대로 적는다.

| 국련(국제 연합) | 한시련(한국 시각 장애인 연합회) |

[붙임 4] 접두사처럼 쓰이는 한자가 붙어서 된 말이나 합성어에서, 뒷말의 첫소리가 'ㄴ' 또는 'ㄹ' 소리로 나더라도 두음 법칙에 따라 적는다.

| 역이용(逆利用) | 연이율(年利率) |
| --- | --- |
| 열역학(熱力學) | 해외여행(海外旅行) |

[붙임 5] 둘 이상의 단어로 이루어진 고유 명사를 붙여 쓰는 경우나 십진법에 따라 쓰는 수(數)도 붙임 4에 준하여 적는다.

| 서울여관 | 신흥이발관 | 육천육백육십육(六千六百六十六) |
| --- | --- | --- |

## 04 난도 ★★☆  정답 ①

**문법 > 한글 맞춤법**

정답의 이유

ⓒ 뒤치다꺼리(○): '뒤에서 일을 보살펴서 도와주는 일'을 뜻하는 단어는 '뒤치다꺼리'이다. 따라서 '언제까지 네 뒤치다꺼리를 해야 하니?'는 어법에 맞는 문장이다.

오답의 이유

㉠ 하락세로 치닫고(×) → 하락세를 보이고(○): '치닫다'는 '위쪽으로 달려 올라가다.'라는 뜻으로 '하락세'와 호응이 어색하다. 따라서 '최근 주식이 하락세를 보이고 있습니다.'와 같이 써야 한다.

ⓒ 필 수 없습니다(×) → 피울 수 없습니다(○): '어떤 물질에 불을 붙여 연기를 빨아들이었다가 내보내다.'를 뜻하는 단어는 '피우다'이다. 따라서 '비행기 안에서 담배를 피울 수 없습니다.'와 같이 써야 한다.

㉣ 걸맞는(×) → 걸맞은(○): '걸맞다'는 형용사이기 때문에 관형사형 어미 '-는'과 결합할 수 없다. 따라서 '청소년에게 걸맞은 스토리가 필요합니다.'와 같이 써야 한다.

㉤ 꽃에게(×) → 꽃에(○): '에게'는 유정 명사와 결합하는 부사격 조사이므로 무정 명사인 '꽃'과 어울려 쓸 수 없다. 따라서 '이 꽃에 물을 너무 많이 주지 마세요.'와 같이 써야 한다.

## 05 난도 ★★☆  정답 ③

**어휘 > 한자어**

정답의 이유

③ 백안시(白眼視: 흰 백, 눈 안, 볼 시): 남을 업신여기거나 무시하는 태도로 흘겨봄

오답의 이유

① 천착(穿鑿: 뚫을 천, 뚫을 착): 어떤 원인이나 내용을 따지고 파고들어 알려고 하거나 연구함

② 소원(疏遠: 트일 소, 멀 원): 지내는 사이가 두텁지 아니하고 거리가 있어서 서먹서먹함

④ 첩경(捷徑: 이길 첩, 지름길 경): 멀리 돌지 않고 가깝게 질러 통하는 길

⑤ 진작(振作: 떨칠 진, 지을 작): 떨쳐 일어남. 또는 떨쳐 일으킴

## 06 난도 ★★☆  정답 ②

**비문학 > 사실적 읽기**

정답의 이유

② '나'가 이육사의 동생 '원일'에게 시를 지어 보라고 말한 장면은 나타나지만 이육사가 시를 지어 읊었던 추억을 회상하는 장면은 제시되지 않았다.

오답의 이유

① '그 길로 붙잡혀 그 이듬해 사형당했다. 그가 바라던 청포 입은 손님도 맞이하지 못하고 마흔 살의 나이로 아깝게 갔다.'를 통해 이육사는 서른아홉 살에 체포되었고 그 이듬해인 마흔 살에 사형당했음을 알 수 있다.

③ '내 손녀가 읽어 준 육사의 시에는 그가 바라는 손님은 청포를 입고 찾아올 것이라고 하얀 모시수건을 은쟁반에 준비하라고 했다. 조국 광복을 얼마나 간절하고 애틋한 마음으로 기다렸을지를 나는 안다.'를 통해 이육사의 시에서 '청포 입은 손님'은 조국 광복을 의미함을 알 수 있다.

④ '원삼이가 곧 육사인데, 아명은 원록이라고도 했다.'를 통해 이육사의 어린 시절 이름은 '원록'이었음을 알 수 있다.

⑤ '원일이하고 남편하고는 동갑이라 집에 오면 늘 항렬 따지고 생일 따지며 서로 자기가 어른이라고 우기기도 했다.'라고 하였으며, 제시된 작품에서 '원일'은 이육사의 동생이라고 하였으므로 이육사는 '나'의 남편보다 나이가 많음을 알 수 있다.

## 07 난도 ★★☆  정답 ⑤

**문법 > 통사론**

정답의 이유

⑤ 제시된 문장에서 '하다'는 본동사 '만나다'의 뜻을 보충하여 '앞말이 뜻하는 행동이나 상태를 의도하거나 바람'을 나타내는 보조 동사로 사용되었다.

오답의 이유

①·②·③ 제시된 문장에서 '만나다'의 주체가 '동생'인 경우 '어떤 사람이든지'는 서술어 '만나려 한다'의 목적어 역할을 하여 '동생이 사람들을 만나려 한다.'로 해석된다. 또한 '만나다'의 주체가 '어떤 사람이든지'인 경우 '동생'은 서술어 '만나려 한다'의 대상이 되어 '사람들이 동생을 만나려 한다.'로 해석된다. 이처럼 '만나다'의 주체가 누구냐에 따라 중의적으로 해석된다.

④ 제시된 문장에서 '어떤'은 정해지지 아니한 사람을 가리키는 부정칭의 의미를 갖는다.

## 08 난도 ★★☆  정답 ⑤

**비문학 > 추론적 읽기**

정답의 이유

⑤ 제시된 글에서 음식의 역사는 경제와 정치와 사회가 담겨 있으며 거시사와 미시사를 아우르고 있다고 서술하고 있다. 그러나 음식의 역사를 다룰 때 거시적 관점이 지니는 추상적 한계에 대한 내용은 제시되지 않았으며 이를 극복할 수 있다는 언급도 나타나지 않았다.

오답의 이유

① 1문단에서 "요즘 우리가 먹는 배추가 100여 년 전의 요리책에 나오는 배추와 같다고 누가 단언할 수 있겠는가? 옛 문헌에 나오는 '배추'와 오늘날의 배추가 같은 것이라 생각하고 조선 시대 배추김치를 복원할 수 있을까?"라며 음식의 역사 기술과 관련된 예시로 '배추'와 '배추김치'를 언급하였다. 이를 통해 과거부터 전해 내려와 역사를 담고 있는 음식인 냉면, 잡채, 빈대떡 등으로 확장될 수 있음을 추론할 수 있다.

② 1문단의 '음식의 역사를 다루면서 어떤 문헌에 이러이러한 내용이 나온다는 식으로 단순 나열만 한다면 그것은 역사가 아니다. ~ 음식의 역사는 결코 에피소드 모듬이 아니다. 그 속에는 경제와 정치와 사회가 있다.'를 통해 음식에 관한 문헌학적 고증만으로는 음식의 역사를 설명하기에 부족하므로 정치, 사회, 경제적 맥락을 살피는 과정이 수반되어야 한다는 것을 추론할 수 있다.

③ 2문단의 '하지만 음식의 역사만큼 거시사와 미시사를 아우르는 것도 없다. 사람은 잘났건 못났건 누구나 먹어야 살고 먹기 위해 경제활동은 물론이고 사회활동도 정치활동도 하기 때문이다.'를 통해 식사라는 개인의 사적인 행위는 그가 속한 사회와 불가분의 관계를 맺고 있으며 미시적인 차원에 머무르지 않음을 추론할 수 있다.

④ 1문단의 '당시 사람들이 왜 그러한 음식을 만들어 먹을 수밖에 없었는지를 밝혀야만 그 음식의 역사에 다가갈 수 있다. 음식의 역사는 결코 에피소드 모듬이 아니다. 그 속에는 경제와 정치와 사회가 있다.'를 통해 음식의 역사에 다가가기 위해서는 특정 음식이 등장하는 사회적 기반과 경제적 여건 등을 통찰하는 시각이 필요함을 추론할 수 있다.

## 09 난도 ★★☆ 정답 ⑤

비문학 > 사실적 읽기

정답의 이유

⑤ 3문단의 "신경성 식욕 부진증의 근본적인 문제는 '나는 뚱뚱하다.'라고 자신의 신체 이미지를 심각하게 왜곡한다는 것이다."를 통해 신경성 식욕 부진증 환자의 문제는 자신의 신체에 대해 왜곡된 이미지를 갖고 있는 것임을 알 수 있다.

오답의 이유

① 2문단의 '이들은 일반적으로 머리가 좋고 자신을 완벽하게 통제하려는 완벽주의적 성향이 강하다.'를 볼 때 신경성 식욕 부진증 환자는 자신을 통제하려는 성향이 강하므로, 스스로 식욕을 통제하는 데 어려움을 느낀다고 이해한 것은 적절하지 않다.

② 3문단의 '그러나 10명 중에 1명의 환자는 결국 사망에 이르는 무서운 병이다.'를 볼 때 신경성 식욕 부진증에 걸리면 생명을 잃을 확률이 10% 정도이므로 신경성 식욕 부진증에 걸리면 건강 악화로 생명을 잃을 확률이 4% 정도라고 이해한 것은 적절하지 않다.

③ 2문단의 '흥미롭게도 이 병에 걸린 환자는 직접 요리를 해서 다른 사람을 먹이는 것을 좋아한다.'를 볼 때 신경성 식욕 부진증 환자는 요리하는 것을 좋아하므로 음식 냄새조차 거부한다고 이해한 것은 적절하지 않다.

④ 2문단의 '그리고 칼로리 소모를 위해 하루 종일 쉬지 않고 움직이고 음식물의 칼로리나 영양분에 대한 지식이 해박하다.'를 볼 때 신경성 식욕 부진증 환자는 칼로리나 영양분에 대한 지식이 해박하므로 신경성 식욕 부진증이 영양분과 칼로리에 대해 무지하기 때문에 발병한다고 이해한 것은 적절하지 않다.

## 10 난도 ★★★ 정답 ②

비문학 > 글의 순서 파악

정답의 이유

• (가)에서는 앙리 르페브르가 말한 현대사회의 특징을 언급하면서 독자의 관심을 끌고 있으며, '현대 사회에서 양식의 부재'라는 화제를 제시하고 있으므로 글의 처음에 오는 것이 적절하다.

• (다)에서는 양식이란 한 작품을 만들기 위한 목적으로 어떤 소재와 형태를 다루는 특정의 개인적 또는 집단적 방법을 뜻한다며, 예술분야에서의 양식을 정의하고 있다. 따라서 '양식'이라는 화제를 언급한 (가) 다음에 오는 것이 적절하다.

• (마)에서는 양식이 생활양식이나 행동양식처럼 개인의 행동방식을 뜻하기도 한다며 또 다른 양식의 정의를 제시하고 있다. 따라서 예술분야에서의 양식에 대해 언급했던 (다) 다음에 오는 것이 적절하다.

• (라)에서는 양식이 사라질수록 그에 대한 향수는 짙어지고 현대인의 일상생활은 양식에 대한 노스탤지어와 그에 대한 추구로 특징지어진다는 르페브르의 말을 제시하고 있다. 따라서 현대에는 양식이 없다고 언급한 (마) 다음에 오는 것이 적절하다.

• (나)에서는 행동방식이라는 측면에서도 일상성은 양식을 추방해 버렸고, 추석 명절 명문 선비가의 차례의식을 TV화면이 비추는 것이 양식에 대한 현대인의 강한 노스탤지어의 표현이라는 내용을 제시하였다. 따라서 양식이 사라질수록 현대인의 일상생활은 양식에 대한 향수가 짙어진다는 것을 언급한 (라) 다음에 오는 것이 적절하다. 또한 자신의 행동에 의미를 부여해 줄 양식이 사라진 오늘날 사람들이 공허감, 권태, 무기력을 느끼는 것은 당연하다며 전반적인 내용을 정리하고 있으므로 글의 가장 마지막에 오는 것이 적절하다.

따라서 논리적 순서에 맞게 나열한 것은 ② (가) - (다) - (마) - (라) - (나)이다.

## 11 난도 ★★☆ 정답 ③

비문학 > 글의 전개 방식

정답의 이유

③ 제시된 글에서는 현대 농업의 단작화와 품종의 단순화가 농경지 생태계를 매우 불안정하게 만들었다며 특정 재배 방식에 대한 비판을 드러내고 있다. 하지만 그에 따른 대안을 제시하고 있지는 않다.

오답의 이유

① 1문단에서 '윤작(輪作)', '복작(複作)', '단작(單作)' 등 작물 재배와 관련된 여러 개념을 제시하고 있다.

② 1문단의 '예를 들면 전 세계적으로 단지 6개 품종이 옥수수 생산량의 70% 이상을 차지하고 있다.'와 3문단의 '1978년에는 우리나라 논 전체의 70% 이상에서 통일계 품종이 재배되었다.'를 보면, 구체적인 수치를 통해 내용의 객관성을 확보하고 있음을 확인할 수 있다.

④ 1문단에서 전통적인 농업에서는 윤작과 복작이 주류를 이루었지만, 지난 수십 년에 걸쳐서 단작이 증대되어 왔다고 제시하며 과거와 현대의 재배 방식을 대비하여 설명하고 있다.

⑤ 2문단에서 현대 농업의 단작화와 품종의 단순화로 인한 생태계의 다양성 감소가 예기치 못한 피해를 가져올 수 있다고 하며, '이에 대한 예는 매우 많이 찾을 수 있는데 우리나라의 벼농사 경험이 그중 하나이다.'라고 하였다. 이에 대해 3문단에서 구체적으로 설명하고 있다.

## 12  난도 ★★☆                          정답 ⑤

**비문학 > 사실적 읽기**

**정답의 이유**

⑤ 3문단의 '그러나 해가 거듭되고 유전적으로 매우 유사한 통일계 품종들이 점차 늘어나자 새로운 도열병 균계가 생겨나 통일계 품종의 저항성이 무너짐으로써 1973년에 전국적으로 이삭목 도열병이 발생하여 큰 피해를 주었다.'를 통해 유사한 통일계 품종들이 늘어나서 도열병에 대한 저항성이 무너졌음을 알 수 있다.

**오답의 이유**

① '복작'은 계절적 또는 공간적으로 매우 다양한 작물과 품종이 재배되는 방식이고, '단작'은 한 지역에 대단위로 1년에 한 작물만을 재배하는 방식이므로 서로 대비되는 재배 방식이다.

② 1문단의 '한편 품종적인 측면에 있어서도 각 지역에 오랫동안 잘 적응해 온 토착 품종들은 사라지고 유전적으로 개량된 소수의 품종들이 들판을 차지하게 되었다.'를 통해 토착 품종보다는 유전적으로 개량된 소수의 품종들이 현대 농업의 주를 이루고 있음을 알 수 있다.

③ 2문단의 '그러나 현대 농업의 단작화와 품종의 단순화는 농경지 생태계를 매우 불안정하게 만들었다.'를 통해 농업의 단작화는 생태계의 불안정화를 촉진하는 등의 문제점이 있음을 알 수 있다.

④ 3문단의 '우리나라는 1970년대 초에 통일벼를 육성하고 대대적인 보급을 하여 1976년에는 국민의 염원인 쌀의 자급이 처음으로 이루어졌다.'를 통해 우리나라가 1970년대에 통일벼를 육성하여 쌀을 자급할 수 있게 되었음을 알 수 있다.

## 13  난도 ★★☆                          정답 ①

**비문학 > 사실적 읽기**

**정답의 이유**

① 2문단에서 '이것이 바로 야생종들이 인류가 살 만한 환경을 만들어 줄 뿐만 아니라 우리의 생명 유지를 도와주는 생성물들의 원천이 되는 이유이다.'라고 하였고, 3문단에서 '21세기 의학의 새로운 무기를 얻기 위해서는 더 광범위한 야생종들로 관심을 돌려야 한다.'라고 하였으므로, 인간의 생명 유지에도 도움이 될 수 있기 때문에 유기체의 생존과 번식을 돕는 야생종들의 유전자를 연구해야 한다고 이해한 것은 적절하다.

**오답의 이유**

② 1문단의 '그들의 유전자는 수많은 세대를 거치며 역경을 견뎌 왔기 때문에 그 유전자를 운반하는 유기체의 생존과 번식을 돕기 위해 극도로 복잡한 일련의 생화학적 장치들을 솜씨 있게 작동시킨다.'를 통해 수많은 세대를 거친 유전자의 진화가 야생종의 생존과 번식을 돕는 생화학적 장치들을 작동시킨다는 것을 확인할 수 있다.

③ 1문단의 '자신들이 살고 있는 환경에 철저하게 적응하고 있는 각종들은 유용한 과학 지식의 방대한 원천을 제공해 주는 진화의 걸작품이다.'를 통해 현재 살아남은 종들은 철저하게 환경에 적응한 결과물이라는 것을 알 수 있다. 하지만 2문단에서 야생종들이 인류가 살 만한 환경을 만들어주고 우리의 생명 유지를 도와주는 생명물들의 원천이라고 하였으므로 인간이 처한 환경 문제와는 무관하다고 이해한 것은 적절하지 않다.

④ 3문단의 '오늘날 가장 널리 쓰이는 물질들은 질병 유기체가 약에 대한 유전적 저항성을 획득함에 따라 그 효과가 점점 줄어들고 있다.'를 통해 인간이 질병 유기체에 대한 유전적 저항성을 획득한 것이 아니라 질병 유기체가 약에 대한 유전적 저항성을 획득했음을 알 수 있다.

⑤ 3문단의 '오늘날 가장 널리 쓰이는 물질들은 질병 유기체가 약에 대한 유전적 저항성을 획득함에 따라 그 효과가 점점 줄어들고 있다. 예를 들어 보편적인 포도상구균 박테리아는 잠재적으로 치명적인 병원체로서 다시 등장했고 폐렴을 일으키는 미생물은 점점 더 위험해지고 있다.'를 통해 질병 유기체가 약에 대한 저항성을 획득함에 따라 오늘날 쓰이는 항생물질들의 효과가 점점 줄어들고 기존의 질병 유기체나 미생물들이 더 위험해지고 있음을 알 수 있다. 잠재적으로 치명적인 병원체들이 새롭게 등장하기 때문에 의학 연구자들에게 새로운 무기가 필요한 것이 아니다.

## 14  난도 ★☆☆                          정답 ⑤

**문법 > 표준어 사정 원칙**

**정답의 이유**

⑤ '야무지다'는 '사람의 성질이나 행동, 생김새 따위가 빈틈이 없이 꽤 단단하고 굳세다.'라는 뜻의 단어이다. '야물딱지다'는 잘못된 표기이다.

**오답의 이유**

① '굽실거리다'는 '고개나 허리를 자꾸 가볍게 구푸렸다 펴다.'라는 뜻의 단어이고 복수 표준어는 '굽신거리다'이다.

② '꺼림칙하다'는 '마음에 걸려서 언짢고 싫은 느낌이 있다.'라는 뜻의 단어이고 복수 표준어는 '꺼림직하다'이다.

③ '남우세스럽다'는 '남에게 놀림과 비웃음을 받을 듯하다.'라는 뜻의 단어이고 복수 표준어는 '남사스럽다'이다.

④ '두루뭉술하다'는 '모나거나 튀지 않고 둥그스름하다. 말이나 행동 따위가 철저하거나 분명하지 아니하다.'라는 뜻의 단어이고 복수 표준어는 '두리뭉실하다'이다.

## 15 난도 ★★☆   정답 ④

**문법 > 한글 맞춤법**

**정답의 이유**

④ 들어했다(×) → 들어∨했다(○): 한글 맞춤법 제47항의 해설에서 '-아/-어 하다'가 구(句)에 결합하는 경우에는 띄어 쓴다고 하였으므로 '들어∨하다'로 띄어 써야 한다.

**오답의 이유**

① 될법하다(○): 한글 맞춤법 제47항에서 보조 용언은 띄어 씀을 원칙으로 하되, 경우에 따라 붙여 씀도 허용한다고 하였으므로 보조 용언 '법하다'는 앞말과 붙여 쓰는 것이 허용된다.

② 올∨듯도∨하다(○): 한글 맞춤법 제47항 '다만'에서 중간에 조사가 들어갈 적에는 그 뒤에 오는 보조 용언은 띄어 쓴다고 하였으므로 보조 용언 '하다'를 앞말과 띄어 써야 한다.

③ 기억해둘∨만하다(○): 한글 맞춤법 제47항에서 보조 용언은 띄어 씀을 원칙으로 하되, 경우에 따라 붙여 씀도 허용한다고 하였으므로 보조 용언 '두다'는 앞말과 붙여 씀이 허용되어 '기억해두다'로 붙여 쓸 수 있다. 다만 보조 용언이 거듭 나타나는 경우 앞의 보조 용언만을 붙여 쓸 수 있으므로 뒤에 붙는 보조 용언 '만하다'는 앞말과 띄어 써야 한다.

⑤ 떠내려가∨버렸다(○): '떠내려가다'는 용언 '뜨다'와 '내려가다'가 결합한 합성 용언이므로 붙여 쓴다. 참고로 '떠내려가∨버렸다'는 한글 맞춤법 제47항 '다만'에서 앞말이 합성 용언인 경우 그 뒤에 오는 보조 용언은 띄어 쓴다고 하였으므로 띄어 쓰는 것이 적절하다.

## 16 난도 ★★☆   정답 ①

**어휘 > 혼동 어휘**

**정답의 이유**

① 졸인다(×) → 조린다(○): '졸이다'는 '찌개, 국, 한약 따위의 물을 증발시켜 분량을 적어지게 하다.'라는 뜻이다. 제시된 문장에서는 '양념을 한 고기나 생선, 채소 따위를 국물에 넣고 바짝 끓여서 양념이 배어들게 하다.'를 뜻하는 '조리다'를 쓰는 것이 적절하다.

**오답의 이유**

② 늘인다(○): '늘이다'는 '본디보다 더 길어지게 하다.'라는 뜻으로 문맥상 적절하게 쓰였다.

③ 부치다(○): '부치다'는 '어떤 문제를 다른 곳이나 다른 기회로 넘기어 맡기다.'라는 뜻으로 문맥상 적절하게 쓰였다.

④ 걷힌다(○): '걷히다'는 '여러 사람에게서 돈이나 물건 따위가 거두어지다.'라는 뜻으로 문맥상 적절하게 쓰였다.

⑤ 이따가(○): '이따가'는 '조금 지난 뒤에'라는 뜻으로 문맥상 적절하게 쓰였다.

## 17 난도 ★★☆   정답 ④

**현대 문학 > 현대 시**

**정답의 이유**

④ 3연에서 가을밤의 정취를 '동해바다 물처럼' 푸르다고 표현하며 시각적 이미지를 강조하고 대상의 의미를 심화하고 있다. 시적 화자가 동해 바다를 보며 생각에 잠겨 있는 것이 아니다.

**오답의 이유**

① 1연과 5연에서 시적 청자인 '순이'를 부르는 것을 통해 돈호법이 사용되었음을 확인할 수 있다.

② 2연에서 '달은 과일보다 향그럽다.'라며 공감각적 심상(시각의 후각화)을 통해 달빛의 이미지를 표현하고 있다.

③ 1연에서 '달빛이 밀물처럼 밀려 왔구나.'라며 직유법을 사용하여 달빛을 형상화하고 있다.

⑤ 제시된 작품은 제목인 '달', '포도', '잎사귀'를 시상 전개의 주요 소재로 사용하여 가을밤 달빛이 비치는 뜰의 정취를 감각적으로 표현하고 있다.

**작품 해설**

장만영, 「달·포도(葡萄)·잎사귀」

- 갈래: 자유시, 서정시
- 성격: 서정적, 낭만적, 회화적
- 주제: 가을 달밤의 아름다운 정취
- 특징
  - 감각적 이미지를 사용하여 정경을 묘사함
  - 대화체의 어조를 통하여 친근한 느낌을 형성함
  - 의도적인 사행 배치(3연)를 통하여 시각적 이미지와 시적 의미를 강조함

## 18 난도 ★★★   정답 ④

**문법 > 한글 맞춤법**

**정답의 이유**

④ • 부싯돌: '부싯돌(부시+돌)'은 순우리말이 결합하여 만들어진 합성어이고, 뒷말의 첫소리가 된소리로 나 [부시똘/부신똘]로 발음하므로 사이시옷을 받쳐 적는다. 따라서 ㉠의 사례에 해당한다.

• 빗물: '빗물(비+물)'은 순우리말이 결합하여 만들어진 합성어이고, 뒷말의 첫소리 'ㅁ' 앞에서 'ㄴ' 소리가 덧나 [빈물]로 발음하므로 사이시옷을 받쳐 적는다. 따라서 ㉡의 사례에 해당한다.

• 훗일: '훗일(後+일)'은 한자어와 순우리말이 결합하여 만들어진 합성어이고, 뒷말의 첫소리 모음 앞에서 'ㄴㄴ' 소리가 덧나 [훈:닐]로 발음하므로 사이시옷을 받쳐 적는다. 따라서 ㉢의 사례에 해당한다.

**오답의 이유**

① • 귓병: '귓병(귀+病)'은 순우리말과 한자어가 결합하여 만들어진 합성어이고, 뒷말의 첫소리가 된소리로 나 [귀뼝/귇뼝]으로 발음하므로 사이시옷을 받쳐 적는다. 따라서 ㉠의 사례에 해당한다.

- 잇몸: '잇몸(이+몸)'은 순우리말이 결합하여 만들어진 합성어이고, 뒷말의 첫소리 'ㅁ' 앞에서 'ㄴ' 소리가 덧나 [인몸]으로 발음하므로 사이시옷을 받쳐 적는다. 따라서 ㉡의 사례에 해당한다.
- 웃어른: '웃어른(웃-+어른)'은 '어른'에 '위'의 뜻을 더하는 접두사 '웃-'이 결합하여 만들어진 파생어이다. 따라서 ㉢의 사례에 해당하지 않는다.

② • 덧저고리: '덧저고리(덧-+저고리)'는 '저고리'에 '거듭된 또는 겹쳐 신거나 입는'의 뜻을 더하는 접두사 '덧-'이 결합하여 만들어진 파생어이다. 따라서 ㉠의 사례에 해당하지 않는다.
- 툇마루: '툇마루(退+마루)'는 한자어와 순우리말이 결합하여 만들어진 합성어이고, 뒷말의 첫소리 'ㅁ' 앞에서 'ㄴ' 소리가 덧나 [퇸:마루/퉨:마루]로 발음하므로 사이시옷을 받쳐 적는다. 따라서 ㉡의 사례에 해당한다.
- 깻잎: '깻잎(깨+잎)'은 순우리말이 결합하여 만들어진 합성어이고 뒷말의 첫소리 모음 앞에서 'ㄴㄴ' 소리가 덧나 [깬닙]으로 발음하므로 사이시옷을 받쳐 적는다. 따라서 ㉢의 사례에 해당한다.

③ • 돗자리: '돗자리'는 한글 맞춤법 제7항의 'ㄷ' 소리로 나는 받침 중에서 'ㄷ'으로 적을 근거가 없는 것은 'ㅅ'으로 적는다는 규정에 따라 '돋자리'로 적지 않고 '돗자리'로 적은 것이다. 따라서 ㉠의 사례에 해당하지 않는다.
- 뒷머리: '뒷머리(뒤+머리)'는 순우리말이 결합하여 만들어진 합성어이고, 뒷말의 첫소리 'ㅁ' 앞에서 'ㄴ' 소리가 덧나 [뒨:머리]로 발음하므로 사이시옷을 받쳐 적는다. 따라서 ㉡의 사례에 해당한다.
- 베갯잇: '베갯잇(베개+잇)'은 순우리말이 결합하여 만들어진 합성어이고, 뒷말의 첫소리 모음 앞에서 'ㄴㄴ' 소리가 덧나 [베갠닏]으로 발음하므로 사이시옷을 받쳐 적는다. 따라서 ㉢의 사례에 해당한다.

⑤ • 절댓값: '절댓값(絕對+값)'은 한자어와 순우리말이 결합하여 만들어진 합성어이고, 뒷말의 첫소리가 된소리로 나 [절때깝/절땓깝]으로 발음하므로 사이시옷을 받쳐 적는다. 따라서 ㉠의 사례에 해당한다.
- 도리깻열: '도리깻열(도리깨+열)'은 순우리말이 결합하여 만들어진 합성어이고, 뒷말의 첫소리 모음 앞에서 'ㄴㄴ' 소리가 덧나 [도리깬녈]로 발음하므로 사이시옷을 받쳐 적는다. 따라서 ㉡의 사례에 해당하지 않는다.
- 가욋일: '가욋일(加外+일)'은 한자어와 순우리말이 결합하여 만들어진 합성어이고, 뒷말의 첫소리 모음 앞에서 'ㄴㄴ' 소리가 덧나 [가왼닐/가웬닐]로 발음하므로 사이시옷을 받쳐 적는다. 따라서 ㉢의 사례에 해당한다.

## 19 난도 ★★☆ 정답 ③

어휘 > 한자어

[정답의 이유]

㉡ 도대체(都大體): 다른 말은 그만두고 요점만 말하자면
㉣ 어차피(於此彼): 이렇게 하든지 저렇게 하든지. 또는 이렇게 되든지 저렇게 되든지
㉤ 사과(沙果): 사과나무의 열매

[오답의 이유]

㉠ · ㉢ · ㉥ '생각', '도무지', '접시'는 순우리말이다.

## 20 난도 ★★☆ 정답 ②

어휘 > 한자어

[정답의 이유]

㉠ 이첩(移牒): 받은 공문이나 통첩을 다른 부서로 다시 보내어 알림. 또는 그 공문이나 통첩
㉡ 비준(批准): 조약을 헌법상의 조약 체결권자가 최종적으로 확인, 동의하는 절차
㉢ 인준(認准): 입법부가 법률에 지정된 공무원의 임명과 행정부의 행정 행위를 인정하는 일
㉣ 상신(上申): 윗사람이나 관청 등에 일에 대한 의견이나 사정 따위를 말이나 글로 보고함
㉤ 경정(更正): 납세 의무자의 신고가 없거나 신고액이 너무 적을 때에 정부가 과세 표준과 과세액을 변경하는 일
㉥ 발주(發注): 물건을 보내 달라고 주문함. 주로 공사나 용역 따위의 큰 규모의 거래에서 이루어진다.

[오답의 이유]

- 통첩(通牒): 행정 관청이 그 소관 사무에 관하여 관하의 기관이나 직원 또는 공공 단체 따위에 대하여 어떤 사항을 통지하는 일
- 계고(啓告): 윗사람이나 관청 등에 일에 대한 의견이나 사정 따위를 말이나 글로 보고함
- 갱정(更正): 경정(更正)의 비표준어
- 수주(受注): 주문을 받음. 주로 물건을 생산하는 업자가 제품의 주문을 받는 것을 이르는 말이다.

## 21 난도 ★★☆ 정답 ④

현대 문학 > 현대 소설

[정답의 이유]

④ 제시된 작품은 사건의 서술이나 인물 간의 갈등, 대화 장면 등이 나타나지 않고 '나'와 관찰하는 '그'의 외양과 시공간에 대한 묘사가 주로 나타난다.

[오답의 이유]

① '그러나 창에는 철창이 둘려 있기 때문에 나는 마치 렌즈의 핀을 맞출 때처럼 객관적인 거리를 유지하며 냉정한 눈으로 그를 살필 수 있다.'를 통해 '나'가 '냉정한 눈'을 통해 대상을 관찰하고 있음을 알 수 있다. 그러나 관찰 대상인 '그'의 객관적 이미지를 형상화하고 있지는 않다.

② '나'는 1인칭 서술 방식을 통해 '그'의 모습과 시공간을 묘사하고 있기는 하지만 대상의 심리를 직접적으로 드러내고 있지는 않다.
③ 제시된 작품에서 '나'는 '그'의 모습과 시공간을 관찰하고 묘사하고 있지만, 사건을 압축적으로 요약하여 서사의 배경을 제시하고 있지는 않다.
⑤ 제시된 작품에서 '나'의 시선은 관찰의 대상인 '그'에게 고정되어 있다.

## 22 난도 ★★☆ 정답 ③

비문학 > 사실적 읽기

[정답의 이유]
③ '먼저, 글은 말처럼 저절로 알게 되는 것이 아니라 일부러 배워야 글자도 알고, 글 쓰는 법도 알게 된다는 점이다.'를 통해 말은 저절로 배울 수 있지만, 글을 배우는 것은 의식적인 노력이 필요하다는 것을 확인할 수 있다. 그러나 글이 말보다 더 큰 가치를 지닌다는 내용은 제시된 글에 나타나지 않는다.

[오답의 이유]
① '우선 말은 청각에 이해시키는 점, 글은 시각에 이해시키는 점이 다르다. 말은 그 자리, 그 시간에서 사라지지만 글은 공간적으로 널리, 시간적으로 얼마든지 오래 남을 수 있는 것도 다르다.'를 통해 음성 언어는 청각에 기반하며 순간적으로 사라지지만, 문자 언어는 시각에 기반하며 기록으로 전승된다는 것을 알 수 있다.
② '또 말은 머리도 꼬리도 없이 불쑥 나오는 대로, 한 마디 혹은 한두 마디로 쓰이는 경우가 거의 전부다. 한두 마디만 불쑥 나오더라도 제3자가 이해할 수 있는 환경과 표정과 함께 지껄여지기 때문이다.'를 통해 말은 말하는 환경과 표정 같은 비언어적 표현의 효과 때문에 형식이 자유롭다는 것을 알 수 있다.
④ '그러나 글은 배워야 알고, 연습해야 잘 쓸 수 있다.'를 통해 글은 문자를 습득하고 글의 형식을 익히는 의식적인 노력이 필요하고 연습을 해야 쓸 수 있음을 알 수 있다.
⑤ '말은 외국어가 아닌 이상엔 커가면서 거의 의식적인 노력 없이 배워지고, 의식적으로 연습하지 않아도 날마다 말하는 것이 절로 연습된다.'를 통해 외국어를 배우는 상황에서는 말도 글처럼 의식적으로 노력하고 연습해야 함을 알 수 있다.

## 23 난도 ★★★ 정답 ④

비문학 > 추론적 읽기

[정답의 이유]
④ 〈보기〉의 '사람 자기 가축화 가설'에 따르면 인간은 친화력이 증가하고 협력적 의사소통 능력이 강화되는 방향으로 발달하였다. (가)에서는 테스토스테론이 많이 분비될수록 눈썹활이 두드러지며 얼굴이 길어진다고 하였고, (나)에서는 테스토스테론 수치와 다른 호르몬의 상호작용이 공격적 반응을 유발한다고 하였다. (라)에 따르면 연구자들이 1,421점에 달하는 두개골의 눈썹활 및 얼굴 길이와 폭을 조사한 결과 프라이스토세 중기에서 현대로 올수록 눈썹활 높이가 낮아지고, 얼굴 길이는 짧아지고 폭도 좁아졌다. 이를 통해 인간은 진화하면서 점점 테스토스테론 수치가 줄었다고 추론할 수 있다. 인간의 공격적 반응을 유발하는 호르몬 수치가 줄었다는 것은 반대로 인간의 친화력 향상 및 협력적 의사소통 능력 강화와 관련 지을 수 있으므로, 연구자들이 1,421점에 달하는 두개골의 눈썹활 및 얼굴 길이와 폭을 조사한 것은 친화력이 증가하는 인간 진화의 방향을 확인하기 위해서라고 추론한 것은 적절하다.

[오답의 이유]
① (나)의 '일부 동물에게서는 그런 효과가 확인되기도 하지만, 인위적으로 테스토스테론을 주입한다고 해서 그 사람이 더 높은 공격성을 보이는 것은 아니다.'를 통해 테스토스테론을 주입해도 공격성이 높아지지 않음을 알 수 있다.
② 사람 자기가축화 가설은 친화력이 높아질수록 협력적 의사소통 능력이 강화되는 발달 패턴을 보이고 관련 호르몬 수치가 높은 개인들이 세대를 거듭하면서 더욱 성공하게 되었다고 본다. 하지만 이것만으로는 테스토스테론이 친화력을 저해하는 요소인지는 알 수 없다.
③ 〈보기〉에서 언급한 '관련 호르몬'은 친화력 향상과 협력적 의사소통 능력 강화와 관련된 호르몬이고, (나)의 '다른 호르몬'은 테스토스테론 수치와 상호작용하여 공격적 반응을 유발하는 호르몬이다. 따라서 두 호르몬이 같은 것이라 보기는 어렵다.
⑤ (가)의 "따라서 남자가 여자보다 눈썹활이 더 두드러지고 얼굴이 약간 더 긴 경향이 있어서 이런 얼굴을 '남성적'이라고 말한다."를 통해 눈썹활이 두드러지고 긴 얼굴을 '남성적'이라고 함을 알 수 있다. 하지만 제시된 글에는 눈썹활이 낮고 얼굴이 짧고 좁은 얼굴을 '여성적'이라고 말한다는 언급은 없으며, 여성 호르몬과 관련된 내용도 나타나지 않는다.

## 24 난도 ★★☆ 정답 ②

비문학 > 추론적 읽기

[정답의 이유]
② 2문단의 '그들은 타인의 권리를 침범하지 않는 한, 원하는 재화는 무엇이든 자유롭게 사고 팔 수 있어야 한다고 주장한다.'를 통해 자유지상주의자는 거래의 자유를 중시함을 알 수 있나. 또한 3문단의 '공리주의자는 시장에서 거래가 구매자와 판매자에게 똑같이 이익을 제공하고, 결과적으로 집단의 행복이나 사회적 효용을 향상시킨다고 말한다.'를 통해 공리주의자는 시장에서의 거래가 사회적 효용을 향상시킨다고 주장함을 알 수 있다. 따라서 자유지상주의자는 암표 매매가 궁극적으로 사회적 효용을 증가시키므로 암표 매매 금지법에 대하여 반대한다고 추론한 것은 적절하지 않다.

[오답의 이유]
① 3문단의 '공리주의자는 시장에서 거래가 구매자와 판매자에게 똑같이 이익을 제공하고, 결과적으로 집단의 행복이나 사회적 효용을 향상시킨다고 말한다.'를 통해 공리주의의 입장에서 암표 거래가 성사된다면 구매자와 판매자는 모두 행복해지고 효용은 증가함을 알 수 있다.
③·④·⑤ 2문단의 '자유 시장 체제에서는 재화를 사고 파는 행위에 대해 사회 질서나 도덕성 여부와 상관없이 구매하는 사람이

지불하려는 가격과 판매하는 사람이 원하는 가격이 일치하면 거래가 이루어진다.'를 통해 자유 시장 체제를 옹호하는 입장에서는 상호 유리한 방향으로 거래하는 것을 허용하고 이를 통해 사회적 효용이 증가된다고 여김을 알 수 있다. 따라서 자유 시장 체제를 옹호하는 입장에서는 줄서기의 본질을 침범했다는 이유로 대리 줄서기를 하는 사람을 비난할 수는 없으며, 자유 시장에서의 거래는 지불하려는 가격과 판매하는 사람이 원하는 가격이 일치할 때 이루어지기 때문에 재화에 가장 높은 가치를 매기는 사람에게 재화를 할당하게 되므로 사회적 효용을 증가시킨다.

## 25 난도 ★★★ 정답 ①

**비문학 > 비판적 읽기**

[정답의 이유]

① 〈보기〉에 따르면 콘서트나 축구 경기를 보고 싶어 하는 사람이라도 경제적 지불 능력이 없을 수 있으며, 경제적 지불 능력이 있다고 하더라도 그에 대한 만족감이 크지 않을 수 있다. 또한 콘서트나 축구 경기에 대한 열망이 크면 오랜 시간 줄을 서서 입장권을 구하더라도 그 경험에 대한 만족도가 클 수 있다. 즉, 〈보기〉의 입장에서 재화의 가치는 경제적 지불 능력이나 거래 결과의 효용성만으로 판단할 수 없는 것이다. 하지만 자유 시장 체제를 옹호하는 자유시장주의와 공리주의의 입장에서는 재화의 가치를 단순히 재화에 대한 경제적 지불 능력이나 합의된 거래만으로 평가하므로, 이러한 평가가 불완전하다는 의견은 자유지상주의와 공리주의를 비판한 내용으로 적절하다.

[오답의 이유]

② 재화의 가치는 자유 시장 체제의 수요와 공급에 절대적으로 의존하여 판단해야 한다는 의견은 자유 시장 체제를 옹호하는 입장에 해당하므로 자유지상주의와 공리주의를 비판한 내용으로 적절하지 않다.

③·④ 재화의 가치를 판단할 때 재화를 공급하는 판매자의 이익은 중요한 기준이 된다는 의견이나 재화의 가치를 판단할 때 구매자와 판매자의 행복이나 경제적 효용이 증가하는 것으로 기준을 삼아야 한다는 의견은 자유 시장 체제를 옹호하는 공리주의자의 입장에 해당한다.

⑤ 〈보기〉의 입장에 따르면 재화의 가치는 개인에 따라 다르게 평가할 수 있는 것으로, 거래 성립 과정이나 거래 결과의 효용성만으로 판단할 수 없다. 하지만 제시된 문장은 재화의 가치를 거래의 자유나 사회적 효용만으로 판단하는 자유지상주의와 공리주의를 비판하는 내용이라 보기 어렵다.

# 국어 | 2023년 국회직 8급

## 한눈에 훑어보기

### ✓ 영역 분석

**어휘**    13   19
2문항, 8%

**문법**    01   02   05   14   15   16   18   22
8문항, 32%

**고전 문학**    25
1문항, 4%

**현대 문학**    03   09
2문항 8%

**비문학**    04   06   07   08   10   11   12   17   20   21   23   24
12문항, 48%

### ✓ 빠른 정답

| 01 | 02 | 03 | 04 | 05 | 06 | 07 | 08 | 09 | 10 |
|---|---|---|---|---|---|---|---|---|---|
| ⑤ | ② | ① | ④ | ③ | ④ | ① | ① | ① | ④ |
| 11 | 12 | 13 | 14 | 15 | 16 | 17 | 18 | 19 | 20 |
| ⑤ | ① | ② | ④ | ② | ④ | ③ | ⑤ | ④ | ① |
| 21 | 22 | 23 | 24 | 25 | | | | | |
| ① | ③ | ⑤ | ② | ④ | | | | | |

### ✓ 점수 체크

| 구분 | 1회독 | 2회독 | 3회독 |
|---|---|---|---|
| 맞힌 문항 수 | / 25 | / 25 | / 25 |
| 나의 점수 | 점 | 점 | 점 |

---

## 01 난도 ★★☆     정답 ⑤

**문법 > 통사론**

**정답의 이유**

⑤ '달리기를 거른'은 '달리기를 거르다'라는 절에 관형사형 어미 '-(으)ㄴ'을 결합한 것으로 관형절로 안긴문장이다.

**오답의 이유**

① '장난을 좋아하기'는 '장난을 좋아하다'라는 절에 명사형 어미 '-기'를 결합한 것으로 명사절로 안긴문장이다.

② '버스를 놓치기'는 '버스를 놓치다'라는 절에 명사형 어미 '-기'를 결합한 것으로 명사절로 안긴문장이다.

③ '공부가 어렵기', '저 하기'는 '공부가 어렵다', '저 하다'라는 절에 각각 명사형 어미 '-기'를 결합한 것으로 명사절로 안긴문장이다.

④ '비가 많이 오기'는 '비가 많이 오다'라는 절에 명사형 어미 '-기'를 결합한 것으로 명사절로 안긴문장이다.

## 02 난도 ★★☆     정답 ②

**문법 > 한글 맞춤법**

**정답의 이유**

② 걸맞는(×) → 걸맞은(○): '걸맞다'는 '두 편을 견주어 볼 때 서로 어울릴 만큼 비슷하다.'라는 의미의 형용사이므로 어간 '걸맞-'에 관형사형 어미 '-은'을 결합하여 '걸맞은'으로 표기하는 것이 적절하다. 참고로 형용사는 동사와 달리 현재 시제 선어말 어미 '-는/ㄴ-' 또는 관형사형 어미 '-는'과 결합할 수 없으며 명령형·청유형을 만들 수 없다.

**오답의 이유**

① 지나가는∨대로(○): '대로'는 '어떤 상태나 행동이 나타나는 그 즉시'를 의미하는 의존 명사로 '지나가는∨대로'와 같이 앞말과 띄어 쓰는 것이 적절하다.

③·④ 익숙지(○)/생각건대(○): 한글 맞춤법 제40항 [붙임 2]에 따르면 어간의 끝음절 '하'가 아주 줄 적에는 준 대로 적는다고 하였다. '익숙지'와 '생각건대'는 어간의 끝음절 '하'가 아주 줄어든 경우이므로 '익숙하지'와 '생각하건대'의 '하'가 탈락해 '익숙지', '생각건대'로 표기하는 것이 적절하다.

⑤ 기대치도(○): 한글 맞춤법 제40항에 따르면 어간의 끝음절 '하'의 'ㅏ'가 줄고 'ㅎ'이 다음 음절의 첫소리와 어울려 거센소리로 될 적에는 거센소리로 적는다고 하였다. '기대치도'는 어간의 끝음절 '하'의 'ㅏ'가 줄고 'ㅎ'이 다음 음절의 첫소리와 어울려 거센소리가 되는 경우이므로 '기대하지도'의 'ㅏ'가 탈락해 '기대치도'로 표기하는 것이 적절하다.

## 03 난도 ★☆☆  정답 ①

**현대 문학 > 현대 시**

[정답의 이유]

제시된 작품에서 화자는 '광고의 나라에 살고 싶다'고 하였으나 전체 내용을 볼 때 '광고의 나라'는 '절망이 꽃피는' 부정적인 곳이다. 이를 통해 ㉠에는 실제로 표현하려는 것과는 반대로 표현하는 반어법이 사용되었음을 알 수 있다.

① '임'이 떠나가는 슬픈 상황에서 죽어도 눈물을 흘리지 않겠다며 화자의 슬픔을 반어적으로 표현하는 반어법이 사용되었다.

[오답의 이유]

② '전설이 주저리주저리 열리고'에서 '전설'이라는 추상적 개념을 '열리다'로 구체화시켜 표현하는 추상적 개념의 구체화가 사용되었다.

③ '내 마음은 나그네요'에서 '내 마음'을 그와 비슷한 성격을 가지고 있는 '나그네'에 빗대어 표현하는 은유법이 사용되었다.

④ '구름에 달 가듯이 / 가는 나그네'에서 '~듯'을 사용하여 원관념과 보조 관념을 직접 연결시키는 직유법이 사용되었다.

⑤ '어둠은 새를 낳고, 돌을 / 낳고, 꽃을 낳는다'에서 '어둠'이라는 무생물을 생물인 것처럼 '새', '돌', '꽃'을 낳는다고 표현한 활유법이 사용되었다. 또한, '새를 낳고', '돌을 낳고' 등 유사한 문장 구조가 반복되는 대구법이 사용되었다.

[작품 해설]

**함민복, 「광고의 나라」**

- 갈래: 자유시, 서정시
- 성격: 비판적, 풍자적
- 주제: 광고와 소비에 물든 현대인의 삶
- 특징
  - 특정 시어의 반복을 통해 주제를 강조함
  - 반어법을 사용하여 상업주의의 성격을 비판함
  - 운문과 산문의 교차, 이상 시의 패러디 등 다양한 기법을 활용함

## 04 난도 ★★☆  정답 ④

**비문학 > 사실적 읽기**

[정답의 이유]

④ 3문단에서 '이처럼 인간의 행동에 영향을 미치는 보편적인 특성을 발견하려는 노력이 이어졌고 그 결과 성격 5요인 모델과 같은 특성론적 성격 이론이 확립되었다.'라고 하였으므로 유전학의 발전에 따른 일련의 발견들이 인간의 행동에 영향을 미치는 보편적 특성을 통해 개인의 성격을 설명하고자 하는 특성론적 성격 이론 확립에 영향을 주었음을 알 수 있다.

[오답의 이유]

① 1문단의 '지그문트 프로이트는 ~ 개인이 스스로의 욕구를 조절하는 방식을 성격이라고 보았다.'와 '정신역동학은 성격의 형성 과정과 성격이 개인행동에 미치는 영향에는 관심이 있었지만, 성격을 유형화하려는 시도는 하지 않았다.'를 통해 프로이트는 개인이 스스로 욕구를 조절하는 방식을 성격이라고 보았으며, 성격을 유형화하려는 시도는 하지 않았음을 알 수 있다.

② 3문단의 '부모의 양육 방식 등 환경을 강조한 정신역동학에 비해 유전적으로 타고나는 기질의 중요성을 뒷받침하는 증거들이 발견되기 시작한 것이다.'를 통해 부모의 양육 방식 등 환경을 강조한 정신역동학과는 달리 생물학적 방법론은 유전적으로 타고나는 기질의 중요성을 강조하였음을 알 수 있다.

③ 2문단의 '융은 다른 정신역동학자와 달리 오랫동안 역사와 문화를 공유한 집단의 구성원들에게 존재하는 무의식을 강조했다. 이 때문에 융은 부모와 아이의 상호작용이라는 개인적 요인보다는 집단무의식 수준의 보편적 원리들이 작동하여 성격이 형성된다고 보았다.'를 통해 집단의 구성원들에게 존재하는 무의식 수준의 보편적 원리가 성격 형성에 영향을 미친다고 주장한 것은 융 이전의 정신역동학자들이 아닌 융임을 알 수 있다.

⑤ 2문단의 '인간의 정신이 대립원리에 의해 작동한다고 주장했는데, 대립원리란 개인 내에 존재하는 대립 혹은 양극적인 힘이 갈등을 야기하고, 이 갈등이 정신 에너지를 생성한다는 것을 의미한다.'를 통해 융은 인간의 정신이 개인 내에 존재하는 대립 혹은 양극적인 힘이 갈등을 초래하고, 이 갈등이 정신 에너지를 생성하는 대립원리에 의해 작동한다고 주장하였으며, 이 주장을 근거로 1940년대 MBTI와 같은 유형론적 성격 이론이 만들어졌음을 알 수 있다. 외향성과 내향성은 이와 달리 기질이 성격 형성에 영향을 끼친다는 것을 보여주는 특성이며, 유형론적 성격 이론이 해체되는 계기와는 관련이 없다.

## 05 난도 ★☆☆  정답 ③

**문법 > 표준 발음법**

[정답의 이유]

③ '자료 4.'의 '놓는', '쌓네'를 보면, 'ㅎ' 뒤에 'ㄴ'이 결합하였고 각각 [논는], [싼네]로 발음한다. 이를 통해 'ㅎ' 뒤에 'ㄴ'이 결합되는 경우에는 'ㅎ'을 [ㄴ]으로 발음한다는 규칙을 이끌어 낼 수 있다(표준 발음법 제12항).

[오답의 이유]

① '자료 3.'의 '닿소', '많소', '싫소'를 보면, 'ㅎ, ㄶ, ㅀ' 뒤에 'ㅅ'이 결합하였고 각각 [다쏘], [만쏘], [실쏘]로 발음한다. 이를 통해 'ㅎ(ㄶ, ㅀ)' 뒤에 'ㅅ'이 결합되는 경우에는 'ㅅ'을 [ㅆ]으로 발음한다는 규칙을 이끌어 낼 수 있다.

② '자료 2.'의 '않네', '뚫는'을 보면, 'ㄶ, ㅀ' 뒤에 'ㄴ'이 결합하였고 이때 'ㅎ'이 탈락하여 각각 [안네], [뚤른]으로 발음한다. 이를 통해 'ㄶ, ㅀ' 뒤에 'ㄴ'이 결합되는 경우에는 'ㅎ'을 발음하지 않는다는 규칙을 이끌어 낼 수 있다.

④ '자료 5.'의 '낳은', '않은', '싫어도'를 보면, 'ㅎ, ㄶ, ㅀ' 뒤에 모음으로 시작된 어미 '-은'과 '-어'가 결합하였고 이때 'ㅎ'이 탈락하여 각각 [나은], [아는], [시러도]로 발음한다. 이를 통해 'ㅎ(ㄶ, ㅀ)' 뒤에 모음으로 시작된 어미나 접미사가 결합되는 경우에는 'ㅎ'을 발음하지 않는다는 규칙을 이끌어 낼 수 있다.

⑤ '자료 1.'의 '놓고', '않던', '닳지'를 보면, 'ㅎ, ㄶ, ㅀ' 뒤에 'ㄱ, ㄷ, ㅈ'이 결합하였고 각각 [노코], [안턴], [달치]로 발음한다. 이를 통해 'ㅎ(ㄶ, ㅀ)' 뒤에 'ㄱ, ㄷ, ㅈ'이 결합되는 경우에는 뒤 음절 첫소리와 합쳐서 [ㅋ, ㅌ, ㅊ]으로 발음한다는 규칙을 이끌어 낼 수 있다.

**더 알아보기**

**'ㅎ'의 발음(표준 발음법 제12항)**

받침 'ㅎ'의 발음은 다음과 같다.

• ㅎ(ㄶ, ㅀ) 뒤에 'ㄱ, ㄷ, ㅈ'이 결합되는 경우에는, 뒤 음절 첫소리와 합쳐서 [ㅋ, ㅌ, ㅊ]으로 발음한다.

| 놓고[노코] | 좋던[조ː턴] | 쌓지[싸치] |
|---|---|---|
| 많고[만ː코] | 않던[안턴] | 닳지[달치] |

[붙임 1] 받침 'ㄱ(ㄺ), ㄷ, ㅂ(ㄼ), ㅈ(ㄵ)'이 뒤 음절 첫소리 'ㅎ'과 결합되는 경우에도, 역시 두 음을 합쳐서 [ㅋ, ㅌ, ㅍ, ㅊ]으로 발음한다.

| 각하[가카] | 먹히다[머키다] | 밝히다[발키다] |
|---|---|---|
| 맏형[마텽] | 좁히다[조피다] | 넓히다[널피다] |
| 꽂히다[꼬치다] | 앉히다[안치다] | |

[붙임 2] 규정에 따라 'ㄷ'으로 발음되는 'ㅅ, ㅈ, ㅊ, ㅌ'의 경우에도 이에 준한다.

| 옷 한 벌[오탄벌] | 낮 한때[나탄때] | 꽃 한 송이[꼬탄송이] |
|---|---|---|
| 숱하다[수타다] | | |

• ㅎ(ㄶ, ㅀ) 뒤에 'ㅅ'이 결합되는 경우에는, 'ㅅ'을 [ㅆ]으로 발음한다.

| 닿소[다쏘] | 많소[만쏘] | 싫소[실쏘] |

• 'ㅎ' 뒤에 'ㄴ'이 결합되는 경우에는, [ㄴ]으로 발음한다.

| 놓는[논는] | 쌓네[싼네] |

[붙임] 'ㄶ, ㅀ' 뒤에 'ㄴ'이 결합되는 경우에는, 'ㅎ'을 발음하지 않는다.

| 않네[안네] | 않는[안는] |
|---|---|
| 뚫네[뚤네→뚤레] | 뚫는[뚤는→뚤른] |

• 'ㅎ(ㄶ, ㅀ)' 뒤에 모음으로 시작된 어미나 접미사가 결합되는 경우에는, 'ㅎ'을 발음하지 않는다.

| 낳은[나은] | 놓아[노아] | 쌓이다[싸이다] | 많아[마ː나] |
|---|---|---|---|
| 않은[아는] | 닳아[다라] | 싫어도[시러도] | |

## 06 난도 ★☆☆    정답 ④

**비문학 > 사실적 읽기**

**정답의 이유**

④ 1문단에서 '표현적 글쓰기는 종일 꾹꾹 참고 발설하지 않은 취약한 측면을 찾아내고 그것에 대해 경청할 기회를 주기 때문에 효과가 있는 것이다.'라고 하였으므로 표현적 글쓰기가 참고 발설하지 않은 것에 대해 경청할 기회를 준다고 이해한 것은 적절하다.

**오답의 이유**

① 1문단의 '표현적 글쓰기는 왜 그렇게 효과가 있을까? 우리가 흔히 경시하는 고통스러운 감정을 마주해야 되기 때문이다.'를 통해 표현적 글쓰기는 고통스러운 감정을 마주하는 것임을 알 수 있다.

② 1문단에 따르면, 우리는 자수성가를 칭송하고 강인한 사람을 미화하는 세상에 살고 있을 뿐이다. 표현적 글쓰기는 꾹꾹 참고 발설하지 않은 우리의 취약한 측면을 찾아내고 그것에 대해 경청할 기회를 제공하는 것이지, 자수성가를 칭송하고 강인한 사람을 미화하는 역할을 하지는 않는다.

③ 2문단의 '또한 글쓰기 과정이 다른 사람을 염두에 두지 않았다는 점도 매우 중요하다. 우리는 보통 타인이 볼 글을 쓸 때, 스스로 검열하고 글이 충분히 좋은지에 관심을 두게 된다. 그러나 표현적 글쓰기는 그렇지 않다. 두서없고, 누가 읽기에도 적합하지 않은 글을 쓴 후 버리면 된다.'를 통해 표현적 글쓰기는 타인을 염두에 두지 않는다는 것을 알 수 있다.

⑤ 2문단의 '두서없고, 누가 읽기에도 적합하지 않은 글을 쓴 후 버리면 된다.'를 통해 표현적 글쓰기는 두서없이 편하게 쓴 후 버려도 되도록 고안되었음을 알 수 있다.

## 07 난도 ★★☆    정답 ③

**비문학 > 추론적 읽기**

**정답의 이유**

㉠ A에게 1,000원짜리 100장을 모두 준 다음 그 돈을 다른 한 사람인 B와 나누라고 하였을 때 B가 A의 제안을 수용하면, 두 사람은 A가 제안한 액수만큼 각각 받게 되지만 B가 그 제안을 거절하면, 아무도 그 돈을 받지 못한다. 두 사람이 모두 자기 이익에 충실한 개인들이라면, A가 단 1,000원만 제안하더라도 B는 그 제안을 받아들여야 한다. 제안을 거절한다면 둘 다 한 푼도 받지 못하기 때문이다. 따라서 ㉠에 들어갈 적절한 내용은 '제안한 1,000원을 받든가, 한 푼도 받지 못하든가'이다.

㉡ 2문단의 실험 결과에서 사람들은 자기의 이익이 최대화되지 않더라도 제안이 불공평하다고 생각하면 거절하는 모습을 보였다. 이는 인간이 경제적 이익에 의해서만 움직이는 것이 아님을 보여주는 것이다. 따라서 ㉡에 들어갈 적절한 내용으로는 '인간의 행동이 경제적 이득에 의해서만 움직이지 않는다'이다.

## 08 난도 ★☆☆    정답 ①

**비문학 > 사실적 읽기**

**정답의 이유**

㉠ 2문단의 '우리에게 잘 알려진 나이브 아트 예술가로는 앙리 루소, 앙드레 보샹, 모리스 허쉬필드, 루이 비뱅, 그랜마 모지스 등이 있다.'를 통해 확인할 수 있다.

**오답의 이유**

㉡ 1문단의 '특정한 유파를 가리키기보다 작가의 경향을 가리키는 말이다.'를 통해 나이브 아트는 특정한 유파가 아닌 작가의 경향을 가리키는 말임을 알 수 있다.

㉢ 2문단의 '서양 미술의 기본 규칙인 원근법, 명암법, 구도 등에 구속되지 않는 평면적 화면, 단순하지만 강렬한 색채, 자세한 묘사 등을 특징으로 보여 준다.'를 통해 나이브 아트 작가들은 서양 미술의 기본 규칙에 구속되지 않는다는 것을 알 수 있다.

ⓔ 3문단의 '나이브 아트는 피카소와 같은 기존 미술의 권위와 전통에 반하는 그림을 그리려는 화가들의 주목을 받으며 현대미술의 탄생에도 적지 않은 영향을 끼쳤다.'를 통해 나이브 아트가 현대미술의 탄생에 영향을 끼쳤음을 알 수 있다.

## 09  난도 ★★☆                          정답 ⑤

현대 문학 > 현대 시

**정답의 이유**

⑤ 도토리묵이 만들어지는 과정을 통해 도토리묵에 대한 개성적 통찰을 보여 주고 있다. 제시된 작품에서 자연과의 교감을 통한 인간에 대한 이해는 나타나지 않는다.

**오답의 이유**

① · ② 1연에서는 '~하는 소리'의 반복적 제시와 '후두둑', '사그락사그락' 같은 음성 상징어를 통하여 청각적 이미지를 중심으로 도토리묵이 만들어지는 과정을 형상화하고 있다.

- 마른 잎사귀에 도토리알 얼굴 부비는 소리: 도토리가 나무에 매달려 있는 모습
- 후두둑 뛰어내려 저마다 멍드는 소리: 나무에서 도토리가 떨어지는 모습
- 반들거리는 몸 위로 살짝살짝 늦가을 햇볕 발 디디는 소리: 햇볕에서 건조되고 있는 모습
- 맷돌 속에서 껍질 타지며 가슴 동당거리는 소리, 사그락사그락 고운 뼛가루 저희끼리 소근대며 어루만져주는 소리: 으깨어져 부서지는 모습
- 가벼운 것들에게 이별 인사하는 소리: 가루가 된 도토리가 물에 가라앉는 모습
- 식어가며 단단해지며 서로 핥아주는 소리: 도토리묵이 응고되는 모습

③ 3연의 '모든 소리들이 흘러 들어간 뒤에 비로소 생겨난 저 고요 / 저토록 시끄러운, 저토록 단단한,'에서 상반된 시어인 '고요'와 '시끄러운'을 활용한 역설법을 통해 도토리묵을 만들면서 생겨난 소리를 품고 있는 도토리묵의 단단함을 효과적으로 드러내고 있다.

④ '저희끼리 소근대며 어루만져주는 소리', '물속에 가라앉으며 안녕 안녕 가벼운 것들에게 이별 인사하는 소리' 등을 통해 도토리를 의인화하여 표현하고 있음을 알 수 있다.

**작품 해설**

김선우, 「단단한 고요」

- 갈래: 자유시, 서정시
- 성격: 감각적, 창의적, 개성적, 산문적, 묘사적
- 주제: 도토리묵에 대한 개성적(새로운) 인식
- 특징
  - 시적 대상을 의인화하여 나타냄
  - 청각적 이미지를 통해 시적 대상을 효과적으로 드러냄
  - 명사형 종결 어미의 반복, 도치법, 역설법 등을 통하여 시상을 전개함

## 10  난도 ★★☆                          정답 ④

비문학 > 글의 순서 파악

**정답의 이유**

- (다)에서는 '애착'이라는 화제를 제시하고 있으므로 글의 처음에 오는 것이 적절하다.
- (가)에서는 '애착'에 대하여 존 볼비가 연구를 시작한 내용을 제시하고 있으므로 (다)의 뒤에 오는 것이 적절하다.
- (라)에서는 '하지만'이라는 역접의 접속 부사 뒤에 아이가 애착의 대상인 엄마와 분리되었을 때 괴로워하며, 다른 사람이 돌보아 주어도 고통이 해소되지 않는다는 내용이 이어진다. 따라서 아이가 엄마와 계속 붙어 있으려고 하는 이유는 단지 먹을 것을 얻기 위해서라는 내용을 담고 있는 (가) 뒤에 오는 것이 적절하다.
- (나)에서는 '애착'에 대한 연구의 최종 결과를 제시하고 있으므로 글의 마지막에 오는 것이 적절하다.

따라서 글을 논리적 순서에 맞게 나열한 것은 ④ (다) - (가) - (라) - (나)이다.

## 11  난도 ★★☆                          정답 ⑤

비문학 > 사실적 읽기

**정답의 이유**

⑤ 제시된 글에 인공지능이 다양한 상호작용을 통해 스스로의 오류를 교정하고 최적화하는 기능, 즉 머신러닝을 탑재하고 있다는 언급은 있으나 스스로 양질의 정보를 가려낼 수 있다는 언급은 없다.

**오답의 이유**

① 4문단에서 '인공지능의 범람 속에서 살아남는 방법은, 인공지능과 '함께 살아가는 인간'이 되는 것이다.'라고 하였으므로 인간은 인공지능과 공존하는 방법을 모색해 인공지능을 지혜롭게 사용해야 한다고 이해한 것은 적절하다.

② 3문단에서 '인공지능은 다양한 상호작용을 통해 스스로의 오류를 교정하고 최적화하는 기능을 탑재하고 있다. 머신러닝(machine learning)이라는 개념이 바로 그것이다. 그러나 이 메커니즘은 명백하게도 인간 사용자의 특성과 의사에 따라 좌우될 수 있다.'라고 하였으므로 머신러닝에도 인간 사용자의 특성이 반영된다고 이해한 것은 적절하다.

③ 2문단에서 '인공지능이 잘 할 수 있는 일이라고 해서 인간이 그것을 할 줄 몰라도 된다는 것이 아니라는 것이다.'라고 하였으므로 인간이 글쓰기를 잘 수행하더라도 인간은 글쓰기 능력을 길러야 한다고 이해한 것은 적절하다.

④ 2문단에서 '둘째, 인공지능을 지혜롭게 사용하려면 인공지능이 가진 성찰성의 한계를 이해해야 한다.'라고 하였으므로 인공지능을 지혜롭게 사용할 수 있으려면 인공지능이 가진 성찰성의 한계를 이해해야 한다고 이해한 것은 적절하다.

## 12 난도 ★☆☆ 정답 ①

비문학 > 사실적 읽기

**정답의 이유**

① (가)의 '이 세상 모든 사물 가운데 귀천과 빈부를 기준으로 높고 낮음을 정하지 않는 것은 오직 문장뿐이다.'를 통해 훌륭한 문장은 빈부귀천에 따라 높고 낮음이 정해지지 않는다는 것을 알 수 있다.

**오답의 이유**

② (나)의 '남을 본떠서 자기 개성을 잃어버리지 않도록 하는 것이야말로 글쓰기의 본령이다.'를 통해 글쓰기에서 중요한 것은 자기 개성을 표현하는 것임을 알 수 있다.

③ (다)의 '글이란 것은 뜻을 나타내면 그만일 뿐이다.'와 '뜻을 근엄하게 꾸미고 글자마다 장중하게 만드는 것은 마치 화가를 불러서 초상을 그릴 적에 용모를 고치고 나서는 것과 같다.'를 통해 글에서 중요한 것은 꾸미는 것보다 뜻을 정확하게 나타내는 것임을 알 수 있다.

④ (라)의 '문장에 뜻을 두는 사람들이 첫째로 주의할 것은 자기를 속이지 않는 것이다.'를 통해 글쓰기에서 중요한 것은 진솔하게 표현하는 것임을 알 수 있다.

⑤ (마)의 '글이란 조화다. 마음속에서 이루어진 문장은 반드시 정교하게 되나 손끝으로 이루어진 문장은 정교하게 되지 않으니, 진실로 그러하다.'를 통해 글은 마음으로부터 이뤄져 조화를 이루는 것이 중요함을 알 수 있다.

## 13 난도 ★★☆ 정답 ②

어휘 > 혼동 어휘

**정답의 이유**

② 소에게 받쳐서(×) → 소에게 받혀서(○): 문맥상 '머리나 뿔 따위에 세차게 부딪히다.'라는 의미로 사용되었으므로 '받히다'로 쓰는 것이 적절하다.

**오답의 이유**

① 채반에 밭쳤다(○): '밭치다'는 '구멍이 뚫린 물건 위에 국수나 야채 따위를 올려 물기를 빼다.'라는 뜻으로 문맥상 적절하게 쓰였다.

③ 턱을 받치고(○): '받치다'는 '물건의 밑이나 옆 따위에 다른 물체를 대다.'라는 뜻으로 문맥상 적절하게 쓰였다.

④ 내복을 받쳐서(○): '받치다'는 '옷의 색깔이나 모양이 조화를 이루도록 함께 하다.'라는 뜻으로 문맥상 적절하게 쓰였다.

⑤ 시장 상인에게 받혀도(○): '받히다'는 '한꺼번에 많은 양의 물품을 사게 하다.'라는 뜻으로 문맥상 적절하게 쓰였다.

## 14 난도 ★★☆ 정답 ④

문법 > 통사론

**정답의 이유**

④ 짚히는(×) → 짚이는(○): '짚이다'는 '짚다'의 어간 '짚-'에 피동 접미사 '-이-'가 결합하여 만들어진 피동사이다. 따라서 '짚히다'로 표기하는 것은 적절하지 않다.

**오답의 이유**

① 나뉜다(○): '나뉘다'는 '나누다'의 어간 '나누-'에 피동 접미사 '-이-'가 결합하여 만들어진 피동사이다.

② 덮인(○): '덮이다'는 '덮다'의 어간 '덮-'에 피동 접미사 '-이-'가 결합하여 만들어진 피동사이다.

③ 베인(○): '베이다'는 '베다'의 어간 '베-'에 피동 접미사 '-이-'가 결합하여 만들어진 피동사이다.

⑤ 걷히고(○): '걷히다'는 '걷다'의 어간 '걷-'에 피동 접미사 '-히-'가 결합하여 만들어지 피동사이다.

### 더 알아보기

**능동과 피동**

- 능동: 주체가 스스로 움직이거나 작용을 하는 것
- 피동: 주체가 다른 힘에 의하여 움직이거나 작용을 하는 것
- 피동문의 종류

| | |
|---|---|
| 파생적 피동문 (단형 피동) | • 용언의 어간에 피동 접미사 '-이-, -히-, -리-, -기-'를 붙여서 만든다.<br>예 경찰이 도둑을 잡았다. (능동)<br>→ 도둑이 경찰에게 잡혔다. (피동)<br>• 명사에 접미사 '-되다, -받다, -당하다'를 붙여서 만든다.<br>예 철수는 영희를 사랑했다. (능동)<br>→ 영희는 철수에게 사랑받았다. (피동) |
| 통사적 피동문 (장형 피동) | 용언의 어간에 보조 용언 '-어지다, -게 되다'를 붙여 만든다.<br>예 쓰레기를 버린다. (능동)<br>→ 쓰레기가 버려진다. (피동) |

## 15 난도 ★★☆ 정답 ②

문법 > 한글 맞춤법

**정답의 이유**

② 총금액(○): '총-'은 '전체를 합한'의 뜻을 더하는 접두사이므로 뒤의 말에 붙여 써야 한다.

**오답의 이유**

① 못했다(×) → 못∨했다(○): '못 하다'는 동사 '하다'에 부사 '못'이 결합한 것으로, 이때 '못'은 동사가 나타내는 동작을 할 수 없다거나 상태가 이루어지지 않았다는 부정의 뜻을 나타내는 부사로 사용되었다. 따라서 제시된 문장에서는 '못∨하다'와 같이 띄어 써야 한다. 참고로 '어떤 일을 일정한 수준에 못 미치게 하거나, 그 일을 할 능력이 없다.'라는 의미로 쓰일 때에는 '못하다'와 같이 하나의 동사로 붙여 쓴다.

③ 한달간(×) → 한∨달간(○): '달'은 '한 해를 열둘로 나눈 것 가운데 하나의 기간을 세는 단위'를 의미하는 의존 명사이다. 한글 맞춤법 제42항에 따르면 '의존 명사는 띄어 쓴다.'라고 하였으므로 '한∨달간'으로 띄어 쓰는 것이 적절하다. '-간'은 '동안'의 뜻을 더하는 접미사이므로 앞의 말에 붙여 써야 한다.

④ 제문제(×) → 제∨문제(○): '제'는 '여러'의 뜻을 나타내는 관형사이다. 따라서 '제∨문제'로 띄어 쓰는 것이 적절하다.

⑤ 해야∨할∨지(×) → 해야∨할지(○): '-ㄹ지'는 추측에 대한 막연한 의문이 있는 채로 그것을 뒤 절의 사실이나 판단과 관련시키는 데 쓰는 연결 어미이므로 앞의 말에 붙여 써야 한다. '지'가 어떤 일이 있었던 때로부터 지금까지의 동안을 나타내는 의존 명사로 쓰일 때는 앞의 말에 띄어 쓴다.

## 16 난도 ★★☆   정답 ②

**문법 > 로마자 표기법**

정답의 이유

② • 국어의 로마자 표기법 제3장 제1항에 따르면 자음 사이에서 동화 작용이 일어나는 경우 음운 변화에 따라 적는다고 하였다. 따라서 '종로'는 'ㄹ'이 비음인 'ㅇ'을 만나 비음인 'ㄴ'으로 바뀌는 비음화가 일어나 [종노]로 발음되므로 'Jongno'로 표기하는 것이 적절하다.

• 국어의 로마자 표기법 제2장 제1항 [붙임 1]에 따르면 'ㅢ'는 'ㅣ'로 소리 나더라도 'ui'로 적는다고 하였다. 따라서 '여의도'는 [여의도] 또는 [여이도]로 발음되지만 'Yeouido'라고 표기하는 것이 적절하다.

• 국어의 로마자 표기법 제3장 제1항에 따르면 자음 사이에서 동화 작용이 일어나는 경우 음운 변화에 따라 적는다고 하였다. 따라서 '신라'는 비음 'ㄴ'이 유음 'ㄹ'을 만나 유음인 'ㄹ'로 바뀌는 유음화가 일어나 [실라]로 발음되므로 'Silla'라고 표기하는 것이 적절하다.

## 17 난도 ★★★   정답 ③

**비문학 > 추론적 읽기**

정답의 이유

③ 2문단에서 '우선 자신의 이해관계부터 생각하는 인간의 본성 탓에 근본적 긴장은 항상 사라지지 않기 때문이다.'라고 하였으므로 인간은 본성적으로 자신의 이해관계부터 생각하기 때문에 환경 운동이 보편적 방향으로 발달하기 어렵다는 것을 알 수 있다. 여기서 말하는 이해관계는 '올슨 패러독스'와 관련된다. '올슨 패러독스'는 특별한 공동 이해관계로 묶인 소규모 그룹이 얼굴을 맞대고 단호히 일을 추진할 때, 대단히 애매한 일반적 이해를 가진 익명의 대규모 집단보다 훨씬 더 뛰어난 추진력을 보인다는 것으로, 자신의 이해관계를 먼저 생각하는 인간의 본성으로 인해 올슨 패러독스가 근본적으로 해소되기 어렵다는 것을 파악할 수 있다.

오답의 이유

① 2문단의 '이기적 이해관계를 넘어서서 환경 전체를 바라보는 안목이 현대화 과정에서 발달했기 때문이다.'를 통해 현대화 과정에서 발달한 것은 이기적 이해관계를 넘어선 환경 전체를 바라보는 안목임을 알 수 있다. 따라서 현대화 과정에서 인간의 이기적 이해관계가 부각되었다고 이해한 것은 적절하지 않다.

② 1문단에서 '초창기 환경 운동의 목표는 전통적인 자연 보호, 곧 특정 습지의 특정 조류를 보호하려는 좁은 생각을 극복하는 것이었다.'라고 하였으므로 환경 운동은 특정 생물 집단의 번식과 지속성을 보전하는 것에서 시작했다고 이해한 것은 적절하지 않다.

④ 1문단의 '이것은 특별한 공동 이해관계로 묶인 소규모 그룹이 얼굴을 맞대고 단호히 일을 추진할 때, 대단히 애매한 일반적 이해를 가진 익명의 대규모 집단보다 훨씬 더 뛰어난 추진력을 보인다는 것이다.'를 통해 환경 운동에 있어서 애매한 일반적 이해를 가진 대규모 집단보다 특별한 공동 이해관계로 묶인 소규모 그룹이 더 뛰어난 추진력을 보임을 알 수 있다. 따라서 환경 운동은 대규모 집단의 이해관계가 소규모 집단의 이해관계와 일치할 때 이루어지는 과정이라고 이해한 것은 적절하지 않다.

⑤ 2문단의 '동시에 물론 자신의 직접적인 생활 환경을 지키려는 각오도 환경 정책에 결정적 영향을 미친다.'를 통해 개인의 이기심이 환경 운동에 영향을 미침을 알 수 있다. 따라서 개인의 이기심은 환경 운동을 위한 직접적인 동기로 작용하지 않는다고 이해한 것은 적절하지 않다. 또한, 제시된 글에서 '공리주의'와 관련된 내용은 나타나지 않는다.

## 18 난도 ★☆☆   정답 ④

**문법 > 한글 맞춤법**

정답의 이유

④ 마굿간(×) → 마구간(○): 한자어로 이루어진 합성어에는 사이시옷을 넣지 않는 것이 원칙이다. 따라서 '마구간(馬廐間)'으로 표기하는 것이 적절하다.

오답의 이유

① 인사말(○): 한글 맞춤법 제30항에 따르면, 순우리말과 한자어로 된 합성어로서 앞말이 모음으로 끝난 경우 뒷말의 첫소리 'ㄴ, ㅁ' 앞에서 'ㄴ' 소리가 덧날 때 사이시옷을 받치어 적는다. '인사말'은 '인사(人事)+말'과 같이 한자어와 순우리말로 구성된 합성어이며, 앞말이 모음으로 끝났지만 [인산말]과 같이 'ㄴ' 소리가 덧나지 않고 [인사말]로 발음되므로 사이시옷을 받치어 적지 않는다.

② 등굣길(○): 한글 맞춤법 제30항에 따르면, 순우리말과 한자어로 된 합성어로서 앞말이 모음으로 끝난 경우 뒷말의 첫소리가 된소리로 날 때 사이시옷을 받치어 적는다. '등굣길'은 '등교(登校)+길'과 같이 한자어와 순우리말로 구성된 합성어이며, [등교낄/등굗낄]처럼 뒷말의 첫소리가 된소리로 발음되므로 사이시옷을 받치어 적는다.

③ 빨랫줄(○): 한글 맞춤법 제30항에 따르면, 순우리말로 된 합성어로서 앞말이 모음으로 끝나는 경우 뒷말의 첫소리가 된소리로 날 때 사이시옷을 받치어 적는다. '빨랫줄'은 '빨래+줄'과 같이 순우리말로 구성된 합성어이며, [빨래쭐/빨랟쭐]처럼 뒷말의 첫소리가 된소리로 발음되므로 사이시옷을 받치어 적는다.

⑤ 셋방(○): 한글 맞춤법 제30항에 따르면, 두 음절로 된 한자어 중 '곳간(庫間)', '셋방(貰房)', '숫자(數字)', '찻간(車間)', '툇간(退間)', '횟수(回數)'에는 사이시옷을 받치어 적는다.

## 19 난도 ★☆☆  정답 ⑤

**어휘 > 한자성어**

[정답의 이유]

㉠ 아내가 죽었을지도 모른다는 불길함을 없애기 위해 김 첨지가 고함을 치는 장면과 관련된 한자성어로는 '실속은 없으면서 큰소리치거나 허세를 부림'을 의미하는 허장성세(虛張聲勢)가 적절하다.
- 虛張聲勢: 빌 허, 베풀 장, 소리 성, 기세 세

㉡ 일어나지 못하고 계속 누워 있는 아내의 모습과 관련된 한자성어로는 '밤낮으로 쉬지 아니하고 연달아'를 의미하는 주야장천(晝夜長川)이 적절하다.
- 晝夜長川: 낮 주, 밤 야, 길 장, 내 천

[오답의 이유]

- 노심초사(勞心焦思): 몹시 마음을 쓰며 애를 태움
  - 勞心焦思: 수고로울 노, 마음 심, 그을릴 초, 생각 사
- 주야불식(晝夜不息): 밤낮으로 쉬지 아니함
  - 晝夜不息: 낮 주, 밤 야, 아닐 불, 숨쉴 식
- 전전반측(輾轉反側): 누워서 몸을 이리저리 뒤척이며 잠을 이루지 못함
  - 輾轉反側: 돌아누울 전, 구를 전, 돌이킬 반, 곁 측
- 절치부심(切齒腐心): 몹시 분하여 이를 갈며 속을 썩임
  - 切齒腐心: 끊을 절, 이 치, 썩을 부, 마음 심

[작품 해설]

**현진건,「운수 좋은 날」**
- 갈래: 단편 소설, 사실주의 소설
- 성격: 반어적, 사실적, 비극적
- 주제: 일제 강점기 하층민의 비참한 생활상
- 특징
  - 일제 강점기 도시 하층민의 비극적인 삶을 잘 드러냄
  - 제목에서 반어적인 표현을 사용하여 비극성을 강조함
  - 문체, 인물의 성격, 배경, 작품의 주제 등이 유기적으로 작용하여 사실성을 높임

## 20 난도 ★★☆  정답 ①

**비문학 > 추론적 읽기**

[정답의 이유]

① 제시된 글에 따르면, 신석기 시대 초반에는 여성이 농사를 담당하였고 여성의 출산력이 중요하게 여겨졌기 때문에 상대적으로 여성의 사회적 위상이 높았다. 그러나 신석기 시대 중후반에는 집짐승을 기르기 시작하면서 남성들이 생산 활동의 새로운 주인공이 되었고, 여성들은 보조자로 밀려나 주로 집안일이나 육아를 담당하게 되었다고 하였으므로 ㉠에 들어갈 내용으로는 '남성과 여성의 사회적 위상과 역할이 달라지게 되었다.'가 가장 적절하다.

[오답의 이유]

② 2문단의 '여성들은 보조자로 밀려나서 주로 집안일이나 육아를 담당하게 되었다.'를 통해 여성이 생산 활동의 보조자로 밀려났을 뿐 완전히 배제된 것은 아님을 확인할 수 있다.

③ 제시된 글에서는 신석기 시대에 남성과 여성의 사회적 위상과 역할이 어떻게 바뀌었는지를 설명하고 있으며, 남성이 남성으로서의 제 역할을 하였는지에 대한 내용은 나타나지 않는다.

④ 2문단에서 신석기 시대 중후반 이후 남성은 생산 활동의 주인공이 되고 여성들은 보조자 역할을 하면서 집안일이나 육아를 담당하게 되었다고 하였다. 그러나 여성을 공동체 일원으로 인정하는지 하지 않는지에 대한 내용은 나타나지 않는다.

⑤ 2문단의 '마침 이 무렵, 집짐승 기르기가 시작되면서 남성들은 더 이상 사냥감을 찾아 산야를 헤맬 필요가 없게 되었다. 사냥 활동에서 벗어난 남성들은 생산 활동의 새로운 주인공이 되었다.'를 통해 집짐승 기르기가 시작되면서 남성들이 사냥에서 벗어난 것일 뿐 여성이 남성을 대체한 것이 아님을 확인할 수 있다.

## 21 난도 ★★☆  정답 ①

**비문학 > 사실적 읽기**

[정답의 이유]

① 1문단의 '그리하여 한편으로는 읽을거리를 늘리기 위해, 그리고 다른 한편으로는 그들만의 독특한 취향에 상응하는 읽을거리를 손에 넣기 위해 여성들은 그들만의 고유한 문학을 창조해 냈다.'를 통해 헤이안 시대 여성들이 읽을거리에 대한 열망을 문학 창작의 동력으로 삼았다는 것을 알 수 있다.

[오답의 이유]

② 1문단의 '그 문학을 기록하기 위해 여성들은 그들에게 허용된 언어를 음성으로 옮긴 가나분카쿠를 개발하기에 이르렀는데, 이 언어는 한자 구조가 거의 배제된 것이 특징이다.'를 통해 헤이안 시대 여성들은 자신이 창작한 문학을 기록하기 위해 '가나분카쿠'라는 언어를 개발하였다는 것을 알 수 있다. 따라서 창작 국면에서 자신들의 언어를 작품에 그대로 담아내지 못했다는 설명은 적절하지 않다.

③ 3문단의 '『겐지 이야기』, 『마쿠라노소시』 같은 책에서는 남자와 여자의 문화적·사회적 삶이 소상하게 나타나지만, ~ 언어와 정치 현장으로부터 유리되어 있었기 때문에 세이 쇼나곤과 무라사키 부인조차도 이런 활동에 대해서는 풍문 이상으로 묘사할 수 없었다.'를 통해 헤이안 시대 여성들은 정치에 대해서는 거의 관심을 보이지 않았고 정치 현장으로부터 유리되어 있었기 때문에 풍문 이상으로 묘사할 수 없었다는 것을 알 수 있다. 따라서 궁정에서 일어나는 정치적 행위에 대하여 치밀하게 묘사하였다는 설명은 적절하지 않다.

④ 1문단의 '그 문학을 기록하기 위해 여성들은 그들에게 허용된 언어를 음성으로 옮긴 가나분카쿠를 개발하기에 이르렀는데, 이 언어는 한자 구조가 거의 배제된 것이 특징이다.'를 통해 헤이안 시대 여성들이 개발한 언어는 한자 구조가 거의 배제되어 있음을 알 수 있다. 따라서 한문학에 대한 지식을 바탕으로 문학 창작에 참여하였다는 설명은 적절하지 않다.

⑤ 1문단의 '그리하여 한편으로는 읽을거리를 늘리기 위해, 그리고 다른 한편으로는 그들만의 독특한 취향에 상응하는 읽을거리를 손에 넣기 위해 여성들은 그들만의 고유한 문학을 창조해 냈다.'를 통해 헤이안 시대 여성들은 자신들의 취향에 상응하는 읽을거리를 위하여 그들만의 문학을 만들었음을 알 수 있다. 따라서 문필 활동은 남성의 전유물이었기 때문에 남성적 취향의 문학 독서를 수행했다는 설명은 적절하지 않다.

## 22 난도 ★★☆ 정답 ③

**문법 > 외래어 표기법**

**정답의 이유**

③ 재스민(○): 'jasmine'은 '쟈스민', '자스민'이 아닌 '재스민'이 옳은 표기이다.

**오답의 이유**

① 부페(×) → 뷔페(○): 'buffet'는 '부페'가 아닌 '뷔페'가 옳은 표기이다.

② 애드립(×) → 애드리브(○): 'ad lib'는 '애드립'이 아닌 '애드리브'가 옳은 표기이다.

④ 팜플렛(×) → 팸플릿(○): 'pamphlet'은 '팜플렛'이 아닌 '팸플릿'이 옳은 표기이다.

⑤ 꽁트(×) → 콩트(○): 'conte'는 '꽁트'가 아닌 '콩트'가 옳은 표기이다.

## 23 난도 ★★☆ 정답 ⑤

**비문학 > 사실적 읽기**

**정답의 이유**

⑤ 제시된 글은 사람과 상황이 서로 영향을 미치는 방식을 소개하고 있는데, 설명하는 내용에 대한 실험과 그 결과는 나타나지 않는다.

**오답의 이유**

① '예를 들어 아무것도 선택할 수 없는 경제적 어려움에 처해 있거나 ~ 자신의 의지나 책임이 아닌 절대적 상황이 그런 경우다.', '예를 들어 몸이 아프면 상황을 설명하고 조퇴를 할 수도 있다.' 등과 같이 사람과 상황이 서로 영향을 미치는 방식을 구체적인 예를 들어 설명하고 있다.

② '상황이 사람을 선택하는 경우'와 '사람이 상황을 선택하는 경우'라는 서로 다른 내용을 대비하여 제시하고 있다.

③ 5문단의 '우리가 읽거나 들었던 단어 또는 정보가 우리의 생각이나 행동에 미묘한 변화를 일으킬 수 있고 이러한 현상을 '점화 효과'라고 한다.'에서 '점화 효과'에 대한 개념을 제시하고 있다.

④ 사람과 상황이 서로 영향을 미치는 방식을 '첫째', '둘째'와 같이 병렬적 구조로 제시하고 있다.

## 24 난도 ★★★ 정답 ②

**비문학 > 사실적 읽기**

**정답의 이유**

② 4문단의 '예를 들어 경제적 불균형처럼 자기가 가지고 있는 아주 왜곡된 관념들로 치닫기 시작하면 상황이 사람을 지배할 수도 있다. ~ 그러나 대부분의 사람들은 스스로 상황을 지배해 나가기 때문에 범죄를 저지르지 않는다.'에서 경제적 불균형에 처하면 상황이 사람을 지배하는 경우가 생길 수도 있지만 대부분의 사람들은 스스로 상황을 지배해 나갈 수 있다고 하였다.

**오답의 이유**

① 제시된 글에 따르면 상황이 사람을 선택할 수도 있고, 사람이 상황을 선택할 수도 있다. 따라서 사람과 상황이 서로 영향을 끼친다고 이해한 것은 적절하다.

③ 2문단에서 '예를 들어 아무것도 선택할 수 없는 경제적 어려움에 처해 있거나 부모의 학대로 인해 지속적인 피해를 입고 있는 상황처럼 자신의 의지나 책임이 아닌 절대적 상황이 그런 경우다.'라고 하였으므로 부모의 학대와 같은 상황을 자신의 의지나 책임이 아닌 절대적 상황이라고 이해한 것은 적절하다.

④ 3문단에서 '우리는 일상을 살아가면서 굉장히 합리적인 판단을 한다. 예를 들어 몸이 아프면 상황을 설명하고 조퇴를 할 수도 있다.'라고 하였으므로 몸이 아플 때 상황을 설명하고 조퇴하는 것을 합리적 판단의 일종이라고 이해한 것은 적절하다.

⑤ 5문단에서 '사람들이 공통적으로 갖고 있는 공손함이나 공격성 등은 상황에 따라 점화되는 것이 다르다.'라고 하였으므로 사람들이 공통적으로 가진 공격성이라도 상황에 따라 다르게 점화된다고 이해한 것은 적절하다.

## 25 난도 ★★☆ 정답 ④

**고전 문학 > 고전 운문**

**정답의 이유**

㉠ 제시된 작품에서 '첫닭'은 '새벽'이라는 시간적 배경을 나타낸다.
㉢ 작품에서는 새벽에 조심스럽게 떠날 채비를 하는 행인의 모습을 '살짝이 살짝이'라고 표현하고 있다.
㉣ 작품의 화자는 새벽을 틈타 떠나려는 '나그네'와 안 된다며 보내질 않는 '주인'을 관찰하고 있다.

**오답의 이유**

㉡ 닭이 울기 전 '나그네'와 '주인'이 어떤 관계였는지, 닭 울음 이후 두 사람 사이의 관계가 어떻게 달라졌는지는 나타나지 않는다.

# 국어 | 2022년 국회직 8급

## 한눈에 훑어보기

### ✓ 영역 분석

**어휘** 03 17 22
3문항, 12%

**문법** 01 02 04 10 14 15 16 20
8문항, 32%

**고전 문학** 07
1문항, 4%

**현대 문학** 08 19
2문항, 8%

**비문학** 05 06 09 11 12 13 18 21 23 24 25
11문항, 44%

### ✓ 빠른 정답

| 01 | 02 | 03 | 04 | 05 | 06 | 07 | 08 | 09 | 10 |
|----|----|----|----|----|----|----|----|----|----|
| ① | ③ | ⑤ | ① | ⑤ | ② | ④ | ② | ① | ① |
| 11 | 12 | 13 | 14 | 15 | 16 | 17 | 18 | 19 | 20 |
| ⑤ | ④ | ③ | ③ | ⑤ | ⑤ | ④ | ⑤ | ② | ② |
| 21 | 22 | 23 | 24 | 25 | | | | | |
| ② | ⑤ | ③ | ① | ④ | | | | | |

### ✓ 점수 체크

| 구분 | 1회독 | 2회독 | 3회독 |
|------|-------|-------|-------|
| 맞힌 문항 수 | / 25 | / 25 | / 25 |
| 나의 점수 | 점 | 점 | 점 |

## 01 난도 ★☆☆ 정답 ①

**문법 > 형태론**

[정답의 이유]
① ㉠에서 쓰인 '비교적'은 후행하는 체언 '교통'을 수식하는 것이 아니라 형용사 '편리하다'를 수식하므로 관형사가 아니라 부사이다.

[오답의 이유]
② ㉡에서 쓰인 '만세' 뒤에 목적격 조사 '를'이 결합하였으므로 명사이다.
③ ㉢에서 쓰인 '어제'는 용언 '끝냈어야 했다'를 수식하므로 부사이다.
④ ㉣에서 쓰인 '여덟'은 뒤에 서술격 조사 '이다'가 결합하였으므로 수사이다.
⑤ ㉤에서 쓰인 '크는'은 '수준이나 능력 따위가 높은 상태가 되다.'의 의미로 사용되었으며, '크다'의 어간 '크-'에 관형사형 어미 '-는'이 결합하였으므로 동사이다.

## 02 난도 ★★☆ 정답 ③

**문법 > 형태론**

[정답의 이유]
③ '-라도'는 설사 그렇다고 가정하여도 다른 경우와 마찬가지로 상관없음을 나타내는 연결 어미이다.

[오답의 이유]
① '그래'는 청자에게 문장의 내용을 강조함을 나타내는 보조사이다.
② '만'은 무엇을 강조하는 뜻을 나타내는 보조사이다.
④ '마는'은 앞의 사실을 인정을 하면서도 그에 대한 의문이나 그와 어긋나는 상황 따위를 나타내는 보조사이다.
⑤ '요'는 청자에게 존대의 뜻을 나타내는 보조사이다.

[더 알아보기]

**조사**
- 개념: 체언이나 부사, 어미 등에 붙어 그 말과 다른 말과의 문법적 관계를 표시하거나 그 말의 뜻을 도와주는 품사이다.
- 특징
  - 홀로 쓰일 수 없는 의존 형태소로, 반드시 다른 말에 붙어서 사용된다.
  - 자립성이 없지만, 앞말과 쉽게 분리되기 때문에 단어로 인정한다.
  - 여러 개 겹쳐서 사용할 수 있다.
  - 대체로 형태의 변화가 없지만, 서술격 조사 '이다'의 경우 활용을 한다.
  - 앞말의 조건에 따라 이형태 '은/는, 이/가, 을/를'이 존재한다.

- 종류
  - 격 조사: 체언이나 체언 구실을 하는 말 뒤에 붙어 앞말이 다른 말에 대하여 갖는 일정한 자격을 나타내는 조사이다.
  - 접속 조사: 둘 이상의 사물이나 사람을 같은 자격으로 이어 주는 구실을 하는 조사이다.
  - 보조사: 선행하는 체언, 부사, 활용 어미 등에 붙어서 어떤 특별한 의미를 더해 주는 조사이다.

## 03 난도 ★★☆  정답 ⑤

어휘 > 고유어

**정답의 이유**

⑤ '그녀는 잔입으로 출근 시간이 되기만을 기다렸다.'에서 쓰인 '잔입'은 '자고 일어나서 아직 아무것도 먹지 아니한 입'을 의미한다.

## 04 난도 ★★☆  정답 ①

문법 > 통사론

**정답의 이유**

① 주어 '회사는'과 서술어 '세계 최고이다'의 호응이 맞고, '~는 ~이다'의 서술 방식을 활용하였으므로 어법에 맞는 문장이다.

**오답의 이유**

② 주어 '생각은'과 서술어 '해결될 것이다'의 호응이 맞지 않으므로 이를 '내 생각은 네가 잘못을 인정하면 (이 문제가) 해결될 것이라는 것이다.' 또는 '나는 네가 잘못을 인정하면 해결될 것이라고 생각한다.'로 고쳐야 한다.

③ 접속 조사 '와'로 연결된 '자유 수호'와 '인권을 보장하는 것'은 대등한 문법적 단위가 아니므로 '자유 수호와 인권을 보장하는 것을'이라는 부분을 '자유를 수호하는 것과 인권을 보장하는 것을' 또는 '자유 수호와 인권 보장을'로 고쳐야 한다.

④ '재무 지표 현황'은 '수립'의 대상으로 적절하지 않으므로 '재무 지표 현황과 개선 계획을 수립'이라는 부분을 '재무 지표 현황을 파악하고 개선 계획을 수립하여'로 고쳐야 한다.

⑤ 목적어 '무엇을'과 서술어 '개선해야 한다'의 호응이 맞지 않으므로 '무엇을 시급히 개선해야 한다는 점을'이라는 부분을 '무엇을 시급히 개선해야 하는지를'로 고쳐야 한다.

## 05 난도 ★★☆  정답 ②

비문학 > 사실적 읽기

**정답의 이유**

② 1문단에서는 '괴테는 집단의식보다는 개인의 존엄성을 더 중시했다고 할 수 있다.'라고 하였으며, 2문단에서는 '그러므로 우리는 개인이 조직 사회에 종속됨으로써 정신적 독립성을 잃게 되는 위험성을 항상 경계해야 한다.'라고 주장하고 있다. 따라서 제시된 글의 논지로 '개인이 집단의 목적에 맹목적으로 따르는 것은 민주 시민의 올바른 자세가 아니다. 비판이 없는 집단은 자기 발전이 없다.'가 가장 적절하다.

**오답의 이유**

① 2문단에서 '현대인에게는 개인과 집단의 관계를 어떻게 설정하느냐 하는 문제가 더욱 중요하게 떠오른다.', '문제가 발생할 때 다수의 논리를 내세워 개인의 의지를 배제한다면 바람직한 해결책이라 할 수 없다.'라고 하였으므로 개인과 집단 사이에 갈등이 있을 수 없다는 진술은 글의 논지가 될 수 없다.

③ 3문단에서 '집단의 목적을 위해 개인의 순수성을 쉽게 배제해 버리는 세태 속에서 우리는 자신의 혼을 가진 인간으로 살기 위해 노력해야 한다.'라고 하였으므로 개인이 집단의 목표에 부합하도록 노력해야 한다는 진술은 글의 논지가 될 수 없다.

④ 2문단에서 '개인이 조직 사회에 종속됨으로써 정신적 독립성을 잃게 되는 위험성을 항상 경계해야 한다.'라고 언급하였으므로 개인의 독립성을 지나치게 주장하는 것은 바람직하지 않다는 진술은 글의 논지가 될 수 없다.

⑤ 2문단에서 '다수의 논리를 내세워 개인의 의지를 배제한다면 그것은 바람직한 해결책이라 할 수 없다.'라며 다수의 논리를 내세워 개인의 의지를 꺾는 것은 잘못이라고 하였으나 개인의 의지가 다수의 논리를 무시하는 것이 더 큰 문제라고는 언급하지 않았다.

## 06 난도 ★★★  정답 ⑤

비문학 > 추론적 읽기

**정답의 이유**

⑤ 언어 습득이 생득적으로 결정된다고 주장하는 생득론자의 관점에서는 배우거나 들어본 적 없는 표현을 만들어내는 어린이 언어의 창조성을 설명할 수 있다. 그러나 언어 습득이 환경에 의해 형성되는 것이라고 주장하는 극단적 행동주의자의 관점에서는 어린이가 배우거나 들어본 적 있는 표현만 습득할 수 있다고 본다. 따라서 생득론자가 어린이 언어의 창조성을 설명하지 못하는 극단적 행동주의자의 관점을 비판한 것은 적절하다.

**오답의 이유**

① 〈보기〉의 생득론자는 극단적 행동주의자가 주장하는 아동의 언어 습득 방법에 대한 관점을 비판하였으나 언어 습득에 대한 연구 자체를 비판하지는 않았으므로 적절하지 않다.

② 인간이 언어를 체계적으로 인식하는 유전적 능력을 타고난다는 주장은 생득론자의 입장이다. 따라서 유전자의 실체를 확인해야 한다는 것은 극단적 행동주의자의 입장에서 생득론자 입장을 비판한 내용이므로 적절하지 않다.

③ 구성주의의 입장은 상호 작용과 담화를 통해 언어 기능을 배운다는 것으로, 의사소통 방법을 배우는 것은 구성주의의 입장에서 제시한 내용이므로 적절하지 않다.

④ 상호 작용의 중요성을 강조한 것은 생득론자가 아닌 구성주의의 입장이므로 적절하지 않다.

## 07 난도 ★★★   정답 ②

고전 문학 > 고전 산문

**정답의 이유**

② 2문단의 '지금의 시는 옛날의 시와는 달라서 읊을 수는 있어도 노래로 부를 수는 없다.'를 통해 우리나라에서 한시를 노래로 부르는 전통이 있었음을 확인할 수 있다. 그러나 도산 노인이 한시를 노래로 부르는 전통을 되살리려 했다는 내용은 나타나지 않는다.

**오답의 이유**

① 1문단의 '우리나라의 가곡은 대체로 음란하여 족히 말할 것이 없으니 「한림별곡」과 같은 것도 문인의 입에서 나왔으나, 교만하고 방탕하며 겸하여 점잖지 못하고 장난기가 있어 더욱 군자가 숭상해야 할 바가 아니다.'를 통해 우리말 노래는 대체로 품격이 떨어진다고 생각하여 도산 노인이 우리말 노래에 만족하지 못하고 있음을 확인할 수 있다.

③ 3문단의 '또한 아이들로 하여금 스스로 노래하고 춤추고 뛰게 한다면, 비루하고 더러운 마음을 깨끗이 씻어버리고, 느낌이 일어나 두루 통하게 될 것이니 노래하는 자와 듣는 자가 서로 유익함이 없지 않을 것이다.'를 통해 도산 노인은 자신이 만든 노래를 부르는 아이들에게 유익함이 있을 것이라고 여김을 확인할 수 있다.

④ 4문단의 '나의 자취가 ~ 시끄러운 일을 야기하게 될지 모르겠고', '또 훗날에 보는 자가 이를 버리거나'를 통해 도산 노인은 자신이 노래를 지은 것을 누군가는 불만스럽게 생각할 수 있다고 예상함을 확인할 수 있다.

⑤ 4문단의 '우선 한 부를 베껴 상자 속에 담아 두고, 때때로 꺼내 완상하여 스스로를 반성하며, 또 훗날에 보는 자가 이를 버리거나 취하기를 기다릴 따름이다.'를 통해 도산 노인은 자신이 지은 노래가 후세에 전해져서 평가의 대상이 될 것을 기대하고 있음을 확인할 수 있다.

**작품 해설**

이황, 「노산십이곡발」

- 갈래: 발문(跋文)
- 성격: 객관적, 비평적
- 주제: 「도산십이곡」을 쓰게 된 동기와 감회
- 특징
  - 작가 자신을 제3자의 위치에 놓고 객관적으로 서술함
  - 작가의 유교적 세계관이 드러남

## 08 난도 ★★☆   정답 ④

현대 문학 > 현대 시

**정답의 이유**

④ 6연의 '내 아버지 양 손엔 우툴두툴한 두꺼비가 살았었다'를 통해 이 시에서 '두꺼비'는 아버지의 울퉁불퉁한 손을 의미함을 확인할 수 있다. 따라서 '두꺼비'가 아버지를 기다리는 자식들을 의미한다는 설명은 적절하지 않다.

**오답의 이유**

① 2연의 '그런데 녀석이 독을 뿜어내는 통에 내 양 눈이 한동안 충혈되어야 했다 아버지, 저는 두꺼비가 싫어요'를 통해 화자는 아버지의 손이 그렇게 거칠어질 정도로 고달프게 살아가는 것이 싫다고 언급하고 있음을 확인할 수 있다. 따라서 아버지의 고생스러운 삶에서 서러움과 연민을 느꼈다는 설명은 적절하다.

② 2연의 '아버지가 녀석에게만 관심을 갖는 것 같아 나는 녀석을 시샘했었다'와 4연의 '두껍아 두껍아 헌집 줄게 새집 다오'를 통해 아이의 시선과 동요의 가사를 활용하여 화자가 아버지의 고달픈 삶을 바라보고 있음을 확인할 수 있다. 따라서 아버지의 희생적인 삶을 돌아보게 하면서 감동을 주고 있다는 설명은 적절하다.

③ 1연의 '아버지는 두 마리의 두꺼비를 키우셨다'와 6연의 '내 아버지 양 손엔 우툴두툴한 두꺼비가 살았었다'를 통해 1연에 제시된 두꺼비가 아버지의 거친 손을 의미함을 확인할 수 있다. 따라서 첫 줄과 마지막 줄에 제시된 아버지와 두꺼비의 호응 관계를 통해 시적 의미를 강조하고 있다는 설명은 적절하다.

⑤ 5연의 '아버지는 지난 겨울, 두꺼비집을 지으셨다 두꺼비와 아버지는 그 집에서 긴 겨울잠에 들어갔다 봄이 지났으나 잔디만 깨어났다'를 통해 아버지가 지난 겨울에 돌아가셨음을 확인할 수 있으므로 적절하다.

**작품 해설**

박성우, 「두꺼비」

- 갈래: 자유시, 서정시
- 성격: 회상적, 비유적, 애상적
- 주제: 고달픈 삶을 살았던 아버지에 대한 회상
- 특징
  - 고달픈 생을 살다 돌아가신 아버지를 회상하면서 그리움과 연민의 감정을 은유적으로 표현함
  - 아버지의 우툴두툴한 손을 '두꺼비'에 비유함

## 09 난도 ★★☆   정답 ②

비문학 > 사실적 읽기

**정답의 이유**

② 2문단에 따르면 동물의 뇌 조직에도 똑같이 존재하는 '신경세포 조직들이 동일한 물리화학적 특성들을 갖고 있지만, 그것들 모두가 인간과 같은 지능을 보이지는 않는다. 물론 인간 뇌를 구성하는 세포 조직의 어떤 측면이 우리의 지능에 필수적인 것은 사실이지만, 그 물리적 특성들로는 충분하지 않다.'라고 하였다. 따라서 인간의 뇌를 구성하는 세포 조직의 물리적 특성이 인간 지능의 필요충분조건이라고 이해한 것은 적절하지 않다.

**오답의 이유**

① 2문단에서 다윈은 뇌가 정신을 '분비한다'고 하였고, 존 설은 '뇌 조직의 물리화학적 특성들이 정신을 만들어 낸다.'고 주장하였다. 따라서 다윈과 존 설은 뇌 조직이 인간 정신의 근원이라고 주장했다고 이해한 것은 적절하다.

③ 1문단에서 인간의 육체는 비물질적 실체인 영혼으로 가득 차 있다는 정신에 대한 전통적인 설명은 유령이 유형의 물질과 어떻게 상호 작용하는지, 정신이 뇌의 활동임을 보여 주는 증거들과 같이 극복할 수 없는 문제에 부딪혔다고 하였으므로 지능에 대한 전통적 설명 방식이 내적 모순으로부터 자유롭지 않다고 이해한 것은 적절하다.

④ 2문단에서 "인간 뇌를 구성하는 세포 조직의 어떤 측면이 우리의 지능에 필수적인 것은 사실이지만, 그 물리적 특성들로는 충분하지 않다. ~ 중요한 것은 신경세포 조직의 '패턴' 속에 존재하는 어떤 것이다."라고 하였으므로 뇌의 물리적 특성보다 '패턴' 속에 존재하는 어떤 것이 중요하다고 이해한 것은 적절하다.

⑤ 1문단에서 '현미경으로 보면 뇌는 풍부한 정신과 완전히 일치하는 대단히 복잡한 물리적 구조를 갖고 있다.'라고 하였으므로 뇌와 정신이 밀접하게 연결되어 있음을 확인할 수 있는 물리적 증거가 있다고 이해한 것은 적절하다.

## 10 난도 ★★★     정답 ①

문법 > 고전 문법

정답의 이유

① 15세기 국어에서 현대국어로 오는 과정에서 모음들이 연쇄적으로 조음 위치의 변화를 겪는 현상은 발견되지 않았다.

오답의 이유

② 15세기 국어의 단모음 체계에서부터 'ㅏ'가 후설 저모음이었음을 확인할 수 있으므로 적절하다.

③ 국어 단모음의 개수가 15세기에는 7개, 19세기 초에는 8개, 현재는 10개이므로 단모음의 개수가 점차 늘어났다는 설명은 적절하다.

④ 15세기 국어의 단모음이었던 'ㆍ'가 현대국어로 오면서 소멸되었으므로 모음 중에서 음소 자체가 소멸된 것이 있다는 설명은 적절하다.

⑤ 15세기 국어의 이중모음이었던 'ㅐ, ㅔ, ㅚ, ㅟ'가 현대국어로 오면서 단모음으로 변화했으므로 일부 이중모음의 단모음화가 발견된다는 설명은 적절하다.

## 11 난도 ★★☆     정답 ⑤

비문학 > 글의 순서 파악

정답의 이유

제시된 글은 유럽에서 중국의 백자가 유행하게 되면서 백자를 제조하는 기술을 찾아낸 과정을 설명한 글이다.

- (마)에서는 17세기 유럽 전역에서 백자가 인기를 끌게 된 상황을 제시하고 있으므로 글의 처음에 오는 것이 적절하다.
- (나)에서는 18세기 유럽에서 번진 살롱 문화에 대해 언급하면서 살롱 문화에 품격을 더하는 백자를 만드는 기술은 알 수가 없었다는 내용을 제시하였으므로 17세기에 대해 설명한 (가)의 다음에 오는 것이 적절하다.
- (라)에서는 유럽에서 백자를 만들려는 다양한 시도가 있었으나 백자의 주원료인 고령토를 알지 못했고, 가마의 비밀을 밝혀내지 못했다는 내용을 제시하고 있으므로 고령토와 가마의 비밀을 푸는 과정을 나타낸 (가)와 (다) 앞에 오는 것이 적절하다.
- (가)에서는 1708년에 뵈트거가 독일 마이센에서 백자의 주원료인 고령토 광산을 발견했고 백자의 성분 문제를 해결했다는 내용을 제시하고 있으므로 백자의 제조 비밀에 대해 언급했던 (라)의 다음에 오는 것이 적절하다.
- (다)에서는 '또'라는 접속 표현을 사용하여 백자의 제조 비밀 중 하나인 1400도의 가마가 완성되었다는 내용을 제시하고 있으므로, 백자의 주원료인 고령토를 발견했다고 언급한 (가)의 다음에 오는 것이 적절하다. 또한 백자 제작 기술이 완성되어 유럽의 여러 국가로 백자 기술이 유출되면서 백자의 유럽 생산 시대가 열렸다고 제시하고 있으므로 글의 마지막에 오는 것이 적절하다.

따라서 논리적 순서에 맞게 나열한 것은 ⑤ (마) - (나) - (라) - (가) - (다)이다.

## 12 난도 ★★☆     정답 ④

비문학 > 글의 전개 방식

정답의 이유

④ (라)에서는 화성을 변화시키는 '테라포밍'의 계획을 구체적으로 설명하고 있을 뿐, 개별적인 사실로부터 일반적인 명제를 이끌어 내는 귀납의 방법을 사용하고 있지는 않다.

오답의 이유

① (가)에서는 화성의 특성을 설명하고 인간이 살 수 있도록 변화시키는 것을 말하는 '테라포밍'에 대해 제시하고 있다.

② (나)에서는 영화 「레드 플래닛」을 예로 들어 '테라포밍'에 대해 구체적으로 설명하고 있다.

③ (다)에서는 '영화가 아닌 현실에서 화성을 변화시키는 일이 가능할까?'라고 질문을 던지며 '테라포밍'을 현실화할 수 있는 방법을 제시하고 있다.

⑤ (마)에서는 언젠가 '테라포밍'이 가능하게 될 것이라며 긍정적인 전망을 제시하고 있다.

## 13 난도 ★★★     정답 ③

비문학 > 사실적 읽기

정답의 이유

③ (나)에서 '이끼가 번식해 화성 표면을 덮이면 그들이 배출하는 산소가 모여 궁극적으로는 인간이 호흡할 수 있는 대기층이 형성되기 때문이다.'라고 언급한 부분을 통해 '테라포밍' 계획의 핵심이 되는 마지막 작업은 인간이 화성에서 살 수 있도록 공기를 공급하는 대기층을 만들어 주는 일임을 확인할 수 있다.

오답의 이유

① (라)에서 '극관은 점점 녹게 될 것이다. 그러나 이런 방법을 택하더라도 인간이 직접 호흡하며 돌아다니게 될 때까지는 최소 몇백 년의 시간이 걸릴 것이다.'라고 언급한 부분을 통해 화성의 극관을 녹이는 일은 '테라포밍' 계획의 최종적인 작업이 아님을 확인할 수 있다.

② (가)에서 '테라포밍은 지구가 아닌 다른 외계의 천체 환경을 인간이 살 수 있도록 변화시키는 것을 말하는데'라고 언급한 부분을 통해 '테라포밍' 계획은 인간이 살 수 있도록 천체 환경을 변화시키는 것을 의미함을 확인할 수 있다. 따라서 인류가 화성에 이주하는 일은 '테라포밍' 계획의 작업이라 할 수 없다.

④ (다)에서 '극관에 검은 물질을 덮어 햇빛을 잘 흡수하게 만든 후 온도가 상승하면 극관이 자연스럽게 녹을 수 있도록 하는 방법인 것이다.'라고 언급한 부분을 통해 화성의 온도를 상승시키는 일은 극관을 녹이기 위한 과정임을 확인할 수 있다. 따라서 이 작업은 '테라포밍' 계획의 핵심이 되는 최종 작업이라 할 수는 없다.

⑤ (다)에서 '극관에 검은 물질을 덮어 햇빛을 잘 흡수하게 만든 후 온도가 상승하면 극관이 자연스럽게 녹을 수 있도록 하는 방법인 것이다.'라고 언급한 부분을 통해 극관을 검은 물질로 덮는 일은 햇빛을 잘 흡수하게 만들기 위한 과정임을 확인할 수 있다. 따라서 이 작업은 '테라포밍' 계획의 핵심이 되는 최종 작업이라 할 수는 없다.

## 14 난도 ★☆☆　　　　　　　　　　　　　　정답 ③

문법 > 외래어 표기법

[정답의 이유]

③ 〈보기〉에서 우크라이나 지명을 러시아어가 아닌 우크라이나어를 기준으로 바꿔 부른다는 것은 ⓒ '제3장에 포함되어 있지 않은 언어권의 인명, 지명은 원지음을 따르는 것을 원칙으로 한다.'와 관련된 내용이다. 'Ankara'를 '앙카라'로, 'Gandhi'를 '간디'로 표기하는 것을 예로 들 수 있다.

[오답의 이유]

① 'fighting'을 '화이팅'으로 적고, 'film'를 '필름'으로 적는 것은 하나의 음운인 'f'를 2개의 기호인 'ㅎ'과 'ㅍ'으로 적는다는 의미이다. 하지만 ㉠ '외래어의 1 음운은 원칙적으로 1 기호로 적는다.'라는 규정에 따라 'f'는 반드시 'ㅍ'으로 적어야 한다. 따라서 'fighting'은 '파이팅', 'file'은 '파일', 'family'는 '패밀리', 'fantasy'는 '판타지'로 표기한다.

② ㉡ '파열음 표기에는 된소리를 쓰지 않는 것을 원칙으로 한다.'라는 규정에 따라 'cafe'는 '까페'가 아니라 '카페'로, 'game'은 '께임'이 아니라 '게임'으로 표기한다.

④ ㉣ '원지음이 아닌 제3국의 발음으로 통용되고 있는 것은 관용을 따른다.'라는 규정에 따라 'Hague'는 '헤이그', 'Caesar'는 '시저'로 표기한다.

⑤ ㉤ '고유 명사의 번역명이 통용되는 경우 관용을 따른다.'라는 규정에 따라 'Pacific Ocean'은 '태평양', 'Black Sea'는 '흑해'로 표기한다.

## 15 난도 ★★☆　　　　　　　　　　　　　　정답 ⑤

문법 > 한글 맞춤법

[정답의 이유]

⑤ 사업∨차(×) → 사업차(○): 밑줄 친 부분에 쓰인 '-차'는 '목적'의 뜻을 더하는 접미사이므로 앞에 오는 단어에 붙여 써야 한다.

[오답의 이유]

① 올성싶다/올∨성싶다(○): 밑줄 친 부분에 쓰인 '성싶다'는 앞말이 뜻하는 상태를 어느 정도 느끼고 있거나 짐작함을 나타내는 말로 보조 형용사이다. 한글 맞춤법 제47항 '보조 용언(보조 동사, 보조 형용사)은 띄어 씀을 원칙으로 하되, 경우에 따라 붙여 씀도 허용한다.'라는 규정에 따라 '올∨성싶다'와 '올성싶다' 둘 다 옳은 표현이다.

② 하게나그려(○): 밑줄 친 부분에 쓰인 '그려'는 청자에게 문장의 내용을 강조함을 나타내는 보조사이므로 앞말에 붙여 써야 한다.

③ 떠나온∨지(○): 밑줄 친 부분에 쓰인 '지'는 '어떤 일이 있었던 때로부터 지금까지의 동안을 나타내는 말'을 뜻하는 의존 명사이므로 앞말과 띄어 써야 한다.

④ 알은척했다/알은∨척했다(○): 밑줄 친 부분에 쓰인 '척하다'는 '앞말이 뜻하는 행동이나 상태를 거짓으로 그럴듯하게 꾸밈을 나타내는 말'로 보조 동사이다. 한글 맞춤법 제47항 '보조 용언(보조 동사, 보조 형용사)은 띄어 씀을 원칙으로 하되, 경우에 따라 붙여 씀도 허용한다.'라는 규정에 따라 '알은∨척했다'와 '알은척했다' 둘 다 옳은 표현이다.

**더 알아보기**

**보조 용언의 띄어쓰기(한글 맞춤법 제47항)**

보조 용언도 하나의 단어이므로 띄어 쓰는 것이 원칙이나 경우에 따라서는 붙여 쓰는 것이 허용되기도 하고 아예 붙여 쓰는 것만 허용하는 경우도 있다. 붙여 쓰는 것이 허용되는 경우는 다음의 두 가지이다.

- '본용언+-아/-어+보조 용언'의 구성
  예 사과를 먹어 보았다. (○) / 사과를 먹어보았다. (○)
- '관형사형+보조 용언(의존 명사+하다/싶다)'의 구성
  예 아는 체하다. (○) / 아는체하다. (○)

## 16 난도 ★★☆　　　　　　　　　　　　　　정답 ③

문법 > 형태론

[정답의 이유]

③ 기단(○): '기닿다'는 '매우 길거나 생각보다 길다.'를 뜻하는 '기다랗다'의 준말로 'ㅎ' 불규칙 활용을 한다. 따라서 '기대, 기다니, 기닿소, 기단' 등으로 활용되기 때문에 '기단'으로 쓰는 것이 적절하다.

[오답의 이유]

① 누래(×) → 누레(○): '누렇다'는 '익은 벼와 같이 다소 탁하고 어둡게 누르다.'를 뜻하는 형용사로, 'ㅎ' 불규칙 활용을 한다. 따라서 '누레, 누러니, 누런' 등으로 활용되기 때문에 '누레'로 쓰는 것이 적절하다.

② 드르지(×) → 들르지(○): '들르다'는 '지나는 길에 잠깐 들어가 머무르다.'를 뜻하는 동사로, '르' 불규칙 활용을 한다. 따라서 '들러, 들르니, 들르지' 등으로 활용되기 때문에 '들르지'로 쓰는 것이 적절하다.

④ 고와서(×) → 곱아서(○): '곱다'는 '손가락이나 발가락이 얼어서 감각이 없고 놀리기가 어렵다.'를 뜻하는 형용사로, 규칙 활용을 한다. 따라서 어간과 어미의 형태가 변하지 않으므로 '곱아서'로 쓰는 것이 적절하다.

⑤ 질르는(×) → 지르는(○): '지르다'는 '팔다리나 막대기 따위를 내뻗치어 대상물을 힘껏 건드리다.'를 뜻하는 동사로, '르' 불규칙 활용을 한다. 따라서 '질러, 지르니, 지르는' 등으로 활용되기 때문에 '지르는'으로 쓰는 것이 적절하다.

## 17  난도 ★★☆                                        정답 ⑤

**어휘 > 한자성어**

[정답의 이유]

⑤ 파사현정(破邪顯正)은 '불교에서 사견(邪見)과 사도(邪道)를 깨고 정법(正法)을 드러내는 일을 의미하며, 그릇된 생각을 버리고 올바른 도리를 행함을 비유해 이르는 말'이다. ⑪과 어울리는 한자성어는 아수라장(阿修羅場)으로, '싸움이나 그 밖의 다른 일로 큰 혼란에 빠진 곳 또는 그런 상태'를 의미한다.
• 破邪顯正: 깨뜨릴 파, 간사할 사, 나타날 현, 바를 정
• 阿修羅場: 언덕 아, 닦을 수, 그물 라, 마당 장

[오답의 이유]

① 호질기의(護疾忌醫): 병을 숨겨 의사에게 보여 주지 않는다는 뜻으로, 남에게 충고받기를 꺼려 자신의 잘못을 숨기려 함을 이르는 말
• 護疾忌醫: 보호할 호, 병 질, 꺼릴 기, 의원 의

② 장두노미(藏頭露尾): 머리를 감추었으나 꼬리가 드러나 있다는 뜻으로, 진실은 감추려고 해도 모습을 드러냄을 이르는 말 / 진실이 드러날까 봐 전전긍긍하는 태도를 이르는 말
• 藏頭露尾: 감출 장, 머리 두, 이슬 노, 꼬리 미

③ 도행역시(倒行逆施): 차례나 순서를 바꾸어서 행함
• 倒行逆施: 넘어질 도, 다닐 행, 거스를 역, 베풀 시

④ 지록위마(指鹿爲馬): 윗사람을 농락하여 권세를 마음대로 함을 이르는 말 / 모순된 것을 끝까지 우겨서 남을 속이려는 짓을 비유적으로 이르는 말
• 指鹿爲馬: 가리킬 지, 사슴 록, 할 위, 말 마

## 18  난도 ★★★                                        정답 ④

**비문학 > 추론적 읽기**

[정답의 이유]

④ '관계'가 '막다른 길에 부딪쳤다'고 한 것은 안과 밖이 나뉜 대상으로 인식한 것이 아니라 관계가 끝났다는 것을 표현한 것이므로, '그릇' 도식이 아닌 '차단' 도식의 사례로 볼 수 있다.

[오답의 이유]

① 신체의 일부인 '심장'이 '기쁨으로 가득 차 있다'고 한 것은 '심장'이라는 대상을 기쁨이 있는 안과 밖이 나뉜 대상으로 표현한 것이므로, 이는 '그릇' 도식의 사례로 적절하다.

② 신체의 일부인 '눈'에 '분노가 담겨 있었다'고 한 것은 '눈'이라는 대상을 분노가 있는 안과 밖이 나뉜 대상으로 표현한 것이므로, 이는 '그릇' 도식의 사례로 적절하다.

③ '들려온 말'이 '나를 두려움 속에 몰아넣었다'고 한 것은 '두려움'이라는 대상을 안과 밖이 나뉜 대상으로 표현한 것이므로, 이는 '그릇' 도식의 사례로 적절하다.

⑤ '비행기'가 '시야에 들어오고 있다'고 한 것은 '시야라는 대상을 비행기가 들어온 안과 밖이 나뉜 대상으로 표현한 것이므로, 이는 '그릇' 도식의 사례로 적절하다.

## 19  난도 ★☆☆                                        정답 ②

**현대 문학 > 현대 소설**

[정답의 이유]

② 동생과 친구의 대화 중 '박쥐 때문이야. / 박쥐라니? / 벌써 잊었니? / 동생은 소스라치듯 물었다. / 그는 대학에 있잖아.'라고 언급한 부분을 통해 동생과 동생의 친구는 대학에 다닐 때부터 '박쥐'로 불리는 '그'의 존재를 알고 있음을 확인할 수 있다.

[오답의 이유]

① '이순신 장군의 동상이 보이는 거리의 나무 의자에 앉아서도 마찬가지였다. ~ 토요일 오후의 인파가 동생과 동생 친구의 옆으로 흘러넘쳤다. 나무 의자들 앞쪽, 공중전화 부스도 전부 사람들로 메워졌다.'를 통해 동생과 동생의 친구는 나무 의자에 앉아 있음을 확인할 수 있다.

③ '학교에서 우리를 괴롭힌 인간이 밖에서 달라져야 될 까닭은 없잖아?'라고 말한 것을 통해 '박쥐'로 불리는 '그'는 대학에서 동생과 동생의 친구를 괴롭혔음을 확인할 수 있다.

④ 동생이 친구에게 '그는 너의 이용 가치를 생각한 거다.'라고 말한 것을 통해 동생은 자신의 친구가 그의 제안에 동의하지 않기를 바라고 있음을 확인할 수 있다.

⑤ 동생과 친구의 대화 중 동생의 '어디서?'란 질문에 친구가 '신문을 봐야 알지. 그가 우두머리가 돼 왔어.'라고 대답한 부분을 통해 동생은 '박쥐'로 불리는 '그'가 동생의 친구가 다니는 회사에 우두머리로 부임해 온 사실을 알지 못했음을 확인할 수 있다.

## 20  난도 ★★☆                                        정답 ②

**문법 > 한글 맞춤법**

[정답의 이유]

② 오순도순(○): '정답게 이야기하거나 의좋게 지내는 모양'을 뜻하는 부사로, '오손도손'보다 큰 느낌을 준다.

[오답의 이유]

① 뵈요(×) → 봬요(○): 한글 맞춤법 제35항 [붙임 2]의 모음 'ㅚ' 뒤에 '-어, -었-'이 어울려 'ㅙ, ㅚ'으로 될 적에도 준 대로 적는다는 규정에 따라 '봬요(← 뵈어요)'로 쓰는 것이 적절하다.

③ 빌어(×) → 빌려(○): '빌리다'는 '어떤 일을 하기 위해 기회를 이용하다.'를 뜻하는 동사로, '빌리어(빌려), 빌리니' 등으로 활용되기 때문에 '빌려'로 쓰는 것이 적절하다.

④ 북어국(×) → 북엇국(○): '북엇국'은 '북어를 잘게 뜯어 파를 넣고 달걀을 풀어 끓인 장국'을 뜻하는 명사로, 사이시옷을 첨가해 '북엇국'으로 쓰는 것이 적절하다.

⑤ 요약토록(×) → 요약도록(○): 한글 맞춤법 제40항 [붙임 2]에 따르면 '하'가 줄어드는 기준은 '하' 앞에 오는 받침의 소리로, '하' 앞의 받침의 소리가 [ㄱ, ㄷ, ㅂ]이면 '하'가 통째로 줄고 그 외의 경우에는 'ㅎ'이 남는다. 따라서 '요약하도록'의 '하'가 통째로 줄어든 형태인 '요약도록'으로 쓰는 것이 적절하다.

## 21 난도 ★★☆     정답 ②

비문학 > 글의 전개 방식

**정답의 이유**

② 제시된 글은 알렉산드르 2세가 통치하던 시대의 상황을 서술하기 위해 전쟁 후의 다양한 사건을 나열하고 있다.

**오답의 이유**

① 두 개의 특수한 대상에서 어떤 징표가 일치하고 있음을 드러내는 것을 '유추'라고 하는데, 제시된 글에서는 유추의 서술 방식이 사용되지 않았다.

③ 구체적 사례를 제시하고 있으나, 어떤 일이나 내용을 이해시키기 위한 목적으로 구체적인 사례를 든 것이 아니므로 적절하지 않다.

④ 사건의 진행 과정을 이야기하고는 있으나, 인물의 행동 변화 과정을 제시하지는 않았으므로 적절하지 않다.

⑤ 시대적 상황을 설명하는 글일 뿐, 저자의 판단이 참임을 구체적 근거를 들어 논리적으로 보여 주고 있는 글이 아니므로 적절하지 않다.

## 22 난도 ★☆☆     정답 ⑤

어휘 > 한자어

**정답의 이유**

⑤ '준엄(峻嚴: 높을 준, 엄할 엄)'은 '조금도 타협함이 없이 매우 엄격하다.'를 뜻하는 형용사 '준엄하다'의 어근이다. '태도나 상황 따위가 튼튼하고 굳다.'를 뜻하는 말은 '확고(確固: 굳을 확, 굳을 고)하다'이다.

**오답의 이유**

① 제반(諸般: 모든 제, 옮길 반): 어떤 것과 관련된 모든 것

② 부흥(復興: 다시 부, 일어날 흥): 쇠퇴하였던 것이 다시 일어남. 또는 그렇게 되게 함

③ 형안(炯眼: 빛날 형, 눈 안): 빛나는 눈 또는 날카로운 눈매

④ 응징(膺懲: 가슴 응, 혼날 징): 잘못을 깨우쳐 뉘우치도록 경계함

## 23 난도 ★★☆     정답 ③

비문학 > 추론적 읽기

**정답의 이유**

③ 제시된 글에 따르면 손오공의 오행은 '화, 금', 사오정의 오행은 '토'임을 알 수 있다. 따라서 손오공과 사오정의 생극 관계는 '화생토' 또는 '토생금'으로 이는 모두 상생 관계에 해당하기 때문에 둘 사이에는 상극 관계가 아닌 상생 관계가 존재한다고 볼 수 있다.

**오답의 이유**

① 손오공(화, 금)과 저팔계(목) 사이에는 '목생화'의 상생 관계가 존재한다.

② 손오공(화, 금)과 저팔계(목) 사이에는 '금극목'의 상극 관계가 존재한다.

④ 삼장(수)과 저팔계(목) 사이에는 '수생목'의 상생 관계가 존재한다.

⑤ 사오정(토)과 저팔계(목) 사이에는 '목극토'의 상극 관계가 존재한다.

## 24 난도 ★★☆     정답 ①

비문학 > 사실적 읽기

**정답의 이유**

① 1문단의 '진본성이나 공공성을 담지한 공식 기록을 선별해 남기려는 역사학적 관심사는 ~ 데이터 권력의 질서와 자주 경합하거나, 데이터 권력에 의해 억압당한다.'를 통해 역사기록학적 시도가 데이터 권력에 의해 방해받는다고 이해한 것이 적절함을 알 수 있다.

**오답의 이유**

② 1문단의 '디지털 기록은 알고리즘 분석을 위해 축적되는 재료에 불과하고, 개별의 구체적 가치와 질감을 거세한 무색무취의 건조한 데이터가 된다.'와 2문단의 '새로운 데이터 권력의 질서 속에서는 개별적 기록이 지닌 가치와 진실 등 그 사회사적 사건의 특수한 흔적들이 거의 완전히 지워진다.'를 통해 데이터 권력이 개인들의 심세한 차이를 기록한 데이터의 가치를 높이 평가한다고 이해한 것이 적절하지 않음을 알 수 있다.

③ 1문단의 '데이터 취급을 통해 생존을 도모하는 데이터 기업 자본은 거대한 데이터 센터를 구축해 인간의 움직임과 활동, 감정의 흐름 모두를 실시간으로 저장해 필요에 의해 잘 짜인 알고리즘으로 원하는 정보 패턴이나 관계를 찾는 데 골몰한다.'를 통해 데이터 기업은 거대한 데이터를 실시간으로 저장하고, 알고리즘으로도 정보 관계를 찾는다는 것을 알 수 있으므로 알고리즘 산식을 이용하여 데이터를 저장한다고 이해한 것이 적절하지 않음을 알 수 있다.

④ 2문단의 '지배적 알고리즘의 산식에는 개인적 차이, 감수성, 질감들이 무시되고 이리저리 움직이고 부유하는 집단 욕망들의 경향과 패턴을 포착하는 것만이 중요하다.'를 통해 지배적 알고리즘을 수용함으로써 역사학이 개인과 사회의 관계를 더 잘 파악할 수 있다고 이해한 것이 적절하지 않음을 알 수 있다.

⑤ 1문단에 '역사성과 객관성을 중시하는 역사기록학적 물음들은, ~ 비정형 데이터에 의존한 많은 닷컴 기업들에 그리 중요하지 않다.'라는 설명만 있을 뿐, 역사학이 비정형 데이터를 활용하여 집단의 움직임을 파악하려 시도한다는 진술은 확인할 수 없다.

## 25  난도 ★★★  정답 ④

**비문학 > 사실적 읽기**

정답의 이유

④ 5문단에서 '즉, 촌락 공동체에서는 자연 발생적으로 유교적인 윤리나 규범이 지켜지고 있었던 것이다.'라고 하였으므로 유교가 국교로 지정되기 이전부터 한나라의 촌락 공동체에서는 유교적인 윤리나 규범이 지켜지고 있었다는 것을 확인할 수 있다. 또한 6문단에서 '무제는 가족 도덕이 국가의 지배 이데올로기로서 그대로 기능할 수 있는 점에 매력을 느껴 유교를 국교로 정했던 것이다.'라고 하였으므로 촌락 공동체의 유교적인 윤리나 규범에 매력을 느끼고 그 이후에 유교를 국교로 정했음을 확인할 수 있다.

오답의 이유

① 2문단의 '법에 의한 지배를 유지하는 일이 국가의 경제적인 측면에서는 대단히 큰 부담이 되었던 것이다.'를 통해 '도가'가 아니라 '법가'를 통치 이념으로 채택할 경우 경제적인 측면에서 비용이 많이 드는 약점이 있음을 확인할 수 있다.

② 법에 의한 지배를 유지하는 일이 경제적 측면에서 큰 부담이 되었고, 이에 대해 3문단에서 '한나라 초기의 위정자나 사상가는 이러한 역사를 반성하는 인식을 공통적으로 갖고 있었다.'라고 하였으므로 경제 정책에 대해 비판한 것이 아니라 '법에 의한 지배'가 효과적인지에 대한 논의가 활발했음을 알 수 있다.

③ 3문단의 '가의는 「과진론」을 통해 진나라가 실행한 법치주의의 가혹함을 혹독하게 비판하였다.'를 통해 한나라 가의는 법가 사상을 비판하였음을 확인할 수 있다. 하지만 가의에 의해 도가 사상이 사상계를 주도하게 되었는지에 대한 내용은 파악할 수 없다.

⑤ 4문단의 '외부적 강제를 부정하는 도가 사상은 국가의 지배 이데올로기가 될 수 없었다. 한나라가 국력을 회복하고 국가의 여러 가지 제도를 정비함에 따라 도가 사상은 결국 후퇴하지 않을 수 없었던 것이다.'를 통해 도가의 무정부주의적 성격이 한나라의 국가 정비를 정면에서 가로막았다는 설명이 적절하지 않음을 알 수 있다.

# 국어 | 2023년 지방직 7급

## 한눈에 훑어보기

### ✓ 영역 분석

**어휘** 07 10 16
3문항, 15%

**문법** 14 15
2문항, 10%

**고전 문학** 08 09
2문항, 10%

**현대 문학** 03 04
2문항, 10%

**비문학** 01 02 05 06 11 12 13 17 18 19 20
11문항, 55%

### ✓ 빠른 정답

| 01 | 02 | 03 | 04 | 05 | 06 | 07 | 08 | 09 | 10 |
|----|----|----|----|----|----|----|----|----|----|
| ② | ④ | ④ | ③ | ③ | ④ | ② | ④ | ② | ① |
| 11 | 12 | 13 | 14 | 15 | 16 | 17 | 18 | 19 | 20 |
| ② | ① | ④ | ② | ④ | ① | ② | ③ | ③ | ③ |

### ✓ 점수 체크

| 구분 | 1회독 | 2회독 | 3회독 |
|------|-------|-------|-------|
| 맞힌 문항 수 | / 20 | / 20 | / 20 |
| 나의 점수 | 점 | 점 | 점 |

## 01 난도 ★☆☆ 정답 ②

**비문학 > 화법**

**정답의 이유**

② 발표자는 '작년 한 해 우리 학교 학생들을 대상으로 조사한 교통사고 피해 통계에 따르면, 보행 중 자동차와 충돌하거나 자동차를 피하다가 다친 사례가 제일 많았습니다.'라며 실제 조사 내용을 근거로 제시하여 신뢰도를 높이고 있다.

**오답의 이유**

① '보행 중에는 스마트폰을 보지 말아야 합니다.'라며 해결책을 제시하고 있긴 하지만 교통사고의 원인으로 길을 걸으면서 스마트폰을 보는 것 하나만 언급하고 있다. 따라서 다양한 원인을 진단하여 해결책을 구체적으로 제시하고 있다는 설명은 적절하지 않다.

③ 발표자는 도입부에서 자신을 소개하며 발표할 내용을 제시하고 있다. 따라서 도입부에 사례를 제시하여 관심을 끈 후에 화제를 제시하고 있다는 설명은 적절하지 않다.

④ 청자가 1학년 학생인 점을 고려하여 '우리 학교 학생들을 대상으로 조사한 교통사고 피해'를 제시하고 있기는 하지만, 청자의 요구나 청자가 관심 있는 정보를 제공하고 있다고 볼 수 없다.

## 02 난도 ★★☆ 정답 ④

**비문학 > 화법**

**정답의 이유**

④ 제시된 대화에서 학생 대표, 주민 대표, 학교장은 학교 체육 시설 이용 시간에 대하여 자신의 의견을 제시하고, 상대의 의견을 수용하며 대화를 나누고 있다. 상대의 의견을 반박하여 새로운 제안의 근거를 확보하는 발언은 나타나지 않는다.

**오답의 이유**

① 학교장은 '주민들이 체육 시설 이용 시간을 잘 준수한다면 9시 이전에도 시설 이용을 허용하도록 하겠습니다.'라며 주민 대표의 의견을 조건부로 수용하고 있다.

② 주민 대표는 '그런데 많은 주민들이 아침에 운동하기를 선호하니 오전 9시 이전까지는 체육 시설을 허용하면 어떨까요?'라며 자신의 의견을 질문 형식으로 제안하고 있다.

③ 학생 대표는 '학교에 외부인이 아무 때나 드나들면, 소음이나 교통사고 등 예기치 못한 문제가 발생할 수 있습니다.'라며 학교 체육 시설 이용 시간을 오후 5시 이후로 제한했으면 한다는 의견을 제안하기 전에 근거를 먼저 밝히고 있다. 또한 주민 대표는 '그런데 많은 주민들이 아침에 운동하기를 선호하니'라며 근거를 먼저 밝히고 오전 9시 이전까지 체육 시설을 허용해 달라는 의견을 제안하고 있다.

## 03 난도 ★★☆ 정답 ④

**현대 문학 > 현대 시**

정답의 이유

④ 제시된 작품의 화자는 공의 속성에서 바람직한 삶의 자세를 발견하고 있다. 화자는 2연에서 '탄력의 나라의 왕자처럼'이라며 대상을 의인화하여 쓰러지지 않는 공 같은 삶에 대한 다짐을 나타내고 있다. 하지만 작품에서 화자의 모순된 감정은 드러나지 않는다.

오답의 이유

① 떨어져도 튀고, 쓰러지는 법이 없는 공의 속성을 통하여 쓰러져도 다시 일어서는 삶의 자세에 대한 다짐이라는 주제를 부각하고 있다.

② '살아봐야지', '떠올라야지' 등 청유형 어투를 통하여 어려운 현실에도 좌절하지 않는 긍정적 존재가 되고 싶다는 소망을 전달하고 있다.

③ '살아봐야지', '공이 되어' 등 동일한 시어의 반복을 통하여 운율감을 형성하고 있다.

**작품 해설**

정현종, 「떨어져도 튀는 공처럼」

- 갈래: 자유시, 서정시
- 성격: 독백적, 의지적, 긍정적, 교훈적
- 주제: 공과 같은 삶의 자세에 대한 긍정과 다짐
- 특징
  - 동일한 시구를 반복하여 운율을 형성함
  - 공의 속성에서 바람직한 삶의 자세를 발견함

## 04 난도 ★★☆ 정답 ③

**현대 문학 > 현대 소설**

정답의 이유

③ 제시된 작품은 동식물이나 사물을 사람처럼 묘사하여 교훈을 전달하는 우화 형식을 통해 만물 중에 제일 귀하지만 짐승보다 못한 존재인 인간의 양면성을 풍자적으로 그리고 있다.

오답의 이유

① 제시된 작품은 독백 형식으로 전개되고 있다. 등장인물 간의 대화는 나타나지 않는다.

② 제시된 작품에서 '나'는 짐승들의 긍정적인 부분과 짐승만 못한 인간의 모습을 열거하고 있다. 대상에 대한 감각적 묘사는 나타나지 않는다.

④ 제시된 작품에서 '나'는 짐승들의 연설을 듣고 자신의 생각을 서술하고 있다. 역전적 시간 구성을 통해 대상들의 갈등을 나타내고 있지 않다.

**작품 해설**

안국선, 「금수회의록」

- 갈래: 신소설, 우화 소설, 정치 소설, 풍자 소설, 액자 소설
- 성격: 풍자적, 우화적, 계몽적
- 주제: 인간 세계의 모순과 비리, 타락상 풍자
- 특징
  - 입몽에서 각몽이라는 환몽 구조를 취함
  - 사건 전개 없이 연설만으로 이루어짐

## 05 난도 ★★☆ 정답 ③

**비문학 > 글의 순서 파악**

정답의 이유

- (다)는 '시는 사람의 내면에만 담아 둘 수 없는 간절한 마음을 말이나 글로 표현할 때 탄생한다는 견해가 있다.'라며 '마음을 담아내는 시'라는 화제를 제시하고 있으므로 글의 처음에 오는 것이 적절하다.
- (가)는 사람의 마음은 다양하기 때문에 시의 내용은 다양할 수밖에 없다는 내용을 제시하고 있으므로 시에 사람이 마음이 담겼다는 내용을 언급한 (다) 다음에 오는 것이 적절하다.
- (나)는 '그러나'라는 접속 표현을 사용하여 인간이라면 누구나 갖게 되는 마음이 있어서 '그리움'과 같이 시에 자주 등장하는 내용이 있다고 제시한다. 이는 (가)에서 언급한 '사람의 마음은 매우 다양하다'는 내용의 예외적 경우이므로 (가) 다음에 오는 것이 적절하다.
- (라)는 그리움을 노래하는 시가 많다는 내용을 제시하고 있으므로 '그리움'을 언급한 (나) 뒤에 오는 것이 적절하다.

따라서 글의 전개 순서로 가장 자연스러운 것은 ③ (다) - (가) - (나) - (라)이다.

## 06 난도 ★★☆ 정답 ④

**비문학 > 작문**

정답의 이유

④ 〈지침〉에서는 신청할 수 있는 방식을 다양하게 제시하라고 하였다. 그러나 '행사 10일 전까지 시청 누리집에 신청서 업로드'는 한 가지 방식을 자세히 소개하고 있으므로 ㉣을 수정하는 방안으로 적절하지 않다.

오답의 이유

① 〈지침〉에서는 제목을 중복된 표현 없이 간결하게 쓰라고 하였다. ㉠에서는 '△△시'가 중복으로 사용되었으므로 ㉠을 '△△시 취업 박람회 개최'로 수정하는 것은 적절하다.

② 〈지침〉에서는 행사 목적을 행사의 주요 대상인 지역민과 지역 기업을 중심으로 작성하라고 하였다. 그러나 제시된 글에서는 '지역 브랜드 홍보와 향토 기업 내실화로 지역 경제 활성화 도모'라고 지역 기업 중심으로만 작성되어 있으므로 ㉡을 '지역민의 취업률 제고'로 수정하는 것은 적절하다.

③ 〈지침〉에서는 행사 개요를 행사의 주요 대상인 지역민과 지역 기업을 중심으로 작성하라고 하였다. 따라서 ⓒ을 '△△시 소개 기업의 일자리 홍보'로 수정하는 것은 적절하다.

## 07 난도 ★★☆ 정답 ③

어휘 > 한자어

정답의 이유

③ '금명간(今明間)'은 '오늘이나 내일 사이'라는 의미이다. 따라서 '금명간'을 '일찍'으로 바꾸어 쓴 것은 적절하지 않다.

오답의 이유

① '영면(永眠)하다'는 '영원히 잠든다는 뜻으로, 사람이 죽는 것을 이르는 말'이다. 따라서 '영면하셨다'를 '돌아가셨다'로 바꾸어 쓴 것은 적절하다.
② '기망(欺罔)하다'는 '남을 속여 넘기다.'라는 뜻이다. 따라서 '기망해서는'을 '속여서는'으로 바꾸어 쓴 것은 적절하다.
④ '공지(公知)하다'는 '세상에 널리 알리다.'라는 의미이다. 따라서 '공지했다'를 '알렸다'로 바꾸어 쓴 것은 적절하다.

## 08 난도 ★★☆ 정답 ④

고전 문학 > 고전 운문

정답의 이유

④ (가)의 화자는 '與歸', 즉 '(누구와 함께) 돌아갈까'라며 자신의 외로운 처지를 탄식하고 있다. 따라서 화자가 '與歸'를 지향하려 한다는 감상은 적절하지 않다. (나)의 '萬里心'은 고향을 그리워하는 마음, 또는 자신을 알아주지 않는 세상에 대한 심리적 거리감과 안타까움을 드러내고 있다. 따라서 화자가 '萬里心'을 벗어나려 한다는 감상은 적절하지 않다.

오답의 이유

① (가)의 화자는 암수 서로 정다운 '黃鳥'를 보고 같이 돌아갈 이 없는 자신의 외로운 처지를 탄식하고 있다. 따라서 '黃鳥'는 화자에게 외로움을 유발하고 있음을 알 수 있다.
② (나)의 '秋風'은 가을바람으로, 세상에 자신을 알아주는 사람이 없는 화자의 외로움과 고뇌를 불러일으키는 배경이다.
③ (가)의 화자는 정다운 꾀꼬리를 보며 '相依(서로 정다움)'를 바라고 있으나 이루지 못함을 슬퍼하고 있다. (나)의 화자는 자신의 뜻과 능력을 알아주는 이(知音)가 없는 세상을 한탄하며 '知音'을 그리워하고 있다.

작품 해설

(가) 유리왕, 「황조가(黃鳥歌)」
• 갈래: 고대 가요
• 성격: 애상적, 서정적, 우의적
• 주제: 임을 잃은 슬픔과 외로움
• 특징
 - 선경후정(先景後情)의 방식으로 시상을 전개함
 - 객관적 상관물을 활용하여 임을 잃은 슬픔과 외로움을 형상화함

(나) 최치원, 「추야우중(秋夜雨中)」
• 갈래: 한시, 5언 절구
• 성격: 서정적, 애상적
• 주제: 자신의 뜻을 펴지 못하는 지식인의 고뇌, 고국에 대한 그리움
• 특징
 - '기-승-전-결'의 4단 구성
 - 자연물을 통해 시적 화자의 정서를 드러내고 주제를 형상화함

## 09 난도 ★★☆ 정답 ②

고전 문학 > 고전 산문

정답의 이유

② 아내는 '가지 마오, 불쌍한 영감아, 가지마오.'라며 매품팔이를 하러 가는 흥보를 말린다. 하지만 '병영 길을 허유허유 올라가며'라는 표현을 통해 흥보가 매품팔이하는 것을 유보하지 않았음을 알 수 있다.

오답의 이유

① '중한 가장 매품 팔아먹고 산단 말은 고금천지 어디 가 보았소? ~ 하늘이 무너져도 솟아날 구멍이 있는 법이니 설마한들 죽사리까?'를 통해 흥보가 병영에 가서 매품팔이로 생계를 유지하려 함을 알 수 있다.
③ 흥보 자식들은 어머니 울음소리를 듣고 흥보에게 '담뱃대, 풍안, 각시'를 사다 달라고 부탁하고 있다.
④ 흥보는 '아고, 내 신세야. 누군 팔자 좋아 부귀영화 잘 사는데, 내 어이하여 이 지경인고?'라며 병영으로 가는 길에 자신이 처한 현실을 한탄하고 있다.

작품 해설

작자 미상, 흥보가
• 갈래: 판소리 사설
• 성격: 풍자적, 해학적, 교훈적
• 주제: 형제 간 우애의 중요성, 권선징악, 빈부 격차에 따른 갈등
• 특징
 - 과장과 희화화 등을 통하여 재미와 해학을 부여함
 - 조선 후기 물질주의 확산과 빈부 격차 심화라는 현실이 반영됨

## 10 난도 ★★★ 정답 ①

어휘 > 한자어

정답의 이유

① 소정(所定: 바 소, 정할 정)(○): 정해진 바

오답의 이유

② 관심(觀心: 볼 관, 마음 심)(×) → 관심(關心: 빗장 관, 마음 심)(○)
 • 관심(觀心): 마음의 본바탕을 바르게 살펴봄
 • 관심(關心): 어떤 것에 마음이 끌려 주의를 기울임. 또는 그런 마음이나 주의

③ 표시(表視: 겉 표, 볼 시)(×) → 표시(表示: 겉 표, 보일 시)(○): 겉으로 드러내 보임
④ 지역(地役: 땅 지, 부릴 역)(×) → 지역(地域: 땅 지, 지경 역)(○)
- 지역(地役): 남의 땅을 자기의 땅에 이익이 되도록 사용하는 일
- 지역(地域): 일정하게 구획된 어느 범위의 토지. 전체 사회를 어떤 특징으로 나눈 일정한 공간 영역

## 11 난도 ★☆☆ 정답 ②

**비문학 > 사실적 읽기**

**정답의 이유**

② 2문단의 '고려인은 금속활자를 만들 때, 진흙에 가까운 고운 모래를 사용했다. 이 모래를 상자 속에 가득 채우고, 그 위에 목활자를 찍어 눌러서 틀을 완성했다.'를 통해 고려인이 금속활자를 만들 때 목활자를 사용했음을 알 수 있다.

**오답의 이유**

① 1문단의 '고려인은 청동을 녹여서 불상이나 범종 등을 만드는 기술이 탁월했다.'를 통해 고려인은 범종을 만들 때 황동이 아닌 청동을 사용했음을 알 수 있다.
③ 2문단의 '이 모래를 상자 속에 가득 채우고, 그 위에 목활자를 찍어 눌러서 틀을 완성했다.'를 통해 고려인은 금속활자를 만들 때 황동이 아닌 모래로 틀을 만들었음을 알 수 있다.
④ 2문단의 '이렇게 만들어진 금속활자를 사용하여 인쇄할 때는 목활자의 경우와 달리 유성먹이 필요했다.'를 통해 금속활자를 만들 때가 아닌 사용하여 인쇄를 할 때 유성먹이 필요했음을 알 수 있다.

## 12 난도 ★★☆ 정답 ①

**비문학 > 사실적 읽기**

**정답의 이유**

① 2문단의 '무세 징수의 효과는 컸지만, 본래의 의도와 다른 결과를 유발하기도 하였다. 무속을 근절한다는 명목에서 징수한 세금이 관에서 사용됨에 따라 오히려 관에서 무당을 하나의 직업으로 인정하게 되었던 것이다.'를 통해 '무세 징수'라는 관의 원래 의도와는 달리 무당을 하나의 직업으로 인정하게 되는 결과를 얻었음을 확인할 수 있다.

**오답의 이유**

② 1문단의 '조선 시대에는 국가 체제를 정비하면서 무속을 탄압했다. 도성 내에 무당의 거주와 무업 행위를 금하고, 무당에게 세금을 부과하며, 의료기관인 동서활인서에서도 봉사하게 하였다.'를 통해 무속을 탄압하기 위하여 무당에게 의료기관인 동서활인서에서 봉사하게 한 것이지 치유 능력을 인정하여 의료기관에서 일하게 한 것은 아님을 알 수 있다.
③ 1문단의 '이 중에서 무세(巫稅)는 고려 후기부터 확인되지만, 정식 세금으로 제도화해서 징수한 것은 조선 시대부터였다.'를 통해 제도 내에서 세금을 납부한 것은 조선 시대부터임을 알 수 있다.
④ 2문단의 '하지만 세금으로 인해 무당의 위세와 역할은 크게 축소되기에 이르렀다. 무당이 국가적 차원의 의례를 주관하던 전통은 사라졌고, 성황제를 비롯한 고을 굿은 음사(淫祀)로 규정되어 중단되었다.'를 통해 고을 의례도 중단되었음을 알 수 있다.

## 13 난도 ★★☆ 정답 ④

**비문학 > 사실적 읽기**

**정답의 이유**

④ 2문단의 '서문에는 글자와 행의 기술 방식, 표제어 배열 방식 등을 설명하고, 이 방식이 알파벳을 사용하는 서양의 서적을 본뜬 것이라는 사실을 밝혀 놓았다.'를 통해 『국한회어』가 가로쓰기 방식으로 표기한 서양 책의 영향을 받았음을 확인할 수 있다.

**오답의 이유**

① 1문단의 '1880년에 리델이 편찬한 『한불자전』이나 1897년에 게일이 편찬한 『한영자전』은 모두 가로쓰기 책이다. 다만 푸칠로가 편찬한 『로조사전』은 러시아 문자는 가로로, 그에 대응되는 우리말 단어는 세로로 쓴 독특한 형태이다.'와 2문단의 '1909년에 발간된 지석영의 『언문』, 1911년에 편찬 작업을 시작한 국어사전 『말모이』 정도가 가로쓰기를 했다.'를 통해 『한불자전』, 『언문』, 『말모이』는 가로쓰기 책이지만, 『로조사전』은 가로쓰기와 세로쓰기가 혼용된 책임을 알 수 있다.
② 2문단의 '우리나라 사람이 쓴 최초의 가로쓰기 책은 1895년에 이준영, 정현, 이기영, 이명선, 강진희가 편찬한 국한 대역사전 『국한회어(國漢會語)』이다.'를 통해 1895년은 우리나라 사람이 쓴 최초의 가로쓰기 책이 나온 해임을 확인할 수 있다. 또한 2문단에서 1897년에 나온 『독립신문』도 세로쓰기를 유지하였고, 1909년에 발간된 지석영의 『언문』, 1911년에 편찬 작업을 시작한 국어사전 『말모이』 정도가 가로쓰기를 했다고 하였으므로 1895년에 가로쓰기 사용이 늘어가는 분위기가 조성되었다고 보기 어렵다.
③ 2문단의 '우리나라 사람이 쓴 최초의 가로쓰기 책은 1895년에 이준영, 정현, 이기영, 이명선, 강진희가 편찬한 국한 대역사전 『국한회어(國漢會語)』이다. 국문으로 된 표제어를 한문으로 풀이한 것은, 국한문혼용체의 사용 빈도가 높아진 시대적 분위기가 반영된 것이다.'를 통해 가로쓰기가 시행되면서 국한문혼용에 활성화된 것이 아니라 국한문혼용체의 사용 빈도가 높았던 시대적 분위기가 가로쓰기 책에 반영된 것이라 보아야 한다.

## 14 난도 ★★★ 정답 ②

**문법 > 형태론**

**정답의 이유**

② '크기'는 형용사 '크다'의 어간 '크-'에 명사 파생 접미사 '-기'가 결합한 것으로 '크기도 놀라웠다'라는 절에서 주어 역할을 하며, 서술성을 갖지 않는다.

**오답의 이유**

①·③·④ '보기', '굵기', '달리기'의 '-기'는 명사형 전성 어미로, 용언의 어간 뒤에 결합하여 용언의 서술성을 유지하면서 명사처럼 쓰이게 한다.

② '보기'는 동사 '보다'의 어간 '보-'에 명사형 전성 어미 '-기'가 결합한 것으로 '허공을 보다'라는 절에서 서술어 역할을 하는 동사이다.
③ '굵기'는 형용사 '굵다'의 어간 '굵-'에 명사형 전성 어미 '-기'가 결합한 것으로 '나무가 굵다'라는 절에서 서술어 역할을 하는 형용사이다.
④ '달리기'는 동사 '달리다'의 어간 '달리-'에 명사형 전성 어미 '-기'가 결합한 것으로 '토끼가 달리다'라는 절에서 서술어 역할을 하는 동사이다.

## 15 난도 ★★☆ 정답 ④

문법 > 한글 맞춤법

정답의 이유

④ 불고(×) → 붇고(○): '분량이나 수효가 많아지다.'라는 의미의 '붇다'는 어간의 끝소리 'ㄷ'이 모음 어미 앞에서 'ㄹ'로 바뀌는 'ㄷ' 불규칙 용언이며, '불어, 불으니, 붇는' 등으로 활용된다. 제시된 문장에서 '붇다'의 어간 '붇-'은 자음으로 시작하는 어미 '-고'와 결합하므로 'ㄷ'이 'ㄹ'로 바뀌지 않는 형태인 '붇고'로 쓰는 것이 적절하다.

오답의 이유

① 부어(○): '살가죽이나 어떤 기관이 부풀어 오르다.'라는 의미의 '붓다'는 어간의 끝소리 'ㅅ'이 모음 어미 앞에서 탈락하는 'ㅅ' 불규칙 용언이며, '부어, 부으니, 붓는' 등으로 활용된다. 제시된 문장에서 '붓다'의 어간 '붓-'은 모음으로 시작하는 어미 '-어'와 결합하므로 'ㅅ'이 탈락한 형태인 '부어'로 쓰는 것이 적절하다.
② 부쉈다(○): '단단한 물체를 여러 조각이 나게 두드려 깨뜨리다.'라는 의미의 '부수다'는 '부수어, 부수니, 부수는' 등으로 활용되는 규칙 용언이다. '부쉈다'는 어간 '부수-'에 과거 시제 선어말 어미 '-었-'이 결합하여 '부쉈다'로 줄여 쓴 것으로 적절하다.
③ 받아(○): '머리나 뿔 따위로 세차게 부딪치다.'라는 의미인 '받다'는 '받아, 받으니, 받는' 등으로 활용되는 규칙 용언이다. '받아'는 어간 '받-'에 어미 '-아'가 결합한 것으로 적절하다.

## 16 난도 ★★★ 정답 ①

어휘 > 혼동 어휘

정답의 이유

(가) 작열(灼熱): 불 따위가 이글이글 뜨겁게 타오름
(나) 갱신(更新): 법률관계의 존속 기간이 끝났을 때 그 기간을 연장하는 일
(다) 개재(介在): 어떤 것들 사이에 끼어 있음

오답의 이유

- 작렬(炸裂): 박수 소리나 운동 경기에서의 공격 따위가 포탄이 터지듯 극렬하게 터져 나오는 것을 비유적으로 이르는 말
- 경신(更新): 이미 있던 것을 고쳐 새롭게 함 / 기록경기 따위에서, 종전의 기록을 깨뜨림
- 게재(揭載): 글이나 그림 따위를 신문이나 잡지 따위에 실음

## 17 난도 ★★★ 정답 ③

비문학 > 추론적 읽기

정답의 이유

③ 빈칸 앞에서 '그렇다면 자유는 정의를 실현하는 올바른 사회질서에 의해서만 보장될 수 있다. 따라서 법이 없다면 자유도 없다고 할 수 있다.'라고 하였으므로 빈칸에는 법이 정의를 실현하는 올바른 사회 질서를 만든다는 내용이 제시되어야 한다. 따라서 '정의를 실현하는 올바른 사회 질서는 법에 의해서만 확립될 수 있기'가 빈칸에 들어갈 내용으로 가장 적절하다.

## 18 난도 ★★☆ 정답 ③

비문학 > 추론적 읽기

정답의 이유

(가) '공간이 최적화됨으로써 필요한 밀랍의 양이 줄어, 벌집을 짓는 데 드는 노력과 에너지가 최소화된다.'를 통해 정육각형 구조로 지으면 필요한 밀랍의 양이 줄어든다는 것을 확인할 수 있다. 따라서 (가)에 들어갈 내용으로 가장 적절한 것은 '벌집을 짓기 위해 필요한 밀랍의 양이 적게 든다'이다.
(나) '견고하고 가볍고 실용적이면서 아름답기까지 한 이 구조를 닮은 건축 양식이나 각종 생활용품을 흔히 발견할 수 있다.'를 통해 인간은 벌집의 구조와 유사한 창작물을 만들었다는 것을 확인할 수 있다. 따라서 (나)에 들어갈 내용으로 가장 적절한 것은 '자연의 구조인 벌집이 인간의 창조 활동에 영감을 주었다'이다.

## 19 난도 ★★☆ 정답 ③

비문학 > 추론적 읽기

정답의 이유

③ 본래 '불쌍하다'라는 뜻이었던 '어여쁘다'가 '아름답다'로 바뀐 것은 '의미의 이동'에 해당한다. '인정'도 '어여쁘다'와 마찬가지로 본래 '뇌물'을 뜻하였으나 '사람의 감정'을 뜻하는 것으로 바뀌었으므로 '의미의 이동'에 해당한다.

오답의 이유

① '지갑'은 원래 종이로 만든 것에만 사용하였지만 지금은 가죽이나 헝겊 따위로 만든 것을 모두 포함하는 '의미의 확대'가 일어났다. 이는 시간이 흐름에 따라 의미에 변화가 생긴 것이므로, '지갑'의 의미가 변화한 것은 역사적 원인 때문이다.
② '얼굴'은 원래 '형체'를 뜻하였으나 '안면'만을 가리키는 것으로 의미가 축소되었다. 따라서 단어의 의미가 확대된 '지갑'의 의미 변화 유형과 다르다.
④ '뫼(메)'는 '밥' 또는 '진지'를 뜻하였으나 오늘날에는 제사 때 신위 앞에 올리는 진지로 단어의 의미가 축소되었다. 이와 달리, '다리'는 원래 사람이나 동물의 신체 일부를 지시하였으나 무생물에도 사용하게 된 것이므로 단어의 의미가 확대된 경우이다.

## 20  난도 ★★★ 　　　　　　　　　　　　　　　　정답 ③

**비문학 > 추론적 읽기**

정답의 이유

③ 2문단에서는 '마시멜로 실험'에 '뚜껑'이라는 변수를 넣었을 때 '뚜껑'이라는 아주 작은 차이가 아이들의 참을성을 향상시켰다는 결과를 제시하였다. 여기에서 뚜껑의 유무는 환경적 요인의 차이이므로 자기 통제력을 발휘하는 데에는 환경적 요인이 중요하게 작용한다는 설명은 적절하다.

오답의 이유

① 1문단에서 자기 통제력이 낮은 아이들이 학교나 가정에서 문제를 일으키는 경우가 많았다고 하였으나, 자기 통제력이 낮은 아동일수록 주변 환경이 열악한지는 제시된 글을 통해 추론할 수 없다.

② 제시된 글에서 자기 통제력의 선천적 요인은 언급되지 않았다. 따라서 자기 통제력은 선천적 요인보다 후천적 요인에 더 영향을 받는다고 추론할 수 없다.

④ 1문단에서 자기 통제력이 낮은 아이들보다 자기 통제력이 높은 아이들의 대학 진학 시험 점수 평균이 더 높았다고 하였으나, 이를 통해 자기 통제력이 높은 아이들이 유아기부터 가정과 학교에서 사랑과 관심을 많이 받았는지는 추론할 수 없다.

**좋은 책을 만드는 길, 독자님과 함께하겠습니다.**

### 2026 시대에듀 기출이 답이다 9급 공무원 국어 7개년 기출문제집

| | |
|---|---|
| **개정11판1쇄 발행** | 2025년 10월 15일 (인쇄 2025년 08월 21일) |
| **초 판 발 행** | 2015년 09월 10일 (인쇄 2015년 07월 03일) |
| **발 행 인** | 박영일 |
| **책 임 편 집** | 이해욱 |
| **편 저** | 시대공무원시험연구소 |
| **편 집 진 행** | 박종옥 · 강한결 |
| **표지디자인** | 박종우 |
| **편집디자인** | 박지은 · 임창규 |
| **발 행 처** | (주)시대고시기획 |
| **출 판 등 록** | 제10-1521호 |
| **주 소** | 서울시 마포구 큰우물로 75 [도화동 538 성지 B/D] 9F |
| **전 화** | 1600-3600 |
| **팩 스** | 02-701-8823 |
| **홈 페 이 지** | www.sdedu.co.kr |
| | |
| **I S B N** | 979-11-383-9745-2 (13350) |
| **정 가** | 21,000원 |

※ 이 책은 저작권법의 보호를 받는 저작물이므로 동영상 제작 및 무단전재와 배포를 금합니다.
※ 잘못된 책은 구입하신 서점에서 바꾸어 드립니다.

모든 자격증·공무원·취업의 합격정보
YouTube 합격 구독 과 좋아요! 정보 알림설정까지!

# 시대에듀의
# 지텔프 최강 라인업

1주일 만에 끝내는 지텔프 문법

10회 만에 끝내는 지텔프 문법 모의고사

답이 보이는 지텔프 독해

스피드 지텔프 레벨2

※ 도서의 이미지 및 구성은 변경될 수 있습니다.

**공무원 수험생이라면 주목!**

## 2026년 대비 시대에듀가 준비한
# 과목별 기출이 답이다 시리즈!

### 합격의 길! 공무원 합격은 역시 기출이 답이다!

**국어**
국가직·지방직·법원직 등 공무원 채용 대비

**영어**
국가직·지방직·법원직 등 공무원 채용 대비

**한국사**
국가직·지방직·법원직 등 공무원 채용 대비

**행정학개론**
국가직·지방직 등 공무원 채용 대비

**행정법총론**
국가직·지방직 등 공무원 채용 대비

**교정직**
교정직 9급 공무원 대비

※ 도서의 이미지 및 구성은 변경될 수 있습니다.

# 나는 이렇게 합격했다

자격명: 위험물산업기사
구분: 합격수기
작성자: 배*상

나는 할 수 있다 69년생 50중반 직장인 입니다. 요즘 자격증을 2개정도는 가지고 입사하는 젊은 친구들에게 일을 시키고 지시하는 역할이지만 정작 제자신에게 부족한점이 많다는 것을 느꼈기 때문에 자격증을 따야겠다고 결심했습니다. 처음 시작할때는 과연되겠냐? 하는 의문과 걱정이 한가득이었지만 시대에듀 인강을 우연히 접하게 되었고 잘 차려진 밥상과 같은 커리큘럼은 뒤늦게 시작한 늦깎이 수험생이었던 저를 합격의 길로 인도해주었습니다. 직장생활을 하면서 취득했기에 더욱 기뻤습니다.

**합격은 시대에듀**

감사합니다! ♥

당신의 합격 스토리를 들려주세요.
추첨을 통해 선물을 드립니다.

---

## QR코드 스캔하고 ▶▶▶
### 이벤트 참여해 푸짐한 경품받자!

| 베스트 리뷰 | 상/하반기 추천 리뷰 | 인터뷰 참여 |
|---|---|---|
| 갤럭시탭/ 버즈 2 | 상품권 / 스벅커피 | 백화점 상품권 |

합격의 공식

시대에듀 9급 공무원

# 교정직 시리즈로
# 한 번에 합격하기!

교정직 전과목 한권으로 다잡기

**한 권으로**
**교정직 핵심이론 완벽 정리**

- 과목별 핵심이론으로 학습의 효율성 극대화
- 2025년 시험 반영

교정직 전과목 기출문제집

**기출이 답이다!**
**기출문제로 최종 점검**

- 최신 개정법령 완벽 반영
- 혼자서도 학습 가능한 자세하고 정확한 해설
- 모바일 OMR 답안분석 서비스로 실력 점검

# 기출이 답이다

[9급 공무원]

## 국어

**7개년**

### 기출문제집

**해설편**